JN449506

TAXNET

개 정 7 판

슬기로운 가산세 사례실무

진성규 저

조세통람

머리말 PREFACE

최선의 절세전략은? 내지 않아도 될 가산세를 부담하지 않는 것입니다!

가산세 실무는 사전적 점검과 사후적 확인으로 구분할 수 있을 것 같습니다. 사전적 점검은 가산세 부과 사유가 발생되기 전 가산세를 방지하고자 하는 데 목적이 있는 것이고, 사후적 확인은 가산세 부과 사유가 발생 후 가산세 항목을 구분하여 정확하게 가산세를 계산하여 신고 · 납부하는 데 그 목적이 있을 것입니다. 이 중 보다 중요한 관점은 당연히 사전적 점검에 있다고 판단됩니다.

따라서 본 교재에서는 이러한 사전적 점검으로 가산세를 방지할 수 있는 유비무환(有備無患)적 내용을 담아내고자 하였고, 내지 않아도 될 가산세를 부담하지 않는 것이 최선의 절세전략이 될 수 있도록 실무적 고민사항을 담아내고자 노력하였습니다.

본 도서는 주요 세법(부가가치세, 법인세, 소득세, 원천징수, 국세기본법 그리고 지방세)과 관련된 가산세를 대상으로 하여 도서를 집필하였습니다. 방대한 세법상의 모든 가산세와 가산세의 본질에 대한 학술적 내용을 교재에 담아낼 실력도 아직은 부족하지만, 실무중심적 대응이 될 수 있는 도서를 만드는 것이 다년간의 세무회계 실무와 강의를 하면서 느꼈던 부분이었고 본 도서를 활용하는 독자분들은 실제 실무를 하시는 분들이 대다수이므로 주요 세법과 관련된 가산세를 대상으로 하여 실무적 도움을 드리는 것이 효과적인 가산세 교재가 될 수 있을 거라 감히 판단하였습니다.

이에 본 도서의 특징과 2025년 가산세 주요 개정사항을 설명해드리면 다음과 같습니다.

1. 본 도서의 특징

체크리스트는 프롤로그(Prologue)로서 주요 신고와 관련된 확인사항을 소개하였습니다. 신고와 관련된 모든 체크사항을 본 책에 담기에는 그 내용이 너무 방대하여 주요 세법(부가가치세, 법인세, 종합소득세, 원천징수, 조세특례제한법상 세액감면과 세액공제)에 해당하는 내용만을 엄선하였고, 중요성을 고려하여 실제 신고시 확인해야 할 사항을 문답형식 위주의 체크리스트로 구성하였으니 기본적 세법 내용도 충분히 숙지하여 실제 신고시 활용하시길 바랍니다.

머리말
PRE FACE

참고로 2025년 체크리스트에 통합고용세액공제와 통합투자세액공제 관련 확인사항 내용을 추가하였고 기존의 확인사항도 2025년 기준으로 내용을 보충 · 수정하였습니다.

제1편 세목별 가산세 사례실무는 본 도서를 쓰면서 가장 많은 시간과 애정을 쏟은 부분인데 부가가치세, 법인세, 소득세 등 주요세법에서 실무상 자주 발생하는 가산세를 개정세법이 반영된 사례 형식으로 작성하여 가산세 실무 대응능력을 높이고자 하였고 이와 관련된 최신의 예규(삭제예규 포함)와 판례도 소개하였으며 최근 세무업무의 중요성을 반영하여 다음의 내용을 2025년 사례로 추가하였습니다.

(1) **부가가치세 사례 관련**

① 세금계산서 기재불성실 가산세 사례 추가

② 국세청 보도자료 중 2024.1기 예정신고부터 2025.1기 예정신고까지의 부가가치세 보도자료 중 추징사례 소개

(2) **법인세 사례 관련**

① 국세청 성실신고 지원 항목 최신 내용 반영

② 자기주식을 상여로 지급하는 경우의 손금산입 방법과 임원에게 지급한 특별상여금의 손금산입 해당 여부 등 최신 반영

(3) **소득세 사례 관련**

① 국세청 전산시스템 중 국세정보관리시스템(TIMS)과 첨단탈세방지센터(FAC) 소개 추가

② 국세청 신고안내문의 수입금액 확인 주의 사항 소개

(4) **조세특례제한법상 세액감면 · 세액공제 가산세 사례 관련**

세액감면과 세액공제 관련 주요 최신 예규 반영

제2편 국세기본법상 가산세와 수정신고 및 경정청구에서는 세법에 공통으로 적용되는 가산세 항목에 대해서 일목요연하게 설명하였으며 가산세와 밀접한 관련성이 있는 수정신고에 대해서 세목별 사례와 실제 신고서식을 활용하여 설명하였으며 더불어 경정청구에 대한 부분도 세목별로 함께 학습할 수 있도록 구성하였으며 주요 최신 예규도 반영하였습니다.

제3편 원천징수이행상황신고서의 수정신고와 경정청구에서는 원천징수 신고와 관련된 수정신고방법과 법인세법상 상여처분이 발생하는 경우의 다양한 신고방법(연말정산 재정산, 원천징수 추가신고, 지급명세서 수정제출 그리고 종합소득세 추가신고 등)에 대해서 실제 사례를 활용하여 설명하였고 관련 신고서식도 첨부하여 실제 신고 실무 업무에 활용할 수 있도록 하였습니다.

제4편 세목별 가산세 핵심정리에서는 부가가치세, 법인세, 종합소득세 그리고 지방세의 가산세 내용을 요약하였고 가산세 내용과 관련된 필요한 법령 내용도 각주와 보론, 참고사항으로 요약정리하여 가산세에 대한 이해력이 높아질 수 있도록 노력하였으며, 조문별로 알아보기 쉽게 개정된 법인세 가산세와 소득세 가산세도 조문별로 풀어서 설명하였고 2021년부터 2025년 귀속분까지의 각 세목별 신고기한을 납부지연 가산세의 일수 계산시 도움을 주고자 정리하였습니다.

2. 2025년 가산세 관련 주요 개정사항

(1) 국세기본법

① 금융투자소득의 원천징수세액에 대한 납부지연가산세 삭제(국기법 §47의 5 ⑥)

금융투자소득세 제도가 폐지되면서 이와 관련된 납부지연가산세 규정도 삭제되었음

② 국세환급가산금의 이율(국기칙 §19의 3)

시중은행의 정기예금 이자율 추이 등을 고려하여 국세환급가산금의 이율을 연 1,000분의 35에서 연 1,000분의 31로 조정함

(2) 부가가치세법

① 명의위장사업자 가산세 강화(부가법 §60, 동법 §68의 2)

2025.1.1. 이후 공급하는 분부터 타인명의 사업자등록에 대한 가산세가 일반과세자인 경우 1%에서 2%로, 간이사업자인 경우 0.5%에서 1%로 수정되었음

머리말

PRE FACE

② 정기예금 이자율 개정(부가칙 §47)

시중은행의 정기예금 이자율 추이 등을 고려하여 부동산 임대보증금에 대한 과세표준을 계산할 때에 적용하는 정기예금 이자율을 연 1,000분의 35에서 연 1,000분의 31로 조정함

(3) 법인세법

① 명령사항위반에 대한 과태료 신설(법법 §124)

가상자산사업자에 대한 명령을 위반한 법인에게 2천만원 이하의 과태료를 부과 · 징수함

② 정기예금 이자율 개정(부가칙 §47)

부동산임대에 의한 전세금 또는 임대보증금에 대한 사업수입금액의 계산시 적용되는 정기예금 이자율을 연 1,000분의 35에서 연 1,000분의 31로 조정함

(4) 조세특례제한법

• 혼인무효시 혼인세액공제 가산세 및 이자상액 등(조특령 §94)

무효확인의 소 확정 후 3개월 내 신고시 무신고 · 과소신고가산세, 납부지연가산세가 면제되고 수정신고시 50만원×0.022%×일수(종합소득산출세액 신고기한 다음날부터 수정 신고등을 한 날까지의 기간)의 이자상당액을 납부함

가산세는 생각보다 어렵고, 세목별 세법지식이 충분히 숙지되고 있어야 하는 종합과정에 해당되므로 초보 실무자들이 학습하기에 조금 어려움이 있겠지만 실무상 자주 발생하는 사례 위주로 차근차근 대응책을 마련해나간다면 실무 대처 능력향상을 충분히 기대해볼 수 있을 것으로 믿어 의심치 않습니다.

아무쪼록 본 도서가 가산세 사전방지를 위한 세무관리 업무에 많은 도움이 될 수 있기를 희망하는 바이며, 본 도서 출간에 많은 관심을 가져주신 서원진 대표이사님과 항상 많은 응원을 보내주시는 류현수 본부장님, 그리고 많이 늦어진 원고와 개정사항의 복잡함으로 많은 어려움을 드렸음에도 불구하고 최선을 다해주신 편집 · 교정 그리고 편집디자인팀 모두에게 죄송스러움과 무한한 감사의 인사를 드립니다.

마지막으로 항상 고생만 하는 사랑하는 아내 윤주와 바쁘다는 이유로 많은 대화를 하지 못하고 있는 우리 중학교 2학년 장남 민후, 많이 못 놀아줘서 미안한 둘째 민준 그리고 소중하게 우리에게 온 늦둥이 우리 소민 공주님에게 사랑하는 마음과 감사의 인사를 전합니다.

2025년 6월

세무사 **진 성 규**

일러두기

본 도서에서 많이 쓰인 약어를 다음과 같이 알려드립니다.

부 가 법 … 부가가치세법
부 가 령 … 부가가치세법 시행령
부 가 칙 … 부가가치세법 시행규칙
부 가 통 … 부가가치세법 기본통칙
부가집행 … 부가가치세법 집행기준

조 특 법 … 조세특례제한법
조 특 령 … 조세특례제한법 시행령
조 특 칙 … 조세특례제한법 시행규칙
조 특 통 … 조세특례제한법 기본통칙
조특집행 … 조세특례제한법 집행기준

법 법 … 법인세법
법 령 … 법인세법 시행령
법 칙 … 법인세법 시행규칙
법 통 … 법인세법 기본통칙
법인집행 … 법인세법 집행기준

국 기 법 … 국세기본법
국 기 령 … 국세기본법 시행령
국 기 칙 … 국세기본법 시행규칙
국 기 통 … 국세기본법 기본통칙
국기집행 … 국세기본법 집행기준

소 법 … 소득세법
소 령 … 소득세법 시행령
소 칙 … 소득세법 시행규칙
소 통 … 소득세법 기본통칙
소득집행 … 소득세법 집행기준

지 법 … 지방세법
지 령 … 지방세법 시행령
지 기 법 … 지방세기본법
지 기 령 … 지방세기본법 시행령

목차
CONTENTS

목차
CON
TENTS

목차

CONTENTS

목차
CONTENTS

목차
CONTENTS

제 2 편 국세기본법상 가산세와 수정신고 및 경정청구

목차
CONTENTS

제 3 편 원천징수이행상황신고서의 수정신고와 경정청구

목차

CONTENTS

제 4 편 세목별 가산세 핵심정리

목차
CONTENTS

목차
CONTENTS

목차
CONTENTS

목차

CONTENTS

가산세 방지를 위한 세목별 신고 체크리스트

가산세 방지를 위한 세목별 신고 체크리스트

가산세 실무를 공부하는 주된 목적은 가산세를 잘 적용하여 정확한 가산세액을 계산하는 것이 아니라 가산세를 사전에 방지하기 위함에 그 목적이 있다 할 수 있으며, 가산세를 사전에 방지하기 위해서는 각 세목별 신고시 세법에 위반되는 사항에 대한 세무관리를 통하여 가산세를 부담하지 않는 합리적 신고 관리가 되어야 할 것으로 판단된다.

이에 본장에서는 실제 업무처리를 하면서 활용하고 있었던 세목별 신고 체크리스트를 보완하여 소개하니 가산세 방지에 좋은 길잡이가 되었으면 한다.

저자주 신고와 관련된 모든 체크사항을 열거할 수는 없는바 중요성을 고려하여 실제 신고시 유의할 사항 위주로 체크리스트 항목을 구성하였으며 추후 고려하여야 할 사항에 대한 제안이 있으면 해당 내용을 적극적으로 반영하여 교재에 반영할 것을 약속하는 바입니다. 해당 체크리스트는 확인을 위한 문답형식으로 되어 있으므로 해당 항목의 주요 내용은 관련 법령과 관련 세목의 교재를 활용하길 바라며 본 교재에서 모든 항목의 내용을 모두 설명할 수 없는 점을 이해하길 바랍니다.

제1절 부가가치세 신고 체크리스트

1. 과세표준 및 매출세액 관련 확인사항

(1) 일반 과세분 관련 확인사항

No.	확 인 사 항	확인여부	비 고[1]
1	신고서상 세금계산서 발급 금액과 매출처별세금계산서합계표금액은 일치하는가?		
2	작성한 매출처별세금계산서합계표금액이 국세청의 신고용 합계표 금액과 일치하는가?		

1) ① 비고란에는 관련 법령 · 예규를 소개하였다.
② 비고란이 비어있는 경우에는 신고서 작성 관련 확인사항과 실무적 업무처리 정도로 이해하면 된다.

No.	확 인 사 항	확인여부	비 고
3	세금계산서가 중복으로 입력된 금액이 있는가?		
4	신고서상 신용카드와 현금영수증 매출금액이 있는 경우 신용카드단말기 금액(2대 이상인 경우 합산집계해야 함)과 국세청 신용카드매출조회 · 현금영수증매출조회금액과 일치하는가?		
5	오픈마켓 매출이 있는 경우 오픈마켓에서 제공되는 신용카드 자료 등을 확인하여 신고서를 작성하였는가? 참고로 세무대리인의 경우 국세청 홈택스의 세무대리 공통메뉴의 신용카드/판매(결제)대행 매출자료 조회를 통하여 금액을 조회할 수 있다.		
6	제로페이 매출이 있는 경우 제로페이 홈페이지에서 매출을 확인하여야 정확한 신고서를 작성할 수 있다. 확인하였는가? 참고로 세무대리인의 경우 국세청 홈택스의 세무대리 공통메뉴의 신용카드/판매(결제)대행 매출자료 조회를 통하여 금액을 조회할 수 있다.		
7	신고서상 신용카드 등 금액과 신용카드매출전표 등 발행금액 집계표 금액이 일치하는가?		
8	세금계산서 발급분 신용카드 결제금액이 있는가? 있는 경우 해당 금액을 구분하여 신용카드매출전표 등 발행금액 집계표를 작성하였는가?		부가 46015 −1613, 1996.8.9.
9	용역제공의 대가를 신용카드 등으로 선불 결제받은 경우에는 결제받은 날이 속하는 과세기간에 전체금액을 공급가액으로 신고하여야 한다. 해당 금액이 모두 신고되었는가?		부가령 §29 ② 3호
10	재화공급의 특례(자가 공급, 개인적 공급, 사업상 증여, 폐업시 잔존재화)에 해당되는 금액이 있는가?		부가법 §10
11	간주임대료 금액을 확인하였는가? 해당 간주임대료 금액 포함하여 부동산임대명세서를 작성하였는가?		부가령 §65 ①
12	현금매출명세서 제출 대상 사업자인 경우 현금매출명세서를 작성하였는가?		
13	현금영수증 발급대상사업자는 현금영수증 발급대상 금액(10만원 이상)에 대해서는 현금영수증을 발급하여야 한다. 현금영수증 발급금액을 확인하였는가?		
14	순수 현금매출금액의 신고는 적정한가?		
15	마일리지 등 금액은 제3자 마일리지 등으로 결제받은 부분만 공급가액에 포함되는 것이다. 확인하였는가?		부가령 §61 ② 9호
16	봉사료 금액이 있는 경우 봉사료 금액의 신고서 포함 여부를 확인하였는가?		부가령 §61 ④

(2) 영세율 과세분 관련 확인사항

No.	확 인 사 항	확인여부	비 고
1	내국신용장(구매확인서 포함) 매출이 있는 경우 내국신용장 · 구매확인서발급명세서를 작성하였는가?		
2	내국신용장과 관련되어 수정세금계산서가 발급된 경우라면 해당 세금계산서 금액이 적절하게 반영되었는가?		
3	직수출 등 있는 경우 수출실적명세서를 작성하였는가? 수출신고필증과 수출 관련 인보이스 등을 확인하였는가?		
4	수출하는 재화의 공급시기를 확인하였는가? 예를 들면 선하증권에서 확인되는 선적일을 확인하였는가?		
5	직수출의 경우 해당 공급시기의 기준환율과 재정환율을 적용하여 과세표준을 계산하였는가?		부가령 §59
6	임가공업의 경우 수출업자와 직접 도급 계약하였으나 주요자재를 부담하거나 수출업자와 직접 도급계약을 하지 않은 경우에는 영세율을 적용할 수 없는데 영세율 매출로 신고 들어가는 것이 맞는가?		부가령 §33 ② 3호
7	외화획득을 위한 재화 또는 용역에 해당되는 업종인가? 해당하는 업종이라면 대가를 외화로 받았는가? 반드시 외화로 수령하여야 영세율이 적용된다.		부가령 §33 ②, 부가칙 §22
8	영세율 매출명세서를 작성하였는가?		
9	영세율 매출관련 서류를 신고시 국세청에 제출하였는가?		
10	영세율 상호주의 적용이 되는 경우에 관련 내용을 신고서에 기재하여야 한다. 영세율 상호주의 적용에 해당되는가?		부가법 §25, 부가령 §33 ②

(3) 과세 · 면세 겸업자의 과세표준 안분계산 관련 확인사항

No.	확 인 사 항	확인여부	비 고
1	과세 매출분과 면세 매출분을 구분하여 신고서를 작성하였는가?		부가법 §29 ⑧
2	과세 매출분과 면세 매출분이 구분 안 되는 경우 직전 과세기간 수입금액 등의 적정한 기준으로 안분하였는가? 안분기준에 공통사용 재화와 관련 없는 수입금액을 제외하였는가?		부가령 §63
3	매출관련 안분계산을 생략하는 기준에 해당되는가?		

(4) 예정신고누락분과 대손세액공제 관련 확인사항

No.	확 인 사 항	확인여부	비 고
1	예정신고누락분이 있는 경우 세금계산서와 기타로 구분하여 신고서를 작성하였는가?		
2	예정신고누락분에 대한 가산세를 계산하였는가?		
3	대손세액공제시 대손세액공제 사유에 해당되는가?		
4	대손세액공제시 거래상대방의 무재산을 확인하였는가? 관련 입증 서류는 구비하였는가?		
5	대손세액공제 시기와 대손세액공제 범위는 확인하였는가?		
6	거래상대방의 부도로 인한 대손사유가 발생한 경우, 부도발생일로부터 6개월이 지났는가?		부가법 §45, 부가령 §87
7	중소기업의 경우 외상매출금 등으로서 회수기일이 2년 이상 지난 경우 무재산 증명없이 대손세액공제가 가능하다. 2년 이상 지났는가?		
8	대손세액공제는 확정신고시만 신고가 가능하다. 확정신고기간인가?		
9	대손변제받은 경우 관련 매출세액을 신고하였는가?		

2. 매입세액공제와 불공제 관련 확인사항

(1) 세금계산서 매입세액공제 관련 확인사항

No.	확 인 사 항	확인여부	비 고
1	신고서상 매입세금계산서상 금액과 매입처별세금계산서합계표 금액과 일치하는가?		
2	작성한 매입처별세금계산서합계표 금액과 국세청 신고용 합계표금액과 일치하는가?		
3	종이로 발급받은 세금계산서의 계산기로 계산한 합계금액과 매입처별세금계산서합계표의 전자외분 금액과 일치하는가?		
4	신고서상 일반매입분과 고정자산매입분을 구분하였는가? 고정자산매입분에 대해서는 건물등감가상각자산취득명세서를 작성하였는가?		
5	세금계산서를 선발급받은 경우 선발급세금계산서에 해당되는 정당한 세금계산서인가?		
6	영수증 발급대상 간이과세자와 면세사업자로부터 잘못 받은 세금계산서로 매입세액공제를 계산한 것은 없는가?		
7	금관련제품과 구리스크랩 거래전용계좌를 사용하였는가?		

No.	확 인 사 항	확인여부	비 고
8	예정신고누락분이 있는 경우 확정신고시 반영하여 신고할 수 있다. 세금계산서와 기타분으로 구입하여 입력하였는가?		

(2) 신용카드매출전표 등 수취분 관련 확인사항

No.	확 인 사 항	확인여부	비 고
1	신용카드매출전표수령명세서를 작성하였는가?		부가법 §46
2	거래상대방을 확인하였는가? 세금계산서를 발급할 수 없는 간이과세자와 폐업자 그리고 면세사업자와의 거래가 있는지 확인해야 하고 영수증만 발급할 수 있는 사업자와 거래가 아니어야 한다.		
3	매입세액불공제분에 해당되지 않는가?		
4	오픈마켓에서 구입한 신용카드자료는 국세청 자료가 오픈마켓 사업자로 자료가 제공되지 않고 오픈마켓 결제대행자로 자료가 제공되므로 실제 오픈마켓 사업자와의 거래가 공제 가능한 거래인지 확인하여야 한다. 확인하였는가?		부가법 §46, 부가령 §88
5	오픈마켓에서 구입한 면세구입건은 국세청 자료상 과세구입건으로 자료가 제공되는 것이 확인된다. 면세구입건은 공제항목에서 제외하였는가? 과세구입건과 면세구입건이 혼합되어 있는 경우라면 개별항목으로 구별해야 함에 유의하자.		
6	세금계산서와 이중으로 공제받지 않았는가?		

(3) 의제매입세액공제와 재활용폐자원 매입세액공제 관련 확인사항

No.	확 인 사 항	확인여부	비 고
1	의제매입세액공제와 관련된 증명서류를 수취하였는가?		부가법 §42, 부가령 §84
2	농어민과 임업종사자와 직접 거래분은 있는가?		
3	공제대상 금액은 적정한가?		
4	공제율은 적정한가?		
5	확정신고시에는 공제한도 검토가 필요하다. 공제한도를 검토하였는가?		
6	신용카드로 의제매입세액공제를 적용받는 경우 신용카드매출전표등 수령명세서 금액과 신고서상 금액과 일치하지 않아 오류메세지가 나온다. 정상적인 거래라면 상관없는 메시지인데 확인하였는가?		
7	재활용폐자원 매입세액공제 대상 사업자인가?		조특법 §108, 조특령 §110
8	공제대상 폐자원인가?		

No.	확 인 사 항	확인여부	비 고
9	재활용폐자원 공제대상 금액은 적정한가?		조특법 §108, 조특령 §110
10	중고자동차 수출관련 매입세액공제는 적정한가?		
11	재활용폐자원 공제율은 적정한가?		
12	재활용폐자원 공제도 확정신고시 공제한도 검토가 필요하다. 공제한도를 검토하였는가?		
13	신고서상 공제금액과 관련 신고서(의제매입세액공제신고서 등)상 금액과 일치하는가?		

(4) 매입세액불공제 관련 확인사항

No.	확 인 사 항	확인여부	비 고
1	세금계산서를 발급할 수 없는 거래처로부터 발급받은 세금계산서인가? 예를 들면 폐업자로부터의 수정세금계산서 수취, 세금계산서 발급대상이 아닌 간이과세자와 면세사업자로부터의 세금계산서 수취, 과세면세겸업사업자로부터 면세와 관련된 거래내역에 대한 세금계산서 수취 등임.		
2	사업과 관련 없는 매입세액공제인가?		
3	개별소비세 과세대상 승용차의 구입과 관련된 세금계산서인가?		
4	개별소비세 과세대상 승용차의 유지와 관련된 세금계산서인가?		
5	개별소비세 과세대상 승용차의 임차와 관련된 세금계산서인가?		
6	기업업무추진비 관련 매입세액 세금계산서인가?		
7	면세사업 관련 매입세액 세금계산서인가?		
8	토지의 자본적 지출 관련 매입세액 세금계산서인가?		
9	세금계산서의 필요적 기재사항이 정확한 세금계산서인가? 예를 들면 본점과 지점을 잘못 구분하여 발급받은 세금계산서인가?		
10	신고서상 공제받지 못한 금액과 공제받지 못할 매입세액명세서 금액과 일치하는가?		

(5) 과세면세 겸업사업자의 공통매입세액 관련 확인사항

No.	확 인 사 항	확인여부	비 고
1	공통사용재화 관련된 과세 및 면세 수입금액 비율로 안분하였는가?		
2	현장이 구분되는 건설업의 경우 현장별 과세 및 면세 수입금액 비율로 안분하였는가?		

No.	확 인 사 항	확인여부	비 고
3	건설업 본사의 공통매입세액의 경우 전체 과세 및 면세 수입금액 비율로 안분하였는가?		
4	안분계산 생략기준에 해당되는가?		
5	예정신고시 안분한 공통매입세액은 확정신고시 정산하여야 한다. 정산하였는가?		
6	확정신고시 구입한 공통매입세액은 확정신고기간에 대한 과세 및 면세 수입금액 비율로 안분하면 안 되고 과세기간에 대한 과세 및 면세 수입금액 비율로 안분하여야 한다. 확인하였는가?		
7	감가상각대상 자산의 경우 공통매입세액 안분 계산 후 면세수입금액비율이 5% 이상 차이가 나는 경우에는 납부(환급)세액 재계산을 하여야 한다. 확인하였는가?		부가법 §41, 부가령 §83
8	감가상각대상 자산의 납부(환급)세액 재계산시 경과된 과세기간 수는 검토하였는가?		
9	관련 신고서식(공제받지 못할 매입세액명세서)을 작성하였는가?		부가령 §91

3. 경감 · 공제세액 관련 확인사항

(1) 신용카드 등의 사용에 따른 세액공제 확인사항

No.	확 인 사 항	확인여부	비 고
1	신용카드발행세액공제 대상 사업자인가?		부가법 §46
2	공급대가로 집계하여 신용카드발행세액공제를 받을 수 있다. 확인하였는가?		
3	결제대행업체를 통한 신용카드매출전표와 본인 명의의 카드전표만 공제가능하다. 확인하였는가?		부가령 §88
4	공제율과 공제한도를 확인하였는가? 연간 한도가 있으므로 주의하여야 한다.		부가법 §46
5	공제세액이 납부세액을 초과하면 공제가 불가능하다. 확인하였는가?		

(2) 전자신고 등 관련 세액공제 확인사항

No.	확 인 사 항	확인여부	비 고
1	전자신고 등 세액공제 등을 적용 받을 수 있는가? 전자신고세액공제의 경우 확정신고시에만 적용하여야 한다.		조특법 §104의 8

No.	확 인 사 항	확인여부	비 고
2	2022.7.1. 이후 공급하는 분부터 직전연도 사업장별 재화 · 용역의 공급가액 합계액(면세공급가액 포함)이 3억원 미만인 개인사업자가 발급하는 전자세금계산서에 대해서는 발급건수 당 200원(연간 한도 100만원)의 전자세금계산서 발급세액공제를 적용받을 수 있다. 확인하였는가?		부가법 §47, 부가령 §89
3	사업양수자의 대리납부 기납부세액, 매입자 납부특례 기납부세액 그리고 신용카드 사업자의 대리납부 기납부세액을 신고서에 입력하였는가?		

(3) **예정신고미환급세액과 예정고지세액 관련 확인사항**

No.	확 인 사 항	확인여부	비 고
1	조기환급대상에 해당되는 경우를 제외하고는 예정신고시 미환급세액은 확정신고시 예정신고미환급세액란에 기입하여 정산하여야 한다. 확인하였는가?		부가법 §49
2	예정신고시 조기환급대상으로 신고를 하지 않았음에도 불구하고 고정자산매입분으로 인한 예정신고 환급세액은 확정신고 전 환급되는 경우가 있다. 환급된 경우라면 확정신고시 예정신고미환급세액란에 기입하면 안 된다. 확인하였는가?		
3	개인사업자의 예정고지세액을 확인하여 확정신고서를 작성하였는가? 예정고지세액이 취소되는 경우가 있으므로 국세청 홈택스에서 예정고지세액을 확인하여 입력여부를 결정하여야 함에 유의하자.		
4	조기환급을 받고자 하는 경우 '영세율 등 조기환급'으로 신고서를 표기하였는가?		부가법 §59

4. 가산세 관련 확인사항

No.	확 인 사 항	확인여부	비 고
1	관련 가산세액 확인하여 해당 가산세액란에 기입하였는가?		
2	가산세액이 중복된 경우에는 가산세 우선순위를 적용하여 가산세를 계산하여야 한다. 확인하였는가?		
3	신고불성실가산세 적용시 감면율을 적용하여 계산하였는가?		
4	신고불성실가산세는 일반과 부정으로 구분하여 가산세액을 계산하여야 한다. 확인하였는가?		
5	납부지연 가산세 적용시 일수와 가산세율을 적정하게 적용하였는가?		

5. 세금계산서 관련 확인사항

No.	확 인 사 항	확인여부	비 고
1	공급시기를 작성일자로 하여 발급하였는가?		
2	장기할부판매, 중간지급조건부 공급, 완성도기준지급의 경우 각 대가를 받기로 한 날이 세금계산서 공급시기이다. 확인하였는가?		
3	월합계세금계산서의 경우 다음달 10일까지 발급하였는가?		
4	선발급세금계산서의 경우 관련 요건을 확인하고 발급하였는가?		
5	영세율 세금계산서의 경우 내국신용장 등을 발급받고 발급하여야 한다. 확인하였는가?		
6	수정세금계산서의 경우 작성일자가 발급사유에 따라 상이하다. 작성일자를 확인하였는가?		

제2절 법인세 신고 체크리스트

1. 중소기업 판정 여부 확인사항

No.	확 인 사 항	확인여부	비 고
1	매출액 요건이 업종별 규모기준에 충족하여야 한다. 확인하였는가?		조특령 §2
2	중소기업에 해당되지 않는 경우 사유발생 사업연도와 그 다음 3개 과세연도까지는 중소기업으로 본다. 유예제도를 확인하였는가? * 2024.11.12.이 속하는 과세연도에 최초로 중소기업에 해당하지 않게 된 사유가 발생하는 경우부터는 5개 과세연도(최초로 그 사유가 발생한 날이 속하는 과세연도의 종료일부터 5년이 되는 날이 속하는 과세연도의 종료일 현재 해당 기업이 자본시장과 금융투자업에 관한 법률에 따른 유가증권시장 또는 코스닥시장에 상장되어 있는 경우에는 7개 과세연도)까지 중소기업으로 봄		
3	자산총액(5,000억원) 기준 이상이면 중소기업을 졸업하게 된다. 확인하였는가?		
4	독립성 기준관련 하여 독점규제 및 공정거래에 관한 법률에 따른 상호출자제한기업집단에 해당되면 중소기업이 아니다. 확인하였는가?		

No.	확 인 사 항	확인여부	비 고
5	자산총액 5천억원 이상인 법인(외국법인 포함)이 지분의 30% 이상을 직접적 또는 간접적으로 소유하면서 최다출자자에 해당하면 중소기업이 아니다. 확인하였는가?		조특령 §2
6	다른 법인과 출자 관계에 있는 경우, 관계기업 간 합산한 전체 매출액이 규모기준을 초과하면 중소기업이 아니다. 확인하였는가?		

2. 수입금액 관련 확인사항

No.	확 인 사 항	확인여부	비 고
1	수입금액에 누락된 금액이 있는가? 특히 현금매출 누락여부 확인해야 함에 유의하자.		
2	건설업 등의 경우 진행률에 따라서 계상한 수입금액인가?		법령 §69
3	수입배당액이 있는 경우 수입배당액에 대한 익금불산입 세무조정을 검토하여야 한다. 검토하였는가?		법법 §18의 2
4	차입금과다법인이면서 부동산임대업을 주업으로 하는 법인은 임대보증금에 대한 간주익금 검토를 하여야 한다. 검토하였는가?		조특령 §132
5	법인세법상 수입금액과 부가가치세법상 과세표준금액이 일치하지 않는 경우 관련 차이금액에 대해서 확인하였는가?		

3. 과목별 세무조정 관련 확인사항

(1) 감가상각비 관련 확인사항

No.	확 인 사 항	확인여부	비 고
1	자산별 상각방법(정액법 또는 정률법)을 확인하였는가?		법령 §26
2	자산별 내용연수를 정확하게 적용하였는가? 특히 기계장치 또는 시설장치의 경우 업종별 내용연수를 적용하여야 한다. 확인하였는가?		법령 §28
3	자본적 지출과 수익적 지출의 회계처리가 적절한가? 자본적 지출을 수익적 지출로 처리하였을 경우 즉시상각의제 검토를 하여야 한다. 검토하였는가?		법법 §23, 법령 §31
4	중소기업특별세액감면 등을 적용받는 경우 감가상각비는 세법상 한도금액만큼 강제상각 계상하여야 하며 계상하지 않는 경우 감가상각의제 제도가 적용된다. 검토하였는가?		법령 §30

No.	확 인 사 항	확인여부	비 고
5	감가상각대상 자산의 재무상태표상 기말자산금액과 감가상각비조정명세서상 기말잔액 그리고 결산부속명세의 미상각잔액의 금액이 모두 일치하는가? 일치하지 않는 경우 회계프로그램의 데이터가 잘못되어 있거나, 감가상각비 회계처리가 잘못된 것으로 판단된다. 확인하였는가?		
6	감가상각한도초과 세무조정과 한도 미달시 전기감가상각한도초과 손금추인 세무조정을 하였는가?		법령 §32
7	감가상각대상자산의 상각부인액이 있는 경우로서 감가상각대상자산을 양도하면 손금부인된 금액을 모두 손금추인하여야 한다. 적정한 세무조정을 하였는가?		
8	유형자산 손상차손이 발생하면 손상차손과 관련된 객관적 사실관계가 확인되어야 손금산입이 가능하다. 확인하였는가?		법령 §78

(2) 업무용승용차 관련 확인사항

No.	확 인 사 항	확인여부	비 고
1	업무용승용차 적용대상 차량인가?		법법 §27의 2, 법령 §50의 2, 법칙 §27의2
2	임직원전용보험에 가입되었는가? 일부가입이 된 경우 가입 전 비용에 대해서 세무조정을 하였는가?		
3	2024.1.1. 이후 법인이 8,000만원 이상 업무용승용차를 취득하고 리스하는 경우 연녹색 번호판을 부착하지 않으면 업무용승용차 차량관련비용이 영(0)원이다. 연녹색 번호판을 부착하였는가?		
4	세무상 차량관련비용이 1,500만원을 초과하는 경우 운행기록부를 작성하여 업무용사용비율을 계산하였는가? 참고로 부동산임대업을 주업으로 하는 법인의 경우 차량관련비용은 50% 적용하여 운행기록부 작성 여부를 검토하여야 하고 연도 중 취득차량에 대해서는 1,500만원×보유월수/12를 적용하여 판단하여야 함에 유의하자.		
5	사적사용비율에 대해서 상여등의 세무조정과 소득처분을 하였는가?		
6	2016.1.1. 이후 취득차량에 대한 감가상각비는 정액법으로, 내용연수 5년을 적용하였는가?		
7	연도 중 취득차량에 대해서 보유월수를 적용한 감가상각비 한도액과 비교하여 세무조정을 하였는가? 참고로 부동산임대업을 주업으로 하는 법인의 경우 감가상각비 한도액은 50% 적용됨에 유의하자.		
8	전년도 감가상각한도초과액을 차기이월 감가상각한도초과액에 입력하였는가?		
9	해당 연도 감가상각한도미달액에 대해서 전기이월 감가상각한도초과액 손금추인하였는가?		

No.	확 인 사 항	확인여부	비 고
10	매각시 2016.1.1. 이후 취득차량에 대해서는 양도일 전일까지의 감가상각비를 계상하여 세무조정을 하여야 한다. 반영하였는가?		법법 §27의 2, 법령 §50의 2, 법칙 §27의2
11	매각시 감가상각비 한도초과액(유보)에 대해서 손금추인 세무조정을 하였는가?		
12	매각시 세무상 유형자산처분손실금액 중 800만원을 초과하는 금액에 대해서 세무조정을 하였는가? 초과된 금액 중 차기이월로 이월되는 금액을 확인하였는가?		
13	전기 유형자산처분손실 중 800만원을 초과하는 금액에 대해서 손금추인 세무조정을 하였는가?		
14	2022년 귀속분부터 업무용승용차 관련 비용명세서 제출 불성실 가산세 제도가 신설되었다. 비용명세서를 성실하게 작성하여 제출하였는가?		
15	법인사업자의 해산시 해산등기일(합병등기일과 분할등기일 포함)이 속하는 과세연도에 감가상각비 한도초과액 잔액과 유형자산처분손실 잔액이 있는 경우 전액 손금추인한다. 관련 세무조정을 하였는가?		

(3) 퇴직급여충당부채와 퇴직연금부담 관련 확인사항

No.	확 인 사 항	확인여부	비 고
1	확정기여형 퇴직연금 가입자는 퇴직급여충당부채설정대상자가 아니다. 확정기여형 퇴직연금 가입자를 제외하고 퇴직급여충당부채를 설정하였는가?		법법 §33, 법령 §44 · §44의 2 · §60, 법칙 §23 · §31
2	퇴직금 지급시 퇴직급여충당부채를 상계처리하는 경우 퇴직급여충당부채 부인금액을 손금추인하여야 한다. 적정한 세무조정을 하였는가?		
3	퇴직급여추계액을 설정할 대상자를 확인하고 기말시점 퇴직급여추계액을 계산하였는가?		
4	퇴직급여충당부채를 기말에 추가 설정한 경우 추가 설정한 금액에 대한 세무조정을 하였는가?		
5	퇴직금 지급시 퇴직연금운용자산과 상계처리한 금액은 당기 이전 퇴직연금 손금산입액 금액을 손금불산입하는 세무조정을 하여야 한다. 적정한 세무조정을 하였는가?		
6	퇴직연금 당기 불입액에 대해서 적정한 세무조정을 하였는가?		

(4) 대손충당금 및 대손금조정 관련 확인사항

No.	확 인 사 항	확인여부	비 고
1	대손금 사유에 해당되는가? 사유에 해당이 되는 경우라면 객관적 사실관계를 바탕으로 한 대손확정일을 확인하였는가?		

No.	확 인 사 항	확인여부	비 고
2	대손금 사유는 신고조정과 결산조정이 있다. 해당 내용을 확인하고 대손상각처리를 하였는가?		법법 §19의 2 · §34, 법령 §10의 2 · §61 · §62, 법칙 §31
3	결산조정 사유 중 부도발생일부터 6개월 이상 지난 수표 또는 어음상의 채권 및 외상매출금과 중소기업의 외상매출금 및 미수금으로서 회수기일이 2년 이상 지난 외상매출금 등이 있다. 부도발생일로부터 6개월 이상 지난 날과 회수기일이 2년 이상 지났는지 여부를 확인하였는가? 또한 중소기업이 보유하고 있는 외상매출금 등이 해당되므로 비중소기업이 보유하고 있는 외상매출금의 대손에 대해서는 손금불산입 세무조정을 하였는가?		
4	신고조정 사유 중 소멸시효 완성과 관련된 사항이 있다. 소멸시효의 기산일과 완성일을 확인하였는가?		
5	대손충당금 설정대상 채권을 확인하였는가?		
6	대손충당금 설정시 실적률을 적용할 경우에 실적률 계산이 정확하게 되었는가?		

(5) 기업업무추진비 조정 관련 확인사항

No.	확 인 사 항	확인여부	비 고
1	중소기업의 기업업무추진비 기본한도는 3,600만원이다. 중소기업 여부를 확인하였는가?		법법 §25, 법령 §40~§42, 법칙 §20
2	해당연도 설립한 중소기업의 기업업무추진비 기본한도는 월할로 안분하여 한도를 구해야 한다. 확인하였는가?		
3	기업업무추진비의 수입금액 한도 중 특수관계자 거래가 있는 경우 수입금액 한도의 10%가 적용된다. 특수관계자 거래를 확인하였는가?		
4	기업업무추진비와 기업업무추진비 유사항목인 광고선전비, 기부금, 판매장려금과 구별하였는가?		
5	기업업무추진비와 관련된 정규증명서류를 확인하였는가?		
6	기업업무추진비와 관련된 정규증명서류가 없어도 해외기업업무추진비와 사업상증여, 약정에 의한 채권포기액 그리고 농어민구입분(계좌이체되어야 하고 경비등 송금명세서가 작성되어야 함)은 세법상 기업업무추진비로 인정받는다. 해당 내용을 확인하였는가?		
7	사적관련 또는 업무무관 기업업무추진비가 있는가? 있는 경우라면 손금불산입하고 상여로 처분하여야 함에 유의하자.		
8	문화기업업무추진비가 있는 경우 일반 기업업무추진비 한도의 20% 상당액을 기업업무추진비 한도에 가산한다. 문화기업업무추진비 지출 내역을 확인하였는가?		조특법 §136

No.	확 인 사 항	확인여부	비 고
9	전통시장에서 지출한 기업업무추진비가 있는 경우 일반 기업업무추진비 한도의 10% 상당액을 기업업무추진비 한도에 가산한다. 전통시장 기업업무추진비 지출 내역을 확인하였는가?		조특법 §136

(6) 재고자산 관련 확인사항

No.	확 인 사 항	확인여부	비 고
1	재고자산 평가를 신고하였는가? 무신고일 경우 선입선출법에 의하여 재고자산을 평가하여야 한다. 확인하였는가?		법법 §42, 법령 §74 · §78
2	신고한 평가방법을 변경하고자 하는 경우 변경한 평가방법을 적용하고자 하는 사업연도의 종료일 이전 3월이 되는 날에 평가방법을 변경신고하여야 한다. 확인하였는가?		
3	재고자산감모손실이 발생한 경우 객관적 사실관계를 확인하고 회계처리를 하였는가? 비경상적 감모손실인 경우라면 재고자산 감액분에 대해서 '타계정으로 대체'처리를 하여야 한다. 확인하였는가?		
4	재고자산평가손실이 발생하는 경우 회계처리를 적정하게 하였는가? 객관적 사실이 확인가능한가?		

(7) 세금과공과금 관련 확인사항

No.	확 인 사 항	확인여부	비 고
1	세금과공과금 중 가산세와 과태료 등의 손금불산입 항목에 대해서 세무조정을 하였는가?		법인집행 21-0-1~21-0-4
2	실무상 잡손실 계상액 중 가산세 등의 손금불산입 항목이 있다. 손금불산입 세무조정을 하였는가?		
3	2018.2.21. 이후 고용노동부장관에게 신고 · 납부하는 장애인고용부담금은 법인세법 제21조 제5호(법령에 따른 의무의 불이행 또는 금지 · 제한 등의 위반에 대한 제재로서 부과되는 공과금)에 따른 공과금에 해당되어 손금불산입 대상으로 국세청이 안내하고 있지만 현재 이건에 대해서 조세소송 진행 중이고 2심까지는 손금산입이 가능하다는 판결이 나왔으므로 추후 확인이 필요하다.		

(8) 선급비용 관련 확인사항

No.	확 인 사 항	확인여부	비 고
1	전년도 선급비용으로 계상한 보험료 등에 대해서 당기에 비용 처리하였는가?		

No.	확 인 사 항	확인여부	비 고
2	해당 연도 보험료 등 계상액 중 차기이후에 보험료에 대해서 연도 말 선급비용 계상하였는가?		
3	전년도 선급비용 계상액을 당기 비용처리한 경우로서, 차기 이후까지 보증기간이 설정되어 있는 경우 차기 이후에 해당되는 보험료 등에 대해서 연도 말에 선급비용 계상하였는가? [예] 보험료 1,200,000원, 보증기간 2024.6.1.부터 2026.4.30.까지인 경우 ① 2024.12.31.선급비용은 1,200,000원×485일/699일=832,618원 * 2025.1.1.~2026.4.30.은 485일이고 2024.6.1.~2026.4.30.은 699일임 ② 2025.1.1. 보험료는 832,618원(선급비용의 역분개) ③ 2025.12.31.선급비용은 832,618원×120일/485일=206,008원 * 2026.1.1.~2026.4.30.은 120일이고 2025.1.1.~2026.4.30.은 485일임		

(9) 가지급금 인정이자 관련 확인사항

No.	확 인 사 항	확인여부	비 고
1	특수관계인에 해당하는가?		법법 §52, 법령 §87 · §88 ① 6호 · §89 ③, 법칙 §43
2	특수관계인에 대한 가지급금에 해당되는가?		
3	가중평균차입이자율이 있음에도 불구하고 당좌대출이자율을 선택한 경우 3년간은 계속적으로 당좌대출이자율을 선택하여야 한다. 당좌대출이자율을 선택한 경우 해당 내용을 확인하였는가?		
4	가지급금 인정이자는 약정이 되어 있지 않은 경우라면 익금산입, 상여처분을 하여야 한다. 해당 세무조정과 소득처분을 하였는가?		
5	가지급금 인정이자에 대한 상여처분시, 상여처분 관련 연말정산 재정산, 원천징수 추가신고, 지급명세서 수정제출을 기한 내에 신고 · 제출하였는가?		
6	가지급금 인정이자에 약정이 되어 있는 경우에는 연말에 미수수익을 계상하고 해당 미수수익은 사업연도종료일로부터 1년이 되는 날까지 회수하여야 하고, 회수하지 않은 경우라면 익금산입, 상여처분을 하여야 한다. 1년이 되는 날까지 회수하였는가?		
7	업무무관 가지급금은 특수관계가 소멸할 때까지 회수하여야 하지만 회수를 못하는 경우라면 대여금에 대해서 익금산입, 상여처분을 하여야 한다. 해당 내용을 확인하였는가?		

(10) 업무무관 지급이자 손금불산입 관련 확인사항

No.	확 인 사 항	확인여부	비 고
1	손금불산입대상 이자비용인가? 해당 이자율을 확인하였는가?		법법 §28, 법령 §53, 법칙 §27 · §28
2	업무무관부동산, 업무무관동산, 업무무관 가지급금에 대해서 확인하였는가?		
3	업무무관지급이자 등에 대한 세무조정을 하였는가?		

(11) 외화자산 평가 관련 확인사항

No.	확 인 사 항	확인여부	비 고
1	평가대상 화폐성 외화자산과 외화부채인가?		법령 §76, 법칙 §39의 2
2	화폐성외화자산 등 평가를 위해서는 평가방법신고서를 제출하여야 하고, 평가방법신고서를 제출한 경우에는 5년간은 외화환산평가를 하여야 한다. 관련 내용을 확인하였는가?		
3	화폐성 외화자산 등의 평가시 환율을 적정하게 적용하였는가?		

(12) 기부금 관련 확인사항

No.	확 인 사 항	확인여부	비 고
1	기부금을 특례기부금과 일반기부금으로 구분하였는가? 기부금영수증을 통해서 확인가능하며 기부금 세무조정은 모든 세무조정을 완료한 후 법인세과세표준 및 조정명세서를 작성한 후 세무조정을 수행하여야 함에 유의하자.		법법 §24, 법령 §35~§38, 법칙 §18
2	기부금 의제와 관련된 항목이 있는가?		
3	기부금한도를 적정하게 계산하였는가?		
4	기부금은 한도 초과시 10년간 이월이 가능하고, 이월된 기부금은 기부금한도 미달시 손금추인이 가능하다. 손금추인에 해당되는 기부금한도초과금액이 있는가?		

4. 성실신고확인제도 관련 확인사항

No.	확 인 사 항	확인여부	비 고
1	성실신고확인대상 법인에 해당되는가?		
2	성실신고확인대상인 개인사업자가 법인 전환 후 사업연도 종료일 현재 3년 이내인 법인이라면 성실신고확인대상 법인에 해당된다. 해당 내역을 확인하였는가?		

No.	확 인 사 항	확인여부	비 고
3	성실신고확인대상 법인은 세무대리인이 확인하고 작성한 성실신고확인서를 제출하여야 하고 제출하지 않는 경우 미확인 가산세(법인세 산출세액의 5%)를 적용한다. 해당 확인서를 제출하였는가?		법법 §60의 2, 법령 §97의 4
4	성실신고확인대상 법인이 성실신고확인서를 제출하는 경우 성실신고세액공제(성실신고확인비용의 60%적용, 한도 150만원)를 받을 수 있다. 성실신고세액공제를 적용하였는가?		
5	성실세액공제를 받은 사업자가 해당 과세연도의 사업소득금액을 과소신고한 경우로서 그 과소신고한 사업소득금액이 경정(수정신고 포함)된 사업소득금액의 10/100 이상인 경우 세액공제금액을 전액 추징하고, 경정일이 속하는 과세연도의 다음 과세연도부터 3개 과세연도 동안 세액공제를 허용하지 않는다. 해당 내용을 확인하였는가?		

5. 기타신고 관련 확인사항(주식변동과 이월결손금 관련 확인사항)

No.	확 인 사 항	확인여부	비 고
1	주식 등 변동 상황이 발생된 경우 주주등변동상황명세서를 제출하여야 하고, 제출하지 않는 경우 가산세(미제출 등의 액면금액×1%)를 적용한다. 연도 말 주주명부를 통한 주식변동상황을 확인하였는가?		법법 §119 법령 §161
2	각 사업연도 개시일 전 15년(2009.1.1.부터 2019.12.31.까지의 사업연도에 발생한 것은 10년, 2008.12.31. 이전에 개시한 사업연도 발생분은 5년) 이내 발생한 결손금에 해당이 되어야 이월결손금 공제가 가능하다. 해당 내역을 확인하였는가?		법법 §13 ①, 법령 §10
3	조세특례제한법에 따른 중소기업과 회생계획을 이행 중인 기업 등을 제외한 법인은 각 사업연도 소득의 80%(2019.1.1.부터 2022.12.31.까지 개시하는 사업연도는 60%, 2018.1.1.부터 2018.12.31.까지 개시하는 사업연도는 70%)의 이월결손금 공제한도가 있다. 해당 내역을 확인하였는가?		
4	이월공제결손금이 다음 사유 등으로 과세표준계산에 있어 공제한 것에 해당이 되면 이월결손금공제가 불가하다. 해당 내역을 확인하였는가? ① 결손금소급공제 신청에 따라 소급공제받은 결손금 ② 당기 전에 각 사업연도의 과세표준 계산을 할 때 공제한 이월결손금 ③ 무상으로 받은 자산의 가액 및 채무의 면제 또는 소멸로 인한 부채의 감소액으로 충당된 이월결손금		법법 §72, 법령 §110
5	결손금이 발생한 사업연도에 대하여 수정신고 또는 경정 등으로 인해 이월결손금이 감소하는 경우 이월결손금 공제금액이 변경된다. 해당 내역을 확인하였는가?		

제3절 종합소득세 신고 체크리스트

1. 장부기장 관련 확인사항

No.	확 인 사 항	확인여부	비 고
1	업종별 기준에 따른 신고유형을 확인하였는가? 국세청 안내자료의 신고유형이 정확하지 않을 수 있으므로 복식장부인지 간편장부인지, 성실신고확인사업자인지 아닌지를 소득자 스스로 확인하여야 함에 유의하여야 한다.		
2	관세환급금, 판매장려금 수령액, 국고보조금, 일자리안정자금, 고용지원금 등은 장부기장 여부 판정시 수입금액에 포함되어야 한다. 포함하여 장부기장 여부를 판단하였는가?		소령 §51
3	사업장이 2개 이상 있는 경우로서 업태 · 종목인 다른 겸업사업자는 주업종으로 환산하여 업종별 기준에 따른 신고유형을 결정하여야 한다. 해당 내용을 확인하였는가?		소법 §160, 소령 §208
4	공동사업장은 공동사업장으로만 업종별 기준유형에 따른 신고유형을 판단하고 대표자가 소득분배명세서 등을 비롯한 재무제표 신고를 한다. 해당 내용을 확인하였는가?		소법 §87, 소령 §150
5	기준경비율과 단순경비율 적용대상 판정시 유형자산의 양도가액이 판정기준에 포함되어야 한다. 확인하였는가?		소법 §80 ③, 소령 §143
6	추계신고시 단순경비율 대상자인지 기준경비율 대상자인지 확인하였는가? 자가사업장인지 아니면 타가사업장인지에 따라서 적용되는 경비율이 달라지므로 해당 내용도 확인하여야 한다.		
7	복식장부대상자 또는 간편장부대상자가 장부를 기장하지 않고 추계신고를 하는 경우에 소규모사업자 등에 해당되지 않는 경우라면 장부의 기록 · 보관 불성실가산세(종전의 무기장가산세)가 적용된다. 소규모사업자인지 확인하였는가? 무기장가산세 적용대상인지 여부를 확인하였는가?		소법 §81의 5
8	간편장부대상자가 복식장부로 하여 종합소득세 신고를 하는 경우라면 기장세액공제가 가능하다. 기장세액공제 적용이 가능한가?		소법 §56의 2
9	복식장부대상자로서 외부조정대상자인 경우에 자기조정으로 신고를 하는 경우라면 무신고가산세가 적용이 된다. 외부조정대상자인지 확인하였는가?		국기법 §47의 2

No.	확 인 사 항	확인여부	비 고
10	당초 간편장부로 신고를 하였다가 해당 연도에 대한 결정 · 경정으로 인하여 수입금액이 증가하는 경우 당초 간편장부대상자가 복식장부대상자로 변경되는 경우가 있고, 만약 복식장부대상자로 변경되는 경우라면 복식장부로 신고를 하지 않은 사항에 무신고가산세를 부담하여야 한다. 해당 내용을 확인하였는가?		

2. 수입금액 관련 확인사항

No.	확 인 사 항	확인여부	비 고
1	수입금액에 누락된 금액이 있는가? 특히 현금매출 누락여부 확인해야 함에 유의하자.		
2	건설업 등의 경우 진행률에 따라서 계상한 수입금액인가?		소령 §48 5호, 소칙 §20
3	부동산임대사업소득자인 경우 임대보증금에 대한 간주임대료 계상여부를 확인하여야 한다. 확인하였는가?		소법 §25, 소령 §53
4	수입금액에 업무용승용차 매각대금, 고정자산 매각대금, 일자리 안정자금 지원금액, 고용촉진 지원금액 등의 금액이 수입금액에 반영되었는가? ※ 복식부기의무자의 경우 유형자산의 양도손익이 과세대상이므로 양도가액은 총수입금액에 산입하고, 장부가액은 필요경비에 산입하여야 한다. 다만, 유형자산의 양도금액은 일시적이고 우발적인 수입금액이므로 성실신고 확인대상, 외부세무조정 대상, 복식의무자의 판정시에는 수입금액으로 보지 않는다. 그러나 기준경비율과 단순경비율 적용대상 판정 및 추계신고시 유형자산의 양도금액은 수입금액에 포함되어야 함에 유의하자.		소령 §51
5	지차제 등에서 지급하는 재난지원금은 생계목적으로 지급되는 경우 비과세이나, 사업과 관련하여 사업보전의 성격을 띠면 총수입금액에 산입하여야 한다. 확인하였는가?		
6	소득세법상 수입금액과 부가가치세법상 과세표준금액이 일치하지 않는 경우 관련 차이금액에 대해서 확인하였는가?		

3. 과목별 세무조정 관련 체크리스트

(1) 감가상각비 관련 확인사항(소령 §61)

감가상각비 관련 확인사항은 법인세 확인사항을 참고하면 된다.

(2) 업무용승용차 관련 확인사항(소법 §33의 2, 소령 §78의 3, 소칙 §42)

업무용승용차 관련 확인사항은 법인세 확인사항을 참고하면 된다. 단, 다음에 해당되는 내용에 대해서는 차이가 있음에 유의하자.

① 개인사업자는 업무용승용차에 대해서 전용보험가입이 필요 없지만, 다음의 사업자는 사업자별로 1대를 제외한 업무용승용차에 대해서는 개인사업자임에도 불구하고 업무전용자동차보험(임직원 한정)에 가입하여야 하며, 가입하지 않는 경우라면 1대를 초과한 업무용승용차 차량관련 비용 중 일정비율에 따른 비용을 필요경비로 인정을 받지 못한다.

적용 연도	가입대상 사업자	미가입시 업무사용 인정비율
2022년부터 2023년까지	성실신고확인대상 사업자 의료업, 수의업, 약사업 및 전문자격사	50%
2024년부터 2025년까지	성실신고확인대상 사업자 의료업, 수의업, 약사업 및 전문자격사 그 외 복식부기의무자	성실신고확인대상 사업자와 의료업, 수의업, 약사업 및 전문자격사는 0% 그 외 복식부기의무자는 50%
2026년 이후		전체 0%

이 경우 성실신고확인대상사업자는 직전 과세기간의 성실신고확인 대상 사업자를 말하는데 예를 들면 2025년 귀속 종합소득세를 신고하는 경우에는 2024년 귀속 종합소득세 신고시 성실신고사업자로 신고한 사업자가 2025년에 복식부기의무자로 신고하는 경우를 말하는 것이고 복식부기의무자는 2024년 수입금액 판정에 의하여 2025년 귀속 종합소득세를 복식부기의무자로 신고하는 사업자를 말한다.

참고로 공동사업자의 경우는 1사업자로 보고 관련 규정을 적용한다.

② 간편장부대상자는 업무용승용차에 대한 관리가 필요 없다.

③ 2024년도부터 폐업하는 개인사업자인 경우에는 개인사업자 폐업시 이월된 업무용승용차 관련 필요경비불산입된 금액을 전액 필요경비산입으로 추인한다.

④ 2022.1.1. 이후 과세기간에 업무용승용차 관련비용 등을 필요경비에 산입하는 경우부터 업무용승용차 관련비용 명세서 제출 불성실 가산세가 법인과 동일하게 신설되었으므로 성실하게 관련 비용명세서가 작성되어 제출되었는지 소득세 신고시 확인하여야 할 것이다(소법 §81의 14).

(3) 퇴직급여충당부채와 퇴직연금부담 관련 확인사항(소법 §29, 소령 §57, 소칙 §26의 2)

퇴직급여충당부채와 퇴직연금부담 관련 확인사항은 법인세 확인사항을 참고하면 된다.

(4) 대손충당금 및 대손금조정 관련 확인사항(소법 §28, 소령 §56, 소칙 §26)

대손충당금 및 대손금조정 관련 확인사항은 법인세 확인사항을 참고하면 된다.

(5) 기업업무추진비 조정 관련 확인사항(소법 §35, 소령 §81 · 83~85, 소칙 §45~47)

기업업무추진비 관련 확인사항은 법인세 확인사항을 참고하면 된다. 참고로 개인사업자는 임직원 카드 지출분도 기업업무추진비 시부인 대상 기업업무추진비로 인정받을 수 있다.

(6) 재고자산 관련 확인사항

재고자산 관련 확인사항은 법인세 확인사항을 참고하면 된다.

(7) 세금과공과금 관련 확인사항(소법 §33)

세금과공과금 관련 확인사항은 법인세 확인사항을 참고하면 된다.

(8) 선급비용 관련 확인사항

선급비용 관련 확인사항은 법인세 확인사항을 참고하면 된다.

(9) 외화자산 평가 관련 확인사항

외화자산 관련 확인사항은 법인세 확인사항을 참고하면 된다.

(10) 기부금 관련 확인사항(소법 §34, 소령 §79, 소칙 §43)

기부금 관련 확인사항은 법인세 확인사항을 참고하면 된다.

⑾ 초과인출금이자 관련 확인사항

No.	확 인 사 항	확인여부	비 고
1	초과인출금이 발생하였는가? ① 사업용 자산 ㉠ 일반적인 장기성 정기예금과 적금은 초과인출금 대상 사업용자산으로 보지 않으나 대출금과 관련하여 당해 차입금을 사업용부채로 계상하고 대출금 중 그와 연계하여 예치한 예금 · 적금은 사업용자산에 해당됨에 유의하여야 한다. ㉡ 사업용 토지 건물가액의 계상은 당초 취득가액을 기준으로 계상하여야 하며, 감가상각누계액이 있는 경우라면 해당 감가상각누계액을 제외한 장부가액으로 사업용자산을 계상한다. (참고 : 최근 판례 중 초과인출금 계산시 자산가액은 장부가액이 아닌 취득가액으로 계산하여야 한다라는 판례도 있음. 서울행법 2019구합 90715, 2020.9.10.) ② 사업용 부채 부채 중 소득세법 및 조세특례제한법에 의하여 필요경비에 산입한 충당금 및 준비금은 포함하지 아니하므로 퇴직급여충당부채, 대손충당금 및 각종 준비금은 사업용 부채에서 제외한다.		소법 §61 ① 2호, 소득집행 33－61－3 소득세과 －824, 2010.7.20.
2	초과인출금 지급이자 필요경비불산입대상 이자비용인가? * 최신 판례 : 대법원 2022두32382, 2025.1.9. －초과인출금이 발생하였더라도 납세의무자가 초과인출금의 사업관련성을 증명함으로써 그 초과 인출금에 상당하는 부채의 지급이자를 필요경비에 산입할 수 있다고 볼 수 있음		
3	사업장이 2개인 경우 초과인출금 이자는 해당 사업장별로 구분하여 계산하여야 한다. 구분하여 세무조정하였는가?		
4	공동사업에 출자하기 위하여 차입한 차입금의 지급이자는 당해 공동사업장의 필요경비에 산입할 수 없다. 해당 내용을 확인하였는가?		대법 2011두15466, 2011.10.13.

4. 종합소득공제 관련 체크리스트[2]

(1) 인적공제 관련 확인사항

<table>
<tr><th>No.</th><th>확 인 사 항</th><th>확인여부</th><th>비 고</th></tr>
<tr><td>1</td><td>기본공제대상에 해당되는가? 기본공제는 생계요건, 나이요건, 소득요건을 모두 충족해야 함에 유의하자. 부양가족 공제 관련 확인사항 체크사항을 소개하면 다음과 같다.
부양가족공제를 받는 경우 부양가족에 대한 증명을 주민등록등본, 가족관계증명서 등으로 알려주시길 바라고 다음의 항목에 대한 추가 작성을 부탁드립니다. 참고로 소득요건 충족 여부는 소득지급자로부터 원천징수영수증 등을 제출받은 경우 확인이 가능하오니 관련 영수증을 제출바라며 부양가족 중 직계존속은 2025.12.31.기준 60세 이상(1965.12.31. 이전 출생), 직계비속은 20세 이하(2005.1.1. 이후 출생), 형제자매의 경우 60세 이상 또는 20세 이하인 경우에만 기본공제를 적용받을 수 있습니다. 참고로 장애인은 나이와 상관없이 소득금액 요건만 충족하면 기본공제적용 가능합니다.
〈부양가족 현황〉
<table>
<tr><th rowspan="2">관계</th><th rowspan="2">이름</th><th rowspan="2">주민등록
번호</th><th colspan="2">소득금액 요건*을 충족합니까?</th></tr>
<tr><th>예</th><th>아니요</th></tr>
<tr><td></td><td></td><td></td><td></td><td></td></tr>
<tr><td>⋮</td><td>⋮</td><td>⋮</td><td>⋮</td><td>⋮</td></tr>
</table>
* 소득금액 요건은 100만원(근로소득만 있는 경우에는 150만원)임</td><td></td><td rowspan="5">소법 §50,
소령 §106
· §107</td></tr>
<tr><td>2</td><td>부양가족이 다른 소득자의 부양가족으로 등재되어 있는 경우 부양가족 우선순위에 따라 공제를 못 받을 수 있다. 해당 내용을 확인하였는가?</td><td></td></tr>
<tr><td>3</td><td>부양가족 중 장애인이 있는 경우 장애인증명서를 제출받았는가? 항시 치료를 요하는 중증환자인 경우라면 장애예상기간을 확인하여야 한다.</td><td></td></tr>
<tr><td>4</td><td>부양가족 중 기초수급권자가 있는 경우 기초수급권자확인서를 확인하였는가?</td><td></td></tr>
<tr><td>5</td><td>부양가족 중 위탁아동이 있는 경우 위탁아동확인서를 확인하였는가?</td><td></td></tr>
<tr><td>6</td><td>기본공제대상자인 경우에 한해서 추가공제를 받을 수 있다. 추가공제 대상자에 해당되는가?</td><td></td><td rowspan="2">소법 §51</td></tr>
<tr><td>7</td><td>연도 중에 배우자와 이혼한 경우로서 자녀가 있는 경우라면 한부모소득공제를 적용할 수 있지만, 연도 중에 배우자가 사망한 경우로서 자녀가 있는 경우라면 한부모소득공제가 불가하다. 확인하였는가?</td><td></td></tr>
</table>

2) 현재까지 개정된 법령을 바탕으로 한 2025년 귀속 기준으로 체크리스트를 작성하였음.

(2) 물적공제 관련 확인사항

<table>
<tr><th>No.</th><th>확 인 사 항</th><th>확인여부</th><th>비 고</th></tr>
<tr><td>1</td><td>국세청 연말정산 간소화서비스 자료에 의한 국민연금 등 공적연금공제와 건강보험료 공제를 적용하였는가?</td><td></td><td></td></tr>
<tr><td>2</td><td>주택자금 공제와 관련된 요건 충족여부를 확인하였는가? 주택자금 공제요건과 관련된 주요 확인사항을 소개하면 다음과 같다.
(1) 주택청약종합저축에 대해서 소득공제를 받는 경우
<table>
<tr><th>확 인 사 항</th><th>해당여부</th></tr>
<tr><td>① 무주택 세대주 또는 세대주의 배우자입니까?
(주민등록등본상 구성원 모두가 연도 중 무주택이어야 함)
② 2026.2.28.까지 금융기관 등에 무주택확인서를 제출했습니까?
※ 참고로 연도 중 주택 당첨 외의 사유로 중도해지되는 경우 해당 연도 납입액에 대해서는 공제불가하고 당첨의 사유로 중도해지되는 경우 해당 연도 납입액에 대해서는 공제가능함. 주택 당첨 외의 사유로 해지된 경우 오른쪽 란에 '공제불가'라고 기입바람</td><td></td></tr>
</table>
(2) 주택임차차입금 원리금 상환액에 대해서 소득공제를 받는 경우
<table>
<tr><th>확 인 사 항</th><th>해당여부</th></tr>
<tr><td>① 차입자가 근로자 본인이고 무주택세대주입니까?
(주민등록등본상 구성원 모두가 무주택이어야 하고, 세대주가 모든 주택관련 공제를 받지 않는 경우 세대원도 가능함)
② 국민주택규모 이하 주택을 임차했습니까?
③ 금융기관에서 대출을 받은 경우 입주일 또는 전입일로부터 3개월 이내 차입한 금액이며 차입금이 임대인의 계좌로 직접 입금됐습니까?
④ 금융기관 외에서 대출을 받은 경우 입주일 또는 전입일로부터 1개월 이내 차입한 금액이며 이자*를 지급하고 있습니까?
* 이자율은 근로자확인사항에서 확인하길 바람</td><td></td></tr>
</table>
(3) 주택임차차입금 이자상환액에 대해서 소득공제를 받는 경우
<table>
<tr><th>확 인 사 항</th><th>해당여부</th></tr>
<tr><td>① 주택의 명의와 차입금의 명의가 근로자 본인 것입니까?
(세대주가 주택자금공제를 받지 않는 경우와 세대원이 해당 주택에 실제 거주시 등의 요건충족시 세</td><td></td></tr>
</table>
</td><td></td><td>조특법
§87 ②,
소법
§52 ④·⑤</td></tr>
</table>

<table>
<tr><th>No.</th><th>확 인 사 항</th><th>확인여부</th><th>비 고</th></tr>
<tr><td>2</td><td><table><tr><th>확 인 사 항</th><th>해당여부</th></tr><tr><td>대원도 공제가능함)
② 등기일로부터 3개월 이내 차입한 금액입니까?
③ 근로자본인의 명의로 저당권이 설정되어 있습니까?
④ 2013년 이전에 차입한 경우 취득한 주택이 국민주택규모 이하의 주택입니까?(2014년 이후에 차입한 경우 국민주택 여부 상관없음)
⑤ 취득한 주택의 취득시 기준시가(매입가액이 아니라 국가에서 공시하는 가액을 말함)가 6억원 이하입니까? 단, 2019년~2023년 차입한 경우는 5억원 이하, 20014~2018년 차입한 경우는 4억원 이하, 2013년 이전 차입한 경우는 3억원 이하임
⑥ 2006.1.1.~2013.12.31.까지 차입분의 경우 취득당시 무주택이어야 하고 취득이후 세대 전원의 주택이 일시적으로 2채가 된 경우 그 보유기간이 3개월 이하인 경우 공제가능하며, 2014.1.1. 이후 차입분의 경우 취득당시 무주택 또는 1주택인 경우에 한하여 공제 가능합니다. 요건에 해당됩니까?
⑦ 2025.12.31. 현재 세대 전원의 주택이 1채입니까?</td><td></td></tr></table></td><td></td><td>조특법
§87 ②,
소법
§52 ④·⑤</td></tr>
<tr><td>3</td><td>신용카드세액공제는 근로소득자만 공제가 가능하고 나이요건을 상관없지만 소득요건을 충족한 부양가족 지출분도 공제가 가능하다. 부양가족의 신용카드 지출분에 대해서 공제 가능함을 확인하였는가?</td><td></td><td>조특법
§126의 2</td></tr>
<tr><td>4</td><td>노란우산공제의 소득공제시 중소기업 대표자의 경우 2016.1.1. 이후 가입분에 대해서는 총급여액이 8,000만원 이하(2024년까지는 7,000만원 이하)인 경우에 한해서 공제가 가능하다. 노란우산공제의 가입일자와 총급여액을 확인하였는가?</td><td></td><td>조특법
§86의 3</td></tr>
<tr><td>5</td><td>노란우산공제의 소득공제시 부동산임대 개인사업자의 경우 2018.12.31.까지 가입분에 대해서만 소득공제가 가능하고 2019.1.1. 이후 가입분에 대해서는 공제가 불가하다. 가입일자를 확인하였는가?</td><td></td><td></td></tr>
<tr><td>6</td><td>장기집합투자증권저축 소득공제의 경우 해당 과세기간의 총급여액이 8,000만원 초과하는 경우 공제가 불가하다. 총급여액을 확인하였는가?</td><td></td><td rowspan="2">조특법
§91의 16</td></tr>
<tr><td>7</td><td>장기집합투자증권저축 소득공제의 경우 가입일로부터 10년 미만의 기간 내에 해당 저축으로부터 원금·이자·배당·주식 또는 수익증권의 전부 또는 일부를 인출하거나 해당 계약을 해지 또는 제3자에게 양도한 경우 해당 과세기간부터 소득공제를 적용하지 않는다. 해지 여부를 확인하였는가?</td><td></td></tr>
</table>

No.	확 인 사 항	확인여부	비 고
8	청년형 장기집합투자증권 소득공제의 경우 총급여 8천만원 또는 종합소득금액 6,700만원 초과 시 해당 과세기간은 소득공제가 불가하다. 확인하였는가?		조특법 §91의 20
	청년형 장기집합투자증권 소득공제의 경우 가입자가 해당 계약을 해지한 경우(해당 저축의 가입일부터 3년이 경과하기 전에 해당 저축으로부터 원금 · 이자 · 배당 · 주식 또는 수익증권 등의 전부 또는 일부를 인출하거나 제3자에게 양도한 경우 포함) 해당 과세기간부터 소득공제를 적용하지 않는다. 해지 여부를 확인하였는가?		

(3) 세액감면 관련 확인사항(중소기업에 취업하는 소득자 세액감면 위주)

No.	확 인 사 항	확인여부	비 고
1	중소기업에 취업하는 소득자 세액감면은 중소기업기본법 제2조에 따른 중소기업(업종요건, 규모요건, 독립성 요건 충족)만 적용받을 수 있다. 중소기업기본법상 중소기업여부를 확인하였는가?		조특법 §30, 조특령 §27
2	감면대상자를 확인하였는가? 감면대상자 중 청년근로자인 경우 취업일 현재 15세 이상 34세 이하인 경우(병역을 이행한 경우에는 최대 6년간 연장)에만 감면을 적용받을 수 있다. 취업일 현재의 청년근로자의 나이를 확인하였는가?		
3	2011.12.31. 이전 취업 후 2012.1.1. 이후 퇴직 후 재취업하는 경우에는 계약기간 연장을 한 것으로 보는 것이므로 경력단절여성을 제외하고는 감면이 불가하다. 해당 내용을 확인하였는가?		
4	감면기간은 감면대상자별로 상이하다. 감면대상자별로 감면기간을 확인하였는가?		
5	감면율은 취업시기와 감면대상자별로 상이하다, 감면대상자별 감면율을 확인하였는가?		
6	감면대상명세서를 제출하였는가? 참고로 국세청 홈택스에서 전자제출을 하면 기 신청한 근로자의 감면기간 종료일을 확인할 수 있다.		

(4) 세액공제 관련 확인사항

No.	확 인 사 항	확인여부	비 고
1	2026.12.31. 이전에 혼인신고를 한 경우에는 1회에 한정하여 혼인신고를 한 날이 속하는 과세기간에서 50만원 세액공제(혼인세액공제)를 받을 수 있고 이와 관련된 증명서인 혼인관계증명서를 제출하여야 한다. 제출하였는가?		조특법 §92

<table>
<tr><th>No.</th><th colspan="2">확 인 사 항</th><th>확인여부</th><th>비 고</th></tr>
<tr><td>2</td><td colspan="2">자녀세액공제 중 출생 · 입양에 대한 공제는 첫째, 둘째 그리고 셋째 이상인 경우 공제금액이 상이하다. 해당 자녀는 몇째인가?</td><td></td><td>소법
§59의 2</td></tr>
<tr><td>3</td><td colspan="2">정치자금기부금과 고향사랑기부금은 소득자 본인 지출분만 공제가능하다. 소득자 본인의 지출분인가?</td><td></td><td>조특법 §76</td></tr>
<tr><td>4</td><td colspan="2">월세액 세액공제 요건 충족여부를 확인하였는가? 월세액 관련 주요 확인사항은 다음과 같다.

확 인 사 항 / 해당여부
① 임차인이 근로자 본인이고 무주택세대주입니까?
(세대주가 주택자금공제를 받지 않는 경우 등 요건 충족시 세대원도 가능하고, 근로자의 부양가족이 월세계약을 체결한 경우도 가능함)
② 국민주택규모 이하 주택을 임차했습니까?
③ 국민주택규모 초과 주택이지만 기준시가가 3억원 이하인 주택입니까?
④ 총급여액이 8,000만원 이하이거나 또는 근로소득을 포함한 종합소득금액이 7,000만원 이하입니까?
⑤ 주민등록지 주소와 임대차계약서의 주소지가 동일합니까?</td><td></td><td>조특법
§95의 2</td></tr>
<tr><td>5</td><td colspan="2">보장성 보험료 세액공제는 피보험자가 기본공제대상자일 경우에만 공제가 가능하다. 기본공제대상자를 위한 보장성 보험료인가?</td><td></td><td>소법
§59의 4 ①</td></tr>
<tr><td rowspan="4">6</td><td rowspan="4">의료비공제</td><td>다른 소득자의 부양가족인 경우에 해당 부양가족을 위해 지출한 의료비는 공제를 받을 수 없다. 본인의 부양가족을 위한 의료비 지출액인가?</td><td></td><td rowspan="4">소법
§59의 4 ②</td></tr>
<tr><td>미숙아 및 선천성이상아 의료비, 난임시술비, 건강보험 산정특례 의료비 그리고 산후조리원 지출금액은 국세청 자료에 의해서 확인이 불가할 수 있다. 관련 지출내역에 대한 정보를 받았는가?</td><td></td></tr>
<tr><td>공제대상 의료비인가? 근로자가 당해 연도에 지급한 의료비 중 근로자가 가입한 상해보험 등에 의해 보험회사서 수령한 보험금으로 지급한 의료비는 공제대상에 해당하지 않음에 주의하자.</td><td></td></tr>
<tr><td>의료비 지급명세서를 작성하였는가?</td><td></td></tr>
<tr><td rowspan="2">7</td><td rowspan="2">교육비공제</td><td>소득요건(나이요건은 상관없음)을 충족한 부양가족을 위하여 지출한 교육비만 공제가 가능하다. 부양가족의 소득요건을 확인하였는가?</td><td></td><td rowspan="2">소법
§59의 4 ③</td></tr>
<tr><td>직계존속 교육비(장애인 특수교육비는 제외)는 공제가 불가하다. 직계존속의 교육비인가?</td><td></td></tr>
</table>

No.		확 인 사 항	확인여부	비 고
7	교육비공제	교복구입비와 어린이집 돌봄서비스 등의 지출금액은 국세청 연말정산 간소화 자료에 출력이 안 될 수도 있다. 국세청 연말정산 간소화자료에서 출력이 안 되는 자료를 제공받았는가?		소법 §59의 4 ③
		대학원은 본인만 공제가 가능하다. 본인의 대학원 교육비인가?		
		장학금과 비과세 학자금 등에 대해서는 공제가 불가하다. 해당 내용을 확인하였는가?		
		고등학교 이상 국외교육비에 대해서는 등록금 등 납입영수증으로 공제를 적용한다. 관련 공제 서류를 수령하였는가?		
		중학교 이하 국외교육비에 대해서는 입학허가를 받거나 입학허가를 받지 않은 경우라면 부양의무자와 1년 이상 동거를 한 경우에만 공제가 가능하다. 요건 충족한 국외교육비인가?		
		수업료와는 별도로 정규수업시간 외 시간에 실시하는 실기지도비용과 학교버스 이용료, 기숙사비, 어학연수 등 비용은 공제가 불가하다. 공제대상 교육비인가?		
8	기부금공제	소득요건(나이요건은 상관없음)을 충족한 부양가족이 지출한 기부금도 공제가 가능하다. 부양가족의 소득요건을 확인하였는가?		소법 §59의 4 ④
		특례기부금과 일반기부금으로 구분하였는가?		
		이월공제된 기부금도 해당연도 기부금공제 금액 한도 계산시 적용하였는가? 기부금은 공제가 적용 안 되는 경우 10년간 이월공제가 가능하다.		
		종교단체 기부금은 주무관청(문화체육부장관 또는 관할 지방자치단체의 장)에 등록되어 있음을 증명하는 서류(법인설립허가증)와 해당 개별 종교단체가 그 상급 종교단체 등에 소속되어 있음을 증명할 수 있는 소속증명서가 있는 경우 공제가 가능하다. 관련 서류를 확인하였는가?		
		장려금 신청금액을 확인하였는가?		조특법 §75

5. 성실신고확인대상자 관련 확인사항

No.	확 인 사 항	확인여부	비 고
1	성실신고확인대상자 기준에 해당하는가? 성실신고확인대상자 여부는 업종별로 해당 연도 수입금액기준으로 판단하여야 한다.		
2	해당 연도 수입금액기준 판단시 일자리안정자금, 고용촉진지원금, 간주임대료 수입금액 등을 모두 포함하여야 하므로 국세청 안내와 다를		

No.	확 인 사 항	확인여부	비 고
2	수 있다. 해당 수입금액을 고려하여 성실신고확인대상자 여부를 확인하였는가?		소법 §70의 2, 소법 §81의 2 소령 §133
3	성실신고확인대상자는 세무대리인이 확인하고 작성한 성실신고확인서를 제출하여야 하고 제출하지 않는 경우 미확인 가산세를 적용한다. 해당 확인서를 제출하였는가?		
4	성실신고확인서의 제출은 사업소득과 부동산임대소득이 동시에 있는 경우에는 각각 별도로 제출하도록 되어 있다. 각각 제출하였는가?		
5	성실신고확인대상자가 세무대리인의 성실신고확인서를 제출하는 경우 성실신고세액공제(성실신고확인비용의 60% 적용, 한도 120만원)를 받을 수 있다. 성실신고세액공제를 적용하였는가?		
6	단독사업장과 공동사업장이 모두 성실사업장에 해당되는 경우에 성실신고세액공제는 사업자의 단독사업장과 공동사업장의 성실신고수수료를 합하여 60%를 적용한 후 한도 100만원이 적용된다. 확인하였는가? 예 : (공동사업장 성실신고수수료×출자지분＋단독사업장 성실신고수수료)×60%		
7	성실세액공제를 받은 사업자가 해당 과세연도의 사업소득금액을 과소신고한 경우로서 그 과소신고한 사업소득금액이 경정(수정신고 포함)된 사업소득금액의 10/100 이상인 경우 세액공제금액을 전액 추징하고, 경정일이 속하는 과세연도의 다음 과세연도부터 3개 과세연도 동안 세액공제를 허용하지 않는다. 해당 내용을 확인하였는가?		
8	성실신고확인세액공제는 농어촌특별세 및 최저한세에 해당되지 않으며, 결손으로 공제 받지 못한 경우 10년(2019년 귀속분 신고까지는 5년간) 이월공제가 가능하다. 확인하였는가?		
9	성실신고확인대상자는 의료비, 교육비, 월세액(2019.1.1. 이후 신고하는 분부터 적용) 세액공제를 적용할 수 있다. 관련 요건을 확인하였는가?		
10	성실신고확인대상자의 의료비와 교육비, 월세액 세액공제는 농어촌특별세와 최저한세에 해당되며 결손으로 공제를 받지 못한 경우에 이월공제가 불가능하다. 확인하였는가?		
11	성실신고확인세액공제와 의료비, 교육비, 월세액 세액공제는 2017년까지는 일부사업장만 제출하는 경우는 공제가 불가능하였지만 2018년부터는 일부사업장만 제출하는 경우에도 공제가 가능하다. 확인하였는가?		

제4절 원천징수신고 체크리스트

1. 근로소득 관련 확인사항

No.	확 인 사 항	확인여부	비 고
1	근로소득으로 보지 않는 경우에 해당되는가?		소령 §38
2	본인의 학자금의 경우로서 ① 초 · 중 · 고등교육법상 학교에 지급하거나 직업능력훈련시설에 지급한 학자금인가 ① 업무관련성이 있는가? ② 지급기준이 있는가? ③ 6개월 이상 지급받는 경우로서 6개월 이상 근무하지 않는 경우 지원받은 학자금을 상환하는 규정이 있는가? 모두 '예'일 경우 비과세이고 학자금은 원천징수이행상황신고서와 근로소득지급명세서에 기재되는 제출 비과세이다.		소법 §12 3호 아목, 소령 §11
3	차량유지보조금의 경우로서 ① 근로자 소유차량인가? ② 근로자 명의의 임차차량인가?(2022년부터 가능) ③ 공동명의인 경우 배우자 공동명의인가? ④ 업무용으로 이용하고 있는가? ⑤ 시내출장비를 수령하지 않았는가? 모두 '예'일 경우 비과세이고 이중근로자인 경우 각각 비과세를 적용받을 수 있으며 차량유지보조금은 미제출 비과세이다.		소법 §12 3호 자목, 소령 §12
4	식사(식대)의 경우로서 ① 식사를 제공받았는가? ② 식권이 현가성이 없는가? 없으면 식사를 제공받은 것임 ③ 식권이 현가성이 있는가? 있으면 식대를 제공받은 것임 ④ 식사대가 20만원 이하인가? 20만원 초과되는 금액은 과세임 ⑤ 식사를 제공받으면서 식대를 받았는가? 식사는 전액 비과세, 식대는 전액 과세임 각각의 경우로 비과세 여부를 판단하여야 하고 이중근로자인 경우 합쳐서 비과세 여부를 판단하여야 하며 식사는 미제출 비과세이지만 식대는 2023년부터 제출 비과세로 개정되었음을 유의하길 바란다.		소법 §12 3호 러목, 소령 §17의 2

No.	확 인 사 항	확인여부	비 고
5	출산수당의 경우로서 ① 근로자(사업자와 특수관계에 있는 자는 제외) 또는 배우자의 출산과 관련하여 자녀의 출생일 이후 2년 이내 지급되어야 한다. 해당되는가? ② 출산수당은 지급받는 횟수에 관계없이 첫 번째와 두 번째 지급받는 급여까지만 비과세이다. 해당되는가? 모두 "예"일 경우 출산수당은 전액 비과세 적용되며 제출되는 비과세이고 연말정산시 '출산지원금 비과세 적용명세서'를 '근로소득 지급명세서'에 포함해서 함께 제출하여야 하며, 요건 충족이 되는 근로자에게 공통된 지급규정에 의해서 지급하여야 한다.		소법 §12 3호 머목
6	보육수당의 경우로서 6세 이하의 자녀인가? 6세 이하의 판단은 과세기간 개시일(1월 1일) 기준으로 판단한다. 보육수당의 경우 자녀수와 무관하게 20만원까지만 비과세이고, 맞벌이 부부의 경우 부부 각각 20만원 비과세가 가능하고 이중근로자인 경우 식대와 동일하게 합쳐서 비과세 여부를 판단하여야 하며 보육수당은 제출 비과세이다.		
7	생산직 근로자의 시간외근무수당으로서 ① 생산직 근로자에 해당되는가? ② 직전연도 총급여액이 3,000만원 이하인가? ③ 월정액급여액이 210만원 이하인가? 모두 "예"일 경우 연간 240만원(광부와 일용직은 전액) 비과세 가능하고 생산직 근로자의 시간외근무수당은 제출 비과세이다.		소법 §12 3호 더목, 소령 §17
8	국외근로수당의 경우로서 ① 국외에 파견을 간 것인가? 출장을 간 경우라면 과세임 ② 국외근로에 대한 대가로 지급된 급여인가? 모두 "예"일 경우 100만원(건설현장, 원양어업선박 그리고 국외 등을 항해하는 선박인 경우 500만원, 2023년까지는 300만원임) 비과세 적용되며 국외근로 비과세는 제출 비과세이다.		소법 §12 3호 거목, 소령 §16
9	임원 또는 종업원 할인금액(임원 등 할인금액)의 경우로서 ① 임원 또는 종업원 본인이 소비하는 것을 목적으로 제공받거나 지원을 받아 구입한 재화 또는 용역으로서 대통령령으로 정하는 기간 동안 재판매가 허용되지 않아야 한다. 해당되는가? ② 해당 재화 또는 용역의 제공과 관련하여 모든 임원등에게 공통으로 적용되는 기준이 있는가? 모두 "예'일 경우 지원을 받아 구입한 재화 또는 용역의 시가를 합한 금액에 20%를 곱한 금액과 연간 240만원 중 큰 금액이 비과세 적용되며 임원 등 할인금액은 제출되는 비과세이다.		소법 §12 3호 처목, 소령 §17의5

No.	확 인 사 항	확인여부	비 고
10	근로소득의 수입시기와 원천징수시기를 확인하였는가? 성과급 상여와 연차수당의 수입시기와 원천징수시기가 실무상 중요한 것으로 판단된다.		소령 §49
11	근로소득 원천징수시기 특례에 해당되는가?		소법 §135
12	중도퇴사한 경우 중도퇴사 연말정산을 수행하였는가?		소법 §134

2. 퇴직소득 관련 확인사항

<table>
<tr><th>No.</th><th colspan="2">확 인 사 항</th><th>확인여부</th><th>비 고</th></tr>
<tr><td>1</td><td colspan="2">원천징수대상 퇴직소득에 해당되는가? 퇴직위로금과 해고예고수당은 퇴직소득에 해당된다.</td><td></td><td>소법 §22</td></tr>
<tr><td>2</td><td colspan="2">비과세 퇴직소득에 해당되는가?</td><td></td><td>소법 §12 ③</td></tr>
<tr><td>3</td><td colspan="2">퇴직소득을 실제 퇴직 전 중간지급하는 경우 관련 법령에 해당되어야만 가능하며 이것을 현실적인 퇴직이라 한다. 현실적인 퇴직에 해당되지 않음에도 불구하고 퇴직금을 중간지급하는 경우 해당 퇴직금은 업무무관 가지급금으로 인정이자 계상대상이다. 퇴직금 중간지급시 현실적인 퇴직에 해당하는가? 관련 객관적 사실관계 서류를 확인하였는가?</td><td></td><td>소령 §43 ①</td></tr>
<tr><td>4</td><td colspan="2">퇴직소득 원천징수 특례에 따라 원천징수 신고를 하였는가?</td><td></td><td>소법 §147</td></tr>
<tr><td>5</td><td rowspan="5">임원퇴직금</td><td>퇴직금 지급규정이 있는가?</td><td></td><td>법령 §44 ④</td></tr>
<tr><td>6</td><td>퇴직금 지급규정이 없는 경우 법인세법 한도 초과금액은 손금불산입하고 근로소득으로 정산하였는가?</td><td></td><td>법령 §44 ④,
법칙 §22 ⑤</td></tr>
<tr><td>7</td><td>퇴직금 지급규정이 있는 경우 지급규정대로 계산이 되었는가?</td><td></td><td>법령 §44 ④</td></tr>
<tr><td>8</td><td>산정된 퇴직금은 전액 지급하였는가? 전액 지급하지 않고 퇴직금을 포기하는 경우 해당 퇴직금은 포기 전 금액으로 원천징수하는 것이며 법인세법상 과세대상금액에 해당된다.</td><td></td><td>서이 46012
−12368,
2002.12.30.</td></tr>
<tr><td>9</td><td>퇴직금 지급규정대로 계산된 퇴직금과 소득세법 한도와 비교하였는가? 소득세법상 한도를 초과하는 금액은 근로소득으로 정산하여야 한다.</td><td></td><td>소법 §22
③ · ④,
소령
§42의 2 ⑥</td></tr>
<tr><td>10</td><td colspan="2">확정급여형 퇴직연금의 경우 퇴직금 지급에 관한 신고는 회사가 하여야 한다. 퇴직금 원천징수 신고와 관련 지급명세서를 제출하였는가?</td><td></td><td>소법
§164 ①</td></tr>
<tr><td>11</td><td colspan="2">확정급여형 퇴직연금의 경우 근로자 퇴직시 근로자의 IRP계좌로 60일 이내에 이체하면 퇴직소득과세이연을 적용할 수 있다. 퇴직소득과세이연을 적용하였는가? 참고로 퇴직금 제도에서도 근로자가 IRP를 제출</td><td></td><td>소법
§146 ②</td></tr>
</table>

No.	확 인 사 항	확인여부	비 고
	하고 회사가 해당 IRP계좌로 60일 이내에 이체하면 퇴직소득과세이연을 적용할 수 있다.		
12	퇴직소득 과세이연이 적용되는 경우 퇴직소득지급명세서의 이연퇴직소득세액란에 관련 내용이 기재되어야만 지급명세서 불분명 가산세를 부담하지 않을 수 있다. 관련 내용을 기재하였는가?		소령 §147 ①, 법령 §120 ⑥

3. 기타 원천징수 관련 확인사항

No.	확 인 사 항	확인여부	비 고
1	사업소득 지급분에 대해서 사업소득 원천징수를 하였는가? 참고로 2024.7.1.부터 사업소득은 소액부징수가 적용되지 않는다.		소법 §127 3호 · 8호
2	봉사료 사업소득에 대해서 원천징수 세율을 5.5%(지방세 포함, 봉사료 금액이 공급가액 대비 20% 이상인 경우에만 적용하고 20% 이하인 경우 3.3%원천징수를 함)를 적용하였는가?		소법 §129, 소령 §184의 2
3	기타소득 지급분에 대해서 기타소득 원천징수를 하였는가?		소법 §21 ①
4	기타소득 필요경비 개산제도가 적용되는 경우 관련 필요경비 개산율을 정확하게 적용하였는가? 인적용역 기타소득의 경우 2018.3. 31.까지는 80%, 2018.4.1.~2018.12.31.는 70%, 2019.1.1. 이후는 60%를 적용하므로 필요경비율 선택을 잘 하여야 한다.		소법 §27 ①
5	기타소득 과세최저한에 해당이 되어 원천징수를 하지 않는다고 하더라도 원천징수이행상황신고서에 반영하고 관련 기타소득 지급명세서를 제출하여야 한다. 관련 지급명세서를 제출하였는가?		소법 §84
6	비영업대금이자에 대해서 원천징수를 하였는가? 원천징수세율은 27.5%(=25%+2.5%)임		소법 §129 ① 1호 나목
7	개인주주와 외국법인에 대한 현금배당에 대해서는 원천징수를 하여야 한다. 배당소득에 대한 원천징수를 하였는가?		소법 §119 1호
8	내국법인에 대한 현금배당에 대해서는 원천징수를 하지 않지만 배당지급과 관련된 지급명세서는 제출하여야 한다. 지급명세서를 제출하였는가?		법법 §73 ①, 소법 §164
9	배당소득은 배당결의일로부터 3월이 되는 달까지 배당소득이 지급되지 않으면 배당소득 원천징수시기 특례가 적용되어 지급되지 않음에도 불구하고 원천징수 신고는 하여야 한다. 배당소득 원천징수기기 특례를 적용하였는가? 예 : 2024년 귀속분에 대한 배당을 2025년 3월 법인세 신고시 결의한 경우 2025년 6월말까지 배당금이 지급되지 않는 경우 지급한 것으로 간주하여 2025.7.10.까지 배당소득에 대한 원천징수를 하여야 한다.		소법 §131

No.	확 인 사 항	확인여부	비 고
10	비거주자의 사용료 소득에 대한 원천징수 신고시 제한세율을 적용하였는가?		소법 §156, 국조집행 29-0-1
11	제한세율 적용시 미국 등의 나라는 제한세율에 지방세가 별도이고, 영국 등의 나라는 제한세율에 지방세가 포함되어 있다. 관련 내용을 확인하였는가?		
12	비거주자의 소득 지급시 세금부담을 하는 경우 세금부담분에 해당하는 과세표준을 재계산하여 신고를 하여야 한다. 세금을 부담하는 조건으로 소득을 지급하는가?		

4. 지급명세서 관련 확인사항

No.	확 인 사 항	확인여부	비 고
1	이자소득, 배당소득, 기타소득, 비거주자 원천징수는 지급일이 속하는 다음연도 2월말까지 지급명세서를 제출하여야 한다. 제출하였는가?		소법 §164, 소령 §213~§216 소칙 §97 및 §99 법법 §120
2	원천징수대상 사업소득, 퇴직소득, 근로소득은 지급일이 속하는 다음연도 3월 10일까지 지급명세서를 제출하여야 한다. 제출하였는가?		
3	폐업이나 휴업인 경우에는 폐업일 또는 휴업일 다음다음달 말일까지 지급명세서를 제출하여야 한다. 제출하였는가?		
4	지급명세서 전자제출 접수증과 원천징수이행상황신고서의 해당 연도 합계금액과 일치함을 확인하면 가산세를 사전에 방지할 수 있다. 해당 금액을 확인하였는가?		
5	일용직 지급명세서는 2021년 1분기와 2분기는 지급일이 속하는 분기의 다음달 말일까지 지급명세서를 제출했지만, 2021년 7월 지급분부터는 지급일의 다음달 말일까지 지급명세서를 제출하여야 한다. 제출하였는가?		
6	해당 연도 귀속 일용근로소득을 12월 31일까지 미지급한 경우에도 지급명세서는 다음 연도 1월 31일까지 반드시 제출해야 한다. 예를 들면 2025년 12월 근무에 대한 소득을 2026년 1월에 지급한 경우 2025년 12월에 지급한 것으로 적어서 2026년 1월말까지 지급명세서를 제출해야 하는 것이다. 제출하였는가?		

<table>
<tr><th>No.</th><th>확 인 사 항</th><th>확인여부</th><th>비 고</th></tr>
<tr><td>7</td><td>근로소득과 사업소득, 인적용역관련 기타소득에 대해서는 간이지급명세서를 제출하여야 하며 제출기한은 다음과 같다.
<table>
<tr><th>구 분</th><th>제출기한</th></tr>
<tr><td>근로소득 간이지급명세서</td><td>상반기 지출분은 7월말까지,
하반기 지출분은 익년 1월말까지
휴업 · 폐업 · 해산하는 경우는 휴업 · 폐업 · 해산일이 속하는 반기 마지막 달의 다음 달 말일까지</td></tr>
<tr><td>사업소득 간이지급명세서와 인적용역 관련 기타소득 간이지급명세서 (소법 §21 19호, 기타소득 구분코드 76과 79만 해당)</td><td>지급일이 속하는 달의 다음 달 말일까지(사업소득의 경우 2021.6월 지급분까지는 반기 마지막 달의 다음달 말일까지 제출하였음)
휴업 · 폐업 · 해산하는 경우는 휴업 · 폐업 · 해산일이 속하는 달의 다음 달 말일까지</td></tr>
</table>
관련 간이지급명세서를 지급일 기준으로 제출하였는가?
참고로 2026년 지급분부터는 근로소득도 사업소득과 인적용역관련 기타소득과 동일하게 지급일이 속하는 달의 다음 달 말일까지 제출하도록 세법이 개정되었으니 참고하길 바란다.</td><td></td><td rowspan="2">소법
§164의 3</td></tr>
<tr><td>8</td><td>사업소득 간이지급명세서의 경우
(1) 연말정산 대상 사업소득(보험모집인, 방문판매원, 음료배달원)은 해당 귀속연도의 사업소득을 12월 말일까지 미지급한 경우 12월에 지급한 것으로 보아 다음 연도 1월 말일까지 간이지급명세서를 제출하여야 한다. 예를 들면 2024년 12월 소득을 2025년 1월에 지급한 경우, 2024년 12월 지급분 간이지급명세서에 포함하여 제출하고, 2025년 1월 지급분 간이지급명세서 제출시에는 제외하는 것이다.
(2) 연말정산 대상 사업소득 외 사업소득은 2024년 12월 귀속, 2025년 1월에 지급하는 경우의 사업소득은 지급일이 속하는 달의 다음 달 말일까지 간이지급명세서를 제출하는 것이므로 2025년 2월 말까지 간이지급명세서를 제출한다.
관련 내용을 확인하였는가?</td><td></td></tr>
</table>

제5절 조세특례제한법상 세액감면과 세액공제 체크리스트

1. 공통사항 관련 확인사항

No.	확 인 사 항	확인여부	비 고
1	세액감면과 세액공제는 중복공제와 중복감면 여부를 확인하여야 한다. 2개 이상의 세액감면과 세액공제를 받는 경우 중복감면 · 중복공제 여부를 확인하였는가?		
2	최저한세 대상 세액감면과 세액공제의 경우 최저한세 검토를 하여야 한다. 최저한세 대상 세액감면과 세액공제인가? 최저한세 대상이면 최저한세 적용여부를 검토하였는가?		
3	농어촌특별세 적용대상 여부인가?		

2. 세액감면 관련 확인사항

(1) 소득구분계산서 관련 확인사항

No.	확 인 사 항	확인여부	비 고
1	소득세와 법인세가 감면되는 사업과 과세되는 사업을 겸업하는 경우에는 감면사업과 과세사업으로 구분하여 소득금액을 계산하여야 한다. 구분하였는가?		법인집행 113-156-5, 113-156-6, 법통 6-0…2
2	감면사업만을 영위하는 경우에도 감면대상 소득에 해당되지 않는 이자수익, 고정자산처분이익 등의 영업외수익은 개별분, 기타분으로 하여 감면대상 소득에서 제외하여야 한다. 제외하였는가?		
3	감면소득계산시 이월결손금, 조세특례제한법상 소득공제 등이 있는 경우 감면소득에서 발생한 것이 분명할 경우 감면소득에서 차감하나 불분명한 경우에는 소득금액에 비례하여 안분계산하여야 한다. 확인하였는가?		
4	세무조정반영시 기부금 한도초과와 이월기부금 손금추인일 경우 해당 금액은 소득금액조정합계표에 반영이 안 되어 있으므로 회계프로그램 활용시 기부금 관련 금액을 별도로 반영하여야 한다. 반영하였는가?		

No.	확 인 사 항	확인여부	비 고
5	공통익금은 수입금액 또는 매출액에 비례하여 안분하고 공통손금은 업종이 동일하면 수입금액 또는 매출액에 비례하여 안분하고 업종이 다른 경우라면 각 사업의 개별손금에 비례하여 안분한다. 안분 기준을 적정하게 적용하였는가?		

(2) 중소기업특별세액감면 관련 확인사항

No.	확 인 사 항	확인여부	비 고
1	중소기업 특별세액감면을 적용받을 수 있는 업종인가?		조특법 §7, 조특령 §8, 조특칙 §5
2	수도권과 수도권 외, 소기업과 중기업으로 구분하여 감면율은 정확하게 적용하였는가?		
3	겸업법인 등의 경우 소기업과 중기업의 구분을 적절하게 검토하였는가?		
4	사업장별로 수도권 소재유무를 판단하여 감면율을 적용하는데 내국법인의 본점 또는 주사무소가 수도권에 있는 경우에는 모든 사업장이 수도권에 있는 것으로 보고 감면율을 적용한다. 본점과 지점의 감면율은 적절한가?		
5	창업중소기업 세액감면과 벤처기업 세액감면 등 다른 세액감면과는 중복공제 불가능한데 중복적용하지 않았는가?		
6	연구인력개발비 세액공제와 전자신고세액공제와 통합고용세액공제와는 중복공제가 가능하지만 통합투자세액공제와는 중복공제가 불가능하다. 확인하였는가?		
7	중소기업 특별세액감면은 감가상각의제가 적용된다. 세법상 한도까지 감가상각을 계상하였는가?		
8	중소기업 특별세액감면은 농어촌특별세액 비과세이다. 적절하게 반영하였는가?		
9	중소기업 특별세액감면은 최저한세 적용대상이다. 최저한세 검토를 하였는가?		
10	2018년 귀속부터는 중소기업 특별세액감면의 한도가 1억원이 적용되며, 전년대비 고용인원이 감소되는 경우에는 1인당 500만원씩 공제한도가 축소된다. 한도를 적용하였는가?		
11	추계신고시 등에 대해서는 중소기업특별세액감면을 적용받지 못한다. 해당 내용을 확인하였는가? 감면배제에 해당하는 내용은 아래 보론을 참고한다.		

(3) 창업중소기업과 창업벤처중소기업 감면 관련 확인사항

No.	확 인 사 항	확인여부	비 고
1	창업중소기업 세액감면(청년창업중소기업은 제외)은 수도권 과밀억제권역 외의 지역에서 창업한 경우에만 감면이 가능하다. 수도권 과밀억제권역 외 지역에서 창업하였는가?		조특법 §6, 조특령 §5, 조특칙 §4의 2와 §4의 3, 지특법 §58의 3 ⑦
2	2018년 귀속 법인세와 소득세 신고부터는 청년창업중소기업도 세액감면을 적용받을 수 있다. 다만, 2018.5.28. 이전 창업인 경우의 청년은 15세 이상 29세 이하였으나 2018.5.29. 이후 창업인 경우의 청년은 15세 이상 34세 이하다. 청년창업중소기업에 해당되는 경우 나이요건이 충족하였는가?		
3	창업벤처중소기업 세액감면은 창업후 3년 이내 벤처기업으로 확인받아야 하는데, 3년 이내 벤처 확인을 받았는가? 참고로 창업벤처중소기업 세액감면은 수도권과밀억제권역 외 창업이 아니어도 상관없다.		
4	창업중소기업 세액감면 대상 업종에 해당하는가?		
5	감면율을 정확하게 반영하였는가?		
6	창업중소기업 세액감면 등은 창업일부터 4년(청년창업의 경우 5년) 이내에 취득하는 사업용 재산에 대하여는 취득세의 75%를 감면하는데 취득일부터 3년 이내에 그 재산을 정당한 사유 없이 해당 사업에 직접 사용하지 아니하거나 다른 용도로 사용하거나 매각 · 증여(임대 포함)하는 경우 또는 정당한 사유 없이 최초 사용일부터 2년 이내 다른 목적으로 사용하지 아니하고 매각 · 증여하는 경우에는 감면받은 세액을 추징한다. 이에 해당되는가?		
7	창업중소기업 세액감면 등은 실질 창업일 경우에만 감면이 가능하다. 실질 창업에 해당되는가?		
8	창업중소기업 세액감면 등은 중소기업 특별세액감면 등 다른 세액감면과 중복적용되지 않는다. 중복적용하지 않았는가?		
9	창업중소기업 세액감면 등은 고용창출 등의 투자세액공제 및 사회보험료 세액공제와 중복공제되지 않는다. 중복공제하지 않았는가?		
	창업중소기업 세액감면은 고용증대세액공제 또는 통합고용세액공제와 중복공제가 가능하지만 창업중소기업세액감면 중 고용증가에 따른 추가감면을 받은 경우라면 고용관련 세액공제는 중복적용하지 않는다. 확인하였는가?		
10	창업중소기업 세액감면 등은 농어촌특별세는 비과세이다. 검토하였는가?		

No.	확 인 사 항	확인여부	비 고
11	창업중소기업 세액감면 등은 최저한세에 해당된다. 최저한세 검토를 하였는가? 참고로 2018년 창업분부터 적용되는 청년창업과 소규모사업자창업, 위기지역 창업으로 100% 감면이 적용되거나 조세특례제한법 제6조 제6항에 따른 추가감면은 최저한세에 해당되지 않으며 2017년부터는 중소기업 유예기간 불인정 사유에 해당하는 조세특례제한법시행령 제2조 제2항 각 호의 경우(유예기간 중의 법인 및 중견기업 · 대기업과의 합병, 2년 이내 기준초과 등) 감면적용에서 제외된다.		조특법 §6, 조특령 §5, 조특칙 §4의 2와 §4의 3
12	청년창업중소기업 세액감면의 경우 법인의 최대주주 및 개인 공동사업의 최대출자자가 아니게 된 경우에 해당 사업연도부터 감면을 적용받지 못한다. 최대주주와 최대출자자가 변경되었는가?		
13	추계신고시 등에 대해서는 창업세액감면 등을 적용받지 못한다. 해당 내용을 확인하였는가? 감면배제에 해당하는 내용은 아래 보론을 참고한다.		

보론 추계과세시 등의 감면배제(조특법 §128)

다음의 해당되는 경우 조세특례제한법상 감면을 적용하지 않는다(2025년 귀속 기준).

① 소득세법 제80조 제3항 단서 또는 법인세법 제66조 제3항 단서에 따라 추계(推計)를 하는 경우에는 제7조의 2, 제7조의 4, 제8조의 3 제3항, 제10조, 제12조 제2항, 제12조의 3, 제12조의 4, 제13조의 2, 제13조의 3, 제19조 제1항, 제24조, 제25조의 6, 제26조, 제29조의 2부터 제29조의 5까지, 제29조의 7, 제29조의 8, 제30조의 3, 제30조의 4, 제96조의 3(소득세법 제160조에 따른 간편장부대상자는 제외), 제99조의 12, 제104조의 14, 제104조의 15, 제104조의 25, 제104조의 30, 제104조의 35, 제122조의 4 제1항 및 제126조의 7 제8항을 적용하지 아니한다. 다만, 추계를 하는 경우에도 거주자에 대해서는 제24조 및 제26조를 적용(투자에 관한 증거서류를 제출하는 경우로 한정)한다.

② 소득세법 제80조 제1항 또는 법인세법 제66조 제1항에 따라 결정을 하는 경우와 국세기본법 제45조의 3에 따라 기한후 신고를 하는 경우에는 제6조, 제7조, 제12조 제1항 · 제3항, 제12조의 2, 제31조 제4항 · 제5항, 제32조 제4항, 제62조 제4항, 제63조 제1항, 제63조의 2 제1항, 제64조, 제66조부터 제68조까지, 제85조의 6 제1항 · 제2항, 제96조, 제96조의 2, 제96조의 3, 제99조의 9 제2항, 제99조의 11 제1항, 제99조의 12, 제102조, 제104조의 24 제1항, 제121조의 8, 제121조의 9 제2항, 제121조의 17 제2항, 제121조의 20 제2항, 제121조의 21 제2항, 제121조의 22 제2항, 제121조의 33 제2항을 적용하지 아니한다.

③ 소득세법 제80조 제2항 또는 법인세법 제66조 제2항에 따라 경정(제4항 각 호의 어느 하나에 해당되어 경정하는 경우는 제외)하는 경우와 과세표준 수정신고서를 제출한 과

세표준과 세액을 경정할 것을 미리 알고 제출한 경우에는 대통령령으로 정하는 과소신고금액(過少申告金額)에 대하여 제6조, 제7조, 제12조 제1항 · 제3항, 제12조의 2, 제31조 제4항 · 제5항, 제32조 제4항, 제62조 제4항, 제63조 제1항, 제63조의 2 제1항, 제64조, 제66조부터 제68조까지, 제85조의 6 제1항 · 제2항, 제96조, 제96조의 2, 제96조의 3, 제99조의 9 제2항, 제99조의 11 제1항, 제99조의 12, 제102조, 제104조의 24 제1항, 제121조의 8, 제121조의 9 제2항, 제121조의 17 제2항, 제121조의 20 제2항, 제121조의 21 제2항, 제121조의 22 제2항, 제121조의 33 제2항을 적용하지 아니한다.

④ 사업자가 다음의 어느 하나에 해당하는 경우에는 해당 과세기간의 해당 사업장에 대하여 제6조, 제7조, 제12조 제1항 · 제3항, 제12조의 2, 제31조 제4항 · 제5항, 제32조 제4항, 제62조 제4항, 제63조 제1항, 제63조의 2 제1항, 제64조, 제66조부터 제68조까지, 제85조의 6 제1항 · 제2항, 제96조, 제96조의 2, 제96조의 3, 제99조의 9 제2항, 제99조의 11 제1항, 제99조의 12, 제102조, 제104조의 24 제1항, 제121조의 8, 제121조의 9 제2항, 제121조의 17 제2항, 제121조의 20 제2항, 제121조의 21 제2항, 제121조의 22 제2항, 제121조의 33 제2항을 적용하지 아니한다. 다만, 사업자가 제1호 또는 제2호의 의무불이행에 대하여 정당한 사유가 있는 경우에는 그러하지 아니하다.

1. 소득세법 제160조의 5 제3항에 따라 사업용계좌를 신고하여야 할 사업자가 이를 이행하지 아니한 경우
2. 소득세법 제162조의 3 제1항 또는 법인세법 제117조의 2 제1항에 따라 현금영수증가맹점으로 가입하여야 할 사업자가 이를 이행하지 아니한 경우
3. 소득세법 제162조의 2 제2항 및 법인세법 제117조에 따른 신용카드가맹점으로 가입한 사업자 또는 소득세법 제162조의 3 제1항 또는 법인세법 제117조의 2에 따라 현금영수증가맹점으로 가입한 사업자가 다음 각 목의 어느 하나에 해당하는 경우로서 그 횟수 · 금액 등을 고려하여 대통령령으로 정하는 때에 해당하는 경우
   가. 신용카드에 의한 거래를 거부하거나 신용카드매출전표를 사실과 다르게 발급한 경우
   나. 현금영수증의 발급요청을 거부하거나 사실과 다르게 발급한 경우

〈감면배제 규정 법령명칭 정리〉

제6조	【창업중소기업 등에 대한 세액감면】
제7조	【중소기업에 대한 특별세액감면】
제7조의 2	【기업의 어음제도 개선을 위한 세액공제】
제7조의 4	【상생결제 지급금액에 대한 세액공제】
제8조의 3	【상생협력을 위한 기금 출연 등에 대한 세액공제】 제3항
제10조	【연구 · 인력개발비에 대한 세액공제】
제12조	【기술이전 및 기술취득 등에 대한 과세특례】
제12조의 2	【연구개발특구에 입주하는 첨단기술기업 등에 대한 법인세 등의 감면】
제12조의 3	【기술혁신형 합병에 대한 세액공제】

제12조의 4 【기술혁신형 주식취득에 대한 세액공제】
제13조의 2 【내국법인의 벤처기업 등에의 출자에 대한 과세특례】
제13조의 3 【내국법인의 소재 · 부품 · 장비전문기업에의 출자 · 인수에 대한 과세특례】
제19조 【성과공유 중소기업의 경영성과급에 대한 세액공제 등】 제1항
제24조 【통합투자세액공제】
제25조의 6 【영상콘텐츠 제작비용에 대한 세액공제】
제26조 【고용창출투자세액공제】
제29조의 2 【산업수요맞춤형고등학교등 졸업자를 병역 이행 후 복직시킨 기업에 대한 세액공제】
제29조의 3 【경력단절 여성 재고용 기업 등에 대한 세액공제】
제29조의 4 【근로소득을 증대시킨 기업에 대한 세액공제】
제29조의 5 【청년고용을 증대시킨 기업에 대한 세액공제】
제29조의 6 【중소기업 핵심인력 성과보상기금 수령액에 대한 소득세 감면 등】
제29조의 7 【고용을 증대시킨 기업에 대한 세액공제】
제29조의 8 【통합고용세액공제】
제30조의 3 【고용유지중소기업 등에 대한 과세특례】
제30조의 4 【중소기업 사회보험료 세액공제】
제31조 【중소기업 간의 통합에 대한 양도소득세의 이월과세 등】
제32조 【법인전환에 대한 양도소득세의 이월과세】
제33조의 2 【사업전환 중소기업 및 무역조정지원기업에 대한 세액감면】
제62조 【공공기관이 혁신도시 등으로 이전하는 경우 법인세 등 감면】
제63조 【수도권과밀억제권역 밖으로 이전하는 중소기업에 대한 세액감면】
제63조의 2 【법인의 공장 및 본사를 수도권 밖으로 이전하는 경우 법인세 등 감면】
제64조 【농공단지 입주기업 등에 대한 세액감면】
제66조 【영농조합법인 등에 대한 법인세의 면제 등】
제67조 【영어조합법인 등에 대한 법인세의 면제 등】
제68조 【농업회사법인에 대한 법인세의 면제 등】
제85조의 6 【사회적기업 및 장애인 표준사업장에 대한 법인세 등의 감면】
제96조 【소형주택 임대사업자에 대한 세액감면】
제96조의 2 【상가건물 장기 임대사업자에 대한 세액감면】
제96조의 3 【상가임대료를 인하한 임대사업자에 대한 세액공제】
제99조의 9 【위기지역 창업기업에 대한 법인세 등의 감면】
제99조의 11 【감염병 피해에 따른 특별재난지역의 중소기업에 대한 법인세 등의 감면】
제99조의 12 【선결제 금액에 대한 세액공제】
제102조 【산림개발소득에 대한 세액감면】
제104조의 14 【제3자물류비용에 대한 세액공제】
제104조의 15 【해외자원개발투자에 대한 과세특례】
제104조의 24 【해외진출기업의 국내복귀에 대한 세액감면】
제104조의 25 【석유제품 전자상거래에 대한 세액공제】

제104조의 30【우수 선화주기업 인증을 받은 화주기업에 대한 세액공제】
제104조의 35【이스포츠대회 운영에 대한 과세특례】
제121조의 8 【제주첨단과학기술단지 입주기업에 대한 법인세 등의 감면】
제121조의 9 【제주투자진흥지구 또는 제주자유무역지역 입주기업에 대한 법인세등의 감면】
제121조의 17【기업도시개발구역 등의 창업기업 등에 대한 법인세 등의 감면】
제121조의 20【아시아문화중심도시 투자진흥지구 입주기업 등에 대한 법인세 등의 감면 등】
제121조의 21【금융중심지 창업기업 등에 대한 법인세 등의 감면 등】
제121조의 22【첨단의료복합단지 입주기업에 대한 법인세 등의 감면】
제121조의 33【기회발전특구의 창업기업 등에 대한 법인세 등의 감면】
제122조의 4 【금사업자와 스크랩등사업자의 수입금액의 증가 등에 대한 세액공제】 제1항
제126조의 7 【금 현물시장에서 거래되는 금지금에 대한 과세특례】 제8항

3. 세액공제 관련 확인사항

(1) 연구인력개발비 세액공제 관련 확인사항

No.	확 인 사 항	확인여부	비 고
1	기초연구진흥 및 기술개발지원에관한법률에 따라 인정받은 연구소인가?		조특법 §10, 조특령 §9, 조특칙 §7
2	연구소 인가일 이후에 지출된 비용에 대해서만 공제를 받았는가?		
3	연구소의 인가가 취소된 경우 취소일까지 비용에 대해서만 공제를 받았는가?		
4	연구인력개발비 세액공제율을 적절하게 적용하였는가?		
5	세액공제를 신청한 연구전담요원, 연구보조요원 등이 연구소 등의 업무만을 수행하였는가? 회사의 수익사업 프로젝트 등과 관련하여 기술		
5	영업 등의 일반 매출활동 등을 수행하는 등 연구개발업무 외 다른 업무를 전혀 수행하지 않았는가?		
6	세액공제를 신청한 연구전담요원, 연구보조요원 등이 연구소 등에 상시적으로 근무하는 것이 조직도(연구소 조직도), 인사발령서류(근무부서, 발령일), 연구소 내부 도면 등을 통해 확인되는가?		
7	세액공제를 받을 수 있는 인건비 등의 지출이 별표6과 별표7에 해당하는 지출금액인가?		
8	연구인력개발비 세액공제는 다른 세액공제와 세액감면과 중복해서 공제 가능하다. 중복공제 적용하였는가?		

No.	확 인 사 항	확인여부	비 고
9	연구인력개발비 세액공제는 농어촌특별세 적용대상이 아니다. 해당 사항을 검토하였는가?		조특법 §10, 조특령 §9, 조특칙 §7
10	중소기업의 연구인력개발비 세액공제는 최저한세가 적용되지 않지만, 중소기업 외 연구인력개발비 세액공제는 최저한세 적용대상이다. 최저한세 검토를 하였는가?		
11	정부로부터 출연받은 출연금에 대해서는 연구인력개발비 세액공제가 적용되지 않는다. 해당 출연금으로 지출한 금액에 대해서 세액공제를 받았는가?		
12	2020년 귀속분 법인세 또는 소득세 신고시부터는 연구과제 총괄표를 제출하고 연구계획서 · 보고서, 연구노트 등 작성 · 보관하도록 세법이 개정되었다. 관련 내용을 확인하였는가?		

(2) 통합고용세공제 관련 확인사항

No.	확 인 사 항	확인여부	비 고
1	통합고용세액공제는 내국법인과 소비성서비스업을 제외한 업종에만 공제가 가능하다. 확인하였는가? ※ 소비성서비스업(조세특례제한법 시행령 §29 ③) ① 호텔업 및 여관업(관광진흥법에 따른 관광숙박업은 제외) ② 주점업(관광진흥법에 따른 외국인전용유흥음식점 및 관광유흥음식점업은 제외)		조특법 §29의 7, 조특령 §26의 7
2	상시근로자수가 증가하였는가? 상시근로자수는 12월말 근무인원이 아니고 매월말 근무인원을 합하여 사업연도 월수로 나눈 금액을 말한다. 따라서 매월 말일자 퇴사자는 퇴사한 월을 근무월수에 포함한다. ※ 상시근로자는 근로기준법에 따라 근로계약을 체결한 근로자로 조세특례제한법 시행령 §23 ⑩ 각호에 해당하는 사람은 제외 ① 근로계약기간이 1년 미만인 근로자 ② 근로기준법 제2조 제1항 제8호에 따른 단시간근로자 ③ 법인세법 시행령 제42조 제1항 각 호의 어느 하나에 해당하는 임원 ④ 해당 기업의 최대주주 또는 최대출자자와 그 배우자 ⑤ 제4호에 해당하는 자의 직계존비속(배우자 포함) 및 국세기본법 시행령 제1조의 2 제1항에 따른 친족관계인 사람 ⑥ 소득세법 시행령 제196조에 따른 근로소득원천징수부에 의하여 근로소득세를 원천징수한 사실이 확인되지 아니하고, 다음 각 목의 어느 하나에 해당하는 금액의 납부사실도 확인되지 아니하는 자 가. 국민연금법 제3조 제1항 제11호 및 제12호에 따른 부담금 및 기여금		

No.	확 인 사 항	확인여부	비 고
	나. 국민건강보험법 제69조에 따른 직장가입자의 보험료		
3	청년근로자(34세 이하)의 나이 계산을 정확하게 하였는가? 청년근로자 나이 계산시 초일을 산입하여 계산하며, 청년의 경우 34세 이하는 35세 미만과 동일한 뜻이며, 이때도 매월말을 기준으로 청년 등의 인원수를 합하여 사업연도 월수로 나누어 청년 인원수를 계산한다.		
4	인원수 계산시 100분의 1 미만은 없는 것으로 하므로 소수점 셋째자리 이하는 절삭한다. 인원수 계산을 정확하게 하였는가? 예 : 7/12=0.5833이므로 인원계산시 0.58명으로 함.		
5	통합고용세액공제는 청년등 상시근로자와 청년외 상시근로자의 증가에 따른 공게금액이 다르고 중소기업, 중견기업, 대기업에 따라 공제금액이 달리 적용된다. 해당 공제금액을 확인하였는가?		
6	중소기업 또는 중견기업이 비정규직 근로자를 정규직근로자로 전환(2024.12.31.까지 전환한 경우를 말함)시키거나 육아휴직복귀대상자를 복귀(2025.12.31.까지 복구시키는 경우를 말함)시키는 경우 추가공제를 적용할 수 있다. 추가공제 여부를 확인하였는가? 다만, 해당 추가공제는 해당 과세연도에 해당 중소기업 또는 중견기업의 상시근로자 수가 직전 과세연도의 상시근로자 수보다 감소한 경우에는 공제하지 아니하며 소득세 또는 법인세를 공제받은 자가 각각 정규직 근로자로의 전환일 또는 육아휴직 복직일부터 2년이 지나기 전에 해당 근로자와의 근로관계를 종료하는 경우에는 근로관계가 종료한 날이 속하는 과세연도의 과세표준신고를 할 때 공제받은 세액에 상당하는 금액을 추징함에 유의하여야 한다. ※ 정규직전환으로 인한 추가 세액공제란? 중소기업 또는 중견기업이 2023.6.30. 당시 고용하고 있는 기간제 및 단시간근로자 보호 등에 관한 법률에 따른 기간제근로자 및 단시간근로자, 파견근로자 보호 등에 관한 법률에 따른 파견근로자, 하도급거래 공정화에 관한 법률에 따른 수급사업자에게 고용된 기간제근로자 및 단시간근로자를 2024.1.1.부터 2024.12.31.까지 기간의 정함이 없는 근로계약을 체결한 근로자로 전환하거나 파견근로자 보호 등에 관한 법률에 따라 사용사업주가 직접 고용하거나 하도급거래 공정화에 관한 법률 제2조 제2항 제2호에 따른 원사업자가 기간의 정함이 없는 근로계약을 체결하여 직접 고용하는 경우(정규직 근로자로의 전환)를 말함 ※ 육아휴직복귀자란? 육아휴직복귀자란 다음의 요건을 모두 충족한 근로자를 말한다. ① 해당 기업에서 1년 이상 근무하였을 것 ② 육아휴직 기간이 연속하여 6개월 이상일 것		조특법 §29의 7, 조특령 §26의 7

No.	확 인 사 항	확인여부	비 고
6	③ 해당 기업의 최대주주 또는 최대출자자(개인사업자의 경우에는 대표자를 말함)나 그와 특수관계에 있는 사람이 아닐 것		조특법 §29의 7, 조특령 §26의 7
7	고용인원이 유지되는 경우 고용이 증가한 해당연도 포함하여 중소기업과 중견기업은 3년간 세액공제가 가능하며 그 외 일반기업은 2년간 세액공제를 적용한다. 고용인원 유지를 확인하였는가?		
8	세액공제를 받은 과세연도부터 2년(대기업은 1년) 이내 근로자수 감소 시 공제받은 세액을 추징당한다. 근로자수가 감소하지는 않았는가?		
9	중복적용여부: 통합고용증대세액공제는 창업중소기업 등에 대한 세액감면(고용증가시 추가 세액감면은 제외) 또는 중소기업특별세액감면과 중복적용이 가능하다. 확인하였는가?		
	통합고용증대세액공제는 통합투자세액공제 등 투자세액공제와 연구 · 인력개발비 세액공제 등의 세액공제와 중복적용이 가능하다. 확인하였는가?		
	통합고용증대세액공제는 고용증대세액공제 및 중소기업사회보험료 세액공제와 중복적용을 받을 수 없지만 통합고용증대세액공제는 1차년도를 적용하고 고용증대세액공제 및 중소기업사회보험료 세액공제는 2차년도 또는 3차년도 세액공제를 적용받을 수 있다. 확인하였는가?		
10	통합고용증대세액공제는 최저한세와 농어촌특별세가 적용된다. 확인하였는가? 참고로 인원감소로 추가납부세액이 발생하는 경우에는 기납부한 농어촌특별세는 환급 · 충당된다.		
11	최저한세 등으로 공제받지 못한 세액은 10년간 이월공제가 적용된다. 확인하였는가?		
12	개인사업자의 경우 사업소득에서만 세액공제가 가능하고 부동산임대소득에 대해서는 세액공제가 불가능하다. 확인하였는가?		

(3) 고용을 증대시킨 기업에 대한 세액공제 관련 확인사항[3)]

No.	확 인 사 항	확인여부	비 고
1	고용을 증대시킨 기업에 대한 세액공제는 내국법인과 소비성서비스업을 제외한 업종에만 공제가 가능하다. 확인하였는가?		

3) 고용을 증대시킨 기업에 대한 세액공제와 통합고용증대세액 간의 중복여부는 통합고용증대세액공제 관련 확인사항을 참고하길 바라고 2023년과 2024년에는 고용을 증대시킨 기업에 대한 세액공제 및 중소기업 사회보험료 세액공제와 통합고용증대세액 공제는 선택하여 공제가 가능하였으나 2025년부터는 통합고용세액공제만 적용된다.

No.	확 인 사 항	확인여부	비 고
2	상시근로자수가 증가하였는가? 상시근로자수는 12월말 근무인원이 아니고 매월말 근무인원을 합하여 사업연도 월수로 나눈 금액을 말한다. 따라서 매월 말일자 퇴사자는 퇴사한 월을 근무월수에 포함한다.		조특법 §29의 7, 조특령 §26의 7
3	청년근로자의 나이 계산을 정확하게 하였는가? 청년근로자 나이 계산시 초일을 산입하여 계산하며, 청년의 경우 29세 이하는 30세 미만과 동일한 뜻이며, 이때도 매월말을 기준으로 청년 등의 인원수를 합하여 사업연도 월수로 나누어 청년 인원수를 계산한다.		
4	인원수 계산시 100분의 1 미만은 없는 것으로 하므로 소수점 셋째자리 이하는 절삭한다. 인원수 계산을 정확하게 하였는가? 예 : 7/12=0.5833이므로 인원계산시 0.58명으로 함.		
5	고용인원이 유지되는 경우 고용이 증가한 해당연도 포함하여 중소기업과 중견기업은 3년간 세액공제가 가능하며 그 외 일반기업은 2년간 세액공제를 적용한다. 고용인원 유지를 확인하였는가?		
6	세액공제를 받은 과세연도부터 3년 이내 근로자수 감소시 공제받은 세액을 추징당한다. 근로자수가 감소하지는 않았는가?		
7	고용증대세액공제와 창업중소기업감면(고용증가에 따른 추가 세액감면은 제외) 또는 중소기업특별세액감면의 중복적용이 가능하며 다른 세액공제(통합투자세액공제, 연구 · 인력개발비 세액공제 등)와도 중복적용된다. 확인하였는가?		
8	고용증대세액공제는 최저한세와 농어촌특별세가 적용된다. 확인하였는가? 참고로 인원감소로 추가납부세액이 발생하는 경우에는 기납부한 농어촌특별세는 환급 · 충당된다.		
9	최저한세 등으로 공제받지 못한 세액은 10년간 이월공제가 적용된다. 확인하였는가?		
10	개인사업자의 경우 사업소득에서만 세액공제가 가능하고 부동산임대소득에 대해서는 세액공제가 불가능하다. 확인하였는가?		

(4) 중소기업 고용증가 인원 사회보험료 세액공제 관련 확인사항

No.	확 인 사 항	확인여부	비 고
1	고용증가 인원 사회보험료 세액공제는 중소기업만 공제를 받을 수 있다. 중소기업인가?		조특법 §30의 4, 조특령 §27의 4
2	상시근로자수가 증가하였는가? 상시근로자수는 12월말 근무인원이 아니고 매월말 근무인원을 합하여 사업연도 월수로 나눈 금액을 말한다. 따라서 매월 말일자 퇴사자는 퇴사한 월을 근무월수에 포함한다.		
3	청년근로자의 나이 계산을 정확하게 하였는가? 청년근로자 나이 계산시 초일을 산입하여 계산하며, 청년의 경우 29세 이하는 30세 미만과		

No.	확 인 사 항	확인여부	비 고
3	동일한 뜻이며, 이때도 매월말을 기준으로 청년 등의 인원수를 합하여 사업연도 월수로 나누어 청년 인원수를 계산한다.		
4	인원수 계산시 100분의 1 미만은 없는 것으로 하므로 소수점 셋째자리 이하는 절삭한다. 인원수 계산을 정확하게 하였는가? 예 : 7/12=0.5833이므로 인원 계산시 0.58명으로 함.		
5	중소기업 고용증가 인원 사회보험료 세액공제는 최저한세 대상이지만 농어촌특별세는 해당되지 않는다. 확인하였는가?		
6	중소기업 고용증가 인원 사회보험료 세액공제도 고용증대세액공제와 동일하게 상시근로자 수 감소시 세액 공제받은 금액에 대하여 일정금액의 추가납부세액이 발생하도록 2022년 세법이 개정되었다. 확인하였는가?		조특법 §30의 4, 조특령 §27의 4
7	2018년부터 고용인원이 감소하지 않으면 해당연도와 다음연도(총 2년간) 세액공제가 적용된다. 확인하였는가?		
8	사회보험료 세액공제와 고용증대세액공제는 공제 요건이 거의 대동소이하지만 중복공제가 가능하며, 사회보험료 세액공제는 통합투자세액공제 등의 그 외의 세액공제와도 중복적용이 가능하다. 확인하였는가?		
9	사회보험료 세액공제는 세액감면과 중복적용하지 않지만 2018년부터는 중소기업특별세액감면과는 중복적용이 가능하다. 확인하였는가?		
10	개인사업자의 경우에는 사업소득(부동산 임대소득 제외)에 대한 소득세에서만 공제가 가능하다. 확인하였는가?		

(5) 통합투자세액공제 관련 확인사항

No.	확 인 사 항	확인여부	비 고
1	통합투자세액공제는 내국법인과 소비성서비스업을 제외한 업종에만 공제가 가능하다. 확인하였는가? ※ 소비성서비스업(조세특례제한법 시행령 §29 ③) ① 호텔업 및 여관업(관광진흥법에 따른 관광숙박업은 제외), ② 주점업(관광진흥법에 따른 외국인전용유흥음식점 및 관광유흥음식점업은 제외)		조특법 §24 조특령 §3 및 §21 조특칙 §3의2, §12, §12의 2, §12의3 및 §13
2	통합투자세액공제 대상 자산인지 여부를 확인하였는가? 대상 자산을 정리하면 다음과 같고 리스자산에서 운용리스는 제외하나 금융리스자산으로 신규취득한 경우는 해당되며 운용리스자산을 금융리스자산으로 변경한 경우는 새로운 투자로 보지 않는다. ① 기계장치 등 사업용 유형자산에 해당하는지 여부 - 토지, 건축물, 차량, 비품 등은 공제대상 자산에서 제외함		

<table>
<tr><th>No.</th><th>확 인 사 항</th><th>확인여부</th><th>비 고</th></tr>
<tr><td>2</td><td>② 연구 · 인력개발, 에너지절약 및 환경보전 시설, 업종별 특성을 감안한 필수적인 자산에 해당되는지 여부
③ 중소기업 및 중견기업이 취득하는 지식재산(특허권 · 실용 신안권 · 디자인권)에 해당하는지 여부</td><td></td><td rowspan="9">조특법 §24
조특령 §3
및 §21
조특칙
§3의 2,
§12,
§12의 2,
§12의 3 및
§13</td></tr>
<tr><td>3</td><td>통합투자세액공제는 수도권과밀억제권 밖 투자에 해당하는지, 수도권과밀억제권에서 투자하는지 구분을 해야 한다. 확인하였는가?
수도권과밀억제권에서 투자시 공제 여부를 정리하면 다음과 같다.
<table><tr><th colspan="2">구 분</th><th>대체투자</th><th>증설투자</th></tr><tr><td colspan="2">중 소 기 업</td><td>○</td><td>×*1</td></tr><tr><td rowspan="2">그외 기업</td><td>1989.12.31. 이전부터 수도권과밀억제권역에서 계속하여 사업을 경영</td><td>○</td><td>×*1</td></tr><tr><td>1990.1.1. 이후 수도권과밀억제권역에서 사업을 개시 또는 이전</td><td>×*2</td><td>×*1</td></tr></table>*1. 산업단지 또는 공업지역 내 투자, 방송장비 · 정보통신장비 등의 사업용 고정자산 취득은 공제가능
*2. 방송장비 · 정보통신장비 등의 사업용 고정자산 취득은 공제가능</td><td></td></tr>
<tr><td>4</td><td>통합투자세액공제는 기업규모와 일반투자, 신성장 · 원천기술투자, 국가전략기술에 따라 정해진 비율에 해당하는 금액을 공제하고 해당 과세연도에 투자한 금액이 해당 과세연도의 직전 3년간 연 평균 투자금액을 초과하는 경우에는 기본공제 금액의 2배를 그 한도로 증가분 공제를 적용할 수 있다. 확인하였는가?</td><td></td></tr>
<tr><td>5</td><td>통합투자세액공제 대상 투자가 2개 이상의 과세연도에 걸쳐서 이루어지는 경우에는 그 투자가 이루어지는 과세연도마다 해당 과세연도에 투자한 금액에 대하여 세액공제를 적용한다. 확인하였는가?</td><td></td></tr>
<tr><td>6</td><td>통합투자세액공제 받은 자가 투자완료일부터 2년(건물과 구축물의 경우 5년) 이내의 기간 중 그 자산을 다른 목적으로 전용하는 경우에는 공제받은 세액공제액 상당액에 이자 상당 가산액을 가산하여 소득세 또는 법인세로 납부하여야 한다. 확인하였는가?</td><td></td></tr>
<tr><td>7</td><td>통합투자세액공제는 다른 세액감면과는 중복적용되지 않지만 이월된 통합투자세액공제와 당해연도의 세액감면은 중복적용이 가능하과 다른 세액공제와는 중복공제가 가능하다. 확인하였는가?</td><td></td></tr>
<tr><td>8</td><td>통합투자세액공제는 최저한세와 농어촌특별세가 적용된다. 확인하였는가?</td><td></td></tr>
<tr><td>9</td><td>최저한세 등으로 공제받지 못한 세액은 10년간 이월공제가 적용된다. 확인하였는가?</td><td></td></tr>
<tr><td>10</td><td>개인사업자의 경우 사업소득에서만 세액공제가 가능하고 부동산임대소득에 대해서는 세액공제가 불가능하다. 확인하였는가?</td><td></td></tr>
</table>

보론 과밀억제권역, 성장관리권역 및 자연보전권역의 범위(수도권 정비계획법 시행령 별표1)

과밀억제권역	성장관리권역	자연보전권역
1. 서울특별시 2. 인천광역시[강화군, 옹진군, 서구 대곡동·불로동·마전동·금곡동·오류동·왕길동·당하동·원당동, 인천경제자유구역(경제자유구역에서 해제된 지역을 포함한다) 및 남동 국가산업단지는 제외한다] 3. 의정부시 4. 구리시 5. 남양주시(호평동, 평내동, 금곡동, 일패동, 이패동, 삼패동, 가운동, 수석동, 지금동 및 도농동만 해당한다) 6. 하남시 7. 고양시 8. 수원시 9. 성남시 10. 안양시 11. 부천시 12. 광명시 13. 과천시 14. 의왕시 15. 군포시 16. 시흥시[반월특수지역(반월특수지역에서 해제된 지역을 포함한다)은 제외한다]	1. 인천광역시[강화군, 옹진군, 서구 대곡동·불로동·마전동·금곡동·오류동·왕길동·당하동·원당동, 인천경제자유구역(경제자유구역에서 해제된 지역을 포함한다) 및 남동 국가산업단지만 해당한다] 2. 동두천시 3. 안산시 4. 오산시 5. 평택시 6. 파주시 7. 남양주시(별내동, 와부읍, 진전읍, 별내면, 퇴계원면, 진건읍 및 오남읍만 해당한다) 8. 용인시(신갈동, 하갈동, 영덕동, 구갈동, 상갈동, 보라동, 지곡동, 공세동, 고매동, 농서동, 서천동, 언남동, 청덕동, 마북동, 동백동, 중동, 상하동, 보정동, 풍덕천동, 신봉동, 죽전동, 동천동, 고기동, 상현동, 성복동, 남사면, 이동면 및 원삼면 목신리·죽릉리·학일리·독성리·고당리·문촌리만 해당한다) 9. 연천군 10. 포천시 11. 양주시 12. 김포시 13. 화성시 14. 안성시(가사동, 가현동, 명륜동, 숭인동, 봉남동, 구포동, 동본동, 영동, 봉산동, 성남동, 창전동, 낙원동, 옥천동, 현수동, 발화동, 옥산동, 석정동, 서인동, 인지	1. 이천시 2. 남양주시(화도읍, 수동면 및 조안면만 해당한다) 3. 용인시(김량장동, 남동, 역북동, 삼가동, 유방동, 고림동, 마평동, 운학동, 호동, 해곡동, 포곡읍, 모현면, 백암면, 양지면 및 원삼면 가재월리·사암리·미평리·좌항리·맹리·두창리만 해당한다) 4. 가평군 5. 양평군 6. 여주시 7. 광주시 8. 안성시(일죽면, 죽산면 죽산리·용설리·장계리·매산리·장릉리·장원리·두현리 및 삼죽면 용월리·덕산리·율곡리·내장리·배태리만 해당한다)

과밀억제권역	성장관리권역	자연보전권역
	동, 아양동, 신흥동, 도기동, 계동, 중리동, 사곡동, 금석동, 당왕동, 신모산동, 신소현동, 신건지동, 금산동, 연지동, 대천동, 대덕면, 미양면, 공도읍, 원곡면, 보개면, 금광면, 서운면, 양성면, 고삼면, 죽산면 두교리 · 당목리 · 칠장리 및 삼죽면 마전리 · 미장리 · 진촌리 · 기솔리 · 내강리만 해당한다) 15. 시흥시 중 반월특수지역(반월특수지역에서 해제된 지역을 포함한다)	

제1편
세목별 가산세 사례실무

제1장

부가가치세 가산세 사례실무

제1절 세금계산서 관련 가산세

1. 세금계산서 지연발급 가산세 사례

사례리스트

1) 공급시기가 속하는 과세기간에 대한 확정신고기한까지 세금계산서를 발급한 경우의 가산세
2) 공급시기가 속하는 과세기간의 확정신고기한 다음날부터 6개월 이내 세금계산서를 발급한 경우의 가산세
3) 공급시기가 속하는 과세기간 내에 세금계산서를 지연발급한 경우의 가산세
4) 당초 공급시기에 미발급하고 내국신용장이 개설된 날에 영세율 세금계산서를 발급한 경우의 가산세

1) 공급시기가 속하는 과세기간에 대한 확정신고기한까지 세금계산서를 발급한 경우의 가산세

㈜세무는 전자부품 제조업을 영위하는 사업자로 ㈜민후에게 2025.6.30.에 전자부품을 100,000,000원에 공급하고 전자세금계산서를 2025.7.25.에 발급하였고 동일자에 국세청에 전송하였으며 2025년 1기 부가가치세 확정신고시 해당 발급내역에 대해서 확정신고하였다. 이와 관련된 공급자와 공급받는 자의 부가가치세법상 세금계산서 관련 가산세는?

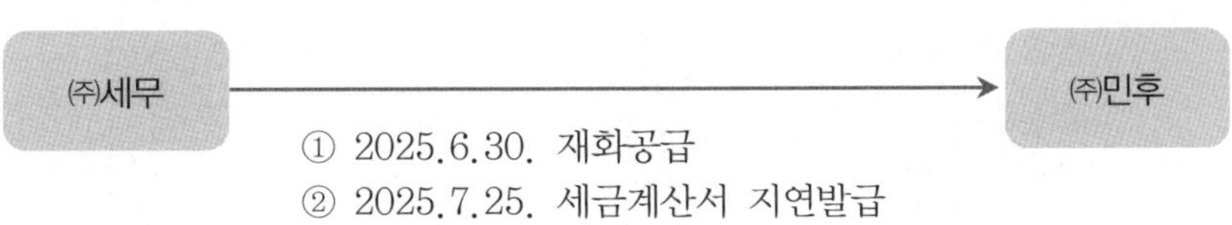

해답 ····

(1) 공급자

공급자는 세금계산서 지연발급 가산세를 부담하여야 한다. 가산세액은 1억원×1%=1,000,000원이며 일반과세자 부가가치세 신고서(별지 21호 서식 3쪽)에 표기되는 곳은 다음과 같다.

	구 분			금 액	세 율	세 액
(26) 가산세 명세	사 업 자 미 등 록 등		(61)		1 / 100	
	세 금 계 산 서	지연발급 등	(62)	100,000,000	1 / 100	1,000,000
		지연수취	(63)		5 / 1,000	
		미발급 등	(64)		뒤쪽 참조	
	전자세금계산서 발급명세 전송	지연전송	(65)		3 / 1,000	
		미전송	(66)		5 / 1,000	
	세금계산서합계표	제출 불성실	(67)		5 / 1,000	
		지연제출	(68)		3 / 1,000	
	신 고 불 성 실	무신고(일반)	(69)		뒤쪽 참조	
		무신고(부당)	(70)		뒤쪽 참조	
		과소 · 초과환급신고(일반)	(71)		뒤쪽 참조	
		과소 · 초과환급신고(부당)	(72)		뒤쪽 참조	
	납 부 지 연		(73)		뒤쪽 참조	
	영세율 과세표준 신고불성실		(74)		5 / 1,000	
	현금매출명세서 불성실		(75)		1 / 100	
	부동산임대공급가액명세서 불성실		(76)		1 / 100	
	매입자 납부특례	거래계좌 미사용	(77)		뒤쪽 참조	
		거래계좌 지연입금	(78)		뒤쪽 참조	
	신용카드매출전표 등 수령명세서 미제출 · 과다기재		(79)			
	합 계		(80)			1,000,000

(2) 공급받는 자

공급받는 자는 매입세액공제는 가능하지만 세금계산서 지연수취에 따른 가산세를 부담하여야 한다. 가산세액은 1억원×0.5%=500,000원이며 일반과세자 부가가치세 신고서(별지 21호 서식 3쪽)에 표기되는 곳은 다음과 같다.

	구 분			금 액	세 율	세 액
(26) 가산세 명세	사 업 자 미 등 록 등		(61)		1 / 100	
	세 금 계 산 서	지연발급 등	(62)		1 / 100	
		지연수취	(63)	100,000,000	5 / 1,000	500,000
		미발급 등	(64)		뒤쪽 참조	
	전자세금계산서 발급명세 전송	지연전송	(65)		3 / 1,000	
		미전송	(66)		5 / 1,000	
	세금계산서합계표	제출 불성실	(67)		5 / 1,000	
		지연제출	(68)		3 / 1,000	
	신 고 불 성 실	무신고(일반)	(69)		뒤쪽 참조	
		무신고(부당)	(70)		뒤쪽 참조	
		과소 · 초과환급신고(일반)	(71)		뒤쪽 참조	
		과소 · 초과환급신고(부당)	(72)		뒤쪽 참조	
	납 부 지 연		(73)		뒤쪽 참조	
	영세율 과세표준 신고불성실		(74)		5 / 1,000	
	현금매출명세서 불성실		(75)		1 / 100	
	부동산임대공급가액명세서 불성실		(76)		1 / 100	
	매입자 납부특례	거래계좌 미사용	(77)		뒤쪽 참조	
		거래계좌 지연입금	(78)		뒤쪽 참조	
	신용카드매출전표 등 수령명세서 미제출 · 과다기재		(79)			
	합 계		(80)			500,000

해설

(1) 공급자

세금계산서 작성시 가장 중요한 기재사항은 '작성연월일'이다. '작성연월일'은 세금계산서를 실제 작성하는 일자를 기재하여야 하는데, 이를 부가가치세법에서는 '공급시기'라고 하며 부가가치세를 신고·납부하는 과세기간을 결정하는 중요한 기재사항이다.

일반적으로 세금계산서는 재화 또는 용역의 공급시기에 발급하여야 하는데, 월합계세금계산서는 재화 또는 용역의 공급일이 속하는 달의 다음달 10일(다음달 10일이 공휴일 또는 토요일인 경우 바로 다음 영업일을 말함)까지 세금계산서를 발급할 수 있으며(부가법 §34 ③), 공급자가 재화 또는 용역을 공급하고 세금계산서의 발급시기가 지난 후 해당 재화 또는 용역의 공급시기가 속하는 과세기간에 대한 확정신고 기한(2016.12.31. 이전 공급분은 공급시기가 속하는 과세기간 내)까지 세금계산서를 발급하는 경우 그 공급가액의 1%를 납부세액에 더하거나 환급세액에서 뺀다(세금계산서 지연발급 가산세, 부가법 §60 ② 1호).

다만, 위의 내용은 2017.1.1. 이후 재화 또는 용역을 공급하는 부분부터 적용되는 것이며 2016.12.31. 이전까지 공급분에 대해서는 공급시기가 속하는 과세기간 내까지 발급하면 세금계산서 지연발급 가산세가 적용되었고, 과세기간이 경과해서 발급하면 세금계산서 미발급 가산세가 적용되었다.

따라서 위의 사례가 만약 2016년도에 발생된 사례였다면 공급자는 세금계산서 미발급 가산세(공급가액×2%)가 적용되는 것이다.

세금계산서 발급특례(월합계세금계산서)가 적용되는 경우의 발급시기와 이에 따른 가산세 적용을 정리하면 다음과 같다. 단, 각각의 경우 세금계산서는 세법상 발급기한(공급일이 속하는 달의 다음달 10일) 이후에 발급되는 것으로 가정한다.

공급시기	발급시기	공 급 자	
		2016.12.31.까지 공급분	2017.1.1. 이후 공급분
1월~5월	6월말까지 발급	지연발급가산세 (공급가액×1%)	지연발급가산세 (공급가액×1%)
	7.1.~7.25.까지 발급	미발급 (공급가액×2%)	지연발급가산세 (공급가액×1%)
	7.26. 이후 발급	미발급 (공급가액×2%)	미발급 (공급가액×2%)

공급시기	발급시기	공 급 자	
		2016.12.31.까지 공급분	2017.1.1. 이후 공급분
6월	7.10.까지 발급	–	–
	7.11.~7.25.까지 발급	미발급 (공급가액×2%)	지연발급가산세 (공급가액×1%)
	7.26. 이후 발급	미발급 (공급가액×2%)	미발급 (공급가액×2%)
7월~11월	12월말까지 발급	지연발급가산세 (공급가액×1%)	지연발급가산세 (공급가액×1%)
	익년 1.1.~1.25.까지 발급	미발급 (공급가액×2%)	지연발급가산세 (공급가액×1%)
	익년 1.26. 이후 발급	미발급 (공급가액×2%)	미발급 (공급가액×2%)
12월	익년 1.10.까지 발급	–	–
	익년 1.1.~1.25.까지 발급	미발급 (공급가액×2%)	지연발급가산세 (공급가액×1%)
	익년 1.26. 이후 발급	미발급 (공급가액×2%)	미발급 (공급가액×2%)

① 2016.12.31.까지의 공급분에 대해서는

- 공급시기가 1월~5월, 7월~11월인 경우 공급시기의 다음달 10일까지 발급한 경우 정당하게 발급한 세금계산서로서 가산세 대상이 아니었으며,
- 다음달 10일이 지나 과세기간(1기 과세기간은 6월 30일까지, 2기 과세기간은 12월 31일까지) 내에 발급하는 경우에는 세금계산서 지연발급 가산세(공급가액의 1%)가 적용되었고,
- 과세기간이 지난 7월 1일 이후 또는 익년 1월 1일 이후 공급분에 대해서는 세금계산서 미발급가산세(공급가액×2%)가 적용되었다.
- 재화 또는 용역의 공급시기가 6월과 12월에 대해서 각각 7월 10일까지, 익년 1월 10일까지 발급한 경우 정당한 세금계산서로서 가산세 대상이 아니었으며, 10일이 경과하여 발급하는 경우에는 세금계산서 미발급 가산세가 적용되었다(법규과-1099, 2013.10.10.). 즉, 6월과 12월 공급분에 대해서는 세금계산서 지연발급 가산세가 적용될 여지가 없었다.

② 2017.1.1. 이후 공급분부터는

- 1월~6월, 7월~12월까지 공급분에 대해서 공급시기의 다음달 10일까지 발급한 경우

정당하게 발급한 세금계산서로서 가산세 대상이 아니며,

- 공급일의 다음달 10일이 지나 공급일이 속하는 확정신고기한까지 세금계산서를 발급한 경우 세금계산서 지연발급 가산세가 적용되고,
- 공급일이 속하는 확정신고기한까지 세금계산서를 발급하지 못하는 경우 세금계산서 미발급 가산세가 적용된다(부가법 §60 ② 2호).

⑵ 공급받는 자

부가가치세법상 공급받는 자의 경우 가장 큰 이슈는 발급받은 세금계산서에 대해서 매입세액공제가 가능한지의 여부이다.

공급받는 자가 재화 또는 용역을 공급받고 공급시기가 속하는 과세기간의 확정신고기한까지 세금계산서를 발급받은 경우에는 매입세액공제는 가능하지만(부가령 §75 3호), 공급가액의 0.5%의 가산세(매입처별 세금계산서합계표 불성실 가산세, 부가법 §60 ⑦ 1호, 2016.12.31.까지 공급받은 분은 1%)를 적용한다.

다만, 위의 내용은 2016.1.1. 이후 공급받는 분부터 적용되는 것이며, 2015.12.31.까지 공급받는 분까지는 공급시기가 속하는 과세기간 내에 발급받은 경우만 매입세액공제가 가능하였고, 과세기간이 지나서 발급받은 경우에는 세금계산서 미수취에 따른 매입세액공제가 불가능하였다. 참고로 이 경우 매입세액공제를 못 받았으므로 세금계산서 미수취에 따른 가산세는 없는 것이다.

2019.2.12. 이후 재화 또는 용역을 공급받는 분부터는 재화 또는 용역의 공급시기가 속하는 과세기간에 대한 확정신고기한이 지난 후 세금계산서를 발급받았더라도 그 세금계산서의 발급일이 확정신고기한 다음날부터 6개월(2022.2.15. 이후 재화 또는 용역을 공급받는 분부터는 1년, 2022년 세법개정) 이내이고 다음의 어느 하나에 해당하는 경우에는 매입세액공제가 가능한 것으로 세법이 개정(부가령 §75 7호)이 되었고, 이 경우에도 공급가액의 0.5%의 지연수취 가산세는 적용된다.

① 과세표준수정신고서와 경정 청구서를 세금계산서와 함께 제출하는 경우

② 해당 거래사실이 확인되어 납세지 관할 세무서장, 납세지 관할 지방국세청장 또는 국세청장이 결정 또는 경정하는 경우

세금계산서 발급특례(월합계세금계산서)가 적용되는 경우의 발급시기와 이에 따른 공급받는 자의 매입세액공제여부와 가산세 적용을 정리하면 다음과 같다. 단, 각각의 경우 세금계산서는 세법상 발급기한(공급일이 속하는 달의 다음달 10일) 이후에 발급되는 것으로 가정한다.

공급 시기	발급 시기	공급받는 자									
		매입세액 공제여부					가산세				
		2015.12.31. 까지	2016.12.31. 까지	2017.1.1. 이후	2019.2.12. 이후*	2022.2.15. 이후*	2015.12.31. 까지	2016.12.31. 까지	2017.1.1. 이후	2019.2.12. 이후*	2022.2.15. 이후*
1월 ~ 5월	6월말까지 수취	공제	공제	공제	공제	공제	지연수취 (공급가액×1%)	지연수취 (공급가액×1%)	지연수취 (공급가액×0.5%)	지연수취 (공급가액×0.5%)	지연수취 (공급가액×0.5%)
	7.1.~7.25.까지 수취	불공제	공제	공제	공제	공제	없음	지연수취 (공급가액×1%)	지연수취 (공급가액×0.5%)	지연수취 (공급가액×0.5%)	지연수취 (공급가액×0.5%)
	7.26.~다음연도 1.25.까지 수취	불공제	불공제	불공제	공제	공제	없음	없음	없음	지연수취 (공급가액×0.5%)	지연수취 (공급가액×0.5%)
	다음연도 1.25.~ 다음연도 7.25.까지 수취	불공제	불공제	불공제	불공제	공제	없음	없음	없음	없음	지연수취 (공급가액×0.5%)
	다음연도 7.26. 이후 수취	불공제	불공제	불공제	불공제	불공제	없음	없음	없음	없음	없음
6월	7.10.까지 수취	공제	공제	공제	공제	공제	없음	없음	없음	없음	없음
	7.11.~7.25.까지 수취	불공제	공제	공제	공제	공제	없음	지연수취 (공급가액×1%)	지연수취 (공급가액×0.5%)	지연수취 (공급가액×0.5%)	지연수취 (공급가액×0.5%)
	7.26.~다음연도 1.25.까지 수취	불공제	불공제	불공제	공제	공제	없음	없음	없음	지연수취 (공급가액×0.5%)	지연수취 (공급가액×0.5%)
	다음연도 1.25.~ 다음연도 7.25.까지 수취	불공제	불공제	불공제	불공제	공제	없음	없음	없음	없음	지연수취 (공급가액×0.5%)
	다음연도 7.26. 이후 수취	불공제	불공제	불공제	불공제	불공제	없음	없음	없음	없음	없음

공급 시기	발급 시기	공급받는 자									
		매입세액 공제여부					가산세				
		2015.12.31. 까지	2016.12.31. 까지	2017.1.1. 이후	2019.2.12. 이후*	2022.2.15. 이후*	2015.12.31. 까지	2016.12.31. 까지	2017.1.1. 이후	2019.2.12. 이후*	2022.2.15. 이후*
7월 ~ 11월	12월말까지 수취	공제	공제	공제	공제	공제	지연수취 (공급가액×1%)	지연수취 (공급가액×1%)	지연수취 (공급가액×0.5%)	지연수취 (공급가액×0.5%)	지연수취 (공급가액×0.5%)
	다음연도 1.1. ~1.25.까지 수취	불공제	공제	공제	공제	공제	없음	지연수취 (공급가액×1%)	지연수취 (공급가액×0.5%)	지연수취 (공급가액×0.5%)	지연수취 (공급가액×0.5%)
	다음연도 1.26. ~7.25.까지 수취	불공제	불공제	불공제	공제	공제	없음	없음	없음	지연수취 (공급가액×0.5%)	지연수취 (공급가액×0.5%)
	다음연도 7.26 ~다음다음연도 1.25.까지 수취	불공제	불공제	불공제	불공제	공제	없음	없음	없음	없음	지연수취 (공급가액×0.5%)
	다음다음연도 1.26.이후 수취	불공제	불공제	불공제	불공제	불공제	없음	없음	없음	없음	없음
12월	다음연도 1.10.까지 수취	공제	공제	공제	공제	공제	없음	없음	없음	없음	없음
	다음연도 1.11. ~1.25.까지 수취	불공제	공제	공제	공제	공제	없음	지연수취 (공급가액×1%)	지연수취 (공급가액×0.5%)	지연수취 (공급가액×0.5%)	지연수취 (공급가액×0.5%)
	다음연도 1.26. ~7.25까지 수취	불공제	불공제	불공제	공제	공제	없음	없음	없음	지연수취 (공급가액×0.5%)	지연수취 (공급가액×0.5%)
	다음연도 7.26. ~다음다음연도 1.25.까지 수취	불공제	불공제	불공제	불공제	공제	없음	없음	없음	없음	지연수취 (공급가액×0.5%)
	다음다음연도 1.26. 이후 수취	불공제	불공제	불공제	불공제	불공제	없음	없음	없음	없음	없음

* 과세표준수정신고서와 경정 청구서를 세금계산서와 함께 제출하는 경우 또는 해당 거래사실이 확인되어 납세지 관할 세무서장, 납세지 관할 지방국세청장 또는 국세청장이 결정 또는 경정하는 경우 적용됨.

① 2015.12.31.까지의 공급받는 분에 대해서는

- 공급시기가 1월~5월, 7월~11월인 경우 공급시기의 다음달 10일까지 발급받은 경우 정당하게 발급받은 세금계산서로서 매입세액공제 가능하고, 가산세 대상이 아니었으며,
- 다음달 10일이 지나 과세기간(1기 과세기간은 6.30.까지, 2기 과세기간은 12.31.까지) 내에 발급받은 경우에는 매입세액공제는 가능하지만, 세금계산서 지연수취에 따른 가산세(공급가액의 1%)가 적용되었고,
- 과세기간이 경과한 7월 1일 이후 또는 익년 1월 1일 이후 공급분에 대해서는 세금계산서 미수취에 따른 매입세액공제가 불가능하였다. 참고로 이 경우 미수취에 따른 가산세를 적용하지 않는다.
- 재화 또는 용역의 공급시기가 6월과 12월에 대해서 각각 7.10.까지, 익년 1.10.까지 발급받은 경우 정당한 세금계산서로서 매입세액공제가 가능하고 가산세 대상이 아니었으며, 10일이 경과하여 발급하는 경우에는 세금계산서 미수취에 따른 매입세액공제가 불가능하였고 가산세는 적용하지 않는다. 즉, 6월과 12월 공급받는 분에 대해서는 세금계산서 지연수취 가산세가 적용될 여지가 없었다.

② 2016.1.1.~2019.2.11.까지 공급받는분에 대해서는

- 1월~6월, 7월~12월까지 공급분에 대해서 공급시기의 다음달 10일까지 발급한 경우 정당하게 발급받는 경우로서 매입세액공제가 가능하고 가산세 대상이 아니며,
- 공급일의 다음달 10일이 지나 공급일이 속하는 확정신고기한까지 세금계산서를 발급받은 경우 매입세액공제는 가능하지만 세금계산서 지연수취에 따른 가산세(공급가액×1%, 2017.1.1. 이후는 공급가액×0.5%)가 적용되고,
- 공급일이 속하는 확정신고기한까지 세금계산서를 발급받지 못하는 경우 매입세액공제가 불가능하고 가산세는 적용하지 않는다.

③ 2019.2.12.~2022.2.14.까지 공급받는분에 대해서는

- 1월~6월, 7월~12월까지 공급분에 대해서 공급시기의 다음달 10일까지 발급한 경우 정당하게 발급받는 경우로서 매입세액공제가 가능하고 가산세 대상이 아니며,
- 공급일의 다음달 10일이 지나 공급일이 속하는 확정신고기한까지 세금계산서를 발급받은 경우 매입세액공제는 가능하지만 세금계산서 지연수취에 따른 가산세(공급가액×1%, 2017.1.1. 이후는 공급가액×0.5%)가 적용되고,
- 재화 또는 용역의 공급시기가 속하는 과세기간에 대한 확정신고기한이 지난 후 세금계산서를 발급받았더라도 그 세금계산서의 발급일이 확정신고기한 다음날부터 6개월 이

내이면서 과세표준수정신고서와 경정 청구서를 세금계산서와 함께 제출하는 경우 또는 해당 거래사실이 확인되어 납세지 관할 세무서장, 납세지 관할 지방국세청장 또는 국세청장이 결정 또는 경정하는 경우 매입세액공제는 가능하지만 세금계산서 지연수취에 따른 가산세(공급가액×0.5%)가 적용된다.

- 재화 또는 용역의 공급시기가 속하는 과세기간에 대한 확정신고기한 다음날부터 6개월 이내 세금계산서를 발급받지 못하는 경우 매입세액공제가 불가능하고 가산세는 적용하지 않는다.

④ 2022.2.15. 이후 공급받는분에 대해서는(2022년 개정)

- 2022.2.15. 이후 공급받는 분의 공제여부 등의 내용은 위 ③ 2019.2.12.~2022.2.14.까지 공급받는 분의 내용과 동일하다.
  다만, ③ 2019.2.12.~2022.2.14.까지 공급받는 분은 작성일자가 속하는 과세기간의 확정신고기한 다음날부터 6개월 이내 발급받고 수정신고 등을 하는 경우 매입세액공제 가능하고 지연수취 가산세 0.5%가 적용되는 것으로 되어 있지만 2022년 세법이 개정되어 작성일자가 속하는 과세기간의 확정신고기한 다음날부터 1년 이내 발급받고 수정신고 등을 하는 경우 매입세액공제 가능하고 지연수취 가산세 0.5% 적용된다. 정리하면 6개월 이내에서 1년 이내로 세금계산서 수취기한이 확대되었다.

⑶ 가산세의 우선수위

세금계산서 지연발급 가산세가 적용되는 부분에 대해서는 매출처별 세금계산서합계표 불성실 가산세를 적용하지 않는다(부가법 §60 ⑨).

⑷ 가산세 한도

세금계산서 지연발급 가산세는 과세기간별로 5천만원(중소기업법상의 중소기업이 아닌 경우는 1억원)을 한도로 한다(국기법 §49 ① 3호).

2) 공급시기가 속하는 과세기간의 확정신고기한 다음날부터 6개월 이내 세금계산서를 발급한 경우의 가산세

㈜세무는 전자부품 제조업을 영위하는 사업자로 ㈜민후에게 2025.6.30.에 전자부품을 100,000,000원에 공급하고 전자세금계산서를 2026.1.25.에 발급하였고 동일자에 국세청에 전송하였으며 2026.1.25.에 2025년 1기 확정신고에 대한 수정신고와 경정청구를 하려

한다. 이와 관련된 공급자와 공급받는 자의 부가가치세법상 세금계산서 관련 가산세는?

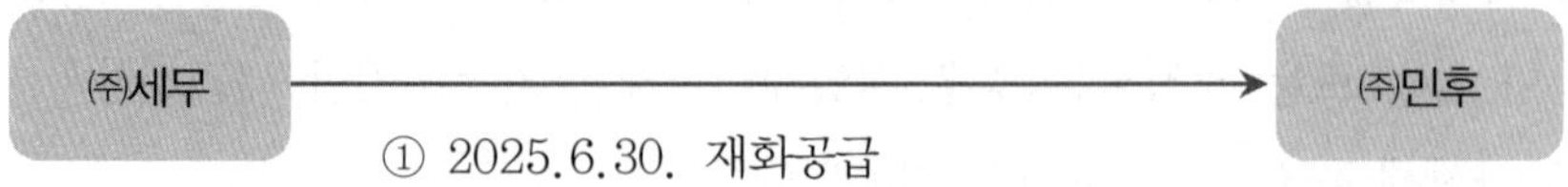

① 2025.6.30. 재화공급
② 2026.1.25. 세금계산서 지연발급
③ 2026.1.25. 수정신고와 경정청구

해설

(1) 공급자

공급자는 세금계산서 미발급 가산세를 부담하여야 한다. 가산세액은 1억원×2%=2,000,000원이며 일반과세자 부가가치세 신고서(별지 21호 서식 3쪽)에 표기되는 곳은 다음과 같다.

	구 분			금 액	세 율	세 액
(26) 가산세 명세	사 업 자 미 등 록 등		(61)		1 / 100	
	세 금 계 산 서	지연발급 등	(62)		1 / 100	
		지연수취	(63)		5 / 1,000	
		미발급 등	(64)	100,000,000	뒤쪽 참조	2,000,000
	전자세금계산서 발급명세 전송	지연전송	(65)		3 / 1,000	
		미전송	(66)		5 / 1,000	
	세금계산서합계표	제출 불성실	(67)		5 / 1,000	
		지연제출	(68)		3 / 1,000	
	신 고 불 성 실	무신고(일반)	(69)		뒤쪽 참조	
		무신고(부당)	(70)		뒤쪽 참조	
		과소 · 초과환급신고(일반)	(71)		뒤쪽 참조	
		과소 · 초과환급신고(부당)	(72)		뒤쪽 참조	
	납 부 지 연		(73)		뒤쪽 참조	
	영세율 과세표준 신고불성실		(74)		5 / 1,000	
	현금매출명세서 불성실		(75)		1 / 100	
	부동산임대공급가액명세서 불성실		(76)		1 / 100	
	매입자 납부특례	거래계좌 미사용	(77)		뒤쪽 참조	
		거래계좌 지연입금	(78)		뒤쪽 참조	
	신용카드매출전표 등 수령명세서 미제출 · 과다기재		(79)			
	합 계		(80)			1,000,000

(2) 공급받는 자

공급받는 자는 매입세액공제는 가능하지만 세금계산서 지연수취에 따른 가산세(공급가액×0.5%)를 부담하여야 한다. 가산세액은 1억원×0.5%=500,000원이며 일반과세자 부가가치세 신고서(별지 21호 서식 3쪽)에 표기되는 곳은 위 '1)'과 동일하다.

해설

위 '1)'을 참고한다.

3) 공급시기가 속하는 과세기간 내에 세금계산서를 지연발급한 경우의 가산세

㈜세무는 전자부품 제조업을 영위하는 사업자로 ㈜민후에게 2025.5.31.에 전자부품을 100,000,000원에 공급하고 전자세금계산서를 2025.6.30.에 발급하였고 동일자에 국세청에 전송하였으며 2025년 1기 부가가치세 확정신고시 해당 발급내역에 대해서 확정신고를 하였다. 이와 관련된 공급자와 공급받는 자의 부가가치세법상 세금계산서 관련 가산세는?

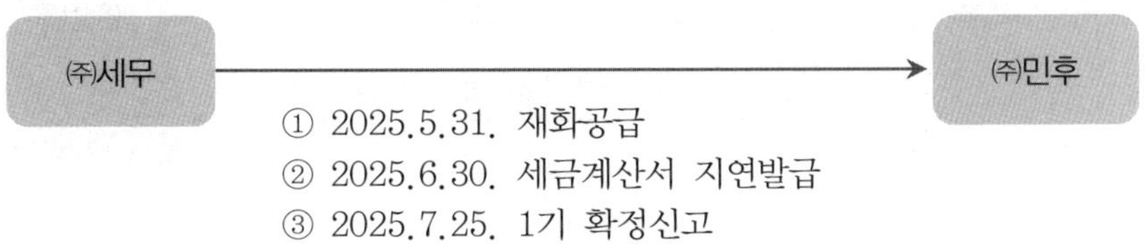

해답

(1) 공급자

공급자는 세금계산서 지연발급 가산세를 부담하여야 한다. 가산세액은 1억원×1%= 1,000,000원이며 일반과세자 부가가치세 신고서(별지 21호 서식 3쪽)에 표기되는 곳은 위 '1)'과 동일하다.

(2) 공급받는 자

공급받는 자는 매입세액공제는 가능하지만 세금계산서 지연수취에 따른 가산세를 부담하여야 한다. 가산세액은 1억원×0.5%=500,000원이며 일반과세자 부가가치세 신고서(별지 21호 서식 3쪽)에 표기되는 곳은 위 '1)'과 동일하다.

해설

위 '1)'을 참고한다.

4) 당초 공급시기에 미발급하고 내국신용장이 개설된 날에 영세율 세금계산서를 발급한 경우의 가산세

㈜세무는 ㈜민후에게 내국신용장 개설과 관련하여 2025.6.30.에 재화를 공급하고 2025.7.10.까지 내국신용장 개설을 기다렸지만 내국신용장이 개설되지 않아 세금계산서를 발급하지 않고 있다가 2025.7.20.에 ㈜민후로부터 내국신용장을 받고 영세율세금계산서를 발급하였다. 이 경우 세금계산서 관련 가산세는?

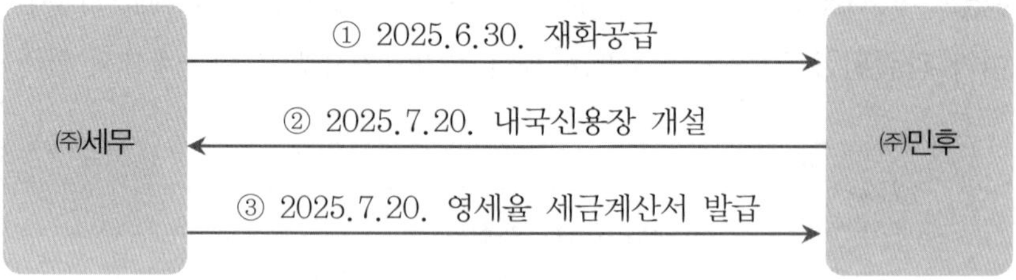

해답

(1) 공급자

㈜세무는 6.30. 공급한 세금계산서를 7.20.에 발급하였으므로 세금계산서 지연발급 가산세를 부담하여야 한다.

(2) 공급받는 자

㈜민후도 세금계산서를 늦게 발급받았으므로 세금계산서 지연수취 가산세를 부담하여야 한다.

해설

과세되는 재화 또는 용역을 공급하는 사업자가 공급을 받는 자에게 당초 거래 시기에 세금계산서를 발급하지 아니한 경우에는 수정세금계산서를 발급할 수 없으며, 이 경우 당초에 세금계산서를 미발급한 거래분에 대하여 세금계산서 지연발급 가산세가 적용된다(서면3팀-2379, 2005.12.28.).

2. 세금계산서 미발급 가산세 사례

사례리스트

1) 공급시기 전에 세금계산서를 선발급하고 공급시기에 미발급한 경우의 가산세 적용
2) 장기할부판매 계약시 공급시기 전에 세금계산서를 발급하는 경우의 가산세
3) 중간지급조건부 공급 등 공급시기 이후 세금계산서를 일괄발급하는 경우의 가산세

1) 공급시기 전에 세금계산서를 선발급하고 공급시기에 미발급한 경우의 가산세 적용

㈜세무는 완성도기준지급조건부 계약에 따라 2025.3.31.과 2025.9.30.에 세금계산서를 발급하기로 하였지만, 2024.12.31.에 기성부분 공급가액 10억원에 대하여 대가를 지급받지 아니하고 세금계산서를 선발급하였으며 부가가치세법상 적법한 공급시기인 2025년 1기와 2025년 2기에는 세금계산서를 발급하지 아니하였다.

공급시기 도래 전에 대가를 지급받지 아니한 부분에 대하여 세금계산서를 선발급하고 부가가치세법상 적법한 공급시기(다음 과세기간 등)에는 세금계산서를 발급하지 아니한 경우의 세금계산서 관련 가산세는?

완성도 지급 조건부 공급

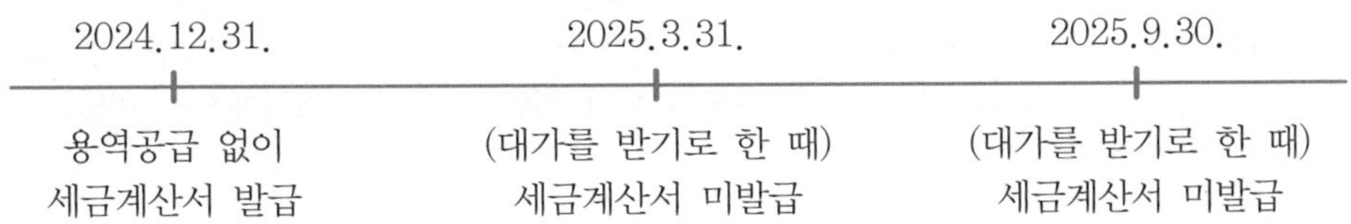

해답

사업자가 완성도기준지급조건부 계약에 따라 재화를 공급하면서 공급시기가 도래하기 전에 대가를 지급받지 아니한 부분에 대하여 세금계산서를 선발급하고 공급시기인 그 다음 과세기간에는 세금계산서를 발급하지 아니한 경우 세금계산서를 발급하지 아니한 과세기간에는 세금계산서 미발급 가산세가 적용되는 것이며, 세금계산서를 선발급하고 신고 · 납부한 과세기간에는 세금계산서 관련 가산세가 적용되지 않는다(서면법령해석부가-5066, 2017.4.20.).

해설 ····

완성도기준조건이란 재화의 제작기간이 장기간을 요하여 그 진행도 및 완성도를 확인하여 그 진행비율만큼 대가를 지급하는 것을 말한다. 완성도의 측정은 진행 중에만, 즉 시작부터 완성사이에서만 이루어지므로 재화의 공급완료 후에는 완성도기준지급이 없다.

완성도기준조건의 공급시기는 대가의 각 부분을 받기로 한 때이므로 해당 공급시기에 발급 안 된 세금계산서에 대해서는 미발급 가산세가 적용되는 것이다.

참고로 완성도기준지급이나 중간지급조건부공급의 경우 재화가 인도되거나 이용가능하게 되는 날 이후에 받기로 한 대가의 부분에 대해서는 재화가 인도되거나 이용가능하게 되는 날을 그 재화의 공급시기로 본다(부가령 §28 ③).

2) 장기할부판매 계약시 공급시기 전에 세금계산서를 발급하는 경우의 가산세

㈜세무는 장기할부계약에 따라 2025.6.1. 재화를 공급하고 대가를 2025.9.30.과 2026.9.30.에 각각 받기로 하였지만 2025.6.30.을 작성일자로 해서 세금계산서를 발급하였다. 장부할부판매 계약의 조건대로 세금계산서를 발급하지 않고 미리 발급한 세금계산서 관련 가산세는?

장기할부판매

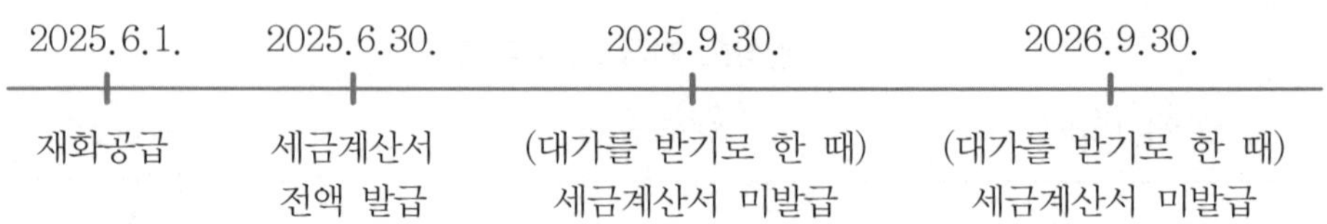

해답 ····

장기할부판매의 경우에는 각 대가의 각 부분을 받기로 한 때를 공급시기로 한다(부가령 §28 ③). 다만, 이러한 장기할부판매의 공급시기 전에 세금계산서 또는 영수증을 발급하는 경우에는 그 발급한 때를 공급시기로 보는 것이므로(부가법 §17, 부가령 §30 1호) 대가를 받기로 한 공급시기 전에 발급한 세금계산서는 정당한 세금계산서이므로 세금계산서 관련 가산세는 없다.

해설

장기할부판매란 재화를 공급하고 그 대가를 월부 혹은 연부 등의 방법으로 지급받는 것으로써 ① 2회 이상 분할하여 대가를 받거나 ② 재화의 인도일 다음날부터 최종의 부불금의 지급기일까지의 기간이 1년 이상인 것을 조건으로 재화를 판매하는 것을 말한다. 장기할부판매의 경우 부가가치세도 할부금에 포함하여 장기간에 걸쳐 회수되므로 공급자의 세금납부의 편의를 위해서 각 대가를 받기로 한 때를 공급시기로 하도록 하였지만, 공급자가 공급시기 전에 세금계산서를 먼저 발급한 경우에는 재화를 인도한 상태이므로 세금계산서의 발급시기를 공급시기로 보는 것이다.

3) 중간지급조건부 공급 등 공급시기 이후 세금계산서를 일괄발급하는 경우의 가산세

㈜세무는 중간지급조건부 계약에 따라 계약금(2025.6.1.), 중도금(2025.9.30.) 그리고 잔금(2026.1.31., 재화의 소유권이전일)을 수령하고 각 대가를 받기로 약정하는 때에 세금계산서를 발급받기로 하였지만 계약서상 각 대가를 받은 시기가 아닌 재화의 소유권 이전일인 2025.1.31.에 세금계산서를 일괄발급하였다. 중간지급조건부 계약의 조건대로 세금계산서를 발급하지 않고 일괄 발급한 세금계산서관련 가산세는?

중간 지급 조건부 공급

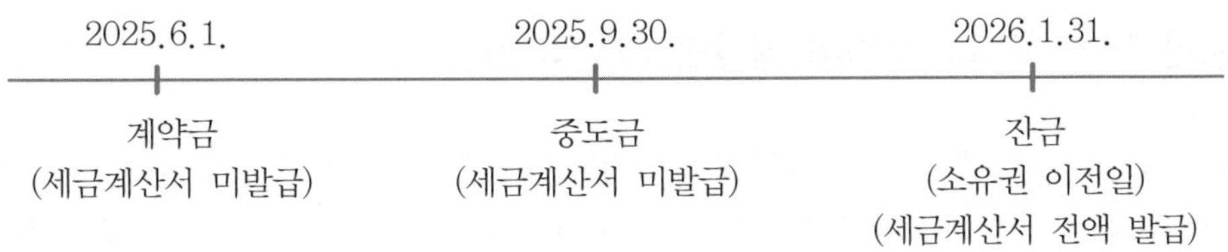

해답

중간지급조건부 공급이란 재화가 인도되기 전 또는 재화가 이용가능하게 되기 전이거나 용역의 제공이 완료되기 전에 계약금 이외의 대가를 2회 이상 분할하여 지급하는 경우로서 계약금을 지급한 날로부터 잔금을 지급하기로 한 날까지의 기간이 6월 이상인 경우를 말하는 것으로 이러한 중간지급조건부 공급의 공급시기는 대가의 각 부분을 받기로 한 때이다.

따라서 각 대가를 받기로 한 때에 세금계산서를 발급하지 아니하였으므로 2025년 1기 확정과 2025년 2기 예정신고신에는 세금계산서미발급 가산세가 적용된다.

해설

사업자가 재화 또는 용역을 공급하고 공급시기에 세금계산서를 발급하지 아니하고 그 다음 과세기간에 세금계산서를 발급하여 신고·납부한 경우 세금계산서를 발급하지 아니한 과세기간에는 세금계산서 미발급 가산세가 적용되는 것이며, 세금계산서를 발급하고 신고·납부한 과세기간에는 매출처별 세금계산서합계표 불성실가산세는 적용하지 않는다(서면부가 2015-2649, 2016.4.27.).

위 사례와 같이 총합계로 발급받은 세금계산서이더라도 계약금과 중도금에 대하여는 공급시기가 사실과 다른 세금계산서이므로 매입세액공제를 받을 수 없는 것이나, 잔금 부분에 대해서는 사실과 다른 세금계산서라 볼 수 없으므로 동 잔금에 해당되는 매입세액은 공제받을 수 있다.

3. 세금계산서 기재불성실 가산세 사례

사례리스트

1) 공급가액을 과소기재하여 발급한 경우의 가산세
2) 영세율 세금계산서상 공급가액 과소기재하는 경우의 가산세
3) 건물가액을 기준시가에 의해 안분계산하는 경우의 가산세

1) 공급가액을 과소기재하여 발급한 경우의 가산세

㈜세무는 2025.6.20.에 ㈜가공에게 공급가액 1.5억원(부가세 별도)의 재화를 공급하였지만 ㈜가공의 요구대로 공급가액 1억원(부가세 별도)의 세금계산서를 발급하고 부가가치세 1기 확정신고를 하였다. 이에 대하여 2025.10.에 과세당국의 확인절차에 따라 ㈜세무와 ㈜가공이 수정신고를 할 경우 세금계산서 관련 가산세는?

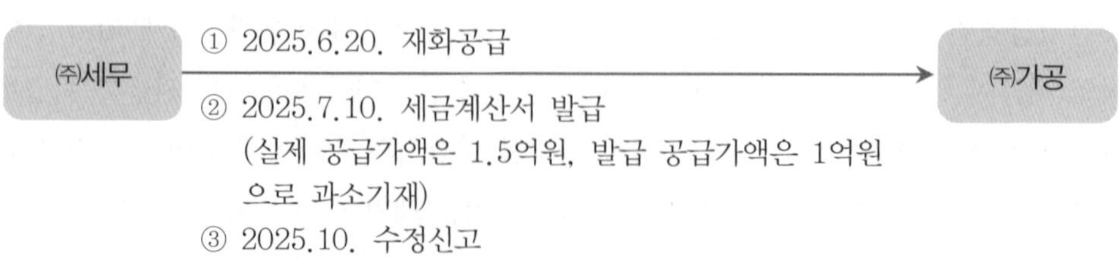

해답

(1) 공급자

㈜세무는 과소발급한 50,000,000원에 대해서 1%의 세금계산서 부실기재 가산세를 부담하여야 한다. 참고로 수정신고시 매출누락에 따른 신고불성실가산세와 납부지연가산세가 적용된다.

(2) 공급받는 자

㈜가공은 과소수취한 50,000,000원에 대해서는 가산세가 없다.

해설

사업자가 세금계산서를 과소기재하여 발급한 경우에는 그 과소기재한 금액에 대해 세금계산서 부실기재 가산세를 적용한다(부가-1016, 2011.8.30.; 재부가-140, 2011.3.10.).

다만, 처음에 발급한 세금계산서의 공급가액이 착오로 과소기재되어 수정세금계산서를 발급하여 수정신고하는 경우 해당 수정세금계산서에 대해서는 부가법상 가산세가 적용되지 아니하므로(사전법령해석부가 2015-60, 2017.6.20.) 국세기본법상 신고불성실가산세와 납부지연가산세만 적용하여 수정신고를 한다.

실무Tip 세금계산서 기재불성실 가산세 및 현금영수증 미발급 과태료 부과 여부

현금영수증 의무발급 업종인 인테리어 공사업을 영위하는 사업자(일반과세자)가 다른 사업자와 음식점 인테리어 공사 도급계약을 체결하여 용역을 공급하고 용역의 공급시기에 일부 대금 수취분에 대하여만 세금계산서를 발급한 경우 과소기재한 공급가액에 대하여 세금계산서 기재불성실 가산세가 부과하는 것이며, 이후 나머지 대금을 2018.12.31. 이전에 현금으로 수취하고 현금영수증을 발급하지 아니한 경우 조세범처벌법(2018.12.31. 법률 제16108호로 개정되기 전의 것)에 따른 현금영수증 미발급 과태료(2019.1.1. 이후 공급분부터는 소득세법상 현금영수증 미발급 가산세)가 부과되는 것이다(서면법령해석부가 2020-812, 2021.5.13.; 기획재정부 소득세제과-307, 2021.5.11.).

2) 영세율 세금계산서상 공급가액을 과소기재하는 경우의 가산세

㈜세무는 2025.6.20.에 ㈜소민에게 영세율 관련 용역을 제공하고 2025.7.10. 영세율 세금계산서를 발급하면서 공급가액을 과소기재하여 발급하였지만 해당 과소금액에 대해서는 영세율 과세표준신고서의 첨부서류에 포함하여 제출하였고 법인세 신고시에는 손익계산

서상 기타매출란에 기재하여 신고할 예정이다. 2025.10월에 부가가치세 수정신고시 적용되는 가산세는?

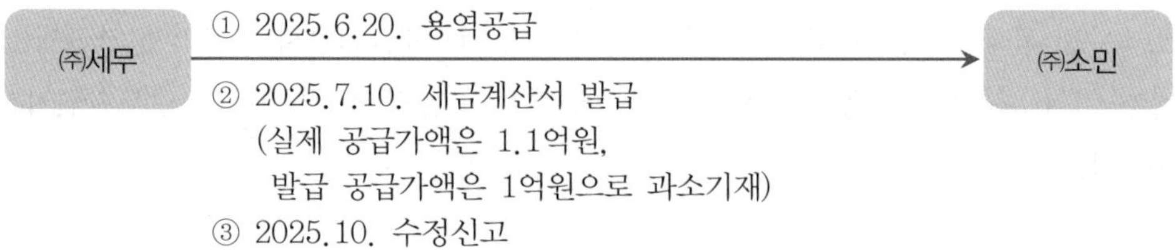

해답

(1) 공급자

㈜세무는 과소발급한 10,000,000원에 대해서 1%의 세금계산서 부실기재 가산세를 부담하여야 한다. 다만 영세율 첨부서류에 과소금액을 포함하여 제출하였으므로 국세기본법에 따른 영세율과세표준과소신고가산세는 적용하지 않는다.

(2) 공급받는 자

㈜소민은 과소수취한 10,000,000원에 대해서는 부가가치세 신고관련 가산세는 없지만 해당 금액인 지출증명서류수취특례규정에 해당되지 않는다면 증명서류제출불성실 가산세(2%)가 적용될 여지는 있다.

해설

위 사례는 해상화물 운송사업을 영위하는 법인의 세무조사에 따른 심판례를 참고한 것으로 해당 판례의 결정내용을 소개하면 다음과 같다.

[제목] 영세율 세금계산서상 공급가액 과소기재는 세금계산서 기재불성실 가산세 적용대상임(적부 2024-217, 2025.1.5.)

[내용] 청구법인은 쟁점선박 관련 LNG 수송계약에 따라 위탁관리비에 대해 외국항행용역에 대한 대가로 영세율 세금계산서를 발급하면서 쟁점이자수익은 동 세금계산서상 공급가액에 포함하지 않았고 다만 부가가치세 신고 시 영세율 과세표준신고서의 첨부서류인 외화입금증명서에는 포함하여 제출함으로써 국세기본법 제47조의 3 제2항에 따른 '영세율 과세표준 과소신고 가산세'는 적용받지 않았으며, 청구법인의 사업연도별 각 사업연도소득금액 신고 시에는 손익계산서상 기타매출란에 기재하여 신고하였다.

살피건대, 영세율 세금계산서상 공급가액을 쟁점이자수익만큼 과소기재한 데에 영세율 적용여부에 대한 판단착오나 과실이 있다고 하더라도 이러한 사정만으로 위 영세율 세금계산서가 공급가액이 사실과 다르게 적힌 세금계산서인 점은 달라지지 않으며, 청구법인이 부가가치세 신고 시 영세율 과세표준 첨부서류로 외화입금증명서를 제출하였고 동 서류에 쟁점이자수익이 포함되어 있다거나 법인세 신고 시 손익계산서상 매출액에 쟁점이자수익을 포함하여 신고하였다고 하여 영세율 세금계산서만으로 쟁점이자수익을 포함한 공급가액 상당의 거래사실이 확인된다고 보기는 어려워 보인다.

따라서 영세율 세금계산서상 공급가액을 쟁점이자수익만큼 과소기재하여 동 세금계산서를 발급 · 교부한 것에 대해 부가가치세법 제60조 제2항 제5에 따라 세금계산서 기재불성실 가산세를 적용하여 부과하기로 한 이 건 세무조사결과 통지는 잘못이 없다고 판단된다.

3) 건물가액을 기준시가에 의해 안분계산하는 경우의 가산세

㈜세무는 2025.6.20.에 ㈜나라에게 과세사업에 사용하고 있었던 창고용지 및 건물을 매매계약에 따라 일괄양도하면서 건물과 관련해서는 세금계산서를 발급하였고 토지에 대해서는 계산서를 발급하였는데 구분한 토지, 건물의 실지거래가액 중 건물 공급가액이 기준시가로 안분 계산한 가액과 30% 이상 차이가 나는 것으로 확인되어 2025.10월에 세금계산서를 수정발급하고 2025.1기 확정신고에 대한 수정신고를 하려고 한다. 수정신고시 적용되는 가산세는?

㈜세무 → ㈜나라

① 2025.6.20. 창고용지 및 건물 매매

② 2025.7.10. 세금계산서와 계산서 발급

③ 2025.10. 수정신고
(토지, 건물의 실지거래가액 중 건물 공급가액이 기준시가로 안분계산한 가액과 30% 이상 차이가 발생되는 것으로 확인되어 수정세금계산서 발급)인)

해답

(1) 공급자

㈜세무는 과소기재한 건물 공급가액에 대하여 1%의 세금계산서 부실기재 가산세를 부담하고 당초 과소신고 · 과소납부한 것에 대한 신고불성실가산세와 납부지연가산세를 부담하여야 한다.

(2) 공급받는 자

㈜나라는 수정 수취한 세금계산서에 의해 매입세액공제가 가능한 것으로 판단되므로 2025.1기 확정신고에 대한 경정청구를 하여야 한다.

해설

사업자가 다른 사업자에게 공장용지 및 건물을 매매계약에 따라 일괄공급하면서 구분하여 신고한 건물의 실지거래가액이 부가가치세법 제29조 제9항 제2호에 따라 기준시가 등에 따라 안분계산한 금액과 30% 이상 차이가 나는 것으로서 기준시가 등에 따라 안분계산한 금액을 공급가액으로 하는 수정세금계산서를 발급하는 경우 과소기재한 공급가액에 대하여 세금계산서 기재불성실 가산세를 부과하는 것이다(서면법규부가 2022-2230, 2022.6.10.).

실무Tip 토지 · 건물 일괄공급시 건물을 철거하고 토지만 사용하는 경우 건물의 공급가액

사업자가 고시원(토지, 건물)을 매수인에게 일괄양도하며 계약상 구분된 토지와 건물의 가액이 기준시가등으로 안분계산한 금액과 30% 이상 차이가 있지만 매수인이 매매특약사항에 의하여 건물을 철거하고 토지만 사용하는 경우 건물의 공급가액은 실지거래가액으로 하는 것이나 이에 해당하는지 여부는 사실판단할 사항임(사전법규부가 2022-299, 2022.3.15.)

〈국세청 2023 해석사례집 p.61 발췌〉

○ 토지 · 건물을 일괄 양도하는 경우 공급가액은 계약서나 합의서, 관련증빙 등에 의하여 확인되는 실지거래가액으로 하는 것이 원칙인데(재부가 22601-123, 1992.8.11. 외)
  - 기존에는 거래당사자간 합의한 실지거래가액이 확인되는 경우라 하더라도 실지거래가액이 부가가치세법 시행령 제64조에 따라 안분계산한 금액과 30% 이상 차이가 있는 경우 안분계산하도록 하였으나,
  - 2022.1월 이후 공급분부터 건물 등이 있는 토지를 취득하여 그 건물 등을 철거하고 토지만 사용하는 경우는 안분계산 대상에서 제외하는 것으로 동 법령에 대한 세법이 개정됨
  - 계약서에 건물의 실지거래가액을 명시하고 매수인이 실제 건물을 사용하지 않고 즉시 철거하는 등 정상적인 거래에 비추어 합당하다고 인정되는 경우 건물의 실지거래가액을 공급가액으로 하는 것임

○ 매도인의 명의로 잔금일 이전에 건축허가를 신청하여 건축허가서가 나왔고, 건축물해체 심의를 신청하였으며 매수인은 신축건물의 사업자등록을 마치는 등 제반사정을 고려할 때 건물을 철거하여 토지만을 사용하는 것으로 보임

4. 수정세금계산서 가산세 사례

사례리스트

1) 일반 세금계산서 발급후 내국신용장 등이 개설되었음에도 영세율 수정세금계산서를 발급하지 않은 경우의 가산세 적용여부
2) 계약 해제가 되었음에도 불구하고 수정 세금계산서를 발급하지 않는 경우의 가산세
3) (착오발급) 당초 발급한 세금계산서의 공급가액을 증액하여 수정세금계산서를 발급하는 경우의 가산세
4) (착오외발급) 재화의 공급시기에 실제로 공급받는 자가 아닌 자에게 세금계산서를 발급한 후 공급시기가 속하는 확정신고기한까지 실제 공급받는 자로 수정하여 세금계산서를 발급하는 경우의 가산세

1) 일반 세금계산서 발급 후 내국신용장 등이 개설되었음에도 영세율 수정세금계산서를 발급하지 않은 경우의 가산세 적용여부

㈜세무는 ㈜민후와 내국신용장과 관련된 영세율 국내 재화거래 계약을 체결하고 2025.6.30.에 ㈜민후에게 재화를 공급하였지만 관련 내국신용장 개설이 지연되어 2025.7.10.에 일반 세금계산서를 발급하였다.

㈜민후는 2025.7.20.에 내국신용장을 개설하여 ㈜세무에게 전달하였으나 ㈜세무는 당초 발급한 세금계산서에 의한 영세율 수정세금계산서를 발급하지 않고 1기 부가가치세 확정신고를 하였을 경우 세금계산서관련 가산세는?

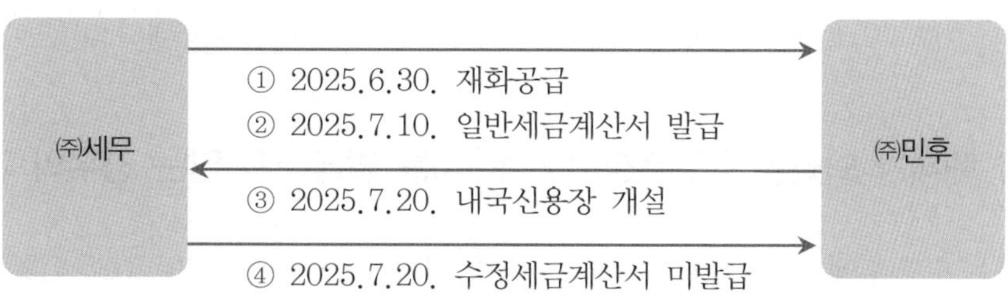

해답

(1) 공급자

㈜세무는 수정세금계산서 미발급에 따른 가산세를 부담하지 않는다.

(2) 공급받는 자

㈜민후는 매입세액공제가 가능하고, 수정세금계산서 미수취에 따른 가산세를 부담하지 않는다.

해설

사업자가 관세법 제196조에 따른 보세판매장에 재화를 공급하고 10%의 세율이 기재된 세금계산서를 발급한 후 공급시기가 속하는 과세기간 종료 후 25일 이내에 대외무역법 제18조에 따른 내국신용장과 구매확인서를 발급받은 경우에는 부가가치세법시행령 제70조 제1항 제4호에 따라 0%의 세율이 기재된 세금계산서로 수정 발급할 수 있다.

다만, 사업자가 내국신용장과 구매확인서를 발급받았음에도 (영세율)수정세금계산서를 발급하지 아니한 경우로서 당초 발급한 세금계산서에 의해 부가가치세법 제48조 또는 제49조에 따른 신고 · 납부를 이행한 경우에는 해당 거래에 대하여 부가가치세법 제60조 제2항 및 제6항의 가산세(세금계산서 가산세)를 적용하지 않는 것이며, 공급시기가 속하는 과세기간 종료 후 25일이 경과한 뒤에는 부가가치세법시행령 제70조 제1항 제4호에 따른 수정세금계산서를 발급할 수 없는 것이다(기획재정부 부가-585, 2017.11.16.; 서면법령해석부가 2017-2671, 법령해석-3341, 2017.11.17.).

저자주 위의 사례의 경우 국세청은 영세율 적용요건을 모두 갖춘 경우 세법에 별도의 규정이 없는 한 세금계산서 발급여부와 관계없이 영세율이 적용되는 것(법령해석부가-22566, 2015.2.27.)으로 보기 때문에 공급자는 징수하여 납부한 부가가치세액에 대해서는 환급 결정하고 수정세금계산서 미발급에 따른 가산세를 부과하여야 하고 공급받는 자는 당초 공제받은 매입세액을 추징하면서 신고불성실 가산세와 납부지연 가산세를 부과하여야 하는 것으로 해석하고 있어 기획재정부 해석과 상충이 발생되었지만, 서면법령해석부가 2017-2671, 법령해석-3341(2017.11.17.)을 통해서 기획재정부 해석과 동일한 의견을 나타내고 있다.

2) 계약 해제가 되었음에도 수정세금계산서를 발급하지 않는 경우의 가산세

㈜세무는 ㈜민후에게 2025.6.30.에 1억원의 재화를 공급하였지만 2025.7.20.에 계약의 해제가 되었다. 그러나 ㈜세무는 계약이 해제에 대한 수정세금계산서를 발급하지 않았다. 이 경우 ㈜세무의 가산세는?

㈜세무 → ㈜민후

① 2025.6.30. 재화공급
② 2025.7.10. 세금계산서 발급
② 2025.7.20. 계약 해제 수정세금계산서 발급하지 않음

해답

㈜세무는 수정세금계산서 미발급에 대한 가산세를 적용한다.

해설

사업자가 세금계산서를 발급한 후 당초의 공급가액에 추가 또는 차감되는 금액이 발생한 경우 수정세금계산서를 발급하지 아니한 때에는 세금계산서 미발급가산세를 적용한다(부가 집행 60-0-10).

3) (착오발급) 당초 발급한 세금계산서의 공급가액을 증액하여 수정세금계산서를 발급하는 경우의 가산세

㈜세무는 ㈜민후에게 2025.6.30.에 1억원의 재화를 공급하였다. 정상적인 공급가액은 1억원임에도 불구하고 ㈜세무는 공급가액 10,000,000원으로 하여 세금계산서를 착오 발급하고 1기 부가가치세 확정신고를 하였다. 2025.7.31.에 당초 발급한 세금계산서의 정상적인 공급가액이 1억원이란 걸 알게 되어 착오에 의한 방법으로 수정세금계산서를 발급하고 1기 부가가치세 확정신고에 대한 수정신고를 하려고 한다. 수정신고시 세금계산서 관련 가산세는?

㈜세무 → ㈜민후

① 2025.6.30. 재화공급
② 2025.7.10. 세금계산서 발급(공급가액 10,000,000원)
② 2025.7.31. 수정세금계산서 발급(공급가액 1억원)

해답

(1) 공급자

㈜세무는 수정신고시 세금계산서 불성실 가산세는 적용되지 않지만, 국세기본법상 신고

불성실 가산세와 납부지연 가산세를 적용한다.

(2) 공급받는 자

㈜민후는 1기 확정신고에 대한 경정청구를 하여 추가로 매입세액공제를 적용받고 이와 관련된 가산세는 적용되지 않는다.

해설

처음에 발급한 세금계산서의 공급가액이 업무담당자의 착오로 과소하게 기재되어 부가가치세법 시행령 제70조 제1항 제5호에 따른 수정세금계산서를 발급하여 국세기본법 제45조에 따라 수정신고하는 경우, 해당 수정세금계산서에 대하여 부가가치세법 제60조에 따른 가산세(세금계산서 관련 가산세)가 적용되지 아니하는 것이다(사전법규부가 2023-236, 2023.5.2.; 사전법령해석부가 2015-60, 2017.6.20.).

4) (착오외발급) 재화의 공급시기에 실제로 공급받는 자가 아닌 자에게 세금계산서를 발급한 후 공급시기가 속하는 확정신고기한까지 실제 공급받는 자로 수정하여 세금계산서를 발급하는 경우의 가산세

㈜세무는 ㈜민후에게 2025.6.30.에 재화를 공급하고 세금계산서를 발급하였는데 공급받는 자를 ㈜민준으로 하여 발급하였다. ㈜세무는 공급받는 자가 잘못 적힌 것을 2025.7.20.에 알게 되어 착오외 사유로 수정세금계산서를 ㈜민후에게 발급하고 1기 부가가치세 확정신고를 하는 경우의 세금계산서 관련 가산세는?

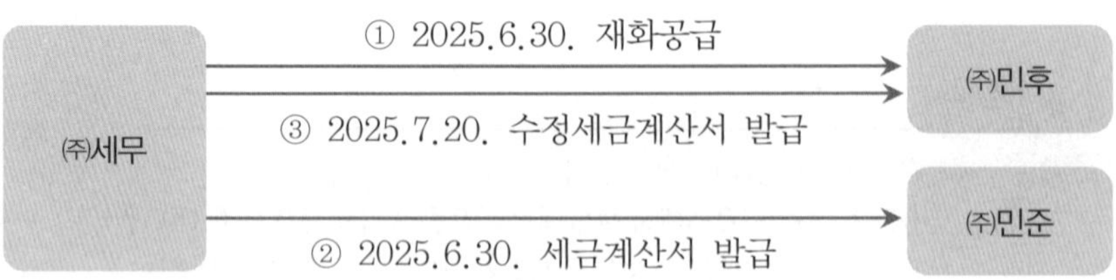

해답

(1) 공급자

㈜세무는 세금계산서 지연발급에 따른 가산세를 부담하지 않는다.

(2) 공급받는 자

㈜민후는 발급받은 세금계산서에 의해 매입세액공제가 가능하고 지연수취에 따른 가산세를 부담하지 않는다.

해설

기획재정부 부가-538(2014.9.5.)에 의하면 공급자도, 공급받는 자도 가산세 부담 없이 부가가치세 신고를 할 수 있다고 해석하였으나, 서면부가-875(2016.4.20.)에서는 공급자는 세금계산서 지연발급 가산세를 적용하고, 공급받는 자는 매입세액공제는 가능하지만 세금계산서 지연수취 가산세를 부담하는 것으로 변경되어 예규가 상충되었다.

2017.5.에 상충되거나 잘못된 해석 정비가 이루어져 서면부가-875 예규가 삭제되었고, 기획재정부 부가-538 예규가 유지되어 공급자도 공급받는 자도 가산세를 부담하지 않는다.

삭제된 예규와 유지 예규를 비교하여 소개하면 다음과 같다.

종전예규(삭제된 예규) 서면부가-875, 2016.4.20.	유지예규 기획재정부 부가-538, 2014.9.5.
사업자가 세금계산서를 발급한 후 공급받는 자가 잘못 적힌 경우 같은 법 시행령 제70조 제1항 제6호에 따라 재화나 용역의 공급일이 속하는 과세기간에 대한 확정신고 기한까지 수정세금계산서를 발급할 수 있는 것이나, 해당 기한까지 발급하지 아니한 경우에는 같은 법 제60조 제3항 제3호 및 제3항 제4호에 따른 가산세를 적용하는 것임.	재화의 공급시기에 실제로 공급받는 자가 아닌 자에게 세금계산서를 발급하고 공급시기가 지난 후 공급시기가 속하는 확정신고기한까지 실제로 공급받는 자로 정정하여 수정세금계산서를 발급한 경우 지연발급 가산세를 적용하지 아니하는 것임.

참고로 2022년에 착오외 사유로 수정세금계산서를 발급할 수 있는 기한이 개정되었는데 해당 내용을 요약하면 다음과 같다(부가령 §70 ① 6호, 부가령 부칙, 대통령령 제32419호 §9).

공급시기	수정세금계산서 발급기한
2022.2.14.까지	공급일이 속하는 과세기간에 대한 확정신고기한까지
2022.2.15. 이후	공급일이 속하는 과세기간에 대한 확정신고기한의 다음날부터 1년 이내

개정된 내용을 참고로 하여 위 사례의 ㈜세무가 착오외 발급되었다는 것을 확인한 날짜가 아래와 같은 경우 각 시점별 가산세 적용여부를 정리하면 다음과 같다.

사례	당초 작성일 (공급시기)	수정 사유 확인일	수정세금계산서 발급여부	가산세 적용여부
①	2022.2.14.	2022.7.25.	발급가능	공급자, 공급받는자 모두 가산세 없음
②	2022.2.14.	2022.7.26.	발급불가능	공급자, 공급받는자 가산세 있음*
③	2022.2.15.	2022.7.26.	발급가능	공급자, 공급받는자 모두 가산세 없음

* 공급자인 ㈜세무는 공급받는자 사업자등록번호를 잘못 기재하였으므로 위장발급가산세(공급가액의 2%)를 적용받고, ㈜민준은 공급을 받지 않았음에도 불구하고 발급받은 세금계산서에 의해서 매입세액공제를 받았다면 가공수취가산세(공급가액의 3%)와 신고불성실가산세 그리고 납부지연 가산세를 적용받음.
㈜민후는 공급을 받았음에도 불구하고 세금계산서를 발급받을 수 없으므로 공급받은 분에 대한 매입세액공제는 불가하며 해당 금액이 3만원을 초과하는 경우 증명서류수취 불성실 가산세(2%)를 적용받을 수 있음.

실무Tip _ 수정세금계산서 가산세 관련 주요 예규 정리

① 계약해제시 수정세금계산서 발급시기와 가산세 적용여부
계약해제 관련 수정세금계산서는 계약해제일이 속하는 달의 다음달 10일까지가 발급기한이므로 만약 10일이 경과하여 발급된 수정세금계산서의 경우라면, 발급자는 '지연발급', 수취자는 '지연수취' 가산세가 각각 부과되는 것임(서면법규과-1255, 2013.11.14.).

② 기재사항 등이 착오 사유로 수정발급되는 경우의 가산세 적용여부
경정할 것을 미리 알고 있는 경우에 해당되지 아니한 경우에 해당되고 수정발급한 것은 세금계산서 관련 가산세가 적용되지 아니하는 것임(부가-0060, 2017.6.20.).

③ 계약 해제시 수취자의 수정신고 미이행시 가산세 적용여부
계약의 해제로 수정세금계산서를 교부받은 사업자가 수정신고를 하지 아니한 상태에서 부가가치세를 경정고지 하는 경우에는 매입처별세금계산서 합계표가산세, 신고 불성실가산세 및 납부지연 가산세를 적용하는 것임(기재부 부가-632, 2010.9.24.).

④ 실무거래 없이 수정 세금계산서를 발급한 경우의 가산세
당초 공급하지 아니한 가액에 대하여 공급가액을 음(-)으로 기재한 수정세금계산서가 발급될 수 없으므로 세금계산서불성실가산세 부과는 적법함(심사부가 2018-12, 2019.9.4.).

5. 본점 · 지점과 관련된 세금계산서 가산세 사례

사례리스트

1) 세금계산서 발급시 지점이 공급한 거래분에 대해서 본점이 세금계산서를 발급한 경우의 가산세

2) 본지점 사업자가 공급자를 잘못 기재한 후 공급시기가 속하는 확정신고 기한 내에 수정세금계산서를 발급할 경우 세금계산서 지연발급 가산세 적용 여부

1) 세금계산서 발급시 지점이 공급한 거래분에 대해서 본점이 세금계산서를 발급한 경우의 가산세

㈜세무의 지점은 2025.6.30.에 ㈜민후와 거래계약을 체결하고 동일날짜에 재화를 공급하였다. 이에 대한 세금계산서는 ㈜세무의 본점을 공급자로 하여 2025.7.10.에 세금계산서를 착오발급하고 1기 부가가치세를 각각 확정신고하였다. 참고로 ㈜세무의 본점과 지점은 총괄납부사업자이다.

지점 공급분에 대한 세금계산서를 본점이 착오로 발급한 경우의 세금계산서 관련 가산세는?

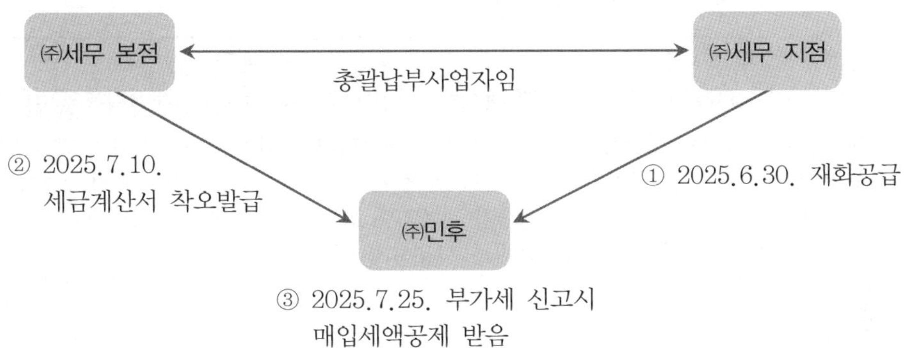

해답

㈜세무의 본점이 지점 매출분에 대한 세금계산서를 발급한 경우의 가산세는 다음과 같다.

① ㈜세무의 본점

㈜세무의 본점은 세금계산서 부실기재 가산세를 적용하지 않는다.

② ㈜세무의 지점

㈜세무의 지점은 세금계산서 미발급에 대한 가산세(공급가액의 1%, 2019.12.31.까지 공급분은 2%)가 적용된다(부가법 §60 ② 2호 나목, 서면3팀－1818, 2007.6.26.; 조심 2012광5211, 2013.5.20.).

해설

총괄납부사업자의 지점 매출분에 대한 세금계산서를 본점에서 발급하는 경우 본점과 지점 그리고 공급받는 자에 대한 내용을 정리하면 다음과 같다.

(1) 본점 공급자

종전의 예규(서면3팀-1818, 2007.6.26.)에 의하면 지점에서 재화를 공급하고 본점에서 세금계산서를 발급하는 경우 본점은 세금계산서 관련 가산세가 있는 것으로 해석하였으나 새로운 예규(기준법령해석부가 2019-27, 2019.3.12.; 2019년 9월 세법해석사례 정비내역)에 의하여 본점의 경우 세금계산서 기재불성실가산세를 적용하지 않는 것으로 법령해석이 변경되어 종전의 예규가 삭제되었다.

종전의 예규와 개정된 예규를 비교하여 소개하면 다음과 같고 세법의 해석이나 적용은 항상 변경될 가능성이 있다는 점을 충분히 숙지하여 업무처리를 진행하여야 할 것으로 판단된다.

종전예규(삭제된 예규) 서면3팀-1818, 2007.6.26.	개정예규 기준법령해석부가 2019-27, 2019.3.12.; 부가집행 60-0-18 ①
지점 매출분을 본점에서 세금계산서 교부시 세금계산서합계표 관련 가산세 적용됨	지점에서 재화를 공급하고 본점에서 세금계산서 발급 및 부가가치세 신고 · 납부한 경우로서 지점에 대하여 세금계산서 미발급가산세가 적용되는 경우 본점에 대하여 세금계산서 기재불성실가산세를 적용하지 아니함

(2) 지점 공급자

① 세금계산서 미발급가산세 적용여부

지점 공급자는 재화 또는 용역을 공급하고 세금계산서를 발급하지 않았으므로 세금계산서 미발급 가산세(공급가액의 2%)가 적용된다. 다만, 2019.12.31. 세법개정으로 2020.1.1. 이후 공급하는 분부터 미발급 가산세는 공급가액의 1%가 적용된다. 관련 법령(부가법 §60 ② 2호 나목)을 소개하면 다음과 같다.

〈부가가치세법 제60조 제2항 2호 나목〉

2. 제34조에 따른 세금계산서의 발급시기가 지난 후 해당 재화 또는 용역의 공급시기가 속하는 과세기간에 대한 확정신고 기한까지 세금계산서를 발급하지 아니한 경우 그 공급가액의 2퍼센트. 다만, 다음 각 목의 어느 하나에 해당하는 경우에는 그 공급가액의 1퍼센트로 한다.
   나. 둘 이상의 사업장을 가진 사업자가 재화 또는 용역을 공급한 사업장 명의로 세금계산서를 발급하지 아니하고 제34조에 따른 세금계산서의 발급시기에 자신의 다른 사업장 명의로 세금계산서를 발급한 경우

② 신고불성실 가산세와 납부지연 가산세 적용여부

지점 공급자는 해당 공급분에 대해서 신고를 하지 않았으므로 무신고 가산세 또는 과소신고 가산세를 적용하지만 본점 사업자가 해당 공급분에 대한 부가가치세액을 납부하였으므로 납부지연 가산세는 적용하지 않는다(대법원 2020두 55602, 2021.2.5.; 부가집행 60－0－18).

(3) 공급받는 자

실제로 재화 또는 용역을 공급하거나 공급받은 사업장이 아닌 사업장을 적은 세금계산서를 발급받았더라도 그 사업장이 총괄하여 납부하거나 사업자 단위 과세사업자에 해당하는 사업장인 경우로서 그 재화 또는 용역을 실제로 공급한 사업자가 납세지 관할 세무서장에게 해당 과세기간에 대한 납부세액을 신고하고 납부한 경우에 매입세액공제가 가능하므로 공급받는 자는 매입세액공제를 받을 수 있다(부가령 §75 6호).

2) 본지점 사업자가 공급자를 잘못 기재한 후 공급시기가 속하는 확정신고 기한 내에 수정세금계산서를 발급할 경우 세금계산서 지연발급 가산세 적용 여부

㈜세무의 지점과 ㈜민후는 2025.6.30.에 계약한 후 재화를 공급하고 2025.7.10.에 전자적인 형태로 세금계산서를 발급하였다. 다만, 발급한 세금계산서는 담당자의 착오로 공급자가 본점의 사업자번호로 발급한 후 2025.7.20.에 착오외의 사유로 세금계산서를 수정발급(본점에서 지점으로 공급자 변경)하여 1기 부가가치세 확정신고를 하는 경우의 가산세는?

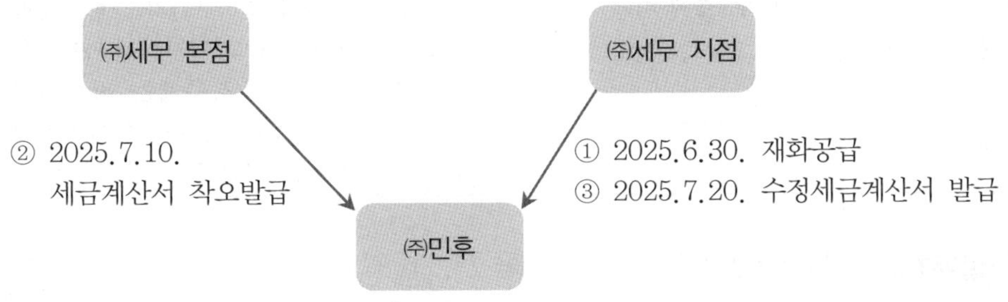

해답

(1) 공급자

㈜세무는 세금계산서 지연발급 가산세를 적용하지 않는다.

(2) 공급받는 자

㈜민후는 발급받은 수정세금계산서에 의한 매입세액공제가 가능하고, 세금계산서 지연수취에 따른 가산세도 적용하지 않는다.

해설

종전의 예규(서면부가－4168, 2016.6.20.)에 의하면 공급자는 세금계산서 지연발급 가산세를 적용하고, 공급받는 자는 매입세액공제는 가능하지만 세금계산서 지연수취 가산세를 부담하는 것으로 되어 있었지만, 개정된 예규(기획재정부 부가－228, 2017.4.26.)에 의하여 가산세를 적용하지 않는 것으로 법규 해석이 변경되어 종전의 예규는 삭제되었다.

종전의 예규와 개정된 예규를 비교하여 소개하면 다음과 같고 세법의 해석이나 적용은 항상 변경될 가능성이 있다는 점을 충분히 숙지하여 업무처리를 진행하여야 할 것으로 판단된다.

종전예규(삭제된 예규) 서면부가－4168, 2016.6.20.	개정예규 기획재정부 부가－228, 2017.4.26.
둘 이상의 사업장을 가진 사업자가 세금계산서를 발급한 후 공급하는 자(본점과 지점)가 잘못 적힌 경우에는 재화나 용역의 공급일이 속하는 과세기간에 대한 확정신고 기한까지 수정세금계산서를 발급할 수 있는 것이며, 이 경우 해당 세금계산서에 대하여는 부가가치세법 제60조 제2항 제1호 및 제7항 제1호에 따른 가산세를 적용하는 것임.	본점과 지점에 대하여 각각 사업자등록을 한 법인이 지점 사업장의 건물을 양도하고 착오 또는 과실로 본점을 공급자로 하는 전자세금계산서를 발급(2016.2.26.)하였다가 부가가치세 예정신고기한 이전에 지점을 공급자로 하는 전자세금계산서를 재발급(2016.4.25.)한 경우로서 실제로 공급한 사업자가 부가가치세법 제48조 및 제49조에 따라 해당 과세기간에 대한 부가가치세를 신고 · 납부한 경우에는 지점에서 발급(2016.4.25.)한 전자세금계산서에 대하여 세금계산서 지연발급 가산세를 적용하지 않는 것임.

실무Tip _ 총괄납부사업자의 가산세 적용

총괄납부사업자의 가산세 적용과 관련하여 부가가치세법 집행기준 60－0－18을 소개하면 다음과 같다(2024.10.31. 개정).

① 총괄납부사업자의 종사업장이 재화를 공급하고 주사업장 명의로 세금계산서를 발급한 경우에는 종사업장에 대하여 세금계산서미발급가산세(1%)를 적용하며 주사업장에 대하여 세금계산서 기재불성실가산세를 적용하지 아니한다.

② 총괄납부사업자가 종사업장의 매출 및 매입을 주사업장에 신고 · 납부한 경우 종사업장은 무신고 가산세 또는 과소신고 가산세를 적용한다.

③ 총괄납부사업자가 지점 매입분을 본점 매입분으로 또는 본점 매출분을 지점 매출분으로 잘못 신고한 것이 확인되어 경정하는 경우 과소신고에 따른 가산세를 적용하나, 납부지연 가산세를 적용하지 않는다.
④ 총괄납부시 납부지연 가산세는 총괄납부세액을 기준으로 계산한다.
⑤ 총괄납부신청을 하지 아니한 사업자가 부가가치세 납부기한까지 어느 사업장에 대한 부가가치세를 다른 사업장에 대한 부가가치세에 더하여 신고 · 납부한 경우에는 납부지연 가산세를 적용하지 아니한다.

6. 기타 세금계산서 등 관련 가산세 사례

사례리스트

1) 전자세금계산서 발급 후 미전송한 경우의 가산세
2) 공급받는 자를 사실과 다르게 하여 발급하는 경우의 가산세 – 위장발급한 경우
3) 실질 공급자가 아닌 공급자로 하여 세금계산서를 발급하는 경우의 가산세 – 가공발급, 위장수취인 경우
4) 공급가액을 과다기재하여 발급한 경우의 가산세
5) 부가가치세법상 과세거래가 아님에도 세금계산서를 발급하는 경우의 가산세
6) 매입처별 세금계산서합계표의 공급가액을 착오로 과다기재한 경우의 가산세
7) 확정신고시 발급받은 세금계산서를 예정신고시 매입처별 세금계산서합계표에 기입하여 신고한 경우의 가산세

1) 전자세금계산서 발급 후 미전송한 경우의 가산세

㈜세무는 2025.6.30.에 재화를 공급하고 전자적인 형태로 2025.7.10.에 세금계산서를 발급하였지만 국세청 전송을 누락한 채 1기 확정신고에 대한 부가가치세를 신고 · 납부하였다. 관련 세금계산서 발급내역은 매출처별 세금계산서합계표에 전자분으로 기입하였다. 부가가치세 신고시 적용할 가산세는?

전자세금계산서 미전송

2025.6.30.	2025.7.10.	2025.7.25.
재화 공급	전자세금계산서 발급	전자세금계산서 미전송하고 부가세 신고 · 납부

해답

㈜세무는 전자세금계산서 미전송가산세(공급가액의 1%)를 적용하다.

해설

전자세금계산서 발급의무자가 전자세금계산서를 발급하고 그 발급명세서를 전송하지 않은 경우 부가가치세 신고시 매출처별 세금계산합계표에 전자외분으로 기입하고 거래 상대방의 세부내역을 거래처별명세서에 기입하여야 매출처별 세금계산서합계표 불성실 가산세를 부담하지 않는다.

위 사례에서 ㈜세무는 국세청 전송분이 아님에도 전자분으로 기입하여 매출처별 세금계산서합계표를 작성하였으므로 매출처별 세금계산서합계표 불성실 가산세가 적용되어야 하지만, 2017.1.1.부터 세법이 개정되어 전자세금계산서 발급명세서를 제출하지 않은 경우로서 매출처별 세금계산서합계표에 거래상대방의 세부내역이 기재되지 않더라도 중복적용 배제 규정에 따라 전자세금계산서 미전송가산세만 적용하고 매출처별 세금계산서합계표 불성실 가산세(0.5%)는 적용하지 않는다.

정리하면 2016.12.31.까지는 국세청 미전송분을 세금계산서합계표에 전자분으로 표기하여 신고하면 세금계산서합계표 불성실 가산세가 적용되었지만, 2017.1.1.부터는 전자세금계산서 발급의무가 있는 사업자가 전자세금계산서를 전송하지 않으면 세금계산서 미전송(지연전송 포함) 가산세가 적용되는 것이다.

실무Tip

[제목] 전자세금계산서 발급분을 전송하고 세금계산서합계표에 기재하지 않은 경우 매출처별 세금계산서합계표 불성실 가산세는 적용하지 않음.

[요약] 사업자가 전자세금계산서 발급분을 전송하고 부가가치세 신고시 매출처별 세금계산서합계표에 기재하지 않은 경우 매출처별 세금계산서합계표 가산세는 적용되지 아니하지만, 신고서 금액과 합계표 금액이 서로 달라 전산 오류가 발생되어 사업자가 해명해야 하는 불편함이 발생하므로, 전자세금계산서를 발급하여 전송한 분도 매출처별 세금계산서합계표 전자세금계산서 발급분으로 기재하여 제출하여야 하는 것임(부가가치세과-1058, 2010.8.13.).

2) 공급받는 자를 사실과 다르게 하여 발급하는 경우의 가산세-위장발급한 경우

㈜세무는 ㈜민후에게 2025.6.30.에 재화를 1억원에 공급하였지만 세금계산서는 ㈜민준

에게 발급하고 각각 부가가치세 신고를 한 경우 이와 관련된 가산세는?

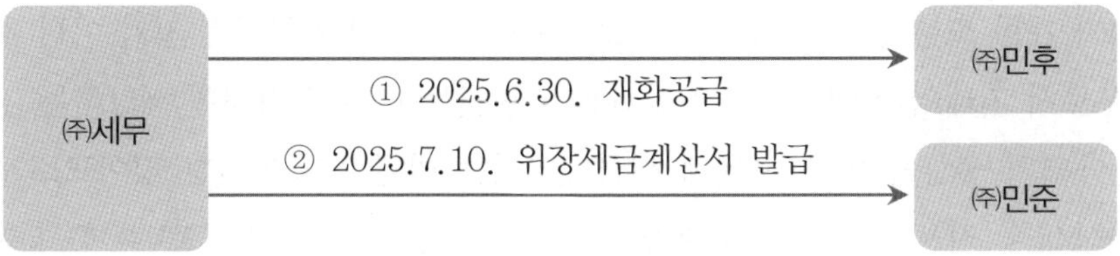

해답

(1) 공급자

① 해당 거래가 서로 상관관계를 갖는 하나의 거래에 해당하는 경우

㈜세무는 ㈜민후에게는 미발급하였고, ㈜민주에게는 위장발급한 경우지만 세금계산서 발급이 서로 상관관계를 갖는 하나의 거래에 해당된다면 세금계산서 위장발급가산세(공급가액의 2%)만 적용한다.

② 해당 거래가 하나의 거래로 해당하지 않는 경우

해당 거래가 하나의 거래가 아니라면 ㈜세무는 세금계산서 미발급가산세와 위장발급가산세를 각각 적용되지만 2018년 세법개정으로 위장발급가산세만 적용된다.

(2) 공급받는 자

① ㈜민후

㈜민후는 세금계산서를 발급받지 못하였으므로 매입세액공제가 불가능하고, 실제 매입액은 손금에 산입하되, 3만원 초과되는 금액이라면 증명서류 수취 불성실 가산세가 적용된다.

② ㈜민준

㈜민준은 발급받은 세금계산서에 의하여 매입세액공제를 받은 경우라면 매입세액불공제, 가공세금계산서 수취 가산세, 신고불성실 가산세, 납부지연 가산세를 부가가치세 수정신고시 부담하여야 한다.

또한 법인세 신고시에 비용처리를 한 경우라면 법인세 수정신고시 손금불산입(대표자 상여)하여 법인세와 관련된 신고불성실 가산세와 납부지연 가산세를 부담하고 대표자 상여처분에 따른 소득세도 추징된다.

해설

사업자가 재화 또는 용역을 공급하고 세금계산서는 실제 공급받는 자가 아닌 자에게 발급하는 경우로서 거래의 형태 · 금액이 상관관계를 갖는 하나의 거래에 해당하는 경우에는 재화 또는 용역의 공급을 받은 자에게 세금계산서를 발급하지 아니한 것이므로 세금계산서 미발급가산세를 적용하는 것이다(부가-1107, 2010.8.25.; 기획재정부부가-567, 2010.8.23.).

다만, 세금계산서 미발급가산세와 위장발급가산세가 중복적용되는 경우에는 위장발급가산세가 적용되는 것으로 세법이 개정(2017.12.19. 신설)되었으므로 위 사례는 세금계산서가 위장발급가산세가 적용된다(부법 §60 ⑨ 4호).

3) 실질 공급자가 아닌 공급자로 하여 세금계산서를 발급하는 경우의 가산세－가공발급, 위장수취인 경우

㈜세무는 ㈜민후에게 2025.6.30.에 재화를 1억원에 공급하였지만 회사 사정상 ㈜민후에게 세금계산서를 발급하지 못하고, 동종 업종에 있는 ㈜가공에게 부탁하여 세금계산서를 발급하도록 하였다. 즉, 실질 재화공급은 ㈜세무가 하였지만 세금계산서는 ㈜가공이 발급한 경우의 가산세는?

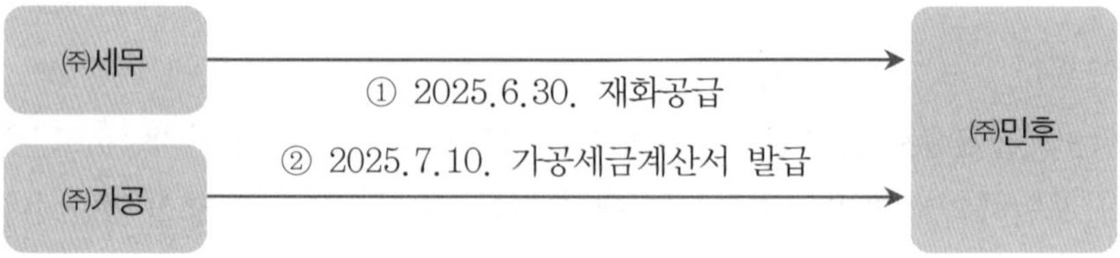

해답

(1) 공급자

① ㈜세무

세금계산서를 발급하지도 않고 부가가치세 신고 · 납부도 하지 않았으므로 세금계산서 미발급 가산세, 신고불성실 가산세, 납부지연 가산세를 부담하여야 하고, 법인세 신고시에 해당 금액을 고의적으로 누락한 경우라면 익금산입(대표자 상여)하여 법인세법상 신고불성실 가산세, 납부지연 가산세와 상여처분에 따른 소득세를 부담하여야 한다.

② ㈜가공

신고 · 납부한 부가가치세액은 감액처리가 되겠지만 재화를 공급하지도 않고 세금계산서를 발급하였으므로 가공세금계산서 발급 가산세를 부담하여야 한다.

참고로 ㈜가공이 해당 세금계산서에 대한 수정신고를 하는 경우 매출감액으로 발생하는 환급세액은 환급가능하다(부가-783, 2013.8.30.).

(2) 공급받는 자

㈜민후는 사실과 다른 공급자 명의로 세금계산서를 발급받았으므로 매입세액불공제하고 신고 · 납부지연 가산세와 타인명의 세금계산서 가산세(위장수취 가산세)를 부담하여야 한다. 실질 공급은 받았으므로 가공수취 가산세 대신 위장수취 가산세가 적용되는 것이다.

해설

회사 사정상 또는 거래 관행상 실질 공급자가 아닌 공급자가 발급한 세금계산서는 재화 또는 용역의 공급 없이 발급한 세금계산서이므로 가공 세금계산서 가산세(공급가액의 3%)를 부과한다(법규-1116, 2014.10.23.).

실무Tip _ 위탁매매와 일반매매 오류로 인한 세금계산서 발급시의 가산세

위탁매매거래 계약의 세금계산서 발급흐름도는 다음과 같다.

1. 일반적인 경우

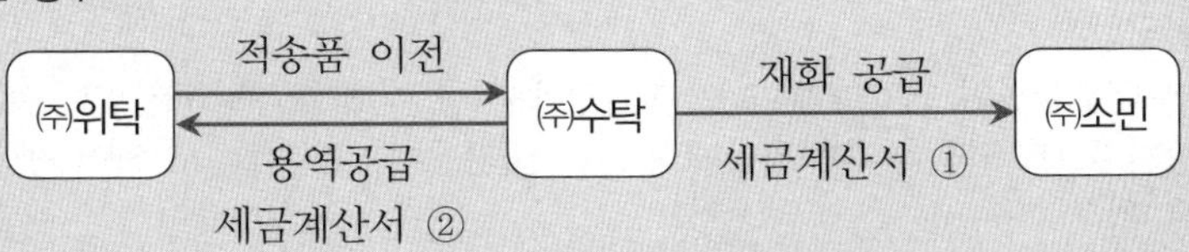

- 세금계산서 ①
  ㈜수탁이 ㈜위탁을 대신하여 세금계산서를 발급(비고란에 ㈜수탁의 사업자등록번호를 기입)한다.
  ① 공급자 : ㈜위탁
  ② 공급받는 자 : ㈜소민
  ③ 비고란 : ㈜수탁
  참고로 ㈜위탁이 ㈜소민에게 직접 재화를 인도하는 경우에는 ㈜위탁이 직접 세금계산서를 발급한다.
- 세금계산서 ②
  ㈜수탁의 판매대행수수료에 대한 세금계산서를 ㈜수탁이 발급한다.
  ① 공급자 : ㈜수탁
  ② 공급받는 자 : ㈜위탁

2. 위탁자 또는 본인을 알 수 없는 경우

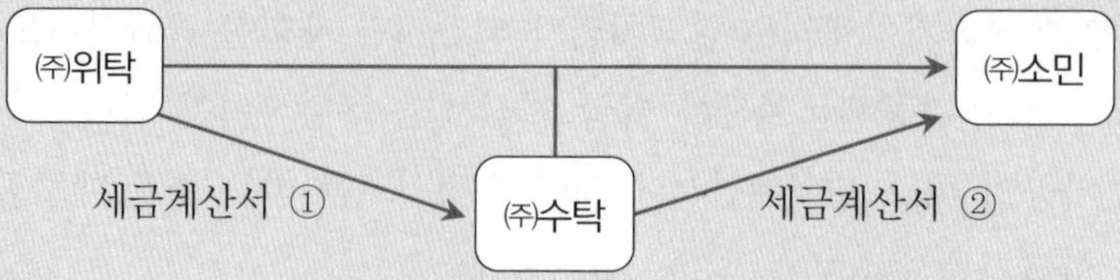

· 세금계산서 ①
  ㈜위탁이 ㈜수탁에게 세금계산서를 발급
  ① 공급자 : ㈜위탁
  ② 공급받는 자 : ㈜수탁
· 세금계산서 ②
  ㈜수탁이 ㈜소민에게 세금계산서를 발급
  ① 공급자 : ㈜수탁
  ② 공급받는 자 : ㈜소민

3. 가산세 적용 여부

이러한 위탁매매거래 계약시 거래계약의 오인으로 인하여 위장세금계산서가 발급될 가능성이 존재하고 이로 인한 공급받는 자가 매입세액공제를 받지 못하고 위장수취 세금계산서 가산세를 부담하는 상황이 발생할 수 있음을 감안하여 그 거래사실이 확인되고 거래 당사자가 납세지 관할 세무서장에게 해당 납부세액을 신고하고 납부한 경우 공급받는 자가 가산세 없이 매입세액공제를 받을 수 있도록 하였다(부가령 §75 9호, 아래 ①번과 ②은 2019.2.12. 이후, ③부터 ⑥까지는 2022.2.15. 이후 재화 또는 용역을 공급하는 분부터 적용하고 ⑦은 2023.2.28. 이후 재화나 용역을 공급하거나 공급받는 분부터 적용함).

① 거래의 실질이 위탁매매 또는 대리인에 의한 매매에 해당함에도 불구하고 거래 당사자 간 계약에 따라 위탁매매 또는 대리인에 의한 매매가 아닌 거래로 하여 세금계산서를 발급받은 경우
② 거래의 실질이 위탁매매 또는 대리인에 의한 매매에 해당하지 않음에도 불구하고 거래 당사자 간 계약에 따라 위탁매매 또는 대리인에 의한 매매로 하여 세금계산서를 발급받은 경우
③ 거래의 실질이 용역의 공급에 대한 주선 · 중개에 해당함에도 불구하고 거래 당사자 간 계약에 따라 용역의 공급에 대한 주선 · 중개가 아닌 거래로 하여 세금계산서를 발급받은 경우
④ 거래의 실질이 용역의 공급에 대한 주선 · 중개에 해당하지 않음에도 불구하고 거래 당사자 간 계약에 따라 용역의 공급에 대한 주선 · 중개로 하여 세금계산서를 발급받은 경우
⑤ 다른 사업자로부터 사업(용역을 공급하는 사업으로 한정)을 위탁받아 수행하는 사업자가 위탁받은 사업의 수행에 필요한 비용을 사업을 위탁한 사업자로부터 지급받아 지출한 경우로서 해당 비용을 공급가액에 포함해야 함에도 불구하고 거래 당사자 간 계약에 따라 이를 공급가액에서 제외하여 세금계산서를 발급받은 경우
⑥ 다른 사업자로부터 사업을 위탁받아 수행하는 사업자가 위탁받은 사업의 수행에 필요한 비용을 사업을 위탁한 사업자로부터 지급받아 지출한 경우로서 해당 비용을 공급가액에서 제외해야 함에도 불구하고 거래 당사자 간 계약에 따라 이를 공급가액에 포함하여 세금계산서를 발급받은 경우

⑦ 재화나 용역을 공급할 때 그 품질이나 수량, 인도조건 또는 공급대가의 결제방법이나 그 밖의 공급조건에 따라 통상의 대가에서 일정액을 직접 깎아 주는 금액을 공급가액에 포함하지 않아야 함에도 불구하고 거래 당사자 간 계약에 따라 해당 금액을 장려금이나 이와 유사한 금액으로 보고 이를 공급가액에 포함하여 세금계산서를 발급받은 경우

다만, 위탁매매와 일반매매 구분이 명확하나 고의로 잘못 기재한 경우라면 공급자와 공급받는 자 모두 예전과 동일하게 위장거래와 관련된 가산세(공급가액의 2%)를 부담하여야 한다. 따라서 위 3)의 사례가 2019년 이후 개정된 내용에 해당된다면 공급받는 자인 ㈜민후는 가산세 없이 매입세액공제가 가능하다.

4) 공급가액을 과다기재하여 발급한 경우의 가산세

㈜세무는 2025.6.20.에 ㈜가공에게 공급가액 1억원(부가세 별도)의 재화를 공급하였지만 ㈜가공의 요구대로 공급가액 1.5억원(부가세 별도)의 세금계산서를 발급하고 부가가치세 1기 확정신고를 하였다. 이에 대하여 2025.10.에 과세당국의 확인절차에 따라 ㈜세무와 ㈜가공이 수정신고를 할 경우 세금계산서 관련 가산세는?

㈜세무 → ㈜가공

① 2025.6.20. 재화공급

② 2025.7.10. 세금계산서 발급
(실제 공급가액은 1억원, 발급 공급가액은 1.5억원으로 과다기재)

③ 2025.10. 수정신고와 경정청구

해답

(1) 공급자

㈜세무는 과다발급한 50,000,000원에 대해서 2%의 세금계산서 과다발급가산세를 부담하여야 한다.

(2) 공급받는 자

㈜가공은 과다수취한 50,000,000원에 대해서 2%의 세금계산서 과다수취가산세를 부담하여야 하며, 당초 신고시 매입세액공제 과다로 인한 신고불성실가산세와 납부지연가산세도 적용된다.

해설

재화 또는 용역을 공급하고 세금계산서등의 공급가액을 과다하게 기재한 경우에는 실제보다 과다하게 기재한 부분에 대하여 과다발급 가산세(공급가액의 2%)를 부담하고, 재화 또는 용역을 공급받고 공급가액이 과다하게 기재된 세금계산서등을 발급받은 경우에는 과다수취 가산세(공급가액의 2%)를 부담한다(부법 §60 ③ 5호 · 6호, 2018.1.1. 이후 재화 또는 용역을 공급하는 분부터 적용함).

참고로 2017.12.31. 이전 재화 또는 용역의 과다공급분에 대해서는 세금계산서 부실기재와 관련된 가산세(공급가액의 1%)가 적용된다.

5) 부가가치세법상 과세거래가 아님에도 세금계산서를 발급하는 경우의 가산세

㈜가공은 과세 · 면세 겸업사업자이고 2025.6.30.에 ㈜민후에게 면세사업과 관련된 재화 · 용역을 제공하면서 계산서 대신 세금계산서를 발급하였고 ㈜민후는 발급받은 세금계산서에 따라 매입세액공제를 받은 경우의 가산세는?

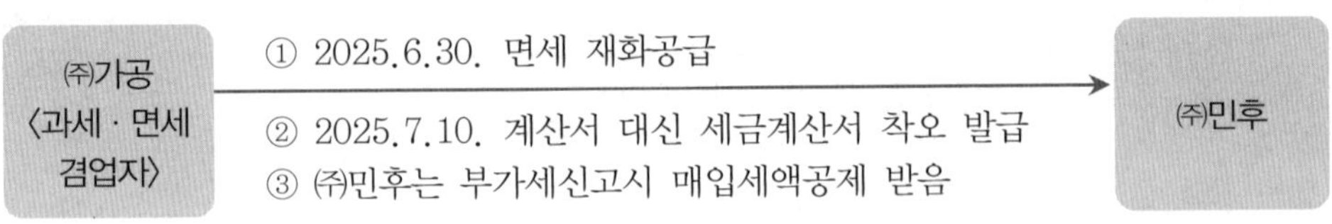

해답

(1) 공급자

㈜가공은 계산서 불성실 가산세를 부담하지 않는다.

(2) 공급받는 자

㈜민후가 만약 부가가치세 신고시 착오로 매입세액공제를 받았으면 수정신고시 매입세액 불공제하고 신고불성실 가산세와 납부지연 가산세를 부담하여야 한다. 단, 매입처별 세금계산서합계표 불성실 가산세와 매입처별 계산서합계표 불성실 가산세는 적용하지 않는다.

해설

(1) 공급자

종전예규(법인-303, 2009.3.20.; 법인-211, 2010.3.11.)에 의하면 '법인이 부가가치세가 면제되는 용역을 공급하면서 계산서를 교부하여야 하나 착오로 세금계산서를 교부한 경우 계산서불성실가산세를 적용하는 것'으로 되어 있었으나 새로운 예규(기획재정부법인-1279, 2019.9.18.; 2019년 10월 세법해석사례 정비내역)에 의하면 '부가가치세가 면제되는 용역을 공급하면서 착오 · 부지로 부가가치세가 과세되는 것으로 보아 세금계산서를 작성하여 교부한 경우 계산서불성실 가산세가 적용되지 아니하는 것'으로 법령해석이 변경되어 종전의 예규가 삭제되었다.

종전의 예규와 개정된 예규를 비교하여 소개하면 다음과 같고 세법의 해석이나 적용은 항상 변경될 가능성이 있다는 점을 충분히 숙지하여 업무처리를 진행하여야 할 것으로 판단된다.

종전예규(삭제된 예규) 법인-303, 2009.3.20.; 법인-211, 2010.3.11.	개정예규 기획재정부 법인-1279, 2019.9.18.
법인이 부가가치세가 면제되는 용역을 공급하면서 계산서를 교부하여야 하나 착오로 세금계산서를 교부한 경우 계산서불성실 가산세를 적용하는 것임	부가가치세가 면제되는 용역을 공급하면서 착오 · 부지로 부가가치세가 과세되는 것으로 보아 세금계산서를 작성하여 교부한 경우 계산서불성실 가산세가 적용되지 아니하는 것임

(2) 공급받는 자

거래당사자가 부가가치세 과세대상이 아닌 거래를 과세대상으로 부가가치세를 거래징수하고 세금계산서를 수취하여 매입처별 세금계산서합계표를 제출한 경우 매입처별 세금계산서합계표의 기재사항 중 사실과 다르게 과다하게 기재하여 신고한 것으로 볼 수 없으므로 매입처별 세금계산서합계표 불성실 가산세는 적용되지 아니하는 것이나, 국세기본법상 신고불성실 가산세와 납부지연 가산세는 적용되는 것이다(부가-113, 2014.2.17.).

또한 재화 또는 용역을 공급받고 계산서를 교부받지 못하여 매입처별 계산서합계표를 제출하지 아니한 경우에는 매입처별 계산서합계표 불성실 가산세 규정도 적용하지 아니한다(법인-496, 2013.9.25.).

참고로 2013.2.15.~2013.12.31.까지는 면세사업자가 계산서 대신 세금계산서를 발급한 경우로서 수정세금계산서를 발급하지 않고 부가가치세를 신고하고 납부한 경우에 공급받는 자는 매입세액공제가 가능한 세법개정이 있었지만 2014.1.1. 이후 폐지되었다.

계산서합계표 불성실 가산세 적용 사례를 정리하면 다음과 같다(법인집행 75의 8-120-1).

가산세 적용 사례	가산세 적용 제외 사례
① 법인이 실물거래 없이 가공으로 계산서를 교부한 경우 ② 실물거래 없이 가공으로 계산서를 교부받은 후 법인이 이를 매입처별 계산서합계표에 기재하여 제출한 경우 ③ 세금계산서 교부대상 재화를 공급받으면서 착오로 계산서를 교부받은 법인이 이를 매입처별 계산서합계표에 기재하여 제출하지 아니한 경우	① 법인이 세금계산서 교부대상 재화를 공급하면서 착오로 계산서를 교부함에 따라 부가가치세법의 세금계산서 미교부가산세가 적용되는 부분 ② 재화나 용역의 공급자로부터 계산서를 교부받지 못하여 매입처별 계산서합계표를 제출하지 못한 경우 ③ 다음에 해당하는 재화 또는 용역의 공급에 있어 계산서를 교부하지 아니하는 경우 ㉠ 법인의 본지점간 재화의 이동 ㉡ 사업을 포괄적으로 양도하는 경우 ㉢ 상품권 등 유가증권을 매매하는 경우(상품권매매업자 포함) ④ 계산서 교부일이 용역의 공급시기 전에 교부 받은 것으로 확인되었으나 공급시기와 교부일이 동일 연도에 해당하는 경우

6) 매입처별 세금계산서합계표의 공급가액을 착오로 과다기재한 경우의 가산세

㈜민후는 ㈜세무로부터 2025.6.30.에 재화를 공급받고 공급가액 1천만원의 세금계산서를 발급받았지만, 1기 부가가치세 확정신고시 매입처별 세금계산서합계표에 해당 금액을 1억원으로 착오 기재하여 신고하였다. 수정신고시 적용될 가산세는?

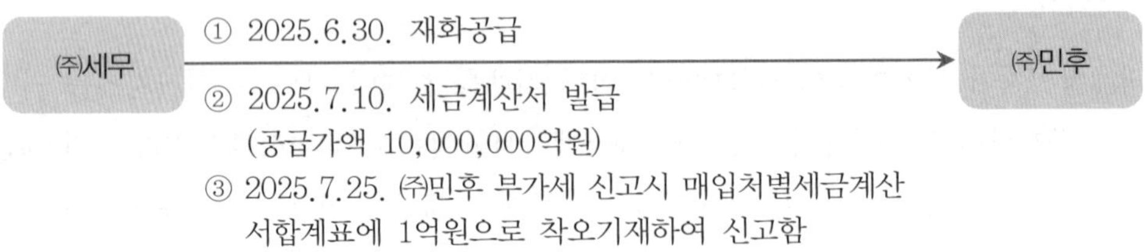

해답

공급받는 자인 ㈜민후는 수정신고시 매입세액불공제하고 신고불성실 가산세와 납부지연 가산세 그리고 매입처별 세금계산서합계표 불성실 가산세도 부담하여야 한다.

해설

공급자가 착오로 매출처별 세금계산서합계표를 과다기재한 경우에는 당초 납부하여야 할 세액보다 많이 납부하였으므로 가산세 없이 경정청구를 할 수 있지만 공급받은 사업자가 제출한 매입처별 세금계산서합계표의 기재사항 중 공급가액을 사실과 다르게 과다하게 기재하여 신고한 때에는 과다하게 기재하여 신고한 공급가액에 대하여 매입처별 세금계산서합계표 불성실 가산세를 적용하는 것이며, 이 경우 "사실과 다르게 과다하게 기재한 때"에는 재화 또는 용역을 공급받은 사실이 없이 세금계산서만을 교부받고 매입처별 세금계산서합계표에 동 세금계산서상의 공급가액을 기재한 경우도 포함하는 것이다(서면3팀-3389, 2007. 12.21.).

7) 확정신고시 발급받은 세금계산서를 예정신고시 매입처별 세금계산서합계표에 기입하여 신고한 경우의 가산세

㈜민후는 ㈜세무로부터 2025.4.1.에 재화를 공급받고 공급가액 1억원의 세금계산서를 발급받았다. ㈜민후가 해당 세금계산서를 1기 확정신고시 신고하지 않고 1기 예정신고시 신고한 후 수정신고하는 경우의 가산세는?

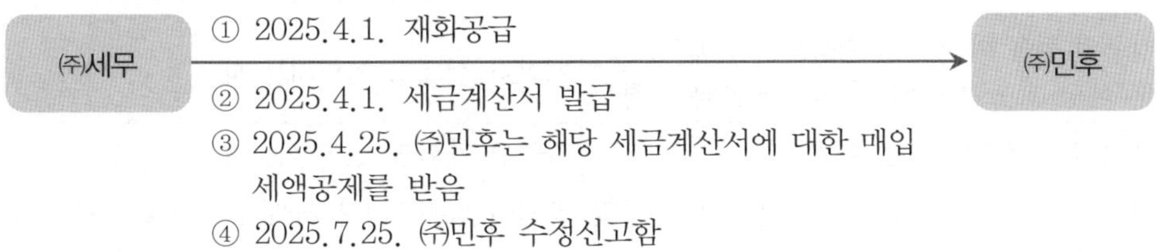

해답

㈜민후는 신고불성실 가산세와 납부지연 가산세를 적용하고, 매입처별 세금계산서합계표 불성실 가산세는 적용하지 않는다.

해설

예정신고시 매입처별 세금계산서합계표에 착오로 확정신고기간에 관련된 매입세금계산서를 포함하여 신고하고 이에 대한 수정신고를 하는 경우 신고불성실 가산세는 적용되나 매입처별 세금계산서합계표 불성실 가산세는 적용되지 아니한다(부가 46015-1504, 1997. 7.3.).

7. 세금계산서 핵심 요약정리

1) 세금계산서 발급시기(공급시기)

(1) 재화의 공급시기

① 원칙적인 공급시기(부가법 §15)

> ㉠ 재화의 이동이 필요한 경우 : 재화가 인도되는 때
> ㉡ 재화의 이동이 필요하지 아니한 경우 : 재화가 이용가능하게 되는 때
> ㉢ ㉠과 ㉡을 적용할 수 없는 경우 : 재화의 공급이 확정되는 때

② 구체적인 공급시기(부가령 §28)

<table>
<tr><th colspan="2">거래형태</th><th>공급시기</th></tr>
<tr><td colspan="2">현금판매, 외상판매, 할부판매</td><td>재화가 인도되거나 이용가능하게 된 때</td></tr>
<tr><td colspan="2">상품권 등을 현금 또는 외상으로 판매하고 그 후 해당 상품권 등이 현물과 교환되는 경우</td><td>재화가 실제로 인도되는 때</td></tr>
<tr><td colspan="2">재화의 공급으로 보는 가공</td><td>가공된 재화를 인도하는 때</td></tr>
<tr><td colspan="2">반환조건부 · 동의조건부 · 그 밖의 조건부 및 기한부판매</td><td>조건이 성취되거나 기한이 지나 판매가 확정되는 때</td></tr>
<tr><td colspan="2">장기할부판매 · 완성도기준지급 · 중간지급조건부공급 또는 전력 그 밖의 공급단위를 구획할 수 없는 재화를 계속적으로 공급</td><td>대가의 각 부분을 받기로 한 때. 다만, 완성도기준지급이나 중간지급조건부공급의 경우 재화가 인도되거나 이용가능하게 되는 날 이후에 받기로 한 대가의 부분에 대해서는 재화가 인도되거나 이용가능하게 되는 날을 그 재화의 공급시기로 봄</td></tr>
<tr><td colspan="2">재화 공급의 특례 중 자가공급(면세전용과 개별소비세 과세대상 승용차의 구입, 유지, 임차를 위한 재화) 및 개인적공급</td><td>재화가 사용하거나 소비하는 때</td></tr>
<tr><td colspan="2">재화 공급의 특례 중 판매목적 반출</td><td>재화를 반출하는 때</td></tr>
<tr><td colspan="2">재화 공급의 특례 중 사업상증여</td><td>재화를 증여하는 때</td></tr>
<tr><td colspan="2">간주공급 중 사업폐업시 잔존재화</td><td>폐업일</td></tr>
<tr><td colspan="2">무인판매기에 의한 재화공급</td><td>해당 사업자가 무인판매기에서 현금을 꺼내는 때</td></tr>
<tr><td rowspan="2">수출재화</td><td>내국물품을 외국으로 반출하거나 중계무역방식수출의 경우</td><td>수출재화의 선(기)적일</td></tr>
<tr><td>원양어업 및 위탁판매수출의 경우</td><td>수출재화의 공급가액이 확정되는 때</td></tr>
</table>

<table>
<tr><th colspan="2">거래형태</th><th>공급시기</th></tr>
<tr><td></td><td>위탁가공무역방식으로 수출하거나 외국인도수출의 경우</td><td>외국에서 해당 재화가 인도되는 때</td></tr>
<tr><td colspan="2">사업자가 보세구역 내에서 보세구역 이외의 국내에 재화를 공급하는 경우에 해당 재화가 수입재화에 해당하는 때</td><td>수입신고수리일</td></tr>
<tr><td rowspan="3">조달청 창고 또는 거래소 지정 창고에 보관된 임치물이 반환이 수반되어 재화를 공급하는 경우</td><td>창고증권을 소지한 사업자가 해당 조달청 창고 또는 거래소의 지정창고에서 실물을 넘겨받은 후 보세구역의 다른 사업자에게 해당 재화를 인도하는 경우</td><td>해당 재화를 인도하는 때</td></tr>
<tr><td>해당 재화를 실물로 넘겨받는 것이 재화의 수입에 해당하는 경우</td><td>그 수입신고 수리일</td></tr>
<tr><td>국내로부터 조달청 창고 또는 거래소의 지정창고에 임치된 임치물이 국내로 반입되는 경우</td><td>외국에서 해당 재화가 인도되는 때</td></tr>
<tr><td colspan="2">폐업 전에 공급한 재화의 공급시기가 폐업일 이후에 도래하는 경우</td><td>폐업일</td></tr>
<tr><td colspan="2">위탁매매 · 대리인에 의한 매매의 경우</td><td>수탁자 또는 대리인의 공급을 기준으로 하여 위의 거래형태별 공급시기 규정을 적용함</td></tr>
<tr><td colspan="2">납세의무가 있는 사업자가 여신전문금융업법에 따라 등록한 시설대여업자로부터 시설 등을 임차하고 그 시설 등을 공급자 또는 세관장으로부터 직접 인도받은 경우</td><td>사업자가 공급자로부터 재화를 직접 공급받거나 외국으로부터 재화를 직접 수입한 것으로 하여 거래형태별 공급시기 규정을 적용함</td></tr>
</table>

실무Tip _ 위탁판매와 리스자산의 공급시기 특례

1. 위탁판매 또는 대리인에 의한 공급시기

수탁자 또는 대리인의 공급을 기준으로 하여 위의 개별적인 공급시기를 적용한다. 다만, 위탁자나 본인이 불분명한 경우에는 위탁자와 수탁자 또는 본인과 대리인 사이에도 공급이 이루어진 것으로 보아 적용한다(부가령 §28 ⑩).

2. 시설대여(리스자산)의 경우 공급시기

납세의무 있는 사업자가 여신전문금융업법에 의하여 인가를 받은 시설대여회사로부터 시설 등을 공급자 또는 세관장으로부터 직접 인도받은 경우에는 당해 사업자가 공급자로부터 재화를 직접 공급받거나 외국으로부터 재화를 직접 수입한 것으로 보아 개별적인 공급시기를 적용한다. 즉, 리스회사는 공급자가 아니고 운용리스와 금융리스를 구분하지 않으며 이것을 실무상 이용자명의 운용리스라고 한다(부가령 §28 ⑪).

(2) 용역의 공급시기(부가법 §16, 부가령 §29)

<table>
<tr><th>거래형태</th><th>공급시기</th></tr>
<tr><td>통상적인 경우</td><td>역무 제공이 완료되는 때, 시설물, 권리 등 재화가 사용되는 때</td></tr>
<tr><td>장기할부 또는 기타 조건부, 완성도기준지급조건부, 중간지급조건부, 공급단위를 구획할 수 없는 용역을 계속적으로 공급하는 경우</td><td>그 대가의 각 부분을 받기로 한 때. 다만, 완성도기준지급조건부와 중간지급조건부의 경우 역무 제공이 완료되는 날 이후 받기로 한 대가의 부분에 대해서는 역무 제공이 완료되는 날</td></tr>
<tr><td>위의 조건을 적용할 수 없는 경우</td><td>역무 제공이 완료되고 그 공급가액이 확정되는 때</td></tr>
<tr><td>부동산임대용역의 경우</td><td>다음의 해당하는 경우 예정신고기간 또는 확정신고기간의 종료일
① 전세금 또는 보증금 등에 대한 간주임대료의 경우
② 사업자가 2과세기간 이상에 걸쳐 부동산임대용역을 공급하고 그 대가를 선불 또는 후불로 받는 금액에 대하여 해당 금액을 계약기간의 월수로 나눈 금액의 각 과세기간의 합계액을 과세표준으로 하는 경우
③ 사업자가 부동산을 임차하여 다시 임대용역을 제공하는 경우의 간주임대료</td></tr>
<tr><td>헬스클럽장 등 스포츠센터를 운영하는 사업자가 연회비를 미리 받고 회원들에게 시설을 이용하게 하는 것</td><td>둘 이상의 과세기간에 걸쳐 계속적으로 제공하고 그 대가를 선불로 받는 경우에는 예정신고기간 또는 과세기간의 종료일</td></tr>
<tr><td>사업자가 다른 사업자와 상표권 사용계약을 할 때 사용대가 전액을 일시불로 받고 상표권을 사용하게 하는 것</td><td rowspan="3">예정신고기간 또는 과세기간의 종료일</td></tr>
<tr><td>노인복지시설(유료인 경우에만 해당)을 설치·운영하는 사업자가 그 시설을 분양받은 자로부터 입주 후 수영장·헬스클럽장 등을 이용하는 대가를 입주 전에 미리 받고 시설 내 수영장·헬스클럽장 등을 이용하게 하는 것</td></tr>
<tr><td>사업자가 사회기반시설에대한민간투자법 제4조 제3호의 방식을 준용하여 설치한 시설에 대하여 둘 이상의 과세기간에 걸쳐 계속적으로 시설을 이용하게 하고 그 대가를 받는 경우</td></tr>
<tr><td>폐업 전에 공급한 용역의 공급시기가 폐업일 이후에 도래하는 경우</td><td>폐업일</td></tr>
</table>

실무Tip __ 부동산 임대용역의 공급시기와 자동차 수리용역의 공급시기

1. 부동산 임대용역의 공급시기

부동산 임대용역에 대한 공급시기를 정리하면 다음과 같다(부가집행 16-29-5).

① 부동산임대업자가 2 과세기간 이상에 걸쳐 부동산임대용역을 공급하고 그 대가를 선불 또는 후불로 받는 경우 예정신고기간 또는 과세기간의 종료일을 공급시기로 본다.

② 부동산임대업자가 부동산임대용역을 계속적으로 공급하고 그 대가를 월별, 분기별 또는 반기별로 기일을 정하여 받기로 한 경우 그 대가의 각 부분을 받기로 한 때를 공급시기로 본다.

③ 부동산임대업자가 공급시기가 도래하기 전에 선불로 받은 대가에 대하여 임차인에게 세금계산서 또는 영수증을 발급하는 때에는 그 발급한 때를 공급시기로 본다.

④ 부동산임대료를 임차인의 각 반기별 사업실적에 따라 확정하는 경우에는 임대료가 확정되는 해당 반기 말일(매년 6월 30일 및 12월 31일)을 공급시기로 본다.

2. 자동차수리 용역의 공급시기

정비차량사업자가 자동차 수리용역을 제공하는 경우 그 공급시기는 수리용역의 제공이 완료되는 때로 하는 것이나 수리용역에 대한 대가가 확정되지 아니한 경우 용역의 제공이 완료되고 그 공급가액이 확정되는 때로 한다(부가-1102, 2013.11.29.; 부가 22601-632, 1989.5.8.).

(3) 공급시기의 주요 구체적 사례

① 완성도기준지급

재화의 제작기간이 장기간을 요하여 그 진행도 및 완성도를 확인하여 그 진행비율만큼 대가를 지급하는 것을 말한다. 완성도의 측정은 진행중에만, 즉 시작부터 완성사이에서만 이루어지므로 재화의 공급완료 후에는 완성도기준지급이 없다. 따라서 건설공사 등의 경우 완성일 이후 대가의 지급약정인 경우에도 장기할부판매가 아닌 경우에는 공급시기가 완성일을 초과할 수는 없다.

실무Tip __ 완성도기준조건부 사례

1. 완성도기준지급조건부 용역의 공급시기 사례(부가집 16-29-1)

① 완성도기준지급조건부로 건설용역을 공급함에 있어 당사자의 약정에 의하여 준공검사일 이후 잔금을 받기로 한 경우 해당 잔금에 대한 공급시기는 건설용역의 제공이 완료되는 때로 한다.

② 완성도기준지급조건부로 건설용역을 공급하면서 당사자 간 기성금 등에 대한 다툼이 있어 법원의 판결에 의하여 대가가 확정되는 경우 해당 건설용역의 공급시기는 법원의 판결에 의하여 대가가 확정되는 때로 한다.

③ 완성도기준지급조건부 건설용역을 공급함에 있어 기성부분에 대한 공급시기는 기성청구 후 대가의 지급이 확정되어 그 대가를 실제로 받은 날이 되지만, 기성부분에 대한 대가를 기성고 확정일로부터 약정된 날까지 지급받지 못한 때에는 그 약정일의 종료일이 된다.

2. 지급일을 명시하지 아니한 완성도기준지급조건부 용역의 공급시기(부가집 16-29-2)

① 건설용역을 공급함에 있어 건설공사기간에 대한 약정만 체결하고 대금지급기일에 관한 약정이 없는 경우의 공급시기는 다음과 같다.
- 해당 건설공사에 대한 건설용역의 제공이 완료되는 때. 다만, 해당 건설용역 제공의 완료 여부가 불분명한 경우에는 준공검사일
- 해당 건설공사의 일부분을 완성하여 사용하는 경우에는 그 부분에 대한 건설용역의 제공이 완료되는 때. 다만, 해당 건설용역 제공의 완료 여부가 불분명한 경우에는 그 부분에 대한 준공검사일

② 건설공사 계약시 완성도에 따라 기성고 대금을 나누어 받기로 하였으나, 그 지급일을 명시하지 아니한 경우에는 공사기성고가 결정되어 그 대금을 받을 수 있는 때를 그 공급시기로 한다.

③ 사업자가 완성도기준지급 또는 중간지급조건부 건설용역의 공급계약서상 특정내용에 따라 해당 건설용역에 대하여 검사를 거쳐 대가의 각 부분의 지급이 확정되는 경우에는 검사 후 대가의 지급이 확정되는 때를 그 공급시기로 본다.

3. 완성도기준지급조건 건설용역에서 공급시기가 속하는 달의 다른 날짜를 기재한 세금계산서의 가산세 적용 여부

사업자가 완성도기준지급조건부계약에 따라 건설용역을 공급하면서 시행사와 사전약정에 따라 매월 감리업체의 기성검사 확인을 거쳐 기성금을 확정하여 기성청구를 하는 경우로서 부가가치세법에 따른 세금계산서를 발급하면서 작성연월일을 기성부분금 확정일이 아닌 그 확정일이 속한 달의 다른 날을 기재한 경우 해당 세금계산서는 사실과 다른 세금계산서에 해당하지 아니하는 것이므로 가산세가 적용되지 않음(기준법령해석부가 2018-52, 2018.4.24.)

② 장기할부판매

재화를 공급하고 그 대가를 월부 혹은 연부 등의 방법으로 지급받는 것으로서 ㉠ 2회 이상 분할하여 대가를 받거나 ㉡ 재화의 인도일 또는 해당 용역의 제공이 완료되는 날의 다음날부터 최종의 부불금의 지급기일까지의 기간이 1년 이상인 것을 조건으로 재화를 판매하는 것을 말한다(부가칙 §17 · §19).

③ 중간지급조건부 공급

재화가 인도되기 전 또는 재화가 이용가능하게 되기 전이거나 용역의 제공이 완료되기 전의 경우로서 계약금을 받기로 한 날의 다음 날부터 재화를 인도하는 날 또는 재화를 이용가능하게 하는 날까지이거나 용역의 제공을 완료하는 날까지의 기간이 6개월 이상인 경우로서 그 기간 이내에 계약금 외의 대가를 분할하여 받는 경우를 말한다(부가칙 §18 · §20).

실무Tip __ 중간지급조건부 사례

1. 중간지급조건부계약의 변경에 따른 공급시기 사례(부가집 15-28-5)

① 사업자가 중간지급조건부로 재화 또는 용역의 공급계약을 체결하였으나 그 내용이 변경된 경우의 공급시기는 다음과 같다.
- 당초 계약의 지급일자 변경 : 계약의 변경내용에 따라 대가의 각 부분을 받기로 한 때
- 계약금 외의 대가 지급방법 변경 : 대가의 각 부분을 일시에 받기로 변경한 경우에는 재화의 공급 또는 용역의 제공이 완료된 때

② 중간지급조건부로 재화를 공급하기로 하였으나 지급기간 중에 거래상대방에게 재화를 인도하는 경우 나머지 중도금 및 잔금의 공급시기는 해당 재화를 인도한 때로 한다.

③ 중간지급조건부로 제공하는 건설용역이 조기 준공으로 인하여 계약금 지급일부터 준공예정일까지의 기간이 6월 미만이 된 경우 이미 발행한 세금계산서는 적법하며, 나머지 용역대가는 준공일을 공급시기로 본다.

④ 당초 재화의 공급계약이 중간지급조건부에 해당하지 아니하였으나, 당사자 간에 계약조건을 변경하여 중간지급조건부계약으로 변경된 경우 계약변경 이전에 지급한 계약금은 변경계약일을, 변경계약일 이후에는 변경된 계약에 의하여 대가의 각 부분을 받기로 한 때를 각각 공급시기로 본다.

2. 계약조건을 변경하지 않고 수시로 대금을 지급받는 경우

당초의 계약조건을 재화가 인도되는 때 그 대가를 지급받기로 했으나 계약조건을 중간지급조건부로 변경하지 아니하고 공급자가 공급받는 자로부터 대가의 일부를 수시로 지급받는 경우에는 중간지급 조건부의 재화 공급에 해당되지 않음(법규부가 2013-548, 2014.1.2.).

3. 신축부동산을 중간지급조건부로 공급하는 경우 미납부한 잔금의 공급시기

사업자가 국민주택규모를 초과하는 공동주택을 신축하여 중간지급조건부로 공급함에 있어서 공급계약서에 의해 공동주택이 이용가능하게 되는 날이 되는 입주지정일 이후에 잔금을 받기로 한 경우로서, 공급계약서상의 잔금 납부일이 되는 입주지정일 또는 입주지정기간의 종료일까지 잔금이 청산되지 않았을 뿐만 아니라, 관련 계약 등에 따라 잔금 미청산으로 인해 입주가 불가능한 경우에는 이후 입주증 교부, 소유권이전등기 등에 의해 사실상 해당 공동주택이 이용가능하게 되는 날을 잔금의 공급시기로 보는 것임(기획재정부부가-191, 2017.4.6.)

☞ 종전 예규(서면부가 2019-3439, 2020.10.29.)에 의해 과세과청은 '입주통보에 의한 입주지정일 또는 입주기간 종료일까지 잔금을 청산하지 아니하고 사실상 입주를 하지 아니한 때에는 입주지정일 또는 입주기간이 종료하는 때를 공급시기'로 보았으나 법에 따른 공급시기와는 상충되므로 관련 예규는 삭제되었음

4. 준공일 이후 지급받는 잔금의 공급시기

완성도 지급조건 또는 중간지급조건부에 의해 건설용역을 제공하고 당사자의 약정에 의해 준공검사일 이후에 잔금을 받기로 경우 당해 잔금에 대한 공급시기는 건설용역의 제공이 완료되는 때인 것이며, 이 경우 건설용역의 제공이 완료되는 때라 함은 약정에 의하여 역무 제공이 완료되는 때를 알 수 있는 경우에는 그 역무의 제공이 완료되는 때인 것이나, 역무제공 완료에 대한 구체적인 약정이 없어 객관적으로 그 사실을 알 수 없는 경우에는 당해 건설공사의 완공 후 준공검사가 완료되는 때임(부가 22601-1216, 1991.9.16.).

5. 중간지급조건부에 해당되나 잔금 때 전체 금액을 합하여 세금계산서 발행한 경우
총합계로 교부받은 세금계산서이더라도 계약금과 중도금에 대하여는 공급시기가 사실과 다른 세금계산서이므로 매입세액공제를 받을 수 없는 것이나, 잔금 부분에 대해서는 사실과 다른 세금계산서라 볼 수 없으므로 동 잔금에 해당되는 매입세액은 공제받을 수 있음(조법 1265.2－1275, 1982.10.29.).

2) 세금계산서 발급시기 특례

구 분	내 용
원칙	세금계산서는 재화 또는 용역의 공급시기에 발급해야 한다.
발급시기 특례 ① (월합계세금계산서) (부가법 §34 ③)	아래의 경우에는 재화 또는 용역의 공급일이 속하는 달의 다음달 10일(다음달 10일이 공휴일 또는 토요일인 경우 바로 다음 영업일을 말함)까지 세금계산서를 발급할 수 있다. ㉠ 거래처별로 달의 1일부터 말일까지의 공급가액을 합계하여 해당 월의 말일을 작성연월일로 하여 세금계산서를 발급하는 경우 ㉡ 거래처별로 달의 1일부터 말일까지의 이내에서 사업자가 임의로 정한 기간의 공급가액을 합계하여 그 기간의 종료일을 작성연월일로 하여 세금계산서를 발급하는 경우 ㉢ 관계증명서류 등에 의하여 실제거래사실이 확인되는 경우로서 해당 거래일을 작성연월일로 하여 세금계산서를 발급하는 경우
발급시기 특례 ② (선발급세금계산서) (부가법 §17)	㉠ 사업자가 재화 또는 용역의 공급시기가 되기 전에 재화 또는 용역에 대한 대가의 전부 또는 일부를 받고, 이와 동시에 그 받은 대가에 대하여 세금계산서를 발급하면 적법하게 세금계산서를 발급한 것으로 본다. ㉡ 사업자가 재화 또는 용역의 공급시기가 도래하기 전에 세금계산서를 발급하고 그 세금계산서 발급일부터 7일 이내에 대가를 지급받는 경우 적법하게 세금계산서를 발급한 것으로 본다. ㉢ 다음 어느 하나에 해당하는 경우에는 재화 또는 용역을 공급하는 사업자가 재화 또는 용역의 공급시기가 되기 전에 세금계산서를 발급하고 그 세금계산서 발급일부터 7일이 지난 후 대가를 지급받더라도 적법하게 세금계산서를 발급한 것으로 본다. • 거래 당사자 간의 계약서 · 약정서 등에 대금 청구시기(세금계산서 발급일을 말함)와 지급시기를 따로 적고, 대금 청구시기와 지급시기 사이의 기간이 30일 이내인 경우 • 재화 또는 용역의 공급시기가 세금계산서 발급일이 속하는 과세기간 내(공급받는 자가 조기환급을 받은 경우에는 세금계산서 발급일부터 30일 이내)에 도래하는 경우*(2022년 개정)

* 2018.1.1.~2018.12.31.까지는 계약서와 약정서 등에 대금 청구시기와 지급시기가 따로 적혀 있고 세금계산서 발급일이 속하는 과세기간(조기환급을 받을 경우에는 세금계산서 발급일부터 30일 이내)에 재화 또는 용역의 공급

시기가 도래하고 세금계산서에 적힌 대금을 지급받은 것이 확인되는 경우였고
2019.1.1.~2021.12.31.까지는 계약서와 약정서 등 작성의무 없이 세금계산서 발급일이 속하는 과세기간(조기환급을 받을 경우에는 세금계산서 발급일부터 30일 이내)에 재화 또는 용역의 공급시기가 도래하고 세금계산서에 적힌 대금을 지급받은 것이 확인되는 경우이며
2022.1.1. 이후 재화 또는 용역을 공급한 경우에는 대금을 지급받지 않더라도 세금계산서 발급일이 속하는 과세기간에 재화 또는 용역의 공급시기가 도래하면 정당한 선발행세금계산서가 되는 것임.

3) 수정세금계산서 발급사유 및 발급방법(부가령 §70)

(예) 6월 30일 공급가액 10,000,000원, 세액 1,000,000원 발급(월합계세금계산서임)
7월 10일 전자세금계산서 발급, 7월 11일 전자세금계산서 전송
7월 20일 수정세금계산서 발급

수정사유	수정절차
① 처음 공급한 재화가 일부 환입(還入)된 경우	재화가 환입된 날을 작성일로 적고 비고란에 처음 세금계산서 작성일을 덧붙여 적은 후 붉은색 글씨로 쓰거나 음(陰)의 표시를 하여 발급 작성일자 : 7월 20일, 비고 : 6월 30일(환입) 공급가액 (-)1,000,000, 세액(-)100,000 발급기한 : 환입된 날 다음달 10일까지 수정신고 여부 : 하지 않음
② 계약의 해제로 재화 또는 용역이 공급되지 아니한 경우	계약이 해제된 때에 그 작성일은 계약해제일로 적고 비고란에 처음 세금계산서 작성일을 덧붙여 적은 후 붉은색 글씨로 쓰거나 음(陰)의 표시를 하여 발급(2012.6.30.까지는 작성일자를 당초 거래일자로 적고 비고란에 계약해제일을 덧붙여 세금계산서를 발급함) 작성일자 : 7월 20일, 비고 : 6월 30일(계약의 해제) 공급가액 (-)10,000,000, 세액(-)1,000,000 발급기한 : 계약해제일 다음달 10일까지 수정신고 여부 : 하지 않음.
③ 계약의 해지 등에 따라 공급가액에 추가되거나 차감되는 금액이 발생한 경우	증감 사유가 발생한 날을 작성일로 적고 추가되는 금액은 검은색 글씨로 쓰고, 차감되는 금액은 붉은색 글씨로 쓰거나 음(陰)의 표시를 하여 발급 작성일자 : 7월 20일, 비고 : 6월 30일(공급가액의 변동) 공급가액 (-)500,000, 세액(-)50,000

수정사유	수정절차
③ 계약의 해지 등에 따라 공급가액에 추가되거나 차감되는 금액이 발생한 경우	발급기한 : 변동사유 발생일 다음달 10일까지 수정신고 여부 : 하지 않음.
④ 재화 또는 용역을 공급한 후 공급시기가 속하는 과세기간 종료 후 25일 이내에 내국신용장이 개설되었거나 구매확인서가 발급된 경우	내국신용장 등이 개설된 때에 그 작성일은 처음 세금계산서 작성일을 적고 비고란에 내국신용장 개설일 등을 덧붙여 적어 영세율 적용분은 검은색 글씨로 세금계산서를 작성하여 발급하고, 추가하여 처음에 발급한 세금계산서의 내용대로 세금계산서를 붉은색 글씨로 또는 음(陰)의 표시를 하여 작성하고 발급 ㉠ 당초 세금계산서 작성일자 : 6월 30일, 비고 : 7월 20일(내국신용장 사후 개설) 공급가액 (−)10,000,000, 세액(−)1,000,000 ㉡ 수정 세금계산서 작성일자 : 6월 30일, 비고 : 7월 20일(내국신용장 사후 개설) 공급가액 10,000,000, 세액 0 발급기한 : 내국신용장 등 개설일 다음달 10일까지(단, 과세기간종료 후 25일 이내에 개설된 경우에는 25일까지) 참고로 내국신용장 등이 재화의 공급시기에 개설되지 않고 그 달 내 또는 다음달 10일까지 개설되는 경우에는 재화의 공급시기에 바로 영세율 세금계산서가 발급 가능함 수정신고 여부 : 하지 않음.
⑤ 필요적 기재사항 등이 착오로 잘못 적힌 경우	처음에 발급한 세금계산서의 내용대로 세금계산서를 붉은색 글씨로 쓰거나 부(負)의 표시를 하여 발급하고, 수정하여 발급하는 세금계산서는 검은색 글씨로 작성하여 발급함. 다만, 다음의 어느 하나에 해당하는 경우로서 과세표준 또는 세액을 경정할 것을 미리 알고 있는 경우는 제외함. ㉠ 세무조사의 통지를 받은 경우 ㉡ 세무공무원이 과세자료의 수집 또는 민원 등을 처리하기 위하여 현지출장이나 확인업무에 착수한 경우 ㉢ 세무서장으로부터 과세자료 해명안내 통지를 받은 경우 ㉣ 그밖에 ㉠부터 ㉢까지에 따른 사항과 유사한 경우로서 경정이 있을 것을 미리 안 것으로 인정되는 경우 공급가액 1억원, 세액 10,000,000원으로 수정발급하는 경우 ㉠ 당초 세금계산서 작성일자 : 6월 30일, 비고 : 7월 20일(기재사항 착오정정) 공급가액 (−)10,000,000, 세액(−)1,000,000 ㉡ 수정 세금계산서 작성일자 : 6월 30일, 비고 : 7월 20일(기재사항 착오정정) 공급가액 100,000,000, 세액 10,000,000 발급기한 : 착오사실을 인식한 날

수정사유	수정절차
⑤ 필요적 기재사항 등이 착오로 잘못 적힌 경우	수정신고 여부 : 하지 않음. 단, 수정사유가 부가세 신고기한이 지난 7.25. 이후 발생한 경우 수정신고하거나 경정청구를 함.
⑥ 필요적 기재사항 등이 착오 외의 사유로 잘못 적힌 경우	재화 및 용역의 공급일이 속하는 과세기간에 대한 확정신고기한 다음날부터 1년 이내에(2022.2.14.까지 공급분에 대해서는 확정신고기한 까지임) 세금계산서를 작성하되, 처음에 발급한 세금계산서의 내용대로 세금계산서를 붉은색 글씨로 쓰거나 부(負)의 표시를 하여 발급하고, 수정하여 발급하는 세금계산서는 검은색 글씨로 작성하여 발급한다. 다만, ⑤의 ㉠부터 ㉣까지 중 어느 하나에 해당하는 경우로서 과세표준 또는 세액을 경정할 것을 미리 알고 있는 경우는 제외함. 공급받는 자를 잘못 기재한 경우 ㉠ 당초 세금계산서 작성일자 : 6월 30일, 비고 : 7월 20일(기재사항 착오정정) 공급가액 (−)10,000,000, 세액(−)1,000,000 ㉡ 수정 세금계산서 작성일자 : 6월 30일, 비고 : 7월 20일(기재사항 착오정정) 공급가액 10,000,000, 세액 1,000,000 발급기한 : 착오외사실을 인식한 날 수정신고 여부 : 하지 않음. 단, 2022.2.15. 이후 재화 또는 용역을 공급하는 경우로서 확정신고기한 다음날부터 1년 이내에 수정세금계산서가 발급되는 경우라면 수정신고를 해야 함.
⑦ 착오로 전자세금계산서를 이중으로 발급한 경우	당초에 발급한 세금계산서의 내용대로 음(陰)의 표시를 하여 발급함. 당초 세금계산서를 취소함 작성일자 : 6월 30일, 비고 : 7월 20일(착오에 의한 이중발급 등) 공급가액 (−)10,000,000, 세액(−)1,000,000 발급기한 : 착오사실을 인식한 날 수정신고 여부 : 하지 않음. 단, 수정사유가 7.25. 이후 발생한 경우 수정신고하거나 경정청구를 함.
⑧ 면세 등 발급대상이 아닌 거래 등에 대하여 발급한 경우	처음에 발급한 세금계산서의 내용대로 붉은색 글씨로 쓰거나 음(陰)의 표시를 하여 발급함. 다만, 과세표준 또는 세액을 경정할 것을 미리 알고 있는 경우는 제외함. 당초 세금계산서를 취소함 작성일자 : 6월 30일, 비고 : 7월 20일(착오에 의한 이중발급 등) 공급가액 (−)10,000,000, 세액(−)1,000,000

수정사유	수정절차
⑧ 면세 등 발급대상이 아닌 거래 등에 대하여 발급한 경우	발급기한 : 착오사실을 인식한 날 수정신고 여부 : 하지 않음. 단, 수정사유가 7.25. 이후 발생한 경우 수정신고하거나 경정청구를 함.
⑨ 세율을 잘못 적용하여 발급한 경우(영세율↔10%)	처음에 발급한 세금계산서의 내용대로 세금계산서를 붉은색 글씨로 쓰거나 음(陰)의 표시를 하여 발급하고, 수정하여 발급하는 세금계산서는 검은색 글씨로 작성하여 발급함. 당초부터 영세율이 가능했었던 경우 ㉠ 당초 세금계산서 작성일자 : 6월 30일 비고 : 7월 20일(기재사항 착오정정 등) 공급가액 (−)10,000,000, 세액(−)1,000,000 ㉡ 수정 세금계산서 작성일자 : 6월 30일 비고 : 7월 20일(기재사항 착오정정 등) 공급가액 10,000,000, 세액 1,000,000 발급기한 : 착오사실을 인식한 날 수정신고 여부 : 하지 않음
⑩ 일반과세자에서 간이과세자로 과세유형이 전환된 후 과세유형전환 전에 공급한 재화 또는 용역에 대하여 ①부터 ③의 사유가 발생한 경우	처음에 발급한 세금계산서 작성일을 수정세금계산서 또는 수정전자세금계산서의 작성일자로 적고, 비고란에 사유발생일을 덧붙여 적은 후 추가되는 금액은 검은색 글씨로 쓰고 차감되는 금액은 붉은색 글씨로 쓰거나 음(陰)의 표시를 하여 수정세금계산서나 수정전자세금계산서를 발급할 수 있음.
⑪ 간이과세자에서 일반과세자로 과세유형이 전환된 후 과세유형전환 전에 공급한 재화 또는 용역에 대하여 ①부터 ③의 사유가 발생한 경우	처음에 발급한 세금계산서 작성일을 수정세금계산서 또는 수정전자세금계산서의 작성일자로 적고, 비고란에 사유발생일을 덧붙여 적은 후 추가되는 금액은 검은색 글씨로 쓰고 차감되는 금액은 붉은색 글씨로 쓰거나 음(陰)의 표시를 하여 수정세금계산서나 수정전자세금계산서를 발급할 수 있음.

제2절 매입세액불공제 관련 가산세

1. 매입세액불공제와 가산세 사례

부가가치세법상 매입세액불공제 대상에 해당되면 부가가치세 수정신고시 신고불성실 가산세와 납부지연 가산세가 적용되므로 매입세액공제 여부는 부가가치세 신고시 항상 유념하여야 할 필수 확인사항이다.

매입세액공제 여부와 관련된 주요 사례를 관련 예규와 판례를 통해서 소개하면 다음과 같다.

사례리스트

1) 세무조사 과정에서 발견된 매입누락에 대해서 소급작성하여 세금계산서를 발급받은 경우 공제 여부와 가산세
2) 공급시기 이전에 세금계산서를 발급받은 경우 공제 여부와 가산세
3) 주식발행비용 및 유가증권 매매와 관련하여 발급받은 세금계산서의 매입세액 공제 여부와 가산세
4) 이익소각을 위하여 지급한 자문수수료의 매입세액공제 여부와 가산세
5) 창립기념일에 구입한 경품에 대한 매입세액공제 여부와 가산세

1) 세무조사 과정에서 발견된 매입누락에 대해서 소급작성하여 세금계산서를 발급받은 경우 공제 여부와 가산세

㈜민후는 2024.12.31.에 ㈜세무로부터 재화를 공급받았지만 세금계산서를 발급받지 않았다. 2025.8.31에 ㈜민후는 2024년 귀속분 법인세 신고와 관련된 사후검증시 매입누락이 발견되어 공급자인 ㈜세무에게 작성일자를 2024.12.31.로 하여 세금계산서를 소급작성하도록 요청하여 발급받았다. 이 경우 매입세액공제 여부는?

해답

㈜민후는 매입세액공제를 받을 수 있지만 지연수취 가산세(공급가액의 0.5%)를 부담해야 하는 것으로 판단된다.

해설

세금계산서를 공급시기에 발행하지 아니하고 동일 과세기간을 경과하여 소급하여 발행한 경우에는 세금계산서가 부실기재(작성연월일이 사실과 다른 경우)된 경우이므로 매입세액으로 공제하지 아니한다(서면3팀-1237, 2007.4.26.; 청주지방법원 2019구합 7343, 2020.5.14.).

다만, 2016.1.1.~2019.2.11.까지의 재화 또는 용역 공급분에 대한 세금계산서를 공급시기가 속하는 과세기간이 지난 후 확정신고기한까지 세금계산서를 발급받는 경우라면 매입세액공제를 받을 수 있지만, 이 경우 세금계산서 지연수취에 따른 가산세(공급가액의 0.5%, 2016.12.31.까지는 1%)를 부담하여야 하며, 2019.2.12.~2022.2.14.까지 재화 또는 용역을 공급받는 분은 재화 또는 용역의 공급시기가 속하는 과세기간에 대한 확정신고기한이 지난 후 세금계산서를 발급받았더라도 그 세금계산서의 발급일이 확정신고기한 다음날부터 6개월 이내이고 다음의 어느 하나에 해당하는 경우에는 매입세액공제가 가능한 것으로 세법이 개정(부가령 §75 7호)이 되었고, 이 경우에도 공급가액의 0.5%의 지연수취가산세는 적용된다.

① 과세표준수정신고서와 경정 청구서를 세금계산서와 함께 제출하는 경우
② 해당 거래사실이 확인되어 납세지 관할 세무서장, 납세지 관할 지방국세청장 또는 국세청장이 결정 또는 경정하는 경우

2022.2.15. 이후 공급받는 분의 공제여부 등의 내용은 위 2019.2.12.~2022.2.14.까지 공급받는 분의 내용과 동일하지만 세금계산서를 공급시기가 속하는 확정신고기한 다음날부터 1년 이내 발급받고 수정신고 등을 하는 경우 매입세액공제 가능하고 지연수취 가산세 0.5% 적용된다.

2) 공급시기 이전에 세금계산서를 발급받은 경우 공제 여부와 가산세

㈜세무는 2025.5.31.에 ㈜민후에게 세금계산서를 발급하였고 동 세금계산서의 공급시기는 2025.8.30.이다. ㈜세무와 ㈜민후는 당초 발급한 세금계산서대로 2025년 1기 확정부가가치세 신고를 하였지만 2025.10.에 과세당국의 확인절차에 따라 과세당국이 결정 또는 경정하는 경우의 매입세액공제 여부와 가산세는?

해답

(1) 공급자

㈜세무는 공급시기에 세금계산서를 발급하지 않았으므로 세금계산서 미발급가산세(공급

가액의 2%)를 적용한다.

(2) 공급받는자

㈜민후는 매입세액공제는 받을 수 있지만 세금계산서 관련 가산세(매입처별 세금계산서합계표 불성실가산세로 공급가액의 0.5%)가 적용된다.

해설

2022.2.15. 이후부터 재화 또는 용역의 공급시기 전에 세금계산서를 발급받았더라도 재화 또는 용역의 공급시기가 그 세금계산서의 발급일부터 6개월(2019.2.12.~2022.2.14.까지 공급분일 경우는 30일) 이내에 도래하고 해당 거래사실이 확인되어 납세지 관할 세무서장등이 결정 또는 경정하는 경우에 공급받는자는 매입세액공제를 받을 수 있다(부가령 §75 8호). 다만, 이 경우 매입처별세금계산서합계표불성실가산세(공급가액의 0.5%)는 적용한다(부가법 §60 ⑦ 1호, 부가령 §108 ⑤).

3) 주식발행비용 및 유가증권 매매와 관련하여 발급받은 세금계산서의 매입세액 공제 여부와 가산세

㈜민후는 2025.6.30.에 주식의 발행과 관련하여 ㈜법무로부터 관련 자문과 조언 그리고 주식발급과 관련된 업무처리 등의 용역을 제공받고 해당 수수료에 대한 세금계산서를 발급받았다. 이 경우 매입세액공제 여부는?

해답

매입세액공제 여부에 대한 이견이 있으나 ㈜민후의 해당 주식발행비용이 과세사업 확장 또는 설비 투자목적 등의 유상증자일 경우 매입세액 공제를 받을 수 있는 것으로 판단되나 법인세법상 손금으로 처리할 수 없다.

해설

(구)부가가치세 집행기준 39-0-1(2017년)에서는 '사업자가 주식의 발행과 관련하여 지급하는 인수수수료, 신주발행을 위하여 직접 지출하는 비용(법률비용, 주권인쇄비 등)은 신주발행비로서 관련 매입세액은 사업과 직접 관련이 없는 지출에 대한 매입세액이므로 매출세액에서 공제하지 아니한다'라고 되어 있었지만 2018년 부가가치세 집행기준에서는 관련 내

용이 삭제되었으며 최신 예규인 '유상증자 관련비용의 매입세액공제 여부(기준법령해석부가 2021-112, 2021.6.23.)'에 의하면 '부가가치세가 과세되는 사업을 영위하는 법인이 과세사업 확장 및 설비투자에 필요한 자금을 조달할 목적으로 유상증자를 하면서 외부업체로부터 법률자문 및 컨설팅자문용역을 공급받고 수수료를 지급한 경우로서 해당 자문용역이 자기의 과세사업과 직접 관련된 경우 수수료에 대한 매입세액은 매출세액에서 공제할 수 있는 것'이라고 소개되어 있으므로 공제가 가능한 것으로 판단된다.

다만, 과세사업을 영위하는 법인이 과세사업 확장 및 설비투자에 필요한 자금을 조달할 목적이라고 설명되고 있으므로 면세사업과 관련된 경우 또는 단순 증자에 해당되는 경우라면 매입세액공제가 불가할 것으로 판단되므로 관련 비용에 대한 부가가치세액이 큰 경우라면 공제 여부를 신중하게 판단하여야 할 것이다.

참고로 주식 발행과 관련된 법무사 비용 등은 회계상 주식할인발행차금으로 회계처리를 하여야 하는 것이고 자본의 환급에 해당하므로 법인세법상 손금으로 처리될 수 없음에 유의하여야 할 것이고 주식 인수와 관련하여 매입세액 공제가 가능한 판례[1])를 추가로 소개하면 다음과 같다.

> [제목] 청구법인이 주식 인수와 관련하여 부담한 쟁점매입세액이 공제대상 매입세액인지 여부 (조심 2022서6866, 2023.5.18.)
>
> [내용] 처분청은 쟁점매입세액이 과세사업과 관련이 없고, 유가증권의 취득을 위한 매입세액이므로 공제대상 매입세액에 해당하지 아니한다는 의견이나, 현행 부가가치세의 과세방법은 원칙적으로 사업자의 자기생산 부가가치에 대해서만 과세가 이루어지도록 하기 위하여 납부세액 산출방식에 있어 자기생산 부가가치와 매입 부가가치를 합한 금액을 공급가액으로 하고, 이에 대하여 징수할 매출세액에서 매입 부가가치에 대하여 지출된 매입세액을 공제하도록 하는 기본적 구조를 채택하고 있으며, 이러한 구조 하에서 부가가치세법 제38조 제1항은 매출세액에서 공제하는 매입세액에 관하여 제1호에서 '자기의 사업을 위하여 사용하였거나 사용할' 재화 또는 용역의 공급에 대한 세액에 해당하는 이상 그 전부를 공제하도록 규정함으로써 그 기준을 (과세)사업 관련성에 두는 한편, 부가가치세법 제39조 제1항 제4호 및 제7호에서 공제하지 아니하는 매입세액으로 '사업과 직접 관련이 없는 지출에 대한 매입세액'과 '면세사업등(면세사업 및 부가가치세가 과세

---

1) 해당 판례외 '주식취득 목적이 합병을 하기 위한 것이고 이와 관련 자문료가 매입세액공제가 가능함(조심 2013구4276, 2014.7.16.)', '사업지배를 위해 주식을 취득하는 것과 관련된 매입세액은 비록 주식매수와 관련된 것이라고 하더라도 과세사업 관련 매입세액에 해당하여 공제대상으로 보아야 함(대법 2017두52320, 2017.10.26.)', ' 제조업을 영위하는 과세사업자의 사업 활동 영역에는 제조 · 판매활동 뿐만 아니라 사업 활동을 위한 자금조달이나 자본거래 등도 포괄적으로 포함된다고 보는 것이 경험칙에 비추어 타당하다 할 것이어서 청구법인들이 사업 활동에 투입할 자금조달의 효율성을 위해 KPX홀딩스로부터 공급받은 쟁점자금운용대행용역은 사업 관련성이 있다고 보는 것이 타당하다 할 것(조심 2023부6793, 2024.7.25.)이란 판례도 있음을 참고하길 바란다.

되지 아니하는 재화 또는 용역을 공급하는 사업)에 관련된 매입세액(면세사업등을 위한 투자에 관련된 매입세액을 포함한다)'을 들고 있는데, 이는 부가가치세의 원리상 당연히 매출세액에서 공제될 수 없는 경우를 규정하고 있는 것(대법원 1995.12.21. 선고 94누1449 전원합의체 판결 등 참조)인바, 과세사업과 관련성이 없는 지출에 대한 매입세액은 부가가치세법 제39조 제1항에 의하여 매출세액에서 공제될 수 없는 것이나, 여기에서 말하는 과세사업 관련성의 유무는 지출의 목적과 경위, 사업의 내용 등에 비추어 그 지출이 과세사업의 수행에 필요한 것이었는지를 살펴 개별적으로 판단하여야 하는 점(대법원 2013.5.9. 선고 2010두15902 판결), CCC는 2018.2.20.자 주요사항보고서를 통해 OOO 제조업으로의 사업확장 및 기존 사업과의 시너지 창출을 목적으로 쟁점주식을 취득한다고 공시하였고, CCC의 자회사인 청구법인이 DDD의 주식 100%를 인수하여 경영권을 취득하였으며, DDD는 쟁점주식 매매 이후 CCC의 (손)자회사로서 과세사업인 OOO 제조업을 계속 영위한 점, 비록 쟁점수수료가 DDD의 주식인수와 관련하여 지출된 비용이고, 청구법인이 소액의 과세매출만을 신고하고 단기간에 DDD와의 합병으로 소멸하기는 하였으나, 존속법인인 DDD가 과세사업인 OOO 제조업을 영위하는 사실에서 DDD의 지분 취득을 위한 쟁점자문용역에 지출된 쟁점수수료가 궁극적으로는 과세사업인 OOO 제조업과 관련하여 지출되었다고 보는 것이 합리적인 점(조심 2018서1942, 2018.10.16., 같은 뜻임) 등에 비추어 처분청이 쟁점매입세액을 과세사업과 무관한 것(또는 부가가치세가 과세되지 아니하는 재화 또는 용역을 공급하는 사업에 관련된 것)으로 보아 경정청구를 거부한 이 건 처분은 잘못이 있는 것으로 판단됨.

4) 이익소각을 위하여 지급한 자문수수료의 매입세액공제 여부와 가산세

㈜민준은 2025.6.30.에 주식의 이익소각과 관련하여 ㈜법무에게 이익소각과 관련한 자문수수료를 제공받고 해당 수수료에 대한 세금계산서를 발급받았다. 이 경우 매입세액공제 여부는?

해답

㈜민준은 매입세액공제를 받을 수 없으며 법인세법상 손금으로도 처리할 수 없다.

해설

주식의 유상증자와는 달리 주식의 이익소각과 관련된 자문료는 사업과 직접 관련이 없는 지출에 해당되므로 매입세액공제가 불가하며 관련 판례를 소개하면 다음과 같다.

[제목] 이익소각을 하기 위하여 지급한 자문수수료를 사업과 관련 없는 지출로 보아 관련 매입세액을 불공제한 처분의 당부(조심 2013전176, 2013.5.2.)

[내용] 자문수수료 등이 사업과 직접 관련이 있는 지출에 해당되는지 여부는 자문용역의 결과에 따라 정해진다고 볼 수 있는데 이익소각은 주주에게 배당을 하는 대신 당해 법인이 주주로부터 자기 주식을 취득한 후 이를 소각하여 주주에게 법인의 이익을 간접적으로 분배하는 것인 점, 청구법인의 목적사업은 온라인 복권시스템 구축 및 운영 관련 사업으로서 유가증권의 중개등을 대행하는 투자증권주식회사에 이익 소각을 위하여 지급한 쟁점금액은 청구법인의 사업과 직접 관련이 있다고 보기 어려운 점 등을 종합하여 볼 때, 처분청이 쟁점금액을 청구법인의 사업과 직접 관련이 없는 지출에 해당된다고 보아 쟁점금액과 관련된 매입세액을 매출세액에서 불공제한 것은 달리 잘못이 없다고 판단됨.

저자주 〈이익소각 수수료의 손금인정 여부〉

주식의 유상증자와 동일하게 이익소각과 관련된 법무사 수수료 등의 비용은 법인세법 제19조에 따른 자본의 환급에 해당이 되므로 법인세법상 손금으로 처리할 수 없으니 업무처리에 유념하길 바란다.

관련 예규를 소개하면 다음과 같다.

① 이익소각 관련 자문용역수수료 등의 손금산입 여부

내국법인이 상법(2011.4.14. 법률 제10600호로 개정되기 전의 것) 제343조 단서에 따른 이익소각을 하면서 지출한 관련 자문용역 및 장외매수대행용역수수료는 각 사업연도 소득금액계산에 있어서 손금에 산입하지 아니하는 것임(법인-579, 2013.10.25.).

② 유상감자 관련비용이 기간손익인지 여부

유상감자 관련 발생 비용은 감자대가에서 조정하여 회계처리함이 타당하고 기간손익으로 볼 수 없으며 세무상 손금불산입되는 것임(서면2팀-448, 2005.3.23.)

실무Tip _ 사업과 직접 관련이 없는 지출에 대한 매입세액

사업과 직접 관련이 없는 지출에 대한 매입세액의 범위는 소득세법시행령 제78조, 법인세법시행령 제49조 제3항 · 제50조에 따른 업무무관비용과 법인세법시행령 제48조에 따른 공동경비의 손금불산입액을 말한다.

1. 소득세법상 업무무관 지출 비용(소령 §78)

① 사업자가 그 업무와 관련 없는 자산을 취득 · 관리함으로써 발생하는 취득비 · 유지비 · 수선비와 이와 관련되는 필요경비

② 사업자가 그 사업에 직접 사용하지 아니하고 타인(종업원을 제외한다)이 주로 사용하는 토지 · 건물 등의 유지비 · 수선비 · 사용료와 이와 관련되는 지출금

③ 사업자가 그 업무와 관련 없는 자산을 취득하기 위하여 차입한 금액에 대한 지급이자

④ 사업자가 사업과 관련 없이 지출한 기업업무추진비

⑤ 사업자가 공여한 형법에 따른 뇌물 또는 국제상거래에 있어서 외국공무원에 대한 뇌물방지법상 뇌물에 해당하는 금전과 금전 외의 자산 및 경제적 이익의 합계액

⑥ 사업자가 노동조합 및 노동관계조정법 제24조 제2항 및 제4항을 위반하여 지급하는 급여

⑦ 사업자가 업무와 관련 없는 자산을 취득하기 위한 자금의 차입에 관련되는 비용

2. 업무와 관련이 없는 자산의 범위(법령 §49 ③)
자산을 취득 · 관리함으로써 생기는 비용, 유지비, 수선비 및 이와 관련되는 비용

3. 법인세법상 업무무관 지출 비용(법령 §50)
① 해당 법인이 직접 사용하지 아니하고 다른 사람(주주등이 아닌 임원과 소액주주등인 임원 및 종업원은 제외한다)이 주로 사용하고 있는 장소 · 건축물 · 물건 등의 유지비 · 관리비 · 사용료와 이와 관련되는 지출금. 다만, 법인이 대 · 중소기업 상생협력 촉진에 관한 법률 제35조에 따른 사업을 중소기업(제조업을 영위하는 자에 한한다)에 이양하기 위하여 무상으로 해당 중소기업에 대여하는 생산설비와 관련된 지출금 등은 제외한다.
② 해당 법인의 주주등(소액주주등은 제외)이거나 출연자인 임원 또는 그 친족이 사용하고 있는 사택의 유지비 · 관리비 · 사용료와 이와 관련되는 지출금
③ 업무와 관련 없는 자산을 취득하기 위하여 지출한 자금의 차입과 관련되는 비용
④ 해당 법인이 공여한 형법 또는 국제상거래에 있어서 외국공무원에 대한 뇌물방지법에 따른 뇌물에 해당하는 금전 및 금전 외의 자산과 경제적 이익의 합계액
⑤ 노동조합 및 노동관계조정법 제24조 제2항 및 제4항을 위반하여 지급하는 급여

4. 공동경비의 손금불산입(법령 §48)
① 출자에 의하여 특정사업을 공동으로 영위하는 경우에는 출자총액 중 당해 법인이 출자한 금액의 비율
② '①' 외의 경우로서 해당 조직 · 자산 · 사업 등에 관련되는 모든 법인 등(비출자공동사업자라 함)이 지출하는 비용에 대하여는 다음에 따른 기준
㉠ 비출자공동사업자 사이에 제2조 제8항 각 호의 어느 하나의 관계가 있는 경우 : 직전 사업연도 또는 해당 사업연도의 매출액 총액과 총자산가액(한 공동사업자가 다른 공동사업자의 지분을 보유하고 있는 경우 그 주식의 장부가액은 제외) 총액 중 법인이 선택하는 금액(선택하지 아니한 경우에는 직전 사업연도의 매출액 총액을 선택한 것으로 보며, 선택한 사업연도부터 연속하여 5개 사업연도 동안 적용하여야 한다)에서 해당 법인의 매출액(총자산가액 총액을 선택한 경우에는 총자산가액을 말함)이 차지하는 비율. 다만, 공동행사비, 공동구매비, 자산의 공동경비 등 기획재정부령으로 정하는 손비에 대하여는 참석인원수, 구매금액, 해당 자산의 소유지분 · 사용횟수 등 기획재정부령으로 정하는 기준에 따를 수 있다.
㉡ '㉠' 외의 경우 : 비출자공동사업자 사이의 약정에 따른 분담비율. 다만, 해당 비율이 없는 경우에는 '㉠'의 비율에 따른다.

5) 창립기념일에 구입한 경품에 대한 매입세액공제 여부와 가산세

㈜민후는 2025.12.20. 창립기념일에 임직원에게 제공할 경품을 구입하고 세금계산서를 발급받았다. 경품의 가액은 각각 임직원 1명당 10만원인 경우 매입세액공제 여부는?

해답

㈜민후는 매입세액공제를 받을 수 있고 가산세는 적용되지 않는다.

해설

사용인에게 제공할 목적으로 창립기념일 등에 구입한 경품 등이 재화의 공급에 해당되는지의 여부에 대한 이견이 있었지만 2019.2.12.부터 설날과 추석 등 경조사(창립기념일과 생일 등 포함)와 관련해 사용인 1명당 연간 10만원 이하의 재화를 제공하는 경우 재화의 공급(개인적 공급 특례)으로 보지 않도록 세법이 개정되었고, 2020년 2기 과세기간부터는 경조사를 설날과 추석, 창립기념일 및 생일 등과 관련된 정기적 경조사와 그 외 비정기적인 경조사로 구분하여 각각에 대해 사용인 1명당 연간 10만원 이하의 재화를 제공하는 경우 재화의 공급으로 보지 않도록 세법이 개정되었으며 2024년 2기 과세기간부터는 경조사와 관련된 재화, 설날 · 추석과 관련된 재화 그리고 창립기념일 밍 생일 등과 관련된 재화로 구분하여 각각에 대해 사용인 1명단 연간 10만원 이하의 재화를 제공하는 경우 재화의 공급으로 보지 않도록 세법이 개정되었으므로 부가가치세 과세와 상관없이 매입세액공제가 가능한 것이다(부가령 §19의 2 3호, 부가가치세법시행령 부칙 제34993호 §2, 2024.11.12.). 관련 내용을 요약하면 다음과 같다.

<table>
<tr><th>적용시기</th><th>구 분</th><th>내 용</th></tr>
<tr><td>2019.1기
신고분부터</td><td>경조사(설날 · 추석, 창립기념일 및 생일 등을 포함) 관련된 재화</td><td>사용인 1명당
연간 10만원을
한도로 함</td></tr>
<tr><td>2020.2기
신고분분터</td><td>① 경조사와 관련된 재화
② 설날 · 추석, 창립기념일 및 생일 등과 관련된 재화</td><td rowspan="2">각 항목별로
각각 사용인 1명당
연간 10만원을
한도로 함</td></tr>
<tr><td>2024.2기
신고분부터</td><td>① 경조사와 관련된 재화
② 설날 · 추석과 관련된 재화
③ 창립기념일 및 생일 등과 관련된 재화</td></tr>
</table>

다만, 각각 사용인 1명당 연간 10만원을 한도로 하는 것이므로 10만원을 초과하는 경우 해당 초과액에 대해서는 매입세액공제는 가능하지만 재화의 공급으로 보아 부가가치세가 과세되는 것이다.

이와 관련된 예규를 소개하면 다음과 같고 추가적으로 사용인에게 창립기념일 등에 무상으로 제공하는 경품 등은 소득세법상 근로소득 과세가 원칙이란 점은 유의하여야 할 것이다.

① 개인적 공급에 해당된다는 예규

사업자가 민속절, 중추절, 회사 창립기념일 또는 사용인의 졸업일을 맞이하여 사용인에게 선물할 물품을 구입하는 경우 이에 대한 매입세액은 매출세액에서 공제하는 것이며, 구입한 동 재화를 자기의 사용인에게 무상으로 공급하는 경우에는 재화의 공급으로 본다(부가 22601-514, 1988.3.29.; 부가 46015-4813, 2000.12.20.).

② 노동조합이 조합원에게 증정한 선물은 개인적 공급에 해당되지 않는다는 판례

복리후생비는 임원 또는 사용인의 근로환경개선 및 사기진작과 근로의욕의 향상 등을 위하여 지출되는 노무비적 성격을 지닌 비용으로서 그것이 과도하지 않고 사회통념상 타당하다고 인정되는 범위 내의 것이면 업무와 관련이 있는 지출로서 법인세법상 손금으로 인정됨은 물론 부가가치세법상 그에 관한 매입세액은 매출세액에서 공제되는 항목으로 인정된다고 할 것이므로 노동조합이 조합원에게 증정한 명절선물은 복리후생비로서 개인적 공급에 해당한다고 보기 어려우므로 이를 매출세액에 가산하여서는 안 된다(서울고법 2015누43089, 2016.2.4.).

③ 종업원에게 명절에 지급하는 선물의 근로소득 여부

물품을 매입하여 종업원에게 명절선물로 지급하는 경우는 근로소득에 해당되며 근로소득에 대한 수입금액은 지급 당시의 시가에 의해 계산하는 것이며, 당해 시가에는 부가가치세 매출세액 상당액을 포함한다(원천-825, 2009.10.6.).

저자주 〈사용인 1명당 연간 10만원 한도의 의미에 대하여〉

2019.2.12. 세법개정시 사용인 1명당 연간 10만원 한도라는 의미가 불명확하였다. 예를 들면 사용인에게 각각 설날에 3만원, 추석날에 5만원 그리고 연말 창립기념일에 4만원에 해당하는 선물을 제공하는 연간 12만원으로 연간 10만원 한도를 초과하게 되는데 이 경우 과세당국은 연간 10만원을 초과하게 된 창립기념일의 4만원 전액을 개인적 공급으로 보아 부가가치세를 과세하였다.

반면 2020년 2기 과세기간부터 적용되는 세법개정사항은 개인적 공급으로 보지 않는 금액을 사용인 1명당 최대 20만원(정기적 경조사 10만원 한도+비정기적 경조사 10만원 한도)으로 확대하였고 각각의 경조사 금액이 10만원을 초과하는 경우 해당 초과액에 대해서만 재화의 공급으로 본다라는 규정을 명확히 하였다.

즉, 사용인에게 각각 설날에 3만원, 추석날에 5만원, 창립기념일에 4만원의 경품 등을 제공하는 경우라면 10만원을 초과한 2만원만 재화의 공급으로 본다라는 것이다.

2. 기업업무추진비 관련 매입세액불공제와 가산세 사례

사례리스트

1) 골프회원권을 구입한 경우의 매입세액공제 여부
2) 본사가 대리점에 제공한 공사비 지출액에 대한 매입세액공제 여부
3) 본사가 대리점에 진열장과 간판 등을 제공하고 해당 자산은 본사의 자산으로 계상한 경우의 매입세액공제 여부
4) 고객용 주차권을 구입한 경우의 매입세액공제 여부

1) 골프회원권을 구입한 경우의 매입세액공제 여부

㈜민후는 접대 목적으로 골프회원권을 구입하고 세금계산서를 발급받았다. 이 경우 매입세액공제 여부는?

해답

㈜민후가 접대 목적으로 구입한 경우라면 매입세액공제가 불가능하지만, 매매목적 또는 복리후생 목적으로 구입한 경우라면 매입세액공제가 가능하다.

참고로 복리후생 목적으로 구입한 경우라 하더라도 임원만 이용하는 골프회원권이라면 매입세액공제가 불가능하다.

해설

골프회원권과 콘도회원권 등의 매입세액공제 여부는 취득목적에 따라서 공제 여부가 달라지므로 사실관계가 중요하다. 관련 예규를 소개하면 다음과 같다.

① 매매목적으로 취득한 골프회원권은 매입세액공제가 가능함

청구법인은 부동산 등 투자업을 목적으로 설립된 법인인 점, 청구법인은 프로골프선수에게 후원금을 지급하는 등 골프사업에 대한 투자를 한 점, 이사회 회의록에 투자목적으로 취득하는 것으로 기재되어 있고 결산서에 재고재산으로 계상되어 있는 점, 쟁점골프회원권은 청구법인이 보유한 기간 중에 한 번도 사용한 적이 없는 것으로 나타나고 대표자 개인은 별도의 회원권을 소유하고 있는 점 등으로 보아 쟁점골프회원권은 투자를 목적으로 취득한 자산으로서 사업과 관련이 있어 해당 매입세액을 매출세액에서 공제하는 것이 타당한 것으

로 보이므로 처분청이 매입세액을 불공제하여 경정청구를 거부한 처분은 취소하여야 할 것으로 판단된다(조심 2011서3805, 2012.2.10.).

② 복리후생목적으로 취득한 골프회원권과 콘도회원권은 매입세액공제가 가능함

사업자가 골프회원권을 취득한 경우, 그 회원권의 사용실태 등을 고려하여 사업상 종업원의 복리후생을 목적으로 취득한 때에는 매입세액공제가 가능한 것이나, 거래처 등을 접대하기 위하여 취득한 경우에는 사업과 직접 관련이 없는 지출에 대한 매입세액으로 보아 공제되지 아니한다(부가-1624, 2011.11.26.).

사업자가 종업원의 복리후생을 목적으로 콘도회원권을 취득하여 부가가치세 과세사업에 사용한 경우 이와 관련된 매입세액은 매출세액에서 공제받을 수 있으나, 이 경우 콘도회원권을 사업과 관련하여 직접 사용하는지 여부는 자신의 구입목적과 실제 이용상태에 따라 소관 세무서장이 사실을 조사하여 판단할 사항이다(부가 22601-1190, 1991.9.10.).

③ 임원사용목적 회원권 취득분은 매입세액공제를 받을 수 없음

해당회원권이 사업에 직접 사용되는 사업용자산에 해당하지 않는 경우와 해당 회원권을 사용하여 거래처 등에 접대를 하는 경우의 지출과 관련한 부가가치세는 매입세액공제대상에 해당하지 않는 것인 바, 청구법인이 당초 쟁점골프회원권을 임직원의 복리후생 목적으로 취득하였다 하더라도 동 골프회원권의 이용실태를 조회한 결과, 접대목적으로 사용하고 있는 것으로 보아 동 매입세액을 불공제하여 과세한 처분은 잘못이 없다고 판단된다(조심 2008서3811, 2009.4.20.).

2) 본사가 대리점에 제공한 공사비 지출액에 대한 매입세액공제 여부

㈜민후는 ㈜민후의 대리점에게 기업이미지 등의 제고를 위하여 실내시설 인테리어 공사를 해주고 이와 관련된 세금계산서를 발급받았다. 이 경우 매입세액공제 여부는?

해답

㈜민후의 공사비가 광고선전비 성격의 공사비였다면 매입세액공제가 가능하다.

해설

실내시설 공사비는 대리점 간의 디자인의 통일화와 타사 제품과의 차별화를 통하여 원고회사 제품에 대하여 독자적인 이미지를 구축하여 궁극적으로는 잠재적 고객의 구매의욕을

촉진시킬 목적으로 각각의 대리점주에게 지원된 광고선전비로 봄이 상당하므로 매입세액을 공제한다(대법원 2005두8368, 2007.2.8.).

3) 본사가 대리점에 진열장과 간판 등을 제공하고 해당 자산은 본사의 자산으로 계상한 경우의 매입세액공제 여부

㈜민후는 대리점에게 진열장과 간판 등을 제공하여 사업을 영위하게 하고 있다. 해당 진열장과 간판 등을 ㈜민후의 자산으로 소유하고 있는 경우 진열장과 간판 등을 구입하고 받은 세금계산서의 매입세액공제 여부는?

해답

㈜민후는 매입세액공제가 가능하다.

해설

사업자가 자기의 제품을 판매하기 위하여 자기 회사의 상호등이 새겨진 진열장을 구입한 후, 그 구입한 진열장의 소유권은 가지고 있으면서 동 진열장을 거래처와 사전약정에 의하여 거래처의 영업장에 설치하여 사용하게 하는 경우, 동 진열장 구입과 관련된 매입세액은 사업자의 매출세액에서 공제가능하다(부가 46015-2776, 1998.12.17.).

4) 고객용 주차권을 구입한 경우의 매입세액공제 여부

㈜민후는 고객 방문을 대비하여 관리사무소로부터 30분용 주차권을 구입하고 관련 세금계산서를 발급받았다. 이 경우 매입세액공제 여부는?

해답

㈜민후는 매입세액공제가 가능하다.

해설

사업자가 자기의 고객을 위하여 임차하여 사용하는 주차장의 임차료에 관련된 매입세액은 광고선전비 성격으로 규정되므로 매출세액에서 공제되며, 다만 사업자가 회사업무용으로 사용하는 비영업용 소형승용자동차를 주차하는 주차장임차료에 관련된 매입세액은 매출세액에서 공제하지 아니한다(부가 46015-2193, 1993.9.9.).

3. 개별소비세 과세대상 차량 관련 매입세액공제 사례

사례리스트

1) 고객용 승용차를 수리하고 발급받은 세금계산서의 매입세액공제 여부
2) 자동차정비업에서 고객에서 정비기간 동안 제공한 자동차와 관련된 세금계산서의 매입세액 공제 여부
3) 사업자가 아닌 배우자와 공동으로 구매한 차량의 매입세액공제 여부
4) 고가의 오토바이를 구입한 경우의 매입세액공제 여부

1) 고객용 승용차를 수리하고 발급받은 세금계산서의 매입세액공제 여부

㈜민후는 주차장 관리가 소홀해서 발생한 고객용 승용차의 수리비를 대신 결제하고 세금계산서를 발급받았다. 이 경우 매입세액공제 여부는?

해답

㈜민후는 매입세액공제가 가능하다.

해설

음식점을 영위하는 사업자가 음식점 이용 고객의 주차를 대행하는 과정에서 당해 차량을 망실하여 당해 사업자의 책임과 계산하에 수리하여 주고 세금계산서를 받은 경우 당해 세금계산서의 매입세액은 매출세액에서 공제받을 수 있다(부가 46015-3861, 2000.11.28.).

2) 자동차정비업에서 고객에서 정비기간 동안 제공한 자동차와 관련된 세금계산서의 매입세액공제 여부

㈜진성공업은 자동차정비업을 주업으로 하는 사업자로 고객의 정비기간이 장기간 소비될 것으로 예상되어 고객에게 정비기간 동안 제공할 승용차(2,000cc)를 구입하고 세금계산서를 발급받았다. 이 경우 매입세액공제 여부는?

해답

㈜진성공업은 매입세액공제가 불가능하다.

해설

위 사례의 차량구입은 기업업무추진비 성격으로 볼 수 있는 것이므로 매입세액공제가 불가능하다.

자동차정비업을 주업으로 하는 사업자가 정비고객의 차량수리기간동안 대차용으로 사용할 배기량 2,000cc 정도의 자동차를 구입하는 경우, 차량 구입과 관련된 매입세액은 매출세액에서 공제하지 아니한다(법규부가 2014-480, 2014.10.22.).

그러나 자동차 제조 · 판매 및 정비업자가 고객에게 수리기간 동안 대체사용할 자동차를 직접 생산하여 대여하는 경우는 매입세액공제가 가능하다(서면 3팀-1156, 2008.6.10.).

3) 사업자가 아닌 배우자와 공동으로 구매한 차량의 매입세액공제 여부

민후상사는 개인사업자로서 업무용 차량으로 9인승 승합차를 구입하였다. 승합차의 명의는 전업주부인 배우자와 공동으로 구입한 것으로 관련 세금계산서와 자동차 등록도 공동으로 하였을 경우 매입세액공제 여부는?

해답

민후상사는 공제가능한 차량을 구입하였음에도 매입세액공제를 받을 수 없다.

해설

부가가치세법상 매입세액공제 대상인 차량운반구를 사업자와 비사업자가 공동으로 매입하면서 사업자의 등록번호와 성명 및 비고란에 비사업자의 인적사항이 기재된 매입세금계산서를 수취하고 자동차등록원부에 비사업자의 명의로 등록한 경우 동 매입세금계산서의 매입세액은 사업자의 매출세액에서 공제할 수 없다(서삼 46015-11542, 2003.10.1.).

4) 고가의 오토바이를 구입한 경우의 매입세액공제 여부

도소매업을 영위하는 ㈜위례유통은 상품을 운반하기 위한 오토바이(배기량 999cc, 구입가격 1,000만원)를 구입하고 부가세 신고시 매입세액공제를 받았다. 매입세액공제 여부는?

해답

㈜위례유통은 배기량 125cc 초과인 이륜차량을 구입한 것이므로 매입세액공제를 받을 수 없다.

해설

고가 오토바이는 개별소비세 과세대상(배기량 125cc 초과) 이륜차량이므로 법인이 운수업 등 이와 유사한 업종에서 직접 영업용으로 사용하는 경우에만 공제 가능한 것이므로 매입세액공제 여부를 받을 수 없다(2024.4월 국세청 보도자료, 참고).

저자주 〈업무무관 고가의 오토바이와 요트 구입등에 대한 매입세액공제 여부〉

국세청은 각종 세금신고 전 국세청 홈페이지의 보도자료(국세청 홈페이지→알림 · 소식→보도자료)를 통해서 신고관련 정보뿐만 아니라 세금추징 사례도 함께 소개하고 있다. 위 사례의 경우 법인 사업자가 운수업 등과 관련 없는 사업을 영위하고 있음에도 매입세액공제 대상으로 잘못 신고한 혐의가 있어 조사 분석대상자로 선정하였고 이륜자동차 취득관련 각종 서류와 업무관련성 여부를 확인하여 세액을 추징한 사례이므로 캠핑용 자동차(캠핑용 트레일러 포함)와 고가의 요트 등을 구입하는 경우에도 업무관련성 여부 등을 우선적으로 잘 확인하여 세금신고를 하여야 함에 유의하여야 한다.

4. 토지 관련 비용 등의 매입세액불공제와 가산세 사례

사례리스트

1) 환급신고 후 과세당국의 경정조사시 환급신고한 세액이 부인되는 경우의 가산세
2) 조경공사 비용에 대한 매입세액공제 여부와 가산세
3) 기존 건축물 철거시 해당 건축물 취득 및 철거비용과 관련된 매입세액공제 여부
4) 건물과 토지 취득시 부동산 중개수수료의 매입세액공제 여부와 가산세
5) 부동산임대업의 포괄 양도를 위해 지급한 중개수수료의 매입세액공제 여부

1) 환급신고 후 과세당국의 경정조사시 환급신고한 세액이 부인되는 경우의 가산세

㈜세무는 과세사업과 면세사업을 겸업하는 사업자로 2023년 2기 부가가치세 확정신고시 공통매입세액에 대한 안분계산을 하여 매입세액공제를 적용하였고 환급세액이 발생하여 환급신청을 하였다.

환급과 관련된 세무조사시 매입세액 안분계산이 착오로 잘못 계산되어 환급세액이 전액 부인된 경우의 가산세는?

해답

㈜세무는 매입처별 세금계산서합계표 불성실 가산세와 납부지연 가산세를 부담하여야 한다.

해설

사업자가 매입세액 안분계산 등의 착오로 인하여 부가가치세 예정 또는 확정신고시 환급세액이 발생하였으나 과세관청의 경정조사시 환급신고한 세액이 전액부인되어 실제환급세액이 "0"이 되는 경우에도 매입처별 세금계산서합계표 불성실 가산세를 적용하는 것이고(부가46015-325, 1998.2.24.), 실제 환급은 발생되지 않았으므로 초과환급 가산세는 적용하지 않지만 신고불성실 가산세는 적용된다(서면3팀-344, 2004.2.26.).

실무Tip 여러 개의 사업장이 있는 경우의 공통매입세액의 안분계산

실무상 여러 개의 사업장이 있는 경우임에도 불구하고 공통매입세액의 안분계산을 본사의 공급가액비율로 계산하는 사례가 빈번한 것으로 판단된다.
사업장이 여러 개 있는 사업자의 경우 공통매입세액의 안분계산은 사업장 단위(건설업은 건설현장단위)로 하되 각 사업장에 공통으로 사용되는 매입세액(본사 사업장의 임차료 등)은 각 사업장의 공급가액의 합계액으로 안분계산하여야 함에 유의한다(부가 46015-1007, 1997.5.8.).

2) 조경공사 비용에 대한 매입세액공제 여부와 가산세

㈜민후는 본사 사옥의 조경공사를 위하여 ㈜조경하고 2025.4.30.에 거래계약을 맺고 공사완료일인 2025.6.30.에 세금계산서를 발급받았다. 이 경우 매입세액공제 여부는?

해답

㈜민후는 조경공사 용역비에 대한 매입세액공제가 가능하다.

해설

부가가치세 과세사업을 영위하기 위하여 공장 또는 건물을 신축하면서 당해 건축물 주변에 조경공사를 하여 정원을 만든 경우 당해 조경공사에 관련된 매입세액은 토지 관련 매입세

액에 해당하지 않으므로 공제가능하다(부가 46015-1855, 2000.7.29.).

또한 과세사업을 영위하는 사업자가 사업장 및 사택에 조경공사를 완료한 후 기존 식재된 수목과 잔디에 대한 조경 유지 및 관리용역과 관련된 매입세액도 토지관련 매입세액에 해당하지 아니하므로 매입세액공제가 가능하다(부가 1063, 2010.8.13.).

3) 기존 건축물 철거시 해당 건축물 취득 및 철거비용과 관련된 매입세액공제 여부

㈜민후는 사업확장을 위한 본사 신축을 위하여 2024.6.30.에 건물과 토지를 취득하였다. ㈜민후는 건물을 망실하고 새로운 건물을 신축할 예정이었지만 사업여건상 일단 해당 건물을 부동산 임대업에 이용하다가 2025.6.30.에 기존 건축물을 철거하고 관련 철거비용에 대한 세금계산서를 발급받았다. 이 경우 매입세액공제 여부는?

해답

㈜민후는 철거비용에 대한 세금계산서에 대해서 매입세액공제가 가능하다.

해설

사업자가 건축물이 있는 토지를 취득하여 해당 건축물을 부동산 임대업에 사용하다가 철거한 경우로서 철거한 건축물의 취득 및 철거비용과 관련된 매입세액은 토지의 조성 등을 위한 자본적 지출에 관련된 매입세액에 해당하지 아니하는 것이므로 매입세액공제가 가능하다(기획재정부 부가-371, 2017.7.24.; 서면법규부가 2021-5277, 2022.5.23.).

반면 과세사업에 사용하기 위한 건축물을 신축하기 위하여 건축물이 있는 토지를 취득한 후 기존 건축물을 철거하는 경우 기존 건축물의 철거비용에 관련된 매입세액은 토지에 관련된 매입세액에 해당하는 것이므로 매입세액공제가 불가능하다(서면부가 2018-987, 2020.10.30.).

저자주 〈건물 철거 비용 관련 매입세액 불공제〉

위 사례의 경우 건축물이 있는 토지를 취득한 후 해당 건물을 사업용으로 이용하다가 철거하는 경우의 건물 철거비용은 건물처분에 따른 유형자산처분손익으로 처리하는 것이고 토지 관련 자본적 지출이 아니므로 매입세액공제가 가능하지만 건축물이 있는 토지를 취득한 후 바로 건물을 철거하는 경우의 건물 철거비용은 토지 관련 자본적 지출에 해당하는 것이므로 매입세액공제가 불가능한 것이다.

이에 건물 철거 비용에 대한 매입세액 공제를 적용받기 위해서는 해당 철거대상 건물이 사업용자산으로 재무제표에 반영되어 있고 계속적으로 사업용으로 이용하다가 철거하는 것이라는 객관적 증빙 등이 필요할 것으로 판단된다.

4) 건물과 토지 취득시 부동산 중개수수료의 매입세액공제 여부와 가산세

㈜민준은 과세사업자이고 2025.6.30.에 과세사업을 위한 창고용 건물과 토지를 취득하면서 ㈜부동산에게 중개수수료를 지급하고 세금계산서를 발급받았다. 이 경우 매입세액공제 여부는?

해답

㈜민준은 건물에 해당하는 부동산 중개수수료에 대해서는 매입세액 공제가 가능하지만 토지관련 부동산 중개수수료에 대해서는 매입세액 공제가 불가능하다.

해설

토지 및 건물 취득 시 사업자가 지급한 부대비용의 매입세액 중 부동산 중개수수료 등 토지 취득에 관련된 매입세액은 공제되지 아니하는 것이며, 토지 관련 매입세액이 명확히 구분되지 않는 경우에는 공통매입세액으로서 안분계산한다(부가 2552-2008.8.13.).

저자주 〈토지 관련 부동산중개수수료의 매입세액 불공제〉
위 사례의 안분은 건물과 토지 취득가액 비율로 안분하는 것이며 부가가치세 신고시 '공제받지 못할 매입세액명세서의 안분내역'이 첨부되어야 하고 건물 매입세액공제로 인한 환급세액이 발생하는 경우 과세당국으로부터 안분관련 사후소명이 반드시 발생되므로 실제 업무처리시 주의하여야 할 것이다.

실무Tip _ 부동산 수수료의 매입세액공제 여부 추가정리와 토지 관련 매입세액 범위

1. 부동산을 양도하면서 지출한 수수료의 매입세액공제 여부

부동산 취득시 발생한 부동산 중개수수료는 과세분과 면세분으로 안분을 하지만 부동산을 양도하면서 발생한 부동산 중개수수료와 자문용역 등 관련 매입세액은 공급자의 매출세액에서 전액 공제가 가능하다(기획재정부부가-10, 2022.1.7.; 기준법규부가 2021-154, 2022.1.12.). 관련 내용을 정리하면 다음과 같다.

구 분	중개수수료의 매입세액공제 여부
양도자 부담 중개수수료	양도자의 매출세액에서 전액 공제 가능
양수자 부담 중개수수료	양수자의 매출세액에서 과세분인 건물관련 중개수수료는 매입세액공제 가능 면세분인 토지관련 중개수수료는 매입세액공제 불가

2. 토지 관련 매입세액의 범위(부가집행 39-80-1)

(1) 자기의 매출세액에서 공제되지 아니하는 토지 관련 매입세액을 예시하면 다음과 같다.

① 건축물이 있는 토지를 취득하여 그 건축물을 철거하고 토지만을 사용하는 경우에는 철거한 건축물의 취득 및 철거비용에 관련된 매입세액

② 토지의 취득을 위한 직접적인 비용으로 발생한 매출주선 수수료 등 토지의 취득에 소요된 것이 명백한 대출금 관련 매입세액

③ 사업자가 금융자문용역을 공급받고 발급받은 세금계산서상의 매입세액 중 토지의 취득과 관련된 매입세액

④ 공장건물 신축을 위하여 임야에 대지조성공사를 하는 경우 해당 공사비용 관련 매입세액

⑤ 토지의 조성과 건물 · 구축물 등의 건설공사에 공통으로 관련되어 그 실지귀속을 구분할 수 없는 매입세액 중 총공사비(공통비용 제외)에 대한 토지의 조성 관련 공사비용의 비율에 따라 계산한 매입세액

⑥ 토지의 취득을 위하여 지급한 중개수수료, 감정평가비, 컨설팅비, 명의이전비용에 관련된 매입세액

⑦ 과세사업을 하기 위한 사업계획 승인 또는 인 · 허가 조건으로 사업장 인근에 진입도로를 건설하여 지방자치단체에 무상으로 귀속시킨 경우 진입도로 건설비용 관련 매입세액

(2) 토지 관련 매입세액으로 보지 않는 매입세액은 다음과 같다.

① 공장 또는 건물을 신축하면서 건축물 주변에 조경공사를 하여 정원을 만든 경우 해당 공사 관련 매입세액

② 과세사업에 사용하기 위한 지하건물을 신축하기 위하여 지하실 터파기에 사용된 중기사용료, 버팀목 및 버팀 철근 등에 관련된 매입세액

③ 토지와 구분되는 감가상각자산인 구축물(옹벽, 석축, 하수도, 맨홀 등) 공사 관련 매입세액

④ 공장 구내의 토지 위에 콘크리트 포장공사를 하는 경우 해당 공사 관련 매입세액

⑤ 과세사업에 사용하여 오던 자기 소유의 노후 건물을 철거하고 신축하는 경우 해당 철거비용과 관련된 매입세액

5) 부동산임대업의 포괄 양도를 위해 지급한 중개수수료의 매입세액공제 여부

㈜민준은 2025.6.30.에 부동산임대업을 ㈜소민에게 포괄 양도하였고 이와 관련된 부동산 중개수수료를 ㈜부동산에게 지급하고 세금계산서를 발급받았다. 이 경우 매입세액공제 여부는?

해답

㈜민준은 포괄 양도하면서 지급한 부동산 중개수수료에 대해서 매입세액공제가 가능하다.

해설

부가가치세 과세대상인 부동산 임대업을 영위하던 사업자가 임대사업을 포괄 양도하면서 부담한 중개수수료 관련 매입세액은 매출세액에서 공제된다(기획재정부부가-10, 2022.1.7.).

저자주 〈부동산 임대업의 포괄 양도를 위해 지급한 중개수수료 공제 관련 history〉

부동산 임대업의 포괄 양도는 부가가치세 과세대상 거래가 아니므로 종전 예규(서면 3팀-2950, 2007.10.30.)에 의하면 '부가가치세가 면제되는 재화 또는 용역을 공급하는 사업에 관련된 매입세액 등은 매출세액에서 공제하지 아니한다'라고 해석하여 왔으나 2022.1.7.에 기획재정부의 해석 변경에 의하여 '전액 공제가능함'으로 변경되었고 종전 예규는 2022년 3월에 삭제되었다.

결론적으로 부동산 임대업을 영위하던 사업자가 동 부동산을 양도하면서 부담한 부동산 중개수수료 및 부동산 컨설팅 비용은 포괄양도 여부와 상관없이 무조건 매입세액공제가 가능한 것이다.

실무Tip _ 국세청 부가가치세 보도자료 중 추징사례 소개

국세청 홈페이지 → 알림 · 소식에 있는 부가가치세 보도자료 중 2024년 1기 예정신고부터 다음과 같이 불성실 신고자에 대한 신고검증 안내를 하고 있어서 소개하는 바이다.

과세당국은 신고검증 불성실 신고자에 대해 신고내용확인을 실시하고 있으며 부당한 환급신청에 대해서도 검증을 강화하고 있고 특히 탈루혐의가 큰 불성실 신고자는 조사대상자로 선정하여 철저히 검증할 예정이라고 안내하고 있으니 실제 업무처리시 부당하게 매입세액공제를 받지 않도록 유의하길 바란다.

1. 2024년 1기 예정신고 신고내용 확인 및 부당환급 추징 주요 사례

(1) 사업과 관련 없는 고가 오토바이를 구입하고 관련 매입세액을 부당하게 공제받은 사례

○ 도 · 소매업을 영위하는 법인 A는 외제 고가 오토바이를 매입하고, 관련 부가가치세를 사업 관련 매입세액으로 보아 공제 신고함

- 고가 오토바이는 개별소비세 과세대상*(배기량 125cc 초과) 이륜차량이므로 법인이 운수업 등 이와 유사한 업종에서 직접 영업용으로 사용하는 경우에만 공제 가능하나,

- 법인 A는 운수업 등과 관련 없는 사업을 영위하고 있음에도 공제 대상으로 잘못 신고한 혐의가 있어 분석대상자로 선정함

○ 부가가치세 신고서, 전자세금계산서 수취내역, 이륜차등록증, 거래 계약서 등을 종합적으로 분석한 결과,

- 개별소비세 과세대상인 고가 오토바이를 취득하였고, 운수업 등과 관련 없는 사업을 영위하고 있음이 확인되어 법인 A에게 과다 공제 매입세액 00백만원 추징

(2) 면세 사업에 사용한 건물 분 부가가치세 매입세액을 부당하게 공제받은 사례

○ 부동산임대업으로 사업자등록을 신청한 B법인은 농촌에 건물을 신축하고, 시설투자로 부가세 환급을 신고함

- 환급 신고 시 첨부된 매입세금계산서상 품목이 '한옥건축대금'으로 되어 있어 공사 관련 계약서 등 요청하였으나 제출하지 않아 실제 건물 공사 여부를 확인함

○ B법인은 해당 한옥을 농어촌 민박을 목적으로 건축하였다고 주장하나, 관련 법령(농어촌정비법 제86조)에서 정하고 있는 농어촌 민박 사업자 요건을 충족하지 못하여 민박업을 할 수 없는 사업자임
- 현지확인 결과 주택임대(면세)에 사용하는 것으로 확인되어 건물의 매입세액 불공제하고 부가세 000백만원 추징

⑶ 인테리어 공사업을 영위하는 사업자의 현금 결제 매출을 누락한 사례

⑷ 대표이사 개인적 사용 목적의 골프회원권을 법인 명의로 취득하고 부가가치세 매입세액을 부당하게 공제받은 사례

2. 2024년 1기 확정신고 신고내용 확인 및 부당환급 추징 주요 사례

⑴ 주식투자를 주업으로 하는 법인이 투자 자문용역을 부당하게 공제받은 사례
○ 법인 A는 주식 투자를 주업으로 하는 면세사업자로 면세사업 등에 관련된 매입세액은 매출세액에서 공제하지 아니하는 것임
○ 법인 A는 부가가치세 과세 매출은 0원으로 신고하면서 주식투자 관련 투자 자문용역을 매입 세금계산서로 수취하여 00백만원 환급 신고
○ 이에 면세 관련 매입세액을 부당하게 환급받은 혐의가 있어 신고내용확인 대상으로 선정하여 부가가치세 00백만원 추징함.

⑵ 상가 분양권 취득 계약 후 고액을 환급받고 계약을 해제한 후 부가가치세를 추가 납부하지 아니한 사례
○ 부동산 임대업자 A는 상가분양권을 취득하고 임대 사업과 관련된 매입세액으로 부가가치세 00백만원 환급 신고
○ 분양권을 취득하여 환급받은 후, 시행사에서 계약해제를 사유로 (-)수정세금계산서를 발급받았음에도 부가가치세를 신고 · 납부하지 아니하여 신고내용확인 대상으로 선정하여 부가세 00백만원 추징함.

⑶ 타인 명의의 현금영수증을 수수료를 주고 매입하여 부당하게 매입세액을 공제받은 사례(부당공제)
○ 무역업을 영위하는 법인 A는 세금을 탈루하기 위해 타인 명의의 현금영수증 금액을 포함하여 부가가치세 00백만원을 적게 신고
○ 매출 대비 매입(현금영수증) 비율이 과다하여 실거래 여부를 확인하기 위해 분석 대상자로 검증한 결과,
- 실제 소비자에게 사전에 수수료를 지급하고 현금영수증을 구입한 내역이 확인되어 부가가치세 00백만원 추징

⑷ 사업과 관련 없는 사업주의 고급별장 공사비용을 매입세액으로 공제하여 환급받은 사례(부당환급)
○ 의류 도 · 소매업을 영위하는 사업자 B는 사업장 증축 관련 공사 비용으로 00백만원 환급 신청하였으나,
- 공사 현장이 풍광이 수려하며 사업과 관련 없는 사업주의 고급별장 신축공사를 진행한 사실이 확인되어 업무무관 공사비용으로 매입세액을 부인 후 부가가치세 00백만원 추징

3. 2024년 2기 예정신고 신고내용 확인 및 부당환급 추징 주요 사례

(1) 유흥주점을 영위하는 사업자가 의제매입세액을 과다하게 공제받은 사례

○ 유흥주점 사업자(법인)가 부가가치세가 면세되는 농수산물을 매입하여 과세대상인 음식을 제공하고 의제매입세액으로 공제받음

– 의제매입세액 공제신고서, 계산서 등을 검토한 바, 과세유흥장소는 2/102의 공제율을 적용해야 하나, 6/106으로 잘못 적용한 것이 확인되어 과다 공제한 매입세액을 부인하고 부가가치세 00백만원 추징

(2) 토지 취득과 관련한 매입세액을 공제하여 환급받은 사례

○ 부동산 개발 및 공급업을 영위하는 법인사업자(시행사)는 상가건물 분양을 위한 공사비용 등으로 수취한 매입 세금계산서 000백만원 전액을 환급 신고

– '금융자문수수료' 명목으로 수취한 세금계산서의 약정서, 토지등기부등본 등을 검토한 바, 상가부지(토지) 취득을 위한 대출 자문수수료임이 확인되어 해당 매입세액을 부인하고 부가가치세 00백만원 추징

4. 2024년 2기 확정신고 신고내용 확인 및 부당환급 추징 주요 사례

(1) 국외 공유숙박 플랫폼 이용 매출액을 신고하지 않은 사례

○ 공유숙박업을 운영하는 사업자 A는 국내 및 국외 공유숙박 플랫폼을 이용하여 숙박용역을 제공하고 있으나,

– 부가가치세 신고 시 국세청 홈택스 「신용카드 등 매출자료 조회」에서 확인되는 국내 플랫폼사로부터 지급받은 금액만 매출로 신고하였음

○ 국세청은 국가 간 정보교환 자료에 의해 사업자 A가 국외 공유숙박 플랫폼 이용 매출액을 신고누락 한 것을 확인하여 수정신고를 안내하였고, 사업자 A는 과소신고한 매출액에 대한 세액을 추가 납부하였음

(2) 동일거래에 대한 신용카드와 세금계산서를 중복 공제한 사례

○ 소매업자 A는 상품을 도매업자 B로부터 매월 공급받으면서 매입 세금계산서를 받고 구매대금은 사업용 신용카드로 결제하였으나

– 부가가치세 신고 시 매입 세금계산서 금액과 사업용 신용카드 결제금액을 모두 매입세액에 반영하여 과다하게 공제받음

○ 국세청은 전자세금계산서 자료와 신용카드 자료를 대사하여 중복공제를 확인하고 수정신고를 안내하여, 소매업자 A는 중복공제 받은 금액을 제외하고 세액을 다시 계산하여 추가 납부하였음

(3) 사업용 신용카드와 그 밖의 신용카드 사용액을 중복 공제한 사례

○ 사업자 A는 자기의 사업에 사용되는 상품을 매입한 후 사업용 신용카드로 대금을 결제하고,

– 부가가치세 신고 시 해당 결제 금액을 그 밖의 신용카드 금액과 중복으로 신고하여 매입세액 공제받음

○ 국세청은 신용카드 매출전표 등 수령명세서 상 공제받은 항목 등을 검토하고 중복공제 금액에 대해 수정신고를 안내하여, 사업자 A는 중복공제 받은 금액을 제외하고 세액을 다시 계산하여 추가 납부하였음

> 5. 2021년 1기 확정신고 신고내용 확인 및 부당환급 추징 주요 사례
>
> (1) 사업과 무관한 고가의 슈퍼카를 렌트하여 임차료 등 유지비용을 매입세액 공제 신청한 사례
>
> ㅇ 제조업을 영위하는 A 법인은 렌트회사에 지급한 렌트료와 사업용 신용카드로 결제한 유류비를 공제대상 매입세액으로 부가가치세 신고하였으나,
>
> – 매입 세금계산서, 자동차등록증 등을 통해 개별소비세가 부과되는 배기량이 2천cc를 초과하는 고가의 슈퍼카를 렌트한 것으로 확인
>
> ㅇ 법인은 사업과 무관한 슈퍼카를 렌트하고 임차료를 지급한 것으로 해당 렌트료 및 유류비 전액을 불공제하고 부가가치세 및 가산세 추징
>
> (2) 법인 대표의 개인 소송 비용을 매입세액 공제 신청한 사례
>
> ㅇ 건설업을 영위하는 B 법인은 법무법인에 소송 관련 대가를 지급하고 세금계산서를 수취하여 매입세액 공제 대상으로 부가가치세 신고함
>
> ㅇ 매입 전자세금계산서, 소송사건 기록 등을 검토한 결과, 법인 대표의 민사소송(개인적 채무)에 대한 변호사 수임료를 법인이 지급한 것으로
>
> – 해당 변호사 수임료는 사업과 직접 관련이 없는 지출로서 공제하지 아니하는 매입세액에 해당되어 관련 부가가치세 및 가산세 추징
>
> (3) (업무추진비) 골프장 회원권을 취득 후 매입세액 공제하였으나, 거래처 접대목적 및 법인 대표가 개인적으로 사용한 것이므로 취득비용을 매입세액 불공제하여 추가징수
>
> (4) (면세전용) 오피스텔을 매입(신축)하여 부가가치세를 환급받은 후 주거용(면세)으로 사용한 경우 해당 과세기간의 과세 매출액으로 신고하여야 하나, 매출신고를 누락하여 추가 징수

5. 매입세액불공제 핵심요약정리

사업자가 재화나 용역을 공급받으면서 부가가치세를 부담하고 수취한 세금계산서가 있다 하더라도 그 매입세액을 공제할 수 없는 경우가 있다. 예를 들면 사업과 관련 없는 매입세액 및 기업업무추진비, 이와 유사한 비용에 대한 매입세액 등 부가가치세법에 매입세액 불공제 대상으로 열거된 것은 매출세액에서 공제하지 아니한다. 또한 실무적으로 매입세액 불공제는 소득세법 및 법인세법상의 비용 인정 여부와 연계하여 파악하여야 한다.

매입세액 불공제 대상

> ① 매입처별 세금계산서합계표의 미제출·부실기재한 경우의 매입세액
> ② 세금계산서 미수취·부실기재한 경우의 매입세액
> ③ 사업과 직접 관련 없는 지출 관련 매입세액
> ④ 개별소비세 과세대상인 승용차의 구입과 임차 및 유지에 관한 매입세액
> ⑤ 기업업무추진비 및 이와 유사한 비용에 대한 매입세액 등

⑥ 면세사업 관련 매입세액
⑦ 토지조성 등을 위한 자본적지출 관련 매입세액
⑧ 사업자등록 전 매입세액
⑨ 공통매입세액
⑩ 납부(환급)세액 재계산

(1) 매입처별 세금계산서합계표 미제출 · 부실기재 관련 매입세액

매입처별 세금계산서합계표를 제출하지 아니한 경우의 매입세액 또는 제출한 매입처별 세금계산서합계표의 기재사항 중 거래처별 등록번호 또는 공급가액의 전부 또는 일부가 적히지 아니하였거나 사실과 다르게 적힌 경우 그 기재사항이 적히지 아니한 부분 또는 사실과 다르게 적힌 부분의 매입세액은 매출세액에서 공제하지 아니한다. 단, 다음에 해당하는 경우 매입세액공제가 가능하다(부가법 §39 ① 1호, 부가령 §74).

① 발급받은 세금계산서에 대한 매입처별 세금계산서합계표 또는 신용카드매출전표등의 수령명세서를 과세표준수정신고서와 함께 제출하는 경우
② 발급받은 세금계산서에 대한 매입처별 세금계산서합계표 또는 신용카드매출전표등 수령명세서를 경정청구서와 함께 제출하여 경정기관이 경정하는 경우
③ 발급받은 세금계산서에 대한 매입처별 세금계산서합계표 또는 신용카드매출전표등 수령명세서를 기한후과세표준신고서와 함께 제출하여 관할 세무서장이 결정하는 경우
④ 발급받은 세금계산서에 대한 매입처별 세금계산서합계표의 거래처별 등록번호 또는 공급가액이 착오로 사실과 다르게 적힌 경우로서 발급받은 세금계산서에 의하여 거래사실이 확인되는 경우
⑤ 경정을 하는 경우 사업자가 발급받은 세금계산서 또는 발급받은 신용카드매출전표등을 경정기관의 확인을 거쳐 해당 경정기관에 제출하는 경우

(2) 세금계산서 미수취 · 부실기재 관련 매입세액

세금계산서 또는 수입세금계산서를 발급받지 아니한 경우 또는 발급받은 세금계산서 또는 수입세금계산서에 필요적 기재사항의 전부 또는 일부가 적히지 아니하였거나 사실과 다르게 적힌 경우의 매입세액(공급가액이 사실과 다르게 적힌 경우에는 실제 공급가액과 사실과 다르게 적힌 금액의 차액에 해당하는 세액을 말함)은 매출세액에서 공제하지 아니한다. 단, 다음에 해당하는 경우 매입세액공제가 가능하다(부가법 §39 ① 2호, 부가령 §75).

① 사업자등록을 신청한 사업자가 사업자등록증 발급일까지의 거래에 대하여 해당 사업자

또는 대표자의 주민등록번호를 적어 발급받은 경우

② 발급받은 세금계산서의 필요적 기재사항 중 일부가 착오로 사실과 다르게 적혔으나 그 세금계산서에 적힌 나머지 필요적 기재사항 또는 임의적 기재사항으로 보아 거래사실이 확인되는 경우

③ 재화 또는 용역의 공급시기 이후에 발급받은 세금계산서로서 해당 공급시기가 속하는 과세기간에 발급받은 경우(월합계세금계산서 발급특례가 적용되는 경우 포함)

④ 발급받은 전자세금계산서로서 국세청장에게 전송되지 아니하였으나 발급한 사실이 확인되는 경우

⑤ 전자세금계산서 외의 세금계산서로서 재화 또는 용역의 공급시기가 속하는 과세기간에 발급(월합계세금계산서 발급특례가 적용되는 경우 포함)받았고, 그 거래사실도 확인되는 경우

⑥ 실제로 재화 또는 용역을 공급하거나 공급받은 사업장이 아닌 사업장을 적은 세금계산서를 발급받았더라도 그 사업장이 총괄하여 납부하거나 사업자 단위 과세 사업자에 해당하는 사업장인 경우로서 그 재화 또는 용역을 실제로 공급한 사업자가 납세지 관할 세무서장에게 해당 과세기간에 대한 납부세액을 신고하고 납부한 경우

⑦ 재화 또는 용역의 공급시기가 속하는 과세기간에 대한 확정신고기한이 지난 후 세금계산서를 발급받았더라도 그 세금계산서의 발급일이 확정신고기한 다음날부터 1년 이내(2022년 세법개정, 2019.2.12.~2022.2.14.까지의 공급분은 6개월) 이내이고 다음의 어느 하나에 해당하는 경우

- 과세표준수정신고서와 경정 청구서를 세금계산서와 함께 제출하는 경우
- 해당 거래사실이 확인되어 납세지 관할 세무서장, 납세지 관할 지방국세청장 또는 국세청장이 결정 또는 경정하는 경우

⑧ 재화 또는 용역의 공급시기 전에 세금계산서를 발급받았더라도 재화 또는 용역의 공급시기가 그 세금계산서의 발급일부터 6개월(2022년 세법개정, 2019.2.12.~2022.2.14.까지의 공급분은 30일) 이내에 도래하고 해당 거래사실이 확인되어 납세지 관할 세무서장 등이 결정 또는 경정하는 경우

⑨ 다음의 경우로서 그 거래사실이 확인되고 거래 당사자가 납세지 관할 세무서장에게 해당 납부세액을 신고하고 납부한 경우

㉠ 거래의 실질이 위탁매매 또는 대리인에 의한 매매에 해당함에도 불구하고 거래 당사자 간 계약에 따라 위탁매매 또는 대리인에 의한 매매가 아닌 거래로 하여 세금계산서를 발급받은 경우(2019.2.12. 재화 또는 용역의 공급분부터 적용)

ⓛ 거래의 실질이 위탁매매 또는 대리인에 의한 매매에 해당하지 않음에도 불구하고 거래 당사자 간 계약에 따라 위탁매매 또는 대리인에 의한 매매로 하여 세금계산서를 발급받은 경우(2019.2.12. 재화 또는 용역의 공급분부터 적용)

ⓒ 거래의 실질이 용역의 공급에 대한 주선 · 중개에 해당함에도 불구하고 거래 당사자 간 계약에 따라 용역의 공급에 대한 주선 · 중개가 아닌 거래로 하여 세금계산서를 발급받은 경우(2022.2.15. 재화 또는 용역의 공급분부터 적용)

ⓓ 거래의 실질이 용역의 공급에 대한 주선 · 중개에 해당하지 않음에도 불구하고 거래 당사자 간 계약에 따라 용역의 공급에 대한 주선 · 중개로 하여 세금계산서를 발급받은 경우(2022.2.15. 재화 또는 용역의 공급분부터 적용)

ⓔ 다른 사업자로부터 사업(용역을 공급하는 사업으로 한정)을 위탁받아 수행하는 사업자가 위탁받은 사업의 수행에 필요한 비용을 사업을 위탁한 사업자로부터 지급받아 지출한 경우로서 해당 비용을 공급가액에 포함해야 함에도 불구하고 거래 당사자 간 계약에 따라 이를 공급가액에서 제외하여 세금계산서를 발급받은 경우(2022.2.15. 재화 또는 용역의 공급분부터 적용)

ⓑ 다른 사업자로부터 사업을 위탁받아 수행하는 사업자가 위탁받은 사업의 수행에 필요한 비용을 사업을 위탁한 사업자로부터 지급받아 지출한 경우로서 해당 비용을 공급가액에서 제외해야 함에도 불구하고 거래 당사자 간 계약에 따라 이를 공급가액에 포함하여 세금계산서를 발급받은 경우(2022.2.15. 재화 또는 용역의 공급분부터 적용)

ⓢ 재화나 용역을 공급할 때 그 품질이나 수량, 인도조건 또는 공급대가의 결제방법이나 그 밖의 공급조건에 따라 통상의 대가에서 일정액을 직접 깎아 주는 금액(부가법 §29 ⑤ 1호)을 공급가액에 포함하지 않아야 함에도 불구하고 거래 당사자 간 계약에 따라 해당 금액을 부가가치세법 제29조 제6항에 따른 장려금이나 이와 유사한 금액으로 보고 이를 공급가액에 포함하여 세금계산서를 발급받은 경우(2023.2.28. 신설, 2023.2.28. 이후 재화나 용역을 공급하거나 공급받는 경우부터 적용함)

⑩ 부가가치세를 납부해야 하는 수탁자가 위탁자를 재화 또는 용역을 공급받는 자로 하여 발급된 세금계산서의 부가가치세액을 매출세액에서 공제받으려는 경우로서 그 거래사실이 확인되고 재화 또는 용역을 공급한 자가 납세지 관할 세무서장에게 해당 납부세액을 신고하고 납부한 경우(2021.2.17. 신설)

⑪ 부가가치세를 납부해야 하는 위탁자가 수탁자를 재화 또는 용역을 공급받는 자로 하여 발급된 세금계산서의 부가가치세액을 매출세액에서 공제받으려는 경우로서 그 거래사

실이 확인되고 재화 또는 용역을 공급한 자가 납세지 관할 세무서장에게 해당 납부세액을 신고하고 납부한 경우(2021.2.17. 신설)

(3) 사업과 직접 관련이 없는 지출에 대한 매입세액

사업과 직접 관련 없는 지출에 대한 매입세액은 매출세액에서 공제하지 아니한다(부가법 §39 ④). 그 범위는 다음과 같다.

① 법인세법 또는 소득세법의 업무무관비용

② 법인세법의 공동경비 과다부담액

예를 들어 법인이 골프회원권을 구입한 경우 대표이사의 개인용도로 사용하면 매입세액을 공제받을 수 없다.

(4) 개별소비세 과세대상 승용자동차의 구입과 임차 및 유지에 관한 매입세액

개별소비세 과세대상인 승용차는 운수업, 자동차판매업, 자동차임대업, 학원업 등에서와 같이 승용차를 직접 영업에 사용하는 것 외의 목적으로 사용하는 승용차로서 개인적인 목적으로 사용되는 경우가 많아 그 지출을 업무용과 개인적 사용으로 구분하기가 어렵다. 따라서 개별소비세 과세대상인 승용차의 구입과 임차 및 유지에 관한 매입세액은 매출세액에서 공제하지 아니한다(부가법 §39 ⑤).

실무Tip __ 개별소비세 과세대상 승용차 요약정리

개별소비세 과세대상 승용차는 비영업용 소형승용자동차를 말한다.

① 비영업용 : 부가가치세법상 매입세액을 공제받지 못하는 비영업용 소형승용자동차는 개별소비세법 제1조 제2항 제3호에 따른 자동차로서 운수업, 자동차판매업, 자동차임대업, 운전학원업, 경비업법에 따른 기계경비업무를 하는 경비업(출동차량에 한정)에서와 같이 승용차를 직접 영업에 사용하는 것 외의 목적으로 사용하는 승용자동차를 말한다. 따라서 위에서 열거한 회사 외의 회사에서 자동차를 영업용으로 사용한다고 하더라도 이에 대한 매입세액은 공제받을 수 없다.

② 소형승용자동차 : 소형승용차는 주로 사람의 수송을 목적으로 제작된 차량으로 8인 이하의 자동차이다. 또한 이륜자동차와 캠핑용 자동차, 전기자동차도 소형승용자동차로 본다.

③ 매입세액을 공제받을 수 있는 경우 : 배기량이 1,000cc 이하의 것으로서 길이가 3.6m 이하이고 폭이 1.6m 이하인 것(모닝, 마티즈 등)은 비영업용 소형승용자동차라고 해도 매입세액을 공제받을 수 있으며 밴 차량(화물)과 9인승 이상의 승합용 차량은 소형승용자동차가 아니므로 매입세액을 공제받을 수 있다.

참고로 개별소비세법 제1조 제2항 제3호에 따른 자동차는 다음과 같다.

① 승용자동차(정원 8인 이하의 자동차에 한하되, 배기량 1000cc 이하의 것으로서 길이가 3.6m, 폭 1.6m 이하인 것을 제외)

② 2륜 자동차(내연기관을 원동기로 하는 것에 있어서는 그 총배기량이 125cc 초과하는 것, 내연기관 이외의 것을 원동기로 하는 것에 있어서는 정격출력 1㎾ 초과하는 것에 한함)
③ 캠핑용 자동차(캠핑용 트레일러를 포함)
④ 전기자동차(정원 8인 이하의 자동차에 한하되, 배기량 1000cc 이하의 것으로서 길이가 3.6m, 폭 1.6m 이하인 것을 제외)

참고로 차량(국산)의 공제여부를 차종별[2]로 요약하면 다음과 같다.

회사별	명 칭	정 원	공제여부	차 종	종 류
현 대	갤로퍼	5, 6	×	승용	
	갤로퍼－밴	2	○	화물	
	그레이스－미니버스	9, 12	○	승용,승합	
	그레이스－밴	3, 6	○	화물	
	베라크루즈	7	×	승용	
	싼타모	5, 6, 7	×	승용	
	싼타모	9	○	승용	
	싼타페	7	×	승용	
	팰리세이드	8	×	승용	
	스타렉스 리무진	6	×	승용	
	그랜드 스타렉스(왜건)	9, 11	○	승합	
	그랜드 스타렉스(밴)	3, 5	○	화물	
	아토스	4	○	승용	경차
	테라칸	7	×	승용	
	투싼ix, 베뉴	5	×	승용	
	트라제XG	7	×	승용	
	트라제XG	9	○	승합	
현 대	e마이티, 트라고, 포터	2~7	○	화물	
	뉴클릭, 엑센트, i30, i30cw, 아반떼 쏘나타2, 쏘나타(YF, NF, EF), 그랜저, 제네시스, 베르나, 엑센트, 엑셀, 엘란트라, 마르샤	5	×	승용	

2) 업무용승용차 관련비용의 세무정리(국세청 발간책자, p.16 발췌)

회사별	명 칭	정 원	공제여부	차 종	종 류
현 대	제네시스쿠페, 투스카니, 티뷰론, 스쿠프	4	×	승용	
	에쿠스, 다이너스티	4, 5	×	승용	
기 아	레토나, 록스타	5	×	승용	
	레토나－밴, 모닝－밴	2	○	화물	
	모닝	5	○	승용	경차
	모하비	5	×	승용	
	비스토	5	○	승용	경차
	쏘렌토	7	×	승용	
	스포티지	5, 7	×	승용	
	스포티지－밴	2	○	화물	
	카니발, 카렌스	7	×	승용	
	카니발	11	○	승합	
		9	○	승합	
	카니발－밴	6	○	화물	
	타우너－코치, 밴, 트럭	7, 2	○	승용, 화물	경차
	프레지오	9, 12, 15	○	승용, 승합	
	프레지오－밴	6	○	화물	
	프라이드, 리오, 쏘울, 포르테, 포르테쿱, 로체, 스팅어, 셀토스, 쏘울, 세라토, 스펙트라, 슈마, K3, K5, K7, K8, K9, 옵티마, 크레도스, 오피러스, 엔터프라이즈	5	×	승용	
쉐보레 (GM 대우)	다마스－밴	2	○	화물	경차
	다마스－코치	5, 7	○	승합	경차
	라보	2	○	화물	경차
	레조	7	×	승용	
	마티즈	5	○	승용	경차
	마티즈－밴	2	○	화물	경차
	윈스톰	5, 7	×	승용	
	티코	5	○	승용	경차

회사별	명 칭	정 원	공제여부	차 종	종 류
쉐보레 (GM 대우)	젠트라, 칼로스, 라세티, 에스페로, 토스카, 매그너스, 레간자, 프린스, 알페온, 말리부, 임팔라, 이쿼녹스	5	×	승용	
쌍 용	렉스턴	5, 7	×	승용	
	로디우스	11	○	승합	
	무쏘	5	×	승용	
	무쏘－밴, 스포츠	2, 5	○	화물	
	액티언	5	×	승용	
	액티언 스포츠	5	○	화물	
	카이런	5, 7	×	승용	
	코란도－밴	3	○	화물	
	코란도(패밀리)	4, 5, 6	×	승용	
	이스타나	11, 12, 14, 15	○	승합	
	이스타나－밴	2, 6	○	화물	
	체어맨	5	×	승용	
르노 삼성	QM3, QM5, QM6	5	×	승용	
	SM7, SM6, SM5, SM3	5	×	승용	

☞ 밴 차량(차종 : 화물, 운전석의 옆자리에만 사람의 탑승이 가능하고 뒷부분은 화물만 적재할 수 있는 구조)과 지프형 승용차가 아닌 9인승 승합용 차량은 개별소비세 과세대상이 아님.

(5) 기업업무추진비 및 이와 유사한 비용의 지출에 관련된 매입세액

비영업용 소형승용차의 구입과 임차 및 유지에 관한 매입세액과 마찬가지로 기업업무추진비도 업무용과 개인적 사용의 구분이 곤란하다. 과도한 기업업무추진비 지출을 억제하기 위하여 기업업무추진비와 관련된 매입세액은 매출세액에서 공제하지 않는다(부가법 §39 ⑥).

(6) 면세사업 등에 관련된 매입세액

면세되는 재화 또는 용역을 공급하는 사업에 관련된 매입세액은 매출세액에서 공제되지 아니한다. 면세대상인 매입거래분에 대해서는 계산서가 발행 발급되며, 매입세액의 계산과정에서 이를 별도로 나타낼 필요가 없다(부가법 §39 ⑦).

(7) 토지조성 등을 위한 자본적지출 관련 매입세액

토지조성 등을 위한 자본적 지출에 관련된 매입세액은 매출세액에서 공제하지 아니한다. 토지는 면세재화이므로 토지를 매각해도 매출세액이 발생하지 아니하므로 토지의 가치를 증가시키는 지출과 관련된 매입세액을 공제하지 않는 것이다(부가법 §39 ⑦). 토지의 조성 등을 위한 자본적지출에 관련된 매입세액의 범위는 다음과 같다.

① 토지의 취득 및 형질변경, 공장부지 및 택지의 조성 등에 관련된 매입세액

② 건축물이 있는 토지를 취득하여 그 건축물을 철거하고 토지만을 사용하는 경우에 철거한 건축물의 취득 및 철거비용에 관련된 매입세액

③ 토지의 가치를 현실적으로 증가시켜 토지의 취득원가를 구성하는 비용에 관련된 매입세액

(8) 사업자등록 전 매입세액

사업자등록을 신청하기 전의 매입세액은 공제하지 않는다. 다만, 공급시기가 속하는 과세기간이 끝난 후 20일 이내에 등록을 신청한 경우 등록신청일부터 공급시기가 속하는 과세기간 기산일까지 역산한 기간 내의 것은 공제가 가능하다(부가법 §39 ⑧).

만약 사업개시일이 3.1.이고 사업자등록을 3.28.에 신청한 경우라면 2023.3.1.부터 2023.3.28.까지 발생한 매입세액에 대해서 대표자의 주민등록번호로 세금계산서를 받은 경우 매입세액 공제를 받을 수 있다. 참고로 공급시기가 속하는 과세기간이 지난 후 20일 이내라 하면 2023.7.20.을 말하는 것이다.

(9) 공통매입세액의 안분계산

사업자가 과세사업과 면세사업(비과세사업 포함. 이하 같음)에 공통으로 사용하는 재화 또는 용역을 공급받은 경우 해당 과세사업에 사용되는 매입세액만을 구분해서 매입세액을 공제받아야 하는데 이것을 공통매입세액의 안분계산이라고 한다.

사업자가 과세사업과 면세사업등을 겸영(兼營)하는 경우에 과세사업과 면세사업등에 관련된 매입세액의 계산은 실지귀속(實地歸屬)에 따라 안분계산하되, 실지귀속을 구분할 수 없는 공통매입세액은 다음과 같이 계산한다(부가법 §40).

① 공급가액이 있는 경우－예정신고시

> 면세사업에 관련된 매입세액
> ＝공통매입세액×해당 과세기간의 면세공급가액÷해당 과세기간의 총공급가액

② 공급가액이 있는 경우－확정신고시

예정신고시에는 예정신고기간에 있어서 총공급가액에 대한 면세공급가액의 비율에 의하여 안분계산하고, 확정신고를 하는 때에 정산한다(부가령 §81 ①).

참고로 예정신고시 예정공급가액으로 안분계산을 한 경우에는 그 재화의 공급가액이 확정되는 때의 부가가치세 확정신고시 확정된 공급가액으로 정산하여야 하며, 예정사용면적으로 안분계산을 한 경우에는 그 재화의 사용면적이 확정되는 때의 부가가치세 확정신고시 확정된 사용 예정면적을 기준으로 안분계산해야 한다.

> 면세사업에 관련된 매입세액
> ＝공통매입세액×해당 과세기간의 면세공급가액÷해당 과세기간의 총공급가액
> －예정신고시 면세사업에 관련된 매입세액

③ 해당 과세기간에 공급받은 재화를 동 기간에 공급하는 경우

해당 과세기간에 공급받은 재화를 같은 과세기간에 공급하는 경우 기준이 되는 과세기간을 직전과세기간으로 해서 계산을 한다(부가칙 §54 ②).

> 면세사업에 관련된 매입세액
> ＝공통매입세액×직전 과세기간의 면세공급가액÷직전 과세기간의 총공급가액

④ 공급가액이 없는 경우

해당 과세기간 중 과세사업과 면세사업의 공급가액이 없거나 그 어느 한 사업의 공급가액이 없는 경우에 해당 과세기간에 있어서의 안분계산은 다음의 방법에 의한다. 다만, 건물을 신축 또는 취득하여 과세사업과 면세사업에 제공할 예정면적을 구분할 수 있는 경우에는 ㉢을 ㉠과 ㉡에 우선하여 적용한다(부가령 §81 ④).

㉠ 총매입가액(공통매입가액은 제외)에 대한 면세사업에 관련된 매입가액의 비율

㉡ 총예정공급가액에 대한 면세사업에 관련된 예정공급가액의 비율

㉢ 총예정사용면적에 대한 면세사업에 관련된 예정사용면적의 비율

다만, 다음에 해당하는 경우에는 해당 재화의 공통매입세액은 전액 매입세액을 공제받을 수 있다(부가령 §81 ②).

① 해당 과세기간의 총공급가액 중 면세공급가액이 5% 미만인 경우. 다만, 공통매입세액이 5백만원 이상인 경우는 제외한다.

② 해당 과세기간 중의 공통매입세액이 5만원 미만인 경우의 매입세액

③ 해당 과세기간에 신규로 사업을 개시한 사업자가 해당 과세기간에 공급한 공통사용재화인 경우

실무Tip _ 이용자 명의 운용리스

1. 이용자 명의 운용리스란?

납세의무 있는 사업자가 여신전문금융업법에 의하여 등록을 한 시설대여업자로부터 시설 등을 임차하고, 해당 시설 등을 공급자 또는 세관장으로부터 직접 인도받는 경우에는 해당 사업자가 공급자로부터 재화를 직접 공급받거나 외국으로부터 재화를 직접 수입한 것으로 보아 해당 재화의 공급시기에 세금계산서를 발급받는 것으로 하여 매입세액공제의 적용여부를 결정한다.

이용자 명의 운용리스란 이와 같이 자동차 리스이용자가 시설대여업자인 캐피털 차량 리스사업자로부터 매입세액공제가 가능한 차량을 임차하고 자동차 판매회사로부터 해당 차량을 직접 인도받으면서 세금계산서를 발급받은 경우 자동차 리스이용자가 차량에 대한 매입세액공제를 적용받을 수 있는 리스를 말한다.

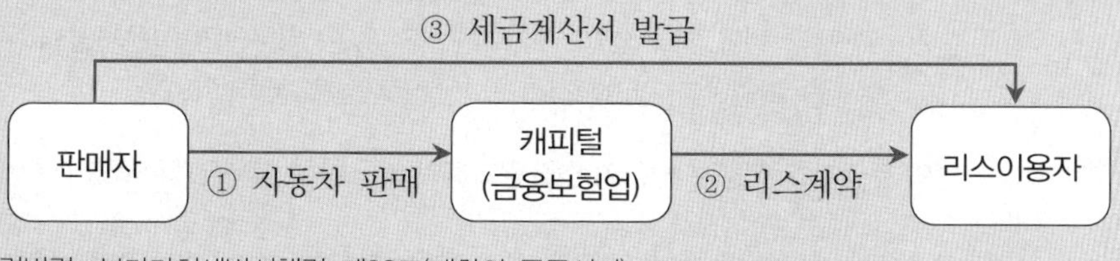

* 관련법령 : 부가가치세법시행령 제28조(재화의 공급시기)

⑪ 납세의무가 있는 사업자가 여신전문금융업법에 따라 등록한 시설대여업자로부터 시설 등을 임차하고 그 시설 등을 공급자 또는 세관장으로부터 직접 인도받은 경우에는 그 사업자가 공급자로부터 재화를 직접 공급받거나 외국으로부터 재화를 직접 수입한 것으로 보아 제1항부터 제9항까지의 규정을 적용한다.

2. 이용자 명의 운용리스 부가가치세 신고방법

이용자 명의 운용리스는 차량 리스이용자가 세금계산서를 발급받고 매입세액공제를 받을 수 있지만 차량의 소유자는 시설대여업자인 캐피털 사업자이므로 '고정자산매입'분으로 부가가치세 신고서에 기입하지 않고 '건물 등 감가상각자산 취득명세서' 첨부서류도 작성하지 않는다. 즉, '일반매입'분으로 하여 부가가치세 신고를 하여야 한다. 참고로 차량에 대한 취득세 등의 세금은 시설대여업자인 캐피털 사업자가 부담하며 감가상각비도 시설대여업자인 캐피털 사업자가 계상한다.

3. 이용자명의 운용리스 회계처리

차량 리스이용자가 공제가능한 차량을 이용자명의로 운용리스한 경우로서 공급가액 36,000,000원, 세액 3,600,000원의 차량에 대한 세금계산서를 발급받은 경우 다음과 같이 회계처리한다. 참고로 리스기간은 36개월이고 매달 납부하는 리스료 지급액은 300,000원이라고 가정한다.

① 세금계산서를 발급받은 경우

(차) 미지급금	36,000,000	(대) 미지급금	36,000,000
(차) 부가가치세대급금	3,600,000	(대) 미지급금	3,600,000

② 리스료 지급시

(차) 미지급금	100,000	(대) 현금 등	300,000
(차) 차량리스료	200,000		

부가가치세대급금과 관련된 미지급금은 리스기간으로 나누어서 리스료 지급시 현금 등의 금액과 상계처리한다.

저자주 〈차량에 대한 이용자명의 운용리스시 실무 유의사항〉

공제가능한 차량을 이용자 명의 운용리스를 이용하여 임차한 경우, 자동차 판매자로부터 발급받은 세금계산서가 있기 때문에 실무상 자차를 구매한 것으로 오인하여 자차 차량에 대한 감가상각비를 계상할 수 있다.

차량의 경우 기본적으로 세금계산서와 더불어 차량 매매계약서, 취득세 납부서, 자동차보험 보험증권, 공채할인과 관련된 영수증 등의 관련 서류가 실무상 필요하므로 만약 해당 서류 없이 세금계산서만 있는 경우라면 이용자명의 운용리스인지 여부를 확인하여 감가상각비가 계상되지 않도록 유의하자.

4. 이용자명의 운영리스 적용시 발급기한을 경과하여 발급한 수정세금계산서에 대한 가산세 부과 여부

여신전문금융업법 제3조에 따라 등록한 시설대여업자(리스회사)가 차량판매회사로부터 시승용차량을 구입하여 리스이용자에게 운용리스형태로 공급하되 실제 차량의 인도는 차량판매회사로부터 리스이용자에게 직접 이루어진 거래에 대하여 차량판매회사가 당초 리스회사를 공급받는 자로 기재한 세금계산서를 발급하였으나, 해당 거래분에 대한 확정신고기한이 경과된 후에 리스이용자를 공급받는 자로 기재한 수정세금계산서를 발급한 경우 해당 수정세금계산서에 대하여는 세금계산서 관련 가산세(부실기재 가산세와 가공 · 타인명의 가산세)를 적용하지 아니하는 것임(서면법령해석부가 2019-1759, 2019.7.17.)

제3절 부가가치세 부실신고 관련 가산세

1. 수출관련 부실신고시 가산세 사례

사례리스트

1) 내국신용장에 의한 영세율 세금계산서 미발급과 수출신고가 누락되었을 경우의 가산세
2) 영세율 과세표준과 관련된 첨부서류를 미제출한 경우의 가산세

1) 내국신용장에 의한 영세율 세금계산서 미발급과 수출신고가 누락되었을 경우의 가산세

㈜세무는 2025.6.30.에 ㈜민후에게 내국신용장을 받고 재화를 공급하면서 공급가액 1억원의 세금계산서를 미발급하였고 관련 부가가치세 신고시에도 누락하였다.

㈜세무가 2025.9.30.에 수정신고를 한다고 했을 때의 가산세는?

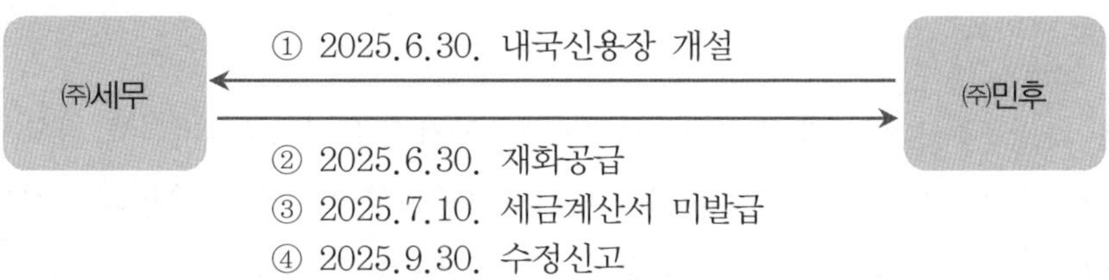

해답

㈜세무는 세금계산서 미발급에 따른 가산세 2,000,000원(=1억원×2%)과 영세율 과세표준 신고불성실 가산세 250,000원(=1억원×0.5%×50%)를 부담하여야 한다.

해설

영세율 세금계산서 미발급에 따른 가산세는 부가가치세법상 가산세이고 영세율 과세표준 신고불성실에 따른 가산세는 국세기본법상 가산세로 중복배제 조항이 없으므로 함께 부담하여야 한다. 다만, 영세율 과세표준 신고불성실 가산세의 경우 국세기본법상 신고기한이 지난 후 1개월 이내 수정신고시 90% 감면, 1개월 초과 3개월 이내 수정신고시 75% 감면,

3개월 초과 6개월 이내 수정신고시 50% 감면, 6개월 초과 1년 이내 수정신고시 30% 감면, 1년 초과 1년 6개월 이내 수정신고시 20% 감면, 1년 6개월 초과 2년 이내 수정신고시 10% 감면을 적용받을 수 있으므로 위의 사례의 경우 3개월 이내 수정신고이므로 75% 감면율을 적용한다(국기법 §48 ①).

2) 영세율 과세표준과 관련된 첨부서류를 미제출한 경우의 가산세

㈜세무는 2025년 1기 부가가치세 확정신고시 영세율 과세표준(1억원)은 정상적으로 신고하였으나 수출실적명세서와 수출재화임가공계약서 등 첨부서류를 누락하였다.

해당 누락사실은 1기 부가가치세 확정신고에 대한 세무서 검증에 의하여 알게 되었고 ㈜세무는 2026.1.31.에 1기 부가가치세 확정신고에 대한 수정신고를 하려고 한다. 이때 적용할 가산세는?

해답

㈜세무는 영세율 과세표준 신고불성실 가산세를 적용한다.
가산세는 1억원×0.5%×(1－30%)＝350,000원이다.

해설

영세율 과세표준 불성실과 관련된 서류를 제출하지 않은 채 부가가치세 신고서에만 수출관련 내용을 표기하는 경우, 영세율 과세표준 신고불성실 가산세를 적용하는 것이며 신고기한이 지난 후 6개월 초과 1년 이내 수정신고하는 경우의 감면율은 30%이다(부가집행 60－0－16).

참고로 영세율 과세표준과 관련된 서류를 간략하게 정리하면 다음과 같다.

영세율 적용대상	첨 부 서 류	
	법령에 의한 첨부서류	국세청장 지정서류
직접수출 (대행수출 포함)	· 수출실적명세서 · 휴대반출시 간이수출신고수리필증 · 소포우편 수출의 경우 소포수령증	수출대행계약서 사본 및 수출신고필증, 또는 수출대금입금증명서
중계무역방식 · 위탁판매 · 외국인도 · 위탁가공수출	수출계약서 사본 또는 외화입금증명서	

영세율 적용대상	첨 부 서 류	
	법령에 의한 첨부서류	국세청장 지정서류
내국신용장·구매확인서에 의한 공급	내국신용장·구매확인서 사본이나 수출대금입금증명서	관세환급금 등 명세서 (내국신용장에 불포함분)
국외에서 제공하는 용역	외화입금증명서 또는 용역공급계약서	장기 해외건설공사의 경우 최초신고시 공사도급계약서 사본을 제출하고 해당 신고기간에는 외화획득명세서 제출
선박에 의한 외국항행용역	외화입금증명서	선박에 의한 운송용역 공급가액일람표
항공기에 의한 외국항행용역	공급가액 확정명세서	다른 외국항행사업의 탑승권을 판매하거나 화물운송계약을 체결하여 주는 경우 송장집계표
수출재화 임가공용역	· 임가공계약서 사본과 납품사실증명서 또는 수출대금입금증명서 · 내국신용장 또는 구매확인서 사본	수출업자와 임가공 사업자의 사업장이 동일한 경우 납품사실증명서만 제출
기타 외화획득 재화·용역	· 외화입금증명서 또는 수출신고필증 · 용역공급계약서 사본, 외화획득사실을 증명하는 서류	

* 법령에 의한 서류를 먼저 첨부하여야 하고 없을 때 국세청장 지정서류를 첨부할 수 있다.

실무Tip _ 영세율 과세표준 신고 관련 가산세 정리

1. 영세율 과세표준을 과다신고하는 경우 가산세

영세율이 적용되는 사업자가 영세율 붙임서류를 정상적으로 제출하였으나 그 신고한 과세표준이 신고하여야 할 과세표준보다 과다하게 신고한 경우에는 영세율 과세표준신고불성실 가산세를 적용하지 아니한다(부가집행 60－0－13).

2. 영세율 과세표준을 과소신고하는 경우 가산세

처분청에서 청구법인이 영세율 과세표준을 과소신고한 과세기간에 대하여 영세율 과세표준 신고불성실 가산세를 부과한 처분은 달리 잘못이 없으나, 청구법인이 예정신고시 누락분을 확정신고시 과세표준에 포함하여 신고한 영세율 과세표준에 대하여 영세율 과세표준 신고불성실 가산세의 50%를 감면하지 아니하고 청구법인에게 부가가치세를 과세한 처분은 부당한 처분이라고 할 것이다(심사부가 2003－3049, 2003.10.27.).

3. 영세율 첨부서류 없이 영세율 과세표준만 신고하는 경우의 가산세

영세율 붙임서류 없이 영세율 과세표준을 신고한 경우 해당 과세표준이 영세율 적용대상임이 확인되는 때에는 영세율을 적용하나, 영세율 과세표준 신고불성실 가산세를 적용한다(부가집행 60-0-16).

4. 영세율 과세표준은 신고하지 않고 영세율 첨부서류만 제출하는 경우
부가가치세 예정신고서 또는 부가가치세 확정신고서를 작성할 때 영세율이 적용되는 과세표준을 과세표준란에 기재하지 않았으나 영세율 서류를 첨부하여 제출한 경우에는 영세율 과세표준 신고불성실 가산세를 적용하지 아니하는 것이다(서면부가 2015-2640, 부가-228, 2016.2.2.).

2. 예정신고 누락분 확정신고 반영시 가산세 사례

다음은 ㈜세무의 2025년 1기 부가가치세 예정신고시 누락된 자료이다. 예정신고시 누락된 자료는 모두 3.31.에 발생한 내역이고 2025년 1기 확정신고시 예정신고누락분으로 하여 신고할 예정이다.

아래의 자료를 참고하여 1기 확정신고시 계상하여야 할 부가가치세 가산세는? 참고로 ㈜세무는 예정신고를 4.20.에 하였다.

예정신고 누락내역은 다음과 같다.

① 제품을 2,000,000원(부가가치세 별도)에 판매하고 전자세금계산서를 발급한 1건. 이에 대한 세금계산서는 6월 30일에 전자적인 형태로 발급하고 국세청에 전송하였다. 즉, 세금계산서가 지연발급되었다.

② 제품을 직수출(미화 : 10,000$, 적용환율 : 1,000원/$)한 내역 1건

해답

① 과소납부 세액 : 200,000원

② 세금계산서 지연발급 가산세 : 2,000,000원×1%=20,000원

③ 신고불성실 가산세 : 200,000원×10%×(1-75%)=5,000원

④ 납부지연 가산세 : 200,000원×0.022%×91=4,000원

⑤ 영세율 과세표준 신고불성실 가산세 : 10,000,000원×0.5%×(1-75%)=12,500원

⑥ 총부담세액 : 241,500원

해설

① 세금계산서를 재화의 공급시기가 속하는 과세기간의 확정신고기한까지 발급하였으므로 세금계산서 지연발급과 관련된 가산세를 적용하는 것이다. 세금계산서 지연발급 가산세는 다음과 같다.

> 세금계산서 지연발급 가산세 = 공급가액×1%

② 예정신고기한(4.25.) 경과 후 3개월 이내에 신고하는 경우이므로 신고불성실 가산세와 영세율 과세표준 신고불성실 가산세의 75%를 감면받는다. 신고불성실 가산세와 영세율 과세표준 신고불성실 가산세 계산식은 다음과 같다.

> · 신고불성실 가산세 = 미납세액×10%(부정한 방법은 40%)×(1－감면율)
> · 영세율 과세표준 신고불성실 가산세 = 영세율 과세표준×0.5%×(1－감면율)

③ 납부지연 가산세의 미납일수는 예정신고기한 다음날부터 자진신고일까지이므로 91일(4.26.~7.25.)이다. 납부지연 가산세는 다음과 같다.

> 납부지연 가산세 = 미납세액×22/100,000[*1]×미납일수[*2]
> *1. 납부지연 가산세의 경우 2022.2.15. 이후 납부 또는 부과하는 경우 2022.2.15.부터 자진납부일까지의 기간에 대해서는 22/100,000(0.022%)을 적용함(국기령 §27의 4, 국기령 부칙 §6, 대통령령 제32424호).
> *2. 미납일수는 신고기한 다음날부터 자진납부일까지를 말함.

④ 예정신고시 누락한 내용을 확정신고시 신고서에 반영하는 방법은 예정신고 누락분으로 하여 반영하고 가산세명세서를 작성하여 신고하면 된다.

3. 예정신고 누락분 수정신고시 가산세 사례

다음은 ㈜실수의 2025년 1기 부가가치세 예정신고시 누락된 자료이다. 예정신고시 누락된 자료는 모두 3.31.에 발생한 내역이다.

㈜실수는 1기 예정신고시 누락분을 1기 확정신고 후에 알게 되어 2025.12.20.에 수정신고를 하려고 한다. 수정신고시 가산세는? 참고로 ㈜실수는 예정신고를 4.20.에 하였다.

예정신고 누락내역은 다음과 같다.

① 제품을 2,000,000원(부가가치세 별도)에 판매하고 전자세금계산서를 발급한 1건. 이에 대한 세금계산서는 12월 20일에 전자적인 형태로 발급하고 국세청에 전송하였다. 즉, 세금계산서가 미발급되었다.
② 제품을 직수출(미화 : 10,000$, 적용환율 : 1,000원/$)한 내역 1건. 당초 1기 예정신고시 수출실적명세서는 제출하였고 신고서에 영세율 과세표준란에 누락하였다.

해답

① 과소납부 세액 : 200,000원
② 세금계산서 미발급 가산세 : 2,000,000원×2%=40,000원
③ 신고불성실 가산세 : 200,000원×10%×(1－30%)=14,000원
④ 납부지연 가산세 : 200,000원×0.022%×239일=10,510원
⑤ 총 부담세액 : 264,510원

해설

① 세금계산서를 재화의 공급시기가 속하는 과세기간의 확정신고기한까지 발급하지 못하였으므로 세금계산서 미발급 가산세를 적용하는 것이다. 세금계산서 미발급 가산세는 다음과 같다.

세금계산서 미발급 가산세=공급가액×2%

② 예정신고기한(4.25.) 경과후 6개월 초과 1년 이내에 신고하는 경우이므로 신고불성실 가산세의 30%를 감면받는다.
③ 납부지연 가산세의 미납일수는 예정신고기한 다음날부터 자진신고일까지이므로 239일(4.26.~12.20.)이다.
④ 영세율 과세표준과 관련된 서류는 제출하고 영세율 과세표준금액을 신고서에 누락한 경우에 영세율 과세표준 불성실 가산세는 적용하지 않는다.
⑤ 예정신고시 누락한 내용을 수정신고하는 경우의 신고서 작성방법은 2편 국세기본법상 가산세와 수정신고 및 경정청구편을 참고하길 바란다.

4. 부정한 방법에 의한 부실신고시 가산세 사례[3]

㈜가공의 2025년 1기 부가가치세 확정신고시 신고내용을 요약하면 다음과 같다.

구 분	세 액
매출세액	100,000,000
매입세액	300,000,000
납부세액	△20,000,000

1기 부가가치세 확정신고와 관련된 관할 세무서의 현지 확인결과 다음과 같은 내용이 적출되었다.

① 2025.6.20.에 발급한 종이 세금계산서 발급분 20,000,000원을 신고시 누락하였다. 해당 세금계산서는 매입처와 비교 검토결과 정당하게 발급된 세금계산서로 판명되었다.

② 2025.6.30.에 발급받은 매입세금계산서 중 10,000,000원은 실제 공급받지 않고 발급받은 세금계산서로 판명되었다.

1기 확정신고에 따른 환급세액은 환급되지 않았고, 관할 세무서는 2025.8.20.에 위의 적출사항이 반영된 세액을 고지할 예정이다. 부과될 세액은 얼마인가?

해답

① 초과환급신고세액=(20,000,000원×10%+10,00,000원×10%)=3,000,000원

② 세금계산서 미발급 가산세=20,000,000원×1%=200,000원

③ 가공세금계산서 수취 가산세=10,000,000원×3%=300,000원

④ 신고불성실 가산세=㉠+㉡=600,000원

㉠ 일반초과환급신고 가산세=2,000,000원×10%=200,000원

㉡ 부정초과환급신고 가산세=1,000,000원×40%=400,000원

⑤ 총 고지세액=①+②+③+④=4,100,000원

해설

① 전자세금계산서 발급의무자가 종이세금계산서를 발급하는 경우는 세금계산서 미발급 가산세가 적용되는 것이며 공급가액×1%이다.

② 실제 재화 또는 용역을 공급받지 아니하고 세금계산서를 발급받은 경우는 가공세금계

3) 2018핵심실무 부가가치세, 이철재 · 이현범 공저, ㈜영화조세통람, p.1490 참고

산서 수취 가산세가 적용되는 것이며 공급가액×3%이다.

③ 종이세금계산서 누락분은 일반과소신고(초과환급) 가산세에 해당되고, 가공세금계산서에 의한 과다매입분은 부정과소신고(초과환급) 가산세에 해당된다. 일반과소신고(초과환급) 가산세의 가산세율은 과소신고(초과환급)세액×10%이지만 부정과소신고(초과환급) 가산세의 가산세율은 과소신고(초과환급)세액×40%이다.

④ 환급관련 납부지연 가산세는 실제 환급이 되지 않았으므로 적용되지 않는다.

⑤ 실제 업무처리상 아직 환급이 이루어지기 전이므로 관할세무서는 1기 확정신고시 환급할 환급세액에서 총고지세액 4,100,000원을 차감한 15,900,000원만 환급한다.

참고로 신고불성실 가산세와 납부지연 가산세 내용을 요약정리하면 다음과 같다.

신고불성실 가산세(국기법 §47의 2 · §47의 3, 2025년 기준)

<table>
<tr><th>구 분</th><th>적용요건</th><th>가산세액</th></tr>
<tr><td rowspan="2">무신고
가산세</td><td>납세자가 법정신고기한까지 세법에 따른 과세표준신고서를 제출하지 않은 경우</td><td>납부세액*2×20%</td></tr>
<tr><td>부정한 방법으로 무신고한 경우*1</td><td>납부세액×40%</td></tr>
<tr><td rowspan="2">과소신고
가산세</td><td>신고한 과세표준이 세법에 따라 신고하여야 할 과세표준에 미치지 못하는 경우</td><td>$\text{납부세액} \times \frac{\text{과소신고납부세액}}{\text{납부세액}} \times 10\%$</td></tr>
<tr><td>부정한 방법으로 과소신고한 경우</td><td>$\text{납부세액} \times \frac{\text{부정과소신고세액}}{\text{납부세액}} \times 40\%$</td></tr>
<tr><td rowspan="2">초과환급
가산세</td><td>납부하여야 할 세액을 환급세액으로 신고하거나 신고한 환급세액이 세법에 따라 신고하여야 할 환급세액을 초과하는 경우</td><td>환급신고한 세액 또는 초과환급신고한 세액×10%</td></tr>
<tr><td>부정한 방법으로 초과환급신고한 경우</td><td>부정초과환급신고한 세액×40%</td></tr>
<tr><td>영세율
과세표준
신고불성실
가산세</td><td>영세율이 적용되는 과세표준을 신고하지 않거나 과소신고한 경우</td><td>영세율 과세표준금액*3×0.5%</td></tr>
<tr><td>가산세 감면</td><td colspan="2">① 무신고 가산세의 경우(영세율 과세표준 신고불성실 가산세 포함)
<table><tr><th>법정신고기한 지난 후</th><th>감면율</th></tr><tr><td>1개월 이내 기한 후 신고</td><td>50% 감면</td></tr><tr><td>1개월 초과 3개월 이내 기한 후 신고</td><td>30% 감면</td></tr><tr><td>3개월 초과 6개월 이내 기한 후 신고</td><td>20% 감면</td></tr></table></td></tr>
</table>

<table>
<tr><th>구 분</th><th>적용요건</th><th>가산세액</th></tr>
<tr><td>가산세 감면</td><td colspan="2">② 과소신고 가산세와 초과환급 가산세의 경우(영세율 과세표준 신고불성실 가산세 포함)
<table>
<tr><th>법정신고기한 경과 후</th><th>감면율</th></tr>
<tr><td>1개월 이내 수정신고</td><td>90% 감면</td></tr>
<tr><td>1개월 초과 3개월 이내 수정신고</td><td>75% 감면</td></tr>
<tr><td>3개월 초과 6개월 이내 수정신고</td><td>50% 감면</td></tr>
<tr><td>6개월 초과 1년 이내 수정신고</td><td>30% 감면</td></tr>
<tr><td>1년 초과 1년 6개월 이내 수정신고</td><td>20% 감면</td></tr>
<tr><td>1년 초과 2년 이내 수정신고</td><td>10% 감면</td></tr>
</table>
③ 가산세 감면 적용시 미납세액 납부 여부
기한후 신고와 수정신고시 납부하지 않고 신고만 하는 경우에도 해당 감면규정을 적용받을 수 있음(2015.1.1. 이후 신고분부터)
④ 가산세 감면 배제
부가가치세 과세표준과 세액에 관하여 경정이 있을 것을 미리 알고 제출한 경우는 감면받을 수 없음.</td></tr>
</table>

*1. 부정한 방법이라 함은 ① 이중장부의 작성 등 장부의 거짓기록 ② 거짓증명 또는 거짓문서의 작성 ③ 거짓증명 등의 수취(거짓임을 알고 수취한 경우에 한함) ④ 장부와 기록의 파기 ⑤ 재산의 은닉이나 소득 · 수익 · 행위 · 거래의 조작 또는 은폐 ⑥ 그밖에 국세를 포탈하거나 환급 · 공제받기 위한 사기 그밖에 부정한 행위를 말한다.

*2. 신고불성실 가산세에서 납부세액이란 그 신고로 납부하여야 할 상당한 세액(국세기본법 및 세법에 따른 가산세와 세법에 따라 가산하여 납부하여야 할 이자상당액이 있는 경우 그 금액은 제외)을 말한다. 부가가치세법 제37조에 따르면 납부하여야 할 세액은 다음과 같다.

> 납부세액＝매출세액(대손세액공제를 뺀 금액)－(공제되는 매입세액＋의제매입세액＋부가가치세법 및 다른 법률에 따라 공제되는 매입세액＋부가가치세법 및 다른 법률에 따른 공제세액)

*3. 영세율과세표준금액은 부가가치세법 또는 조세특례제한법에 따른 영세율과세표준을 말한다.

납부지연 가산세(국기법 §47의 4, 2025년 기준)

> · 미납하거나 과소납부한 경우 납부지연 가산세＝납부관련 지연 가산세＋납부고지 관련 지연 가산세
> · 초과환급받은 경우 납부지연 가산세＝환급관련 지연 가산세＋납부고지 관련 지연 가산세

<table>
<tr><th>구 분</th><th>적용요건과 가산세액</th></tr>
<tr><td rowspan="2">납부관련 지연 가산세</td><td>납세의무자가 법정납부기한까지 납부하지 아니하거나 납부하여야 할 세액보다 적게 납부하는 경우</td></tr>
<tr><td>가산세액＝미납세액 또는 과소납부세액×22/100,000×경과일수
* 경과일수는 법정납부기한의 다음날부터 납부일까지의 기간임(납부고지일로부터 납부고지서에 따른 납부기한까지의 기간은 제외)</td></tr>
</table>

<table>
<tr><th>구 분</th><th>적용요건과 가산세액</th></tr>
<tr><td rowspan="2">환급관련 지연 가산세</td><td>납세의무자가 환급받아야 할 세액보다 많이 환급받은 경우</td></tr>
<tr><td>가산세액＝초과환급세액×22/100,000×경과일수
* 경과일수는 환급받은 날의 다음날부터 납부일까지의 기간임(납부고지일로부터 납부고지서에 따른 납부기한까지의 기간은 제외)</td></tr>
<tr><td rowspan="2">납부고지관련 지연 가산세</td><td>납세의무자가 법정납부기한까지 납부하여야 할 세액 중 납부고지서에 따른 납부기한까지 미납하거나 과소납부한 경우</td></tr>
<tr><td>가산세액＝미납세액 또는 과소납부세액×3/100
* 납부고지관련 지연 가산세는 국세를 납부고지서에 따른 납부기한까지 완납하지 아니한 경우에 한정한다.</td></tr>
<tr><td>가산세 감면</td><td>과세전적부심사 결정 · 통지기간 이내에 그 결과를 통지하지 아니한 경우에는 가산세의 50%를 감면받음.</td></tr>
</table>

납부고지서에 따른 납부기한의 다음날부터 납부일까지의 기간(국세징수법 제13조에 따라 지정납부기한과 독촉장에서 정하는 기한을 연장한 경우에는 그 연장기간은 제외)이 5년을 초과하는 경우에는 그 기간은 5년으로 하며(국기법 §47의 4 ⑦), 체납된 국세의 납부고지서별 · 세목별 세액이 150만원 미만인 경우에는 납부관련 지연 가산세와 환급관련 지연 가산세를 적용하지 아니한다(국기법 §47의 4 ⑧).

저자주 〈납부지연 가산세〉

국세징수법에 따라 납세의무자에게 고지된 고지세액을 해당 납부기한까지 납부하지 않은 경우 과세당국은 체납된 세액의 3%에 상당하는 가산금을 징수하였고, 가산금을 포함한 고지세액의 납부기한까지 또 납부하지 않은 경우에는 체납된 세액(가산금은 제외함)의 0.75%(2018. 12.31.까지는 1.2%)에 상당하는 가산금(이것을 중가산금이라고 하였음)을 최대 60개월까지 고지하였는데 이러한 가산금의 성격은 납부불성실 가산세와 비슷한 성격이어서 납세의무자에게 혼란을 발생시킨 점이 있었다.

이에 2020.1.1.부터는 비슷한 제도를 중첩적으로 운영하여 발생하는 납세자의 혼란을 완화하기 위하여 납세자가 세법에 따른 납부기한까지 세금을 완납하지 아니한 경우에 납부고지 전에 적용되는 이 법에 따른 납부불성실 가산세와 납부고지 후에 적용되는 국세징수법의 가산금을 일원화하여 국세기본법상 납부지연 가산세로 통일하였는데 이에 대해서 국세기본법 가산세편에서 설명하기로 한다.

제1편
세목별 가산세 사례실무

제2장

법인세 가산세 사례실무

제1절 법인세 사후검증과 법인세의 성실신고

1. 개요

국세청은 2012년 귀속 법인세 신고시부터 매년 국세청 홈페이지에 법인세 사후검증에 대한 안내를 하고 있다. 아래 2.에 열거하고 있는 항목은 국세청이 법인세 신고 후 사후검증 대상자 선정시 중점 검토하는 항목을 소개한 내용이므로 법인세 신고시 실수하지 않도록 각별히 유의하여야 한다.

한편, 국세청의 주요 성실신고 지원 항목을 소개하면 다음과 같다.

주요 성실신고 지원 항목

(1) 납세자 맞춤형 서비스 제공을 통한 자발적 성실신고 지원

- 성실신고 사전지원이 실질적인 납세서비스로 인식될 수 있도록 신고시 유의사항 및 납세자가 놓치기 쉬운 세제혜택 등의 도움자료를 최대한 지원할 예정
  - 2024년 64개 항목, 36만개 법인 → 2025년 67개 항목, 38만개 법인
- 잘못 신고하기 쉬운 사항, 신고사항 · 타 기관으로부터 수집한 자료를 분석하여 '신고 시 유의사항'으로 안내. 특히, 소규모법인에 대해서는 신고시 오류가 잦은 항목을 종합하여 도움자료로 제공
  - 지출증빙 수취내용 분석자료, 법인 신용카드의 사용금액 분석자료, 상품권 구입 자료, 가족인건비 등 자료
- 납세자가 공제 · 감면 등 세제혜택을 놓치지 않도록 개별법인의 특성에 맞는 공제 · 감면 요건 등을 안내하는 '맞춤형 절세 도움말' 제공
- R&D 세액공제 신청에 어려움을 겪는 기업에 세액공제 적정여부를 사전에 확인해주는 R&D 세액공제 사전심사서비스 제공
- 사전안내와 연관되는 세법내용, 최근 주요 개정세법을 개별법인 유형에 따라 맞춤형 안내하는 '세법도우미' 제공
- 납세자가 연도별 수입금액, 과세표준, 산출세액, 소득률 변동 상황을 비교할 수 있도록 종합적인 도움정보 제공
- 오류가 빈번한 분야, 실수하기 쉬운 공제 · 감면 항목 등에 대한 자기검증용 검토서식 제공

(2) 납세자가 편리하고 쉽게 신고할 수 있도록 「법인세 신고도움 서비스」 개선

- 신고도움자료의 안내 내용에 구체적인 정보를 제공하고 신고오류 검증서비스 항목을 확대 제공하여 신고편의 증진
- 간편신고서와 이자소득만 있는 비영리법인 신고서 작성 시 납세자가 어려워하는 세법용어를 설명하는 도움말 제공

· 고용 관련 세액공제를 비교하여 유리한 방법을 선택할 수 있도록 세액공제 모의계산 프로그램을 홈페이지에 게시
· 법인세 신고시 놓치기 쉬운 세제혜택을 업종별 · 유형별 특성에 맞춘 사전안내와 PPT · 동영상 등을 제작하여 제공

(3) 신고지원 항목에 대한 신고반영 여부 정밀 검증

· 신고도움자료 반영 여부를 정밀분석하여 불성실 신고 법인에 대해서는 신고내용확인* 등을 실시할 예정

* 신고도움자료의 반영 여부 등을 검토하여 오류 또는 누락 혐의에 대해 확인

(4) 법인세 공제 · 감면 컨설팅 제도 시행

· 기존 중소기업 세무컨설팅 제도를 '22.8월부터 법인세 공제 · 감면 위주의 컨설팅 제도로 개편하여 확대 제공

구분		내용
신청방법		· 우편, 전자(홈택스), 방문접수(세무서 민원봉사실, 지방청 법인세과) * 홈택스경로 : 신청/제출 〉 일반 신청/제출 〉 일반세무서류신청 〉 민원명 찾기에 '컨설팅' 입력 후 조회하기 〉 '법인세 공제 · 감면 컨설팅 신청'
신청대상		· 세액공제 또는 감면을 적용 받고자 하는 중소기업인 법인사업자
신청범위		· 고용 · 설비투자 등 공제 · 감면을 적용할 수 있는 특정한 사안이 발생한 때에 세액공제 · 감면의 적용 여부, 공제받을 금액 등을 문의(조특법 §10에 따른 연구 · 인력개발비 세액공제는 제외)
신청기한		· 세액공제 · 감면과 관련되는 특정한 거래 또는 행위를 개시하거나 그 의사결정을 한 날의 다음 달 말일까지 · 과거 사업연도에 세액공제 · 감면을 적용받지 못한 부분은 경정청구를 하기 전까지
제출서류	신청서	· 법인세 공제 · 감면 컨설팅 신청서
	첨부서류	· 특정한 행위에 대한 입증자료 또는 의사결정을 한 사실을 입증할 수 있는 자료

(5) 연구 · 인력개발비 세액공제 사전심사제도를 통한 성실신고 지원

· 연구 · 인력개발비 세액공제를 적용받고자 하는 내국인의 신청에 따라 세액공제 적정 여부를 국세청이 사전에 확인해 주는 제도로서 2020.1.1.부터 시행
· 신청인 : 연구 · 인력개발비 세액공제를 적용받고자 하는 내국법인
· 신청방법 및 신청서류

구분	내용
신청방법	· 우편, 전자(홈택스), 방문접수(세무서 민원봉사실, 지방청법인세과) * 홈택스경로 : 신청/제출 〉 신청업무 〉 '연구 · 인력개발비 사전심사 신청
신청대상	· 이미 지출한 비용뿐만 아니라 지출 예정 비용, 전체 비용 중 일부 항목에 대한 신청도 가능하며, 금액 제한 없음 · 여러 연구과제 중 특정 연구과제만 선별하여 신청할 수 있고, 비용 확정 전이더라도 연구개발 활동 해당 여부(기술검토)만 신청할 수 있음
신청기한	· 법인세 과세표준 신고 전 다만, 세액공제 신청 누락분은 경정청구, 수정신고, 기한후 신고 전에 신청 가능

제출서류	신청서	• 연구 · 인력개발비 세액공제 사전심사 신청서
	첨부서류	• ① 연구개발보고서, ② 연구개발비 명세서, ③ 기타 연구개발 관련 서류 등

• 신성장 · 원천기술, 국가전략기술, 일반 연구 · 인력개발비 구분

구 분	정 의	세정지원	검토 기관	
			기술 · 비용 검토	기술 분류
신성장 · 원천기술 연구개발비	조특령 [별표 7]에서 규정한 기술에 대한 연구개발비	• 당기에 지출한 신성장 · 원천 기술 연구개발비의 최대 40% 세액공제	국세청	한국산업기술진흥원
국가전략기술 연구개발비	조특령 [별표 7의 2]에서 규정한 기술에 대한 연구개발비	• 당기에 지출한 국가전략기술 연구개발비의 최대 50% 세액공제		
일반 연구 · 인력개발비	위 연구개발비에 해당하지 않는 연구 · 인력개발비	• ① 당기 지출 연구 · 인력 개발비의 최대 25% • ② 전년 대비 증가한 연구 · 인력개발비의 최대 50% → ①, ② 중 선택하여 적용		–

• (혜택) 신청인이 사전심사 결과에 따라 법인세를 신고한 경우, ① 신고내용 확인대상에서 제외하고, ② 이후 심사결과와 다르게 과세처분된 경우 과소신고가산세 면제

* 단, 심사과정에서 부정확한 서류를 제출하거나, 사실관계의 변경 · 누락 및 탈루 혐의가 있는 경우 제외

• 국세청 홈페이지(www.nts.go.kr)에 제도개요 및 신청서 서식 게재

* 경로 : 국세청 홈페이지 〉 국세신고안내 〉 법인신고안내 〉 법인세 〉 R&D세액공제사전심사제도

국세청은 신고도움자료로 제공한 항목을 중심으로 신고 반영 여부를 분석하여 사후검증을 실시할 예정이므로 불필요한 가산세를 부담하지 않도록 해당 내용에 대한 분석도 실제 법인세 신고시에는 필요한 것으로 보인다.

또한 국세청은 지출증명서류 수취검토서 등 자기검증 서식을 충실하게 작성하여 자발적으로 제출한 경우에는 법인세 사후검증을 최소화하는 등의 혜택도 제공할 예정이다.

2. 사후검증 대비 법인세 신고시 유의할 사항[1)]

1) 원가 과다계상

(1) 정규증빙 수취대상 계정과목에 대한 원가계상 적정 여부(법법 §19)

대차대조표, 손익계산서, 부속명세서의 계정과목 중 정규증빙 수취대상인 임차료, 수수료, 외주비 등에 대해 정규증빙 없이 과다하게 계상한 경우, 관련 비용에 대하여 손금 부인 후 소득귀속에 따라 대표자 상여처분 등

* 붙임의 지출증명서류 수취 검토서식을 활용 · 검토

(2) 법인의 업무목적 이외 신용카드 등 사용 여부(법법 §19)

법인신용카드 · 직불카드 등 사용 자료 중 피부미용실, 성형외과, 해외여행 등 업무와 관련 없는 경비를 복리후생비, 수수료 계정 등으로 회계처리한 비용이 있는 경우 손금부인 후 소득귀속에 따라 대표자 상여처분 등

* 붙임의 신용카드 및 상품권 등 사용내역 검토서식을 활용 · 검토

(3) 상품권 과다 매입 후 법인의 업무목적 이외의 사용 여부(법법 §19 · §25)

법인카드 등으로 상품권을 구입하여 업무목적 이외에 사용하고, 복리후생비, 수수료 계정 등으로 회계처리한 경우 손금부인 후 소득귀속에 따라 대표자 상여처분 등

· 상품권을 접대의 목적으로 사용한 경우에는 기업업무추진비로 계상하고 한도액 시부인 계산하여 한도초과액은 손금불산입 기타사외유출 처분

* 붙임의 신용카드 및 상품권 등 사용내역 검토서식을 활용 · 검토

(4) 실제 근무하지 않는 대표이사 · 주주의 가족에 대한 인건비 계상 여부(법법 §19)

실제로 근로를 제공하지 않는 대표이사 · 주주 등의 가족 등에게 지급한 것으로 처리한 인건비는 손금부인 후 소득귀속에 따라 대표자 상여처분 등

(5) 자료상 등 불성실 납세자와의 거래 적정 여부(법법 §19)

실물 거래 없이 자료상, 세금계산서 발급위반자, 폐업자로부터 세금계산서 등을 수취하여

---

1) 국세청 홈페이지 → 국세신고안내 → 법인세신고안내 → 법인세 → 신고시 유의사항에서 조회가능함.

원가 등에 계상한 경우 관련 비용은 손금부인 후 소득 귀속에 따라 대표자 상여처분 등

⑹ 법인 전환, 세무조사 후 원가 과다계상 여부(법법 §19, 2023년 귀속분부터 제외됨)

- 개인에서 법인으로 전환한 사업자로서 특별한 사유 없이 신고소득률이 동종업종 대비 저조하거나 전년대비 감소한 원인이 원가의 과다계상 및 매출누락인 경우 손금부인 또는 익금산입 후 대표자 상여처분 등
- 세무조사를 받은 후 특별한 사유 없이 신고소득률이 조사를 실시한 사업연도보다 하락한 경우 원가의 과다계상액에 대해 손금부인 후 대표자 상여처분 등

⑺ 보유 중인 주택을 특수관계인이 사용하도록 하게 한 경우(법법 §52 · §27, 2023년 귀속 안내문에 새롭게 안내됨)

- 법인이 취득 · 임차한 주택을 특수관계인(비출자임원 및 소액주주임원, 직원은 제외)과 그 친족 등에게 무상 또는 시가에 미달하는 임대료를 받고 사용하게 한 경우 부당행위계산부인 규정의 적용 여부 검토
- 업무목적과 관련 없이 주택을 보유하여 업무무관자산에 해당하는 경우 관련 유지관리비는 손금에 산입할 수 없음

⑻ 수선비로 계상한 자본적 지출액의 상각범위액 적정 여부(법법 §23, 2022년 귀속 안내문에 추가되었고 2023년 귀속분에서 제외됨)

법인이 감가상각자산을 취득하기 위하여 지출한 금액과 감가상각자산에 대한 자본적 지출에 해당하는 금액을 손비로 계산한 경우 해당 사업연도 소득금액 계산 시 동 금액을 감가상각한 것으로 보아 상각범위액 계산(다만, 개별자산별 수선비 지출액이 600만원 미만, 직전 자산가액의 5% 미만, 3년 미만 단위 주기적 수선을 위한 경우 손비 인정)

⑼ 업무 목적 이외 사용한 경비를 사업소득 지급 등으로 처리 여부(법법 §19)

기업자금을 업무 목적 이외의 용도로 유출하고 지급수수료 등으로 계상한 후 실제 용역을 제공하지 않은 친족 등에게 사업소득을 지급한 것으로 처리하여 사업소득지급명세서를 제출한 경우 손금부인 후 소득귀속에 따라 대표자 상여처분 등

⑽ 보유 중인 고가의 회원권, 레저용 선박을 사주일가가 사적으로 사용한 경우 업무무관 자산 유지관리비의 손금 계상 여부(법법 §19 · §27, 2023년 귀속 안내문에 새롭게 안내됨)

법인이 보유 중인 고가의 종합체육시설이용권 또는 레저용 선박을 사적으로 사용한 경우 관련 비용은 손금불산입

2) 조세특례제한법상 공제 · 감면세액(2022년 귀속 안내문에 추가 · 변경)

중소기업 요건 검토서식, 중소기업에 대한 특별세액감면 검토서식, 연구 · 인력개발비세액공제 검토서식, 고용을 증대시킨 기업에 대한 세액공제 검토서식, 창업중소기업 등에 대한 세액감면 검토서식, 중소기업 고용증가 인원 사회보험료 세액공제 검토서식, 경력단절여성 또는 육아휴직복직자 세액공제 검토서식, 통합투자세액공제 검토서식을 을 활용하여 공제 · 감면 요건을 검토하길 바란다.

⑴ 중소기업 요건 중 실질적 독립성 미충족(조특령 §2)

- (자산총액 5천억원 이상 법인의 자법인) 직전사업연도 자산총액 5천억원 이상인 법인이 주식 등을 30% 보유하고 최다출자자인 법인으로 실질적 독립성 요건을 갖추지 못하였음에도 중소기업 관련 공제 · 감면을 적용
  - (사례) 2023년 사업연도 자산총액 6,500억원 A법인이 40%를 소유한 B법인이 2024년 사업연도에 중소기업특별세액감면을 적용

⑵ 중복지원 배제대상 공제 · 감면 중복 적용(조특법 §127 및 §72)

- (세액감면과 세액공제 중복적용) 동일 사업연도에 중복지원을 받을 수 없는 공제감면을 동시에 적용
  - (사례) 통합투자세액공제와 중소기업특별세액감면 동시에 적용
- (동일 사업장 세액감면 중복적용) 동일 사업장에 중복지원이 안 되는 세액감면을 적용
  - (사례) 중소기업특별세액감면과 수도권 밖 본사이전 감면을 동시에 적용
- (당기순이익 과세법인의 공제 · 감면 적용) 당기순이익에 9%(12%)의 세율을 적용하여 법인세를 신고하는 신용협동조합 등 조합법인이 공제받을 수 없는 공제 · 감면을 적용
  - (사례) 산립조합에서 통합투자세액공제를 적용

(3) 중소기업특별세액감면 적용 오류(조특법 §7, 조특통 6-0…2)

- (감면소득 과다 계산) 감면사업과 관련 없는 이자수익, 자산처분익 등을 감면소득에 포함하여 법인세 감면을 과다하게 적용
  - (사례) 유형자산처분이익 3,150만원을 감면소득에 포함하여 감면 적용
- (감면사업 결손금을 감면소득에 미합산) 감면사업과 관련 없는 이자수익, 자산처분익 등을 제외한 감면소득에 감면사업의 결손금을 합산하지 않아 감면소득을 과다하게 계산
  - (사례) 제조업 · 건설업 겸영 법인이 건설업 관련 결손을 감면소득에 합산하지 않아 감면소득을 과다하게 계산
- (감면업종 착오) 감면 업종을 영위하지 않으나 세액감면을 적용
  - (사례) 음식점업을 영위하는 중소법인이 중소기업특별세액감면 신청
- (감면 한도 초과) 감면세액이 1억원을 초과하거나, 직전연도 대비 고용이 감소하였으나 감면한도를 계산하지 않고 과다 적용
  - (사례) 2023년 대비 2024년 2명 감소로 한도액을 감액 계산(1억원－500만원×2명) 하지 않고 감면 신청

(4) 창업중소기업 등에 대한 세액감면 적용 오류(조특법 §6, 조특령 §5, 조특통 6-0…2)

- (수도권과밀억제권역 기업 감면 착오 적용) 수도권 과밀억제권역 내 창업하였으나, 감면을 적용(2018.5.29. 이후 생계형창업이나 청년 창업인 경우 제외)
  - (사례) 2024년 10월 경기도에 일반 창업하였으나 감면 적용
- (창업 미해당) 법인전환, 폐업 후 재개업, 분할로 사업승계 등 창업에 해당하지 않으나 감면을 신청
  - (사례) 폐업 전의 사업과 같은 종류의 사업(제조업/의류)을 폐업 후(2024.5월) 사업을 다시 개시(2024.7월)하면서 창업 감면 신청
- (감면 업종 착오) 감면 업종을 영위하지 않으나 세액감면을 적용
  - (사례) 도소매업을 영위하는 중소법인이 창업중소기업 감면 신청
- (감면소득 과다 계산) 감면사업과 관련 없는 이자수익, 자산처분익 등을 감면소득에 포함하여 법인세 감면을 과다하게 적용
  - (사례) 감면소득에 이자수익 500만원, 보험차익 2,600만원을 포함하여 감면 적용
- (감면기간 초과 적용) 최초로 소득금액이 발생한 사업연도를 포함하여 6년차(5년을 경과)에 감면을 신청하거나, 과거 6년 전에 이미 감면을 적용받은 이력이 있는 경우 등

감면기간을 초과하여 적용

- (사례) 2018년 사업연도에 창업 후 2019년 사업연도부터 최소 소득이 발생하여 2023년 사업연도까지 감면대상기간이나 2024년 사업연도를 감면 신청

· (청년창업감면법인 중 대표자 변경) 감면 신청법인 중 창업 이후 당초 청년이었던 대표자를 다른 대표자로 변경한 후 감면을 계속 적용

- (사례) 서울에 창업 후 청년 대표자 갑을 청년 을로 변경 후에도 감면 신청

· (감면 미해당 업종으로 변경 또는 추가) 감면 신청법인 중 감면업종이 아닌 업종으로 변경한 경우 등에도 감면을 계속 적용

- (사례) 창업 당시 제조업을 영위하다가 부동산임대업으로 업종 전환한 중소 법인이 창업중소기업 세액감면을 계속 적용

(5) 연구 및 인력개발비 세액공제 적용 오류(조특법 §9, 조특령 §10)

· (연구소 · 전담부서 인정 취소된 법인의 세액공제) 휴 · 폐업 등으로 연구소 및 연구 전담부서의 인정이 취소되었으나, 인정취소일 이후 발생한 비용에 대해 세액공제를 계속 적용

- 휴 · 폐업 등은 자진 인정취소 요청, 기업 폐업, 연구소 및 전담부서 폐쇄, 변경신고 미이행(사유발생일로부터 1년 이내), 연구활동 없는 것으로 과기부장관 인정, 타 법률에 따라 연구개발활동 제한되어 인정취소된 경우를 말함

- (사례) 2024.4월 인정취소 되었으나 2024년 사업연도 발생한 연구개발비 전액을 세액공제 적용

· (지분10% 초과 · 지배주주인 임원에게 지급한 인건비 공제) 법인 총발행주식의 10% 초과 보유한 주주이거나 지배주주인 임원에게 지급한 인건비에 대해 세액공제를 적용

- (사례) 연구업무에 종사하고 있으나 21.5%의 지분을 보유하고 있는 지배주주인 임원 갑에게 지급한 인건비에 대해 세액공제 적용

· (겸직 연구원에게 지급한 인건비 공제) 연구소 및 연구전담부서에 근무하고 있으나 행정사무 등 다른 업무를 겸직하는 직원에게 지급한 인건비에 대해 세액공제를 적용

- (사례) 행정업무를 겸직하고 있는 연구소장에게 지급한 인건비에 대해 세액공제 적용

· (연구소 인정이 직권 취소) 연구소 요건미비 등으로 연구소 및 연구전담부서의 인정이 직권취소 되었으나, 인정취소일이 속하는 과세연도에 발생한 비용에 대해 세액공제를 적용

– (사례) 2024.12.10. 직권취소되었으나 2024.1.1.부터 직권취소일까지 발생한 연구비에 대해 세액공제 적용

• (증가분 방식 적용 오류) 직전 4년간 R&D비용이 발생하지 않아 당기분 방식에 따른 세액공제 적용 대상에 해당하나, 증가분 방식에 따라 세액공제를 적용

– (사례) 2022년 개업한 법인으로 2023년까지 연구인력비가 발생하지 않았으나 2024년에 증가분 방식으로 세액공제 적용

• (사업운영 시스템 개발을 위한 위탁비용을 공제) 판매시점 정보관리 시스템, 전사적 기업자원 관리설비(ERP) 등 사업운영 시스템에 대한 위탁개발비용을 세액공제 적용

– (사례) 제조관리시스템 구입비에 대해 세액공제 적용

(6) 고용감소 법인의 세액공제 적용 오류(조특법 §29의 7, 동법 §12의 2, 동법 §64, 동법 121의 8, 동법 §121의 9, 동법 §121의 17)

• (고용이 감소 후 추가납부 미적용) 고용증대세액공제, 연구개발특구 등 지역특구 감면을 적용 받은 법인 중 공제받은 사업연도 대비 공제받은 다음(다다음) 사업연도에 고용이 감소하였으나 감면분 추가납부 미적용

– (사례) 2022년 사업연도 고용증대세액공제 받은 후 2023년 사업연도에 2022년 사업연도보다 3명 감소하였으나 감면분 추가납부 하지 않음

– 조세특례제한법 §29의 7【고용을 증대시킨 기업에 대한 세액공제】, §12의 2【연구개발특구에 입주하는 첨단기술기업 등에 대한 법인세 등의 감면】, §64【농공단지 입주기업 등에 대한 세액감면】, §121의 8【제주첨단과학기술단지 입주기업에 대한 법인세 등의 감면】, §121의 9【제주투자진흥지구 또는 제주자유무역지역 입주기업에 대한 법인세 등의 감면】, §121의 17【기업도시개발구역 등의 창업기업 등에 대한 법인세 등의 감면】 등

(7) 근로소득증대 세액공제 적용 오류(조특법 §29의 4)

• (고용유지 조건 미충족) 근로소득증대세액공제 당기발생액이 있는 법인 중 당해 대비 직전사업연도 고용이 감소하였음에도 세액공제를 적용

– (사례) 2023년 상시근로자 수가 88.3명이고 2024년 상시근로자 수가 85.2명이나 세액공제 신청

⑻ 본사 등 지방이전 감면 적용 오류(조특법 §63의 2)

- (본사가 수도권인 기업 감면 착오 적용) 본사 지방이전 감면을 적용받은 법인 중 본사가 수도권(서울, 경기, 인천)에 소재함에도 감면을 적용
  - (사례) 2022년 식료품 도소매 영위 법인(중소기업 아님)이 본사를 서울에서 경기도 평택으로 이전하였으나 2022, 2023년 본사이전 감면 신청

⑼ 농업회사법인 감면 적용 오류(조특법 §68)

- (감면기간 초과 적용) 작물재배업 외의 소득 감면을 받은 법인 중 과거 5년 전에 작물재배업 외의 소득으로 감면받은 이력이 있는 경우 등 감면기간(5년)을 초과하여 적용
  - (사례) 2018년에 설립된 법인이 2019년부터 최초로 작물재배업 외 소득이 발생하여 2023년 사업연도까지 감면대상기간이나 2024년 사업연도를 감면 신청
- (감면율 착오 적용) 감면율 50%(최저한세 적용) 적용대상인 작물재배업 외의 소득에 대해 감면율 100%(최저한세 적용 제외)를 적용
  - (사례) 농산물 가공을 통해 발생한 소득에 대해 감면율 100%를 적용
- (보조금을 감면소득에 포함) 보조금 수취 법인으로 감면소득에서 보조금을 제외하지 않고 감면 적용
  - (사례) 생산시설 현대화 보조금을 감면소득에 포함하여 감면 신청
- (유형자산처분이익을 감면소득에 포함) 유형자산처분이익을 계상한 법인으로 감면소득에 유형자산처분이익 포함하여 감면 적용
  - (사례) 유형자산처분이익 720만원을 감면소득에 포함하여 감면 신청

⑽ 농어업경영체 미등록 법인의 세액감면 오류(조특법 §66~68, 2024년 귀속 안내문부터 추가됨)

- (농어업경영체 미등록 법인 배제) 영농 · 영어 · 농업회사법인에 대한 법인세 면제 적용대상은 농어업경영체 육성 및 지원에 관한 법률에 따른 영농 · 영어조합법인, 농업회사법인이었으나
  - 농어업경영체 육성 및 지원에 관한 법률에 따라 농어업경영정보를 등록한 영농 · 영어조합법인, 농업회사법인으로 등록 요건을 규정하여 미등록 법인은 감면대상에 해당하지 않음

⑾ 고용증대세액공제 적용 오류(조특법 §29의 7)

- (청년 고용 감소) 고용증대세액공제 적용 후 청년 등 상시근로자의 고용을 유지하지 못하였으나, 2차, 3차 청년 등 상시근로자 세액공제를 신청
  - (사례) 2022년 사업연도에 청년 수가 15명, 2023년 사업연도에 청년 수가 13명이나 2022년 사업연도 청년 등 2차분 세액공제를 적용

3) 외국납부세액공제

⑴ 외국납부세액공제 한도 초과액에 대한 공제 부인(법법 §57, 법령 §94)

- 과세표준을 계산할 때 손금에 산입된 금액으로서 국외원천소득에 직접 또는 간접으로 대응하는 금액을 국외원천소득에서 차감하지 않고 한도를 계산한 경우 재계산하여 외국납부세액공제 적용 부인
- 국외원천소득 중 조세특례제한법이나 그 밖의 법률에 따라 면제되거나 세액 감면을 적용받은 비율을 차감하지 않은 경우 외국납부세액 공제한도를 재계산하여 공제 과다 금액 부인

⑵ 외국납부세액공제 적용 배제 대상(법법 §57, 법령 §94)

- 외국에서 납부한 세액이 초과이윤세, 기타 법인의 소득 등을 과세표준으로 하여 과세된 세액 등이 아닌 관세, 부가가치세, 영업세(중국) 등인 경우는 외국납부세액공제 대상에서 제외
- 또한, 국제조세조정에 관한 법률 제10조 제1항에 따라 내국법인의 소득이 감액조정된 금액 중 국외특수관계인에게 반환되지 아니하고 내국법인에게 유보되는 금액에 대하여 외국정부가 과세한 금액도 공제대상에서 제외

⑶ 외국납부세액공제 한도 계산방식(법법 §57, 법령 §94)

2015.1.1. 이후 개시하는 사업연도부터 국가별 한도 방식만 허용되며 시행령 개정전 발생한 한도초과액(이월공제액)은 국가별 외국납부세액 또는 국외원천소득에 따라 국가별로 안분한 후 국가별 한도방식에 따라 공제

4) 특수관계인 거래

(1) 특수관계인에 대한 업무무관 가지급금 등 관련 손금부인(법법 §28 · §52, 법령 §88)

- 대여금, 기타채권 등으로 재무제표에 계상된 금액 중 특수관계인에 대한 대여금이 업무무관 가지급금에 해당하는 경우, 관련 인정이자를 익금산입 후 귀속자에 따라 소득처분하고, 지급이자는 손금불산입 후 기타사외유출 처분
- 특수관계가 소멸되는 날까지 회수하지 아니한 업무무관 가지급금에 대하여 대손처리하거나 관련 인정이자 · 지급이자에 대하여 세무조정을 하지 않은 경우, 대손금 손금부인, 인정이자 익금산입 후 귀속자에 따라 소득처분하고 지급이자는 손금불산입 후 기타사외유출 처분
- 특수관계가 소멸되지 않은 경우로서 가지급금의 이자를 이자 발생일이 속하는 사업연도 종료일부터 1년이 되는 날까지 회수하지 아니한 경우, 인정이자 익금산입 후 귀속자에 따라 소득처분
- 대여금, 기타채권 등으로 계상된 금액은 합계표준대차대조표의 차변 합계액 전액에 대하여 업무무관 가지급금 해당 여부를 검토하여 소득처분

(2) 특수관계인 간 거래 등에 대하여 세무조정(법법 §15 · §41 · §52, 2021년 귀속 안내문부터 제외됨)

- 법인이 특수관계 있는 개인으로부터 유가증권(자기주식 포함)을 시가 대비 저가로 매입한 경우 시가와 매입가액의 차액은 익금산입하고 유보처분
- 특수관계인 간 자산의 고 · 저가 양수 · 도, 용역거래시 총공사예정비와 총공사비 누적액 등을 과다 · 과소 계상하여 작업진행률 계산오류로 소득이 과다 · 과소하게 되는 경우에는 부당행위계산 부인으로 세무조정

(3) 임원퇴직금 지급 기준을 초과하는 경우에 대하여 세무조정(법법 §26, 법령 §44, 2021년 귀속 안내문부터 제외됨)

연봉제 전환 등의 사유로 지급되는 임원퇴직금에 대하여 지급기준은 계속 · 반복적으로 적용하여야 하며, 정당한 사유 없이 개인별로 지급 배율을 달리 정하거나 특정임원에게 지급배율을 차별적으로 적용하는 경우에는 손금부인 후 소득귀속에 따라 상여처분

5) 손익 귀속시기

(1) 유가증권평가손실에 대한 손금불산입(법법 §22)

유가증권평가손실은 법인세법에서 별도로 규정한 경우(주식발행법인 파산 등) 이외는 미실현손익으로 손금에 산입할 수 없는 것으로, 결산시 계상한 유가증권평가손실에 대하여 손금불산입(유보) 세무조정

(2) 전기오류수정손실에 대한 손금불산입(법법 §40)

법인세법상 전기의 회계오류로 발생한 전기오류수정손실을 당기에 이익잉여금처분계산서, 손익계산서에 계상한 경우, 손금불산입 후 유보처분

· 권리의무가 확정된 사업연도를 기준으로 손익의 귀속시기를 판단

(3) 주식매수선택권 부여에 대한 손금불산입(법법 §20, 2021년 귀속 안내문부터 제외됨)

기업회계기준은 임직원에게 근무조건에 따라 부여한 주식매수선택권에 대하여 공정가치를 측정하여 용역의 가득기간에 따라 비용처리하도록 하고 있으나 법인세법에서는 주식보상비용(법인세법에서 규정한 성과급 등은 제외)을 잉여금의 처분으로 보아 손금불산입 후 기타처분

6) 부동산 양도차익

(1) 고유목적사업에 사용하지 않은 부동산의 양도차익에 대한 법인세 납부(법법 §3)

비영리법인이 부동산 등 고정자산을 처분일 현재 3년 이상 계속하여 법령 · 정관에 따른 고유목적사업에 직접 사용하지 않은 경우 양도차익은 법인세 과세대상 소득임.

(2) 고유목적사업준비금으로 수익용자산 취득시 법인세 과세(법법 §3 · §29, 2021년 귀속 안내문부터 제외됨)

비영리법인이 수익사업에 사용하던 부동산을 양도하고 설정한 고유목적사업준비금으로 수익용자산을 취득하는 경우에는 고유목적사업준비금을 환입한 것으로 보아 법인세 과세대상 소득에 포함

(3) 비사업용 토지 등을 양도한 경우 토지 등 양도소득에 대한 법인세 추가납부(법법 §55의 2 · §3)

- 2016년부터는 중소기업도 일정 주택 및 비사업용 토지(미등기 토지 등은 양도시기에 관계없이 과세)를 양도한 경우 각사업연도 소득에 대한 법인세 이외에 토지 등 양도소득에 대한 법인세를 추가 납부하여야 함(2015.12.31. 중소기업 과세유예 일몰 종료)
- 토지 등 양도소득에 대한 법인세는 해당 사업연도에 결손금이 발생하거나 이월결손금 잔액이 있는 경우라도 납부하여야 함.

(4) 주택을 양도한 경우 토지 등 양도소득에 대한 법인세 추가 납부(법법 §55의 2)

법령에 열거된 일정한 경우를 제외하고 법인이 주택을 양도한 경우 각 사업연도 소득에 대한 법인세 이외에 토지 등 양도소득에 대한 법인세를 추가 납부하여야 함.

7) 익금산입 및 손금불산입

(1) 자기주식 보유 및 처분이익에 대한 익금산입(법법 §15 · §28)

- 상법을 위배하여 자기주식을 보유한 경우 업무무관자산에 해당하므로 지급이자 손금불산입 세무조정
- 자기주식처분이익은 기업회계상 자본잉여금(기타자본잉여금)으로 처리하도록 하고 있으나, 법인세법상으로는 익금에 해당되는 것으로 자기주식처분이익에 대하여 익금산입 후 기타처분

(2) 해산 등으로 인한 의제배당금액에 대한 익금산입(법법 §16)

- 법인의 해산, 감자, 합병 · 분할 또는 잉여금의 자본전입 등으로 주주에게 귀속되는 이익은 의제배당으로 익금산입 후 배당처분
- 특히, 기업인수 등을 위한 주식취득 후 주식발행 법인의 불균등 감자시 의제 배당 여부를 검토하여 익금산입 후 배당처분

(3) 건설자금이자 등에 대한 손금불산입(법법 §28 · §41, 2022년 귀속 안내문부터 제외됨)

- 사업용 고정자산의 매입 · 제작 · 건설에 소요된 것이 분명한 차입금(특정차입금)에 대한 지급이자 등은 당해 자산의 취득가액에 가산하여야 하므로 지급이자 등을 당기비용으

로 계상한 경우 손금불산입 후 유보처분

- 타법인 주식, 토지 등 사업용 고정자산 취득에 필요한 자금을 조달하면서 금융기관 · 증권사로부터 자문, 컨설팅 용역을 제공받고 발생한 금융자문 수수료는 당해 자산의 취득가액에 가산하여야 하므로 손금 계상한 경우에는 손금불산입 후 유보처분

(4) 국외특수관계인에게 지급한 이자 등에 대한 손금불산입(2022년 귀속 안내문에 추가)

- 세무상 조정소득금액(감가상각비와 순이자비용을 차감하기 전 소득금액) 대비 국외특수관계인에 대한 순이자비용(이자지급총액과 이자수취총액의 차액)이 30%를 초과하는 경우 그 초과분은 손금불산입 후 기타사외유출 처분
- 국외특수관계인과 혼성금융상품(부채 · 자본 성격을 동시에 갖는 금융상품) 거래시 비용공제된 지급이자가 적정기간 내 국외특수관계인이 소재한 국가에서 과세되지 않는 경우 손금불산입 후 기타사외유출 처분

(5) 특허권 등 취득 · 대여 · 양도 관련 익금산입(법법 §15 · §41)

- 법인이 특허권, 실용신안권, 디자인권, 상표권 등을 취득하기 위해 직접 사용된 금액(재료비, 노무비, 무체재산권 설정관련 비용)을 당기 손금으로 계상한 경우 무형자산의 취득에 해당하므로 익금산입 후 유보처분
- 특허권 · 상표권 등을 타인에게 대여하여 발생한 수입수수료 등(전용실시권료, 통상실시권료) 또는 양도금액은 익금에 해당하므로 계상 누락한 경우 익금산입 후 소득귀속에 따라 대표자 상여처분 등

(6) 주택 임대업을 영위하는 법인(법법 §15 · §52)

- 주택을 임대하는 법인이 현금으로 수취한 임대 수입금액 계상을 누락한 경우 익금산입 후 소득귀속에 따라 소득처분
- 특수관계인에게 부동산을 무상임대하는 경우 부당행위계산부인 적용이 될 수 있음

(7) 수입배당금 익금불산입(법법 §18의 2, 2024년 귀속분 안내문에 추가)

- 배당기준일 전 3개월 이내에 취득한 주식 등을 보유함으로써 발생하는 수입배당금에 대해서는 수입배당금 익금불산입 규정을 적용할 수 없음

8) 합병 · 분할(2024년 귀속분 안내문에서 삭제됨)

(1) 합병법인의 자산처분손실 등은 승계사업 소득에서 공제 불가(법법 §45)

합병법인이 보유하던 자산의 처분손실(합병등기일 이후 5년 이내 발생)은 피합병법인으로부터 승계받은 사업에서 발생한 소득금액에서 공제 불가(2012.1.1. 이후 적격합병 또는 적격분할 합병법인에 한함)

- 이 경우 손금에 산입하지 아니한 처분손실은 자산 처분시 각각 합병 전 해당법인의 사업에서 발생한 결손금으로 봄.

또한 적격합병의 경우 합병법인이 피합병법인으로부터 승계 받은 사업과 기타의 사업을 구분경리함에 있어 합병전 이월결손금은 합병전 사업부문에서 발생한 소득에서만 공제

- 피합병법인의 결손금은 피합병법인으로부터 승계받은 사업에서 발생한 소득금액의 범위에서만 합병법인의 각 사업연도의 과세표준을 계산할 때 공제함.

(2) 부동산 임대업을 주업으로 하여 분할하는 경우 적격분할 과세특례 적용 제외(법법 §46, 법령 §82의 2)

부동산 임대업을 주업으로 하는 사업부문을 분할하는 경우, 적격분할 과세특례 적용대상에 해당되지 않으므로 양도손익에 대하여 법인세 납부(2014.2.21. 이후 분할분부터 적용)

9) 비영리법인

(1) 비영리법인의 수익사업 수입금액 누락 등에 대하여 익금산입(법법 §3)

- 노인복지시설에서 제공하는 사회복지사업은 수익사업에 해당하지 않으나 노인전문병원 운영업은 수익사업에 해당함.
- 사업서비스업 중 연구 및 개발업에서 발생하는 수입은 수익사업에 해당하지 않으나 계약 등에 의하여 그 대가를 받고 연구 및 개발용역을 제공하는 경우 수익사업에 해당함.
- 비영리법인이 수익사업을 영위하면서 세금계산서, 계산서 등을 발행하거나 국고보조금 등을 수취한 경우 수익사업 수입금액은 법인세 과세대상에 해당함.

(2) 고유목적사업준비금 설정 한도 등(법법 §29, 법령 §56)

- 비영업대금의 이익이 있는 경우에는 고유목적사업준비금 설정 한도 50% 적용하여, 수익사업 소득금액의 50%를 초과하여 준비금을 설정한 법인이 지출한 인건비에 대해

총급여액 중 8천만원을 초과하는 금액은 원칙적으로 고유목적사업비에 해당하지 않음.

- 2016년부터는 기타 수익사업에서 결손(④)이 발생한 경우 이자소득금액(①), 배당소득금액(②), 복지사업 관련 융자금에서 발생한 이자금액(③)에서 ④를 차감한 금액을 한도[(①+②+③)−④)]로 고유목적사업준비금을 설정하여야 함. 다만, 특별법에 의하여 설립된 공제사업을 영위하는 비영리내국법인은 2017년부터 적용

(3) 당기순이익 과세법인(조합법인 등에 대한 과세특례)의 세무조정(조특법 §72, 조특령 §69)

- 당기순이익은 법인세 등 차감전순이익을 말하며, 일반법인보다 낮은 세율을 적용하는 대신에 각 사업연도소득에 대한 조세특례제한법상 대부분의 조세 혜택은 배제
- 당기순이익 과세를 포기한 경우에는 그 이후 사업연도에 반드시 세무조정에 의하여 법인세를 신고하여야 하고, 기업업무추진비 등에 대하여는 영리법인과 동일하게 세무조정

(4) 고유목적사업준비금 설정대상 법인(법법 §29 및 §56, 2024년 귀속 안내문에 추가됨)

- 법인으로 보는 단체 가운데 법인세법 시행령 제56조 제1항에서 열거하는 단체 외의 기타 단체인 동창회, 종중 등과 같이 공익성이 없는 단체는 고유목적사업준비금 설정대상이 아니므로 해당 법인의 경우 준비금을 손금처리 하지 않도록 안내

10) 기타

(1) 업무용승용차 관련 비용의 손금불산입(법법 §27의 2, 법령 §50의 2)

업무용승용차별로 임직원 전용 자동차보험에 가입하면 운행기록 등을 작성·비치하지 않아도 관련 비용의 일정금액(1,500만원 한도)은 손금으로 인정되며 운행기록 등을 작성한 경우에는 업무사용 비율만큼 추가 인정받을 수 있음.

- 임직원 전용 자동차보험에 미가입한 경우 관련비용 전액 손금불산입

(2) 업무용승용차 관련비용 명세서 불성실 작성(법법 §27의 2)

업무용승용차 관련비용 명세서를 작성하는 경우 다수의 차량을 통합하여 작성하지 않고 각각의 차량별로 차종, 취득가액, 관련비용 등을 기재하여 제출

(3) 업무무관가지급금, 구상채권 등에 대한 대손금 손금불산입(법법 §19의 2)

채무보증으로 인한 구상채권, 업무무관가지급금 등에 대해 대손처리하거나 대손충당금을 설정한 경우 손금불산입 후 유보처분

(4) 수정신고 또는 경정결정 후 이월결손금 등 과다공제 부인(법법 §13)

- 수정신고나 경정결정에 의하여 소득금액이 증가되거나 결손금이 감소된 경우 이후 사업연도의 과세표준을 계산할 때 수정신고 등으로 인하여 감소된 이월결손금은 각 사업연도 소득금액에서 공제
- 기부금한도초과이월액 손금산입, 결손금 소급공제 및 기공제액, 결손 보전액이 있는 경우 차기 이후에 이월결손금 감소액 공제 부인

(5) 장애인고용부담금을 지출한 법인(법법 §21)

2018.2.21. 이후 고용노동부장관에게 신고 · 납부하는 장애인고용부담금은 법인세법 제21조 제5호(법령에 따른 의무의 불이행 또는 금지 · 제한 등의 위반에 대한 제재로서 부과되는 공과금)에 따른 공과금에 해당되어 손금불산입 대상임.

저자주 〈장애인고용부담금이 세무상 손금불산입 대상인지 여부〉

국세청은 장애인고용부담금의 예규(기획재정부법인-145, 2018.2.21.; 사전법령해석법인 2021-432, 2021.5.11.)를 근거로 장애인고용부담금에 대해서 손금불산입하여야 하고 2021년 이후 이미 신고한 법인세 신고내역에 대한 사후검증을 통해서 세금을 추징하였으나 서울행정법원 2022구합65757(2023.5.2. 1심)과 서울고등법원 2023누45325(2023.12.5. 2심)에 따라 장애인 고용부담금이 법령에 따른 의무 불이행에 대하여 부과된 공과금이라고 하더라도 그 의무 불이행에 대한 제재로서 부과된 것이라고 보기 어려우므로 손금산입대상이라고 판결하였다.

다만 아직 대법원 확정판결이 남아 있고 이에 따라 경정청구가 가능할 수도 있으니 해당 판결 결과에 대한 관심이 필요한 것으로 판단된다.

(6) 주주인 임원 등이 사용하는 사택의 관련 비용을 지출한 법인(법법 §27, 법령 §50, 2021년 귀속 안내문에 추가)

해당 법인의 주주등(소액주주등은 제외함)이거나 출연자인 임원 또는 그 친족이 사용하고 있는 사택의 유지비 · 관리비 · 사용료와 이와 관련되는 지출금은 업무와 관련이 없는 지출이므로 손금불산입 대상임.

서식 1 | 지출증명서류 수취 검토서식

1. 표준재무상태표 계정과목별 지출증명서류 수취금액

계정과목			지출증명서류 수취금액						⑩ 수취 제외대상 금액	⑪ 차이 (③-④-⑩)
① 코드	② 과목명	③ 금액	④ 계 (⑤+⑥+⑦ +⑧+⑨)	신용카드 등		⑦ 현금 영수증	⑧ 세금 계산서	⑨ 계산서		
				⑤ 법인	⑥ 개인					
⑫ 소 계										

2. 표준손익계산서 계정과목별 지출증명서류 수취금액

계정과목			지출증명서류 수취금액						㉒ 수취 제외대상 금액	㉓ 차 이 (⑮-⑯-㉒)
⑬ 코드	⑭ 과목명	⑮ 금액	⑯ 계 (⑰+⑱ +⑲+⑳+㉑)	신용카드 등		⑲ 현금 영수증	⑳ 세금 계산서	㉑ 계산서		
				⑰ 법인	⑱ 개인					
㉔ 소 계										

3. 표준손익계산서 부속명세서(제조 · 공사원가 등) 계정과목별 지출증명서류 수취금액

계정과목				지출증명서류 수취금액						㉟ 수취 제외대상 금액	㊱ 차이 (㉘-㉙-㉟)
㉕ 구분	㉖ 코드	㉗ 과목명	㉘ 금액	㉙ 계 (㉚+㉛+㉜ +㉝+㉞)	신용카드 등		㉜ 현금 영수증	㉝ 세금 계산서	㉞ 계산서		
					㉚ 법인	㉛ 개인					
㊲ 소 계											

4. 합계금액

㊳ 합 계(1+2+3)									

(뒤 쪽)

작 성 방 법

※ 각 사업연도에 계상한 자산 · 비용 중 지출증명서류 수취대상 거래가 있는 계정의 금액에서 법인세법 제116조 제2항에 따른 지출증명서류 수취금액을 공제한 차이금액을 작성해야 합니다.

1. 표준재무상태표 계정과목별 지출증명서류 수취금액
   가. 해당 사업연도에 계상한 자산에 대하여 작성합니다.
   나. 계정과목(① ~ ③란) : 해당 사업연도에 추가로 계상한 자산에 대하여 표준재무상태표(별지 제3호의 2 서식)의 각 계정과목별 코드, 계정과목명, 금액(해당 사업연도 취득금액)을 적습니다.
   다. 지출증명서류 수취금액(④ ~ ⑨란) : 각 계정과목별로 신용카드 매출전표등 「법인세법」 제116조 제2항 각 호의 지출증명서류 수취금액을 적습니다. 다만, 개인 신용카드 등(⑥)의 경우에는 법인 업무용으로 사용된 것으로 「법인세법」상 인정되는 것에 한정하여 적습니다.
   라. 수취 제외대상금액(⑩란) : 지출증명서류 수취대상 거래가 아닌 유가증권, 대여금, 이자비용 등 관련 거래금액을 적습니다.(㉒, ㉟ 동일)

2. 표준손익계산서 계정과목별 지출증명서류 수취금액
   가. 해당 사업연도에 계상한 비용에 대하여 작성합니다.
   나. 계정과목(⑬~⑮란) : 해당 사업연도에 계상한 비용에 대하여 표준손익계산서(별지 제3호의 3 서식)의 각 계정과목별 코드, 계정과목명, 금액(손익계산서 금액)을 적습니다.
   다. 지출증명서류 수취금액(⑯~㉑란) : 각 계정과목별로 신용카드 매출전표등 「법인세법」 제116조 제2항 각 호의 지출증명서류 수취금액을 적습니다. 다만, 개인 신용카드 등 (⑱)의 경우에는 법인 업무용으로 사용된 것으로 「법인세법」상 인정되는 것에 한정하여 적습니다.
   라. 표준손익계산서(일반법인용)의 당기총원가(코드 44)의 경우 표준손익계산서부속명세서 각 계정과목별로 "3.표준손익계산서 부속명세서 계정과목별 지출증명서류 수취금액"에 적습니다.

3. 표준손익계산서 부속명세서 계정과목별 지출증명서류 수취금액
   가. 해당 사업연도에 계상한 비용에 대하여 작성합니다.
   나. 구분(㉕란) : 해당 부속명세서에 따라 아래의 코드를 적습니다.

구분	제조	공사	임대	분양	운송	기타
코드	41	42	43	44	45	46

   다. 계정과목(㉕~㉘란) : 해당 사업연도에 계상한 비용에 대하여 "부속명세서[별지 제3호의 3(3) 서식]"의 각 계정과목별 코드, 계정과목명, 금액(부속명세서 금액)을 적습니다.
   라. 지출증명서류 수취금액(㉙~㉞란) : 각 계정과목별로 신용카드 매출전표등 「법인세법」 제116조 제2항 각 호의 지출증명서류 수취금액을 적습니다. 다만, 개인 신용카드 등(㉛)의 경우에는 법인 업무용으로 사용된 것으로 「법인세법」상 인정되는 것에 한정하여 적습니다.

서식 2 | 신용카드 및 상품권 등 사용내역 검토서식

1. 계정과목별 신용카드 사적사용 여부 검토

(단위 : 원)

사용 내역			사적사용 여부 검토				적정 여부	
사용일자	계정과목	금 액	귀속자	사용 내용	금 액	사용구분		
2023.7.20.	교통여비	2,300,000	대표자	국외출장	1,000,000	⑧	Ⓨ	N
			대표자	면세점 지출	1,300,000	④	Y	Ⓝ
소 계								

* 사용구분
① 쇼핑몰 구입 ② 신변잡화 구입 ③ 가정용품 구입 ④ 업무무관 경비 지출
⑤ 개인적 치료 이용 ⑥ 공휴일 사용 ⑦ 기타 사유 ⑧ 업무관련(정상)

2. 상품권 · 기프트카드 · 선불카드 등 사용금액 적정 여부 검토

(단위 : 원)

사용 내역			수령자 검토					적정 여부	
사용일자	계정과목	금 액	수령자 소명가능	성 명	구 분	직 책	금 액		
2023.9.20.	복리후생비	1,000,000	가능	유상무	④	대리	1,000,000	Y	Ⓝ
2023.10.2.	복리후생비	500,000	가능	이직원	②	인턴	500,000	Ⓨ	N
소 계									

* 수령자 구분 항목
① 임원 ② 직원 ③ 주주 ④ 거래처 ⑤ 고객 ⑥ 기타

서식 3 | 가지급금 인정이자 등 세무조정 검토서식

검 토 사 항			적합 여부
가지급금 인정이자 세무조정	특수 관계인	• 특수관계인 해당 여부 – 법령 §2 (정의)	예 / 아니오
	특수 관계인의 가지급금	• 특수관계인의 가지급금 해당 여부 단, 아래의 경우에는 가지급금의 범위에서 제외(법칙 §44) ① 미지급소득에 대한 소득세 대납액 ② 국외투자법인에 종사하는 자의 급여 등 대납액 ③ 우리사주조합에 대여한 주식취득자금 ④ 퇴직금전환금 ⑤ 귀속불분명에 대한 대표자 상여처분에 대한 소득세 대납액 ⑥ 직원에 대한 급료의 가불금·경조사비·학자금 ⑦ 중소기업의 직원에 대한 주택구입 · 전세자금 대여액	예 / 아니오
	적용 이자율	• 당좌대출이자율(원칙 : 가중평균) 적용대상 여부(법령 §89 ③) – 단, 당좌대출이자율을 시가로 선택한 경우에는 3년간 계속하여 적용	예 / 아니오
	가지급금 인정이자	• 적정 인정이자 익금산입 여부(법령 §89 ⑤ · ⑥) – 익금산입 요건 : 시가와 장부상 이자계상액의 차액 ≥ 3억원 또는 시가×5%(법령 §88 ③)	예 / 아니오
미수이자 회수여부		• 특수관계가 소멸되지 아니한 경우로서 가지급금의 이자를 이자 발생일이 속하는 사업연도종료일부터 1년이 되는 날까지 회수하지 아니한 경우 미수이자에 대해 익금산입 소득처분(상여 등) 하였는지 여부(법령 §11 (9))	예 / 아니오
가지급금 회수여부		• 특수관계가 소멸되는 날까지 회수하지 아니한 가지급금에 대해 익금산입 소득처분(상여 등) 여부(법령 §11 (9))	예 / 아니오
지급이자 손금부인		• 법법 §28에 따라 업무무관 가지급금에 대해 지급이자 손금불산입 세무조정을 하였는지 여부	예 / 아니오

서식 4 | 업무무관가지급금 등 지급이자 검토서식

검 토 사 항		적합 여부
대 차 대조표 등 계상현황	• 특수관계인에 대한 대여금을 선급금, 선급수수료 등 타계정으로 회계처리하였는지 여부	예 / 아니오
대 차 대조표 등 계상현황	• 차입금을 표준대차대조표상 선수금, 예수금 등 타계정으로 회계처리하였는지 여부	예 / 아니오
대 차 대조표 등 계상현황	• 지급이자를 표준손익계산서상 임차료, 지급수수료 등 타계정으로 회계처리하였는지 여부	예 / 아니오
손 금 불산입 대 상 지급이자	• 업무무관부동산 등 차입금이자조정명세서상 지급이자에 아래 지급이자가 포함 되었는지 여부 – 금융어음 할인료, 미지급이자, 금융리스료 중 이자상당액, 사채할인발행차금 상각액, 전환사채의 만기보유자에게 지급하는 상환할증금, 회사정리계획인가결정에 의해 면제받은 미지급이자 * 법인세법 집행기준 28-0-2 참조	예 / 아니오
업무무관 가지급금	• 명칭 여하에 불구하고 특수관계인에게 업무와 관련이 없는 자금의 대여액을 '업무무관가지급금'에 포함 하였는지 여부	예 / 아니오
업무무관 가지급금	• 특수관계인과의 거래에서 발생된 외상매출금 등의 회수가 지연되어 해당 매출채권이 실질적인 소비대차로 전환된 것으로 인정되는 경우를 '업무무관가지급금'에 포함 하였는지 여부 * 법인세법 집행기준 28-53-2 참조	예 / 아니오
업무무관 부 동 산	• 법인의 업무에 직접 사용하지 않은 부동산 중 유예기간이 경과한 부동산을 '업무무관부동산'에 포함하였는지 여부	예 / 아니오
업무무관 부 동 산	• 유예기간 중 업무에 직접 사용하지 아니하고 양도한 부동산을 '업무무관부동산'에 포함하였는지 여부 – 다만, 기획재정부령이 정하는 부동산매매업을 주업으로 하는 법인은 제외	예 / 아니오
업무무관 동 산	• 장식 · 환경미화 목적 등으로 여러 사람이 볼 수 있는 공간이 아닌 곳에 있는 서화 · 골동품을 '업무무관동산'에 포함하였는지 여부	예 / 아니오
업무무관 동 산	• 업무에 직접 사용하지 않는 자동차 · 선박 · 항공기를 '업무무관동산'에 포함하였는지 여부	예 / 아니오

서식 5 | 대손금 관련 주요사항 검토서식

	검 토 사 항	적합 여부
대손가능 채권	대손금으로 손금산입한 채권이 「법인세법」 제19조의 2 제2항 각 호의 어느 하나에 해당하지 않는지 여부 ① 채무보증으로 인하여 발생한 구상채권 ⇒ 다만, 다음의 채무보증으로 인한 구상채권은 손금으로 인정 i) 독점규제 및 공정거래에 관한 법률 제10조의 2 제1항 각 호의 어느 하나에 해당하는 채무보증 ii) 금융회사 등(법령 §61 ②)이 행한 채무보증 iii) 법률에 따라 신용보증사업을 영위하는 법인이 행한 채무보증 iv) 대·중소기업 상생협력 촉진에 관한 법률에 따른 위탁기업이 수탁기업협의회의 구성원인 수탁기업에 대하여 행한 채무보증 v) 건설업 및 전기 통신업을 영위하는 내국법인이 건설사업과 직접 관련하여 특수관계인에 해당하지 아니하는 자에 대한 채무보증. 다만, 사회기반시설에 대한 민간투자법 제2조 제7호의 사업시행자 등에 대한 채무보증은 특수관계인에 대한 채무보증을 포함함 ② 대여시점의 특수관계인에 대한 업무무관 가지급금	예 / 아니요
대손사유	법인세법 시행령 제19조의 2 제1항 각 호의 어느 하나에 해당하는 사유로 회수할 수 없는 채권에 해당하는지 여부 ① 상법에 따른 소멸시효가 완성된 외상매출금 및 미수금 ② 어음법에 따른 소멸시효가 완성된 어음 ③ 수표법에 따른 소멸시효가 완성된 수표 ④ 민법에 따른 소멸시효가 완성된 대여금 및 선급금 ⑤ 회생계획인가의 결정 또는 법원의 면책결정에 따라 회수불능으로 확정된 채권 ⑤-2 서민의 금융생활 지원에 관한 법률에 따른 채무조정을 받아 동법 제75조의 신용회복지원협약에 따라 면책으로 확정된 채권 ⑥ 민사집행법 제102조에 따라 채무자 재산에 대한 경매가 취소된 압류채권 ⑦ 물품의 수출 또는 외국에서 용역제공으로 발생한 채권으로서 무역보험법 제37조에 따른 한국무역보험공사로부터 회수불능으로 확인된 채권 ⑧ 채무자의 파산, 강제집행, 형의 집행, 사업의 폐지, 사망, 실종 또는 행방 불명으로 회수할 수 없는 채권 ⑨ 부도발생일부터 6개월 이상 지난 수표 또는 어음상의 채권 및 외상매출금 (중소기업의 외상매출금으로서 부도발생일 이전의 것) 다만, 저당권을 설정하고 있는 경우는 제외함 ⑨-2 중소기업의 외상매출금 및 미수금으로서 회수기일이 2년이상 지난 외상매출금 등. 다만, 특수관계인과의 거래로 인한 외상매출금 등은 제외 ⑩ 민사소송법에 따른 화해, 화해권고결정, 민사조정법§30에 따른 결정, 조정 등에 따라 회수불능으로 확정된 채권 ⑪ 회수기일이 6개월 이상 지난 채권 중 채권가액이 30만원 이하(채무자별 채권가액 합계액 기준)인 채권 ⑫ 금융회사 등의 채권으로 다음 중 어느 하나에 해당하는 채권 i. 금융감독원장이 기획재정부장관과 협의하여 정한 대손처리기준에 따라 금융감독원장으로부터 대손금으로 승인받은 것 ii. 금융감독원장이 i 의 기준에 해당한다고 인정하여 대손처리를 요구한 채권으로 대손금으로 계상한 것 ⑬ 중소기업창업투자회사의 창업자에 대한 채권으로서 중소벤처기업부장관이 기획재정부장관과 협의하여 정한 기준에 해당한다고 인정한 것	예 / 아니요
손금공제 시기	대손금으로 공제한 사업연도가 적정한지 여부 – 대손사유 ①~⑥ : 해당 사유가 발생한 날이 속하는 사업연도 – 대손사유 ⑧~⑬ : 해당 사유가 발생하여 손비로 계상한 날이 속하는 사업연도	예 / 아니요
상각채권 회수	대손금으로 손금산입한 채권을 회수한 경우로서 그 회수한 날이 속하는 사업연도의 익금으로 계상하였는지 여부	예 / 아니요
약정에 의한 채권 포기액	약정에 의하여 채권의 전부 또는 일부를 포기하는 경우에 이를 기부금 또는 기업업무추진비로 보아 적정하게 세무조정 하였는지 여부 다만, 특수관계인 외의 자와의 거래에서 발생한 채권에 대해 불가피하게 포기한 경우로서 객관적으로 정당한 사유가 있는 때에는 손금에 산입	예 / 아니요

서식 6 | 기업업무추진비 관련 주요사항 검토서식

<table>
<tr><th colspan="3">검토 사항</th><th colspan="2">적합 여부</th></tr>
<tr><td>업 무
관련성</td><td colspan="2">• 접대, 교제, 사례 또는 그 밖에 어떠한 명목이든 상관없이 유사한 목적으로 지출한 비용으로서 직·간접적으로 업무와 관련이 있는 자와 업무를 원활하게 진행하기 위하여 지출한 금액인지
－기부금, 광고선전비, 판매부대비용 등과 구분</td><td>예</td><td>아니오</td></tr>
<tr><td>부담
주체</td><td colspan="2">• 주주 또는 출자자나 임원(법인의 회장, 사장, 이사장, 대표이사, 전무이사, 감사 등), 직원이 부담하여야 할 성질의 기업업무추진비를 법인이 지출한 것은 기업업무추진비로 보지 않음(법령 §40 ①)</td><td>예</td><td>아니오</td></tr>
<tr><td>지출
증명
서류</td><td colspan="2">• 한 차례의 접대에 지출한 기업업무추진비 중 1만원(경조금의 경우 20만원)을 초과하는 기업업무추진비는 신용카드 등, 계산서, 세금계산서, 원천징수영수증의 적격증빙을 수취하였는지(미수취시 한도액에 관계없이 손금불산입)</td><td>예</td><td>아니오</td></tr>
<tr><td rowspan="5">손금
산입
한도액</td><td>기본
한도</td><td>• 기본한도 1,200만원(중소기업의 경우 3,600만원) 계산시 해당 사업연도의 개월 수 검토
－개월 수는 역에 따라 계산하되, 1개월 미만의 일수는 1개월로 함</td><td>예</td><td>아니오</td></tr>
<tr><td>수입
금액별
한도</td><td>• 수입금액별 한도 : 특수관계인과의 거래에서 발생한 수입금액 검토
－해당 사업연도의 수입금액에 다음 표에 규정된 비율을 적용하여 산출한 금액으로 하되, 특수관계인과의 거래에서 발생한 수입금액에 대해서는 그 수입금액에 다음 표에 규정된 비율을 적용하여 산출한 금액의 100분의 10에 상당하는 금액(법법 §25 ④ 2)
<table><tr><th>수입금액</th><th>비율</th></tr><tr><td>100억원 이하</td><td>0.3%</td></tr><tr><td>100억원 초과
500억원 이하</td><td>3천만원+(수입금액－100억원)×0.2%</td></tr><tr><td>500억원 초과</td><td>1억1천만원+(수입금액－500억원)×0.03%</td></tr></table></td><td>예</td><td>아니오</td></tr>
<tr><td>부동산
임대업
주업 법인</td><td>• 다음의 요건을 모두 갖춘 법인의 경우 손금산입한도액의 100분의 50을 초과하는 금액을 손금불산입(법령 §42 ②)
－지배주주 등이 보유한 주식등의 합계가 50% 초과
－부동산임대업이 주된 사업이거나 부동산등의 임대수입, 이자·배당소득이 매출액의 70% 이상
－상시근로자 수가 5명 미만</td><td>예</td><td>아니오</td></tr>
<tr><td>문화
기업업무
추진비</td><td>• 문화 기업업무추진비 지출 검토
－국내 문화관련으로 지출한 기업업무추진비에 대해서는 법인세법상 기업업무추진비한도액의 20% 범위 내에서 추가로 손금산입 가능</td><td>예</td><td>아니오</td></tr>
<tr><td>전통시장
기업업무
추진비</td><td>• 전통시장에서 지출한 기업업무추진비 지출 검토
－전통시장에서 지출한 기업업무추진비에 대해서는 법인세법 기업업무추진비 한도액의 10% 범위 내에서 추가로 손금산입 가능</td><td>예</td><td>아니오</td></tr>
</table>

서식 7 | 업무용승용차 관련비용 주요사항 검토서식

검 토 사 항		적합 여부	
① 업무용 승용차 범 위	○ 개별소비세법 제1조 제2항 제3호에 해당하는 승용자동차에 해당하는지 여부 ※ 제외대상 – 부가가치세법 시행령 제19조 각 호에 해당하는 업종 또는 여신전문금융업법 제2조 제9호에 따른 시설대여업에서 사업상 수익을 얻기 위하여 직접 사용하는 승용자동차 – 한국표준산업분류표 중 장례식장 및 장의관련 서비스업을 영위하는 법인이 소유하거나 임차한 운구용 승용차 – 자동차 관리법 제27조 제1항 단서에 따른 국토교통부장관의 허가를 득한 자율주행자동차	예	아니오
② 관련비용	○ 업무용승용차 관련비용은 적정한지 – 업무용승용차에 대한 감가상각비, 임차료, 유류비, 보험료, 수선비, 자동차세, 통행료 및 금융리스부채에 대한 이자비용 등	예	아니오
③ 업무전용 자동차보험	○ 업무전용 자동차보험에 가입하였는지 여부 – 해당 법인이 업무전용 자동차보험에 가입하지 아니한 경우 전액 손금불인정 * 일부기간 가입 : 가입일수 비율만큼은 손금산입 검토대상에 포함	예	아니오
④ 법인업무용 자동차번호판	○ 국토부 고시 대상 법인 업무용 자동차의 전용번호판 부착여부 – 법인 전용판 부착 대상 차량이 해당 번호판 미부착시 해당 차량 관련비용 전액 손금불인정 * 취득가액 8천만원 이상, 자가 · 리스 · 렌트(대여기간 1년 이상인 경우 한정)	예	아니오
⑤ 업 무 사용금액	○ 운행기록부를 성실하게 작성 · 비치하였는지 여부 – 해당 법인의 사업장 방문, 거래처 방문, 회의 참석, 판촉 활동, 출 · 퇴근 등 실제 업무용 사용여부	예	아니오
	○ 업무전용자동차보험을 가입하고 업무사용비율을 적정하게 계산하였는지 여부	예	아니오
	○ 업무용승용차 관련비용 손금인정 한도액 계산 적정여부 – 보유 · 임차기간에 따른 손금산입 한도액 월할계산 여부 – 해당 사업연도 1년 미만 여부 – 부동산임대업을 주업으로 하는 등 법령§42② 규정 해당 여부	예	아니오
⑥ 감가상각비 (상 당 액)	○ 감가상각비(상당액) 계산 적정여부 – 2016.1.1. 이후 개시하는 사업연도에 취득하는 업무용승용차에 대해 5년 정액법으로 균등 강제 상각 하였는지 – 리스차량 : 리스료 중 보험료 · 자동차세 · 수선유지비를 차감한 잔액 – 렌트차량 : 렌트료의 70%	예	아니오
	○ 감가상각비(상당액) 한도액 계산 적정여부 – 보유 · 임차기간에 따른 손금산입 한도액 월할계산 여부 – 해당 사업연도 1년 미만 여부 – 부동산임대업을 주업으로 하는 등 법령§42② 규정 해당 여부	예	아니오
	○ 감가상각비(상당액) 한도초과액 손금산입 적정여부	예	아니오
⑦ 소득처분	○ 소득처분 적정여부 – 사적 사용이 확인된 법인 소유 업무용 승용차의 감가상각비 등 관련비용은 사용자에게 소득처분	예	아니오
⑧ 매각손실	○ 업무용승용차 처분에 따른 매각손실 발생 여부	예	아니오
	○ 매각손실 한도초과액 손금산입 적정여부	예	아니오

서식 8 | 이월결손금 공제 검토서식

	검 토 사 항	적합 여부
공제 대상	각 사업연도 개시일 전 15년(2008.12.31. 이전에 개시한 사업연도 발생분은 5년, 2009년부터 2019년까지 사업연도 발생분은 10년) 이내 발생한 결손금에 해당하는지 여부	예 / 아니오
기공제 여부	상기 결손금이 다음 사유 등으로 과세표준계산에 있어 공제한 것에 해당하지 않는지 여부 ① 결손금소급공제 신청에 따라 소급공제받은 결손금 ② 당기 전에 각 사업연도의 과세표준 계산을 할 때 공제한 이월결손금 ③ 무상으로 받은 자산의 가액 및 채무의 면제 또는 소멸로 인한 부채의 감소액으로 충당된 이월결손금	예 / 아니오
수정 (경정) 여부	결손금이 발생한 사업연도에 대하여 수정신고 또는 경정 등으로 인해 이월결손금이 감소하지 않았는지 여부	예 / 아니오
공제 금액	다음에 해당하는 금액을 한도로 이월결손금으로 공제하였는지 여부 ① 조세특례제한법 §5 ①에 따른 중소기업과 회생계획을 이행중인 기업 등* : 각 사업연도 소득의 100분의 100 * i) 「채무자 회생 및 파산에 관한 법률」 §245에 따라 법원이 인가결정한 회생계획을 이행 중인 법인 ii) 「기업구조조정 촉진법」 §14 ①에 따라 기업개선계획의 이행을 위한 약정을 체결하고 기업개선계획을 이행 중인 법인 iii) 해당 법인의 채권을 보유하고 있는 「금융실명거래 및 비밀보장에 관한 법률」 §2 (1)에 따른 금융회사 등과 경영정상화계획의 이행을 위한 협약을 체결하고 경영정상화계획을 이행 중인 법인 iv) 유동화자산을 기초로 「자본시장과 금융투자업에 관한 법률」에 따른 증권을 발행하거나 자금을 차입할 목적으로 설립된 법인으로서 법에 정한 요건을 갖춘 법인 v) 유동화전문회사 등 「법인세법」 §51의 2 ① 각 호의 어느 하나에 해당하는 내국법인 vi) 기업활력제고를 위한 특별법§10에 따른 사업재편계획승인을 받은 법인 vii) 조특법 §74 ①(4, 5, 6호 제외) 또는 ④에 따라 법인의 수익사업에서 발생한 소득을 고유목적사업준비금으로 손금에 산입할 수 있는 비영리내국법인 (2024.1.1. 이후 개시사업연도부터) ② ① 외의 내국법인 : 각 사업연도 소득의 100분의 80	예 / 아니오
공제 제한	① 합병 시 이월결손금 공제제한 i) 합병법인의 합병등기일 현재 이월결손금 : 피합병법인으로부터 승계받은 사업에서 발생한 소득금액에서 공제하지 않았는지 여부 ii) 적격합병에 따라 피합병법인으로부터 승계받은 이월결손금 : 피합병법인으로부터 승계받은 사업에서 발생한 소득금액의 범위를 초과하여 공제하지 않았는지 여부 ② 분할 시 이월결손금 공제제한 i) 분할합병의 상대방법인의 분할등기일 현재 이월결손금 : 분할법인으로부터 승계받은 사업에서 발생한 소득금액에서 공제하지 않았는지 여부 ii) 적격분할에 따라 분할법인 등으로부터 승계받은 이월결손금 : 분할법인 등으로부터 승계받은 사업에서 발생한 소득금액의 범위를 초과하여 공제하지 않았는지 여부 ③ 사업양수 시 이월결손금 공제제한 i) 양수법인의 사업양수일 현재 이월결손금 : 양수법인의 기존 사업부문에서 발생한 소득금액의 범위를 초과하여 공제하지 않았는지 여부 ii) 사업양도 · 양수 계약일 현재 특수관계인간 양수도로서 사업양수일 현재 양도법인의 자산 70%, 순자산의 90% 이상을 이전한 경우 : 이월결손금을 공제하지 않았는지 여부	예 / 아니오

서식 9 | 토지 등 양도소득에 대한 법인세 검토서식

검 토 사 항			적합 여부	
과세대상		• 비사업용 토지(법인이 토지를 소유하는 기간 중 법인세법시행령 §92의 3에서 정하는 기간 동안 법인세법 §55의 2 ② 각 호에 해당하는 토지) • 주택 및 별장(법법 §55의 2 ①, 법령 §92의 2 ②) • 조합원입주권과 분양권(2021.1.1. 이후 양도분부터 적용)	예	아니오
세율		• 비사업용 토지(10%) • 주택 및 별장(2021.1.1. 이후 양도분 20%) • 조합원입주권과 분양권(20%) • 미등기자산(40%)	예	아니오
적용제외		• 2009.3.16.~ 2012.12.31. 기간 중 취득한 자산의 양도소득은 토지 등 양도소득에 대한 과세특례 규정을 적용하지 않음(법률 제9673호 부칙 4조) • 토지를 취득 한 후 법령에 따른 부득이한 사유가 있는 경우는 비사업용 토지로 보지 않을 수 있음(법법 §55의 2 ③, 법령 §92의 11 ③, 법칙 §46의 2 ③)	예	아니오
비과세		• 법인세법 §55의 2 ④, 법인세법시행령 §92의 2 ④ 각 호에 해당하는 경우 * 단, 미등기 토지 등의 양도 시는 과세	예	아니오
비사업용 토지 소유기간 검토		• 지목 본래 용도 외 등으로 사용한 기간이 소유기간별로 아래 ①~②(또는 ③) 모두에 해당하는 경우 비사업용 토지에 해당 (단, 법령 §92의 11 ① 각 호에 해당하는 경우 일정한 기간 동안 법인세법 §55의 2 ② 각 호에 해당하지 아니하는 토지로 보아 비사업용 토지 해당 여부를 판정)	예	아니오
	3년 미만	① 소유기간에서 2년을 차감한 기간을 초과하는 기간 * 단, 소유기간이 2년 미만인 경우 적용 제외 ② 소유기간의 40*(20)%에 상당하는 기간을 초과하는 기간	예	아니오
	3년 이상 ~ 5년 미만	① 소유기간에서 3년을 차감한 기간을 초과하는 기간 ② 양도일 직전 3년 중 1년을 초과하는 기간 ③ 소유기간의 40(20)%에 상당하는 기간을 초과하는 기간	예	아니오
	5년 이상	① 양도일 직전 5년 중 2년을 초과하는 기간 ② 양도일 직전 3년 중 1년을 초과하는 기간 ③ 소유기간의 40(20)%에 상당하는 기간을 초과하는 기간	예	아니오
양도소득 계산		• 토지 등 양도소득(법법 §55의 2 ⑥) = 양도금액 - 양도당시의 장부가액 * 단, 비영리법인이 1990.12.31. 이전 취득한 토지는 법법 §55의 2 ⑥ 참조 • 2 이상의 토지 등을 양도 시 법법 §55의 2 ⑥에 따른 계산금액을 합산	예	아니오
양도소득 귀속시기		• 일반적인 양도시기 및 취득시기는 법령 §68 ① 규정을 준용 • 장기할부조건(법령 §68 ④)의 경우 법령 §68 ① 3 규정에 의함	예	아니오

서식 10 | 성실신고 확인제도 주요사항 검토서식

<table>
<tr><th colspan="2">검 토 사 항</th><th>적합 여부</th></tr>
<tr><td rowspan="3">대상
요건</td><td>① 다음의 소규모 법인 요건에 모두 해당하는 법인
i) 부동산 임대업을 주된 사업으로 하거나 이자 · 배당 · 부동산(권리) 임대소득 합계액이 매출액의 70% 이상인 법인
ii) 해당 사업연도의 상시근로자* 수가 5인 미만
* 상시근로자는 「근로기준법」에 따라 근로계약을 체결한 내국인 근로자로서 다음에 해당하는 근로자는 제외
㉠ 최대주주 또는 최대출자자와 그와 「국세기본법 시행령」 제1조의 2 제1항에 따른 친족관계인 근로자
㉡ 「소득세법 시행령」 제196조 제1항에 따른 근로소득원천징수부에 의하여 근로소득세를 원천징수한 사실이 확인되지 아니하는 근로자
㉢ 근로계약기간이 1년 미만인 근로자. 다만, 근로계약의 연속된 갱신으로 인하여 그 근로계약의 총 기간이 1년 이상인 근로자는 제외함
㉣ 「근로기준법」 제2조 제1항 제8호에 따른 단시간근로자
iii) 지배주주 및 특수관계인의 지분합계가 전체의 50% 초과</td><td rowspan="3">예 / 아니오
(①~③ 중 어느 하나에 해당시 "예")</td></tr>
<tr><td>② 성실신고확인대상인 개인사업자가 법인 전환 후 사업연도 종료일 현재 3년 이내의 법인
* 2018.2.13. 이후 법인 전환하는 분부터 적용</td></tr>
<tr><td>③ ②와 같이 전환한 내국법인이 그 전환에 따라 경영하던 사업을 현물출자 및 사업의 양도에 따라 인수한 다른 내국법인
(전환 후 사업연도 종료일 현재 3년 이내인 경우로서 그 다른 내국법인의 사업연도 종료일 현재 인수한 사업을 계속 경영하는 경우로 한정)
* 2022.1.1. 이후 사업을 인수하는 경우부터 적용
(단, 감사인에 의한 외부감사를 받는 법인과 법인세법 제51조의 2에 따른 유동화전문회사, 조세특례제한법 제104조의 31 제1항에 따른 내국법인은 제출하지 않을 수 있음)</td></tr>
<tr><td rowspan="3">확인서
제출</td><td>① 법인세의 과세표준과 세액을 신고하는 경우에 비치 · 기록된 장부와 증명서류에 의하여 계산한 과세표준의 금액을 세무대리인이 확인하고 작성한 「성실신고확인서」를 제출하였는지 여부</td><td>예 / 아니오</td></tr>
<tr><td>② 「성실신고확인서」를 제출하는 경우 성실신고확인에 직접 사용한 비용의 100분의 60(150만원 한도)에 해당하는 금액을 해당 과세연도의 법인세에서 공제하였는지 여부</td><td>예 / 아니오</td></tr>
<tr><td>③ 성실신고확인 대상인 내국법인이 각 사업연도의 종료일이 속하는 달의 말일부터 4개월 이내에 「성실신고확인서」를 제출하지 않은 경우 법인세 산출세액*의 5%를 가산세로 계산하여 납부할 세액에 가산하였는지 여부
* 토지 등 양도소득에 대한 법인세액 및 투자 · 상생협력촉진을 위한 과세특례를 적용하여 계산한 법인세액은 제외</td><td>예 / 아니오</td></tr>
</table>

서식 11 | 외국납부세액공제 주요사항 검토서식

	검 토 사 항	적합 여부
한도초과액계산	• 세액공제한도 계산은 적정한지 여부 –국외원천소득에서 직·간접 대응 경비 차감 여부 –감면, 면제 국외원천소득 감면비율만큼 차감여부	예 / 아니오
	• 한도초과액의 이월대상금액은 적절하게 계산되었는지 여부	예 / 아니오
	• 관련 세무조정은 적정한지 여부 –세액공제 또는 손금산입 하나만 채택하였는지 (손금산입 선택시 전년이월세액 공제불가) –공제세액에 대한 익금산입 조정은 적정한지	예 / 아니오
	• 실제 납부한(할) 세액인지 여부 –해당국가의 법률에 따라 적법하게 납부한 세금인지 –직접세가 맞는지(간접세 포함여부 검토) –가산세(가산금)가 제외되어 있는지	예 / 아니오
조세조약 적용	• 국가별 소득별 부담 세율과 조약상 제한세율 적용은 타당한지 –조약상 국외원천소득의 과세권이 원천지국에 있는지 여부	예 / 아니오
	• 조약에 간주외국납부세액을 규정하였는지 여부	예 / 아니오
기타적용 요건	• 간접외국납부세액 적용시 해외 자회사지분율 및 보유기간 요건은 충족하는지 여부 –배당확정일(주총 등 의결일) 현재 자회사 지분 25%(해외자원 개발사업 5%) 이상을 6개월 이상 보유하였는지 여부	예 / 아니오
	• 간접외국납부세액 대상세액 및 산식적용은 적정한지 여부 $\text{공제대상 범위액} = \text{외국자회사의 해당 사업연도 법인세액} \times \dfrac{\text{수입배당금액}}{\text{외국자회사의 해당 사업연도 소득금액} - \text{외국자회사의 해당 사업연도 법인세액}}$ – 외국자회사의 해당사업연도 법인세액(②와 ③은 50%) (②, ③의 경우 외국자회사 소재지국에서 국외소득 비과세·면제를 적용 받았거나 적용받을 경우 해당세액 포함) ① 외국자회사가 소재지국에서 납부한 세액 ② 외국자회사가 외국손회사로부터 받는 수입배당금액에 대하여 외국손회사의 소재지국 법률에 따라 납부한 세액 ③ 외국자회사가 제3국의 지점 등에 귀속되는 소득에 대하여 그 제3국에 납부한 세액	예 / 아니오
	• 간접외국납부세액 공제시기는 적정한지 여부 – 자회사로부터 배당을 받은 날이 속하는 사업연도의 법인세 납부시 공제받는 것인지 여부	예 / 아니오

서식 12 | 중소기업 요건 검토서식

<table>
<tr><th colspan="2">검 토 사 항</th><th>적합 여부</th></tr>
<tr><td>업종
기준</td><td>「조세특례제한법 시행령」 제29조 제3항에 규정된 소비성서비스업*을 주된 사업으로 영위하지 않는지 여부
* ① 호텔업 및 여관업(「관광진흥법」에 따른 관광숙박업 제외)
② 주점업(일반유흥주점업, 무도유흥주점업 및 「식품위생법 시행령」 제21조에 따른 단란주점 영업만 해당하되, 「관광진흥법」에 따른 외국인전용 유흥음식점업 및 관광유흥음식점업 제외)</td><td>예 | 아니오</td></tr>
<tr><td>업종별 규모기준</td><td>매출액 요건이 업종별 규모기준에 적합한지 여부
| 주된 업종 | |
| 매 출 액 | 백만원 |
* 중소기업기본법 시행령 [별표1]의 규모기준
* 중소기업기본법 시행령 [별표1]의 개정으로, 새로이
① 중소기업 해당 → 사유발생 사업연도부터 중소기업
② 중소기업 미해당 → 사유발생 사업연도와 그 다음 3개 사업연도까지 중소기업으로 봄
[참고] 2024.11.12.이 속하는 과세연도에 최초로 중소기업에 해당하지 않게 된 사유가 발생하는 경우부터 중소기업 혜택을 받을 수 있는 유예기간이 연장(3년→5년)되며, 코스피 · 코스닥 상장 중소기업은 2년 추가 유예(총 7년)</td><td>예 | 아니오</td></tr>
<tr><td>졸업기준</td><td>자산총액 기준에 적합한지 여부
| 자산총액(5,000억원 미만) | 백만원 |</td><td>예 | 아니오</td></tr>
<tr><td>별도기준</td><td>「독점규제 및 공정거래에 관한 법률」에 따른 공시대상기업집단에 속하는 회사 또는 공시대상기업집단의 소속회사로 편입 · 통지된 것으로 보는 회사에 해당하지 않는지 여부</td><td>예 | 아니오</td></tr>
<tr><td rowspan="2">독립성기준</td><td>자산총액 5천억원 이상인 법인(외국법인 포함)이 지분의 30% 이상을 직접적 또는 간접적으로 소유하면서 최다출자자에 해당하지 않는지 여부</td><td>예 | 아니오</td></tr>
<tr><td>★ 관계기업 충족여부
다른 법인과 출자 관계에 있는 경우, 관계기업간 합산한 전체 매출액이 위 규모기준의 매출액 이내인지 여부</td><td>예 | 아니오</td></tr>
</table>

• 중소기업기본법 시행령 [별표 1] (2017.10.17. 개정)

중소기업의 업종별 매출액 규모 기준

주된 업종별 평균매출액등의 중소기업 규모 기준(제3조 제1항 제1호 가목 관련)

해당 기업의 주된 업종	분류기호	규모 기준
1. 의복, 의복액세서리 및 모피제품 제조업	C14	평균매출액등 1,500억원 이하
2. 가죽, 가방 및 신발 제조업	C15	
3. 펄프, 종이 및 종이제품 제조업	C17	
4. 1차 금속 제조업	C24	
5. 전기장비 제조업	C28	
6. 가구 제조업	C32	
7. 농업, 임업 및 어업	A	평균매출액등 1,000억원 이하
8. 광업	B	
9. 식료품 제조업	C10	
10. 담배 제조업	C12	
11. 섬유제품 제조업(의복 제조업은 제외한다)	C13	
12. 목재 및 나무제품 제조업(가구 제조업은 제외한다)	C16	
13. 코크스, 연탄 및 석유정제품 제조업	C19	
14. 화학물질 및 화학제품 제조업(의약품 제조업은 제외한다)	C20	
15. 고무제품 및 플라스틱제품 제조업	C22	
16. 금속가공제품 제조업(기계 및 가구 제조업은 제외한다)	C25	
17. 전자부품, 컴퓨터, 영상, 음향 및 통신장비 제조업	C26	
18. 그 밖의 기계 및 장비 제조업	C29	
19. 자동차 및 트레일러 제조업	C30	
20. 그 밖의 운송장비 제조업	C31	
21. 전기, 가스, 증기 및 공기조절 공급업	D	
22. 수도업	E36	
23. 건설업	F	
24. 도매 및 소매업	G	
25. 음료 제조업	C11	평균매출액등 800억원 이하
26. 인쇄 및 기록매체 복제업	C18	
27. 의료용 물질 및 의약품 제조업	C21	
28. 비금속 광물제품 제조업	C23	
29. 의료, 정밀, 광학기기 및 시계 제조업	C27	
30. 그 밖의 제품 제조업	C33	
31. 수도, 하수 및 폐기물 처리, 원료재생업(수도업은 제외한다)	E(E36 제외)	
32. 운수 및 창고업	H	
33. 정보통신업	J	
34. 산업용 기계 및 장비 수리업	C34	평균매출액등 600억원 이하
35. 전문, 과학 및 기술 서비스업	M	
36. 사업시설관리, 사업지원 및 임대 서비스업(임대업은 제외한다)	N(N76 제외)	
37. 보건업 및 사회복지 서비스업	Q	
38. 예술, 스포츠 및 여가 관련 서비스업	R	
39. 수리(修理) 및 기타 개인 서비스업	S	
40. 숙박 및 음식점업	I	평균매출액등 400억원 이하
41. 금융 및 보험업	K	
42. 부동산업	L	
43. 임대업	N76	
44. 교육 서비스업	P	

비고

1. 해당 기업의 주된 업종의 분류 및 분류기호는 「통계법」 제22조에 따라 통계청장이 고시한 한국표준산업분류에 따른다.
2. 위 표 제19호 및 제20호에도 불구하고 자동차용 신품 의자 제조업(C30393), 철도 차량 부품 및 관련 장치물 제조업(C31202) 중 철도 차량용 의자 제조업, 항공기용 부품 제조업(C31322) 중 항공기용 의자 제조업의 규모 기준은 평균매출액등 1,500억원 이하로 한다.

서식 13 | 중소기업에 대한 특별세액감면 검토서식

<table>
<tr><th colspan="4">검 토 사 항</th><th colspan="2">적합 여부</th></tr>
<tr><td>중소기업 기준</td><td colspan="3">[서식5] 중소기업 여부 검토표를 충족하는지 여부</td><td>예</td><td>아니오</td></tr>
<tr><td>업종 기준</td><td colspan="3">조특법 §7 ① 1호에 열거된 업종을 영위하는지 여부
작물재배업, 축산업, 어업, 광업, 제조업, 건설업, 도소매업, 출판업, 방송업, 전기통신업, 연구개발업, 광고업, 전문디자인업 등 열거된 업종에 한정</td><td>예</td><td>아니오</td></tr>
<tr><td rowspan="2">소기업 기준</td><td colspan="3" rowspan="2">매출액이 업종별로 「중소기업기본법 시행령」 [별표3] 규모기준 이내인지 여부</td><td>예</td><td>1번 이동</td></tr>
<tr><td>아니오</td><td>2번 이동</td></tr>
<tr><td rowspan="11">감면율</td><td rowspan="7">1번 소기업</td><td rowspan="3">수도권 내</td><td>도매 및 소매업, 의료업, 통관대리 및 관련 서비스업</td><td colspan="2">10%</td></tr>
<tr><td>알뜰주유소(2022년과 2023년만 적용)</td><td colspan="2">20%</td></tr>
<tr><td>제조업 등</td><td colspan="2">20%</td></tr>
<tr><td rowspan="4">수도권 외</td><td>도매 및 소매업, 의료업</td><td colspan="2">10%</td></tr>
<tr><td>통관대리 및 관련 서비스업</td><td colspan="2">15%</td></tr>
<tr><td>알뜰주유소(2022년과 2023년만 적용)</td><td colspan="2">20%</td></tr>
<tr><td>제조업 등</td><td colspan="2">30%</td></tr>
<tr><td rowspan="4">2번 중기업</td><td>수도권 내</td><td>지식기반산업(2023년 귀속부터는 제외),
알뜰주유소(2022년과 2023년만 적용)
〈지식기반산업〉
엔지니어링산업, 전기통신업, 연구개발업, 컴퓨터프로그래밍 · 시스템통합 및 관리업, 영화 · 비디오물 및 방송프로그램제작업, 전문디자인업, 오디오물 출판 및 원판녹음업, 광고물작성업, 소프트웨어 개발 및 공급업, 방송업, 정보서비스업, 서적 · 잡지 및 기타 인쇄물출판업, 창작 및 예술관련 서비스업(자영예술가는 제외), 보안시스템 서비스업</td><td colspan="2">10%</td></tr>
<tr><td rowspan="3">수도권 외</td><td>도매 및 소매업, 의료업</td><td colspan="2">5%</td></tr>
<tr><td>통관대리 및 관련 서비스업</td><td colspan="2">7.5%</td></tr>
<tr><td>알뜰주유소</td><td colspan="2">15%</td></tr>
<tr><td></td><td></td><td></td><td>제조업 등</td><td colspan="2">15%</td></tr>
<tr><td>감면대상 소득</td><td colspan="3">이자수익 · 유가증권처분이익 · 유가증권처분손실 등 감면대상소득에 해당하지 않는 소득이 포함되었는지 여부</td><td>예</td><td>아니오</td></tr>
<tr><td>한도액</td><td colspan="3">감면한도액을 초과하여 적용하지 않았는지 여부
① 해당 과세연도의 상시근로자 수가 직전 과세연도의 상시근로자 수보다 감소한 경우
⇒ 1억원 − 감소한 상시근로자 수×5백만원
② 그 밖의 경우 : 1억원</td><td>예</td><td>아니오</td></tr>
</table>

• 중소기업기본법 시행령 [별표 3] (2017.10.17. 개정)

주된 업종별 평균매출액등의 소기업 규모 기준(제8조 제1항 관련)

해당 기업의 주된 업종	분류기호	규모 기준
1. 식료품 제조업	C10	평균매출액등 120억원 이하
2. 음료 제조업	C11	
3. 의복, 의복액세서리 및 모피제품 제조업	C14	
4. 가죽, 가방 및 신발 제조업	C15	
5. 코크스, 연탄 및 석유정제품 제조업	C19	
6. 화학물질 및 화학제품 제조업(의약품 제조업은 제외한다)	C20	
7. 의료용 물질 및 의약품 제조업	C21	
8. 비금속 광물제품 제조업	C23	
9. 1차 금속 제조업	C24	
10. 금속가공제품 제조업(기계 및 가구 제조업은 제외한다)	C25	
11. 전자부품, 컴퓨터, 영상, 음향 및 통신장비 제조업	C26	
12. 전기장비 제조업	C28	
13. 그 밖의 기계 및 장비 제조업	C29	
14. 자동차 및 트레일러 제조업	C30	
15. 가구 제조업	C32	
16. 전기, 가스, 증기 및 공기조절 공급업	D	
17. 수도업	E36	
18. 농업,임업 및 어업	A	평균매출액등 80억원 이하
19. 광업	B	
20. 담배 제조업	C12	
21. 섬유제품 제조업(의복 제조업은 제외한다)	C13	
22. 목재 및 나무제품 제조업(가구 제조업은 제외한다)	C16	
23. 펄프, 종이 및 종이제품 제조업	C17	
24. 인쇄 및 기록매체 복제업	C18	
25. 고무제품, 및 플라스틱제품 제조업	C22	
26. 의료, 정밀, 광학기기 및 시계 제조업	C27	
27. 그 밖의 운송장비 제조업	C31	
28. 그 밖의 제품 제조업	C33	
29. 건설업	F	
30. 운수 및 창고업	H	
31. 금융 및 보험업	K	
32. 도매 및 소매업	G	평균매출액등 50억원 이하
33. 정보통신업	J	
34. 수도, 하수 및 폐기물 처리, 원료재생업(수도업은 제외한다)	E (E36 제외)	평균매출액등 30억원 이하
35. 부동산업	L	
36. 전문·과학 및 기술 서비스업	M	
37. 사업시설관리, 사업지원 및 임대 서비스업	N	
38. 예술, 스포츠 및 여가 관련 서비스업	R	
39. 산업용 기계 및 장비 수리업	C34	평균매출액등 10억원 이하
40. 숙박 및 음식점업	I	
41. 교육 서비스업	P	
42. 보건업 및 사회복지 서비스업	Q	
43. 수리(修理) 및 기타 개인 서비스업	S	

비고

1. 해당 기업의 주된 업종의 분류 및 분류기호는 「통계법」 제22조에 따라 통계청장이 고시한 한국표준산업분류에 따른다.
2. 위 표 제27호에도 불구하고 철도 차량 부품 및 관련 장치물 제조업(C31202) 중 철도 차량용 의자 제조업, 항공기용 부품 제조업(C31322) 중 항공기용 의자 제조업의 규모 기준은 평균매출액등 120억원 이하로 한다.

서식 14 | 창업중소기업 등에 대한 세액감면 검토서식

<table>
<tr><th colspan="4">검 토 사 항</th><th>적합 여부</th></tr>
<tr><td rowspan="4">대상
요건</td><td colspan="3">① 수도권과밀억제권역 외 지역에서 창업한 중소기업(2018.5.29. 이후 수도권과밀억제권역에서 창업한 청년창업기업과 수입금액 4,800만원(2022년부터 8천만원) 이하 기업 포함)</td><td rowspan="4">예 / 아니오
(감면대상
①~④ 중
어느 하나에
해당시 "예")</td></tr>
<tr><td colspan="3">② 「중소기업창업 지원법」 제6조 제1항에 따라 창업보육센터 사업자로 지정받은 기업</td></tr>
<tr><td colspan="3">③ 「벤처기업육성에 관한 특별조치법」 제2조 제1항에 따른 벤처기업 중 같은 법 제2조의 2 요건(같은 조 제1항 제2호 나목은 제외)을 갖추거나 연구개발비가 당해 과세연도 수입금액의 5% 이상인 법인으로, 창업 후 3년 이내 벤처기업으로 확인받은 기업</td></tr>
<tr><td colspan="3">④ 창업일이 속하는 과세연도와 그 다음 3개 과세연도가 종료 전 에너지신기술 중소기업으로 인증받은 기업</td></tr>
<tr><td>창업
요건</td><td colspan="3">창업에 해당하는지 여부
합병 · 분할 · 현물출자 또는 사업의 양수, 법인 전환, 폐업후 재개업, 사업 확장 및 다른 업종을 추가하는 경우는 창업에 해당하지 않음(조특령 §6 ⑥)</td><td>예 / 아니오</td></tr>
<tr><td>업종
요건</td><td colspan="3">(감면대상 ① 또는 ③ 기업의 경우) 조특법 §6 ③에 열거된 업종에 해당하는지
광업, 제조업, 건설업, 음식점업, 출판업, 방송업, 전기통신업, 연구개발업, 광고업, 전문디자인업 등 열거된 업종에 한정</td><td>예 / 아니오</td></tr>
<tr><td rowspan="11">감면율</td><td rowspan="3">감면대상
①</td><td>가. 2018.5.29. 이후 수도권과밀억제권역 외 지역에서 창업한 청년창업기업(조특령 §5 ①)</td><td>감면율
100%</td><td rowspan="10">예 / 아니오</td></tr>
<tr><td>나. 2018.5.28. 이전 수도권 외 지역에서 창업한 청년창업기업(조특령 §5 ①)의 최초 소득발생 과세연도와 그 다음 과세연도 개시일부터 2년간의 과세연도</td><td>감면율
75%</td></tr>
<tr><td>다. 청년창업기업의 "나"적용 후 그 다음 과세연도 개시일부터 2년간의 과세연도</td><td>감면율
50%</td></tr>
<tr><td rowspan="3">감면대상
①, ②</td><td>라. 2018.5.29. 이후 수도권과밀억제권역 외 지역에서 창업한 수입금액 4천800만원(2022년부터 8천만원) 이하 기업</td><td>감면율
100%</td></tr>
<tr><td>마. 최초 소득발생 과세연도와 그 다음 과세연도 개시일로부터 4년간의 과세연도</td><td rowspan="3">감면율
50%</td></tr>
<tr><td>바. 2018.5.29. 이후 수도권과밀억제권역에서 창업한 수입금액 4천800만원(2022년부터 8천만원) 이하 기업</td></tr>
<tr><td>감면대상
③, ④</td><td>사. 벤처기업 확인일(에너지신기술중소기업 해당일) 이후 최초 소득발생 과세연도와 그 다음 과세연도 개시일로부터 4년간의 과세연도</td></tr>
<tr><td rowspan="2">감면
대상
①~④</td><td>아. 2018.1.1. 이후 창업한 ①~④ 기업으로써 신성장 서비스업 (조특령 §5 ⑪)을 영위하는 기업의 최초 세액감면 과세연도와 그 다음 과세연도 개시일부터 2년간의 과세연도</td><td>감면율
75%</td></tr>
<tr><td>자. "아" 적용 후 그 다음 과세연도 개시일부터 2년간의 과세연도</td><td>감면율
50%</td></tr>
<tr><td>추가
감면</td><td>차. 위 "나", "다", "마", "사", "아", "자"의 감면율에 더하여 전년대비 고용증가율×1/2 감면(업종별 최소고용인원 충족)</td><td>감면율
25~50%</td></tr>
<tr><td colspan="4">* 감면대상, 창업, 업종 요건을 모두 충족한 사업에서 발생한 소득에 대한 법인세 세액감면 적용
* 전체 감면율은 100%를 초과할 수 없음</td></tr>
</table>

서식 15 | 연구·인력개발비세액공제 검토서식

구분	검 토 사 항	적합 여부
대상자	신고 또는 인정받은 연구소나 연구전담부서가 설치되어 있는지 여부	예 / 아니오
공제대상 비용	아래의 연구·인력개발비 공제대상 비용을 지출했는지 여부	예 / 아니오
공제율	일반 연구·인력개발비 세액공제율이 적정한지 여부	예 / 아니오

대상자

신고 또는 인정받은 연구소나 연구전담부서가 설치되어 있는지 여부

연구소	연구전담부서	해당 없음

* 기초연구진흥및기술개발지원에관한법률 §14의 2 ①에 따라 인정받은 연구소 등, 문화산업진흥기본법 §17의 3 ①에 따른 연구소등

공제대상 비용

아래의 연구·인력개발비 공제대상 비용을 지출했는지 여부

분 류	해당 여부
신성장·원천기술[1] 연구개발비	
국가전략기술[2] 연구개발비	
일반[3] 연구·인력개발비	

1) 조특법 §10 ① (1) 및 법령 별표 7의 신성장·원천기술
2) 조특법 §10 ① (2) 및 법령 별표 7의 2 국가전략기술
3) 조특법 §10 ① (3)

(유의사항)
① 연구소 또는 연구전담부서에서 근무하는 직원에 대한 인력개발비로 한정(연구관리 직원 인건비는 제외)
② 다른 업무를 겸직하는 연구원 인건비는 제외
③ 정부 출연금 등을 받아 지출한 R&D비용은 제외
④ 연구전담부서의 연구용 견본품·부품·원재료와 시약류구입비 포함되나 소모품비, 복리후생비는 제외
⑤ 연구전담부서에서 직접 사용하기 위한 컴퓨터하드웨어 또는 소프트웨어 등 연구·시험용 시설의 구입비용은 제외되나 해당 시설의 임차비용은 포함

공제율

일반 연구·인력개발비 세액공제율이 적정한지 여부

1. 신성장·원천기술 연구개발비

중소기업	코스닥상장 중견기업	일반기업
최대 40%(30%+α)	최대 40%(25%+α)	최대 30%(20%+α)

* α : 수입금액 대비 신성장 R&D 비중 × 3배

2. 국가전략기술 연구개발비

중소기업	중견·대기업
최대 50%(40%+α)	최대 40%(30%+α)

* α : 수입금액 대비 국가전략기술 R&D 비중 × 3배

3. 일반 연구·인력개발비(①, ② 중 큰 것)

① 증가분 방식*

중소기업(유예기간 포함)	일반기업
50%	25%(중견기업 40%)

* 직전연도 연구개발비 : (2015년 이후) 직전년도

② 당기분 방식

중소기업 (유예기간 포함)	중견기업 1~3년차	중견기업 4~5년차	중견기업	일반기업
25%	15%	10%	8%	0~2*%

* '0%+최대 2%{(R&D비용/수입금액)×1/2}

서식 16 | 연구·인력개발비세액공제 대상 인건비 검토서식

검 토 사 항		적합 여부
연구업무에 종사하는지 여부	세액공제를 신청한 연구전담요원, 연구보조요원 등이 연구소 또는 전담부서(이하 '연구소등')에서 연구업무에 종사하는 연구요원 및 이들의 연구업무를 직접적으로 지원하는 자 또는 연구개발서비스업에 종사하는 전담요원에 해당하는지 여부	예 / 아니오
	(연구개발과제를 직접 수행하거나 보조하지 않고 행정사무를 담당하는 자를 제외하였는지 여부)	예 / 아니오
	주주인 임원으로서 다음의 어느 하나에 해당하는 자를 제외하였는지 여부 ① 부여받은 주식매수선택권을 모두 행사하는 경우 당해 법인의 총발행 주식의 100분의 10을 초과하여 소유하게 되는 자 ② 당해 법인의 주주로서 「법인세법 시행령」 제43조 제7항에 따른 지배주주등 및 당해 법인의 총발행주식의 100분의 10을 초과하여 소유하는 주주 ③ 위 ②에 해당하는 자(법인을 포함한다)와 특수관계인. 이 경우 「법인세법 시행령」 제2조 제5항 제7호에 해당하는 자가 당해 법인의 임원인 경우를 제외한다	예 / 아니오
겸업 여부	세액공제를 신청한 연구전담요원, 연구보조요원 등이 연구소등의 업무만을 수행하는지 여부 (회사의 수익사업 프로젝트 등과 관련하여 기술영업 등의 일반 매출활동 등을 수행하는 등 연구개발 업무 외 다른 업무를 전혀 수행하지 않는지 여부)	예 / 아니오
연구소등에서 상시근무 여부	세액공제를 신청한 연구전담요원, 연구보조요원 등이 연구소등에 상시적으로 근무하는 것이 – 조직도(연구소 조직도), 인사발령서류(근무부서, 발령일), 연구소 내부 도면 등을 통해 확인되는지 여부	예 / 아니오
인건비 해당 여부	세액공제를 신청한 연구전담요원, 연구보조요원 등에게 지급한 금액이 근로의 대가로서 지급되는 인건비에 해당하는지 여부	예 / 아니오
	다음의 인건비 등을 제외하였는지 여부 ① 「소득세법」 제22조에 따른 퇴직소득에 해당하는 금액 ② 「소득세법」 제29조 및 「법인세법」 제33조에 따른 퇴직급여충당금 ③ 「법인세법 시행령」 제44조의 2 제2항에 따른 퇴직연금등의 부담금 및 「소득세법 시행령」 제40조의 2 제1항 제2호에 따른 퇴직연금계좌에 납부한 부담금	예 / 아니오

서식 17 | 연구·인력개발비 세액공제 대상 위탁 및 공동연구개발 검토서식

검 토 사 항			적합 여부
연구개발용역	과학기술 및 산업디자인 분야의 연구개발 용역을 위탁할 것	○ 연구개발용역 – 위탁하였거나 공동연구개발을 수행한 연구개발활동이 과학기술 및 산업디자인 분야일 것 (전사적 기업자원 관리설비, 판매시점 정보관리 시스템 설비 등 기업의 사업운영 · 관리 · 지원 활동과 관련된 시스템 개발을 위한 위탁비용 제외) – 신성장 R&D의 경우 위탁 및 재위탁의 경우는 국내 소재 연구기업으로 한정 (다만, ① 임상 1상~3상 시험의 경우, 내국법인이 지배하는 국외기업은 위탁의 경우에도 공제 대상) – 서비스R&D는 자체R&D 한정하여 인정(과학기술분야 결합된 서비스R&D의 경우 위탁 · 공동연구개발도 인정)	예 / 아니오
위탁·공동연구개발기업	과학기술 및 산업디자인 분야의 연구 개발 용역을 「조특령」 별표6.1.나.1)에 해당 하는 기관에 위탁(재위탁 포함)할 것	○ 다음의 기관에게 위탁(재위탁 포함) 또는 공동연구 개발함에 따른 비용일 것 – 대학, 전문대학, 국공립연구기관, 정부출연연구기관, 국내외 비영리 법인(부설 연구기관 포함) 국내외 연구기관 – 전담부서등(직접 수행한 부분 한정) 또는 국외기업에 부설된 연구기관 – 연구개발서비스업 영위 기업 또는 영리목적으로 연구개발을 독립적 으로 수행하거나 위탁받아 수행하는 국외 소재 기업 – 산학협력단, 산업기술연구조합, 기술시험 · 검사 및 분석업을 영위하는 기업 – 「산업디자인진흥법」 §4 ② 각 호에 해당하는 기관 (산업디자인 전문회사, 한국디자인진흥원 등) ○ 대학 또는 전문대학에 소속된 조교수 이상인 자에게 과학기술 분야의 연구개발용역을 위탁할 것	예 / 아니오
정부출연금	정부출연금 등으로 지급한 연구 개발비 등 제외	○ 조특령 제9조 ①에 따라 다음의 비용은 연구개발비에서 제외 1. 조특법 제10조의 2에 따른 연구개발출연금등을 지급 받아 연구개발비로 지출하는 금액 2. 국가, 지방자치단체, 공공기관 및 지방공기업으로부터 연구개발 또는 인력개발 등을 목적으로 출연금 등의 자산을 지급받아 연구개발비 또는 인력개발비로 지출하는 금액	예 / 아니오

서식 18 | 고용을 증대시킨 기업에 대한 세액공제 검토서식

<table>
<tr><th colspan="2">검 토 사 항</th><th>적합 여부</th></tr>
<tr><td>대상자</td><td>내국법인에 해당하는지 여부</td><td>예 / 아니오</td></tr>
<tr><td>업종
요건</td><td>소비성서비스업을 제외한 업종을 영위하는지 여부

소비성서비스업(조세특례제한법 시행령 §29 ③)
호텔업 및 여관업(관광진흥법에 따른 관광숙박업은 제외), 주점업(관광진흥법에 따른 외국인전용유흥음식점 및 관광유흥음식점업은 제외)</td><td>예 / 아니오</td></tr>
<tr><td>고용
요건</td><td>상시근로자 수가 증가하였는지 여부

상시근로자수=해당 기간의 매월 말 현재 상시 근로자수의 합 / 해당 기간의 개월 수

<table>
<tr><td>① 상시근로자* 수</td><td>명</td></tr>
<tr><td>② 직전 과세연도 상시근로자 수</td><td>명</td></tr>
<tr><td>③ 증 감(①-②)</td><td>명</td></tr>
</table>
* 상시근로자는 근로기준법에 따라 근로계약을 체결한 근로자로 조세특례제한법 시행령 §23 ⑩ 각호에 해당하는 사람은 제외

① 근로계약기간이 1년 미만인 근로자
② 근로기준법 제2조 제1항 제8호에 따른 단시간근로자
③ 법인세법 시행령 제42조 제1항 각 호의 어느 하나에 해당하는 임원
④ 해당 기업의 최대주주 또는 최대출자자와 그 배우자
⑤ 제4호에 해당하는 자의 직계존비속(배우자 포함) 및 국세기본법 시행령 제1조의 2 제1항에 따른 친족관계인 사람
⑥ 소득세법 시행령 제196조에 따른 근로소득원천징수부에 의하여 근로소득세를 원천징수한 사실이 확인되지 아니하고, 다음 각 목의 어느 하나에 해당하는 금액의 납부사실도 확인되지 아니하는 자
가. 국민연금법 제3조 제1항 제11호 및 제12호에 따른 부담금 및 기여금
나. 국민건강보험법 제69조에 따른 직장가입자의 보험료</td><td>예 / 아니오</td></tr>
<tr><td>공제
금액</td><td>위의 요건을 충족하였을 경우 고용증가인원 1인당 다음 금액을 공제하였는지 여부
(만원)
<table>
<tr><th rowspan="2">구 분</th><th colspan="2">중소기업</th><th rowspan="2">중견기업</th><th rowspan="2">대기업</th></tr>
<tr><th>수도권</th><th>지방</th></tr>
<tr><td>그 외 상시근로자</td><td>700</td><td>770</td><td>450</td><td></td></tr>
<tr><td>청년정규직,
장애인, 60세 이상
근로자 등</td><td>1,100</td><td>1,300</td><td>800</td><td>400</td></tr>
</table>
* 청년정규직 근로자란 15세 이상 29세 이하로서 기간제 · 단시간 근로자, 파견근로자, 청소년유해업소 근무 청소년 등을 제외한 근로자
* 장애인근로자란 「장애인복지법」의 적용을 받은 장애인과 「국가유공자 등 예우 및 지원에 관한 법률」에 따른 상이자</td><td>예 / 아니오</td></tr>
</table>

서식 19 | 중소기업 고용증가 인원 사회보험료 세액공제 검토서식

<table>
<tr><th colspan="3">검 토 사 항</th><th colspan="2">적합 여부</th></tr>
<tr><td>중소기업 기준</td><td colspan="2">[서식5] 중소기업 여부 검토표를 충족하는지 여부</td><td>예</td><td>아니오</td></tr>
<tr><td>고용요건</td><td colspan="2">상시근로자 수가 증가하였는지 여부

상시근로자수 = 해당 기간의 매월 말 현재 상시 근로자수의 합 / 해당 기간의 개월 수

① 상시근로자* 수 | 명
② 직전 과세연도 상시근로자 수 | 명
③ 증 감(①-②) | 명

* 상시근로자는 근로기준법에 따라 근로계약을 체결한 근로자로 다음 각 호의 어느 하나에 해당하는 사람은 제외

① 근로계약기간이 1년 미만인 근로자
② 근로기준법 제2조 제1항 제8호에 따른 단시간근로자
③ 법인세법 시행령 제42조 제1항 각 호의 어느 하나에 해당하는 임원
④ 해당 기업의 최대주주 또는 최대출자자와 그 배우자
⑤ 제4호에 해당하는 자의 직계존비속(배우자 포함) 및 국세기본법 시행령 제1조의 2 제1항에 따른 친족관계인 사람
⑥ 소득세법 시행령 제196조에 따른 근로소득원천징수부에 의하여 근로소득세를 원천징수한 사실이 확인되지 아니하는 사람
⑦ 국민연금, 고용보험, 산업재해보상보험, 국민건강보험, 장기요양보험에 대하여 사용자가 부담하여야 할 부담금 또는 부담료의 납부사실이 확인되지 아니하는 근로자</td><td>예</td><td>아니오</td></tr>
<tr><td rowspan="4">감면율</td><td>①
청년</td><td>15세 이상 29*세 이하인 상시 근로자인 경우
* 병역이행시 현재 연령에서 복무기간(6년 한도)을 차감하여 계산한 연령이 29세 이하인 경우 포함 | 감면율 100%</td><td rowspan="4">예</td><td rowspan="4">아니오</td></tr>
<tr><td>②
경력단절 여성</td><td>해당 기업 또는 해당기업과 동일한 업종의 기업에서 1년 이상 근무한 여성이 결혼 · 임신 · 출산 · 육아 · 자녀교육 사유로 퇴직한 후, 퇴직한 날부터 3년(2022.1.1. 이후 고용부터 2년) 이상 15년 이내에 동종업종기업과 1년 이상 근로계약을 체결한 경우 | 감면율 100%</td></tr>
<tr><td>③
신성장 서비스업</td><td>조특령 §27의 4 ⑤에 따른 신성장서비스업을 주된 사업으로 영위하는 경우 | 감면율 75%</td></tr>
<tr><td>④
이 외 상시근로자</td><td>①, ②, ③ 외 상시 근로자인 경우 | 감면율 50%</td></tr>
</table>

서식 20 | 통합투자세액공제 검토서식

<table>
<tr><th colspan="2">검 토 사 항</th><th colspan="2">적합 여부</th></tr>
<tr><td>대상자</td><td>내국법인에 해당하는지 여부</td><td>예</td><td>아니오</td></tr>
<tr><td>업종
요건</td><td>소비성서비스업을 제외한 업종을 영위하는지 여부

소비성서비스업(조세특례제한법 시행령 §29 ③)
호텔업 및 여관업(관광진흥법에 따른 관광숙박업은 제외), 주점업(관광진흥법에 따른 외국인전용유흥음식점 및 관광유흥음식점업은 제외)</td><td>예</td><td>아니오</td></tr>
<tr><td>공제
대상
자산</td><td>① 기계장치 등 사업용 유형자산에 해당하는지
– 토지, 건축물, 차량, 비품 등은 공제대상 제외(조특령 §21 ②)
② 연구 · 인력개발, 에너지절약 및 환경보전 시설, 업종별 특성을 감안한 필수적인 자산(조특령 §21 ③)에 해당하는지
③ 중소기업 및 중견기업이 취득한 지식재산(특허권 · 실용 신안권 · 디자인권)에 해당하는지(조특령 §21 ③)</td><td>예</td><td>아니오</td></tr>
<tr><td>투자
지역</td><td>수도권과밀억권역 밖 투자에 해당하는지(조특법 §130 ①~②)
〈수도권과밀억제권역에서 투자시 공제 여부〉
<table>
<tr><th colspan="2">구 분</th><th>대체
투자</th><th>증설
투자</th></tr>
<tr><td colspan="2">중 소 기 업</td><td>○</td><td>×1)</td></tr>
<tr><td rowspan="2">그외
기업</td><td>1989.12.31. 이전부터 수도권과밀억제권역에서 계속하여 사업을 경영</td><td>○</td><td>×1)</td></tr>
<tr><td>1990.1.1. 이후 수도권과밀억제권역에서 사업을 개시 또는 이전</td><td>×2)</td><td>×1)</td></tr>
</table>
1) 산업단지 또는 공업지역 내 투자, 방송장비 · 정보통신장비 등의 사업용 고정자산 취득은 공제가능
2) 방송장비 · 정보통신장비 등의 사업용 고정자산 취득은 공제가능</td><td>예</td><td>아니오</td></tr>
<tr><td>공제율</td><td>위의 요건을 충족하였을 경우 기업규모에 따라 정해진 비율에 해당하는 금액을 법인세에서 공제
(%)
<table>
<tr><th rowspan="2">구 분</th><th colspan="3">당기분</th><th rowspan="2">증가분</th></tr>
<tr><th>대</th><th>중견</th><th>중소</th></tr>
<tr><td>일 반</td><td>1</td><td>5(7)</td><td>10(12)</td><td rowspan="2">3(10)</td></tr>
<tr><td>신성장 · 원천기술</td><td>3</td><td>6(8)</td><td>12(14)</td></tr>
<tr><td>국가전략기술</td><td>15</td><td>15</td><td>25</td><td>4(10)</td></tr>
</table>
* 2025.1.1. 이후 최초로 과세표준을 신고하는 경우는 ( )안의 임시투자세액공제율을 적용
** 임시투자세액공제 적용기한이 연장됨. 단, 공제율은 2023.12.31.이 속하는 과세연도 적용 공제율과 상이함</td><td>예</td><td>아니오</td></tr>
</table>

서식 21 | 최저한세 적용 여부 검토서식

<table>
<tr><th colspan="5">검토 사항</th><th colspan="2">적합 여부</th></tr>
<tr><td>제외 대상</td><td colspan="4">조세특례제한법 제72조 제1항을 적용받는 조합법인에 해당하는지 여부</td><td>예</td><td>아니오</td></tr>
<tr><td rowspan="6">최저한 세율</td><td colspan="3">중소기업 및 중소기업 유예(4년간)</td><td>7%</td><td rowspan="6">예</td><td rowspan="6">아니오</td></tr>
<tr><td colspan="3">중소기업 유예기간 이후 1~3년차</td><td>8%</td></tr>
<tr><td colspan="3">중소기업 유예기간 이후 4년차</td><td>9%</td></tr>
<tr><td rowspan="3">일반 기업</td><td rowspan="3">과세 표준</td><td>100억원 이하</td><td>10%</td></tr>
<tr><td>100억원 초과~1천억원 이하</td><td>12%</td></tr>
<tr><td>1천억원 초과</td><td>17%</td></tr>
<tr><td>적용 대상</td><td colspan="4">최저한세가 적용되는 다음의 세액공제 · 감면 등에 해당되는지 여부(조세특례제한법 §132 ①)
① 소득공제, 익금불산입 및 비과세 등
[공장의 대도시 외 지역 이전에 대한 법인세 과세특례, 수도권 밖으로 본사, 공장을 이전하는 기업에 대한 양도차익 이전 등]
② 세액공제
[연구 및 인력개발비에 대한 세액공제(중소기업 제외), 통합투자세액공제, 영상콘텐츠 제작비용에 대한 세액공제, 고용증대 세액공제, 중소기업 사회보험료 세액공제, 전자신고에 대한 세액공제 등]
③ 면제 및 감면
[창업중소기업 등에 대한 세액감면, 중소기업에 대한 특별세액감면, 수도권 밖으로 공장을 이전하는 기업에 대한 세액감면등(수도권 밖으로 이전하는 경우 제외), 농업회사법인에 대한 법인세 면제(작물재배업에서 발생하는 소득외의 소득만 해당), 위기지역 창업기업에 대한 법인세 감면 등 지역특구감면(50% 감면하는 기간만 해당) 등]</td><td>예</td><td>아니오</td></tr>
<tr><td rowspan="2">적용 예외</td><td colspan="4">제주첨단과학기술단지 입주기업 등 지역특구*에 대한 감면 중 100% 감면이 적용되는 기간에 해당하는지
* 기업도시개발구역, 아시아문화중심도시 투자진흥지구, 금융중심지, 첨단의료복합단지 등</td><td>예</td><td>아니오</td></tr>
<tr><td colspan="4">생계형 및 청년 창업중소기업감면 중 100% 감면 또는 창업중소기업 감면 중 고용증가에 따른 추가감면에 해당하는지</td><td>예</td><td>아니오</td></tr>
<tr><td>우선 적용</td><td colspan="4">최저한세 대상으로 열거된 공제 · 감면 등(적용대상 ①~③)에 해당하여 최저한세 우선 적용대상에 해당하는지</td><td>예</td><td>아니오</td></tr>
</table>

서식 22 | 기부금 관련 주요사항 검토서식

<table>
<tr><th colspan="3">검토 사항</th><th colspan="2">적합 여부</th></tr>
<tr><td>손금시기</td><td colspan="2">실제 지출한 사업연도의 손금에 산입하였는지 여부</td><td>예</td><td>아니오</td></tr>
<tr><td>기부금 가액</td><td colspan="2">• 특례기부금, 특수관계인이 아닌 일반기부금 단체인 경우 : 기부했을 때의 장부가액
• 위 외의 경우 : 기부했을 때의 장부가액과 시가 중 큰 금액</td><td>예</td><td>아니오</td></tr>
<tr><td rowspan="2">특례 기부금</td><td>기부금 범위</td><td>• 다음 어느 하나에 해당하는 경우
① 국가 또는 지자체에 무상으로 기증하는 금품의 가액
② 국방헌금과 국군장병위문금품의 가액
③ 천재지변으로 생기는 이재민을 위한 구호금품의 가액
④ 법인세법 제24조 제2항 제1호 라목에 해당하는 기관(병원은 제외)에 시설비·교육비·장학금 또는 연구비로 지출하는 기부금
⑤ 법인세법 제24조 제2항 제1호 라목에 해당하는 병원에 시설비·교육비 또는 연구비로 지출하는 기부금
⑥ 사회복지사업, 그 밖의 사회복지활동의 지원에 필요한 재원을 모집·배분하는 것을 주된 목적으로 하는 비영리법인(대통령령으로 정하는 요건을 충족하는 법인만 해당)으로서 대통령령으로 정하는 바에 따라 기획재정부장관이 지정·고시하는 법인에 지출하는 기부금</td><td>예</td><td>아니오</td></tr>
<tr><td>손금 한도</td><td>• (기준소득금액*
- 이월결손금의 80% 또는 100%) × 50%
* 법인세법 제44조, 제46조 및 제46조의5에 따른 양도손익은 제외하고 특례기부금과 일반기부금을 손금에 산입하기 전의 해당 사업연도의 소득금액</td><td>예</td><td>아니오</td></tr>
<tr><td rowspan="2">일반 기부금</td><td>기부금 범위</td><td>• 사회복지·문화·예술·교육·종교·자선·학술 등 공익성을 고려하여 다음에 해당하는 기부금 (특례기부금은 제외)
① 법인세법 시행령 제39조 제1항 제1호 각목에 해당하는 비영리법인("공익법인등")에 대하여 해당 공익법인 등의 고유목적사업비로 지출하는 기부금
* 다만, 법인세법 시행령 제39조 제1항 제1호 바목에 따른 공익법인지정단체에 지출하는 기부금은 지정일이 속하는 연도의 1월 1일부터 3년간 (지정받은 기간이 끝난 후 2년 이내에 재지정되는 경우에는 재지정일이 속하는 사업 연도의 1월 1일부터 6년간) 지출하는 기부금으로 한정
② 법인세법 시행령 제39조 제1항 제2호 각목의 기부금
③ 법인세법 시행령 제39조 제1항 제4호 각목의 어느 하나에 해당하는 사회복지시설 또는 기관 중 무료 또는 실비로 이용할 수 있는 시설 또는 기관에 기부하는 금품의 가액
④ 법인세법 시행령 제39조 제1항 제6호 각 목의 요건을 모두 갖춘 국제기구로서 기획재정부장관이 지정하여 고시하는 국제기구에 지출하는 기부금부금</td><td>예</td><td>아니오</td></tr>
<tr><td>손금 한도</td><td>• (기준소득금액 - 이월결손금의 80% 또는 100% – 특례기부금 손금산입액– 우리사주조합기부금 손금산입액) × 10%*
* 사회적 기업은 20% 적용</td><td>예</td><td>아니오</td></tr>
<tr><td rowspan="2">우리사주 조합 기부금</td><td>기부금 범위</td><td>• 근로복지기준법에 따른 우리사주조합에 지출하는 기부금</td><td>예</td><td>아니오</td></tr>
<tr><td>손금 한도</td><td>• (기준소득금액 - 이월결손금의 80% 또는 100% – 특례기부금 손금산입액) × 30%</td><td>예</td><td>아니오</td></tr>
<tr><td>비지정 기부금</td><td colspan="2">• 전액 손금불산입 대상</td><td>예</td><td>아니오</td></tr>
</table>

서식 23 | 통합고용세액공제 검토서식

	검 토 사 항	적합 여부
대상자	내국법인에 해당하는지 여부	예 / 아니오
업종 요건	소비성서비스업을 제외한 업종을 영위하는지 여부	예 / 아니오
고용 요건	상시근로자 수가 증가하였는지 여부	예 / 아니오
공제 금액	위의 요건을 충족하였을 경우 고용증가인원 1인당 다음 금액을 공제하였는지 여부	예 / 아니오
추가 공제	직전 과세연도보다 상시근로자 수 감소하지 않은 경우 1인당 다음의 금액을 공제하였는지 여부	

업종 요건

소비성서비스업을 제외한 업종을 영위하는지 여부

> 소비성서비스업(조세특례제한법 시행령 §29 ③)
> 호텔업 및 여관업(관광진흥법에 따른 관광숙박업은 제외), 주점업(관광진흥법에 따른 외국인전용유흥음식점 및 관광유흥음식점업은 제외)

고용 요건

상시근로자 수가 증가하였는지 여부

> 상시근로자수=해당 기간의 매월 말 현재 상시 근로자수의 합 / 해당 기간의 개월 수

① 상시근로자* 수	명
② 직전 과세연도 상시근로자 수	명
③ 증 감(①-②)	명

* 상시근로자는 근로기준법에 따라 근로계약을 체결한 근로자로 조세특례제한법 시행령 §23 ⑩ 각호에 해당하는 사람은 제외

> ① 근로계약기간이 1년 미만인 근로자
> ② 근로기준법 제2조 제1항 제8호에 따른 단시간근로자
> ③ 법인세법 시행령 제42조 제1항 각 호의 어느 하나에 해당하는 임원
> ④ 해당 기업의 최대주주 또는 최대출자자와 그 배우자
> ⑤ 제4호에 해당하는 자의 직계존비속(배우자 포함) 및 국세기본법 시행령 제1조의 2 제1항에 따른 친족관계인 사람
> ⑥ 소득세법 시행령 제196조에 따른 근로소득원천징수부에 의하여 근로소득세를 원천징수한 사실이 확인되지 아니하고, 다음 각 목의 어느 하나에 해당하는 금액의 납부사실도 확인되지 아니하는 자
> 가. 국민연금법 제3조 제1항 제11호 및 제12호에 따른 부담금 및 기여금
> 나. 국민건강보험법 제69조에 따른 직장가입자의 보험료

공제 금액

위의 요건을 충족하였을 경우 고용증가인원 1인당 다음 금액을 공제하였는지 여부

(만원)

구 분	중소기업		중견기업	대기업
	수도권	지방		
그 외 상시근로자	850	950	450	-
청년정규직, 장애인, 60세 이상 근로자 등	1,450	1,550	800	400

* 청년정규직 근로자란 15세 이상 34세 이하로서 기간제 · 단시간 근로자, 파견근로자, 청소년유해업소 근무 청소년 등을 제외한 근로자

* 장애인근로자란 「장애인복지법」의 적용을 받은 장애인과 「국가유공자 등 예우 및 지원에 관한 법률」에 따른 상이자

추가 공제

직전 과세연도보다 상시근로자 수 감소하지 않은 경우 1인당 다음의 금액을 공제하였는지 여부

(만원)

구 분	중소기업	중견기업
정규직근로자, 육아휴직 복귀자	1,300	900

서식 24 | 동일과세연도 공제·감면 중복여부 검토서식

<table>
<tr><th colspan="3">검 토 사 항</th><th colspan="2">적합 여부</th></tr>
<tr><td rowspan="3">중복적용제외</td><td colspan="2">아래의 ① 세액감면과 ② 세액공제 중 하나만 선택하여 적용하는지 여부</td><td>예</td><td>아니오</td></tr>
<tr><td>① 세액감면</td><td>가. 창업중소기업 등에 대한 세액감면
나. 중소기업에 대한 특별세액감면
다. 연구개발특구에 입주하는 첨단기술기업 등에 대한 법인세 등의 감면
라. 중소기업 간의 통합에 대한 양도소득세의 이월과세 등
마. 법인전환에 대한 양도소득세의 이월과세 등
바. 공공기관이 혁신도시 등으로 이전하는 경우 법인세 등 감면
사. 수도권 밖으로 공장을 이전하는 기업에 대한 세액감면
아. 수도권 밖으로 본사를 이전하는 법인에 대한 세액감면
자. 농공단지 입주기업 등에 대한 세액감면
차. 영농조합법인 등에 대한 법인세의 면제 등
카. 영어조합법인 등에 대한 법인세의 면제 등
타. 농업회사법인에 대한 법인세의 면제 등
파. 사회적기업 및 장애인 표준사업장에 대한 법인세 등의 감면
하. 위기지역 창업기업에 대한 법인세 등의 감면
거. 해외진출기업의 국내복귀에 대한 세액감면
너. 제주첨단과학기술단지 입주기업에 대한 법인세 등의 감면
더. 제주투자진흥지구 또는 제주자유무역지역 입주기업에 대한 법인세 등의 감면
러. 기업도시개발구역 등의 창업기업 등에 대한 법인세 등의 감면
머. 아시아문화중심도시 투자진흥지구 입주기업 등에 대한 법인세 등의 감면 등
버. 금융중심지 창업기업 등에 대한 법인세 등의 감면 등
서. 첨단의료복합단지 및 국가식품클러스터 입주기업에 대한 법인세 등의 감면
어. 기회발전특구의 창업기업 등에 대한 법인세 등의 감면</td><td>예</td><td>아니오</td></tr>
<tr><td>② 세액공제</td><td>가. 상생협력을 위한 기금 출연 등에 대한 세액공제
나. 내국법인의 벤처기업 등에의 출자에 대한 과세특례
다. 통합투자세액공제
라. 영상콘텐츠 제작비용에 대한 세액공제
마. 고용창출투자세액공제
바. 중소기업 사회보험료 세액공제(①세액감면의 '나'와 중복 가능)
사. 제3자 물류비용에 대한 세액공제
아. 해외자원개발투자에 대한 과세특례
자. 기업의 운동경기부 등 설치 · 운영에 대한 과세특례
차. 석유제품 전자상거래에 대한 세액공제
카. 금사업자와 스크랩등사업자의 수입금액의 증가 등에 대한 세액공제
타. 금 현물시장에서 거래되는 금지금에 대한 과세특례</td><td>예</td><td>아니오</td></tr>
<tr><td colspan="2" rowspan="2">유의사항</td><td>'① 세액감면'을 선택한 경우 당해연도에 발생한 '② 세액공제'를 이월공제 신청했는지 여부</td><td>예</td><td>아니오</td></tr>
<tr><td>'① 세액감면의 가.창업중소기업 등에 대한 세액감면'중 고용증가에 따른 추가감면을 적용하면서 고용증대세액공제 또는 통합고용세액공제도 적용했는지 여부</td><td>예</td><td>아니오</td></tr>
</table>

서식 25 | 부당행위계산 부인 대상 검토서식

<table>
<tr><th colspan="2">검 토 사 항</th><th colspan="2">적합 여부</th></tr>
<tr><td rowspan="2">적용 대상 법인</td><td>영리·비영리내국법인 및 외국법인 중 국내에 법인세 납세의무가 있는 법인 여부</td><td>예</td><td>아니오</td></tr>
<tr><td>조특법 §72에 따른 당기순이익 과세를 적용받는 조합법인에 해당하지 아니하는 법인</td><td>예</td><td>아니오</td></tr>
<tr><td>특수 관계인 과의 거래</td><td>

• 거래 행위 당시(거래 성립 시기)를 기준으로 특수관계 여부

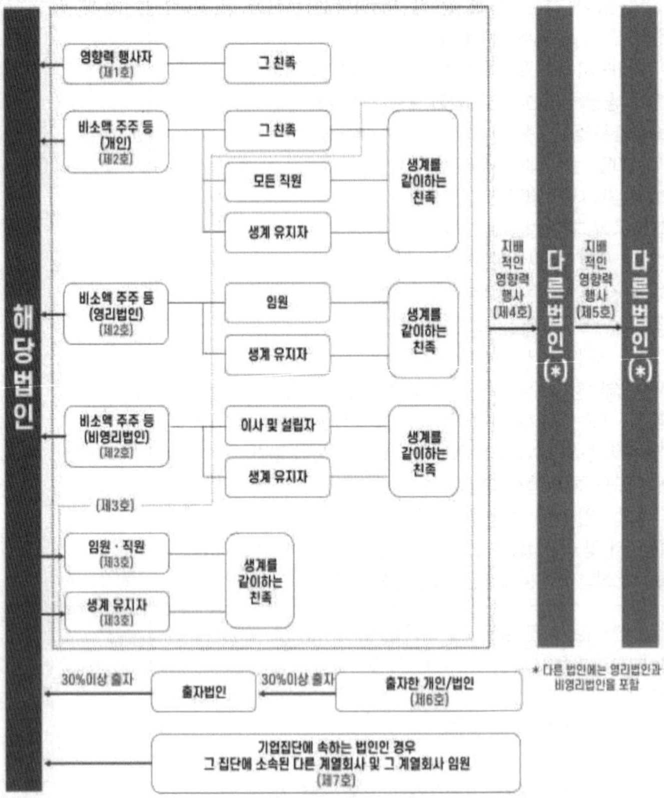

※ 제4호 및 제5호의 '지배적인 영향력을 행사'하고 있는 것으로 보는 경우
① 영리법인인 경우
가. 법인의 발행주식총수 또는 출자총액의 100분의 30 이상을 출자한 경우
나. 임원의 임면권의 행사, 사업방침의 결정 등 법인의 경영에 대하여 사실상 영향력을 행사하고 있다고 인정되는 경우
② 비영리법인인 경우
가. 법인의 이사의 과반수를 차지하는 경우
나. 법인의 출연재산(설립을 위한 출연재산만 해당한다)의 100분의 30 이상을 출연하고 그 중 1인이 설립자인 경우
</td><td>예</td><td>아니오</td></tr>
</table>

검 토 사 항		적합 여부
경제성 합리성 결여	• 해당 거래가 객관적으로 경제적 합리성을 결여한 거래인지 여부 – 법령 §88 ①에 규정한 부당행위계산의 유형에 해당하더라도 그 거래행위가 건전한 사회통념이나 상관에 비추어 경제적 합리성이 있는 경우에는 부당행위계산 부인 미적용	예 / 아니오
조세 부담 감소	• 시가와 거래가액의 차이 발생 여부 (아래 표)	예 / 아니오

구분	세부유형(법령 §88 ①)	기준금액 요건
자산 금전 등의 거래	• 제1호 자산의 고가 매입 또는 현물출자 • 제3호 자산의 무상 · 저가 양도 또는 현물출자 • 제6호 금전, 그 밖의 자산 · 용역을 무상 또는 저가로 대부, 제공 • 제7호 금전, 그 밖의 자산 용역을 고가로 차용, 제공받은 경우	• ㉠ 또는 ㉡ 충족 (단, 주권상장법인이 발행한 주식을 거래한 경우는 기준금액 요건 미적용) ㉠ 시가－거래가액 (또는 거래가액－시가) ≥3억원 ㉡ 시가－거래가액 (또는 거래가액－시가) ≥시가×5%
기타 거래	• 제9호 중 자산, 금전 등의 거래와 유사거래	
자본 거래	• 제8호 특수관계법인간 불공정 합병 (단, 합병대가를 주식 등 외의 재산으로 지급받은 경우에는 이익규모 요건만 적용) • 제8호 불공정 증자 중 신주 저가 고가 발행 & 실권주 미배정 • 제8호 불공정 감자 • 제8호의 2 현물출자에 따른 이익의 분여 중 신주 고가 인수, 법인의 조직변경 등에 따른 이익의 분여	• ㉠ 또는 ㉡ 충족 ㉠ 이익규모 3억원 이상 ㉡ 이익률 30% 이상
	• 제8호의 2 전환사채 등의 주식전환 등에 따른 이익의 분여 중 전환사채 등 인수, 취득 시, 특수관계인에게 양도 시	• ㉠ 또는 ㉡ 충족 ㉠ 이익규모 1억원 이상 ㉡ 이익률 30% 이상
	• 제8호의 2 전환사채 등의 주식전환 등에 따른 이익의 분여 중 전환가능기간 중 전환 · 양도 시* * 단, 전환으로 인수한 주식의 가액보다 높은 가액으로 전환하는 경우에는 기준금액 요건 미적용	• 이익규모 1억원 이상
	그 외 제8호, 제8호의 2	없음
기타 거래	그 외 제9호 거래	없음

서식 26 | 경력단절여성 또는 육아휴직복직자 세액공제 검토서식[2)]

<table>
<tr><th colspan="3">검 토 사 항</th><th>적합 여부</th></tr>
<tr><td colspan="2">대상
요건</td><td>중소기업 또는 중견기업에 해당하는지</td><td>예 / 아니오</td></tr>
<tr><td>공제
대상
①</td><td>경력
단절
여성</td><td>아래의 요건을 충족하는 여성
① 해당 기업 또는 해당 기업과 동일한 업종의 기업에서 1년 이상 근무한 후(근로소득세가 원천징수되었던 사실이 확인되는 경우로 한정) 결혼 · 임신 · 출산 · 육아 및 자녀교육의 사유로 퇴직
② 퇴직한 날부터 3년 이상 15년 미만의 기간이 경과
* 2022.1.1. 이후 고용하는 경우부터 퇴직 후 2년 이상
③ 해당 기업의 최대주주 · 최대출자자 또는 그와 특수관계인이 아닐 것</td><td>예 / 아니오</td></tr>
<tr><td>공제
대상
②</td><td>육아
휴직
복귀자</td><td>아래의 요건을 충족하는 사람
① 해당 기업에서 1년 이상 근무(근로소득세가 원천징수되었던 사실이 확인되는 경우로 한정)
②「남녀고용평등과 일 · 가정 양립 지원에 관한 법률」 제19조 제1항에 따라 육아휴직한 경우로서 육아휴직 기간이 연속하여 6개월 이상
③ 해당 기업의 최대주주 · 최대출자자 또는 그와 특수관계인이 아닐 것</td><td>예 / 아니오</td></tr>
<tr><td colspan="2">공제대상인건비</td><td>근로의 대가로 지급하는 비용으로서 아래 금액 제외
①「소득세법」 제22조에 따른 퇴직소득에 해당하는 금액
②「소득세법」 제29조 및 「법인세법」 제33조에 따른 퇴직급여충당금
③「소득세법 시행령」 제40조의 2 제2호에 따른 퇴직연금계좌에 납부한 부담금 및 「법인세법 시행령」 제44조의 2 제2항에 따른 퇴직연금 등의 부담금</td><td>예 / 아니오</td></tr>
<tr><td colspan="2">공제율</td><td>아래 구분의 해당하는 자에게 지급하는 인건비 중 기업규모에 따라 정해진 비율에 해당하는 금액을 법인세에서 공제
<table><tr><th>구 분</th><th>중소기업</th><th>중견기업</th></tr><tr><td>경력단절여성</td><td rowspan="2">30%</td><td rowspan="2">15%</td></tr><tr><td>육아휴직 복귀자</td></tr></table></td><td>예 / 아니오</td></tr>
</table>

* (경력단절여성) 2022년 12월 31일까지 1년 이상의 근로계약을 체결한 경우에 고용한 날부터 2년이 되는 날이 속하는 달까지 지급한 인건비를 공제

(육아휴직복직자) 2022년 12월 31일까지 복직시키는 경우에 복직한 날부터 1년이 되는 날이 속하는 달까지 지급한 인건비를 공제

---

2) 경력단절여성 또는 육아휴직복직자 세액공제는 2024년 귀속 안내문에서는 삭제되었으나 과세당국의 사후검증기간 등이 남아 있으므로 계속 소개하기로 한다.

제2절 매출누락과 가공경비 관련 법인세 가산세

1. 매출누락 관련 법인세 수정신고와 가산세 사례

사례리스트

1) 매출누락시 법인세 수정신고와 부가가치세 수정신고의 관계
2) 세무서의 매출누락 과세자료 해명자료 안내를 받고 수정신고하는 경우의 가산세
3) 세금계산서 발급분에 대한 매출누락이 된 경우로서 자진 수정신고하는 경우의 가산세
4) 현금매출누락에 대한 세무서의 과세자료 해명 안내에 따른 고지세액 계산 - 상여처분되는 경우
5) 소득금액변동통지서에 대한 추가신고와 납부 - 연말정산 재정산과 원천징수이행상황신고서 추가신고

1) 매출누락시 법인세 수정신고와 부가가치세 수정신고의 관계

일반적으로 법인세 신고시 가장 중요하게 검토하는 내용 중에 하나가 매출누락과 비용과대계상에 관련된 사항이고 과세관청 또한 이에 대한 사후검증을 강화하고 있는 추세로 판단된다.

법정신고기한 이내에 법인세 신고를 잘 마무리한 다음, 법인세 사후검증 또는 법인세 등의 세무조사시 매출누락이나 비용의 과대계상이 발생되면 부가가치세, 법인세 또는 소득세의 연쇄적인 수정신고 또는 추가신고가 발생되므로 세무실무자들은 각 세목에 대한 수정신고 내용뿐만 아니라 세목별 연관성에 대한 부분도 이해하고 있어야 할 것으로 판단된다.

이에 법인세 신고후 과세당국의 사후검증 등을 통해 매출누락이 발생된 경우의 수정분개와 세목별 핵심 업무처리를 나누어서 살펴보면 다음과 같다.

(1) 수정분개 처리

① 전기 매출누락 발견 후 수정신고일

(차) 외상매출금	×××	(대) 전기오류수정이익	×××
		부가가치세예수금	×××

✎ 손익귀속시기의 착오에 당초 전표처리가 대변에 선수금으로 되어 있었다면 선수금을 차감시켜 주는 전표처리가 되어야 하므로 차변에 선수금으로 대체되어야 한다.

✎ 전기 매출누락액에 대한 금액이 법인 내부에 존재하지 않는 경우이거나 동 금액이 수정신고하는 날까지 입금되지 않는 경우라면 동 외상매출금은 업무무관가지급금 성격으로 본다.

② 부가가치세 수정신고 및 납부

(차) 부가가치세예수금	×××	(대) 현금및현금성자산	×××
		잡손실 등	×××

✎ 부가가치세 수정신고시 계산된 가산세는 잡손실, 세금과공과금 또는 전기오류수정손실 등의 계정으로 영업외비용으로 회계처리할 수 있다.

③ 법인세 추가납부세액의 신고 및 납부

(차) 법인세비용	×××	(대) 현금및현금성자산	×××

✎ 전기 이전의 매출누락 연도에 대한 세무조정을 수행하여 발생된 법인세 추가납부세액과 법인세 수정신고시의 가산세를 합한 금액을 법인세비용으로 회계처리한다.

④ 매출누락에 대한 세무조정이 상여처분되는 경우

(차) 세금과공과금	×××	(대) 현금및현금성자산	×××

✎ 매출누락액이 불분명하여 대표자 상여처분이 된 경우로서 대표자 소득세를 대납한 경우의 전표처리이다.

✎ 만약 귀속이 분명하였다면 급여지급시 공제금액에 반영하여 예수금으로 처리하였을 것이며, 납부시에는 차변에 예수금으로 전표처리한다.

(2) 부가가치세 분야

수정신고일을 기준으로 부가가치세 수정신고를 하고 신고불성실 가산세와 납부지연 가산세를 부담한다. 신고불성실 가산세의 가산세율은 일반과소신고분이면 10%, 부정과소신고분이면 40%를 적용하며, 과세표준수정신고서를 제출한 것이 과세표준과 세액을 경정할 것을 미리 알고(해당 국세에 관하여 세무공무원이 조사에 착수한 것을 알고) 제출한 경우에는 가산세 감면대상에서 제외되므로 신고불성실 가산세 감면을 적용받을 수는 없을 것으로 판단된다.

참고로 수정신고시 납부하는 부가가치세 추가납부세액은 손금불산입하고 기타사외유출로 처분한다.

(3) 법인세 분야

수정신고일 기준으로 세무조정과 소득처분을 한다.

(가) 소득처분

우선 매출누락 등의 유형에 따라서 소득처분이 달라지는데 해당 내용을 정리하면 다음과 같다.

① 외상매출금의 매출누락

내국법인이 법인세 수정신고기한 내에 매출누락, 가공경비 등 부당하게 사외유출된 금액을 회수하고 세무조정으로 익금에 산입하여 신고하는 경우의 소득처분은 사내유보로 한다. 다만, 다음의 어느 하나에 해당되는 경우로서 경정이 있을 것을 미리 알고 사외유출된 금액을 익금산입하는 경우에는 유보로 처분하지 않고 귀속자에 따라 상여 등으로 처분한다(법령 §106 ④).

㉠ 세무조사의 통지를 받은 경우
㉡ 세무조사가 착수된 것을 알게 된 경우
㉢ 세무공무원이 과세자료의 수집 또는 민원 등을 처리하기 위하여 현지출장이나 확인업무에 착수한 경우
㉣ 납세지 관할세무서장으로부터 과세자료 해명 통지를 받은 경우
㉤ 수사기관의 수사 또는 재판 과정에서 사외유출 사실이 확인된 경우
㉥ 그 밖에 ㉠부터 ㉤까지의 규정에 따른 사항과 유사한 경우로서 경정이 있을 것을 미리 안 것으로 인정되는 경우

참고 수정신고로 익금산입한 금액을 사내유보로 처리할 수 있는지 여부

내국법인이 매출누락 등에 의한 사외유출금액을 대표자에게 변제할 의무가 있는 가수금과 상계하는 방법으로 세무조사의 통지 전에 사외유출금액을 회수하는 경우, 매출누락 등에 대하여는 사내유보로 소득처분함(서이 46012-10318, 2003.2.12.).

② 현금매출누락 등의 세무조정

각 사업연도의 소득금액 계산상 익금에 산입하는 매출누락액 등의 금액은 다음의 경우를 제외하고는 그 총액(부가가치세 등 간접세를 포함)을 그 귀속자에 따라 상여 등으로 처분한다(법인집행 67-106-11).

㉠ 외상매출금 계상누락

㉡ 매출누락액의 사실상 귀속자가 별도로 부담한 동 매출누락액에 대응하는 원가상당액으로서 부외처리되어 법인의 손금으로 계상하지 아니하였음이 입증되는 금액

③ 매출누락액을 가수금으로 계상한 경우

법인이 매출누락 금액을 가수금 또는 단기차입금으로 처리함으로써 그 상대계정인 현금이 일단 법인에 들어온 것으로 회계처리하였다 하더라도, 그 가수금 채무 등이 당초부터 반제를 예정하지 아니한 명목만의 가공채무라는 등의 특별한 사정이 없는 한, 이미 사외로 유출된 위 가수금 등은 거래의 상대방에게 귀속된 것으로 보아 상여 등으로 소득처분한다(법인집행 67-106-11).

④ 현금매출누락 등의 귀속이 불분명한 경우

현금매출누락 등의 귀속이 불분명한 경우에는 대표자(소액주주등이 아닌 주주 등인 임원 및 그와 특수관계에 있는 자가 소유하는 주식 등을 합하여 해당 법인의 발행주식총수 또는 출자총액의 100분의 30 이상을 소유하고 있는 경우의 그 임원이 법인의 경영을 사실상 지배하고 있는 경우에는 그 자를 대표자로 하고, 대표자가 2명 이상인 경우에는 사실상의 대표자로 함)에게 귀속된 것으로 보아 대표자 상여처분한다(법령 §106 ① 1호).

참고로 귀속이 불분명하여 대표자에게 귀속된 것으로 보아 처분한 경우 당해 법인이 그 처분에 따른 소득세 등을 대납하고 이를 손비로 계상하거나 그 대표자와의 특수관계가 소멸될 때까지 회수하지 아니함에 따라 익금에 산입한 금액은 기타사외유출로 처분한다(법령 §106 ① 3호 아목).

이상의 내용을 간단하게 정리하면 다음과 같다.

구 분	세법상 처리방법
① 외상매출금 누락	외상매출금의 계상누락액(부가가치세 제외금액)에 대하여는 익금산입하고 유보로 처리한다.
② 현금매출누락 등*	익금산입한 매출누락액(부가가치세 포함금액)이 사내에 유보되지 아니하는 한 그 금액을 대표자에 대한 상여로 처분한다.

* 경정이 있을 것을 미리 알고 사외유출된 금액, 매출누락액을 가수금으로 처리하는 경우 포함

㈏ 세무조정

① 전기오류수정이익이 중요한 경우

전기오류수정이익이 중요한 경우에는 전기 이익잉여금의 증가항목으로 전표처리하여 당기 이익잉여금처분계산서의 미처분이익잉여금으로 보고하고 세무조정은 다음과 같다.

구 분	세무조정
매출누락연도	익금산입(유보 등)
수정신고연도	익금산입(기타)* 익금불산입(△유보 등)

* 전기오류수정이익을 전기 이익잉여금의 증가항목으로 전표처리한 경우에는 순자산을 증가시키므로 무조건 익금산입(기타)로 세무조정한 후 익금산입한 금액이 실제로 세법상 익금인지 여부를 확인하여 실제 세법상 익금인 경우라면 추가 세무조정은 불필요하며, 실제 세법상 익금이 아닌 경우라면 익금불산입하고 관련 소득처분을 하는 것이다.

② 전기오류수정이익이 중요하지 않은 경우

전기오류수정이익이 중요하지 않은 경우에는 영업외손익으로 보고하고 세무조정은 다음과 같다.

구 분	세무조정
매출누락연도	익금산입(유보 등)
수정신고연도	익금불산입(△유보 등)

참고로 전기오류수정이익이 중요하든 중요하지 않든 수정신고연도의 법인세 과세표준에 미치는 영향은 동일하며 수정신고일에 추가로 납부하는 법인세 비용(신고불성실 가산세와 납부지연 가산세 포함)에 대해서는 손금불산입하고 기타사외유출로 처분한다.

(4) 원천징수 분야

대표자 상여 등 귀속자에 따라 소득처분된 경우라면 원천징수의무자인 법인은 소득처분에 대한 지급의제일(원천징수일)의 다음달 10일까지 소득처분과 관련된 소득세 원천징수세액을 원천징수하여 관할세무서에 신고 · 납부하여야 하며 관련된 수정 지급명세서도 함께 제출하여야 한다.

소득처분에 대한 지급의제일은 다음과 같다(소법 §131 ②).

구 분	지급의제일
법인의 신고에 의한 소득처분의 경우	법인세 과세표준 신고일 또는 수정신고일
정부의 경정 · 결정 등으로 인한 소득처분의 경우	소득금액변동통지서 수령일

참고로 소득처분된 금액의 귀속시기는 다음과 같다.

소득처분	귀속시기
상여	근로를 제공한 날*1
배당과 기타소득	당해 법인의 결산확정일*2

*1. 법인세 신고시 또는 소득금액변동통지서를 수령하여 상여로 소득처분을 하면 해당 소득자에 대한 연말정산 재정산을 하게 되는데 만약 2025년 귀속분에 대한 상여처분이라면 귀속시기는 2025년 귀속 연말정산 정산연월일 2026.2.로 하여 원천징수 추가신고를 하는 것이다.

*2. 2025년 귀속분에 대한 결산 확정일이 2026.3.20.(실무상 이익잉여금처분계산서의 처분예정일)이라면 2026.3.을 귀속시기로 하여 원천징수 추가신고를 하는 것이다.

(5) 소득세 분야

종합소득 과세표준확정신고기한이 지난 후에 법인세법에 따른 소득처분으로 소득금액에 변동이 발생함에 따라 종합소득 과세표준확정신고 의무가 없었던 자, 세법에 따라 과세표준확정신고를 하지 아니하여도 되는 자 및 과세표준확정신고를 한 자는 다음에 해당하는 날이 속하는 달이 속하는 달의 다음다음달 말일까지 추가신고하면 당초 확정신고기한 내에 적법하게 신고한 것으로 보는 것이며, 이 경우 신고불성실 가산세 적용이 배제되며, 납부까지 하면 납부지연 가산세도 배제한다(소령 §134 ①).

구 분	과세표준 확정신고의 해당하는 날
법인의 신고에 의한 소득처분의 경우	법인세 과세표준 신고일 또는 수정신고일
정부의 경정 · 결정 등으로 인한 소득처분의 경우	소득금액변동통지서 수령일

만약 추가자진신고기한까지 추가신고와 납부를 하지 않는 경우라면 신고불성실 가산세와 납부지연 가산세를 적용하는 것이며 납부지연 가산세의 기산일은 추가자진신고기한의 다음날부터 기산하여 계산한다.

2) 세무서의 매출누락 과세자료 해명자료 안내를 받고 수정신고하는 경우의 가산세

㈜세무는 2023.12.31.에 법인통장에 받은 금액 110,000,000원(부가세 포함금액)을 선수금으로 처리하고 2024년 3월말까지 법인세 신고를 하였다.

2025.8.에 과세당국의 2023년 귀속분 법인세 신고와 관련된 매출누락에 대한 소명자료 확인결과 위의 선수금 금액은 세금계산서를 발급하고 매출로 인식하여야 할 금액으로 확인되었다. 단, 부정한 방법에 의한 누락은 아니다.

㈜세무는 일반기업회계기준을 적용하고 있고 선수금 금액으로 처리한 금액에 대해서는 2025.8.20.에 전자세금계산서를 발급 · 전송하였고 오류 회계처리는 전기오류수정이익(이익잉여금 증가항목)으로 회계처리하여 2025.8.20.에 법인세 등 수정신고를 하려고 한다.

2023.12.31.	2024.3.31.	2025년 8월	2025.8.20.
법인통장 1.1억원 선수금 계상	법인세 신고	선수금은 재화 · 용역 공급분임이 확인됨	세금계산서 발급하고 수정신고함

2024.3.에 신고한 ㈜세무의 법인세 신고내용을 요약하면 다음과 같고 ㈜세무는 당초 신고시 기업업무추진비 한도 초과로 인한 세무조정은 발생하지 않았다.

구 분	금 액
과세표준	200,000,000
산출세액	20,000,000
중간예납세액	5,000,000
차가감납부세액	15,000,000

수정신고와 관련된 일련의 회계처리를 하고 수정신고와 관련된 내용을 부가가치세 분야와 법인세 분야로 나누어서 설명하시오.

(1) 매출누락 수정분개와 세무조정

① 2025년 8월 20일 수정분개

(차) 선수금	110,000,000	(대) 전기오류수정이익	100,000,000
		부가세예수금	10,000,000

✎ 만약, 세금계산서를 발급하고 부가가치세 신고는 한 경우라면 부가세예수금 회계처리를 하지 않고 차변에 선수금 1억원, 대변에 전기오류수정이익 1억원으로 회계처리한다.

② 세무조정

· 2025년도 세무조정 :	익금산입	전기오류수정이익	100,000,000(기타)
	익금불산입	전기매출	100,000,000(△유보)
· 2023년도 세무조정 :	익금산입	매출누락	100,000,000(유보)

✎ 2025년도에는 잉여금이 증가하였으므로 무조건 익금산입(기타)로 처리하고, 2025년도 익금이 아니므로 바로 익금불산입한다.

✎ 2023년도에는 매출누락에 따른 익금산입 세무조정하고 법인세 수정신고를 한다.

(2) 부가가치세 수정신고와 납부

① 부가가치세 과소납부세액＝10,000,000원

② 세금계산서 미발급 가산세＝100,000,000원×2%＝2,000,000원

✎ 공급시기가 속하는 과세기간의 확정신고기한까지 발급이 안 되었으므로 미발급 가산세가 적용된다. 만약, 2024.12.31.에 정상적으로 전자세금계산서가 발급된 경우로서 부가가치세 신고는 하지 않는 경우라면 세금계산서 관련 가산세와 매출처별 세금계산서합계표 불성실 가산세는 적용되지 않는다.

③ 신고불성실 가산세＝10,000,000원×10%＝1,000,000원

✎ 만약 세금계산서를 고의적으로 누락한 경우라면 부정한 방법에 의한 누락분으로 가산세율은 40%이고, 과세당국의 소명안내를 받고 수정신고를 하는 경우이므로 가산세 감면은 적용하지 않는다.

④ 납부지연 가산세＝10,000,000원×0.022%×573일(2024.1.26.～2025.8.20.)
＝1,260,600원

✎ 2019.2.11.까지는 0.03%, 2019.2.12.부터 2022.2.14.까지는 0.025%, 2022.2.15.부터는 0.022%를 적용한다. 예를 들면 2019.2.12. 이전에 납세의무가 성립한 납부지연가산세를 2022.2.15. 이후에 납부하는 경우 당초 납부기한의 다음날부터 2019.2.11.까지는 0.03%, 2019.2.12.부터 2022.2.14.까지는 0.025%, 2022.2.15. 이후는 0.022%를 적용한다(국기령 §27의 4, 국기령 부칙 대통령령 제32424호 §6, 2022년 개정).
만약 위 사례가 2021년 2기 확정신고에 대한 수정신고를 2025.8.20.에 하는 경우라고 가정하면 납부지연가산세는 다음과 같이 계산한다.
납부지연 가산세＝10,000,000원×0.025%×20일(2022.1.26.～2022.2.14.)
＋10,000,000원×0.022%×1,283일(2022.2.15.～2025.8.20.)＝2,872,600원

✎ 부가가치세 수정신고서 제출방법은 2편 국세기본법상 가산세와 수정신고 및 경정청구를 참고하길 바라며 부가가치세 수정신고시 제출할 서식을 요약하면 다음과 같다.
- 과세표준수정신고서 및 추가자진납부계산서(국기칙 별지 16호 서식)
- 일반과세자 부가가치세 신고서(국기칙 별지 21호 서식)
- 매출처별 세금계산서합계표(국기칙 별지 38호 서식)

⑤ 부가가치세 신고에 따른 회계처리와 세무조정

- 2025년 8월 20일

(차) 부가세예수금	10,000,000	(대) 보통예금 등	14,260,600
잡손실	4,260,600		

✎ 부가가치세 가산세는 잡손실, 전기오류수정손실 등의 계정으로 영업외비용으로 회계처리할 수 있고, 세금과공과금으로 처리하여도 실무상 무방할 것으로 판단된다.

- 세무조정

손금불산입 잡손실 4,260,600(기타사외유출)

(3) 법인세 수정신고와 가산세

위 (1)의 회계처리에 의한 세무조정사항을 '소득금액조정합계표'에 추가로 반영하여 수정신고를 한다. 참고로 기업회계기준상 매출액으로 보아야 할 금액이 누락되어 세무조정이 발생하였으므로 기업업무추진비 수입금액한도 변동으로 인한 기업업무추진비 세무조정사항이 발생할 수 있음에 유의하자.

수정신고를 통하여 수정할 법인세 관련 서식을 열거하면 다음과 같다.

- 소득금액조정합계표(별지 15호 서식), 과목별소득금액조정명세서(별지 15호 서식 부표 1)
- 수입금액조정명세서(별지 16호 서식), 조정후수입금액조정명세서(별지 17호 서식)
- 기업업무추진비조정명세서(갑)(을)(별지 23호 서식)
- 가산세액계산서(별지 9호 서식)
- 법인세과세표준 및 세액조정계산서(별지 3호 서식)
- 법인세과세표준 및 세액신고서(별지 1호 서식)
- 과세표준수정신고서 및 추가자진납부계산서(국기칙 별지 16호 서식)

위 사례에서 ㈜세무가 중소기업 특별세액감면을 적용받은 경우라면 과세표준과 산출세액이 변동되므로 세액감면과 관련하여 수정할 금액이 발생하고 필요한 서식이 추가되며, 관련 세액감면액을 반영한 '법인세과세표준 및 세액조정계산서'를 작성하여야 한다. 이와 관련한 필요서식을 열거하면 다음과 같다.

- 소득구분계산서(별지 48호 서식)
- 공제감면세액계산서(별지 8호 서식 부표 2)
- 공제감면세액 및 추가납부세액합계표(별지 8호 서식(갑))
- 세액감면(면제)신청서(조특칙 별지 2호 서식)
- 최저한세조정계산서(별지 4호 서식)

실무Tip 매출누락으로 인한 법인세 수정신고시 고려할 사항

매출누락(기업회계기준상 매출액으로 보는 경우인 경우)으로 수정신고 등을 하는 경우라면 다음과 같은 항목에 대한 고려를 하여야 할 것이다.

① 기업업무추진비의 수입금액한도 증가로 인한 기업업무추진비 세무조정

② 조세특례제한법상 세액감면의 재계산

법인세 과소납부세액과 가산세액을 계산하면 다음과 같다.

① 법인세 과소산출세액(납부세액)＝100,000,000원×19%＝19,000,000원

✐ 당초 신고시의 과세표준액이 2억원이었으므로 2억원을 초과하는 과세표준 금액은 세율 19%가 적용되는 것이며, 만약 당초 과세표준액이 150,000,000원이었다면 과소산출세액은 14,000,000원(＝50,000,000원×9%＋50,000,000원×19%)이다.

✐ 위 사례의 ㈜세무는 세액감면과 세액공제가 없으므로 과소산출세액이 과소납부세액이다.

② 신고불성실 가산세＝19,000,000원×10%＝1,900,000원

③ 납부지연 가산세＝19,000,000원×0.022%×506일(2024.4.2.～2025.8.20.)
＝2,115,080원

✐ 2023년 귀속분 법인세 신고기한은 2024.4.1.까지이므로 납부지연 가산세의 기산일은 2024.4.2.이다.

✐ 납부지연 가산세의 경우 2022.2.15. 이후 납부 또는 부과하는 경우 2022.2.15.부터 자진납부일까지의 기간에 대해서는 22/100,000(0.022%)을 적용한다(국기령 §27의 4, 국기령 부칙 대통령령 제32424호 §6).

④ 법인세 수정신고에 따른 회계처리와 세무조정

· 2025년 8월 20일

(차) 법인세비용 23,015,080 (대) 보통예금 등 23,015,080

· 세무조정

손금불산입 법인세비용 23,015,080(기타사외유출)

(4) 법인지방소득세 수정신고와 가산세

법인세 수정신고를 하게 되면 법인지방소득세 수정신고도 함께 하여야 하므로(2015.1.1. 이후부터 적용) 법인지방소득세 과소납부세액과 가산세액을 계산하여 관련 서식과 함께 수정신고를 하여야 한다.

① 법인지방소득세 과소납부세액＝100,000,000원×1.9%＝1,900,000원

② 신고불성실 가산세＝1,900,000원×10%＝190,000원

③ 납부지연 가산세＝1,900,000원×0.022%×477일(2024.5.1.～2025.8.20.)
＝199,386원 ⇒ 199,380원

✐ 법인지방소득세 납부지연 가산세의 이자율은 2022.6.7. 이전 납세의무가 성립한 납부지연 가산세를 2022.6.7. 이후 납부하는 경우 2022.6.7. 이전 기간분에 대한 납부지연 가산세의 계산에 적용되는 이자율은 개정규정에도 불구하고 종전 규정인 0.025%를 적용하고 2022.6.7. 이후 기간분에 대한 납부지연 가산세의 계산에 적용되는 이자율은 개정 규정인 0.022%를 적용한다(지기령 §34, 지기령 부칙 대통령령 제32665호, 2022.6.7. 2022년 개정).
만약 위 사례가 2021년 귀속 법인 지방소득세에 대한 수정신고를 2025.8.20.에 하는 경우라고 가정하면 납부지연 가산세는 다음과 같이 계산한다.
납부지연 가산세＝1,900,000원×0.025%×37일(2022.5.1.～2022.6.6.)
＋1,900,000원×0.022%×1,171일(2022.6.7.～2025.8.20.)＝507,053원 ⇒ 507,050원

법인지방소득세 수정신고와 관련하여 제출할 지방세법상 서류는 다음과 같다.

- 지방세 과세표준 수정신고서(지기칙 별지 13호 서식)
- 법인지방소득세 과세표준 및 세액신고서(별지 43호 서식)
- 법인지방소득세 과세표준 및 세액조정계산서(별지 43호의 2 서식)
- 법인지방소득세 가산세액계산서(별지 43호의 4 서식)

실무Tip _ 법인세와 법인지방소득세의 납세지

1. 질문

위 사례의 경우 ㈜세무의 2023.12.31. 법인 등기부등본상 소재지는 서울 성동구(성동세무서와 성동구청 관할)였고, 2025.8.31. 법인 등기부등본상 소재지는 경기 분당 판교(분당세무서, 성남시 분당구청)인 경우 법인세와 법인 지방소득세는 어느 곳에 신고하여야 하는가?

2. 답변

(1) 법인세 신고 세무서

법인세는 신고 당시의 법인 등기등본상 소재지 관할 세무서인 분당세무서에 신고·납부를 하면 되지만 어느 세무서에 신고·납부를 한다고 하더라도 실무상 무방하며 이와 관련된 가산세는 없다. 참고로 관련 예규는 다음과 같다.

> [제목] 12월말법인의 과세표준신고일 이전에 납세지와 대표이사 명의 변경시 변경방법
> [요약] 사업연도 종료일이 12월말인 법인이 법인세과세표준 신고일 이전에 납세지와 대표이사 명의가 변경된 경우 납세지와 대표이사의 명의가 변경되기 이전 사업연도에 대한 법인세과세표준신고는 변경된 납세지 소관세무서에 변경된 대표이사 명의로 함(법인 1264.21-126, 1985.1.15.)

(2) 법인지방소득세 신고 지자체

2017년 귀속분부터 법인 지방소득세 납세지는 사업연도 종료일 현재의 법인의 등기부에 따른 본점이나 주사무소의 소재지이므로 위의 사례의 경우 2023.12.31. 법인 등기등본상 소재지인 서울시 성동구청에 법인 지방소득세를 신고하고 납부하여야 할 것으로 판단된다. 법인지방소득세의 경우 법인 등기부상 사업장 소재지의 시와 군을 달리하여 신고를 하면 신고불성실 가산세와 납부지연 가산세가 적용될 위험이 있으므로 사업장이 이전된 경우 정확한 납세지를 확인하여 신고·납부하여야 할 것이며 애매한 경우 지방자치단체의 세무과에 문의를 하길 바란다.

참고로 법인지방소득세는 시세에 해당되므로 서울시, 광역시, 기타시내에서 구를 달리하여 신고한 경우는 신고불성실 가산세 대상은 아니다.

3) 세금계산서 발급분에 대한 매출누락이 된 경우로서 자진 수정신고하는 경우의 가산세[3)]

㈜세무(12월말 결산법인)는 2022.12.31.에 발급 · 전송한 전자세금계산서(공급가액 1억원)에 대한 신고가 누락되었다는 것을 2025.8.에 자체 모의 세무조사를 통해서 확인하였고 동 누락액에 대해서 2025.8.20.에 수정신고를 하려고 한다.

2022.12.31.	2023.3.31.	2025.8.20.
세금계산서 발급 (공급가액 1억원)	세금계산서 발급분 누락한 채 법인세 신고	2022년 귀속분 법인세 수정신고

동 누락금액은 착오에 의한 누락으로 과세당국의 해명 자료 안내를 받은 부분은 아니며 ㈜세무는 동 누락금액에 대해서 일반기업회계기준에 따라 전기오류수정이익(영업외이익)으로 회계처리하였고, 동 누락금액은 수정신고까지 회수가 되지 않았다.

2023.3.에 신고한 ㈜세무의 법인세 신고내용을 요약하면 다음과 같다.

구 분	금 액
과세표준	200,000,000
산출세액	20,000,000
중간예납세액	5,000,000
차가감납부세액	15,000,000

수정신고와 관련된 일련의 회계처리를 하고 수정신고와 관련된 내용을 부가가치세 분야와 법인세 분야 그리고 원천징수 분야로 나누어서 설명하시오.

(1) 현금매출누락 수정분개와 세무조정

① 2025년 8월 20일 수정분개

(차) 주주임원종업원단기채권	110,000,000	(대) 전기오류수정이익	100,000,000
		부가세예수금	10,000,000

✎ 누락금액이 수정신고까지 회수가 되지 않았으므로 해당 금액은 대표이사가 업무와 무관하게 자금을 대여한 것으로 보는 것이며, 2022년 귀속분 법인세에 대한 수정신고시 부가가치세가 포함된 금액인 110,000,000원 적용하여 가지급금인정이자를 계산하고 상여로 소득처분한다.

---

3) 2018 법인세실무, 손상익 저, 한국세무사회, p.108 참조

② 세무조정

- 2025년도 세무조정 : 익금불산입 전기오류수정이익 100,000,000(△유보)
- 2022년도 세무조정 : 익금산입 매출누락 100,000,000(유보)

✎ 2025년도에는 2022년도의 수정분개에 대한 세무조정으로 익금불산입한다.

✎ 2022년도에는 매출누락에 따른 익금산입 세무조정하고 법인세 수정신고를 한다.

(2) 부가가치세 수정신고와 납부

① 부가가치세 과소납부세액＝10,000,000원

② 신고불성실 가산세＝10,000,000원×10%＝1,000,000원

✎ 전자세금계산서 발급 · 전송분에 대한 단순 신고누락이므로 가산세 감면을 적용받을 수 있지만 당초 신고기한으로부터 2년을 초과하였으므로 신고불성실 감면을 적용할 수 없다.

만약 2023년 2기 확정분에 대한 수정신고였다면 신고기한 1년 6개월 초과 2년 이내이므로 감면율을 10% 적용하여 신고불성실 가산세를 계산할 수 있다.

신고불성실 가산세＝10,000,000원×10%×(1－10%)＝900,000원

✎ 전자세금계산서가 발급 · 전송되었으므로 세금계산서 관련 가산세와 매출처별 세금계산서합계표 불성실 가산세는 적용하지 않는다.

③ 납부지연 가산세＝10,000,000원×0.022%×936일(2023.1.28.～2025.8.20.)

＝2,059,200원

✎ 부가가치세 수정신고서 제출방법은 2편 국세기본법상 가산세와 수정신고 및 경정청구를 참고하길 바라고 부가가치세 수정신고시 제출할 서식을 요약하면 다음과 같다.

- 과세표준수정신고서 및 추가자진납부계산서(국기칙 별지 16호 서식)
- 일반과세자 부가가치세 신고서(국기칙 별지 21호 서식)

✎ 2022년 2기 부가가치세 확정신고기한은 설연휴로 2023.1.27.까지이므로 납부지연 가산세의 기산일은 2023.1.28.이다.

✎ 납부지연 가산세의 경우 2022.2.15. 이후 납부 또는 부과하는 경우 2022.2.15.부터 자진납부일까지의 기간에 대해서는 22/100,000(0.022%)을 적용한다(국기령 §27의 4, 국기령 부칙 대통령령 제32424호 §6).

⑤ 부가가치세 신고에 따른 회계처리와 세무조정

- 2025년 8월 20일

(차) 부가세예수금	10,000,000	(대) 보통예금 등	13,059,200
잡손실	3,059,200		

✎ 부가가치세 가산세는 잡손실, 전기오류수정손실 등의 계정으로 영업외비용으로 회계처리할 수 있고, 세금과공과금으로 처리하여도 실무상 무방할 것으로 판단된다.

• 세무조정

손금불산입 잡손실 3,059,200(기타사외유출)

(3) 2022년도 법인세 수정신고 등과 가산세

(가) 2022년도 법인세 수정신고와 가산세

위 (1)의 회계처리에 의한 세무조정사항을 '소득금액조정합계표'에 추가로 반영하여 2022년도 귀속과 관련된 법인세 수정신고를 한다. 세무조정사항은 다음과 같다.

• 익금산입 매출누락 100,000,000(유보)
• 익금산입 가지급금인정이자 13,825(상여)

✎ 가지급금인정이자는 당좌대출이자율을 적용하여 계산한 금액이며, 2022년 사업연도의 대표이사의 가지급금 적수 및 가수금 적수와 회사의 이자율 등을 고려하여 계산하여야 한다. 2022.12.31.에 발생한 금액이었으므로 2022년 귀속분에 대한 일수는 1일을 적용한다.
110,000,000원×4.6%(당좌대출이자율)×1/366=13,825원

✎ 만약, ㈜세무가 2022년 손익계산서에 이자비용이 있는 경우라면 '업무무관자산 등 지급이자 손금불산입'과 관련된 세무조정도 고려되어야 함에 유의하자.

✎ 법인세 수정신고시 상여처분과 관련된 '소득자료명세서(별지 55호 서식)'도 함께 작성하여야 한다. 동 서식과 관련해서는 연말정산 재정산이 우선 선행되어야 한다.

수정신고를 통하여 수정할 법인세 관련 서식을 열거하면 다음과 같다.

• 소득금액조정합계표(별지 15호), 과목별소득금액조정명세서(별지 15호 부표 1)
• 수입금액조정명세서(별지 16호), 조정후수입금액조정명세서(별지 17호)
• 가산세액계산서(별지 9호)
• 가지급금등의 인정이자조정명세서(별지 19호)
• 업무무관부동산등에 관련한 차입금조정명세서(갑)(별지 26호)
• 소득자료명세서(별지 55호)
• 법인세과세표준 및 세액조정계산서(별지 3호)
• 법인세과세표준 및 세액신고서(별지 1호)
• 과세표준수정신고서 및 추가자진납부계산서(국기칙 별지 16호)

법인세 과소납부세액과 가산세액을 계산하면 다음과 같다.

① 법인세 과소산출세액(납부세액)=100,013,825원×20%=20,002,765원

✎ 당초 신고시의 과세표준액이 2억원이었으므로 2억원을 초과하는 과세표준 금액은 세율 20%가 적용되는 것이며, 만약 당초 과세표준액이 150,000,000원이었다면 과소산출세액은 15,002,765원(=50,000,000원×10%+50,013,825원×20%)이다.

✎ 위 사례의 ㈜세무는 세액감면과 세액공제가 없으므로 과소산출세액이 과소납부세액이다.

② 신고불성실 가산세 = 20,002,765원 × 10% = 2,000,276원

✎ 신고기한으로부터 2년을 초과하였으므로 신고불성실 감면은 적용할 수 없다. 만약 2023년 귀속분에 대산 수정신고였다면 신고기한 다음날부터 1년 초과 1년 6개월 이내 수정신고이므로 신고불성실 가산세에 대해서 20% 감면율을 적용한다.
신고불성실 가산세 = 20,002,765원 × 10% × (1−20%) = 1,600,221원

③ 납부지연 가산세 = 20,002,765원 × 0.022% × 873일(2023.4.1.~2025.8.20.)
= 3,841,731원

✎ 납부지연 가산세의 경우 2022.2.15. 이후 납부 또는 부과하는 경우 2022.2.15.부터 자진납부일까지의 기간에 대해서는 22/100,000(0.022%)을 적용한다(국기령 §27의 4, 국기령 부칙 대통령령 제32424호 §6).

④ 법인세 수정신고에 따른 회계처리와 세무조정

- 2025년 8월 20일

(차) 법인세비용 25,844,772 (대) 보통예금 등 25,844,772

- 세무조정

손금불산입 법인세비용 25,844,772(기타사외유출)

(나) 2022년도 법인 지방소득세 수정신고와 가산세

법인세 수정신고를 하게 되면 법인 지방소득세 수정신고도 함께 하여야 하므로(2015.1.1. 이후부터 적용) 법인 지방소득세 과소납부세액과 가산세액을 계산하여 관련 서식을 작성하여 수정신고를 하여야 한다.

① 법인 지방소득세 과소납부세액 = 100,013,825원 × 2% = 2,000,276원

② 신고불성실 가산세 = 2,000,276원 × 10% = 200,027원

✎ 신고기한으로부터 2년을 초과하였으므로 신고불성실 감면은 적용할 수 없다. 만약 2023년 귀속분에 대산 수정신고였다면 신고기한 다음날부터 1년 초과 1년 6개월 이내 수정신고이므로 신고불성실 가산세에 대해서 20% 감면율을 적용한다.
신고불성실 가산세 = 2,000,276원 × 10% × (1 − 20%) = 160,022원

③ 납부지연 가산세 = 2,000,276원 × 0.022% × 842일(2023.5.2.~2025.8.20.)
= 370,531원

✎ 2022년 귀속 법인지방소득세의 신고기한은 2023.5.1.이므로 납부지연가산세의 기산일은 2023.5.2.이다.

✎ 법인지방소득세 납부지연 가산세의 이자율은 2022.6.7. 이전 납세의무가 성립한 납부지연가산세를 2022.6.7. 이후 납부하는 경우 2022.6.7. 이전 기간분에 대한 납부지연가산세의 계산에 적용되는 이자율은 개정규정에도 불구하고 종전 규정인 0.025%를 적용하고 2022.6.7. 이후 기간분에 대한 납부지연가산세의 계산에 적용되는 이자율은 개정규정인 0.022%를 적용한다(지기령 §34, 지기령 부칙 대통령령 제32665호, 2022.6.7. 2022년 개정).

④ 법인 지방소득세 수정신고에 따른 회계처리와 세무조정

2025년 8월 20일에 다음과 같이 회계처리하고 세무조정을 한다.

· 회계처리(2025.8.20.)

(차) 법인세비용 2,570,834 (대) 보통예금 등 2,570,834

· 세무조정

손금불산입 법인세비용 2,570,834(기타사외유출)

법인지방소득세 수정신고와 관련하여 제출할 지방세법상 서류는 다음과 같다.

· 지방세 과세표준 수정신고서(지기칙 별지 13호 서식)
· 법인지방소득세 과세표준 및 세액신고서(별지 43호 서식)
· 법인지방소득세 과세표준 및 세액조정계산서(별지 43호의 2 서식)
· 법인지방소득세 가산세액계산서(별지 43호의 4 서식)

(다) 2022년 귀속분 인정상여 처분에 따른 연말정산 추가신고

2022년 귀속분 법인세 수정신고시 세무조정한 대표자 상여처분에 대한 연말정산 추가신고를 하여야 한다.

① 연말정산 재정산

2022년 귀속분에 대한 법령을 적용하여 대표이사의 연말정산을 재정산하여 당초의 연말정산의 결정세액과 상여처분이 반영된 연말정산의 결정세액의 차액을 계산한다.

참고로 연말정산 재정산시 상여로 처분된 금액은 '근로소득지급명세서' 서식의 '15.인정상여'란에 기입한다.

	구 분	주(현)	종(전)	종(전)	합 계
I 근무처별소득명세	⑨ 근 무 처 명	㈜세무			
	⑩ 사업자등록번호	206-81-74144			
	⑪ 근무기간	2022.1.1.~ 2022.12.31.	~	~	~
	⑫ 감면기간	~	~	~	~
	⑬ 급 여	100,000,000			
	⑭ 상 여				
	⑮ 인 정 상 여	13,825			
	⑮-1 주식매수선택권 행사이익				
	⑮-2 우리사주조합인출금				
	⑮-3 임원 퇴직소득금액 한도초과액				
	⑯ 계	100,013,825			

② 원천징수 추가신고

원천징수이행상황신고서 추가신고 내역을 다음과 같이 작성한 후 지급월의 다음달 10일까지 소득처분된 금액에 대한 소득세를 원천징수하여 관할세무서장에게 납부한다(소법 §131).

- 신고구분 : 매월 또는 반기, 연말, 소득처분에 'ㅇ'표시를 하여 신고한다.
- 귀속년월과 지급년월 : 2023년 2월, 2025년 8월로 표시한다.
- 연말정산(A04)란에 상여처분된 인원과 세무조정금액 그리고 재정산을 통한 추가 납부세액을 기입한다. 위의 사례의 경우 대표자의 세율이 24%가 적용된 경우라면 추가납부세액은 13,825원×24%=3,318원(지방소득세는 331원)이다.

관련 서식의 해당 부분만 표기하면 다음과 같다.

소득세법 시행규칙[별지 제21호 서식] (2023.3.20. 개정) (10쪽 중 제1쪽)

① 신고구분						[ ]원천징수이행상황신고서 [ ]원천징수세액환급신청서	② 귀속연월	2023년 2월
매월	반기	수정	연말	소득처분	환급신청		③ 지급연월	2024년 8월

원천징수의무자	법인명(상호)	㈜세무	대표자(성명)	진세무	일괄납부 여부	여, 부
					사업자단위과세 여부	여, 부
	사업자(주민)등록번호	206-81-74144	사업장 소재지		전화번호	
					전자우편주소	@

소득자 소득구분			코드	원천징수명세					⑨ 당월 조정 환급 세액	납부세액	
				소득지급 (과세 미달, 일부 비과세 포함)		징수세액				⑩ 소득세 등 (가산세 포함)	⑪ 농어촌 특별세
				④ 인원	⑤ 총지급액	⑥ 소득세 등	⑦ 농어촌 특별세	⑧ 가산세			
근로소득	간이세액		A01								
	중도퇴사		A02								
	일용근로		A03								
	연말정산	합계	A04	1	13,825	3,318					
		분납신청	A05								
		납부금액	A06								
	가감계		A10	1	13,825	3,318					

참고로 법인세 수정신고시 제출한 '소득자료명세서'와 추가로 신고하는 '원천징수이행상황신고서'의 금액은 다음과 같이 일치함을 알 수 있다.

사업 연도	2022.1.1. ~ 2022.12.31.	소득자료 [인정상여] [인정배당] [기타소득] 명세서	법인명	㈜세무
			사업자등록번호	206－81－74144

①소득 구분	②소득 귀속연도	③배당 · 상여 및 기타소득금액	④원천징수할 소득세액	⑤원천 징수일	⑥신고 여부	소득자		⑨ 비고
						⑦성명	⑧주민등록 번호	
1.인정 상여	2022	13,825	3,310	2025.8.20.	여	진세무	720420－1018819	연말정산 원천징수필

⑥ 신고여부란은 당해 소득에 대해 원천징수이행상황신고서를 통해 신고한 경우에는 “여”, 신고하지 않은 경우에는 “부”를 적는다. 다만, 연말정산을 통하여 원천징수한 경우에는 ④원천징수할 소득세액란에 세액을 “0”, ⑥신고여부란은 “여”, ⑨비고란에는 “연말정산 원천징수필”로 적어서 제출한다.

실무Tip _ 소득처분시의 귀속시기, 지급시기(지급의제일)와 가산세

1. 귀속시기

① 배당과 기타소득 : 당해법인의 결산확정일

② 상여 : 근로를 제공한 날

2024년도 귀속 법인세 신고(2025년 3월 결산 확정, 2025년 3월 신고)시 세무조정을 배당과 기타소득으로 처분하는 경우, 소득귀속자의 귀속시기는 2025년 3월이고, 상여로 처분되는 경우는 근로를 제공한 날이므로 2024년이 되며, 원천징수이행상황신고서에는 2024년 귀속분에 대한 연말정산 정산연월인 2025년 2월 귀속으로 표시한다.

2. 지급시기(지급의제일, 소령 §134 ① · ②)

① 법인의 신고에 의한 소득처분의 경우 : 당해 법인의 과세표준신고기일 또는 법인세 과세표준 수정신고일

② 정부결정 등으로 인한 소득처분의 경우 : 소득금액 변동통지서 수령일

3. 가산세

추가자진신고기한까지 신고납부하는 경우에는 가산세를 적용하지 않지만, 추가자진신고기한을 경과하는 경우에는 신고불성실 가산세 및 납부지연 가산세를 적용한다(소령 §134 ①).

③ 근로소득지급명세서의 제출

위 사례의 경우 2025.9.10.까지 원천징수이행상황신고서와 함께 대표이사의 근로소득지급명세서를 수정제출방법으로 작성하여 제출하여야 한다.

수정제출방법이라 함은 상여처분된 금액이 반영된 근로소득지급명세서의 금액 위에 당초 제출한 근로소득지급명세서의 금액을 빨간색으로 기입하여 제출하는 것을 말하는데 실무상 변동된 금액만 표기하여 제출하기도 한다.

㈑ 2022년 귀속분 종합소득세 추가신고

위 사례의 경우 대표자가 근로소득 외 사업소득 등이 있어서 2023년 5월말까지 종합소득세 확정신고를 한 경우라면 소득처분으로 인한 종합소득세 추가신고를 하여야 한다.

즉, 인정상여가 반영된 근로소득지급명세서를 참고로 하여 2022년도 적용 법령에 따라 2022년 귀속분에 대한 종합소득세 추가신고를 법인세 자진신고일(또는 소득금액변동통지서 수령일)의 다음다음달 말일까지 신고하여야 한다(소령 §134 ①). 따라서 이 사례의 경우에는 2025.10.31.까지 종합소득세 추가신고를 하여야 한다.

참고로 인정상여로 종합소득세 추가신고시 종합소득세 신고서의 ⑩ 신고구분란은 '50 추가신고(인정상여)'에 'ㅇ'를 표시하여 신고를 한다.

❶ 기본사항			
① 성 명		② 주민등록번호	–
③ 주 소			
④ 주소지 전화번호		⑤ 사업장 전화번호	
⑥ 휴 대 전 화		⑦ 전자우편주소	
⑧ 기 장 의 무	1 복식부기의무자	2 간편장부대상자	3 비사업자
⑨ 신 고 유 형	11 자기조정 12 외부조정 14 성실신고확인 20 간편장부 31 추계－기준율 32 추계－단순율 40 비사업자		
⑩ 신 고 구 분	10 정기신고 20 수정신고 30 경정청구 40 기한후신고 (50) 추가신고(인정상여)		

(4) 2023년 귀속분에 대한 법인세 수정신고 등과 가산세

㈎ 법인세 수정신고와 가산세

대표이사 가지급금인정이자와 관련된 세무조정을 하여 2023년 귀속 사업연도에 대한 법인세 수정신고를 하여야 한다.

① 세무조정

- 익금산입 인정이자   5,060,000(상여)

✎ 110,000,000원×4.6%×365/365＝5,060,000원, 인정이자 계산시 이자율은 당좌대출이자율을 적용하였다.

✎ 만약, ㈜세무가 2023년 손익계산서에 이자비용이 있는 경우라면 '업무무관자산 등 지급이자손금불산입'과 관련된 세무조정도 고려하여야 함에 유의하자.

② 추가납부세액과 가산세

- 과소납부세액＝961,400원

✎ 5,060,000원×19%＝961,400원, ㈜세무의 2023년 귀속분 적용세율은 19%라고 가정한다.

· 신고불성실 가산세＝961,400원×10%×(1－20%)＝76,912원

✐ 2023년 귀속분 법인세 신고기한은 2024.4.1.이었고 수정신고일은 2025.8.20.이므로 1년 초과 1년 6개월 이내 수정신고이다. 따라서 신고불성실 가산세의 감면율을 20% 적용한다.

· 납부지연 가산세＝961,400원×0.022%×506일(2024.4.2.～2025.8.20.)
＝107,023원

✐ 납부지연 가산세의 경우 2022.2.15. 이후 납부 또는 부과하는 경우 2022.2.15.부터 자진납부일까지의 기간에 대해서는 22/100,000(0.022%)을 적용한다(국기령 §27의 4, 국기령 부칙 대통령령 제32424호 §6, 2022년 개정).

· 총납부세액＝1,145,335원

③ 회계처리와 세무조정

2025년 8월 20일에 다음과 같이 회계처리하고 세무조정한다.

· 회계처리(2025.8.20.)

(차) 법인세비용	1,145,335	(대) 보통예금 등	1,145,335

· 세무조정

손금불산입 법인세비용 1,145,335(기타사외유출)

(나) 법인 지방소득세 수정신고와 가산세

① 법인 지방소득세 과소납부세액＝5,060,000×1.9%＝96,140원

② 신고불성실 가산세＝96,140원×10%×(1－20%)＝7,691원

✐ 신고기한이 지난 후 1년 초과 1년 6개월 이내 수정신고이므로 감면율 20%를 적용한다.

③ 납부지연 가산세＝96,140원×0.022%×477일(2024.5.1.～2025.8.20.)
＝10,088원

✐ 2022.6.7. 이후 기간분에 대한 납부지연가산세의 계산에 적용되는 이자율은 개정규정인 0.022%를 적용한다(지기령 §34, 지기령 부칙 대통령령 제32665호, 2022.6.7. 2022년 개정).

④ 총납부세액＝113,919원

⑤ 법인 지방소득세 수정신고에 따른 회계처리와 세무조정

2025년 8월 20일에 다음과 같이 회계처리하고 세무조정을 한다.

· 회계처리(2024.8.20.)

(차) 법인세비용	113,919	(대) 보통예금 등	113,919

· 세무조정

손금불산입 법인세비용 113,919(기타사외유출)

㈐ 2023년 귀속분 인정상여 처분에 따른 연말정산 추가신고

2023년 귀속분 법인세 수정신고시 세무조정한 대표자 상여처분에 대한 연말정산 추가신고를 하여야 한다.

① 연말정산 재정산, ② 원천징수이행상황신고서 추가신고(2024.2. 귀속, 2025.8. 지급, 2025.9.10. 신고), ③ 근로소득지급명세서 수정제출에 대한 방법은 2022년 귀속분 인정상여 처분에 따른 연말정산 추가신고 해설을 참고하길 바란다.

㈑ 2023년 귀속분 종합소득세 추가신고

위 사례의 대표자가 2023년 귀속분에 대한 종합소득세 확정신고를 한 경우라면 2023년 귀속분에 대한 종합소득세 추가신고를 2025.10.31.까지 하여야 한다.

(5) 2024년 귀속분에 대한 법인세 수정신고 등과 가산세

2024년 귀속분에 대해서도 2023년 귀속분과 동일하게 5,060,000원에 대해서 익금산입하고 상여로 처분하여야 하므로 2023년과 동일한 법인세 등 수정신고를 하여야 한다.

㈎ 법인세와 법인지방소득세 수정신고와 가산세

과소납부세액, 신고불성실 가산세 그리고 납부지연 가산세를 2023년 귀속분과 동일한 방법으로 계산한 후 수정신고와 회계처리를 한다. 다만, 신고불성실 가산세의 경우 2024년 귀속분에 대한 법인세 신고기한은 2025.3.31.(법인지방소득세는 2025.4.30.)이었고 수정신고일은 6개월 이내인 2025.8.20.이므로 50% 감면율을 적용하여 가산세를 계산한다.

㈏ 2024년 귀속분 인정상여 처분에 따른 연말정산 추가신고

2024년 귀속분 법인세 수정신고시 세무조정한 대표자 상여처분에 대한 연말정산 추가신고를 하여야 한다.

① 연말정산 재정산, ② 원천징수이행상황신고서 추가신고(2025.2. 귀속, 2025.8. 지급, 2025.9.10. 신고), ③ 근로소득지급명세서 수정제출에 대한 방법은 2022년 귀속분 인정상여 처분에 따른 연말정산 추가신고 해설을 참고하길 바란다.

㈐ 2024년 귀속분 종합소득세 추가신고

위 사례의 대표자가 2024년 귀속분에 대한 종합소득세도 확정신고를 한 경우라면 2024년 귀속분에 대한 종합소득세 추가신고를 2025.10.31.까지 하여야 한다.

⑹ 2025년 귀속분에 법인세 신고시 고려할 사항

매출누락에 대한 금액 110,000,000원이 연말까지 법인에 입금이 안 된 경우라면 가지급금인정이자와 업무무관자산등 지급이자 손금불산입 세무조정을 2025년 귀속 법인세 신고시에도 고려하여야 하며, 상여처분에 따른 세무신고 업무처리도 2022년 귀속분과 2023년 그리고 2024년 귀속분처럼 검토되어야 한다.

만약, 해당 매출누락금액이 법인세 수정신고시 입금된 경우라면 2025.8.20.까지 가지급금인정이자를 계산하여 법인세 신고 등의 업무처리를 수행하면 된다.

4) 현금매출누락에 대한 세무서의 과세자료 해명 안내에 따른 고지세액 계산 –상여처분되는 경우

2025.8.에 ㈜세무(12월말 결산법인)는 2022.12.31.에 발생한 현금매출거래(공급가액 1억원)에 대한 신고를 누락했다는 혐의를 받고 세무서로부터 해명자료를 받았고, 이에 대한 약식 조사결과 부정한 방법에 의한 매출누락으로 확정되었다.

동 누락금액에 대해서는 세금계산서도 발급하지 않았으며, 해당 금액에 대한 입금내역도 확인할 수 없으므로 세무서는 해당 금액(부가가치세 포함금액인 110,000,000)을 대표자에 대한 상여처분금액으로 결정하였고 동 누락금액에 대한 부가가치세, 법인세 등의 추가납부세액을 고지하였으며 ㈜세무는 동 누락액에 대한 소득금액변동통지서를 2025.8.20.에 수령하였다.

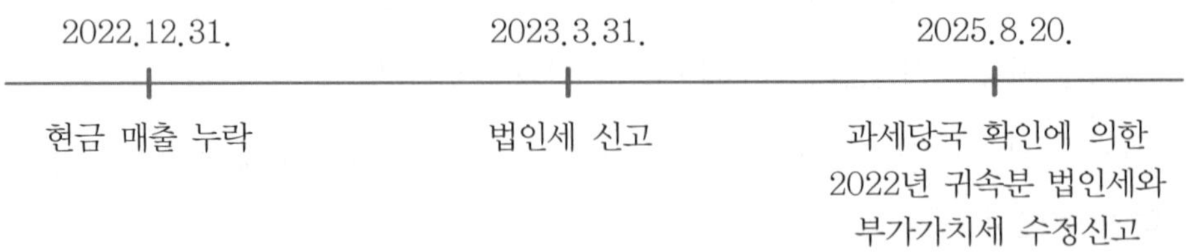

2023년 3월에 신고한 ㈜세무의 법인세 신고내용을 요약하면 다음과 같다.

구 분	금 액
과세표준	200,000,000
산출세액	20,000,000
중간예납세액	5,000,000
차가감납부세액	15,000,000

수정신고와 관련된 일련의 회계처리를 하고 수정신고와 관련된 내용을 부가가치세 분야와 법인세 분야 그리고 원천징수 분야로 나누어서 설명하시오.

(1) 2022년 2기분 부가가치세 추가 고지세액과 가산세

① 부가가치세 과소납부세액＝10,000,000원

② 세금계산서 미발급 가산세＝100,000,000원×2%＝2,000,000원

③ 신고불성실 가산세＝10,000,000원×40%＝4,000,000원

✎ 세금계산서를 고의적으로 누락한 경우로서 부정한 방법에 의한 누락분으로 확인되었으므로 가산세율은 40%이다.

④ 납부지연 가산세＝10,000,000원×0.022%×936일(2023.1.28.~2025.8.20.)
＝2,059,200원

✎ 2022년 2기 부가가치세 확정신고 기한은 설연휴로 인하여 2023.1.27.이므로 납부지연 가산세의 기산일은 2023.1.28.이다.

✎ 납부지연 가산세의 경우 2022.2.15. 전에 납세의무가 성립한 납부지연가산세를 2022.2.15. 이후 납부하는 경우 2022.2.15. 전의 기간분에 대한 납부지연가산세의 계산에 적용되는 이자율은 개정규정에도 불구하고 종전의 규정(0.025%)에 따르고, 2022.2.15. 이후의 기간분에 대한 납부지연가산세의 계산에 적용되는 이자율은 개정규정(0.022%)에 따른다(국기령 §27의 4, 국기령 부칙 대통령령 제32424호 §6, 2022년 개정).

⑤ 부가가치세 관련 총 고지세액＝18,059,200원

(2) 2022년 귀속분 법인세 추가고지세액과 가산세

① 법인세 과소산출세액(납부세액)＝100,000,000원×20%＝20,000,000원

✎ 당초 신고시의 과세표준액이 2억원이었으므로 2억원을 초과하는 과세표준 금액에 대한 세율은 20%가 적용되었다.

② 신고불성실 가산세＝20,000,000원×40%＝8,000,000원

✎ 부정과소납부세액이므로 신고불성실 가산세의 가산세율은 40%이다.

③ 납부지연 가산세＝20,000,000원×0.022%×873일(2023.4.1.~2025.8.20.)
＝3,842,200원

✎ 납부지연 가산세의 이자율은 2022.2.15. 전에 납세의무가 성립한 납부지연가산세를 2022.2.15. 이후 납부하는 경우 2022.2.15. 전의 기간분에 대한 납부지연가산세의 계산에 적용되는 이자율은 개정규정에도 불구하고 종전의 규정(0.025%)에 따르고, 2022.2.15. 이후의 기간분에 대한 납부지연가산세의 계산에 적용되는 이자율은 개정규정(0.022%)에 따른다(국기령 §27의 4, 국기령 부칙 대통령령 제32424호 §6, 2022년 개정).

④ 법인세 총고지세액＝31,842,200원

(3) 2022년 법인 지방소득세 수정신고와 가산세

2025.8.20.에 ㈜세무는 세무조사 결과통지문을 바탕으로 2022년 귀속 법인 지방소득세

를 자진하여 수정신고하고 납부하려고 한다.

관련 납부세액과 가산세액은 다음과 같다.

① 과소납부세액＝100,000,000원×2%＝2,000,000원

② 신고불성실 가산세＝2,000,000원×40%＝800,000원

✎ 부정과소납부세액이므로 신고불성실 가산세의 가산세율은 40%이며 신고불성실 가산세 감면은 적용받지 못한다.

③ 납부지연 가산세＝2,000,000원×0.022%×842일(2023.5.2.～2025.8.20.)
＝370,480원

✎ 2022년 귀속 법인 지방소득세의 신고기한은 2023.5.1.까지이므로 납부지연 가산세의 기산일은 2023.5.2.이다.

✎ 2022.6.7. 이전 납세의무가 성립한 납부지연가산세를 2022.6.7. 이후 납부하는 경우 2022.6.7. 이전 기간분에 대한 납부지연가산세의 계산에 적용되는 이자율은 개정규정에도 불구하고 종전 규정인 0.025%를 적용하고 2022.6.7. 이후 기간분에 대한 납부지연가산세의 계산에 적용되는 이자율은 개정규정인 0.022%를 적용한다(지기령 §34, 지기령 부칙 대통령령 제32665호, 2022.6.7. 2022년 개정). 참고로 2021년 귀속 법인 지방소득세는 신고기한은 2022.4.30.이 토요일이므로 2024.5.2.까지였다.

④ 총납부세액＝3,170,480원

(4) 추징세액 납부시 회계처리와 세무조정

① 부가가치세 고지세액 납부시(2025.8.20.)

(차) 잡손실 등	18,059,200	(대) 보통예금 등	18,059,200

② 법인세 고지세액 납부시(2025.8.20.)

(차) 법인세비용	35,012,680	(대) 보통예금 등	35,012,680

✎ 법인세추납액이란 계정과목을 사용하기도 한다.

✎ 법인세와 법인 지방소득세를 합한 금액임. 31,842,200원＋3,172,140원＝35,014,340원

③ 세무조정

2025년 귀속분 법인세 신고시 각각의 고지세액에 대하여 다음과 같이 세무조정한다.

손금불산입 잡손실	18,059,200(기타사외유출)
손금불산입 법인세비용	35,012,680(기타사외유출)

실무Tip 과세소명자료를 안내받고 수정신고한 경우의 세무조정과 세액감면 적용

1. 과세소명자료를 안내받고 수정신고하는 경우의 소득처분

만약 위 사례에 대해서 ㈜세무가 과세당국으로부터 법인세 등을 고지 받는 대신에 자진신고를 하는 경우로서 현금매출 누락금액을 익금산입(유보)로 소득처분을 할 수 있느냐가 실무상 쟁점이 될 수 있는데, 결론적으로 유보소득처분은 불가능한 것으로 해석되고 있다. 관련 예규를 소개하면 다음과 같다.

'수정신고기한 내에 매출누락 등 부당하게 사외유출된 금액을 회수하고 세무조정으로 익금에 산입하여 신고하는 경우의 소득처분은 사내유보로 처분하나, 다만 세무조사의 통지를 받거나 세무조사에 착수된 것을 알게 된 경우 등 경정이 있을 것을 미리 알고 사외유출된 금액을 익금산입하는 경우에는 그러하지 아니하다고 규정하고 있는바, 과세자료 해명안내문을 받고 한 수정신고의 경우에는 경정이 있을 것을 미리 안 경우에 해당한다고 할 것이므로 청구법인이 과세자료 해명안내문을 받은 후에 수정신고하면서 익금산입액 상당액을 사내유보로 처분한 데 대하여 처분청이 사내유보를 부인하고 동 익금산입액 상당액을 청구법인의 대표자에게 상여로 소득처분하여 소득금액변동통지한 후 이건 고지한 처분에는 잘못이 없다고 판단'(국심 2006중409, 2006.6.22.)

2. 부정과소신고시의 중소기업 특별세액감면 적용여부

위 사례를 적용함에 있어 현금매출 누락분에 대한 산출세액에 대해서 중소기업특별세액감면을 적용받을 수 없음에도 유의하여야 한다. 관련 법령 내용은 다음과 같다.

'과세표준 수정신고서를 제출한 과세표준과 세액을 경정할 것을 미리 알고 제출한 경우에는 법령으로 정하는 부정과소신고금액(過少申告金額)에 대하여 세액감면(중소기업특별세액감면 등) 등을 적용하지 아니한다'(조특법 §128 ③, 조특령 §122 ①).

(5) 소득금액변동통지서에 대한 추가신고와 납부-연말정산 재정산과 원천징수이행상황신고서 추가신고

우선 현금매출누락에 대한 상여처분금액은 부가가치세를 포함한 금액으로 세무조정되는 것이므로 소득금액변동통지서의 소득금액은 110,000,000원(상여처분)으로 통보되었다.

㈜세무는 소득금액변동통지서를 수령한 날의 다음달 말일까지 ① 대표자의 연말정산 재정산, ② 원천징수이행상황신고서의 추가신고(2023.2. 귀속, 2025.8. 지급, 2025.9.10. 신고), ③ 근로소득 지급명세서의 수정제출(2025.9.10.까지)을 하여야 한다.

또한 ㈜세무의 대표자가 2022년 귀속분에 대한 종합소득세 확정신고를 2023.5.31.까지 한 경우라면 2022년 귀속 종합소득세 확정신고에 대한 추가신고를 2025.10.31.(소득금액변동통지수령일의 다음다음달 말일)까지 하여야 한다.

만약 ㈜세무와 ㈜세무의 대표자가 각각의 추가신고납부기한까지 신고·납부하지 않으면 신고불성실 가산세와 납부지연 가산세(납부지연 가산세의 기산일은 추가신고납부기한의 다음날임)가 적용됨에 유의하여야 할 것이다.

실무Tip __ 상여처분액의 회사 대납시의 업무처리

익금산입 · 손금불산입된 금액 중 대표자상여로 처분한 금액에 대한 소득세를 법인이 대납한 경우의 세법상 처리방법은 귀속이 불분명한지 여부에 따라서 다음과 같이 처리한다.

구 분		귀속이 불분명하여 대표자상여로 처분한 경우	귀속이 대표자에게 귀속되었음이 분명한 경우
대납시 손금처리한 경우*1		손금불산입하고 기타사외유출로 처분함.	손금불산입하고 상여로 처분함.
대납시 대여금으로 처리한 경우*2	대납시	소득세 대납액을 업무무관 가지급금으로 보지 않으므로 인정이자와 지급이자 손금불산입 계산하지 않음.	소득세 대납액을 업무무관 가지급금으로 보는 것이므로 인정이자와 지급이자 손금불산입을 계산함.
	특수관계 소멸시 손금처리하는 경우	특수관계소멸로 손금처리시 손금불산입하고 기타사외유출로 처분함.	특수관계소멸로 손금처리시 손금불산입하고 상여로 처분함.

*1. 세금과공과금으로 비용계상하는 것을 말함.
*2. 대여금으로 자산처리하는 것을 말함.

2. 인건비 관련 법인세 수정신고와 가산세 사례

1) 인건비 검증대상

최근 과세당국의 인건비에 대한 주요 법인세 등 사후검증 대상은 ① 임원에 대한 인건비 규정과 ② 특수관계자의 인건비 규정으로 판단된다.

임원에 대한 상여금과 퇴직금은 각각 법인세법 규정에 의한 한도가 법령과 예규 · 판례에 의해서 확인되므로 실무상 매우 중요한 부분에 해당하므로 업무처리시 반드시 숙지하고 있어야 할 것으로 판단된다. 또한, 특수관계자의 인건비 규정은 실제 근무했는지의 여부(가공인건비 계상)와 지배주주인 임원에게 정당한 사유 없이 동일직위에 있는 지배 주주 외의 임원에게 지급하는 금액을 초과하여 지급하는 경우 등의 사례적출이 확인되는바 잘못된 규정에 의한 인건비 과다손금이 적용되지 않도록 철저한 내부관리가 요구된다.

참고로 임원의 퇴직금 중간정산 사유 중 '법인의 임원이 향후 퇴직급여를 지급받지 아니하는 조건으로 급여를 연봉제로 전환하는 경우'의 사유가 2016.1.1.부터 폐지가 결정되어 2015년 말까지 많은 중소기업들이 대표이사 등의 가지급금 정산목적으로 임원퇴직금 중간정산을 실시하였는데 이에 대한 과세당국의 소명자료 제출 안내문을 소개하면 다음과 같다.

퇴직소득 해명자료 제출 안내

문서번호 : 재산법인－××××

○ 상호(법인명) : ㈜×××× ○ 성명(대표자) : ××× 귀하

안녕하십니까? 귀사의 사업이 번창하길 기원합니다.

귀사가 제출한 퇴직소득세 원천징수와 관련하여 아래와 같이 자료가 발생하여 알려드리니 이에 대한 해명자료를 2016.7.26.까지 제출하여 주시기 바랍니다.

○ 자료 발생 경위

이 자료는 귀사가 임원 퇴직자에 대한 퇴직소득세를 원천징수한 내용으로, 퇴직급여를 소득세법상 임원퇴직소득금액 한도 내로 적정 지급하였는지 여부를 확인하기 위한 자료입니다.

○ 자료 내용 (단위 : 천원)

소득자		귀속연도	원천징수의무자(퇴직소득지급자)		퇴직급여	2011.12.31. 퇴직금	퇴직소득세
성명	생년월일		법인명	사업자등록번호			
×××	××××	2015	㈜×××	×××－××－×××××	650,000		45,320

○ 제출할 해명자료

[소득세법 제22조 제3항], [소득세법시행령 제42조의 2 제6항] 관련

- 2011.12.31. 퇴직금 계산근거(단, 정관 또는 정관의 위임에 따른 임원퇴직급여지급규정에 따라 계산한 경우 해당 규정 포함)
- 임원 퇴직소득 한도 계산 근거

제출 기한까지 회신이 없으면 정관 등에 의한 퇴직급여지급규정이 없는 것으로 간주하고 당초 신고된 내용을 근거로 소득세법상 퇴직소득 한도초과액을 계산하여 초과분에 대해 근로소득으로 세금이 부과될 수 있음을 알려드립니다.

2016년 7월 일

×× 세 무 서 장(관인생략)

위 내용과 관련하여 문의 사항이 있을 때에는 담당자에게 연락하시면 친절하게 상담해 드리겠습니다. 성실납세가 우대받는 사회를 만드는 국세청이 되겠습니다.

◆ 담당자 : ××× ◆ 전화번호 : ×××－××××

위의 임원퇴직금과 관련한 과세당국의 해명자료를 분석해 보면 다음과 같다.

① 과세당국의 임원 퇴직금의 해명자료는 임원 퇴직금이 5억원 이상인 경우 요청되었다. 이에 향후에도 동일한 금액 이상[4]일 경우 해명자료가 요청될 가능성이 높아 보이므로 이에 대한 확실한 대비가 필요할 것으로 판단된다.

② 퇴직금 지급규정의 유무에 따라서 임원퇴직금의 세법상 한도가 달라지므로 과세당국은 법인의 퇴직금 지급규정이 있는지의 여부와 퇴직금 지급규정에 따라서 임원 퇴직금을 정확하게 계산하였는지 확인하고자 한다.

③ 2012.1.1. 이후 소득세법상 임원의 퇴직소득세 한도가 퇴직 직전 3년간 총급여액의 연평균 환산액의 3배(2020.1.1. 이후는 2배)로 개정되었으므로 2012.1.1. 이전 입사한 임원의 경우 2011.12.31.의 퇴직금 산정이 어떻게 계산되었는지 확인하고자 한다.

④ 임원 퇴직금 중간정산 금액의 전액 또는 일부가 미지급되었을 경우 비현실적 퇴직에 해당되므로 실제 여부 및 지급금액을 확인하고자 한다.

⇒ 예를 들면 임원 퇴직급여 10억원과 가지급금 7억원을 상계처리한 후 잔액 3억원을 미지급비용으로 계상한 경우로서 2015년 귀속 퇴직급여 비용을 인정받지 못하고 업무무관가지급금으로 변경되어 법인세와 가산세를 추징당한 사례가 있음.

2) 임원상여금을 초과 지급하는 경우의 세무상 업무처리와 가산세

㈜세무는 다음과 같이 임원 상여금 지급규정을 가지고 있다.

- 제4조(상여금) 임원의 상여금을 월급여액의 500%로 정하고 지급월은 1월, 4월, 7월, 9월, 12월로 균분하여 지급한다.
- 제5조(특별상여금) 임원의 특별상여금은 주주총회에서 위임받은 이사보수한도액의 범위에서 집행하고 지급은 특정임원의 공로가 인정된 경우에 한하며 이의 집행은 이사회결의로 한다.

㈜세무는 김이사와 박이사에게 2023년도에 각각 월급여액의 500%에 해당하는 정기상여금을 지급규정에서 정한 달에 지급하였고, 2023년 12월말에 해당 이사에게 특별공로에 대한 상여금을 각각 2,000만원씩 추가 지급하였으나 이에 대한 이사회 보고나 주주총회보고는 없었다.

㈜세무는 2025.8.에 임원의 특별공로 상여금에 대한 약식 세무조사를 받았고 이에 대하여 손금불산입 처분이 되었는데 이에 대한 세무상 업무처리를 요약하면 다음과 같다.

4) 향후 임원퇴직금의 경우 금액여부와 상관없이 해명자료를 요청받을 가능성도 배제할 수 없다고 판단된다.

(1) 손금불산입 적정여부

사용인 또는 임원에게 지급하는 상여금은 원칙적으로 손금인정되지만, 법인이 임원에게 지급하는 상여금 중 정관 · 주주총회 · 사원총회 또는 이사회의 결의에 의하여 결정된 급여지급기준에 의하여 지급하는 금액을 초과하여 지급한 경우 그 초과금액은 이를 손금에 산입하지 않는다(법령 §43 ②).

㈜세무의 정기상여금에 대하여는 임원상여금 지급규정에 그 지급시기와 지급률이 정하여져 있으나, 정기상여금을 초과하여 지급한 쟁점상여금에 대하여는 특정임원의 공로가 인정되는 경우에 한하여 지급하되 이의 집행을 이사회에서 정한다고 되어 있을 뿐 객관적인 지급시기나 지급률 및 지급액 등의 기준이 없으며, 그 지급내역에 대해 주주총회에 보고한 사실이 없다고 하였으므로 이 건의 경우, 처분청에서 객관적인 지급기준이 없이 특정임원에게 지급한 쟁점상여금에 대해 이사회결의로 지급하는 이익처분성격의 상여금에 해당하는 것으로 보아 손금불산입하여 과세한 처분은 잘못이 없는 것으로 판단된다(국심 2003서3734, 2004.5.10.).

(2) 가산세의 적용

위 사례의 경우, 임원 공로상여금이 이미 근로소득에 포함되어 연말정산이 이루어 졌을 것이므로 연말정산을 재정산할 필요는 없지만, 2022년 귀속분에 대한 법인세 수정신고를 하여야 한다.

법인세 수정신고시 비용의 과다계상으로 인한 신고불성실 가산세와 납부지연 가산세가 적용되고, 신고기한 1년 초과 1년 6개월 이내의 수정신고이므로 20%의 가산세 감면이 가능하지만, 이 건의 경우는 과세당국의 세무조사에 대한 결과이므로 가산세 감면이 불가능하다.

(3) 관련 예규

① 자기주식을 상여로 지급하는 경우 손금산입 방법

자기주식을 당해 법인의 임직원에게 상여로 지급하는 경우 자기주식의 시가(임직원으로부터 일부 수령하는 대가는 차감)를 당해 법인의 각 사업연도 소득금액 계산 시 손금에 산입(임원의 경우 법인세법 시행령 제43조 제2항의 규정에 의한 급여지급기준 내의 것에 한함)하는 것이며, 상여금으로 지급한 자기주식의 장부가액과 시가와의 차이를 당해 법인의 각 사업연도 소득금액 계산상 익금 또는 손금에 산입하는 것임(서면법인 2023-2600, 2023.9.22.).

② 임원에게 지급한 특별상여금의 손금해당 여부

법인이 임원에게 객관적인 지급기준이 없거나 급여지급기준을 초과하여 특별상여금을 지급하는 경우 해당 특별상여금은 법인세법 시행령 제43조 제1항 또는 제2항의 규정에 의하여 손금에 산입되지 않는 것이므로 특별상여금을 지급하는 사업연도에 손금불산입하고 같은 법 제67조에 따라 소득처분하는 것임. 다만 귀 질의가 위의 경우에 해당하는지는 특별상여금 지급근거, 반환사유 등 구체적인 사실관계에 따라 판단할 사항임(서면법인 2019-1274, 2020.4.8.).

③ 임원상여금 지급기준은 주주총회 결의에 따라 이사회에서 직급별로 보수를 결의할 수 있음

일반적으로 임원(비등기임원 포함)의 경우 주주총회의 의결에 따라 임원보수 총한도를 정하는데 주주총회 결의에 따라 이사회에서 직급별로 달리 보수를 결의할 수 있는 것이며, 이 경우에는 이사회 결의사항에 따라서 각 직급별 보수 한도를 계산하는 것이다(서면1팀-1213, 2008.6.17.).

④ 임원상여금을 동일 직위에 있는 임원보다 초과 지급하는 경우 손금불산입임

법인이 임원에게 지급하는 상여금 중 정관 · 주주총회 · 사원총회 또는 이사회의 경의에 의하여 결정된 급여지급기준에 의하여 지급하는 금액을 초과하여 지급한 경우와 지배주주인 임원 또는 사용인에게 정당한 사유 없이 동일 직위에 있는 지배주주 등외의 임원 또는 사용인에게 지급하는 금액을 초과하여 보수를 지급한 경우 그 초과금액은 이를 손금에 산입하지 아니하는 것임(서면2팀-747, 2005.5.31.; 법인세과-4200, 2008.12.2.9).

⑤ 자기주식으로 지급한 임원상여금의 임원상여금 지급기준 이내인 경우 손금산입함

법인이 정관 · 주주총회 또는 이사회의 결의에 의하여 결정된 임원상여금 지급기준에 따라 상여금을 자기주식으로 지급하는 경우 동 상여금 지급액은 각 사업연도의 소득금액을 계산함에 있어서 임원 상여금 지급기준 범위 내에서 이를 손금에 산입하는 것임(서면2팀-294, 2008.2.15.).

⑥ 임원상여금을 동일 직위에 있는 임원보다 적게 지급하는 경우 채무면제이익이 아님

이사회에서 임원별로 성과평가를 통하여 임원상여금 지급규정에서 정한 상여금보다 적게 지급하는 금액은 채무면제이익으로 볼 수 없다(서면2팀-747, 2005.5.31.).

⑦ 객관적인 지급기준이 없이 특정임원에게 지급한 상여금의 손금불산입 하는 것임

객관적인 지급기준이 없이 특정임원에게 지급한 쟁점상여금에 대해 이사회결의로 지급하는 이익처분성격의 상여금에 해당하는 것으로 보아 손금불산입하여 과세한 처분은 잘못이 없는 것으로 판단된다(국심 2003서3734, 2004.5.10.).

⑧ 주식매수선택권 행사금액은 임원 상여금 지급이 적용되지 아니함

[질의]

조세특례제한법 제15조의 요건을 충족한 주식매수선택권을 임원이 행사함에 따른 보상액을 세법상 손금으로 인정받기 위해서 주식매수선택권의 행사액을 포함한 임원 급여 지급기준을 주주총회에서 승인받아야 하는지?

[회신]

조세특례제한법 제15조의 요건을 충족한 주식매수선택권을 임원이 행사함으로써 동법 제15

조 제4항의 규정에 의해 임원에게 지급하는 금액에 대하여는 임원 상여금 지급기준이 적용되지 아니하는 것임(법인세제과-237, 2005.4.8.).

⑨ 특수관계자에 대한 가공인건비 급여는 손금불산입임

청구법인이 외형상 고문으로 등재된 대주주의 아버지와 처에게 급여를 지출한 것으로 하여 소득세를 원천징수한 사실이 있다 하더라도, 사실상 정상 근무가 어려운 원거리에서 거주하는 것으로 나타날 뿐만 아니라 실제 근무한 사실이나 급여를 지급받은 바가 없다고 진술한 점 등을 감안할 때, 청구법인의 업무 전반에 대한 고문을 해주며 근무한 신이사와 최이사에게 지급한 쟁점급여를 손금으로 인정하여야 한다는 청구법인의 주장은 받아들이기 어려운 것으로 판단됨.

따라서 처분청에서 대주주의 가족에게 지급한 쟁점급여를 실제근무사실이 없는 자에 대한 가공급여로 보아 손금불산입하여 과세한 이 건 처분은 잘못이 없음(국심 2003서3734, 2004.5.10.).

⑩ 총급여한도액만을 정하고 지급하는 임원상여금이 손금불산입 하는 것임

법인이 임원에 대한 급여(상여금 포함) 지급기준을 주주총회의 결의에 의하여 정하면서 전체 임원에 대한 총급여한도액만을 정하고, 실제로 임원에게 상여금을 지급할 때에는 사용인에 대한 급여지급 규정상의 상여금 지급 비율을 준용하여 지급한 경우에도 당해 상여금은 손금산입대상 상여금으로 볼 수 있는 것이다(법인 46012-206, 1998.1.26.).

실무Tip __ 임원의 판단여부와 임원의 성과급 자발적 포기시 근로소득 해당 여부

1. 임원의 판단여부

사용인의 경우 회사의 퇴직금지급규정이 있으면 지급규정대로, 퇴직금지급규정이 없으며 근로자퇴직급여보장법에 따른 법적퇴직금으로 퇴직금을 지급하면 되지만 임원의 경우에는 퇴직금지급규정 유무에 따라서 한도액이 계산되며 한도액을 초과하는 금액은 근로소득으로 보는데 이때 임원은 법인세법에 따른 임원을 말한다(법령 §42 ①).

① 법인의 회장, 사장, 부사장, 이사장, 대표이사, 전무이사 및 상무이사 등 이사회의 구성원 전원과 청산인
② 합명회사, 합자회사 및 유한회사의 업무집행사원 또는 이사
③ 유한책임회사의 업무집행자
④ 감사
⑤ 그 밖에 ①부터 ④까지의 규정에 준하는 직무에 종사하는 자

임원에 해당하는지 여부는 종사하는 직무의 실질에 따라 사실 판단할 사항이다. 즉 직책의 명칭에 의하지 않고 실질적인 임원인지 여부로 판단한다.

2. 임원의 성과급 자발적 포기시 근로소득 해당 여부

법인의 임원이 장부상 인건비로 계상된 미지급 성과급을 자발적인 의사에 따라 포기하는 경우에는 해당 임원이 성과급을 포기시에 성과급을 수령한 것으로 보아 법인이 포기금액에 대해서 근로소득세를 원천징수하는 것이다(원천-543, 2013.11.13.; 서일 46011-11906, 2003.12.26.).

3) 특정인별로 정한 임원퇴직금 지급규정의 적법성 여부와 가산세

㈜세무는 임원퇴직금지급규정을 주주총회에서 다음과 같이 의결하였다.

> 제5조 임원 퇴직금의 지급배율
> 김대표이사 : 지급배율 9배수, 박이사 : 지급배율 6배수, 이이사 : 지급배율 5배수

위와 같은 지급배율은 해당 임원의 회사 기여도에 따라 정한 배수로 주주총회에서 상법의 절차에 따라 의결하였다.

㈜세무는 2022.12.31.에 박이사의 퇴직에 따른 퇴직금을 임원퇴직금 지급규정에 따라서 지급하였는데, 2024.8.에 임원퇴직금의 소명자료 안내를 받고, 소명결과 임원퇴직금 지급규정에 해당되지 않는다는 결과통지를 받았다. 이에 대한 세무상 업무처리를 요약하시오.

(1) 임원 퇴직금 지급규정의 적법성 여부

임원의 경우 퇴직금 지급규정의 유무에 따라서 세법상 한도금액이 달라지고 세법상 한도금액을 초과하는 경우 법인세법상 손금에 산입하지 않도록 하고 있으며 초과하는 금액은 근로소득으로 본다(법령 §44 ④, 소령 §38 ① 13호).

① 임원퇴직금 지급규정

임원 퇴직금 지급규정이라 함은 정관에 정하여진 금액(정관에 퇴직금 계산기준이 기재된 경우 포함) 또는 정관의 위임에 따라 주주총회에서 정한 규정을 말한다.

여기서 정관에서 위임된 퇴직금 지급규정은 당해 위임에 의한 임원 퇴직금 지급규정의 의결내용 등이 정당하고, 특정임원의 퇴직시마다 퇴직금을 임의로 지급할 수 없는 일반적이고 구체적인 기준을 말하는 것으로, 당해 지급규정의 내용에 따라 임원 퇴직시마다 계속 · 반복적으로 적용하여 온 규정이라야 할 것으로, 만약 정관에 퇴직금 지급규정에 대한 구체적인 위임사항을 정하지 아니하고 '별도의 퇴직금 지급규정에 의한다'라고만 규정하면서 특정임원의 퇴직시마다 임의로 동 규정을 변경 · 지급할 수 있는 경우에는 법인세법상 손금으로 용인할 수 있는 적정한 퇴직금 지급규정이라 할 수는 없는 것이다.

따라서 임원에게 지급하는 퇴직금이 정당하게 지급한 퇴직금인지 여부는 특정임원의 퇴직을 앞두고, 당해 임원 등만을 위한 퇴직금 지급규정인지, 아니면 당해 임원의 퇴직 전 · 후에도 계속 · 반복적으로 적용하여 온 퇴직금 지급 규정인지, 사용인에 비하여 지나치게 많이 지급되는 퇴직금인지 등 제반상황에 따라 사실판단하여야 하는 것이다(서면법인-434, 2017.5.26.).

② 임원퇴직금 규정이 없는 것으로 보는 경우

다음의 경우는 임원 퇴직금 지급규정이 없는 것으로 본다.

㉠ 정관상 퇴직금 지급규정 없이 주주총회에서 정하는 임원퇴직금은 퇴직급여지급규정에 의한 지급액으로 볼 수 없음(법인 46012-1043, 1997.4.14.).

㉡ 정관의 위임에 따라 이사회에서 정한 퇴직금지급규정에 의하여 지급한 임원퇴직금은 법인세법 시행령 제44조 제4항 제2호의 규정에 의한 한도액 내에서 손금산입됨(서면2팀-2064, 2004.10.11.).

㉢ 법인의 퇴직급여지급규정이 불특정다수를 대상으로 지급배율을 정하지 아니하고 개인별로 지급배율을 정하는 경우에는 정관에서 위임된 퇴직급여지급규정으로 볼 수 없음(법인-450, 2010.5.14.; 서이 46012-11540, 2003.8.25.; 재법인-570, 2010.7.2.).

따라서 ㈜세무의 임원퇴직금 지급규정은 임원퇴직금 지급규정이 없는 것으로 판단된다.

실무Tip _ 임원퇴직금 지급규정의 소급적용

임원의 퇴직급여지급규정은 임원의 퇴직 당시 유효하게 성립한 임원의 퇴직급여지급규정에 따라야 하며 별도의 규정이 없는 경우 퇴직 당시 급여를 기준으로 전체 근속연수에 대한 퇴직급여를 소급적용할 수 있으며 별도의 규정이 있는 경우 과거의 급여를 기준으로 퇴직급여를 산정하거나 근속연수를 안분하여 각각 다른 배수를 적용하여 산정할 수 있다(대법원 2003다40798, 2005.7.8.; 대법원 2003다16092, 2006.5.25.).

임원 퇴직급여지급 소급규정에 대한 국세청 상담센터 상담사례와 관련 예규를 소개하면 다음과 같다.

① 법인의 정관이나 정관에서 위임된 퇴직급여지급규정에서 임원의 퇴직급여로 지급할 금액이 정하여진 것이라면 손금산입 한도는 정관이나 지급규정에 따르는 것으로, 정관 등에 임원퇴직급여지급규정을 신설하거나 개정한 경우, 신설 또는 개정한 정관 내용상 신설 전 또는 개정 전 근무기간에 대해서도 신설 또는 개정된 임원퇴직급여지급규정을 적용하도록 규정하고 있다면 소급 적용하여 계산된 퇴직급여에 대해 손금산입이 가능할 것임. 즉, 소급적용가능한지 여부는 법인의 정관 등에 규정된 내용에 따르는 것임(국세청 상담센터 사례, 2015.7.8.).

② 내국법인이 임원의 퇴직급여지급규정에 대하여 정관을 개정할 경우 법인세법시행령 제60조 제2항에 따른 「퇴직급여로 지급되어야 할 금액의 추계액」은 정관 기타 퇴직급여지급에 관한 규정에 의하여 계산한 금액을 말하며, 같은 법 시행령 제44조 제4항 제1호의 금액은 정관에 지급할 금액이 정하여진 경우에는 정관에 정하여진 금액으로 하는 것임(법인-149, 2013.3.27.).

③ 임원이 퇴직하기 전에 퇴직급여지급규정을 개정한 경우에는 당해 규정의 개정 전까지의 근속기간에 대하여도 개정된 규정을 적용할 수 있는 것임(서이 46012-11540, 2003.8.25.).

(2) 법인세법상 임원퇴직금 지급규정이 없는 경우의 한도 계산과 법인세 수정신고

임원퇴직금 지급규정이 없는 경우 임원에 대한 법인세법상 한도는 다음과 같이 계산한다. 법인세법상 한도를 초과하는 금액은 근로소득이며 손금에 산입하지 않는다(법령 §44 ④ 2호, 법칙 §22 ⑤).

$$\text{퇴직한 날부터 소급하여 1년 동안 지급받은 총급여액}^{*1} \times \frac{1}{10} \times \frac{\text{근속월수}^{*2}}{12}$$

*1. 임원에게 지급한 총급여액은 소득세법 규정에 따라 근로의 제공으로 받는 봉급 · 급료 · 보수 · 세비 · 임금 · 상여 · 수당과 이와 유사한 성질의 급여 및 잉여금 처분에 의한 상여를 포함한다. 다만, 소득세법상 비과세소득과 법인세법상 손금불산입된 금액은 제외한다.

*2. 근속연수는 역년에 의하여 계산한 근속연수를 말하며, 이 경우 1년 미만의 기간은 월수로 계산하되, 1개월 미만의 기간은 이를 산입하지 아니한다. 또한, 해당 임원이 사용인에서 임원으로 된 때에 퇴직금을 지급하지 아니한 경우에는 사용인으로 근무한 기간을 근속연수에 합산할 수 있다.

따라서 ㈜세무는 위의 계산식에 의해서 계산된 금액을 초과하는 금액을 박이사에게 퇴직금으로 지급한 경우 초과금액은 손금불산입(상여)로 처분한 후 2022년 귀속분에 대한 법인세 수정신고를 하여야 하고, 상여로 처분된 금액에 대해서는 연말정산 재정산 등과 관련된 추가신고를 하여야 한다.

법인세 수정신고시에 신고불성실 가산세와 납부지연 가산세가 적용된다.

저자주 〈무보수 임원의 퇴직금〉

경영악화 등의 사유로 무보수 재직중 퇴직하는 임원의 퇴직금에 대해서 관련 예규와 판례는 임원퇴직금 지급규정에 따라 지급여부를 결정하는 것으로 안내를 하고 있다(서면법인-2148, 2018.10.16.; 법인세과-1388, 2017.5.26.; 서면2팀-1455, 2004.7.13. 등).

이에 정관에서 위임된 퇴직금 지급규정에 따라 임원 퇴직금 지급규정의 의결내용 등이 정당하고, 특정임원의 퇴직 시마다 퇴직금을 임의로 지급할 수 없는 일반적이고 구체적인 기준 등 합당한 퇴직금 지급규정에 무보수 임원의 퇴직금 지급이 명시되어 있는 경우라면 그에 따라 지급하면 될 것으로 판단된다.

다만, 퇴직금 지급규정이 없는 경우로서 퇴직직전 1년간 총급여액이 없는 경우임에도 불구하고 퇴직금을 지급하는 경우라면 다음의 예규에 의하여 계산된 금액을 임원 퇴직금으로 계산할 수 있을 것으로 보이나 손금인정 여부를 위해서는 무보수 임원의 퇴직금 지급 규정을 정관 등에 명시하기를 바란다.

관련 예규를 소개하면 다음과 같다.

① 무급여로 근무한 임원이 퇴직하는 경우 근속연수 및 총급여액 계산방법

임원에 대한 퇴직금지급기준을 정관 등에 정하고 있지 아니하는 법인의 임원이 1년 동안 급여수령을 포기하고 무급여로 근로를 제공한 후 퇴직하는 경우에 당해 임원에 대한 퇴직금을 계산함에 있어서 근속연수는 무급여로 근무한 기간을 포함할 수 있으며, 이 경우

임원퇴직금의 손금용인한도액을 계산하기 위한 총급여액은 급여수령을 포기하기 전 1년 동안 지급한 총급여액으로 할 수 있는 것이다(법인 46012－487, 1998.2.26.).

② 임원의 퇴직소득 계산시 무보수 기간의 근속연수 포함여부

임원 등의 거주자가 창업초기 때는 무보수로 수년간 근무하고 그 이후로는 급여를 받다가 실제 퇴직하여 임원퇴직금지급규정에 따라 퇴직소득을 지급받는 경우 근속연수에 의한 퇴직소득공제금액 계산은 해당 법인에 직접 고용되어 실제 근로를 계속 제공한 총기간으로 하는 것이나 법인세법 제52조에 따른 부당행위계산의 부인 대상이 되는 경우에는 그러하지 않는다(원천세과－768, 2009.9.18.; 소행 22－105－3).

실무Tip _ 임원퇴직금 지급규정 핵심 요약정리와 퇴직금 포기시 원천징수

1. 임원퇴직금 지급규정 핵심 요약정리

임원의 경우 근로자퇴직급여보장법상 근로자로 볼 수 없으므로 임원의 퇴직금은 법인세법과 소득세법 규정을 적용하여야 함에 유의하여야 한다.

임원의 경우 임원퇴직금 지급규정의 유무에 따라서 세법상 한도금액이 달라지고 세법상 한도금액을 초과하는 경우 법인세법상 손금에 산입하지 않도록 하고 있으며 초과하는 금액은 근로소득으로 본다(법령 §44 ④, 소령 §38 ① 13호).

임원 퇴직금 지급규정 유무에 따른 법인세법상 손금인정 여부와 소득구분을 정리하면 다음과 같다.

임원 퇴직금의 세법상 처리

구 분		손금인정 여부	소득구분
임원 퇴직금 지급규정이 있는 경우	지급규정 금액보다 초과 지급한 경우	손금불산입	근로소득
	지급규정 금액을 지급한 경우	손금산입	퇴직소득*
	지급규정 금액보다 과소 지급한 경우	손금산입	퇴직소득 또는 근로소득*
임원 퇴직금 지급규정이 없는 경우	법인세법상 한도액	손금산입	퇴직소득
	법인세법상 한도액을 초과한 금액	손금불산입	근로소득

* 2012.1.1. 이후 퇴직금이 소득세법상 한도를 초과할 경우 손금산입은 인정되지만 근로소득으로 보며, 소득세법상 한도액 계산은 다음과 같다.

소득세 한도액=①+②

① 2012.1.1.~2019.12.31.까지의 한도액

$$\left(\begin{array}{l}\text{2019.12.31.로부터 소급하여 3년동안}\\\text{지급받은 총급여액}^{\text{주1)}}\text{의 연평균환산액}\end{array}\right)\times\frac{1}{10}\times\left(\frac{\text{2012.1.1.~2019.12.31. 근무기간}^{\text{주2)}}}{12}\times3\right)$$

② 2020.1.1. 이후의 한도액

$$\left(\begin{array}{l}\text{퇴직일로부터 소급하여 3년동안}\\\text{지급받은 총급여액}^{\text{주1)}}\text{의 연평균환산액}\end{array}\right)\times\frac{1}{10}\times\left(\frac{\text{2020.1.1. 이후 근무기간}^{\text{주2)}}}{12}\times2\right)$$

주1) 근무기간이 3년 미만인 경우에는 해당 근무기간 동안 지급받은 총급여로 하고 총급여액은 봉급·상여 등 소득세법 제20조 제1항 제1호 및 제2호에 따른 근로소득(소득세법 제12조에 따른 비과세소득은 제외)을 합산함. 예를 들어 2년 6개월의 총급여액이 2억원인 경우의 연평균환산

액은 80,000,000원(=2억원÷30개월×12개월)임.
근무기간 중 해외현지법인에 파견되어 국외에서 지급받는 급여를 포함함. 다만, 정관 또는 정관의 위임에 따른 임원의 급여지급 규정이 있는 법인의 주거보조비, 교육비수당, 특수지수당, 의료보험료, 해외체재비, 자동차임차료 및 실의료비 및 이와 유사한 급여로서 해당 임원이 국내에서 근무할 경우 국내에서 지급받는 금액을 초과해 받는 금액은 제외함(소령 §42의 2 ⑦, 2020.2.11. 이후 퇴직하여 지급받는 소득분부터 적용).

주2) 근무기간은 개월 수로 계산한다. 이 경우 1개월 미만의 기간이 있는 경우에는 이를 1개월로 봄. 참고로 회사의 종업원이 임원으로 취임하여 퇴직금을 지급받은 후 임원으로 근무하던 중 퇴직하는 경우 소득세법 제22조 제3항에 따른 총급여의 연평균환산액을 산정함에 있어 임원으로 근무한 기간이 3년 미만인 경우 "근무기간"은 임원으로 실제 근무한 기간으로 계산하는 것이며, "2011.12.31. 퇴직하였다고 가정할 때 지급받을 퇴직소득금액"은 불특정다수에게 적용되는 퇴직금지급규정에 따라 2011.12.31. 퇴직시 실제 지급받을 수 있는 퇴직소득금액을 말한다(법규소득 2013-246, 2013.7.25.).

2. 퇴직금을 포기하는 경우의 원천징수

① 정관에 따른 임원 퇴직금 중 일부의 수령을 포기한 경우 원천징수방법
당초 퇴직 후 법인 정관의 임원퇴직금지급규정에 따라 지급 결정된 대주주인 임원의 퇴직금을 수령 포기할 경우 퇴직금 포기시 퇴직금을 수령한 것으로 보아 동 포기금액에 대해서 퇴직소득세를 원천징수하는 것이며, 임원 퇴직소득 한도액 계산시 '총급여'라 함은 소득세법 제20조 제1항 제1호 및 제2호에 따른 금액을 말하는 것이고 4호의 소득은 포함되지 않는 것이므로 질의한 바와 같이 한도를 재계산하는 것이 아닌 것임(서면원천 2021-6635, 2023.2.9.).

② 포기한 퇴직금에 대해서도 퇴직소득세가 과세되는지 여부
법인의 대주주인 상근임원이 비상근임원으로 전환하면서 임원퇴직금지급규정에 규정된 퇴직금의 수령을 주주총회에서 전액 포기한 경우에는 당해 대주주가 퇴직금 포기시에 퇴직금을 수령한 것으로 보아 동 포기금액에 대하여는 퇴직소득세를 원천징수하는 것이며, 이 경우 당해 법인은 각 사업연도 소득금액계산상 임원 퇴직금 한도내의 금액을 손금에 산입하되 동 포기금액을 익금에 산입하여야 하는 것임(서이 46012-12368, 2002.12.30.).

3. 업무무관경비[5] 관련 법인세 수정신고와 가산세 사례

1) 업무무관경비로 추정되는 금액

2014년 귀속 법인세 신고시 국세청은 법인 신용카드 지출내역 중 업무와 무관하게 지출된

5) 법인세법상 업무무관 경비라 함은 업무와 관련 없는 부동산과 동산의 취득 · 관리비용(법법 §27 ①)에 대한 손금불산입 규정에 대해서 주로 설명하고 있지만, 본편에서는 과세당국의 관심이 부쩍 많아진 '업무와 무관하게 지출된 신용카드 금액'에 대한 부분과 저자가 강의시 받았던 질문 중 질문의 빈도가 많았던 최고 경영자 대학원 등록금과 관련된 사례에 대해서 소개하기로 한다.

금액으로 보이는 지출건수와 지출금액에 대한 안내를 팩스 등과 국세청 홈택스의 쪽지를 통해서 일부 사업자에게 안내하였으며 2015년 귀속 법인세 신고시부터는 국세청 홈택스의 법인세 신고도움서비스를 통하여 사업자별 맞춤 사전성실신고 안내장[6])을 제공하고 있다.

사업자별 맞춤 성실신고 안내장을 살펴보면 해당 법인의 각종 신고의 3년치 비율분석을 안내하고 있으며, 해당 사업자에 대한 맞춤형 코멘트(comment)도 소개되고 있다.

이 중 가장 관심이 가는 항목은 업무무관지출건으로 판단되는 건수 등인데 해당 내용을 요약해 보면 다음과 같다.

① 대표이사 거주지 주변에서 토요일 또는 공휴일에 이용된 대형마트 사용 금액
② 피부과, 성형외과 등 업무와 연관성이 없는 의료비 지출금액
③ 백화점 사용금액과 상품권 과다매입금액으로 지출된 금액
④ 면세점에서 이용된 금액
⑤ 주로 최종소비자와 거래가 이루어지는 업무무관 사업장과 지출된 금액 등

이러한 지출금액에 대해서는 업무관련성 여부를 반드시 확인해서 법인세 등 신고가 이루어져야 하며 해당 금액에 대한 소명안내 결과, 업무무관 비용금액으로 결정되면 법인세 수정신고는 물론이거니와 상여 등의 처분으로 인한 소득세 추징세액도 발생할 수 있음에 유의하여야 한다.

2) 대표이사의 최고경영자과정 대학원 등록금을 법인이 대신 지급하는 경우의 수정 신고와 가산세

㈜세무의 대표이사 진세무는 2023.8.에 경영대학원 최고경영자과정에 합격하였다. 동과정은 4개월간의 단기 대학원과정으로 등록금 등이 총 2,000만원이다.

동 대학원 과정은 대표이사의 업무와 관련하여 필요한 과정이므로 ㈜세무의 회계팀은 해당 등록금을 회사가 지원하는 것으로 결정하고 교육훈련비로 처리하였다. ㈜세무의 교육비 지급규정에는 대표이사의 대학원비 지급에 대한 규정은 없는 것으로 확인되었다.

2025.8.에 ㈜세무는 과세당국으로부터 해당 등록금 지원금액에 대한 소명자료 안내를 받았는데 이에 대한 세무처리와 수정신고여부는?

---

6) 일선 현장에서는 일명 '국세청의 친절한 협박편지(?)'라고 하기도 하는데, 이미 국세청은 Bigdata를 활용하여 사업자의 각종 신고내역의 오류내역을 파악하고 있는 것으로 보이므로 실제 법인세 신고시에는 해당 내역을 십분 참고하여 신고를 하여야 할 것으로 판단된다.

(1) 최고경영자 과정의 학자금 손금인정 여부와 비과세에 대하여

소득세법상 비과세되는 학자금의 범위는 다음과 같다.

초·중등교육법 및 고등교육법에 따른 학교(외국에 있는 이와 유사한 교육기관을 포함)와 국민 평생 직업능력 개발법에 따른 직업능력개발훈련시설의 입학금·수업료·수강료, 그 밖의 공납금 중 다음 각 호의 요건을 갖춘 학자금(해당 과세기간에 납입할 금액을 한도로 함)(소령 §11)

① 당해 근로자가 종사하는 사업체의 업무와 관련 있는 교육·훈련을 위하여 받는 것일 것

② 당해 근로자가 종사하는 사업체의 규칙 등에 의하여 정하여진 지급기준에 따라 받는 것일 것

③ 교육·훈련기간이 6월 이상인 경우 교육·훈련 후 당해 교육기간을 초과하여 근무하지 아니하는 때에는 지급받은 금액을 반납할 것을 조건으로 하여 받는 것일 것

위의 법령 요건을 참고하여 판단해 보면, 해당 사업체의 규칙 등에 의하여 정하여진 지급기준이 없다고 하였으므로 해당 최고경영자 과정의 등록금은 법인세법상 손금으로 계상할 수 없는 업무무관 지출에 해당되는 것으로 판단된다.

따라서 2023년 귀속분에 손금으로 처리한 금액을 부인하고 상여로 처분한 후 수정신고를 하여야 할 것으로 판단된다.

실무Tip _ 최고경영자 과정 대학원 등록금의 손금여부

[질의]
지배주주이면서 대표이사인 자가 마케팅, 회계, 경영전략, 인사 등을 위하여 대학원 최고경영자대학원에 수학하는 바, 당해 등록금 등을 법인이 부담하는 경우 손비인정 여부와 당해 대표이사가 각 단체가 주최하는 세미나 등에 참석하여 신경영을 습득하는 경우, 세미나 참석비용의 손비인정여부

[회신]
① 귀 질의의 경우 법인의 주주 임원인 자가 국내 대학 등에서 6개월 이상의 장기교육이 필요한 최고경영자과정을 수업하는 경우 당해 수업내용 등으로 보아 주주 임원 개인이 부담할 것을 법인이 대신 부담하는 경우에는 업무무관비용으로 보아 손금에 산입하지 아니하는 것이나, 당해 수업내용이 업무와 관련된 것이고, 소득세법 시행령 제11조 각호의 요건을 갖춘 형식으로 회사 내부규정에 의하여 특정임원 등이 아닌 경우에도 차별없이 수업할 수 있는 것으로서 당해 교육내용 등이 사규화되어 있는 경우에는 그러하지 아니하는 것으로, 업무관련 여부 등은 사실판단하는 것임.

② 법인의 임원이 업무와 관련되거나, 신경영 습득을 위하여 각종 단체에서 주최하는 세미나에 참석하고, 세미나 일반경비에 충당되는 사회통념의 참석비용을 지출하는 경우 그 지출비용은 법인의 손금에 해당하는 것임(서면2팀-17, 2005.1.3.).

(2) 법인세 수정신고와 가산세

2023년 귀속분에 대한 법인세 수정신고를 하여야 하며, 신고불성실 가산세와 납부지연 가산세를 적용한다.

수정신고시 상여로 소득처분된 경우라면 연말정산 재정산 등과 관련된 일련의 추가신고 업무처리도 하여야 함에 유의하자.

(3) 관련 사례

임직원의 해외여행 경비에 대한 손금산입여부 관련 통칙과 관련 예규를 소개하면 다음과 같다.

① 직원의 해외여행 경비에 대한 손금 인정여부(법통 19-19…22)

임원 또는 사용인의 해외여행에 관련하여 지급하는 여비는 그 해외여행이 당해 법인의 업무수행상 통상 필요하다고 인정되는 부분의 금액에 한한다. 따라서 법인의 업무수행상 필요하다고 인정되지 아니하는 해외여행의 여비와 법인의 업무수행상 필요하다고 인정되는 금액을 초과하는 부분의 금액은 원칙적으로 당해 임원 또는 사용인에 대한 급여로 한다. 다만, 그 해외여행이 여행기간의 거의 전기간을 통하여 분명히 법인의 업무수행상 필요하다고 인정되는 것인 경우에는 그 해외여행을 위해 지급하는 여비는 사회통념상 합리적인 기준에 의하여 계산하고 있는 등, 부당하게 다액이 아니라고 인정되는 한 전액을 당해 법인의 손금으로 한다.

② 업무수행상 필요한 해외여행의 판정(법통 19-19…23)

임원 또는 사용인의 해외여행이 법인의 업무수행상 필요한 것인가는 그 여행의 목적, 여행지, 여행기간 등을 참작하여 판정한다. 다만, 다음에 해당하는 여행은 원칙적으로 법인의 업무수행상 필요한 해외여행으로 보지 아니한다.

㉠ 관광여행의 허가를 얻어 행하는 여행

㉡ 여행알선업자 등이 행하는 단체여행에 응모하여 행하는 여행

㉢ 동업자단체, 기타 이에 준하는 단체가 주최하여 행하는 단체여행으로서 주로 관광목적이라고 인정되는 것

다만, 위의 ㉠부터 ㉢에 해당된다고 하더라도 그 해외여행기간 중에 있어서의 여행지, 수행한 일의 내용 등으로 보아 법인의 업무와 직접 관련이 있다고 인정될 때에는 법인이 지급하는 그 해외여행에 소요되는 여비 가운데 법인의 업무에 직접 관련이 있는 부분에 직접 소요된 비용(왕복 교통비는 제외한다)은 여비로서 손금에 산입한다.

③ 해외여행 동반자의 여비처리(법통 19-19…24)

임원이 법인의 업무수행상 필요하다고 인정되는 해외여행에 그 친족 또는 그 업무에 상시 종사하고 있지 아니하는 자를 동반한 경우에 있어서 그 동반자와 관련된 여비를 법인이 부담

하는 때의 그 여비는 그 임원에 대한 급여로 한다. 다만, 그 동반이 다음의 경우와 같이 분명히 그 해외여행의 목적을 달성하기 위하여 필요한 동반이라고 인정되는 때에는 그러하지 아니하다.

㉠ 그 임원이 상시 보좌를 필요로 하는 신체장애자이므로 동반하는 경우

㉡ 국제회의의 참석 등에 배우자를 필수적으로 동반하도록 하는 경우

㉢ 그 여행의 목적을 수행하기 위하여 외국어에 능숙한 자 또는 고도의 전문적 지식을 지니는 자를 필요로 하는 경우에 그러한 적임자가 법인의 임원이나 사용인 가운데 없기 때문에 임시로 위촉한 자를 동반하는 경우

④ 직원의 해외유학비 중 기숙사비 등 지원금액에 대한 손비 여부

내국법인이 임직원의 해외연수에 소요된 비용(동반가족의 실비 변상적 여비포함)을 지원할 경우 임직원의 해외연수가 법인의 사업 또는 수익과 직접 관련 있는 경우에는 손금에 산입하는 것이나, 귀 질의가 이에 해당되는지 여부는 지급규정 · 사규 등의 합리적인 기준 및 사회통념상 일반적으로 용인되는 통상적인 범위 등을 종합적으로 고려하여 사실판단할 사항임. 따라서 직원의 해외유학비가 업무관련성이 있다고 하더라도 기숙사비나 매월 지급하는 생활비 등은 업무와 직접 관련된 금액이 아니므로 손금불산입함(법인-1382, 2009.12.4.).

⑤ 특수관계자인 기업주의 아들의 해외유학비용의 손금 인정여부

법인이 직원으로 근무 중인 기업주의 아들에게 해외유학에 소요되는 비용과 유학기간 중의 급여를 지급하는 경우, 당해 비용이 법인의 사업 또는 수익과 직접 관련 있는 경우에는 손금에 산입하는 것이나, 이에 해당하는지 여부는 지급규정 · 사규 등의 합리적인 기준 및 사회통념상 일반적으로 용인되는 통상적인 범위 등을 종합적으로 고려하여 사실판단할 사항임(법인-342, 2009.3.26.).

제3절 계산서 관련 가산세

1. 계산서 미발급 관련 가산세 사례

사례리스트

1) 세금계산서 대신 계산서를 발급한 경우의 계산서합계표 불성실 가산세 적용여부
2) 계산서 대신 세금계산서를 발급한 경우 계산서합계표 불성실 가산세의 적용여부
3) 종이계산서를 계산서합계표 작성시 전자계산서 발급분으로 작성·제출한 경우 계산서합계표 불성실 가산세

1) 세금계산서 대신 계산서를 발급한 경우의 계산서합계표 불성실 가산세 적용여부

㈜가공은 과세 · 면세 겸업사업자로 2024.12.31.에 ㈜민후에게 과세 재화를 공급하면서 착오로 면세 계산서를 발급하여 2024년 2기 부가가치세 확정신고를 하였다.

2025.8.20.에 해당 착오 발급건을 확인하게 되어 2024년 2기 확정신고에 대한 수정신고를 하려고 하는 경우 가산세 적용은?

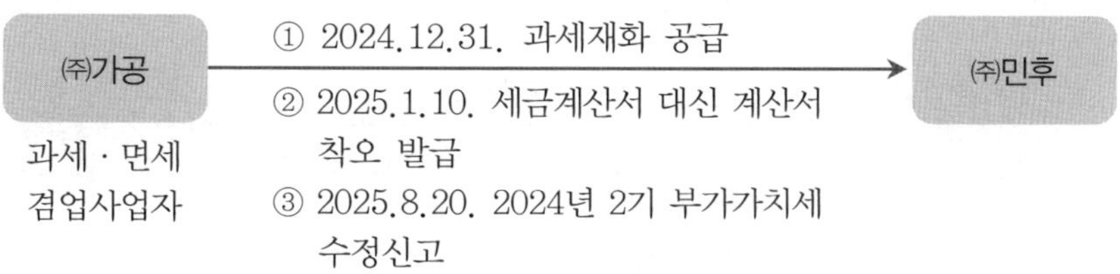

해답

(1) 공급자

㈜가공은 세금계산서 미발급 가산세, 신고불성실 가산세 그리고 납부지연 가산세를 적용한다.

(2) 공급받는 자

㈜민후는 매입세액공제를 받을 수 없지만, 매입처별 계산서합계표를 작성하여 제출한 경

우라면 매입처별 계산서합계표 불성실 가산세는 적용하지 않는다.

해설

(1) 공급자

부가가치세 과세재화를 공급하면서 세금계산서를 교부하여야 하나 착오로 계산서를 교부한 경우 계산서를 교부한 자에 대하여 세금계산서 미발급 가산세가 부과되는 부분은 계산서 관련 불성실 가산세를 적용할 수 없다(재법인 46012-175, 2001.10.10.).

(2) 공급받는 자

공급자로부터 세금계산서 대신 착오로 계산서를 교부받은 경우로서 계산서를 공급받는 자가 매입처별 계산서합계표를 제출하지 않았다면 계산서 관련 불성실 가산세를 징수하여야 하는 것이다(재법인 46012-175, 2001.10.10.).

2) 계산서 대신 세금계산서를 발급한 경우 계산서합계표 불성실 가산세의 적용여부[7)]

㈜가공은 과세 · 면세 겸업사업자로 2024.12.31.에 ㈜민후에게 면세 재화를 공급하면서 착오로 세금계산서를 발급하여 2024년 2기 확정 부가가치세 신고를 하였다.

2025.8.20.에 해당 착오 발급건을 확인하게 되어 2025년 2기 확정신고에 대한 수정신고를 하려고 하는 경우 가산세 적용은?

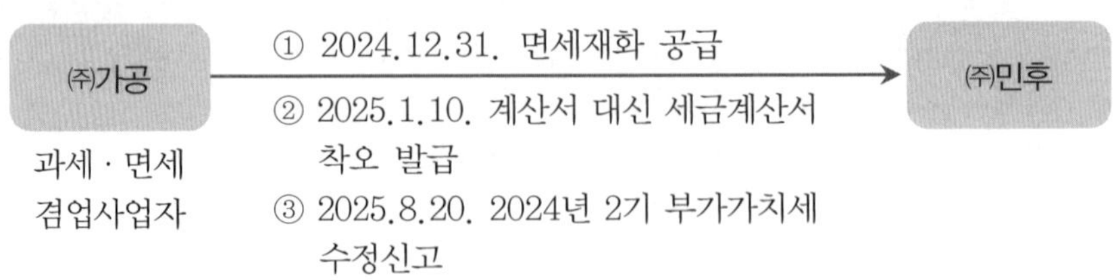

해답

(1) 공급자

㈜가공은 계산서 불성실 가산세를 부담하지 않는다.

---

7) 해당 사례는 1편 1장 부가가치세 관련 가산세 사례에서도 소개한 바가 있는데 착오로 세금계산서를 계산서로 발급한 경우와 착오로 계산서를 세금계산서로 발급한 경우를 함께 학습하는 것이 업무처리상 유익한 것으로 판단되어 다시 소개하는 것임.

(2) 공급받는 자

㈜민후가 만약 부가가치세 신고시 착오로 매입세액공제를 받았으면 수정신고시 매입세액 불공제하고 신고불성실 가산세와 납부지연 가산세를 부담하여야 한다. 단, 매입처별 세금계산서합계표 불성실 가산세와 매입처별 계산서합계표 불성실 가산세는 적용하지 않는다.

해설 ····

(1) 공급자

종전예규(법인-303, 2009.3.20.; 법인-211, 2010.3.11.)에 의하면 '법인이 부가가치세가 면제되는 용역을 공급하면서 계산서를 교부하여야 하나 착오로 세금계산서를 교부한 경우 계산서불성실가산세를 적용하는 것'으로 되어 있었으나 새로운 예규(기획재정부법인-1279, 2019.9.18.; 2019년 10월 세법해석사례 정비내역)에 의하면 '부가가치세가 면제되는 용역을 공급하면서 착오 · 부지로 부가가치세가 과세되는 것으로 보아 세금계산서를 작성하여 교부한 경우 계산서불성실 가산세가 적용되지 아니하는 것'으로 법령해석이 변경되어 종전의 예규가 삭제되었다.

종전의 예규와 개정된 예규를 비교하여 소개하면 다음과 같고 세법의 해석이나 적용은 항상 변경될 가능성이 있다는 점을 충분히 숙지하여 업무처리를 진행하여야 할 것으로 판단된다.

종전예규(삭제된 예규) 법인-303, 2009.3.20.; 법인-211, 2010.3.11.	개정예규 기획재정부 법인-1279, 2019.9.18.
법인이 부가가치세가 면제되는 용역을 공급하면서 계산서를 교부하여야 하나 착오로 세금계산서를 교부한 경우 계산서불성실가산세를 적용하는 것임	부가가치세가 면제되는 용역을 공급하면서 착오 · 부지로 부가가치세가 과세되는 것으로 보아 세금계산서를 작성하여 교부한 경우 계산서불성실 가산세가 적용되지 아니하는 것임

(2) 공급받는 자

거래당사자가 부가가치세 과세대상이 아닌 거래를 과세대상으로 부가가치세를 거래징수하고 세금계산서를 수취하여 매입처별 세금계산서합계표를 제출한 경우 매입처별 세금계산서합계표의 기재사항 중 사실과 다르게 과다하게 기재하여 신고한 것으로 볼 수 없으므로 매입처별 세금계산서합계표 불성실 가산세는 적용되지 아니하는 것이나, 국세기본법상 신고불성실 가산세와 납부지연 가산세는 적용되는 것이다(부가-113, 2014.2.17.).

또한 재화 또는 용역을 공급받고 계산서를 교부받지 못하여 매입처별 계산서합계표를 제출하지 아니한 경우에는 매입처별 계산서합계표 불성실 가산세 규정도 적용하지 아니한다(법인-496, 2013.9.25.).

참고로 2013.2.15.~2013.12.31.까지는 면세사업자가 계산서 대신 세금계산서를 발급한 경우로서 수정세금계산서를 발급하지 않고 부가가치세를 신고하고 납부한 경우에 공급받는 자는 매입세액공제가 가능한 세법개정이 있었지만 2014.1.1. 이후 폐지되었다.

실무Tip 세금계산서와 계산서를 착오로 발급한 경우의 가산세 정리

구 분		세금계산서 대신 계산서를 착오 발급한 경우	계산서 대신 세금계산서를 착오 발급한 경우
공급자	부가가치세법	세금계산서 미발급 가산세 적용 신고불성실 가산세 적용 납부지연 가산세 적용	매출처별 세금계산서합계표 가산세 미적용[*1]
	법인세법	계산서합계표 불성실 가산세 미적용[*2]	계산서 불성실 가산세 적용하지 않음[*3]
공급받는 자	부가가치세법	매입세액공제 불가능[*4]	매입세액불공제[*6] 신고불성실 가산세 납부지연 가산세 매입처별 세금계산서합계표 불성실 가산세 미적용[*7]
	법인세법	계산서합계표 불성실 가산세 적용가능[*5]	매입처별 계산서합계표 불성실 가산세 미적용[*8]

*1. 부가가치세 납부금액은 경정청구를 통해서 상환받고, 당초 신고시 매출처별 세금계산서합계표를 작성하여 제출한 경우에는 가산세를 적용하지 않음(부가-113, 2014.2.17.).

*2. 세금계산서 미발급 가산세가 적용되는 경우 계산서 불성실 가산세는 적용하지 않음(재법인 46012-175, 2001.10.10.).

*3. 사업자가 계산서를 교부하는 대신 부가가치세가 과세되는 것으로 착오하거나 부지로 부가가치세법상 세금계산서를 교부한 경우에는 계산서를 작성 · 발급한 것으로 보아 계산서 미발급가산세를 적용하지 않는 것임(기획재정부법인-1279, 2019.9.18.).

*4. 당초부터 매입세액공제를 받지 않았으므로 수정신고를 하지 않음.

*5. 착오로 발급받은 계산서에 대한 매입처별 세금계산서합계표를 작성하여 제출하지 않은 경우 가산세를 적용함(재법인 46012-175, 2001.10.10.).

*6. 당초 신고시 착오로 발급받은 세금계산서에 의해서 매입세액공제를 받는 경우에 수정신고시 매입세액불공제를 적용하여 신고하는 것임.

*7. 부가-113, 2014.2.17.

*8. 법인-496, 2013.9.25.

계산서 관련 가산세의 적용에 대하여 법인세 집행기준 75의 8-120-1의 내용을 소개하면 다음과 같다.

가산세 적용 사례	가산세 적용 제외 사례
① 법인이 실물거래 없이 가공으로 계산서를 교부한 경우 ② 실물거래 없이 가공으로 계산서를 교부받은 후 법인이 이를 매입처별계산서합계표에 기재하여 제출한 경우 ③ 세금계산서 교부대상 재화를 공급받으면서 착오로 계산서를 교부받은 법인이 이를 매입처별 계산서합계표에 기재하여 제출하지 아니한 경우	① 법인이 세금계산서 교부대상 재화를 공급하면서 착오로 계산서를 교부함에 따라 부가가치세법의 세금계산서 미교부가산세가 적용되는 부분 ② 재화나 용역의 공급자로부터 계산서를 교부받지 못하여 매입처별 계산서합계표를 제출하지 못한 경우 ③ 다음에 해당하는 재화 또는 용역의 공급에 있어 계산서를 교부하지 아니하는 경우 ㉠ 법인의 본지점간 재화의 이동 ㉡ 사업을 포괄적으로 양도하는 경우 ㉢ 상품권 등 유가증권을 매매하는 경우(상품권 매매업자 포함) ④ 계산서 교부일이 용역의 공급시기 전에 교부 받은 것으로 확인되었으나 공급시기와 교부일이 동일 연도에 해당하는 경우

3) 종이계산서를 계산서합계표 작성시 전자계산서 발급분으로 작성 · 제출한 경우 계산서합계표 불성실 가산세

㈜가공은 음식가공업을 하는 과세 · 면세 겸업사업자로서 음식가공업에 필요한 농 · 축 · 수산물을 개인사업자인 동희상사로부터 2023.12.31.에 공급받고, 이메일로 전자계산서를 발급받았다. 공급가액은 1억원이다.

㈜가공은 발급받은 전자계산서를 매입처별 계산서합계표 전자분으로 표기하여 제출하였는데, 2025.8.20.에 과세당국의 소명자료 안내를 받은 결과 동 계산서는 이메일로 전송되었지만 국세청에 전송이 되지 않았음을 확인하였다.

이러한 경우의 가산세는?

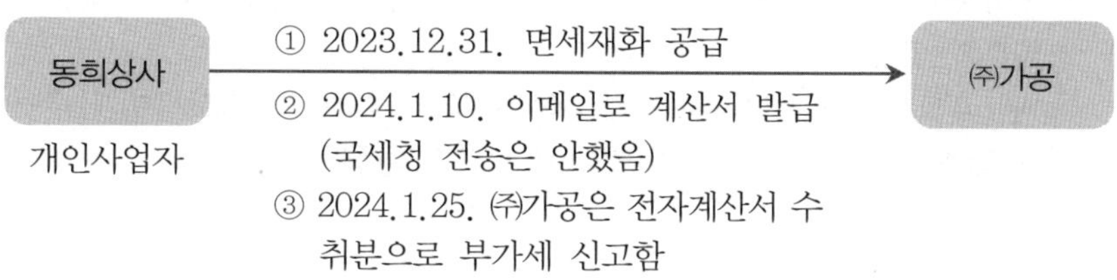

해답

㈜가공은 매입처별 계산서합계표 부실기재와 관련된 가산세를 적용하여야 한다.

해설

매입 · 매출처별 계산서합계표는 거래상대방과의 매입 · 매출내용을 상호대사함으로써 거래상대방의 과표현실화를 유도하고 납세자 본인의 경비 지불의 근거를 확인할 수 있도록 함으로써 근거과세의 기반으로 삼고자 하는 제도임에 비추어 전자계산서가 국세청에 전송되지 아니하거나, 전자 외 계산서를 발급하고 사업자등록번호와 공급가액이 기재된 매출처명세 없이 계산서의 매수 및 총매출금액만을 기재한 매출처별 계산서합계표를 제출하는 것은 적법하게 매출처별 계산서합계표의 제출로 볼 수 없는 점, 가산세 적용은 고의 · 과실을 고려하지 아니하는 점 등에 비추어 매출(매입)처별 계산세합계표 불성실 가산세를 적용하는 것은 타당하다(조심 2017전3720, 2017.11.1.).

저자주 〈국세청의 신고용 (세금)계산서합계표의 조회〉

위 사례는 과세당국의 2013년~2015년까지의 계산서합계표 사후검증과 관련된 사례와 예규 내용이다.

전자계산서 제도는 2015.7.1.부터 의무화되었고, 전자계산서 미발급과 미전송 가산세는 2016.1.1. 이후부터 적용되도록 세법이 개정되었는데, 실제 국세청 홈택스에 전자계산서 등의 발급 등의 기능이 탑재된 것은 2013년부터이다.

2013년~2015년까지 건설업의 일선 현장에서 공급받는 자(시공사)가 공급자(하청업체)를 대신해서 이메일로 역발급 계산서를 발급하고 국세청 전송을 하지 않았던 사례가 빈번하였다. 전자계산서를 역으로 발급받은 공급자(하청업체)는 아무런 의심 없이 이메일로 발급받은 매출계산서를 매출처별 계산서합계표에 전자분으로 기입하여 제출하였고, 공급받는 자(시공사)는 이메일로 발급하였지만 국세청 전송이 안 된 계산서이므로 매입처별계산서합계표에 전자외분으로 기입하여 제출하였던 것이다.

공급자와 공급받는 자의 국세청의 상호대사 검증결과 차이가 발생하여 과세자료 해명안내를 받고 공급자에게 매출처별 계산서합계표 불성실 가산세가 적용된 사례였는데 만약, 공급자가 국세청 홈택스에서 부가가치세 신고용 계산서합계표를 출력하여 공급자가 직접 작성한 계산서합계표와 전자분으로 표시된 금액의 일치 여부를 확인하였다면 이와 같은 가산세 적용은 사전에 방지를 할 수 있었을 것이다.

이에 앞으로는 이와 같은 불편한 상황이 발생되지 않도록 세금계산서와 계산서는 국세청 신고용 합계표와 일치되는지의 여부를 반드시 확인할 필요가 있다.

2. 계산서 관련 불성실 가산세 핵심요약정리

계산서 관련 불성실 가산세 법령 내용을 요약정리하면 다음과 같다.

(1) 매입처별 세금계산서합계표 미제출 및 불성실 가산세

구 분	내 용
적용요건	매입처별 세금계산서합계표를 매년 2월 10일까지 제출하지 아니한 경우 또는 제출하였더라도 그 매입처별 세금계산서합계표에 적어야 할 필요적 기재사항(거래처별 사업자등록번호 및 공급가액)의 전부 또는 일부를 적지 아니하거나 사실과 다르게 적은 경우
가산세액	공급가액×0.5%(제출기한 경과 후 1월 내 지연제출하는 경우에는 0.25%) * 2017.12.31.까지는 1%(제출기한 경과 후 1개월 내 지연제출하는 경우는 0.5%)
가산세 한도	5천만원(중소기업기본법상 중소기업이 아닌 경우는 1억원) (국기법 §49 ① 2호)
근거법령	법인세법 제75조의 8 제1항 제1호

(2) 계산서 등 불성실 가산세

구 분	내 용
적용요건	발급한 계산서 등에 적어야 할 필요적 기재사항의 전부 또는 일부를 적지 아니하거나 사실과 다르게 적은 경우
가산세액	공급가액×1%
가산세 한도	5천만원(중소기업기본법상 중소기업이 아닌 경우는 1억원) (국기법 §49 ① 2호)
근거법령	법인세법 제75조의 8 제1항 제2호

(3) 매출 · 매입처별 계산서합계표의 미제출 및 불성실 가산세

구 분	내 용
적용요건	매출 · 매입처별 계산서합계표를 매년 2월 10일까지 제출하지 아니한 경우 또는 제출하였더라도 그 합계표에 적어야 할 필요적 기재사항(거래처별 사업자등록번호 및 공급가액)의 전부 또는 일부를 적지 아니하거나 사실과 다르게 적은 경우
가산세액	공급가액×0.5%(제출기한 경과 후 1월 내 지연제출하는 경우에는 0.25%) * 2017.12.31.까지는 1%(제출기한 경과 후 1개월 내 지연제출하는 경우는 0.5%)

구 분	내 용
가산세 한도	5천만원(중소기업기본법상 중소기업이 아닌 경우는 1억원) (국기법 §49 ① 2호)
근거법령	법인세법 제75조의 8 제1항 제3호

(4) 계산서 등 미발급 및 가공 · 위장 수수 등의 가산세

구 분	내 용
적용요건	다음의 어느 하나에 해당하는 경우 ① 재화 또는 용역을 공급한 자가 계산서 등(이하 "계산서 등"이라 한다)을 발급하지 아니한 경우 ② 재화 또는 용역을 공급하지 아니하고 계산서 등을 발급한 경우 ③ 재화 또는 용역을 공급받지 아니하고 계산서 등을 발급받은 경우 ④ 재화 또는 용역을 공급하고 실제로 재화 또는 용역을 공급하는 법인이 아닌 법인의 명의로 계산서 등을 발급한 경우 ⑤ 재화 또는 용역을 공급받고 실제로 재화 또는 용역을 공급하는 자가 아닌 자의 명의로 계산서 등을 발급받은 경우
가산세액	공급가액×2% (전자계산서를 발급하지 아니하였으나 전자계산서 외의 계산서를 발급한 경우와 계산서의 발급시기가 지난 후 해당 재화 또는 용역의 공급시기가 속하는 사업연도 말의 다음달 25일까지 계산서를 발급한 경우는 1% 적용)
근거법령	법인세법 제75조의 8 제1항 제4호

(5) 전자계산서 지연전송 가산세

구 분	내 용
적용요건	전자계산서 발급일의 다음날이 지난 후 재화 또는 용역의 공급시기가 속하는 과세기간 말의 다음달 25일까지 국세청장에게 전자계산서 발급명세를 전송하는 경우(미발급 가산세가 적용되는 경우 제외)
가산세액	공급가액×0.3%(2016.12.31.까지는 0.1%)
가산세 한도	5천만원(중소기업기본법상 중소기업이 아닌 경우는 1억원) (국기법 §49 ① 2호)
근거법령	법인세법 제75조의 8 제1항 제5호

⑹ 계산서 미전송 가산세

구 분	내 용
적용요건	전자계산서 발급일의 다음날이 지난 후 재화 또는 용역의 공급시기가 속하는 과세기간 말의 다음달 25일까지 국세청장에게 전자계산서 발급명세를 전송하지 않는 경우(미발급 가산세가 적용되는 경우 제외)
가산세액	공급가액×0.5%(2016.12.31.까지는 0.3%)
가산세 한도	5천만원(중소기업기본법상 중소기업이 아닌 경우는 1억원) (국기법 §49 ① 2호)
근거법령	법인세법 제75조의 8 제1항 제6호

⑺ 가산세의 감면

계산서합계표의 제출기한 경과 후 1개월 이내에 제출하는 경우에는 가산세율을 50% 감면한다(국기법 §48 ②).

제4절 주식등변동상황명세서 관련 가산세

1. 증권거래세를 신고한 법인이 주식등변동상황명세서를 제출하지 않는 경우의 가산세 사례

㈜세무의 김이사와 박이사 사이의 주식양도거래 내용은 다음과 같다.

일시	양도자	양수자	거래내용
2023.12.31.	김이사	박이사	주식 3,000주 총거래금액 15,000,000원

㈜세무의 김이사는 주식거래에 대한 양도소득세와 증권거래세를 각각 신고기한 이내에 신고·납부하였다.

㈜세무는 관련 주식양도에 대한 주식변동상황명세서를 2024년 3월말 법인세 신고시 누락하였고, 2025년 8월에 동 누락액에 대한 소명자료 안내를 받았다.

이 경우 가산세는?

해답

㈜세무는 주식등변동상황명세서 미제출 가산세를 부담하여야 한다. 가산세액은 150,000원(=15,000,000원×1%)이다.

해설

세법상의 각각의 납세의무자는 해당 법률에 따라 별도의 납세의무를 부담하므로 주식의 양도자가 증권거래세법 규정에 따라 증권거래세를 신고하였다 하여 그 주식의 발행법인에게 부과된 법인세법상 주식등변동상황명세서 제출의무가 면제되는 것은 아니다.

따라서 ㈜세무가 주식거래에 대한 주식등변동상황명세서를 제출하지 아니한 데 대해서 주식등변동상황명세서 미제출 가산세를 부여하는 것은 타당하다고 판단된다(조심 2017서 2846, 2017.11.20.).

저자주 〈세무대리인의 주식 등 변동내역의 확인〉

법인세 신고시 간혹 주식 등 변동내용을 구두로 거래처에 확인하는 세무대리인들을 보곤 한다. 주식 등의 거래는 일반 개인 간의 거래이고 관련 주식양도에 관한 신고는 세무대리인에게 의뢰하지 않는 경우도 많이 있는 것으로 판단된다.

이에 세무대리인의 경우 거래처의 주식변동 내역을 구두로만 확인하지 말고 연도 말 기준으로 작성되어 있는 주주명부를 반드시 수령하여 지난 연도와 변동내역이 있는지의 여부를 문서로 확인하는 습관을 갖는 것이 중요하다. 최근 과세당국의 시스템에 의하여 주식등변동상황명세서의 미제출과 관련된 소명자료 안내가 있었던 바, 소액의 가산세라 하더라도 부과되지 않도록 철저한 관리가 요구된다.

2. 주식등변동상황명세서 제출 불성실 가산세 관련 핵심요약정리

주식등변동상황명세서 제출 불성실 가산세 관련 내용을 요약정리하면 다음과 같다.

(1) 적용요건과 가산세액(법법 §75의 2 ②)

적용요건[*1]	가산세액
① 명세서를 제출하지 아니한 경우	미제출 · 누락제출 · 불분명 주식등의 액면금액(출자금액)×1%[*2]
② 명세서에 주식등의 변동사항을 누락하여 제출한 경우	
③ 제출한 명세서가 법령으로 정하는 불분명한 경우에 해당하는 경우[*3]	

*1. 다음의 주식 등에 대하여는 주식등변동상황명세서를 제출하지 않는다.
㉠ 주권상장법인의 지배주주 등 이외의 주주의 주식
㉡ 코스닥상장법인의 지배주주 등 이외의 주주의 주식
㉢ 한국증권선물거래소 비상장법인의 소액주주의 주식 또는 소액출자자의 출자지분

*2. 2018.1.1. 이후 제출기한 도래분부터 1%가 적용되며, 제출기한 경과 후 1개월 이내 제출하는 경우에는 0.5%를 적용한다. 참고로 2017.12.31.까지는 2%(1개월 이내 제출시에는 1%)가 적용되었다.

*3. 제출한 명세서가 법령으로 정하는 불분명한 경우란 다음의 어느 하나에 해당하는 경우를 말한다. 다만, 내국법인이 주식등의 실제소유자를 알 수 없는 경우 등 정당한 사유가 있는 경우는 제외한다(법령 §120 ②).
㉠ 제출된 변동상황명세서에 다음의 '필요적 기재사항'의 전부 또는 일부를 기재하지 아니하였거나 잘못 기재하여 주주 등의 명세를 확인할 수 없는 경우
· 주주 등의 성명 또는 법인명, 주민등록번호 · 사업자등록번호 또는 고유번호
· 주주 등별 주식 등의 보유현황
· 사업연도 중 주식 등의 변동사항
㉡ 제출된 주주 등의 명세서의 필요적 기재사항이 주식등의 실제소유자에 대한 사항과 다르게 기재되어 주주 등의 명세를 확인할 수 없는 경우

(2) 가산세의 감면

주식등변동상황명세서의 제출기한 경과 후 1개월 이내에 제출하는 경우에는 가산세를 50% 감면한다(국기법 §48 ②).

슬기로운 가산세 사례실무

가산세 부담을 줄이는 최선의 대비책

제1편
세목별 가산세 사례실무

제3장

소득세 가산세 사례실무

제1절 매출누락과 가공경비 관련 소득세 가산세[1)]

1. 지출금액의 적정성 여부를 확인하기 위한 국세청 전산시스템[2)]

지능적 탈세가 증가되고 있는 상황에서 국세청 역시 이를 막기 위한 국세청의 세무조사 기법이 정교해져 가고 있으므로 납세의무자 역시 소득세 등 신고시 면밀한 분석을 통하여 이에 대한 대비를 하여야 할 것이다.

국세청이 활용하고 하고 있는 전산시스템을 소개하면 다음과 같다.

(1) 국세정보통합관리시스템(TIMS, Tax Integrated Management System)

납세자가 신고한 부가가치세 신고서, 종합소득세 신고서, 법인세 신고서 등 각종 신고서의 탈세 제보 내용을 분석하고 관리하는 시스템으로 국세청 시스템 중 가장 오래된 분석시스템으로 실시간 과세 정보 분석, 법인과 개인의 세금 회피 패턴 분석, 전자세금계산서와 현금영수증의 실시간 분석, 법인과 개인의 자금 흐름 추적 그리고 AI 빅데이터 기반 세무조사 대상 선별 등을 업무를 처리한다.

(2) 무증빙 전산분석시스템

사업자의 비용계정항목과 각종 증빙의 차액을 확인하는 분석시스템으로 지출금액 중 세금계산서 등의 법정지출증명서류 지출금액이 차지하는 비율 등을 분석하여 가공비용 처리 여부를 검토한다.

(3) 소득-지출 분석시스템(PCI, Property, Consumption and Income Analysis System)

개인사업자의 자산 증가액(부동산, 주식, 회원권 등)과 소비지출(신용카드 내역, 해외 출입국

---

1) 종합소득세 신고후 과세당국의 사후검증 대상이 되는 부분은 ① 현금매출누락, ② 가공경비의 계상, ③ 종합소득공제의 과다공제(이중공제, 부당공제 등), ④ 합산신고 대상 소득의 합산 누락 유형 등으로 구분할 수 있는데 대부분이 사업소득과 관련된 부분으로 판단된다. 이 중 실무상 자주 발생되는 현금매출누락과 가공경비 관련 실무사례를 소개한다. 개인적인 바람은 본 사례 등을 통하여 가산세를 사전에 방지할 수 있는 실무능력이 배양될 수 있기를 희망한다.

2) 세무조사와 사후검증 관련 국세청 시스템을 소득세 가산세 사례실무에서 소개하기는 하나 해당 국세청 시스템은 법인세와 부가가치세 등과 관련된 세무조사와 사후검증에도 동일하게 적용되는 시스템임을 참고하길 바란다.

내역 등) 대비 사업소득 신고 소득금액을 비교하여 탈루 혐의 금액을 추징하는 시스템으로 사업소득대비 지출이 많은 경우 사업소득의 누락혐의가 적용되어 우선 조사대상자로 선정될 가능성이 있다.

따라서 개인사업자는 소득률이 매우 중요한 신고 확인사항이므로 소득세 신고 전 소득률이 일반 동종업종보다 낮다면 그 원인을 파악할 필요가 있다.

(4) 금융정보 분석 시스템(FIU, Financial Intelligence Unit)

2014년 국세청은 FIU 정보통합분석시스템 구축 완료를 보고하였다. FIU는 은행사, 보험사 그리고 저축은행 등의 금융 기관으로부터 금융 정보를 전달받아 세금 탈루, 조세 포탈, 차명 계좌 등의 혐의 여부를 분석하는 시스템이다.

(5) 신고성실도 분석시스템(CAF, Compliance Analysis Function)

국세청은 평가대상 법인과 개인을 비슷한 매출액 규모, 동일 업종별로 그룹화하여 성실도를 평가하는 시스템이다.

상대평가(법인세 등 각종 세금신고내역과 재무제표 등에서 업종별 원가비율, 세금부담률 등을 동일 업종끼리 비교 평가하는 방식)와 절대평가(대표적인 세금탈례 사례 등을 기준으로 특수관계자간의 재산 변동 상황, 소비수준 등을 평가하는 방식) 방식으로 세무조사를 선정한다.

(6) 첨단탈세방지센터(FAC. Forensic & Anti-evasion Center)

2011년부터 국세청은 IT산업발전, 금융거래기법 혁신, 국제거래 증가 등 기업환경변화에 빠르게 고도화 · 지능화되는 첨단 탈세에 대응하기 위해 첨단탈세방지센터(FAC)를 발족하여 신종 금융거래기법을 이용한 탈세수법 색출, 사이버거래 상시 모니터링과 세무검증, 과학적 과세증거자료 확보 업무 등을 수행하고 있다.

(7) AI 세무조사

국세청은 기존의 세금 분석을 할 수 있는 여러 가지 전산시스템과 더불어서 'AI빅데이터 기반 탈세 분석 · 적발 시스템을 도입하고 AI를 세무조사에도 활용하겠다고 24년 9월에 발표하였다.

AI 세무조사는 데이터 분석과 세금신고의 패턴 인식으로 추정되므로 세금신고를 하는 납세의무자 역시 AI를 활용하여 이러한 분석대상에 해당되지 않도록 보다 정교한 세금신고를 하여야 할 것으로 판단된다.

2. 매출누락 관련 소득세 수정신고시 사례

사례리스트

1) 매출누락시 소득세 수정신고와 부가가치세 수정신고의 관계
2) 세금계산서 발급분에 대한 매출누락이 된 경우로서 자진 수정신고하는 경우의 가산세

1) 매출누락시 소득세 수정신고와 부가가치세 수정신고의 관계

소득세도 법인세와 마찬가지로 매출누락이 발생되거나 비용이 과대계상되면 과세사업자인 경우 소득세 신고와 더불어 부가가치세 수정신고도 함께 고려하여야 한다.[3)]

(1) 부가가치세 수정신고

종합소득세 신고시에 매출누락 등을 발견하여 부가가치세 수정신고 후 종합소득세 신고를 마무리할 수 있겠지만, 실무상으로는 과세당국의 과세자료 해명안내에 따른 수정신고를 하거나 과세당국으로부터 가산세까지 포함된 금액을 고지세액으로 고지받는 경우가 대부분일 것으로 판단된다.

현금매출누락 등에 대하여 자진 수정신고하는 경우에는 수정신고일을 기준으로 부가가치세 수정신고를 하고 신고불성실 가산세와 납부지연 가산세를 부담한다. 신고불성실 가산세의 가산세율은 일반과소신고분이면 10%, 부정과소신고분이면 40%를 적용하며, 일정기간 내 수정신고인 경우에는 가산세 감면혜택을 받을 수 있다. 그러나 과세권자가 과세표준과 세액을 경정할 것을 미리 알고(해당 국세에 관하여 세무공무원이 조사에 착수한 것을 알고) 수정신고한 경우에는 가산세 감면대상에서 제외되므로 신고불성실 가산세 감면을 적용받을 수 없을 것으로 판단된다.

참고로 수정신고시 납부하는 부가가치세 추가납부세액은 세금과공과금 또는 잡손실 계정과목으로 전표처리한 후 필요경비불산입하고 기타사외유출로 처분하면 되는데, 실무상으로는 필요경비로 인정받지 못하는 금액이므로 전표처리를 생략하고 추가납부세액만 납부하는 업무처리를 하기도 한다.

---

3) 매출누락에 대한 전표처리는 제2장 제2절 1. 매출누락관련 법인세 수정신고시 사례실무를 참고하길 바란다.

(2) 종합소득세 수정신고

종합소득세 수정신고사항이 발생하여 납세자가 자진하여 수정신고하는 경우, 수정신고일을 기준으로 종합소득세 수정신고를 하고 신고불성실 가산세와 무기장 가산세 중 큰 금액과 납부지연 가산세 등을 계산하여 신고 · 납부한다. 신고불성실 가산세와 납부지연 가산세의 가산세율과 감면 등의 추가 검토사항은 위의 부가가치세 수정신고에서 설명한 것과 동일하다.

수정신고시 증명서류 수취 불성실 가산세 등의 추가 가산세 항목이 발생되면 해당 가산세까지 포함된 금액으로 수정신고를 하여야 한다.

(3) 개인지방소득세 수정신고

2018년 귀속분(2019년 신고)까지는 종합소득세 신고시 개인지방소득세도 함께 신고하였지만 2019년 귀속분(2020년 이후 신고)부터는 개인지방소득세를 별도로 신고하도록 세법이 개정되었다(지법 §95 ①, 지령 §92 ①).

따라서 개인지방소득세 수정신고사항이 발생하여 납세자가 자진하여 수정신고하는 경우, 수정신고일을 기준으로 종합소득세 수정신고와 별도로 신고불성실 가산세와 납부지연 가산세 등을 계산하여 신고 · 납부한다.

개인지방소득세 수정신고 관련 가산세는 제4장 제1절 지방세 관련 가산세편에서 보다 자세하게 설명하기로 한다.

실무Tip _ 신고불성실 가산세와 무기장 가산세

장부의 기록 · 보관 불성실 가산세(2019.12.31. 법률 용어 개정 전 가산세 명칭은 무기장 가산세였고, 실무상 무기장 가산세로 주로 사용되므로 본 교재에서도 무기장 가산세로 표현하고자 함)와 신고불성실 가산세(과소신고 · 초과환급신고가산세)가 적용되는 경우에는 그 중 가산세액이 큰 가산세액만 적용하고, 가산세액이 같은 경우에는 신고불성실 가산세만 적용된다(국기법 §47의 3 ⑥).

따라서 매출누락이 발생하여 수정신고를 하여야 하는 복식부기의무자의 경우 장부를 기장하지 않은 매출액에 대한 수정신고를 하는 것이므로 무기장 가산세와 신고불성실 가산세액을 비교하여 큰 가산세를 수정신고시 적용하여야 할 것으로 판단된다.

정리하면 복식부기 개인사업자의 경우 재무제표 미제출, 무기장, 기장누락, 기장이 잘못된 소득금액, 간편장부로 신고하는 경우와 외부조정대상자 임에도 불구하고 자가조정하는 경우는 모두 무신고로 보는 것이므로 보다 높은 가산세율인 무기장 가산세(20%)가 우선적으로 적용되는 것이며 소득세법상 소규모 사업자와 비용의 착오 과다 기재 그리고 세액공제와 세액감면의 부인 등에 대한 수정신고시에만 신고불성실 가산세(10%)가 적용되는 것으로 판단된다.

2) 세금계산서 발급분에 대한 매출누락이 된 경우로서 자진 수정신고하는 경우의 가산세

2025.8.에 복식부기의무자인 태욱상사(대표자 윤태욱)는 2023.12.31.에 발급 · 전송한 전자세금계산서(공급가액 1억원)에 대한 신고가 누락되었다는 것을 세무서의 경정결정 전에 확인하였다. 동 누락액에 대해서 태욱상사(대표자 윤태욱)는 2025.8.20.에 수정신고를 하려고 한다.

2023.12.31.	2024.5.31.	2025.8.20.
세금계산서 발급 (공급가액 1억원)	세금계산서 발급액 누락하고 종합소득세 신고	2023년 귀속분 종합소득세 수정신고

동 누락금액은 착오에 의한 누락으로 확인되었고 태욱상사는 동 누락금액에 대해서 일반기업회계기준에 따라 전기오류수정이익(영업외이익)으로 회계처리하였다.

2024.5.에 신고한 태욱상사의 대표자 윤태욱의 2023년 귀속분 종합소득세 신고내용을 요약하면 다음과 같다.

구 분	금 액
종합소득금액	80,000,000
종합소득공제	10,000,000
종합소득과세표준	70,000,000
산출세액	11,580,000
중간예납세액	5,000,000
차가감납부세액	6,580,000

태욱상사의 대표자 윤태욱은 사업소득만 있고, 기업업무추진비 한도초과액은 발생하지 않았으며 중소기업 특별세액감면 등의 감면도 적용받을 수 없는 업종이다.

수정신고와 관련된 회계처리를 하고 수정신고를 위한 세무조정과 추가납부세액 및 가산세 계산 등 일련의 과정을 부가가치세 부분과 종합소득세 부분으로 나누어서 설명하시오.

(1) 현금매출누락 수정분개와 세무조정

① 2025년 8월 20일 수정분개

(차) 현금및현금성자산	110,000,000	(대) 전기오류수정이익	100,000,000
		부가가치세예수금	10,000,000

② 세무조정

- 2024년도 세무조정 : 총수입금액불산입 전기오류수정이익 100,000,000
- 2022년도 세무조정 : 총수입금액산입 매출누락 100,000,000

✐ 2025년도에는 2023년도의 수정분개에 대한 세무조정으로 총수입금액불산입한다.

✐ 2023년도에는 매출누락에 따른 총수입금액산입 세무조정하고 종합소득세 수정신고를 한다.

(2) 부가가치세 수정신고와 납부세액 계산

① 부가가치세 과소납부세액＝10,000,000원

② 신고불성실 가산세＝10,000,000원×10%×(1－10%)＝900,000원

✐ 전자세금계산서 발급 · 전송분에 대한 단순 신고누락이므로 가산세 감면을 적용받을 수 있으며, 신고기한 후 1년 6개월 초과 2년 이내의 수정신고이므로 감면율은 10%이다.

✐ 전자세금계산서가 발급 · 전송되었으므로 세금계산서 관련 가산세와 매출처별 세금계산서합계표 불성실 가산세는 적용하지 않는다. 만약 전자세금계산서가 아니라 종이로 발급한 세금계산서가 누락된 경우라면 정상발급분에 대한 신고누락분이므로 세금계산서 관련 가산세는 없지만, 매출처별 세금계산서합계표 불성실 가산세(공급가액×0.5%)는 적용받는다.

③ 납부지연 가산세＝10,000,000원×0.022%×573일(2024.1.26.~2025.8.20.)
＝1,260,600원

✐ 2023년 2기 확정 부가가치세 신고기간은 2024.1.25.까지이므로 납부지연 가산세의 기산일은 2024.1.25.이다.

✐ 납부지연 가산세의 경우 2022.2.15. 전에 납세의무가 성립한 납부지연가산세를 2022.2.15. 이후 납부하는 경우 2022.2.15. 전의 기간분에 대한 납부지연가산세의 계산에 적용되는 이자율은 개정규정에도 불구하고 종전의 규정(0.025%)에 따르고, 2022.2.15. 이후의 기간분에 대한 납부지연가산세의 계산에 적용되는 이자율은 개정규정(0.022%)에 따른다(국기령 §27의 4, 국기령 부칙 대통령령 제32424호 §6, 2022년 개정).

✐ 부가가치세 수정신고서 제출방법은 2편 국세기본법상 가산세와 수정신고 및 경정청구를 참고하기 바란다. 부가가치세 수정신고시 제출할 서식을 요약하면 다음과 같다.

- 과세표준수정신고서 및 추가자진납부계산서(국기칙 별지 16호)
- 일반과세자 부가가치세 신고서(별지 21호)
- 매출처별 세금계산서합계표(별지 38호)

④ 부가가치세 총납부세액＝12,160,600원

⑤ 부가가치세 신고납부에 따른 회계처리와 세무조정

• 2025년 8월 20일

(차) 부가가치세예수금	10,000,000	(대) 보통예금 등	12,160,600
잡손실	2,160,600		

✎ 부가가치세 가산세는 잡손실, 전기오류수정손실 등의 계정으로 영업외비용으로 회계처리할 수 있고, 세금과공과금으로 처리하여도 실무상 무방할 것으로 판단된다.

• 세무조정

필요경비불산입 잡손실 2,160,600

✎ 실무상 부가가치세예수금만 차감하는 전표처리를 하고 가산세에 대한 전표처리는 생략할 수도 있을 것으로 판단된다.

(3) 2023년도 종합소득세 수정신고 등과 납부세액 계산

위 (1)의 회계처리에 의한 세무조정사항을 '소득금액조정합계표(별지 47호)'에 추가로 반영하여 2023년도 귀속분 종합소득세 수정신고를 한다. 세무조정사항은 다음과 같다.

• 총수입금액산입 매출누락 100,000,000

✎ 태욱상사는 기업업무추진비한도초과액도 발생하지 않았으며, 세액감면과 세액공제도 적용받지 않았다고 하였으므로 매출누락에 대한 세무조정만 반영하여 종합소득세 수정신고를 하면 된다.

수정신고를 통하여 수정할 종합소득세 관련 서식을 열거하면 다음과 같다.

• 총수입금액조정명세서(별지 52호), 조정후수입금액명세서(별지 52(2)호)
• 소득금액조정합계표(별지 47호), 과목별 소득금액 조정명세서(별지 48호)
• 조정계산서(별지 46호)
• 종합소득세 · 지방소득세 과세표준확정신고 및 납부계산서(별지 40호)
• 과세표준수정신고서 및 추가자진납부계산서(국기칙 별지 16호)

종합소득세 과소납부세액과 가산세액을 계산하면 다음과 같다.

① 종합소득세 과소납부세액=33,080,000원

구 분	수정 전 금액	수정 후 금액	차액
종합소득금액	80,000,000	180,000,000	100,000,000
종합소득공제	10,000,000	10,000,000	
종합소득과세표준	70,000,000	170,000,000	100,000,000
산출세액	11,580,000	44,660,000*	33,080,000

구 분	수정 전 금액	수정 후 금액	차액
중간예납세액	5,000,000	5,000,000	
차가감납부세액	6,580,000	39,660,000	33,080,000

* 170,000,000원(과세표준)×38%(세율) – 19,940,000원(누진공제) = 44,660,000원

참고로 2023년 귀속 종합소득세율을 요약정리하면 다음과 같다.

초과누진방식

과세표준	세 율
1,400만원 이하	과세표준의 6%
1,400만원 초과 5,000만원 이하	84만원+1,400만원 초과금액의 15%
4,600만원 초과 8,800만원 이하	624만원+5,000만원 초과금액의 24%
8,800만원 초과 1.5억원 이하	1,536만원+8,800만원 초과금액의 35%
1.5억원 초과 3억원 이하	3,706만원+ 1.5억원 초과금액의 38%
3억원 초과 5억원 이하	9,406만원+ 3억원 초과금액의 40%
5억원 초과 10억원 이하	17,406만원+ 5억원 초과금액의 42%
10억원 초과	38,406만원+ 10억원 초과금액의 45%

누진공제방식

과세표준 구간	세 율
1,400만원 이하	과세표준×6%
1,400만원 초과 5,000만원 이하	과세표준×15%– 126만원
4,600만원 초과 8,800만원 이하	과세표준×24%– 576만원
8,800만원 초과 1.5억원 이하	과세표준×35%–1,544만원
1.5억원 초과 3억원 이하	과세표준×38%–1,994만원
3억원 초과 5억원 이하	과세표준×40%–2,594만원
5억원 초과 10억원 이하	과세표준×42%–3,594만원
10억원 초과	과세표준×45%–6,594만원

② 신고불성실 가산세와 무기장 가산세 중 큰 금액=4,962,222원

㉠ 신고불성실 가산세=33,080,000원×10%×(1–20%)=2,646,400원

✎ 신고기한 후 1년 초과 1년 6개월 이내의 수정신고이므로 감면율은 20%이고, 단순착오로 인한 수정신고이므로 가산율은 10%이다.

㉡ 무기장 가산세=44,660,000원×1억원/1.8억원×20%=4,962,222원

③ 납부지연 가산세 = 33,080,000원 × 0.022% × 446일(2024.6.1.~2025.8.20.)

= 3,245,809원

납부지연 가산세의 경우 2022.2.15. 전에 납세의무가 성립한 납부지연가산세를 2022.2.15. 이후 납부하는 경우 2022.2.15. 전의 기간분에 대한 납부지연가산세의 계산에 적용되는 이자율은 개정규정에도 불구하고 종전의 규정(0.025%)에 따르고, 2022.2.15. 이후의 기간분에 대한 납부지연가산세의 계산에 적용되는 이자율은 개정규정(0.022%)에 따른다(국기령 §27의 4, 국기령 부칙 대통령령 제32424호 §6, 2022년 개정).

④ 총납부세액 = 41,288,031원

⑤ 종합소득세 수정신고에 따른 회계처리와 세무조정

· 2025년 8월 20일

(차) 소득세비용	41,288,031	(대) 현금및현금성자산	41,288,031

· 세무조정

필요경비불산입 소득세비용	41,288,032

실무적으로는 소득세비용 전표처리를 생략하고 세무조정도 하지 않는다.

(4) 개인지방소득세의 납부세액 계산

① 개인 지방소득세 납부세액 = 3,308,000원

② 신고불성실 가산세 = Max(㉠, ㉡) = 496,222원

㉠ 소득세법 무기장 가산세 4,962,222원 × 10% = 496,222원

㉡ 3,308,000원 × 10% × (1 − 20%) = 264,640원

지방세법 §99 가산세 ①

소득세법 제81조, 제81조의 2부터 제81조의 14까지의 규정에 따라 소득세 결정세액에 가산세를 더하는 경우에는 그 더하는 금액의 100분의 10에 해당하는 금액을 개인지방소득세 결정세액에 더한다. 다만, 소득세법 제81조의 5(무기장 가산세)에 따라 더해지는 가산세의 100분의 10에 해당하는 개인지방소득세 가산세와 지방세기본법 제53조 또는 제54조에 따른 무신고 · 과소신고가산세가 동시에 적용되는 경우에는 그 중 큰 가산세액만 적용하고, 가산세액이 같은 경우에는 지방세기본법 제53조 또는 제54조에 따른 무신고 · 과소신고가산세만 적용한다.

③ 납부지연 가산세 = 3,308,000원 × 0.022% × 446일(2024.6.1.~2025.8.20.)

= 324,580원

개인지방소득세 납부지연 가산세의 이자율은 2022.6.7. 이전 납세의무가 성립한 납부지연가산세를 2022.6.7. 이후 납부하는 경우 2022.6.7. 이전 기간분에 대한 납부지연가산세의 계산에 적용되는 이자율은 개정규정에도 불구하고 종전 규정인 0.025%를 적용하고 2022.6.7. 이후 기간분에 대한 납부지연가산세의 계산에 적용되는 이자율은 개정규정인 0.022%를 적용한다(지기령 §34, 지기령 부칙 대통령령 제32665호, 2022.6.7. 2022년 개정).

④ 총납부세액 = 4,128,802원

✎ 실무상 종합소득세 수정신고시 총납부세액의 10%를 적용하여 개인 지방소득세 가산세를 계산한다. 그러나 만약 2021년 귀속분 이전 신고분에 대한 수정신고를 하는 경우라면 소득세의 납부지연 가산세의 세율이 바뀌는 시점(2022.2.15.)과 지방소득세의 납부지연 가산세 세율이 바뀌는 시점(2022.6.7.)이 다르므로 소득세와 개인지방소득세의 가산세를 각각 계산을 하여야 한다.

실무Tip _ 복식부기의무자의 추계신고시 지방세기본법상 무신고 가산세 적용여부 등

1. 복식부기의무자의 추계신고시 지방소득세 무신고가산세 적용여부

(1) 2021년 귀속분까지의 지방세기본법상 무신고가산세의 적용여부

소득세법 제70조 제4항 제3호에 따르면 복식부기의무자가 재무제표 등을 제출하지 않는 경우에는 종합소득 과세표준 확정신고를 하지 않는 것으로 보아 무신고 가산세(국기법 §47의 2)와 무기장 가산세(소법 §81의 5) 중 큰 금액을 가산세로 적용하고 가산세액이 동일한 경우에는 무신고 가산세만 적용한다.

이때 무신고 가산세가 적용되는 경우에는 지방세기본법상의 무신고 가산세는 적용하지 않는다. 왜냐하면 지방세법이나 지방세기본법상 복식부기의무자의 추계신고를 무신고로 본다는 규정이 없기 때문이다.

다만, 소득세법상 무기장 가산세가 적용되는 경우에는 무기장 가산세의 10%(지법 §99 ①)를 개인지방소득세로 납부한다(2023 소득세 실무, 세무사 김두천저, 한국세무사회, p.1946 참고).

(2) 2022년 귀속분부터 지방세기본법상 무신고 가산세의 적용여부

2021.12.28. 지방세법 제99조 제2항이 신설되어 소득세법상 복식부기의무자의 추계신고시 지방세기본법상 무신고 가산세가 적용되는 것으로 세법이 신설되었다. 관련 법령은 2022.1.1. 이후 납세의무가 성립하는 경우부터 적용(지법 부칙 법률 제18655호 제2조)되며 관련 내용을 소개하면 다음과 같다.

> 〈지방세법 제99조 제2항〉
> ② 소득세법 제70조 제4항 각 호 외의 부분 후단에 따라 종합소득 과세표준확정신고를 하지 아니한 것으로 보는 경우에 해당하여 가산세 부과대상이 되는 때에는 이 법 제95조에 따른 종합소득에 대한 개인지방소득세 과세표준확정신고를 하지 아니한 것으로 본다.

2. 지방세기본법상 무신고 가산세와 과소신고 가산세 적용 특례

2021년부터 2024년까지의 각 과세기간에 발생한 소득에 대하여 종합소득세 신고기한 내에 종합소득 과세표준 확정신고를 한 거주자 또는 퇴직소득 확정신고기한 내에 퇴직소득 과세표준 확정신고를 한 거주자가 지방세법상 과세표준 및 세액의 확정신고의무를 다하지 아니한 경우로서 해당 신고기한이 지난 후 1개월 이내에 종합소득 또는 퇴직소득에 대한 개인지방소득세를 수정신고하거나 지방세기본법에 따라 기한 후 신고하는 경우에는 무신고 가산세(지기법 §53)와 과소신고 가산세 · 초과환급신고 가산세(지기법 §54)에 따른 가산세를 부과하지 아니한다(지법 §103의 61 ②, 지법 부칙 법률 제19860호 제7조, 2023.12.29., 2023.1.1. 이후 수정신고하거나 기한 후 신고하는 경우부터 적용).

(5) 태욱상사의 대표자 윤태욱이 납부하여야 할 총세액

12,160,600원(부가가치세)+41,288,031원(종합소득세)+4,128,802원(지방소득세)
=57,577,433원

실무Tip __ 종합소득세 수정신고시 고려사항과 소득세와 개인지방소득세의 납세지

종합소득세 수정신고시 유의하여야 할 사항을 간략하게 정리하면 다음과 같다.

① 중소기업 특별세액감면 등의 세액감면과 연구인력개발비 세액공제 등의 세액공제가 당초 신고시 반영이 안되어 있는 경우라면 수정신고시 반영하면 되고, 반영이 되어 있는 경우라면 해당 세액감면액의 금액이 변동되는지의 여부를 확인하여 관련 서식을 작성하여야 한다.

과세관청이 경정을 하는 경우 과소신고금액에 대하여는 중소기업에 대한 특별세액감면을 적용받을 수 없으나 법인 등이 관할세무서장으로부터 과세자료 소명안내문을 송달받은 후 과소신고 소득금액에 대해 자진 수정신고하는 경우에는 조세특례제한법 제128조 제3항 규정의 감면 배제사유에 해당하지 아니하는 것이므로 세액감면을 받을 수 있음(소득-522, 2011.6.10.; 서면2팀-1804, 2006.9.15.; 서면2팀-6, 2006.1.3.; 국심 2005서3703, 2005.12.30.).

② 기업업무추진비 한도 초과여부
기업회계기준법상 매출로 보는 금액이 누락된 경우라면 기업업무추진비 한도 계산시 수입금액의 한도액이 커지므로 기업업무추진비 한도초과액 금액이 변동될 수 있다.

③ 근로소득과 배당소득의 추가 합산신고시 근로소득세액공제 등의 변동여부 확인
당초에는 사업소득에 대한 종합소득세 확정신고만 하였지만 수정신고시 근로소득 또는 배당소득에 대한 추가 합산신고가 발생하는 경우 근로소득세액공제와 배당소득세액공제 금액을 반영하여 수정신고를 하여야 하며, 근로소득과 합산신고를 한 경우로서 현금 매출누락에 대한 사업소득 수정신고를 하게 되면, 산출세액의 변동과 근로소득세액공제액의 변동이 발생할 수 있으므로 해당 사항까지 모두 검토하여 수정신고를 하여야 함에 유의하자.

2. 소득세와 개인지방소득세의 납세지

위 사례의 경우 윤태욱의 2023.12.31. 주소지는 서울 성동구(성동세무서와 성동구청 관할)였고, 2025.8.31. 주소지는 경기 분당 판교(분당세무서, 성남시 분당구청)인 경우 소득세와 개인지방지방소득세는 어느 곳에 신고하여야 하는가?

(1) 소득세 신고 세무서
소득세는 신고 당시의 거주자의 주소지 기준 관할 세무서인 분당세무서에 신고·납부를 하면 되지만 어느 세무서에 신고·납부를 한다고 하더라도 실무상 무방하며 이와 관련된 가산세는 없다. 참고로 관련 예규는 다음과 같다.

[제목] 소득세 과세표준신고 및 납세지의 판정기준
[요약] 소득세의 과세표준신고는 그 신고 당시 당해 소득세의 납세지를 관할하는 세무서장에게 하는 것이며 이 경우 납세지라 함은 거주자의 주소지를 말하는 것임(재산 01254-1307, 1990.7.11.)

(2) 개인지방소득세 신고 지자체

2019년 귀속분부터 개인지방소득세의 신고는 해당 귀속연도 12월말 주소지로 신고를 하는 것이므로 서울 성동구청에 개인지방소득세를 신고 · 납부를 하여야 한다(지법 §89 ①). 따라서 위의 사례의 경우 소득세는 경기 분당세무서에, 개인지방소득세는 서울 성동구청에 신고 · 납부를 하는 것이며 만약 개인지방소득세를 2025년 신고당시 주소지인 분당구청에 신고 · 납부를 한다면 신고불성실 가산세와 납부지연 가산세를 적용받을 수 있는 것이다.

다만, 2020년 이후 신고하는 경우부터는 '거주자가 종합소득 또는 퇴직소득에 대한 개인지방소득세 과세표준과 세액을 납세지 관할 지방자치단체의 장 외의 지방자치단체의 장에게 신고한 경우에도 그 신고의 효력에는 영향이 없다(지법 §95 ① 후단, 지법부칙 법률 제16855호 §6 ①).'라고 지방세법이 개정되었으므로 개인지방소득세를 분당구청에 신고 · 납부한 경우에도 신고불성실 가산세 불이익은 없는 것으로 판단된다.

저자주 지방세법 제95조 제1항의 규정은 '납세지 관할 지방자치단체의 장 외의 지방자치단체의 장에게 신고한 경우에 그 신고의 효력에 영향이 없다'라고 규정하고 있으므로 지방자치단체의 장을 달리하여 신고한 경우 납부지연 가산세는 적용될 수 있을 것으로 판단된다.

납부를 잘못 한 경우 현재는 지방자치단체끼리 정산하여 가산세를 과세하지 않고는 있으나 관할 지방자치단체가 혹시 납부지연 가산세를 부담하겠다고 하면 해결할 방법은 없는 것으로 판단되니 주소지 변경된 경우라면 정확한 납세지를 확인하여 신고 · 납부하여야 할 것이며 애매한 경우 지방자치단체의 세무과에 문의를 하길 바란다.

(3) 개인지방소득세 납세지와 관련된 세법 개정

개인지방소득세 납세지와 관련된 세법 개정 내용은 다음과 같다(지법 §89 ①, 지법 §95 ① 후단).

귀 속	신 고	내 용
2018년 귀속분까지	2019년 신고분까지	신고 당시 주소지로 신고
2019년 이후	2020년 이후 신고분부터	해당 귀속연도 12월말 주소지로 신고*

* 2020년 이후 신고하는 경우부터는 '거주자가 종합소득 또는 퇴직소득에 대한 개인지방소득세 과세표준과 세액을 납세지 관할 지방자치단체의 장 외의 지방자치단체의 장에게 신고한 경우에도 그 신고의 효력에는 영향이 없다(지법 §95 ① 후단, 지법부칙 법률 제16855호 §6 ①).

따라서 2018년 귀속분을 2023년에 기한 후 신고 등을 하는 경우에는 기한 후 신고 당시 주소지(현재 주소지) 구청 등에 신고하고, 2024년 귀속분을 2025년 5월에 신고를 하는 경우에는 2024.12.31. 주소지 관할 구청 등에 신고를 하여야 하지만, 관할 구청 등외 지방자치단체의 장에게 신고한 경우 신고불성실 가산세 불이익은 없다.

다만, 납부지연 가산세의 불이익은 원칙적으로 있는 것으로 판단되니 주소지 변경시 주의하여 신고 · 납부하여야 할 것이다.

3. 현금매출누락과 업무무관 경비 등 관련 종합소득세 수정신고 등의 사례

사례리스트

1) 현금매출누락에 대한 세무서의 과세자료해명 안내에 따른 고지세액계산
2) 업무무관 경비(가공·위장세금계산서) 관련 종합소득세 수정신고시 가산세

1) 현금매출누락에 대한 세무서의 과세자료해명 안내에 따른 고지세액계산

2025.8.에 가공상사(대표자 박가공)는 2024.12.31.에 발생한 현금매출거래(공급가액 1억원)에 대한 신고를 누락했다는 혐의를 받고 세무서로부터 해명안내자료를 받았고, 이에 대한 약식 조사결과 부정한 방법에 의한 매출누락으로 확정되었다.

동 누락금액은 소매업에 해당하는 금액이므로 세금계산서 발급대상은 아닌 것으로 확인되었다. 관할 세무서는 세무조사 결과 동 누락금액에 대한 부가가치세와 종합소득세의 추가납부세액을 2025.8.20.에 고지하였다.

2024.12.31.	2025.5.31.	2025.8.20.
현금매출 누락	종합소득세 신고	과세당국의 확인에 의해 2024년 귀속분 종합소득세와 부가가치세 추가납부세액 고지

2025.5.에 신고한 가공상사의 대표자 박가공의 2024년 귀속분 종합소득세 신고내용을 요약하면 다음과 같다.

구 분	금 액
종합소득금액	80,000,000
종합소득공제	10,000,000
종합소득과세표준	70,000,000
산출세액	11,580,000
중간예납세액	5,000,000
차가감납부세액	6,580,000

가공상사의 대표자 박가공은 사업소득만 있고, 기업업무추진비 한도초과액은 발생하지 않았으며 당초 신고시 중소기업 특별세액감면을 적용받을 수 있었음에도 불구하고 중소기업 특별세액감면을 적용하지 않았음이 확인되었다.

관할세무서의 고지세액을 계산하시오.

(1) 부가가치세 고지세액의 계산

① 부가가치세 과소납부세액＝10,000,000원

② 신고불성실 가산세＝10,000,000원×40%＝4,000,000원

✐ 세금계산서 발급대상이 아닌 소매업의 매출누락이므로 세금계산서 관련 불성실 가산세는 적용하지 않는다.

✐ 부정한 방법에 의한 누락이므로 가산세율은 40%이고, 신고불성실 가산세 감면은 적용받지 못한다.

③ 납부지연 가산세＝10,000,000원×0.022%×201일(2025.2.1.~2025.8.20.)
＝442,200원

✐ 2024년 2기 확정 부가가치세 신고기한은 설 연휴로 인하여 2025.1.31.까지 연장되었음로 납부지연 가산세의 기산일은 2025.2.1.이다.

✐ 납부지연 가산세의 경우 2022.2.15. 전에 납세의무가 성립한 납부지연가산세를 2022.2.15. 이후 납부하는 경우 2022.2.15. 전의 기간분에 대한 납부지연가산세의 계산에 적용되는 이자율은 개정규정에도 불구하고 종전의 규정(0.025%)에 따르고, 2022.2.15. 이후의 기간분에 대한 납부지연가산세의 계산에 적용되는 이자율은 개정규정(0.022%)에 따른다(국기령 §27의 4, 국기령 부칙 대통령령 제32424호 §6, 2022년 개정).

④ 부가가치세 총고지세액＝14,442,200원

(2) 2024년 귀속분 종합소득세 고지세액의 계산

① 종합소득세 과소납부세액＝33,620,000원

구 분	수정전금액	수정후 금액	차액
종합소득금액	80,000,000	180,000,000	100,000,000
종합소득공제	10,000,000	10,000,000	
종합소득과세표준	70,000,000	170,000,000	100,000,000
산출세액	11,040,000	44,660,000*	33,620,000
중간예납세액	5,000,000	5,000,000	
차가감납부세액	6,040,000	39,660,000	33,620,000

* 170,000,000원×38%－19,940,000원＝44,660,000원

참고로 2024년 귀속 종합소득세율을 요약정리하면 다음과 같다.

초과누진방식

과세표준	세 율
1,400만원 이하	과세표준의 6%
1,400만원 초과 5,000만원 이하	84만원+1,400만원 초과금액의 15%
5,000만원 초과 8,800만원 이하	624만원+5,000만원 초과금액의 24%
8,800만원 초과 1.5억원 이하	1,536만원+8,800만원 초과금액의 35%
1.5억원 초과 3억원 이하	3,706만원+ 1.5억원 초과금액의 38%
3억원 초과 5억원 이하	9,406만원+ 3억원 초과금액의 40%
5억원 초과 10억원 이하	17,406만원+ 5억원 초과금액의 42%
10억원 초과	38,406만원+ 10억원 초과금액의 45%

누진공제방식

과세표준 구간	세 율
1,400만원 이하	과세표준×6%
1,400만원 초과 5,000만원 이하	과세표준×15%− 126만원
5,000만원 초과 8,800만원 이하	과세표준×24%− 576만원
8,800만원 초과 1.5억원 이하	과세표준×35%−1,544만원
1.5억원 초과 3억원 이하	과세표준×38%−1,994만원
3억원 초과 5억원 이하	과세표준×40%−2,594만원
5억원 초과 10억원 이하	과세표준×42%−3,594만원
10억원 초과	과세표준×45%−6,594만원

② 신고불성실 가산세와 무기장가산세액 중 큰 금액=13,448,000원

㉠ 신고불성실 가산세=33,620,000원×40%=13,448,000원

✎ 부정한 방법에 의한 현금매출누락이므로 가산세율은 40%이고, 신고불성실 가산세 감면은 적용받지 못한다.

㉡ 무기장 가산세=44,660,000원×1억원/1.8억원×20%=4,962,222원

③ 납부지연 가산세=33,620,000원×0.022%×79일(2025.6.3.~2025.8.20.)
=584,315원

✎ 2024년 귀속 종합소득세 신고기한은 2025.5.31.이 토요일이므로 2025.6.2.까지이다. 따라서 납부지연 가산세의 기산일은 2025.6.3.이다.

✎ 납부지연 가산세의 경우 2022.2.15. 이후 납부 또는 부과하는 경우 2022.2.15.부터 자진납부일까지의 기간에 대해서는 22/100,000(0.022%)을 적용한다(국기령 §27의 4, 국기령 부칙 대통령령 제32424호 §6, 2022년 개정).

④ 종합소득세 총고지세액=47,652,315원

(3) 개인지방소득세의 납부세액의 계산

① 개인 지방소득세 과소납부세액 = 3,362,000원

② 신고불성실 가산세 = Max(㉠, ㉡) = 1,344,800원

㉠ 소득세법 무기장 가산세 4,962,222원×10% = 496,222원

㉡ 신고불성실 가산세 = 3,362,000원×40% = 1,344,800원

③ 납부지연 가산세 = 3,362,000원×0.022%×79일(2025.6.3.~2025.8.20.)
= 58,431원

✎ 개인지방소득세 납부지연 가산세의 이자율은 2022.6.7. 이후 기간분에 대한 납부지연가산세의 계산에 적용되는 이자율은 개정규정인 0.022%를 적용한다(지기령 §34, 지기령 부칙 대통령령 제32665호, 2022.6.7. 2022년 개정).

④ 총납부세액 = 4,762,231원

(4) 가공상사의 대표자 박가공이 납부하여야 할 총세액

14,442,200원(부가가치세) + 47,652,315원(종합소득세) + 4,762,231(지방소득세)
= 66,856,746원

2) 업무무관 경비(가공 · 위장세금계산서) 관련 종합소득세 수정신고시 가산세

다음은 부실상사(대표자 김부실)의 2022년 2기 확정신고시 자료 중 일부이다.

일시	거래처	공급가액	세액
2022.10.31.	가공상사	10,000,000	1,000,000
2022.12.31.	위장상사	20,000,000	2,000,000

위 자료는 모두 발급기한 이내에 정상적으로 발급받은 세금계산서이며 2022년 2기 부가가치세 확정신고시 매입세액공제를 받았고, 각각의 금액에 대해서는 2022년 귀속 종합소득세 신고시 지급수수료 등으로 비용처리를 하였다.

2025.8.에 부실상사는 위 자료에 대하여 과세당국의 약식 세무조사를 받았으며, 조사결과 가공상사의 세금계산서는 재화의 공급 없이 발급받은 세금계산서로 확인되었고, 위장상사의 세금계산서는 타인명의로 발급받은 세금계산서(위장세금계산서)로 확인되었다.

부실상사(대표자 김부실)는 세무조사결과를 모두 수용하고 이와 관련된 수정신고를 2024.8.20.에 자진하여 하기로 하였다.

2022.10.31	2022.12.31	2023.1.27.	2025.8.20.
가공세금계산서 수취	위장세금계산서 수취	부가세신고시 가공과 위장세금계산서 매입세액공제 받음	과세당국의 확인에 의해 2022년 귀속분 종합소득세와 부가가치세 수정신고

참고로 2023.5.에 신고한 부실상사 대표자 김부실의 2022년 귀속분 종합소득세 신고내용을 요약하면 다음과 같다.

구 분	금 액
종합소득금액	80,000,000
종합소득공제	10,000,000
종합소득과세표준	70,000,000
산출세액	11,580,000
중간예납세액	5,000,000
차가감납부세액	6,580,000

부가가치세와 종합소득세 신고시의 가산세액을 포함한 납부세액을 계산하시오.

실무Tip __ 부정과소신고의 범위

부정과소신고란 적극적인 부정행위를 말하는 것으로 단순한 매출 누락, 지출증명서류가 없는 경비, 단순 가사경비 등의 경우는 적극적인 부정행위가 아니고 세무공무원의 주어진 지식과 정보의 범위 내에서 장부 및 지출증명서류를 판단한 경우 바로 사실과 다른 점을 인식할 수 있는 정도라면 이는 부정과소신고라 볼 수 없는 것(2023년 종합소득세 신고실무, 배택현 저, 한국세무사회, p.359 참고)으로 보이지만 위 사례의 경우 가공세금계산서 등을 적극적 행위로 수취하였다고 가정하고 부정한 방법에 의한 가산세를 적용하기로 한다.
참고로 부정과소신고의 범위에 대한 주요 판례를 소개하면 다음과 같다.

① 대법 2019두58896, 2020.12.10.
구 국세기본법(2014.12.23. 법률 제12848호로 개정되기 전의 것, 이하 같다) 제47조의 2 제2항 및 제47조의 3 제2항 제1호 등에 규정된 '사기, 그 밖의 부정한 행위' 또는 '부정행위'란 조세의 부과와 징수를 불가능하게 하거나 현저히 곤란하게 하는 위계 기타 부정한 적극적인 행위를 말하고, 적극적 은닉 의도가 나타나는 사정이 덧붙여지지 않은 채 단순히 세법상의 신고를 하지 않거나 허위의 신고를 함에 그치는 것은 여기에 해당하지 않는다. 또한 납세자가 명의를 위장하여 소득을 얻더라도, 명의위장이 조세포탈의 목적에서 비롯되고 나아가 여기에 허위 계약서의 작성과 대금의 허위지급, 과세관청에 대한 허위의 조세 신고, 허위의 등기 · 등록, 허위의 회계장부 작성 · 비치 등과 같은 적극적인 행위까지 부가되는 등의 특별한 사정이 없는 한, 명의위장 사실만으로 구 국세기본법 제47조의 2 제2항 및 제47조의 3 제2항 제1호 등에서 정한 '사기, 그 밖의 부정한

> 행위' 또는 '부정행위'에 해당한다고 볼 수 없다.
> ② 조심 2021인1145, 2021.5.27.
> 쟁점차명계좌는 타인 명의의 계좌가 아니라 청구인 동생 명의의 계좌이고 쟁점사업장의 사업용계좌와 쟁점차명계좌간 입출금내역이 있으므로 처분청이 어렵지 않게 조회가능하다고 보이는 점 등에 비추어 청구인의 매출누락 행위가 쟁점차명계좌를 통하여 이루어졌다 하여 이를 조세포탈의 적극적인 행위를 하였다고 보기는 어려우므로 10년의 부과제척기간과 부당과소신고가산세율(40%)을 적용하여 과세한 이 건 종합소득세 및 부가가치세 부과처분은 잘못이 있는 것으로 판단된다.

(1) 부가가치세 수정신고시 납부세액의 계산

부실상사는 가공세금계산서와 위장세금계산서를 각각 발급받고 매입세액공제를 받았으므로 매입세액불공제하고 이와 관련된 가산세액을 계산하여 부가가치세 수정신고를 하여야 한다.

① 부가가치세 과소납부세액=3,000,000원

✐ 2022년 2기 확정신고시 가공세금계산서와 위장세금계산서에 의한 매입세액공제를 받았으므로 해당 매입세액공제액을 불공제한다.

② 가공세금계산서 수취 가산세=1,000,000원×3%=300,000원

✐ 2017.12.31. 공급분까지는 2%였음

③ 위장세금계산서 수취 가산세=2,000,000원×2%=400,000원

✐ 가공 · 위장세금계산서 수취 가산세가 적용되는 경우 매입처별 세금계산서합계표 불성실 가산세를 적용하지 않는다.

④ 신고불성실 가산세=3,000,000원×40%=1,200,000원

✐ 부정한 방법에 의하여 과다공제를 받았으므로 신고불성실 가산세율은 40%이고, 감면을 적용받지 못한다.

④ 납부지연 가산세=3,000,000원×0.022%×936일(2023.1.28.~2025.8.20.)
=617,760원

✐ 2022년 2기 확정 부가가치세 신고기간은 설 연휴로 인해 2023.1.27.까지 연장되었으므로 납부지연 가산세의 기산일은 2023.1.28.이다.

✐ 2019.2.11.까지는 0.03%, 2019.2.12.부터 2022.2.14.까지는 0.025%, 2022.2.15.부터는 0.022%를 적용한다. 예를 들면 2019.2.12. 이전에 납세의무가 성립한 납부지연가산세를 2022.2.15. 이후에 납부하는 경우 당초 납부기한의 다음날부터 2019.2.11.까지는 0.03%, 2019.2.12.부터 2022.2.14.까지는 0.025%, 2022.2.15. 이후는 0.022%를 적용한다(국기령 §27의 4, 국기령 부칙 대통령령 제32424호 §6, 2022년 개정).

⑤ 부가가치세 총납부세액=5,517,760원

✐ 부가가치세 납부시에는 납부와 관련된 회계처리만 하거나 실무상 하지 않아도 무방한 것으로 판단된다. 납부와 관련된 회계처리를 하는 경우, 세금과공과금 등으로 처리한 후 필요경비불산입(기타사외유출)으로 처분한다.

✎ 부가가치세 수정신고시 제출할 서식을 요약하면 다음과 같다.

- 과세표준수정신고서 및 추가자진납부계산서(국기칙 별지 16호)
- 일반과세자 부가가치세 신고서(별지 21호)
- 매입처별 세금계산서합계표(별지 39호)
- 공제받지 못할 매입세액 명세서(별지 22호)

(2) 2022년도 종합소득세 수정신고 등과 납부세액의 계산

위장세금계산서와 가공세금계산서의 금액에 대해서 비용처리를 하였으므로 해당 비용처리된 금액을 필요경비불산입(인출금)하고 종합소득세 수정신고를 하여야 한다.

수정신고를 통하여 수정할 종합소득세 관련 서식을 열거하면 다음과 같다.

- 소득금액조정합계표(별지 47호), 과목별 소득금액조정명세서(별지 48호)
- 조정계산서(별지 46호)
- 종합소득세 · 지방소득세 과세표준 확정신고 및 납부계산서(별지 40호)
- 과세표준수정신고서 및 추가자진납부계산서(국기칙 별지 16호)

종합소득세 과소납부세액과 가산세액을 계산하면 다음과 같다.

① 종합소득세 과소납부세액=8,520,000원

구 분	수정전 금액	수정후 금액	차액
종합소득금액	80,000,000	110,000,000	30,000,000
종합소득공제	10,000,000	10,000,000	
종합소득과세표준	70,000,000	100,000,000	30,000,000
산출세액	11,580,000	20,100,000*	8,520,000
중간예납세액	5,000,000	5,000,000	
차가감납부세액	6,580,000	15,100,000	8,520,000

* 100,000,000원×35%－14,900,000원=20,100,000원

② 신고불성실 가산세=8,520,000원×40%=3,408,000원

✎ 가공과 위장세금계산서에 의한 비용처리이므로 부정한 방법에 의한 가산세율을 적용함

③ 납부지연 가산세=8,520,000원×0.022%×812일(2023.6.1.~2025.8.20.)

=1,522,012원

✎ 납부지연 가산세의 경우 2022.2.15. 이후의 기간분에 대한 납부지연 가산세의 계산에 적용되는 이자율은 개정규정(0.022%)에 따른다(국기령 §27의 4, 국기령 부칙 대통령령 제32424호 §6, 2022년 개정).

④ 증명서류 수취 불성실 가산세=22,000,000원×2%=440,000원

✐ 재화나 용역을 실제 공급받지 않아 거래 자체가 존재하지 않는 가공매입금액에 대하여는 증명서류 수취 불성실 가산세를 적용할 수 없는 것이나, 다른 불명의 거래처로부터 재화나 용역을 공급받은 사실이 확인되는 위장매입금액에 대해서는 증명서류 수취 불성실 가산세를 적용하는 것이며, 이때 미수취 금액은 부가세를 포함한 금액을 말하는 것이다(서면1팀-1571, 2005.12.21.; 심사법인 2006-123, 2007.1.15.).

⑤ 총납부세액=13,890,012원

⑥ 종합소득세 수정신고에 따른 회계처리와 세무조정

· 2025년 8월 20일

(차) 소득세비용 13,890,012 (대) 현금및현금성자산 13,890,012

· 세무조정

필요경비불산입 소득세비용 13,890,012

✐ 실무적으로는 소득세비용 전표처리를 생략하고 세무조정도 하지 않는다.

(3) 개인지방소득세 납부세액의 계산

① 개인 지방소득세 납부세액=852,000원

② 신고불성실 가산세=852,000원×40%=340,800원

③ 납부지연 가산세=852,000원×0.022%×812일(2023.6.1.~2025.8.20.)

=152,201원

✐ 납부지연 가산세의 경우 2022.6.7. 이전 납세의무가 성립한 납부지연가산세를 2022.6.7. 이후 납부하는 경우 2022.6.7. 이전 기간분에 대한 납부지연가산세의 계산에 적용되는 이자율은 개정규정에도 불구하고 종전 규정인 0.025%를 적용하고 2022.6.7. 이후 기간분에 대한 납부지연가산세의 계산에 적용되는 이자율은 개정규정인 0.022%를 적용한다(지기령 §34, 지기령 부칙 대통령령 제32665호, 2022.6.7. 2022년 개정).

④ 증명서류 수취 불성실 가산세=440,000원×10%=44,000원

✐ 소득세법 제81조에 따라 소득세 결정세액에 가산세를 더하는 경우에는 그 더하는 금액의 100분의 10에 해당하는 금액을 개인지방소득세 결정세액에 더하는 것이므로 소득세법상 증명서류 수취 불성실 가산세액×10%가 지방세법상 증명서류 수취 불성실 가산세액이다(지법 §99).

④ 총납부세액=1,389,001원

(4) 부실상사의 대표자 김부실이 납부하여야 할 총세액

5,517,760원(부가가치세)+13,890,012(종합소득세)+1,389,001원(지방소득세)
=20,796,773원

실무Tip _ 증명서류수취 불성실 가산세의 핵심요약

구 분	내 용
적용요건	사업자(소규모사업자와 소득금액이 추계되는 사업자는 제외)가 사업과 관련하여 다른 사업자로부터 3만원 초과에 해당하는 재화·용역을 공급받고 정규증명서류를 수취하지 않은 경우. 여기서 정규증명서류란 계산서·세금계산서·신용카드매출전표·현금영수증을 말하고, 소규모사업자란 당해 과세기간에 신규로 사업을 개시한 사업자와 직전 과세기간의 수입금액의 합계액이 4,800만원에 미달하는 사업자를 말함.
가산세액	정규증명서류 미수취금액 또는 사실과 다른 증명서 수취금액×2%
근거법령	소득세법 제81조의 6

(5) 실무 적용 사례

증명서류수취 불성실 가산세와 관련된 예규를 소개하면 다음과 같다.

① 가공매입거래는 증명서류수취 불성실 가산세가 적용되지 않지만 위장매입거래는 증명서류수취 불성실 가산세가 적용됨

복식부기의무자가 사업과 관련하여 사업자(법인을 포함)로부터 재화나 용역을 공급받고 정규증명서류를 수취하지 아니하는 경우(정규증명서류수취특례규정이 적용되는 경우 제외)에는 그 수취하지 아니한 금액의 100분의 2에 상당하는 금액을 증명서류 수취 불성실 가산세로서 결정세액에 가산하는 것이며, 재화나 용역을 실제 공급받지 않아 거래 자체가 존재하지 않는 가공매입금액에 대하여는 증명서류 수취 불성실 가산세를 적용할 수 없는 것이나, 다른 불명의 거래처로부터 재화나 용역을 공급받은 사실이 확인되는 위장매입금액에 대해서는 증명서류 수취 불성실 가산세를 적용하는 것임(서면1팀－1571, 2005.12.21.).

② 종합소득세 부과처분이 취소된 후 위장거래에 해당하는 거래에 대해서는 증명서류 수취 불성실 가산세가 적용됨

공급자가 사실과 다른 세금계산서를 수취한 경우에는 소득세법상 증명서류 수취 불성실 가산세 부과대상에 해당하는 점, 가산세는 본세와 독립된 과세단위이므로 이 건 가산세 부과처분이 쟁점판결의 기속력에 위배된다고 보기 어려운 점 등에 비추어 청구인에게 이 건 종합소득세(증명서류 수취 불성실 가산세)를 과세한 처분은 잘못이 없음(조심 2016부67, 2016.10.28.).

③ 증명서류 수취 불성실 가산세 적용시 수취하지 않는 금액에 부가가치세액도 포함되는 것임

증명서류 수취 불성실 가산세는 사업자의 경비지출내역의 투명성을 제고하고 거래상대방의 과세표준을 양성화시키기 위한 제도적인 장치로서 조세법상의 의무불이행에 대하여 가하는 행정상 제재이므로 대금으로 지급한 전액에 대하여 증빙자료를 수취하여야 하므로 가산세 부과대상 기준금액에는 부가가치세도 포함되는 것임(심사법인2006－123, 2007.1.15.)(서

이 46012-10568, 2001.11.19.; 서면2팀-1818, 2004.8.31. 같은 뜻).

4. 업무무관 경비 등 관련 소득세 수정신고시 가산세 사례

종합소득세 확정신고에 대한 사후검증시 빈번하게 적출되는 부분 중 하나는 업무와 무관하게 지출되는 경비와 개인 대표자의 개인적인 지출비용 그리고 대표자의 가족에게 지급한 급여 등을 회사의 경비로 처리하는 사례들이다.

이러한 지출과 관련된 예를 들어보면 다음과 같다.

① 신변잡화와 가정용품 구입비용 : 의료용 기구, 화장품, 예술품 등 구입액

② 업무무관 업소 이용지출액 : 스포츠 교육기관, 수의업, 오락장 등 사용액

③ 개인적 치료비용 : 성형외과, 피부과, 치과병원, 한방병원 등 사용액

따라서 종합소득세 신고시에는 이러한 지출액이 회사 경비로 처리되지 않도록 주의하여야 하며, 이러한 지출액이 비용으로 처리된 후, 과세당국의 과세자료 해명안내에 따라 부인당하게 되면 부정한 방법에 의한 과소신고불성실 가산세(40%)와 납부지연 가산세 등의 가산세가 부담된다.

사례리스트

1) 대표자의 가족에게 지급한 급여가 필요경비로 인정되지 않은 사례
2) 차량유지비와 인건비를 부동산임대업의 업무무관 경비로 보아 필요경비불산입하여 종합소득세를 과세한 사례

1) 대표자의 가족에게 지급한 급여가 필요경비로 인정되지 않은 사례

(1) 사실관계

㈜한식은 양념갈비 위주의 음식점으로서, 대표자의 모친은 갈비의 양념 등 전반적인 맛 관리, 대표자의 배우자는 주방에서 모든 주문을 정리해서 내보내는 일을 하고 있으며 대표자의 누나는 카운터 계산 등을 각각 하고 있다.

동 3인에 대한 급여는 월 200만원씩 지급하고 있지만 4대 보험에 대한 부담으로 근로소득에 대한 원천징수신고를 하지 않고 있었으며 종합소득세 신고시 필요경비로 산입하지 아니하였다. 3인의 가족에게 지급한 급여는 대부분 현금으로 지급하였고 일부 통장으로 지급한 내역이 확인되었다.

㈜한식은 소득률이 지나치게 낮아서 현금매출누락 혐의로 세무조사를 받은 결과 과세당국의 종합소득세 확정신고에 대한 경정이 발생하자 동 3인에게 지급한 급여를 비용으로 인정해달라고 청구하였다. 인정받을 수 있는지 여부를 살펴보자.

(2) 과세당국의 판단

① 3인의 가족에게 지급한 계좌내역이 있지만 불특정일자에 지출이 되고 있고, 해당 입금액은 대부분 보험료 등의 다른 목적의 결제대금 부족시점에 입금되고 있어서 실제 급여지급액인지 알 수 없음.

② 3인의 가족에 대한 근로소득 원천징수영수증을 제출하고 있으나, 동 영수증은 세무조사대상 과세기간과는 무관한 근로소득 지급자료임.

③ 대표자의 모친과 배우자는 연간소득금액이 100만원 이하에 해당하여 부양가족공제에 대한 소득공제를 받은 것으로 확인되고, 대표자의 누나는 다른 사업장에서 급여를 지급받고 있는 사실이 국세청 자료에 의하여 확인됨.

위 내용을 정리하면 소득세법상 사업소득의 총수입금액에 대응하는 종업원의 급여는 필요경비로 규정하고 있고, 소득세법시행규칙 제24조 제1항에서는 위 종업원에는 당해 사업자의 사업에 직접 종사하고 있는 그 사업자의 배우자 또는 부양가족을 포함하도록 규정하고 있으므로 거주자의 배우자 또는 모(母) 등의 가족인 경우에도 오로지 그 거주자의 사업에 직접 종사하는 경우에 사용인으로 보아 그 인건비를 필요경비로 인정할 수 있는 것이나, 이 건의 경우 3인의 가족이 사업장에 매일 출근하여 상시 근무하였거나 급여지급 사실이 객관적인 자료에 의하여 확인되지 않고 있는 점, 3인의 확인서는 임의 작성이 가능하여 신빙성 있는 증빙으로 인정되지 않고, 계좌거래내역서상 입금액이 급여지급액인지 확인되지 않는 점 등에 비추어 볼 때 3인의 지급액은 부외 인건비로 인정될 수 없는 것이다(국심 2007중2910, 2007.10.23.).

2) 차량유지비와 인건비를 부동산임대업의 업무무관 경비로 보아 필요경비불산입하여 종합소득세를 과세한 사례

(1) 사실관계

청구인이 소재한 건물은 7층 건물로서 1층부터 5층까지는 청구인이 임대를 주고 있고, 6·7층은 주택으로서 청구인이 2003.7.25. 전입신고한 이후 현재까지 청구인의 주민등록상 주소지로 등재되어 있다. 즉, 청구인은 부동산임대사업자이다.

청구인은 종합소득세 신고시 차량의 리스료와 운전기사에게 지급한 급여를 필요경비로 계상하였는데 해당 비용이 필요경비로 인정되는지 여부를 살펴보자.

(2) 과세당국의 판단

① 청구인은 쟁점비용 중 차량유지비와 인건비의 경우 부동산임대업과 관련된 경비라고 주장하나, 사업소득금액을 계산할 때 필요경비에 산입할 금액은 해당 과세기간의 총수입금액에 대응하는 비용으로서 일반적으로 용인되는 통상적인 것의 합계액으로 한다고 규정하고 있는바, 이 건 차량유지비의 경우 청구인은 해당 리스차량이 부동산임대업의 업무와 관련하여 사용하였다는 사실이 나타나는 차량일지 등 구체적이고 객관적인 증빙을 제시하지 못하고 있다.

② 또한 청구인이 영위하는 부동산임대사업장의 수입금액, 고용된 직원 수 등을 고려할 때 업무용 차량이 연중 지속적으로 필요하다고 보기는 어려우며, 청구인의 품위 유지나 사생활 편의 등을 위하여 개인적인 용도로 사용한 것으로 보이는 점, 운전기사에게 지급한 인건비의 경우 청구인이 영위하는 임대사업장의 사업과 직접 관련이 없는 차량의 운전기사에 지급된 것으로서 청구인은 운전기사가 차량 운행 외에 부동산임대사업장과 관련된 업무를 수행하였다는 사실을 입증할 만한 구체적이고 객관적인 증빙을 제시하지 못하고 있는 점 등에 비추어 쟁점비용 중 차량유지비와 인건비는 청구인이 영위하는 부동산임대업의 총수입금액에 대응하는 비용으로서 일반적으로 용인되는 통상적인 것에 해당되는 것으로 볼 수 없다 하겠다(조심 2017서3381, 2017.9.18.).

제2절 기장의무 관련 가산세

종합소득세 확정신고시 가장 중요한 부분 중에 하나가 사업소득의 기장의무를 판단하는 것이다. 소득세법상 간편장부대상자와 복식부기의무대상자가 장부를 기장하지 않고 추계신고를 하는 경우에는 기장의무 불이행에 따른 가산세가 부과되는 데 이하에서는 기장의무와 관련된 가산세 적용에 대해 살펴보고자 한다.

1. 장부기장과 관련된 가산세 사례

사례리스트

1) 간편장부대상자가 수정신고로 인해 복식부기의무자로 전환된 경우 가산세 적용 여부
2) 기준경비율 적용대상자가 단순경비율로 전자신고한 경우 무기장 가산세와 납부지연 가산세가 적용되는지 여부
3) 복식부기의무자가 외부조정계산서가 아닌 자기조정계산서를 첨부하여 종합소득세를 신고한 경우 무신고 가산세 적용 여부
4) 종합소득과세표준을 추계신고하여 법정 서류를 제출하지 아니한 경우 신고불성실 가산세 적용 여부

1) 간편장부대상자가 수정신고로 인해 복식부기의무자로 전환된 경우 가산세 적용 여부

(1) 사실관계

질의인은 제조업을 영위하는 개인사업자이고 다음과 같이 종합소득세 신고를 하였다.

① 2024.5.31. 종합소득세 신고

2023년 귀속분에 대한 신고시 2022년도 수입금액이 4,800만원 미만이어서 간편장부대상자였지만 추계로 신고하였고 무기장가산세는 적용하지 않았다.

② 2025.5.31. 종합소득세 신고

2024년 귀속분에 대한 신고시 2023년 수입금액은 1.2억원이었으며 간편장부대상자여서 간편장부 방법으로 신고하였고 성실신고확인사업자는 아니다.

③ 2025.6.30. 종합소득세 수정신고

2023년 귀속분에 대한 매출누락과 관련된 수정신고로 누락된 매출금액은 1억원이었고 수정신고로 인하여 2023년 귀속분에 대한 수입금액이 2.2억원으로 변경되어 장부기장의무가 복식부기대상자로 바뀌었다.

(2) 질의사항

위와 같은 경우에 제조업자가 2025.5.31.에 간편장부에 의하여 신고한 2024년 귀속분

소득세에 대하여 복식부기에 의한 기장 및 재무제표를 첨부하지 아니하였으므로 신고불성실 가산세 등을 적용하고, 간편장부대상자로서 적용하였던 기장세액공제가 부인당하는지?

(3) 과세당국의 회신

종합소득세과세표준 확정신고시 간편장부대상자로서 간편장부에 의하여 신고하였으나, 추후 경정 또는 수정신고로 직전연도의 수입금액이 증가하여 당해 연도에 복식부기의무자로 전환된 경우에는 소득세법상 무신고 가산세가 적용되는 것이며, 기장세액공제는 적용되지 아니한다(서일 46011－10261, 2003.3.7.).

✎ 소득세법상 적용되는 가산세는 무신고 가산세, 지급명세서 및 계산서 등 제출 불성실 가산세, 영수증 수취명세서 제출 · 작성 불성실 가산세 등이 적용될 수 있다.

✎ 관련 법령 : 소득세법시행령 제147조의 5(경정 등의 경우 가산세 적용특례)

(4) 해설

사업자가 결정 · 경정 또는 수정신고로 인하여 수입금액이 증가함으로써 간편장부 사업자에 해당되지 아니하게 되는 경우에는 법 제70조 제4항 후단(종합소득 확정신고의 무신고 간주) 및 제160조의 5 제3항(사업용계좌의 신고)을 적용할 때 그 결정 · 경정 또는 수정신고하는 날이 속하는 과세기간까지는 간편장부대상자로 본다. 다만, 결정 · 경정 또는 수정신고하는 날이 속하는 과세기간 이전에 복식부기의무자로 전환된 경우에는 복식부기의무자로 전환된 과세기간의 직전과세기간까지는 간편장부대상자로 본다.

2) 기준경비율 적용대상자가 단순경비율로 전자신고한 경우 무기장 가산세와 납부지연 가산세가 적용되는지 여부

(1) 사실관계

청구인은 자유직업소득자(업종코드 : 940911)임.

① 2023년 수입금액 : 49,000,000원

② 2024년 수입금액 : 55,000,000원, 2023년 수입금액기준으로 간편장부대상자이고 추계신고시 기준경비율 대상자임

③ 2025.5.31. 종합소득세 신고시 국세청 홈택스에서 단순경비율로 추계신고를 하였음.

④ 과세당국은 2025.8.에 추계조사결정에 의거 간편장부대상이면서 추계신고시 기준경비율을 적용하여 신고를 하여야 했음에도 불구하고 단순경비율로 신고를 하였기에

무기장가산세 및 납부지연 가산세를 포함한 종합소득세액을 청구인에게 결정 · 고지하였음.

(2) 쟁점

국세청 홈택스 신고시 정상적으로 신고가 완료되어 세금을 납부하였는데 세금에 대한 해박한 지식이 없는 일반납세자를 위해서 제공하는 국세청 프로그램이 어떠한 검증도 되지 않았으며, 신고한 자료에 오류가 있다면 바로 경정할 수 있는 시간을 주어야 하나 그러한 것도 없이 5개월이 경과된 시점에서 잘못 신고되었다고 신고불성실 가산세를 부과하는 것은 부당하므로 이 건 부과처분은 취소되어야 한다는 주장이다. 이 경우 가산세 부과가 취소될 수 있는지?

(3) 과세당국의 판단

① 처분청이 확정신고안내문을 통하여 수입금액이 48,000,000원 이상이면 장부를 기장하여 신고하여야 한다는 것을 분명히 명시하고 있었음에도 청구인이 단순경비율로 신고한 것은 확정신고 안내문을 제대로 숙지하지 아니하였거나 이를 무시한 청구인의 잘못인바, 단순히 홈택스 프로그램상 종합소득세 신고서가 단순경비율로 아무런 문제없이 입력되었다는 사실만으로 청구인에게 잘못이 없다는 주장은 정당화될 수 없다고 판단된다.

② 그리고 국세청에서 제공하는 종합소득세 신고안내문 및 홈택스 전자신고 안내는 납세자의 종합소득세 및 기타 신고 및 납세 편의를 위하여 제공되는 것에 불과하므로 청구인이 단순경비율로 입력한데 대하여 전자신고 프로그램상 아무런 오류가 나타나지 않았다는 사실만으로 청구인의 전자신고가 정상적으로 이루어진 것이라는 것을 인정해 주는 것은 아닌바, 현행 종합소득세제와 같은 신고납세제도 하에서는 납세자가 스스로 종합소득세의 신고 및 납부에 대한 최종적인 책임을 져야 하는 것이다.

③ 따라서 청구인이 확정신고 안내문에 기재되어 있는 세무서 전화상담 등을 참고하여 추계신고시 기준경비율 적용대상자인지 단순경비율 적용대상자인지 여부와 기장신고를 하지 않을 경우 어떠한 불이익이 있는지를 판단한 후 종합소득세의 과세표준과 세액을 계산하여 자진신고 · 납부하여야 하는 것이므로 이를 이행하지 않은 경우에는 그 책임은 처분청이나 국세청이 지는 것이 아니라 납세자가 져야 하는 것이므로 청구인의 종합소득세 신고 · 납부의무 해태에 대한 무기장가산세 및 납부지연 가산세를 적용하여 이 건 과세한 처분은 정당한 것으로 판단된다(심사소득 2007-27, 2007.3.19.; 같은

뜻 국심 2006중2676, 2006.12.26.).

저자주 현재 국세청 홈택스에서는 종합소득세 신고시 장부기장과 추계신고율을 잘못 선택해서 신고하는 경우 오류메시지를 통해서 착오로 신고한 부분을 확인하고 있으므로 실무상 위와 같은 사례는 발생되지 않을 것으로 판단된다.
하지만 국세청 홈택스 또는 회계프로그램을 이용한 전자신고가 아닌 서면으로 신고를 하는 경우에는 충분히 발생할 수 있는 가능성이 있으므로 신고유형을 우선적으로 확인하길 제안하는 바이다.

3) 복식부기의무자가 외부조정계산서가 아닌 자기조정계산서를 첨부하여 종합소득세를 신고한 경우 무신고 가산세 적용 여부

(1) 사실관계

청구인은 주택을 신축하여 판매하는 복식부기대상 주택신축판매사업자임.

① 2024.5.31. : 2023년 귀속분 종합소득세 신고시 복식부기, 자기조정으로 신고를 하였음.

② 2025.7.에 국세청의 관할 세무서 종합감사시 해당 주택신축판매사업가가 외부조정으로 신고를 하여야 함에도 불구하고 자기조정으로 신고를 한 부분에 대해서 소득세법상 과세표준 확정신고를 하지 아니한 것으로 보아 국세기본법상 무신고 가산세를 적용하고 조세특례제한법상 중소기업에 대한 특별세액감면 적용을 배제하여 과세하도록 통보하였고, 관할 세무서는 이에 따라 2025.7.에 청구인에게 2023년 귀속 종합소득세를 가산세까지 포함된 금액을 적용하여 경정 · 고지하였음.

(2) 쟁점

외부조정대상자인 복식부기의무자가 자기조정계산서를 첨부하였다 하여 무신고 가산세를 적용하는지의 여부와 무신고 가산세를 적용하는 경우 중소기업 특별세액감면을 배제하는 것이 이중으로 불이익을 주는 처분이 아닌지?

(3) 과세당국의 판단

복식부기의무자인 청구인은 외부조정계산서를 첨부하여야 하는 사업자에 해당함에도 2023년 귀속 종합소득세 과세표준을 확정신고하면서 자기조정계산서를 첨부하여 신고한 점 등에 비추어 외부조정계산서를 첨부하여 신고하지 아니한 것에 대하여, 소득세법상 과세표준을 확정신고하지 아니한 것으로 보아 무신고 가산세를 부과하고 중소기업에 대한 특별세액감면의 적용을 배제하여 종합소득세를 과세한 이 건 처분은 달리 잘못이 없는 것으로 판단된다(조심 2017서3881, 2017.11.23.).

실무Tip __ 외부조정대상 개인사업자(소법 §70 ⑥, 소령 §131의 2)

1. 직전 과세기간의 수입금액(결정 또는 경정으로 증가된 수입금액을 포함하며, 사업용 유형자산을 양도함으로써 발생한 수입금액은 제외)이 다음의 업종별 기준수입금액 이상인 사업자

이 경우 ①부터 ③까지의 규정에 따른 업종을 겸영하거나 사업장이 둘 이상인 사업자의 경우에는 소득세법 제208조 제7항을 준용하여 계산한 수입금액에 의함)

① 농업 · 임업 및 어업, 광업, 도매 및 소매업(상품중개업은 제외), 부동산매매업, 그 밖에 ② 및 ③에 해당하지 아니하는 사업 : 6억원

② 제조업, 숙박 및 음식점업, 전기 · 가스 · 증기 및 공기조절 공급업, 수도 · 하수 · 폐기물 처리 · 원료재생업, 건설업(비주거용 건물 건설업은 제외하고, 주거용 건물 개발 및 공급업을 포함), 운수업 및 창고업, 정보통신업, 금융 및 보험업, 상품중개업 : 3억원

③ 부동산임대업, 부동산업(부동산매매업은 제외), 전문 · 과학 및 기술서비스업, 사업시설관리 · 사업지원 및 임대서비스업, 교육서비스업, 보건업 및 사회복지서비스업, 예술 · 스포츠 및 여가 관련 서비스업, 협회 및 단체, 수리 및 기타 개인서비스업, 가구 내 고용활동 : 1억 5천만원

2. 복식부기의무자로서 다음의 어느 하나에 해당하는 사업자

① 직전 과세기간의 소득에 대한 소득세 과세표준과 세액을 추계결정 또는 추계경정을 받은 자

② 직전 과세기간 중에 사업을 시작한 사업자. 다만, 의료업, 수의업 및 약국을 개설하여 약사(藥事)에 관한 업(業)을 행하는 사업자와 변호사 등 전문자격사업자(부가령 §109의 2 ② 7호)로서 일정규모 미만 사업자(소득세법 제208조 제2항 제5호에 해당하는 사업자)는 제외함

③ 조세특례제한법에 따라 소득세 과세표준과 세액에 대한 세액공제, 세액감면 또는 소득공제를 적용받은 사업자. 다만, 중소기업특별세액감면(조특법 §7), 소기업 · 소상공인 공제부금에 대한 소득공제 등(조특법 §86의 3), 전자신고에 대한 세액공제(조특법 §104의 8)의 어느 하나의 규정만을 적용받은 사업자는 제외함.

4) 종합소득과세표준을 추계신고하여 법정 서류를 제출하지 아니한 경우 신고불성실 가산세 적용 여부

(1) 사실관계

① 청구인은 복식부기의무자로, 2016년 귀속 종합소득세 신고시 기준경비율로 소득금액을 추계하여 과세표준을 신고하면서 조특법상 중소기업에 대한 특별세액감면을 신청하였다.

② 처분청은 복식부기의무자인 청구인이 추계로 소득금액을 신고하면서 소득세법상 제출

하여야 할 재무제표 등의 서류를 제출하지 않은 것은 종합소득 과세표준확정신고를 하지 않은 것으로 간주되므로 조세특례제한법 제128조 제2항에 따라 중소기업특별세액감면을 적용받을 수 없는 것으로 보아 이를 배제하여 2017.9.7. 청구인에게 2016년 귀속 종합소득세액을 가산세까지 포함하여 결정 · 고지하였다.

(2) 쟁점

국세청에서 2016.4. 발간한 '소득세 확정신고 안내 및 실무(2015년 귀속)' 책자 268쪽을 보면 중소기업에 대한 특별세액감면이 추계시에도 적용가능하다고 설명되어 있는데, 이는 처분청의 공적인 견해표명에 해당되므로 이에 반하는 부과처분을 하는 것은 신의성실의 원칙에 어긋난 처분으로 중소기업 특별세액감면을 배제할 수 없다는 주장이 타당한지?

(3) 과세당국의 판단

① 국세청 고객만족센터에서 2016.4. 발간된 '소득세 확정신고 안내 및 실무(2015년 귀속)' 책자 268쪽에는 '중소기업 특별세액감면이 추계시에도 적용가능'하다고 기재되어 있으나, 같은 책 366쪽에는 '무신고시 감면배제' 대상으로 '중소기업특별세액감면'이 기재되어 있다.

② 반면, 2017.4. 발간된 '소득세 확정신고 안내 및 실무(2016년 귀속)' 책자 271쪽에는 '중소기업 특별세액감면은 무신고(복식부기의무자가 간편장부신고 · 추계신고 · 법 제70조 제4항 제3호 서류를 미제출한 경우 포함)하는 경우 감면배제'라고 기재되어 있고, 같은 책 370쪽에는 '무신고시(복식부기의무자가 간편장부신고 · 추계신고 · 법 제70조 제4항 제3호 서류를 미제출한 경우 등에도 감면배제) 감면배제' 대상으로 '중소기업 특별세액감면'이 기재되어 있다.

③ 2016.7.13. 이후 유권해석을 통해 복식부기의무자가 종합소득 과세표준을 추계하여 신고하는 경우 중소기업 특별세액감면을 적용하지 아니하고, 2016.7.13. 이전 신고한 자에 한하여 납부지연 가산세를 부과하지 아니한다고 해석하고 있는 점, 2017.4. 국세청 고객만족센터에서 발간한 소득세 확정신고 안내 및 실무(2016년 귀속)책자에 '중소기업 특별세액감면은 무신고(추계신고 · 법 제70조 제4항 제3호 서류를 미제출한 경우 포함)하는 경우 감면배제'라고 기재되어 있는 점 등에 비추어 2016.7.13. 이후 더 이상 추계로 확정신고하는 때에도 중소기업 특별세액감면을 적용할 수 있다는 해석 또는 관행이 성립한다고 보기 어렵다고 판단된다.

④ 따라서, 2016년 귀속 종합소득세 신고에 관한 이 건 처분은 새로운 해석에 의한 소급

과세에 해당하지 아니하므로 처분청이 위 세액감면을 배제하고 종합소득세를 부과한 처분은 잘못이 없는 것으로 판단된다(조심 2018전178, 2018.3.29.).

(4) 실무 적용 사례

· 복식부기의무자의 추계신고시 중소기업 특별세액감면은 적용하지 않음

① 복식부기의무자가 추계신고시 무신고로 간주되므로 조특법 제128조 제2항에 따라 감면을 받을 수 없으나, 2016.7.13. 국세청 유권해석이 있기 전까지 비과세 관행이 성립된 것으로 보아 소급과세는 부당하다고 판단하여 중소기업 특별세액감면을 추계신고시에도 인정함(조심 2016전 4308, 2017.5.23.).

② 복식부기의무자가 종합소득 과세표준 및 세액을 추계하여 신고한 경우 소득세법 제70조 제4항에 의해 종합소득 과세표준 확정신고를 하지 아니한 것으로 간주되므로 같은 법 제80조 제1항에 따라 종합소득 과세표준 및 세액을 결정하여야 하고, 조특법 제128조 제2항에 의하여 중소기업 특별세액감면의 적용은 배제되는 것'이라고 해석하여 복식의무자의 추계신고시 중소기업 특별세액감면을 적용할 수 없음(2016－법령해석소득－139, 2016. 7.13.).

✎ 따라서 2015년 귀속분 종합소득세 확정신고까지는 비과세 관행이 적용되었으므로 복식부기의무자의 추계신고시 중소기업 특별세액감면을 적용받을 수 있었으나 2016년 귀속분부터 불가능한 것으로 업무처리를 하여야 할 것이다.

✎ 위의 사례는 이미 경정청구와 과세당국의 부과제척기간 등의 기간이 실질적으로 모두 종료하여 국세청과 납세의무자간 더 이상의 다툼은 없는 것으로 보이지만 세법 적용의 이해를 위하여 소개하였다. 이에 특정 예규와 판례를 적용하여 해당 과세기간의 업무처리를 하고자 하는 경우 특정 예규와 판례의 적용시점을 잘 확인하여 해당 과세기간의 세금신고시 적용여부를 신중하게 고려하여야 할 것이다.

2. 기장의무 관련 핵심 요약정리[4)]

(1) 업종별 기준 수입금액

2024년 귀속 기준 업종별 기준 수입금액을 요약하면 다음과 같다(소법 §160, 소령 §208, 소칙 §95의 2).

4) 2025년 종합소득세 신고실무, 배택현 저, 한국세무사회, p.185～195 참고

업종별	기장의무의 판정 (전기수입금액기준)			추계 신고 유형 (전기 및 당기수입금액 기준)				성실신고 확인서첨부 대상(당기수입금액)
	간편장부	복식부기		계속사업자 (전기수입금액기준)		신규사업자 (당기수입금액기준)		
		자기조정	외부조정	기준경비율	단순경비율	기준경비율	단순경비율	
아래 ①	3억 미만	6억 미만	6억 이상	6,000만원 이상	6,000만원 미만	3억 이상	3억 미만	15억 이상 (2018년부터)
아래 ②	1.5억 미만	3억 미만	3억 이상	3,600만원 이상	3,600만원 미만	1.5억 이상	1.5억 미만	7.5억 이상 (2018년부터)
아래 ③	7,500만원 미만	1.5억 미만	1.5억 이상	2,400만원 이상*	2,400만원 미만*	7,500만원 이상	7,500만원 미만	5억 이상

* 2023년 귀속분부터 인적용역 사업소득자의 단순경비율 신고 기준금액은 2,400만원이 아니라 3,600만원을 기준으로 판단한다.

① 농업 · 임업 및 어업, 광업, 도매 및 소매업(상품중개업을 제외), 부동산매매업(비주거용 건물 자영건설업만 해당)과 부동산 개발 및 공급업, 기타 아래 ②와 ③에 해당되지 아니하는 사업

② 제조업, 음식숙박업, 전기 · 가스 · 증기 및 공기조절 공급업, 수도 · 하수 · 폐기물처리 · 원료재생업, 건설업(비주거용 건물 건설업은 제외하고, 주거용 건물 개발 및 공급업 포함), 운수업 및 창고업, 정보통신업, 금융 및 보험업 · 상품중개업, 욕탕업. 단, 단수경비율 적용대상 여부 판정시는 시행령 제42조 제1호에 따른 인적용역은 포함함.

③ 부동산임대업, 부동산업(소득세법 제122조 제1항에 따른 부동산매매업은 제외), 전문 · 과학 및 기술서비스업, 사업시설관리 및 사업지원 및 임대서비스업, 교육서비스업, 보건업 및 사회복지서비스업, 예술 · 스포츠 및 여가 관련 서비스업, 협회 및 단체, 수리 및 기타 개인서비스업(단순경비율 적용대상여부 판정시는 부가치세법 시행령 제42조 제1호에 따른 인적용역은 제외함), 가구 내 고용활동

✎ 2019년 귀속분부터 당기 수입금액이 복식부기 대상에 해당되면 추계신고시 전기 수입금액과 관계없이 무조건 기준경비율 적용하고 장부기장유무 판정시 수입금액에 사업용 유형자산의 양도금액은 제외한다. 단, 기준경비율과 단순경비율 적용대상 판정 및 추계신고시에는 사업용 유형자산 양도금액을 수입금액에 포함하여 판정한다.

✎ 신규사업자란 해당 과세기간에 신규로 사업을 개시한 경우로서 직전연도 수입금액이 0인 경우만 해당하며, 신규사업자라 하더라도 전기 수입금액이 있으면 계속사업자로서 전기수입금액으로 판정하고, 계속사업자이면서 직전연도 수입금액이 0인 경우 단순경비율 대상에 해당한다. 다만, 2019년부터 추계신고시에는 당기수입금액이 복식부기 대상 금액에 해당되면 전년도 수입금액과 관계없이 추계신고시 기준경비율을 적용하여야 함에 유의하여야 한다.

✐ 기장의무는 사업소득(부동산임대소득포함)만 있으므로 위의 수입금액 계산시 이자소득, 배당소득, 근로소득, 기타소득 연금소득은 수입금액에서 제외하고, 사업장 단위별 기준이 아닌 개인사업자 전체 수입금액을 합하여 판단한다.

✐ 전문직사업자는 위 수입금액과 관계없이 무조건 복식부기의무자이면서 기준경비율 적용대상자이다. 전문직사업자는 다음과 같다.

변호사업, 심판변론인업, 변리사업, 법무사업, 공인회계사업, 세무사업, 경영지도사업, 기술지도사업, 감정평가사업, 손해사정인업, 통관업, 기술사업, 건축사업, 도선사업, 측량사업, 공인노무사업, 의사업, 한의사업, 약사업, 한약사업, 수의사업과 그 밖에 이와 유사한 사업서비스업으로서 기획재정부령으로 정하는 것

✐ 약사의 경우의 기장의무는 전문 자격사로서 판단하지만 성실신고확인 및 부가가치세법상 현금매출명세서 제출대상 판단시에는 도소매업으로서 판단한다.

✐ 수리 및 기타 서비스업(인적용역 사업소득)의 단순경비율 적용 기준 개정(2023년 개정)
수리 및 기타서비스업 중 인적용역 사업소득(부가령 §42 1호)의 수입금액은 2022년 과세기간까지는 2,400만원이었지만 2023년 과세기간에 발생하는 소득부터는 3,600만원으로 개정되었다(소령 §143 ④ 2호, 소령 부칙 대통령령 제33267호 §7).
인적용역 사업소득의 단순경비율 적용 수입금액을 요약하면 다음과 같다.

구 분	수입금액
2022년 과세기간까지	2,400만원 미만
2023년 과세기간 이후	3,600만원 미만

(2) 업종분류시 주의사항

소득세법상 업종 분류는 소득세법에 특별한 규정이 없는 한 한국표준산업분류표에 따라야 한다.

① 주택신축분양업 : 소득세법상 기장의무 등의 판단시 건설업으로 분류한다. 그러나 조세특례제한법상으로는 직접 신축할 경우에는 건설업으로, 외부 도급일 경우에는 부동산업으로 분류한다는 점에 유의해야 한다.

② 주차장운영업 : 운수업에 해당한다.

③ 욕탕업 : 욕탕업은 소득세법 시행령 제208조 제5항 제2호 단서에 의해 기장의무 등의 판정시에는 위 정리표의 아래 ②에 해당되어 직전년도 수입금액 1.5억원 기준으로 복식장부인지 여부를 판단하지만 성실신고확인사업자 여부 판정시에는 한국표준분류법상 기타 개인서비스업에 해당되므로 위 정리표의 아래 ③에 해당되어 해당연도 수입금액 5억원 기준으로 성실신고확인사업자인지 여부를 판단하여야 한다.

(3) 기장의무 적용시 주의할 점

① 기장의무 등의 판정기준

구분	기장의무	추계신고	성실신고 판단
신규사업자	간편장부	당해 과세기간 수입금액으로 판단함	당해 과세기간 수입금액으로 판단
계속사업자	직전 과세기간 수입금액으로 판정함	직전 과세기간 수입금액으로 판단함	
전문직사업자	복식부기	기준경비율	

✎ 신규사업자란 직전연도 수입금액이 0원 이면서 해당 과세기간에 신규로 개업한 사업자를 말하므로 직전연도에 폐업한 사업장이 있는 경우로서 해당 연도에 다른 업태 · 종목으로 신규 사업장 등록을 한 경우라도 신규사업자가 아닌 것임

② 직전연도 신규사업자와 폐업자

직전연도 신규사업자 또는 폐업자로서 사업월수가 12개월 미만이라 하더라도 직전연도 수입금액을 연환산하지 않고 업종별 규모 기준을 적용한다.

③ 겸업자

서로 다른 업종을 겸업하거나, 업종이 다른 사업장이 2 이상인 경우에는 다음 산식으로 환산하여 계산한 수입금액을 기준으로 기장의무를 판정한다.

2개 이상의 업종을 겸영하거나 사업장이 2 이상인 경우에는 다음의 산식에 의하여 수입금액을 계산한다(소령 §133 ②).

> 주업종(수입금액이 가장 큰 업종)의 수입금액+{주업종 외의 업종의 수입금액×(주업종의 기준금액/주업종 외의 업종의 기준금액)}

> 〈사례〉
> 2024년 도소매업의 수입금액 2억원, 제조업의 수입금액 1억원인 경우 2025년 귀속 종합소득세 확정신고시 기장의무는?
>
> 〈해답〉
>
> 겸영사업자의 수입금액=2억원+{1억원×(3억원/1.5억원)}=4억원
>
> 도소매업의 수입금액이 제조업의 수입금액보다 크므로 도소매업이 주업종이 되는 것이며 도소매업의 복식부기대상 기준금액은 3억원, 제조업의 복식부기대상 기준금액은 1.5억원이므로 제조업의 수입금액을 도소매업 기준으로 환산하면 4억원이 된다. 따라서 해당 사업자의 수입금액 환산액은 도소매업의 기준금액인 3억원 이상에 해당하므로 복식부기대상 사업자이다.

④ 공동사업자

공동사업장과 단독사업장을 겸영하는 경우 공동사업장은 당해 공동사업장의 직전연도 수입금액만(구성원이 동일한 사업장이 여러 개인 경우에는 각 공동사업장의 직전연도 수입금액의 합계액)으로 판단하고 단독사업장은 각 단독사업장의 직전연도 수입금액을 합하여 기장의무를 각각 별도로 판단한다(소득 46011－1260 1998.5.14.).

✎ 구성원이 동일한 공동사업장이 2 이상인 경우에는 공동사업장의 전체의 수입금액의 합계액을 기준으로 장부기장 여부와 성실신고확인 대상자 여부를 판단함(소득－182, 2012.3.6.).

✎ 공동사업장의 구성원이 변동되는 경우
공동사업장 구성원의 변동이 있는 경우에도 기장의무는 직전연도 당해 공동 사업장의 수입금액에 의하여 판정함. 즉, 구성원의 변동은 기장의무에 영향을 미치지 아니함(서일 46011－11173, 2002.9.10.).

✎ 공동사업에서 단독사업으로 변경한 경우의 기장의무 판단
공동사업에서 단독사업(단독에서 공동으로 전환된 경우 포함)으로 전환된 경우 공동사업장은 폐업된 것으로 보고 단독전환 이후는 당해 사업장의 실제 발생한 수입금액과 당해 거주자의 다른 사업장의 수입금액과 합산하여 기장의무 등을 판단함(소득－988, 2011.11.29.; 서일 46011－10568, 2002.4.30.).

(4) 수입금액

기장의무 판정시 총수입금액은 기업회계상 매출액과 상관없이 소득세법상 총수입금액에 산입하도록 되어있는 판매장려금, 관세환급금, 보험차익 등을 합하여 판정하여야 한다(서일 46011－10587, 2003.5.13.).

✎ 부동산 임대업자의 기장의무 판정시 수입금액은?
부동산 임대업자의 기장의무 판정시 적용하는 수입금액은 소득세법상 총수입금액을 대상으로 하므로 즉 건설비 상당액을 공제시는 공제후의 금액으로 판정하고 건설비상당액을 공제하지 않았을 때는 않은 금액을 기준으로 기장의무를 판정한다.

✎ 민생금융지원 이자 캐시백의 사업소득 여부
'민생금융지원 이자 캐시백'은 은행이 중소기업이나 자영업자를 지원하기 위해 대출 이자 일부를 환급(캐시백)해 주는 제도로서 해당 캐시백은 사업소득으로 간주되어 종합소득세를 신고하여야 하여 관련 자료는 해당 은행으로부터 이자 캐시백 수령 내역이 포함된 거래내역서를 발급받아 신고한다.

저자주 〈국세청 신고안내문의 수입금액 확인 주의〉
인적용역 사업소득과 기타소득에 대한 국세청 종합소득세 신고안내시 일반 지급명세서만 제출하는 원천징수의무자도 있고 간이지급명세서만 제출하는 원천징수의무자도 있으며 2가지 지급명세서를 모두 제출하는 원천징수의무자도 있다.
이에 다음과 같은 수입금액에 대한 안내오류가 발생되고 있으니 번거롭지만 정확한 수입금액을 확인하는 업무처리가 필요한 것으로 판단된다.

① 사업소득금액의 중복안내
일반지급명세서와 간이지급명세서 제출 금액을 중복 합산해서 안내하는 것으로 판단되니 중복 안내된 수입금액을 제외하여야 한다.

② 간이지급명세서만 제출된 경우 수입금액에서 누락되는 경우
간이지급명세서의 수입금액을 종합소득세 신고시 포함해서 신고하여야 한다.

(5) 기장의무 유형에 따른 세법 적용 요약정리

<table>
<tr><th rowspan="2">구 분</th><th colspan="2">복식부기의무자(전기 수입금액 기준)</th><th colspan="2">간편장부의무자(전기 수입금액 기준)</th></tr>
<tr><th>외부조정계산서
첨부 대상자</th><th>내부조정계산서
첨부 대상자</th><th>일반사업자</th><th>소규모사업자</th></tr>
<tr><td rowspan="3">수입금액에 따른
기장의무 구분</td><td>도, 소매업 · 부동산매매업등 :
6억 이상</td><td>도, 소매업 · 부동산매매업등 :
6억 미만</td><td>3억 미만</td><td rowspan="3">· 당기 신규개업자
· 직전년도 4,800만원 미만자
· 과세표준 확정신고의무가 면제되는 보험모집인 및 방문판매원</td></tr>
<tr><td>제조 · 음식 · 숙박 · 건설, 운수업 :
3억 이상</td><td>제조 · 음식 · 숙박 · 건설, 운수업 :
3억 미만</td><td>1.5억 미만</td></tr>
<tr><td>부동산임대 · 서비스업 : 1.5억 이상</td><td>부동산임대 · 서비스업 : 1.5억 미만</td><td>7,500만원
미만</td></tr>
<tr><td>추계 신고시</td><td colspan="2">· 무신고 가산세와 장부의 기록 · 보관 불성실 중 큰 금액
· 기준경비율의 1/2만 적용</td><td>장부의 기록 · 보관 불성실
가산세</td><td>해당 없음</td></tr>
<tr><td>간편장부 신고시</td><td colspan="2">무신고 가산세와 무기장 가산세 중 큰 금액</td><td colspan="2"></td></tr>
<tr><td>복식장부 신고시</td><td colspan="2"></td><td colspan="2">기장세액공제 : 산출세액의 20%</td></tr>
<tr><td>영수증수취명세서
제출 · 작성 불성실
가산세</td><td colspan="2">가산세 적용함</td><td>가산세 적용함</td><td>해당 없음</td></tr>
<tr><td>장부의 기록 · 보관
불성실 가산세</td><td colspan="2">가산세 적용함</td><td>가산세 적용함</td><td>해당 없음</td></tr>
<tr><td>증명서류수취
불성실 가산세</td><td colspan="2">가산세 적용함</td><td>가산세 적용함</td><td>해당 없음</td></tr>
<tr><td>사업용계좌 신고 ·
사용 불성실 가산세</td><td colspan="2">가산세 적용함</td><td colspan="2">해당 없음</td></tr>
<tr><td>계산서 등
제출불성실 가산세</td><td colspan="2">가산세 적용함</td><td>가산세 적용함</td><td>해당 없음</td></tr>
<tr><td>지급명세서 등
제출불성실 가산세</td><td colspan="2">가산세 적용함</td><td colspan="2">가산세 적용함</td></tr>
<tr><td>전자세금계산서</td><td colspan="2">수입금액 요건 충족시 의무발행</td><td colspan="2">수입금액 요건 충족시 의무발행</td></tr>
</table>

구 분	복식부기의무자(전기 수입금액 기준)		간편장부의무자(전기 수입금액 기준)	
	외부조정계산서 첨부 대상자	내부조정계산서 첨부 대상자	일반사업자	소규모사업자
확정신고시 제출 서류	· 종합소득세 과세표준확정신고서 · 재무상태표 · 손익계산서 및 부속서류 · 합계잔액시산표 · 조정계산서 · 표준 재무제표 · 영수증 수취명세서 · 기타 각종 신청서 · 명세서 등		· 종합소득세 과세표준확정신고서 · 간편장부소득금액계산서 · 기타 각종 신청서 · 감가상각비 등의 조정 명세서	

제3절 성실신고확인대상 사업자의 가산세

현재 성실신고확인대상 사업자에 대한 종합소득세 확정신고 후의 사후검증이 매우 엄격하게 진행되고 있는 것으로 보이며, 성실신고확인자인 세무대리인들도 가공지출에 대한 불성실확인건으로 과태료 또는 직무정지 등에 대한 징계를 받고 있는 것으로 보이므로 성실신고확인대상 사업자의 종합소득세 확정신고에 만전을 기하여야 할 것이다.

만약 성실신고확인을 받지 않는 경우라면 성실신고미확인과 관련된 가산세와 세무조사가 실시될 가능성이 매우 높으며, 가공매입 · 지출과 관련된 불성실확인 건이 발생되면 부정한 방법에 의한 신고불성실 가산세 등 관련 가산세가 발생되는 등 가산세의 리스크가 커질 수 있으므로 특별히 주의가 필요하다.

1. 성실신고확인대상사업자 가산세 사례

사례리스트

1) 성실신고확인서를 제출하지 않은 경우의 기한후 신고 가산세와 중소기업특별세액감면의 적용 여부
2) 성실신고확인대상사업자 사망 이후 상속인이 피상속인의 종합소득세 신고시 의료비 등 공제 가능 여부

1) 성실신고확인서를 제출하지 않은 경우의 기한후 신고 가산세와 중소기업특별 세액감면의 적용 여부

(1) 사실관계

① 청구인은 2024.6.30. 폐업(개업은 2007년)하기까지 제조업을 영위하던 개인사업자로서 2023년 귀속 종합소득세 성실신고확인대상사업자이다.

② 청구인은 2024.6.13.에 성실신고확인서 제출 없이 소득금액을 추계로 계산한 후 중소기업에 대한 특별세액감면액을 적용하여 2023년 귀속 종합소득세 확정신고를 하였다.

(2) 질의사항

성실신고확인대상 사업자가 성실신고확인서를 제출하지 않은 경우 기한후 신고에 따른 가산세를 부담하여야 하는지와 중소기업특별세액감면을 적용받을 수 있는지?

(3) 과세당국의 회신

성실신고확인대상사업자가 성실신고확인서를 제출하지 않은 이상 신고기간은 그 과세기간의 다음연도 5.1.부터 5.31.까지여서, 그 신고기간이 경과하여 신고한 경우 기한후 신고에 해당하므로 중소기업 특별세액감면은 적용받을 수 없으며, 성실신고확인사업자가 추계로 신고를 하는 경우 기한후 신고 가산세와 무기장 가산세 그리고 성실신고미확인 가산세 중 큰 금액을 가산세로 부담하여야 하는 것이다(심사소득 2015-53, 2015.11.3.).

다만, 2018년 귀속분부터는 기한후 신고 가산세와 무기장 가산세 중 큰 가산세와 성실신고미확인 가산세를 중복하여 부담한다.

2) 성실신고확인대상사업자 사망 이후 상속인이 피상속인의 종합소득세 신고시 의료비 등 공제 가능 여부

(1) 사실관계

① 2023.8.5. 공동사업장의 구성원 A 사망

② 2024.2.28. A의 상속인은 소득세법 제74조 과세표준확정신고의 특례에 따라 확정신고를 함.

(2) 질의내용

성실신고확인대상사업자인 공동사업장의 구성원 A가 사망하여 상속인이 5.1. 이전 과세표준 확정신고를 한 경우 의료비 등 공제가 가능한지 여부

(3) 과세당국의 회신

성실신고확인대상사업자인 공동사업장의 구성원이 사망함에 따라 소득세법 제74조 제1항에 의거하여 과세표준 확정신고한 경우, 조세특례제한법 제122조의 3 성실사업자에 대한 의료비 등 공제가 불가한 것이므로 의료비 등 공제를 적용하여 신고하는 경우 신고불성실 가산세와 납부지연 가산세를 부과하는 것이다(서면소득 2015-176, 2015.5.12.).

✎ 소득세법 제74조 제1항 : 거주자가 사망한 경우 그 상속인은 그 상속 개시일이 속하는 달의 말일부터 6개월이 되는 날(이 기간 중 상속인이 출국하는 경우에는 출국일 전날)까지 사망일이 속하는 과세기간에 대한 그 거주자의 종합소득세 확정신고를 신고하여야 한다.

2. 성실신고확인대상사업자 종합소득세 신고시 유의사항 핵심정리[5)]

(1) 성실신고확인대상자

성실신고확인대상사업자는 당기 수입금액기준으로 판단하여야 한다. 국세청 종합소득세 신고안내 우편물에 'S'유형으로 안내되는데, 혹 잘못 안내될 수도 있기 때문에 반드시 개별적으로 확인해 보는 것이 좋다.

2024년 귀속 기준 성실신고확인서 대상자를 요약하면 다음과 같다.

업종별	성실신고확인서 첨부대상 (당기수입금액기준)
1. 농업·임업 및 어업, 광업, 도매 및 소매업(상품중개업은 제외), 부동산매매업(주거용 건물 개발 및 공급업은 제외)과 부동산 개발 및 공급업, 기타 아래의 2.과 3.에 해당되지 아니하는 사업	15억 이상
2. 제조업, 음식숙박업, 전기·가스·증기 및 공기조절 공급업, 수도·하수·폐기물처리·원료재생업, 건설업(비주거용 건물 건설업은 제외하고, 주거용 건물 개발 및 공급업 포함), 운수업 및 창고업, 정보통신업, 금융 및 보험업·상품중개업	7.5억 이상

5) 2025년 종합소득세 신고실무(배택현 저, 한국세무사회, p.383~386 참고), 2025년 소득세법(김두천 저, 한국세무사회, p.1342~1368 참고)

업종별	성실신고확인서 첨부대상 (당기수입금액기준)
3. 부동산임대업, 부동산업(소득세법 제122조 제1항에 따른 부동산 매매업은 제외), 전문 · 과학 및 기술서비스업, 사업시설관리 및 사업지원 및 임대서비스업, 교육서비스업, 보건업 및 사회복지서비스업, 예술 · 스포츠 및 여가 관련 서비스업, 협회 및 단체, 수리 및 기타 개인서비스업, 가구 내 고용활동	5억 이상

(2) 수입금액

① 기장의무 판정은 전기 수입금액을 기준으로 하는 것이고, 성실신고확인대상의 판정은 당기 수입금액을 기준으로 판정한다.

② 연도 중 개업 또는 폐업하는 경우의 수입금액은 1년분으로 환산하지 않는다.

③ 수입금액은 총수입금액으로 산입되는 간주임대료, 신용카드사용세액공제액, 판매장려금, 사업양도양수시의 재고자산의 시가상당액을 포함한 조정후 수입금액으로 하며, 수입금액에서 제외되는 간주임대료(건설비 상당액 차감으로 인한 수입금액 조정금액), 고정자산 매각액 등은 포함하지 않는다.

→ 2016년 귀속분부터 성실신고확인대상 수입금액에 업무용승용차 매각대금이 포함되었고 2018년 귀속분부터는 '사업용 고정자산' 매각대금도 포함되도록 세법이 개정되었으나, 2019년 귀속분부터 '사업용 고정자산' 매각대금은 총수입금액에는 포함되지만 기장의무와 성실신고의무 판정시 수입금액에는 포함되지 않는다.

→ 참고로 일자리 안정자금 지원금액과 사업과 관련하여 사업보전의 성격을 가지는 지원금은 수입금액과 '보조금 관리에 관한 법률' 등의 법률에 따른 지방보조금도 수입금액에 포함된다(사전법령해석소득 2020-476, 2020.6.12.).

④ 성실신고기장의무 판단시 겸업자의 경우 동일업종으로 환산하는 규정, 공동사업자는 별도의 1 사업자로 보는 규정, 2 이상의 사업장을 가진 사업자는 사업장별이 아니라 사업자 기준 전체 사업소득 수입금액을 합하는 규정은 기장의무 판정과 동일하다.

⑤ 동업기업으로부터 배분받은 사업소득금액은 성실신고확인대상사업자 판정시 수입금액 합계액에 포함하지 않는다.

(3) 업종분류시 유의사항

① 약국

약국의 경우 기장의무판정 및 경비율 적용에서는 전문직사업자로서 복식부기의무자에 해당하지만 성실신고확인대상자(부가가치세법상 현금매출명세서 제출대상 포함)에서는 전문직에 대한 별도의 규정이 없고, 도소매업에 해당하므로 15억원(2017년 귀속분까지는 20억원이었음)을 기준으로 대상자 여부를 판정한다.

② 임가공업

임가공업은 사업자등록시 '서비스업'이므로 과세관청은 수입금액 5억원을 기준으로 성실신고확인대상으로 안내하는데 임가공업은 한국표준산업분류에 따르면 제조업으로 규정하고 있으므로 수입금액 7.5억원(2017년 귀속분까지는 10억원이었음)을 기준으로 성실신고대상자를 판단하여야 한다. 따라서 과세당국에 제조업임을 주장할 수 있는 사실관계 소명자료를 준비하여야 할 것으로 판단된다.

참고 한국표준산업분류상 임가공업

제조공장설비를 갖추고 수수료 또는 계약에 의하여 타인 또는 타사업체에서 주문받은 특정제품을 제조하여 납품하는 경우는 '섬유제품 염색, 정리 및 마무리 가공업', '인쇄 및 인쇄관련 산업', '금속열처리, 도금 및 기타 금속가공업'을 제외하고는 그 제조되는 제품의 종류에 따라 제조업의 적합한 산업항목에 각각 분류된다.

③ 건설업과 부동산매매업의 구분

건설업과 부동매매업은 소득세법과 조세특례제한법상 업종분류가 상이하다.

구 분	주건용 건물 개발 및 공급업		비주거용 건물 개발 및 공급업	
	자영건설	도 급	자영건설	도 급
소득세법	건설업	건설업	부동산매매업	부동산매매업
조세특례제한법*1	건설업	부동산 개발 및 공급업*2	건설업	부동산 개발 및 공급업*2

*1. 조세특례제한법상 업종분류는 한국표준산업분류에 따름.

*2. 한국표준산업분류의 중분류는 '부동산업(68)'이며 세분류는 '부동산 개발 및 공급업(6812)'에 해당됨.

④ 택배업

택배업(49401)은 운수 및 창고업에 해당된다.

⑤ 겸영사업장

2개 이상의 업종을 겸영하거나 사업장이 2 이상인 경우에는 다음의 산식에 의하여 수입금액을 계산한다(소령 §133 ②).

주업종(수입금액이 가장 큰 업종)의 수입금액＋{주업종 외의 업종의 수입금액×(주업종의 기준금액/주업종 외의 업종의 기준금액)}

〈사례〉
2025년 도소매업의 수입금액 10억원, 제조업의 수입금액 4억원인 경우 성실신고확인대상 여부

〈해답〉

겸영사업자의 수입금액＝10억원＋{4억원×(15억원/7.5억원)}＝18억원

도소매업의 수입금액이 제조업의 수입금액보다 크므로 도소매업이 주업종이 되는 것이며 도소매업의 성실신고확인대상 기준금액은 15억원, 제조업의 성실신고확인대상 기준금액은 7.5억원이므로 제조업의 수입금액을 도소매업 기준으로 환산하면 18억원이 된다. 따라서 해당 사업자의 수입금액 환산액은 도소매업의 기준금액인 15억원 이상에 해당하므로 성실신고확인대상 사업자이다.

(4) 성실신고확인 절차

① 세무사가 기장을 하고 있는 업체가 성실신고확인사업자가 되는 경우 기장하고 있는 세무사가 성실신고확인서를 첨부할 수 있으나 세무사가 성실신고확인사업자에 해당하는 경우에는 자신의 사업소득금액의 적정성에 대하여 세무사 자신이 성실신고확인서를 작성·제출해서는 안 된다. 그러나 외부조정계산서는 본인의 소득에 대해 본인 스스로의 외부조정계산서를 첨부할 수 있다.

또한, 개인세무사로 2025년 귀속에 대해 성실신고확인대상이 되었으나 2025년 중 폐업하고 세무법인으로 전환한 경우, 성실신고확인은 세무법인이라도 개인세무사의 관리번호로 확인하므로 그 세무법인의 다른 세무사가 성실신고확인을 하면 가능한 것으로 보인다.

② 성실신고확인대상사업자는 종합소득세 확정신고를 할 때 성실신고확인서를 제출하여야 하며, 제출하는 경우 확정신고기한은 다음연도 5.1.부터 6.30.까지이다(미제출시 5.31.까지 신고하여야 함).

③ 성실신고확인대상자가 5월말까지 성실신고확인서를 첨부하여 종합소득세 신고를 하였음에도 불구하고, 수정사항이 발생하여 6월말까지 다시 신고를 하는 경우, 성실신고확인대상자는 6월말까지 신고할 수 있는 것이므로 무신고 또는 기한후 신고 가산세를 부담하지 않는다.

(5) 성실신고확인에 대한 지원세제

(가) 성실신고 확인비용 세액공제

성실신고확인대상자가 성실신고확인서를 제출하는 경우 성실신고확인에 직접 사용한 비용의 60%를 120만원 한도(2018년 귀속분부터 적용) 내에서 공제한다(조특법 §126의 6, 2013년 지출하는 분부터 부동산임대의 경우도 허용).

✎ 세액공제를 받은 사업자가 해당 과세연도의 사업소득금액을 과소 신고한 경우로서 그 과소신고한 사업소득금액이 경정(수정신고 포함)된 사업소득금액의 10/100 이상인 경우 세액공제금액을 전액 추징하고, 경정일이 속하는 과세연도의 다음 과세연도부터 3개 과세연도 동안 세액공제를 허용하지 않는다.

〈사례〉 2021년 귀속에 대해서 2023년에 조사받아서 10% 이상 경정된 경우 해당 사업연도인 2021년 귀속과 2023년, 2024년, 2025년도분 신고시 세액공제를 받지 못함.

① 성실신고 확인비용은 해당 과세기간의 소득세 신고시 세액공제를 받고, 지급한 연도의 지급수수료로서 필요경비에 산입한다.

> 〈사례〉
> 2024년 귀속에 대하여 2025년 6월말에 성실신고 확인비용을 지급하는 경우 성실신고확인 세액공제는 2024년 귀속분 신고시 공제하고, 2025년 귀속분 손익계산서에 지급수수료로 반영한다.

② 성실신고 확인비용 세액공제는 농어촌특별세 과세 및 최저한세 적용 규정에 해당되지 않으며, 결손 등으로 공제받지 못한 경우 이월공제된다.

③ 2024년도 중 폐업한 거주자가 2025년 6월에 성실신고확인사업자로 신고하는 경우에 지급한 성실신고 확인비용은 다음과 같이 처리한다.

- 2024년 귀속분 종합소득세 신고시 성실신고확인세액공제 가능
- 세무대리인은 세금계산서는 발행할 수 없고 현금영수증을 발급하여야 함. 단 전자세금계산서를 주민등록번호로 발급하면 현금영수증을 발급한 것으로 봄.
- 사업자는 2025년 귀속분에 대한 필요경비산입은 불가함.

④ 성실신고확인서는 전자신고로 제출하되, 성실신고관련 첨부서류(주요항목 명세서, 특이사항 기술서, 사업자 확인사항)는 신고기한으로부터 10일 이내에 제출할 수 있다.

참고 성실신고확인사업자의 사업용계좌 신고기한

복식부기의무자에 해당된 성실신고확인사업자의 사업용계좌 신고기한은 종합소득세 신고기한인 6.30.까지 사업용계좌를 개설 · 신고하면 된다.

(나) 성실신고확인사업자 의료비 · 교육비 세액공제

원칙적으로 근로자에 대하여만 의료비 · 교육비 공제가 가능하나, 사업자의 경우에도 소득세법 제52조 제9항에 따른 성실사업자로서 해당 요건을 모두 갖춘 자와 성실신고 확인대상사업자로서 성실신고확인서를 제출한 자는 의료비와 교육비 지출액에 대해서 세액공제를 적용한다(조특법 §122의 3 ①, 부동산 임대소득 포함).

✎ 의료비 · 교육비 세액공제를 적용받은 사업자가 다음 중 어느 하나에 해당하는 경우에는 공제받은 금액에 상당하는 세액을 전액 추징하고 이후 3개 과세기간 동안 적용이 배제된다.

- 해당 과세기간에 대하여 과소신고한 수입금액이 경정(수정신고로 인한 경우를 포함한다)된 수입금액의 100분의 10(2025.1.1. 전의 과세기간은 100분의 20) 이상인 경우
- 해당 과세기간에 대한 사업소득금액 계산시 과대계상한 필요경비가 경정(수정신고로 인한 경우를 포함)된 필요경비의 100분의 20 이상인 경우(2025.1.1. 이후 과세기간부터는 세법개정으로 삭제되었음)
- 성실신고확인사업자의 의료비 · 교육비 세액공제에 대해서는 농어촌특별세 과세 및 최저한세 규정이 적용되며, 결손 등으로 공제받지 못한 경우에도 이월공제는 적용되지 않는다.

〈사례〉 2021년 귀속에 대해서 2023년 조사에 의하여 결정 수입금액 또는 결정 필요경비의 20% 이상이 경정된 경우 2021년 귀속과 2023년, 2024년, 2025년도분 신고시 세액공제가 배제된다.

실무Tip _ 성실신고확인사업자의 교육비와 의료비 공제

성실신고 확인비용에 대한 세액공제와 교육비등 공제는 대상 사업장 전부에 대하여 성실신고확인서를 제출할 때 적용하고 일부 사업장은 제출하지 않는 (추계신고등) 경우에는 일체 적용하지 않는 것으로 국세청에서는 해석하고 있다(서면 법령소득-1226, 2016.4.1.). 그러나 2018년 사업연도부터는 일부사업장만 성실신고확인서를 제출한 경우에도 세액공제가 가능한 것으로 세법이 개정되었다.

참고 성실신고확인사업자의 의료비와 교육비 세액공제(조특법 §122의 3, 2025년 기준)

1. 의료비 세액공제액 = ①×30% + ②×20% + (③+④)×15%

① 난임시술비

② 미숙아 및 선청성이상아를 위하여 지급한 의료비

③ 본인 · 과세기간 개시일 현재 6세 이하인 사람(2024년 개정) · 65세 이상자 · 장애인 · 중증질환자 · 희소난치성질환자 · 결핵환자를 위해 지출한 의료비

④ 그 외 의료비 – 사업소득금액×3%(한도 : 700만원)

→ 성실신고확인사업자가 근로소득 있는 경우는
{그 외 의료비 – (총급여액 + 사업소득금액)×3%}(한도 : 700만원)로 계산함.

→ ④에 의해 계산된 금액이 (–)가 나오는 경우에는 (–)금액을 ③과 ②에서 차감하여 의료비공제액을 계산하며, ②부터 ④의 금액이 (–)가 나오는 경우에는 해당 금액을 ①에서 차감하여 의료비 세액공제액을 계산하므로 사업소득금액이 큰 경우 의료비 세액공제를 공제받지 못하는 경우가 많다.

2. 교육비 세액공제액=세액공제대상액×15%
세액공제대상액=①+②+③
① 본인을 위한 교육비(대학원은 포함, 직업능력개발훈련비는 제외) : 전액
② 부양가족을 위한 교육비 : 대학생(1인당 900만원), 초 · 중 · 고 · 유치원 · 영유아 · 취학전아동(1인당 300만원)
③ 장애인특수교육비 : 전액

(다) 성실신고확인사업자 월세 세액공제(조특법 §122의 3 ③)

2019년 귀속 종합소득세 신고분부터는 성실신고확인사업자도 요건 충족시 근로소득자와 성실사업자가 공제받고 있었던 월세 세액공제를 적용하도록 세법이 개정되었다.

참고 성실신고확인사업자의 월세 세액공제(조특법 §95의 2, 2024년 기준)

1. 공제 대상자
과세기간 종료일 현재 세대주여야 하고 해당 거주자 또는 해당 거주자의 기본공제대상자가 임대차계약을 체결하여야 한다(조특령 §95 ② 4호, 2017년 개정사항). 따라서 본인 또는 본인의 기본공제대상자가 아닌 자의 명의로 임대차계약을 체결한 경우에는 월세액 세액공제가 불가하다.

2. 소득요건
해당 과세기간의 종합소득금액이 7,000만원(2023년 귀속까지는 6천만원) 이하일 경우만 공제가 가능하다.

3. 국민주택규모 이하의 주택 임차
주택법 제2조 제6호에 의한 국민주택규모의 주택(오피스텔, 고시원 포함) 또는 기준시가 3억원 이하 주택(2019.1.1. 이후부터 적용)을 임차하기 위해 월세액을 지급해야 하며 해당 주택이 다가구주택이면 가구당 전용면적을 기준으로 한다(조특령 §95 ②). 참고로 공동소유주택인 경우에는 해당 주택의 전체를 기준으로 주택규모를 판단하여야 한다.

4. 월세액 세액공제 요건
국민주택규모의 주택 또는 기준시가 3억원 이하인 주택을 임차하기 위해 지급하는 월세액(사글세액 포함)으로 임대차계약증서의 주소지와 주민등록표등본의 주소지가 같은 경우를 말한다.

5. 공제대상금액
월세액에 대한 세액공제금액은 다음과 같다.

$$\text{공제대상 월세액} = \frac{\text{주택임차기간 중 지급해야 하는 월세액의 합계액}}{\text{주택임대차 계약기간에 해당하는 일수}} \times \text{해당 과세기간의 임차일수} \times 15\%(17\%)^{*}$$

* 2019년 귀속분까지는 종합소득금액이 4,000만원 이하 12%, 초과 10%
2020년 귀속분과 2021년 귀속분은 종합소득금액이 4,500만원 이하 12%, 초과 10%
2022년 귀속분부터는 종합소득금액이 4,500만원 이하 17%, 초과 15% 적용함

6. 공제한도

월세 지출액이 1,000만원(2023년까지는 750만원)이 초과하는 경우 해당 금액은 없는 것으로 한다. 즉, 월세 세액공제의 한도는 2024년 귀속 기준 종합소득금액 4,500만원 이하인 경우는 1,000만원×17%인 1,700,000원이 한도이고, 종합소득금액 4,500만원 초과 7,000만원 이하인 경우에는 1,000만원×15%=1,500,000원이 한도이다.

(6) 성실신고 확인의무 위반에 대한 제제

① 성실신고확인서 미제출 가산세

성실신고확인대상사업자가 성실신고확인서를 제출하지 아니한 경우 미확인 사업소득금액이 종합소득에서 차지하는 비율을 종합소득산출세액에 곱하여 계산한 금액의 5%를 결정세액에 가산한다(결정비율이 1보다 큰 경우에는 1로, 0보다 작은 경우에는 0으로 한다).

$$\text{가산세} = \text{해당사업자 산출세액} \times \frac{\text{성실신고미확인소득금액}}{\text{종합소득금액}} \times 5\%$$

무신고 가산세(산출세액의 20%), 신고불성실 가산세, 무기장가산세와 성실신고확인서 미제출 가산세가 동시에 해당될 때에는 그 중 큰 금액에 해당하는 가산세만 적용하였으나 2018년 사업연도부터는 해당 가산세는 중복하여 적용하며 2022년 귀속분부터는 성실신고확인서 미제출 가산세는 산출세액의 5%와 총수입금액의 0.02% 중 큰 금액을 가산세로 적용한다.

성실신고확인대상사업자
- 복식부기의무자 : Max(① 무신고 가산세, ② 무기장 가산세) + ③ 성실신고확인서 미제출 가산세 Max(① 산출세액의 5%, ② 총수입금액의 0.02%)
- 간편장부대상자
  - 계속사업자 : ① 무기장 가산세 20% + ② 성실신고확인서 미제출 가산세 Max(① 산출세액의 5%, ② 총수입금액의 0.02%)
  - 신규사업자 : 성실신고확인서 미제출 가산세 Max[① 산출세액의 5%, ② 총수입금액의 0.02%(무신고 가산세와 무기장 가산세 없음)]

- 복식부기의무자의 경우 2017년 귀속분까지는 Max(① 무신고 가산세, ② 무기장 가산세, ③ 성실신고미확인 가산세 5%)를 적용함.
- 간편장부대상자 중 계속사업자의 경우 2017년 귀속분까지는 Max(① 무기장 가산세, ② 성실신고미확인가산세 5%)를 적용함.

• 무기장 가산세의 경우 직전 과세기간의 수입금액이 4,800만원 미만인 경우 가산세를 부담하지 않는다.

실무Tip _ 성실신고확인서의 제출

성실신고확인서의 제출은 사업소득과 부동산임대소득에 대하여 각각 별도로 제출하도록 되어 있으나, 부동산임대소득금액이 소액이고 현실적으로 기장이 불가능하거나 성실신고확인서 제출이 불가능한 경우에는 부동산임대소득 부분에 대한 산출세액의 5%를 가산세로 납부하면 될 것이고, 만약 부동산 임대소득을 기준경비율 등에 의한 추계로 신고한다면 무기장 가산세 20%를 적용하여야 한다.

② 사업자에 대한 세무조사

성실신고확인대상자가 성실신고확인서를 제출하지 아니한 경우 세무조사 대상이 될 수 있다(국기법 §81의 6 ②).

③ 세무대리인의 성실신고확인 불성실에 대한 불이익

추후 세무조사를 통하여 성실신고확인 세무대리인이 확인을 제대로 하지 못한 사실이 밝혀지는 경우 성실신고확인 세무대리인은 징계를 받을 수 있다.

(7) 성실신고확인서의 작성 및 제출방법

사업자가 소득세법 제160조와 제161조에 의하여 해당 사업자의 장부를 구분하여 작성하는 경우로서 해당 사업자가 성실신고확인대상사업자라면 세무사는 성실신고확인서를 장부별(재무제표별)로 각각 작성하는 것이 원칙이다.

실무Tip _ 2개 이상의 사업장을 가진 사업자의 성실신고확인서 제출

① 사업자가 사업장별로 재무제표가 작성되는 경우 각 사업장별로, 각 사업장을 통합하여 재무제표를 작성하는 경우 통합하여 성실신고확인서를 작성한다.
(2011년 귀속부터 2 이상의 사업장을 가진 사업자는 통합기장이 가능하다)

② 그러나 사업장별로 조세감면을 달리 적용 받는 경우에는 반드시 사업장별로 작성하여야 하며 사업소득 중 부동산임대소득이 있을 경우 사업소득과 부동산임대소득으로 구분하여 작성한다.

③ 공동사업자는 기장의무 판정과 동일하게 별개의 1사업자로 보고 확인서 첨부대상 여부를 판정하고 확인서 첨부도 별도로 하며 대표자의 확정신고서에 첨부하면 된다.

④ 정리하면 동일 사업장에 제조업소득과 부동산임대소득이 같이 있는 경우에는 통합기장하되 성실신고확인서는 별도로 작성하고, 만약 부동산임대소득에 대해서 성실신고확인서를 첨부하지 않는다면 해당 산출세액의 5% 가산세를 부담해야 될 것이며. 제조업과 도소매업이 같이 있는 경우에 감면율이 다르지만 동일한 중소기업 특별 세액감면을 적용하는 경우라면 별도 구분하여 작성할 필요가 없는 것으로 판단된다.

> 또한 사업장이 다른 경우이고 감면을 각각 달리 받거나, 여러 사업장 중 부동산 임대사업장이 있다면 그 사업장에 대해서는 재무제표를 별도로 작성하고 확인서도 각각 첨부해야 될 것으로 판단된다.

(8) 성실신고확인자의 책임[6)]

① 기획재정부의 징계규정

성실신고확인자가 성실신고확인을 한 후에 세무조사 등을 통하여 증명서류 없는 비용 계상 등 허위 사실이 확인되는 경우에는 성실신고확인자에게 책임을 물어 징계할 수 있다.

② 매출누락의 경우

'허위확인금액'은 증거서류가 없거나 허위임을 알면서 계상한 비용 등을 의미하는 것으로 허위 확인금액을 판정할 때 확인서 중 '특이사항'은 제외되며, 세금계산서, 계산서 등 정규증명서류가 추후 가공으로 밝혀지거나 매출누락이 발견되는 경우에는 '허위확인'으로 보지 않는다.

③ 책임범위

'성실신고 확인결과 사업자 확인사항'은 사업자가 확인하도록 하고 있고, '성실신고확인결과 특이사항 기술서'는 원천적으로 징계대상인 '허위확인'의 대상에서 제외하고 있으므로 결국 성실신고확인 세무대리인은 '성실신고확인결과 주요명세서'에 대하여만 책임을 지게 되므로 업무무관비용이나 가공비용 계상을 전표처리하지 않도록 주의하여야 한다.

(9) 공동사업자의 성실신고

(가) 공동사업자의 성실신고확인대상 판단

① 하나의 공동사업장만 있는 경우

공동사업장의 수입금액 기준으로 성실신고확인대상 여부를 판단한다.

② 단독사업장과 공동사업장이 있는 경우

기장의무와 동일하게 판단한다. 즉, 단독사업장은 성실신고확인대상 사업장이고 공동사업장은 성실신고확인대상 사업장이 아닌 경우 단독사업장만 성실신고확인을 하는 것이다.

6) 2023 종합소득세 실무, 김두천 저, 한국세무사회, p.1471 참고

③ 2 이상의 공동사업장이 있는 경우

- 구성원이 각각 다른 공동사업장인 경우에는 각 공동사업장별로 성실신고확인대상 여부를 판단한다.
- 구성원이 같은 공동사업장이 있는 경우 : 2 이상 공동사업장의 구성원이 같은 경우에는 그 공동사업장의 수입금액을 합산하여 판단한다.

㈏ 성실신고확인서의 제출

공동사업자의 성실신고서 첨부 및 성실신고확인시 선임 신고는 공동사업자 중 대표자의 납세지(주소지) 관할세무서에 한다.

㈐ 납세자가 공동사업장과 단독사업장이 있는 경우의 신고기한

① 해당 사업자의 확정신고기한은 해당 과세기간 모든 종합소득에 대하여 확정신고를 해야 하므로 공동사업장 또는 단독사업장 중 어느 한 사업장만 성실신고확인 적용대상인 경우에도 신고기한은 다음연도 6월 30일까지이다.
또한 성실신고확인서의 첨부도 단독사업장과 공동사업장 각각 판단하여 대상이 되면 각각 첨부하여야 한다.

② 거주자 A와 함께 공동사업을 하는 공동사업자 B가 다른 사업장의 수입금액으로 인해 성실신고확인대상자가 된 경우에는, 거주자 A의 신고기한은 5월말이며, 공동사업자 B의 신고기한은 6월말까지이다(소득세과-335, 2012.4.21.).

㈑ 성실신고 확인비용 세액공제

① 공동사업장이 하나인 경우

조세특례제한법 제126조의 6에서 “성실신고확인대상사업자가 성실신고확인서를 제출하는 경우에는 성실신고확인에 직접 사용한 비용의 100분의 60에 해당하는 금액을 해당 과세연도의 소득세에서 공제한다. 다만, 공제세액의 한도는 120만원의 범위에서 대통령령으로 정한다”라고 되어 있다.

따라서 기장세액공제와 동일하게 성실신고 확인비용 세액공제도 공동사업자 구성원 각 개인별로 부담하는 성실신고수수료의 60%와 구성원 개인별 한도 120만원이 적용되는 것으로 판단된다(소득-461, 2012.6.1.). 계산식을 정리하면 다음과 같다.

공동사업장 전체 성실신고수수료×출자지분×60%(각각 공동사업자별 한도 120만원 적용)

〈사례1〉
성실신고확인 공동사업자 중 A의 지분비율이 60%, B의 지분비율이 40%이고, 성실신고수수료를 200만원 지급한 경우의 성실신고세액공제액은?

〈해답〉
A의 성실신고세액공제액＝200만원×60%×60%＝72만원
B의 성실신고세액공제액＝200만원×40%×60%＝48만원
⇒ 각각 120만원 한도 이내이므로 각각의 세액공제액을 공제받는다.

〈사례2〉
성실신고확인 공동사업자 중 A의 지분비율이 60%, B의 지분비율이 40%이고, 성실신고수수료를 500만원을 지급한 경우의 성실신고세액공제액은?

〈해답〉
A의 성실신고세액공제액＝500만원×60%×60%＝180만원
B의 성실신고세액공제액＝500만원×40%×60%＝120만원
⇒ A는 120만원 한도를 초과하였으므로 120만원, B는 120만원을 그대로 세액공제받는다.

만약 단독사업장과 공동사업장 모두 성실신고확인대상일 때에는 공동사업자의 단독사업장과 공동사업장의 성실신고수수료를 합하여 60% 및 한도 120만원을 적용하여야 할 것으로 판단된다.

(공동사업장 전체 성실신고수수료×출자지분＋단독사업장 성실신고수수료)×60%

〈사례〉
거주자 A의 공동사업장이 지분율은 60%이고 공동사업장의 성실신고수수료는 200만원이며 거주자 A의 단독사업장 성실신고수수료는 100만원인 경우 성실신고세액공제액은?

〈해답〉
A의 성실신고세액공제액＝(100만원×60%＋100만원)×60%＝96만원
⇒ 120만원 한도 이내이므로 전액 세액공제를 받는다.

② 2 이상의 사업장이 있는 성실신고확인대상 사업자가 하나의 사업장을 성실신고확인대상 사업자로 신고하지 않는 경우의 불이익

- 모든 사업장에 대한 성실신고 확인비용 세액공제가 불가능함(2018년 귀속부터는 일부사업장만 성실신고확인을 받은 경우 가능).
- 모든 사업장에 대한 의료비와 교육비 세액공제가 불가능함.
- 확인서를 미제출한 사업장의 소득금액에 대해 성실신고확인서 미제출 가산세 적용

③ 단독사업장은 성실신고 확인대상자이고 공동사업장은 성실신고 확인대상자가 아닌 경우의 성실신고 확인비용 세액공제

거주자 A의 단독사업장은 성실신고 확인대상 사업장이고 공동사업장은 성실신고 확인대상 사업장이 아닌 경우로서 단독사업장은 성실신고로 신고하고 공동사업장의 신고는 추계로 신고하는 경우 성실신고 확인대상 사업장에 대한 성실신고 확인비용 세액공제는 적용받을 수 있음.

(10) 간편장부대상자의 성실신고

성실신고 확인대상자의 결정은 당기 수입금액을 기준으로 하므로 전기 수입금액을 기준으로 판정하는 기장의무는 간편장부대상자이지만 성실신고 확인대상이 될 수 있다. 따라서 이 경우에는 성실신고확인서 제출을 위해 간편장부대상자라 하더라도 복식부기에 의한 장부를 작성해야 할 것으로 판단된다.

① 성실신고 확인대상자인 간편장부대상자가 복식부기로 성실신고하는 경우

기장세액공제 20%와 성실신고 확인비용 세액공제 60%를 동시에 적용한다.

② 성실신고 확인대상자인 간편장부대상자가 간편장부로 신고하는 경우

성실신고확인서 미제출 가산세 5%를 적용하고 5월 31일까지 신고한다.

③ 성실신고 확인대상자인 간편장부대상자가 추계로 신고하는 경우

무기장가산세 20%를 적용하고 5월 31일까지 신고한다. 단, 소규모사업자는 해당 없다.

(11) 성실신고 확인대상 사업자의 업무용승용차

① 성실신고확인대상 사업자는 2016년 귀속분부터 업무용승용자동차 관련비용 등의 필요경비불산입 규정을 적용하여야 한다(소령 부칙 §7 ②).

② 성실신고확인대상 사업자는 2016.1.1. 이후 매각하는 업무용승용자동차 매각차익에 대해서 소득세를 과세하므로 매각대금은 총수입금액에 산입하고, 매각당시 세무상 장부가액(취득가액－감가상각누계액－감가상각비 중 사적사용비용 부인누계액)은 필요경비에 산입한다.

참고 성실신고확인대상 사업자의 업무용승용차 매각시 회계처리방법

업무용승용자동차의 매각시 해당 매각대금을 부가가치세 신고시 수입금액 제외란에 기입하고 매각시 회계처리를 다음과 같이 정리할 수 있다.

1. 방법1 : 유형자산처분이익으로 처분한 경우

① 처분이익이 발생되면 해당 유형자산처분이익은 총수입금액불산입함

② 종합소득세 신고서류인 총수입금액조정명세서에서 차량 매각대금을 총수입금액으로 포함시키고 세무조정함

→ 매각대금은 총수입금액 산입하고, 세무상 차량 장부가액은 필요경비산입함

2. 방법2 : 회계전표처리를 다음과 같이 함

취득가액 22,000,000원, 매각 전 감가상각누계액 4,000,000원을 20,000,000원(부가가치세 별도)으로 매각한 경우

① 차량매출 전표처리

(차) 현금 등	22,000,000	(대) 차량매출	20,000,000
		부가가치세예수금	2,000,000

* 차량매출이라는 계정과목을 매출액 항목에 새롭게 만들어서 전표처리함

② 차량매출원가 전표처리

(차) 감가상각누계액	4,000,000	(대) 차량운반구	22,000,000
차량원가	18,000,000		

* 판매비와 관리비 계정과목에 차량원가라는 계정과목을 만들어서 전표처리함

✎ 방법2로 하면 손익계산서 매출액과 총수입금액조정명세서가 일치되고, 손익계산서상 2,000,000원 이익이 발생되어 소득세가 부과되는 것임.

유형자산처분손실이 발생되어도 같은 방법(방법1과 방법2)으로 업무처리하고 다만 업무용승용차 차량 관련 처분손익은 세법상 처분손익이 도출될 수 있도록 하여야 함에 유의해야 함.

<table>
<tr><th colspan="8">(　　　년 귀속) 성 실 신 고 확 인 서</th></tr>
<tr><td colspan="8">1. 성실신고확인대상사업자</td></tr>
<tr><td colspan="2">① 성 명</td><td colspan="2"></td><td colspan="2">② 주민등록번호</td><td colspan="2">　　　　　　－</td></tr>
<tr><td colspan="2">③ 주 소</td><td colspan="6"></td></tr>
<tr><td colspan="8">④ 성실신고확인대상사업장</td></tr>
<tr><td>번호</td><td>사업자등록번호</td><td>상 호</td><td>소득구분</td><td>번호</td><td>사업자등록번호</td><td>상 호</td><td>소득구분</td></tr>
<tr><td>1</td><td></td><td></td><td></td><td>2</td><td></td><td></td><td></td></tr>
<tr><td>3</td><td></td><td></td><td></td><td>4</td><td></td><td></td><td></td></tr>
<tr><td>5</td><td></td><td></td><td></td><td>6</td><td></td><td></td><td></td></tr>
<tr><td>7</td><td></td><td></td><td></td><td>8</td><td></td><td></td><td></td></tr>
<tr><td>9</td><td></td><td></td><td></td><td>10</td><td></td><td></td><td></td></tr>
<tr><td colspan="8">2. 성실신고확인자 (세무사, 공인회계사, 세무법인, 회계법인)</td></tr>
<tr><td colspan="2">⑤ 상호(법인명)</td><td colspan="2"></td><td colspan="2">⑥ 사업자등록번호</td><td colspan="2">　　－　　－</td></tr>
<tr><td colspan="2">⑦ 성명(대표자)</td><td colspan="2"></td><td colspan="2">⑧ 관 리 번 호</td><td colspan="2">　－</td></tr>
<tr><td colspan="2">⑨ 사업장소재지</td><td colspan="6"></td></tr>
<tr><td colspan="8">3. 확인내용</td></tr>
<tr><td colspan="8">위 성실신고확인대상사업자의 비치 · 기록된 장부와 증빙서류에 따라 계산한 수입금액 및 필요경비의 계상 등 소득금액에 대하여 「소득세법」 제70조의 2 제1항에 따라 성실하게 확인하였습니다.
년 월 일
성실신고확인자 (서명 또는 인)</td></tr>
<tr><td colspan="8">신고인은 「소득세법」 제70조의 2 제1항에 따라 위 성실신고확인자로부터 성실신고확인을 받고 그 확인서를 제출합니다.
년 월 일
성실신고확인대상사업자 (서명 또는 인)
세무서장 귀하</td></tr>
<tr><td colspan="8">※ 첨부서류 : 1. 성실신고확인 결과 주요항목 명세서
2. 성실신고확인 결과 특이사항 기술서
3. 성실신고확인 결과 사업자 확인사항</td></tr>
<tr><td colspan="8">※ 작성방법 : 「소득세법」 제160조 및 제161조에 따라 구분하여 작성된 장부별로 작성
① 둘 이상의 사업장을 가진 사업자는 표준재무제표 작성과 일치시켜 사업장별 또는 통합하여 작성 (단, 사업장별로 조세감면을 달리 적용받는 경우에는 사업장별로 작성)
② 소득별(부동산임대의 사업소득, 부동산임대 외의 사업소득)로 첨부서류를 각각 별지로 작성하고 "④ 성실신고확인대상사업장"의 "소득구분"에 "부동산임대" 또는 "사업"으로 구분하여 기재
③ 공동사업자는 공동사업장별로 작성하며, 주된 공동사업자 1명만 납세지관할세무서장에게 제출
④ 성실신고확인대상사업장이 10개를 초과하는 경우 별지에 동일한 표양식으로 작성</td></tr>
</table>

210㎜×297㎜(신문용지 54g/㎡(재활용품))

〈첨부1〉

성실신고확인 결과 주요항목 명세서

1. 사업장 현황*

* 둘 이상의 사업장을 통합하여 작성하는 경우 가. 사업장 등록사항, 나. 사업장 기본사항의 표양식을 하단에 복사하여 작성

가. 사업장 등록사항

상 호		업 종	
사업장 소재지			
개업일		폐업일	

나. 사업장 기본사항

소유구분	건 물		건물면적		임차 보증금	월 세	종업원수	차 량
	지하층	지상층	바닥면적	연면적				
자가 · 타가	층	층	㎡	㎡	천원	천원	명	대

* 사업장 기본사항은 과세기간 종료일 현재 기준으로 작성(과세기간 중 폐업자는 폐업일 기준)

2. 주요 사업내역 현황

가. 주요 매출처(전체 매출액 대비 5% 이상 금액의 매출처 중 상위 5개)

(단위 : 천원)

상 호(법인명)	성 명 (대표자)	사업자등록번호	거래금액	거래품목

1. 매출처가 최종소비자인 경우 최종소비자와의 거래분 전체를 1 거래처로 보아 작성
2. 매출처가 사업자등록을 하지 않은 경우 사업자등록번호 란에는 주민등록번호를 기입

나. 주요 매입처(전체 매입액 대비 5% 이상 금액의 매입처 중 상위 5개)

(단위 : 천원)

상 호 (법인명)	성 명 (대표자)	사업자등록번호	거래금액	거래품목

* 매입처가 사업자등록을 하지 않은 경우 사업자등록번호 란에는 주민등록번호를 기입

다. 주요 유형자산 명세

(단위 : 천원)

계정과목	자산내역 (품명)	수 량	취득가액	연간 리스료	취득일

* 작성대상 : 1. 건별 또는 세트당 취득가격이 과세기간 종료일 현재 5천만원 이상인 유형자산(차량 운반구는 제외)

2. 리스자산인 경우 모두 작성하고, 자산내역란에 금융리스 여부를 구분하여 작성

라. 차입금 및 지급이자 확인

(단위 : 천원)

계정과목	차입처	차입금 용도	차입금액	연간 지급이자	차입일	상환일

1. 차입금 건별로 과세기간 종료일 현재 1천만원 이상의 차입금에 대해서만 작성하되, 사업과 관련 없는 개인적인 차입금은 작성 제외
2. 차입금 용도 작성 예시 : 매입자금용, 시설투자용, 원재료매입용 등으로 작성

3. 수입금액 검토

가. 수입금액 신고 현황

(단위 : 천원)

<table>
<tr><th rowspan="2">총수입금액
(①)</th><th colspan="4">부가가치세 과세표준 신고분</th><th rowspan="2">사업장현황
신고분(③)</th><th rowspan="2">차이금액
[①-(②+③)]</th></tr>
<tr><th>소계(②)</th><th>과세분</th><th>영세율분</th><th>면세분</th></tr>
<tr><td></td><td></td><td></td><td></td><td></td><td></td><td></td></tr>
<tr><td>차이원인</td><td colspan="6"></td></tr>
</table>

* 총수입금액(①)은 종합소득세 과세표준 확정신고서의 첨부서류인 “조정 후 총수입금액명세서”의 “총수입금액”과 일치하여 작성(조정 후 총수입금액이 아님)

나. 매출증빙발행 현황

(단위 : 천원)

<table>
<tr><th rowspan="2">총수입금액
(①)</th><th colspan="6">매출증빙발행 금액(②)</th><th rowspan="2">차이금액
(①-②)</th></tr>
<tr><th>세금계산서
(㉮)</th><th>계산서
(㉯)</th><th>신용·선불
직불(체크)
카드(㉰)</th><th>현금영수증
(㉱)</th><th>지 로
(GIRO)
(㉲)</th><th>원천징수
대상 사업소득
(㉳)</th></tr>
<tr><td></td><td></td><td></td><td></td><td></td><td></td><td></td><td></td></tr>
<tr><td>차이원인</td><td colspan="7"></td></tr>
</table>

1. 총수입금액(①)은 상기 “가. 수입금액 신고 현황”의 총수입금액(①)과 일치하여 작성
2. ㉮와 ㉰,㉱,㉲가 중복될 경우 ㉮에 기재하고, ㉯와 ㉰,㉱,㉲가 중복될 경우 ㉯에 기재하며, ㉳와 ㉮,㉯,㉰,㉱,㉲가 중복될 경우 ㉳에 기재하여 ㉮부터 ㉳항목간의 금액이 중복 기재하지 않도록 작성
3. 지로(GIRO)(㉲)는 학원사업자가 수강료 등을 지로(GIRO)의 방식으로 수납한 금액에 한하여 작성
4. 원천징수대상 사업소득(㉳)은 「소득세법」 제127조제1항제3호에 따라 원천징수되는 사업소득에 대한 사업소득 지급명세서상의 지급총액을 기재
5. 차이금액 및 차이원인에는 매출증빙발행 금액(②)의 증빙서류외의 영수증 등(예시 : 영수증, 간이계산서 등)으로 발행한 매출 및 증빙서류 없는 매출의 금액과 원인을 기재

다. 원천징수대상 봉사료 신고사항 등 검토

(「소득세법」 제127조 제1항 제8호에 해당하는 봉사료 발생 사업자만 작성)

1) 원천징수대상 봉사료 신고 현황

(단위 : 천원)

공급가액 (공급대가)(①)	봉사료 (②)	공급가액 (공급대가)의 100분의 20 초과 봉사료(③)	원천징수이행상황 신고서의 봉사료 지급액 (④)	차이금액 (④ － ③)
차이원인				

①：봉사료를 제외한 금액으로 일반과세자는 공급가액, 간이과세자의 경우는 공급대가를 기재

②：세금계산서, 계산서, 영수증, 신용카드매출전표 등에 구분 기재된 봉사료 총액

③：②번 봉사료 내역 중 봉사료 가액이 공급가액(공급대가) (①번 금액)의 100분의 20을 초과하는 경우 봉사료 총액

④：③번 봉사료에 대하여 원천징수이행상황신고서의 사업소득 또는 기타소득으로 신고한 총지급액의 합계

2) 원천징수대상 봉사료에 대한 지급명세서 제출 현황

(단위 : 천원)

원천징수이행상황신고서의 봉사료 지급액(①)	지급명세서 금액 (②)	차이금액 (②－①)
차이원인		

①："1) 원천징수대상 봉사료 신고 현황"의 "원천징수이행상황신고서의 봉사료 지급액"과 동일한 금액

②：사업소득지급명세서 또는 기타소득지급명세서 중 봉사료 지급분에 대한 지급명세서의 총지급액 합계

3) 연간 부가가치세 및 개별소비세 과세표준 비교(과세유흥장소만 작성)

(단위 : 천원)

부가가치세 신고과표 (①)	개별소비세 신고과표 (②)	환산과표 (③＝②×1.13)	차이 (③－①)
차이원인			

4. 필요경비에 대한 적격증빙 수취여부 등 검토

가. 표준손익계산서[1] 항목

(단위 : 천원)

항 목	당기 계상액	적격증빙[2] 수취 의무 제외		적격증빙 수취 의무			
		건당 3만원이하	기타[3]	계	적격증빙	적격증빙 외의 증빙	증빙불비
①당기매입액							
②의약품비							
③복리후생비							
④여비교통비							
⑤임차료							
⑥보험료							
⑦수선비							
⑧기업업무추진비							
⑨광고선전비							
⑩운반비							
⑪차량유지비							
⑫지급수수료							
⑬판매수수료							
⑭소모품비							
⑮인적용역비							
⑯기타 판매비 및 관리비							
⑰영업외비용							

1) 광업, 채굴업, 제조업, 건설업 그밖에 별도의 원가계산이 필요한 업종은 다음 페이지의 나. 표준원가명세서를 먼저 작성한 후 표준원가명세서에 기재된 각 항목 비용 외의 비용만 표준손익계산서에 기재

2) 적격증빙 : (매입자발행) 세금계산서, 계산서, 현금영수증, 사업(기타)소득 지급명세서, 「소득세법 시행령」 제84조 제5항 각 호에 따른 신용(직불 · 체크 · 선불)카드매출전표

3) 「소득세법 시행령」 제208조의 2 제1항 제2호부터 제9호 및 같은 법 시행령 제83조 제6항 각 호 · 제84조 제4항 각 호에 열거하는 것에 한함

〈표준손익계산서상 급여지급현황〉

(단위 : 천원)

항 목	당기 계상액(①)	비과세 · 과세대상제외[1] (②)	지급명세서 제출금액			차이금액 [①－(②+③)]
			계(③)	근로소득[2] (연말정산)	근로소득 (일용근로)	
급여와 임금 · 제수당						
차이원인						

1) 「소득세법」 제12조 제3호의 근로소득 비과세금액 중 지급명세서 제출이 제외되는 금액과 같은 법 시행령 제38조의 근로소득에서 제외되는 금액을 기재

2) 근로소득(연말정산) 금액은 성실신고확인대상사업장에서 지급받은 금액에 한하여 작성

나. 표준원가명세서[1] 항목

(단위 : 천원)

항 목	당기 계상액	적격증빙[2] 수취 의무 제외		적격증빙 수취 의무			
		건당 3만원이하	기타[3]	계	적격증빙	적격증빙 외의 증빙	증빙불비
①당기재료 매입액							
②운 임							
③수선비							
④소모품비							
⑤임차료							
⑥보험료							
⑦복리후생비							
⑧여비교통비							
⑨기업업무추진비							
⑩차량유지비							
⑪외주가공비							
⑫기타경비							

1) 작성대상 : 광업, 채굴업, 제조업, 건설업 그밖에 별도의 원가계산이 필요한 업종
2) 적격증빙 : (매입자발행) 세금계산서, 계산서, 현금영수증, 사업(기타)소득 지급명세서, 「소득세법 시행령」 제84조 제5항 각 호에 따른 신용(직불 · 체크 · 선불)카드매출전표
3) 「소득세법 시행령」 제208조의 2 제1항 제2호부터 제9호 및 같은 법 시행령 제83조 제6항 각 호 · 제84조 제4항 각 호에 열거하는 것에 한함

〈표준원가명세서상 급여지급현황〉

(단위 : 천원)

항 목	당기 계상액(①)	비과세 · 과세대상제외[1] (②)	지급명세서 제출금액			차이금액 [①-(②+③)]
			계(③)	근로소득[2] (연말정산)	근로소득 (일용근로)	
급료와 임금 · 제수당						
차이원인						

1) 「소득세법」 제12조제3호의 근로소득 비과세금액 중 지급명세서 제출이 제외되는 금액과 같은 법 시행령 제38조의 근로소득에서 제외되는 금액을 기재
2) 근로소득(연말정산) 금액은 성실신고확인대상사업장에서 지급받은 금액에 한하여 작성

5. 3만원 초과 거래에 대해 적격증빙이 없는 비용의 명세

(단위 : 천원)

계정과목	매입처					증빙불비 원인
	거래일자	상호(법인명)	성명(대표자)	금액	거래내용	
계						

* 표준손익계산서 및 표준원가명세서의 적격증빙수취의무가 있으나 적격증빙을 수취하지 않은 거래내역 기재(영수증 등 적격증빙외의 증빙서류를 수취하고 「소득세법 시행규칙」 별지 제40호의 5 서식 「영수증수취명세서」에 거래내역을 작성하여 신고한 경우에는 기재하지 않음)

6. 배우자 및 직계존비속 등과의 거래 검토

가. 사업자인 배우자 및 직계존비속과의 거래내역(인건비 제외)

(단위 : 천원)

성명	사업자등록번호	관계	거래금액

* 배우자, 직계존비속이 사업자등록을 하지 않은 경우 사업자등록번호 란에는 주민등록번호를 기입

나. 대표자가 본인, 배우자, 직계존비속인 법인과의 거래내역

(단위 : 천원)

성명	사업자등록번호	관계	거래금액

* 법인이 사업자등록을 하지 않은 경우 사업자등록번호 란에는 대표자의 주민등록번호를 기입

다. 배우자 및 직계존비속에 대한 인건비(일용직, 아르바이트 직원 포함) 지급명세

(단위 : 천원)

성명	주민등록번호	관계	입사일 (퇴사일)	담당 직무	지급액	비과세 · 과세대상 제외[1]	지급명세서 제출금액[2]

1) 「소득세법」 제12조제3호의 근로소득 비과세금액 중 지급명세서 제출이 제외되는 금액과 같은 법 시행령 제38조의 근로소득에서 제외되는 금액을 기재

2) 지급명세서 제출금액은 성실신고확인대상사업장에서 지급받은 금액에 한하여 작성

7. 차량운영현황(업무용에 한함)

(단위 : 천원)

차종	배기량	차량번호	취득일	보험계약서의 소유자	용도	취득금액

* 보험계약서의 소유자가 사업자 본인인지 여부와는 관계없이 표준손익계산서 및 표준원가명세서상 차량유지비가 발생한 업무용 차량에 대하여 작성

8. 사업용 계좌별 잔액현황

(단위 : 천원)

번호	사업용 계좌		기초 잔액	기말 잔액
	개설은행	계좌번호		
1				
2				
3				
4				
5				
6				
7				
8				
9				
10				

* 사업용 계좌가 10개를 초과하는 경우 별지에 동일한 표양식으로 작성 가능

〈첨부2〉

성실신고확인 결과 특이사항 기술서

항 목	특 이 사 항	비 고
사업현황		
수입금액		
적격 증빙 비용	〈3만원 초과 거래에 대한 적격증빙 비치 여부〉	
	〈3만원 초과 거래에 대한 장부상 금액과 적격증빙금액 일치 여부〉	
	〈소득세법 시행규칙 별지 제40호의5서식 「영수증수취명세서」 작성시 적격증빙 없는 비용에 대한 내역 누락 여부〉	
	〈현금지출 항목 또는 적격증빙 없는 항목에 대한 업무무관 여부〉	
인건비	(예시) · 사업자의 배우자 및 직계존비속에게 지급한 인건비 · 사업자의 배우자 및 직계존비속 중 재학, 해외 유학 또는 군복무 중인 자에게 지급한 인건비	
차량유지비	(예시) · 사업용 차량수를 고려할 때 과다계상된 주유비 · 사업규모 · 근무자 수에 비해 과다한 차량에 대한 주유비 · 사업자의 배우자 및 직계존비속 소유의 차량에 대한 주유비	
통신비	(예시) · 가족 · 친척 등의 명의로 지급한 통신비 · 업무와 관련 없는 통신기기에서 발생하는 통신비	
복리후생비	(예시) · 접대성 경비를 복리후생비로 계상 · 가족 및 개인용도로 지출한 비용을 복리후생비로 계상	
기업업무추진비	(예시) · 국내관광지 및 해외 여행 지출 경비 · 업무와 관련이 없는 유흥주점 지출 경비	
이자비용	(예시) · 채권자가 불분명한 차입금에 대해 계상한 이자비용 · 업무무관자산을 취득하기 위한 차입금에 대해 계상한 이자비용	
감가상각비	(예시) · 업무와 관련이 없는 자산에 대한 감가상각비 계상	
건물관리비	(예시) · 사업자의 배우자 및 직계존비속이 사용하는 건물의 관리비 계상	
지급수수료	(예시) · 종업원의 봉사료와 관련하여 계상된 카드수수료 업무와 관련 없는 부동산 취득에 따른 관련 수수료	
성실신고 확인자 종합의견		

〈첨부3〉

성실신고확인 결과 사업자 확인사항

구 분		확인내용	사업자확인 (예, 아니요)	비 고
수입금액 확인	공통	매출채권의 장부상 잔액과 거래처 잔액이 일치함을 확인합니다.		
		신고시 수입금액을 누락하거나 이와 관련하여 장부에 계상하지 않은 비용은 없음을 확인합니다.		
		재고자산의 실제 재고와 장부상 재고가 일치함을 확인합니다(차이가 있는 경우 매출 및 재고누락, 사적사용 등 원인을 기재하시기 바랍니다).		
		사업과 관련하여 재화 · 용역을 공급받거나 공급하는 거래로서 거래의 대금을 금융회사 등을 통하여 결제하거나 결제받는 경우 사업용계좌를 사용하였음을 확인합니다.		
		사업용계좌 외 친 · 인척, 종업원 등 타인 명의의 계좌에 입금된 수입금액을 장부에 누락한 사실이 없음을 확인합니다.		
	업종별	(현금영수증 의무발급업종) 30만원 이상 현금거래에 대하여 현금영수증 의무발급이 누락된 사실이 없음을 확인합니다.		
		(현금수입업종) 수입금액에서 제외한 종업원의 봉사료는 실질에 맞게 구분기재하고 실제 지급하였음을 확인합니다.		
		(전문인적용역) 협회 등에 신고한 수임건에 대한 수입금액을 신고수입금액에 포함하였음을 확인합니다.		
		(전문인적용역) 종료된 사건에 대한 성공보수금을 장부에 누락한 사실이 없음을 확인합니다.		
		(의료업종) 비보험 수입을 신고수입금액에 포함하였음을 확인합니다.		
		(의료업종) 보관하고 있는 일일수입금액집계표, 현금출납부 및 매출원장 등이 서로 일치함을 확인합니다.		

위 확인내용은 사실과 다름없음을 확인합니다.

성실신고확인대상사업자 (서명 또는 인)

1. 사업자확인은 "예" 또는 "아니요"로 기재하고, "아니요"인 경우에는 비고란에 차이금액 및 사유 등을 기재하시기 바랍니다.
2. 수입금액 확인(업종별)은 신고인에 해당되는 업종에 대해서만 확인합니다.

슬기로운 가산세 사례실무

가산세 부담을 줄이는 최선의 대비책

제1편
세목별 가산세 사례실무

제4장

양도소득세 가산세 사례실무

1. 양도소득세 가산세의 개요

양도소득세 과세대상 자산을 양도하는 경우에 적용되는 가산세는 국세기본법상 무신고 가산세, 과소신고 가산세 그리고 납부지연 가산세가 적용되며, 건물을 신축 또는 증축(증축의 경우 바닥면적 합계가 85제곱미터를 초과하는 경우에 한정)하고 그 건물의 취득일 또는 증축일부터 5년 이내에 해당 건물을 양도하는 경우로서 감정가액 또는 환산가액(소법 §97 ① 1호 나목)을 그 취득가액으로 하는 경우 적용되는 환산가액 적용에 따른 가산세, 법인의 대주주가 양도하는 주식 등에 대하여 거래명세 등을 기장하지 아니하였거나 누락하였을 때 적용되는 주식등에 대한 장부의 비치 · 기록의무 및 기장불성실 가산세 그리고 국외전출자가 출국일 전날까지 국외전출자 국내주식등의 보유현황을 신고하지 아니한 경우 또는 국외전출자가 국내주식등의 보유현황을 누락하여 신고한 경우 적용되는 국외전출자의 국내주식등의 보유현황 미신고 · 누락신고 가산세가 있다.

2. 양도소득세 관련 가산세 사례

양도소득세에 대한 과세당국의 주요 적출사항은 ① 1세대 1주택 등 양도소득세 비과세 특례 적용여부, ② 자경농지 등에 대한 양도소득세 감면, ③ 신고불성실 관련 가산세 등과 관련된 내용으로 판단된다.

이와 관련된 핵심 최신 예규와 판례 등을 통하여 실무 사례를 살펴보고 해당 사항에 대한 중요성을 충분히 숙지하여 양도소득세 신고업무에 만전을 기할 수 있도록 해보자.

(1) 양도소득세 비과세 관련 예규

① 일시적으로 주거가 아닌 용도로 사용되고 있다 하더라도 언제든지 주택으로 사용할 수 있는 경우 주택수에 포함되는 것임

일시적으로 주거가 아닌 용도로 사용되고 있다 하더라도 언제든지 본인이나 제3자가 주택으로 사용할 수 있는 경우 주택에 해당하는 것인 점 등에 비추어 청구인에게 양도소득세를 과세한 이 건 처분은 달리 잘못이 없음(조심 2018서1183, 2018.6.20.).

② 동거봉양 합가 이후 농어촌주택을 상속받은 후 일반주택을 취득 및 양도시 1세대 1주택 비과세에 해당됨

동거봉양 합가 이후 농어촌주택을 상속받은 후 합가 당시 보유한 일반주택을 매도한 후, 다른 일반주택을 취득 및 양도하는 경우 소득세법 시행령 제155조 제7항에 따라 1세대1주택 비과세 규정을 적용함(기획재정부 재산-529, 2018.6.18.).

③ **공부상은 다가구주택이더라도 실질 사용을 다세대주택으로 사용한 경우 해당 주택은 다세대주택임**

임대차계약서 · 전입세대열람내역 등에 의하면, 쟁점부동산은 실제 주택으로 사용한 부분이 4개층(2층~5층)인 것으로 확인되므로 건축법 시행령 별표 1 제1호 다목의 다가구주택에 해당하지 아니하여 소득세법 시행령 제155조 제15항 단서에 따라 1세대 1주택의 특례 규정을 적용하기 어렵고, 쟁점부동산은 단독주택으로 보는 다가구주택의 규모를 벗어나 사실상의 공동주택에 해당하는 점 등에 비추어 쟁점부동산은 청구인의 1세대 1주택으로 볼 수 없고, 각 세대별로 하나의 주택으로 볼 수 있으므로 처분청이 쟁점부동산 중 청구인이 거주한 ㅇ층 부분을 제외한 나머지 부분에 대하여 1세대 1주택 비과세 적용대상이 아닌 것으로 보아 양도소득세를 과세한 이 건 처분은 달리 잘못이 없는 것으로 판단됨(조심 2018서1507, 2018.5.31.).

④ **주택의 용도로 이용되지 않고 있었던 민간어린이집 등은 소득세법상 양도소득세 비과세대상으로 규정하고 있는 1세대 1주택에서 언급하는 주택으로 볼 수 없음**

건축법상 교육 및 복지시설군에 속하는 노유자시설인 민간어린이집의 구조 기능을 갖추고 민간어린이집으로 활용되다가 그와 같은 구조 기능을 그대로 유지한 채 상당기간 비어 있다가 양도된 것이어서 1세대 1주택 양도소득세 비과세제도의 입법취지에 비추어 그 대상요건에서 언급하는 주택의 범주에 속한다고 볼 수 없음(수원지법 2017구단9214, 2018.4.27.).

⑤ **1세대 3주택 판정에 있어 주거용으로 확인되는 오피스텔을 주택으로 볼 수 있음**

쟁점오피스텔은 그 구조나 기능, 시설, 실제 사용현황 등 모든 면에서 상시 주거용에 적합한 시설로 보이므로 처분청이 쟁점오피스텔을 주택수에 포함하여 이 건을 과세한 처분은 달리 잘못이 없음(조심 2018중19, 2018.4.16.).

⑥ **폐가는 양도주택에 대하여 1세대 1주택 비과세가 적용되어야 함**

쟁점주택은 양도주택의 양도 당시(2016.6.1.) 사실상 주거기능을 상실한 폐가로 보이므로 처분청의 청구인에 대한 이 건 양도소득세 부과처분은 양도주택이 소득세법 제89조 제1항 제3호 및 같은 법 시행령 제154조 제1항에 따른 1세대 1주택에 해당하는 것으로 하여 그 과세표준 및 세액을 경정하는 것이 타당함(조심 2018서630, 2018.4.16.).

⑦ **동일한 주택에 거주하는 어머니가 생계를 달리 하는 별도의 세대이므로 1세대 1주택 비과세를 적용하여야 한다는 청구주장의 당부**

청구인과 아버지 및 남편 모두 최저생계비 이상의 상당한 소득이 각각 발생하고 있는 점, 청구인과 어머니의 신용카드 사용내역, 통장거래내역 등에 따르면 각자 생활비를 별도로 부담하는 것으로 보이는 점 등에 비추어 청구인과 어머니를 동일 세대로 보아 1세대 1주택 비과세 대상에서 배제하여 양도소득세를 과세한 이 건 처분은 잘못이 있다고 판단됨(조심 2017서3572, 2017.12.28.).

⑧ 청구인과 그 모가 생계를 같이하는 동일 세대에 해당하는 것으로 보아 1세대1주택 비과세 적용을 배제하여 양도소득세를 과세한 처분의 당부

청구인이 청구인의 모와 사실상 동일한 주택 내에서 거주하면서 독립된 세대로 보아 공과금, 관리비, 생활비 등을 각자 분담한 증빙자료가 없고 모 명의의 신용카드 사용내역 및 은행계좌 거래내역 등을 보면 각자의 생활비 지출이 구분되지 않고 혼재되어 있으므로 청구인과 모가 생계를 같이 하는 동거가족에 해당하는 것이 봄이 타당함(조심 2017서4457, 2017.12.15.).

⑨ 배우자 등 이월과세를 적용하여 1세대 1주택 비과세에 해당하는지 여부

거주자가 양도일부터 소급하여 5년 이내에 그 배우자(양도 당시 혼인관계가 소멸된 경우 포함)로부터 증여받은 자산을 양도하는 경우 취득가액은 그 배우자의 취득 당시 금액으로 하고, 그 배우자의 보유기간을 통산하는 것이고(서면부동산 2016-3753(2016.8.23.), 서면-2016-법령해석재산-3313[법령해석과-2325](2016.7.14.)), 배우자 등 이월과세 규정은 양도자가 양도일 현재 증여자의 배우자가 아니더라도 당초 증여일 현재 증여자의 배우자인 경우 적용되는 것임(서면4팀-2476, 2006.7.27.).

⑩ 주택 양도일에 2주택자인 부모세대와 합가한 경우 양도주택 비과세 여부

일시적 2주택 소유자가 신주택 취득후 2년 내 기존주택을 양도하는 경우로서 양도일에 2주택을 보유한 부모님과 세대를 합가하여 양도일과 세대합가일이 같은 날인 경우 먼저 주택을 양도하고 세대합가를 한 것으로 보아 소득세법시행령 제154조 제1항을 적용하는 것임(부동산거래관리과-1032, 2011.12.13.).

⑪ 겸용주택의 주택면적 계산

쟁점주택의 주거용 방과 주방은 1층의 맨 안쪽에 위치하고 있어 통로면적을 감안하였어야 할 것으로 판단되나 처분청은 당해 면적만을 주택면적으로 제외하였는바, 청구인이 제시한 사진에 의하면 주거용 방과 주방으로 가기 전에 위치한 객실과 홀 사이에 낮은 나무 칸막이가 설치되어 있어 객실과 홀 사이의 면적을 공통사용면적인 통로로 봄이 타당할 것으로 판단되고, 현관에서 2층 주택으로 올라가는 계단 사이의 면적 역시 공통사용면적으로 봄이 타당할 것이다.

평면도에 의해 공통사용 면적을 계산하면, 객실과 홀 사이의 면적이 약 16.32㎡이고 현관에서 주택으로 올라가는 계단 사이의 면적이 9.36㎡로, 공통사용면적을 제외한 주택외 면적은 78.82㎡가 되어 주택면적 91.94㎡보다 적은 것으로 확인된다.

따라서 쟁점건물은 주택면적이 주택외의 면적보다 크므로 전체를 주택으로 보아 1세대1주택 비과세 규정을 적용하여야 할 것으로 판단된다(심사양도 2006-96, 2006.7.18.).

⑫ 쟁점부동산의 1층 상가면적 중 2층으로 통하는 계단을 주택전용으로 보아 계단면적을 2층 주택면적에 포함시킬 수 있는지 여부

쟁점부동산의 건축물관리대장에는 2층 주택면적과 1층 상가면적이 각각 49.91㎡로 면적이 동일한 반면 1층 평면도, 1층 및 2층 실제측량도면 및 현장사진을 살펴보면, 1층상가 출입문

과는 별도로 쟁점부동산의 뒤편에 2층 주택으로 통하는 대문과 건축물관리대장상 1층 면적에 포함되어 있는 1층에서 2층으로 통하는 계단이 있는데 이 계단 면적은 5㎡(길이 5m×넓이 1m임)은 1층상가의 출입문과는 별도로 쟁점부동산의 후면에 위치하여 사실상 1층 상가입주자들이 상시출입목적으로 사용할 수 없는 구조이므로 2층 전용계단에 해당되는 사실이 확인되고 있는 바, 이러한 2층 전용계단은 1층의 상가면적에서 차감하고 2층의 주택면적에 포함시키는 것이 타당하다(국심 97서 1023, 1997.7.19. 외 다수 같은 뜻임)고 할 것이다.

그렇다면 처분청의 당초처분과 같이 지하실면적을 주택과 주택 외의 면적으로 안분계산하더라도 위에서 살펴본 바와 같이 주택전용으로 사용한 계단면적 5㎡를 1층 상가면적에서 차감하면 주택 외의 면적이 50.655㎡(49.91㎡+5.745㎡−5㎡)로 주택면적 60.655㎡(49.91㎡+5.745㎡+5㎡)보다 적게 되어 결국 쟁점부동산 전체를 주택으로 보아야 할 것이다. 따라서 처분청이 주택 외의 면적에 대하여 과세한 당초처분은 취소되어야 한다고 판단된다(국심1998서1678, 1998.9.30.).

(2) 양도소득세 감면 관련 예규

· 쟁점농지의 양도에 대하여 8년 이상 자경농지에 대한 양도소득세 감면을 배제하여 과세한 처분의 당부

청구인의 쟁점농지 보유기간인 2005.1.26.부터 2017.5.10.까지의 기간 중 2005년부터 2013년까지의 기간은 매년 총급여액이 3,700만원을 초과하므로 이를 제외할 경우 경작기간은 3년 4개월 정도에 불과하여 8년 이상 자경농지에 대한 양도소득세 감면요건을 충족하지 못하는 점 등에 비추어 이 건 처분은 잘못 없음(조심 2018부10, 2018.2.6.).

(3) 신고불성실 관련 예규

① 청구인이 쟁점농지를 8년 이상 자경하지 아니한 것으로 보아 과세한 처분 및 부정과소신고 가산세를 과세한 처분의 당부

청구인은 쟁점농지의 경작 기간 중에 근로소득이 발생한 사실이 확인되고 쟁점농지를 경작하였다는 사실을 확인할 수 있는 농약·비료, 농자재를 구입한 내역과 농산물 수확 관련 자료 등을 제출하지 못하고 있는 점 등에 비추어 처분청이 쟁점농지에 대한 8년 자경을 부인하고 양도소득세를 과세한 이 건 처분은 잘못이 없으나, 청구인이 사실확인서 및 농지원부 등 첨부서류로 8년 이상 자경감면을 신청한 것은 사기나 그 밖의 부정한 행위로서 조세의 부과와 징수를 불가능하게 하거나 현저히 곤란하게 하는 적극적인 행위로 보기 어려운 점 등에 비추어 일반과소신고 가산세율을 적용하는 것으로 하여 그 세액을 경정함이 타당함(조심 2018광1192, 2018.5.28.).

② 허위계약서를 작성하여 양도소득세를 예정신고한 후, 실제 거래내용대로 신고서 수정시 감면적용이 배제되는 감면세액을 기재하여, 처분청이 동 감면을 배제하면서 과소신고 가산세를 부과한 처분의 당부

쟁점 과소신고 가산세는 청구인이 실체적 진실을 밝히지 않고 감액 정정신고를 하지 않았더라면 부과되지 아니하였을 것으로, 오히려 청구인이 진실을 밝히고 사실대로 신고하는 과정에서 감면배제규정을 알지 못하여 부과된 것으로 보이는바, 청구인이 조사공무원의 안내에 따라 잘못된 사실을 바로잡기 위하여 한 정정신고를 수정신고로 보아 과소신고 가산세를 부과하는 것은 타당하지 않음(조심 2017광2873, 2017.12.28.).

③ 쟁점부동산을 저가에 양도한 것으로 보아 부당행위계산부인 규정을 적용하여 청구인들에게 양도소득세 및 증여세를 과세한 처분의 당부 등

쟁점부동산의 취득일부터 양도일까지의 기간이 1개월 미만으로 쟁점부동산의 소유기간 동안 가격변동의 요인이 있었던 것으로 보이지 않는 점, 이 건 거래가액은 특수관계자 간 거래가액인 점, 전 소유자가 쟁점부동산을 양도하고 양도가액을 OOO백만원으로 신고한 점, 환급받을 세액을 신고하여야 할 금액보다 많이 신고한 경우 초과신고분에 대하여 초과환급신고가산세를 적용하도록 규정하고 있는 점 등에 비추어 청구주장은 받아들이기 어려움(조심 2017부4924, 2017.12.18.).

④ 비거주자임에도 1세대 1주택 비과세 신고를 하면서 국내에 거주한 것처럼 기재된 주민등록초본을 제출한 경우 사기 기타 부정한 행위에 해당됨

입국 횟수 및 국내 체류기간, 미국인과의 혼인 등에 비추어 납세자를 거주자로 보기 어렵고, 아파트 보유기간 중 대부분 외국에 체류했음에도 국내에 거주한 것처럼 꾸미기 위하여 주민등록을 위 아파트에 두고 주민등록초본을 제출하면서 양수인(오빠 부부)과의 관계를 '무관계'로 표시한 점 등에 비추어 보면 1세대 1주택 비과세 신고는 사기 기타 부정한 행위에 해당함(서울행법 2017구단3109, 2017.10.31.).

⑤ 쟁점토지를 비사업용 토지로 보아 양도소득세를 부과한 처분의 당부

청구인은 자경사실을 확인할 수 있는 구체적이고 객관적인 증빙을 제시하지 아니한 점, 청구인은 쟁점토지 보유기간 중 사업체를 운영하였음이 확인되고 각 업체의 사업 영위기간 및 수입 규모 등을 감안할 때 청구인이 쟁점토지를 경작하였다고 보기 어려운 점 등에 비추어 청구주장은 받아들이기 어려우며 청구인은 8년 자경에 따른 양도소득세 감면 요건을 충족하지 못하고 있음에도 사실과 다른 경작확인서를 허위로 작성하여 제출하였으므로 동 행위는 국세기본법 제47조의 3 제2항에서 규정하는 부정한 행위에 해당한다고 할 것인 점에서 이 건 부당과소신고 가산세를 적용하여 과세한 처분은 잘못이 없음(조심 2017전4666, 2017.12.12.).

⑥ 검인계약서상 취득가액이 불분명하므로 환산취득가액을 적용하여 양도소득세 과세표준 및 세액을 계산하여야 한다는 청구주장의 당부

검인계약서는 특별한 사정이 없는 한 당사자 사이의 매매계약 내용대로 작성되었다고 추정되고 그 계약서가 실제와 달리 작성되었다는 점은 이를 주장하는 자가 입증하여야 하는바, 쟁점검인계약서에는 대금지불방법이 상세하게 기재되어 있고 매수인 중 1인의 인감증명서가 첨부되어 있는 등 임의로 작성된 것이라고 보기 어려운 반면, 청구인은 실제 매매계약서 · 대금지급 등의 증빙을 제시하지 못하는 점 등에 비추어 쟁점검인계약서상 매매대금을 쟁점토지의 취득가액으로 보아 양도소득세를 부과한 이 건 처분은 달리 잘못이 없는 것으로 판단됨(조심 2017서1056, 2017.9.28.).

⑦ 양도소득세를 과세이연받고 현물출자로 취득한 지주회사의 주식을 증여한 경우 양도소득세 납부대상인지 여부

지주회사설립에 따른 주식의 현물출자시 과세이연 대상금액에 상당하는 과세이연 주식수 계산시 현물출자 이후의 무상증자분은 반영되지 않으며, 과세이연 중단사유의 발생에 따른 조특법 제38조의 2 제3항은 납부의무 및 신고의무를 규정하고 있는바, 신고불성실 가산세 적용대상임(서울행법 2016구합75531, 2017.9.8.).

⑧ 주택의 토지만을 부담부증여한 경우 1세대 1주택 비과세 해당 여부 및 고객만족신고센터 안내에 따른 비과세신고에 대한 가산세 부과 적정 여부

청구인의 경우와 같이 주택의 부수토지만을 양도하는 경우는 비록 1세대1주택 비과세 요건을 충족한 주택의 부수토지라 하더라도 양도소득세 비과세 대상에 해당하지 아니하므로 처분청이 청구인에게 양도소득세를 과세한 이 건 처분은 잘못이 없음. 또한 국세청 고객만족센터의 답변은 단순한 상담 내지 안내수준인 행정서비스의 한 방법에 불과하여 그 답변은 회신내용에 기재된 바와 같이 법적 효력을 갖는 유권해석이 아니므로 처분청이 신고 · 납부지연 가산세를 포함하여 양도소득세를 부과한 이 건 처분은 잘못이 없음(조심 2017서695, 2017.4.5.).

⑨ 주식 현물출자로 지주회사를 설립하여 과세이연한 양도세를 기한후 신고한 경우 무신고 가산세 적용 여부

지주회사에 현물출자하고 양도소득세 기한후 신고를 하면서 과세이연을 신청하는 경우 무신고 가산세를 적용하지 않는 것임(기획재정부조세법령-14, 2015.10.26.).

⑩ 쟁점농지가 8년 자경농지에 해당하지 아니하는 것으로 보아 감면 신청을 배제하고 양도소득세를 과세한 처분의 당부 등

양도소득세 감면여부는 양도일 현재의 법률을 근거로 판단해야 하는 것인 점, 청구인이 쟁점농지 보유기간 동안 개인병원을 운영한 사실이 국세통합전산망에 의하여 확인되는 점, 청구인이 양도소득세를 감면받기 위하여 허위로 작성된 자경사실확인서 등을 제출한 것으로 조사된 점, 경작사실확인서 외에는 청구인의 자경사실을 입증할 수 있는 객관적 증빙의 제시가 없는 점 등에 비추어 처분청이 청구인의 8년 자경농지에 대한 세액감면적용을 배제하고 부정과소

신고 가산세 등을 적용하여 양도소득세를 과세한 처분은 잘못이 없음(조심 2014전2548, 2014.10.17.).

⑪ 쟁점토지의 양도에 대하여 양도소득세 감면적용을 부인하고 부당감면 가산세를 적용하여 과세한 처분의 당부

청구인이 쟁점토지가 양도당시 농지 외의 용도로 사용된 사실을 알고 있음에도 양도소득세를 감면받기 위하여 감면요건을 갖춘 것으로 문서에 의하여 자경감면신청서를 제출한 행위는 조세범처벌법 제3조 제6항 제4호 또는 제7호에 준하는 것으로 볼 수 있으므로, 처분청이 쟁점토지의 양도에 대하여 양도소득세 감면 신청을 부인하고 부당감면가산세를 가산하여 과세한 처분은 잘못이 없음(조심 2014중1895, 2014.6.18.).

⑫ 양도소득세 예정신고 관련 납부지연 가산세 적용방법

납세의무자가 양도차익과 양도차손이 발생한 2건의 자산 양도를 합산하여 신고한 경우 납부할 세액이 발생하지 않는다면 별도로 양도차익이 발생한 자산의 양도에 대한 양도소득세를 납부할 의무가 없는 것임(서면법규-551, 2013.5.14.).

⑬ 실질소득자인 명의신탁자에게 양도소득세 과세시 가산세 적용여부 및 국세부과의 제척기간

명의신탁 부동산을 양도하는 경우 양도소득세 납세의무자는 국세기본법 제14조 제1항의 규정에 따라 사실상 그 소득을 얻은 명의신탁자가 되는 것이나 귀 질의가 이에 해당하는지 여부는 사실관계를 종합하여 판단할 사항이며, 사실관계에 따라 국세기본법 제26조의 2 [국세부과의 제척기간]의 규정을 적용하는 것임(징세-380, 2009.4.22.).

⑭ 커튼-월(Curtain-Wall) 공법으로 시공한 쟁점아파트의 발코니면적을 세법상 주거전용면적에 포함시켜 고급주택으로 판정하여 양도소득세 감면을 배제한 처분의 당부

양도소득세 신고당시에는 아파트의 전용면적이 165㎡ 미만으로 고급주택에 해당하지 아니하는 것으로 알고 신고할 수밖에 없었던 정당한 사유가 있었던 것으로 인정되므로 납부지연 가산세는 배제함(국심 2006중3873, 2007.11.8.).

⑮ 청구인이 쟁점부동산 양도 후 양도소득세를 신고한 것에 대하여 처분청이 부동산매매업으로 보아 종합소득세를 과세한 처분 및 신고불성실 가산세를 부과한 처분의 당부

양도인이 보유하는 부동산 전반에 걸쳐 당해 양도가 사업소득에 해당하는지 여부를 판단함에 있어서는 사전·사후적인 요소를 감안하여야 하므로 부동산을 양도하는 행위가 종합소득세 과세대상인지 아니면 양도소득세의 과세대상인지 여부를 세법지식이 부족한 납세자 입장에서 판단하기 어려운 측면이 있다 할 것이고, 양도소득세와 종합소득세는 소득세로서 소득의 분류가 다른 것에 불과하며, 납세자가 부동산 등을 양도한 때 양도소득세를 신고·납부하는 것이 일반적인 점 등을 고려하면 청구인이 쟁점부동산을 양도하고 양도소득세 과세대상으로 착오를 일으켜 양도소득세를 신고한 이 건에 대하여 사업소득으로 신고하지 않았다는 이유로 신고불성실 가산세를 부과하는 것은 부당하다고 판단됨(국심 2004서4107, 2005.6.21.).

슬기로운 가산세 사례실무

가산세 부담을 줄이는 최선의 대비책

제1편

세목별 가산세 사례실무

제5장

조세특례제한법상 세액감면 · 공제 가산세 사례실무

1. 조세특례제한법상 세액감면 · 세액공제시 유의사항

조세특례제한법상 세액감면과 세액공제 적용시 과세당국의 사후검증에 대한 적출 유형 중 중요한 부분으로 판단되는 사항은 세액감면과 세액공제의 중복적용 여부, 농어촌특별세의 과세대상임에도 불구하고 농어촌특별세를 납부하지 않아 가산세를 부여받은 경우, 그리고 최저한세 적용대상임에도 불구하고 최저한세 검토를 하지 않는 경우 등이다.

법인세 또는 종합소득세 신고시 위와 같은 사항이 충분히 고려되어야 함에도 불구하고 신고기한에 쫓겨 검토되지 못한 채 신고되는 경우가 발생할 수 있음을 인지하고 가산세가 부과되는 일이 없도록 신고업무에 만전을 기하여야 할 것이다.

1) 세액감면과 세액공제 중복배제

① 세액공제의 중복적용 금지(조특법 §127 ②)

2024.12.31. 현재 아래의 세액공제 중 각 표에 표시된 세액공제는 서로 중복하여 적용하지 않는다. 참고로 2019.12.31.까지의 중복적용 금지는 2021.12.31. 이후의 중복적용금지와 상이하니 해당연도의 중복적용 금지법령조항을 확인하여야 함에 유의하자.

법령	공제항목
제8조의 3 제3항	상생협력을 위한 기금출연 등 투자 세액공제
제24조	통합투자세액공제(2021년 신고하는 분부터 적용)
제26조	고용창출투자세액공제(2018년 폐지)

✎ 통합투자세액공제는 종전의 각종투자세액공제(중소기업투자세액공제, 생산성향상시설 투자세액공제, 연구개발비 설비투자세액공제 등)를 통합한 것으로 2021년 이후 신고하는 분부터 적용한다.

법령	공제항목
제19조 제1항	성과공유중소기업이 경영성과급 세액공제(2019년 신설)
제26조	고용창출투자세액공제(2018년 폐지)
제29조의 4	근로소득을 증대시킨 기업에 대한 세액공제

✎ 성과공유중소기업 세액공제는 2019년에 신설되었으므로 해당 중복배제는 2019년 귀속분부터 적용된다.

법령	공제항목
제26조	고용창출투자세액공제(2018년 폐지)
제29조의 5	청년고용을 증대시킨 기업에 대한 세액공제(2018년 폐지)
제30조의 4	중소기업 사회보험료 세액공제

법령	공제항목
제29조의 8 제1항	통합고용세액공제 중 상시근로자 증가에 대한 공제(2023년 신설)
제29조의 7	고용을 증대시킨 기업에 대한 세액공제
제30조의 4	중소기업 사회보험료 세액공제

② **세액공제와 외국인투자에 대한 세액감면의 중복적용 배제(조특법 §127 ③)**

내국인에 대하여 동일한 과세연도에 다음의 세액공제 규정을 적용함에 있어서 외국인투자에 대한 조세감면(조특법 §121의 2)과 외국투자기업의 증자의 조세감면(조특법 §121의 4)에 따라 법인세와 소득세를 감면받는 경우에는 당해 규정에 의하여 공제할 세액에 당해 기업의 총지분에 대한 내국인투자자의 소유지분 비율을 곱하여 계산한 금액을 공제세액으로 한다.

공제세액＝공제할 세액×내국인투자자의 소유지분/당해 기업의 총지분

만약 사업연도 중 내국인투자자지분이 변경된 경우에 내국인 투자자의 소유주식 등의 비율은 다음 산식에 따라 계산한 당해 사업연도 중 평균자본금 비율에 의한다.

$$\text{내국인 주식 소유비율} = \frac{(\text{변경전 내국인자본금}\times\text{변경전 일수})+(\text{변경후 내국인자본금}\times\text{변경후 일수})}{(\text{변경전 총자본금}\times\text{변경전 일수})+(\text{변경후 총자본금}\times\text{변경후 일수})}$$

중복적용 배제되는 세액공제는 다음과 같다.

법령	공제항목
제8조의 3 제3항	상생협력을 위한 기금출연 등 투자 세액공제
제24조	통합투자세액공제(2021년 신고하는 분부터 적용)
제26조	고용창출 투자세액공제(2018년에 폐지되었음)
제29조의 5	청년고용을 증대시킨 기업에 대한 세액공제
제29조의 7	고용을 증대시킨 기업에 대한 세액공제
제29조의 8 제1항	통합고용세액공제 중 상시근로자 증가에 대한 공제(2023.1.1.신설)
제30조의 4	중소기업 사회보험료 세액공제
제104조의 14	제3자 물류비용에 대한 세액공제
제104조의 15	해외자원개발 투자에 대한 과세특례

③ 세액감면과 세액공제의 중복적용 배제(조특법 §127 ④)

2023.12.31. 현재 내국인이 동일한 과세연도에 아래 법령에 따라 소득세 또는 법인세가 감면되는 경우와 아래의 법령에 따라 소득세 또는 법인세가 공제되는 경우를 동시에 적용받을 수 있는 경우에는 그 중 하나만을 선택하여 적용받을 수 있다.

예를 들면 중소기업특별세액감면(조특법 §7)을 받는 경우 통합투자세액공제(조특법 §24)를 적용받을 수 없으며, 중소기업 사회보험료 세액공제(조특법 §30의 4)를 공제받는 경우 창업중소기업 등에 대한 세액감면(조특법 §6)을 적용받을 수 없다는 것이다.

세액감면

법령	공제항목
제6조	창업중소기업 등에 대한 세액감면
제7조	중소기업에 대한 특별세액감면
제12조의 2	연구개발특구에 입주하는 첨단기술기업 등에 대한 법인세 등의 감면
제31조 제4항, 제5항	중소기업 간의 통합에 대한 양도소득세 등의 이월감면
제32조 제4항	법인전환에 대한 양도소득세의 이월과세
제62조 제4항	공공기관이 혁신도시 등으로 이전하는 경우 법인세 등 감면
제63조 제1항	수도권 밖으로 공장을 이전하는 기업에 대한 세액감면
제63조의 2 제1항	수도권 밖으로 본사를 이전하는 법인에 대한 세액감면 등
제64조	농공단지 입주기업 등에 대한 세액감면
제66조	영농조합법인 등에 대한 법인세 면제
제67조	영어조합법인 등에 대한 법인세 면제
제68조	농업회사법인 등에 대한 법인세 면제
제85조의 6 제1항, 제2항	사회적기업 및 장애인 표준사업장에 대한 법인세 등의 감면
제99조의 9 제2항	위기지역 창업기업에 대한 법인세 감면
제99조의 11 제1항	감염병 피해에 따른 특별재난지역의 중소기업에 대한 법인세 등의 감면
제104조의 24 제1항	해외진출기업 국내복귀에 대한 세액감면
제121조의 8	제주첨단과학기술단지 입주기업에 대한 법인세 등의 감면
제121조의 9 제2항	제주투자진흥지구 또는 제주자유무역지역 입주기업에 대한 법인세 등의 감면
제121조의 17 제2항	기업도시개발구역 등의 창업기업 등에 대한 법인세 등의 감면
제121조의 20 제2항	아시아문화중심도시 투자진흥지구 입주기업 등에 대한 법인세 등의 감면

법령	공제항목
제121조의 21 제2항	금융중심지 창업기업 등에 대한 법인세 등의 감면
제121조의 22 제2항	첨단의료복합단지 및 국가식품클러스터 입주기업에 대한 법인세 등의 감면
제121조의 33 제2항	기회발전특구의 창업기업 등에 대한 법인세 등의 감면(2024년 개정)

세액공제

법령	공제항목
제8조의 3	상생협력을 위한 기금 출연 등에 대한 세액공제
제13조의 2	내국법인의 벤처기업 등에의 출자에 대한 과세특례
제24조	통합투자세액공제
제25조의 6	영상콘텐츠 제작비용에 대한 세액공제
제26조	고용창출투자세액공제
제30조의 4	중소기업 사회보험료 세액공제 (2018년부터 제7조 중소기업특별세액감면과는 중복적용 가능)
제104조의 14	제3자 물류비용에 대한 세액공제
제104조의 15	해외자원개발 투자에 대한 과세특례
제104조의 22	기업의 운동경기부 설치 · 운영에 대한 과세특례
제104조의 25	석유제품 전자상거래에 대한 세액공제
제104조의 35	이스포츠대회 운영에 대한 과세특례(2025년 세법개정)
제122조의 4 제1항	금사업자와 스크랩등사업자의 수입금액의 증가 등에 대한 세액공제
제126조의 7 제8항	금 현물시장에서 거래되는 금지금에 대한 과세특례

✎ 조특법 §6 ⑦(창업중소기업 등에 대한 세액 감면 중 수도권과밀억제권역 외의 지역에서 고용인원증가에 대한 추가감면)과 조특법 §29의 7(고용을 증대시킨 기업에 대한 세액공제) 또는 조특법 §29의 8 ①(통합고용세액공제 중 상시근로자 증가에 대한 공제, 2022.12.31. 개정)은 중복적용하지 않는다.

실무Tip __ 동일 사업연도에 감면과 세액공제가 사업장(현장)별로 적용될 수 있는지 여부

조세특례제한법 제127조 제4항을 적용함에 있어서 제조공정이 서로 무관한 2개의 공장을 영위하는 법인이 각각의 공장을 구분하여 경리함에 따라 산출세액 중 공장별로 귀속되는 세액을 합리적으로 구분할 수 있는 경우에는 1개의 공장에서 세액감면을 적용하고 있다 하더라도 다른 공장(제2공장)에 투자를 함에 따라 발생한 투자세액공제액은 제2공장에 귀속되는 세액을 한도로 공제할 수 있다(기획재정부 조세특례－284, 2010.3.23.).

④ 세액감면의 중복적용 배제(조특법 §127 ⑤)

2023.12.31. 현재 내국인이 동일한 사업장에 대하여 동일한 과세연도에 다음에 해당하는 세액감면 규정이 중복되는 경우에는 그 중 하나만을 선택하여 적용받을 수 있다.

법령	공제항목
제6조	창업중소기업 등에 대한 세액감면
제7조	중소기업에 대한 특별세액감면
제12조의 2	연구개발특구에 입주하는 첨단기술기업 등에 대한 법인세 등의 감면
제31조 제4항, 제5항	중소기업 간의 통합에 대한 양도소득세 등의 이월감면
제32조 제4항	법인전환에 대한 양도소득세의 이월과세
제62조 제4항	공공기관이 혁신도시 등으로 이전하는 경우 법인세 등 감면
제63조 제1항	수도권 밖으로 공장을 이전하는 기업에 대한 세액감면
제63조의 2 제2항	수도권 밖으로 본사를 이전하는 법인에 대한 세액감면 등
제64조	농공단지 입주기업 등에 대한 세액감면
제85조의 6 제1항, 제2항	사회적기업 및 장애인 표준사업장에 대한 법인세 등의 감면
제99조의 9 제2항	위기지역 창업기업에 대한 법인세 감면
제99조의 11 제1항	감염병 피해에 따른 특별재난지역의 중소기업에 대한 법인세 등의 감면
제104조의 24 제1항	해외진출기업 국내복귀에 대한 세액감면
제121조의 8	제주첨단과학기술단지 입주기업에 대한 법인세 등의 감면
제121조의 9 제2항	제주투자진흥지구 또는 제주자유무역지역 입주기업에 대한 법인세 등의 감면
제121조의 17 제2항	기업도시개발구역 등의 창업기업 등에 대한 법인세 등의 감면
제121조의 20 제2항	아시아문화중심도시 투자진흥지구 입주기업 등에 대한 법인세 등의 감면
제121조의 21 제2항	금융중심지 창업기업 등에 대한 법인세 등의 감면
제121조의 22 제2항	첨단의료복합단지 및 국가식품클러스터 입주기업에 대한 법인세 등의 감면
제121조의 33 제2항	기회발전특구의 창업기업 등에 대한 법인세 등의 감면 (2024년 개정)
제121조의 2	외국인투자에 대한 세액감면
제121조의 4	외국인투자기업 증자에 대한 감면

실무Tip _ 동일 사업장 내 별도 공장에 각각 다른 감면 등을 감면받을 수 있는지의 여부

1. 동일 사업장 내 별도 공장에 대하여 각각 다른 감면 적용 가능 여부
동일부지 내에 공장이 있더라도 각 제품별로 제조설비 및 공장건물을 별도로 설치하고 제조공정이 서로 무관한 제품을 생산하여 구분경리가 가능한 경우에는 공장별로 각각 다른 감면을 선택하여 적용받을 수 있다(법통 127-0…2).

2. 동일 사업장에 업종별로 감면을 달리 할 수 있는지 여부
내국법인이 동일한 사업장에서 제조업으로 창업한 후 도매업을 추가하여 겸영하면서 명확히 구분경리하는 경우 제조업에서 발생한 소득에 대하여는 조세특례제한법 제6조에서 규정하는 창업중소기업 세액감면을 적용받고 도매업에서 발생한 소득에 대하여는 조세특례제한법 제7조에서 규정하는 중소기업 특별세액감면을 적용받을 수 있다(조세지출예산과-17, 2005.1.7.).

2) 농어촌특별세 과세대상 여부

조세특례제한법에 의하여 법인세 또는 소득세를 감면(비과세, 세액면제, 세액감면 또는 소득공제)받은 법인과 개인사업자는 당해 감면세액의 20%를 농어촌특별세로서 납부해야 한다.

단, 중간예납시 세액감면 등에 대하여는 농어촌특별세는 해당이 없으며(농특법 §2 · §3) 다음 항목에 대해서는 농어촌특별세를 부과하지 아니한다(농특법 §4).[1)]

유형	비과세내용
농어업인 및 농어업인을 조합으로 하는 단체에 대한 감면 (농특법 §4 2호)	① 영농조합법인 등에 대한 법인세의 면제 등(조특법 §66) ② 영어조합법인 등에 대한 법인세의 면제 등(조특법 §67) ③ 농업회사 법인에 대한 법인세의 면제 등(조특법 §68) ④ 자경농지에 대한 양도소득세의 감면(조특법 §69) ⑤ 축사용지에 대한 양도소득세의 감면(조특법 §69의 2) ⑥ 어업용 토지등에 대한 양도소득세의 감면(조특법 §69의 3) ⑦ 자경산지에 대한 양도소득세의 감면(조특법 §69의 4) ⑧ 농지대토에 대한 양도소득세의 감면(조특법 §70) ⑨ 조합법인 등에 대한 법인세 과세특례(조특법 §72 ①, 단, 동법 1호의 신용협동조합 · 새마을금고, 5호의 중소기업협동조합법에 따라 설립된 조합, 8호의 소비자생활협동조합은 비과세 제외) ⑩ 산림개발소득에 대한 세액감면(조특법 §102) ⑪ 어업협정에 따른 어업인에 대한 지원(조특법 §104의 2)

1) 농어촌특별세 비과세 항목의 정리는 주요 3대 세법에 관련된 내용만 정리하기로 하고, 추가적인 내용은 관련 법령을 확인하길 바란다.

유형	비과세내용
	⑫ 기업 재무구조 개선 등에 대한 감면(지특법 §57의 3 ① 2호와 3호, 각각 농업협동조합법에 따른 조합이 양수한 재산과 수산업협동조합법에 따른 조합이 양수한 재산으로 한정함)
중소기업에 조세특례 (농특법 §4 3호)	① 창업중소기업 등에 대한 세액감면(조특법 §6) ② 중소기업에 대한 특별세액감면(조특법 §7) ③ 창업중소기업 등에 대한 취득세의 감면(지특법 §58의 3 ① 1호 · ② 1호) ④ 창업중소기업 등에 대한 등록면허세의 감면(지특법 §58의 3 ③)
연구 및 인력 개발에 대한 조세특례 (농특법 §4 12호, 농특령 §4 ⑦ 1호, 농특법 §4 3의 3)	① 연구 · 인력개발비에 대한 세액공제(조특법 §10) ② 연구개발 관련 출연금 등의 과세특례(조특법 §10의 2) ③ 기술이전 및 기술취득 등에 대한 과세특례(조특법 §12) ④ 연구개발특구에 입주하는 첨단기술기업 등에 대한 법인세 등의 감면(조특법 §12의 2) ⑤ 중소기업창업투자회사 등의 주식양도차익 등에 대한 비과세(조특법 §13) ⑥ 창업기업 등에의 출자에 대한 과세특례(조특법 §14) ⑦ 벤처투자조합 출자 등에 대한 소득공제(조특법 §16) ⑧ 벤처기업주식매수선택권 행사이익 비과세 특례(조특법 §16의 2, 2023.2.28. 이후 과세표준 및 세액을 신고하거나 결정 · 경정하는 경우부터 적용함) ⑨ 외국인기술자에 대한 소득세의 감면(조특법 §18) ⑩ 외국인근로자에 대한 과세특례(조특법 §18의 2) ⑪ 내국인 우수 인력의 국내복귀에 대한 소득세 감면(조특법 §18의 3) ⑫ 성과공유 중소기업의 경영성과급에 대한 세액공제 등(조특법 §19 ②)
고용지원을 위한 조세특례 (농특법 §4 12호, 농특령 §4 ⑦ 1호, 농특법 §4 11호의 3)	① 중소기업 청년근로자 및 핵심인력 성과보상기금 수령액에 대한 소득세 감면 등(조특법 §29의 6) ② 중소기업에 취업자에 대한 소득세 감면(조특법 §30) ③ 고용유지 중소기업 등에 대한 과세특례(조특법 §30의 3) ④ 정규직 근로자의 전환에 따른 세액공제(조특법 §30의 2) ⑤ 중소기업 사회보험료 세액공제 (조특법 §30의 4)
기업구조조정을 위한 조세특례 (농특법 §4 12호, 농특령 §4 ⑦ 1호) 농틀법 §4 3의 2	① 사업전환 무역조정지원기업에 대한 과세특례(조특법 §33) ② 주주등의 자산양도에 관한 법인세 등 과세특례(조특법 §40)
지역 간의 균형발전을 위한 조세특례 (농특법 §4 12호, 농특령 §4 ⑦ 1호)	① 수도권 밖으로 공장을 이전하는 기업에 대한 세액감면 등(조특법 §63) ② 수도권 밖으로 본사를 이전하는 법인에 대한 세액감면 등(조특법 §63의 2) ③ 농공단지 입주기업 등에 대한 세액감면(조특법 §64)

유형	비과세내용
기타 (농특법 §4 11호의 2 · 11호의 4, 동법 §12)	① 공공차관도입에 따른 과세특례(조특법 §20) ② 근로자의 주거안정지원을 위한 과세특례(조특법 §100) ③ 해저광물자원개발을 위한 과세특례(조특법 §140) ④ 부동산실권리자 명의등기에 대한 조세부과의 특례(조특법 §141) ⑤ 공적자금회수에 관한 합병분할 과세특례(조특법 §121의 24) ⑥ 전자신고 세액공제(조특법 §104의 8 ①) ⑦ 해외진출기업의 국내복귀에 대한 세액감면(조특법 §104조의 24) ⑧ 외국인투자에 대한 조세 감면(조특법 §121의 2) ⑨ 신용카드 등 사용금액에 대한 소득공제(조특법 §126의 2) ⑩ 성실신고확인비용에 대한 세액공제(조특법 §126의 6)

실무Tip _ 농어촌특별세 가산세

국세기본법 제47조의 2(무신고 가산세), 제47조의 3(과소신고 · 초과환급가산세), 제47조의 4(납부지연 가산세) 규정에 의한 신고불성실 가산세와 납부지연 가산세가 농어촌특별세에도 동일하게 적용되고, 수정신고시의 신고불성실 가산세의 감면도 동일하게 적용된다. 다만, 2012년도부터 농어촌특별세와 교육세에 대하여 무신고, 과소신고 가산세는 적용하지 않는다.

3) 최저한세 적용대상 여부

2025년 귀속 기준 최저한세 적용제외 공제감면세액과 적용대상 공제감면세액을 정리하면 다음과 같다.

① 최저한세 적용제외 공제감면세액

세액감면

구 분	근거법 조항
⑩ 창업중소기업에 대한 세액감면(최저한세 적용제외)	조세특례제한법 제6조 제7항 외
⑩ 해외자원개발투자배당 감면	조세특례제한법 제22조
⑩ 수도권과밀억제권역 밖으로 이전하는 중소기업 세액감면(수도권 밖으로 이전)	조세특례제한법 제63조
⑩ 공장의 수도권 밖 이전에 대한 세액감면	조세특례제한법 제63조
⑩ 본사의 수도권 밖 이전에 대한 세액감면	조세특례제한법 제63조의 2
⑩ 영농조합법인 감면	조세특례제한법 제66조
⑩ 영어조합법인 감면	조세특례제한법 제67조

구 분	근거법 조항
⑱ 농업회사법인 감면(농업소득)	조세특례제한법 제68조
⑲ 행정중심복합도시 등 공장이전에 대한 조세감면	조세특례제한법 제85조의 2 제3항 (2019.12.31. 법률 제16835호로 개정되기 전의 것)
⑩ 위기지역 내 창업기업 세액감면(최저한세 적용제외)	조세특례제한법 제99조의 9
⑪ 해외진출기업의 국내복귀에 대한 세액감면 (철수방식)	조세특례제한법 제104조의 24 제1항 제1호
⑫ 해외진출기업의 국내복귀에 대한 세액감면 (유지방식)	조세특례제한법 제104조의 24 제1항 제2호
⑬ 고도기술수반사업 외국인투자 세액감면	조세특례제한법 제121조의 2 제1항 제1호
⑭ 외국인투자지역내 외국인투자 세액감면	조세특례제한법 제121조의 2 제1항 제2호 또는 제2호의 5
⑮ 경제자유구역내 외국인투자 세액감면	조세특례제한법 제121조의 2 제1항 제2호의 2
⑯ 경제자유구역 개발사업시행자 세액감면	조세특례제한법 제121조의 2 제1항 제2호의 3
⑰ 제주투자진흥기구의 개발사업시행자 세액감면	조세특례제한법 제121조의 2 제1항 제2호의 4
⑱ 기업도시 개발구역내 외국인투자 세액감면	조세특례제한법 제121조의 2 제1항 제2호의 6
⑲ 기업도시 개발사업의 시행자 세액감면	조세특례제한법 제121조의 2 제1항 제2호의 7
⑳ 새만금사업지역내 외국인투자 세액감면	조세특례제한법 제121조의 2 제1항 제2호의 8
㉑ 새만금사업 시행자 세액감면	조세특례제한법 제121조의 2 제1항 제2호의 9
㉒ 기타 외국인투자유치를 위한 조세감면	조세특례제한법 제121조의 2 제1항 제3호
㉓ 외국인투자기업의 증자의 조세감면	조세특례제한법 제121조의 4
㉔ 기술도입대가에 대한 조세면제(국내지점 등)	법률 제9921호 조세특례제한법 일부개정법률 부칙 제77조
㉕ 제주첨단과학기술단지 입주기업 조세감면 (최저한세 적용제외)	조세특례제한법 제121조의 8
㉖ 제주투자진흥지구등 입주기업 조세감면 (최저한세 적용제외)	조세특례제한법 제121조의 9

구 분	근거법 조항
⑫⑦ 기업도시개발구역 창업 · 사업장신설기업에 대한 세액감면(최저한세 적용제외)	조세특례제한법 제121조의 17 제1항 제1호
⑫⑧ 기업도시개발사업 등 시행자 감면	조세특례제한법 제121조의 17 제1항 제2호
⑫⑨ 지역개발사업구역 또는 지역활성화지역 창업 · 사업장신설기업에 대한 세액감면(최저한세 적용제외)	조세특례제한법 제121조의 17 제1항 제3호
⑬⓪ 지역개발사업구역, 지역활성화지역 또는 낙후지역 사업시행자에 대한 감면	조세특례제한법 제121조의 17 제1항 제4호
⑬① 해양박람회특구 창업 · 사업장신설기업에 대한 감면(최저한세 적용제외)	조세특례제한법 제121조의 17 제1항 제5호
⑬② 해양박람회특구 박람회 사후활용 사업시행자에 대한 감면	조세특례제한법 제121조의 17 제1항 제6호
⑬③ 새만금투자진흥지구 사업시행자에 대한 감면	조세특례제한법 제121조의 17 제1항 제7호
⑬④ 새만금투자진흥지구 창업 · 사업장신설기업에 대한 감면(최저한세 적용제외)	조세특례제한법 제121조의 17 제1항 제8호
⑬⑤ 평화경제특구 창업 · 사업장신설기업에 대한 감면(최저한세 적용제외)	조세특례제한법 제121조의 17 제1항 제9호
⑬⑥ 평화경제특구 개발사업시행자에 대한 감면	조세특례제한법 제121조의 17 제1항 제10호
⑬⑦ 아시아문화중심도시 투자진흥지구 입주기업 감면(최저한세 적용제외)	조세특례제한법 제121조의 20 제1항
⑬⑧ 금융중심지 창업기업에 대한 감면(최저한세 적용제외)	조세특례제한법 제121조의 21 제1항
⑬⑨ 동업기업 세액감면 배분액(최저한세 적용제외)	조세특례제한법 제100조의 18 제4항
⑭⓪ 사회적기업에 대한 감면	조세특례제한법 제85조의 6
⑭① 장애인 표준사업장에 대한 감면	조세특례제한법 제85조의 6
⑭② 첨단의료복합단지 입주기업에 대한 감면(최저한세 적용제외)	조세특례제한법 제121조의 22 제1항 제1호
⑭③ 국가식품클러스터 입주기업에 대한 감면(최저한세 적용제외)	조세특례제한법 제121조의 22 제1항 제2호
⑭④ 연구개발특구 입주기업에 대한 감면(최저한세 적용제외)	조세특례제한법 제12조의 2
⑭⑤ 감염병 피해에 따른 특별재난지역의 중소기업에 대한 감면	조세특례제한법 제99조의 11
⑭⑥ 기회발전특구 창업기업 등에 대한 법인세 등의 감면(최저한세 적용제외)	조세특례제한법 제121조의 33

세액공제

구 분	근거법 조항
⑱ 외국납부세액공제	법인세법 제57조 및 제57조의 2
⑲ 재해손실세액공제	법인세법 제58조
⑳ 신성장 · 원천기술 연구개발비세액공제 (최저한세 적용제외)	조세특례제한법 제10조 제1항 제1호
⑮ 국가전략기술 연구개발비세액공제(최저한세 적용제외)	조세특례제한법 제10조 제1항 제2호
⑯ 일반 연구 · 인력개발비세액공제(최저한세 적용제외)	조세특례제한법 제10조 제1항 제3호
⑰ 동업기업 세액공제 배분액(최저한세 적용제외)	조세특례제한법 제100조의 18 제4항
⑱ 성실신고 확인비용에 대한 세액공제	조세특례제한법 제126조의 6
⑲ 상가임대료를 인하한 임대사업자에 대한 세액공제	조세특례제한법 제96조의 3
⑳ 용역제공자에 관한 과세자료의 제출에 대한 세액공제	조세특례제한법 제104조의 32

② 최저한세 적용대상 공제감면세액

세액감면

구 분	근거법 조항
⑲ 창업중소기업에 대한 세액감면 (최저한세 적용대상)	조세특례제한법 제6조 제1항 · 제5항 · 제6항
⑳ 창업벤처중소기업 세액감면	조세특례제한법 제6조 제2항
⑪ 에너지신기술 중소기업 세액감면	조세특례제한법 제6조 제4항
⑫ 중소기업에 대한 특별세액감면	조세특례제한법 제7조
⑬ 연구개발특구 입주기업에 대한 세액감면 (최저한세 적용대상)	조세특례제한법 제12조의 2
⑭ 국제금융거래이자소득 면제	조세특례제한법 제21조
⑮ 사업전환 중소기업에 대한 세액감면	구 조세특례제한법 제33조의 2
⑯ 무역조정지원기업의 사업전환 세액감면	구 조세특례제한법 제33조의 2
⑰ 기업구조조정 전문회사 주식양도차익 세액감면	법률 제9272호 조세특례제한법 일부 개정법률 부칙 제10조 · 제40조
⑱ 혁신도시 이전 등 공공기관 세액감면	조세특례제한법 제62조 제4항
⑲ 공장의 지방이전에 대한 세액감면 (중소기업의 수도권 인구감소지역 안으로 이전)	조세특례제한법 제63조
⑳ 농공단지입주기업 등 감면	조세특례제한법 제64조
㉑ 농업회사법인 감면(농업소득 외의 소득)	조세특례제한법 제68조

구 분	근거법 조항
⑰ 소형주택 임대사업자에 대한 세액감면	조세특례제한법 제96조
⑰ 상가건물 장기임대사업자에 대한 세액감면	조세특례제한법 제96조의 2
⑰ 산림개발소득 감면	조세특례제한법 제102조
⑰ 동업기업 세액감면 배분액(최저한세 적용대상)	조세특례제한법 제100조의 18 제4항
⑰ 첨단의료복합단지 입주기업에 대한 감면 (최저한세 적용대상)	조세특례제한법 제121조의 22 제1항 제1호
⑰ 기술이전에 대한 세액감면	조세특례제한법 제12조 제1항
⑰ 기술대여에 대한 세액감면	조세특례제한법 제12조 제3항
⑰ 제주첨단과학기술단지 입주기업 감면 (최저한세 적용대상)	조세특례제한법 제121조의 8
⑱ 제주투자진흥지구등 입주기업 감면 (최저한세 적용대상)	조세특례제한법 제121조의 9
⑱ 기업도시개발구역 창업 · 사업장신설기업에 대한 감면(최저한세 적용대상)	조세특례제한법 제121조의 17 제1항 제1호
⑱ 지역개발사업구역 또는 지역활성화지역 창업 · 사업장신설기업에 대한 감면(최저한세 적용대상)	조세특례제한법 제121조의 17 제1항 제3호
⑱ 해양박람회특구 창업 · 사업장신설기업에 대한 감면 (최저한세 적용대상)	조세특례제한법 제121조의 17 제1항 제5호
⑱ 새만금투자진흥지구 창업 · 사업장신설기업에 대한 감면(최저한세 적용대상)	조세특례제한법 제121조의 17 제1항 제8호
⑱ 평화경제특구 창업 · 사업장신설기업에 대한 감면 (최저한세 적용대상)	조세특례제한법 제121조의 17 제1항 제9호
⑱ 위기지역 내 창업기업 세액감면(최저한세 적용대상)	조세특례제한법 제99조의 9
⑱ 아시아문화중심도시 투자진흥지구 입주기업 감면 (최저한세 적용대상)	조세특례제한법 제121조의 20 제1항
⑱ 금융중심지 창업기업에 대한 감면 (최저한세 적용대상)	조세특례제한법 제121조의 21 제1항
⑱ 국가식품클러스터 입주기업에 대한 감면 (최저한세 적용대상)	조세특례제한법 제121조의 22 제1항 제2호
⑲ 기회발전특구 창업기업 등에 대한 법인세 등의 감면 (최저한세 적용대상)	조세특례제한법 제121조의 33

세액공제

구 분	근거법 조항
⑲② 중소기업 등 투자세액공제	구 조세특례제한법 제5조
⑲③ 상생결제 지급금액에 대한 세액공제	조세특례제한법 제7조의 4
⑲④ 대 · 중소기업 상생협력을 위한 기금출연 세액공제	조세특례제한법 제8조의 3 제1항
⑲⑤ 협력중소기업에 대한 유형고정자산 무상임대 세액공제	조세특례제한법 제8조의 3 제2항
⑲⑥ 수탁기업에 설치하는 시설에 대한 세액공제	조세특례제한법 제8조의 3 제3항
⑲⑦ 교육기관에 무상 기증하는 중고자산에 대한 세액공제	조세특례제한법 제8조의 3 제4항
⑲⑧ 신성장 · 원천기술 연구개발비세액공제 (최저한세 적용대상)	조세특례제한법 제10조 제1항 제1호
⑲⑨ 국가전략기술 연구개발비세액공제 (최저한세 적용대상)	조세특례제한법 제10조 제1항 제2호
⑳⓪ 일반 연구 · 인력개발비세액공제(최저한세 적용대상)	조세특례제한법 제10조 제1항 제3호
⑳① 기술취득에 대한 세액공제	조세특례제한법 제12조 제2항
⑳② 기술혁신형 합병에 대한 세액공제	조세특례제한법 제12조의 3
⑳③ 기술혁신형 주식취득에 대한 세액공제	조세특례제한법 제12조의 4
⑳④ 벤처기업등 출자에 대한 세액공제	조세특례제한법 제13조의 2
⑳⑤ 성과공유 중소기업 경영성과급 세액공제	조세특례제한법 제19조
⑳⑥ 연구 · 인력개발설비투자 세액공제	구 조세특례제한법 제25조 제1항 제1호
⑳⑦ 에너지절약시설투자 세액공제	구 조세특례제한법 제25조 제1항 제2호
⑳⑧ 환경보전시설 투자 세액공제	구 조세특례제한법 제25조 제1항 제3호
⑳⑨ 근로자복지증진시설투자 세액공제	구 조세특례제한법 제25조 제1항 제4호
㉑⓪ 안전시설투자 세액공제	구 조세특례제한법 제25조 제1항 제5호
㉑① 생산성향상시설투자세액공제	구 조세특례제한법 제25조 제1항 제6호
㉑② 의약품 품질관리시설투자 세액공제	구 조세특례제한법 제25조의 4
㉑③ 신성장기술 사업화를 위한 시설투자 세액공제	구 조세특례제한법 제25조의 5
㉑④ 영상콘텐츠 제작비용에 대한 세액공제(기본공제)	조세특례제한법 제25조의 6
㉑⑤ 영상콘텐츠 제작비용에 대한 세액공제(추가공제)	조세특례제한법 제25조의 6
㉑⑥ 초연결 네트워크 시설투자에 대한 세액공제	구 조세특례제한법 제25조의 7
㉑⑦ 고용창출투자세액공제	조세특례제한법 제26조
㉑⑧ 산업수요맞춤형고등학교등 졸업자를 병역이행 후 복직시킨 중소기업에 대한 세액공제	조세특례제한법 제29조의 2

구 분	근거법 조항
㉑⑨ 경력단절 여성 고용 기업 등에 대한 세액공제	조세특례제한법 제29조의 3 제1항
㉒⓪ 육아휴직 후 고용유지 기업에 대한 인건비 세액공제	조세특례제한법 제29조의 3 제2항
㉒① 근로소득을 증대시킨 기업에 대한 세액공제	조세특례제한법 제29조의 4
㉒② 청년고용을 증대시킨 기업에 대한 세액공제	조세특례제한법 제29조의 5
㉒③ 고용을 증대시킨 기업에 대한 세액공제	조세특례제한법 제29조의 7
㉒④ 통합고용세액공제	조세특례제한법 제29조의 8
㉒⑤ 통합고용세액공제(정규직 전환)	조세특례제한법 제29조의 8
㉒⑥ 통합고용세액공제(육아휴직 복귀)	조세특례제한법 제29조의 8
㉒⑦ 정규직근로자 전환 세액공제	조세특례제한법 제30조의 2
㉒⑧ 고용유지중소기업에 대한 세액공제	조세특례제한법 제30조의 3
㉒⑨ 중소기업 고용증가 인원에 대한 사회보험료 세액공제	조세특례제한법 제30조의 4 제1항
㉓⓪ 중소기업 사회보험 신규가입에 대한 사회보험료 세액공제	조세특례제한법 제30조의 4 제3항
㉓① 전자신고에 대한 세액공제(납세의무자)	조세특례제한법 제104조의 8 제1항
㉓② 전자신고에 대한 세액공제(세무법인 등)	조세특례제한법 제104조의 8 제3항
㉓③ 제3자 물류비용 세액공제	조세특례제한법 제104조의 14
㉓④ 대학 맞춤형 교육비용 등 세액공제	구 조세특례제한법 제104조의 18 제1항
㉓⑤ 대학등 기부설비에 대한 세액공제	구 조세특례제한법 제104조의 18 제2항
㉓⑥ 기업의 경기부 설치운영비용 세액공제	조세특례제한법 제104조의 22
㉓⑦ 동업기업 세액공제 배분액(최저한세 적용대상)	조세특례제한법 제100조의 18 제4항
㉓⑧ 산업수요맞춤형 고등학교 등 재학생에 대한 현장훈련수당 등 세액공제	구 조세특례제한법 제104조의 18 제4항
㉓⑨ 석유제품 전자상거래에 대한 세액공제	조세특례제한법 제104조의 25
㉔⓪ 금 현물시장에서 거래되는 금지금에 대한 과세특례	조세특례제한법 제126조의 7 제8항
㉔① 금사업자와 스크랩등사업자의 수입금액의 증가 등에 대한 세액공제	조세특례제한법 제122조의 4
㉔② 우수 선화주 인증 국제물류주선업자 세액공제	조세특례제한법 제104조의 30
㉔③ 소재 · 부품 · 장비 수요기업 공동출자 세액공제	조세특례제한법 제13조의 3 제1항
㉔④ 소재 · 부품 · 장비 외국법인 인수세액 공제	조세특례제한법 제13조의 3 제3항
㉔⑤ 선결제 금액에 대한 세액공제	조세특례제한법 제99조의 12
㉔⑥ 해외자원개발투자에 대한 과세특례	조세특례제한법 제104조의 15

구 분	근거법 조항
㉗ 통합투자세액공제(일반)	조세특례제한법 제24조
㉘ 통합투자세액공제(신성장 · 원천기술)	조세특례제한법 제24조
㉙ 통합투자세액공제(국가전략기술)	조세특례제한법 제24조
㉚ 임시통합투자세액공제(일반)	조세특례제한법 제24조
㉛ 임시통합투자세액공제(신성장 · 원천기술)	조세특례제한법 제24조
㉜ 임시통합투자세액공제(국가전략기술)	조세특례제한법 제24조
㉝ 문화산업전문회사 출자에 대한 세액공제	조세특례제한법 제25조의 7

조세면제 등

구 분	근거법 조항
㉗ 기술도입대가에 대한 조세면제	법률 제9921호 조세특례제한법 일부개정법률 부칙 제77조
㉘ 간주 · 간접 외국 납부세액공제	법인세법 제57조 제3항 · 제4항 · 제6항
㉙ 간접투자회사등 외국 납부세액공제	법인세법 제57조의 2

실무Tip _ 최저한세 적용시의 조세감면의 적용배제순서

감면후 세액이 최저한세액에 미달하는 경우에는 감면후 세액이 최저한세액 이상이 되도록 최저한세 적용대상 조세감면 중 일부를 적용배제하여야 한다.
배제순서는 임의선택사항이므로 다음의 순서에 따라서 배제하는 것이 납세의무자에게 유리하다. 참고로 정부가 경정 · 결정하는 경우에도 다음의 순서대로 적용을 배제한다(조특령 §126 ⑤).

① 특례상각비의 손금산입(2003.7.1.부터 2004.6.30. 사이에 취득하거나 투자개시한 자산)
② 준비금의 손금산입
③ 조세특례제한법 제132조 제1항 제2호에 따른 손금산입 및 익금불산입
④ 세액공제. 단, 조세특례제한법 조문순서에 의하되 동일 조문에 의한 감면세액 중 이월된 공제세액이 있는 경우에는 나중에 발생한 것부터 적용배제한다.
⑤ 세액의 면제 및 감면
⑥ 소득공제 및 비과세

준비금은 실질적인 감면이 아니고 과세이연에 불과하므로 먼저 제외하고, 세액공제는 당해 연도에 공제가 적용되지 않으면 다음연도부터 5년간 이월공제가 가능하므로 먼저 적용배제한다.

2. 주요 세액감면과 세액공제 유의사항

(1) 중소기업 특별세액감면 유의사항

중소기업 특별세액감면 적용시 유의사항을 정리해 보면 다음과 같다.

① 중소기업 특별세액감면을 적용받을 수 있는 업종인가?

✐ 2022.12.31. 조세특례제한법이 일부 개정되면서 수도권에서 지식기반산업을 경영하는 중소기업에 대한 특별세액감면 규정이 삭제되었으므로 2023년 귀속분부터는 세액감면이 불가능하다.

✐ 2025.1.1. 이후 개시하는 과세연도 분부터는 중기업이 수도권에서 일반 서적 출판업을 경영하는 경우 세액감면이 가능하다(조특법 §7 ① 2호 마목).

② 수도권과 수도권 외, 소기업과 중기업으로 구분하여 감면율은 정확하게 적용하였는가?

③ 겸영법인 등의 경우 소기업과 중기업의 구분을 적절하게 검토하였는가?

④ 사업장별로 수도권 소재유무를 판단하여 감면율을 적용하는데 내국법인의 본점 또는 주사무소가 수도권에 있는 경우에는 모든 사업장이 수도권에 있는 것으로 보고 감면율을 적용한다. 본점과 지점의 감면율은 적절한가?

⑤ 창업중소기업 세액감면과 벤처기업 세액감면 등 다른 세액감면과는 중복공제 불가능한데 중복적용하지 않았는가?

⑥ 연구인력개발비 세액공제와 전자신고세액공제와는 중복공제가 가능하고 2018년 귀속분부터는 고용을 증대시킨 기업에 대한 세액공제와 중소기업 사회보험료 세액공제와도 중복적용이 가능하고 통합고용세액공제와도 중복공제가 가능하다. 다만, 통합투자세액공제와는 중복공제가 불가능하다. 해당 내역을 검토하였는가?
정리하면 다음 공제는 중복이 가능한 것이다.

> 중소기업특별세액감면＋고용증대기업 세액공제＋중소기업 사회보험료 세액공제 또는
> 중소기업특별세액감면＋통합고용 세액공제

⑦ 중소기업 특별세액감면은 감가상각의제가 적용된다. 세법상 한도까지 감가상각을 계상하였는가?

⑧ 중소기업 특별세액감면은 농어촌특별세액 비과세이다. 적절하게 반영하였는가?

⑨ 중소기업 특별세액감면은 최저한세 적용대상이다. 최저한세 검토를 하였는가?

⑩ 2018년 귀속부터는 중소기업 특별세액감면의 한도가 1억원이 적용되며, 전년대비 고용인원이 감소되는 경우에는 1인당 500만원씩 공제한도가 축소된다. 한도를 적용하였는가?

⑪ 추계신고시 등에 대해서는 중소기업특별세액감면을 적용받지 못한다. 해당 내용을 확인하였는가?

실무Tip _ 2016년 소기업판정시 유예기간의 적용

1. 2016.2.5. 조특령 부칙 제22조 [소기업의 범위에 관한 경과조치]
법률 제13560호 조세특례제한법 일부개정법률 시행 당시 종전의 제6조 제5항에 따라 소기업에 해당되었던 기업이 법률 제13560호 조세특례제한법 일부개정법률 시행 이후 제6조 제5항의 개정규정에 따른 소기업에 해당하지 아니하게 된 경우에는 제6조 제5항의 개정규정에도 불구하고 2019.1.1.이 속하는 과세연도까지 소기업으로 본다.

2. 소기업 기준 변경에 따른 경과조치 적용방법
2015년 귀속 과세연도에 종전규정에 따른 소기업에 해당하는 기업이, 개정규정 시행 이후 2019.1.1.이 속하는 과세연도까지 각 과세연도별로 개정규정에 따라 소기업에 해당하지 않으나, 종전규정에 따른 소기업에 해당하는 경우 개정부칙에 따른 소기업에 해당하는 것임(기획재정부 조세특례-751, 2019.12.24.).

소기업 기준 변경 경과규정에 따른 시행령 부칙 적용시 2016년 한해만의 매출액으로 2019년 귀속분까지 소기업으로 보는 것인지 아니면 2016년부터 2019년까지의 매년 매출액과 종전규정에 의한 기준과 비교하여 소기업을 적용하는지에 대한 실무상 많은 혼란이 있었는데, 매년 매출액과 종전규정에 의한 기준과 비교하여 소기업등의 경과조치를 적용하는 것으로 최근의 대법원 판례(대법 2020두48062, 2020.12.10.)와 기획재정부의 해석변경(2020년 1월)으로 변경되었다.

이에 따라 삭제된 예규를 소개하면 다음과 같다.

- 삭제예규 ①
  2015 사업연도에 '종전 규정'에 의하여 제6조 제5항에 따른 소기업에 해당하던 법인이 2016 사업연도에 같은 법 시행령 '개정 규정' 제6조 제5항에 따른 소기업에 해당하지 않게 된 경우로서 종전 규정에 따르더라도 소기업에 해당하지 않는 경우, 해당 법인은 개정 규정 부칙 제22조(소기업의 범위에 관한 경과조치)의 적용대상에 해당하지 않는 것임(서면법령해석 법인 2018-1464, 2018.5.30.; 2020년 1월 세법해석사례 정비로 삭제).
- 삭제예규 ②
  소기업 범위에 대한 경과조치를 적용함에 있어 소기업 유예기간 적용여부는 개정규정 시행일이 속하는 과세연도 한해만을 대상으로 판단하는 것임(서면법령해석 법인 2018-1635, 2018.6.20.; 2020년 1월 세법해석사례 정비로 삭제).

(2) 창업중소기업과 창업벤처중소기업 감면 관련 유의사항

① 창업중소기업 세액감면은 수도권 과밀억제권역 외의 지역에서 창업한 경우와 2018.5.29. 이후 수도권 과밀억제권역에서 창업한 청년창업기업이 감면받을 수 있다. 해당 창업대상 요건을 확인하였는가?

대상 요건		감면 여부
수도권 과밀억제권역 외 창업	청년 외 창업	감면 가능
	청년 창업	감면 가능
수도권 과밀억제권역 내 창업	청년 창업 외	감면 불가
	2018.5.29. 이전 청년 창업	감면 불가
	2018.5.29. 이후 청년 창업	감면 가능

② 청년 창업에 해당되는 경우 2018.5.28. 이전 창업인 경우의 청년은 15세 이상 29세 이하였으나 2018.5.29. 이후 창업인 경우의 청년은 15세 이상 34세 이하다. 청년창업 중소기업에 해당되는 경우 해당 나이요건을 확인하였는가?

③ 창업벤처중소기업 세액감면은 벤처기업육성에 관한 특별조치법 제2조 제1항에 따른 벤처기업 중 같은 법 제2조의 2 요건(같은 조 제1항 제2호 나목은 제외)을 갖추거나 연구개발비가 당해 과세연도 수입금액의 5% 이상인 법인으로, 창업 후 3년 이내 벤처기업으로 확인받은 기업이어야 한다. 확인하였는가? 참고로 창업벤처중소기업 세액감면은 수도권과밀억제권역 외 창업이 아니어도 상관없다.

④ 창업중소기업 세액감면 등은 실질 창업일 경우에만 감면이 가능하다. 실질 창업에 해당되는가? 참고로 합병 · 분할 · 현물출자 또는 사업의 양수, 법인 전환, 폐업 후 재개업, 사업 확장 및 다른 업종을 추가하는 경우는 창업에 해당하지 않는다.

⑤ 창업중소기업 세액감면은 광업, 제조업, 건설업, 음식점업, 출판업, 방송업, 전기통신업, 연구개발업, 광고업, 전문디자인업 등 열거된 업종에 한정하여 감면을 받을 수 있다. 대상 업종에 해당하는가?

⑥ 창업중소기업 세액감면에 적용되는 감면율은 수도권과밀억제권역 외에서 창업한 청년 창업과 수도권 과밀억제권역 내에서 창업한 청년 창업 및 수도권과밀억제권역 외에서 창업한 일반 창업과 다르다. 각각의 감면율을 정확하게 반영하였는가?

실무Tip _ 창업 감면율

1. 2017년부터 2018.5.28. 이전 창업한 경우

구 분		감면율
① 수도권과밀억제권역 외 지역에서 창업한 청년창업기업	최초 소득발생 과세연도와 그 다음 과세연도 개시일부터 2년간의 과세연도	75%

구 분		감면율
① 수도권과밀억제권역 외 지역에서 창업한 청년창업기업	그 다음 과세연도 개시일부터 2년간의 과세연도	50%
② 수도권과밀억제권역 외 지역에서 창업한 창업중소기업과 창업보육센터의 최초 소득발생 과세연도와 그 다음 과세연도 개시일로부터 4년간의 과세연도		50%
③ 창업벤처중소기업(창업 후 3년 이내 벤처기업으로 확인받은 기업)의 확인일과 에너지신기술중소기업(창업일이 속하는 과세연도와 그 다음 3개 과세연도가 지나지 않은 경우를 말함)의 해당일 이후 최초 소득발생 과세연도와 그 다음 과세연도 개시일로부터 4년간의 과세연도		50%
④ 창업중소기업, 창업벤처중소기업 및 에너지신기술중소기업에 해당하는 경우로서 신성장서비스업(조특령 §5 ⑪)을 영위하는 기업	최초 세액감면 과세연도와 그 다음 과세연도 개시일부터 2년간의 과세연도	75%
	그 다음 과세연도 개시일부터 2년간의 과세연도	50%
⑤ 위 ①번부터 ④까지의 기업 중 업종별 최소고용인원을 고용하는 기업이 감면기간 중 해당 과세연도의 상시근로자수가 직전 과세연도의 상시근로자수보다 큰 경우 다음의 계산식에 따라 추가감면 가능함 (소득세 또는 법인세)×(직전 과세연도 대비 고용증가율)×50%×감면율		50% (75%를 적용받는 과세연도는 25%)

2. 2018.5.29. 이후 2025.12.31.까지 창업한 경우

구 분		감면율
① 수도권과밀억제권역 외 지역에서 창업한 청년창업기업의 최초 소득발생 과세연도와 그 다음 과세연도 개시일로부터 4년간의 과세연도		100%
② 수도권과밀억제권역에서 창업한 청년창업중소기업 및 수도권과밀억제권역 외 지역에서 창업한 창업중소기업의 최초 소득발생 과세연도와 그 다음 과세연도 개시일로부터 4년간의 과세연도		50%
③ 창업중소기업(청년창업중소기업은 제외)에 대해서는 최초로 소득이 발생한 과세연도와 그 다음 과세연도의 개시일부터 4년 이내에 끝나는 과세연도까지의 기간에 속하는 과세연도의 수입금액(과세기간이 1년 미만인 과세연도의 수입금액은 1년으로 환산한 총수입금액임)이 8천만원(2021년까지는 4,800만원) 이하인 경우	수도권과밀억제권역 외의 지역에서 창업한 경우	100%
	수도권과밀억제권역 지역에서 창업한 경우	50%

<table>
<tr><th colspan="2">구 분</th><th>감면율</th></tr>
<tr><td colspan="2">④ 창업보육센터의 최초 소득발생 과세연도와 그 다음 과세연도 개시일로부터 4년간의 과세연도</td><td>50%</td></tr>
<tr><td colspan="2">⑤ 창업벤처중소기업(창업 후 3년 이내 벤처기업으로 확인받은 기업)의 확인일과 에너지신기술중소기업(창업일이 속하는 과세연도와 그 다음 3개 과세연도가 지나지 않은 경우를 말함)의 해당일 이후 최초 소득발생 과세연도와 그 다음 과세연도 개시일로부터 4년간의 과세연도</td><td>50%</td></tr>
<tr><td rowspan="2">⑥ 창업중소기업(수도권과밀억제권역 외의 지역에서 창업한 기업으로 청년창업중소기업은 제외), 창업벤처중소기업 및 에너지신기술중소기업에 해당하는 경우로서 신성장서비스업(조특령 §5 ⑪)을 영위하는 기업</td><td>최초 세액감면 과세연도와 그 다음 과세연도 개시일부터 2년간의 과세연도</td><td>75%</td></tr>
<tr><td>그 다음 과세연도 개시일부터 2년간의 과세연도</td><td>50%</td></tr>
<tr><td colspan="2">⑦ 위 감면 대상 기업 중 ①과 ④의 100% 감면율 적용되는 경우를 제외한 업종별로 업종별 최소고용인원을 고용하는 기업이 감면기간 중 해당 과세연도의 상시근로자수가 직전 과세연도의 상시근로자 수보다 큰 경우 다음의 계산식에 따라 추가감면 가능함
(소득세 또는 법인세)×(직전 과세연도 대비 고용증가율)×50%×감면율</td><td>50%
(75%를 적용받는 과세연도는 25%)</td></tr>
</table>

3. 2026.1.1. 이후 창업한 경우

<table>
<tr><th colspan="2">구 분</th><th>감면율</th></tr>
<tr><td colspan="2">① 수도권 외의 지역 또는 수도권의 인구감소지역에서 창업한 청년창업중소기업의 최초 소득발생 과세연도와 그 다음 과세연도 개시일로부터 4년간의 과세연도</td><td>100%</td></tr>
<tr><td colspan="2">② 수도권(수도권과밀억제권역과 인구감소지역은 제외)에서 창업한 청년창업중소기업의 최초 소득발생 과세연도와 그 다음 과세연도 개시일로부터 4년간의 과세연도</td><td>75%</td></tr>
<tr><td colspan="2">③ 수도권과밀억제권역에서 창업한 청년창업중소기업과 수도권 외의 지역 또는 수도권의 인구감소지역에서 창업한 창업중소기업의 최초 소득발생 과세연도와 그 다음 과세연도 개시일로부터 4년간의 과세연도</td><td>50%</td></tr>
<tr><td colspan="2">④ 수도권(수도권과밀억제권역과 인구감소지역은 제외)에서 창업한 창업중소기업의 최초 소득발생 과세연도와 그 다음 과세연도 개시일로부터 4년간의 과세연도</td><td>25%</td></tr>
<tr><td>⑤ 창업중소기업(청년창업중소기업은 제외)에 대해서는 최초로 소득이 발생한 과세연도와 그 다음 과세연도의 개시일</td><td>수도권 외의 지역 또는 수도권의 인구감소지역에서 창업한 경우</td><td>100%</td></tr>
</table>

구 분		감면율
부터 4년 이내에 끝나는 과세연도까지의 기간에 속하는 과세연도의 수입금액(과세기간이 1년 미만인 과세연도의 수입금액은 1년으로 환산한 총수입금액임)이 8천만원 이하인 경우	수도권(수도권과밀억제권역과 인구감소지역은 제외)에서 창업한 경우	75%
	수도권과밀억제권역에서 창업한 경우	50%
⑥ 창업보육센터의 최초 소득발생 과세연도와 그 다음 과세연도 개시일로부터 4년간의 과세연도		50%
⑦ 창업벤처중소기업(창업 후 3년 이내 벤처기업으로 확인받은 기업)의 확인일과 에너지신기술중소기업(창업일이 속하는 과세연도와 그 다음 3개 과세연도가 지나지 않은 경우를 말함)의 해당일 이후 최초 소득발생 과세연도와 그 다음 과세연도 개시일로부터 4년간의 과세연도		50%
⑧ 창업중소기업(수도권과밀억제권역 외의 지역에서 창업한 기업으로 청년창업중소기업은 제외), 창업벤처중소기업 및 에너지신기술중소기업에 해당하는 경우로서 신성장서비스업(조특령 §5 ⑪)을 영위하는 기업	최초 세액감면 과세연도와 그 다음 과세연도 개시일부터 2년간의 과세연도	75%
	그 다음 과세연도 개시일부터 2년간의 과세연도	50%
⑨ 위 감면 대상 기업 중 ①과 ⑤ 중 100% 감면율 적용되는 경우를 제외한 업종별로 업종별 최소고용인원을 고용하는 기업이 감면기간 중 해당 과세연도의 상시근로자수가 직전 과세연도의 상시근로자 수보다 큰 경우 다음의 계산식에 따라 추가감면 가능함 (소득세 또는 법인세)×(직전 과세연도 대비 고용증가율)×감면율		50% (75%를 적용받는 과세연도는 25%)

⑦ 창업중소기업 세액감면 등은 창업일부터 4년(청년창업의 경우 5년) 이내에 취득하는 사업용 재산에 대하여는 취득세의 75%를 감면하는데 취득일부터 3년 이내에 그 재산을 정당한 사유 없이 해당 사업에 직접 사용하지 아니하거나 다른 용도로 사용 · 매각 · 증여(임대 포함)하는 경우 또는 정당한 사유 없이 최초 사용일부터 2년 이내 다른 목적으로 사용하지 아니하고 매각 · 증여하는 경우에는 감면받은 세액을 추징한다. 이에 해당되는가?

⑧ 창업중소기업 세액감면 등은 중소기업 특별세액감면 등 다른 세액감면과 중복적용되지 않는다. 중복적용하지 않았는가?

⑨ 창업중소기업 세액감면 등은 고용창출 등의 투자세액공제 및 중소기업 사회보험료 세액공제와 중복공제되지 않는다. 중복공제하지 않았는가?

⑩ 창업중소기업 세액감면은 고용증대세액공제 또는 통합고용세액공제와 중복공제가 가

능하지만 창업중소기업세액감면 중 고용증가에 따른 추가감면을 받는 경우라면 고용 관련 세액공제는 중복적용하지 않는다. 확인하였는가?

⑪ 창업중소기업 세액감면 등은 농어촌특별세는 비과세이다. 검토하였는가?

⑫ 창업중소기업 세액감면 등은 최저한세에 해당된다. 최저한세 검토를 하였는가? 참고로 2018년 창업분부터 적용되는 청년창업과 소규모사업자창업, 위기지역 창업으로 100% 감면이 적용되거나 조세특례제한법 제6조 제6항에 따른 추가감면은 최저한세에 해당되지 않으며 2017년부터는 중소기업 유예기간 불인정 사유에 해당하는 조세특례제한법시행령 제2조 제2항 각호의 경우(유예기간 중의 법인 및 중견기업·대기업과의 합병, 2년 이내 기준초과 등) 감면적용에서 제외된다.

⑬ 청년창업중소기업 세액감면의 경우 법인의 최대주주 및 개인 공동사업의 최대출자자가 아니게 된 경우에 해당 사업연도부터 감면을 적용받지 못한다. 최대주주와 최대출자자가 변경되었는가?

⑭ 추계신고시 등에 대해서는 창업세액감면 등을 적용받지 못한다. 해당 내용을 확인하였는가?

실무Tip __ 실질 창업으로 보지 않는 경우(조특법 §6 ⑩)

다음의 경우에는 실질 창업으로 보지 않으므로 창업중소기업 세액감면을 적용받을 수 없다.

(1) 합병·분할·현물출자 또는 사업의 양수를 통하여 종전의 사업을 승계하거나 종전의 사업에 사용되던 자산을 인수 또는 매입하여 같은 종류의 사업을 하는 경우. 다만, 다음의 어느 하나에 해당하는 경우는 제외한다.
   ① 종전의 사업에 사용되던 자산을 인수하거나 매입하여 같은 종류의 사업을 하는 경우 그 자산가액의 합계가 사업 개시 당시 토지·건물 및 기계장치 등 사업용자산의 총가액에서 차지하는 비율이 100분의 30 이하인 경우
   ② 사업의 일부를 분리하여 해당 기업의 임직원이 사업을 개시하는 경우로서 다음의 요건에 해당하는 경우(2018년 이후 창업하는 분부터 적용)
      • 기존사업자와 사업분리에 관한 계약을 체결
      • 사업을 개시하는 자가 새로 설립되는 기업의 대표자로서 최대주주 또는 최대 출자자

(2) 거주자가 하던 사업을 법인으로 전환하여 새로운 법인을 설립하는 경우

(3) 폐업 후 사업을 다시 개시하여 폐업전의 사업과 같은 종류의 사업을 하는 경우

(4) 사업을 확장하거나 다른 업종을 추가하는 경우 등 새로운 사업을 최초로 개시하는 것으로 보기 곤란한 경우

(3) 연구인력개발비 세액공제 관련 유의사항

① 신고 또는 인정받은 연구소나 연구전담부서가 설치되어 있는가? 기초연구진흥및기술

개발지원에관한법률에 따라 인정받은 연구소 등을 말하는 것임.

② 연구소 인가일 이후에 지출된 비용에 대해서만 공제를 받았는가?

③ 연구소의 인가가 취소된 경우 취소일까지 비용에 대해서만 공제를 받았는가?

④ 연구인력개발비 세액공제율을 적절하게 적용하였는가?

⑤ 세액공제를 신청한 연구전담요원, 연구보조요원 등이 연구소 또는 전담부서에서 연구업무에 종사하는 연구요원 및 이들의 연구업무를 직접적으로 지원하는 자 또는 연구개발서비스업에 종사하는 전담요원에 해당하는가?

참고로 연구개발 활동에 포함되지 않는 항목을 열거하면 다음과 같다.

> ㉠ 일반적인 관리 및 지원활동
> ㉡ 시장조사와 판촉활동 및 일상적인 품질시험
> ㉢ 반복적인 정보수집 활동
> ㉣ 경영이나 사업의 효율성을 조사 · 분석하는 활동
> ㉤ 특허권의 신청 · 보호 등 법률 및 행정 업무
> ㉥ 광물 등 자원 매장량 확인, 위치확인 등을 조사 · 탐사하는 활동
> ㉦ 위탁받아 수행하는 연구활동
> ㉧ 이미 기획된 콘텐츠를 단순 제작하는 활동
> ㉨ 기존에 상품화 또는 서비스화 된 소프트웨어 등을 복제하여 반복적으로 제작하는 활동

⑥ 주주인 임원 등이 연구전담요원인 경우 다음의 어느 어느 하나에 해당되면 해당 연구전담요원 등의 인건비에 대해서는 세액공제를 적용받지 못한다. 확인하였는가?

㉠ 부여받은 주식매수선택권을 모두 행사하는 경우 당해 법인의 총발행주식의 10%를 초과하여 소유하게 되는 자

㉡ 당해 법인의 지배주주등* 및 당해 법인의 총발행주식의 10%를 초과하여 소유하는 주주

* 법인의 발행주식총수 또는 출자총액의 1% 이상의 주식 또는 출자지분을 소유한 주주등으로서 그와 특수관계에 있는 자와의 소유 주식 또는 출자지분의 합계가 해당 법인의 주주등 중 가장 많은 경우의 해당 주주등(법령 §47 ⑦)

㉢ 위 ㉡에 해당하는 자(법인 포함)와 특수관계인

✎ 단, 독점규제 및 공정거래에 관한 법률에 따른 기업집단에 속하는 법인에 소속된 다른 계열회사 및 그 계열회사의 임원이 당해 법인의 임원인 경우는 제외함

⑦ 세액공제를 신청한 연구전담용원, 연구보조요원 등이 연구소 등의 업무만을 수행하였는가? 회사의 수익사업 프로젝트 등과 관련하여 기술영업 등의 일반 매출활동 등을 수행하는 등 연구개발업무 외 다른 업무를 전혀 수행하지 않았는가?

⑧ 세액공제를 신청한 연구전담요원, 연구보조요원 등이 연구소 등에 상시적으로 근무하는 것이 조직도(연구소 조직도), 인사발령서류(근무부서, 발령일), 연구소 내부 도면 등을 통해 확인되는가?

⑨ 세액공제를 받을 수 있는 인건비 등의 지출이 별표6과 별표7에 해당하는 지출금액인가? 소득세법에 따른 퇴직소득에 해당하는 금액, 소득세법 및 법인세법에 따른 퇴직급여충당금, 법인세법 시행령에 따른 퇴직연금 등의 부담금 및 소득세법 시행령에 따른 퇴직연금계좌에 납부한 부담금에 대해서는 세액공제를 적용받을 수 없으며 연구전담요원 등에 대한 국민연금, 건강보험 그리고 고용보험 사용자부담금은 세액공제를 적용받을 수 있다. 확인하였는가?

참고로 이와 관련된 유의사항을 정리해보면 다음과 같다.

> ① 연구소 또는 연구전담부서에서 근무하는 직원에 대한 인력개발비로 한정(연구관리직원 인건비는 제외)
> ② 다른 업무를 겸직하는 연구원 인건비는 제외
> ③ 정부 출연금 등을 받아 지출한 R&D비용은 제외
> ④ 연구전담부서의 연구용 견본품 · 부품 · 원재료와 시약류 구입비는 포함되나 소모품비, 복리후생비는 제외
> ⑤ 연구전담부서에서 직접 사용하기 위한 컴퓨터하드웨어 또는 소프트웨어 등 연구 · 시험용 시설의 구입비용은 제외되나 해당 시설의 임차비용은 포함

⑩ 중소기업 청년근로자 및 핵심인력 성과보상기금(일명 내일채움공제)에 대한 기업납입금에 대해서 일반연구인력개발비세액공제를 적용받을 수 있다. 가입이 되어 있는 경우 확인하였는가?

⑪ 연구인력개발비 세액공제는 다른 세액공제와 세액감면과 중복해서 공제 가능하다. 중복공제 적용하였는가?

⑫ 연구인력개발비 세액공제는 농어촌특별세 적용대상이 아니다. 해당 사항을 검토하였는가?

⑬ 중소기업의 연구인력개발비 세액공제는 최저한세가 적용되지 않지만, 중소기업 외 연구인력개발비 세액공제는 최저한세 적용대상이다. 최저한세 검토를 하였는가?

⑭ 정부로부터 출연받은 출연금에 대해서는 연구인력개발비 세액공제가 적용되지 않는다. 해당 출연금으로 지출한 금액에 대해서 세액공제를 받았는가?

실무Tip _ 연구인력개발비세액공제시의 연구총괄계획표 제출

2020.1.1. 이후 개시하는 과세연도 분부터는 연구인력개발비세액공제 사후관리를 강화하기 위해서 연구인력개발비 활동과 관련된 증빙서류(연구개발계획서, 연구개발보고서 및 연구노트 등 증거서류)를 작성 · 보관해야 하며, 연구인력개발비세액공제 신청시 연구과제 총괄표를 함께 제출하도록 세법이 개정되었으므로 연구인력개발비 세액공제시 유의하여야 한다(조특령 §9 ⑨).

(4) 통합투자세액공제 관련 유의사항

① 통합투자세액공제는 모든 개인사업자 및 내국법인을 원칙으로 하되 부동산 임대 및 공급업 그리고 소비성서비스업은 제외한다. 대상자와 업종요건을 확인하였는가?

② 공제대상 자산을 확인하였는가? 공제대상 자산은 아래와 같고 리스자산 중에서 운용리스는 제외하나 금융리스로 신규 취득한 경우는 해당되며 운용리스자산을 금융리스자산으로 변경한 경우는 신규 투자로 보지 않는다.

① 기계장치 등 사업용 유형자산에 해당하는지
 - 토지, 건축물, 차량, 비품 등은 공제대상 제외(조세령 §21 ②)
② 연구 · 인력개발, 에너지절약 및 환경보전 시설, 업종별 특성을 감안한 필수적인 자산(조특령 §21 ③)에 해당하는지
③ 중소기업 및 중견기업이 취득한 취득하는 지식재산(특허권 · 실용신안권 · 디자인권)에 해당하는지(조특령 §21 ③)

③ 통합투자세액공제는 수도권과밀억제권역 밖 투자만 공제받을 수 있다. 투자지역을 확인하였는가? 참고로 대체투자의 경우 수도권과밀억제권역에서 투자시 공제가 가능한데 해당 내용을 정리하면 다음과 같다.

〈수도권과밀억제권역에서 투자시 공제 여부〉

구 분		대체투자	증설투자
중소기업		○	×[*1]
그 외 기업	1989.12.31. 이전부터 수도권과밀억제권역에서 계속하여 사업을 경영	○	×[*1]
	1990.1.1. 이후 수도권과밀억제권역에서 사업을 개시 또는 이전	×[*2]	×[*1]

*1. 산업단지 또는 공업지역 내 투자, 방송장비 · 정보통신장비 등의 사업용 고정자산 취득은 공제가능
*2. 방송장비 · 정보통신장비 등의 사업용 고정자산 취득은 공제가능

④ 통합투자세액공제는 기본공제 금액과 추가공제 금액을 합한 금액을 해당 투자가 이루어지는 과세연도의 법인세 또는 소득세에서 공제한다. 공제율 적용을 확인하였는가?

⑤ 세액공제 적용 대상 투자가 2개 이상의 과세연도에 걸쳐서 이루어지는 경우에는 그 투자가 이루어지는 과세연도마다 해당 과세연도에 투자한 금액에 대하여 세액공제를 적용한다. 확인하였는가?

⑥ 투자완료일로부터 2년(건축물과 구축물의 경우는 5년)이 지나기 전에 해당 자산을 처분하거나 임대하는 경우에는 처분한 날이 속하는 과세연도의 과세표준신고를 할 때 해당 자산에 대한 세액공제 상당액에 이자를 가산하여 법인세 또는 소득세로 납부하여야 한다. 확인하였는가?

⑦ 각종 세액감면하고 중복적용되지 않는다. 다만, 이월된 통합투자세액공제와 해당연도의 세액감면은 중복적용이 가능하다. 확인하였는가?

⑧ 농어촌특별세액 과세대상이며 최저한세 대상이다. 확인하였는가?

⑨ 결손 또는 최저한세의 적용으로 공제 받지 못한 통합투자세액공제는 10년간 이월공제가 가능하다. 확인하였는가?

⑩ 개인사업자의 경우 부동산 임대소득을 제외한 사업소득에서만 공제하다. 확인하였는가?

(5) 고용을 증대시킨 기업에 대한 세액공제 유의사항

① 고용을 증대시킨 기업에 대한 세액공제는 모든 개인사업자 및 내국법인을 원칙으로 하고 소비성서비스업은 제외한다. 대상자와 업종요건을 확인하였는가?

② 청년등 상시근로자와 청년등 외 상시근로자의 증가를 확인하였는가?

③ 기업규모에 따라 청년등 상시근로자와 청년등 외 상시근로자의 공제금액이 상이하다. 기업규모와 각각의 공제금액을 확인하였는가?

④ 고용을 증대시킨 기업에 대한 세액공제는 고용이 유지되는 경우 중소기업과 중견기업은 3년간, 대기업은 2년간 연속하여 공제가 가능하다. 2차연도와 3차연도 공제가능 여부를 확인하였는가?

⑤ 최초로 공제를 받은 과세연도의 종료일로부터 2년이 되는 날이 속하는 과세연도의 종료일까지의 기간 중 전체 상시근로자(청년등 상시근로자+청년등 외 상시근로자)의 수가 최초로 공제를 받은 과세연도에 비하여 감소한 경우에는 감소한 과세연도부터 세액공

제(청년 등 세액공제+청년 등외 세액공제)를 적용하지 아니하고, 청년등 상시근로자의 수만 최초로 공제를 받은 과세연도에 비하여 감소한 경우(청년등 상시근로자수는 감소하였으나 청년등과 청년등 외 상시근로자수를 합한 상시근로자는 증가 · 유지하는 경우를 말함)는 감소한 과세연도부터 청년 등 세액공제를 적용하지 아니한다. 확인하였는가?

〈추가공제 적용사례, 2025 법인세 신고실무, 배택현 저, 한국세무사회 p.409 참고〉

구 분	청년등 감소, 전체 상시근로자 감소	청년등 증가 · 유지 전체 상시근로자 감소	청년등 감소, 전체 상시근로자 증가 · 유지	청년등 증가 · 유지 전체 상시근로자 증가 · 유지
청년등 공제	×	×	×	○
청년등 외 공제	×	×	○	○

* ○는 공제가능, × 공제 불가를 의미함.

⑥ 위 ⑤의 경우 이미 공제받은 세액에 상당하는 금액을 법인세 또는 소득세로 납부하여야 한다. 확인하였는가?

⑦ 고용을 증대시킨 기업에 대한 세액공제는 중소기업특별세액감면 또는 창업중소기업 세액감면(고용증가에 따른 추가감면은 제외)과 중복적용이 가능하며 중소기업 고용증가 사회보험료 세액공제, 통합투자세액공제, 연구인력개발비 세액공제 등 다른 세액공제와 중복적용이 가능하다. 확인하였는가?

⑧ 농어촌특별세액 과세대상이며 최저한세 대상이다. 확인하였는가? 단, 위 ⑥에 해당되어 법인세 또는 소득세를 납부하는 경우 농어촌특별세 과세금액은 환급되어야 하므로 납부할 농어촌특별세액에서 차감하거나 차감할 세액이 없는 경우 일반환급 신청을 하되 법인세 또는 소득세 납부시 충당신청을 하면 될 것으로 판단된다.

⑨ 결손 또는 최저한세의 적용으로 공제 받지 못한 세액공제액은 10년간 이월공제가 가능하다. 확인하였는가?

⑩ 개인사업자의 경우 부동산 임대소득을 제외한 사업소득에서만 공제하다. 확인하였는가?

(6) 중소기업 고용증가 인원 사회보험료 세액공제 유의사항

① 중소기업에 해당이 되어야 고용증가 사회보험료 세액공제를 받을 수 있다. 중소기업 충족여부를 검토하였는가?

② 청년등 상시근로자와 청년등 외 상시근로자의 증가와 공제율을 확인하였는가?

③ 회사부담분 사회보험료율을 확인하였는가? 단, 2020년부터는 사용자 부담분 중 국가 등의 보조금과 감면액(두루누리 지원금)은 제외하여야 한다. 확인하였는가?

④ 2018년부터 중소기업 고용증가 인원 사회보험료 세액공제는 고용이 유지되는 경우 2년간 연속하여 공제가 가능하다. 추가 공제여부를 확인하였는가?

⑤ 2022년 이후 인원이 증가하여 세액공제를 받는 분부터는 최초로 공제를 받은 과세연도의 종료일로부터 1년이 되는 날이 속하는 과세연도의 종료일까지의 기간 중 전체 상시근로자 또는 청년 등 상시근로자의 수가 감소하는 경우에는 추가납부세액을 계산하여 납부하여야 한다. 확인하였는가?

⑥ 농어촌특별세액는 비과세이지만 최저한세는 적용대상이다. 확인하였는가?

⑦ 중소기업 고용증가 인원 사회보험료 세액공제는 고용 증가를 요건으로 하는 고용을 증대시킨 기업에 대한 세액공제와 요건이 거의 동일하고 중복적용 배제에 해당되지 않으므로 중복공제가 가능하며 다른 세액공제와도 중복공제가 가능하다. 확인하였는가?

⑧ 중소기업 고용증가 인원 사회보험료 세액공제는 세액감면하고는 중복적용되지 않지만 2018년부터 중소기업특별세액감면하고는 중복적용이 가능하다. 확인하였는가?

⑨ 개인사업자의 경우 부동산 임대소득을 제외한 사업소득에서만 공제하다. 확인하였는가?

(7) 통합고용세액공제 관련 유의사항

① 고용과 관련하여 여러 규정으로 분산되어 있었던 5가지의 세액공제를 전부 통합하여 2023년부터 통합고용세액공제를 신설하였지만 2023년과 2024년은 통합고용세액공제와 기존의 고용관련 개별 세액공제 중 선택하여 적용할 수 있다. 확인하였는가? 참고로 5가지의 세액공제는 다음과 같다.

- 고용을 증대시킨 기업에 대한 세액공제(조특법 §29의 7)
- 중소기업 사회보험료 세액공제(조특법 §30의 4)
- 정규직 근로자의 전환에 따른 세액공제(조특법 §30의 2)
- 경력단절 여성 고용 기업에 대한 세액공제(조특법 §29의 3 ①)
- 육아휴직 복귀자에 대한 세액공제(조특법 §29의 3 ②)

② 통합고용세액공제는 모든 개인사업자 및 내국법인을 원칙으로 하고 소비성서비스업은 제외한다. 대상자와 업종요건을 확인하였는가?

③ 청년등 상시근로자와 청년등 외 상시근로자의 증가를 확인하였는가? 참고로 고용을 증대시킨 기업에 대한 세액공제 등의 청년은 29세 이하지만 통합고용세액공제의 청년

은 34세 이하이다.

④ 기업규모에 따라 청년등 상시근로자와 청년등 외 상시근로자의 기본공제금액이 상이하다. 기업규모와 각각의 공제금액을 확인하였는가?

〈고용증가인원 1인당 통합고용세액공제금액〉

(만원)

구 분	중소기업		중견기업	대기업
	수도권	지방		
그 외 상시근로자	850	950	450	–
청년정규직, 장애인, 60세 이상 근로자 등	1,450	1,550	800	400

* 청년정규직 근로자란 15세 이상 34세 이하로서 기간제 · 단시간 근로자, 파견근로자, 청소년유해업소 근무 청소년 등을 제외한 근로자

* 장애인근로자란 「장애인복지법」의 적용을 받은 장애인과 「국가유공자 등 예우 및 지원에 관한 법률」에 따른 상이자

⑤ 중소기업 또는 중견기업이 비정규직 근로자를 정규직근로자로 전환(2024.12.31.까지 전환한 경우를 말함)시키거나 육아휴직복귀대상자를 복귀(2025.12.31.까지 복구시키는 경우를 말함)시키는 경우 추가공제를 적용할 수 있다. 확인하였는가?

다만, 해당 추가공제는 해당 과세연도에 해당 중소기업 또는 중견기업의 상시근로자 수가 직전 과세연도의 상시근로자 수보다 감소한 경우에는 공제하지 아니하며 소득세 또는 법인세를 공제받은 자가 각각 정규직 근로자로의 전환일 또는 육아휴직 복직일부터 2년이 지나기 전에 해당 근로자와의 근로관계를 종료하는 경우에는 근로관계가 종료한 날이 속하는 과세연도의 과세표준신고를 할 때 공제받은 세액에 상당하는 금액을 추징함에 유의하여야 한다.

〈직전 과세연도보다 상시근로자 수 감소하지 않은 경우 1인당 공제금액〉

(만원)

구 분	중소기업	중견기업
정규직전환 근로자, 육아휴직 복귀자	1,300	900

* 정규직 전환으로 인한 추가 세액공제란?

중소기업 또는 중견기업이 2023.6.30. 당시 고용하고 있는 기간제 및 단시간근로자 보호 등에 관한 법률에 따른 기간제근로자 및 단시간근로자, 파견근로자 보호 등에 관한 법률에 따른 파견근로자, 하도급거래 공정화에 관한 법률에 따른 수급사업자에게 고용된 기간제근로자 및 단시간근로자를 2024.1.1.부터 2024.

12.31.까지 기간의 정함이 없는 근로계약을 체결한 근로자로 전환하거나 파견근로자 보호 등에 관한 법률에 따라 사용사업주가 직접 고용하거나 하도급거래 공정화에 관한 법률 제2조 제2항 제2호에 따른 원사업자가 기간의 정함이 없는 근로계약을 체결하여 직접 고용하는 경우(정규직 근로자로의 전환)를 말함

* 육아휴직복귀자란?

육아휴직복귀자란 다음의 요건을 모두 충족한 근로자를 말한다.

① 해당 기업에서 1년 이상 근무하였을 것

② 육아휴직 기간이 연속하여 6개월 이상일 것

③ 해당 기업의 최대주주 또는 최대출자자(개인사업자의 경우에는 대표자를 말함)나 그와 특수관계에 있는 사람이 아닐 것

⑥ 통합고용세액공제는 고용이 유지되는 경우 중소기업과 중견기업은 3년간, 대기업은 2년간 연속하여 공제가 가능하다. 2차년도와 3차년도 공제가능 여부를 확인하였는가?

⑦ 최초로 공제를 받은 과세연도의 종료일로부터 2년(대기업은 1년)이 되는 날이 속하는 과세연도의 종료일까지의 기간 중 전체 상시근로자(청년등 상시근로자+청년등 외 상시근로자)의 수가 최초로 공제를 받은 과세연도에 비하여 감소한 경우에는 감소한 과세연도부터 세액공제(청년 등 세액공제+청년 등외 세액공제)를 적용하지 아니하고, 청년등 상시근로자의 수만 최초로 공제를 받은 과세연도에 비하여 감소한 경우(청년등 상시근로자수는 감소하였으나 청년등과 청년등 외 상시근로자수를 합한 상시근로자는 증가 · 유지하는 경우를 말함)는 감소한 과세연도부터 청년 등 세액공제를 적용하지 아니한다. 확인하였는가?

〈추가공제 적용사례, 2025 법인세 신고실무, 배택현 저, 한국세무사회 p.409 참고〉

구 분	청년등 감소, 전체 상시근로자 감소	청년등 증가 · 유지 전체 상시근로자 감소	청년등 감소, 전체 상시근로자 증가 · 유지	청년등 증가 · 유지 전체 상시근로자 증가 · 유지
청년등 공제	×	×	×	○
청년등 외 공제	×	×	○	○

* ○는 공제가능, × 공제 불가를 의미함.

⑧ 위 ⑦의 경우 이미 공제받은 세액에 상당하는 금액을 법인세 또는 소득세로 납부하여야 한다. 확인하였는가?

⑨ 정규직 전환과 육아휴직 복귀자에 대한 추가공제를 받은 경우 정규직 전환일과 육아휴직 복귀일로부터 2년이 지나기 전에 해당 근로자와의 근로관계를 종료하는 경우에는 근로관계가 종료한 날이 속하는 과세연도의 과세표준신고를 할 때 공제받은 세액에

상당하는 금액(공제금액 중 공제받지 못하고 이월된 금액이 있는 경우에는 그 금액을 차감한 후의 금액임)을 법인세 또는 소득세로 납부하여야 한다. 확인하였는가?

⑩ 통합고용세액공제는 중소기업특별세액감면 또는 창업중소기업 세액감면(고용증가에 따른 추가감면은 제외)과 중복적용이 가능하며 다른 세액공제와 중복적용이 가능하다. 확인하였는가?

⑪ 통합고용증대세액공제는 통합투자세액공제 등 투자세액공제와 연구 · 인력개발비 세액공제 등의 세액공제와 중복적용이 가능하다. 확인하였는가?

⑫ 통합고용증대세액공제는 고용증대세액공제 및 중소기업사회보험료 세액공제와 중복적용을 받을 수 없지만 통합고용증대세액공제는 1차년도를 적용하고 고용증대세액공제 및 중소기업사회보험료 세액공제는 2차년도 또는 3차년도 세액공제를 적용받을 수 있다. 확인하였는가?

⑬ 농어촌특별세액 과세대상이며 최저한세 대상이다. 확인하였는가? 단, 위 ⑦과 ⑧에 해당되어 법인세 또는 소득세를 납부하는 경우 농어촌특별세 과세금액은 환급되어야 하므로 납부할 농어촌특별세액에서 차감하거나 차감할 세액이 없는 경우 일반환급 신청을 하되 법인세 또는 소득세 납부시 충당신청을 하면 될 것으로 판단된다.

⑭ 결손 또는 최저한세의 적용으로 공제 받지 못한 세액공제액은 10년간 이월공제가 가능하다. 확인하였는가?

⑮ 개인사업자의 경우 부동산 임대소득을 제외한 사업소득에서만 공제하다. 확인하였는가?

실무Tip _ 고용관련 세액공제와 관련된 청년 근로자의 범위와 유의사항

고용증대세액공제와 사회보험료 세액공제 적용시의 청년 정규직근로자 등을 정리하면 다음과 같다. 참고로 통합고용세액공제 적용시의 청년 근로자의 나이는 15세 이상 34세 이하이다.

(1) 청년 정규직근로자, 장애인 그리고 60세 이상 고령자(이하 '청년등'이라 함)

청년 정규직 근로자와 장애인 근로자 그리고 60세 이상 고령자는 다음과 같다(조특법 §29의 7, 조특령 §26의 7 ③).

① 15세 이상 29세 이하인 사람 중 다음의 어느 하나에 해당하는 사람을 제외한 사람. 다만, 해당 근로자가 병역을 이행한 경우에는 그 기간(6년 한도)을 현재 연령에서 빼고 계산한 연령이 29세 이하인 사람을 포함한다.
   ㉠ 기간제 및 단시간근로자 보호 등에 관한 법률에 따른 기간제근로자 및 단시간근로자
   ㉡ 파견근로자보호 등에 관한 법률에 따른 파견근로자
   ㉢ 청소년 보호법 제2조 제5호 각 목에 따른 업소에 근무하는 같은 조 제1호에 따른 청소년

② 장애인복지법의 적용을 받는 장애인, 국가유공자 등 예우 및 지원에 관한 법률에 따른 상이자, 5 · 18민주유공자예우 및 단체 설립에 관한 법률 제4조 제2호에 따른 5 · 18민주화운동부상자와 고엽제후유의증 등 환자지원 및 단체설립에 관한 법률 제2조 제3호에

따른 고엽제후유의증환자로서 장애등급 판정을 받은 사람
③ 근로계약 체결일 현재 연령이 60세 이상인 사람(2021.2.17. 신설)

(2) 상시근로자

상시근로자는 근로기준법에 따라 근로계약을 체결한 내국인 근로자로 한다. 다만, 다음에 해당하는 사람은 제외한다(조특법 §29의 7, 조특령 §26의 7 ②, 조특령 §23 ⑩).

① 근로계약기간이 1년 미만인 근로자. 다만, 근로계약의 연속된 갱신으로 인하여 그 근로계약의 총기간이 1년 이상인 근로자는 제외함
② 근로기준법 제2조 제1항 제9호에 따른 단시간근로자로서 1개월간의 소정근로시간이 60시간 미만인 근로자
③ 법인의 임원
④ 해당 기업의 최대주주 또는 최대출자자(개인사업자의 경우에는 대표자를 말함)와 그 배우자
⑤ ④에 해당하는 자의 직계존비속(그 배우자 포함) 및 친족관계인 사람(4촌 이내 혈족, 3촌 이내 인척)
⑥ 근로소득원천징수부에 의하여 근로소득세를 원천징수한 사실이 확인되지 아니하고, 다음의 어느 하나에 해당하는 금액의 납부사실도 확인되지 아니하는 자
  ㉠ 국민연금법 제3조 제1항 제11호 및 제12호에 따른 부담금 및 기여금
  ㉡ 국민건강보험법 제69조에 따른 직장가입자의 보험료

(3) 상시근로자수와 청년등 상시근로자수의 계산

상시근로자와 청년 등 상시근로자의 수는 다음과 같이 계산하며 소숫점 셋째자리를 절삭한다(조특령 §26의 7 ⑦).

상시근로자수＝해당기간의 매월말 현재 상시근로자수의 합÷해당 기간의 개월수 청년등 상시근로자수＝해당기간의 매월말 현재 청년등 상시근로자수의 합÷해당 기간의 개월수

단시간근로자는 상시근로자에 제외되지만 1개월간의 소정근로시간이 60시간 이상인 근로자로서 상시근로자에 포함하는 경우의 근로자 1명은 0.5명으로 하여 계산한다.
그러나 단시간근로자 중 아래의 요건을 모두 갖춘 상용형 시간제 근로자는 0.75명으로 계산한다(조특령 §26의 7 ⑧, 조특령 §23 ⑪ 각호 외의 부분 후단 및 같은 항 2호).

① 해당 과세연도의 상시근로자 수(1개월의 소정근로시간이 60시간 이상인 근로자는 제외)가 직전 과세연도의 상시근로자 수(1개월의 소정근로시간이 60시간 이상인 근로자는 제외)보다 감소하지 아니하였을 것
② 기간의 정함이 없는 근로계약을 체결하였을 것
③ 상시근로자와 시간당 임금(근로기준법 제2조 제1항 제5호에 따른 임금, 정기상여금 · 명절상여금 등 정기적으로 지급되는 상여금과 경영성과에 따른 성과금을 포함), 그 밖에 근로조건과 복리후생 등에 관한 사항에서 기간제 및 단시간근로자 보호 등에 관한 법률 제2조 제3호에 따른 차별적 처우가 없을 것
④ 시간당 임금이 최저임금법 제5조에 따른 최저임금액의 30%(중소기업의 경우에는 20%) 이상일 것

(4) 고용증대세액공제와 중소기업사회보험료세액공제 인원 계산과 나이 계산 유의사항 (2025년 법인세 신고실무, 배택현 저, 한국세무사회, p.403 참고)

① 세법상 근무인원수는 별도의 규정이 없는 한 12월말 근무인원이 아니고 매월말 근무인원

을 합하여 사업연도 월수로 나눈 금액을 말한다. 따라서 매월 말일자 퇴사자는 퇴사한 월을 근무월수에 포함한다(법인-812, 2009.7.15.).

② 청년과 60세 이상 등 나이의 계산시 초일을 산입하여 계산하며, 청년의 경우 29세 이하는 30세 미만과 동일한 뜻이며, 이때도 매월말을 기준으로 청년등의 인원수를 합하여 사업연도 월수로 나누어 청년 인원수를 계산한다.

③ 사후관리에 의한 감소인원 계산시 공제받은 과세연도의 종료일 현재 29세 이하인 사람은 이후 과세연도에도 29세 이하인 것으로 본다.

해당 규정은 퇴사하지 않았음에도 불구하고 다음연도에 30세 이상이 되어 청년 근로자수에서 제외되면 사후관리 규정에 의하여 세액공제를 추징당하게 되는 모순이 발생하므로 이를 방지하고자 하는데 목적이 있는 것으로 보인다. 다만, 해당 연도 청년 근로자수 증가인원에 대한 세액공제 여부 판단에서는 포함되지 않음에 유의하여야 한다.

④ 1995.8.31. 출생자의 경우 2025.8.31.부터 30세에 해당하므로 2025.1.1. 근로계약을 체결한 경우 7월말까지는 청년에 해당하므로 2025년 청년인원수는 7/12명으로 계산된다.

⑤ 인원수 계산시 100분의 1 미만은 없는 것으로 하므로 결국 소수점 셋째자리 이하는 절삭한다.

⇒ 7/12=0.5833이므로 인원계산시 0.58명으로 하는 것이다.

(5) 통합고용증대세액공제 중 고용증대세액공제는 기존의 고용증대세액공제의 차이점[2)]

<table>
<tr><th>구 분</th><th>기존 고용증대세액공제</th><th>통합고용증대세액공제 중 고용증대세액공제</th></tr>
<tr><td>청년 등 상시근로자의 범위</td><td>① 15세 이상 29세 이하 청년
② 장애인, 국가유공자 등
③ 근로계약체결일 현재 60세 이상인 근로자</td><td>① 34세 이하 청년
② 장애인
③ 근로계약체결일 현재 60세 이상인 근로자
④ 경력단절여성</td></tr>
<tr><td>세액공제액</td><td>(단위 : 만원)<table><tr><th rowspan="2">구분</th><th colspan="2">중소기업</th><th rowspan="2">중견</th><th rowspan="2">일반</th></tr><tr><th>수도권</th><th>지방</th></tr><tr><td>청년</td><td>1,100</td><td>1,200</td><td>800</td><td>400</td></tr><tr><td>청년외</td><td>700</td><td>770</td><td>450</td><td>0</td></tr></table></td><td>(단위 : 만원)<table><tr><th rowspan="2">구분</th><th colspan="2">중소기업</th><th rowspan="2">중견</th><th rowspan="2">일반</th></tr><tr><th>수도권</th><th>지방</th></tr><tr><td>청년</td><td>1,450</td><td>1,550</td><td>800</td><td>400</td></tr><tr><td>청년외</td><td>850</td><td>950</td><td>450</td><td>0</td></tr></table></td></tr>
<tr><td>추가납부세액 처리방법</td><td>실제로 공제받은 세액 우선 납부 후 이월된 세액에서 차감(사전법령해석소득 2020-478, 2020.10.21.)</td><td>이월세액에서 우선 차감 후 잔액 납부(조특법 §29의 8 ②)</td></tr>
<tr><td>중소기업 사회보험료 세액공제</td><td>중복공제 가능</td><td>중복공제 불가</td></tr>
</table>

2) [국세상담센터] → [참고자료] → [법인세] → [참고자료]에서 '번호 23. 통합고용증대세제(조특법 §29의 8 ①) 및 고용증대세제(조특법 §29의 7) 차이 비교 발췌

3. 조세특례제한법상 세액감면 · 세액공제 관련 실무 적용사례

(1) 중소기업 특별세액감면 관련 예규

① '사기나 그 밖의 부정한 행위'로 쟁점금액을 과소신고한 것이 아니므로 일반과소신고 가산세 및 중소기업 특별세액감면을 적용해야 한다는 청구주장의 당부 등

청구인들이 현금수입을 신고 누락한 것 외 거짓증빙의 작성 등 다른 적극적인 부정행위를 한 사정이 발견되지 아니하는 점, 쟁점이자비용은 사업상 필요경비로 인정받을 수 있는 점 등에 비추어 쟁점금액에 대하여 부정과소신고 가산세를 적용하고 중소기업에 대한 특별세액감면의 적용을 배제한 이 건 처분은 잘못이 있음(조심 2015전397, 2015.6.4.).

② 복수의 사업장을 운영하고 있는 복식부기의무자인 청구인이 지정된 기한 내인 2008.3.31.까지 부동산임대업 사업장에 대하여 사업용계좌를 개설하여 신고하지 아니하였다 하여 당해 기한 내에 적법하게 사업용계좌를 개설하여 신고한 제조업 사업장에 대하여 중소기업에 대한 특별세액 감면 규정의 적용을 배제하고 종합소득세를 과세한 처분의 당부

조세특례제한법 제7조 제1항에 의하면 중소기업 중에 제조업 등 감면업종을 영위하는 기업에 대하여는 2008.12.31. 이전에 종료하는 과세연도까지 당해 사업장에서 발생한 소득에 대한 소득세 또는 법인세에 일정한 감면비율을 적용하여 산출하는 세액 상당액을 감면한다고 규정되어 있고, 같은 법 제128조 제4항 제1호에는 소득세법 제160조의 5 제3항의 규정에 따라 사업용계좌를 개설하여야 할 사업자가 이를 이행하지 아니하는 경우 해당 과세기간에 대하여 조세특례제한법 제7조(중소기업에 대한 특별세액감면)를 적용하지 아니한다고 규정되어 있는 바, 중소기업에 대한 특별세액감면규정은 국민경제의 기반이라 할 수 있는 중소기업의 육성 및 발전에 그 입법취지가 있는 것인 만큼, 복수사업장을 운영하는 사업자가 중소기업에 대한 특별세액감면을 신청한 당해 사업장에 대하여 사업용계좌를 미개설한 경우에만 중소기업에 대한 특별세액감면이 배제되는 것으로 보는 것이 입법취지 및 헌법상 비례의 원칙 등에 부합되는 합리적인 해석이라 하겠다(조심 2010구2880, 2010.11.23. 같은 뜻임). 그렇다면 이 건과 같이 사업용계좌를 개설신고하고 중소기업에 대한 특별세액감면을 신청한 제조업 사업장 외에 부동산임대업 사업장에 대하여도 기한 내에 사업용계좌를 개설하고 신고하여야 함에도 그러하지 아니하였다고 하여 처분청이 제조업 사업장에 대하여 중소기업에 대한 특별세액감면신청을 배제하고 납부지연 가산세를 가산하여 종합소득세를 과세한 처분은 잘못이 있는 것으로 판단된다(조심 2010부3767, 2010.12.29.).

③ 사업용계좌 지연 개설과 중소기업에 대한 특별세액감면

사업용계좌 지연 개설자에 대하여 미개설기간에 따라 가산세는 차등부과하고 있으나 중소기업 특별감면세액은 미개설기간을 안분계산하여 부과하는 것이 아니라 전체에 대하여 감면을 배제함이 타당함(조심 2010부2907, 2010.12.29.).

④ 조특법상 복수의 감면업종을 영위하는 청구법인의 감면소득을 산정함에 있어 특정감면업종의 결손금을 다른 감면업종의 소득에서 차감하여 감면세액을 재계산하고 가산세를 가산하여 과세한 처분의 당부

조세특례제한법에 따라 법인세가 감면되는 2개 이상의 감면사업을 겸영하는 법인이 그 감면대상소득을 계산함에 있어 감면되는 사업 중 일부 업종에서 결손금이 발생한 경우에는 법인세법 시행령 제96조 제1항 제1호에 따라 해당 결손금 전액을 감면대상소득에서 공제하는 것이므로, 처분청이 청구법인의 2개 감면사업 중 도매업에서 발생한 결손금을 제조업의 소득에서 공제하는 것으로 감면소득과 감면세액을 재계산하고 가산세를 가산하여 과세한 이 건 처분은 잘못이 없는 것으로 판단됨(조심 2009구2937, 2009.9.24.).

⑵ 창업중소기업 세액감면 등 관련 예규

① 개인사업을 계속하면서 동일업종의 법인을 설립하는 경우 창업에 해당하는지 여부

개인사업자가 그 사업을 계속하면서 개인사업을 승계하거나 인수하지 않고 다른 지역에 별도의 법인을 설립하는 경우 창업에 해당함(사전법규법인 2025-145, 2025.3.21.).

② 인적용역 사업소득자의 창업중소기업에 대한 세액감면 적용대상 여부

원천징수대상 사업소득만 있는 인적용역사업자가 조세특례제한법 제6조 제3항에 열거된 감면대상업종으로 사업자등록을 하고 사업을 개시하는 경우로서 법정된 요건을 충족하는 경우에는 창업중소기업에 대한 세액감면을 적용받을 수 있는 것임(사전법규소득 2024-961, 2024.12.26.)

✎ 인적용역 사업소득자가 사업자등록을 하지 않는 경우와 면세사업자로 등록되는 경우 등은 창업세액감면 대상 업종에 해당되지 않으므로 창업세액감면을 적용할 수 없는 것임.

③ 사업자등록 전 발생한 소득도 창업중소기업 세액감면 대상소득에 포함되는지 여부

개인사업자의 경우 창업 후 최초로 소득이 발생한 과세연도에 해당 사업에서 발생한 소득이라면, 사업자등록 전에 발생한 소득에 대해서도 「조세특례제한법」 제6조의 창업중소기업 세액감면이 적용되는 것임(기획재정부조세특례-742, 2022.11.1.).

④ 단독사업장에서 공동사업장으로 변경된 경우 청년창업중소기업에 대한 세액감면 적용여부

(질의내용)

○ 단독사업장으로 창업하여 조특법§6①에 따른 세액감면을 적용받고 있던 자가 해당 사업장을 공동사업장으로 변경한 경우에

  - 공동사업장에 공동사업자로 참여한 자가 쟁점감면을 적용받을 수 있는지 여부 및 단독사업장으로 창업하여 쟁점감면을 이미 적용받고 있던 자가 계속 쟁점감면을 적용받을 수 있는지 여부

[회신]

귀 해석요청의 경우, 조세특례제한법 제6조를 적용함에 있어서 기존사업장을 공동사업장으로

변경하면서 그 공동사업장의 구성원으로 참여하는 경우에는 창업에 해당하지 않고, 기존사업장에서 발생한 소득에 대한 소득세에 대해 같은 조 제1항에 따른 세액감면(쟁점감면)을 적용받고 있던 거주자가 기존사업장을 공동사업장으로 변경하는 경우로서 같은 법 시행령 제5조 제2항 및 제3항에 해당하지 않는 경우에는 해당 공동사업장의 손익분배비율에 의한 소득금액상당액에 대하여 쟁점감면을 적용받을 수 있는 것임(사전법규소득 2021-1673, 2022.6.14.).

⑤ 공동사업장의 청년창업중소기업에 대한 세액감면 적용 방법

공동사업의 경우 '창업' 및 '창업으로 보지 아니하는 경우'의 판단은 공동사업 구성원별로 판단하는 것이며, 청년창업중소기업의 여부는 창업자인 공동사업의 대표자(손익분배비율이 가장 큰 자, 손익분배비율이 가장 큰 자가 2명 이상인 경우 그 모두)를 기준으로 판단하는 것임(사전법령해석소득 2020-446, 2020.7.13.).

⑥ 프리랜서 미용사가 사업자등록을 하고 사업을 개시하는 경우 창업에 해당하는지 여부

원천징수대상 미용업 사업소득이 있던 미용사가 부가가치세법 제8조에 따라 사업자등록을 하고 사업을 개시하는 경우에는 조세특례제한법 제6조 제1항에 따른 감면을 적용 받을 수 있는 것임(사전법령해석소득 2019-88, 2019.4.18.).

✎ 국세청 해석사례집-검토내용

ㅇ 창업이란 중소기업을 새로이 설립하는 것을 말하는 것임
- 조세특례제한법에서는 "창업"에 대한 명문상의 정의가 없으나 조세특례제한법 집행기준 6-0-2【창업의 범위】에서 "창업이라 함은 중소기업을 새로이 설립하는 것을 말하는 것으로서 법인의 경우 창업일은 법인설립등기일이고 개인사업자의 경우 소득세법 또는 부가가치세법에 따른 사업자등록을 한 날이 된다"라고 규정하고 있으며,
- 중소기업창업지원법 제2조 및 같은법 시행령 제2조에서도 "창업"이란 중소 기업을 새로 설립하여 사업을 개시하는 것으로 정의하고 있음
- 또한 대법원에서도 '창업'이란 중소기업을 새로 설립하여 사업을 원시적으로 개시 하는 것으로 보고 있음(대법원 2008두14142, 2008.10.23.)

ㅇ 물적시설 없이 인적용역을 공급하던 자가 물적시설을 갖추고 사업을 개시하는 경우 부가가치세법상 과세사업자로서 창업한 것에 해당함
- 물적시설을 갖추고 부가가치세 과세대상 사업자로서 사업을 개시하는 경우 ① 영리를 목적으로 하고, ② 계획성 · 계속성을 가지며, ③ 재화와 용역을 공급하는 영업 활동을 하고, ④ 인적 · 물적 조직이 있으므로 기업에 범위에 부합하며, 해당 기업을 설립한 것이므로 "창업"으로 봄이 타당하며 기업이란 ① 영리를 목적으로 하고, ② 계획성 · 계속성을 가지며, ③ 재화와 용역을 공급하는 영업활동을 해야 하며, ④ 인적 · 물적 조직이 있어야 함 (2018년 개정판 알기 쉽게 풀어 쓴 중소기업 범위해설 p13, 중소벤처기업부)
- 창업일은 부가가치세법에 따른 사업자등록을 한 날임(조특법 집행기준6-0…2)
- 또한 조특법 §6의【창업중소기업 등에 대한 세액감면】의 취지는 새로이 자산을 취득하여 사업을 개시하는데 대하여 그 창업 의욕을 고취하고, 고용증진과 경제 성장을 이루기 위함으로서, 사업을 개시하는 사업자의 부담을 줄여주는 것에 그 의의가 있음
- 따라서 물적설비 등을 취득하여 부가가치세법상 사업자등록을 하고 사업을 개시한 질의인의 사실관계를 창업으로 보아 세액감면을 적용하는 것이 조특법 §6의 취지에도 부합하는 것임
- 부가가치세법상 사업자등록 이전에 인적용역을 공급을 한 경우는 해당 용역을 공급하고 얻은 소득이

사업소득으로 원천징수 되었지만 사업자등록도 하지 않았 으며, 기업을 설립을 한 것으로 볼 수도 없으므로 조특법 §6에 따른 "창업"을 한 것으로 볼 수 없음

⑦ 커피전문점이 창업중소기업 등에 대한 세액감면 적용대상 업종에 해당하는지 여부

창업중소기업 등에 대한 세액감면은 조세특례제한법 제6조 제3항 각 호에 따른 업종을 영위하는 중소기업을 창업하는 경우 적용되는 것으로 커피전문점은 이에 해당하지 않는 것임(서면상속증여 2014-204, 2017.2.14.).

✎ 창업중소기업 등에 대한 세액감면에 해당하는 음식점업의 한국표준산업분류코드는 '561'로 접객시설을 갖추고 구내에서 직접 소비할 수 있도록 주문한 음식을 조리하여 제공하는 음식점을 운영하거나 접객시설없이 고객이 주문한 음식을 직접 조리하여 배달 제공하는 사업활동을 말하는데 커피전문점이나 주스전문점, 찻집 등의 분류코드는 '숙박 및 음식점업'이지만 한국표준산업분류코드 소분류에서 '비알콜음료점업(분류코드 562)'으로 감면대상 분류코드 '561'이 아니므로 창업중소기업 등에 대한 세액감면이 적용이 불가능한 것이다.

⑧ 청구법인의 설립이 조세특례제한법 제6조 제6항에 따른 창업에 해당하지 아니한다고 보아 감면을 배제한 처분의 당부

청구법인이 새로운 설비를 들여놓고, 종업원을 고용하였으며, 매출도 계속 증가했다는 점은 인정되나 그 이유가 새로운 사업을 시작한 것이 아니라 배우자가 하던 사업을 승계(종업원 및 설비 일부 승계, 매출처 승계)한 데에서 비롯된 것으로 보이므로 청구법인의 설립은 그 대표이사의 배우자가 하던 사업을 확장한 것에 불과함. 따라서, 청구법인의 설립을 조세감면 혜택을 받을 수 있는 창업으로 인정하지 않는다고 판단됨. 다만, 청구법인이 이 사건 부동산을 취득한 후 창업중소기업에 대한 취득세 등 감면대상으로 하여 취득세 등을 신고한 사실이 확인되는 점 등에 비추어 무신고 가산세율(20%)이 아닌 과소신고 가산세율(10%)을 적용하는 것이 타당함(조심 2017지1108, 2018.4.6.).

⑨ 수정신고 안내에 따라 수정신고하면서 증액된 세액에 대하여 창업중소기업 등에 대한 세액감면을 적용할 수 있는지 여부

청구인은 처분청의 수정신고 안내문에 따라 가공경비 등을 제외하여 계상한 수정신고를 하였으므로 수정신고에 따라 증액된 세액에 대하여 창업중소기업 등에 대한 세액감면을 적용하여 달라는 청구주장을 받아들이기는 어려운 것으로 판단됨(조심 2013중4635, 2013.12.31.).

⑩ 벤처기업의 영업외수익이 법인세 감면대상소득에 해당되는지 여부

세액감면대상인 "당해 사업에서 발생한 소득"은 벤처기업 사업자체의 영업활동으로 인하여 정상적으로 발생하는 소득만을 의미한다고 할 것인데 이자소득은 사업자체의 영업활동과는 관계없이 독립적으로 얻은 소득에 불과하므로 법인세가 감면되는 소득의 범위에 속하지 않는다고 할 것임. 그럼에도 청구인이 세액감면대상을 임의로 해석하여 이자소득을 세액감면대상 소득에 포함시켜야 한다거나 가산세 부과가 잘못된 것이라고 주장하는 것은 모두 이유 없음(감심 2003-29, 2003.4.15.).

실무Tip _ 창업중소기업이 이전한 경우의 창업감면 적용여부

창업중소기업이 이전한 경우의 세법(조특령 §5 ㉕)이 2025.2.28.에 개정되었으니 참고하길 바란다.

개정 전	개정 후
법 제6조 제1항 · 제5항 · 제6항 및 제7항을 적용할 때 수도권과밀억제권역 외의 지역에서 창업한 창업중소기업이 창업 이후 다음 각 호의 어느 하나에 해당하는 사유가 발생한 경우에는 해당 사유가 발생한 날이 속하는 과세연도부터 남은 감면기간 동안 해당 창업중소기업은 수도권과밀억제권역에서 창업한 창업중소기업으로 본다. 1. 창업중소기업이 사업장을 수도권과밀억제권역으로 이전한 경우(2018.8.28. 신설) 2. 창업중소기업이 수도권과밀억제권역에 지점 또는 사업장을 설치(합병 · 분할 · 현물출자 또는 사업의 양수를 포함한다)한 경우(2018.8.28. 신설)	법 제6조 제1항 · 제6항 및 제7항을 적용할 때 수도권과밀억제권역 외의 지역에서 창업한 창업중소기업이 창업 이후 창업한 지역보다 같은 조 제1항 제1호 각 목 및 같은 조 제6항 제1호 각 목의 구분에 따른 비율이 더 낮은 지역으로 사업장을 이전하거나 해당 지역에 지점 또는 사업장을 설치(합병 · 분할 · 현물출자 또는 사업의 양수를 포함한다. 이하 이 항에서 같다)한 경우에는 해당 사유가 발생한 날이 속하는 과세연도부터 남은 감면기간 동안 해당 창업중소기업은 그 사업장을 이전하거나 지점 또는 사업장을 설치한 지역에서 창업한 창업중소기업으로 본다(2025.2.28. 개정).

(3) 연구인력개발비 세액공제 관련 예규

① 청년추가고용장려금으로 지급한 연구원 인건비의 연구 · 인력개발비 세액공제 대상 여부

시차출퇴근제 시행에 따른 고용안정장려금은 조세특례제한법 제10조의 2와 동법 시행령 제9조의 2 및 동법 시행규칙 제7조의 3에서 열거하고 있는 법률에 해당하지 아니하므로 조세특례제한법 시행령 제9조제1항 제1호에 해당하지 않는 것임(서면법인 2020-416, 2021.5.13.). 따라서 고용창출을 목적으로 하는 장려금을 지급받아 연구원의 급여를 지급하는 경우, 조세특례제한법 제10조의 2에서 규정한 출연금 등에 해당되지 않으므로 연구인력개발비세액공제가 가능한 것임.

② 고용창출 등을 목적으로 고용노동부 및 중소벤처기업부로부터 지급받는 지원금이 연구 · 인력개발비 세액공제 대상에 해당하는지 여부

(질의내용)

○ 내국법인이 국가로부터 연구개발 또는 인력개발이 아닌 고용창출 등을 목적으로 지급받은 각종 지원금을 사용하여 지출하는 연구 · 인력개발비에 대하여도 연구 · 인력개발비 세액공제 적용이 가능한지 여부

구 분	개 요
청년추가 고용장려금	청년을 정규직으로 추가로 고용한 중소 · 중견기업에 인정비를 지원함으로써 양질의 청년일자리 창출을 위한 지원
육아휴직장려금	근로자에게 육아휴직을 30일 이상 부여하고, 육아휴직 등 당해 직장에 복귀한 근로자를 30일 이상 고용한 경우 지원
유연근무제 고용장려금	시차출근제, 선택근무제, 재택근무제, 원격근무제 등 유연근무제를 도입할 경우 지원
중소기업 연구인력 지원 사업	학위 및 경력 조건에 해당하는 연구 인력을 채용할 경우 지원

[회신]

내국법인이 국가로부터 연구개발 또는 인력개발이 아닌 고용창출 등을 목적으로 지급받은 각종 지원금을 사용하여 연구개발비 또는 인력개발비로 지출하는 경우, 해당 연구 · 인력개발비 지출액은 조세특례제한법 시행령 제9조제 1항 제2호의 연구개발충련금에 적용되지 않는 것이므로 세액공제가 가능함(서면법령해석법인 2020－3626, 2021.1.7.).

③ 국민연금 사용자부담금 연구인력개발비 세액공제 여부

국민연금 사용자부담금은 소득세법상 비과세소득에서 삭제된 것에 불구하고 사용자의 입장에서 근로의 제공으로 인하여 지급하는 비용에 변동이 없으므로 연구인력개발비 세액공제 대상에 해당함(기준법령해석법인 2018－20, 2018.6.15.; 조심 2018중635, 2018.6.8.; 조심 2016광1337, 2016.12.16.).

④ 확정기여형 퇴직연금보험료가 조세특례제한법상 연구 및 인력개발비에 대한 세액공제 대상인 인건비에 해당하는지 여부

2012.2.2. 개정된 조세특례제한법 시행령 별표6의 제1호 가목 1) 괄호에서 인건비 중 소득세법 제22조에 따른 퇴직소득에 해당하는 금액 및 같은 법 제29조 및 법인세법 제33조에 따른 퇴직급여충당금을 인건비에서 제외하도록 규정하고 있고, 소득세법 제22조 제1항 제2호에서 사용자 부담금을 기초로 하여 현실적인 퇴직을 원인으로 지급받는 소득을 퇴직소득으로 규정하고 있는 점, 확정기여형 퇴직연금제도에 가입한 근로자는 원칙적으로 퇴직하는 때에 비로소 연금 또는 일시금의 형태로 퇴직급여를 지급받을 수 있는 점, 근로자퇴직급여보장법 및 같은 법 시행령은 근로자가 퇴직연금 적립금을 중도에 인출할 수 있는 사유를 일정한 요건을 갖춘 주택구입 등으로 제한하여 규정하고 있는 점 등에 비추어 쟁점퇴직연금보험료는 원칙적으로 근로계약이 종료되는 때에 지급하는 퇴직급여의 성격이고 해당 과세연도의 연구 및 인력개발에 직접 대응되는 비용으로 보기는 어렵다 할 것이므로 이를 연구 및 인력개발비 세액공제의 대상이 되는 인건비에 해당되지 않는 것으로 보아 이 건 경정청구를 거부한 처분은 달리 잘못이 없는 것으로 판단된다(조심 2018중786, 2018.5.8.).

✐ 확정기여형 퇴직연금보험료가 연구인력개발비 세액공제 대상에 해당이 된다는 대법원 판례(대법원 2017.5.30. 선고 2016두63200)는 해당 과세대상연도가 2007~2010 사업연도로 조세특례제한법 시행령 별표6이

2012.2.2. 개정되기 전의 사안으로 세액공제 대상 인건비에 대하여 법령상 명시적 규정이 없는 이유로 국가가 패소한 사건이며, 2012.2.2. 별표6 개정 전에도 조세특례제한법 기본통칙 9-8…1에 의하여 퇴직소득에 해당하는 금액은 세액공제 대상 인건비에서 제외하여 왔던 것이라는 과세당국의 의견을 조세심판원에서 인정한 한 것으로 판단되므로 2012년 이후의 확정기여형 퇴직연금보험료는 연구인력개발비 세액공제를 적용하지 않도록 주의를 하여야 한다.

⑤ 연구 및 인력개발비 세액공제에 대한 경정청구를 거부한 처분의 당부

청구법인은 서울특별시에 소재하는 것에 반하여, 쟁점연구소의 소재지는 원격지인 인천광역시에 위치하고 있는 점, 쟁점연구소의 내·외부를 찍은 사진들에 의하면 쟁점연구소는 조립식 패널로 지어진 가건물의 형태를 취하고 있는 등 쟁점연구소에서 연구소장 외 연구원들이 소프트웨어 연구개발을 전담하여 수행할 수 있는 물적요건이 정상적으로 갖추어져 있었다고 보기 어려운 점, 청구법인은 서울특별시 또는 경기도에 주소를 두고 있는 연구원들이 쟁점연구소에서 근무하기 위하여 인천광역시로 거소를 이전하였다거나 거주지에서 쟁점연구소로 출퇴근하였다는 것을 입증할 수 있는 객관적인 증빙을 제시하지 못하고 있는 점 등에 비추어 청구주장을 받아들이기 어려운 것으로 판단됨(조심 2016서3647, 2018.4.9.).

⑥ 유명 브랜드사에서 디자인을 받아 패턴작업만 하는 것은 연구인력개발비 세액공제 대상 아님

세계 유명 브랜드사에서 전문적인 디자이너들이 디자인스케치를 한 후 그것을 받아 생산에 필요한 패턴작업만 하였을 경우 '고유디자인의 개발'에 해당하지 않아 연구인력개발비 세액공제대상이 아님(인천지법 2017구합50267, 2018.1.18.).

⑦ 임원이자 연구전담요원인 자가 사업연도 중 회사의 주식을 10% 초과 취득하여 연구인력개발비 세액공제 대상 전담요원에서 제외되는 경우, 제외 사유 발생일 이전까지의 인건비는 연구인력개발비 세액공제 대상인지 여부

조세특례제한법 제10조의 연구인력개발비에 대한 세액공제 적용시 법인의 전담부서에서 연구업무에 종사하는 연구요원이자 임원에 해당하는 자가 사업연도 중 당해 법인의 주식을 취득하여 그 소유지분이 총발행주식의 10%를 초과하게 되어 연구인력개발비 세액공제 대상 연구전담요원에서 제외되는 경우 그 제외사유 발생일 이전 기간에 상당하는 인건비에 대해서는 연구인력개발비 세액공제를 적용함(서면법인 2017-2477, 2017.12.8.; 서면법규-1017, 2014.9.21.).

⑧ 잡지를 출판하는 청구법인의 디자인 관련 경비가 연구·인력개발비 세액공제 대상인지 여부

청구법인이 발행한 월간지는 패션잡지로 대부분의 내용이 사진과 관련된 글로 이루어져 있어 청구법인의 디자인팀과 외주디자인업체는 사진과 문구 등을 월간지의 각 페이지에 배치하는 것을 주작업으로 하는 것으로 보이는바, 이는 독창적인 형상·모양·색채 또는 이들의 결합에 의하여 창작되는 고유디자인을 개발하는 것으로 보기 어려운 점, 타 잡지와 구성, 글꼴, 색감이 다르다는 사실만으로는 고유한 디자인의 개발이 있었다고 보기 어려운 점 등에 비추어 쟁점비용에 대하여 연구인력개발비 세액공제를 적용하여 법인세 환급을 구하는 경정청구를 거부한 이 건 처분은 잘못이 없음(조심 2016서2469, 2016.11.10.).

⑨ 형식적인 기업부설연구소에 대한 세액공제 배제

기업부설연구소를 현장확인한 결과, 직원 및 설비가 없는 것으로 조사되었고, 청구법인의 조직도, 인사 관련 서류 및 경비 사용내역 등에서 쟁점직원들이 타부서 소속인 것으로 확인되는 점, 청구법인의 기업부설연구소에서 과학적 또는 기술적 진전을 이루기 위한 연구개발 등이 수행되었고, 그 업무를 쟁점직원들이 전담하였음을 입증할 수 있는 객관적 증빙의 제시가 없는 점 등에 비추어 연구 · 인력개발비 세액공제를 배제하여 법인세를 과세한 이 건 처분은 잘못이 없음(조심 2016중3273, 조심 2016서3201, 조심 2016서3272, 2016.10.28.).

⑩ 실내디자인 개발 관련 디자이너 인건비의 연구인력개발비 세액공제 대상 해당 여부

"고유디자인의 개발을 위한 비용"에는 디자인 부서에 소속되어 고유디자인 개발에 직접적으로 참여한 자체고용 디자이너에 대한 인건비 및 디자인 위탁개발용역비를 포함하는 것이며, 실내디자인 개발을 위해 지출한 자체고용 디자이너에 대한 인건비 등이 개발 활동에 해당하는지는 사실판단할 사항임(서면법령해석 법인 2015-474, 2015.11.12.).

⑪ 영상디자인 개발업무 관련 인건비의 연구인력개발비 세액공제 해당 여부

영상디자인 개발을 위해 지출한 자체고용 디자이너에 대한 인건비 및 디자인 위탁개발용역비가 같은 법 제9조 제5항의 과학적 또는 기술적 진전을 이루기 위한 연구개발 활동에 해당하는지 여부는 기존디자인 모방 여부, 독창성, 범용화된 디자인인지 여부 등 제반사정을 종합하여 사실판단할 사항임(서면법인 2015-1108, 2015.9.17.).

⑫ 연구인력개발비 세액공제 대상 위탁연구개발비 해당 여부

내국법인이 특수관계 있는 국내 기업의 기업부설연구소에 과학기술 분야의 연구개발용역을 위탁하여 그 기업부설연구소에서 해당 용역을 직접 수행하는 경우 해당 내국법인이 용역대가로서 지급한 시가 범위 내의 금액은 연구인력개발비에 대한 세액공제 적용 가능함(기준법령해석 법인 2015-123, 2015.7.24.).

⑬ 기업부설연구소가 타법인으로부터 연구개발을 수탁받은 경우의 연구인력개발비 세액공제 여부

법인이 타인으로부터 연구개발용역을 수탁받고 동 개발용역 수행을 위해 연구개발전담부서에서 근무하는 자의 인건비로 지출하는 비용은 조세특례제한법 제10조의 연구 및 인력개발비에 대한 세액공제를 적용 받을 수 없는 것임(서면2팀-286, 2005.2.14.; 법인-268, 2010.3.23.).

실무Tip __ 산재보험료가 연구 · 인력개발비 세액공제 대상 인건비에 포함되는지 여부

종전에는 고용보험 및 산업재해보상보험의 보험료징수 등에 관한 법률 제13조 제1항 제2호에 따른 산재보험료는 조세특례제한법 제10조에 따른 연구 및 인력개발비에 대한 세액공제 대상이 되는 '인건비'에 해당하지 않았다(기획재정부조세정책-695, 2023.3.20.).

하지만 2024년 귀속분부터 관련 법령(조특령 별표 6)이 개정되어 산재보험료로 세액공제 대상 인건비에 포함되었으니 업무에 참고하길 바라며 개정 전과 개정 후 법령 내용을 정리하면 다음과 같다.

개정 전	개정 후
ㅁR&D 세액공제 대상 인건비 ㅇ퇴직소득, 퇴직급여충당금, 퇴직연금부담금 등 제외대상만 규정	ㅁ공제대상 인건비 범위 합리화 ㅇ4대 사회보험 보험료의 사용자 부담분을 인건비 범위에 명시 * 국민연금, 건강보험, 고용보험, 산재보험
〈적용시기〉 2024.2.29.이 속하는 과세연도부터 적용	

(4) 고용 증대 세액공제 관련 예규[3)]

① 경정청구 기간 경과로 고용증대세액공제 최초공제를 받지 못한 경우 추가공제가 가능한 지 여부

(사실관계)

질의인은 치과병원을 운영하고 있는 개인사업자로, 2017년~2020년 상시근로자 수 현황은 다음과 같음

구분	2017년	2018년	2019년	2020년
상시근로자수	3.25명	4명	4명	4명
증가인원수	–	0.75명	0명	0명

(질의내용)

경정청구 기간 경과로 2018 과세연도에 고용증대세액공제를 최초로 적용받지 못한 경우 경정청구 기간이 경과되지 않은 2019 · 2020 과세연도에 추가공제가 가능한지 여부

[회신]

개인사업자가 조세특례제한법 제29조의 7에 따른 고용을 증대시킨 기업에 대한 세액공제를 적용함에 있어 해당 과세연도의 상시근로자 수가 직전 과세연도 상시근로자 수보다 증가하여 최초공제 요건을 충족하였으나 경정청구 기간 경과로 해당 과세연도에 최초공제를 적용받지 못하였더라도, 이후 경정청구 기간 내의 과세연도에 고용이 감소하지 않아 추가공제 요건을 충족한 경우에는 해당 과세연도 종료일부터 1년(중소기업의 경우 2년)이 되는 날이 속하는 과세연도에 추가공제가 가능한 것임(서면법규소득 2024-4153, 2025.2.19.).

② 자산과 종업원 인수시의 상시근로자 수 산정 방법

새로 설립된 법인이 종전 사업으로부터 자산과 종업원을 인수하여 종전 사업과 같은 업종의 사업을 영위하는 경우 직전 사업연도의 상시근로자 수는 조세특례제한법시행령 제23조 제13항 제2호에 따라 종전 사업의 직전 사업연도 상시근로자 수로 하는 것임(서면법인 2023-4153, 2024.7.25.).

3) 고용을 증대시킨 기업에 대한 세액공제, 중소기업 사회보험료 세액공제 그리고 통합고용세액공제 관련 예규를 함께 소개하기로 한다.

✍ 조특령 §13 ②

조세특례제한법 제6조 제10항 제1호(합병 · 분할 · 현물출자 또는 사업의 양수 등을 통하여 종전의 사업을 승계하는 경우는 제외)부터 제3호까지의 어느 하나에 해당하는 경우의 직전 과세연도의 상시근로자 수 : 종전 사업, 법인전환 전의 사업 또는 폐업 전의 사업의 직전 과세연도 상시근로자 수

✍ 해당 과세연도에 합병 · 분할 · 현물출자 또는 사업의 양수 등에 의하여 종전의 사업부문에서 종사하던 상시근로자를 승계하는 경우의 상시근로자 수 계산방법

직전 과세연도의 상시근로자 수는 승계시킨 기업의 경우에는 직전 과세연도 상시근로자 수에 승계시킨 상시근로자 수를 뺀 수로 하고, 승계한 기업의 경우에는 직전 과세연도 상시근로자 수에 승계한 상시근로자 수를 더한 수로 하며, 해당 과세연도의 상시근로자 수는 해당 과세연도 개시일에 상시근로자를 승계시키거나 승계한 것으로 보아 계산한 상시근로자 수로 한다(조특령 §13 ③).

③ 합병한 경우 고용증대세액공제 적용방법

합병한 경우 상시근로자 수 계산방법은 다음과 같다(기획재정부조세특례-30, 2024.1.15.).

(사실관계)

○ 질의법인은 2019.9.25. 개업하여 2021.7.1. 합병법인과의 흡수합병(적격합병)으로 소멸된 피합병법인임
  - 질의법인은 2020년부터 2021년 3월까지 상시근로자 2명을 고용해오다가 동년 4월에 상시근로자 1명이 증가하였으며, 합병등기일(2021.7.1.) 현재 근무 중인 상시근로자 3명 전원을 합병법인에 고용승계

○ 합병법인은 2020년부터 합병등기일 전까지 상시근로자 3명을 고용해오다가 합병 시 고용승계로 2021년 7월부터 합병법인의 상시근로자가 6명이 됨

(질의1) 합병등기일이 속하는 사업연도에 합병법인 및 피합병법인의 고용증대세액공제 관련, 증가한 상시근로자 수 계산방법

→ 피합병법인 및 합병법인 모두 직전 과세연도 및 당해 과세연도에 상시근로자 수는 피합병법인에 근무한 근로자를 합병법인에 근무한 것으로 간주하여 상시근로자 수를 계산함

(질의2) 합병등기일이 속하는 사업연도('의제사업연도')에 피합병법인의 고용증대세액공제('1차연도분') 적용 여부

→ 의제사업연도에 고용증대세액공제(1차연도분) 적용 불가

(질의3) 합병등기일이 속하는 사업연도('의제사업연도')에 피합병법인의 2차 · 3차연도분 고용증대세액공제 적용 여부

→ 피합병법인은 의제사업연도 2차 · 3차연도분 고용증대세액공제 적용 불가

④ 사업의 포괄양수도로 법인전환 후 상시근로자 수가 감소하는 경우 추가납부세액 계산 방법

(질의내용)

개인사업자일 때 고용증대세액공제를 최초 적용하고 사업의 포괄양수도를 통해 법인전환 후 추가공제 하였으나 이후 과세연도에 상시근로자 수가 감소한 경우 추가납부세액 계산 방법

[회신]

개인사업자(2020년)일 때 조세특례제한법 제29조의 7의 “고용을 증대시킨 기업에 대한 세액공제”를 최초 적용하고 다음 과세연도(2021년)에 같은 법 제32조 제1항에 따른 사업의 양도 · 양수 방법을 통하여 법인으로 전환하면서 종전 사업에서 종사하던 상시근로자를 승계함에 따라 같은 법 시행령 제23조 제13항 제3호를 적용하여 추가공제를 받은 내국법인이 그 다음 과세연도(2022년)의 상시근로자 수가 최초로 공제받은 과세연도(2020년)의 상시근로자 수보다 감소한 경우, 같은 법 시행령 제26조의 7 제5항 제2호에 따라 감소한 상시근로자 수에 대해 직전 2년 이내의 과세연도에 공제받은 세액의 합계액을 법인세로 납부하는 것임(사전법규법인 2022-1190, 2023.9.25.).

✎ 조세특례제한법 제144조에 따른 미공제 세액이 있는 개인사업자가 법인으로 전환하는 경우로서 같은 법 제32조 제1항에 따른 법인전환에 해당하지 않는 경우, 전환 후 법인은 해당 개인 사업자의 미공제 세액을 승계하여 공제받을 수 없는 것임(서면법규법인 2021-20, 2022.1.25.).

⑤ 고용증대세액공제 적용방법

아래 질의에 대한 답변은 다음과 같음(기획재정부조세특례-906, 2023.8.28.).

(질의1) 조세특례제한법 제29조의 7 제1항 제1호의 공제(우대공제) 대상인 청년등상시근로자 고용증대 기업이 동법 동조항 제2호의 공제(일반공제)를 선택하여 적용할 수 있는지 여부

→ 일반공제 선택 적용 가능

(질의2) 사후관리 기간 중 청년 근로자 수는 감소하고, 그 외 근로자의 수는 증가하여 전체 근로자의 수는 증가 또는 유지한 경우, 잔여 공제기간에 대해 우대공제액이 아닌 일반공제액이 적용되는지 여부

→ 잔여 기간에 대해 일반공제액 적용

(질의3) 일반공제만 신청하여 적용받은 후 ‘청년등상시근로자 수’와 ‘청년등상시근로자 외 상시근로자 수’가 모두 감소한 경우 추가 납부세액 계산방법

→ 청년등상시근로자 감소인원에 대해 일반공제액 추가납부

(질의4) 2018년 고용증대세액공제 적용 후 2020년 고용감소로 특례규정(조세특례제한법 제29조의 7 제5항)에 따라 사후관리를 유예받았으나, 2021년에 2020년보다 고용이 감소한 경우 추가납부세액 계산방법

→ 2020년에 납부하였어야 할 세액을 한도로 추가납부세액 계산

⑥ 사업양수로 종전사업을 승계한 경우 고용증대세액공제 등의 잔여기간 공제 적용 여부

거주자가 조세특례제한법 제29조의 7에 따른 고용을 증대시킨 기업에 대한 세액공제 및 같은 법 제30조의 4에 따른 중소기업 사회보험료 세액공제를 적용받은 후 영위하던 사업을 법인에 사업의 양수도를 통해 승계시킨 경우 해당 사업을 양수한 법인은 거주자의 잔여 공제연도에 대하여 고용증대세액공제 및 중소기업 사회보험료 세액공제를 승계하여 적용받을 수 없는 것임(사전법규법인 2023-149, 2023.6.27.).

⑦ 2022년 과세연도에 대해 고용증대세액공제를 적용한 중소기업이 2023년 이후 과세연도에 대한 세액공제 방법

중소기업인 내국법인이 2022.12.31.이 속하는 과세연도에 대해 조세특례제한법 제29조의 7(고용을 증대시킨 기업에 대한 세액공제)에 따라 세액공제를 받은 경우, 2023.12.31.이 속하는 과세연도와 2024.12.31.이 속하는 과세연도까지 조세특례제한법 제29의 7(고용을 증대시킨 기업에 대한 세액공제) 규정을 적용하여 세액공제하는 것임.

또한, 2023.12.31.(또는 2024.12.31.)이 속하는 과세연도의 상시근로자 수가 직전 과세연도보다 증가하는 경우, 해당 과세연도에는 조세특례제한법 제29조의 7(고용을 증대시킨 기업에 대한 세액공제)과 같은 법 제29의 8(통합고용세액공제) 중 어느 하나를 선택하여 세액공제를 적용하고 이후 과세연도의 추가 공제 시에도 당초 선택한 공제방법을 적용하는 것임(서면법인 2023-1263, 2023.6.8.).

⑧ 사업장유형이 변경(공동→단독)되는 경우 고용증대세액공제를 위한 상시근로자 수 산정방법

조세특례제한법 제29조의7에 따른 고용증대세액공제를 적용함에 있어서

1. 2 이상의 사업장을 운영하는 개인사업자의 경우 상시 근로자의 수는 전체 사업장을 기준으로 계산하는 것이고,
2. 소득세법 제43조 제1항에 따른 공동사업장이 공동사업자 간 지분승계를 통해 단독사업장이 되는 경우, 조세특례제한법 시행령 제23조 제13항 제3호 각 목 외의 부분에 따라 공동사업자별 직전 또는 해당 과세연도의 상시근로자 수를 계산하는 것이며
3. 해당 과세연도에 위 2.에 따라 계산한 공동사업자별 상시근로자 수가 최초로 공제를 받은 과세연도의 상시근로자 수에 비하여 감소한 경우 조세특례제한법 제29조의 7 제2항이 적용되는 것임(법규소득 2022-705, 2023.2.13.).

⑨ 공동사업자 폐업후 같은 종류의 사업을 단독으로 개시하는 경우의 직전 과세연도 상시근로자수 계산 방법

폐업 후 사업을 다시 개시하여 폐업 전의 사업과 같은 종류의 사업을 하는 경우에 조세특례제한법 시행령 제23조 제13항 제2호에 따라 폐업 전의 사업의 직전 과세연도 상시근로자 수를 직전 과세연도의 상시근로자 수로 보는 것이며, 폐업 전에 공동사업을 영위한 경우 직전 과세연도의 상시근로자 수는 손익분배비율(약정된 손익분배비율이 없는 경우에는 지분비율)에 따라 공동사업자별로 계산하는 것임(사전법규소득 2022-648, 2023.1.11.).

⑩ 신규 창업한 법인의 해당 과세연도 상시근로자 수 계산 방법

신설 내국법인이 조세특례제한법 시행령 제26조의 7 제7항에 따른 상시근로자수를 계산함에 있어 “해당 과세연도의 개월 수”는 법인세법 제6조에 따른 사업연도 개시일부터 종료일까지의 개월 수를 의미함(서면법인 2021-7994, 2022.4.21.).

실무Tip _ 신규 창업한 법인과 개인사업자의 상시근로자 수 계산 방법의 차이

위 서면법인 2021-7994(2022.4.21.) 예규는 법인 사업자가 창업하는 경우의 예규로 법인세법 제6조에 따른 사업연도 개시일부터 종료일까지의 개월 수를 의미한다고 하였고 법인세법 제6조와 동법 시행령 제4조에 의하면 '법인의 최초사업연도의 개시일'은 '내국법인의 설립등기일'이라고 했으므로 최초의 과세기간 일수는 법인설립등기일로부터 12.31.까지를 말하는 것이다.

반면 개인사업자가 창업하는 경우의 예규는 다음과 같다.

'신규로 사업을 개시한 개인사업자가 조세특례제한법 시행령 제26조의 7 제7항에 따른 상시근로자수를 계산함에 있어 "해당 과세연도의 개월 수"는 소득세법 제5조에 따른 과세기간 개시일부터 과세기간 종료일까지의 개월 수를 의미하는 것임(서면법령해석소득 2020-3817, 2020.12.31.).'

개인사업자가 창업하는 경우는 소득세법 제5조에 따라 '1월 1일부터 12월 31일까지'라고 규정 되어 있으므로 신규사업자 · 폐업사업자 · 계속사업자 모두 상관없이 최초 상시근로자 수 계산시 적용되는 월수는 12개월이다.

결론적으로 창업한 연도의 상시근로자 계산시 법인 사업자와 개인 사업자의 적용되는 개월 수는 다르게 적용되는 것이다.

⑪ 고용증대세액공제 사후관리에 따른 추가납부세액 납부방법

조세특례제한법 제29의 7에 따른 고용을 증대시킨 기업에 대한 세액공제를 신청한 내국인이 그 세액공제액 중 법인세 최저한세액에 미달하여 공제받지 못한 부분에 상당하는 금액을 이월한 후 최초로 공제를 받은 과세연도의 종료일부터 1년이 되는 날이 속하는 과세연도의 종료일까지의 기간 중 상시근로자 수가 최초로 공제를 받은 과세연도에 비하여 감소한 경우 조세특례제한법 시행령 제26조의 7 제5항 제1호에 따라 계산한 금액을 같은 법 제29조의 7 제1항에 따라 공제받은 세액을 한도로 법인세를 납부하고 나머지 금액은 이월된 세액공제액에서 차감하는 것임(서면법인 2020-5929, 2021.7.29.).

✎ 일부금액이 추가되는 경우라면 이월된 세액에서 먼저 차감하는 것이 합리적으로 보이나 위 예규는 납부세액에서 먼저 차감하는 것으로 안내하고 있음을 유의하여야 한다.

⑫ 수도권 내 · 외 대수의 사업장을 가지고 있는 중소기업의 고용증대세액공제 계산방법

(사실관계)

A법인은 중소기업으로서 수도권 내 · 외에 본 · 지점을 두고 있는 법인으로 2018년 대비 2019년 상시근로자 수는 총 12명 증가(수도권 내 10명, 수도권 외 2명)하였으나, 청년등 상시근로자 수는 4명 감소하였음

(질의내용)

수도권 내 · 외에 위치한 다수의 사업장을 가지고 있는 내국법인의 전체 상시근로자 수는 직전연도 대비 증가하였으나 청년등 상시근로자수가 감소한 경우 고용증대세액공제 계산방법

[회신]

수도권 내 · 외에 위치한 다수의 사업장을 가지고 있는 내국법인의 전체 상시근로자 수가 직전

과세연도 대비 증가(수도권 내 · 외 모두 증가)한 경우로서 수도권 내 · 외를 포함한 전체 청년 등 상시근로자 수는 감소하였으나, 수도권 외의 지역에서 청년등 상시근로자 수가 증가한 경우, 해당 내국법인은 수도권 내 · 외를 구분하여 증가한 상시근로자의 인원 수 한도를 적용하되, 수도권 외 청년등 상시근로자 수 증가분에 대하여는 청년등 상시근로자 외 상시근로자 수가 증가한 것으로 보아 고용증대세액공제액을 계산하는 것임(서면법령해석법인 2020-4043, 2020.12.14.).

⑬ 기업유형이 변경된 경우의 고용증대세액공제 적용 방법

조세특례제한법 시행령 제2조에 따른 중소기업에 해당하는 내국법인이 해당 과세연도의 상시근로자의 수가 직전 과세연도의 상시근로자의 수보다 증가하여 같은 법 제29조의 7 제1항 각 호에 따른 세액공제를 적용받은 후 다음 과세연도 이후에 규모의 확대 등으로 중소기업에 해당하지 않더라도 같은 조 제2항에 따른 공제세액 추징사유에 해당하지 않는 경우 해당 과세연도의 법인세에서 공제받은 금액을 해당 과세연도의 종료일로부터 2년이 되는 날이 속하는 과세연도까지의 법인세에서 공제하는 것임(사전법령해석법인 2020-1010, 2020.11.27.; 서면법령해석법인 2020-1283, 2020.9.28.).

⑭ 개인사업자의 법인전환 시 직전과세연도의 상시근로자 수 계산방법

거주자가 하던 사업을 법인으로 전환하여 새로이 설립된 내국법인이 법인 전환일이 속하는 과세연도에 조세특례제한법 제29조의 7(고용증대기업의 세액공제)를 적용하기 위해 준용하고 있는 같은법 시행령 제23조 제13항의 법인전환 직전 과세연도의 상시근로자 수를 계산함에 있어, 법인전환에 따라 설립된 내국법인은 조세특례제한법 제6조 제10항에 따라 창업으로 보지 않는 것이며, 직전 과세연도의 상시근로자 수는 같은법 시행령 제23조 제13항 제2호의 법인전환 전의 사업의 직전 과세연도 상시근로자 수로 하는 것임(서면법인 2019-3499, 2020.9.11.).

⑮ 2 이상의 사업장을 영위하는 개인사업자의 고용증대 여부에 대한 판단

고용을 증대시킨 기업에 대한 세액공제 적용 시 2 이상의 사업장을 운영하는 개인사업자의 상시 근로자 수의 증대 여부는 해당 사업자의 전체 사업장을 기준으로 판단하는 것임(사전법령해석소득 2019-119, 2019.5.22.).

✎ 국세청 해석사례집-검토내용

- ㅇ 조세법률주의의 원칙상 과세요건이거나 비과세요건 또는 조세감면요건을 막론하고 조세법규의 해석은 특별한 사정이 없는 한 법문대로 해석하여야 하고(대법원2010 두4810, 2012.11.29. 등 다수)
  - 조특법 §29의 7는 내국인의 해당 과세연도 상시근로자의 수가 직전 과세연도에 비해 증가한 경우 소득세에서 세액을 공제하도록 규정하고 있으며
  - 내국인이라 함은 소득세법에 따른 거주자와 법인세법에 따른 내국법인으로 정의하므로(조특법 §2 ① (1))
  - 문언상 조특법 §29의 7의 거주자의 상시근로자 수는 사업장이 아닌 거주자 기준으로 고용증가 여부를 판단하는 것이 타당함
- ㅇ 조세법률주의의 원칙상 과세요건이거나 비과세요건 또는 조세감면요건을 막론하고 조세법규의 해석은 특별한 사정이 없는 한 법문대로 해석하여야 하고(대법원 2010두4810, 2012.11.29. 등 다수)

- 조특법 §29의 7는 내국인의 해당 과세연도 상시근로자의 수가 직전 과세연도에 비해 증가한 경우 소득세에서 세액을 공제하도록 규정하고 있으며
- 내국인이라 함은 소득세법에 따른 거주자와 법인세법에 따른 내국법인으로 정의하므로(조특법 §2 ① (1))
- 문언상 조특법 §29의 7의 거주자의 상시근로자 수는 사업장이 아닌 거주자 기준 으로 고용증가 여부를 판단하는 것이 타당함

실무Tip _ 사업장이 2개인 경우 상시근로자수 계산방법

사업장	제조 사업장	도매 사업장	합 계
2024년	10명	10명	20명
2025년	8명	13명	21명
근로자수 증감	(−)2명	(+)3명	(+)1명

위 사례의 경우 제조 사업장은 직전년도 대비 2명이 감소하였고, 도매 사업장은 직전년도 대비 3명이 증가하여 총 근로자수 증가는 1명이다.
이에 고용관련 세액공제는 각각의 사업장 기준으로 고용관련 세액공제를 적용하는 것이 아니라 제조 사업장과 도매 사업장을 합쳐서 적용하는 것이므로 총 증가된 상시근로자수 1명에 대한 고용관련 세액공제를 적용할 수 있는 것이다.

⑯ 쟁점사업장에서 직원을 신규 채용한 것으로 볼 수 있는지 여부

청구인은 쟁점사업장을 개업하며 직원을 신규 채용하였다고 주장하나, 외관상으로는 기존사업장의 대표자가 사망함에 따라 신규의료시설 개설 허가를 받았으나 실제로는 청구인이 기존사업장이 사용하던 병원을 그대로 인수하여 업종은 물론 상호, 내·외관 및 전화번호까지 동일한 상태로 쟁점사업장을 운영한 것으로 보이는 점, 청구인을 포함한 직원 대다수가 기존사업장에서 근무하다 쟁점사업장에 재고용된 점, 조특법 제29조의 5 및 같은 법 제30조의 4는 새로운 일자리 창출 등 고용증대에 대한 세제상 인센티브를 규정한 것으로, 사업의 동일성을 유지하며 기존사업장의 직원을 그대로 승계한 경우는 자연적 인력증가로 인한 일자리 창출로 보기 어려운 점 등에 비추어 이 건 처분은 달리 잘못 없음(조심 2018부2726, 2018.9.5.).

⑰ 청년고용증대세액공제와 중소기업 고용증가 인원에 대한 사회보험료 세액공제 적용 시 상시근로자의 범위

상시근로자는 근로기준법에 따라 근로계약을 체결한 내국인 근로자를 말하는 것이며, 당초 근로계약기간이 1년 미만이었으나, 근로계약의 연속된 갱신으로 총 근로계약기간이 1년 이상인 근로자는 상시근로자에 해당함(서면법인 2016−3733, 2016.8.26.).

⑱ 기존업체의 퇴직인력을 신규채용한 것은 고용증대세액공제의 적용대상이 아니라고 보아 경정청구를 거부한 처분의 당부

기존업체에서 퇴직한 직원을 채용하였다 하여 청구법인이 기존업체로부터 사업을 양수한 것이라고 보기 어려운 점 등에 비추어 고용증대세액공제의 적용대상이 아니라고 보아 경정청구

를 거부한 이 건 처분은 잘못임(조심 2014서5648, 2015.3.4.),

⑲ 중소기업 고용증가 인원에 대한 사회보험료 세액공제 계산시 해당기간의 개월수 기산일
조세특례제한법 제30조의 4 제1항 및 같은 법 시행령 제27조의 4 제5항에 따른 상시근로자수를 계산함에 있어 "해당 기간의 개월 수"는 부가가치세법 시행령 제6조 제3호에 따른 사업개시일로부터 해당 과세기간 종료일까지의 개월 수를 말하는 것임(서면소득 2015-2237, 2015.11.12.).

⑳ 법인분할에 따라 상시근로자가 감소하는 경우 그 인원은 고용감소로 보지 않음
고용증대세액공제를 적용받은 법인이 법인 분할에 의하여 상시근로자가 감소한 경우 그 감소인원은 고용의 감소로 보지 않음(법인-120, 2012.2.22.).

(5) 통합투자 세액공제 관련 예규

① 수입승인이 필요한 기계장치를 수입하는 경우 통합투자세액공제의 적용방법
외국으로부터 기계장치를 수입하는 경우로서 수입승인을 얻어야 하는 경우, 수입승인일(2025년) 이전 사업연도(2024년)에 지출한 계약금에 대해 2024 사업연도에 통합투자세액공제를 적용받을 수 있는지 여부
→ 2024사업연도에 세액공제 불가, 2025사업연도에 세액공제 가능(사전법규법인 2025-8, 2025.1.31.).

② 국외에 설치하기 위해 구입한 서버장치가 통합투자세액공제 대상자산에 해당하는 지 여부
국내 또는 해외에서 서버장비를 취득하여 해외에서 사용하는 경우에는 통합투자세액공제 대상에 해당하지 않는 것임(서면법인 2024-1772, 2024.11.29.).

③ 신품 교체비용의 투자세액공제 대상 여부
내국법인이 통합투자세액 공제대상 자산에 해당하는 자산 중 일부 개별자산을 신품으로 교체하는 대체투자는 동 세액공제를 적용받을 수 있는 것이나 귀 질의가 이에 해당하는지 여부는 구체적인 사실관계를 종합적으로 고려하여 판단할 사항임(사전법규법인 2023-654, 2023.10.31.).

④ 직전 3년간 연평균 투자금액에 분할 전 분할법인이 분할사업 부문에 투자한 금액이 포함될 수 있는지 여부
통합투자세액공제 추가공제를 적용함에 있어서 개정 이전에 분할법인이 투자한 금액도 분할신설법인이 투자한 것으로 보아 분할신설법인의 직전 3년간 연평균 투자금액을 계산하는 것임(서면법인 2024-2719, 2024.9.25.).

⑤ 금융리스자산으로 회계처리 한 설비에 대해 통합투자세액공제를 적용할 수 있는지 여부
내국법인이 조세특례제한법 제24조 통합투자세액공제를 적용함에 있어서 같은법 시행령 제3조에 따른 금융리스는, "자산을 대여"하는 것으로서 같은 법 시행규칙 제3조의 2 각 호의

어느 하나에 해당하는 경우를 말하는 것이므로 자산의 대여행위가 없는 경우에는 통합투자세액공제 대상 금융리스에 해당하지 않는 것임.

따라서, 귀 법인이 위탁자로서 임가공계약을 체결하여 수탁자의 제품생산에 사용되는 자산이 귀 법인의 금융리스 자산에 해당하는지 여부는 회계처리와 무관하게 위탁자와 수탁자간 해당 자산의 실제 대여행위 여부, 거래금액의 산정내역, 해당자산에 대한 직접적인 유지 · 관리 책임주체 등을 종합적으로 고려하여 사실판단 할 사항임(서면법인 2024-350, 2024.8.23.).

⑥ 기계장치를 취득한 경우 통합투자세액공제 적용대상 투자금액 산정방법

내국법인이 기계설비를 수입하거나 매매계약에 의해 매입함에 따라 조세특례제한법 제24조의 통합투자세액공제를 적용하는 경우 같은 법 시행령 제23조 제14항에 따른 투자의 개시시기가 속하는 과세연도부터 투자 완료일이 속하는 과세연도까지 같은 법 시행령 제21조 제7항에 따라 산정한 투자금액을 같은 법 제24조 제1항 제2호 가목 및 나목에 따른 '해당 과세연도에 투자한 금액'으로 보는 것이며, 투자가 완료된 경우에는 투자가 완료된 과세연도에 지출되지 아니한 금액 전부를 투자완료일이 속하는 과세연도에 투자한 금액으로 보는 것임(서면법규법인 2023-4013, 2024.7.25.).

⑦ 통합투자세액공제 추가공제액 계산 시 「직전 3년 연평균 투자금액」에 공사부담금이 포함되는지 여부

2022 과세연도 이후 조세특례제한법 제24조 제1항 제2호 나목 및 제3호 나목에 따른 통합투자세액공제 추가공제를 적용하는 경우, '직전 3년간 연평균 투자금액'을 산정함에 있어 법인세법 제37조 제1항에 따른 공사부담금을 제공받아 투자에 지출한 금액은 조세특례제한법 제127조 제1항 제4호에 따라 투자금액에서 차감하는 것임(서면법규법인 2023-2757, 2024.3.19.).

⑧ 기존 투자세액공제 적용을 취소하고 통합투자세액공제 적용 가능여부

내국법인이 2020.12.31. 이전 투자를 개시하고 해당 투자분에 대하여 투자한 과세연도별로 중소기업투자세액공제, 특정시설투자세액공제를 적용하여 공제받은 경우에는 이를 취소하고 통합투자세액공제를 적용할 수 없는 것임(서면법인 2023-1189, 2023.6.22.).

⑨ 수도권과밀억제권역 밖 지점에서 구입한 자산에 대해 통합투자세액공제 적용 여부(지점명의로 세금계산서 수취)

수도권과밀억제권역 안에 본점이 소재한 중소기업인 내국법인이 수도권과밀억제권역 밖에 소재한 제조업을 영위하는 지점인 사업장에서 사업에 직접 사용하기 위하여 취득하는 사업용 고정자산에 대해서는 조세특례제한법 제130조 제1항에서 규정한 '수도권과밀억제권역의 투자에 대한 조세감면 배제'가 적용되지 아니하는 것이므로 통합투자세액공제가 가능하나 이 경우, 해당 사업용 고정자산을 지점 사업장에서 사업에 실제로 사용하는지 여부는 사실 판단할 사항임(서면법인 2022-5211, 2023.5.12.).

⑩ 소프트웨어 개발비용의 통합투자세액공제 적용 가능 여부

도소매업을 영위하는 중소기업이 해당 업종의 사업에 직접 사용하는 소프트웨어에 투자한

경우 자체개발 또는 외주제작 의뢰 방식에 관계없이 통합투자세액공제 대상에 해당하는 것이지만 다만, 인사, 급여, 회계 및 재무 등 지원업무에 사용하는 소프트웨어는 공제대상 자산에 해당하지 아니하므로 지원업무와 구분되어 사용되는 소프트웨어인지 여부는 사실관계에 따라 판단할 사항임(서면법인 2022-4711, 2023.4.19.).

⑪ 통합투자세액공제 대상 사업용 자산 해당 여부

신문, 출판업을 영위하는 법인이 사업에 직접 사용하기 위하여 투자한 카메라는 통합투자세액공제 대상인 사업용 유형자산에 해당함(사전법규법인 2022-913, 2022.11.28.).

⑫ 사업양수법인의 통합투자세액공제 적용 시 '직전 3년간 연평균 투자금액' 산정방법

사업양수법인이 통합투자세액공제의 추가공제를 적용하는 경우 해당 과세연도의 직전 3년간 연평균 투자금액을 산정함에 있어 사업양도를 하기 전 사업양도법인이 투자한 금액은 사업양수법인이 투자한 것으로 봄(기준법무법인 2021-229, 2022.7.1.).

⑬ 금형의 통합투자세액공제 적용 제외 자산 여부

금형은 조세특례제한법 제24조 제1호 가목 단서 및 같은 법 시행규칙 별표1 제1호에 따른 공구에 포함되지 않는 것이므로 통합고용세액공제 불가능함(서면법규법인 2022-355, 2022.4.7.).

⑭ 통합투자세액공제 적용 시 추가공제금액 계산방법

추가공제 금액은 매 과세연도에 실제 투자한 금액만을 기준으로 하여 2021과세연도에 투자한 금액이 2021과세연도의 직전 3년간 연 평균 투자금액을 초과하는 경우에 한하여 그 초과하는 금액의 100분의 3에 상당하는 금액을 2021과세연도의 법인세에서 공제함(사전법령해석법인 2021-1046, 2021.10.15.).

슬기로운 가산세 사례실무

가산세 부담을 줄이는 최선의 대비책

제2편

국세기본법상 가산세와 수정신고 및 경정청구

제1장

국세기본법상 가산세

제1절 가산세의 개요

1. 가산세의 개념과 성격

"가산세"(加算稅)란 이 법 및 세법에서 규정하는 의무의 성실한 이행을 확보하기 위하여 세법에 따라 산출한 세액에 가산하여 징수하는 금액(국기법 §2 ① 4호)을 말하는데 가산세의 본질은 세법상의 각종 협력의무의 위반에 대하여 가해지는 행정벌이라는 것이 다수의 견해이다.

국세기본법에서는 "정부는 세법에서 규정한 의무를 위반한 자에게 이 법 또는 세법에서 정하는 바에 따라 가산세를 부과할 수 있으며(국기법 §47 ①), 가산세는 해당 의무가 규정된 세법의 해당 국세의 세목(稅目)으로 하며, 해당 국세를 감면하는 경우에는 가산세는 그 감면대상에 포함시키지 아니하는 것으로 한다"(국기법 §47 ②)라고 규정하고 있다.

따라서 가산세는 행정벌적 성격을 가지고 있더라도 조세의 일종이므로 과세요건의 충족에 의해 성립하며 일정한 절차에 따라 확정되고 징수된다.

Tip 가산세의 성립과 확정

국세기본법에 의한 가산세의 성립은 다음과 같다(국기법 §21 ② 11호).

① 무신고가산세 및 과소신고 · 초과환급신고가산세 : 법정신고기한이 경과하는 때
② 법정납부기한까지 납부(과소납부 포함)하지 않거나 초과환급받은 경우의 납부지연 가산세 및 미납(또는 과소납부)세액에 미납일수와 이자율(0.022%)을 적용하는 원천징수 등 납부지연 가산세 : 법정납부기한 경과 후 1일마다 그날이 경과하는 때. 단, 출자자의 2차 납세의무를 적용할 때에는 국세기본법 및 세법에 따른 납부기한이 경과하는 때임
③ 납부고지서에 따른 납부기한까지 납부하지 않거나 과소납부한 납부지연 가산세 : 납세고지서에 따른 납부기한이 경과하는 때. 단, 출자자의 2차 납세의무를 적용할 때에는 국세기본법 및 세법에 따른 납부기한이 경과하는 때임
④ 미납(또는 과소납부)세액에 3%를 적용하는 원천징수 등 납부지연 가산세 : 법정납부기한이 경과하는 때
⑤ 그 밖의 가산세 : 가산할 국세의 납세의무가 성립하는 때

다만, 관련 법령상 가산세 납세의무의 확정에 관한 개별적인 규정은 없는 것으로 판단되지만 판례에 의하면 가산세의 납세의무 확정을 위하여 과세관청의 가산세 부과처분이 별도로 필요하다고 판시하고 있으므로 가산세는 국세기본법상의 일반적인 납세의무의 확정절차에 따라 과세표준과 세액을 과세권자가 경정 · 결정하는 때에 확정되는 것이라 할 수 있다(대법원 95누15704, 1998.3.24.).

참고로 납부지연 가산세 및 원천징수 등 납부지연 가산세(납부고지서에 따른 납부기한 후의 가산세로 한정)는 납세의무가 성립하는 때에 특별한 절차 없이 그 세액이 확정된다(국기법 §22 ④ 5호, 2019.12.31. 신설).

2. 가산세의 부과

1) 가산세의 구성요건

앞서 설명한 바와 같이 가산세는 행정벌적 성격을 가지고 있으므로 다음과 같은 요건이 충족되어야만 가산세를 부과할 수 있다.

(1) 세법상의 의무위반 또는 의무불이행의 존재

가산세는 세법상의 질서위반행위에 대하여 제재하는 일종의 행정벌에 해당하므로 가산세를 부과하기 위해서는 납세자에게 부여된 세법상의 의무위반이나 의무의 불이행이 존재하여야 하는데 여기에는 법인세 · 소득세를 비롯한 각 세목의 신고기한 이내에 무신고, 과소신고 · 과소납부의 행위, 세금계산서의 미발급, 세금계산서합계표와 지급명세서 미제출 등의 행위를 예로 들 수 있다.

(2) 세법상 의무위반 또는 의무불이행에 따른 귀책사유의 존재

가산세는 행정벌로서 과세관청에 의하여 조세의 형식으로 부과되는 것이므로 가산세 부과요건의 충족 여부를 확인하여 조세의 부과절차에 따라 부과한다.

이 경우 납세자에게 의무위반 또는 의무불이행에 대한 귀책사유가 없는 경우에도 획일적으로 가산세를 부과하는 것은 부당한 것이므로 납세자가 의무를 위반하거나 의무를 불이행한 것이 정당한 사유에 기인하는 경우에는 가산세를 감면하여야 할 것이다.

이에 납세자가 의무를 이행하지 아니한 데 대한 정당한 사유가 있는 때에는 해당 가산세를 부과하지 않도록(국기법 §48 ①) 2007년에 국세기본법을 개정하였다.

Tip 2007년 국세기본법상 가산세 규정의 개정

2007년 이전의 가산세 제도는 개별세법마다 가산세율 등이 달리 규정되어 가산세 체계가 복잡하고, 고의적 의무위반에 대한 가산세 제재수준이 선진국에 비해 낮아 탈세를 억제하고 성실신고를 유인하는데 미흡하였으며, 일부 위무위반의 경우에는 가산세 부담이 지나친 문제점이 있었다. 이러한 가산세 제도의 문제점을 바로잡기 위해 2006년 말 세법개정을 통하

여 보다 효율적인 가산세 제도의 개선을 도모하였는데 주된 내용을 정리하면 다음과 같다.

① 세목 전체에 공통적으로 적용되는 신고 및 납부지연 가산세를 국세기본법에 통일적 · 체계적으로 규정하여 세목 간 가산세 형평 및 입법의 효율화 도모

② 현행 세법상 부정한 신고의무 위반 유형과 외국의 가산세가 중과되는 신고의무 위반유형을 감안하여 모든 세목에 공통적으로 적용될 수 있는 부정한 방법에 의한 신고위반유형을 체계적으로 규정

③ 부가가치세 등 일부 세목에만 규정된 환급관련 납부지연 가산세를 모든 세목으로 확대

④ 납세자에게 세법상의 의무위반에 대하여 정당한 사유가 있는 경우에는 가산세를 부과하지 아니하는 등 가산세 감면제도의 합리화를 도모

⑤ 세법상 각종 협력의무 위반에 대하여 부과되는 가산세는 고의성이 없는 경우에는 일정액을 한도로 부과하도록 하는 등의 가산세 한도제 도입

2) 가산세의 부과처분과 본세의 부과처분의 관계

가산세는 과세권의 행사와 조세채권의 실현을 용이하게 하기 위하여 세법에 규정된 의무를 정당한 이유 없이 위반한 납세자에게 부과하는 일종의 행정상 제재이므로, 징수절차의 편의상 당해 세법이 정하는 국세의 세목으로 하여 그 세법에 의하여 산출한 본세의 세액에 가산하여 함께 징수하는 것일 뿐, 세법이 정하는 바에 의하여 성립 확정되는 국세와 본질적으로 그 성질이 다른 것이므로, 가산세 부과처분은 본세의 부과처분과 별개의 과세처분이다(대법원 2004두2356, 2005.9.30., 국기집행 47-0-1). 따라서 가산세에 대한 이의가 있는 경우에는 가산세 부과처분취소에 대한 그 자체를 불복의 대상으로 하여야 할 것이다.

참고로 조세불복시 본세의 세액을 산출의 기초로 하는 가산세는 비록 가산세를 불복의 대상에 포함시키지 않아도 본세의 부과가 취소되면 당연히 가산세 부과처분도 취소되는 것이지만, 본세의 세액을 산출의 기초로 하지 않는 가산세는 본세의 부과처분시 가산세 부과처분의 효력이 발생되지 않으므로 가산세 부과처분의 취소를 별개로 구할 필요가 있는 것이다.

3. 가산금과 납부지연 가산세

2019.12.31.까지 "가산금"이란 세법상 용어를 사용하였다.

"가산금"(加算金)이란 국세를 납부기한까지 납부하지 아니한 경우에 국세징수법에 따라 고지세액(告知稅額)에 가산하여 징수하는 금액과 납부기한이 지난 후 일정기한까지 납부하지 아니한 경우에 그 금액에 다시 가산하여 징수하는 금액(종전의 국기법 §2 ⑤, 2018.12.31. 삭제)을 말했었다.

이때 납세의무자가 국세를 납부기한까지 완납하지 아니하였을 때에는 그 납부기한이 지난 날부터 체납된 국세의 3%에 상당하는 가산금을 징수하고 체납된 국세를 납부하지 아니하였을 때에는 납부기한이 지난날부터 매 1개월이 지날 때마다 체납된 국세의 0.75%(2018.12.31.까지는 1.2%)에 상당하는 가산금을 기존의 가산금에 가산하여 징수하였다.

다만, 가산금에 추가하여 징수하는 가산금은 체납된 국세의 납세고지서별 · 세목별 세액이 100만원 미만인 경우에는 부과하지 않으며, 가산금을 가산하여 징수하는 기간은 60개월을 초과하지 못하였다(구 국징법 §21).

이에 가산세와 가산금의 차이를 비교하면 다음과 같았다.

구 분	가산세	가산금
관련 법령	국세기본법과 세목별 세법	국세징수법
개념	세법에서 규정하는 의무한 성실한 이행을 확보하기 위하여 세법에 따라 산출한 세액에 가산하여 징수하는 금액으로 가산금은 포함하지 않는다(국기법 §2 ④).	국세를 납부기한까지 납부하지 아니한 경우에 국세징수법에 따라 고지세액(告知稅額)에 가산하여 징수하는 금액과 납부기한이 지난 후 일정 기한까지 납부하지 아니한 경우에 그 금액에 다시 가산하여 징수하는 금액을 말한다(국기법 §2 ⑤).
성격	세법상 의무불이행에 따른 행정벌적 성격	연체이자적 성격
징수	법인세, 소득세 등 국세의 세목으로 징수함.	고지세액에 가산하여 징수함.

그러나 2020.1.1.부터는 가산세와 가산금의 비슷한 제도를 중첩적으로 운영하여 발생하는 납세자의 혼란을 완화하기 위하여 납세자가 세법에 따른 납부기한까지 세금을 완납하지 아니한 경우에 납부고지 전에 적용되는 국세기본법상 납부불성실 가산세와 납부고지 후에 적용되는 국세징수법의 가산금을 일원화하여 국세기본법상 납부지연 가산세로 통일하기로 하였고 이에 대해서는 제1장 제3절 납부관련 가산세에서 설명하기로 한다.

저자주 실무자는 가산세(또는 가산금)의 법률적 성격을 정확하게 이해하고 실무상 가산세 적용을 고려하는 것이 당연한 업무처리의 절차일 것이며, 가산세와 조세형벌과의 관련성도 함께 고려하여야 할 것으로 판단된다. 그러나 가산세의 본질을 단순하게 글로써 표현하는 것은 생각보다 쉽지 않고, 본서를 작성하게 된 궁극적인 목적은 세법상 애매한 가산세의 적용을 사례를 활용하여 최대한 효율적으로 실무에 적용할 수 있도록 방향성을 제안하는데 있으므로 가산세의 법률상 본질에 대한 부분은 최소한으로 표현하였음을 밝혀두는 바이다.

제2절 신고관련 가산세

1. 무신고 가산세

(1) 적용대상

납세의무자가 법정신고기한까지 세법에 따른 국세의 과세표준 신고(예정신고 및 중간신고를 포함하며, 교육세법 제9조에 따른 신고 중 금융·보험업자가 아닌 자의 신고와 농어촌특별세법 및 종합부동산세법에 따른 신고는 제외)를 하지 아니한 경우에는 그 신고로 납부하여야 할 세액(이 법 및 세법에 따른 가산세와 세법에 따라 가산하여 납부하여야 할 이자상당가산액이 있는 경우 그 금액은 제외)에 일정한 비율(20%, 40%, 60%)을 곱한 금액을 가산세로 납부하는데 이것을 무신고 가산세라고 한다(국기법 §47의 2). 무신고 가산세는 일반무신고 가산세와 부정무신고 가산세로 구분하며 부정무신고 가산세에 대해서는 중과세를 하고 있다.

Tip _ 무신고 가산세 History

① 교육세와 농어촌특별세의 무신고 가산세
2012년 이후부터는 본 세의 세액에 일정비율을 부가하여 징수하는 부가세인 교육세와 농어촌특별세는 무신고 가산세를 적용하지 않도록 세법이 개정되었고, 성실한 신고의무 이행 유도를 위해 2017.1.1. 이후 개시하는 과세연도분부터 금융·보험업자 신고분은 무신고·과소신고 가산세가 적용되도록 세법이 개정되었음.

② 종합부동산세법의 무신고 가산세
2012.1.1. 이후분부터 종합부동산세의 무신고 가산세는 적용되지 않는다.

③ 무신고 가산세와 과소신고 가산세의 계산기준 세액변경
2015.1.1. 이후(퇴직소득세는 2015.7.1. 이후) 개시하는 과세기간 분부터는 무신고 가산세와 과소신고 가산세의 계산 기준을 (산출세액－기납부세액)에서 납부할 세액으로 변경하였다.

(2) 일반무신고(2015년 이후 적용)

구 분	가 산 세
법인세	MAX(①, ②) ① 무신고납부세액×20% ② 법인세 과세표준 및 세액신고서에 적어야 할 해당 법인의 수입금액×0.07%
복식부기의무자의 소득세	MAX(①, ②) ① 무신고납부세액×무기장소득금액/종합소득금액×20% ② 사업소득에 대한 개인의 총수입금액×0.07%
간편장부대상자의 소득세	무신고납부세액×20%
부가가치세	무신고납부세액×20%+영세율 과세표준×0.5%
위 이외의 국세	무신고납부세액×20%

(3) 부정무신고

구 분	가 산 세
법인세	MAX(①, ②) ① 무신고납부세액×40%* ② 법인세 과세표준 및 세액신고서에 적어야 할 해당 법인의 수입금액×0.14%
복식부기의무자의 소득세	MAX(①, ②) ① 무신고납부세액×무기장소득금액/종합소득금액×40%* ② 법인세 과세표준 및 세액신고서에 적어야 할 해당 법인의 수입금액×0.14%
간편장부대상자의 소득세	무신고납부세액×40%*
부가가치세	무신고납부세액×40%* +영세율 과세표준×0.5%
위 이외의 국세	무신고납부세액×40%*

* 2015.1.1. 이후 개시하는 과세연도분부터 국제거래에서 발생한 부정행위로 국세의 과세표준 신고를 하지 아니한 경우에는 60%를 적용함.

Tip _ 영세율 과세표준 신고불성실 가산세

부가가치세법에 규정하고 있었던 영세율 과세표준 신고불성실 가산세는 2012.1.1. 이후 최초로 개시하는 과세기간부터 국세기본법 제47조의 2(무신고 가산세)와 제47조의 3(과소신고 · 초과환급신고 가산세)의 각 항 단서에 규정되었다. 개정된 내용은 2012.1.1. 이후 최초로 개시하는 과세기간분부터 적용하는데 해당 내용을 요약하면 다음과 같다.

① 가산세율이 1%에서 0.5%로 조정되었다.
② 영세율 과세표준 신고불성실 가산세는 영세율 과세표준의 무신고와 과소신고 그리고 영세율 첨부서류 미제출시 적용한다.
③ 영세율 첨부서류는 정상적으로 제출하였으나 영세율 과세표준을 과다신고한 경우에는 가산세를 적용하지 않는다.

참고 2012년~2014년의 일반무신고 가산세

1. 일반무신고 : 부정무신고 과세표준(부가가치세는 납부세액)이 없는 경우

구 분	가 산 세
법인세	MAX(①, ②) ① (산출세액－기납부세액*1)×20% ② (수입금액*2－기납부세액에 관련 수입금액)×0.07%
복식부기의무자의 소득세	MAX(①, ②) ① (산출세액×무기장소득금액/종합소득금액－기납부세액*1)×20% ② (수입금액*2－기납부세액에 관련 수입금액)×0.07%
간편장부대상자의 소득세*3	(산출세액－기납부세액*1)×20%
부가가치세	납부세액*4×20%＋영세율 과세표준×0.5%
위 이외의 국세	(산출세액－기납부세액*1)×20%

*1. 기납부세액의 범위
- 법인세 : 중간예납세액, 수시부과세액, 원천징수세액, 연결납세방식의 경우에는 연결중간예납세액과 연결법인의 원천납부세액((구)법법 §64 ①·§79의 19 ①·§86 ①)
- 소득세 : 중간예납세액, 예정신고 산출세액 또는 그 결정·경정 세액, 수시부과세액, 원천납부세액, 납세조합 징수세액((구)소법 §76 ③·§106 ③·§111 ③)
- 상속세 또는 증여세의 경우 : 증여세액공제와 납부세액공제 규정에 따라 공제되는 증여세액((주)상증법 §28·§58)

*2. 수입금액은 법인의 경우 법인세 과세표준 및 세액 신고서에 적어야 할 해당 법인의 수입금액(매출액)이며, 개인은 소득세법 규정에 의한 사업소득 총수입금액(매출액이 아님)임.

*3. 복식부기의무자라 하더라도 부동산매매업자의 토지 등 매매차익예정신고의 경우는 간편장부대상자의 소득세 규정을 적용함.

*4. 납부세액은 기타경감·공제세액, 신용카드매출전표 등 발행공제세액, 예정고지 등이 공제되지 않는 금액을 말하는 것임(징세과－1223, 2012.11.13.).

2. 일반무신고와 부정무신고 과세표준이 같이 있는 경우

구 분		가 산 세
법인세 ((1)＋(2))	(1) 부정무신고 가산세	MAX(①, ②) ① 산출세액×부정무신고비율×40% ② 부정무신고수입금액×0.14%

구 분		가 산 세
법인세 ((1)+(2))	(2) 일반무신고 가산세	MAX(①, ②) ① 산출세액×일반무신고비율×20% ② 일반무신고수입금액×0.07%
복식부기의무의 소득세 ((1)+(2))	(1) 부정무신고 가산세	MAX(①, ②) ① 산출세액×부정무신고비율×40% ② 수입금액×0.07%
	(2) 일반무신고 가산세	MAX(①, ②) ① 산출세액×일반무신고비율×20% ② 일반무신고수입금액×0.07%
간편장부대상자의 소득세 ((1)+(2))	(1) 부정무신고 가산세	산출세액×부정무신고비율×40%
	(2) 일반무신고 가산세	산출세액×일반무신고비율×20%
부가가치세 ((1)+(2))	(1) 부정무신고 가산세	부정무신고납부세액×40%+영세율 과세표준×0.5%
	(2) 일반무신고 가산세	일반무신고납부세액×20%+영세율 과세표준×0.5%
위 이외의 국세 ((1)+(2))	(1) 부정무신고 가산세	산출세액×부정무신고비율×40%
	(2) 일반무신고 가산세	산출세액×일반무신고비율×20%

* 무신고비율은 다음과 같이 계산하며, 각각의 비율이 1보다 큰 경우에는 1로 하고, 0보다 작은 경우에는 0으로 한다.

구 분	부가가치세 외	부가가치세
부정무신고비율	부정무신고 과세표준÷과세표준	부정무신고납부세액÷납부세액
일반무신고비율	일반무신고 과세표준÷과세표준	일반무신고납부세액÷납부세액

(4) 부정한 방법

부정무신고 가산세를 적용하는 경우 부정행위란 조세범처벌법 제3조 제6항 각 호의 어느 하나에 해당하는 행위로서 조세의 부과와 징수를 불가능하게 하거나 현저히 곤란하게 하는 적극적인 행위를 말한다(국기집행 47의 2-0-2).

① 이중장부의 작성 등 장부의 거짓 기록

② 거짓 증명 또는 거짓 문서의 작성 및 수취

③ 장부와 기록의 파기

④ 재산의 은닉이나 소득·수익·행위·거래의 조작 또는 은폐

⑤ 고의적으로 장부를 작성하지 아니하거나 비치하지 아니하는 행위 또는 계산서, 세금계

산서 또는 계산서합계표, 세금계산서합계표의 조작

⑥ 조세특례제한법 제5조의 2 제1항에 따른 전사적 기업자원관리설비의 조작 또는 전자 세금계산서의 조작

⑦ 그 밖에 위계에 의한 행위 또는 부정한 행위

Tip 사기, 그 밖의 부정한 행위 또는 부정행위의 의미(대법 2019두58896, 2020.12.10.)

구 국세기본법(2014.12.23. 법률 제12848호로 개정되기 전의 것, 이하 같다) 제47조의 2 제2항 및 제47조의 3 제2항 제1호 등에 규정된 '사기, 그 밖의 부정한 행위' 또는 '부정행위'란 조세의 부과와 징수를 불가능하게 하거나 현저히 곤란하게 하는 위계 기타 부정한 적극적인 행위를 말하고, 적극적 은닉 의도가 나타나는 사정이 덧붙여지지 않은 채 단순히 세법상의 신고를 하지 않거나 허위의 신고를 함에 그치는 것은 여기에 해당하지 않는다. 또한 납세자가 명의를 위장하여 소득을 얻더라도, 명의위장이 조세포탈의 목적에서 비롯되고 나아가 여기에 허위 계약서의 작성과 대금의 허위지급, 과세관청에 대한 허위의 조세 신고, 허위의 등기 · 등록, 허위의 회계장부 작성 · 비치 등과 같은 적극적인 행위까지 부가되는 등의 특별한 사정이 없는 한, 명의위장 사실만으로 구 국세기본법 제47조의 2 제2항 및 제47조의 3 제2항 제1호 등에서 정한 '사기, 그 밖의 부정한 행위' 또는 '부정행위'에 해당한다고 볼 수 없다.

(5) 무신고 가산세에 대한 특례

① 대손세액 경정시 가산세 적용 배제

부가가치세법에 따라 그 공급을 받은 사업자가 대손세액에 해당하는 금액을 빼지 아니한 경우 그 사업자의 관할 세무서장이 빼야 할 매입세액을 결정 또는 경정(更正)하는 경우에는 무신고 가산세를 부과하지 아니한다(국기법 §47의 2 ④).

② 예정신고 및 중간신고시 가산세 적용 배제

예정신고 및 중간신고와 관련하여 이 조 또는 과소신고 · 초과환급신고 가산세가 부과되는 부분에 대해서는 확정신고와 관련하여 무신고 가산세를 적용하지 아니한다(국기법 §47의 2 ⑤).

③ 그 밖의 중복배제

소득세법과 법인세법에 의한 장부의 기록 · 보관 불성실가산세와 소득세법에 의한 주식 등에 대한 장부의 비치 · 기록의무 및 기장 불성실 가산세가 동시에 적용되는 경우에는 각각 그 중 큰 금액에 해당하는 가산세만을 적용하고, 가산세액이 없으면 무신고 가산세만을 적용한다(국기법 §47의 2 ⑥, 2018.1.1. 개시하는 과세기간부터 적용).

종전 규정	개정 규정
• 추계신고자 등에 대한 성실신고확인서 미제출 가산세 적용 –Max(① 무신고 가산세, ② 장부의 기록·보관 불성실가산세, ③ 성실신고확인서 미제출 가산세)	• 성실신고확인서 미제출 가산세 별도 적용 –Max(① 무신고 가산세, ② 장부의 기록·보관 불성실가산세)+③ 성실신고확인서 미제출 가산세

✎ 소득세법상 무기장가산세 용어가 법인세법과 장부의 기록·보관 불성실가산세로 변경되었음

Tip __ 혼인무효시 혼인세액공제 가산세 면제 및 이자상당액 납부

2024년 귀속분부터 2026년 귀속분까지 종합소득세 신고(연말정산 근로소득 등 포함)를 하는 거주자가 혼인신고를 하는 경우에는 1회에 한정하여 혼인신고를 한 날이 속하는 과세기간의 산출세액에서 50만원을 혼인세액공제로 공제를 한다.

다만, 혼인이 무효가 된 경우로서 혼인무효의 소에 대한 판결이 확정된 날이 속하는 달의 다음 달부터 3개월이 되는 날까지 국세기본법 제45조에 따른 수정신고 또는 같은 법 제45조의 3에 따른 기한 후 신고를 한 경우에는 무신고가산세와 후술하는 과소·초과환급신고가산세 그리고 납부지연가산세를 부과하지 않지만 다음에 따라 계산한 이자상당액을 소득세에 가산하여 부과한다(조특법 §92 ②, 조특령 §94 ① 및 ②).

이자상당액=50만원×0.022%×일수*
* 종합소득세고세표준 신고기한의 다음날부터 신고를 한 날까지의 기간

2. 과소·초과환급신고가산세

(1) 적용대상

납세의무자가 법정신고기한까지 세법에 따른 국세의 과세표준 신고(예정신고 및 중간신고를 포함하며, 교육세법 제9조에 따른 신고 중 금융·보험업자가 아닌 자의 신고와 농어촌특별세법에 따른 신고는 제외)를 한 경우로서 납부할 세액을 신고하여야 할 세액보다 적게 신고(과소신고)하거나 환급받을 세액을 신고하여야 할 금액보다 많이 신고(초과환급신고)한 경우에는 과소신고한 납부세액과 초과환급신고한 세액을 합한 금액(이 법 및 세법에 따른 가산세와 세법에 따라 가산하여 납부하여야 할 이자상당가산액이 있는 경우 그 금액은 제외하며, 과소신고납부세액등이라 함)에 아래의 일반과소신고와 부정과소신고에 따른 산출방법을 적용한 금액을 가산세로 한다(국기법 §47의 3).

즉, 과소·초과환급신고 가산세는 일반과소·초과환급신고 가산세와 부정과소·초과환급신고 가산세로 구분하여 부정과소·초과환급신고 가산세에 대해서는 중과세를 하고 있다.

(2) 일반과소신고 : 부정과소신고가 없는 경우(2015년 이후 적용)

구 분	가 산 세
법인세	과소신고납부세액 등×10%
복식부기의무자의 소득세	과소신고납부세액 등×10%
간편장부대상자의 소득세	과소신고납부세액 등×10%
부가가치세	과소신고납부세액 등×10% +과소신고되거나 무신고된 영세율 과세표준×0.5%
위 이외의 국세	과소신고납부세액 등×10%

(3) 일반과소신고와 부정과소신고가 같이 있는 경우(2015년 이후 적용)

구 분		가 산 세
법인세 ((1)+(2))	(1) 부정과소신고 가산세	MAX(①, ②) ① 부정과소신고납부세액등×40%* ② 부정과소신고수입금액등×0.14%
	(2) 일반과소신고 가산세	(과소신고납부세액등－부정과소신고납부세액등)×10%
복식부기의무자의 소득세 ((1)+(2))	(1) 부정과소신고 가산세	MAX(①, ②) ① 부정과소신고납부세액등×40%* ② 부정과소신고수입금액등×0.14%
	(2) 일반과소신고 가산세	(과소신고납부세액등－부정과소신고납부세액등)×10%
간편장부대상자의 소득세 ((1)+(2))	(1) 부정과소신고 가산세	MAX(①, ②) ① 부정과소신고납부세액등×40%* ② 부정과소신고수입금액등×0.14%
	(2) 일반과소신고 가산세	(과소신고납부세액등－부정과소신고납부세액등)×10%
부가가치세 ((1)+(2))	(1) 부정과소신고 가산세	(부정과소신고납부세액＋부정초과환급세액)×40%* ＋과소신고 영세율 과세표준×0.5%
	(2) 일반과소신고 가산세	(일반과소신고납부세액＋일반초과환급세액)×10%＋과소신고 영세율 과세표준×0.5%
위 이외의 국세 ((1)+(2))	(1) 부정과소신고 가산세	부정과소신고납부세액등×40%*
	(2) 일반과소신고 가산세	(과소신고납부세액등－부정과소신고납부세액등)×10%

* 국제거래에서 발생한 부정행위로 국세의 과세표준 신고를 하지 아니한 경우에는 60%를 적용함.

Tip _ 일반과소신고 가산세와 부정과소신고 가산세

일반과소신고 가산세에는 수입금액기준 가산세는 없지만, 부정과소신고 가산세에는 수입금액기준 가산세가 있다.

참고 2012년~2014년 과소신고 · 초과환급신고 가산세

1. 일반과소신고 : 부정과소신고 과세표준(부가가치세는 납부세액)이 없는 경우

구 분	가 산 세
법인세	(산출세액×과소신고비율[*1] − 기납부세액[*2])×10%
복식부기의무자의 소득세	
간편장부대상자의 소득세	
부가가치세	(과소납부세액+초과환급세액)×10%)+과소신고영세율 과세표준×0.5%
위 이외의 국세	산출세액×과소신고비율×10%

*1. 과소신고비율(과소신고 과세표준÷과세표준) 계산시 과소신고 과세표준은 소득세 또는 법인세의 과세표준을 결손으로 신고할 때에는 신고한 과세표준이 없는 것으로 보아 계산하며 부정신고의 경우도 동일하다[(구)국기령 §27의 2 ①].

*2. 기납부세액이 있는 경우에는 산출세액에서 중간예납세액, 수시부과세액, 원천징수세액 등을 뺀다[(구)국기령 §27 ①].

2. 일반과소신고와 부당과소신고 과세표준이 같이 있는 경우

구 분		가 산 세
법인세 ((1)+(2))	(1) 부정과소신고 가산세[*1]	MAX(①, ②) ① 산출세액×부정과소신고비율[*2]×40% ② 부당과소신고수입금액×0.14%
	(2) 일반과소신고 가산세	(산출세액×일반무신고비율 − 기납부세액[*3])×10%
복식부기의무자의 소득세 ((1)+(2))	(1) 부정과소신고 가산세	MAX(①, ②) ① 산출세액×부정과소신고비율[*2]×40% ② 수입금액×0.14%
	(2) 일반과소신고 가산세	(산출세액×일반무신고비율 − 기납부세액[*3])×10%
간편장부대상자의 소득세 ((1)+(2))	(1) 부정과소신고 가산세	산출세액×부정과소신고비율×40%
	(2) 일반과소신고 가산세	(산출세액×일반무신고비율 − 기납부세액)×10%
부가가치세 ((1)+(2))	(1) 부정과소신고 가산세	(부정과소신고납부세액+부정초과환급세액)×40%+과소신고영세율 과세표준×0.5%

구 분		가 산 세
부가가치세 ((1)+(2))	(2) 일반과소신고 가산세	(일반과소신고납부세액＋일반초과환급세액)×10%＋과소신고영세율 과세표준×0.5%
위 이외의 국세 ((1)+(2))	(1) 부정과소신고 가산세	산출세액×부정과소신고비율×40%
	(2) 일반과소신고 가산세	산출세액×일반과소신고비율×10%

*1. 부정과소신고비율(부정과소신고 과세표준÷과세표준) 계산시 부정과소신고 과세표준은 소득세는 소득세법의 종합소득 과세표준 확정신고(소법 §70) 및 비거주자 종합과세시 과세표준 확정신고(소법 §124)를 말하며, 법인세는 과세표준 신고(법법 §60), 연결과세표준의 신고(법법 §76의 17) 및 외국법인의 신고(법법 §97)만 해당한다.

*2. 소득세 또는 법인세의 과세표준을 결손으로 신고할 때에는 신고한 과세표준이 없는 것으로 보아 계산하며 부정신고의 경우도 동일하다[(구)국기령 §27의 2 ①].

*3. 기납부세액이 있는 경우에는 산출세액에서 중간예납세액, 수시부과세액, 원천징수세액 등을 뺀다[(구)국기령 §27 ①].

* 무신고비율은 다음과 같이 계산하며, 각각의 비율이 1보다 큰 경우에는 1로 하고, 0보다 작은 경우에는 0으로 한다.

구 분	부가가치세 외	부가가치세
부정과소신고비율	부정과소신고 과세표준÷과세표준	부정과소신고납부세액÷납부세액
일반과소신고비율	일반과소신고 과세표준÷과세표준	일반과소신고납부세액÷납부세액

보론 무신고 가산세와 과소신고불성실 가산세 계산 기준 세액 변경에 따른 문제점(2014.12.23. 개정)

1. 개정내용

(1) 법령 개정사항

종 전	개 정
□ 신고불성실 가산세 산출방식 • 무신고 가산세 (산출세액* − 기납부세액**)×가산세율 (20%, 부정행위 40%) * 과세표준×세율 ** 부정행위시 기납부세액 공제 배제 • 과소신고 · 초과환급신고 가산세 − 소득세, 법인세, 상속세 등 (산출세액×과표누락비율 − 기납부세액*)×가산세율(10%, 부정행위 40%) − 부가가치세, 개별소비세, 교통세 및 주세(과소신고 납부세액＋초과신고 환급세액 − 기납부세액*)×가산세율	□ 무신고 가산세, 과소신고 · 초과환급신고 가산세 산출방식 일원화 • 무신고 · 과소신고 · 초과환급신고 가산세 무신고 · 과소신고납부세액*×가산세율 (10%, 20%, 부정행위 40%) * 세액공제 · 감면, 기납부세액, 당초 신고세액 등을 차감한 후 가산세 가산 전 금액 * 세법에 따른 이자상당가산액이 있는 경우 그 금액은 제외 * 초과신고 환급세액이 있는 경우 과소신고 납부세액과 그 환급세액을 합한 금액 (예를 들어, 납부세액 신고하여야 하나 환급세액 신고 한 경우, 환급세액을 과다하게 신고한 경우)

종 전	개 정
(10%, 부정행위 40%) * 부정행위시 기납부세액 공제 배제	

(2) 적용시기 및 적용례

- 제47조의 2 및 제47조의 3의 개정규정 중 소득세(종합소득에 대한 소득세만 해당하며, 그 소득세를 본세로 하는 농어촌특별세를 포함한다), 법인세(그 법인세를 본세로 하는 농어촌특별세를 포함하고, 청산소득에 대한 법인세는 제외한다), 부가가치세 및 금융·보험업자의 수익금액에 부과되는 교육세에 관한 개정규정은 2015.1.1. 이후 개시하는 과세기간 분부터 적용
- 제47조의 2 및 제47조의 3의 개정규정 중 퇴직소득 및 양도소득에 대한 소득세(그 소득세를 본세로 하는 농어촌특별세를 포함한다)에 관한 개정규정은 2015.7.1. 이후 퇴직하거나 양도하는 분부터 적용
- 제47조의 2 및 제47조의 3의 개정규정 중 청산소득에 대한 법인세(그 법인세를 본세로 하는 농어촌특별세를 포함한다)에 관한 개정규정은 2015.7.1. 이후 해산·합병·분할하는 분부터 적용
- 제47조의 2 및 제47조의 3의 개정규정 중 상속세 및 증여세에 관한 개정규정은 2015.7.1. 이후 상속·증여하는 분부터 적용. 다만, 제47조의 3 제4항 제1호 라목의 개정규정은 2015.1.1. 후 증여세를 경정하는 분부터 적용
- 제47조의 2 및 제47조의 3의 개정규정 중 개별소비세(그 개별소비세를 본세로 하는 농어촌특별세 및 교육세를 포함한다), 교통·에너지·환경세(그 교통·에너지·환경세액에 부과되는 교육세를 포함한다)에 관한 개정규정은 2015.7.1. 이후 반출·출고·판매하거나 입장행위·유흥음식행위·영업행위를 하는 분부터 적용
- 제47조의 2 및 제47조의 3의 개정규정 중 증권거래세(그 증권거래세를 본세로 하는 농어촌특별세를 포함한다)에 관한 개정규정은 2015.7.1. 이후 주권 등을 양도하는 분부터 적용
- 제47조의 2 및 제47조의 3의 개정규정 중 종합부동산세(그 종합부동산세를 본세로 하는 농어촌특별세를 포함한다)에 관한 개정규정은 2015.1.1. 후 납세의무가 성립하는 분부터 적용
- 제47조의 2 및 제47조의 3의 개정규정 중 농어촌특별세법 제5조 제1항 제2호의 이자·배당소득에 대한 소득세의 감면세액에 부과되는 농어촌특별세는 2015.7.1. 이후 이자·배당소득을 지급하는 분부터 적용
- 제47조의 2 및 제47조의 3의 개정규정 중 수입되는 재화에 부과되는 부가가치세, 교통·에너지·환경세, 개별소비세, 주세, 교육세 및 농어촌특별세에 관한 개정규정은 2015.7.1. 이후 수입신고하는 분부터 적용

(3) 개정내용의 해설

종전에 무신고 가산세와 과소신고불성실 가산세는 위의 법령 개정된 내용처럼 산출세액에서 기납부세액(부정행위가 없는 경우로 한정)을 빼고 20%(부정행위 40%)의 가산세율을 곱해서 계산하였다. 이와 같이 계산하면 세액공제와 세액감면이 고려되지 않아서 납부하지 않아도 되는 세액에 대한 가산세를 부담해야 하는 불합리한 점이 있었는데 이에 2015.1.1. 이후(일부 세목은 2015.7.1. 이후) 개시하는 과세기간 분부터는 무신고 가산세와 과소신고불성실 가산세 계산 기준을 납부할 세액으로 변경하였다. 개정내용을 요약하면 다음과 같다.

종 전	개 정
{(산출세액×과세표준 누락비율) - 기납부세액}×가산세율(10% 또는 40%)	과소신고납부세액 등(과소신고세액과 초과신고세액을 합한 금액)×가산세율(10%, 40%, 60% 중 하나 적용)

2. 개정내용의 문제점

개정규정의 취지가 세액공제, 세액감면액이 무신고세액 등에 포함되는 불합리를 해소하고자 함에 있음에도 불구하고 아래 사례의 경우처럼 가산세액이 많이 계상되는 경우도 발생하므로 이에 대한 보완이 필요할 것으로 사료된다.

[사례내용]

개인사업자인 세무의 당초 종합소득세 신고시의 신고내역은 과세표준 10,000,000원, 산출세액 600,000원, 세액공제액 500,000원, 납부세액이 100,000원이었는데 과세표준 누락금액이 10,000,000원 발생하여 종합소득세를 수정신고하는 경우의 가산세액은? 단, 일반무신고세율이 적용된다고 가정한다.

[해설]

소득세 신고 경정내역을 요약하면 다음과 같다.

① 소득세 신고 경정내역 (단위 : 천원)

구분	당초 신고금액	누락 금액	수정 신고금액	차액
과세표준	10,000	10,000	20,000	
산출세액	600*1		1,920*2	1,320
세액공제	500		500	
납부세액	100		1,420	1,320

*1. 10,000,000원×6%(소득세율)=600,000원

*2. 20,000,000원×15%-1,080,000원=1,920,000원(누진공제방식에 따른 계산)

② 가산세 계산액

종전방식과 개정방식에 따른 가산세액 계산을 요약하면 다음과 같다.

(가) 종전 계산방식에 의한 가산세액 (단위 : 천원)

㉠ 수정 산출세액	㉡ 안분	㉢ 가산세 대상금액 (=㉠×㉡)	㉣ 기납부 금액	㉤ 추가 납부세액 (=㉢-㉣)
1,920	10,000/20,000	960	100	860

→ 일반과소신고 가산세액은 860,000원×10%=86,000원임

(나) 개정 계산방식에 의한 가산세액 (단위 : 천원)

㉠ 수정 산출세액	㉡ 세액 공제	㉢ 수정 납부세액 (=㉠-㉡)	㉣ 기납부 금액	㉤ 추가 납부세액 (=㉢-㉣)
1,920	500	1,420	100	1,320

→ 일반과소신고 가산세액은 1,320,000원×10%=132,000원임

③ 결론

종전 계산방식에 의한 가산세액보다 개정 계산방식에 의한 가산세액이 더 많이 계산되는 경우가 발생함

(4) 부정한 방법

부정과소신고 가산세를 적용하는 경우 부정행위는 무신고 가산세의 내용과 동일하다.

(5) 과소신고 · 초과환급신고 가산세에 대한 특례

① 다음의 사유로 상속세 · 증여세 과세표준을 과소신고한 경우 과소신고 · 초과환급신고 가산세 적용배제(국기법 §47의 3 ④ 1호)

ㄱ. 신고 당시 소유권에 대한 소송 등의 사유로 상속재산 또는 증여재산으로 확정되지 아니하였던 경우

ㄴ. 상속공제와 증여재산공제의 적용에 착오가 있었던 경우

ㄷ. 상속재산과 증여재산을 상속세및증여세법에 따라 평가한 가액으로 과세표준을 결정한 경우

ㄹ. 법인세 과세표준 및 세액의 결정 · 경정으로 수혜법인의 세후영업이익이 증가하여 일감몰아주기 증여의제이익이 변경되는 경우(부정행위로 인하여 법인세의 과세표준 및 세액을 결정 · 경정하는 경우는 제외)

ㅁ. 상속세및증여세법에 따라 평가한 가액으로 부담부증여시 양도로 보는 부분에 대한 양도소득세 과세표준을 결정 · 경정한 경우(부정행위로 양도소득세의 과세표준을 과소신

고한 경우는 제외)

② 대손세액 경정시 가산세 적용 배제

부가가치세법에 따라 그 공급을 받은 사업자가 대손세액에 해당하는 금액을 빼지 아니한 경우 그 사업자의 관할 세무서장이 빼야 할 매입세액을 결정 또는 경정(更正)하는 경우에는 과소신고 · 초과환급신고 가산세를 적용을 배제한다(국기법 §47의 3 ④ 2호).

③ 양도소득세 과세표준 과소신고시 가산세 적용

법인세 과세표준 및 세액의 결정 · 경정으로 수혜법인의 세후영업이익이 감소함에 따라 일감몰아주기 증여의제이익이 감소하여 양도주식 등의 취득가액이 감소된 경우 과소신고 · 초과환급신고 가산세를 적용배제한다(2018.1.1. 이후 양도소득세를 수정신고하거나 결정 또는 경정하는 분부터 적용)(국기법 §47의 3 ④ 3호).

④ 통합투자세액공제 적용 후 부득이한 사항으로 세액공제 요건을 충족하지 못한 경우의 가산세 적용

통합투자세액공제를 받은 후 신성장사업화시설 또는 국가전략기술사업화시설의 인정을 받을 것을 조건으로 그 인정을 받기 전에 세액공제를 신청하여 세액공제를 받았으나, 그 이후 인정 대상 시설의 일부 또는 전부에 대해 그 인정을 받지 못한 사유로 세액공제 요건을 충족하지 못한 경우에는 과소신고 · 초과환급신고 가산세를 적용배제한다(국기법 §47의 3 ④ 4호, 2024년부터 적용).

⑤ 예정신고 및 중간신고시 가산세 적용 배제

예정신고 및 중간신고와 관련하여 이 조 또는 과소신고 · 초과환급신고 가산세가 부과되는 부분에 대해서는 확정신고와 관련하여 과소신고 · 초과환급 가산세를 적용하지 아니한다(국기법 §47의 3 ⑥).

⑥ 그 밖의 중복적용 배제

소득세법과 법인세법에 의한 장부의 기록 · 보관 불성실가산세와 소득세법에 의한 주식 등에 대한 장부의 비치 · 기록의무 및 기장 불성실 가산세가 동시에 적용되는 경우에는 각각 그 중 큰 금액에 해당하는 가산세만을 적용하고, 가산세액이 없으면 무신고 가산세만을 적용한다(국기법 §47의 3 ⑥, 2018.1.1. 개시하는 과세기간부터 적용).

종전 규정	개정 규정
• 추계신고자 등에 대한 성실신고확인서 미제출 가산세 적용 − Max(① 무신고 가산세, ② 장부의 기록 · 보관 불성실가산세, ③ 성실신고확인서 미제출 가산세)	• 성실신고확인서 미제출 가산세 별도 적용 − Max(① 무신고 가산세, ② 장부의 기록 · 보관 불성실가산세) + ③ 성실신고확인서 미제출 가산세

✎ 소득세법상 무기장가산세 용어가 법인세법과 장부의 기록 · 보관 불성실가산세로 변경되었음.

제3절 납부관련 가산세

1. 납부지연 가산세

(1) 적용사유

납세의무자(연대납세의무자, 납세자를 갈음하여 납부할 의무가 생긴 제2차 납세의무자 및 보증인을 포함)가 법정납부기한까지 국세(인지세는 제외)의 납부(중간예납 · 예정신고납부 · 중간신고납부를 포함)를 하지 아니하거나 납부하여야 할 세액보다 적게 납부(과소납부)하거나 환급받아야 할 세액보다 많이 환급(초과환급)받은 경우에는 납부지연 가산세를 적용한다(국기법 §47의 4 ①).

(2) 가산세액 계산

구 분	가 산 세
납부관련 지연 가산세	미납세액 또는 과소납부세액*1×22/100,000*3×경과일수*4
환급관련 지연 가산세	초과환급세액*1×22/100,000*3×경과일수*5
납부고지관련 지연 가산세	미납세액 또는 과소납부세액*2×3/100*6

*1. 세법에 따라 가산하여 납부하여야 할 이자상당가산액이 있는 경우에는 그 금액을 더한다.

*2. 법정납부기한까지 납부하여야 할 세액(세법에 따라 가산하여 납부하여야 할 이자상당가산액이 있는 경우에는 그 금액을 더함) 중 납부고지서에 따른 납부기한까지 미납한 세액 또는 과소납부세액을 말한다.

*3. 2019.2.11.까지는 0.03%, 2019.2.12.부터 2022.2.14.까지는 0.025%, 2022.2.15.부터는 0.022%를 적용한다. 예를 들면 2019.2.12. 이전에 납세의무가 성립한 납부지연가산세를 2022.2.15. 이후에 납부하는 경우 당초 납부

기한의 다음날부터 2019.2.11.까지는 0.03%, 2019.2.12.부터 2022.2.14.까지는 0.025%, 2022.2.15. 이후는 0.022%를 적용한다(국기령 §27의 4, 국기령 부칙 대통령령 제32424호 §6, 2022년 개정).

참고로 지방세 관련 납부지연 가산세는 2018.12.31.까지는 0.03%, 2022.6.6.까지는 0.025%, 2022.6.7. 이후부터는 0.022%를 적용한다.

다만, 2018.12.31. 이전 지방세 관련 납부지연 가산세를 부과해야 하는 사유가 발생한 경우로서 2019.1.1. 이후 납부를 하여야 할 경우에는 개정된 규정에도 불구하고 종전 규정인 0.03%를 적용해야 할 것으로 판단되며(지기령 부칙 대통령령 제29436호, 2018.12.31.) 2022.6.7. 이전 납세의무가 성립한 납부지연가산세를 2022.6.7. 이후 납부하는 경우 2022.6.7. 이전 기간분에 대한 납부지연가산세의 계산에 적용되는 이자율은 개정규정에도 불구하고 종전 규정인 0.025%를 적용하고 2022.6.7. 이후 기간분에 대한 납부지연가산세의 계산에 적용되는 이자율은 개정규정인 0.022%를 적용한다(지기령 §34, 지기령 부칙 대통령령 제32665호, 2022.6.7. 2022년 개정).

국세와 지방세의 납부지연 가산세 세율 적용구간을 정리하면 다음과 같다.

구 분	0.03% 구간	0.025% 구간	0.022% 구간
국 세	2019.2.11.까지	2019.2.12.~2022.2.14.	2022.2.15. 이후
지방세	2018.12.31.까지	2019.1.1.~2022.6.6.	2022.6.7. 이후

*4. 법정납부기한의 다음날부터 납부일까지의 기간(납부고지일로부터 납부고지서에 따른 납부기한까지의 기간은 제외)
*5. 환급받은 날의 다음날부터 납부일까지의 기간(납부고지일로부터 납부고지서에 따른 납부기한까지의 기간은 제외)
*6. 국세를 납부고지서에 따른 납부기한까지 완납하지 아니한 경우에 한정한다.

실무Tip _ 분납적용시의 경과일수와 납부지연 가산세의 적용

(1) 분납적용시의 경과일수

분납하는 세액에 대하여 분납기한까지는 납부지연 가산세를 적용하지 않는다. 따라서 분납기한의 익일부터 자진납부일 또는 고지일까지의 기간에 대하여만 납부지연 가산세를 적용하므로 분납하는 세액의 무납부시 납부지연 가산세의 기산일은 분납기한의 익일이다.

예를 들어 12월말 결산법인인 중소기업이 2024년 귀속분 법인세 신고시 납부할 세액이 22,000,000원 발생한 경우로서 납부할 세액의 50%에 해당하는 11,000,000원은 2025.3.31까지 납부하고, 2025.6.2.(2025.5.31.이 토요일이므로 분납세액의 납부기한은 2025.6.2.임)까지 나머지 11,000,000원을 분납하도록 신고하였는데 해당 법인이 2025.6.2.까지 납부하여야 할 분납세액 11,000,000원을 2025.6.30.에 납부하는 경우 납부지연 가산세의 경과일수는 28일(2025.6.3.~2025.6.30.)이다.

(2) 납부지연 가산세의 적용

2017년 귀속분에 법인세와 법인 지방소득세의 신고기한은 2018.3.31.까지이다. 만약 2017년 귀속분에 대한 법인세와 법인지방소득세의 수정신고를 2022.6.30.에 하는 경우 납부지연 가산세의 적용은 다음과 같이 계산하였었다.

① 국세 : 미납세액×0.03%×317일(2018.4.1.~2019.2.11.까지의 일수)
+미납세액×0.025%×1,099일(2019.2.12.~2022.2.14.까지의 일수)
+미납세액×0.025%×136일(2022.2.15.~2022.6.30.까지의 일수)

② 지방세 : 미납세액×0.03%×1,522일(2018.5.1.~2022.6.30.까지의 일수)

* 지방세의 경우는 2018.12.31.까지는 0.03%, 2022.6.6.까지는 0.025%, 2022.6.7. 이후부터는 0.022%를 적용한다. 다만, 2018.12.31. 이전 지방세 관련 납부지연 가산세를 부과해야 하는 사유가 발생한 경우로서 2019.1.1. 이후 납부를 하여야 할 경우에는 개정된 규정에도 불구하고 종전 규정인 0.03%를 적용해야 할 것으로 판단되며(지기령 부칙 대통령령 제29436호, 2018.12.31.) 2022.6.7. 이전 납세의무가 성립한

납부지연가산세를 2022.6.7. 이후 납부하는 경우 2022.6.7. 이전 기간분에 대한 납부지연가산세의 계산에 적용되는 이자율은 개정규정에도 불구하고 종전 규정인 0.025%를 적용하고 2022.6.7. 이후 기간분에 대한 납부지연가산세의 계산에 적용되는 이자율은 개정규정인 0.022%를 적용한다(지기령 §34, 지기령 부칙 대통령령 제32665호, 2022.6.7. 2022년 개정).

(3) 적용특례

① 납부지연 가산세는 부가가치세법에 따른 과세사업자가 아닌 자가 부가가치세액을 환급받은 경우에도 적용한다(국기법 §47의 4 ②).

✎ 면세사업자가 부당하게 환급세액을 신고하여 환급을 받더라도 부가가치세법상 납세의무자에 해당하지 않아 가산세를 부과하지 못하였으나 부과가능 하도록 2012.1.1.부터 적용함.

② 다음의 어느 하나에 해당하는 경우에는 납부지연 가산세(납부와 환급관련 납부지연 가산세를 말하며, 법정납부기한의 다음날부터 납부고지일까지 기간에 한정함)를 적용하지 아니한다(국기법 §47의 4 ③).

ㄱ. 부가가치세법에 따른 사업자가 같은 법에 따른 납부기한까지 특정 사업장에 대한 부가가치세를 다른 사업장에 대한 부가가치세에 더하여 신고납부한 경우

ㄴ. 부가가치세법에 따라 그 공급을 받은 사업자가 대손세액에 해당하는 금액을 빼지 아니한 경우 그 사업자의 관할세무서장이 빼야 할 매입세액을 결정 또는 경정(更正)하는 경우

ㄷ. 부가가치세법 제53조의 2(전자적 용역을 공급하는 국외사업자의 용역 공급과 사업자등록 등에 관한 특례)에 따라 전자적 용역을 공급하는 자가 부가가치세를 납부하여야 하는 경우(2021.1.1.부터는 삭제)

ㄹ. 법인세 과세표준 및 세액의 결정 · 경정으로 수혜법인의 세후영업이익이 증가하여 일감몰아주기 증여의제이익이 변경되는 경우(부정행위로 인하여 법인세의 과세표준 및 세액을 결정 · 경정하는 경우는 제외)

ㅁ. 법인세 과세표준 및 세액의 결정 · 경정으로 수혜법인의 세후영업이익이 감소함에 따라 일감몰아주기 증여의제이익이 감소하여 양도주식 등의 취득가액이 감소된 경우 납부지연 가산세를 적용하지 아니한다(2018.1.1. 이후 양도소득세를 수정신고하거나 결정 또는 경정하는 분부터 적용).

ㅂ. 부담부증여시 양도로 보는 부분에 대하여 양도소득세 과세표준을 신고한 자가 법정신고기한까지 양도소득세를 납부한 경우로서 법정신고기한 이후 부담부증여 재산을 평가하여 양도소득세의 과세표준과 세액을 결정 · 경정한 경우(2024년 개정)

③ 원천징수 등 납부지연 가산세가 부과되는 부분에 대하여는 국세의 납부와 관련하여 납부지연 가산세를 적용하지 아니한다(국기법 §47의 4 ④).

④ 중간예납, 예정신고납부 및 중간신고납부와 관련하여 납부지연 가산세가 부과되는 부분에 대해서는 확정신고납부와 관련하여 납부지연 가산세를 부과하지 아니한다(국기법 §47의 4 ⑤).

⑤ 국세(소득세, 법인세 및 부가가치세만 해당)를 과세기간을 잘못 적용하여 신고납부한 경우에는 납부지연 가산세를 적용할 때 실제 신고납부한 날에 실제 신고납부한 금액의 범위에서 당초 신고납부하였어야 할 과세기간에 대한 국세를 자진납부한 것으로 본다. 다만, 해당 국세의 신고가 부정한 방법에 의한 경우에는 적용하지 않는다(국기법 §47의 4 ⑥, 2012.1.1. 이후 소득분부터 적용).

⑥ 납부지연 가산세를 적용할 때 납부고지서에 따른 납부기한의 다음날부터 납부일까지의 기간(국세징수법 제13조에 따라 지정납부기한과 독촉장에서 정하는 기한을 연장한 경우에는 그 연장기간은 제외함)이 5년을 초과하는 경우에는 그 기간은 5년으로 한다(국기법 §47의 4 ⑦).

⑦ 체납된 국세의 납부고지서별 · 세목별 세액이 150만원 미만인 경우에는 납부지연 가산세(납부와 환급 관련 지연 가산세를 말함)를 적용하지 아니한다(국기법 §47의 4 ⑧, 2022년 개정).

⑧ 인지세법 제8조 제1항에 따른 인지세(인지세법 제3조 제1항 제1호의 문서 중 부동산의 소유권 이전에 관한 증서에 대한 인지세는 제외)의 납부를 하지 아니하거나 과소납부한 경우에는 납부하지 아니한 세액 또는 과소납부분 세액의 30%에 상당하는 금액을 가산세로 한다. 다만, 다음의 어느 하나에 해당하는 경우(과세표준과 세액을 경정할 것을 미리 알고 납부하는 경우는 제외)에는 해당 호에 따른 금액을 가산세로 한다(국기법 §47의 4 ⑨).

구 분	가산세
인지세법에 따른 법정납부기한이 지난 후 3개월 이내에 납부한 경우	납부하지 아니한 세액 또는 과소납부분 세액의 100%
인지세법에 따른 법정납부기한이 지난 후 3개월 초과 6개월 이내에 납부한 경우	납부하지 아니한 세액 또는 과소납부분 세액의 200%

실무Tip __ 과세기간을 잘못 적용한 경우의 사례 연구

[사례1] 2023년 귀속분을 2024년 귀속분에 포함하여 지연 신고한 경우
태욱상사의 윤태욱은 2023년 귀속분에 포함하여 신고를 하여야 할 종합소득세를 2024년 귀속분에 포함하여 2024년 귀속분 신고 · 납부기한인 2025.6.2.에 신고 · 납부하였다. 관

련 가산세는?

☞ 2023년 귀속분은 2024.5.31.까지 신고·납부를 하여야 하지만 2025.6.2.에 신고하고·납부하였므로 2025.6.2.에 자진납부를 한 것으로 본다.
따라서 2023년 귀속분에 대한 납부지연 가산세는 {미납세액×0.022%×365일(2024.6.1.~2025.6.2.)}으로 하여 부과하고, 2024년 귀속분에 대한 환급 및 환급가산금은 적용하지 않는다.

✎ 2023년 귀속분의 개인지방소득세의 납부지연 가산세도 동일하게 적용한다.

[사례2] 2025년 귀속분을 2024년 귀속분에 포함하여 미리 신고한 경우

태욱상사의 윤태욱은 2025년 귀속분에 포함하여 신고를 하여야 할 종합소득세 부분을 2024년 귀속분에 포함하여 2024년 귀속분 신고·납부기한인 2025.6.2.에 미리 신고·납부하였다. 관련 가산세는?

☞ 실제 납부일인 2025.6.2.에 2025년 귀속분 종합소득세를 미리 자진납부한 것으로 간주하므로 2024년 귀속분에 대한 납부지연 가산세와 2025년 귀속분에 대한 환급 및 환급가산금은 모두 적용하지 않는다.

[사례3] 2025.1기 예정신고할 금액을 2024.2기 확정신고시 미리 신고한 경우

태욱상사는 2025.1.2.에 공급한 재화의 과세표준과 매출세액을 착오로 2024.2기 부가가치세 확정신고시 포함시켜 2024.2기 확정신고기한인 2025.1.31.(설연휴로 인하여 납부기한이 연장되었음)에 미리 신고하였다. 관련 가산세는?

☞ 2025.4.25.에 신고하여야 할 부가가치세액을 2025.1.31.에 미리 신고·납부한 것으로 보는 것이므로 2025.4.25. 부가가치세 예정신고시 과소신고에 따른 신고불성실신가산세가 적용되지만 부가가치세를 미리 납부하였으므로 납부지연 가산세는 부과되지 않는다.

(4) 실무 적용 사례

납부지연 가산세(납부와 환급관련 지연 가산세를 말함) 사례를 소개하면 다음과 같다.

① 경정청구 인용 결정에 따른 법인세 세액감면 시, 세액감면분 농어촌특별세의 납부지연가산세 계산 방법

법인세 감면을 추가로 인정하는 과세관청의 경정결정으로 인하여 법인세는 일부환급되고 농어촌특별세는 추가 고지되는 경우 법인세 환급세액은 농어촌특별세의 납부지연가산세 계산 시 기납부세액으로 공제되는 것임(서면징세 2022-3543, 2023.6.22.; 기획재병부 조세정책과-1197, 2023.5.23.; 기획재정부 조세정책-699, 2014.9.26.).

✎ 농어촌특별세의 납부지연 가산세를 계산할 때 양도소득세 납부세액을 농어촌특별세의 기납부세액으로 볼 수 있는지 여부(기획재정부 조세정책-699, 2014.9.26.).
양도소득세 감면을 추가로 인정하는 과세관청의 경정결정으로 인하여 양도소득세는 일부 환급되고 농어촌특별세는 추가고지 되는 경우 양도소득세 환급세액은 농어촌특별세의 납부지연 가산세 계산시 기납부세액으로 공제되는 것임

② 법인세 중간예납세액 분납시 납부지연가산세 적용 여부

납세의무자가 세법에 따른 납부기한까지 중간예납 법인세액 일부를 납부하지 아니한 경우에는 분납 납부기한의 다음날부터 납세고지일까지 국세기본법 제47조의4 제1항에 따른 가산세가 부과되는 것임(서면법인 2020-5993, 2021.6.30.).

③ 경정청구에 따른 가산세 환급 여부

(사실관계)

○ 질의법인은 이라크 등의 해외국가에 국외사업장을 두고 플랜트 건설 사업 등을 영위하는 사업체로

- 2012 사업연도에 이라크에서 발생한 사업소득에 대하여 외국납부세액공제를 과다하게 적용받아 법인세를 신고·납부하였고
- 이에 대하여 2016년 세무조사 시 조사청은 과다공제된 외국납부세액공제를 부인하고 법인세 및 이에 대한 납부불성실가산세(이하 "본 건 가산세"라 함)를 추징함.

○ 위와 같이 부인된 외국납부세액공제에 대한 이라크의 외국납부세액이 추후에 확정되어 공제대상 외국납부세액이 증가되자

- 질의법인은 2017.7.25. 관할 세무서에 본 건 외국납부세액에 대하여 법인세법상 외국납부세액공제를 적용하여 줄 것을 요청하는 경정청구를 접수함.

(질의내용)

○ 외국납부세액이 사후에 확정되어 경정청구를 통해 외국납부세액 공제를 받은 결과 해당 사업연도의 납부할 세액이 당초 과세관청이 증액경정한 세액보다 작아진 경우

- 당초 증액경정에 따라 추징된 법인세 이외에 납부불성실가산세 또한 환급하여야 하는지 여부

[회신]

경정청구에 의하여 납부할 세액을 감소시키는 경정을 함으로써 미달하게 납부한 세액이 없는 경우에는 납부불성실가산세를 적용하지 아니함(서면법령해석기본 2017-3621, 2018.4.12.). 따라서 수정신고시 납부했었던 납부지연가산세도 경정청구에 따른 경정시 환급되는 것임.

④ 신고안내를 받지 못한 경우의 가산세 적용 여부

신고 안내를 받지 못하였거나, 잘못 받았다 하더라도 가산세 감면의 정당한 사유가 될 수 없고, 납부지연 가산세는 법정납부기한과 납부일 사이의 이자 성격이 포함되어 있으므로 가산세 부과는 정당함(심사증여 2016-14, 2016.5.2.).

⑤ 납부지연 가산세 적용 여부

국세기본법에 의한 경정청구에 의하여 납부할 세액을 감소시키는 경정을 함으로써 미달하게 납부한 세액이 없게 되는 경우에는 동 가산세를 적용하지 아니하는 것임(징세-1803, 2013.12.13.).

⑥ 결손금 소급공제 후 결손금 감소로 추가 납부시 가산세 적용 여부

법인세법 제72조에 따른 결손금 소급공제에 의한 환급을 적용 받은 후 해당 결손금이 발생한 사업연도에 대한 법인세의 과세표준과 세액을 경정함으로써 결손금이 감소된 경우에는 같은 법 시행령 제110조 제5항에 따른 이자상당액을 가산한 금액을 해당결손금이 발생한 사업연도의 법인세로 징수하는 것임(징세-481, 2013.4.5.).

⑦ 과소신고 가산세 및 초과환급신고 가산세 적용 여부

납세자가 부가가치세 확정신고시 부가가치세법 제17조에 따른 납부세액은 정상적으로 신고하였으나 예정신고시 환급받은 세액을 예정신고 미환급세액으로 공제함으로써 환급받을 세액을 신고한 경우, 국세기본법 제47조의 3에 따른 과소신고 가산세는 적용하지 아니하나 같은 법 제47조의 4 제1항에 따른 초과환급신고가산세는 적용하는 것임(징세-24, 2011.1.7.).

보론 납부지연 가산세(국기법 §47의 4)

1. 개요

국세징수법에 따라 납세의무자에게 고지된 고지세액을 해당 납부기한까지 납부하지 않은 경우 과세당국은 체납된 세액의 3%에 상당하는 가산금을 징수하였고, 가산금을 포함한 고지세액의 납부기한까지 또 납부하지 않은 경우에는 체납된 세액(가산금은 제외함)의 0.75%(2019년의 요율이며, 2018.12.31.까지는 1.2%임)에 상당하는 가산금(이것을 중가산금이라고 하였음)을 최대 60개월까지 고지하였는데 이러한 가산금의 성격은 납부불성실 가산세와 비슷한 성격이어서 납세의무자에게 혼란을 발생시킨 점이 있었다.

이에 2020.1.1.부터는 비슷한 제도를 중첩적으로 운영하여 발생하는 납세자의 혼란을 완화하기 위하여 납세자가 세법에 따른 납부기한까지 세금을 완납하지 아니한 경우에 납부고지 전에 적용되는 이 법에 따른 납부불성실 가산세와 납부고지 후에 적용되는 국세징수법의 가산금을 일원화하여 국세기본법상 납부지연 가산세로 통일하다.

2. 개정전 가산세와 개정후 가산세

(1) 개정전 가산세

2019.3.31.	2019.8.31.	2019.9.30.	2019.10.31.
법정납부기한	결정 · 경정에 따른 납부고지 기한 ①	1차 고지서 납부기한 ②	미납시 2차 고지서 납부기한 ③

만약 납세자가 법정납부기한까지 신고 · 납부를 하지 않는 경우로서 과세당국이 세무조사를 통한 결정 · 경정을 한다고 가정할 때의 가산세와 가산금은 다음과 같다.

① 결정 · 경정에 따른 납부고지

과세당국이 결정 · 경정을 하여 납부고지서를 발급하였고 2019.8.31.이 납부고지에 의한 납부기일일 경우의 가산세는 다음과 같다.

> 납부지연 가산세＝미납세액×미납일수*×25/100,000
>
> * 미납일수는 납부기한의 다음날부터 납세고지일까지의 기간

② 1차 고지서 납부기한 : ①의 납부고지기한까지 납부를 하지 못한 경우 과세당국은 국세징수법상 미납세액의 3% 상당하는 가산금을 부과한다.

> 가산금＝미납세액×3%

③ 2차 고지서 납부기한 : ②의 납부고지기한까지 납부를 하지 못한 경우 과세당국은 국세징수법상 미납세액의 0.75%(2018.12.31.까지는 1.2%) 상당하는 가산금(일명 중가산금)을 납부가 되지 않을 경우 최대 60개월까지 부과한다.

> 중가산금＝미납세액×1.2%

따라서 납세의무자가 납부하여야 가산세와 가산금은 ①＋②＋③이 되는 것이다.

(2) 개정후의 가산세

2024.3.31.	2024.8.31.	2024.9.30.	2024.10.31.
법정납부기한	결정 · 경정에 따른 납부고지 기한 ①	1차 고지서 납부기한 ②	미납시 2차 고지서 납부기한 ③

• 납부지연 가산세＝①＋②

① 결정 · 경정에 따른 납부고지 기한①과 미납시의 2차 고지서③을 통합한다. 즉, 지연이자 성격은 통합한다.

> 가산세＝미납세액×미납일수*1×22/100,000*2
>
> *1. 미납일수는 납부기한의 다음날부터 납부일까지의 기간(납부고지일부터 납부고지서에 따른 납부기한까지의 기간은 제외함)
>
> *2. 2022.2.14.까지는 25/100,000를 적용한다.

② ①의 납부고지기한까지 납부를 하지 못한 경우 과세당국은 미납세액의 3% 상당하는 가산금을 부과한다. 즉, 체납에 대한 1차 제재는 유지한다.

> 납부지연 가산세＝납부고지 후 미납세액×3%

3. 납부지연 가산세

(1) 가산세액

구 분	적용요건과 가산세액
납부와 납부 고지 관련 지연 가산세	납세자가 세법에 따른 납부기한 내에 국세를 납부하지 않았거나 납부한 세액이 납부해야 할 세액에 미치지 못하는 경우
	가산세액＝①＋② ① 국세를 법정납부기한까지 납부하지 않거나 과소납부한 경우 가산세액＝미납부세액(또는 과소납부한 세액)[*1]×미납일수[*2]×22/100,000 ② 국세를 납부고지서에 따른 납부기한까지 완납하지 않은 경우 가산세액＝미납세액(또는 과소납부한 세액)[*1]×3% * 세법에 따라 가산하여 납부하여야 할 이자상당가산액이 있는 경우에는 그 금액을 더한다. * 미납일수는 법정납부기한의 다음날부터 납부일까지(납부고지일부터 납부고지서에 따른 납부기한까지의 기간은 제외함)
환급과 납부 고지 관련 지연 가산세	납세자가 환급받은 세액이 세법에 따라 환급받아야 할 세액을 초과하는 경우
	가산세액＝①＋② ① 국세를 초과환급받은 경우 가산세액＝초과환급받은 세액[*1]×초과일수[*2]×22/100,000 ② 국세를 납부고지서에 따른 납부기한까지 완납하지 않은 경우 가산세액＝미납세액(또는 과소납부한 세액)[*1]×3% * 세법에 따라 가산하여 납부하여야 할 이자상당가산액이 있는 경우에는 그 금액을 더한다. * 초과일수는 환급받은 날의 다음 날부터 납부일까지의 기간(납부고지일부터 납부고지서에 따른 납부기한까지의 기간은 제외함)

(2) 적용제한

① 납부지연 가산세를 적용할 때 납부고지서에 따른 납부기한의 다음날부터 납부일까지의 기간(국세징수법 제13조에 따라 지정납부기한과 독촉장에서 정하는 기한을 연장한 경우에는 그 연장기간은 제외)이 5년을 초과하는 경우에는 그 기간은 5년으로 한다(국기법 §47 ⑦).

② 체납된 국세의 납부고지서별 · 세목별 150만원 미만인 경우에는 납부와 환급 관련 지연 가산세(납부고지 관련 지연 가산세는 제외)를 적용하지 아니한다(국기법 §47 ⑧, 2022년 개정, 2021년까지는 100만원 미만이었음).

저자주 납부지연 가산세의 기타 적용 세법조항은 종전의 납부 · 환급불성실 내용과 동일하다.

2. 원천징수 등 납부지연 가산세

(1) 적용사유

국세를 징수하여 납부할 의무를 지는 자가 징수하여야 할 세액을 세법에 따른 법정납부기한까지 납부하지 아니하거나 과소납부한 경우에는 원천징수 등 납부지연 가산세를 적용한다(국기법 §47의 5 ①).

(2) 국세를 징수하여 납부할 의무

국세를 징수하여 납부할 의무는 다음에 해당하는 의무를 말한다(국기법 §47의 5 ②).

① 소득세법 또는 법인세법에 따라 소득세 또는 법인세를 원천징수하여 납부할 의무
② 소득세법 제149조에 따른 납세조합이 소득세를 징수하여 납부할 의무
③ 부가가치세법 제52조에 따라 용역 등을 공급받는 자가 부가가치세를 징수하여 대리납부할 의무

✎ 2012.1.1. 이후 원천징수납부 등 의무발생분부터 각 세목에 열거하고 있었던 가산세 관련 내용을 국세기본법 제47조의 5로 통합하여 규정하고 있다.

(3) 가산세 계산

원천징수 등 납부지연 가산세는 납부하지 아니한 세액 또는 과소납부분 세액에 대하여 다음의 금액을 합한 금액으로 한다.

(1) 가산세 = ① + ②
　① 미납세액 또는 과소납부세액 ×3%
　② 미납세액 또는 과소납부세액×22/100,000(0.022%)*1×경과일수*2
(2) 한도 : 미납세액 또는 과소납부세액×50%*3

*1. 2019.2.11.까지는 0.03%, 2019.2.12.부터 2022.2.14.까지는 0.025%, 2022.2.15.부터는 0.022%를 적용함. 예를 들면 2019.2.12. 이전에 납세의무가 성립한 납부지연가산세를 2022.2.15. 이후에 납부하는 경우 당초 납부기한의 다음날부터 2019.2.11.까지는 0.03%, 2019.2.12.부터 2022.2.14.까지는 0.025%, 2022.2.15. 이후는 0.022%를 적용함(국기령 §27의 4, 국기령 부칙 대통령령 제32424호 §6, 2022년 개정).

*2. 경과일수는 법정납부기한의 다음날부터 납부일까지의 기간(납부고지일부터 납부고지서에 따른 납부기한까지의 기간은 제외)을 말함. 한편, 대리납부의 경우 2011.12.31.까지는 부가가치세법 규정의 가산세 규정을 적용하여 미납세액의 10%를 가산세로 징수하였음.

*3. 위 ①과 ② 중 법정납부기한의 다음날부터 납부고지일까지의 기간에 해당하는 금액을 합한 금액은 10%임.

(4) 적용배제

다음 어느 하나에 해당하는 경우에는 원천징수 등 납부지연 가산세를 적용하지 아니한다(국기법 §47의 5 ③).

① 소득세법에 따라 소득세를 원천징수하여야 할 자가 우리나라에 주둔하는 미군인 경우

② 소득세법에 따라 소득세를 원천징수하여야 할 자가 소득세법 제20조의 3 제1항 제1호 또는 동법 제22조 제1항 제1호의 소득(공적연금소득)을 지급하는 경우

③ 소득세법 또는 법인세법에 따라 소득세 또는 법인세를 원천징수하여야 할 자가 국가, 지방자치단체 또는 지방자치단체조합인 경우. 다만, 근로소득자가 소득공제신고서를 사실과 다르게 기재하여 부당하게 소득공제를 받아 이를 추징하는 경우에는 제외한다.

참고 납세조합과 대리납부

1. 납세조합 징수 · 납부(소법 §149 · §150)

원천징수의무대상이 아닌 근로소득이 있는 자와 농 · 축 · 수산물 판매업자(복식부기 의무자는 제외), 노점상인 등은 납세조합을 조직할 수 있고 그 조합원의 근로소득 또는 사업소득에 대한 소득세를 징수하는 때에 그 세액의 10%를 공제한 것을 세액으로 하여 매월 징수하여야 하며 징수한 매월분의 당해 소득세를 징수일이 속하는 달의 다음달 10일까지 납세조합 관할 세무서장에게 납부하여야 한다.

2. 대리납부(국기법 §47의 5)

국내사업장이 없는 비거주자 또는 외국법인과 국내사업장이 있는 비거주자 또는 외국법인(국내사업장과 관련 없이 용역을 제공하는 경우에 한함)으로부터 국내에서 용역 또는 권리를 제공받은 경우에 그 대가를 지급하는 자는 비거주자 또는 외국법인을 대신하여 부가가치세를 징수하여 주소지 또는 사업장 관할 세무서장에게 납부하여야 하는 바, 이를 대리납부라 한다.

(5) 실무 적용 사례

• **원천징수 등 납부지연 가산세의 자진납부에 소득귀속자의 납부 포함 여부**

원천징수의무자가 부담하는 원천세와 소득귀속자가 부담하는 법인세 또는 소득세 등은 부담의 주체와 내용 등이 서로 상이한 것이므로 소득귀속자의 납부를 원천징수의무자의 납부지연 가산세 계산시 "자진납부"에 포함된다고 볼 수 없음(서면법령해석기본 2017-266, 2017.4.19.).

제4절 가산세의 감면 및 한도

1. 가산세의 부과 면제

정부는 이 법 또는 세법에 따라 가산세를 부과하는 경우 그 부과의 원인이 되는 사유가 다음의 어느 하나에 해당하는 경우에는 해당 가산세를 부과하지 아니한다(국기법 §48).

1) 국세기본법 제6조에 따른 기한 연장 사유에 해당하는 경우

천재지변 등으로 인한 기한의 연장사유는 다음과 같다(국기령 §2).

① 납세자가 화재, 전화(戰禍), 그 밖의 재해를 입거나 도난을 당한 경우

② 납세자 또는 그 동거가족이 질병이나 중상해로 6개월 이상의 치료가 필요하거나 사망하여 상중(喪中)인 경우

③ 정전, 프로그램의 오류나 그 밖의 부득이한 사유로 한국은행(그 대리점을 포함) 및 체신관서의 정보통신망의 정상적인 가동이 불가능한 경우

④ 금융회사 등(한국은행 국고대리점 및 국고수납대리점인 금융회사 등만 해당) 또는 체신관서의 휴무나 그 밖의 부득이한 사유로 정상적인 세금납부가 곤란하다고 국세청장이 인정하는 경우

⑤ 권한 있는 기관에 장부나 서류가 압수 또는 영치된 경우

⑥ 세무사법에 따라 납세자의 장부 작성을 대행하는 세무사(세무법인 포함) 또는 공인회계사(회계법인 포함)가 화재, 전화, 그 밖의 재해를 입거나 도난을 당한 경우

⑦ 그 밖에 ①, ② 또는 ⑤에 준하는 사유가 있는 경우

2) 납세자가 의무를 이행하지 아니한 데에 정당한 사유가 있는 경우

납세자가 가산세가 부과되는 세법상의 의무를 이행하지 아니한 데 대한 정당한 사유가 있는 때에는 해당 가산세를 부과하지 아니한다.

(1) 정당한 사유의 판단에 대한 판례의 태도

① 법률의 부지 및 착오

가산세는 행정상 제재의 일종이므로 원칙적으로 형법총칙의 규정을 적용하지 아니하는 것이며, 따라서 고의나 과실의 유무는 물론 세법에 대한 부지 또는 착오에 불구하고 가산세 부과요건의 충족 여부만을 확인하여 조세의 부과절차에 따라 부과하게 된다.

그러나 세법규정이 기술적이고 전문성을 지니고 있어 그 해석이 극히 어려울 뿐만 아니라 단순한 법률상의 부지나 착오의 범위를 넘어 세법의 해석상 견해의 대립이 있을 수도 있다. 이 경우 가산세의 부과요건이 성립하였으나 납세자에게 진정으로 어쩔 수 없는 사유가 있는 경우에는 이를 정당한 사유로 볼 것인가에 있어서는 판례가 이를 인정한 사례도 있다(대법원 98두1253, 2000.9.8.).

② 사실관계의 부지 또는 오해

납세자에 있어서 진정으로 어쩔 수 없는 사정이 있고 가산세를 부과하는 것이 부당 또는 가혹한 경우에만 정당한 사유를 인정하고 있다. 이 경우에도 소득금액 또는 상속재산 등과 같이 과세객체에 직접 관계되는 사실 등에 한정하여 정당한 사유를 인정하는 것이고, 신고할 과세표준이나 세액 등의 단순한 계산상의 오류나 착오문제는 이에 해당되지 아니하는 것이다(대법원 92누2936, 1992.10.23.).

③ 과세관청의 언동

과세관청에 상담 · 질의 등에 대한 회답이나 세무지도가 잘못된 경우 또는 과세관청의 잘못된 지도와는 달리 신고당시 공통된 세법이 해석을 신고 후 과세관청에서 변경한 경우에는 정당한 사유가 성립될 수 있을 것이다.

또한 납세자의 신고나 세법해석에 관한 질의 · 조회 등에 대하여 과세관청이 아무런 행위도 하지 아니하는 경우 이로 인하여 납세자의 오해를 유발할 수 있다면 정당한 사유에 해당할 수 있을 것이다(대법원 74누212, 1997.6.7.; 88누4614, 1989.4.25.).

④ 정당한 사유의 입증책임

조세법률관계에 있어서 과세요건 해당사실에 대하여는 조세채권의 존재를 주장하는 과세관청에서 그 주장을 하거나 입증책임을 부담하고 납세자는 과세에 대한 감면사유를 주장하거나 입증책임을 부담하는 것이 일반적이므로, 가산세의 면제를 위한 정당한 사유에 대하여도 납세자가 이를 주장하고 입증책임을 부담하여야 할 것이다.

(2) 정당한 사유로 본 사례

정당한 사유로 본 사례를 소개하면 다음과 같다(국기집행 48-0-2).

① 법률의 오해나 부지를 넘어 세법해석상의 의의(疑意)가 있는 경우

② 행위 당시에는 적법한 의무이행이었으나 사정변경으로 인하여 소급적으로 부적법한 것이 되어 외관상 의무이행이 없었던 것처럼 된 경우(대법원 86누460, 1987.10.28.)

③ 국세청 질의회신을 근거로 양도세 예정신고하였고 과세관청이 이를 받아들이는 결정을 하였으나 감사원 지적사항으로 감면세액을 추징하는 경우

④ 의무이행이 수용, 도시계획이나 법률규정 때문에 불가능한 경우

⑤ 거래상대방이 위장사업자라는 사실을 몰랐고 이에 대해 과실이 없는 선의의 거래당사자가 위장사업자로부터 교부받은 세금계산서에 의해 소정기간 내에 부가가치세 예정신고 및 확정신고를 한 경우(대법원 89누2134, 1989.10.24.)

⑥ 납세의무자가 과세표준확정신고를 하는 데 있어 필요한 장부와 증빙서류가 수사 관청에 압수 또는 영치되어 있는 관계로 의무 이행을 하지 못한 경우(대법원 85누229, 1987.2.24.)

⑦ 당초 관할세무서가 정당하게 경정 · 고지하여 납세자가 납부한 종합소득세액을 관할지방국세청이 고충민원처리로 시정의결하여 납세자에게 환급하였다가 감사원의 시정요구에 의하여 다시 고지한 경우(조세정책과-945, 2009.9.22.)

⑧ 상속세 신고가 납세의무자들이 아닌 유언 집행자들에 의하여 행해졌고, 유언집행을 위하여 필요한 범위 내에서는 유언집행자의 상속재산에 대한 관리처분권이 상속인의 그것보다 우선할 뿐만 아니라 위 상속세 신고 당시 상속재산의 일부를 장학기금으로 출연하라는 망인의 유언이 효력이 미확정인 상태에 있었던 경우(대법원 2004두930, 2005.11.25.)

⑨ 국세기본법 제48조 제1항에 따른 가산세 감면의 정당한 사유에 해당하는지 여부는 재활용폐자원 수집업자와 거래상대방 간의 거래기간, 금액, 횟수 등을 종합적으로 고려하여 사실 판단할 사항임. 만일 납세자가 의무를 불이행한 것에 대하여 정당한 사유가 있다고 판단되는 경우에는 국세기본법 제48조 제1항에 따라 과소신고 가산세 및 납부지연 가산세가 모두 감면되는 것임(조세정책과-36, 2011.1.13.).

(3) 정당한 사유로 보지 아니한 사례

정당한 사유로 보지 아니한 사례는 다음과 같다(국기집행 48-0-2).

① 법령의 부지 · 착오

② 세무공무원의 잘못된 설명을 믿고 그 신고납부 의무를 이행하지 아니하였다 하더라도 그것이 관계법령에 어긋나는 것임이 명백한 경우

③ 과세관청이 기재누락을 시정할 수 있었다 하더라도 납세자 측의 과실로 근로소득원천징수영수증에 소득자의 주소나 주민등록번호를 기재할 의무를 제대로 이행하지 못한 경우

④ 쟁송중이어서 납세의무의 이행을 기대할 수 없다거나 회사정리절차 개시단계에 있던 경우

⑤ 징수유예사유가 발생하였다는 사정이 있다거나 납부기간 경과 전에 징수유예신청을 한 경우라도 과세관청이 납부기한 경과 전에 징수유예결정을 하지 않은 경우

⑥ 납세자가 형사범으로 수감되어 세법상 의무이행을 법정신고기한까지 못한 경우(대법원 90구2705, 1990.10.23.)

⑦ 할증평가 없이 산정한 매매가격으로 주식을 양도하였다고 할지라도, 주식의 양도거래와 관련하여 신고·납부하여야 할 양도소득세를 과소신고하게 된 것은 행정청의 공적인 견해표명에 해당되지 않는 국세종합상담센터의 구두답변 및 예규를 원고 스스로에게 적용되는 것이라고 잘못 해석되므로 가산세 부과는 정당함(서울고법 2010누3758, 2010.7.8.).

⑧ 세무사로부터 게임장 과표 산정시 상품권 액면가액을 공제한다는 말을 들었고 다른 게임장들도 그렇게 신고하는 것이 일반적이었고, 과세관청도 명확한 입장표명을 하지 않았다는 사유만으로는 신고·납세의무의 해태를 탓할 수 없는 정당한 사유로 볼 수 없음(대법원 2009두3538, 2009.4.23.).

⑨ 자기 나름의 해석에 의하여 경품으로 제공한 상품권의 가액을 부가가치세 과세표준에서 공제된다고 판단한 것은 단순한 법령의 부지 내지는 오해에 불과하여 정당한 사유에 해당 안 됨(대법원 2009두3873, 2009.4.23.).

3) 1)과 2)와 유사한 경우로서 다음에 해당하는 경우

다음의 하나에 해당하는 경우 가산세를 부과하지 아니한다(국기령 §28 ①).

① 세법해석에 관한 질의·회신 등에 따라 신고·납부하였으나 이후 다른 과세처분을 하는 경우

② 공익사업을 위한 토지 등의 취득 및 보상에 관한 법률에 따른 토지등의 수용 또는 사용, 국토의 계획 및 이용에 관한 법률에 따른 도시·군계획 또는 그 밖의 법령 등으로 인해 세법상 의무를 이행할 수 없게 된 경우

③ 실손의료보험금을 의료비에서 제외할 때에 실손의료보험금 지급의 원인이 되는 의료비

를 지출한 과세기간과 해당 보험금을 지급받은 과세기간이 달라 해당 보험금을 지급받은 후 의료비를 지출한 과세기간에 대한 소득세를 수정신고하는 경우(해당 보험금을 지급받은 과세기간에 대한 종합소득 과세표준 확정신고기한까지 수정신고하는 경우로 한정, 2021.2.17. 이후 소득세를 수정신고하는 경우부터 적용)

2. 가산세의 감면

1) 수정신고에 의한 가산세의 감면

(1) 감면의 사유

과세표준신고서를 법정신고기한까지 제출한 자가 법정신고기한이 지난 후 수정신고한 경우(과소신고 · 초과환급신고 가산세만 해당하며, 과세표준과 세액을 경정할 것을 미리 알고 과세표준 수정신고서를 제출한 경우는 제외)에는 신고불성실 가산세를 감면한다(국기법 §48 ② 1호).

(2) 수정신고시 감면대상 가산세 종류

수정신고시 일정률을 감면하는 가산세는 다음의 가산세에 한한다.

① 과소신고 가산세

② 초과환급신고가산세

③ 영세율 과세표준 신고불성실 가산세

(3) 감면율

① 2020.1.1. 이후 최초로 수정신고하는 분부터 적용되는 감면율

구 분	감면율
법정신고기한이 지난 후 1개월 이내 수정신고한 경우	90%
법정신고기한이 지난 후 1개월 초과 3개월 이내 수정신고한 경우	75%
법정신고기한이 지난 후 3개월 초과 6개월 이내 수정신고한 경우	50%
법정신고기한이 지난 후 6개월 초과 1년 이내 수정신고한 경우	30%
법정신고기한이 지난 후 1년 초과 1년 6개월 이내 수정신고한 경우	20%
법정신고기한이 지난 후 1년 초과 2년 이내 수정신고한 경우	10%

✎ 2020.1.1. 전에 법정신고기한이 만료된 경우로서 2020.1.1. 이후 최초로 수정신고하는 분에 대해서도 적용함.

② 2019.12.31.까지 수정신고하는 경우의 감면율

구 분	감면율
법정신고기한이 지난 후 6개월 이내 수정신고한 경우	50%
법정신고기한이 지난 후 6개월 초과 1년 이내 수정신고한 경우	20%
법정신고기한이 지난 후 1년 초과 2년 이내 수정신고한 경우	10%

(4) 경정할 것을 미리 알고 수정신고서를 제출한 경우 감면 배제

과세표준과 세액을 결정할 것을 미리 알고 과세표준수정신고서를 제출한 경우에는 가산세 감면대상에서 제외하는데, 이 경우 경정할 것을 미리 알고 제출한 경우는 다음 의 어느 하나에 해당하는 경우를 말한다(국기령 §29, 2013.2.5. 이후 수정신고하는 분부터 적용함).

① 해당 국세에 관하여 세무공무원이 조사에 착수한 것을 알고 과세표준수정신고서 또는 기한후과세표준신고서를 제출한 경우

② 해당 국세에 관하여 관할 세무서장으로부터 과세자료 해명 통지를 받고 과세표준수정신고서를 제출한 경우

실무Tip __ 수정신고에 따른 가산세 감면의 배제

당초 신고한 과세표준과 세액의 과소신고로 인하여 부과되는 가산세가 아니고 과세표준신고에 있어서 필수적인 첨부서류 등을 제출하지 아니하여 신고된 것으로 보지 않음으로써 부과되는 가산세는 수정신고서를 제출하더라도 감면되지 아니한다(국기통 48-0…5).

2) 기한후 신고에 의한 가산세의 감면

(1) 감면의 사유

과세표준신고서를 법정신고기한까지 제출하지 아니한 자가 법정신고기한이 지난 후 기한후 신고를 한 경우(무신고 가산세만 해당하며, 과세표준과 세액을 결정할 것을 미리 알고 기한후과세표준신고서를 제출한 경우는 제외)에는 다음의 구분에 따른 금액을 무신고 가산세에서 감면한다(국기법 §48 ② 2호).

다만, 2012.1.1. 이후 신고분부터 과세표준과 세액을 결정할 것을 미리 알고 기한후과세표준신고서를 제출한 경우는 제외한다. 한편, 영세율 신고불성실 가산세도 기한후 신고·납부하는 경우 감면을 적용한다(조세정책과-121, 2011.2.1.).

(2) 감면율

① 2020.1.1. 이후 최초로 기한후 신고하는 분부터 적용되는 감면율

구 분	감면율
법정신고기한이 지난 후 1개월 이내 기한후 신고를 한 경우	50%
법정신고기한이 지난 후 1개월 초과 3개월 이내 기한후 신고를 한 경우	30%
법정신고기한이 지난 후 3개월 초과 6개월 이내 기한후 신고를 한 경우	20%

✐ 2020.1.1. 전에 법정신고기한이 만료된 경우로서 2020.1.1. 이후 최초로 수정신고하는 분에 대해서도 적용함.

② 2019.12.31.까지 기한후 신고하는 경우의 감면율

구 분	감면율
법정신고기한이 지난 후 1개월 이내 기한후 신고를 한 경우	50%
법정신고기한이 지난 후 1개월 초과 6개월 이내 기한후 신고를 한 경우	20%

실무Tip _ 수정신고와 기한후 신고시 가산세 감면요건 완화

과거 수정신고와 기한후 신고시 가산세 감면을 적용받기 위해서는 신고와 동시에 납부가 되어야만 가산세 감면을 받을 수 있었다. 그러나 2015.1.1. 이후 신고분부터는 성실신고를 유도하기 위하여 세액을 납부하지 않아도 적법한 신고로 인정하여 가산세 감면규정을 적용하고 있다.

(3) 경정할 것을 미리 알고 수정신고서를 제출한 경우 감면 배제

과세표준과 세액을 결정할 것을 미리 알고 과세표준수정신고서를 제출한 경우에는 가산세 감면대상에서 제외하는데, 이 경우 경정할 것을 미리 알고 제출한 경우는 다음 의 어느 하나에 해당하는 경우를 말한다(국기령 §29, 2013.2.5. 이후 수정신고하는 분부터 적용함).

① 해당 국세에 관하여 세무공무원이 조사에 착수한 것을 알고 과세표준수정신고서 또는 기한후과세표준신고서를 제출한 경우

② 해당 국세에 관하여 관할 세무서장으로부터 과세자료 해명 통지를 받고 과세표준수정신고서를 제출한 경우

3) 과세전적부심사 결정 · 통지의 지연으로 인한 가산세의 감면

(1) 감면의 사유

국세기본법에 따른 과세전적부심사 결정 · 통지기간에 그 결과를 통지하지 아니한 경우 가산세의 감면을 받을 수 있다(국기법 §48 ② 3호).

실무Tip _ 과세전적부심사의 결정 · 통지

과세전적부심사청구를 받은 세무서장 · 지방국세청장 또는 국세청장은 각각 구세심사위원회의 심사를 거쳐 결정을 하고 그 결과를 청구를 받은 날부터 30일 이내에 청구인에게 통지하여야 한다(국기법 §81의 15).

(2) 감면이 되는 가산세의 범위

이 경우 감면이 되는 가산세는 과세전적부심사 결정 · 통지가 지연됨으로써 해당 기간에 부과되는 납부지연 가산세의 50%에 상당하는 세액으로 한다.

4) 기타 감면사유

다음의 사유에 해당되는 경우 해당 가산세액의 50%를 감면한다(국기법 §48 ② 3호).

① 세법에 따른 제출 · 신고 · 가입 · 등록 · 개설의 기한이 경과한 후 1개월 이내에 해당 세법에 따른 제출 등의 의무를 이행하는 경우

✎ 세법에 따른 제출 등은 주식등변동상황명세서, 지급명세서, 계산서합계표, 세금계산서합계표, 현금매출명세서, 부동산임대공급가액명세서, 사업장현황신고, 현금영수증 가입, 사업자등록, 사업용계좌개설 등을 말한다.

② 세법에 따른 예정신고기한 및 중간신고기한까지 예정신고 및 중간신고를 하였으나 과소신고 또는 초과환급신고한 경우로서 확정신고기한까지 과세표준을 수정하여 신고한 경우(해당 기간에 부과되는 과소 · 초과환급신고불성실 가산세만 해당하며, 과세표준과 세액을 경정할 것을 미리 알고 과세표준신고를 하는 경우는 제외)(2018.1.1. 이후 도래하는 확정신고기한까지 신고하거나 수정하여 신고하는 분부터 적용)

③ 세법에 따른 예정신고기한 및 중간신고기한까지 예정신고 및 중간신고를 하지 아니하였으나 확정신고기한까지 과세표준신고를 한 경우(해당 기간에 부과되는 무신고 가산세만 해당하며, 과세표준과 세액을 경정할 것을 미리 알고 과세표준신고를 하는 경우는 제외)(2018. 1.1. 이후 도래하는 확정신고기한까지 신고하거나 수정하여 신고하는 분부터 적용)

④ 법정신고기한 내에 영세율 과세표준을 기재하여 부가가치세법 제18조 및 제19조에

따른 신고를 하면서 영세율 첨부서류를 제출하지 않은 사업자가 2009.1.1. 이후 영세율 첨부서류를 제출하여 수정신고하는 경우 국세기본법 제48조 제2항에 따라 부가가치세법 제22조 제8항에 따른 가산세(영세율 과세표준 신고불성실 가산세)가 감면되는 것임(조세정책과－121, 2011.2.1.).

3. 가산세의 감면절차

(1) 신청에 의한 감면

가산세의 감면 등을 받으려는 자는 아래의 사항을 적은 신청서를 관할 세무서장(세관장 또는 지방자치단체의 장 포함)에게 제출하여야 하며, 관할 세무서장은 신청서를 제출받은 경우 그 승인여부를 통지하여야 한다(국기령 §28 ②).

① 감면을 받으려는 가산세와 관계되는 국세의 세목 및 부과연도와 가산세의 종류 및 금액

② 해당 의무를 이행할 수 없었던 사유(국세기본법 제48조 제1항만 해당)

✎ 국세기본법 제48조 제1항 : 정부는 이 법 또는 세법에 따라 가산세를 부과하는 경우 그 부과의 원인이 되는 사유가 기한연장 사유에 해당하거나 납세자가 의무를 이행하지 아니한 데 대한 정당한 사유가 있는 때에는 해당 가산세를 부과하지 않는다.

✎ 법정신고기한 이후 일정기한 내 수정신고 또는 기한후 신고 등을 한 경우에는 신청서 의무대상에서 제외한다.

(2) 직권에 의한 신청

천재 · 지변 등 기한 연장사유가 집단적으로 발생한 경우에는 납세자의 신청이 없는 경우에도 세무서장이 조사하여 직권으로 가산세를 감면할 수 있다(국기통 48－0…4).

[별지 제17호 서식] (2007.4.4. 개정)

<table>
<tr><td colspan="6">가산세감면 등 신청서</td><td>처리기간
3일</td></tr>
<tr><td rowspan="4">신
청
인</td><td>① 성 명</td><td></td><td colspan="2">② 주민등록번호
</td><td colspan="2">③ 사업자등록번호
</td></tr>
<tr><td>④ 주소또는영업소</td><td colspan="3"></td><td>⑤ 전화번호</td><td></td></tr>
<tr><td>⑥ 상 호</td><td colspan="5"></td></tr>
<tr><td>⑦ 사 업 의 종 류</td><td colspan="2">업</td><td>⑧ 종 목</td><td colspan="2"></td></tr>
<tr><td colspan="2">⑨ 사 유 발 생 일</td><td colspan="5">년 월 일</td></tr>
<tr><td colspan="2">⑩ 감면 또는 부과예외를 받으려는 가산세의 종류와 금액</td><td colspan="5">가산세 원</td></tr>
<tr><td colspan="2">⑪ 가산세 부과의 원인</td><td colspan="5"></td></tr>
<tr><td colspan="2">⑫ 의무를 이행할 수 없었던 사 유</td><td colspan="5"></td></tr>
<tr><td colspan="2">⑬ 감면 또는 부과예외를 받으려는 가산세에 관계되는 국세의 세목 · 부과연도 · 기분 및 세액</td><td colspan="5">시 연도 기분 원</td></tr>
<tr><td colspan="7">「국세기본법」 제48조 및 동법 시행령 제28조에 따라 가산세의 감면 또는 부과예외를 신청합니다.

년 월 일

신청인 (서명 또는 인)

세 무 서 장 귀하</td></tr>
<tr><td colspan="6">구비서류 : 관계증명자료
※ 1. 의무를 이행할 수 없었던 사유는 구체적으로 기입합니다.
2. 이 용지는 무료로 배부합니다.</td><td>수수료
없 음</td></tr>
</table>

22226-08111민 210㎜×297㎜
92.12.28. 승인 (신문용지 54g/㎡)

4. 감면사유의 발생시기 및 감면배제

(1) 발생시기

가산세의 부과원인이 되는 기한, 즉 세법의 규정에 의한 의무의 이행기한 내에 천재 · 지변 등 기한연장사유와 정당한 사유가 발생한 경우에 한하여 가산세를 감면할 수 있다(국기통 48-0…2).

(2) 감면배제

① 조세포탈을 위한 증거인멸목적 또는 납세자의 고의적인 행동에 의하여 천재지변등의 기한의 연장 사유가 발생한 경우에는 가산세 감면의 규정을 적용하지 아니한다(국기통 48-0…3).

② 당초 신고한 과세표준과 세액의 과소신고로 인하여 부과되는 가산세가 아니고 과세표준신고에 있어서 필수적인 첨부서류 등을 제출하지 아니하여 신고된 것으로 보지 않음으로써 부과되는 가산세는 수정신고서를 제출하더라도 감면되지 아니한다(국기통 48-0…5).

5. 가산세 한도

다음 중 어느 하나에 해당하는 가산세에 대해서는 그 의무위반의 종류별로 각각 5,000만원(중소기업기본법 제2조 제1항에 따른 중소기업이 아닌 기업은 1억원)을 한도로 한다. 가산세 한도는 세법에 따라 부과된 의무의 내용에 따라 구분하며, 가산세 한도의 적용기간은 과세기간 단위로 적용한다. 다만, 해당 의무를 고의적으로 위반한 경우에는 그러하지 아니하다(국기법 §49, 국기령 §29의 2).

1) 세목별 한도

(1) 소득세

① 영수증 수취명세서 제출 · 작성 불성실 가산세(소법 §81)
② 사업장현황신고 불성실 가산세(소법 §81의 3)
③ 증명서류 수취 불성실 가산세(소법 §81의 6)

④ 기부금영수증 발급 · 작성 · 보관 불성실 가산세(소법 §81의 7)
⑤ 계산서 등 제출 불성실 가산세(소법 §81의 10)
⑥ 지급명세서 등 제출 불성실 가산세(소법 §81의 11)
⑦ 특정외국법인의 유보소득 계산명세서 제출 불성실 가산세(소법 §81의 13)
⑧ 세금우대자료 미제출 가산세(조특법 §90의 2 ①)

(2) 법인세

① 주주등의 명세서 등 제출 불성실 가산세(법법 §75의 2)
② 기부금영수증 발급 · 작성 · 보관 불성실 가산세(법법 §75의 4)
③ 증명서류 수취 불성실 가산세(법법 §75의 5)
④ 지급명세서 등 제출 불성실 가산세(법법 §75의 7)
⑤ 계산서 등 제출 불성실 가산세(계산서 미발급, 가공 · 위장수수 가산세는 계산서 미발급 가산세 중 계산서의 발급시기가 지난 후 해당 재화 또는 용역의 공급시기가 속하는 사업연도 말의 다음 달 25일까지 계산서를 발급한 경우에 부과되는 가산세만 해당하고 그 외는 제외함, 2024년 개정)(법법 §75의 8)
⑥ 특정외국법인의 유보소득 계산명세서 제출 불성실 가산세(법법 §75의 9)

(3) 부가가치세

① 사업자 미등록 · 타인명의등록 가산세(부가법 §60 ①)
② 세금계산서 지연발급 가산세, 전자세금계산서 지연전송 · 미전송 가산세, 세금계산서 부실기재 가산세(부가법 §60 ② 1호 · 3호부터 5호까지)

✐ 세금계산서 미발급 가산세는 가산세 한도가 적용되지 않는 것임(조심 2021부2520, 2021.9.14.)
쟁점한도규정에서 가산세 한도 적용대상으로 규정한 부가가치세법 제60조 제2항 제1호 · 제3호부터 제5호까지는 모두 (전자)세금계산서를 발급한 경우를 전제로 한 가산세인 반면, 제2호는 (전자)세금계산서를 발급하지 아니한 경우를 전제로 한 가산세로서 쟁점한도규정은 (전자)세금계산서를 발급한 경우의 가산세만을 가산세 한도 적용대상(〈(전자)세금계산서를 발급하지 아니한 경우의 가산세는 적용배제〉으로 규정한 것인 점 등에 비추어 처분청이 쟁점가산세가 쟁점한도규정의 적용대상이 아닌 것으로 보아 청구법인에게 쟁점가산세를 부과한 이 건 처분은 달리 잘못이 없는 것으로 판단됨.

③ 경정기관 확인 신용카드 매출전표 등 가산세(부가법 §60 ⑤)
④ 매출처별 세금계산서합계표 불성실 가산세(부가법 §60 ⑥)
⑤ 매입처별 세금계산서합계표 불성실 가산세(부가법 §60 ⑦)
⑥ 현금매출명세서 · 부동산임대공급가액명세서 불성실 가산세(부가법 §60 ⑧)

(4) 조세특례제한법

① 창업자금사용명세서 미제출 가산세(같은 법에 따라 의무를 이행하여야 할 기간 단위로 한도 적용, 조특법 §30의 5 ⑤)

② 세금우대자료 미제출 가산세(소득세의 과세기간 단위로 한도 적용, 조특법 §90의 2 ①)

2) 가산세 한도 적용방법

가산세 한도는 세법에 따라 부과된 의무의 내용에 따라 구분하는데 가산세 한도의 적용기간은 다음의 구분에 따른다(국기령 §29의 2 ②).

① 소득세법, 법인세법, 부가가치세법 : 과세기간 단위로 한도 적용

② 상속세및증여세법, 조세특례제한법 제30조의 5 제5항(창업자금사용명세서 미제출가산세) : 같은 법에 따라 의무를 이행하여야 할 기간 단위로 한도 적용

③ 조세특례제한법 제90조의 2 제1항(세금우대자료 미제출 가산세) : 소득세의 과세기간 단위로 한도 적용

실무Tip __ 3월말 법인에 대한 가산세 한도 적용 방법(국기집행 49-0-1)

3월말 법인에 대한 가산세 한도규정 적용 방법은 과세기간(2006.4.1.~2007.3.31.) 단위로 국세기본법 제49조에 따른 가산세 한도 규정을 적용하는 것이다(조세정책과-428, 2011.4.7.).

가산세 부담을 줄이는 최선의 대비책

제2편

국세기본법상 가산세와 수정신고 및 경정청구

제2장

세목별 기한후 신고와 수정신고 및 경정청구

제1절 기한후 신고

1. 기한후 신고의 개요

(1) 의의

법정신고기한까지 과세표준신고서를 제출하지 않은 자는 관할세무서장이 세법에 따라 해당 국세의 과세표준과 세액(가산세를 포함)을 결정하여 통지하기 전까지 기한후과세표준신고서를 제출할 수 있다(국기법 §45의 3 ①).

기한후 신고를 통해서 납세자는 과세관청의 결정시까지 계산되는 신고불성실과 납부지연가산세의 부담금액을 줄일 수 있고, 과세관청은 무신고자의 조사결정에 따른 과세자료 확보 등 행정력의 부담을 줄일 수 있다는 장점이 있다.

(2) 기한후 신고자

기한후 신고는 법정신고기한까지 과세표준신고서를 제출하지 아니한 자만 기한후 신고를 할 수 있으므로 법정신고기간 내에 과세표준신고서를 제출한 납세자는 기한후 신고를 할 수 없으며, 기신고에 대한 추가 사항을 반영하여 신고하고자 할 경우에는 수정신고를 하여야 하는 것이다.

(3) 기한후 신고시 세액납부

기한후과세표준신고서를 제출한 자로서 세법에 따라 납부하여야 할 세액이 있는 자는 그 세액을 납부하여야 한다(국기법 §45의 3 ②).

✎ 2015.1.1. 이후 기한후 신고서 제출분부터는 기한후 신고서 제출과 동시에 세액을 납부하지 아니하고 신고서만 제출한 경우에도 신고불성실 가산세를 감면받을 수 있도록 세법이 개정되었다.

(4) 결정통지

기한후과세표준신고서를 제출하거나 기한후과세표준신고서를 제출한 자가 과세표준수정신고서를 제출한 경우 관할세무서장은 세법에 따라 신고일로부터 3개월 이내에 해당 국세의 과세표준과 세액을 결정 또는 경정하여야 한다. 다만, 그 과세표준과 세액을 조사할 때 조사 등에 장기간이 걸리는 등 부득이한 사유로 신고일부터 3개월 이내에 결정 또는 경정할 수 없는 경우에는 그 사유를 신고인에게 통지하여야 한다(국기법 §45의 3 ③).

(5) 기한후 신고와 관련된 기타 정리사항

① 기한후 신고시 법정신고기한이 지난 후 1개월 이내 신고시는 무신고 가산세를 50% 감면하고, 1개월 초과 3개월 이내 신고시에는 30% 감면하고, 3개월 초과 6개월 이내 신고시는 20%를 감면한다(국기법 §48 ② 2호).

② 후발적 경정청구 가능

기한후 신고는 신고납세방식의 조세라 하더라도 납세의무자가 법정신고 기한 내에 신고하지 아니하여 그 기한이 경과된 경우에는 부과납세방식의 조세로 변경되며 기한후 신고는 납세의무를 확정시키는 효력이 없다(대법원 2003다66271, 2005.5.27.).

따라서 납세자가 기한후 신고를 하고 그 세액을 납부하였다고 하더라도 과세관청의 결정이 있어야 비로소 납세의무가 확정되므로 과세관청의 결정 후에 후발적 사유가 발생되면 이와 관련된 경청청구가 가능한 것으로 판단된다.

③ 조세특례제한법상 세액감면의 적용배제

기한후 신고시 다음의 조세특례제한법상 세액감면을 적용하지 아니한다(조특법 §128 ②).

- 제6조(창업중소기업 등에 대한 세액감면)
- 제7조(중소기업에 대한 특별세액감면)
- 제12조(기술이전 및 기술취득 등에 대한 과세특례) 제1항 · 제3항
- 제12조의 2(연구개발특구에 입주하는 첨단기술기업 등에 대한 법인세 등의 감면)
- 제31조(중소기업 간의 통합에 대한 양도소득세 등의 이월과세) 제4항 · 제5항
- 제32조(법인전환에 대한 양도소득세의 이월과세) 제4항
- 제62조(공공기관이 혁신도시 등으로 이전하는 경우 법인세 등 감면) 제4항
- 제63조(수도권 밖으로 공장을 이전하는 기업에 대한 세액감면 등) 제1항
- 제63조의 2(수도권 밖으로 본사를 이전하는 법인에 대한 세액감면 등) 제1항
- 제64조(농공단지입주기업 등에 대한 세액감면)
- 제66조(영농조합법인 등에 대한 법인세의 면제 등)
- 제67조(영어조합법인 등에 대한 법인세의 면제 등)
- 제68조(농업회사법인에 대한 법인세의 면제 등)
- 제85조의 6(사회적기업 및 장애인 표준사업장에 대한 법인세 등의 감면) 제1항 · 제2항
- 제96조(소형주택 임대사업자에 대한 세액감면)
- 제96조의 2(상가건물 장기 임대사업자에 대한 세액감면
- 제96조의 3(상가임대료를 인하한 임대사업자에 대한 세액공제)
- 제99조의 9(위기지역 창업기업에 대한 법인세 등의 감면) 제2항
- 제99조의 11(감염병 피해에 따른 특별재난지역의 중소기업에 대한 법인세 등의 감면) 제1항

- 제99조의 12(선결제 금액에 대한 세액공제)
- 제102조(산림개발소득에 대한 세액감면)
- 제104조의 24(해외진출기업의 국내복귀에 대한 세액감면) 제1항
- 제121조의 8(제주첨단과학기술단지입주기업에 대한 법인세 등의 감면)
- 제121조의 9(제주투자진흥지구 또는 제주자유무역지역 입주기업에 대한 법인세 등의 감면) 제2항
- 제121조의 17(기업도시개발구역 등의 창업기업 등에 대한 법인세 등의 감면) 제2항
- 제121조의 20(아시아문화중심도시 투자진흥지구 입주기업 등에 대한 법인세 등의 감면 등) 제2항
- 제121조의 21(금융중심지 창업기업 등에 대한 법인세 등의 감면 등) 제2항
- 제121조의 22(첨단의료복합단지 입주기업에 대한 법인세 등의 감면) 제2항
- 제121조의 33(기회발전특구의 창업기업 등에 대한 법인세 등의 감면) 제2항

실무Tip _ 기한후 신고시의 중소기업특별세액감면 적용배제

실무상 중소기업특별세액감면은 중소기업의 세무신고시 가장 많이 적용되는 감면제도이다. 기한후 신고시에는 해당 중소기업특별세액감면이 적용이 되지 않으므로 기한후 신고시 반드시 유념할 사항이다.

2. 세목별 기한후 신고 사례

1) 법인세 기한후 신고시 가산세와 신고방법

(1) 사례

㈜세무(중소기업이며 12월말 결산법인)는 2024년 귀속분 법인세 신고를 당초 신고기한인 2025.3.31.까지 하지 못하고 2025.4.30.에 기한후 신고하고 납부하였다. ㈜세무의 기한후 신고는 부정한 방법에 의한 신고가 아니며 가산세액이 반영되기 전의 신고와 관련된 자료를 요약하면 다음과 같다.

(단위 : 원)

구 분	금 액
수입금액	28,645,819,611원
과세표준	806,466,210원
산출세액	133,228,579원

구 분	금 액
세액공제	18,000,000원
차감계	115,228,579원
중간예납세액	24,043,120원
원천납부세액	2,891,580원
차가감납부세액	88,293,879원

㈜세무의 기한후 신고시 납부할 가산세의 계산내역과 관련 신고서식의 작성방법을 정리하면 다음과 같다.

해설

(가) 법인세 가산세액계산서

① 무신고 가산세=MAX(㉠, ㉡)×(1−50%)=20,052,073원×(1−50%)=10,026,036원

㉠ 무신고납부세액×20%=88,293,879원×20%=17,658,775원

㉡ 수입금액×0.07%=28,645,819,611×0.07%=20,052,073원

→ 1개월 이내 기한후 신고이므로 50% 감면을 적용한다.

② 납부지연 가산세=88,293,879원×0.022%×30일(4.1~4.30.)=582,730원

✎ 가산세액계산서의 해당란에 위의 계산된 금액을 표기하여 신고한다. 무신고 가산세 계산내역 중 작은 금액은 ( )로 표시한다.

✎ 납부지연 가산세의 경우 2022.2.15. 이후 납부 또는 부과하는 경우 2022.2.15.부터 자진납부일까지의 기간에 대해서는 22/100,000(0.022%)을 적용한다(국기령 §27의 4, 국기령 부칙 대통령령 제32424호 §6, 2022년 개정).

(나) 법인세 과세표준 및 세액조정계산서

법인세 가산세액란에 가산세명세서의 가산세 합계 금액을 표기한다.

(다) 법인세 과세표준 및 세액신고서

법인세 과세표준 및 세액신고서 ⑰신고구분란에 3.기한후 신고를 표기하고 가산세(기한후 신고 가산세와 납부지연 가산세)까지 포함된 총부담세액을 기입하고 ⑳신고일에 2024.4.30. 이라고 기입한다.

법인세법 시행규칙 [별지 제9호 서식] (2023.3.20. 개정) (앞쪽)

사업연도	2024.01.01. ~ 2024.12.31.	가산세액계산서	법인명	㈜세무
			사업자등록번호	109-81-14741

1. 가산세액의 계산

각 사업연도 소득에 대한 법인세분

① 구분		② 계산기준	③ 기준금액	④ 가산세율	⑤ 코드	⑥ 가산세액
무기장		산출세액		20/100	27	
		수입금액		7/10,000	28	
무신고	일반	무신고납부세액	88,293,879	20(10)/100	29	17,658,775
		수입금액	28,645,819,611	7(3.5)/10,000	30	20,052,073
	부정	무신고납부세액		40(20)/100	31	
		무신고납부세액		60(30)/100	80	'15.1.1.개시
		수입금액		14(7)/10,000	32	
과소신고	일반	과소신고납부세액		10/100	3	
	부정	과소신고납부세액		40/100	22	
		과소신고납부세액		60/100	81	'15.1.1.개시
		과소신고 수입금액		14/10,000	23	
납부지연		(일수) 미납세액	(30) 88,293,879	2.2/10,000	4	582,730
지출증명서류		미(허위)수취금액		2/100	8	
지급명세서	미(누락)제출	미(누락)제출금액		10(5)/1,000	9	
	불분명	불분명금액		1/100	10	
	상증법 §82①⑥	미(누락)제출금액		2(1)/1,000	61	
		불분명금액		2/1,000	62	
	상증법 §82③④	미(누락)제출금액		2(1)/10,000	67	
		불분명금액		2/10,000	68	
	법인세법 §75의7① (일용근로)	미제출금액		25 (12.5)/10,000	96	
		불분명금액		25/10,000	97	
	법인세법 §75의7① (간이지급명세서)	미제출금액		25 (12.5)/10,000	102	
		불분명금액		25/10,000	103	
	소계				11	
주식등 변동 상황 명세서	미제출	액면(출자)금액		10(5)/1,000	12	
	누락제출	액면(출자)금액		10(5)/1,000	13	
	불분명	액면(출자)금액		1/100	14	
	소 계				15	
주주등 명세서	미(누락)제출	액면(출자)금액		5(2.5)/1,000	69	
	불분명	액면(출자)금액		5/1,000	73	
	소 계				74	
계산서	계산서 미발급	공급가액		2/100	16	
	계산서 지연발급 등	공급가액		1/100	94	
	계산서가공 (위장)수수	공급가액		2/100	70	
	계산서 불분명	공급가액		1/100	17	
전자계산서 발급명세	미전송	공급가액		5(3)/1,000	93	
	지연전송	공급가액		3(1)/1,000	92	
계산서 합계표	미제출	공급가액		5(2.5)/1,000	18	
	불분명	공급가액		5/1,000	19	
세금계산서 합계표	미제출	공급가액		5(2.5)/1,000	75	
	불분명	공급가액		5/1,000	76	
소 계					20	
기부금	영수증 허위발급	발급금액		5/100	24	
	발급명세 미작성(보관)	대상금액		2/1,000	25	
	소 계				26	
신용카드 및 현금영수증	발급거부 (불성실)	거부(발급)금액		5/100	38	
		건 수		5,000원	39	
		소 계			40	
	현금영수증 가맹점미가입	미가맹일수 수입금액	( )	10(5)/1,000	41	
	현금영수증 미발급	미발급금액		20(10)/100	98	
세금우대자료 미제출·불분명		건 수		2,000 (1,000)	77	
유보소득 계산 명세서	미제출	미제출금액		5(2.5)/1,000	78	
	불분명	불분명금액		5/1,000	79	
중간예납납부불성실가산세 등					63	
동업기업 가산세 배분액		(배분비율) 배분할 금액	( )		64	
성실신고확인서 미제출		산출세액		5/100	95	
		수입금액		2/10,000	99	
업무용승용차 관련비용 명세서	미제출	미제출금액		1/100	100	
	불성실	불성실금액		1/100	101	
합 계					21	10,608,766

토지 등 양도소득에 대한 법인세분

② 계산기준	③ 기준 금액	④ 가산세율	⑤ 코드	⑥ 가산세액
무신고납부세액		20(10)/100	42	
수입금액		7(3.5)/10,000	43	
무신고납부세액		40(20)/100	44	
수입금액		14(7)/10,000	45	
과소신고납부세액		10/100	46	
과소신고납부세액		40/100	47	
과소신고 수입금액		14/10,000	48	
공제감면세액		40/100	72	
(일수) 미납세액	( )	2.2/10,000	51	
동업기업 가산세 배분액	( )		65	
합 계			53	

미환류소득에 대한 법인세분

① 구분		② 계산기준	③ 기준금액	④ 가산세율	⑤ 코드	⑥ 가산세액
무신고	일반	무신고납부세액		20(10)/100	83	
		수입금액		7(3.5)/10,000	84	
	부정	무신고납부세액		40(20)/100	85	
		수입금액		14(7)/10,000	86	
과소신고	일반	과소신고납부세액		10/100	87	
	부정	과소신고납부세액		40/100	88	
		과소신고 수입금액		14/10,000	89	
납부지연		(일수) 미납세액	( )	2.2/10,000	90	
합 계					91	

법정납부기한
(. .)

납부일
(. .)

210mm×297mm[백상지 80g/㎡ 또는 중질지 80g/㎡]

(뒤쪽)

2. 과소신고 납부세액 계산

⑦ 구분		⑧ 과소신고 납부세액	과소신고 과세표준금액				과소신고 납부세액			
			⑨ 계	⑩ 일반	⑪ 부정	⑫ 부정(국제거래)	⑬ 계	⑭ 일반 [⑧×(⑩/⑨)]	⑮ 부정 [⑧×(⑪/⑨)]	⑯ 부정(국제거래) [⑧×(⑫/⑨)]
각 사업연도 소득	과소신고									
	기납부세액 과다 등		■	■	■	■				
토지 등 양도소득	과소신고									

작성방법

1. 무기장가산세
산출세액 또는 수입금액에 가산세율을 적용하여 산출된 금액 중 큰 금액을 가산세액으로 하고, 작은 금액은 ( )에 적습니다.
2. 무신고가산세
일반무신고와 부정무신고를 구분하여 무신고납부세액 또는 수입금액에 가산세율을 적용하여 계산한 금액 중 큰 금액을 가산세액으로 하고, 작은 금액은 ( )에 적습니다. 다만, 법정신고기한이 경과한 후 1개월 이내에 「국세기본법」 제45조의3에 따라 기한 후 신고·납부를 하는 경우에는 해당 가산세의 50%, 1개월 초과 3개월 이내의 경우에는 30%, 3개월 초과 6개월 이내의 경우에는 20%에 해당하는 금액을 감면합니다.
3. 과소신고가산세
가. 과소신고한 과세표준을 일반과소(⑩), 부정과소(⑪), 부정과소(국제거래)(⑫)로 구분하여 ⑨란의 과세표준금액에서 차지하는 비율을 ⑧란의 과소신고납부세액에 곱하여 ⑬란의 과소신고납부세액을 일반과소(⑭), 부정과소(⑮), 부정과소(국제거래)⑯로 구분하여 적습니다.
나. ⑭, ⑮, ⑯에 기재한 금액에 ④란의 가산세율을 적용하여 일반과소신고가산세와 부정과소신고가산세로 구분하여 적습니다.
다. 부정과소신고가산세는 과소신고납부세액 또는 부정과소신고 수입금액에 가산세율을 적용하여 계산한 금액 중 큰 금액을 가산세액으로 하고, 작은 금액은 ( )에 적습니다.
라. 과세표준의 변동과 관계없는 과소신고한 납부세액(공제감면세액 및 기납부세액 과다공제 등)과 관련한 과소신고납부세액은 ⑦ 구분란의 '기납부세액 과다 등'의 칸에 적습니다.
마. 법정신고기한이 지난 후 1개월 이내에 수정신고한 경우 가산세액의 90%(1개월 초과 3개월 이내 75%, 3개월 초과 6개월 이내 50%, 6개월 초과 1년 이내 30%, 1년 초과 1년 6개월 이내 20%, 1년 6개월 초과 2년 이내 10%)에 해당하는 금액을 감면합니다.
4. 납부지연가산세
미납세액에 가산세율(2.2/10,000를 적용하되, 2019년 2월 11일까지의 기간에 대해서는 3/10,000을, 2019년 2월 12일부터 2022년 2월 14일까지의 기간에 대해서는 2.5/10,000를 적용한다)과 미납일수를 곱하여 계산한 금액을 가산세액으로 합니다.
5. 지출증명서류 미수취·허위수취 가산세
미수취·허위수취 금액에 가산세율을 적용하여 산출한 금액을 가산세액으로 합니다.
6. 지급명세서 제출 불성실 가산세
가. 미제출금액 등에 1/100의 가산세율을 적용하여 산출한 금액을 가산세로 합니다. 다만, 제출기한이 지난 후 3개월 이내에 제출하는 경우에는 50/100의 가산세를 감면한 금액을 적습니다.
나. 「상속세 및 증여세법」 제82조제1항 및 제6항의 미제출 등의 금액에 2/1,000의 가산세율을, 같은 법 제82조제3항 및 제4항의 미제출 등의 금액에 2/10,000의 가산세율을 적용하여 산출한 금액을 가산세로 합니다. 다만, 제출기한이 지난 후 1개월 이내에 제출하는 경우에는 50/100의 가산세를 감면한 금액을 적습니다.
다. 「소득세법」 제164조제1항의 일용근로자 근로소득에 대한 지급명세서를 제출하지 않은 지급금액, 지급명세서가 불분명하거나 기재된 지급금액이 사실과 다른 경우의 지급금액에 25/10,000의 가산세율을 적용하여 산출한 금액을 가산세로 합니다. 다만, 제출기한이 지난 후 1개월 이내에 제출하는 경우에는 50/100의 가산세를 감면한 금액을 적습니다.
라. 「소득세법」 제164조의3 의 간이지급명세서를 제출하지 않은 지급금액, 지급명세서가 불분명 또는 기재된 지급금액이 사실과 다른 경우의 지급금액에 25/10,000의 가산세율을 적용하여 산출한 금액을 가산세로 합니다. 다만, 거주자의 원천징수대상 사업소득에 대한 간이지급명세서를 제출기한이 지난 후 1개월 이내에 제출하거나 근로소득에 대한 간이지급명세서를 제출기한이 지난 후 3개월 이내에 제출하는 경우에는 50/100의 가산세를 감면한 금액을 적습니다.
7. 주식 등 변동상황명세서 제출 불성실 가산세
미제출 또는 누락제출 및 불분명하게 제출한 주식(출자지분)의 액면금액(출자가액)에 1/100의 가산세율을 적용하여 계산합니다. 다만, 제출기한이 지난 후 1개월 이내에 제출하는 경우에는 50/100의 가산세를 감면한 금액을 적습니다.
8. 주주 등의 명세서 제출 불성실 가산세
법인설립신고 또는 사업자등록 시 주주 등의 명세서를 미제출, 누락제출, 불분명하게 제출한 주식(출자지분)의 액면금액(출자가액)에 5/1,000의 가산세율을 적용하여 계산합니다. 다만, 제출기한이 지난 후 1개월 이내에 제출하는 경우에는 50/100의 가산세를 감면한 금액을 적습니다.
* 2012.1.1. 이후 최초로 법인설립신고를 하거나, 2013.1.1. 이후 최초로 사업자등록을 하는 경우부터 적용
9. 계산서 및 (세금)계산서합계표 미제출 가산세 등
미발급 또는 가공(위장)수수한 계산서의 공급가액에 2/100의 가산세율을, 전자계산서 외 발급한 계산서 및 지연발급한 계산서 또는 불분명 계산서의 공급가액에 1/100의 가산세율을, 계산서·세금계산서 합계표 미제출 또는 불분명하게 제출한 합계표의 공급가액에 5/1,000의 가산세율을, 미전송 또는 지연전송한 전자계산서발급명세의 공급가액에 5(3)/1,000의 가산세율을 적용하여 계산하고, 세금계산서합계표 미제출 등 가산세 적용은 면세법인의 매입처별 세금계산서합계표에 한정합니다. 다만, 계산서·세금계산서 합계표를 제출기한이 지난 후 1개월 이내에 제출하는 경우에는 50/100의 가산세를 감면한 금액을 적습니다.
* 2012.1.1. 이후 최초로 미발급 또는 가공(위장)수수분부터 2/100의 가산세율 적용, 종전의 경우 1/100의 가산세율 적용
** 2016.12.31. 이전에 재화 또는 용역을 공급하는 분에 대한 전자계산서발급명세의 경우 3(1)/1,000의 가산세율 적용
10. 기부금영수증 불성실교부가산세 등
사실과 다르게 발급된 금액(2020.1.1. 이후 기부금영수증을 발급하는 분부터는 기부자의 인적사항 등을 사실과 다르게 적어 발급한 경우 등 포함)에 5/100의 가산세율을 적용하거나 기부자별 발급명세를 작성·보관하지 아니한 금액에 2/1,000의 가산세율을 각각 적용하여 계산합니다.
11. 신용카드거래 및 현금영수증 발급거부 가산세 등
가. 신용카드거래를 거부하거나 신용카드 매출전표를 사실과 다르게 발급한 경우 또는 현금영수증 발급을 거부하거나 사실과 다르게 발급한 경우에는 거부 또는 발급금액에 5/100의 가산세율(건별로 계산한 금액이 5천원에 미달하는 경우 5천원)을 적용하고, 현금영수증가맹점으로 가입하지 아니한 경우 수입금액의 1/100에 상당하는 금액에 (미가맹기간*/해당 사업연도의 일수)를 곱하여 계산한 금액을 적습니다.
* 미가맹기간은 3개월이 지난 날의 다음 날부터 가맹일 전날까지의 기간입니다.
나. 현금영수증 발급의무를 위반한 경우에는 '19.1.1. 이후 위반하는 분부터 미발급 금액의 20(10)%를 적용
12. 유보소득 계산 명세서 제출 불성실 가산세
미제출 또는 불분명하게 제출한 해당 특정외국법인의 배당 가능한 유보소득금액에 5/1,000의 가산세율을 적용하여 계산합니다. 다만, 제출기한이 지난 후 1개월 이내에 제출하는 경우에는 50/100의 가산세를 감면한 금액을 적습니다.
* 2014.1.1 이후 개시하는 사업연도분부터 적용
13. 중간예납납부불성실가산세 등: 중간예납세액의 미납부로 인한 가산세 등을 적습니다.
14. 동업기업 가산세 배분액: 배분할 금액(동업기업의 가산세 총액)에 배분비율 곱하여 계산한 가산세를 적습니다.
15. 성실신고확인서 미제출 가산세
산출세액 또는 수입금액에 가산세율을 적용하여 산출된 금액 중 큰 금액을 가산세액으로 하고, 작은 금액은 ( )에 적습니다.
16. 업무용승용차 관련비용 명세서 미제출 가산세 등
업무용승용차 관련비용 명세서를 미제출하는 경우에는 신고 시 업무용승용차 관련비용 등으로 손금산입한 금액의 1/100 가산세율을 적용하고 업무용승용차 관련비용 명세서를 사실과 다르게 제출한 경우에는 업무용승용차 관련비용 등으로 손금산입한 금액 중 해당 명세서에 사실과 다르게 적은 금액의 1/100 가산세율을 각각 적용하여 계산합니다.
17. 각 사업연도 소득에 대한 법인세분 및 토지 등 양도소득에 대한 법인세분 및 미환류소득에 대한 법인세분 가산세 합계를 법인세 과세표준 및 세액조정계산서(별지 제3호서식)서식의 ⑭란, ⑮란 및 ⑯란에 각각 적습니다.
18. ■ 음영으로 표시된 란은 적지 않습니다.

210mm×297mm[백상지 80g/㎡ 또는 중질지 80g/㎡]

법인세법 시행규칙 [별지 제3호 서식](2024.3.22. 개정)

(앞쪽)

사 업 연 도	2024.01.01. ~ 2024.12.31.	법인세 과세표준 및 세액조정계산서	법인명	㈜세무
			사업자등록번호	109-81-14741

구분	항목	코드	금액
① 각 사업연도 소득계산	⑩ 결산서상 당기순손익	01	612 496 887
	소득조정금액 ⑫ 익금산입	02	203 058 857
	소득조정금액 ⑬ 손금산입	03	9 089 534
	⑭ 차가감소득금액 (⑩+⑫-⑬)	04	806 466 210
	⑮ 기부금한도초과액	05	
	⑯ 기부금한도초과이월액 손금산입	54	
	⑰ 각 사업연도소득금액 (⑭+⑮-⑯)	06	806 466 210
② 과세표준 계산	⑱ 각 사업연도소득금액 (⑱=⑰)		806 466 210
	⑲ 이월결손금	07	
	⑪ 비과세소득	08	
	⑪ 소득공제	09	
	⑫ 과세표준 (⑱-⑲-⑪-⑪)	10	806 466 210
	⑮ 선박표준이익	55	
③ 산출세액 계산	⑬ 과세표준(⑫+⑮)	56	806 466 210
	⑭ 세율	11	19
	⑮ 산출세액	12	133 228 579
	⑯ 지점유보소득 (「법인세법」 제96조)	13	
	⑰ 세율	14	
	⑱ 산출세액	15	
	⑲ 합계(⑮+⑱)	16	133 228 579
④ 납부할 세액 계산	⑳ 산출세액(⑳ = ⑲)		133 228 579
	㉑ 최저한세 적용대상 공제감면세액	17	
	㉒ 차감세액	18	133 228 579
	㉓ 최저한세 적용제외 공제감면세액	19	18 000 000
	㉔ 가산세액	20	10 608 766
	㉕ 가감계(㉒-㉓+㉔)	21	125 837 345
	기납부세액 기한내납부세액 ㉖ 중간예납세액	22	24 043 120
	기납부세액 기한내납부세액 ㉗ 수시부과세액	23	
	기납부세액 기한내납부세액 ㉘ 원천납부세액	24	2 891 580
	기납부세액 기한내납부세액 ㉙ 간접투자회사등의 외국납부세액	25	
	기납부세액 기한내납부세액 ㉚ 소계 (㉖+㉗+㉘+㉙)	26	26 934 700
	기납부세액 ㉛ 신고납부전가산세액	27	
	기납부세액 ㉜ 합계(㉚+㉛)	28	26 934 700

구분	항목	코드	금액
	㉝ 감면분추가납부세액	29	
	㉞ 차감납부할세액 (㉕-㉜+㉝)	30	101 794 225
⑤ 토지등 양도소득에 대한 법인세 계산	양도차익 ㉟ 등기자산	31	
	양도차익 ㊱ 미등기자산	32	
	㊲ 비과세소득	33	
	㊳ 과세표준 (㉟+㊱-㊲)	34	
	㊴ 세율	35	
	㊵ 산출세액	36	
	㊶ 감면세액	37	
	㊷ 차감세액 (㊵-㊶)	38	
	㊸ 공제세액	39	
	㊹ 동업기업 법인세 배분액 (가산세 제외)	58	
	㊺ 가산세액 (동업기업 배분액 포함)	40	
	㊻ 가감계(㊷-㊸+㊹+㊺)	41	
	기납부세액 ㊼ 수시부과세액	42	
	기납부세액 ㊽ (　　) 세액	43	
	기납부세액 ㊾ 계 (㊼+㊽)	44	
	㊿ 차감납부할세액(㊻-㊾)	45	
⑥ 미환류소득 법인세	⑯ 과세대상 미환류소득	59	
	⑯ 세율	60	
	⑯ 산출세액	61	
	⑯ 가산세액	62	
	⑯ 이자상당액	63	
	⑯ 납부할세액(⑯+⑯+⑯)	64	
⑦ 세액계	⑮ 차감납부할세액계 (㉞+㊿+⑯)	46	101 794 225
	⑮ 사실과 다른 회계처리 경정세액공제	57	
	⑮ 분납세액계산범위액 (⑮-㉔-㉝-㊺-⑮+㉛)	47	101 794 225
	⑮ 분납할세액	48	
	⑮ 차감납부세액 (⑮-⑮-⑮)	49	101 794 225

210mm×297mm[백상지 80g/㎡ 또는 중질지 80g/㎡]

(뒤쪽)

작성방법

※ 「조세특례제한법」 제104조의10에 따른 해운기업의 법인세 과세표준 계산 특례를 적용받는 법인의 경우에는 ⑩란부터 ⑫란까지, ⑫란, ⑬란 및 ⑱란에 비해운소득과 관련하여 발생한 금액을 적고, ⑮ 선박표준이익란에 선박표준이익 산출명세서(별지 제3호서식 부표)의 ⑦ 선박표준이익란의 금액을 적으며, ⑫ 과세표준란의 금액이 "0" 보다 작은 경우 ⑬ 과세표준란에는 ⑮ 선박표준이익란의 금액을 적습니다.

※ 「법인세법」제55조의2에 따른 토지등 양도소득에 대한 과세특례를 적용받는 법인의 경우에는 ⑬~⑬란에 토지 등 양도소득에 대한 법인세 산출명세서(별지 제3호서식 부표2)의 ⑩양도차익, ⑫금액, ⑬과세소득의 합계를 적습니다.

※ 법인세 과세표준 및 세액신고서(별지 제1호서식)의 ㊾ 기능통화 도입기업의 과세표준 계산방법이 '기능통화 표시 재무제표 기준'으로 '2'로 표기할 경우 ⑩란부터 ⑱란까지의 금액은 기능통화로 표기하지 않고, 기능통화 금액에 같은 별지 제1호서식의 ㉚ 과세표준 환산 시 적용환율을 곱한 금액으로 적습니다. 이 경우 작성방법 1부터 7까지의 각종 조정명세서, 명세서 등 관련 서식에도 같은 별지 제1호서식의 ㉚ 과세표준 환산 시 적용환율을 곱한 금액으로 적습니다.

* 예: 기능통화(USD), 적용환율(1,100원), 당기순이익(USD 2,000)일 경우 ⑩ 결산서상 당기순손익란은 '2,200,000' 으로 적습니다.

1. ⑩ 결산서상 당기순손익란: (포괄)손익계산서의 법인세 차감 후 당기순손익을 적습니다. 다만, 당기순이익은 그대로 적고, 당기순손실은 "△" 등 음(-)의 표시를 해야 합니다.
2. 소득조정금액란(⑩, ⑬): "소득금액조정합계표(별지 제15호서식)"의 익금산입 및 손금불산입 ② 금액란의 합계와 손금산입 및 익금불산입 ⑤ 금액란의 합계를 ⑩ 익금산입란 및 ⑬ 손금산입란에 각각 적습니다.
3. ⑯ 기부금 한도초과액란: 기부금조정명세서(별지 제21호서식)의 ⑳ 한도초과액 합계 금액을 적습니다.
4. ⑯ 기부금한도초과이월액 손금산입란: "기부금조정명세서(별지 제21호서식)"의 ㉔ 해당 사업연도 손금추인액란의 합계금액을 적습니다.
5. ⑲ 이월결손금란: "자본금과 적립금조정명세서(갑)[별지 제50호서식(갑)]"의 Ⅱ. 이월결손금계산서 중 ⑬ 당기공제액란의 합계를 적습니다.
6. ⑩ 비과세소득란: "비과세소득명세서(별지 제6호서식)"의 ⑥ 수입이자 또는 소득금액란의 합계와 ⑩ 차감비과세 금액란의 ⑳ 합계란의 금액을 합한 금액을 적습니다. 다만, 각 사업연도소득에서 이월결손금액을 차감한 금액이 음수(-)인 경우에는 "0"을 적습니다.
7. ⑪ 소득공제란: 소득공제조정명세서(별지 제7호서식)의 ⑬ 합계란의 ⑧ 소득공제액을 적습니다. 다만, 각 사업연도소득에서 이월결손금 및 비과세소득을 차감한 금액이 음수(-)인 경우에는 "0"을 적습니다.
8. 세율란(⑭, ⑰, ⑬): 각 세법에 따라 적용할 최고세율(⑰란은 「법인세법」 제96조에 따른 과세대상 법인은 「법인세법」 제96조제3항에 따른 세율) 1개만을 적습니다.
9. ⑯ 지점유보소득란: 「법인세법」 제96조를 적용받는 외국법인의 국내지점은 지점유보소득금액계산서(별지 제49호서식) ⑮란의 금액을 적습니다.
10. ⑫ 최저한세 적용대상 공제감면세액: "공제감면세액 및 추가납부세액합계표(갑)[별지 제8호서식(갑)]"의 ⑳합계란의 금액을 적습니다.
11. ⑫ 차감세액란: ⑳란의 산출세액에서 ⑫란의 최저한세 적용대상 공제감면세액을 차감하여 적습니다.
12. ⑬ 최저한세 적용제외 공제감면세액: "공제감면세액 및 추가납부세액합계표(갑)[별지 제8호서식(갑)]"의 ⑮란을 적습니다.
13. ⑯ 중간예납세액: 「조세특례제한법」 제8조의4에 따라 환급받아간 세액을 정산할 때 추가로 납부할 세액이 있는 경우에는 중소기업 결손금 소급공제 세액 환급특례 정산서(「조세특례제한법 시행규칙」 별지 제2호의6서식)의 ⑲중간예납세액 재정산란의 금액을 적습니다.
14. ⑬ 감면분추가납부세액란: "공제감면세액 및 추가납부세액합계표(을)[별지 제8호서식(을)]"의 ⑮ 추가납부세액 합계금액과 ⑱ 이월과세 합계금액을 더하여 적습니다.
15. 가산세액란(⑭ · ⑮): "가산세액계산서(별지 제9호서식)"에 따라 적습니다(중간예납세액의 미납부로 인한 가산세를 합산하여 계산합니다).
16. 기납부세액 계란(⑬ · ⑭)
   가. 기한 내 납부세액은 중간예납(중간예납을 고지한 경우를 포함합니다), 수시부과 및 원천납부세액을 각각 적되 가산세를 제외한 금액을 적고, 간접투자회사 등의 외국납부세액은 "간접투자회사 등의 외국납부세액 계산서(별지 제11호서식)"의 ⑧ 공제(환급) 신청금액을 적습니다.
   나. 신고납부 전 가산세액은 중간예납 미납부가산세 등을 말합니다.
17. ⑭ 동업기업 법인세 배분액: 동업기업으로부터 배분받은 토지등 양도소득에 대한 법인세('산출세액'에서 '공제감면세액'을 차감한 후의 세액(가산세는 제외함)을 적습니다.
18. ⑮ 사실과 다른 회계처리 경정세액공제란: "사실과 다른 회계처리로 인하여 과다납부한 금액의 세액공제명세서(별지 제52호의4서식)"의 ⑨란의 연도별 공제금액을 적습니다.
19. ⑯ 과세대상 미환류소득란: 미환류소득에 대한 법인세 신고서(「조세특례제한법 시행규칙」 별지 제114호서식)의 ㊱금액(음수인 경우 '0')을 적습니다. 다만, 2017.1.1.부터 2017.12.31.까지 개시하는 사업연도에 차기환류적립금이 발생한 사업자는 ㊱금액에 종전의 「법인세법」(법률 제16008호로 개정되기 전의 것을 말한다) 제56조에 따른 미환류소득에 대한 법인세 신고서(「법인세법 시행규칙」 별지 제52호의2서식)의 ㊻금액(음수인 경우 '0')을 합산하여 적습니다.
20. ⑯ 가산세액란: 가산세액계산서(별지 제9호서식)의 미환류소득에 대한 법인세분의 ⑥가산세액의 합계금액을 적습니다.
21. ⑯ 이자상당액란: 「조세특례제한법 시행령」 제100조의32제21항에 따라 계산한 금액과 종전의 「법인세법 시행령」(대통령령 제29529호로 개정되기 전의 것을 말한다) 제93조제20항에 따른 금액[종전의 「법인세법」(법률 제16008호로 개정되기 전의 것을 말한다) 제56조제8항에 따라 이자상당액을 납부해야 하는 경우]을 합산하여 적습니다.

210mm×297mm[백상지 80g/㎡ 또는 중질지 80g/㎡]

법인세법 시행규칙 [별지 제1호 서식](2025.3.21. 개정) 홈택스(www.hometax.go.kr)에서도 신고할 수 있습니다.

법인세 과세표준 및 세액신고서

※ 뒤쪽의 신고안내 및 작성방법을 읽고 작성하여 주시기 바랍니다. (앞쪽)

①사업자등록번호	109-81-14741		②법 인 등 록 번 호	110111-1023491	
③법 인 명	㈜세무		④전 화 번 호	-	
⑤대 표 자 성 명	진세무		⑥전자우편주소		
⑦소 재 지	서울 강남 개포 335 민후빌딩 704				
⑧업 태	건설업도소매	⑨종 목	가구공사, 건축자재	⑩주업종코드	452107
⑪사 업 연 도	2024.01.01.~2024.12.31.		⑫수시부과기간	. . . ~ . . .	

⑬법 인 구 분	①. 내국 2. 외국 3. 외투(비율 0 %)						⑭조 정 구 분	①. 외부 2. 자기
⑮종 류 별 구 분		중소기업	일반: 중견기업	일반: 상호출자제한기업	일반: 그외기업	당기순이익과세	⑯외부감사대상	①. 여 2. 부
영리법인	상 장 법 인	11	71	81	91		⑰신 고 구 분	1. 정기신고
영리법인	코스닥상장법인	21	72	82	92			2. 수정신고(가. 서면분석, 나. 기타)
영리법인	기 타 법 인	㉚	73	83	93			③. 기한후 신고
비 영 리 법 인		60	74	84	94	50		4. 중도폐업신고
								5. 경정청구

⑱법 인 유 형 별 구 분	기타법인	코드	100	⑲결 산 확 정 일	2025.03.16
⑳신 고 일	2025.04.30			㉑납 부 일	
㉒신고기한 연장승인	1. 신청일			2. 연장기한	

구 분	여	부	구 분	여	부
㉓주식변동	1	②	㉔장부전산화	①	2
㉕사업연도의제	1	②	㉖결손금소급공제 법인세환급신청	1	②
㉗감가상각방법(내용연수)신고서 제출	1	②	㉘재고자산등평가방법신고서 제출	1	②
㉙기능통화 채택 재무제표 작성	1	②	㉚과세표준 환산시 적용환율		
㉛동업기업의 출자자(동업자)	1	②	㉜한국채택국제회계기준(K-IFRS)적용	1	②
㉝기능통화 도입기업의 과세표준 계산방법			㉞미환류소득에 대한 법인세 신고	1	②
㉟성실신고확인서 제출	1	2	㊱부동산임대업 주업법인	1	2

구 분	법인세: 법 인 세	법인세: 토지 등 양도소득에 대한 법인세	법인세: 미환류소득에 대한 법인세	법인세: 계
㊲수 입 금 액	(	28,645,819,611	)	
㊳과 세 표 준	806,466,210			
㊴산 출 세 액	133,228,579			133,228,579
㊵총 부 담 세 액	125,837,345			125,837,345
㊶기 납 부 세 액	26,934,700			26,934,700
㊷차 감 납 부 할 세 액	101,794,225			101,794,225
㊸분 납 할 세 액				
㊹차 감 납 부 세 액				101,794,225

㊺조 정 반 번 호	1-0367	㊼조정자	성 명	진성규
㊻조 정 자 관 리 번 호	U-9938-7		사업자등록번호	206-24-74144
			전화번호	02-464-0000

국세환급금 계좌 신고	㊽예 입 처	은행 (본)지점
	㊾예금종류	
	㊿계 좌 번 호	예금

신고인은 「법인세법」 제60조 및 「국세기본법」 제45조, 제45조의2, 제45조의3에 따라 위의 내용을 신고하며, 위 내용을 충분히 검토하였고 신고인이 알고 있는 사실 그대로를 정확하게 적었음을 확인합니다.

2025년 04월 30일

신고인(법 인) ㈜세무 (인)

신고인(대표자) 진세무 (서명)

세무대리인은 조세전문자격자로서 위 신고서를 성실하고 공정하게 작성하였음을 확인합니다.

세무대리인 진성규 (서명 또는 인)

삼성 세무서장 귀하

붙임 서류	1. 재무상태표 2. (포괄)손익계산서 3. 이익잉여금처분(결손금처리)계산서 4. 현금흐름표(「주식회사 등의 외부감사에 관한 법률」 제2조에 따른 외부감사의 대상이 되는 법인의 경우만 해당합니다), 5. 세무조정계산서	수수료 없 음

210mm×297mm[백상지 80g/㎡ 또는 중질지 80g/㎡]

(뒤쪽)

신고안내

1. 결손금 소급공제에 따른 법인세액의 환급을 받으려는 법인은 소급공제법인세액환급신청서(별지 제68호서식)를 제출해야 합니다.
2. 법인세분 지방소득세도 사업연도종료일부터 4개월 이내에 해당 시·군·구청에 신고납부해야 합니다.

작성방법

1. ① 사업자등록번호란, ② 법인등록번호란, ③ 법인명란, ④ 전화번호란, ⑤ 대표자성명란, ⑥ 전자우편주소란 및 ⑦ 소재지란: 신고일 현재의 상황을 기준으로 작성합니다.
2. ⑧ 업태란·⑨ 종목란·⑩ 주업종코드란 : 주된 업태·종목·주업종코드["조정후수입금액명세서(별지 제17호서식)"의 수입금액이 가장 큰 업태·종목을 말합니다]를 적습니다.
3. ⑪ 사업연도란·⑫수시부과기간란
   가. 정상적으로 사업을 영위하는 법인은 신고사업연도를 적고 수시부과기간란에는 적지 않습니다.
   나. 휴·폐업 등으로 수시부과기간에 해당하는 법인세를 신고납부하는 경우에는 사업연도란에 정상적인 사업연도를 적고, 수시부과기간란에 사업연도 개시일과 수시부과사유발생일까지의 기간을 적습니다(반드시 신고구분의 중도폐업신고란에 "○" 표시를 해야 합니다).
4. ⑬ 법인구분란·⑭ 조정구분란·⑯ 외부감사대상란·⑰ 신고구분란·㉓ 주식변동란·㉔ 장부전산화 여부란·㉕ 사업연도의제 여부란 : 각각 해당란에 "○" 표시를 합니다.
5. ⑮ 종류별구분란: '중소기업'과 '중견기업'은 중소기업 등 기준검토표(별지 제51호서식)상 적합 기업, '상호출자제한기업'은 「독점규제 및 공정거래에 관한 법률」 제31조제1항에 따른 상호출자제한기업집단에 속하는 기업으로 각각 해당하는 란에 "○" 표시를 합니다. 「법인세법」제75조의12에 따른 법인과세 신탁재산은 기타법인의 그 외기업(93)란에 "○" 표시를 합니다.
6. ⑱ 법인유형별 구분란 : 아래의 표를 참고하여 법인유형의 명칭과 코드란에는 ( )안의 번호를 적습니다. 다만, 아래에 해당되지 않는 경우에는 기타법인으로 적고, 코드란에는 "100"을 적습니다.

구분	내용
금융기관	은행(101), 증권(102), 생명보험(103), 손해보험(104), 금융지주회사(105), 상호저축은행(106), 신탁회사(107), 종합금융회사(108), 선물회사(109), 신기술금융회사(110), 신용카드사(111), 재보험사(112), 투자자문회사(113), 시설대여회사(리스회사포함)(114), 할부금융회사(115), 기타금융회사(199)
투자회사 (「법인세법」 제51조의2제1항, 「조세특례제한법」 제104조의31)	유동화전문회사(201),「자본시장과 금융투자업에 관한 법률」에 따른 투자회사 등(경영참여형 사모집합투자기구 제외)(202), 기업구조조정투자회사(207), 기업구조조정부동산투자회사(203), 위탁관리부동산투자회사(204), 선박투자회사(205), 「민간임대주택에 관한 특별법」 또는 「공공주택 특별법」에 따른 특수목적법인(208),「문화산업진흥기본법」에 따른 문화산업전문회사(209), 「해외자원개발 사업법」에 따른 해외자원개발투자회사(210), 기타 특수목적의 명목회사(206)
비영리 조합 등	정비사업조합(301), 농협(302), 수협(303), 신용협동조합(304), 새마을금고(305), 영농조합(306), 영어조합(307), 학교법인(308), 의료법인(309), 산학협력단(310), 산림조합(311), 인삼협동조합(312), 소비자생활협동조합(313), 기타 조합법인(399)
공기업 등	정부투자기관(401), 정부출자기관(402), 지방공기업(투자)(403), 지방공기업(출자)(404), 그 밖의 공기업(499)
일반 지주회사	위 금융기관, 투자회사, 비영리조합 등, 공기업 등에 해당하지 않는 법인으로서 「독점규제 및 공정거래에 관한 법률」 제2조제1호의2에 따른 지주회사(501),「기술의 이전 및 사업화 촉진에 관한 법률」 제2조제10호의 공공연구기관첨단기술지주회사(502),「산업교육진흥 및 산학연협력촉진에 관한 법률」 제2조제8호의 산학연협력기술지주회사(503)

7. ㉒ 신고기한 연장승인란: 법인세신고기한 연장승인을 받은 경우 신청일 및 승인된 연장기한을 적습니다.
8. ㉓ 주식변동 여부란: 주식 등의 변동이 있는 경우에는 주식 등 변동상황명세서를 반드시 붙임 서류로 제출해야 합니다.
9. ㉔ 장부전산화 여부란: 국세청의「전자기록의 보전방법 등에 관한 고시」에 따라 장부와 증명서류의 전부 또는 일부를 전산조직을 이용하여 작성·보존하는 경우에 "해당"란에 "○"표시를 하고 전산조직운용명세서를 붙임 서류로 제출해야 합니다.
10. ㉕ 사업연도의제 여부란: 해산·합병·분할 등으로 사업연도가 의제된 경우 "해당"란에 "○"표시를 합니다.
11. ㉖ 결손금소급공제법인세환급신청란 ~ ㉘재고자산등평가방법신고서 제출란: 해당 신청(신고)서 등을 제출한 경우 "해당"란에 "○" 표시를 합니다.
12. ㉙ 기능통화채택 재무제표 작성란: 원화 외의 통화를 기능통화로 채택하여 재무제표를 작성하는 법인의 경우 "해당"란에 "○"표시를 합니다.
13. ㉚ 과세표준 환산시 적용환율란:「법인세법」 제53조의2(제53조의3)제1항제2호의 방법으로 과세표준계산방법 적용을 신고한 법인은 "과세표준계산방법신고(변경신청)서(별지 제64호의5서식)"에 신고한 적용환율의 해당 사업연도 환율을 적습니다(단위 :원, 소수점 이하 2자리까지 표시).
14. ㉛ 동업기업의 출자자(동업자)란:「조세특례제한법」 제100조의14제2호에 따른 동업자인 경우 "해당"란에"○" 표시를 합니다.
15. ㉜ 한국채택국제회계기준(K-IFRS)적용란: 한국채택국제회계기준(K-IFRS)을 적용하는 법인인 경우 "해당"에 "○" 표시를 합니다.
16. ㉝ 기능통화 도입기업의 과세표준 계산방법란: 과세표준계산방법이 「법인세법」 제53조의2제1항제1호에 따른 방법(원화 재무제표 기준)인 경우 "1", 같은 항 제2호에 따른 방법(기능통화 표시 재무제표 기준)인 경우 "2", 같은 항 제3호에 따른 방법(자산, 부채 및 거래손익의 원화환산액 기준)인 경우 "3"을 적습니다.
17. ㊱ 부동산임대업 주업법인 여부란:「법인세법 시행령」제42조제2항 각 호의 요건을 모두 갖춘 경우 "해당"란에 "○" 표시를 합니다.
18. ㊲ 수입금액란: 조정후수입금액명세서(별지 제17호서식)상의 ⑫합계란 중 ④계란의 금액을 적습니다.
19. ㊴ 산출세액란: 법인세란에는 법인세 과세표준 및 세액조정계산서(별지 제3호서식)의 ⑳란의 금액을, 토지 등 양도소득에 대한 법인세란에는 ⑭란의 금액을 각각 적습니다.
20. ㊵ 총부담세액란: 법인세란에는 "법인세 과세표준 및 세액조정계산서(별지 제3호서식)"의 ㉕란과 ⑬란을 합한 금액을, 토지 등 양도소득에 대한 법인세란에는 같은 서식의 ⑯란의 금액을 각각 적습니다.
21. ㊺ 조정반번호란: 외부조정법인은 외부조정자의 조정반 번호를 적습니다.
22. ㊻ 조정자관리번호란 및 ㊼조정자란: 세무조정조정반의 구성원 중 실제로 세무조정한 조정자의 것을 적습니다.
23. 「법인세법」 제60조제5항 단서에 따른 비영리법인은 재무상태표 등의 붙임 서류를 제출하지 않을 수 있으며, 비영리법인의 수익사업수입명세서(별지 제57호서식)를 첨부해야 합니다.
24. 음영(■)으로 표시된 란은 적지 않습니다.
25. 「주식회사 등의 외부감사에 관한 법률」 제2조에 따라 외부감사의 대상이 되는 법인이 「국세기본법」 제2조제19호에 따른 전자신고를 통해 법인세 과세표준을 신고한 경우에는 대표자가 서명하고 날인한 신고서를 관할세무서에 제출해야 합니다.

210mm×297mm[백상지 80g/㎡ 또는 중질지 80g/㎡]

참고 법인 지방소득세의 기한후 신고

위 사례의 법인 지방소득세를 법인 지방소득세 신고기한인 2025.4.30.까지 신고하지 못하고 2025.5.31.에 신고를 한 경우로 가정하고 법인 지방소득세 가산세액 및 신고 서식을 작성해 보면 다음과 같다.

법인 지방소득세의 차가감납부세액은 다음과 같다.

구 분	금 액
수입금액	28,645,819,611원
과세표준	806,466,210원
산출세액	13,322,857원
세액공제	0원
차감계	13,322,857원
원천납부세액	289,158원
차가감납부세액	13,033,699원

(1) 가산세액계산서

① 무신고 가산세＝무신고납부세액×20%×(1－50%)

＝13,033,699원×20%×(1－50%)

＝1,303,369원

✎ 1개월 이내 기한후 신고이므로 50% 감면을 적용하고 지방세법상 무신고 가산세는 국세 관련 무신고 가산세의 무신고 수입금액에 대한 규정은 없다.

② 납부지연 가산세＝13,033,699원×0.022%×31일(5.1～5.31.)＝88,889원

✎ 납부지연 가산세의 경우 2022.6.7. 이후 기간분에 대한 납부지연 가산세의 계산에 적용되는 이자율은 개정규정인 0.022%를 적용한다(지기령 §34, 지기령 부칙 대통령령 제32665호, 2022.6.7. 2022년 개정).

✎ 법인지방소득세 가산세액계산서의 해당란에 위의 계산된 금액을 표기하여 신고한다.

(2) 법인지방소득세 과세표준 및 세액조정계산서

법인지방소득세 가산세액란에 가산세액 계산서의 가산세 합계 금액을 표기한다.

(3) 법인지방소득세 과세표준 및 세액신고서

법인지방소득세 과세표준 및 세액신고서 ⑰신고구분란에 3.기한후 신고를 표기하고 가산세(기한후 신고 가산세와 납부지연 가산세)까지 포함된 총부담세액을 기입하고 ⑳신고일에 2025.4.30.이라고 기입한다.

지방세법 시행규칙[별지 제43호의 4 서식](2022.6.7. 개정)

법인지방소득세 가산세액계산서

※ 뒤쪽의 작성방법을 참고하시기 바라며, 색상이 어두운 칸은 신청인이 적지 않습니다. (앞쪽)

법인명 ㈜세무	사업자등록번호 109-81-14741	사업연도 2024.01.01.~2024.12.31.

1. 가산세액의 계산

① 구 분				법인지방소득세			
				②계산기준	③기준 금액	④가산세율	⑤가산세액
각 사업 연도 소득	㉠무신고		일반	납부(산출)세액	13,033,699	20(10)/100	1,303,369
			부당	납부(산출)세액		40(20)/100	
	㉡	과소신고	일반	납부(산출)세액		10(5)/100	
			부당	납부(산출)세액		40(20)/100	
		초과환급 신고	일반	납부(산출)세액		10(5)/100	
			부당	납부(산출)세액		40(20)/100	
	㉢납부지연			(일수)미납세액	(31일)13,033,699	22/100,000	88,889
				(일수)초과환급세액	( )	22/100,000	
	㉣「지방세법」 제103조의30에 따른 가산세	「법인세법」 제74조의2, 제75조, 제75조의2부터 제75조의9까지의 규정에 따른 가산세액		무기장		10/100	
				무기장 외		10/100	
				소 계 (㉠ 또는 ㉡보다 무기장가산세의 10%에 해당하는 금액이 같거나 적은 경우에는 무기장가산세분을 계산하지 않습니다)			
	㉤동업기업 가산세 배분액			(배분비율)배분할 금액	( )		
	㉥기타						
	소 계 (㉠ 또는 ㉡보다 무기장가산세의 10%에 해당하는 금액이 더 큰 경우에는 ㉠ 및 ㉡을 계산하지 않습니다)						1,392,258
토지등 양도 소득	㉠무신고		일반	납부(산출)세액		20(10)/100	
			부당	납부(산출)세액		40(20)/100	
	㉡	과소신고	일반	납부(산출)세액		10(5)/100	
			부당	납부(산출)세액		40(20)/100	
		초과환급 신고	일반	납부(산출)세액		10(5)/100	
			부당	납부(산출)세액		40(20)/100	
	㉢납부지연			(일수)미납세액	( )	22/100,000	
				(일수)초과환급세액	( )	22/100,000	
	㉤동업기업 가산세 배분액			(배분비율) 배분할 금액	( )		
	소 계						
미환류 소득	㉠무신고		일반	납부(산출)세액		20(10)/100	
			부당	납부(산출)세액		40(20)/100	
	㉡	과소신고	일반	납부(산출)세액		10(5)/100	
			부당	납부(산출)세액		40(20)/100	
	㉢납부지연			(일수)미납세액	( )	22/100,000	
	소 계						
합 계							1,392,258

자진납부기한
환급받은 날 (. .) 고지일 또는 납부일 (. .)

2. 과소신고 납부세액 및 초과환급 신고세액 계산

⑥ 구분		당초신고		과소신고 과세표준			⑫과세 표준 (⑦+⑨)	⑬납부 (산출)세액 (⑫×세율 등)	과소신고납부(산출)세액 (초과환급신고세액)		
		⑦과세 표준	⑧납부 (산출) 세액	⑨계 (⑩+⑪)	⑩부당	⑪일반			⑭계 (⑬-⑧)	⑮부당 (⑭×⑩/⑨)	⑯일반 (⑭×⑪/⑨)
각 사업 연도소득	과소신고										
	초과환급										
토지등 양도소득	과소신고										
	초과환급										
미환류 소득	과소신고										

210mm×297mm[백상지(80g/㎡) 또는 중질지(80g/㎡)]

(뒤쪽)

작성방법

※ 납부(산출)세액: 2015.12.31 이전 종료되는 사업연도분은 산출세액을, 2016.1.1. 이후 종료되는 사업연도분은 납부세액을 적습니다.

1. 무신고가산세 (「지방세기본법」 제53조)
   일반무신고와 부당무신고를 구분하여 무신고 납부(산출)세액에 가산세율을 적용하여 계산한 금액을 가산세액으로 적습니다. 다만, 법정신고기한이 지난 후 1개월 이내에 「지방세기본법」 제51조에 따른 기한 후 신고를 하는 경우 같은 법 제57조제2항제2호에 따라 해당 가산세의 100분의 50에 해당하는 금액을, 1개월을 초과하고 3개월 이내에 기한 후 신고를 하는 경우에는 100분의 30에 해당하는 금액을, 3개월을 초과하고 6개월 이내에 기한 후 신고를 하는 경우에는 100분의 20에 해당하는 금액을 감면합니다.

2. 과소(초과환급)신고가산세 (「지방세기본법」 제54조)
   ⑦란과 ⑧란에는 당초 과세표준과 납부(산출)세액을 각각 적고, ⑩란에는 부당과소신고 과세표준, ⑪란에는 일반과소신고 과세표준으로 구분하여 ⑨란의 과소신고 과세표준에서 차지하는 비율을 ⑭란의 과소신고 납부(산출)세액에 곱하여 ⑮부당과소신고 납부(산출)세액 ⑯일반과소신고 납부(산출)세액으로 구분하여 적습니다.

- ⑮부당과소신고 납부(산출)세액 ⑯일반과소신고 납부(산출)세액에 ④란의 가산세율을 적용하여 ⑤란의 부당과소신고 가산세와 일반과소신고 가산세로 구분하여 적습니다. 다만, 법정신고기한이 지난 후 1개월 이내에 「지방세기본법」 제49조에 따라 수정신고를 하는 경우 같은 법 제57조제2항제1호에 따라 해당 가산세의 100분의 90에 해당하는 금액을, 1개월을 초과하고 3개월 이내에 수정신고하는 경우에는 100분의 75에 해당하는 금액을, 3개월을 초과하고 6개월 이내에 수정신고하는 경우에는 100분의 50에 해당하는 금액을, 6개월을 초과하고 1년 이내에 수정신고하는 경우에는 100분의 30에 해당하는 금액을, 1년을 초과하고 1년 6개월 이내에 수정신고하는 경우에는 100분의 20에 해당하는 금액을, 1년 6개월을 초과하고 2년 이내에 수정신고하는 경우에는 100분의 10에 해당하는 금액을 감면합니다.

※ 「지방세기본법 시행령」 제36조에 따라 세무공무원(지방소득세의 경우 「국세기본법」 제2조제17호에 따른 세무공무원을 포함합니다)이 조사를 시작한 것을 알고 과세표준 신고서, 수정신고서 또는 기한 후 신고서를 제출한 경우에는 가산세를 감면하지 않습니다.

3. 납부지연가산세 (「지방세기본법」 제55조)
   미납부 또는 초과환급세액에 가산세율과 경과일수를 곱하여 계산한 금액을 가산세액으로 합니다.

4. 「지방세법」 제103조의30에 따른 가산세는 「법인세법」 제74조의2, 제75조 및 제75조의2부터 제75조의9까지의 규정에 따른 법인세 가산세의 100분의 10에 해당하는 금액을 법인지방소득세 가산세로 적습니다.
   (법인세의 가산세가 감면된 경우, 감면 후 금액을 기준으로 가산세를 적용합니다.)

- 「법인세법」 제75조의3(장부의 기록·보관 불성실 가산세)의 100분의 10에 해당하는 법인지방소득세 가산세와 「지방세기본법」 제53조 또는 제54조에 따른 가산세가 동시에 적용되는 경우에는 그 중 큰 가산세액을 적고, 가산세액이 같은 경우에는 「지방세기본법」 제53조 또는 제54조의 가산세를 적용합니다.

5. 동업기업 가산세 배분액 (「지방세법」 제103조의54제1항)
   배분할 금액(동업기업의 가산세 총액)에 배분비율을 곱하여 계산한 가산세를 적습니다.

6. 각 사업연도 소득에 대한 법인지방소득세분, 토지 등 양도소득에 대한 법인지방소득세분 및 미환류소득에 대한 법인지방소득세분 가산세 합계를 별지 제43호의2서식 법인지방소득세 과세표준 및 세액조정계산서의 ⑫④란, ⑭④란 및 ⑮③란에 각각 적습니다.

210mm×297mm(백상지 80g/㎡ 또는 중질지 80g/㎡)

지방세법 시행규칙[별지 제43호의 2 서식](2023.12.29. 개정)

법인지방소득세 과세표준 및 세액조정계산서

※ 뒤쪽의 작성방법을 참고하시기 바라며, 색상이 어두운 난은 신청인이 적지 않습니다. (앞쪽)

법인명 ㈜세무	사업자등록번호 109-81-14741	사업연도 2024.01.01.~2024.12.31.

1. 과세표준계산	⑩⑧ 각 사 업 연 도 소 득 금 액	766 142 897
	⑩⑨ 이 월 결 손 금	
	⑪⓪ 비 과 세 소 득	
	⑪① 소 득 공 제	
	⑪② 법 인 세 과 세 표 준 (⑩⑧ - ⑩⑨ - ⑪⓪ - ⑪①)	766 142 897
	⑮⑨ 선 박 표 준 이 익	
	⑩⑤ 외 국 법 인 세 액 조 정 액	
2. 산출세액계산	⑪③ 법인세과세표준 (⑪② + ⑮⑨ + ⑩⑤)	766 142 897
	⑩⑥ 외 국 법 인 세 액	
	⑩⑦ 과 세 표 준(⑪③ - ⑩⑥)	766 142 897
	⑪④ 세 율	1.9
	⑪⑤ 산 출 세 액	13 322 857
	⑪⑥ 지점유보소득 (「법인세법」 제96조)	
	⑪⑦ 지점유보소득에 대한 법인세 산출세액	
	⑪⑧ 법인지방소득세 산출세액	
	⑪⑨ 합 계(⑪⑤ + ⑪⑧)	13 322 857
3. 납부할 세액계산	⑫⓪ 산 출 세 액(⑫⓪ = ⑪⑨)	13 322 857
	⑫① 최저한세 적용대상 공 제 감 면 세 액	
	⑫② 차 감 세 액	
	⑫③ 최저한세 적용제외 공 제 감 면 세 액	
	⑫④ 가 산 세 액	
	⑫⑤ 가 감 계(⑫⓪ - ⑫① - ⑫③ + ⑫④)	13 322 857
	기납부세액 / 기한내납부세액 ⑫⑥ 비영리내국법인의 예정신고세액	
	기납부세액 / 기한내납부세액 ⑫⑦ 수 시 부 과 세 액	
	기납부세액 / 기한내납부세액 ⑫⑧ 특별징수납부세액	289 158
	기납부세액 / 기한내납부세액 ⑫⑨ 간접투자회사등의 외국납부세액	
	기납부세액 / 기한내납부세액 ⑬⓪ 소 계 (⑫⑥ + ⑫⑦ + ⑫⑧ + ⑫⑨)	289 158
	기납부세액 ⑬① 신고납부전가산세액	
	기납부세액 ⑬② 합 계(⑬⓪+⑬①)	289 158
	⑬③ 탄력세율적용조정세액	
	⑬④ 감 면 분 추 가 납 부 세 액	
	⑬⑥ 차 감 납 부 할 세 액 (⑫⑤ - ⑬② ± ⑬③ + ⑬④)	13 033 699

4. 토지 등 양도소득에 대한 법인지방소득세 계산	⑬⑦ 과 세 표 준	
	⑬⑧ 세 율	
	⑬⑨ 산 출 세 액	
	⑭⓪ 감 면 세 액	
	⑭① 차 감 세 액 (⑬⑨ - ⑭⓪)	
	⑭② 공 제 세 액	
	⑭③ 동업기업 법인지방소득세 배분액 (가산세 제외)	
	⑭④ 가 산 세 액 (동업기업 배분액 포함)	
	⑭⑤ 가 감 계(⑬⑨ + ⑭③ + ⑭④)	
	기납부세액 ⑭⑥ 수 시 부 과 세 액	
	기납부세액 ⑭⑦ (　　　) 세 액	
	기납부세액 ⑭⑧ 계 (⑭⑥ + ⑭⑦)	
	⑭⑨ 차감납부할세액 (⑭⑤ - ⑭⑧)	
5. 미환류소득 법인지방소득세	⑮⓪ 미 환 류 소 득 에 대 한 법 인 세	
	⑮① 세 율	
	⑮② 산 출 세 액	
	⑮③ 가 산 세 액	
	⑮④ 기 납 부 세 액	
	⑮⑧ 이 자 상 당 액	
	⑮⑤ 차감납부할세액 (⑮② + ⑮③ - ⑮④ + ⑮⑧)	
6. 세액계	⑮⑥ 해 당 연 도 차 감 납 부 할 세 액 계 (⑬⑥ + ⑭⑨ + ⑮⑤)	13 033 699
	⑬⑤ 경정 · 수정신고 등 가감액	
	⑮⑦ 분납세액 계산 범위액 (⑮⑥-⑫④-⑬④-⑭④-⑮③+⑬①+⑬⑤)	
	⑮⑨ 분납할 세액	
	⑯⓪ 신고기간 이내 납부할 세액 (⑮⑥ + ⑬⑤ - ⑮⑨)	13 033 699

210mm×297mm[백상지 80g/㎡(재활용품)]

(뒤쪽)

작성방법

※「조세특례제한법」제104조의10에 따른 해운기업의 법인세 과세표준 계산 특례를 적용받는 법인의 경우에는 ⑩란부터 ⑫란까지, ⑫란, ⑬란 및 ⑱란에 비해운소득과 관련하여 발생한 금액을 적고, ⑲ 선박표준이익란에 선박표준이익 산출명세서(별지 제3호서식 부표)의 ⑦ 선박표준이익란의 금액을 적으며, ⑫ 과세표준란의 금액이 "0" 보다 작은 경우 ⑬ 과세표준란에는 ⑲ 선박표준이익란의 금액을 적습니다.

※「법인세법」제55조의2에 따른 토지등 양도소득에 대한 과세특례를 적용받는 법인의 경우에는 ⑮~⑱란에 토지 등 양도소득에 대한 법인세 산출명세서(별지 제3호서식 부표2)의 ⑩양도차익, ⑫금액, ⑬과세소득의 합계를 적습니다.

※ 법인세 과세표준 및 세액신고서(별지 제1호서식)의 ㊾ 기능통화 도입기업의 과세표준 계산방법이 '기능통화 표시 재무제표 기준'으로 '2'로 표기할 경우 ⑩란부터 ⑱란까지의 금액은 기능통화로 표기하지 않고, 기능통화 금액에 같은 별지 제1호서식의 ㉚ 과세표준 환산 시 적용환율을 곱한 금액으로 적습니다. 이 경우 작성방법 1부터 7까지의 각종 조정명세서, 명세서 등 관련 서식에도 같은 별지 제1호서식의 ㉚ 과세표준 환산 시 적용환율을 곱한 금액으로 적습니다.

* 예: 기능통화(USD), 적용환율(1,100원), 당기순이익(USD 2,000)일 경우 ⑩ 결산서상 당기순손익란은 '2,200,000' 으로 적습니다.

1. ⑩ 결산서상 당기순손익란: (포괄)손익계산서의 법인세 차감 후 당기순손익을 적습니다. 다만, 당기순이익은 그대로 적고, 당기순손실은 "△" 등 음(−)의 표시를 해야 합니다.
2. 소득조정금액란(⑩, ⑬): "소득금액조정합계표(별지 제15호서식)"의 익금산입 및 손금불산입 ② 금액란의 합계와 손금산입 및 익금불산입 ⑤ 금액란의 합계를 ⑩ 익금산입란 및 ⑬ 손금산입란에 각각 적습니다.
3. ⑮ 기부금 한도초과액란: 기부금조정명세서(별지 제21호서식)의 ⑳ 한도초과액 합계 금액을 적습니다.
4. ⑯ 기부금한도초과이월액 손금산입란: "기부금조정명세서(별지 제21호서식)"의 ㉔ 해당 사업연도 손금추인액란의 합계금액을 적습니다.
5. ⑲ 이월결손금란: "자본금과 적립금조정명세서(갑)[별지 제50호서식(갑)]"의 Ⅱ. 이월결손금계산서 중 ⑬ 당기공제액란의 합계를 적습니다.
6. ⑩ 비과세소득란: "비과세소득명세서(별지 제6호서식)"의 ⑥ 수입이자 또는 소득금액란의 합계와 ⑩ 차감비과세금액란의 ⑳ 합계란의 금액을 합한 금액을 적습니다. 다만, 각 사업연도소득에서 이월결손금액을 차감한 금액이 음수(−)인 경우에는 "0"을 적습니다.
7. ⑪ 소득공제란: 소득공제조정명세서(별지 제7호서식)의 ⑬ 합계란의 ⑧ 소득공제액을 적습니다. 다만, 각 사업연도소득에서 이월결손금 및 비과세소득을 차감한 금액이 음수(−)인 경우에는 "0"을 적습니다.
8. 세율란(⑭, ⑰, ⑲): 각 세법에 따라 적용할 최고세율(⑰란은「법인세법」제96조에 따른 과세대상 법인은「법인세법」제96조제3항에 따른 세율) 1개만을 적습니다.
9. ⑯ 지점유보소득란:「법인세법」제96조를 적용받는 외국법인의 국내지점은 지점유보소득금액계산서(별지 제49호서식) ⑮란의 금액을 적습니다.
10. ⑫ 최저한세 적용대상 공제감면세액: "공제감면세액 및 추가납부세액합계표(갑)[별지 제8호서식(갑)]"의 ㉚합계란의 금액을 적습니다.
11. ⑫ 차감세액란: ⑳란의 산출세액에서 ⑫란의 최저한세 적용대상 공제감면세액을 차감하여 적습니다.
12. ⑬ 최저한세 적용제외 공제감면세액: "공제감면세액 및 추가납부세액합계표(갑)[별지 제8호서식(갑)]"의 ⑮란을 적습니다.
13. ⑯ 중간예납세액:「조세특례제한법」제8조의4에 따라 환급받아간 세액을 정산할 때 추가로 납부할 세액이 있는 경우에는 중소기업 결손금 소급공제 세액 환급특례 정산서(「조세특례제한법 시행규칙」별지 제2호의6서식)의 ⑲ 중간예납세액 재정산란의 금액을 적습니다.
14. ⑬ 감면분추가납부세액란: "공제감면세액 및 추가납부세액합계표(을)[별지 제8호서식(을)]"의 ⑮ 추가납부세액 합계금액과 ⑱ 이월과세 합계금액을 더하여 적습니다.
15. 가산세액란(⑭ · ⑮): "가산세액계산서(별지 제9호서식)"에 따라 적습니다(중간예납세액의 미납부로 인한 가산세를 합산하여 계산합니다).
16. 기납부세액 계란(⑬ · · ⑲)
   가. 기한 내 납부세액은 중간예납(중간예납을 고지한 경우를 포함합니다), 수시부과 및 원천납부세액을 각각 적되 가산세를 제외한 금액을 적고, 간접투자회사 등의 외국납부세액은 "간접투자회사 등의 외국납부세액 계산서(별지 제11호서식)"의 ⑧ 공제(환급)신청금액을 적습니다.
   나. 신고납부 전 가산세액은 중간예납 미납부가산세 등을 말합니다.
17. ⑭ 동업기업 법인세 배분액: 동업기업으로부터 배분받은 토지등 양도소득에 대한 법인세('산출세액'에서 '공제감면세액'을 차감한 후의 세액(가산세는 제외함)을 적습니다.
18. ⑮ 사실과 다른 회계처리 경정세액공제란: "사실과 다른 회계처리로 인하여 과다납부한 금액의 세액공제명세서(별지 제52호의4서식)"의 ⑨란의 연도별 공제금액을 적습니다.
19. ⑯ 과세대상 미환류소득란: 미환류소득에 대한 법인세 신고서(「조세특례제한법 시행규칙」별지 제114호서식)의 ㊻금액(음수인 경우 '0')을 적습니다. 다만, 2017.1.1.부터 2017.12.31.까지 개시하는 사업연도에 차기환류적립금이 발생한 사업자는 ㊻금액에 종전의「법인세법」(법률 제16008호로 개정되기 전의 것을 말한다) 제56조에 따른 미환류소득에 대한 법인세 신고서(「법인세법 시행규칙」별지 제52호의2서식)의 ㊻금액(음수인 경우 '0')을 합산하여 적습니다.
20. ⑯ 가산세액란: 가산세액계산서(별지 제9호서식)의 미환류소득에 대한 법인세분의 ⑥가산세액의 합계금액을 적습니다.
21. ⑯ 이자상당액란:「조세특례제한법 시행령」제100조의32제21항에 따라 계산한 금액과 종전의「법인세법 시행령」(대통령령 제29529호로 개정되기 전의 것을 말한다) 제93조제20항에 따른 금액[종전의「법인세법」(법률 제16008호로 개정되기 전의 것을 말한다) 제56조제8항에 따라 이자상당액을 납부해야 하는 경우]을 합산하여 적습니다.

210mm×297mm[백상지 80g/㎡(재활용품)]

■ 지방세법 시행규칙[별지 제43호 서식](2025.04.30. 개정)

법인지방소득세 과세표준 및 세액신고서

※ 뒤쪽의 작성방법을 참고하시기 바라며, 색상이 어두운 란은 신청인이 적지 않습니다. (앞쪽)

접수번호	접수일자	관리번호
①사업자등록번호 109-81-14741		②법인등록번호 110111-1023491
③법인명 ㈜세무		④전화번호
⑤대표자성명 진세무		⑥전자우편
⑦소재지 서울 강남 개포 335 민후빌딩 704호		
⑧업태 건설업도소매	⑨종목 가구공사,건축자재	⑩주업종코드 452107
⑪사업연도 2024.01.01.~ 2024.12.31		⑫수시부과기간 . . . ~ . . .

⑬법인구분		①내국 2.외국 3.외투(비율 %)				⑭조정구분	① 외부 2. 자기
⑮종류별구분		중소기업	일반: 중견기업	일반: 상호출자제한기업	일반: 그외기업	당기순이익과세	⑯외부감사대상	1. 여 2. 부
영리법인	상장법인	11	71	81	91		⑰신고구분	1. 정기신고
	코스닥상장법인	21	72	82	92			2. 수정신고(가. 서면분석, 나. 기타)
	기타법인	㉚	73	83	93			③ 기한후 신고
비영리법인		60	74	84	94	50		4. 중도폐업신고 / 5. 경정청구
⑱법인유형별구분			코드				⑲결산확정일	
⑳신고일							㉑납부일	
㉒신고기한 연장승인		1. 신청일					2. 연장기한	

구분	여	부	구분	여	부
㉓주식변동	1	②	㉔장부전산화	①	2
㉕사업연도의제	1	②	㉖결손금소급공제 환급신청	1	②
㉗동업기업의 출자자(동업자)	1	②	㉘미환류소득에 대한 법인지방소득세 신고	1	②
㉙부동산임대업 주업법인	1	2			

□ **법인별 세액의 계산**

구분	법인지방소득세: 각 사업연도 소득에 대한 법인지방소득세	토지 등 양도소득에 대한 법인지방소득세	미환류소득에 대한 법인지방소득세	계
㉚수입금액	(28,645,819,611)			
㉛과세표준	806,466,210			
㉜표준산출세액	13,322,857			13,322,857
㉝총부담세액	13,322,857			13,322,857
㉞기납부세액	289,158			289,158
㉟차감납부할세액	13,033699			13,033,699
㊱경정·수정신고 등 가감액				
㊲납부할총세액(㉞+㉟)				13,033,699
㊳분납할세액		㊴신고기간 이내 납부할 세액(㊲-㊳)		

□ **안분율의 계산**

㊵본점/지점여부	①단일사업장 2. 지점 있는 법인의 본점 3. 지점			㊶특·광역시 주사업장 여부	1. 여 ② 부
㊷해당사업장	명칭 ㈜세무	소재지	서울 강남 개포	연락처	

㊸안분율의 계산

구분	종업원 수(명)	건축물 연면적(㎡): 계	건물	기계장치	시설물	안분율(소수점8자리)
법인전체						
시군구내						
비율(%)						

□ **납세지별 세액의 계산**

㊹납세지별 산출세액	13,322,857	㊺납세지별 세액공제·감면액	
㊻납세지별 가산세액		㊼납세지별 추가납부세액	
합계 / 무(과소)신고 / 납부지연 / 지방세법 제103조의30에 따른 가산세 / 동업기업 가산세 배분액 / 기타		㊽납세지별 기납부세액: 특별징수납부세액	289,158
		㊽납세지별 기납부세액: 수시부과세액 및 예정신고납부세액	
		㊾납세지별 경정·수정신고 등 가감액	
㊿탄력세율적용 조정세액		51해당 납세지에 납부할 세액	13,322,857
52해당 납세지에 분납할 세액		53신고기간 이내 해당 납세지에 납부할 세액(51-52)	

환급금 계좌 (환급세액을 계좌로 받는 경우)	54금융기관명		55예금주	
	56계좌번호			

신고인은 「지방세법」 제103조의23, 제103조의24 및 「지방세기본법」 제49조부터 제51조까지에 따라 위의 내용을 신고하며, 위 내용을 충분히 검토하였고 **신고인이 사실 그대로를 정확하게 적었음을 확인합니다.**

2024년 05월 31일

신고인(법 인) ㈜세무(인)

신고인(대표자) 진 세무(서명 또는 인)

강남구청 특별자치시장·특별자치도지사·시장·군수·구청장 귀하

신고안내

법인지방소득세는 사업연도종료일이 속하는 달의 말일부터 4개월 이내에 납세지 관할 지방자치단체에 신고납부해야 합니다.

210mm×297mm[백상지 80g/㎡(재활용품)]

(뒤쪽)

첨부서류(본점 신고시)	1. 재무상태표, (포괄)손익계산서, 이익잉여금처분(결손금처리)계산서 2. 현금흐름표(「주식회사의 외부감사에 관한 법률」 제2조에 따른 외부감사 대상 법인만 해당합니다) 3. 법인지방소득세 과세표준 및 세액조정계산서 4. 법인지방소득세 안분명세서(사업장이 둘 이상인 법인만 해당합니다) 5. 세무조정계산서 부속서류	수수료 없 음

작성방법

1. ① 사업자등록번호 ~ ⑲ 결산확정일:「법인세법 시행규칙」 별지 제1호서식의 작성방법을 준용하여 적습니다.
2. ㉒ 신고기한 연장승인: 「지방세법」 제103조의51에 따라 외국법인의 법인지방소득세 신고기한 연장승인을 받은 경우 신청일 및 승인된 연장기한을 적습니다.
3. ㉓ 주식변동 여부: 주식 등의 변동이 있는 경우에는 "여"란에 "ㅇ"표시를 합니다.
4. ㉔ 장부전산화 여부: 국세청의 「전자기록의 보전방법 등에 관한 고시」에 따라 장부와 증빙서류의 전부 또는 일부를 전산조직을 이용하여 작성ㆍ보존하는 경우 "여"란에 "ㅇ"표시를 합니다.
5. ㉕ 사업연도의제 여부: 해산ㆍ합병ㆍ분할 등으로 사업연도가 의제된 경우 "여"란에 "ㅇ"표시를 합니다.
6. ㉖ 결손금소급공제 환급신청:"소급공제법인지방소득세액환급신청서(별지 제43호의9서식 및 별지 제43호의10서식)"를 제출하는 경우 "여"란에 "ㅇ"표시를 합니다.
7. ㉗ 동업기업의 출자자(동업자):「조세특례제한법」 제100조의14제2호에 따른 동업자인 경우 "여"란에 "ㅇ"표시를 합니다.
8. ㉘ 미환류소득에 대한 법인지방소득세 신고:「조세특례제한법」 제100조의32에 따른 미환류소득이 발생하여 법인지방소득세 신고 대상인 경우 "여"란에 "ㅇ"표시를 합니다.
9. ㉙ 부동산임대업 주업법인 여부: 「법인세법 시행령」 제42조제2항 각 호의 요건을 모두 갖춘 경우 "여"란에 "ㅇ"표시를 합니다.
10. ㉚ 수입금액:「법인세법 시행규칙」 별지 제1호서식의 작성방법을 준용하여 적습니다.
11. ㉛ 과세표준:「지방세법 시행규칙」 별지 제43호의2서식의 ⑩란, ⑬란, ⑮란의 금액을 적습니다.
12. ㉜ 표준산출세액: 각 사업연도 소득에 대한 법인지방소득세란에는 "법인지방소득세 과세표준 및 세액조정계산서(별지 제43호의2서식)"의 ⑫란의 금액을, 토지 등 양도소득에 대한 법인지방소득세란에는 같은 서식의 ⑬란의 금액을, 미환류소득에 대한 법인지방소득세란에는 같은 서식의 ⑮란의 금액을 각각 적습니다.
13. ㉝ 총부담세액: 각 사업연도 소득에 대한 법인지방소득세란에는 "법인지방소득세 과세표준 및 세액조정계산서(별지 제43호의2서식)"의 ⑫란, ⑫란 및 ⑬란을 합한 금액을, 토지 등 양도소득에 대한 법인지방소득세란에는 같은 서식의 ⑭란의 금액을, 미환류소득에 대한 법인지방소득세란에는 같은 서식의 ⑮란 및 ⑮란을 합한 금액을 각각 적습니다.
14. ㉞ 기납부세액: 각 사업연도 소득에 대한 법인지방소득세란에는 "법인지방소득세 과세표준 및 세액조정계산서(별지 제43호의2서식)"의 ⑬란의 금액을, 토지 등 양도소득에 대한 법인지방소득세란에는 같은 서식의 ⑭란의 금액을, 미환류소득에 대한 법인지방소득세란에는 같은 서식의 ⑮란의 금액을 각각 적습니다.
15. ㉟ 차감납부할세액: 각 사업연도 소득에 대한 법인지방소득세란에는 "법인지방소득세 과세표준 및 세액조정계산서(별지 제43호의2서식)"의 ⑬란의 금액을, 토지 등 양도소득에 대한 법인지방소득세란에는 같은 서식의 ⑭란의 금액을, 미환류소득에 대한 법인지방소득세란에는 같은 서식의 ⑮란의 금액을 각각 적습니다.
16. ㊱ 경정ㆍ수정신고 등 가감액: "법인지방소득세 과세표준 및 세액조정계산서(별지 제43호의2서식)"의 ⑬란의 금액을 적습니다.
17. ㊳ 분납할 세액: "법인지방소득세 과세표준 및 세액조정계산서(별지 제43호의2서식)"의 ⑮란의 금액을 적습니다.
18. ㊵ 본점/지점여부는 해당 신고의 납세법인이 지점 없는 법인이면 1번, 지점 있는 법인의 본점이면 2번, 지점이면 3번에'ㅇ'표시를 하며, ㊶ 특ㆍ광역시 주사업장 여부는 「지방세법 시행령」 제88조제4항에 해당하는 사업장인 경우에는 "여"란에 'ㅇ'표시를 합니다. ㊷ 해당사업장: 해당 신고건의 대상 사업장의 명칭, 소재지, 연락처를 기재합니다.
19. ㊸ 안분율의 계산
   - 종업원 수: 해당 법인의 사업연도 종료일 현재 「지방세법」 제74조제8호 및 「지방세법 시행령」 제78조의3에 따른 종업원의 수를 적습니다.
   - 건축물연면적: 해당 법인의 사업연도 종료일 현재 사업장으로 직접 사용하는 「건축법」 제2조제1항제2호에 따른 건축물(이와 유사한 형태의 건축물 포함)의 연면적을 적습니다. 다만, 구조적 특성상 연면적을 정하기 곤란한 기계장치 또는 시설(수조ㆍ저유조ㆍ저장창고ㆍ저장조ㆍ송유관ㆍ송수관 및 송전철탑만 해당)의 경우에는 그 수평투영면적을 적습니다.
   - 안분율: 다음의 계산식에 따라 계산한 값(0 이상 1 이하)을 적습니다.

$$\left[\left(\frac{\text{관할 지방자치단체 안 종업원 수}}{\text{법인의 총 종업원 수}}\right) + \left(\frac{\text{관할 지방자치단체 안 건축물 연면적}}{\text{법인의 총 건축물 연면적}}\right)\right] \div 2$$

   ㅇ 사업장이 여러 지방자치단체에 있는 법인이 안분계산을 하지 않거나 안분율을 잘못 신고한 경우에는 가산세가 부과될 수 있습니다.
20. ㊹ 납세지별 산출세액: ㉜ 법인지방소득세 표준산출세액에 ㊸ 안분율을 적용한 금액을 적습니다.
21. ㊺ 납세지별 세액공제ㆍ감면액: 납세지별 세액공제ㆍ감면액을 적습니다.
22. ㊻ 납세지별 가산세액: 납세지별 가산세액을 적습니다.
23. ㊻ 납세지별 추가납부세액: "공제감면세액 및 추가납부세액 합계표(별지 제43호의3서식)"의 ⑦ 이월과세액란의 합계금액과 ㊼ 세액란의 합계금액 및 미환류소득에 대한 이자상당액(「지방세법 시행규칙」 별지 제43호의2 서식 ⑱란의 금액)을 더하여 적습니다.
24. ㊽ 납세지별 기납부세액
   - 특별징수납부세액: 다음에 따라 적습니다.
     ㅇ 총부담세액 ≥특별징수납부세액인 경우: 납세지별 안분율에 따라 안분한 특별징수납부세액을 적습니다.
     ㅇ 총부담세액〈 특별징수납부세액인 경우
       ㆍ 지점의 특별징수납부세액: 해당 지점의 납세지별 총부담세액을 적습니다.
       ㆍ 본점의 특별징수납부세액: 법인전체의 특별징수납부세액 중 지점의 기납부세액으로 적은 후의 잔여액을 적습니다.
     ㅇ 수정신고하는 경우로서 특별징수세액의 총액이 변경되지 않은 경우에는 확정신고 시 적은 기납부세액과 동일한 금액을 적습니다.
   - 수시부과세액 및 예정신고납부세액: 수시부과세액 또는 비영리내국법인의 예정신고납부세액이 있는 경우 그 합계를 적습니다.
25. ㊾ 납세지별 경정ㆍ수정신고 등 가감액: ㊱ 경정ㆍ수정신고 등 가감액에 ㊸ 안분율을 적용한 금액을 적습니다.
26. ㊿ 탄력세율적용 조정세액: 해당 지방자치단체가 「지방세법」 제103조의20제2항에 따라 법인지방소득세의 세율을 표준세율에서 가감한 경우에 다음의 계산식에 따라 산출한 금액을 적습니다.

$$\text{탄력세율적용 조정세액} = \text{과세표준} \times \text{표준세율} \times \text{안분율} \times \left(\frac{\text{해당 지방자치단체의 법인지방소득세 세율}}{\text{법인지방소득세 표준세율}} - 1\right)$$

27. ⑤¹ 해당 납세지에 납부할 세액: "㊹ 납세지별 산출세액 － ㊺ 납세지별 세액공제ㆍ감면액 ＋ ㊻ 납세지별 가산세액 ＋ ㊼ 납세지별 추가납부세액 － ㊽ 납세지별 기납부세액 ± ㊾ 납세지별 경정ㆍ수정신고 등 가감액 ± ㊿ 탄력세율적용 조정세액"의 금액을 적습니다.
28. ⑤² 해당 납세지에 분납할 세액: ㊳ 분납할 세액에 ㊸ 안분율을 적용한 금액을 적습니다.
29. 환급세액을 계좌로 받고자 하는 경우에는 ⑤⁴ 금융기관명 ~ ⑤⁶ 계좌번호란을 작성하고 통장사본을 첨부해야 합니다.
30. 「법인세법」 제60조제5항 단서에 따른 비영리법인은 재무상태표 등의 첨부서류를 제출하지 않을 수 있습니다.

210mm×297mm[백상지 80g/㎡(재활용품)]

2) 종합소득세 기한후 신고시 가산세와 신고방법

(1) 사례

민후상사(개인사업자)는 2024년 귀속분 종합소득세 당초 신고기한인 2025.6.2.(2025.5.31.이 토요일이므로 납부기한이 연장됨)까지 신고를 하지 못하고 2025.7.12.에 기한후 신고하고 납부하였다. ㈜세무의 기한후 신고는 부정한 방법에 의한 신고가 아니며 가산세액이 반영되기 전의 신고와 관련된 자료를 요약하면 다음과 같다.

(단위 : 원)

구 분		금액
수입금액		397,259,315
종합소득금액		103,832,730
소득공제		10,711,842
과세표준		93,120,888
산출세액		17,152,310
세액감면(중소기업특별세액감면)		957,902
세액공제		1,399,020
결정세액	중소기업특별세액감면 적용시	14,795,388
결정세액	중소기업특별세액감면 미적용시	15,753,290
기납부세액		7,106,000
납부할 총세액	중소기업특별세액감면 적용시	7,689,388
납부할 총세액	중소기업특별세액감면 미적용시	8,647,290

참고로 2023년 귀속 종합소득세율을 요약정리하면 다음과 같다.

초과누진방식

과세표준	세 율
1,400만원 이하	과세표준의 6%
1,400만원 초과 5,000만원 이하	84만원+1,400만원 초과금액의 15%
5,000만원 초과 8,800만원 이하	624만원+5,000만원 초과금액의 24%
8,800만원 초과 1.5억원 이하	1,536만원+8,800만원 초과금액의 35%
1.5억원 초과 3억원 이하	3,706만원+ 1.5억원 초과금액의 38%
3억원 초과 5억원 이하	9,406만원+ 3억원 초과금액의 40%

과세표준	세 율
5억원 초과 10억원 이하	17,406만원+ 5억원 초과금액의 42%
10억원 초과	38,406만원+ 10억원 초과금액의 45%

누진공제방식

과세표준 구간	세 율
1,400만원 이하	과세표준×6%
1,400만원 초과 5,000만원 이하	과세표준×15%− 126만원
5,000만원 초과 8,800만원 이하	과세표준×24%− 576만원
8,800만원 초과 1.5억원 이하	과세표준×35%−1,544만원
1.5억원 초과 3억원 이하	과세표준×38%−1,994만원
3억원 초과 5억원 이하	과세표준×40%−2,594만원
5억원 초과 10억원 이하	과세표준×42%−3,594만원
10억원 초과	과세표준×45%−6,594만원

해설

(가) 소득세 가산세명세서

① 무신고 가산세=MAX(㉠, ㉡)×(1−20%)=1,729,450원×(1−30%)=1,210,610원

㉠ 무신고납부세액×20%=8,647,290원×20%=1,729,450원

㉡ 수입금액×0.07%=397,259,315원×0.07%=278,080원

→ 기한후 신고시 중소기업특별세액감면이 배제되므로 중소기업특별세액감면을 적용하지 않는 미납세액으로 가산세를 계산하여야 함에 유의한다.

→ 1개월 이후 3개월 이내 기한후 신고이므로 30% 감면을 적용한다.

② 납부지연 가산세=8,647,290원×0.022%×40일(6.3.~7.12.)=76,080원

✎ 납부지연 가산세의 경우 2022.2.15. 이후 납부 또는 부과하는 경우 2022.2.15.부터 자진납부일까지의 기간에 대해서는 22/100,000(0.022%)을 적용한다(국기령 §27의 4, 국기령 부칙 대통령령 제32424호 §6, 2022년 개정).

✎ 2025.5.31.이 토요일이므로 납부기한은 2025.6.2.이다. 따라서 납부지연 가산세의 기산일은 2025.6.3.이다.

③ 가산세액 총합계액=1,286,690원

✎ 종합소득세 과세표준확정신고서 및 납부계산서(소칙 별지 40호 서식)의 가산세명세서에 해당 가산세 내역을 표기하여 신고한다.

③ 가산세명세서

(35쪽 중 제21쪽)

⓯ 가산세명세서

구 분		계 산 기 준	기준금액	가산세율	가산세액
① 무 신 고	부 정 무 신 고	무신고납부세액		40/100 (60/100)	
		수 입 금 액		14/10,000	
	일 반 무 신 고	무신고납부세액	8,647,290	20/100	1,210,610
		수 입 금 액	397,259,315	7/10,000	
② 과 소 신 고	부 정 과 소 신 고	과소신고납부세액		40/100 (60/100)	
		수 입 금 액		14/10,000	
	일 반 과 소 신 고	과소신고납부세액		10/100	
③ 납 부 지 연	미 납 일 수		(40)	22/100,000	76,080
	미 납 부 (환 급) 세 액		8,647,290		

(나) 지방소득세 가산세액

① 무신고 가산세＝864,729원×20%×(1－0.3)＝121,062원

② 납부지연 가산세＝864,729원×0.022%×40일(6.3.~7.12.)＝7,609원

✎ 개인지방소득세 납부지연 가산세의 이자율은 2022.6.7. 이후 기간분에 대한 납부지연가산세의 계산에 적용되는 이자율은 개정규정인 0.022%를 적용한다(지기령 §34, 지기령 부칙 대통령령 제32665호, 2022.6.7. 2022년 개정).

✎ 2025.5.31.이 토요일이므로 납부기한은 2025.6.2.이다. 따라서 납부지연 가산세의 기산일은 2025.6.3.이다.

③ 가산세액 총합계액＝128,671원

✎ 개인지방소득세 가산세는 종합소득에 대한 개인지방소득세 과세표준확정신고 및 납부계산서(지방세법 시행규칙 별지 제40호의 2 서식)의 가산세의 '무(과소)신고'와 '납부지연'란에 기입한다.

가 산 세	무(과소)신고	㉕	121,060
	납 부 지 연	㉖	7,600
	기 타	㉗	
	계(㉕+㉖+㉗)	㉘	128,660

(다) 기한후 신고서 작성

종합소득세 과세표준확정신고 및 납부계산서(소득세법 시행규칙 별지 제40호 서식)와 종합소득에 대한 개인지방소득세 과세표준확정신고 및 납부계산서(지방세법 시행규칙 별지 제40호의 2 서식)의 신고구분에 '기한후신고'를 체크한 후 신고일자(2024.7.12.)을 기입해서 각각의 신고서를 작성한다.

(35쪽 중 제3쪽)

관리번호	–

(2024년 귀속)종합소득세 · 농어촌특별세 · 과세표준확정신고 및 납부계산서

거주구분	(거주자1)/비거주자2		
내 · 외국인	(내국인1)/외국인9		
외국인단일세율적용	여 1 / 부 2		
분리과세	여 1 / 부 2		
거주지국	대한민국	거주지국코드	KR

❶ 기본사항

항목	내용	항목	내용
① 성 명	진민후	② 주민등록번호	720420-1018819
③ 주 소	경기도 성남시 수정구 위례순환로 211, 5402동 2001호		
④ 주소지 전화번호	010)2001-1629	⑤ 사업장 전화번호	02)420-9030
⑥ 휴 대 전 화	–	⑦ 전자우편주소	
⑧ 기 장 의 무	(1)복식부기의무자 2간편장부대상자 3비사업자		
⑨ 신 고 유 형	11자기조정 (12)외부조정 14성실신고확인 20간편장부 31추계-기준율 32추계-단순율 35분리과세(주택임대) 40비사업자		
⑩ 신 고 구 분	10정기신고 20수정신고 30경정청구 (40)기한후 신고 50추가신고(인정상여)		

❷ 환급금 계좌신고	⑪ 금융기관/체신관서명		⑫ 계좌번호	

❸ 세무대리인					
⑬성 명	진성규	⑭ 사업자등록번호	206-24-74144	⑮ 전화번호	
⑯대리 구분	(1)기장 2조정 3신고 4성실확인	⑰ 관리번호	U-99387	⑱ 조정반번호	1-0367

❹ 세액의 계산

구분		종합소득세		농어촌특별세
종합소득금액	⑲	103,832,730		
소득공제	⑳	10,711,842		
과세표준(⑲-⑳)	㉑	93,120,888	㊶	
세율	㉒	35%	㊷	
산출세액	㉓	17,152,310	㊸	
세액감면	㉔			
세액공제	㉕	1,399,020		
결정세액 종합과세(㉓-㉔-㉕)	㉖	15,753,290	㊹	
결정세액 분리과세	㉗		㊺	
결정세액 합계(㉖+㉗)	㉘	15,753,290	㊻	
가산세	㉙	1,286,690	㊼	
추가납부세액(농어촌특별세의 경우에는 환급세액)	㉚		㊽	
합계(㉘+㉙+㉚)	㉛	17,039,980	㊾	
기납부세액	㉜	7,106,000	㊿	
납부(환급)할 총세액(㉛-㉜)	㉝	9,933,980	51	
납부특례세액 차감	㉞		52	
납부특례세액 가산	㉟			
분납할 세액 2개월 내	36			
신고기한 이내 납부할 세액(㉝-㉞+㉟-36)	37	9,933,980	53	
국세환급금 충당	54		55	
충당 후 납부(환급)할 세액	56	9,933,980	57	

신고인은 「소득세법」 제70조, 「농어촌특별세법」 제7조, 「지방세법」 제95조 및 「국세기본법」 제45조의3에 따라 위의 내용을 신고하며, 위 내용을 충분히 검토하였고 신고인이 알고 있는 사실 그대로를 정확하게 적었음을 확인합니다. 위 내용 중 과세표준 또는 납부세액을 신고하여야 할 금액보다 적게 신고하거나 환급세액을 신고하여야 할 금액보다 많이 신고한 경우에는 「국세기본법」 제47조의3에 따른 가산세 부과 등의 대상이 됨을 알고 있습니다.

2025 년 07 월 12 일 신고인 진민후 (서명 또는 인)

세무대리인은 조세전문자격자로서 위 신고서를 성실하고 공정하게 작성하였음을 확인합니다. 무기장 · 부실기장 및 소득세법에 따른 성실신고에 관하여 불성실하거나 허위로 확인된 경우에는 「세무사법」 제17조에 따른 징계처분 등의 대상이 됨을 알고 있습니다.

세무대리인 진성규 (서명 또는 인)

성남 세무서장 귀하

접수(영수)일

첨부서류(각 1부)		전산입력필	(인)

지방세법 시행규칙 [별지 제40호의 2 서식] (2025.3.31. 개정) (앞쪽)

거주구분	거주자1/비거주자2
내 · 외국인	내국인1/외국인9
외국인단일세율적용	여 1 / 부 2
분리과세	여 1 / 부 2
거주지국 대한민국	거주지국코드 KR

관리번호	–

(2024년 귀속)종합소득에 대한 개인지방소득세 과세표준확정신고 및 납부계산서

❶ 기본사항

① 성 명	진민후	② 주민등록번호	720420-1018819
③ 주 소	경기도 성남시 수정구 위례순환로 211, 5402동 2001호		
④ 납세지	경기도 성남시 수정구 위례순환로 211, 5402동 2001호		
⑤ 주소지 전화번호	010)2001-1629	⑥ 사업장 전화번호	02)420-9030
⑦ 휴대전화	–	⑧ 전자우편주소	
⑨ 기장의무	1복식부기의무자 2간편장부대상자 3비사업자		
⑩ 신고유형	11자기조정 12외부조정 14성실신고확인 20간편장부 31추계-기준율 32추계-단순율 35분리과세(주택임대) 40비사업자		
⑪ 신고구분	10정기신고 20수정신고 30경정청구 40기한후 신고 50추가신고(인정상여)		

❷ 환급금 계좌신고	⑫ 금융기관/체신관서명		⑬ 계좌번호	
❸ 세무대리인	⑭성 명 진성규	⑮ 사업자등록번호 206-24-74144	⑯ 전화번호	

❹ 세액의 계산

구 분			개인지방소득세
과세표준		⑰	93,120,888
세율		⑱	3.5%
산출세액		⑲	1,715,231
세액감면		⑳	
세액공제		㉑	139,902
결정세액	종합과세(⑲-⑳-㉑)	㉒	1,575,329
	분리과세	㉓	
	합 계(㉒+㉓)	㉔	
가산세	무(과소)신고	㉕	121,060
	납부지연	㉖	7,600
	기 타	㉗	
	계(㉕+㉖+㉗)	㉘	128,660
추가납부세액		㉙	
합 계(㉔+㉘+㉙)		㉚	1,703,989
기납부세액		㉛	
납부할총세액(㉚-㉛)		㉜	1,703,989
분납할세액		㉝	
신고기한 이내 납부할 세액(㉜-㉝)		㉞	1,703,989

신고인은 「지방세법」 제95조에 따라 위의 내용을 신고하며, 위 내용을 충분히 검토했고 신고인이 사실 그대로를 정확하게 적었음을 확인합니다. 위 내용 중 과세표준 또는 납부세액을 신고해야 할 금액 보다 적게 신고하거나 환급세액을 신고해야 할 금액보다 많이 신고한 경우에는 「지방세기본법」 제54조 및 제55조에 따른 가산세 부과 등의 대상이 됨을 알고 있습니다.

2025 년 07 월 12 일

신고인 진민후 (서명 또는 인)

세무대리인 진성규세무사사무소 (서명 또는 인)

성남시장 귀하

첨부서류	
1. 재무상태표 1부	5. 소득공제신고서 1부
2. 손익계산서와 부속서류 각 1부	6.「조세특례제한법」상 세액공제 · 감면신청서 1부
3. 합계잔액시산표 1부	7. 간편장부소득금액계산서 1부
4. 조정계산서(「소득세법 시행규칙」 별지 제46호서식) 1부	8. 그 밖의 첨부서류 1부

※ 해당 첨부서류는 「지방세법」 제103조의59제1항 및 「지방세기본법」 제130조에 따라 세무서장 또는 지방국세청장으로부터 통보받거나 수집하여 이용할 예정이오니 「국세기본법」 또는 「소득세법」에 따라 소득세 과세표준과 세액의 신고 · 납부 등을 하신 경우에는 별도로 제출하지 않으실 수 있습니다.

210mm×297mm[백상지(80g/㎡) 또는 중질지(80g/㎡)]

3) 부가가치세 기한후 신고시 가산세와 신고방법

(1) 사례

㈜세무는 2025.1기 부가가치세 확정신고를 신고기한 이내에 하지 못하고 2025.7.31.에 신고 · 납부하였다. ㈜세무의 1기 확정신고와 관련된 자료는 다음과 같다.

㈜세무의 2025.1기 확정신고와 관련된 가산세를 계산하고, 신고서를 작성하라.

구 분	금액
매출세액	40,400,000
매입세액	17,666,153
납부세액(차가감하여 납부할 세액)	22,733,847

해설

(가) 가산세명세

① 무신고 가산세＝22,733,847원×20%×(1－50%)＝2,273,380원

✎ 1개월 이내 기한후 신고이므로 50% 감면을 적용한다.

② 납부지연 가산세＝22,733,847원×0.022%×6일(7.26.~7.31.)＝30,000원

✎ 납부지연 가산세의 경우 2022.2.15. 이후 납부 또는 부과하는 경우 2022.2.15.부터 자진납부일까지의 기간에 대해서는 22/100,000(0.022%)을 적용한다(국기령 §27의 4, 국기령 부칙 대통령령 제32424호 §6).

③ 가산세 총합계액＝2,303,380원

✎ 부가가치세 신고서(부가칙 별지 21호 서식) 2쪽 ((26)가산세 명세란에 해당 금액을 기입한다.

④ 가산세명세서

<table>
<tr><th></th><th colspan="3">구 분</th><th>금 액</th><th>세 율</th><th>세 액</th></tr>
<tr><td rowspan="8">(26)
가산세
명세</td><td colspan="2">사 업 자 미 등 록 등</td><td>(61)</td><td></td><td>1 / 100</td><td></td></tr>
<tr><td rowspan="3">세 금 계 산 서</td><td>지연발급 등</td><td>(62)</td><td></td><td>1 / 100</td><td></td></tr>
<tr><td>지연수취</td><td>(63)</td><td></td><td>5 / 1,000</td><td></td></tr>
<tr><td>미발급 등</td><td>(64)</td><td></td><td>뒤쪽 참조</td><td></td></tr>
<tr><td rowspan="2">전자세금계산서
발급명세 전송</td><td>지연전송</td><td>(65)</td><td></td><td>5 / 1,000</td><td></td></tr>
<tr><td>미전송</td><td>(66)</td><td></td><td>1 / 100</td><td></td></tr>
<tr><td rowspan="2">세금계산서
합계표</td><td>제출 불성실</td><td>(67)</td><td></td><td>5 / 1,000</td><td></td></tr>
<tr><td>지연제출</td><td>(68)</td><td></td><td>3 / 1,000</td><td></td></tr>
</table>

	구 분			금 액	세 율	세 액
(26) 가산세 명세	신 고 불 성 실	무신고(일반)	(69)		뒤쪽참조	
		무신고(부당)	(70)		뒤쪽참조	
		과소 · 초과환급신고(일반)	(71)	22,733,847	뒤쪽참조	2,273,380
		과소 · 초과환급신고(부당)	(72)		뒤쪽참조	
	납 부 지 연		(73)	22,733,847	뒤쪽참조	30,000
	영세율 과세표준 신고불성실		(74)		5 / 1,000	
	현금매출명세서 불성실		(75)		1 / 100	
	부동산임대공급가액명세서 불성실		(76)		1 / 100	
	매입자 납부특례	거래계좌 미사용	(77)		뒤쪽참조	
		거래계좌 지연입금	(78)		뒤쪽참조	
	신용카드매출전표 등 수령명세서 미제출 · 과다기재		(79)			
	합 계		(80)			2,303,380

(나) 부가가치세 신고서 작성

일반과세자 부가가치세 신고서(부가칙 21호 서식)의 신고유형을 기한후과세표준으로 체크하고 (25)가산세액란에 해당 금액을 기입한다.

부가가치세법 시행규칙 [별지 제21호 서식] (2025.3.21. 개정) 홈택스(www.hometax.go.kr)에서도 신청할 수 있습니다.

일반과세자 부가가치세 [ ]예정 [ ]확정 [✓]기한후과세표준 [ ]영세율 등 조기환급 신고서

※ 뒤쪽의 작성방법을 읽고 작성하시기 바랍니다. (4쪽 중 제1쪽)

관리번호				처리기간	즉시
신고기간	2025 년 제 1 기 (4 월 1 일 ~ 6 월 30 일)				
사업자	상 호(법인명)	㈜세무	성 명(대표자명)	진세무	사업자등록번호 1 0 9 - 8 1 - 1 4 7 4 1
	생년월일	110111－1023491	전화번호	사업장 / 주소지 / 휴대전화	
	사업장 주소	서울 강남 개포 335 민후빌딩 704		전자우편 주소	

① 신 고 내 용

구 분				금 액	세율	세 액
과세 표준 및 매출 세액	과세	세금계산서 발급분	(1)	304,000,000	10/100	30,400,000
		매입자발행 세금계산서	(2)		10/100	
		신용카드 · 현금영수증 발행분	(3)	100,000,000	10/100	10,000,000
		기타(정규영수증 외 매출분)	(4)		10/100	
	영세율	세금계산서 발급분	(5)	80,000,000	0/100	
		기 타	(6)	120,000,000	0/100	
	예 정 신 고 누 락 분		(7)			
	대 손 세 액 가 감		(8)			
	합 계		(9)	604,000,000	㉮	40,400,000
매입 세액	세금계산서 수 취 분	일 반 매 입	(10)	120,000,000		12,000,000
		수출기업 수입분 납부유예	(10-1)			
		고정자산 매입	(11)	60,000,000		6,000,000
	예 정 신 고 누 락 분		(12)			
	매입자발행 세금계산서		(13)			
	그 밖의 공제매입세액		(14)	13,461,533		1,346,153
	합계 (10)-(10-1)+(11)+(12)+(13)+(14)		(15)	193,461,533		19,346,153
	공제받지 못할 매입세액		(16)	16,800,000		1,680,000
	차 감 계 (15)-(16)		(17)	176,661,533	㉯	17,666,153
납부(환급)세액 (매출세액㉮-매입세액㉯)					㉰	22,733,847
경감 · 공제 세액	그 밖의 경감 · 공제세액		(18)			
	신용카드매출전표등 발행공제 등		(19)			
	합 계		(20)		㉱	
소규모 개인사업자 부가가치세 감면세액			(20-1)		㉲	
예 정 신 고 미 환 급 세 액			(21)		㉳	
예 정 고 지 세 액			(22)		㉴	
사업양수자의 대리납부 기납부세액			(23)		㉵	
매입자 납부특례 기납부세액			(24)		㉶	
신용카드업자의 대리납부 기납부세액			(25)		㉷	
가 산 세 액 계			(26)		㉸	2,307,480
차감 · 가감하여 납부할 세액(환급받을 세액)(㉰-㉱-㉲-㉳-㉴-㉵-㉶-㉷+㉸)					(27)	25,041,327
총괄 납부 사업자가 납부할 세액(환급받을 세액)						

② 국세환급금 계좌신고	거래은행	은행 지점	계좌번호	
③ 폐 업 신 고	폐업일		폐업 사유	
④ 영 세 율 상 호 주 의	여[ ], 부[ ]	적용구분	업종	해당 국가

⑤ 과 세 표 준 명 세

업 태	종목	생산요소	업종 코드	금 액
(28)제조업			3 2 1 0 0 0	604,000,000
(29)				
(30)				
(31)수입금액 제외			4 5 2 1 0 7	
(32)합 계				604,000,000

「부가가치세법」 제48조 · 제49조 또는 제59조와 「국세기본법」 제45조의3에 따라 위의 내용을 신고하며, 위 내용을 충분히 검토하였고 신고인이 알고 있는 사실 그대로를 정확하게 적었음을 확인합니다.

2025 년 07 월 31 일

신고인: ㈜세무 (서명 또는 인)

세무대리인은 조세전문자격자로서 위 신고서를 성실하고 공정하게 작성하였음을 확인합니다.

세무대리인: 진성규 (서명 또는 인)

삼성 세무서장 귀하

첨부서류	뒤쪽 참조

세무대리인	성 명	진성규	사업자등록번호	206-24-74144	전화번호	02-464-0000

210㎜×297㎜[백상지 (80g/㎡) 또는 중질지(80g/㎡)]

(4쪽 중 제3쪽)

※ 이 쪽은 해당 사항이 있는 사업자만 사용합니다.
※ 뒤쪽의 작성방법을 읽고 작성하시기 바랍니다.
사업자등록번호 1 0 9 - 8 1 - 1 4 7 4 1 *사업자등록번호는 반드시 적으시기 바랍니다.

	구 분				금 액	세율	세 액
예정신고 누락분 명세	(7)매출	과세	세금계산서	(33)		10 / 100	
			기타	(34)		10 / 100	
		영세율	세금계산서	(35)		0 / 100	
			기타	(36)		0 / 100	
		합 계		(37)			
	(12)매입	세금계산서		(38)			
		그 밖의 공제매입세액		(39)			
		합 계		(40)			

	구 분			금 액	세율	세 액
(14) 그 밖의 공제 매입세액 명세	신용카드매출전표등 수령명세서 제출분	일반매입	(41)	13,461,533		1,346,153
		고정자산매입	(42)			
	의제매입세액		(43)		뒤쪽 참조	
	재활용폐자원등 매입세액		(44)		뒤쪽 참조	
	과세사업전환 매입세액		(45)			
	재고매입세액		(46)			
	변제대손세액		(47)			
	외국인 관광객에 대한 환급세액		(48)			
	합 계		(49)	13,461,533		1,346,153

	구 분		금 액	세율	세 액
(16) 공제받지 못할 매입세액 명세	공제받지 못할 매입세액	(50)	16,800,000		1,680,000
	공통매입세액 면세사업등분	(51)			
	대손처분받은 세액	(52)			
	합 계	(53)	16,800,000		1,680,000

	구 분		금 액	세율	세 액
(18) 그 밖의 경감·공제 세액 명세	전자신고 세액공제	(54)			
	전자세금계산서 발급세액 공제	(55)			
	택시운송사업자 경감세액	(56)			
	대리납부 세액공제	(57)			
	현금영수증사업자 세액공제	(58)			
	기타	(59)			
	합 계	(60)			

	구 분			금 액	세 율	세 액
(26) 가산세 명세	사업자미등록등		(61)		1 / 100	
	세금계산서	지연발급 등	(62)		1 / 100	
		지연수취	(63)		5 / 1,000	
		미발급 등	(64)		뒤쪽 참조	
	전자세금계산서 발급명세 전송	지연전송	(65)		3 / 1,000	
		미전송	(66)		5 / 1,000	
	세금계산서 합계표	제출 불성실	(67)		5 / 1,000	
		지연제출	(68)		3 / 1,000	
	신고 불성실	무신고(일반)	(69)	22,733,847	뒤쪽참조	2,273,384
		무신고(부당)	(70)		뒤쪽참조	
		과소·초과환급신고(일반)	(71)		뒤쪽참조	
		과소·초과환급신고(부당)	(72)		뒤쪽참조	
	납부지연		(73)	22,733,847	뒤쪽참조	30,000
	영세율 과세표준신고 불성실		(74)		5 / 1,000	
	현금매출명세서 불성실		(75)		1 / 100	
	부동산임대공급가액명세서 불성실		(76)		1 / 100	
	매입자 납부특례	거래계좌 미사용	(77)		뒤쪽참조	
		거래계좌 지연입금	(78)		뒤쪽참조	
	신용카드매출전표 등 수령명세서 미제출·과다기재		(79)			
	합 계		(80)			2,303,380

		업 태	종 목	코드번호	금 액
면세사업 수입금액	(81)	건설업도소매	가구공사, 건축자재	4 5 2 1 0 7	
	(82)				
	(83)	수입금액 제외		4 5 2 1 0 7	
				(84)합 계	

계산서 발급 및 수취 명세	(85) 계산서 발급금액	
	(86) 계산서 수취금액	

제2절 수정신고

1. 수정신고의 개요

(1) 의의

수정신고란 이미 신고한 과세표준 및 세액이 과소(또는 이미 신고한 결손금액 또는 환급세액이 과대)한 경우 또는 이미 신고한 내용이 불완전한 경우에 납세의무자가 이를 정정하는 신고를 말한다.

(2) 수정신고 대상자

수정신고는 과세표준신고서를 법정신고기한까지 제출한 자(연말정산되는 근로소득 등이 있는 자를 포함) 및 기한후과세표준신고서를 제출한 자가 할 수 있다(국기법 §45 ①).

✎ "법정신고기한"이라 함은 각 세법에 규정하는 과세표준과 세액에 대한 신고기한 또는 신고서의 제출기한을 말한다. 다만, 신고기한이 연장된 경우에는 그 연장된 기한을 법정신고기한으로 본다(국기통 45-0…1).

✎ 2019.12.31.까지 수정신고 대상자는 법정신고기한까지 과세표준신고서를 제출한 자만 할 수 있었다. 따라서 기한후 신고를 한 경우에는 당초 법정신고기한까지 과세표준 및 세액을 신고하지 않았으므로 기한후 신고에 대한 수정신고를 할 수 없었지만 2020.1.1. 이후 수정신고를 하는 분부터는 과세표준신고서를 법정신고기한까지 제출하지 아니한 기한후 신고를 한 자에게도 자기시정의 기회를 부여하기 위하여 수정신고를 할 수 있도록 세법이 개정되었다. 참고로 2020.1.1. 전에 기한후과세표준신고서를 제출하고 2020.1.1. 이후 과세표준수정신고서를 제출하거나 국세의 과세표준 및 세액의 결정 또는 경정을 청구하는 경우에도 수정신고를 할 수 있다(국기법 부칙 법률 제16841호 §5).

(3) 수정신고의 신고기한과 수정사유

수정신고는 다음 중 어느 하나에 해당할 때에는 관할세무서장이 각 세법에 따라 해당 국세의 과세표준과 세액을 결정 또는 경정하여 통지하기 전으로서 국세부과제척기간이 끝나기 전까지 과세표준수정신고서를 제출할 수 있다(국기법 §45 ①).

① 과세표준신고서 또는 기한후과세표준신고서에 기재된 과세표준 및 세액이 세법에 따라 신고하여야 할 과세표준 및 세액에 미치지 못할 때

② 과세표준신고서 또는 기한후과세표준신고서에 기재된 결손금액 또는 환급세액이 세법에 따라 신고하여야 할 결손금액이나 환급세액을 초과할 때

③ 원천징수의무자의 정산과정에서의 누락 등 사유로 불완전한 신고를 하였을 때(경정

등의 청구를 할 수 있는 경우는 제외)

✎ 누락 등의 사유는 원천징수의무자가 정산 과정에서 소득세법 제73조 제1항 제1호부터 제7호까지의 어느 하나에 해당하는 자의 소득을 누락한 것을 말한다(국기령 §25 ② 1호).

참고 소득세법 제73조 제1항

1. 근로소득만 있는 자
2. 퇴직소득만 있는 자
3. 공적연금소득만 있는 자
4. 제127조에 따라 원천징수되는 사업소득으로서 대통령령으로 정하는 사업소득만 있는 자

4의2. 제127조 제1항 제6호에 따라 원천징수되는 기타소득으로서 종교인소득만 있는 자

5. 제1호 및 제2호의 소득만 있는 자
6. 제2호 및 제3호의 소득만 있는 자
7. 제2호 및 제4호의 소득만 있는 자

④ 세무조정 과정에서의 누락등으로 사유로 불완전한 신고를 하였을 때(경정 등의 청구를 할 수 있는 경우는 제외)

✎ 세무조정 과정에서의 누락등의 사유는 법인세 세무조정시 국고보조금과 공사부담금을 익금과 손금에 동시에 산입하지 않았을 때와 합병 · 분할 · 물적분할 및 현물출자에 따른 양도차익(합병평가차익 또는 분할평가차익을 포함)에 과세이연을 받은 경우로서 세무조정과정에서 양도차익의 전부 또는 일부에 상당하는 금액을 익금과 손금에 동시에 산입하지 아니한 경우를 말한다(국기통 45-0-1).

실무Tip 수정신고에 관하여 유의할 사항

① 당초 신고한 과세표준 및 세액이 과대하거나 당초 신고한 결손금액 또는 환급세액이 과소한 경우에는 수정신고를 할 수 없으며, 경정 등의 청구만이 가능하다.

② 2020.1.1. 이전까지는 당초에 과세표준신고를 한 자만이 수정신고를 할 수 있으며 당초 법정신고기한 내에 과세표준신고를 하지 않은 자는 수정신고를 할 수 없었지만, 2020.1.1. 이후부터는 기한후 신고를 한 자도 기한후 신고에 대한 수정신고를 할 수 있도록 세법이 개정되었다.

③ 정부부과제도를 취하는 국세의 경우에는 결정 또는 경정하여 통지하기 전까지, 신고납세제도를 취하는 국세의 경우에는 경정하여 통지하기 전까지 수정신고를 할 수 있다. 그러나 결정 · 경정에 있어서 적출되지 않은 과소신고분에 관하여는 그 결정 · 경정에도 불구하고 제척기간이 만료되기 전까지는 수정신고를 할 수 있는 것으로 해석된다.

(4) 수정신고의 절차

수정신고를 하고자 하는 자는 당초 신고한 과세표준과 세액, 수정신고하는 과세표준과 세액 및 기타 필요한 사항을 기재한 과세표준수정신고 및 추가자진납부계산서를 납세자 관할세무서장에게 제출하여야 한다(국기령 §25).

⑸ 추가자진납부

세법에 따라 과세표준신고액에 상당하는 세액을 자진납부하는 국세에 관하여 제45조에 규정된 과세표준수정신고서를 제출하는 납세자는 이미 납부한 세액이 과세표준수정신고액에 상당하는 세액에 미치지 못할 때에는 그 부족한 금액과 이 법 또는 세법에서 정하는 가산세를 추가하여 납부하여야 하며, 과세표준신고서를 법정신고기한까지 제출하였으나 과세표준신고액에 상당하는 세액의 전부 또는 일부를 납부하지 아니한 자는 그 세액과 이 법 또는 세법에서 정하는 가산세를 세무서장이 고지하기 전에 납부할 수 있다(국기법 §46).

⑹ 수정신고의 효력

정부부과제도에서는 당초의 신고가 납세의무를 확정하는 효력이 없으므로 수정신고도 확정력을 가질 수 없다. 따라서 수정신고를 하더라도 정부의 경정 없이는 납세의무가 증액되지 않는 것이다.

그러나 신고납세제도에서는 당초의 신고가 납세의무를 확정하는 효력을 가지므로 수정신고도 당연히 확정력을 갖는다. 따라서 정부의 경정이 없이도 국세의 수정신고(과세표준신고서를 법정신고기한까지 제출한 자의 수정신고로 한정함)는 당초의 신고에 따라 확정된 과세표준과 세액을 증액하여 확정하는 효력을 가지며, 당초 신고에 따라 확정된 세액에 관한 권리 · 의무관계에 영향을 미치지 아니한다(국기법 §22의 2).

⑺ 신고불성실 가산세의 감면

수정신고시 법정신고기한 지난 후 1개월 이내 수정신고시 신고불성실 가산세를 90% 감면, 1개월~3개월 이내 수정신고시에는 75% 감면, 3개월~6개월 이내 수정신고시 50% 감면, 6개월~1년 이내 수정신고시 30% 감면, 1년~1년 6개월 이내 수정신고시 20% 감면, 1년 6개월~2년 이내 수정신고시 10%를 감면한다(국기법 §48 ② 1호, 2020.1.1. 이후 수정신고하는 분부터 적용하고, 2020.1.1. 이전 법정신고기한이 만료된 경우로서 2020.1.1. 이후 최초로 수정신고하는 경우에도 적용함).

⑻ 수정신고 방법

과세표준수정신고서와 추가자진납부계산서는 '국세기본법 별지 16호' 서식에 따른다. 다만, 부가가치세는 부가가치세신고서(별지 21호 서식)에 원래 신고한 내용과 수정신고의 내용을 병기(倂記)하고 납부세액란 옆에 추가자진납부세액을 부기(附記)한 후 이에 각각 수정신고서 또는 추가자진납부세액계산서로 표시함으로써 '국세기본법 별지 제16호' 서식을 대신한다.

즉 수정신고서임을 표기하고, 수정된 내용을 검은색으로 기재한 후 그 위에 붉은색으로 당초 신고내용을 기재하며, 가산세를 스스로 계산하여 기재하고, 납부세액란 옆에 추가 자진납부세액을 부기하여 신고서를 작성하여 당초신고내용과 수정신고내용이 함께 병기되는 것이다.

저자주 〈부가가치세의 과세표준수정신고서와 추가자진납부계산서의 작성〉

부가가치세의 수정신고시 관련 법령에 따라 부가가치세 신고서(별지 21호 서식)로 수정신고를 할 수 있는 것이지만, 실무상 회계프로그램을 이용하여 부가가치세 수정신고를 전자적인 방법으로 신고하는 경우 '과세표준수정신고서와 추가자진납부계산서' 서식이 작성이 되지 않으면 전자신고가 불가하며 담당세무조사관으로부터 추후 제출 요청을 받을 수도 있으므로 실제 신고시에는 해당 서식도 작성하여 함께 제출될 수 있도록 하여야 할 것으로 판단된다.

(9) 실무 적용 사례

① 주식등변동상황명세서는 수정제출 가능함

주식증자시 등기소의 착오로 자본금이 과다하게 등기되었고, 등기내용에 맞추어 자본금을 과다하게 계상한 재무상태표 및 주식등변동상황명세서를 제출된 경우 과세표준 및 세액의 변동없이 당초 제출한 재무제표만을 정정하여 수정신고할 수 없으나, 주식등변동상황명세서는 수정하여 제출 가능함(서면징세 2021-3319, 2022.6.14.).

② 국세부과 제척기간이 경과한 전기오류수정이익 수정신고 가능 여부

과세표준수정신고는 국세기본법 제45조에 따라 국세부과제척기간 내에 가능한 것임(서면징세 2021-77, 2021.3.22.).

③ 감액경정 이후 증액재경정된 경우의 처리

(사실관계)

- 질의법인은 2014~2016년 귀속 법인세 신고를 신고기한 내에 적법하게 신고한 후, 해당 기간에 대한 법인세를 과다 신고한 사실을 뒤늦게 확인하여 법인세 경정청구를 2018년 10월경에 신청하여 2019.1.7. 환급받았음.
- 질의법인은 얼마 전 상기 경정청구와는 다른 항목으로 증액경정사유가 발생하여 2019.8.31. 수정신고를 할 예정임.

구분	① 당초신고	② 경정청구	③ 환급된 세액 (①-②)	④ 증액경정 (수정신고)	⑤ 차액세액 (④-②)
2014년	1,192,948	929,433	△263,515	1,129,756	200,323
2015년	1,528,988	0	△1,528,988	363,801	363,801
2016년	3,238,005	629,576	△2,608,429	1,773,477	1,143,901

(질의내용)
경정청구에 따른 감액경정이 있은 후 증액경정사유가 발생하여 수정신고를 할 경우 국세기본법 제47조의 4에 따른 납부불성실가산세의 기산일을 언제로 보아야 하는지 여부
[회신]
과세관청이 납세자의 경정청구를 받아들여 감액경정을 한 후 경정청구와는 다른 사유로 증액재경정을 하여 경정된 과세표준이 당초 납세자가 신고한 과세표준에 미달된다고 하더라도 과세관청의 재경정을 통하여 증가된 과세표준은 납세자가 당초 과세표준신고시에 세법에 따른 신고를 하지 않은 과세표준으로 과소신고가산세의 적용대상이고 귀 질의의 경우 새로운 사유로 인한 '증가된 과세표준부분'은 '당초 질의법인이 과세표준신고시에 신고를 했던 부분'과 중첩되지 않는 것임(서면징세 2019-2538, 2019.10.31.; 징세-1039, 2012.9.27.).

④ 고용증대세액공제를 중소기업특별세액감면으로 변경하는 수정신고 가능여부
제조업을 영위하는 거주자가 당초 종합소득세 과세표준 확정신고 시 조세특례제한법 제30조의 4 고용증대세액공제를 적용받은 이후 해당 세액공제를 배제하고 같은 법 제7조의 중소기업에 대한 특별세액감면을 적용하여 국세기본법 제45조에 따른 수정신고를 할 수 있는 것임(서면법규-72, 2014.1.27.).

⑤ 예정신고 누락분의 신고기한
예정신고 누락분을 국세기본법에 규정하는 예정신고에 대한 수정신고 또는 경정 등의 청구를 하지 아니하고 확정신고도 하지 아니한 경우 예정신고 누락분도 각 과세기간에 대해 과세표준과 납부세액에 해당되어 확정신고대상이 되므로 국세기본법 규정에 의한 확정신고에 대한 수정신고 또는 경정 등의 청구기한 내에 수정신고 또는 경정 등의 청구를 할 수 있음(서삼46019-10436, 2001.10.11.).

⑥ 경정이 있을 것을 미리알고 수정신고할 경우 가산세 감면 배제
과세적부심사사무처리규정 제5조에 의한 결정전 통지를 받은 경우에도 당해 국세의 과세표준과 세액을 결정 또는 경정하여 통지하기 전이므로 국세기본법 제45조에 의한 수정신고는 할 수 있으나, 과세표준과 세액에 관하여 경정이 있을 것을 미리 알고 수정신고서를 제출한 경우에는 동법 제49조에 규정하고 있는 수정신고에 의한 가산세의 감면이 배제됨(징세 46101-2938, 1997.11.10.).

2. 수정신고방법과 수정신고서 작성요령

수정신고를 해야 하는 상황은 매출누락에 의한 수정신고, 비용과다계상에 따른 수정신고, 세액감면과 세액공제의 과다세액 계상, 종합소득세 신고의 경우 부양가족의 과다공제에 따른 수정신고, 부가가치세 신고의 경우 세금계산서 지연발급 · 미발급에 따른 수정신고, 매입

세액공제의 중복공제에 따른 수정신고 등 다양하다.

이처럼 다양한 수정신고 유형에 대한 부분은 각 세목에서 면밀하게 숙지하도록 해야 할 것이고 여기에서는 수정신고서 작성요령에 대한 부분에 관심을 가지고 학습을 하면 좋을 것으로 판단된다.

1) 세무조정과 중소기업특별세액감면 계산오류 수정

(1) 사례

㈜태욱(중소기업이며, 12월말 결산법인)은 소프트웨어공급업체로서 2022년 귀속분 법인세를 법인세 신고기한인 2023.3.31.까지 신고 · 납부하였다. ㈜태욱의 2022년 귀속분 법인세 신고시의 신고내역을 요약하면 다음과 같다.

구 분	금액
수입금액	612,165,204
과세표준	86,759,431
산출세액	8,675,943
세액감면	1,607,269
총부담세액	7,068,674
중간예납세액	4,391,870
원천납부세액	2,160
차가감납부세액	2,674,644

세액감면은 중소기업특별세액감면으로 다음과 같이 계산하였다.

$$\text{중소기업특별세액감면} = \text{산출세액} \times \frac{\text{감면대상 과세표준}}{\text{과세표준}} \times \text{감면율}$$

$$= 8,675,943 \times \frac{80,363,484}{86,759,431} \times 20\%$$

$$= 1,607,269$$

㈜태욱은 2022년 귀속분 신고에 대한 검토 중 다음과 같은 오류사항을 발견하였다.

- 세금과공과금 중 과태료 등 계상액 : 1,000,000원
- 중소기업특별세액감면의 감면대상 과세표준의 과대계상 : 10,000,000원

㈜태욱은 2025.6.30.에 오류사항을 수정하여 2022년 귀속분에 대한 자진수정신고를 하려고 한다. 참고로 관련 오류사항은 부정한 방법에 의한 오류사항은 아니다.

수정신고와 관련된 가산세와 법인세 관련 수정신고서를 작성하라.

해설

(가) ㈜태욱의 법인세 세무조정을 반영한 조정사항

구 분	수정전 금액	조정사항	수정후 금액
수입금액	612,165,204		612,165,204
과세표준	86,759,431	(+)1,000,000*1	87,759,431
산출세액	8,675,943	(+)100,000*2	8,775,943
세액감면	1,607,269	(−)200,000*3	1,407,269
가산세		(+)84,252*4	84,252
총부담세액	7,068,674	(+)384,252	7,452,926
중간예납세액	4,391,870		4,391,870
원천납부세액	2,160		2,160
차가감납부세액	2,674,644	(+)384,252	3,058,896

*1. 세금과공과금 중 과태료 등 계상액 1,000,000원을 손금불산입(기타사외유출)으로 세무조정하여 과세표준금액이 1,000,000원 증가한다.

*2. ㈜태욱의 법인세 세율은 10%이므로 과세표준 1,000,000원 증감분에 대한 세율 10%를 적용하면 산출세액이 100,000원 증가한다.

*3. 중소기업특별세액감면 대상 산출세액과 과세표준이 각각 100,000원과 1,000,000원이 증가하였고, 감면대상 과세표준은 10,000,000원을 감소시켜야 하므로 다음과 같이 중소기업특별세액감면세액이 계산된다. 따라서 200,000원 만큼 중소기업특별세액감면세액이 줄어든다.

$$\text{중소기업특별세액감면} = \text{산출세액} \times \frac{\text{감면대상 과세표준}}{\text{과세표준}} \times \text{감면율}$$

$$= 8{,}775{,}943 \times \frac{70{,}363{,}484}{87{,}759{,}431} \times 20\%$$

$$= 1{,}407{,}269$$

*4. 가산세는 과소신고 가산세와 납부지연 가산세가 적용된다.

① 과소신고 가산세 = 미납세액 × 10% = 300,000원 × 10% = 30,000원

✎ 미납세액은 수정전 총부담세액 7,068,674원과 수정후 총부담세액(가산세 반영 전 세액) 7,368,674원의 차이액인 300,000원이고, 가산세 감면은 신고기한 다음 날부터 2년이 초과되었으므로 적용하지 않는다.

② 납부지연 가산세 = 미납세액×0.022%×822일(2023.4.1.~2025.6.30.)
= 300,000원×0.022%×822일
= 54,252원

✎ 납부지연 가산세의 경우 2022.2.15. 이후 납부 또는 부과하는 경우 2022.2.15.부터 자진납부일까지의 기간에 대해서는 22/100,000(0.022%)을 적용한다(국기령 §27의 4, 국기령 부칙 대통령령 제32424호 §6, 2022년 개정).

③ 가산세 총합계액 = ① + ② = 84,252원

(나) 법인세 수정신고서 작성

법인세 수정신고서와 관련된 서식을 요약하면 아래와 같고 2022년 귀속분에 대한 수정신고이므로 2022년 귀속분 신고 서식으로 수정신고서를 작성한다.

① 과세표준수정신고서 및 추가자진납부계산서(국기칙 6호 서식)

② 법인세 과세표준 및 세액신고서(법칙 1호 서식)

✎ 신고구분에 수정신고(기타)로 표기하고 수정신고일(2019.6.30.)을 표기한다.

③ 법인세 과세표준 및 세액조정계산서(법칙 3호 서식)

④ 가산세액계산서(법칙 9호 서식)

⑤ 소득금액조정합계표(법칙 16호 서식)와 과목별 소득금액조정명세서합계표(법칙 16호 서식 부표1)

⑥ 세액감면(면제)신청서(조특칙 2호 서식)

⑦ 공제감면세액계산서(2)(조특칙 8호 서식 부표1)

⑧ 공제감면세액 및 추가납부세액합계표(법칙 8호 서식(갑))

이 중 ①번부터 ④번까지 서식을 소개하기로 한다.

(다) 법인 지방소득세 수정신고서 작성

법인 지방소득세의 수정신고서 작성은 제4장 제3절 지방세 관련 가산세편(860쪽)에서 동일한 사례를 가지고 설명하기로 한다.

국세기본법 시행규칙 [별지 제16호 서식] (2017.3.15. 개정) (앞쪽)

<table>
<tr><td colspan="5">과세표준수정신고서 및 추가자진납부계산서</td><td>처리기간
즉시</td></tr>
<tr><td rowspan="4">신고인</td><td rowspan="2">① 성명</td><td rowspan="2">윤태욱</td><td>② 주민등록번호</td><td colspan="2">③ 사업자등록번호</td></tr>
<tr><td>110111-3895442</td><td colspan="2">215-87-16444</td></tr>
<tr><td>④ 주소(거소) 또는 영업소</td><td colspan="2">경기 양평군 서종면 노문리</td><td>⑤ 전화번호</td><td>070-4236-0086</td></tr>
<tr><td>⑥ 상호</td><td colspan="4">㈜태욱</td></tr>
<tr><td colspan="6">신고내용</td></tr>
<tr><td colspan="2">⑦ 법정신고일</td><td colspan="2">2023-03-31</td><td>⑧ 최초 신고일</td><td>2023-03-31</td></tr>
<tr><td colspan="2">⑨ 수정신고사유</td><td colspan="4">중소기업특별세액감면의 착오 적용과 세금과공과금의 손금불산입 오류</td></tr>
<tr><td colspan="2">구분</td><td colspan="2">최초 신고</td><td colspan="2">수정 신고</td></tr>
<tr><td colspan="2">⑩ 세목</td><td colspan="2">법인세</td><td colspan="2">법인세</td></tr>
<tr><td colspan="2">⑪ 과세표준</td><td colspan="2">86,759,431</td><td colspan="2">87,759,431</td></tr>
<tr><td colspan="2">⑫ 산출세액</td><td colspan="2">8,675,943</td><td colspan="2">8,775,943</td></tr>
<tr><td colspan="2">⑬ 가산세액</td><td colspan="2"></td><td colspan="2">84,252</td></tr>
<tr><td colspan="2">⑭ 공제 및 감면세액</td><td colspan="2">1,607,269</td><td colspan="2">1,407,269</td></tr>
<tr><td colspan="2">⑮ 납부할세액</td><td colspan="2">7,068,674</td><td colspan="2">7,452,926</td></tr>
<tr><td colspan="2">⑯ 기납부세액</td><td colspan="2">4,394,030</td><td colspan="2">4,394,030</td></tr>
<tr><td colspan="2">⑰ 자진납부세액</td><td colspan="2">2,674,644</td><td colspan="2">3,058,896</td></tr>
<tr><td colspan="2">⑱ 추가자진납부세액</td><td colspan="2"></td><td colspan="2">384,252</td></tr>
<tr><td colspan="6">「국세기본법 시행령」 제25조 및 제26조에 따라 위와 같이 신고하고 이에 따라 384,252원을 추가로 자진납부합니다.
2025 년 6 월 30 일
신고인 ㈜태욱 (서명 또는 인)
윤태욱
이천 세무서장 귀하</td></tr>
<tr><td colspan="5">구비서류 : 최초 신고서 사본 및 자진납부계산서(수정된 내용을 함께 기입합니다)
※ 이 용지는 무료로 배부합니다.</td><td>수수료
없음</td></tr>
</table>

<table>
<tr><td rowspan="4">위임장</td><td colspan="6">신고인의 위임을 받아 대리인이 과세표준수정신고 및 추가자진납부계산서를 제출하는 경우 아래 사항을 적어 주시기 바랍니다.</td></tr>
<tr><td rowspan="2">위임자
(신고인)</td><td colspan="5">대리인</td></tr>
<tr><td>구분</td><td>성명</td><td>사업장 소재지</td><td>사업자등록번호
(전자우편)</td><td>전화번호
(휴대전화번호)</td></tr>
<tr><td>(서명 또는 인)</td><td>세무사
공인회계사
변호사</td><td>(서명 또는 인)</td><td>(㊄)</td><td></td><td></td></tr>
</table>

<table>
<tr><td colspan="4">접수증(과세표준수정신고 및 추가자진납부계산서)</td></tr>
<tr><td>성명</td><td></td><td>주소</td><td></td></tr>
<tr><td colspan="3" rowspan="2">첨부서류
1. 최초 신고서 사본 ( )
2. 자진납부계산서 ( )</td><td>접수자

</td></tr>
<tr><td>접수일자인

</td></tr>
</table>

210㎜×297㎜(백상지 80g/㎡(재활용품))

법인세법 시행규칙 [별지 제1호 서식] (2023.3.20 개정)　　　　홈택스(www.hometax.go.kr)에서도 신고할 수 있습니다.

법인세 과세표준 및 세액신고서

※ 뒤쪽의 신고안내 및 작성방법을 읽고 작성하여 주시기 바랍니다.　　　　(앞쪽)

①사업자등록번호	215-87-16444	②법 인 등 록 번 호	110111-3895442
③법 인 명	㈜태욱	④전 화 번 호	070)4236-0086
⑤대 표 자 성 명	윤태욱	⑥전자우편주소	
⑦소 재 지	경기도 양평군 서종면 노문길 로이넘스 R&D 센터		
⑧업 태	서비스　⑨종 목	소프트웨어 개발 및 공급	⑩주업종코드 722000
⑪사 업 연 도	2022.01.01.~2022.12.31.	⑫수시부과기간	. . ~ . .

⑬법 인 구 분	①내국 2.외국 3.외투(비율 %)					⑭조 정 구 분	①외부 2. 자기
⑮종 류 별 구 분	중소기업	일반: 중견기업	일반: 상호출자제한기업	일반: 그외기업	당기순이익과세	⑯외부감사대상	1. 여 ②부
영리법인 상 장 법 인	11	71	81	91		⑰신 고 구 분	1. 정기신고
영리법인 코스닥상장법인	21	72	82	92			2. 수정신고(가.서면분석, ㉯기타)
영리법인 기 타 법 인	㉚ (30)	73	83	93			3. 기한후 신고 / 4. 중도폐업신고
비 영 리 법 인	60	74	84	94	50		5. 경정청구
⑱법 인 유 형 별 구 분	기타 법인	코드	100			⑲결 산 확 정 일	2023.03.28
⑳신 고 일	2025.06.30.					㉑납 부 일	
㉒신고기한 연장승인	1. 신청일					2. 연장기한	

구 분	여	부	구 분	여	부
㉓주식변동	1	②	㉔장부전산화	①	2
㉕사업연도의제	1	②	㉖결손금소급공제 법인세환급신청	1	②
㉗감가상각방법(내용연수)신고서 제출	1	②	㉘재고자산등평가방법신고서 제출	1	②
㉙기능통화 채택 재무제표 작성	1	②	㉚과세표준 환산시 적용환율		
㉛동업기업의 출자자(동업자)	1	②	㉜한국채택국제회계기준(K-IFRS)적용	1	②

구 분	법인세: 법 인 세	법인세: 토지 등 양도소득에 대한 법인세	법인세: 미환류소득에 대한 법인세	계
㉝수 입 금 액	(612,165,204)			
	(612,165,204)			
㉞과 세 표 준	86,759,431			
	87,759,431			
㉟산 출 세 액	8,675,943			8,675,943
	8,775,943			8,775,943
㊱총 부 담 세 액	7,068,674			7,068,674
	7,452,926			7,452,926
㊲기 납 부 세 액	4,394,030			4,394,030
	4,394,030			4,394,030
㊳차 감 납 부 할 세 액	2,674,644			2,674,644
	3,058,896			3,058,896
㊴분 납 할 세 액				
㊵차 감 납 부 세 액				2,674,644
				3,058,896

㊶조 정 반 번 호	1-0367	㊸조정자	성 명	진성규
			사업자등록번호	206-24-74144
㊷조 정 자 관 리 번 호	U-9938-7		전화번호	02-464-0000

국세환급금 계좌 신고 (환급세액 5천만원 미만인 경우)	㊹예 입 처	은행　(본)지점
	㊺예금종류	
	㊻계 좌 번 호	예금

신고인은 「법인세법」 제60조 및 「국세기본법」 제45조, 제45조의2, 제45조의3에 따라 위의 내용을 신고하며, 위 내용을 충분히 검토하였고 신고인이 알고 있는 사실 그대로를 정확하게 적었음을 확인합니다.

2025년 06월 30일

신고인(법 인) ㈜태욱 (인)

신고인(대표자) 윤태욱 (서명)

세무대리인은 조세전문자격자로서 위 신고서를 성실하고 공정하게 작성하였음을 확인합니다.

세무대리인 진성규 (서명 또는 인)

이천 세무서장 귀하

붙임 서류	1. 재무상태표 2. (포괄)손익계산서 3. 이익잉여금처분(결손금처리)계산서 4. 현금흐름표(「주식회사 등의 외부감사에 관한 법률」 제2조에 따른 외부감사의 대상이 되는 법인의 경우만 해당합니다). 5. 세무조정계산서	수수료 없 음

210mm×297mm[백상지 80g/㎡ 또는 중질지 80g/㎡]

법인세법 시행규칙 [별지 제3호 서식] (2023.3.20. 개정) (앞쪽)

사업연도	2021.01.01. ~ 2021.12.31.	법인세 과세표준 및 세액조정계산서	법인명	㈜태욱
			사업자등록번호	215-87-16444

구분	항목	코드	금액
① 각 사업연도 소득계산	101 결산서상 당기순손익	01	55 870 430 55 870 430
	소득조정 금액 102 익금산입	02	30 889 001 31 889 001
	소득조정 금액 103 손금산입	03	
	104 차가감소득금액 (101+102-103)	04	86 759 431 87 759 431
	105 기부금한도초과액	05	
	106 기부금한도초과이월액 손금산입	54	
	107 각 사업연도소득금액 (104+105-106)	06	86 759 431 87 759 431
② 과세표준 계산	108 각 사업연도소득금액 (108=107)		86 759 431 87 759 431
	109 이월결손금	07	
	110 비과세소득	08	
	111 소득공제	09	
	112 과세표준 (108-109-110-111)	10	86 759 431 87 759 431
	159 선박표준이익	55	
③ 산출세액 계산	113 과세표준(112+159)	56	86 759 431 87 759 431
	114 세율	11	10 10
	115 산출세액	12	8 675 943 8 775 943
	116 지점유보소득 (「법인세법」 제96조)	13	
	117 세율	14	
	118 산출세액	15	
	119 합계(115+118)	16	8 675 943 8 775 943
④ 납부할 세액 계산	120 산출세액(120 = 119)		8 675 943 8 775 943
	121 최저한세 적용대상 공제감면세액	17	1 607 269 1 407 269
	122 차감세액	18	7 068 674 7 368 674
	123 최저한세 적용제외 공제감면세액	19	
	124 가산세액	20	 84 252
	125 가감계(122-123+124)	21	7 068 674 7 452 926
	기납부세액 / 기한내납부세액 126 중간예납세액	22	4 391 870 4 391 870
	기납부세액 / 기한내납부세액 127 수시부과세액	23	
	기납부세액 / 기한내납부세액 128 원천납부세액	24	2 160 2 160
	기납부세액 / 기한내납부세액 129 간접투자회사등의 외국납부세액	25	
	기납부세액 / 기한내납부세액 130 소계 (126+127+128+129)	26	4 394 030 4 394 030
	기납부세액 131 신고납부전가산세액	27	
	기납부세액 132 합계(130+131)	28	4 394 030 4 394 030

구분	항목	코드	금액
	133 감면분추가납부세액	29	
	134 차감납부할세액 (125-132+133)	30	2 674 644 3 058 896
⑤ 토지등 양도소득에 대한 법인세 계산	양도차익 135 등기자산	31	
	양도차익 136 미등기자산	32	
	137 비과세소득	33	
	138 과세표준 (135+136-137)	34	
	139 세율	35	
	140 산출세액	36	
	141 감면세액	37	
	142 차감세액 (140-141)	38	
	143 공제세액	39	
	144 동업기업 법인세 배분액 (가산세 제외)	58	
	145 가산세액 (동업기업 배분액 포함)	40	
	146 가감계(142-143+144+145)	41	
	기납부세액 147 수시부과세액	42	
	기납부세액 148 (　　　)세액	43	
	기납부세액 149 계 (147+148)	44	
	150 차감납부할세액(146-149)	45	
⑥ 미환류소득법인세	161 과세대상 미환류소득	59	
	162 세율	60	10
	163 산출세액	61	
	164 가산세액	62	
	165 이자상당액	63	
	166 납부할세액(163+164+165)	64	
⑦ 세액계	151 차감납부할 세액계 (134+150+166)	46	2 674 644 3 058 896
	152 사실과 다른 회계처리 경정세액공제	57	
	153 분납세액계산범위액 (151-124-133-145-152+131)	47	
	154 분납할세액	48	2 674 644 3 058 896
	155 차가납부세액 (151-152-156)	49	2 674 644 3 058 896

210mm×297mm[백상지 80g/㎡ 또는 중질지 80g/㎡]

■ 법인세법 시행규칙 [별지 제9호 서식] (2023.3.20. 개정) (앞쪽)

사업연도	2022.01.01~ 2023.12.31.	가산세액계산서	법인명	㈜태욱
			사업자등록번호	215-87-16444

1. 가산세액의 계산

각 사업연도 소득에 대한 법인세분

① 구분		② 계산기준	③ 기준금액	④ 가산세율	⑤ 코드	⑥ 가산세액
무기장		산출세액		20/100	27	
		수입금액		7/10,000	28	
무신고	일반	무신고납부세액		20(10)/100	29	
		수입금액		7(3.5)/10,000	30	
	부정	무신고납부세액		40(20)/100	31	
		무신고납부세액		60(30)/100	80	'15.1.1.개시
		수입금액		14(7)/10,000	32	
과소신고	일반	과소신고납부세액	300,000	10/100	3	30,000
	부정	과소신고납부세액		40/100	22	
		과소신고납부세액		60/100	81	'15.1.1.개시
		과소신고 수입금액		14/10,000	23	
납부지연		(일수) 미납세액	(822) 300,000	2.2/10,000	4	54,252
지출증명서류		미(허위)수취금액		2/100	8	
지급명세서	미(누락)제출	미(누락)제출금액		10(5)/1,000	9	
	불분명	불분명금액		1/100	10	
	상증법 §82①⑥	미(누락)제출금액		2(1)/1,000	61	
		불분명금액		2/1,000	62	
	상증법 §82③④	미(누락)제출금액		2(1)/10,000	67	
		불분명금액		2/10,000	68	
	법인세법 §75의7① (일용근로)	미제출금액		25 (12.5)/10,000	96	
		불분명금액		25/10,000	97	
	법인세법 §75의7① (간이지급명세서)	미제출금액		25 (12.5)/10,000	102	
		불분명금액		25/10,000	103	
	소계				11	
주식등 변동상황 명세서	미제출	액면(출자)금액		10(5)/1,000	12	
	누락제출	액면(출자)금액		10(5)/1,000	13	
	불분명	액면(출자)금액		1/100	14	
	소계				15	
주주등 명세서	미(누락)제출	액면(출자)금액		5(2.5)/1,000	69	
	불분명	액면(출자)금액		5/1,000	73	
	소계				74	
계산서	계산서 미발급	공급가액		2/100	16	
	계산서 지연발급 등	공급가액		1/100	94	
	계산서가공(위장)수수	공급가액		2/100	70	
	계산서 불분명	공급가액		1/100	17	
전자계산서 발급명세	미전송	공급가액		5(3)/1,000	93	
	지연전송	공급가액		3(1)/1,000	92	
계산서 합계표	미제출	공급가액		5(2.5)/1,000	18	
	불분명	공급가액		5/1,000	19	
세금계산서 합계표	미제출	공급가액		5(2.5)/1,000	75	
	불분명	공급가액		5/1,000	76	
소계					20	
기부금	영수증 허위발급	발급금액		5/100	24	
	발급명세 미작성(보관)	대상금액		2/1,000	25	
	소계				26	
신용카드 및 현금영수증	발급거부(불성실)	거부(발급)금액		5/100	38	
		건 수		5,000원	39	
		소 계			40	
	현금영수증 가맹점미가입	미가맹일수 수입금액	( )	10(5)/1,000	41	
	현금영수증 미발급	미발급금액		20(10)/100	98	
세금우대자료 미제출·불분명		건 수		2,000 (1,000)	77	
유보소득 계산 명세서	미제출	미제출금액		5(2.5)/1,000	78	
	불분명	불분명금액		5/1,000	79	
중간예납납부불성실가산세 등					63	
동업기업 가산세 배분액		(배분비율) 배분할 금액	( )		64	
성실신고확인서 미제출		산출세액		5/100	95	
		수입금액		2/10,000	99	
업무용승용차 관련비용 명세서	미제출	미제출금액		1/100	100	
	불성실	불성실금액		1/100	101	
합 계					21	84,252

토지 등 양도소득에 대한 법인세분

② 계산기준	③ 기준 금액	④ 가산세율	⑤ 코드	⑥ 가산세액
무신고납부세액		20(10)/100	42	
수입금액		7(3.5)/10,000	43	
무신고납부세액		40(20)/100	44	
수입금액		14(7)/10,000	45	
과소신고납부세액		10/100	46	
과소신고납부세액		40/100	47	
과소신고 수입금액		14/10,000	48	
공제감면세액		40/100	72	
(일수) 미납세액	( )	2.2/10,000	51	
동업기업 가산세 배분액	( )		65	
합 계			53	

미환류소득에 대한 법인세분

① 구분		② 계산기준	③ 기준금액	④ 가산세율	⑤ 코드	⑥ 가산세액
무신고	일반	무신고납부세액		20(10)/100	83	
		수입금액		7(3.5)/10,000	84	
	부정	무신고납부세액		40(20)/100	85	
		수입금액		14(7)/10,000	86	
과소신고	일반	과소신고납부세액		10/100	87	
	부정	과소신고납부세액		40/100	88	
		과소신고 수입금액		14/10,000	89	
납부지연		(일수) 미납세액	( )	2.2/10,000	90	
합 계					91	

법정납부기한
(. .)

납부일
(. .)

210mm×297mm[백상지 80g/㎡ 또는 중질지 80g/㎡]

(뒤쪽)

2. 과소신고 납부세액 계산

⑦ 구분		⑧ 과소신고 납부세액	과소신고 과세표준금액				과소신고 납부세액			
			⑨ 계	⑩ 일반	⑪ 부정	⑫ 부정(국제거래)	⑬ 계	⑭ 일반 [⑧×(⑩/⑨)]	⑮ 부정 [⑧×(⑪/⑨)]	⑯ 부정(국제거래) [⑧×(⑫/⑨)]
각 사업연도 소득	과소신고	300,000	300,000	300,000			300,000	300,000		
	기납부세액 과다 등									
토지 등 양도소득	과소신고									

작성방법

1. 무기장가산세
산출세액 또는 수입금액에 가산세율을 적용하여 산출된 금액 중 큰 금액을 가산세액으로 하고, 작은 금액은 (　　)에 적습니다.

2. 무신고가산세
일반무신고와 부정무신고를 구분하여 무신고납부세액 또는 수입금액에 가산세율을 적용하여 계산한 금액 중 큰 금액을 가산세액으로 하고, 작은 금액은 (　)에 적습니다. 다만, 법정신고기한이 경과한 후 1개월 이내에 「국세기본법」 제45조의3에 따라 기한 후 신고·납부를 하는 경우에는 해당 가산세의 50%, 1개월 초과 3개월 이내의 경우에는 30%, 3개월 초과 6개월 이내의 경우에는 20%에 해당하는 금액을 감면합니다.

3. 과소신고가산세
가. 과소신고한 과세표준을 일반과소(⑩), 부정과소(⑪), 부정과소(국제거래)(⑫)로 구분하여 ⑨란의 과세표준금액에서 차지하는 비율을 ⑧란의 과소신고납부세액에 곱하여 ⑬란의 과소신고납부세액을 일반과소(⑭), 부정과소(⑮), 부정과소(국제거래)⑯로 구분하여 적습니다.
나. ⑭, ⑮, ⑯에 기재한 금액에 ④란의 가산세율을 적용하여 일반과소신고가산세와 부정과소신고가산세로 구분하여 적습니다.
다. 부정과소신고가산세는 과소신고납부세액 또는 부정과소신고 수입금액에 가산세율을 적용하여 계산한 금액 중 큰 금액을 가산세액으로 하고, 작은 금액은 (　　)에 적습니다.
라. 과세표준의 변동과 관계없는 과소신고한 납부세액(공제감면세액 및 기납부세액 과다공제 등)과 관련한 과소신고납부세액은 ⑦ 구분란의 '기납부세액 과다 등'의 칸에 적습니다.
마. 법정신고기한이 지난 후 1개월 이내에 수정신고한 경우 가산세액의 90%(1개월 초과 3개월 이내 75%, 3개월 초과 6개월 이내 50%, 6개월 초과 1년 이내 30%, 1년 초과 1년 6개월 이내 20%, 1년 6개월 초과 2년 이내 10%)에 해당하는 금액을 감면합니다.

4. 납부지연가산세
미납세액에 가산세율(2.2/10,000를 적용하되, 2019년 2월 11일까지의 기간에 대해서는 3/10,000을, 2019년 2월 12일부터 2022년 2월 14일까지의 기간에 대해서는 2.5/10,000를 적용한다)과 미납일수를 곱하여 계산한 금액을 가산세액으로 합니다.

5. 지출증명서류 미수취·허위수취 가산세
미수취·허위수취 금액에 가산세율을 적용하여 산출한 금액을 가산세액으로 합니다.

6. 지급명세서 제출 불성실 가산세
가. 미제출금액 등에 1/100의 가산세율을 적용하여 산출한 금액을 가산세로 합니다. 다만, 제출기한이 지난 후 3개월 이내에 제출하는 경우에는 50/100의 가산세를 감면한 금액을 적습니다.
나. 「상속세 및 증여세법」 제82조제1항 및 제6항의 미제출 등의 금액에 2/1,000의 가산세율을, 같은 법 제82조제3항 및 제4항의 미제출 등의 금액에 2/10,000의 가산세율을 적용하여 산출한 금액을 가산세로 합니다. 다만, 제출기한이 지난 후 1개월 이내에 제출하는 경우에는 50/100의 가산세를 감면한 금액을 적습니다.
다. 「소득세법」 제164조제1항의 일용근로자 근로소득에 대한 지급명세서를 제출하지 않은 지급금액, 지급명세서가 불분명하거나 기재된 지급금액이 사실과 다른 경우의 지급금액에 25/10,000의 가산세율을 적용하여 산출한 금액을 가산세로 합니다. 다만, 제출기한이 지난 후 1개월 이내에 제출하는 경우에는 50/100의 가산세를 감면한 금액을 적습니다.
라. 「소득세법」 제164조의3 의 간이지급명세서를 제출하지 않은 지급금액, 지급명세서가 불분명 또는 기재된 지급금액이 사실과 다른 경우의 지급금액에 25/10,000의 가산세율을 적용하여 산출한 금액을 가산세로 합니다. 다만, 거주자의 원천징수대상 사업소득에 대한 간이지급명세서를 제출기한이 지난 후 1개월 이내에 제출하거나 근로소득에 대한 간이지급명세서를 제출기한이 지난 후 3개월 이내에 제출하는 경우에는 50/100의 가산세를 감면한 금액을 적습니다.

7. 주식 등 변동상황명세서 제출 불성실 가산세
미제출 또는 누락제출 및 불분명하게 제출한 주식(출자지분)의 액면금액(출자가액)에 1/100의 가산세율을 적용하여 계산합니다. 다만, 제출기한이 지난 후 1개월 이내에 제출하는 경우에는 50/100의 가산세를 감면한 금액을 적습니다.

8. 주주 등의 명세서 제출 불성실 가산세
법인설립신고 또는 사업자등록 시 주주 등의 명세서를 미제출, 누락제출, 불분명하게 제출한 주식(출자지분)의 액면금액(출자가액)에 5/1,000의 가산세율을 적용하여 계산합니다. 다만, 제출기한이 지난 후 1개월 이내에 제출하는 경우에는 50/100의 가산세를 감면한 금액을 적습니다.
* 2012.1.1. 이후 최초로 법인설립신고를 하거나, 2013.1.1. 이후 최초로 사업자등록을 하는 경우부터 적용

9. 계산서 및 (세금)계산서합계표 미제출 가산세 등
미발급 또는 가공(위장)수수한 계산서의 공급가액에 2/100의 가산세율을, 전자계산서 외 발급한 계산서 및 지연발급한 계산서 또는 불분명 계산서의 공급가액에 1/100의 가산세율을, 계산서·세금계산서 합계표 미제출 또는 불분명하게 제출한 합계표의 공급가액에 5/1,000의 가산세율을, 미전송 또는 지연전송한 전자계산서발급명세의 공급가액에 5(3)/1,000의 가산세율을 적용하여 계산하고, 세금계산서합계표 미제출 등 가산세 적용은 면세법인의 매입처별 세금계산서합계표에 한정합니다. 다만, 계산서·세금계산서 합계표를 제출기한이 지난 후 1개월 이내에 제출하는 경우에는 50/100의 가산세를 감면한 금액을 적습니다.
* 2012.1.1. 이후 최초로 미발급 또는 가공(위장)수수분부터 2/100의 가산세율 적용, 종전의 경우 1/100의 가산세율 적용
** 2016.12.31. 이전에 재화 또는 용역을 공급하는 분에 대한 전자계산서발급명세의 경우 3(1)/1,000의 가산세율 적용

10. 기부금영수증 불성실교부가산세 등
사실과 다르게 발급된 금액(2020.1.1. 이후 기부금영수증을 발급하는 분부터는 기부자의 인적사항 등을 사실과 다르게 적어 발급한 경우 등 포함)에 5/100의 가산세율을 적용하거나 기부자별 발급명세를 작성·보관하지 아니한 금액에 2/1,000의 가산세율을 각각 적용하여 계산합니다.

11. 신용카드거래 및 현금영수증 발급거부 가산세 등
가. 신용카드거래를 거부하거나 신용카드 매출전표를 사실과 다르게 발급한 경우 또는 현금영수증 발급을 거부하거나 사실과 다르게 발급한 경우에는 거부 또는 발급금액에 5/100의 가산세율(건별로 계산한 금액이 5천원에 미달하는 경우 5천원)을 적용하고, 현금영수증가맹점으로 가입하지 아니한 경우 수입금액의 1/100에 상당하는 금액에 (미가맹기간/해당 사업연도의 일수)를 곱하여 계산한 금액을 적습니다.
* 미가맹기간은 3개월이 지난 날의 다음 날부터 가맹일 전날까지의 기간입니다.
나. 현금영수증 발급의무를 위반한 경우에는 '19.1.1. 이후 위반하는 분부터 미발급 금액의 20(10)%를 적용

12. 유보소득 계산 명세서 제출 불성실 가산세
미제출 또는 불분명하게 제출한 해당 특정외국법인의 배당 가능한 유보소득금액에 5/1,000의 가산세율을 적용하여 계산합니다. 다만, 제출기한이 지난 후 1개월 이내에 제출하는 경우에는 50/100의 가산세를 감면한 금액을 적습니다.
* 2014.1.1 이후 개시하는 사업연도분부터 적용

13. 중간예납납부불성실가산세 등: 중간예납세액의 미납부로 인한 가산세 등을 적습니다.

14. 동업기업 가산세 배분액: 배분할 금액(동업기업의 가산세 총액)에 배분비율 곱하여 계산한 가산세를 적습니다.

15. 성실신고확인서 미제출 가산세
산출세액 또는 수입금액에 가산세율을 적용하여 산출된 금액 중 큰 금액을 가산세액으로 하고, 작은 금액은 (　　)에 적습니다.

16. 업무용승용차 관련비용 명세서 미제출 가산세 등
업무용승용차 관련비용 명세서를 미제출하는 경우에는 신고 시 업무용승용차 관련비용 등으로 손금산입한 금액의 1/100 가산세율을 적용하고 업무용승용차 관련비용 명세서를 사실과 다르게 제출한 경우에는 업무용승용차 관련비용 등으로 손금산입한 금액 중 해당 명세서에 사실과 다르게 적은 금액의 1/100 가산세율을 각각 적용하여 계산합니다.

17. 각 사업연도 소득에 대한 법인세분 및 토지 등 양도소득에 대한 법인세분 및 미환류소득에 대한 법인세분 가산세 합계를 법인세 과세표준 및 세액조정계산서(별지 제3호서식)서식의 ⑫란, ⑯란 및 ⑯란에 각각 적습니다.

18. ■ 음영으로 표시된 란은 적지 않습니다.

210mm×297mm[백상지 80g/㎡ 또는 중질지 80g/㎡]

2) 소득공제 과다공제에 따른 수정신고

(1) 사례

민후상사(도소매 개인사업자)는 2023년 귀속분 종합소득세를 신고기한인 2024.5.31.까지 성실하게 신고하였다. 2023년 귀속분에 대한 신고내용을 요약하면 다음과 같다.

(단위 : 원)

구 분	금액
수입금액	344,959,079
종합소득금액	64,061,311
소득공제	13,406,220
과세표준	50,655,091
산출세액	6,397,221
세액감면(중소기업특별세액감면)	639,721
세액공제	514,000
결정세액	5,243,500
기납부세액	1,389,000
차가감납부세액	3,854,500

민후상사는 2023년 귀속분 신고에 대한 검토 중 다음과 같은 오류사항을 발견하였다.

- 소득공제의 과다공제 : 민후상사는 종합소득세 신고시 부양가족 공제를 총 4명(본인, 배우자, 자녀 2명) 받았는데 이 중 2명(배우자와 자녀 1명)은 2023년 귀속분에 대해서는 부양가족 공제를 받지 못함에도 불구하고 공제를 받아서 총 3,000,000원의 과다공제가 발생하였다.

민후상사는 2025.6.30.에 오류사항을 수정하여 2023년 귀속분에 대한 자진 수정신고를 하려고 한다. 참고로 관련 오류사항은 단순 착오 사항으로 과세당국의 경정·결정 통지가 오지는 않았다.

수정신고와 관련된 가산세와 종합소득세 관련 수정신고서를 작성하라.

해설

(가) 민후상사의 소득공제 수정후 종합소득세 신고사항 정리

구 분	수정전 금액	조정금액	수정후 금액
수입금액	344,959,079		344,959,079
종합소득금액	64,061,311		64,061,311
소득공제	13,406,220	(−)3,000,000*1	10,406,220
과세표준	50,655,091	(+)3,000,000	53,655,091
산출세액	6,397,221		7,117,221*2
세액감면 (중소기업특별세액감면)	639,721		711,721*3
세액공제	514,000	(−)150,000*4	364,000
가산세		133,186*5	133,186
결정세액	5,243,500		6,174,686
기납부세액	1,389,000		1,389,000
차가감납부세액	3,854,500		4,785,686

*1. 기본공제 2명이 과다공제이므로 3,000,000원(=2명×1,500,000원)을 차감하여야 한다.

*2. 53,655,091원×24%−5,760,000원=7,117,221원

*3. 도소매의 중소기업특별세액감면율은 10%이고 산출세액의 10%가 적용되는 것으로 계산한다.

*4. 자녀세액공제가 2명이면 300,000원인데, 자녀가 1명으로 변경되었으므로 자녀세액공제는 수정후 150,000원이다.

*5. 가산세는 과소신고 가산세와 납부지연 가산세가 적용된다.

① 과소신고 가산세=미납세액×10%×(1−20%)=798,000원×10%×(1−20%)
=63,840원

✎ 미납세액은 수정전 결정세액 5,243,500원과 수정후 결정세액(가산세 반영전 세액) 6,041,500원의 차액인 798,000원이고, 1년 초과 1년 6개월 이내 수정신고이므로 감면율은 20%가 적용된다.

② 납부지연 가산세=미납세액×0.022%×395일(2024.6.1.~2025.6.30.)
=798,000원×0.022%×395일
=69,346원

✎ 납부지연 가산세의 경우 2022.2.15. 이후 납부 또는 부과하는 경우 2022.2.15.부터 자진납부일까지의 기간에 대해서는 22/100,000(0.022%)을 적용한다(국기령 §27의 4, 국기령 부칙 대통령령 제32424호 §6).

③ 가산세 총합계액=①+②=133,186원

✎ 종합소득세 과세표준확정신고서 및 납부계산서(소칙 별지 40호 서식)의 가산세명세서에 해당 가산세 내역을 표기하여 신고한다.

④ 가산세명세서

(35쪽 중 제21쪽)

⓯ 가산세명세서

구 분		계 산 기 준	기준금액	가산세율	가산세액
① 무 신 고	부 정 무 신 고	무신고납부세액		40/100 (60/100)	
		수 입 금 액		14/10,000	
	일 반 무 신 고	무신고납부세액		20/100	
		수 입 금 액		7/10,000	
② 과 소 신 고	부 정 과 소 신 고	과소신고납부세액		40/100 (60/100)	
		수 입 금 액		14/10,000	
	일 반 과 소 신 고	과소신고납부세액	798,000	10/100	63,840
③ 납 부 지 연	미 납 일 수		(395)	22/100,000	69,346
	미 납 부 (환 급) 세 액		798,000		

(나) 종합소득세 수정신고서

종합소득세 수정신고서와 관련된 서식을 요약하면 아래와 같고 2023년 귀속분에 대한 수정신고이므로 2023년 귀속분 신고 서식으로 수정신고서를 작성한다.

① 과세표준수정신고서 및 추가자진납부계산서(국기칙 별지 6호 서식)

② 종합소득세 과세표준확정신고 및 납부계산서(소칙 별지 40호 서식)

✎ 종합소득세 신고서의 신고구분에 '수정신고'로 표기하고 신고일자(2025.6.30.) 기입해서 종합소득세 신고서를 작성한다.

③ 소득세액공제 신고서(소칙 별지 37호 서식)

이 중 ①과 ② 서식을 소개하기로 한다.

(다) 개인 지방소득세 수정신고서

개인 지방소득세의 수정신고서 작성은 제4장 제3절 지방세 관련 가산세편(867쪽)에서 동일한 사례를 가지고 설명하기로 한다.

국세기본법 시행규칙 [별지 제16호 서식] (2017.3.15. 개정) (앞쪽)

<table>
<tr><td colspan="5">과세표준수정신고서 및 추가자진납부계산서</td><td>처리기간
즉시</td></tr>
<tr><td rowspan="3">신고인</td><td>① 성명</td><td>진민후</td><td colspan="2">② 주민등록번호
720420－1018819</td><td>③ 사업자등록번호
206－24－74144</td></tr>
<tr><td>④ 주소(거소) 또는 영업소</td><td colspan="2">경기도 성남시 수정구 산성대로437번길 7 (단대동,푸르지오)</td><td>⑤ 전화번호</td><td>010－2001－1629</td></tr>
<tr><td>⑥ 상호</td><td colspan="4">민후상사</td></tr>
<tr><td colspan="6">신고내용</td></tr>
<tr><td colspan="2">⑦ 법정신고일</td><td colspan="2">2024－05－31</td><td>⑧ 최초 신고일</td><td>2024－05－31</td></tr>
<tr><td colspan="2">⑨ 수정신고사유</td><td colspan="4">소득공제 중 인적공제 과다공제로 인한 수정신고</td></tr>
<tr><td colspan="2">구분</td><td colspan="2">최초 신고</td><td colspan="2">수정 신고</td></tr>
<tr><td colspan="2">⑩ 세목</td><td colspan="2">종합소득세</td><td colspan="2">종합소득세</td></tr>
<tr><td colspan="2">⑪ 과세표준</td><td colspan="2">50,655,091</td><td colspan="2">53,655,091</td></tr>
<tr><td colspan="2">⑫ 산출세액</td><td colspan="2">6,397,221</td><td colspan="2">7,117,221</td></tr>
<tr><td colspan="2">⑬ 가산세액</td><td colspan="2"></td><td colspan="2">133,186</td></tr>
<tr><td colspan="2">⑭ 공제 및 감면세액</td><td colspan="2">1,153,721</td><td colspan="2">1,075,721</td></tr>
<tr><td colspan="2">⑮ 납부할세액</td><td colspan="2">5,243,500</td><td colspan="2">6,174,686</td></tr>
<tr><td colspan="2">⑯ 기납부세액</td><td colspan="2">1,389,000</td><td colspan="2">1,389,000</td></tr>
<tr><td colspan="2">⑰ 자진납부세액</td><td colspan="2">3,854,500</td><td colspan="2">4,785,686</td></tr>
<tr><td colspan="2">⑱ 추가자진납부세액</td><td colspan="2"></td><td colspan="2">931,186</td></tr>
<tr><td colspan="6">「국세기본법 시행령」 제25조 및 제26조에 따라 위와 같이 신고하고 이에 따라 931,186원을 추가로 자진납부합니다.
2025년 06 월 30 일
민후상사
신고인 진민후 (서명 또는 인)
성남 세무서장 귀하</td></tr>
<tr><td colspan="5">구비서류: 최초 신고서 사본 및 자진납부계산서(수정된 내용을 함께 기입합니다)
※ 이 용지는 무료로 배부합니다.</td><td>수수료
없음</td></tr>
</table>

<table>
<tr><td rowspan="4">위임장</td><td colspan="6">신고인의 위임을 받아 대리인이 과세표준수정신고 및 추가자진납부계산서를 제출하는 경우 아래 사항을 적어 주시기 바랍니다.</td></tr>
<tr><td rowspan="2">위임자
(신고인)</td><td colspan="5">대리인</td></tr>
<tr><td>구분</td><td>성명</td><td>사업장 소재지</td><td>사업자등록번호
(전자우편)</td><td>전화번호
(휴대전화번호)</td></tr>
<tr><td>(서명 또는 인)</td><td>세무사
공인회계사
변호사</td><td>(서명 또는 인)</td><td>(㊌)</td><td></td><td></td></tr>
</table>

<table>
<tr><td colspan="5">접수증(과세표준수정신고 및 추가자진납부계산서)</td></tr>
<tr><td>성명</td><td></td><td>주소</td><td colspan="2"></td></tr>
<tr><td colspan="4">첨부서류
1. 최초 신고서 사본 ( )
2. 자진납부계산서 ( )</td><td>접수자

접수일자인</td></tr>
</table>

210㎜×297㎜(백상지 80g/㎡(재활용품))

(35쪽 중 제3쪽)

관리번호	–

(2023년 귀속)종합소득세 · 농어촌특별세 과세표준확정신고 및 납부계산서

거주구분	(거주자1)/비거주자2		
내 · 외국인	(내국인1)/외국인9		
외국인단일세율적용	여 1 / 부 2		
분리과세 주택임대	여 1 / 부 2		
거주지국	대한민국	거주지국코드	KR

❶ 기본사항

항목	내용	항목	내용
① 성 명	진민후	② 주민등록번호	720420 – 1018819
③ 주 소	경기도 성남시 수정구 산성대로437번길 7 (단대동, 푸르지오)		
④ 주소지 전화번호	010)2001 – 1629	⑤ 사업장 전화번호	02)420 – 9030
⑥ 휴 대 전 화		⑦ 전자우편주소	
⑧ 기 장 의 무	(1)복식부기의무자 2간편장부대상자 3비사업자		
⑨ 신 고 유 형	11자기조정 (12)외부조정 14성실신고확인 20간편장부 31추계 – 기준율 32추계 – 단순율 35분리과세 40비사업자		
⑩ 신 고 구 분	10정기신고 (20)수정신고 30경정청구 40기한후 신고 50추가신고(인정상여)		

❷ 환급금 계좌신고

⑪ 금융기관/체신관서명		⑫ 계좌번호	

❸ 세무대리인

⑬성 명	진성규	⑭ 사업자등록번호	206 – 24 – 74144	⑮ 전화번호	
⑯대리구분	(1)기장 2조정 3신고 4성실확인	⑰ 관리번호	U – 99387	⑱ 조정반번호	1 – 0367

❹ 세액의 계산

구분			종합소득세		농어촌특별세
종합소득금액		⑲	64,061,311 64,061,311		■
소득공제		⑳	13,406,220 10,406,220		■
과세표준(⑲ – ⑳)		㉑	50,655,091 53,655,091	㊶	
세율		㉒	24% 24%	㊷	
산출세액		㉓	6,397,221 7,117,221	㊸	
세액감면		㉔	639,721 711,721		■
세액공제		㉕	514,000 364,000		■
결정세액	종합과세(㉓ – ㉔ – ㉕)	㉖	5,243,500 6,041,500	㊹	
	분리과세	㉗		㊺	
	합계(㉖ + ㉗)	㉘	5,243,500 6,041,500	㊻	
가산세		㉙	133,186	㊼	
추가납부세액(농어촌특별세의 경우에는 환급세액)		㉚		㊽	
합계(㉘ + ㉙ + ㉚)		㉛	5,243,500 6,174,686	㊾	
기납부세액		㉜	1,389,000 1,389,000	㊿	
납부(환급)할 총세액(㉛ – ㉜)		㉝	3,854,500 4,785,686	51	
납부특례세액	차감	㉞		52	
	가산	㉟			
분납할 세액	2개월 내	㊱			
신고기한 이내 납부할 세액(㉝ – ㉞ + ㉟ – ㊱)		㊲	3,854,500 4,785,686	53	
국세환급금충당		54		55	
충당 후 납부(환급)할 세액		56	3,854,500 4,785,686	57	

신고인은 「소득세법」 제70조, 「농어촌특별세법」 제7조, 「지방세법」 제95조 및 「국세기본법」 제45조의3에 따라 위의 내용을 신고하며, 위 내용을 충분히 검토하였고 신고인이 알고 있는 사실 그대로를 정확하게 적었음을 확인합니다. 위 내용 중 과세표준 또는 납부세액을 신고하여야 할 금액보다 적게 신고하거나 환급세액을 신고하여야 할 금액보다 많이 신고한 경우에는 「국세기본법」 제47조의3에 따른 가산세 부과 등의 대상이 됨을 알고 있습니다.

2025년 06 월 30 일 신고인 진민후 (서명 또는 인)

세무대리인은 조세전문자격자로서 위 신고서를 성실하고 공정하게 작성하였음을 확인합니다. 무기장 · 부실기장 및 소득세법에 따른 성실신고에 관하여 불성실하거나 허위로 확인된 경우에는 「세무사법」 제17조에 따른 징계처분 등의 대상이 됨을 알고 있습니다.

세무대리인 진성규 (서명 또는 인)

성남세무서장 귀하

접수(영수)일

첨부서류(각 1부)		전산입력필	(인)

3) 예정신고분 세금계산서 미발급에 따른 수정신고

(1) 사례

다음은 ㈜태욱의 2025년 1기 부가가치세 예정신고시 누락된 자료이다. 예정신고시 누락된 자료는 모두 3.31.에 발생한 내역이고 2025.7.31.에 수정신고하였다. 아래의 자료를 참고하여 1기 예정신고분에 대한 부가가치세 가산세를 계산하고 관련 수정신고서를 작성하라. 참고로 ㈜태욱은 예정신고를 4.20.에 하였다.

예정신고 누락내역

① 제품을 2,000,000원(부가가치세 별도)에 판매하고 전자세금계산서를 발급한 1건. 세금계산서 작성일자는 3.31.이고, 발급은 7.31.에 전자적인 형태로 발급하고 국세청에 전송하였음.
② 3.31.에 제품을 직수출(미화 : 10,000$, 적용환율 : 1,000원/$)한 내역 1건
③ 3.31.에 비품을 1,500,000원(부가가치세 별도)에 매입하고 종이세금계산서를 발급받은 1건

해설

(가) 미납세액과 가산세액의 계산

① 2025.1기 예정신고시 발생한 미납세액＝200,000원－150,000원＝50,000원

② 세금계산서 지연발급 가산세＝2,000,000원×2%＝40,000원

✎ 세금계산서를 재화의 공급시기가 속하는 과세기간의 확정신고기한까지 발급하지 못하였으므로 세금계산서 미발급과 관련된 가산세를 적용한다.

③ 신고불성실 가산세＝(200,000원－150,000원)×10%×(1－50%)＝2,500원

✎ 예정신고기한(4.25.) 경과후 6개월 이내에 신고하는 경우이므로 가산세의 50%를 감면받는다.

③ 납부지연 가산세＝(200,000원－150,000원)×0.022%×97일(4.26.~7.31.)
＝1,067원

✎ 납부지연 가산세의 경우 2022.2.15. 이후 납부 또는 부과하는 경우 2022.2.15.부터 자진납부일까지의 기간에 대해서는 22/100,000(0.022%)을 적용한다(국기령 §27의 4, 국기령 부칙 대통령령 제32424호 §6).

④ 영세율 과세표준 신고불성실 가산세＝10,000,000원×0.5%×(1－50%)
＝25,000원

✎ 예정신고기한(4.25.) 경과 후 6개월 이내에 신고하는 경우이므로 가산세의 50%를 감면받는다.

(나) 수정신고와 관련된 관련 서식을 요약하면 다음과 같다.

① 과세표준수정신고서 및 추가자진납부계산서(국기칙 6호 서식)

② 부가가치세 신고서(부가칙 21호 서식)

③ 세금계산서합계표

④ 수출실적명세서

⑤ 영세율매출명세서

이 중 ①에서 ③까지의 서식을 소개하면 다음과 같다.

국세기본법 시행규칙 [별지 제16호 서식] (2017.3.15. 개정) (앞쪽)

<table>
<tr><td colspan="5">과세표준수정신고서 및 추가자진납부계산서</td><td>처리기간
즉시</td></tr>
<tr><td rowspan="3">신고인</td><td>① 성명</td><td>윤태욱</td><td>② 주민등록번호
110111－3895442</td><td colspan="2">③ 사업자등록번호
215－87－16444</td></tr>
<tr><td>④ 주소(거소) 또는 영업소</td><td colspan="2">경기도 양평군 서종면 노문길 로이넘스 R&D 센터</td><td>⑤ 전화번호</td><td>070－4236－0000</td></tr>
<tr><td>⑥ 상호</td><td colspan="4">㈜태욱</td></tr>
</table>

<table>
<tr><td colspan="4">신고내용</td></tr>
<tr><td>⑦ 법정신고일</td><td>2025－04－25</td><td>⑧ 최초 신고일</td><td>2025－04－20</td></tr>
<tr><td>⑨ 수정신고사유</td><td colspan="3">세금계산서 미발급과 영세율 신고누락에 따른 수정신고</td></tr>
<tr><td>구분</td><td>최초 신고</td><td colspan="2">수정 신고</td></tr>
<tr><td>⑩ 세목</td><td>부가가치세</td><td colspan="2">부가가치세</td></tr>
<tr><td>⑪ 과세표준</td><td>107,937,531</td><td colspan="2">119,937,531</td></tr>
<tr><td>⑫ 산출세액</td><td>10,793,756</td><td colspan="2">10,993,752</td></tr>
<tr><td>⑬ 가산세액</td><td></td><td colspan="2">68,567</td></tr>
<tr><td>⑭ 공제 및 감면세액</td><td>6,945,027</td><td colspan="2">7,095,027</td></tr>
<tr><td>⑮ 납부할세액</td><td>3,848,729</td><td colspan="2">3,967,292</td></tr>
<tr><td>⑯ 기납부세액</td><td></td><td colspan="2"></td></tr>
<tr><td>⑰ 자진납부세액</td><td>3,848,729</td><td colspan="2">3,967,292</td></tr>
<tr><td>⑱ 추가자진납부세액</td><td></td><td colspan="2">118,563</td></tr>
</table>

「국세기본법 시행령」 제25조 및 제26조에 따라 위와 같이 신고하고 이에 따라 118,706원을 추가로 자진납부합니다.

2025년 07 월 31 일

신고인 ㈜태욱 (서명 또는 인)

윤태욱

이천 세무서장 귀하

구비서류: 최초 신고서 사본 및 자진납부계산서(수정된 내용을 함께 기입합니다) ※ 이 용지는 무료로 배부합니다.	수수료 없음

<table>
<tr><td rowspan="4">위임장</td><td colspan="6">신고인의 위임을 받아 대리인이 과세표준수정신고 및 추가자진납부계산서를 제출하는 경우 아래 사항을 적어 주시기 바랍니다.</td></tr>
<tr><td rowspan="2">위임자
(신고인)</td><td colspan="5">대리인</td></tr>
<tr><td>구분</td><td>성명</td><td>사업장 소재지</td><td>사업자등록번호
(전자우편)</td><td>전화번호
(휴대전화번호)</td></tr>
<tr><td>(서명 또는 인)</td><td>세무사
공인회계사
변호사</td><td>(서명 또는 인)</td><td>(우)</td><td></td><td></td></tr>
</table>

<table>
<tr><td colspan="4">접수증(과세표준수정신고 및 추가자진납부계산서)</td></tr>
<tr><td>성명</td><td></td><td>주소</td><td></td></tr>
<tr><td colspan="3">첨부서류
1. 최초 신고서 사본 ( )
2. 자진납부계산서 ( )</td><td>접수자

접수일자인</td></tr>
</table>

210㎜×297㎜(백상지 80g/㎡(재활용품))

부가가치세법 시행규칙 [별지 제21호 서식] (2025.3.21.개정) 홈택스(www.hometax.go.kr)에서도 신청할 수 있습니다.

일반과세자 부가가치세 [✓]예정 [ ]확정 / [ ]기한후과세표준 / [ ]영세율 등 조기환급 수정 신고서

※ 뒤쪽의 작성방법을 읽고 작성하시기 바랍니다. (4쪽 중 제1쪽)

관리번호				처리기간	즉시
신고기간	2025 년 제 1 기 (1 월 1 일 ~ 3 월 31 일)				
사업자	상 호 (법인명)	㈜ 태욱	성 명 (대표자명)	윤태욱	사업자등록번호 2 1 5 - 8 7 - 1 6 4 4 4
	생년월일	110111-3895442	전화번호	사업장 070-4236-0000 / 주소지 / 휴대전화	
	사업장 주소	경기도 양평군 서종면 노문길 로이넘스 R&D 센터		전자우편 주소	

① 신 고 내 용

구 분				금 액	세율	세 액
과세표준 및 매출세액	과세	세금계산서 발급분	(1)	33,975,712 35,975,712	10 / 100	3,397,575 3,597,571
		매입자발행 세금계산서	(2)		10 / 100	
		신용카드 · 현금영수증 발행분	(3)		10 / 100	
		기타(정규영수증 외 매출분)	(4)	73,961,819 73,961,819	10 / 100	7,396,181 7,396,181
	영세율	세금계산서 발급분	(5)		0 / 100	
		기 타	(6)	10,000,000	0 / 100	
	예 정 신 고 누 락 분		(7)			
	대 손 세 액 가 감		(8)			
	합 계		(9)	107,937,531 119,937,531	㉮	10,793,756 10,993,752
매입세액	세금계산서 수 취 분	일 반 매 입	(10)	60,723,990 62,223,990		6,072,400 6,222,400
		수출기업 수입분 납부유예	(10-1)			
		고정자산 매입	(11)			
	예 정 신 고 누 락 분		(12)			
	매입자발행 세금계산서		(13)			
	그 밖의 공제매입세액		(14)	8,732,703 8,732,703		872,627 872,627
	합계(10)-(10-1)+(11)+(12)+(13)+(14)		(15)	69,456,693 70,956,693		6,945,027 7,095,027
	공제받지 못할 매입세액		(16)			
	차 감 계 (15)-(16)		(17)	69,456,693 70,956,693	㉯	6,945,027 7,095,027
납부(환급)세액 (매출세액㉮-매입세액㉯)					㉰	3,848,729 3,898,725
경감 · 공제세액	그 밖의 경감 · 공제세액		(18)			
	신용카드매출전표등 발행공제 등		(19)			
	합 계		(20)		㉱	
소규모 개인사업자 부가가치세 감면세액			(20-1)		㉲	
예 정 신 고 미 환 급 세 액			(21)		㉳	
예 정 고 지 세 액			(22)		㉴	
사업양수자의 대리납부 기납부세액			(23)		㉵	
매입자 납부특례 기납부세액			(24)		㉶	
신용카드업자의 대리납부 기납부세액			(25)		㉷	
가 산 세 액 계			(26)		㉸	0 68,567
차감 · 가감하여 납부할 세액(환급받을 세액)(㉰-㉱-㉲-㉳-㉴-㉵-㉶-㉷+㉸)					(27)	3,848,729 3,967,292
총괄 납부 사업자가 납부할 세액(환급받을 세액)						

② 국세환급금 계좌신고	거래은행	은행 지점	계좌번호		
③ 폐 업 신 고	폐업일		폐업 사유		
④ 영 세 율 상 호 주 의	여[ ], 부[ ]	적용구분		업종	해당 국가

⑤ 과 세 표 준 명 세

업 태	종목	생산요소	업종 코드	금 액
(28) 서비스	소프트웨어 개발 및공급		722000 722000	107,937,531 119,937,531
(29)				
(30)				
(31)수입금액 제외			722000 722000	
(32)합 계				107,937,531 119,937,531

「부가가치세법」 제48조 · 제49조 또는 제59조와 「국세기본법」 제45조의3에 따라 위의 내용을 신고하며, 위 내용을 충분히 검토하였고 신고인이 알고 있는 사실 그대로를 정확하게 적었음을 확인합니다.

2025 년 07월 31일

신고인: ㈜태욱 (서명 또는 인)

세무대리인은 조세전문자격자로서 위 신고서를 성실하고 공정하게 작성하였음을 확인합니다.

세무대리인: 진성규 (서명 또는 인)

이천 세무서장 귀하

첨부서류	뒤쪽 참조

세무대리인	성 명	진성규	사업자등록번호	206-24-74144	전화번호	02-464-0000

210㎜×297㎜[백상지 (80g/㎡) 또는 중질지(80g/㎡)]

(4쪽 중 제3쪽)

※ 이 쪽은 해당 사항이 있는 사업자만 사용합니다.
※ 뒤쪽의 작성방법을 읽고 작성하시기 바랍니다.

사업자등록번호 2 1 5 - 8 7 - 1 6 4 4 4 *사업자등록번호는 반드시 적으시기 바랍니다.

		구 분			금 액	세율	세 액
예정신고 누락분 명세	(7)매출	과세	세금계산서	(33)		10/100	
			기타	(34)		10/100	
		영세율	세금계산서	(35)		0/100	
			기타	(36)		0/100	
		합계		(37)			
	(12)매입	세금계산서		(38)			
		그 밖의 공제매입세액		(39)			
		합계		(40)			

	구 분			금 액	세율	세 액
(14) 그 밖의 공제 매입세액 명세	신용카드매출전표등 수령명세서 제출분	일반매입	(41)	8,732,703 8,732,703		872,627 872,627
		고정자산매입	(42)			
	의제매입세액		(43)		뒤쪽 참조	
	재활용폐자원등 매입세액		(44)		뒤쪽 참조	
	과세사업전환 매입세액		(45)			
	재고매입세액		(46)			
	변제대손세액		(47)			
	외국인 관광객에 대한 환급세액		(48)			
	합계		(49)	8,732,703 8,732,703		872,627 872,627

	구 분		금 액	세율	세 액
(16) 공제받지 못할 매입세액 명세	공제받지 못할 매입세액	(50)			
	공통매입세액 면세사업등분	(51)			
	대손처분받은 세액	(52)			
	합계	(53)			

	구 분		금 액	세율	세 액
(18) 그 밖의 경감·공제세액 명세	전자신고 세액공제	(54)			
	전자세금계산서 발급세액 공제	(55)			
	택시운송사업자 경감세액	(56)			
	대리납부 세액공제	(57)			
	현금영수증사업자 세액공제	(58)			
	기타	(59)			
	합계	(60)			

	구 분			금 액	세 율	세 액
(26) 가산세 명세	사업자미등록등		(61)		1/100	
	세금계산서	지연발급 등	(62)		1/100	
		지연수취	(63)		5/1,000	
		미발급 등	(64)	2,000,000	뒤쪽 참조	40,000
	전자세금계산서 발급명세 전송	지연전송	(65)		3/1,000	
		미전송	(66)		5/1,000	
	세금계산서 합계표	제출 불성실	(67)		5/1,000	
		지연제출	(68)		3/1,000	
	신고불성실	무신고(일반)	(69)		뒤쪽참조	
		무신고(부당)	(70)		뒤쪽참조	
		과소·초과환급신고(일반)	(71)	50,000	뒤쪽참조	2,500
		과소·초과환급신고(부당)	(72)		뒤쪽참조	
	납부지연		(73)	50,000	뒤쪽참조	1,067
	영세율 과세표준신고 불성실		(74)	10,000,000	5/1,000	25,000
	현금매출명세서 불성실		(75)		1/100	
	부동산임대공급가액명세서 불성실		(76)		1/100	
	매입자 납부특례	거래계좌 미사용	(77)		뒤쪽참조	
		거래계좌 지연입금	(78)		뒤쪽참조	
	신용카드매출전표 등 수령명세서 미제출·과다기재		(79)			
	합계		(80)			68,567

		업 태	종 목	코드번호	금 액
면세사업 수입금액	(81)	서비스 서비스	소프트웨어 개발 및 공급 소프트웨어 개발 및 공급	7 2 2 0 0 0 7 2 2 0 0 0	
	(82)				
	(83)	수입금액 제외		7 2 2 0 0 0 7 2 2 0 0 0	
				(84)합계	

계산서 발급 및 수취 명세	(85) 계산서 발급금액	
	(86) 계산서 수취금액	

부가가치세법 시행규칙 [별지 제38호 서식(1)] (2024.3.22. 개정)　　홈택스(www.hometax.go.kr)에서도 신청할 수 있습니다.

매출처별 세금계산서합계표(갑)

2025 년 제 1 기 (01 월 01 일 ~ 03 월 31 일)

※ 뒤쪽의 작성방법을 읽고 작성하시기 바랍니다.　　(앞쪽)

1. 제출자 인적사항

① 사업자등록번호 215－87－16444	② 상호(법인명) ㈜태욱
③ 성명(대표자) 윤태욱	④ 사업장 소재지 경기도 양평군 서종면 노문길 로이넘스 R&D 센터
⑤ 거래기간 2025 년 01 월 01 일 ~ 2025 년 03 월 31 일	⑥ 작성일 2025 년 07 월 31 일

2. 매출세금계산서 총합계

구 분		⑦ 매출처수	⑧ 매수	⑨ 공급가액 조	십억	백만	천	일	⑩ 세 액 조	십억	백만	천	일
합 계		8 9	12 13			33 35	975 975	712 712			3 3	397 597	575 575
과세기간 종료일 다음 달 11일까지 전송된 전자 세금계산서 발급분	사업자등록 번호 발급분	8 8	12 12			33 33	975 975	712 712			3 3	397 397	575 575
	주민등록번호 발급분												
	소 계	8 8	12 12			33 33	975 975	712 712			3 3	397 397	575 575
위 전자 세금계산서 외의 발급분	사업자등록 번호 발급분	0 1	0 1			2	000	0 000				200	0 000
	주민등록번호 발급분												
	소 계	0 1	0 1			2	000	0 000				200	0 000

3. 과세기간 종료일 다음 달 11일까지 전송된 전자세금계산서 외 발급분 매출처별 명세 (합계금액으로 적음)

⑪ 번호	⑫ 사업자 등록번호	⑬ 상호 (법인명)	⑭ 매수	⑮ 공급가액 조	십억	백만	천	일	⑯ 세액 조	십억	백만	천	일	비고
1	308－82－60400	무림사	0 1			2	000	0 000				200	0 000	
2														
3														
4														
5														

⑰ 관리번호(매출)	－

210mm×297mm[백상지 80g/㎡ 또는 중질지 80g/㎡]

부가가치세법 시행규칙 [별지 제39호 서식(1)] (2024.3.22. 개정)

홈택스(www.hometax.go.kr)에서도 신청할 수 있습니다.

매입처별 세금계산서합계표(갑)

2025 년 제 1 기 (01 월 01 일 ~ 03 월 31 일)

※ 아래의 작성방법을 읽고 작성하시기 바랍니다. (앞쪽)

1. 제출자 인적사항

① 사업자등록번호 215-87-16444	② 상호(법인명) ㈜태욱
③ 성명(대표자) 윤태욱	④ 사업장 소재지 경기도 양평군 서종면 노문길 로이넘스 R&D 센터
⑤ 거래기간 2025 년 01 월 01 일 ~ 2025년 03 월 31 일	⑥ 작성일 2025 년 07 월 31 일

2. 매입세금계산서 총합계

구 분		⑦ 매입처수	⑧ 매수	⑨ 공급가액 조	십억	백만	천	일	⑩ 세 액 조	십억	백만	천	일
합 계		11 12	32 33			60 62	723 223	990 990			6 6	072 222	400 400
과세기간 종료일 다음 달 11일까지 전송된 전자 세금계산서 발급받은 분	사업자등록번호 발급받은 분	11 11	32 32			60 60	723 723	990 990			6 6	072 072	400 400
	주민등록번호 발급받은 분												
	소 계	11 11	32 32			60 60	723 723	990 990			6 6	072 072	400 400
위 전자 세금계산서 외의 발급받은 분	사업자등록번호 발급받은 분	0 1	0 1			1	500	0 000				150	0 000
	주민등록번호 발급받은 분												
	소 계	0 1	0 1			1	500	0 000				150	0 000

* 주민등록번호로 발급받은 세금계산서는 사업자등록 전 매입세액 공제를 받을 수 있는 세금계산서만 적습니다.

3. 과세기간 종료일 다음 달 11일까지 전송된 전자세금계산서 외 발급받은 매입처별 명세 (합계금액으로 적음)

⑪ 번호	⑫ 사업자 등록번호	⑬ 상호 (법인명)	⑭ 매수	⑮ 공급가액 조	십억	백만	천	일	⑯ 세액 조	십억	백만	천	일	비고
1	308-81-60000	소림사	0 1			1	500	0 000				150	0 000	
2														
3														
4														
5														

⑰ 관리번호(매입)	-

210mm×297mm[백상지 80g/㎡ 또는 중질지 80g/㎡]

제3절 경정청구

1. 경정청구의 개요

(1) 의의

경정 등의 청구란 이미 신고 · 결정 · 경정된 과세표준 및 세액 등이 과대(또는 이미 신고 · 결정 · 경정된 결손금액 또는 환급세액이 과소)한 경우 납세의무자가 과세관청으로 하여금 이를 정정하여 결정 또는 경정하도록 청구하는 제도를 말한다.

이는 과세표준과 세액이 과대하게 신고 · 결정 · 경정된 경우에 납세의무자의 권리구제를 위한 제도이다.

이러한 경정 등의 청구에는 ① 통상적인 경정 등의 청구와 ② 후발적 사유로 인한 경정 등의 청구의 두 가지 종류가 있다.

(2) 통상적인 경정 등의 청구의 요건

과세표준신고서를 법정신고기한까지 제출한 자 및 기한후과세표준신고서를 제출한 자는 다음의 하나에 해당할 때에는 최초 신고 및 수정신고한 국세의 과세표준 및 세액의 결정 또는 경정을 법정신고기한이 지난 후 5년 이내에 관할세무서장에게 청구할 수 있다(국기법 §45의 2 ①).

다만, 결정 또는 경정으로 인하여 증가된 과세표준 및 세액에 대하여는 해당 처분이 있음을 안 날(처분의 통지를 받은 때에는 그 받은 날)부터 3개월 이내(법정신고기한이 지난 후 5년 이내에 한함)에 경정을 청구할 수 있다.

① 과세표준신고서 또는 기한후과세표준신고서에 기재된 과세표준 및 세액(각 세법에 따라 결정 또는 경정이 있는 경우에는 해당 결정 또는 경정 후의 과세표준 및 세액을 말함)이 세법에 따라 신고하여야 할 과세표준 및 세액을 초과할 때

② 과세표준신고서 또는 기한후과세표준신고서에 기재된 결손금액, 세액공제액 또는 환급세액(각 세법에 따라 결정 또는 경정이 있는 경우에는 해당 결정 또는 경정 후의 결손금액, 세액공제액 또는 환급세액을 말함)이 세법에 따라 신고하여야 할 결손금액, 세액공제액 또는 환급세액에 미치지 못할 때

✎ 2019.12.31.까지 경정청구 대상자는 법정신고기한까지 과세표준신고서를 제출한 자만 할 수 있었다. 따라서 기한후 신고를 한 경우에는 당초 법정신고기한까지 과세표준 및 세액을 신고하지 않았으므로 기한후 신고에 대한 경정청구를 할 수 없었지만 2020.1.1. 이후 경정청구를 하는 분부터는 과세표준신고서를 법정신고기한까지 제출하지 아니한 기한후 신고를 한 자에게도 자기시정의 기회를 부여하기 위하여 경정청구를 할 수 있도록 세법이 개정되었다. 참고로 2020.1.1. 전에 기한후과세표준신고서를 제출하고 2020.1.1. 이후 과세표준수정신고서를 제출하거나 국세의 과세표준 및 세액의 결정 또는 경정을 청구하는 경우에도 경정청구를 할 수 있다(국기법 부칙 법률 제16841호 §5).

실무Tip _ 경정청구기간의 변경

경정청구 기간은 2014.12.31.까지는 3년이었는데, 2015.1.1. 이후 경정청구하는 분부터는 5년을 적용하여 납세자의 권리를 확대하는 방향으로 세법이 개정되었다.
예를 들면, 2020년 귀속분 법인세 신고(12월말 결산법인이라고 가정)의 경정청구기간은 2021.4.1.부터 2026.3.31.까지이다.

(3) 후발적 사유로 인한 경정 등의 청구요건

과세표준신고서를 법정신고기한까지 제출한 자 또는 국세의 과세표준 및 세액의 결정을 받은 자는 후발적 사유가 발생하였을 때에는 위의 청구기간에 불구하고 그 사유가 발생한 것을 안 날부터 3개월 이내에 결정 또는 경정을 청구할 수 있다(국기법 §45의 2 ②).

이 제도는 당초 신고 · 결정 · 경정 당시에 고려할 수 없었던 후발적 사유로 인해 당초 신고 · 결정 · 경정된 과세표준과 세액이 과대한 것임이 판명된 경우에 과세표준과 세액을 감액할 수 있도록 함으로써 납세의무자의 권리구제에 충실을 기하기 위해 도입된 것이다.

구체적인 후발적 사유는 다음과 같다.

① 최초의 신고 · 결정 또는 경정에서 과세표준 및 세액의 계산 근거가 된 거래 또는 행위 등이 그에 관한 심사청구, 심판청구, 감사원법에 따른 심사청구에 대한 결정이나 소송에 대한 판결(판결과 같은 효력을 가지는 화해나 그 밖의 행위를 포함)에 의하여 다른 것으로 확정되었을 때

② 소득이나 그 밖의 과세물건의 귀속을 제3자에게로 변경시키는 결정 또는 경정이 있을 때

③ 조세조약에 따른 상호합의가 최초의 신고 · 결정 또는 경정의 내용과 다르게 이루어졌을 때

④ 결정 또는 경정으로 인하여 그 결정 또는 경정의 대상이 된 과세표준 및 세액과 연동된 다른 세목(같은 과세기간으로 한정한다)이나 연동된 다른 과세기간(같은 세목으로 한정한다)의 과세표준 또는 세액이 세법에 따라 신고하여야 할 과세표준 또는 세액을 초과할 때

⑤ 다음의 사유가 해당 국세의 법정신고기한이 지난 후에 발생하였을 때(국기령 §25의 2)

㉮ 최초의 신고 · 결정 또는 경정을 할 때 과세표준 및 세액의 계산 근거가 된 거래 또는 행위 등의 효력과 관계되는 관청의 허가나 그 밖의 처분이 취소된 경우
㉯ 최초의 신고 · 결정 또는 경정을 할 때 과세표준 및 세액의 계산 근거가 된 거래 또는 행위 등의 효력과 관계되는 계약이 해제권의 행사에 의하여 해제되거나 해당 계약의 성립 후 발생한 부득이한 사유로 해제되거나 취소된 경우
㉰ 최초의 신고 · 결정 또는 경정을 할 때 장부 및 증거서류의 압수, 그 밖의 부득이한 사유로 과세표준 및 세액을 계산할 수 없었으나 그 후 해당 사유가 소멸한 경우
㉱ 그 밖에 위와 유사한 사유에 해당하는 경우

실무Tip _ 후발적 사유로 인한 경정 등의 청구에 관하여 유의할 사항

① 후발적 사유로 인해 당초의 과세표준과 세액이 과대(또는 결손금이 환급세액이 과소)한 결과가 되는 경우에만 경정 등 청구를 하는 것이다. 이에 반하여 후발적 사유로 인해 당초의 과세표준과 세액이 과소(또는 결손금액이나 환급세액이 과대)한 결과가 되는 경우에는 경정 등 청구가 아니라 수정신고를 하여야 한다.
② 당초 법정신고기한까지 과세표준신고를 하지 않은 자도 이미 과세표준과 세액의 결정을 받은 경우라면 경정 등 청구는 할 수 있다.

(4) 실무 적용 사례

① 근로소득만 있는 납세자의 경정청구 기산일

(사실관계)

○ 신청인은 2018년 귀속 근로소득만 있는 자로서, 연말정산 당시 반영하지 못한 공제항목이 있어 2023년 귀속 종합소득세 정기신고 기간에 2018년 기한후 신고를 진행하고자 함.
○ 세무서로부터 "2017년 귀속에 근로소득만 있고 연말정산을 한 대상자는 부과제척기간의 기산일이 정기신고 말일이 아닌 근로소득 지급명세서를 제출한 다음날인 3월 11일이기 때문에 2023년 3월 이후에는 신고 불가능함"을 안내 받음.

(질의내용)

○ 근로소득자의 경정청구 기산일이 근로소득 지급명세서 제출 다음날인지, 소득세 확정신고 기한 다음날인지

[회신]

연말정산된 근로소득만 있어 소득세 과세표준 확정신고를 하지 않은 원천징수대상자는 연말정산세액의 납부기한이 지난 후 5년 이내에 경정을 청구할 수 있음(서면징세 2023-3929, 2024.6.14.; 법령해석-2602, 2021.7.26.).

따라서 위 사례의 근로소득자의 경정청구 기산일은 3월 11일임.

실무Tip __ 근로소득 경정청구 기한(2024년 귀속분)

종합소득세과세표준 확정신고 여부	경정 청구자	당초 신고기한	경정 청구기한
근로자가 신고를 한 경우	근로자 본인	2025.5.31.	2030.5.31.
근로자가 신고를 하지 않았으나 원천징수의무자가 지급명세서를 제출기한인 3월 10일까지 제출한 경우	근로자 본인	2025.3.10.	2030.4.10.
	원천징수의무자		

② 판결에 따라 근로소득 지급명세서 수정신고한 경우 원천징수 방법, 가산세 관련 질의

과세표준신고서를 법정신고기한까지 제출한 자 또는 국세의 과세표준 및 세액의 결정을 받은 자는 과세표준 및 세액의 계산 근거가 된 거래 또는 행위 등이 그에 관한 소송에 대한 판결에 의하여 다른 것으로 확정되었을 때에는 그 사유가 발생한 것을 안 날부터 3개월 이내에 결정 또는 경정을 청구할 수 있으며, 1심 판결에 따라 과세표준 및 세액의 증액분에 대하여 수정신고 · 납부하였으나, 2심 판결에서 해당 과세표준 및 세액이 감소함에 따라 환급세액이 발생하는 경우에는 본세 뿐만 아니라 가산세도 감액되는 것임(서면원천 2023-1634, 2024.5.22.).

③ 당초 연말정산 시 과다하게 신고된 총급여를 수정하여 제출할 경우 납부세액 환급 가능 여부 등

소득세법 제164조에 따라 소득세 납세의무가 있는 개인에게 근로소득을 국내에서 지급하는 자(원천징수의무자)는 근로소득지급명세서를 그 지급일이 속하는 과세기간의 다음연도 3월 10일까지 제출해야 하는 의무가 있으며, 해당 근로자의 지급명세서에 오류사항(총급여 오류 기재 등)이 있는 경우에는 원천징수의무자는 원천세 수정신고와 더불어 해당 근로자의 근로소득지급명세서를 수정하여 제출해야 함(해당 근로자의 지급명세서를 수정하여 연말정산을 재정산하는 경우 결정세액은 추가납부 및 추가환급이 발생할 수 있음).

이때, 원천징수의무자는 같은 법 제81조의 11에 따라 지급명세서 내용이 불분명하거나 사실과 다른 분의 지급금액의 100분의1의 가산세를 부담함.

국세기본법 제45조의 2에 제1항에 따라 과세표준신고서를 법정신고기한까지 제출한 자는 과세표준 및 세액이 세법에 따라 신고하여야 할 과세표준 및 세액을 초과하는 경우에는 법정신고기한이 지난 후 5년 이내에 관할세무서장에게 경정청구 할 수 있음(서면원천 2024-521, 2024.2.16.).

④ 기타소득 연간 3백만원 이하 자의 종합소득세 신고 관련 경정청구 및 수정신고

(쟁점1) 기타소득금액 연 3백만원 이하인 납세자가 분리과세 후 분리과세 기타소득을 제외한 다른 소득에 대해서만 종합소득세 합산신고한 경우, 당초 분리과세 기타소득을 종합소득금액에 포함해서 경정청구 할 수 있음.

(쟁점2) 기타소득금액 연 3백만원 이하인 납세자가 분리과세 후 어떤 소득에 대해서도 종합소득세 확정신고 기한까지 합산신고하지 않은 경우, 분리과세 기타소득을 종합소득금액

에 합산해서 종합소득세 기한 후 신고를 할 수 있음.

(쟁점3) 기타소득금액 연 3백만원 이하인 납세자가 분리과세 기타소득을 포함하여 종합소득세 합산신고한 경우, 다시 분리과세로 과세방식을 변경하여 경정청구 할 수 있음.

⑤ 통상임금 소송 결과에 따른 근로소득 지급명세서 및 원천세 수정신고 가산세 관련 질의

과세표준신고서를 법정신고기한까지 제출한 자 또는 국세의 과세표준 및 세액의 결정을 받은 자는 과세표준 및 세액의 계산 근거가 된 거래 또는 행위 등이 그에 관한 소송에 대한 판결에 의하여 다른 것으로 확정되었을 때 납세자는 그 사유가 발생한 것을 안 날부터 3개월 이내에 결정 또는 경정을 청구할 수 있음(서면원천 2022-1415, 2023.5.22.).

⑥ 주택임대소득 신고방법 수정신고 및 경정청구 가능여부

종합소득 결정세액의 계산에 있어 「소득세법」 제14조 제3항에 따른 분리과세 주택임대소득이 있는 거주자가 동법 제64조의2 제1항 각호의 방법 중 하나의 방법을 선택 · 적용한 경우, 추후 「국세기본법」 제45조 및 제45조의 2에 따라 수정신고 또는 경정청구를 통해 동법 제64조의2 제1항 각호의 방법 중 다른 방법으로 변경할 수 있는 것임(기획재정부조세법령-610, 2020.5.14.).

⑦ 잘못 원천징수한 세액에 대해 원천징수대상자가 경정청구 할 수 있는지 여부

사망보험금 지급지연에 따라 보험금에 추가하여 지급받는 지연손해금을 기타소득으로 원천징수하여 납부한 경우, 이는 국세기본법 제45조의2 제4항에 따른 원천징수대상자의 경정청구가 가능한 소득에 해당되지 아니하므로 해당 원천징수세액에 대하여 경정청구 할 수 없는 것임(사전법령해석기본 2019-516, 2019.10.22.).

⑧ 수정신고 후 경정청구가 가능한지의 여부

국세기본법 제45조의 2 제1항의 규정에 의한 경정등의 청구는 과세표준신고서를 법정신고기한내에 제출한 후 최초의 과세표준 및 세액에 대하여 수정신고를 한 경우에도 경정청구기한 내에는 수정신고한 과세표준 및 세액에 대하여 경정청구를 할 수 있는 것임(재조세 46019-135, 2003.4.7.).

⑨ 경정청구에 의한 대손세액공제가 가능한지의 여부

대손이 확정된 날이 속하는 과세기간에 대한 부가가치세 확정신고시 대손세액을 공제받지 못한 경우 경정청구시 대손세액공제가 가능함(재소비 46015-346, 2002.12.12.).

2. 연말정산세액에 대한 경정 등의 청구

연말정산되는 근로소득 등만이 있는 자, 분리과세되는 국내원천소득이 있는 내국법인 또는 비거주자(이하 '원천징수대상자'라 함)가 다음 중 어느 하나에 해당하는 경우에는 위의 경정 등 청구에 관한 규정을 준용한다(국기법 §45의 2 ⑤).

① 원천징수의무자가 소득세법에 따른 연말정산에 의하여 소득세(근로소득세 · 공적연금소득세 및 보험모집인 등의 사업소득세)를 납부하고 지급명세서를 제출기한까지 제출한 경우. 여기서 '지급명세서 제출기한'이란 해당 소득의 지급일이 속하는 과세기간의 다음연도 2월 말일(사업소득과 근로소득 또는 퇴직소득의 경우에는 다음연도 3월 10일)까지를 말한다.

② 원천징수의무자가 원천징수한 법인세와 소득세를 납부하고 지급명세서를 제출기한까지 제출한 경우

(1) 연말정산세액 등에 대한 통상적 사유로 인한 경정청구

원천징수의무자 또는 원천징수대상자는 다음 중 어느 하나에 해당하는 때에는 연말정산세액 또는 원천징수세액의 납부기한이 지난 후 5년 이내에 연말정산세액 또는 원천징수세액의 경정을 관할세무서장에게 청구할 수 있다.

① 원천징수영수증에 기재된 과세표준 및 세액이 신고하여야 할 과세표준 및 세액을 초과할 때

② 원천징수영수증에 기재된 환급세액이 신고하여야 할 환급세액에 미치지 못할 때

(2) 연말정산세액 등에 대한 후발적 사유로 인한 경정 등 청구

원천징수의무자 또는 원천징수대상자는 후발적 사유가 발생한 때에는 그 사유가 발생한 것을 안 날부터 3개월 이내에 경정을 청구할 수 있다.

참고 국세 환급계좌개설신고 기준 금액 삭제(2023년 개정)

2020년까지는 환급세액이 2,000만원 이상일 경우 국세 환급계좌개설신고를 하도록 되어 있었고, 2021년부터는 해당 금액이 5,000만원 이상일 경우로 개정되었으며 2023년부터는 환급계좌개설신고 기준금액을 각 세법의 신고서식에서 삭제하였다.

정리하면 2023년부터는 국세기본법 및 세법에 따른 과세표준신고서에 납세자 명의의 환급계좌를 기재한 경우 해당 환급 신고분에 대해서는 계좌개설을 신고한 것(국기칙 §16의 3, 2023.3.20. 개정)으로 보도록 세법이 개정되었다.

3. 경정청구의 절차와 효력

(1) 경정 등 청구의 절차

경정 등의 청구를 하고자 하는 자는 ① 청구인의 성명과 주소(또는 거소), ② 결정 또는

경정 전의 과세표준 및 세액, ③ 결정 또는 경정 후의 과세표준 및 세액, ④ 결정 또는 경정의 청구를 하는 이유, ⑤ 그 밖의 필요한 사항을 기재한 과세표준 및 세액의 경정 또는 경정 청구서(국기칙 16호의 2 서식)에 최초의 과세표준 및 세액신고서 사본과 경정청구사유를 객관적으로 입증할 수 있는 서류를 첨부하여 관할세무서장에게 제출(국세정보통신망을 활용한 제출 포함)하여야 한다.

(2) 경정 등 청구의 효력

결정 또는 경정의 청구를 받은 세무서장은 그 청구를 받은 날부터 2개월 이내에 과세표준 및 세액을 결정 또는 경정하거나 결정 또는 경정하여야 할 이유가 없다는 뜻을 그 청구를 한 자에게 통지하여야 한다.

경정 등의 청구는 그 자체만으로는 납세의무를 감액 변동시키는 확정력을 갖지 못하며, 단지 과세관청으로 하여금 일정기간 내에 청구의 취지에 따른 결정 또는 경정을 하여야 할 법률상의 의무를 지우는 것이다.

따라서 신고납부 세목의 과세표준 및 세액을 과다신고한 경우에는 경정청구를 거친 후에만 조세불복을 제기할 수 있으므로 경정청구는 행정심판의 전단계 절차인 것이다.

4. 법인세 경정청구 사례연구

(1) 사례

㈜태욱(중소기업이며, 12월말 결산법인)은 소프트웨어공급업체로서 2022년 귀속분 법인세를 법인세 신고기한인 2023.3.31.까지 신고 · 납부하였다. ㈜태욱의 2022년 귀속분 법인세 신고시의 신고내역을 요약하면 다음과 같다.

구 분	금 액
수입금액	612,165,204
과세표준	86,759,431
산출세액	8,675,943
세액감면	703,634
총부담세액	7,972,309
중간예납세액	4,391,870
원천납부세액	2,160
차가감납부세액	3,578,279

세액감면은 중소기업 특별세액감면으로 다음과 같이 계산하였고 최저한세에 해당되지 않으며, 관련 신고서식은 모두 제출하였었다.

$$\text{중소기업특별세액감면} = \text{산출세액} \times \frac{\text{감면대상 과세표준}}{\text{과세표준}} \times \text{감면율}$$
$$= 8,675,943 \times \frac{70,363,484}{86,759,431} \times 10\%$$
$$= 703,634$$

㈜태욱은 2022년 귀속분 법인세에 대한 사후 검토중 중소기업특별세액감면의 감면율이 20%임에도 불구하고 10%를 적용한 것을 알게 되어 2025.8.31.에 2022년 귀속분에 대한 경정청구를 진행하려고 한다. ㈜태욱의 환급계좌는 '국민은행 42400101201234'이다.

경정청구에 필요한 관련 서식을 작성하라.

(2) 해답

(가) 경정청구 내역

구 분	당초 신고금액	경정청구 금액	차액
수입금액	612,165,204	612,165,204	
과세표준	86,759,431	86,759,431	
산출세액	8,675,943	8,675,943	
세액감면	703,634	1,407,269 *	(703,635)
총부담세액	7,972,309	7,268,674	(703,635)
중간예납세액	4,391,870	4,391,870	
원천납부세액	2,160	2,160	
차가감납부세액	3,578,279	2,874,644	(703,635)

$$^{*}\,\text{중소기업특별세액감면} = \text{산출세액} \times \frac{\text{감면대상 과세표준}}{\text{과세표준}} \times \text{감면율}$$
$$= 8,675,943 \times \frac{70,363,484}{86,759,431} \times 20\%$$
$$= 1,407,269$$

✎ 중소기업특별세액감면의 착오로 인하여 703,635원에 대한 경정청구를 한다.

㈏ 법인세 경정청구 관련 서식의 작성

법인세 경정청구와 관련된 서식을 요약해서 정리하면 다음과 같고 2022년 귀속분에 대한 경정청구이므로 2022년 귀속분 신고 서식으로 경정청구 신고서를 작성한다.

① 과세표준 및 세액의 결정(경정)청구서(국기칙 별지 16의 2 서식)

> ✎ 경정청구 이유와 환급계좌를 기입하여 제출한다. 청구이유가 별도로 더 필요한 경우 별도 청구이유서를 작성해서 제출하면 되고, 환급세액이 2,000만원 이상일 경우에는 환급계좌를 기입하지 말고 별도의 계좌개설(변경)신고서(국기칙 별지 제22호 서식)를 작성한 다음 계좌번호가 보이는 통장사본을 첨부하여 제출하여야 한다.

② 법인세과세표준 및 세액수정신고서(법칙 별지 1호 서식)

> ✎ 신고구분을 수정신고로 표기하여 신고서를 작성한다.

③ 법인세과세표준 및 세액조정계산서(법칙 별지 3호 서식)

④ 세액감면신청서(조특칙 별지 2호 서식)

⑤ 공제감면세액 및 추가납부세액합계표(법칙 별지 8호 서식(갑))

⑥ 공제감면세액계산서(2)(법칙 별지 8호 서식 부표2)

⑦ 최저한세조정계산서(법칙 별지 4호 서식)

위의 서식 중 ①부터 ③까지 작성된 서식을 소개하며 경정청구와 관련된 서식이 필요한 경우 경정(경정)청구서에 첨부하여 제출한다.

㈐ 법인 지방소득세 경정청구 관련 서식의 작성

법인 지방소득세 경정청구 관련 내용은 제4장 제2절 지방세기본법상 수정신고와 경청청구편(855쪽)에서 설명하기로 하고 위 사례의 경우 중소기업특별세액감면과 관련된 환급청구이기 때문에 법인 지방소득세의 당초세액에 영향을 미치지 않기 때문에 법인 지방소득세는 경정청구를 할 필요가 없다.

국세기본법 시행규칙 [별지 제16호의 2 서식] (2025.3.21. 개정) (앞 쪽)

과세표준 및 세액의 결정(경정)청구서 [「국세기본법」 제45조의 2 또는 「소득세법」 제118조의 15에 따른 결정(경정) 청구]					처리기간 2개월
청구인	① 성 명	윤태욱	② 주민등록번호 840518-1115138		③ 사업자등록번호 215-87-16444
	④ 주소(거소) 또는 영업소	경기도 양평군 서종면 노문리		⑤ 전화번호	070-4236-0000
	⑥ 상 호	㈜태욱			
신고내용					
⑦ 법정 신고일		2023-03-31		⑧ 최초 신고일	2023-03-31
⑨ 경정(결정)청구이유		중소기업특별세액감면 감면율 착오 적용으로 인한 경정청구			
구 분		최 초 신 고		경 정(결 정) 청 구	
⑩ 세 목		법인세		법인세	
⑪ 과세표준금액		86,759,431		86,759,431	
⑫ 산 출 세 액		8,675,943		8,675,943	
⑬ 가 산 세 액					
⑭ 공제 및 감면세액		703,634		1,407,269	
⑮ 납부할세액		3,578,279		2,874,644	
⑯ 국세환급금 계좌신고		거래은행	국민은행	계좌번호	42400101201234
⑰ 환급받을 세액				703,635	

「국세기본법」 제45조의 2, 같은 법 시행령 제25조의 3, 「소득세법」 제118조의 15 및 같은 법 시행령 제178조의 11에 따라 위와 같이 신고합니다.

2025년 08월 31일

청구인 ㈜태욱 (서명 또는 인)
윤태욱

이천 세무서장 귀하

첨부서류	경정(결정)청구 사유 증명자료	수수료 없 음

위임장	청구인의 위임을 받아 대리인이 경정청구를 하는 경우 아래 사항을 적어 주시기 바랍니다.				
	위임자(청구인)		㈜태욱 윤태욱(서명 도는 인)		
	대리인	사업장	상호	사업자등록번호	사업장 소재지	전자우편
			진성규세무사사무소	206-24-74144	경기 성남시 수정구 위례순환로 211	
		수행자	구분	성명	생년월일	(휴대)전화번호
			[○]세 무 사 [ ]공인회계사 [ ]변 호 사	진성규	1972.06.01	

접수증(과세표준 및 세액의 결정(경정)청구서)			
성 명		주 소	
첨 부 서 류	결정(경정)청구사유 증명자료 [ ]		접 수 자 접 수 일 인

210㎜×297㎜(백상지 80g/㎡(재활용품))

법인세법 시행규칙 [별지 제1호 서식] (2023.3.20. 개정) 홈택스(www.hometax.go.kr)에서도 신고할 수 있습니다.

법인세 과세표준 및 세액신고서

※ 뒤쪽의 신고안내 및 작성방법을 읽고 작성하여 주시기 바랍니다. (앞쪽)

①사업자등록번호	215-87-16444		②법 인 등 록 번 호	110111-3895442	
③법 인 명	㈜태욱		④전 화 번 호	070)4236-0086	
⑤대 표 자 성 명	윤태욱		⑥전 자 우 편 주 소		
⑦소 재 지	경기도 양평군 서종면 노문길 로이넘스 R&D 센터				
⑧업 태	서비스	⑨종 목	소프트웨어 개발 및 공급	⑩주업종코드	722000
⑪사 업 연 도	2022.01.01.~2022.12.31.		⑫수시부과기간	. . . ~ . . .	

⑬법 인 구 분		①내국 2.외국 3.외투(비율 %)					⑭조 정 구 분	①외부 2. 자기
⑮종 류 별 구 분		중소기업	일반 중견기업	일반 상호출자제한기업	일반 그외기업	당기순이익과세	⑯외 부 감 사 대 상	1. 여 ②부
영리법인	상 장 법 인	11	71	81	91		⑰신 고 구 분	1. 정기신고
	코스닥상장법인	21	72	82	92			2. 수정신고(가.서면분석, 나.기타)
	기 타 법 인	㉚	73	83	93			3. 기한후 신고 4. 중도폐업신고
비 영 리 법 인		60	74	84	94	50		⑤ 경정청구
⑱법 인 유 형 별 구 분		기타 법인		코드	100		⑲결 산 확 정 일	2023.03.28
⑳신 고 일		2025.08.31					㉑납 부 일	
㉒신고기한 연장승인		1. 신청일					2. 연장기한	

구 분	여	부	구 분	여	부
㉓주식변동	1	②	㉔장부전산화	①	2
㉕사업연도의제	1	②	㉖결손금소급공제 법인세환급신청	1	②
㉗감가상각방법(내용연수)신고서 제출	1	②	㉘재고자산등평가방법신고서 제출	1	②
㉙기능통화 채택 재무제표 작성	1	②	㉚과세표준 환산시 적용환율		
㉛동업기업의 출자자(동업자)	1	②	㉜한국채택국제회계기준(K-IFRS)적용	1	②

구 분	법인세 법 인 세	법인세 토지 등 양도소득에 대한 법인세	법인세 미환류소득에 대한 법인세	계
㉝수 입 금 액	(612,165,204) (612,165,204)			
㉞과 세 표 준	86,759,431 86,759,431			
㉟산 출 세 액	8,675,943 8,675,943			8,675,943 8,675,943
㊱총 부 담 세 액	7,972,309 7,268,674			7,972,309 7,268,674
㊲기 납 부 세 액	4,394,030 4,394,030			4,394,030 4,394,030
㊳차 감 납 부 할 세 액	3,578,279 2,874,644			3,578,279 2,874,644
㊴분 납 할 세 액				
㊵차 감 납 부 세 액				3,578,279 2,874,644

㊶조 정 반 번 호	1-0367	㊸조정자	성 명	진성규
㊷조 정 자 관 리 번 호	U-9938-7		사업자등록번호	206-24-74144
			전화번호	02-464-0000

국세환급금 계좌 신고	㊹예 입 처	은행 (본)지점
	㊺예금종류	
	㊻계 좌 번 호	예금

신고인은 「법인세법」 제60조 및 「국세기본법」 제45조, 제45조의 2, 제45조의 3에 따라 위의 내용을 신고하며, 위 내용을 충분히 검토하였고 신고인이 알고 있는 사실 그대로를 정확하게 적었음을 확인합니다.

2025년 08월 31일

신고인(법 인) ㈜태욱 (인)

신고인(대표자) 윤채욱 (서명)

세무대리인은 조세전문자격자로서 위 신고서를 성실하고 공정하게 작성하였음을 확인합니다.

세무대리인 진성규 (서명 또는 인)

이천 세무서장 귀하

붙임 서류	1. 재무상태표 2. (포괄)손익계산서 3. 이익잉여금처분(결손금처리)계산서 4. 현금흐름표(「주식회사 등의 외부감사에 관한 법률」 제2조에 따른 외부감사의 대상이 되는 법인의 경우만 해당합니다), 5. 세무조정계산서	수수료 없 음

210mm×297mm[백상지 80g/㎡ 또는 중질지 80g/㎡]

법인세법 시행규칙 [별지 제3호 서식] (2023.3.20. 개정) (앞쪽)

사업연도	2022.01.01. ~ 2022.12.31.	법인세 과세표준 및 세액조정계산서	법인명	㈜태욱
			사업자등록번호	215-87-16444

구분	항목	코드	금액
① 각 사업연도 소득계산	⑩ 결산서상 당기순손익	01	55 870 430 55 870 430
	소득조정금액 ⑩ 익금산입	02	30 889 001 30 889 001
	소득조정금액 ⑩ 손금산입	03	
	⑩ 차가감소득금액 (⑩+⑩-⑩)	04	86 759 431 86 759 431
	⑩ 기부금한도초과액	05	
	⑩ 기부금한도초과이월액 손금산입	54	
	⑩ 각 사업연도소득금액 (⑩+⑩-⑩)	06	86 759 431 86 759 431
② 과세표준 계산	⑩ 각 사업연도소득금액 (⑩=⑩)		86 759 431 86 759 431
	⑩ 이월결손금	07	
	⑪ 비과세소득	08	
	⑪ 소득공제	09	
	⑪ 과세표준 (⑩-⑩-⑪-⑪)	10	86 759 431 86 759 431
	⑮ 선박표준이익	55	
③ 산출세액 계산	⑪ 과세표준(⑪+⑮)	56	86 759 431 86 759 431
	⑪ 세율	11	10 10
	⑪ 산출세액	12	8 675 943 8 675 943
	⑪ 지점유보소득 (「법인세법」 제96조)	13	
	⑪ 세율	14	
	⑪ 산출세액	15	
	⑪ 합계(⑪+⑪)	16	8 675 943 8 675 943
④ 납부할 세액 계산	⑫ 산출세액(⑫=⑪)		8 675 943 8 675 943
	⑫ 최저한세 적용대상 공제감면세액	17	703 634 1 407 269
	⑫ 차감세액	18	7 972 309 7 268 674
	⑫ 최저한세 적용제외 공제감면세액	19	
	⑫ 가산세액	20	
	⑫ 가감계(⑫-⑫+⑫)	21	7 972 309 7 268 674
	기납부세액 – 기한내납부세액 ⑫ 중간예납세액	22	4 391 870 4 391 870
	기납부세액 – 기한내납부세액 ⑫ 수시부과세액	23	
	기납부세액 – 기한내납부세액 ⑫ 원천납부세액	24	2 160 2 160
	기납부세액 – 기한내납부세액 ⑫ 간접투자회사등의 외국납부세액	25	
	기납부세액 – 기한내납부세액 ⑬ 소계 (⑫+⑫+⑫+⑫)	26	4 394 030 4 394 030
	기납부세액 ⑬ 신고납부전가산세액	27	
	기납부세액 ⑬ 합계(⑬+⑬)	28	4 394 030 4 394 030
	⑬ 감면분추가납부세액	29	
	⑬ 차감납부할세액 (⑫-⑬+⑬)	30	3 578 279 2 874 644
⑤ 토지등양도소득에 대한 법인세 계산	양도차익 ⑬ 등기자산	31	
	양도차익 ⑬ 미등기자산	32	
	⑬ 비과세소득	33	
	⑬ 과세표준 (⑬+⑬-⑬)	34	
	⑬ 세율	35	
	⑭ 산출세액	36	
	⑭ 감면세액	37	
	⑭ 차감세액 (⑭-⑭)	38	
	⑭ 공제세액	39	
	⑭ 동업기업 법인세 배분액 (가산세 제외)	58	
	⑭ 가산세액 (동업기업 배분액 포함)	40	
	⑭ 가감계(⑭-⑭+⑭+⑭)	41	
	기납부세액 ⑭ 수시부과세액	42	
	기납부세액 ⑭ (　　) 세액	43	
	기납부세액 ⑭ 계 (⑭+⑭)	44	
	⑮ 차감납부할세액(⑭-⑭)	45	
⑥ 미환류소득법인세	⑯ 과세대상 미환류소득	59	
	⑯ 세율	60	10
	⑯ 산출세액	61	
	⑯ 가산세액	62	
	⑯ 이자상당액	63	
	⑯ 납부할세액(⑯+⑯+⑯)	64	
⑦ 세액계	⑮ 차감납부할세액계 (⑬+⑮+⑯)	46	3 578 279 2 874 644
	⑮ 사실과 다른 회계처리 경정세액공제	57	
	⑮ 분납세액계산범위액 (⑮-⑫-⑬-⑭-⑮+⑬)	47	
	⑮ 분납할세액	48	3 578 279 2 874 644
	⑮ 차감납부세액 (⑮-⑮-⑮)	49	3 578 279 2 874 644

210mm×297mm[백상지 80g/㎡ 또는 중질지 80g/㎡]

실무Tip _ 법인세 환급가산금과 법인 지방소득세의 경정청구

1. 환급가산금

세무서장은 국세환급금을 충당하거나 지급할 때에는 국세환급가산금 기산일부터 충당하는 날 또는 지급결정을 하는 날까지의 기간까지 계산한 국세환급가산금을 국세환급금에 가산하여야 한다(국기법 §52).

국세환급가산금 = 국세환급금 × 이자율[*1] × 일수[*2]

*1. 이자율은 다음과 같음(국기칙 §19의3).

연도	개정일	이자율
2025년	2025.3.21.	3.1%
2024년	2024.3.22	3.5%
2023년	2023.3.20	2.9%
2022년		1.2%
2021년	2021.3.16	1.2%
2020년	2020.3.13	1.8%

다만, 국세환급가산금 각 연도의 개정일 전인 경우로서 개정일 이후 같은 조에 따라 국세환급가산금을 충당 또는 지급하는 경우 그 기산일부터 개정일 전일까지의 기간에 대한 이율은 종전 이자율을 적용함(국기칙 부칙 기획재정부령 제1122호, 2025.3.21. 등)

*2. 국세환급금 기산일로부터 충당하는 날 또는 지급결정을 하는 날

2. 법인 지방소득세 경정청구

법인세 경정청구에 대한 환급통지를 받는 경우로서 법인 지방소득세가 환급되는 경우 법인 지방소득세에 대한 별도의 경정청구를 하여야 한다.

3. 소득세와 부가가치세 경정청구

종합소득세와 부가가치세의 경정청구도 법인세 경정청구와 동일한 방법으로 '과세표준 및 세액의 결정(경정)청구서'를 작성한 후 필요한 관련 신고서식을 첨부하여 경정청구를 진행하면 되므로 본 편에서 별도로 사례설명을 하지 않기로 한다.

4. 국세환급가산금의 배제

다음의 어느 하나에 해당하는 사유 없이 고충민원의 처리에 따라 국세환급금을 충당하거나 지급하는 경우에는 국세환급가산금을 가산하지 아니한다(국기법 §52 ③, 2020.12.22. 신설).

① 경정 등의 청구

② 이의신청, 심사청구, 심판청구, 감사원법에 따른 심사청구 또는 행정소송법에 따른 소송에 대한 결정이나 판결

제3편

원천징수이행 상황신고서의 수정신고와 경정청구

제1절 일반 원천징수신고 관련 수정신고와 경정청구

1. 원천징수 납부 불이행시 가산세

1) 원천징수 등 납부지연가산세

원천징수 등 납부지연가산세는 소득세법 및 법인세법에 의해 원천징수의무자가 원천징수하였거나 원천징수하여야 할 세액을 법정납부기한까지 납부하지 아니하거나 과소납부한 경우에 해당하는 가산세이다. 이러한 경우 원천징수의무자는 원천징수세액에 대해 다음과 같은 가산세(세법상의 불이익)를 더한 금액을 납부하여야 한다(국기법 §47의 5).

원천징수 등 납부지연가산세

원천징수하였거나 원천징수하여야 할 세액을 그 기한 내에 납부하지 아니하였거나 미달하게 납부한 때에는 납부할 세액에 해당 세액의 50%[*1] 한도 내에서 다음의 금액을 가산하여 부과한다.

원천징수 등 납부지연가산세＝①＋②

① 납부하지 아니한 원천징수세액×미납부일수[*2]×0.022%[*3]

② 납부하지 아니한 세액 또는 과소납부분 세액×3%

*1. ①과 ② 중 법정납부기한의 다음날부터 납부고지일까지의 기간에 해당하는 금액을 합한 금액은 10%이다.

*2. 법정납부기한의 다음날부터 납부일까지의 기간(납부고지일부터 납부고지서에 따른 납부기한까지의 기간은 제외)

*3. 2019.2.11.까지는 0.03%, 2019.2.12.부터 2022.2.14.까지는 0.025%, 2022.2.15.부터는 0.022%를 적용한다. 예를 들면 2019.2.12. 이전에 납세의무가 성립한 납부지연가산세를 2022.2.15. 이후에 납부하는 경우 당초 납부기한의 다음날부터 2019.2.11.까지는 0.03%, 2019.2.12.부터 2022.2.14.까지는 0.025%, 2022.2.15. 이후는 0.022%를 적용한다(국기령 §27의 4, 국기령 부칙 대통령령 제32424호 §6).

2) 특별징수 납부지연가산세

특별징수 납부지연가산세는 특별징수의무자가 징수하여야 할 세액을 지방세관계법에 따른 납부기한까지 납부하지 아니하거나 과소납부한 경우 해당하는 가산세이다. 이러한 경우 특별징수의무자는 특별징수세액에 대해 다음과 같은 가산세(세법상의 불이익)를 더한 금액을 납부하여야 한다(지기법 §56, 지기령 §34).

특별징수 납부지연가산세

특별징수하여야 할 세액을 법정납부기한까지 납부하지 아니하였거나 과소납부한 경우에 납부하지 아니한 세액 또는 과소납부분 세액의 50%*1 한도 내에서 다음의 금액을 가산한 금액을 부과한다.

특별징수 납부지연가산세 = ① + ② + ③

① 납부하지 아니한 세액 또는 과소납부세액×3%

② 납부하지 아니한 세액 또는 과소납부세액×경과일수*2×22/100,000*3

③ 납세고지서에 따른 납부기한이 지난 날부터 1개월이 지날 때마다 계산한 다음의 금액

> 납부하지 아니한 세액 또는 과소납부분 세액(가산세는 제외)×금융회사 등이 연체대출금에 대하여 적용하는 이자율 등을 고려하여 정하는 이자율(22/100,000*3)

*1. ①과 ② 중 법정납부기한의 다음 날부터 납세고지일까지의 기간에 해당하는 금액을 합한 금액은 10%이고 ③의 가산세를 부과하는 기간은 60개월(1개월 미만은 없는 것으로 봄)을 초과할 수 없다.

*2. 납부기한의 다음날부터 자진납부일 또는 부과결정일까지의 기간

*3. 2018.12.31.까지는 0.03%, 2022.6.6.까지는 0.025%, 2022.6.7. 이후부터는 0.022%를 적용한다. 다만, 2018.12.31. 이전 지방세 관련 납부지연 가산세를 부과해야 하는 사유가 발생한 경우로서 2019.1.1. 이후 납부를 하여야 할 경우에는 개정된 규정에도 불구하고 종전 규정인 0.03%를 적용해야 할 것으로 판단되며(지기령 부칙 대통령령 제29436호, 2018.12.31.) 2022.6.7. 이전 납세의무가 성립한 납부지연가산세를 2022.6.7. 이후 납부하는 경우 2022.6.7. 이전 기간분에 대한 납부지연가산세의 계산에 적용되는 이자율은 개정규정에도 불구하고 종전 규정인 0.025%를 적용하고 2022.6.7. 이후 기간분에 대한 납부지연가산세의 계산에 적용되는 이자율은 개정규정인 0.022%를 적용한다(지기령 §34, 지기령 부칙 대통령령 제32665호, 2022.6.7. 2022년 개정).

실무Tip 원천징수 등 납부지연 가산세와 특별징수 납부지연 가산세액의 세율 구간

원천징수 등 납부지연가산세와 특별징수세액 납부지연 가산세의 세율 적용구간을 정리하면 다음과 같다.

구 분	0.03% 구간	0.025% 구간	0.022% 구간
원천징수 등 납부지연 가산세	2019.2.11.까지	2019.2.12. ~2022.2.14.	2022.2.15. 이후
특별징수 납부지연 가산세	2018.12.31.까지	2019.1.1. ~2022.6.6.	2022.6.7. 이후

참고 조세범처벌법상 원천징수의무자의 처벌(조처법 §13)

① 조세의 원천징수의무자가 정당한 사유 없이 그 세금을 징수하지 아니하였을 때에는 1천만원 이하의 벌금에 처한다.

② 조세의 원천징수의무자가 정당한 사유 없이 징수한 세금을 납부하지 아니하였을 때에는 2년 이하의 징역 또는 2천만원 이하의 벌금에 처한다.

2. 원천징수이행상황신고서의 수정신고방법

1) 개요

이미 제출한 원천징수이행상황신고서에 기재사항 또는 금액 계산상 오류나 누락이 있는 경우에는 이를 바로잡아 당해 사유가 발생한 달의 다음달 10일까지 수정신고서를 제출하고, 추가 납부할 세액이 있는 경우에는 이를 납부하여야 한다.

2) 수정신고서 작성방법

① 수정신고서는 당월분 신고서와 별지로 작성 · 제출하며, 귀속연월과 지급연월은 반드시 수정 전 신고서와 동일하게 기재한다.

② 원천징수이행상황신고서의 신고구분란의 '수정'에 'ㅇ' 표시한다.

③ 수정 전의 모든 숫자는 상단에 빨강색으로, 수정 후 모든 숫자는 하단에 검정색으로 기재한다.

④ 수정신고서는 당초 신고한 신고서별로 작성하는 것으로 임의로 수개월의 신고서에 대한 수정신고서를 1장으로 작성할 수 없다.

✐ 임의로 수개월의 신고서에 대한 수정신고서를 1장으로 작성할 경우 전산처리가 안되어 무납부 고지서가 발부될 수 있으므로 주의하여야 한다.

⑤ 수정신고시 발생한 환급세액은 수정신고서의 '2. 환급세액조정'의 당월발생환급세액 '⑮일반환급'란에 기재한다.

⑥ 수정신고로 발생한 납부 또는 환급할 세액은 수정신고서의 '수정신고(세액)[A90]'란에는 기재하지 않고, 당월분 신고서의 '수정신고(세액)[A90]'란에 옮겨 적는다.

⑦ 환급세액은 조정환급하거나 직접 환급신청하고, 납부세액은 해당 세목으로 추가 납부하는 것이다. 즉, 당월 신고서의 각 세목에 합산하여 기재하지 않는다.

실무Tip __ 납부서 작성

수정신고에 따른 납부는 납부구분에 '2(수시분자납)'를 기입한 후 세목별로 작성하여 납부하는 것이며, 국세청 홈택스를 통한 전자납부시에도 동일하게 적용하여 세목별로 납부하여야 함에 유의하자.

영수증서(납부서) 양식

국세징수법 시행규칙 [별지 제1호 서식] (2025.3.21. 개정)

납 부 서(수납기관용)

납부번호					수입징수관서			QR코드
분류기호	납부연월	납부구분	세목	발행번호	세무서명	서코드	계좌번호	
126	2504	2	14		성동	206	011905	
성명(상호)	㈜원천징수			주민등록번호(사업자등록번호)	109－81－14756	회계연도		
주소(사업장)					일반회계	기획재정부 소관	조세	

연도/기분	2025년 귀속 4월분												
세목명	납부금액												
	조	천	백	십	억	천	백	십	만	천	백	십	일
근로소득세									1	0	2	3	0
농어촌특별세													
계													

왼쪽의 금액을 한국은행 국고(수납)대리점인 은행 또는 우체국에 신고하여 납부합니다.
(인터넷 등에 의한 전자납부 가능)

납부기한 년 월 일

년 월 일

은 행 지점
우체국

수납인

(1) 분류기호 : 고정된 숫자(01.국세, 26.국세청)

(2) 납부연월 : 연도와 월을 합하여 4자리 기입(2025년 4월 납부 → 2504)

(3) 납부구분 : 다음의 숫자를 기입

① 정기신고시 : 정기신고시에는 숫자 '4'를 기입함. '4'는 원천분자납을 말함.

② 수정신고시 : 수정신고시에는 숫자 '2'를 기입함. '2'는 수시분자납을 말함.

(4) 세목 : 이자소득(11), 배당소득(12), 사업소득(13), 근로소득(14), 기타소득(16), 연금소득(17), 퇴직소득(21) 기입

(5) 수입징수관서 : 세무서명 세무서 서코드 3자리, 세무서 계좌번호
→ 성동세무서일 경우 세무서명은 성동, 서코드는 206, 계좌번호는 011905

(6) 성명과 사업자등록번호 등 : 회사명과 회사의 사업자등록번호, 주소 등을 기입함

(7) 기타 기입사항

① 연도/기분 : 연도와 귀속월을 입력함.

② 금액 : 소득세 및 지방소득세를 원천징수하여 납부할 때 세액 중 참고로 10원 미만의 금액은 절사한다. 따라서 납부서를 작성할 때 만일 세액이 10,231원이라면 10,230원으로 적으면 된다.

3) 수정신고서 제출기한

수정신고서 제출기한은 수정사항이 생기는 경우에 바로 제출 가능하며 제출월의 신고납부 마감일 다음날부터 전자신고도 가능하다.

3. 수정 원천징수이행상황신고서 작성 사례

㈜세무는 매월 원천징수 신고하는 사업자로 2025.4. 귀속분, 4월 지급분에 대한 사업소득 금액 중 일부가 누락되었다는 것을 알게 되어 2025.5.30.에 원천징수 수정신고를 하려고 한다. 당초 자료와 누락된 자료 그리고 2025.5. 귀속, 5월 지급분에 대한 원천징수 자료는 아래와 같다.

㈜세무는 원천징수신고기한인 2025.5.10.까지 4월 지급분에 대한 원천징수신고를 정상적으로 하였다.

1) 자료

〈자료 1〉 당초 신고내역

귀속연월	지급연월	소득구분	인원	총지급액	소득세 등
2025.4.	2025.4.	근로소득(A01)	10	40,000,000	1,200,000
		사업소득(A25)	1	500,000	15,000

그러나 2024.4. 지급분에 대한 사업소득(A25)가 500,000원 누락되었다. 수정사항이 반영된 신고내역은 다음과 같다.

〈자료 2〉 수정 사항

귀속연월	지급연월	소득구분	인원	총지급액	소득세 등
2025.4.	2025.4.	근로소득(A01)	10	40,000,000	1,200,000
		사업소득(A25)	2	1,000,000	30,000

✐ 2025.4.에 지급된 사업소득이 500,000원에서 1,000,000원으로 변경되었다.

〈자료 3〉 2023년 5월 지급분에 대한 당월신고내역

귀속연월	지급연월	소득구분	인원	총지급액	소득세 등
2025.5.	2025.5.	근로소득(A01)	11	42,000,000	1,300,000

2) 해답

(1) 가산세의 계산

가산세 계산은 다음과 같다.

① 원천징수 등 납부지연가산세(㉠+㉡)=516원

⇒ 510원(한도 : 15,000×10%=1,500원)

㉠ 납부하지 아니한 세액 또는 과소납부분 세액×미납부일수×0.03%

=15,000원×0.022%×20일(5.11.~5.30.)=66원

㉡ 납부하지 아니한 세액 또는 과소납부분 세액×3%

=15,000원×3%=450원

② 특별징수 납부지연가산세(㉠+㉡)=51원

⇒ 50원(한도 : 1,500×10%=150원)

㉠ 납부하지 아니한 세액 또는 과소납부분 세액×미납부일수×0.03%

=1,500원×0.022%×20일(5.11.~5.20.)=6원

㉡ 납부하지 아니한 세액 또는 과소납부분 세액×3%

=1,500원×3%=45원

(2) 당초 원천징수이행상황신고서

■ 소득세법 시행규칙 [별지 제21호서식] (2025. 3. 21. 개정) (10쪽 중 제1쪽)

① 신고구분						[✓]원천징수이행상황신고서 [ ]원천징수세액환급신청서	② 귀속연월	2025년 4월
(매월)	반기	수정	연말	소득처분	환급신청		③ 지급연월	2025년 4월

원천징수 의무자	법인명(상호)	㈜세무	대표자(성명)	진세무	일괄납부 여부	여, 부
					사업자단위과세 여부	여, 부
	사업자(주민)등록번호	109-81-14741	사업장 소재지	서울 강남 개포 민후빌딩 704	전화번호	
					전자우편주소	@

❶ 원천징수 명세 및 납부세액 (단위: 원)

소득자 소득구분				코드	원천징수명세: 소득지급(과세 미달, 일부 비과세 포함) ④ 인원	⑤ 총지급액	징수세액 ⑥ 소득세 등	⑦ 농어촌특별세	⑧ 가산세	⑨ 당월 조정 환급세액	납부세액 ⑩ 소득세 등 (가산세 포함)	⑪ 농어촌특별세
개인(거주자·비거주자)	근로소득	간이세액		A01	10	40,000,000	1,200,000					
		중도퇴사		A02								
		일용근로		A03								
		연말정산	합계	A04								
			분납신청	A05								
			납부금액	A06								
		가감계		A10	10	40,000,000	1,200,000				1,200,000	
	퇴직소득	연금계좌		A21								
		그 외		A22								
		가감계		A20								
	사업소득	매월징수		A25	1	500,000	15,000					
		연말정산		A26								
		가감계		A30	1	500,000	15,000				15,000	
	기타소득	연금계좌		A41								
		종교인소득	매월징수	A43								
			연말정산	A44								
		가상자산		A49								
		인적용역		A59								
		그 외		A42								
		가감계		A40								
	연금소득	연금계좌		A48								
		공적연금(매월)		A45								
		연말정산		A46								
		가감계		A47								
	이자소득			A50								
	배당소득			A60								
	저축 등 해지 추징세액 등			A69								
	비거주자 양도소득			A70								
법인	내·외국법인원천			A80								
수정신고(세액)				A90								
총합계				A99	11	40,500,000	1,215,000			1,215,000		

❷ 환급세액 조정 (단위: 원)

전월 미환급 세액의 계산: ⑫ 전월 미환급세액	⑬ 기환급 신청세액	⑭ 차감잔액 (⑫-⑬)	당월 발생 환급세액: ⑮ 일반환급	⑯ 신탁재산 (금융회사 등)	⑰ 그 밖의 환급세액: 금융회사 등	합병 등	⑱ 조정대상 환급세액 (⑭+⑮+⑯+⑰)	⑲ 당월조정 환급세액계	⑳ 차월이월 환급세액 (⑱-⑲)	㉑ 환급 신청액

원천징수의무자는 「소득세법 시행령」 제185조제1항에 따라 위의 내용을 제출하며, 위 내용을 충분히 검토하였고 원천징수의무자가 알고 있는 사실 그대로를 정확하게 적었음을 확인합니다.

2025 년 5 월 10 일

신고인 ㈜세무 (서명 또는 인)

세무대리인은 조세전문자격자로서 위 신고서를 성실하고 공정하게 작성하였음을 확인합니다.

세무대리인 진성규 (서명 또는 인)

삼성 세 무 서 장 귀하

신고서 부표 등 작성 여부 ※ 해당란에 "○" 표시를 합니다.		
부표(4~5쪽)	환급(7쪽~9쪽)	승계명세(10쪽)

세무대리인	
성명	진성규세무사사무소
사업자등록번호	206-24-74144
전화번호	02-464-8852
국세환급금 계좌신고	
예입처	
예금종류	
계좌번호	

210mm×297mm[백상지80g/㎡ 또는 중질지80g/㎡]

(3) 수정 원천징수이행상황신고서

■ 소득세법 시행규칙 [별지 제21호서식] (2025. 3. 21. 개정) (10쪽 중 제1쪽)

① 신고구분						[✔]원천징수이행상황신고서 [ ]원천징수세액환급신청서	② 귀속연월	2025년 4월
(매월)	반기	(수정)	연말	소득처분	환급신청		③ 지급연월	2025년 4월

원천징수 의무자	법인명(상호)	㈜세무	대표자(성명)	진세무	일괄납부 여부	여,(부)
					사업자단위과세 여부	여,(부)
	사업자(주민)등록번호	109-81-14741	사업장 소재지	서울 강남 개포 민후빌딩 704	전화번호	
					전자우편주소	@

❶ 원천징수 명세 및 납부세액 (단위: 원)

소득자 소득구분			코드	원천징수명세: 소득지급(과세 미달, 일부 비과세 포함) ④ 인원	⑤ 총지급액	징수세액 ⑥ 소득세 등	⑦ 농어촌특별세	⑧ 가산세	⑨ 당월 조정 환급세액	납부세액 ⑩ 소득세 등(가산세 포함)	⑪ 농어촌특별세
개인(거주자·비거주자)	근로소득	간이세액	A01	10 10	40,000,000 40,000,000	1,200,000 1,200,000					
		중도퇴사	A02								
		일용근로	A03								
		연말정산 합계	A04								
		연말정산 분납신청	A05								
		연말정산 납부금액	A06								
		가감계	A10	10 10	40,000,000 40,000,000	1,200,000 1,200,000				1,200,000 1,200,000	
	퇴직소득	연금계좌	A21								
		그 외	A22								
		가감계	A20								
	사업소득	매월징수	A25	1 1	500,000 1,000,000	15,000 30,000		0 510			
		연말정산	A26								
		가감계	A30	1 1	500,000 1,000,000	15,000 30,000		0 510		15,000 30,510	
	기타소득	연금계좌	A41								
		종교인소득 매월징수	A43								
		종교인소득 연말정산	A44								
		가상자산	A49								
		인적용역	A59								
		그 외	A42								
		가감계	A40								
	연금소득	연금계좌	A48								
		공적연금(매월)	A45								
		연말정산	A46								
		가감계	A47								
	이자소득		A50								
	배당소득		A60								
	저축 등 해지 추징세액 등		A69								
	비거주자 양도소득		A70								
법인	내·외국법인원천		A80								
수정신고(세액)			A90								
총합계			A99	11 11	40,500,000 41,000,000	1,215,000 1,230,000		0 510		1,215,000 1,230,510	

❷ 환급세액 조정 (단위: 원)

전월 미환급 세액의 계산: ⑫ 전월 미환급세액	⑬ 기환급 신청세액	⑭ 차감잔액(⑫-⑬)	당월 발생 환급세액: ⑮ 일반환급	⑯ 신탁재산(금융회사 등)	⑰ 그 밖의 환급세액: 금융회사 등	합병 등	⑱ 조정대상 환급세액(⑭+⑮+⑯+⑰)	⑲ 당월조정 환급세액계	⑳ 차월이월 환급세액(⑱-⑲)	㉑ 환급 신청액

원천징수의무자는 「소득세법 시행령」 제185조제1항에 따라 위의 내용을 제출하며, 위 내용을 충분히 검토하였고 원천징수의무자가 알고 있는 사실 그대로를 정확하게 적었음을 확인합니다.

2025 년 5 월 30 일

신고인 ㈜세무 (서명 또는 인)

신고서 부표 등 작성 여부		
※ 해당란에 "○" 표시를 합니다.		
부표(4~5쪽)	환급(7쪽~9쪽)	승계명세(10쪽)

세무대리인	
성명	진성규세무사사무소
사업자등록번호	206-24-74144
전화번호	02-464-8852

세무대리인은 조세전문자격자로서 위 신고서를 성실하고 공정하게 작성하였음을 확인합니다.

세무대리인 진성규 (서명 또는 인)

삼성 세 무 서 장 귀하

국세환급금 계좌신고	
예입처	
예금종류	
계좌번호	

210mm×297mm[백상지80g/㎡ 또는 중질지80g/㎡]

✎ 수정 전의 모든 숫자는 상단에 빨강색으로, 수정 후 모든 숫자는 하단에 검정색으로 기재한다.

(4) 당월 원천징수이행상황신고서

■ 소득세법 시행규칙 [별지 제21호서식] (2025. 3. 21. 개정) (10쪽 중 제1쪽)

① 신고구분						[✓]원천징수이행상황신고서 [ ]원천징수세액환급신청서	② 귀속연월	2025년 5월
(매월)	반기	수정	연말	소득처분	환급신청		③ 지급연월	2025년 5월

원천징수 의무자	법인명(상호)	㈜세무	대표자(성명)	진세무	일괄납부 여부	여,(부)
					사업자단위과세 여부	여,(부)
	사업자(주민)등록번호	109-81-14741	사업장 소재지	서울 강남 개포 민후빌딩 704	전화번호	
					전자우편주소	@

❶ 원천징수 명세 및 납부세액 (단위: 원)

소득자 소득구분			코드	원천징수명세: 소득지급(과세 미달, 일부 비과세 포함) ④ 인원	⑤ 총지급액	징수세액 ⑥ 소득세 등	⑦ 농어촌특별세	⑧ 가산세	⑨ 당월 조정 환급세액	납부세액 ⑩ 소득세 등 (가산세 포함)	⑪ 농어촌특별세
개인(거주자·비거주자)	근로소득	간이세액	A01	11	42,000,000	1,300,000					
		중도퇴사	A02								
		일용근로	A03								
		연말정산 합계	A04								
		연말정산 분납신청	A05								
		연말정산 납부금액	A06								
		가감계	A10	11	42,000,000	1,300,000				1,300,000	
	퇴직소득	연금계좌	A21								
		그 외	A22								
		가감계	A20								
	사업소득	매월징수	A25								
		연말정산	A26								
		가감계	A30								
	기타소득	연금계좌	A41								
		종교인소득 매월징수	A43								
		종교인소득 연말정산	A44								
		가상자산	A49								
		인적용역	A59								
		그 외	A42								
		가감계	A40								
	연금소득	연금계좌	A48								
		공적연금(매월)	A45								
		연말정산	A46								
		가감계	A47								
	이자소득		A50								
	배당소득		A60								
	저축 등 해지 추징세액 등		A69								
	비거주자 양도소득		A70								
법인	내·외국법인원천		A80								
수정신고(세액)			A90			15,000		510		15,510	
총합계			A99	11	42,000,000	1,315,000		510		1,315,510	

❷ 환급세액 조정 (단위: 원)

전월 미환급 세액의 계산: ⑫ 전월 미환급세액	⑬ 기환급 신청세액	⑭ 차감잔액 (⑫-⑬)	당월 발생 환급세액: ⑮ 일반환급	⑯ 신탁재산 (금융 회사 등)	⑰ 그 밖의 환급세액: 금융 회사 등	합병 등	⑱ 조정대상 환급세액 (⑭+⑮+⑯+⑰)	⑲ 당월조정 환급세액계	⑳ 차월이월 환급세액 (⑱-⑲)	㉑ 환급 신청액

원천징수의무자는 「소득세법 시행령」 제185조제1항에 따라 위의 내용을 제출하며, 위 내용을 충분히 검토하였고 원천징수의무자가 알고 있는 사실 그대로를 정확하게 적었음을 확인합니다.

2025 년 6 월 10 일

신고인 (주)세무 (서명 또는 인)

세무대리인은 조세전문자격자로서 위 신고서를 성실하고 공정하게 작성하였음을 확인합니다.

세무대리인 진성규 (서명 또는 인)

삼성 세 무 서 장 귀하

신고서 부표 등 작성 여부 ※ 해당란에 "○" 표시를 합니다.		
부표(4~5쪽)	환급(7쪽~9쪽)	승계명세(10쪽)

세무대리인	
성명	진성규세무사사무소
사업자등록번호	206-24-74144
전화번호	02-464-8852
국세환급금 계좌신고	
예입처	
예금종류	
계좌번호	

210mm×297mm[백상지80g/㎡ 또는 중질지80g/㎡]

✎ 수정신고로 발생한 납부세액은 당월분 신고서의 수정신고로 발생한 납부 또는 환급할 세액은 수정신고서의 '수정신고(세액) [A90]'란에는 기재하지 않고, 당월분 신고서의 '수정신고(세액)[A90]'란에 옮겨 적는다.

4. 원천징수이행상황신고서의 경정청구방법

앞 '3. 수정 원천징수이행상신고서 작성 사례'가 반대의 경우라면, 즉 사업소득을 당초에 1, 000,000원(세액 30,000원)으로 신고했다가 500,000원(세액 15,000원)으로 경정청구하는 경우의 신고서 작성방법은 다음과 같다.

① 경정청구의 원천징수이행상황신고서는 수정신고 원천징수이행상황신고서와 동일한 방법으로 작성하고 가산세는 없다.

② 경청정구를 통한 환급세액은 당월 원천징수이행상황신고서의 당월분 신고서의 '수정신고(세액)[A90]'란에 (-)표시를 하여 기입하여 당월분 신고서의 납부세액과 조정환급한다.

■ 소득세법 시행규칙 [별지 제21호서식] (2025. 3. 21. 개정) (10쪽 중 제1쪽)

[✓]원천징수이행상황신고서 / [ ]원천징수세액환급신청서

① 신고구분						② 귀속연월	2025년 5월
(매월)	반기	수정	연말	소득처분	환급신청	③ 지급연월	2025년 5월

원천징수 의무자					
	법인명(상호)	㈜세무	대표자(성명)	진세무	일괄납부 여부: 여, (부) / 사업자단위과세 여부: 여, (부)
	사업자(주민) 등록번호	109-81-14741	사업장 소재지	서울 강남 개포 민후빌딩 704	전화번호: / 전자우편주소: @

❶ 원천징수 명세 및 납부세액 (단위: 원)

소득자 소득구분	코드	④ 인원	⑤ 총지급액	⑥ 소득세 등	⑦ 농어촌특별세	⑧ 가산세	⑨ 당월 조정 환급세액	⑩ 소득세 등 (가산세 포함)	⑪ 농어촌특별세
		원천징수명세: 소득지급(과세 미달, 일부 비과세 포함)		징수세액				납부세액	
개인(거주자·비거주자) 근로소득 간이세액	A01	11	42,000,000	1,300,000					
근로소득 중도퇴사	A02								
근로소득 일용근로	A03								
근로소득 연말정산 합계	A04								
근로소득 연말정산 분납신청	A05								
근로소득 연말정산 납부금액	A06								
근로소득 가감계	A10	11	42,000,000	1,300,000				1,300,000	
퇴직소득 연금계좌	A21								
퇴직소득 그 외	A22								
퇴직소득 가감계	A20								
사업소득 매월징수	A25								
사업소득 연말정산	A26								
사업소득 가감계	A30								
기타소득 연금계좌	A41								
기타소득 종교인소득 매월징수	A43								
기타소득 종교인소득 연말정산	A44								
기타소득 가상자산	A49								
기타소득 인적용역	A59								
기타소득 그 외	A42								
기타소득 가감계	A40								
연금소득 연금계좌	A48								
연금소득 공적연금(매월)	A45								
연금소득 연말정산	A46								
연금소득 가감계	A47								
이자소득	A50								
배당소득	A60								
저축 등 해지 추징세액 등	A69								
비거주자 양도소득	A70								
법인 내·외국법인원천	A80								
수정신고(세액)	A90			-15,000					
총합계	A99	11	42,000,000	1,300,000			15,000	1,285,000	

❷ 환급세액 조정 (단위: 원)

전월 미환급 세액의 계산: ⑫ 전월 미환급세액	⑬ 기환급 신청세액	⑭ 차감잔액 (⑫-⑬)	당월 발생 환급세액: ⑮ 일반환급	⑯ 신탁재산 (금융회사 등)	⑰ 그 밖의 환급세액: 금융회사 등	⑰ 합병 등	⑱ 조정대상 환급세액 (⑭+⑮+⑯+⑰)	⑲ 당월조정 환급세액계	⑳ 차월이월 환급세액 (⑱-⑲)	㉑ 환급 신청액
			15,000				15,000	15,000		

원천징수의무자는 「소득세법 시행령」 제185조제1항에 따라 위의 내용을 제출하며, 위 내용을 충분히 검토하였고 원천징수의무자가 알고 있는 사실 그대로를 정확하게 적었음을 확인합니다.

2025 년 6 월 10 일

신고인 ㈜세무 (서명 또는 인)

세무대리인은 조세전문자격자로서 위 신고서를 성실하고 공정하게 작성하였음을 확인합니다.

세무대리인 진성규 (서명 또는 인)

삼성 세 무 서 장 귀하

신고서 부표 등 작성 여부 ※ 해당란에 "○" 표시를 합니다.		
부표(4~5쪽)	환급(7쪽~9쪽)	승계명세(10쪽)

세무대리인	
성명	진성규세무사사무소
사업자등록번호	206-24-74144
전화번호	02-464-8852
국세환급금 계좌신고	
예입처	
예금종류	
계좌번호	

210mm×297mm[백상지80g/㎡ 또는 중질지80g/㎡]

제2절 연말정산 관련 수정신고와 경정청구

1. 연말정산 관련 수정신고

1) 수정신고 대상자

다음 중 어느 하나에 해당하는 자는 종합소득세 확정신고시 또는 연말정산시 과소납부(또는 과다환급)한 부분이 있거나, 원천징수의무자가 정산 과정에서의 소득을 누락하는 등의 사유로 불완전한 신고를 하였다면 관할세무서장이 해당 국세의 과세표준과 세액을 결정 또는 경정하여 통지하기 전으로서 국세부과의 제척기간이 끝나기 전까지 과세표준수정신고서를 제출할 수 있다(국기법 §45 ①, 국기령 §25 ②).

국세부과의 제척기간은 세액의 납부기한 또는 연말정산세액의 납부기한(지급일이 속하는 과세기간의 다음연도의 3.10.까지)이 지난 후 5년 이내이다.

① 종합소득과세표준을 확정신고하는 경우
 : 과세표준신고서를 법정 신고기한(과세기간의 다음연도 5.31.)까지 제출한 자
② 원천징수의무자가 근로소득(또는 연말정산대상 사업소득)의 연말정산에 의하여 소득세를 납부하고 지급명세서를 제출기한까지 제출한 경우
 : 원천징수의무자 또는 원천징수대상자(근로소득자 등)

2) 부당하게 소득 · 세액공제를 받은 경우의 수정신고

연말정산 사후검증을 통한 부당공제자 통지에 의하여 부당한 소득 · 세액공제를 받은 근로자는 연말정산에 대한 수정신고를 하여야 한다.

이 경우 수정신고는 원천징수의무자인 회사가 할 수도 있으며 납세의무자인 근로자가 할 수도 있다.

(1) 원천징수의무자인 회사가 수정신고하는 경우

① 종합소득세 확정신고기한 전 수정신고하는 경우

종합소득세 신고기한인 5월말까지 과다통지를 받은 경우로서 원천징수의무자인 회사가 연말정산결과가 반영된 원천징수이행상황신고서를 수정신고하고 수정된 지급명세서를 제출하는 것을 말한다.

이 경우 원천징수의무자는 원천징수 등 납부지연 가산세를 부담하고 지급명세서 제출 불성실가산세는 적용하지 않으며 이 경우 근로자가 부담하는 가산세는 없다.

참고로 수정신고의 귀책사유가 근로자에게 있는 경우 회사가 수정신고하면서 부담하게 되는 원천징수 등 납부지연 가산세는 회사가 1차적으로 부담하고 근로자에게 구상권을 행사할 수 있다(민법 §281).

② 종합소득세 확정신고기한 후 수정신고하는 경우

종합소득세 신고기한인 5월 말 이후 과다통지를 받은 경우로서 원천징수의무자인 회사가 연말정산결과가 반영된 원천징수이행상황신고서를 수정신고하고 수정된 지급명세서를 제출하는 것을 말한다.

이 경우 원천징수의무자는 원천징수 등 납부지연 가산세를 부담하고 지급명세서 제출 불성실가산세는 적용하지 않는다. 반면 근로자는 과소신고에 따른 가산세를 적용하고 납부지연 가산세는 적용하지 않는다.

실무상으로는 회사가 근로자가 부담하여야 할 과소신고가산세까지 원천징수이행상황신고서에 반영하여 신고 · 납부한 후 근로자에게 해당 가산세액을 돌려받는 업무처리가 되어야 한다.

참고로 부당하게 공제를 받은 경우가 아니라면 근로자에게 국세기본법상 과소신고가산세 및 납부지연가산세가 부과되지 않는다(서면법규기본 2022-2548, 2022.12.4.).

실무Tip _ 관련법령과 예규

1. 관련 법령 : 국세기본법 제47조의 4 ④
원천징수의무자에게 원천징수 등 납부지연 가산세가 부과되는 부분에 대해서는 근로자에게 납부지연 가산세를 부과하지 아니한다.

2. 부당하게 소득공제를 받은 연말정산 수정신고시 가산세 적용방법(원천-499, 2009.6.9.)
근로소득 연말정산시 근로자가 부당한 방법(허위 기부금 제출)으로 소득공제하여 과세표준을 과소신고한 경우 근로자가 직접 2008.1.1. 이후부터 수정신고 가능하며 부당과소신고가산세 및 납부지연 가산세 대상임. 또한 이를 원천징수의무자가 수정신고할 때에는 원천징수 등 납부지연 가산세 및 부당과소신고가산세를 적용하는 것임.

3. 원천징수가 일부 누락된 근로소득자의 과소신고가산세 및 납부지연가산세 대상 여부 및 계산 방법(서면법규기본 2022-2548, 2022.12.4.)

[요약] 종합소득세 확정신고 의무 없는 근로소득자의 연말정산 시 누락된 일부 근로소득에 대해 과세관청이 원천징수의무자에게 부과 · 징수하거나, 원천징수의무자가 원천징수이행상황신고서를 수정하여 제출 · 납부한 경우, 해당 근로자에게 국세기본법상 과소신고가산세 및 납부지연가산세가 부과되지 않음

[질의] (사실관계)

- 갑법인은 과거 주식매수선택권을 부여받은 자회사 임직원들이 2017~2020년경 해당 주식매수선택권을 행사할 당시,
  - 위 주식매수선택권 행사이익을 구 조세특례제한법 제16조의3에서 정하는 양도소득세 과세특례대상*으로 보아 주식매수선택권 행사이익에 대하여 근로소득으로 원천징수하지 않음

    * 행사시점에 소득세로 과세하지 않고 주식 양도시점에 양도소득세로 과세
- 그러나 2022년경 위 갑법인 자회사 임직원들의 2020.12.31. 이전 주식매수선택권 행사이익은 구 조세특례제한법 제16조의 3에 따른 양도소득세 과세특례대상에 해당하지 않음을 인지하게 됨

(질의내용)

- 주식매수선택권 행사이익에 대한 근로소득세 원천징수가 누락된 결과 근로소득에 대한 원천징수가 일부 누락됨에 따라, 추후 과세관청의 부과 · 징수 또는 원천징수의무자의 원천징수이행상황신고서 수정분 제출과 관련하여
  - (질의1) 납세의무자가 종합소득세 확정신고의무가 없는 근로소득자인 경우로서 납세지 관할 세무서장이 소득세법 제85조에 따른 부과 · 징수를 하는 경우, 해당 근로소득자가 국세기본법 제47조의 3 내지 제47조의 4에 따른 과소신고가산세 내지 납부지연가산세를 추가로 부담하는지 여부
  - (질의2) 납세의무자가 종합소득세 확정신고의무가 없는 근로소득자인 경우로서 원천징수의무자가 원천징수이행상황신고서 수정분을 제출하면서 당초 원천징수 누락된 세액과 국세기본법 제47조의 5에 따른 원천징수 등 납부지연가산세를 납부한 경우,

    해당 근로소득자가 국세기본법 제47조의 3 내지 제47조의 4에 따른 과소신고가산세 내지 납부지연가산세를 추가로 부담하는지 여부
  - (질의3) 납세의무자가 종합소득세 확정신고의무 있는 근로소득자인 경우로서 원천징수의무자가 원천징수이행상황신고서 수정분을 제출하면서 원천징수 누락된 소득세액과 국세기본법 제47조의 5에 따른 원천징수 등 납부지연가산세를 납부한 경우,

    해당 근로소득자의 국세기본법 제47조의 3 내지 제47조의 4에 따른 과소신고가산세 내지 납부지연가산세 계산 시 해당 가산세 계산의 기준이 되는 '과소신고 납부세액'(미달납부세액) 계산 방법

[회신] (질의1 · 2) 납세의무자가 종합소득세 확정신고 의무가 없는 근로소득자인 경우로서, 연말정산 시 누락된 일부 근로소득에 대해 과세관청이 원천징수의무자에게 부과 · 징수하거나, 원천징수의무자가 원천징수이행상황신고서를 수정하여 제출 · 납부한 경우에는 해당 근로자에게 국세기본법상 과소신고가산세 및 납부지연가산세

> 가 부과되지 않는 것입니다.
> (질의3) 납세의무자가 종합소득세 확정신고 의무 있는 근로소득자인 경우로서, 연말정산 시 누락된 일부 근로소득에 대해 원천징수의무자가 원천징수이행상황신고서를 수정하여 제출 및 납부한 경우, 이후 해당 근로자가 종합소득세 수정신고를 하면서 부담하는 국세기본법상 과소신고가산세 및 납부지연가산세는 원천징수의무자가 수정신고를 통해 기납부한 세액(본세에 한함)을 차감한 후의 추가 납부할 세액을 기준으로 하여 계산하는 것입니다.

(2) 납세의무자인 근로자가 수정신고를 하는 경우

① 종합소득세 확정신고기한 전 종합소득세 확정신고를 하는 경우

종합소득세 신고기한인 5월말까지 과다통지를 받은 경우로서 납세의무자인 근로자가 5월에 종합소득세 확정신고하는 것을 말한다.

이 경우 납세의무자인 근로자는 종합소득세 확정신고기한 내 신고하는 것이므로 신고불성실가산세와 납부지연 가산세를 적용하지 않는다(원천-280, 2011.5.17.).

② 종합소득세 확정신고기한 후 종합소득세 수정신고를 하는 경우[1)]

종합소득세 신고기한인 5월말 이후 과다통지를 받은 경우로서 납세의무자인 근로자가 수정신고하는 것을 말한다.

이 경우 납세의무자인 근로자는 종합소득세 확정신고기한이 지난 후 수정신고를 하는 것이므로 과소신고가산세를 부담하여야 하고 납부지연 가산세는 적용하지 않는다.

저자주 〈근로자 수정신고시 회사의 가산세 적용 여부〉
연말정산 과다공제 통지를 받은 부분에 대해서 근로자가 직접 신고를 하는 경우 회사 부담 가산세는 적용되지 않으며 일선 세무서의 경우 근로자와 회사 중 선택하여 신고할 수 있음을 안내하는 경우도 있는 듯하다.
다만, 원천징수의무자인 회사는 연말정산 결과가 반영된 원천징수신고를 당초에 잘못 신고한 것이므로 근로자가 종합소득세 확정신고시 과다공제를 반영하여 신고를 하거나 또는 종합소득세 확정신고기한 이후 수정신고를 하는 경우라도 근로소득 연말정산 지급명세서 제출일의 다음날부터 근로자의 수정신고일까지 원천징수 등 납부지연가산세를 적용하여야 할 것으로 판단되며 이와 관련해서 국세청도 '2023년 원천세 신고안내(P.16)'에 '근로자가 단순한 착오 또는 세법에 대한 무지로 인하여 연말정산시 과다하게 공제받은 경우로서 근로자가 직접 주소지 관할세무서에 수정신고 하는 경우에도 원천징수의무자는 원천징수 등 납부지연가산세를 부담'한다고 안내하고 있음은 참고하길 바란다.

---

1) 근로소득만 있는 자 등 과세표준 확정신고 예외의 자에 대하여도 수정신고를 할 수 있도록 2008년에 세법이 개정되었다.

연말정산 수정신고시 가산세의 요약

구 분	회사의 가산세		근로자의 가산세	
	원천징수 등 납부 지연 가산세	지급명세서 제출 불성실 가산세	과소신고 가산세	납부지연 가산세
종합소득세 확정신고기한 전	적용	해당 없음	해당 없음	해당 없음
종합소득세 확정신고기한 후	적용	해당 없음	적용	해당 없음

3) 원천징수의무자의 귀책 사유로 근로자의 연말정산 대상 소득이 누락되는 경우

원천징수의무자인 법인이 종업원(근로소득자)에 대한 총급여액을 일부 누락하여 근로소득세액의 연말정산 후, 누락된 근로소득에 대해 원천징수이행상황신고서를 수정신고하여 추가 납부할 세액을 납부하는 경우 원천징수의무자는 원천징수 등 납부지연 가산세와 지급명세서 제출 불성실 가산세를 부담하는 것이며, 근로소득자는 과소신고불성실 가산세를 부담하지 아니하는 것이나 부당한 방법으로 해당 근로소득을 누락한 경우에는 과소신고불성실 가산세를 부담하는 것이다(소득-882, 2011.10.28.).

4) 근로자가 종(전)근무지 소득 제출을 누락하고 확정신고하지 않은 경우

근로자가 종(전)근무지의 근로소득을 주(현)근무지의 원천징수의무자에게 제출하지 않아 연말정산시 종(전)근무지의 근로소득이 합산신고되지 않은 경우에는 5월 종합소득세 확정신고기간에 종합소득세 신고대상자가 종합소득세 확정신고를 하게 된다(소법 §73 ④).

따라서 해당 근로자가 종합소득세 확정신고기한 내에 종합소득세 확정신고를 하지 않을 경우에 해당 근로자에 대해서는 확정신고를 안했으므로 무신고 가산세와 납부지연 가산세가 적용되며, 이 경우 회사는 원천징수 등 납부지연 가산세를 적용하지 않는다.

5) 가산세의 계산

(1) 근로자(납세의무자)에 대한 가산세

근로자가 연말정산과정에서 부당하게 소득 · 세액공제를 받은 경우 등에 적용되는 가산세를 정리하면 다음과 같다.

구 분			가산세액	근거법령
신고 불성실	과소신고 (초과환급신고) 가산세[*1]	일반적인 경우	=과소신고납부세액 등[*2]×10%	국기법 §47의 3
		부정행위에 의한 경우	=과소신고납부세액 등[*2]×40%[*3]	
	무신고 가산세[*1]	일반적인 경우	=무신고납부세액[*4]×20%	국기법 §47의 2
		부정행위에 의한 경우	=무신고납부세액[*4]×40%	
납부 지연	납부지연 가산세[*5]		=미납부 · 과소납부분 세액(또는 초과환급받은 세액)×미납기간[*6]×0.022%	국기법 §47의 4

*1. 예정신고 및 중간신고와 관련하여 무신고 또는 과소신고 가산세가 부과되는 부분에 대해서는 확정신고와 관련하여 무신고 가산세를 적용하지 아니한다(국기법 §47의 2 ⑤).

*2. 과소신고한 납부세액과 초과신고한 환급세액을 합한 금액으로 국세기본법 및 세법에 따른 가산세와 세법에 따라 가산하여 납부하여야 할 이자상당가산액을 제외한다(국기법 §47의 3 ①).

*3. 부정과소신고납부세액과 일반과소신고납부세액을 구분하기 곤란한 경우 부정과소신고납부세액은 다음 계산식에 따라 계산한 금액으로 한다(국기령 §27의 2 ③).

$$\text{과소신고납부세액 등} \times \frac{\text{부정행위로 인하여 과소신고한 과세표준}}{\text{과소신고한 과세표준}}$$

*4. 그 신고로 납부하여야 할 세액으로 국세기본법 및 세법에 따른 가산세와 세법에 따라 가산하여 납부하여야 할 이자 상당 가산액을 제외한다(국기법 §47의 2 ①).

*5. 원천징수 등 납부지연가산세와는 달리 납부지연가산세는 미납부 · 과소납부분 세액(또는 초과환급받은 세액)의 50% 한도를 적용하지 아니한다. 참고로 2020.1.1.부터 납부불성실 가산세가 납부지연가산세로 제목이 개정되었다. 이것은 비슷한 제도를 중첩적으로 운영하여 발생하는 납세자의 혼란을 완화하기 위하여 납세자가 세법에 따른 납부기한까지 세금을 완납하지 아니한 경우에 납부고지 전에 적용되는 납부불성실 가산세와 납부고지 후에 적용되는 국세징수법의 가산금을 일원화하여 납부지연가산세로 규정하는 것이다.

*6. 법정납부기한의 다음날부터 납부일까지의 기간(납부고지일부터 납부고지서에 따른 납부기한까지의 기간은 제외)

실무Tip _ 부정행위로 인한 과소신고 · 초과환급신고 가산세를 적용하는 경우의 '부정행위'

국세기본법시행령 제12조의 2 제1항 및 조세범처벌법 제3조 제6항

① 이중장부의 작성 등 장부의 거짓 기장
② 거짓 증빙 또는 거짓 문서의 작성 및 수취
③ 거짓 증빙 등의 수취(거짓임을 알고 수취한 경우만 해당)
④ 장부와 기록의 파기
⑤ 재산의 은닉, 소득 · 수익 · 행위 · 거래의 조작 또는 은폐
⑥ 고의적으로 장부를 작성하지 아니하거나 비치하지 아니하는 행위 또는 계산서, 세금계산서 또는 계산서합계표, 세금계산서합계표의 조작
⑦ 조세특례제한법 제5조의 2 제1호에 따른 전사적 기업자원관리설비의 조작 또는 전자세금계산서의 조작
⑧ 그 밖에 위계(僞計)에 의한 행위 또는 부정한 행위

(2) 원천징수의무자에 대한 가산세

원천징수의무자가 연말정산과정에서 근로자의 부당한 소득 · 세액공제 또는 정산 과정에서 소득누락 등을 하는 경우 적용되는 가산세를 정리하면 다음과 같다.

구 분	가산세액	근거법령
원천징수 등 납부지연가산세	Min[①, ②] ① 한도 : 미납부 · 과소납부분 세액×50%*1 ② 다음의 금액을 합한 금액(=㉠+㉡) ㉠ 미납부 · 과소납부분 세액×미납기간*2×0.022% ㉡ 미납부 · 과소납부분 세액×3%	국기법 §47의 5
지급명세서제출 불성실 가산세	미제출분 또는 불분명하거나 사실과 다른 분의 지급금액 ×1%(0.5%*3)	소법 §81의 11 법법 §75의 7

*1. ①과 ② 중 법정납부기한의 다음 날부터 납부고지일까지의 기간에 해당하는 금액을 합한 금액은 10%이다.

*2. 법정납부기한의 다음날부터 납부일까지의 기간(납부고지일부터 납부고지서에 따른 납부기한까지의 기간은 제외)

*3 미제출분의 경우 제출기한이 지난 후 3개월 이내에 제출하는 경우에는 0.5%로 한다(소법 §81의 11, 법법 §75의 7).

6) 가산세의 감면

(1) 감면내용

수정신고에 따른 과소신고 가산세 및 기한 후 신고에 따른 무신고 가산세 등의 경우 다음과 같은 경우에 감면한다(국기법 §48). 가산세의 감면을 받으려는 자는 감면을 받으려는 가산세와 관계되는 국세의 세목 및 부과연도와 가산세의 종류 및 금액을 적은 가산세감면 등 신청서[별지 제17호 서식]를 관할세무서장에게 제출하여야 한다(국기법 §48 ②, 국기령 §28, 국기칙 §13).

구 분	신고기간		감면액	근거법령
과소신고 (초과환급신고) 가산세의 감면	수정신고가 법정 신고기한 경과 후*	1개월 이내	가산세액의 90%	국기법 §48 ② 1호
		1개월 초과 3개월 이내	가산세액의 75%	
		3개월 초과 6개월 이내	가산세액의 50%	

구 분	신고기간		감면액	근거법령
과소신고 (초과환급신고) 가산세의 감면	수정신고가 법정 신고기한 경과 후*	6개월 초과 1년 이내	가산세액의 30%	국기법 §48 ② 1호
		1년 초과 1년 6개월 이내	가산세액의 20%	
		1년 6개월 초과 2년 이내	가산세액의 10%	
무신고 가산세의 감면	기한후신고가 법정 신고기한 경과 후*	1개월 이내	가산세액의 50%	국기법 §48 ② 2호
		1개월 초과 3개월 이내	가산세액의 30%	
		3개월 초과 6개월 이내	가산세액의 20%	
지급명세서제출 불성실 가산세의 감면	제출, 신고 등의 의무이행이 법정기한 경과 후*	1개월 이내	가산세액의 50%	국기법 §48 ② 3호 나목

* 경과 기산일은 법정 신고기한 및 법정제출기한의 다음날로 한다.

(2) 감면배제

과소신고 가산세와 무신고 가산세의 경우 과세표준과 세액을 경정할 것을 미리 알고 각각 과세표준수정신고서와 기한후과세표준신고서를 제출한 경우에는 과소신고 가산세와 무신고 가산세에 대한 감면이 적용되지 않는다(국기법 §48 ② 1호 · 2호).

여기서 경정할 것을 미리 알고 제출한 경우는 다음 중 어느 하나에 해당하는 경우를 말한다(국기령 §29). 이 경우 특히 부당공제로 인해 세무서장으로부터 과세자료 해명 통지서를 받지 않도록 공제여부 판단에 주의를 기울여야 한다.

① 해당 국세에 관하여 세무공무원이 조사에 착수한 것을 알고 과세표준수정신고서 또는 기한후과세표준신고서를 제출한 경우
② 해당 국세에 관하여 관할세무서장으로부터 과세자료 해명 통지를 받고 과세표준수정신고서를 제출한 경우

7) 사례연구-연말정산 관련 원천징수이행상황신고서 수정신고서 작성[2)]

㈜세무는 2025.9.에 2024년 귀속 연말정산 과다공제 점검을 받고 수정신고 요청을 받았고 과다공제 유형은 김연말 과장의 직계존속 이중공제이며 부당한 공제는 아니다. 김연말과장의 연말정산 재정산 결과 추가로 납부할 세액이 200,000원 발생하였다.

① 자료 1

당초의 2024년 귀속 연말정산이 반영된 원천징수 이행상황신고서는 다음 페이지에 있다.

② 자료 2

2025년 9월 귀속, 2025년 9월 지급, 2025년 10월 10일의 신고내역은 다음과 같다.

2025년 9월 귀속, 2025년 9월 지급, 2025.10.10. 신고내역

귀속연월	지급연월	소득구분	인원	총지급액	소득세 등
2025년 9월	2025년 9월	근로소득(A01)	8	22,230,000	1,198,170

③ 요구사항

연말정산 관련 수정 원천징수이행상황신고서를 작성하고 2025.10.10.에 제출하는 원천징수이행상황신고서를 작성하시오.

2) 2017원천징수이행상황신고서 작성요령, 국세청, p.101 참고

당초의 2024년 귀속 연말정산이 반영된 원천징수이행상황신고서

✐ 2025년 2월 귀속, 2025년 2월 지급, 2025.3.10. 신고

■ 소득세법 시행규칙 [별지 제21호서식] (2025. 3. 21. 개정) (10쪽 중 제1쪽)

① 신고구분						[✓]원천징수이행상황신고서 [ ]원천징수세액환급신청서	② 귀속연월	2025년 2월
(매월)	반기	수정	(연말)	소득처분	(환급신청)		③ 지급연월	2025년 2월

원천징수의무자	법인명(상호)	㈜세무	대표자(성명)	진세무	일괄납부 여부	여, (부)
					사업자단위과세 여부	여, (부)
	사업자(주민)등록번호	109-81-14741	사업장 소재지	서울 강남 개포 민후빌딩 704	전화번호	
					전자우편주소	@

❶ 원천징수 명세 및 납부세액 (단위: 원)

소득자 소득구분			코드	소득지급(과세 미달, 일부 비과세 포함) ④ 인원	⑤ 총지급액	징수세액 ⑥ 소득세 등	⑦ 농어촌특별세	⑧ 가산세	⑨ 당월 조정 환급세액	납부세액 ⑩ 소득세 등 (가산세 포함)	⑪ 농어촌특별세
개인(거주자·비거주자)	근로소득	간이세액	A01	8	22,230,000	1,981,170					
		중도퇴사	A02								
		일용근로	A03								
		연말정산 합계	A04	8	323,231,250	-3,901,030					
		연말정산 분납신청	A05								
		연말정산 납부금액	A06			-3,901,030					
		가감계	A10	16	345,461,250	-2,702,860					
	퇴직소득	연금계좌	A21								
		그 외	A22								
		가감계	A20								
	사업소득	매월징수	A25								
		연말정산	A26								
		가감계	A30								
	기타소득	연금계좌	A41								
		종교인소득 매월징수	A43								
		종교인소득 연말정산	A44								
		가상자산	A49								
		인적용역	A59	1	1,000,000	80,000					
		그 외	A42								
		가감계	A40	1	1,000,000	80,000			80,000		
	연금소득	연금계좌	A48								
		공적연금(매월)	A45								
		연말정산	A46								
		가감계	A47								
	이자소득		A50								
	배당소득		A60								
	저축 등 해지 추징세액 등		A69								
	비거주자 양도소득		A70								
법인	내·외국법인원천		A80								
수정신고(세액)			A90								
총합계			A99	17	346,461,250	80,000			80,000		

❷ 환급세액 조정 (단위: 원)

전월 미환급 세액의 계산 ⑫ 전월 미환급세액	⑬ 기환급 신청세액	⑭ 차감잔액 (⑫-⑬)	당월 발생 환급세액 ⑮ 일반환급	⑯ 신탁재산 (금융회사 등)	⑰ 그 밖의 환급세액 금융회사 등	합병 등	⑱ 조정대상 환급세액 (⑭+⑮+⑯+⑰)	⑲ 당월조정 환급세액계	⑳ 차월이월 환급세액 (⑱-⑲)	㉑ 환급 신청액
			2,702,860				2,702,860	80,000	2,622,860	2,622,860

원천징수의무자는 「소득세법 시행령」 제185조제1항에 따라 위의 내용을 제출하며, 위 내용을 충분히 검토하였고 원천징수의무자가 알고 있는 사실 그대로를 정확하게 적었음을 확인합니다.

2025 년 3 월 10 일

신고인 ㈜세무 (서명 또는 인)

세무대리인은 조세전문자격자로서 위 신고서를 성실하고 공정하게 작성하였음을 확인합니다.

세무대리인 진성규 (서명 또는 인)

삼성 세 무 서 장 귀하

신고서 부표 등 작성 여부 ※ 해당란에 "○" 표시를 합니다.		
부표(4~5쪽)	환급(7쪽~9쪽)	승계명세(10쪽)
	○	

세무대리인	
성명	진성규세무사사무소
사업자등록번호	206-24-74144
전화번호	02-464-8852

국세환급금 계좌신고	
예입처	
예금종류	
계좌번호	

210mm×297mm[백상지80g/㎡ 또는 중질지80g/㎡]

해답

(1) 연말정산에 대한 수정 원천징수이행상황신고서

2025년 2월 귀속, 2025년 2월 지급, 2025.10.10. 제출

■ 소득세법 시행규칙 [별지 제21호서식] (2025. 3. 21. 개정) (10쪽 중 제1쪽)

① 신고구분						[✓]원천징수이행상황신고서 [ ]원천징수세액환급신청서	② 귀속연월	2025년 2월
(매월)	반기	(수정)	(연말)	소득처분	(환급신청)		③ 지급연월	2025년 2월

원천징수의무자	법인명(상호)	㈜세무	대표자(성명)	진세무	일괄납부 여부	여,(부)
					사업자단위과세 여부	여,(부)
	사업자(주민)등록번호	109-81-14741	사업장 소재지	서울 강남 개포 민후빌딩 704	전화번호	
					전자우편주소	@

❶ 원천징수 명세 및 납부세액 (단위: 원)

소득자 소득구분			코드	④ 인원	⑤ 총지급액	⑥ 소득세 등	⑦ 농어촌특별세	⑧ 가산세	⑨ 당월 조정 환급세액	⑩ 소득세 등(가산세 포함)	⑪ 농어촌특별세
개인(거주자·비거주자)	근로소득	간이세액	A01	8 8	22,230,000 22,230,000	1,981,170 1,981,170					
		중도퇴사	A02								
		일용근로	A03								
		연말정산 합계	A04	8 8	323,231,250 323,231,250	-3,901,030 -3,901,030		0 15,410			
		연말정산 분납신청	A05								
		연말정산 납부금액	A06			-3,901,030 -3,701,030		0 15,410			
		가감계	A10	16 16	345,461,250 345,461,250	-2,702,860 -2,502,860		0 15,410	0 15,410		
	퇴직소득	연금계좌	A21								
		그 외	A22								
		가감계	A20								
	사업소득	매월징수	A25								
		연말정산	A26								
		가감계	A30								
	기타소득	연금계좌	A41								
		종교인소득 매월징수	A43								
		종교인소득 연말정산	A44								
		가상자산	A49								
		인적용역	A59	1 1	1,000,000 1,000,000	80,000 80,000					
		그 외	A42								
		가감계	A40	1 1	1,000,000 1,000,000	80,000 80,000			80,000 80,000		
	연금소득	연금계좌	A48								
		공적연금(매월)	A45								
		연말정산	A46								
		가감계	A47								
	이자소득		A50								
	배당소득		A60								
	저축 등 해지 추징세액 등		A69								
	비거주자 양도소득		A70								
법인	내·외국법인원천		A80								
수정신고(세액)			A90								
총합계			A99	17 17	346,461,250 346,461,250	80,000 80,000		0 15,410	80,000 95,410		

❷ 환급세액 조정 (단위: 원)

전월 미환급 세액의 계산			당월 발생 환급세액				⑱ 조정대상 환급세액 (⑭+⑮+⑯+⑰)	⑲ 당월조정 환급세액계	⑳ 차월이월 환급세액 (⑱-⑲)	㉑ 환급신청액
⑫ 전월 미환급세액	⑬ 기환급 신청세액	⑭ 차감잔액 (⑫-⑬)	⑮ 일반환급	⑯ 신탁재산 (금융회사 등)	⑰ 그 밖의 환급세액 금융회사 등	⑰ 그 밖의 환급세액 합병 등				
			2,702,860 2,502,860				2,702,860 2,502,860	80,000 95,410	2,622,860 2,417,450	2,622,860 2,622,860

원천징수의무자는 「소득세법 시행령」 제185조제1항에 따라 위의 내용을 제출하며, 위 내용을 충분히 검토하였고 원천징수의무자가 알고 있는 사실 그대로를 정확하게 적었음을 확인합니다.

2025 년 10 월 10 일

신고인 ㈜세무 (서명 또는 인)

세무대리인은 조세전문자격자로서 위 신고서를 성실하고 공정하게 작성하였음을 확인합니다.

세무대리인 진세규 (서명 또는 인)

삼성 세 무 서 장 귀하

신고서 부표 등 작성 여부 ※ 해당란에 "○" 표시를 합니다.		
부표(4~5쪽)	환급(7쪽~9쪽)	승계명세(10쪽)
	○	

세무대리인	
성명	진성규세무사사무소
사업자등록번호	206-24-74144
전화번호	02-464-8852

국세환급금 계좌신고	
예입처	
예금종류	
계좌번호	

210mm×297mm[백상지80g/㎡ 또는 중질지80g/㎡]

실무Tip

원천징수이행상황신고서 작성시 ㉑환급신청액은 당초 신고서상 금액과 수정신고서상 금액이 동일하여야 한다. 즉, 환급신청액은 수정하지 않음에 주의하여야 하는데 만약 수정하게 되면 당초 환급신청하여 환급받은 금액에도 영향을 미치기 때문이다.

가산세 계산은 다음과 같다.

<table>
<tr><th>세목</th><th colspan="2">구분</th><th>금액</th><th>계산 근거</th></tr>
<tr><td rowspan="3">소득세</td><td colspan="2">본세</td><td>200,000원</td><td></td></tr>
<tr><td>가산세</td><td>원천징수등
납부지연</td><td>15,410원</td><td>Min[①, ②]=15,410원
① ㉠+㉡=15,410원
㉠ 200,000원×0.022%×214일
(2025.3.11.~2025.10.10.)
=9,416원
㉡ 200,000원×3%=6,000원
② 200,000원×10%=20,000원</td></tr>
<tr><td colspan="2">소득세 계</td><td>215,410원</td><td>200,000원+15,410원</td></tr>
<tr><td rowspan="3">지방
소득세</td><td colspan="2">본세</td><td>20,000원</td><td></td></tr>
<tr><td>가산세</td><td>특별징수
지연납부</td><td>1,540원</td><td>Min[①, ②]=1,540원 [10원 미만 절사]
① ㉠+㉡=1,540원
㉠ 20,000원×0.022%×214일
(2025.3.11.~2025.10.10.)
=941원
㉡ 20,000원×3%=600원
② 20,000원×10%=2,000원</td></tr>
<tr><td colspan="2">지방소득세 계</td><td>21,540원</td><td>20,000원+1,540원</td></tr>
<tr><td colspan="3">총부담세액</td><td>236,950원</td><td>215,410원+21,540원</td></tr>
</table>

* 해당 공제가 부당하게 공제받은 것이 아니라 단순착오에 의한 공제이므로 근로자에 대한 신고불성실가산세는 적용되지 않을 것으로 판단된다(서면법규기본 2022-2548, 2022.12.4.).

저자주 위 사례가 허위 기부금에 따른 부당공제였다면 근로자에 대해서 부당과소신고가산세가 적용되어야 하고 과세당국의 해명 통지를 받은 경우라면 부당과소신고가산세 적용시 가산세 감면을 적용 받을 수 없다.

(2) 정기 원천징수이행상황신고서

■ 소득세법 시행규칙 [별지 제21호서식] (2025. 3. 21. 개정) (10쪽 중 제1쪽)

① 신고구분						[✔]원천징수이행상황신고서 [ ]원천징수세액환급신청서	② 귀속연월	2025년 9월
(매월)	반기	수정	연말	소득처분	환급신청		③ 지급연월	2025년 9월

원천징수 의무자	법인명(상호)	㈜세무	대표자(성명)	진세무	일괄납부 여부	여,(부)
					사업자단위과세 여부	여,(부)
	사업자(주민) 등록번호	109-81-14741	사업장 소재지	서울 강남 개포 민후빌딩 704	전화번호	
					전자우편주소	@

❶ 원천징수 명세 및 납부세액 (단위: 원)

소득자 소득구분	코드	④ 인원	⑤ 총지급액	⑥ 소득세 등	⑦ 농어촌특별세	⑧ 가산세	⑨ 당월 조정 환급세액	⑩ 소득세 등 (가산세 포함)	⑪ 농어촌특별세
		원천징수명세: 소득지급 (과세 미달, 일부 비과세 포함)		원천징수명세: 징수세액				납부세액	
개인(거주자·비거주자) / 근로소득 / 간이세액	A01	8	22,230,000	1,981,170					
근로소득 / 중도퇴사	A02								
근로소득 / 일용근로	A03								
근로소득 / 연말정산 / 합계	A04								
근로소득 / 연말정산 / 분납신청	A05								
근로소득 / 연말정산 / 납부금액	A06								
근로소득 / 가감계	A10	8	22,230,000	1,198,170				1,198,170	
퇴직소득 / 연금계좌	A21								
퇴직소득 / 그 외	A22								
퇴직소득 / 가감계	A20								
사업소득 / 매월징수	A25								
사업소득 / 연말정산	A26								
사업소득 / 가감계	A30								
기타소득 / 연금계좌	A41								
기타소득 / 종교인소득 / 매월징수	A43								
기타소득 / 종교인소득 / 연말정산	A44								
기타소득 / 가상자산	A49								
기타소득 / 인적용역	A59								
기타소득 / 그 외	A42								
기타소득 / 가감계	A40								
연금소득 / 연금계좌	A48								
연금소득 / 공적연금(매월)	A45								
연금소득 / 연말정산	A46								
연금소득 / 가감계	A47								
이자소득	A50								
배당소득	A60								
저축 등 해지 추징세액 등	A69								
비거주자 양도소득	A70								
법인 / 내·외국법인원천	A80								
수정신고(세액)	A90			200,000		25,410		225,410	
총합계	A99	8	22,230,000	1,398,170		25,410		1,423,580	

❷ 환급세액 조정 (단위: 원)

전월 미환급 세액의 계산			당월 발생 환급세액				⑱ 조정대상 환급세액 (⑭+⑮+⑯+⑰)	⑲ 당월조정 환급세액계	⑳ 차월이월 환급세액 (⑱-⑲)	㉑ 환급 신청액
⑫ 전월 미환급세액	⑬ 기환급 신청세액	⑭ 차감잔액 (⑫-⑬)	⑮ 일반환급	⑯ 신탁재산 (금융 회사 등)	⑰ 그 밖의 환급세액: 금융 회사 등	⑰ 그 밖의 환급세액: 합병 등				

원천징수의무자는 「소득세법 시행령」 제185조제1항에 따라 위의 내용을 제출하며, 위 내용을 충분히 검토하였고 원천징수의무자가 알고 있는 사실 그대로를 정확하게 적었음을 확인합니다.

2025 년 10 월 10 일

신고인 ㈜세무 (서명 또는 인)

세무대리인은 조세전문자격자로서 위 신고서를 성실하고 공정하게 작성하였음을 확인합니다.

세무대리인 진성규 (서명 또는 인)

삼성 세 무 서 장 귀하

신고서 부표 등 작성 여부		
※ 해당란에 "○" 표시를 합니다.		
부표(4~5쪽)	환급(7쪽~9쪽)	승계명세(10쪽)

세무대리인	
성명	진성규세무사사무소
사업자등록번호	206-24-74144
전화번호	02-464-8852

국세환급금 계좌신고	
예입처	
예금종류	
계좌번호	

210mm×297mm[백상지80g/㎡ 또는 중질지80g/㎡]

(3) 해설

(가) 수정신고의 방법(국기령 §25 ① · §26, 국기칙 §12)

① 수정 후 근로소득원천징수영수증을 작성한다.

② 수정 전 내역을 수정 후 근로소득원천징수영수증상의 수정 후 금액 위에 적색으로 기재한다.

✎ 원칙적으로는 수정 후 서식상의 모든 금액 위에 적색으로 수정 전 금액을 기재하여야 하나, 실무상으로는 수정되지 않은 숫자를 제외한 실제 수정된 숫자위에만 적색으로 기재하기도 한다.

③ 수정전 근로소득원천징수영수증의 결정세액과 수정 후 근로소득원천징수영수증의 결정세액의 차액을 확인하고 수정 후 원천징수이행상황신고서를 작성한다.

④ 수정 전 내역을 수정 후 원천징수이행상황신고서상의 수정 후 금액 위에 적색으로 기재한다.

⑤ 수정신고로 발생한 납부(가산세 포함) 또는 환급할 세액은 수정신고하는 월에 제출하는 당월분 신고서의 수정신고(세액)(A90)란에 이기하여 납부 · 환급세액을 조정한다.

✎ 수정 후 서식을 작성할 때에는 부당공제를 반영한 해당 연도의 서식을 사용하고 해당 연도의 세법을 적용하여 작성하여야 함에 주의하여야 한다.

신고구분란의 표시 예시

구 분			표시요령 (해당항목 ○ 표시)
수정신고	월별납부	평월	[매월], [수정]
		연말정산월	[매월], [연말], [수정]
	반기별납부	상반기	[반기], [연말], [수정]
		하반기	[반기], [수정]

✎ 귀속연월과 지급연월은 반드시 수정 전 신고서와 동일하게 기재한다.

(나) 원천징수의무자의 수정신고

원천징수의무자가 수정신고를 하기 위해서는 다음의 서류를 제출하여야 한다.

① 과세표준수정신고서 및 추가자진납부계산서[별지 제16호 서식]
② 수정 원천징수이행상황신고서
③ (당초분 · 정정분)지급명세서, (당초분 · 정정분)소득 · 세액공제신고서
④ 기타 관련 증명서류 수정본(공제 관련 영수증 수정사본)

(다) 근로소득자의 수정신고

근로소득자가 수정신고를 하기 위해서는 다음의 서류를 제출하여야 한다.

① 과세표준수정신고서 및 추가자진납부계산서[별지 제16호 서식]
② (당초분 · 정정분)원천징수영수증, (당초분 · 정정분)소득 · 세액공제신고서
③ 기타 관련 증명서류 수정본(공제 관련 영수증 수정사본)

(라) 과세표준수정신고서의 작성 및 제출

수정신고를 하고자 하는 원천징수의무자 또는 근로자는 과세표준수정신고서 및 추가자진납부계산서[별지 제16호 서식]에 다음의 사항을 적어서 제출(국세정보통신망을 활용한 제출을 포함)하여야 한다.

① 신고인의 성명과 주소 또는 거소
② 수정 전의 과세표준 및 세액
③ 수정 후의 과세표준 및 세액
④ 수정신고를 하는 이유
⑤ 기납부세액 및 (추가)자진납부세액
⑥ 그 밖에 필요한 사항

(마) 추가세액 및 가산세의 납부

경정청구와 달리 수정신고의 경우 추가납부세액인 소득세 본세와 가산세를 해당 수정신고서 제출과 동시에 추가로 납부하여야 한다(국기법 §46 ①).

2. 연말정산 관련 경정청구

1) 경정청구 대상자

원천징수의무자가 근로소득(또는 연말정산대상 사업소득)의 연말정산에 의하여 소득세를 납부하고 지급명세서를 제출기한까지 제출한 경우 원천징수의무자 또는 원천징수대상자(근로소득자 등)는 연말정산시 과다납부(또는 과소환급)한 부분에 대하여 종합소득과세표준 확정신고를 하지 않은 경우에도 연말정산세액의 납부기한(지급일이 속하는 과세기간의 다음연도 3.10.까지)이 지난 후 5년 이내에 관할세무서장에게 경정청구를 할 수 있다(국기법 §45의 2 ① · ⑤).

✐ 실무적으로는 대부분 원천징수대상자가 직접 5월에 종합소득세 확정신고를 통하여 환급을 받는다.

2) 경정청구방법

(1) 원천징수의무자의 경정청구

원천징수의무자가 경정청구를 하기 위해서는 다음의 서류를 제출하여야 한다(국기칙 §12의 2).

> ① 과세표준 및 세액의 결정(경정)청구서[별지 제16호의 2 서식]
> ② 수정 원천징수이행상황신고서
> ③ (당초분 · 정정분)지급명세서, (당초분 · 정정분)소득 · 세액공제신고서
> ④ 기타 관련 증명서류(공제 관련 영수증 사본)

(2) 근로소득자의 경정청구

근로소득자가 경정청구를 하기 위해서는 다음의 서류를 제출하여야 한다(국기칙 §12의 2).

> ① 과세표준 및 세액의 결정(경정)청구서[별지 제16호의 2 서식]
> ② (당초분 · 정정분)원천징수영수증, (당초분 · 정정분)소득 · 세액공제신고서
> ③ 기타 관련 증명서류(공제 관련 영수증 사본)

(3) 경정청구서의 작성 및 제출

경정청구를 하고자 하는 원천징수의무자 또는 근로자는 결정(경정)청구서에 다음의 사항을 적어서 제출해야 한다(국기칙 §25의 3).

> ① 청구인의 성명과 주소 또는 거소
> ② 결정 또는 경정 전의 과세표준 및 세액
> ③ 결정 또는 경정 후의 과세표준 및 세액
> ④ 결정 또는 경정의 청구를 하는 이유
> ⑤ 그 밖에 필요한 사항

원천징수의무자가 경정청구를 하는 경우에는 수정신고하는 월에 제출하는 당월 원천징수이행상황신고서상 "수정신고(세액)[A90]"란에 환급할 세액을 이기하여 납부 · 환급세액을 조정(조정환급)하는 경우가 일반적이다. 따라서 보통 실무상으로는 경정청구서 "⑯ 국세환급금 계좌신고"란(환급받을 세액이 있는 사업자만 기재)을 기재하지 아니한다.

실무Tip 국세 환급계좌개설신고 기준 금액 삭제(2023년 개정)

2020년까지는 환급세액이 2,000만원 이상일 경우 국세 환급계좌개설신고를 하도록 되어 있었고, 2021년부터는 해당 금액이 5,000만원 이상일 경우로 개정되었으며 2023년부터는 환급계좌개설신고 기준금액을 각 세법의 신고서식에서 삭제하였다.
정리하면 2023년부터는 국세기본법 및 세법에 따른 과세표준신고서에 납세자 명의의 환급계좌를 기재한 경우 해당 환급 신고분에 대해서는 계좌개설을 신고한 것(국기칙 §16의 3, 2023.3.20. 개정)으로 보도록 세법이 개정되었다.

3) 사례연구 – 연말정산 경정청구

㈜태욱은 2025년 귀속 연말정산시 환급세액이 발생하여 정상적으로 2025.3.10.(신고기한)에 원천징수 신고를 하였고, 세액환급 신청은 하지 않았다. 참고로 연말정산 환급세액은 4월 지급분 원천징수 신고시 모두 조정환급되었다.

2025.6.에 연말정산 내역 점검시 김원천 과장의 연말정산시 교육비 등 세액공제 500,000원을 반영하지 못했음을 확인하였다.

김원천 과장은 2025.5.에 종합소득세 확정신고를 하지 않았으며 ㈜태욱은 연말정산 미반영분에 대한 경정청구를 수행하고자 한다.

① 자료 1

당초 2024년 귀속 연말정산이 반영된 원천징수 이행상황신고서는 다음 페이지에 있다.

② 자료 2

2025년 6월 귀속, 2025년 6월 지급, 2025년 7월 10일 신고한 내역은 다음과 같다.

2025년 6월 귀속, 2025년 6월 지급, 2025.7.10. 신고내역

귀속연월	지급연월	소득구분	인원	총지급액	소득세 등
2025.6.	2025.6.	근로소득(A01)	8	22,000,000	853,000

③ 요구사항

연말정산 경정청구 관련 원천징수이행상황신고서를 작성하고 2025.7.10.에 제출하는 원천징수이행상황신고서를 작성하시오.

당초의 2024년 귀속 연말정산이 반영된 원천징수이행상황신고서

✎ 2025년 2월 귀속, 2025년 2월 지급, 2025.3.10. 신고(신고기한)

■ 소득세법 시행규칙 [별지 제21호서식] (2024. 3. 22. 개정) (10쪽 중 제1쪽)

① 신고구분						[✓]원천징수이행상황신고서 [ ]원천징수세액환급신청서	② 귀속연월	2025년 2월
(매월)	반기	수정	(연말)	소득처분	환급신청		③ 지급연월	2025년 2월

원천징수 의무자	법인명(상호)	㈜태욱	대표자(성명)	윤태욱	일괄납부 여부	여,(부)
					사업자단위과세 여부	여,(부)
	사업자(주민) 등록번호	215-87-16444	사업장 소재지	서울 강남 개포 민준빌딩 703	전화번호	
					전자우편주소	@

❶ 원천징수 명세 및 납부세액 (단위: 원)

소득자 소득구분			코드	원천징수명세: 소득지급(과세 미달, 일부 비과세 포함) ④ 인원	⑤ 총지급액	징수세액 ⑥ 소득세 등	⑦ 농어촌특별세	⑧ 가산세	⑨ 당월 조정 환급세액	납부세액 ⑩ 소득세 등 (가산세 포함)	⑪ 농어촌특별세
개인(거주자·비거주자)	근로소득	간이세액	A01	4	9,000,000	490,410					
		중도퇴사	A02								
		일용근로	A03								
		연말정산 합계	A04	4	99,141,842	-2,171,630					
		연말정산 분납신청	A05								
		연말정산 납부금액	A06			-2,171,630					
		가감계	A10	8	108,141,842	-1,681,220					
	퇴직소득	연금계좌	A21								
		그 외	A22								
		가감계	A20								
	사업소득	매월징수	A25								
		연말정산	A26								
		가감계	A30								
	기타소득	연금계좌	A41								
		종교인소득 매월징수	A43								
		종교인소득 연말정산	A44								
		가상자산	A49								
		인적용역	A59								
		그 외	A42								
		가감계	A40								
	연금소득	연금계좌	A48								
		공적연금(매월)	A45								
		연말정산	A46								
		가감계	A47								
	이자소득		A50								
	배당소득		A60								
	저축 등 해지 추징세액 등		A69								
	비거주자 양도소득		A70								
법인	내·외국법인원천		A80								
수정신고(세액)			A90								
총합계			A99	8	108,141,842						

❷ 환급세액 조정 (단위: 원)

전월 미환급 세액의 계산: ⑫ 전월 미환급세액	⑬ 기환급 신청세액	⑭ 차감잔액 (⑫-⑬)	당월 발생 환급세액: ⑮ 일반환급	⑯ 신탁재산 (금융 회사 등)	⑰ 그 밖의 환급세액: 금융 회사 등	합병 등	⑱ 조정대상 환급세액 (⑭+⑮+⑯+⑰)	⑲ 당월조정 환급세액계	⑳ 차월이월 환급세액 (⑱-⑲)	㉑ 환급 신청액
			1,681,220				1,681,220		1,681,220	

원천징수의무자는 「소득세법 시행령」 제185조제1항에 따라 위의 내용을 제출하며, 위 내용을 충분히 검토하였고 원천징수의무자가 알고 있는 사실 그대로를 정확하게 적었음을 확인합니다.

2025 년 3 월 10 일

신고인 ㈜태욱 (서명 또는 인)

세무대리인은 조세전문자격자로서 위 신고서를 성실하고 공정하게 작성하였음을 확인합니다.

세무대리인 진성규 (서명 또는 인)

삼성 세 무 서 장 귀하

신고서 부표 등 작성 여부		
※ 해당란에 "○" 표시를 합니다.		
부표(4~5쪽)	환급(7쪽~9쪽)	승계명세(10쪽)

세무대리인	
성명	진성규세무사사무소
사업자등록번호	206-24-74144
전화번호	02-464-8852
국세환급금 계좌신고	
예입처	
예금종류	
계좌번호	

210mm×297mm[백상지80g/㎡ 또는 중질지80g/㎡]

해답

김원천 과장의 연말정산을 재정산한 후 근로소득원천징수영수증(근로소득지급명세서)를 출력하여 당초 신고한 내역을 빨간색으로 수정 후 근로소득원천징수영수증(근로소득지급명세서)에 기입하여 관할세무서에 서면으로 제출하고, 수정분원천징수이행상황신고서와 수정내용을 기입한 당월분 원천징수이행상황신고서를 작성하여 제출한다.

✎ 교육비 세액공제액 500,000원 만큼 추가 환급이 발생한다.

① 2025년 2월 귀속, 2025년 2월 지급, 2025.7.10. 수정 제출분 원천징수이행상황신고서

■ 소득세법 시행규칙 [별지 제21호서식] (2025. 3. 21. 개정) (10쪽 중 제1쪽)

① 신고구분						[✓]원천징수이행상황신고서 [ ]원천징수세액환급신청서	② 귀속연월	2025년 2월
(매월)	반기	(수정)	(연말)	소득처분	환급신청		③ 지급연월	2025년 2월

원천징수의무자	법인명(상호)	㈜태욱	대표자(성명)	윤태욱	일괄납부 여부	여, (부)
					사업자단위과세 여부	여, (부)
	사업자(주민)등록번호	215-87-16444	사업장 소재지	서울 강남 개포 민준빌딩 703	전화번호	
					전자우편주소	@

❶ 원천징수 명세 및 납부세액 (단위: 원)

소득자 소득구분			코드	④ 인원	⑤ 총지급액	⑥ 소득세 등	⑦ 농어촌특별세	⑧ 가산세	⑨ 당월 조정 환급세액	⑩ 소득세 등 (가산세 포함)	⑪ 농어촌특별세
개인(거주자·비거주자)	근로소득	간이세액	A01	4 4	9,000,000 9,000,000	490,410 490,410					
		중도퇴사	A02								
		일용근로	A03								
		연말정산 합계	A04	4 4	99,141,842 99,141,842	-2,171,630 -2,671,630					
		연말정산 분납신청	A05								
		연말정산 납부금액	A06			-2,171,630 -2,671,630					
		가감계	A10	8 8	108,141,842 108,141,842	-1,681,220 -2,181,220					
	퇴직소득	연금계좌	A21								
		그 외	A22								
		가감계	A20								
	사업소득	매월징수	A25								
		연말정산	A26								
		가감계	A30								
	기타소득	연금계좌	A41								
		종교인소득 매월징수	A43								
		종교인소득 연말정산	A44								
		가상자산	A49								
		인적용역	A59								
		그 외	A42								
		가감계	A40								
	연금소득	연금계좌	A48								
		공적연금(매월)	A45								
		연말정산	A46								
		가감계	A47								
	이자소득		A50								
	배당소득		A60								
	저축 등 해지 추징세액 등		A69								
	비거주자 양도소득		A70								
법인	내·외국법인원천		A80								
수정신고(세액)			A90								
총합계			A99	8 8	108,141,842 108,141,842						

❷ 환급세액 조정 (단위: 원)

전월 미환급 세액의 계산			당월 발생 환급세액				⑱ 조정대상 환급세액 (⑭+⑮+⑯+⑰)	⑲ 당월조정 환급세액계	⑳ 차월이월 환급세액 (⑱-⑲)	㉑ 환급 신청액
⑫ 전월 미환급세액	⑬ 기환급 신청세액	⑭ 차감잔액 (⑫-⑬)	⑮ 일반환급	⑯ 신탁재산 (금융회사 등)	⑰ 그 밖의 환급세액 금융회사 등	⑰ 그 밖의 환급세액 합병 등				
			1,681,220 2,181,220				1,681,220 2,181,220		1,681,220 2,181,220	

원천징수의무자는 「소득세법 시행령」 제185조제1항에 따라 위의 내용을 제출하며, 위 내용을 충분히 검토하였고 원천징수의무자가 알고 있는 사실 그대로를 정확하게 적었음을 확인합니다.

2025 년 7 월 10 일

신고인 ㈜태욱 (서명 또는 인)

세무대리인은 조세전문자격자로서 위 신고서를 성실하고 공정하게 작성하였음을 확인합니다.

세무대리인 진성규 (서명 또는 인)

삼성 세 무 서 장 귀하

신고서 부표 등 작성 여부 ※ 해당란에 "○" 표시를 합니다.		
부표(4~5쪽)	환급(7쪽~9쪽)	승계명세(10쪽)

세무대리인	
성명	진성규세무사사무소
사업자등록번호	206-24-74144
전화번호	02-464-8852
국세환급금 계좌신고	
예입처	
예금종류	
계좌번호	

210mm×297mm[백상지80g/㎡ 또는 중질지80g/㎡]

✎ 당초 차기이월환급세액(1,681,220원)이 다음 월로 차기이월됨에 따라 해당 금액을 수정하지 아니하기 위하여 경정청구하는 달에 수정신고(세액)(A90)란에 경정청구로 인한 환급세액 500,000원을 (−)금액으로 기입함.

② 2025년 6월 귀속, 2025년 6월 지급, 2025.7.10. 당월 제출 원천징수이행상황신고서

■ 소득세법 시행규칙 [별지 제21호서식] (2025. 3. 21. 개정) (10쪽 중 제1쪽)

① 신고구분						[✓]원천징수이행상황신고서 [ ]원천징수세액환급신청서	② 귀속연월	2025년 6월
(매월)	반기	수정	연말	소득처분	환급신청		③ 지급연월	2025년 6월

원천징수 의무자					
법인명(상호)	㈜태욱	대표자(성명)	윤태욱	일괄납부 여부	여,(부)
				사업자단위과세 여부	여,(부)
사업자(주민)등록번호	215-87-16444	사업장 소재지	서울 강남 개포 민준빌딩 703	전화번호	
				전자우편주소	@

❶ 원천징수 명세 및 납부세액 (단위: 원)

소득자 소득구분			코드	④ 인원	⑤ 총지급액	⑥ 소득세 등	⑦ 농어촌특별세	⑧ 가산세	⑨ 당월 조정 환급세액	⑩ 소득세 등(가산세 포함)	⑪ 농어촌특별세
개인(거주자·비거주자)	근로소득	간이세액	A01	8	22,000,000	853,000					
		중도퇴사	A02								
		일용근로	A03								
		연말정산 합계	A04								
		연말정산 분납신청	A05								
		연말정산 납부금액	A06								
		가감계	A10	8	22,000,000	853,000			500,000	353,000	
	퇴직소득	연금계좌	A21								
		그 외	A22								
		가감계	A20								
	사업소득	매월징수	A25								
		연말정산	A26								
		가감계	A30								
	기타소득	연금계좌	A41								
		종교인소득 매월징수	A43								
		종교인소득 연말정산	A44								
		가상자산	A49								
		인적용역	A59								
		그 외	A42								
		가감계	A40								
	연금소득	연금계좌	A48								
		공적연금(매월)	A45								
		연말정산	A46								
		가감계	A47								
	이자소득		A50								
	배당소득		A60								
	저축 등 해지 추징세액 등		A69								
	비거주자 양도소득		A70								
법인	내·외국법인원천		A80								
수정신고(세액)			A90			-500,000					
총합계			A99	8	22,000,000	853,000			500,000	353,000	

❷ 환급세액 조정 (단위: 원)

전월 미환급 세액의 계산			당월 발생 환급세액				⑱ 조정대상 환급세액 (⑭+⑮+⑯+⑰)	⑲ 당월조정 환급세액계	⑳ 차월이월 환급세액 (⑱-⑲)	㉑ 환급신청액
⑫ 전월 미환급세액	⑬ 기환급 신청세액	⑭ 차감잔액 (⑫-⑬)	⑮ 일반환급	⑯ 신탁재산 (금융회사 등)	⑰ 그 밖의 환급세액 금융회사 등	⑰ 그 밖의 환급세액 합병 등				
			500,000				500,000	500,000		

원천징수의무자는 「소득세법 시행령」 제185조제1항에 따라 위의 내용을 제출하며, 위 내용을 충분히 검토하였고 원천징수의무자가 알고 있는 사실 그대로를 정확하게 적었음을 확인합니다.

2025 년 7 월 10 일

신고인 ㈜태욱 (서명 또는 인)

세무대리인은 조세전문자격자로서 위 신고서를 성실하고 공정하게 작성하였음을 확인합니다.

세무대리인 진성규 (서명 또는 인)

삼성 세 무 서 장 귀하

신고서 부표 등 작성 여부 ※ 해당란에 "○" 표시를 합니다.		
부표(4~5쪽)	환급(7쪽~9쪽)	승계명세(10쪽)

세무대리인	
성명	진성규세무사사무소
사업자등록번호	206-24-74144
전화번호	02-464-8852

국세환급금 계좌신고	
예입처	
예금종류	
계좌번호	

210mm×297mm[백상지80g/㎡ 또는 중질지80g/㎡]

연말정산 관련 수정신고와 경정청구에 대한 요약정리를 해보면 다음과 같다.

구 분		신고의무자 · 청구권자	신고 · 청구 방법	신고 · 청구기간 또는 기한
당초 법정 신고기한 내에 신고하였으나 잘못 신고한 경우	세액의 과다납부 (과소환급)[*1]	근로자	종합소득세 확정신고	다음연도 5.1.부터 5.31.까지
		근로자, 원천징수의무자	경정청구[*3]	연말정산세액 또는 원천징수세액의 납부기한이 지난 후 5년 이내 (국기법 §45의 2 ⑤)
	세액의 과소납부 (과다환급)[*2]	근로자	종합소득세 확정신고	다음연도 5.1.부터 5.31.까지
		근로자, 원천징수의무자	수정신고[*3]	관할세무서장이 해당 국세의 과세표준과 세액을 결정 또는 경정하여 통지하지 전까지(국기법 §45 ①)
당초 법정 신고기한 내에 신고를 못한 경우		근로자	기한후신고	관할세무서장이 해당 국세의 과세표준과 세액(가산세 포함)을 결정하여 통지하기 전까지(국기법 §45의 3 ①)

*1. 소득 · 세액공제사항의 과소적용 및 소득의 과다신고 등의 경우이다.

*2. 소득 · 세액공제사항의 과다적용 및 소득의 과소신고 등의 경우이다.

*3. 세법이 개정되어 기한 후 신고를 한 경우에도 수정신고와 경정청구가 가능하다(2020.1.1. 전에 기한후과세표준신고서를 제출하고 2020.1.1. 이후 과세표준수정신고서를 제출하거나 국세의 과세표준 및 세액의 결정 또는 경정을 청구하는 경우에도 적용함).

제3절 소득처분이 있는 경우 원천징수이행상황신고서 작성방법

1. 소득처분에 대한 원천징수

1) 작성대상자

매월납부자와 반기별납부자는 법인세법 제67조에 의한 소득처분이 있는 경우 해당 처분액에 대한 소득세를 원천징수하여 소득처분일(지급의제일)이 속하는 다음달 10일까지 원천징수내역을 신고하고 원천징수세액을 납부하여야 한다.

연말정산이 종료된 귀속연도분을 소득처분하는 경우에는 추가로 소득처분된 금액을 증가시키는 신고만 하면 된다. 즉, 소득처분으로 인해 증가되는 금액에 대해서는 수정신고를 하지 않는 것이다. 그러나 근로소득에 대한 지급명세서는 당초 제출한 지급명세서에 소득처분액을 반영하여 수정작성한 후에 원천징수이행상황신고서와 함께 제출하여야 한다.

2) 소득처분일

법인세법(법법 §67)에 따라 소득처분되는 배당 · 상여 등에 대한 소득세의 원천징수시기는 다음과 같다(소법 §135 ④ · §131 ②).

① 법인의 과세표준 신고에 의한 소득처분시 : 법인세 과세표준 신고일(수정신고일)

② 세무조사 등을 통한 정부의 결정 · 경정에 의한 소득처분시 : 소득금액변동통지서 수령일

2. 자진신고에 의한 소득처분시 원천징수이행상황신고서 작성방법

1) 매월납부자

(1) 소득처분에 대한 연말정산 재정산

법인세법상 소득처분된 인정상여에 대한 연말정산 재정산을 하여 인정상여 반영 전 결정세액과 인정상여 반영 후 결정세액의 차액을 계산한다.

✐ 인정상여는 근로소득원천징수영수증 '15.인정상여'란에 반영하여 연말정산 재정산을 한다.

✐ 법인세법상 소득처분된 인정상여에 대해서 법인세 신고시 '소득자료명세서(법칙 별지 55호 서식)'를 작성하여 제출하므로 '소득자료명세서'와 소득처분이 반영된 '근로소득지급명세'의 일치성을 확인하여야 함에 유의하자.

(2) 원천징수이행상황신고서 기재대상 기입방법

원천징수이행상귀속연월은 당초 연말정산 등의 귀속연월을 기입하고, 지급연월은 법인세 과세표준 신고일(수정신고일)을 기입하여 지급연월의 다음달 10일까지 신고 · 납부한다.

✐ 해당 신고는 수정신고가 아니라 소득처분에 따른 원천징수 추가신고이다.

① 신고구분 : 매월 또는 반기, 소득처분, 연말란에 'ㅇ'표시를 한다.

② 귀속연월은 당초 연말정산 등의 귀속연월을 입력한다. 2024년 귀속분 연말정산인 경우 2025.2.을 기입한다.

③ 지급연월은 법인세 과세표준 신고일을 기입한다. 12월말 결산법인으로 2024년 귀속분

에 대한 법인세 신고월은 2025.3.이므로 2025.3.을 기입한다.

④ 소득처분된 인정상여 연말정산 재정산은 수정신고가 아니며 해당 재정산 내역은 [A04 (연말정산)]란에 기입한다.

구분	기재내역
인원	소득처분 인원수를 기입
지급액	소득처분 받은 금액을 기입
소득세 등	연말정산 재정산 추가납부세액을 기입

(3) 근로소득지급명세서의 서면 제출

인정상여가 반영된 근로소득지급명세서는 앞서 설명한 수정신고 작성방식으로 작성하여 원천징수이행상황신고서 제출일에 서면으로 제출하여야 한다.

✐ 인정상여가 반영된 근로소득지급명세서 위에 당초의 근로소득지급명세서의 금액을 빨간색으로 기입한다. 실무상 금액이 달라지는 금액만 표기하여 신고하기도 한다.

2) 반기별 납부자

반기별납부자의 경우에도 매월납부자와 동일하게 소득처분의 원천징수시기(소득금액변동통지를 받은 날, 법인세 신고일, 수정신고일)가 속하는 달의 다음달 10일까지 소득처분에 대한 원천징수이행상황신고서와 지급명세서를 작성하여 제출하여야 한다(소법 §128 ②).

다만, 연말정산에 대한 환급신청을 하지 않은 반기별납부자는 연말정산분과 재정산하거나, 연말정산시 세액과 비교하여 증가액만 납부할 수 있다.

실무Tip __ 인정상여 처분시의 건강보험

근로소득 지급명세서가 수정·제출되면 9월부터 10월 초 사이에 건강보험료 추가고지에 대한 안내를 받을 수 있음도 인지하여야 한다.
다만, 법인세법 제67조 및 같은 법 시행령 제106조 제1항 제1호에 의한 '대표자 인정상여'로 소득 처분된 금액은 국민건강보험법 시행령 제33조의 '근로의 대가'에 포함되지 않는다는 대법원 판결에 따라 보수에서 제외(2015두 37525)되므로 건강보험료 추가고지 안내를 받지 않을 것으로 판단된다.

3) 사례연구[3)]

㈜세무는 12월말 결산법인으로 2025년 법인세 정기신고(2026.3.)시 업무용승용차 관련 비용 손금불산입의 소득처분(상여) 1명에 1,000만원이 발생하여, 연말재정산 결과 2025년 귀속 연말정산 정산세액 140만원이 추가 발생한 경우의 원천징수이행상황신고서를 작성하라.

2026년 3월분 정기 근로소득 지급내역은 20명, 총지급액 8천만원이고 소득세는 950,000원이다.

해답

소득처분에 의한 원천징수이행상황신고서와 정기 근로소득 지급분에 대한 원천징수이행상황신고서를 각각 별지로 작성하여 제출한다. 즉, 당월분 정기 원천징수이행상황신고서 1부, 소득처분이 반영된 원천징수이행상황신고서 1부를 각각 작성하여 제출하는 것이다.

법인세 신고시 제출된 소득자료명세서와 소득처분이 반영된 원천징수이행상황신고서는 다음과 같다.

3) 2017년 귀속 원천징수이행상황신고서 작성요령, 국세청, p.91 참고

■ 법인세법 시행규칙 [별지 제55호 서식] 〈개정 2011. 2. 28.〉

사업연도	2025.01.01. ~ 2025.12.31.	소득자료 [인정상여] [인정배당] [기타소득] 명세서	법인명	㈜세무
			사업자등록번호	109-81-14741

①소득구분	②소득귀속연도	③배당 · 상여 및 기타소득금액	④원천징수할 소득세액	⑤원천징수일	⑥신고여부	소득자 ⑦성명	소득자 ⑧주민등록번호	⑨비고
1. 인정상여	2025	10,000,000	1,400,000	2026.03.25	여	진세무		
계			30,000,000					

작 성 방 법

1. "소득금액조정합계표(별지 제15호 서식)"의 ③소득처분란 중 배당 · 상여 및 기타소득을 소득자별로 구분하여 원천징수할 세액을 산출하여 적습니다.
2. ①소득구분란의 경우 인정상여는 1, 인정배당은 2, 기타소득은 3으로 적습니다.
3. ②소득귀속연도란은 인정상여 · 인정배당 · 기타소득의 귀속사업연도를 적습니다.
4. ⑤원천징수일란은 당해 소득에 대한 원천징수일을 적습니다.
5. ⑥신고여부란은 당해 소득에 대해 원천징수이행상황신고서를 통해 신고한 경우에는 "여", 신고하지 않은 경우에는 "부"를 적습니다. 다만, 연말정산을 통하여 원천징수한 경우에는 ④원천징수할 소득세액란에 세액을 "0", ⑥신고여부란은 "여", ⑨비고란에는 "연말정산 원천징수필"로 적습니다.

210mm×297mm[일반용지 70g/㎡(재활용품)]

✎ 연말정산시 인정상여 금액을 미리 반영하여 연말정산을 하고 이와 관련된 원천징수 신고를 2026.3.10.까지 한 경우라면 소득자료명세서 서식의 ④ 원천징수할 소득세액란은 '0'으로 표기하여 법인세 신고를 한다.

■ 소득세법 시행규칙 [별지 제21호서식] (2025. 3. 21. 개정)　　　　(10쪽 중 제1쪽)

① 신고구분						[✓]원천징수이행상황신고서 [ ]원천징수세액환급신청서	② 귀속연월	2026년 2월
(매월)	반기	수정	(연말)	(소득처분)	환급신청		③ 지급연월	2026년 3월

원천징수의무자	법인명(상호)	㈜세무	대표자(성명)	진세무	일괄납부 여부	여,(부)
					사업자단위과세 여부	여,(부)
	사업자(주민)등록번호	109-81-14741	사업장 소재지	서울 강남 개포 민후빌딩 704	전화번호	
					전자우편주소	@

❶ 원천징수 명세 및 납부세액　　　　(단위: 원)

소득자 소득구분			코드	원천징수명세: 소득지급(과세 미달, 일부 비과세 포함) ④ 인원	⑤ 총지급액	징수세액 ⑥ 소득세 등	⑦ 농어촌특별세	⑧ 가산세	⑨ 당월 조정 환급세액	납부세액 ⑩ 소득세 등 (가산세 포함)	⑪ 농어촌 특별세
개인(거주자·비거주자)	근로소득	간이세액	A01								
		중도퇴사	A02								
		일용근로	A03								
		연말정산 합계	A04	1	10,000,000	1,400,000					
		연말정산 분납신청	A05								
		연말정산 납부금액	A06			1,400,000					
		가감계	A10	1	10,000,000	1,400,000				1,400,000	
	퇴직소득	연금계좌	A21								
		그 외	A22								
		가감계	A20								
	사업소득	매월징수	A25								
		연말정산	A26								
		가감계	A30								
	기타소득	연금계좌	A41								
		종교인소득 매월징수	A43								
		종교인소득 연말정산	A44								
		가상자산	A49								
		인적용역	A59								
		그 외	A42								
		가감계	A40								
	연금소득	연금계좌	A48								
		공적연금(매월)	A45								
		연말정산	A46								
		가감계	A47								
	이자소득		A50								
	배당소득		A60								
	저축 등 해지 추징세액 등		A69								
	비거주자 양도소득		A70								
법인	내·외국법인원천		A80								
수정신고(세액)			A90								
총합계			A99	1	10,000,000	1,400,000				1,400,000	

❷ 환급세액 조정　　　　(단위: 원)

전월 미환급 세액의 계산: ⑫ 전월 미환급세액	⑬ 기환급 신청세액	⑭ 차감잔액 (⑫-⑬)	당월 발생 환급세액: ⑮ 일반환급	⑯ 신탁재산 (금융회사 등)	⑰ 그 밖의 환급세액 금융회사 등	⑰ 그 밖의 환급세액 합병 등	⑱ 조정대상 환급세액 (⑭+⑮+⑯+⑰)	⑲ 당월조정 환급세액계	⑳ 차월이월 환급세액 (⑱-⑲)	㉑ 환급 신청액

원천징수의무자는 「소득세법 시행령」 제185조제1항에 따라 위의 내용을 제출하며, 위 내용을 충분히 검토하였고 원천징수의무자가 알고 있는 사실 그대로를 정확하게 적었음을 확인합니다.

2026 년　4 월　10 일

신고인　　㈜세무 (서명 또는 인)

세무대리인은 조세전문자격자로서 위 신고서를 성실하고 공정하게 작성하였음을 확인합니다.

세무대리인　　진성규 (서명 또는 인)

삼성 세 무 서 장　　귀하

신고서 부표 등 작성 여부 ※ 해당란에 "○" 표시를 합니다.		
부표(4~5쪽)	환급(7쪽~9쪽)	승계명세(10쪽)

세무대리인	
성명	진성규세무사사무소
사업자등록번호	206-24-74144
전화번호	02-464-8852

국세환급금 계좌신고	
예입처	
예금종류	
계좌번호	

210mm×297mm[백상지80g/㎡ 또는 중질지80g/㎡]

3. 세무조사 등을 통한 정부의 경정 · 결정에 의한 소득처분시 원천징수이행상황신고서 작성방법

1) 소득금액변동통지서에 의한 통지

법인의 세무조사 등을 통하여 소득금액을 결정 또는 경정함에 있어서 처분되는 상여(인정상여) 등은 법인소득금액을 결정 또는 경정하는 세무서장 또는 지방국세청장이 그 결정일 또는 경정일부터 15일 내에 소득금액변동통지서에 의하여 당해 법인에게 통지하여야 한다. 다만, 당해 법인의 소재지가 분명하지 아니하거나 그 통지서를 송달할 수 없는 경우 등에 해당하는 경우에는 당해 상여 등의 처분을 받은 거주자에게 통지하여야 한다(소령 §192 ①). 소득금액변동통지서는 568쪽을 참고하길 바란다.

2) 연말정산의 재수행

세무조사 등을 통하여 처분되는 상여(인정상여)는 근로를 제공한 날에 귀속하며(소령 §49 ① 3호), 소득금액변동통지서를 받은 날에 해당 소득을 지급한 것으로 보아 소득세를 원천징수한다(소법 §135 ④ · §131 ②).

세무조사 등을 통하여 처분되는 상여(인정상여)에 대하여 원천징수할 소득세는 해당 과세기간에 귀속한 동 상여 외의 근로소득과 합산하여 연말정산을 다시 하여야 한다(소득통 135－192…3).

작성방법은 '자진신고에 소득처분시 원천징수이행상황신고서 작성방법'과 동일하게 작성하여 제출한다.

3) 종합소득세 확정신고기한을 경과하여 처분되는 상여의 경우

종합소득과세표준 확정신고기한(2024년 귀속분은 2025.5.1.부터 5.31.까지)이 지난 후에 상여로 처분됨으로써 근로소득만 있는 자가 소득세를 추가 납부해야 하는 경우 해당 법인(또는 거주자)이 "소득금액변동통지서를 받은 날이 속하는 달의 다음다음달 말일"(이하 "추가신고자진납부기한"이라 함)까지 추가신고납부한 때에는 과세표준 확정신고 기한까지 신고납부한 것으로 본다(소령 §134 ①, 소득집행 70－134－1 ①).

따라서 근로소득만 있는 자가 해당 추가신고자진납부기한까지 추가신고납부한 때에는 가산세의 부담이 없다.

실무Tip __ 종합소득세 추가 신고

정부의 경정 · 결정에 의하여 소득금액변동통지서를 받은 경우 "소득금액변동통지서를 받은 날이 속하는 달의 다음다음달 말일"까지 종합소득세 추가신고도 하여야 함에 유의하여야 한다.
예를 들면, 2025.6.에 2022년 귀속분에 대한 법인세 세무조사시 대표자 인정상여 처분을 받고 소득금액변동통지서를 받은 경우로서 대표자가 근로소득 외 부동산임대소득이 있어 2022년 귀속분에 대한 종합소득세 확정신고를 한 경우라면 2025.7.10.까지 소득처분이 반영된 원천징수이행상황신고서를 작성 · 제출하고 인정상여가 반영된 근로소득원천징수영수증과 당초의 부동산임대소득금액을 합산하여 종합소득세 추가신고 · 납부도 2025년 8월 말까지 하여야 하는 것이다.

4) 추가신고자진납부기한까지 추가신고납부하지 아니한 경우

(1) 신고불성실 가산세

근로소득만 있는 자가 인정상여에 대하여 추가신고자진납부기한 내에 추가신고를 하였으나 추가로 납부해야 할 세액을 전액 납부하지 아니한 경우에는 확정신고 기한 내에 신고납부한 것으로 보지 아니하므로 신고불성실 가산세를 적용하는 것이며, 추가로 납부해야 할 세액의 일부만 납부한 경우 신고불성실 가산세는 추가납부할 세액 중 납부한 세액이 차지하는 비율만큼 감면한다(소득집행 70-134-1 ②).

(2) 납부지연 가산세

근로소득만 있는 자가 인정상여에 대하여 추가신고자진납부를 하지 아니한 경우 납부지연 가산세는 추가신고자진납부기한의 다음날부터 계산한다(소득집행 70-134-1 ③).

5) 사례연구

㈜연말정산은 12월말 결산법인이고 원천징수 매월납부자이다. ㈜연말정산은 2022년 귀속분에 대한 세무조사시 대표자 상여처분과 관련된 소득금액변동통지서를 2025.6.에 수령하였다. 대표자 상여처분액과 세액 그리고 기타 자료가 다음과 같을 때 2025.7.에 제출하는 원천징수이행상황신고서를 작성하시오.

① 대표자 상여처분액과 세액 : 30,000,000원(추가세액 7,200,000원)
② 2025년 6월분 근로소득 원천징수는 인원 5명, 총지급액 10,600,000원, 세액 61,150원이다. ㈜연말정산은 6월 귀속분을 6월에 지급하였다.

해답

소득처분이 반영된 원천징수이행상황신고서 작성방법은 귀속연월이 2023.2.(2022년 귀속분 연말정산 연월일)인 것만 제외하고 자진신고에 의한 원천징수방법과 동일하므로 앞의 사례를 참고한다.

만약, 해당 대표자가 근로소득 외의 소득이 있어서 2022년 귀속분에 대한 종합소득세 확정신고를 한 경우라면 소득금액변통지서를 받은 날이 속하는 다음다음달 말일인 2025.8. 말까지 종합소득세 확정신고도 추가로 신고하여야 함에 유의한다.

실무Tip _ 종합소득세 추가신고

소득금액변동통지서에 의한 종합소득세 추가신고는 2021년 귀속 종합소득세 · 농어촌특별세 · 지방소득세 과세표준 확정신고 및 자진납부계산서(별지 21호 서식)의 신고구분에 '추가신고(인정상여)'에 표기해서 신고서를 작성하면 된다.

4. 3월말 결산법인의 인정상여 소득처분시 원천징수이행상황신고서 작성방법

근로소득의 수입시기 중 해당 사업연도의 소득금액을 법인이 신고하거나 세무서장이 결정 · 경정함에 따라 발생한 그 법인의 임원 또는 주주 · 사원, 그 밖의 출자자에 대한 상여는 해당 사업연도 중의 근로를 제공한 날이 근로소득의 수입시기이고 이 경우 월평균금액을 계산한 것이 2개 연도에 걸친 때에는 각각 해당 사업연도 중 근로를 제공한 날로 한다(소령 §49 ① 3호).

따라서 3월말 결산법인이 2024.4.1.~2025.3.31.까지의 사업연도에 대해서 2025년 6월말까지 법인세를 신고하는 경우로서 법인세법에 따른 인정상여처분을 하였다면 2024년과 2025년으로 안분하여 원천징수이행상황신고서를 작성하여 제출해야 하는 것이다.

2024.4.1.~2025.3.31.까지의 사업연도에 대해서 2025.6.30.까지 법인세 신고를 하는 3월말 결산법인이 2025.6.30.에 인정상여에 대한 소득처분을 하였다고 가정하고 원천징수이행상황신고서 작성방법을 소개하면 다음과 같다.

1) 연말정산이 종료되지 않은 귀속연도분에 대하여 소득처분이 있는 경우

사례의 3월말 결산법인의 인정상여로 처분된 근로소득은 2024.4.1.~2025.3.31.까지의 근로소득이고 이 중 2025.1.1.~2025.3.31.까지의 금액은 아직 연말정산이 완료되지 않은 근로소득이므로 다음과 같이 원천징수이행상황신고서를 작성한다.

① 인정상여로 처분된 금액을 12개월로 나누고 3개월을 곱하여 2025.1.1.~2025.3.31. 까지의 근로소득을 계산한다.

② 원천징수이행상황신고서의 기재대상은 다음과 같이 작성한다.

구 분	기재내역
신고구분	매월
귀속연월	2025년 3월
지급연월	2025년 6월
제출연월	2025년 7월 10일

근로소득 A01(간이세액)란에 인원, 처분된 금액 그리고 처분된 금액에 대한 소득세 등을 기입하여 원천징수이행상황신고서를 제출한다.

2) 이미 연말정산이 완료된 귀속연도분을 소득처분하는 경우

위 사례의 2024.4.1.~2024.12.31.까지의 금액은 이미 연말정산이 완료된 부분이므로 소득처분일 기준으로 연말정산 추가신고를 하여야 한다.

① 인정상여로 처분된 금액을 12개월로 나누고 9개월을 곱하여 2024.4.1.~2024.12.31.까지의 근로소득을 계산한다.

② 계산된 2024년 귀속분 인정상여 금액에 대한 연말정산 재정산을 하여 추가납부세액을 결정한다.

③ 원천징수이행상황신고서 작성은 다음과 같이 작성한다.

구 분	기재내역
신고구분	매월, 소득처분
귀속연월	2025년 2월
지급연월	2025년 6월
제출연월	2025년 7월 10일

근로소득 A04(연말정산)란에 인원, 처분된 금액 그리고 연말정산 재정산에 따른 추가납부세액을 소득세 등란에 기입하여 원천징수이행상황신고서를 제출하고 인정상여가 반영된 근로소득지급명세서도 서면 제출한다.

소득세법 시행규칙 [별지 제22호 서식(1)] (2014.3.14. 개정)

소득금액변동통지서(1)
(법 인 통 지 용)

※ 아래의 유의사항을 읽고 작성하여 주시기 바라며, [ ]에는 해당되는 곳에 √표를 합니다. (앞쪽)

수령자	① 법 인 명	② 사업자등록번호
	③ 주 소	
	④ 대표자 성명	

소득자별 [ ]배 당 / [ ]상 여 / [ ]기타소득 소득금액 변동내용

⑤ 소득종류 (배당·상여·기타)	⑥ 사업 연도	⑦ 귀속 연도	⑧ 소득금액	소득자 ⑨ 성명	소득자 ⑩ 주 민 등 록 번 호	소득자 ⑪ 주 소
					-	
					-	
					-	
					-	

「소득세법 시행령」 제192조 제1항에 따라 위와 같이 소득금액 변동사항을 통지합니다.

년 월 일

세 무 서 장 [직인]

유의사항

1. 소득금액변동통지서를 받은 법인은 통지받은 소득에 대한 소득세를 원천징수하여 통지서를 받은 달의 다음 달 10일까지 납부해야 합니다.
2. 「소득세법」 제155의4제1항에 따라 법인이 「채무자 회생 및 파산에 관한 법률」에 따른 회생절차에 따라 특수관계인이 아닌 다른 법인에 합병되는 등 지배주주가 변경된 이후 회생절차 개시 전에 발생한 사유로 인수된 법인의 대표자 등에 대하여 「법인세법」 제67조에 따라 상여로 처분되는 경우에는 해당 법인에 소득금액변동통지서를 통지하는 것이 아니라, 해당 소득자에게 직접 「소득세법 시행규칙」 별지 제22호 서식(2)의 소득금액변동통지서(2)(소득자통지용)를 통지합니다.
3. 소득금액변동통지서를 받은 법인은 종합소득과세표준확정신고 대상 소득자의 소득금액이 변동됨으로써 소득세를 추가로 납부해야 하는 경우에는 즉시 해당 소득자에게 이 통지서를 받은 날이 속하는 달의 다음다음달 말일까지 주소지 관할세무서에 추가신고·자진납부해야 한다는 것을 알려주시기 바랍니다.

210mm×297mm[백상지 80g/㎡(재활용품)]

(뒤쪽)

법인세과세표준 결정(경정)내용

<table>
<tr><td></td><td colspan="2">⑫ 결정(경정)기관</td><td colspan="3"></td></tr>
<tr><td rowspan="2">구 분</td><td colspan="2">각 사 업 연 도 소 득</td><td colspan="3">특 별 부 가 세 과 세 표 준</td></tr>
<tr><td>신 고</td><td>결 정
(경정)</td><td>구 분</td><td>신 고</td><td>결 정 (경정)</td></tr>
<tr><td>⑬ 각사업연도
소 득</td><td></td><td></td><td>⑲ 양 도 가 액</td><td></td><td></td></tr>
<tr><td>⑭ 이월결손금</td><td></td><td></td><td>⑳ 취 득 가 액</td><td></td><td></td></tr>
<tr><td>⑮ 비과세소득</td><td></td><td></td><td>㉑ 양 도 비 용</td><td></td><td></td></tr>
<tr><td>⑯ 소 득 공 제</td><td></td><td></td><td>㉒ 특 별 공 제</td><td></td><td></td></tr>
<tr><td>⑰ 차감과세표준</td><td></td><td></td><td>㉓ 과 세 표 준</td><td></td><td></td></tr>
<tr><td colspan="2">⑱ 추계결정(경정)기준
수입금액</td><td colspan="4"></td></tr>
</table>

소득세법 시행규칙 [별지 제22호 서식(2)](2014.3.14. 개정)

소득금액변동통지서(2)
(소 득 자 통 지 용)

수령자	① 성 명	② 주민등록번호
	③ 주 소	

❶ 소득발생법인

④ 법 인 명	⑤ 사업자등록번호
⑥ 소 재 지	
⑦ 대 표 자	

❷ 소득금액 변동내용

⑧ 소 득 종 류	⑨ 사 업 연 도	⑩ 소득귀속연도	⑪ 소 득 금 액	비 고

「소득세법」 제155의 4 제1항 및 같은 법 시행령 제192조 제1항 단서에 따라 소득금액 변동사항을 통지합니다.

년 월 일

세 무 서 장 직인

유의사항

※ 종합소득과세표준확정신고 대상 소득자의 소득금액이 변동됨으로써 소득세를 추가납부해야 하는 경우에는 이 통지서를 받은 날이 속하는 달의 다음다음달 말일까지 주소지 관할세무서에 추가신고·자진납부해야 합니다.

210mm×297mm[백상지 80g/㎡(재활용품)]

제4편
세목별 가산세 핵심정리

제1장

부가가치세

제1절 부가가치세 관련 가산세

일반과세자에 대한 가산세 요약(2025년, 간이과세에 대한 가산세는 본문에서 별도 설명함)

종 류	적용요건	가산세액
미등록 및 타인명의의 등록 가산세 (부가법 §60 ①)	사업자 또는 국외사업자가 사업개시일부터 20일 이내에 사업자등록을 하지 않은 경우	공급가액×1%
	타인명의로 사업자등록을 하거나 타인 명의의 사업자등록을 이용하여 사업을 하는 것으로 확인되는 경우	공급가액×2% (2024년까지는 1%)
세금계산서 지연발급 가산세 (부가법 §60 ② 1호)	세금계산서의 발급시기가 지난 후 해당 재화 또는 용역의 공급시기가 속하는 과세기간에 대한 확정신고 기한까지 세금계산서를 발급하는 경우	공급가액×1%
세금계산서 미발급 가산세 (부가법 §60 ② 2호)	세금계산서의 발급시기가 지난 후 해당 재화 또는 용역의 공급시기가 속하는 과세기간에 대한 확정신고 기한까지 세금계산서를 발급하지 아니한 경우	공급가액×2%
전자세금계산서 발급명세 지연전송 가산세 (부가법 §60 ② 3호)	전자세금계산서 발급의무 사업자가 전자세금계산서 발급일의 다음날(토요일 또는 공휴일인 경우 그 다음날)이 지난 후 과세기간에 대한 확정신고기한까지 발급명세를 전송한 경우	공급가액×0.3%
전자세금계산서 발급명세 미전송 가산세 (부가법 §60 ② 4호)	전자세금계산서 발급의무 사업자가 전자세금계산서 발급일의 다음날(토요일 또는 공휴일인 경우 그 다음날)이 지난 후 과세기간에 대한 확정신고기한까지 발급명세를 미전송한 경우	공급가액×0.5%
세금계산서 부실기재 가산세 (부가법 §60 ② 5호)	세금계산서의 필요적 기재사항의 전부 또는 일부가 착오 또는 과실로 적혀 있지 아니하거나 사실과 다른 경우	공급가액×1%
가공세금계산서 발급(수취) 가산세 (부가법 §60 ③ 1·2호)	재화 또는 용역을 공급하지 아니하고 세금계산서 등을 발급하거나 발급받은 경우	공급가액×3%
위장세금계산서 발급(수취) 가산세 (부가법 §60 ③ 3·4호)	재화 또는 용역을 공급하고 실제로 재화 또는 용역을 공급하는 자가 아닌 자 또는 실제로 재화 또는 용역을 공급받는 자가 아닌 자의 명의로 세금계산서 등을 발급하거나 발급받은 경우	공급가액×2%

종 류	적용요건	가산세액
세금계산서 등의 공급가액 과다기재 발급(수취) 가산세 (부가법 §60 ③ 5·6호)	세금계산서 등의 공급가액을 과다하게 기재하여 발급하거나 발급받은 경우	공급가액×2%
자료상 수수 세금계산서 가산세 (부가법 §60 ④)	사업자가 아닌 자료상이 가공세금계산서를 발급하거나 발급받은 경우	공급가액×3%
매출처별 세금계산서 합계표 불성실 가산세 (부가법 §60 ⑥)	① 합계표를 미제출·부실기재한 경우	공급가액×0.5%
	② 합계표를 지연제출한 경우	공급가액×0.3%
매입처별 세금계산서 합계표 불성실 가산세 (부가법 §60 ⑦)	① 매입세금계산서 지연수취 등[*1]	공급가액×0.5%
	② 합계표의 미제출·부실기재로 경정시 세금계산서 등에 의하여 매입세액공제 받는 경우	
	③ 합계표의 공급가액을 과다기재하여 매입세액 공제 받는 경우	
경정기관 확인 신용카드 매출전표 등과 신용카드 과다공제 가산세 (부가법 §60 ⑤)	경정기관의 확인을 거쳐 신용카드 등의 매입세액을 공제받는 경우와 매입세액을 공제받기 위하여 제출한 신용카드매출전표등 수령명세서에 공급가액을 과다하게 적은 경우(2020년 개정)	공급가액×0.5% 또는 실제보다 과다하게 적은 공급가액×0.5%
현금매출명세서와 부동산임대공급가액 명세서 미제출 가산세 (부가법 §60 ⑧)	① 현금매출명세서 미제출가산세 현금매출명세서를 제출하지 아니하거나 제출한 수입금액이 사실과 다르게 기재된 경우	미제출 또는 부실기재 금액×1%
	② 부동산임대공급가액명세서 미제출가산세 부동산임대공급가액명세서를 미제출·부실기재한 경우 미제출한 경우	
금관련제품과 스크랩 등에 대한 매입자납부특례가산세 (조특법 §106의 4와 §106의 9)	① 전용거래계좌 미사용 가산세 금관련제품·스크랩 등 전용거래계좌를 사용하지 아니하고 결제받은 경우	제품가액×10%
	② 전용거래계좌 미입금 가산세 금관련제품·스크랩 등을 공급받고 입금기한까지 전용거래계좌에 입금하지 않은 경우	미입금세액×지연일수×0.022%

종 류	적용요건		가산세액
무신고가산세 (국기법 §47의 2)	납세자가 법정신고기한까지 세법에 따른 과세표준신고서를 제출하지 않은 경우	부정 무신고	납부세액×40%
		일반 무신고	납부세액×20%
과소신고 · 초과환급 가산세 (국기법 §47의 3)	신고한 과세표준이 과소신고된 경우	부정 과소신고	납부세액×40%
		일반 과소신고	납부세액×10%
	신고한 환급세액이 과다신고된 경우	부정 초과환급	납부세액×40%
		일반 초과환급	납부세액×10%
영세율 과세표준 신고불성실 가산세 (국기법 §47의 2와 §47의 3)	영세율 적용 과세표준을 무신고 · 과소신고한 경우 또는 영세율첨부서류를 미제출한 경우		공급가액×0.5%
납부지연 가산세 (국기법 §47의 4)	납부할 세액을 미납 · 과소납부한 경우 또는 환급받을 세액이 환급받아야 할 세액을 초과하는 경우		미납세액(초과환급세액)×0.022%×미납일수(초과일수)
대리납부 불성실 가산세 (국기법 §47의 5)	대리납부의무자가 용역 또는 권리를 공급받고 그 대가를 지급하는 시점에 국외의 공급자를 대리하여 부가가치세를 징수 · 납부하지 않은 경우		미납세액×3% +미납세액 ×0.022%×일수 [한도 : 10%]

*1. 지연수취 등의 내용은 다음과 같다(부가령 §108 ⑦, 부가령 §75 3호 · 7호 · 8호).

① 재화 또는 용역의 공급시기 이후에 발급받은 세금계산서로서 해당 공급시기가 속하는 과세기간에 대한 확정신고기한까지 발급받은 경우(2016.1.1. 이후부터 적용)

② 재화 또는 용역의 공급시기가 속하는 과세기간에 대한 확정신고기한이 지난 후 세금계산서를 발급받았더라도 그 세금계산서의 발급일이 확정신고기한 다음날부터 1년 이내이고 다음 각 목의 어느 하나에 해당하는 경우(2022.2.15. 이후부터 적용, 2019.2.12.~2022.2.14.까지는 확정신고기한 다음날부터 6개월 이내임)

- 과세표준수정신고서와 경정 청구서를 세금계산서와 함께 제출하는 경우
- 해당 거래사실이 확인되어 납세지관할세무서장, 납세지관할지방국세청장 또는 국세청장이 결정 또는 경정하는 경우

③ 재화 또는 용역의 공급시기 전에 세금계산서를 발급받았더라도 재화 또는 용역의 공급시기가 그 세금계산서의 발급일부터 6개월 이내에 도래하고 해당 거래사실이 확인되어 법 제57조에 따라 납세지관할세무서장등이 결정 또는 경정하는 경우(2022.2.15. 이후부터 적용, 2019.2.12.~2022.2.14.까지는 확정신고기한 다음날부터 30일 이내임)

1. 미등록 및 타인명의등록 가산세

사업자와 전자적 용역을 공급하는 국외사업자(정보통신망을 통하여 이동통신단말장치 또는 컴퓨터 등으로 공급하는 용역으로서 전자적 용역을 국내에 제공하는 경우 또는 제3자를 통하여 국내에 전자적 용역을 공급하는 간편사업자등록 사업자를 말함, 2024.1.1. 이후 재화나 요역을 공급하는 경우부터 적용)는 사업개시일로부터 20일 이내에 관할세무서와 사업자 등록을 신청하여야 하여야 하며, 타인의 명의로 사업자등록을 하거나 그 타인 명의의 사업자등록을 이용하여 사업을 하면 안 된다. 만약 이를 불이행한 경우 다음과 같은 가산세(세무상 불이익)를 납부세액에 더하거나 환급세액에서 뺀다(부가법 §60 ① · ⑨).

1) 미등록 가산세

적용요건	사업자와 국외사업자*가 사업개시일로부터 20일 이내에 사업자등록신청을 하지 아니한 경우 * 국외사업자가 정보통신망을 통하여 이동통신단말장치 또는 컴퓨터 등으로 공급하는 용역으로서 전자적 용역을 국내에 제공하는 경우와 제3자(제52조 제1항 각 호의 어느 하나에 해당하는 비거주자 또는 외국법인을 포함)를 통하여 국내에 전자적 용역을 공급하는 경우(등록사업자의 과세사업 또는 면세사업에 대하여 용역을 공급하는 경우나 국외사업자의 용역등 공급 특례에 관한 제53조가 적용되는 경우는 제외)에는 그 제3자가 해당 전자적 용역을 공급한 것으로 보며, 그 제3자는 사업의 개시일부터 20일 이내에 간편사업자등록을 하여야 함. 부가법 §53의 2 ① 및 ②, 국외사업자 미등록가산세는 2024.1.1. 이후 재화나 용역을 공급하는 분부터 적용함
가산세액	공급가액* ×1% * 공급가액이란 사업개시일부터 등록을 신청한 날까지의 공급가액의 합계액을 말함.
가산세 감면	사업자등록신고기한이 지난 후 1개월 이내에 신고할 경우에는 가산세의 50%를 감면(국기법 §48 ② 3호)
가산세 적용순위	미등록 가산세가 적용되는 부분에는 다음의 가산세를 적용하지 아니함 ① 세금계산서 지연발급 가산세 ② 전자세금계산서 지연전송 · 미전송 가산세 ③ 세금계산서 부실기재 가산세 ④ 신용카드매출전표 등에 의한 매입세액 공제시 가산세 ⑤ 매출처별 세금계산서합계표 불성실 가산세
가산세 한도	과세기간별로 5천만원(중소기업기본법상 중소기업이 아닌 경우는 1억원)(국기법 §49 ① 3호)
근거법령	부가가치세법 제60조 제1항 제1호

2) 타인명의등록 가산세

적용요건	타인의 명의(배우자는 제외)로 사업자등록을 하거나 그 타인 명의의 사업자등록을 이용하여 사업을 하는 것으로 확인되는 경우
가산세액	공급가액* ×2%(2024.12.31.까지는 1%) * 공급가액이란 타인명의의 사업개시일부터 실제 사업을 하는 것으로 확인되는 날의 직전일까지의 공급가액. 단, 배우자와 상속으로 인해 피상속인의 사업을 승계받는 경우에는 상속개시일부터 상속세 신고기한 동안 피상속인 명의로 사업하더라도 가산세를 부과하지 않음.
가산세 적용순위	타인명의등록 가산세가 적용되는 경우에는 다음의 가산세를 적용하지 아니함 ① 세금계산서 지연발급 가산세 ② 전자세금계산서 지연 전송 · 미전송 가산세 ③ 세금계산서 부실기재 가산세 ④ 신용카드매출전표 등에 의한 매입세액공제시 가산세 ⑤ 매출처별 세금계산서합계표 불성실 가산세
가산세 한도	과세기간별로 5천만원(중소기업기본법상 중소기업이 아닌 경우는 1억원) (국기법 §49 ① 3호)
근거법령	부가가치세법 제60조 제1항 제2호

3) 실무적용사례

① 명의 위장사업자와 거래한 선의의 사업자에 대한 경정

사업자가 거래상대방의 사업자등록증을 확인하고 거래에 따른 세금계산서를 발급하거나 발급받은 경우, 거래상대방이 관계기관의 조사로 인하여 명의위장사업자로 판정되었다 하더라도 해당 사업자를 선의의 거래당사자로 볼 수 있는 때에는 경정 또는 조세범처벌법에 따른 처벌 등 불이익한 처분을 받지 아니함(부가통 57－103－1)

② 타인명의 등록사업자가 받은 매입세금계산서 공제

사업자가 영 제108조 제1항에서 정하는 타인의 명의로 사업자등록을 하고 부가가치세를 신고 · 납부하여 관할세무서장 등이 경정하는 경우 그 타인명의로 발급받은 세금계산서의 매입세액은 국세기본법 제14조에 따라 해당 사업자의 매출세액에서 공제하며, 이 경우 타인명의 등록가산세는 적용함(부가통 60－108－1)

③ 부득이한 상황에서 직계비속명의로 사업을 영위한 경우의 가산세 적용 여부

청구인은 신용불량상태에서 해제된 후 사업자등록 명의를 변경하지 아니한 점, 청구인이 신용불량자로 배우자 없는 부득이한 상황에서 아들 명의로 사업을 영위할 수밖에 없었다 하더라도 부가가치세법 시행령 제108조에서 사업자의 배우자만 타인명의의 사업자등록가산세의 부과를 배제하도록 규정하고 있는 점 등에 비추어 처분청이 청구인에게 쟁점가산세를 부과한 처분은

달리 잘못이 없는 것으로 판단됨(조심2017부2491, 2017.10.17.)

④ 자신의 명의로 사업자 등록하고 사업을 영위한 청구법인에게 타인명의위장등록가산세를 부과한 처분의 당부 등

부가가치세법 제60조 제1항 제2호는 사업자가 타인의 명의로 사업자 등록을 하고 실제 사업을 하는 것으로 확인되는 경우, 사업 개시일부터 실제 사업을 하는 것으로 확인되는 날의 직전일까지의 공급가액의 합계액에 1퍼센트를 곱한 금액을 가산세로 하고 있고, 같은 법 시행령 제108조 제1항은 이때 '타인'이란 자기의 계산과 책임으로 사업을 경영하지 아니하는 자를 의미하는 것으로 사업자의 배우자 등은 타인의 범위에서 제외하고 있는바, 위 가산세는 타인명의로 사업자등록을 한 실사업자(명의차용자)에게 부과되는 것으로 타인에게 명의를 대여해준 경우(명의대여자)는 적용대상이 아닌 것으로 보는 것이 타당하다고 판단됨(조심 2019중3101, 2020.8.25.).

⑤ 기존사업장에서 신고한 미등록사업장의 과세표준에 대한 가산세

사업자가 사업자등록을 한 사업장 외에 등록을 하지 않은 미등록 사업장에서 별도의 사업을 영위하면서 미등록사업장의 과세표준 및 세액을 이미 등록한 사업장의 과세표준 및 세액 신고 시 합하여 신고·납부한 경우 미등록사업장에 대한 과세표준 및 세액을 결정·징수하여야 한다. 이 경우 세금계산서 미발급 가산세(2007.12.31. 이전 공급분은 미등록 가산세), 무신고 가산세가 적용되나, 납부지연 가산세는 적용되지 않는다(부가집행 60-0-8, 법규과-1717, 2010.11.19.).

⑥ 사업장을 보유한 사업자가 다른 사업장을 타인 명의로 등록한 경우 매입세액공제 여부

부가가치세법 제60조 제1항 제2호의 타인의 명의로 같은 법 제8조에 따른 사업자등록을 하여 사업을 하는 것으로 확인되는 경우로서 그 타인의 명의로 등록된 사업장에서 재화 또는 용역을 공급받고 해당 사업장의 사업자등록번호가 기재된 세금계산서를 발급받은 경우에는 부가가치세법 제39조 제1항 제2호의 발급받는 세금계산서의 필요적 기재사항이 사실과 다르게 적힌 경우로 보지 아니하는 것이며, 위 회신내용은 회신일 이후 경정·결정하는 분부터 적용하는 것임(기획재정부 부가-519, 2017.10.12.)

⑦ 미등록자가 과세사업을 영위하는 경우 미등록 가산세의 부과 여부 및 세금계산서의 발행과 동 세금계산서의 매입세액공제 가능 여부

부가가치세법 제5조의 규정에 의하여 과세사업자로 등록하지 아니한 사업자(부가가치세 면제사업자로 소득세법에 의하여 등록한 자 포함)가 부가가치세 과세사업을 영위하는 경우에는 미등록 가산세가 적용되는 것이며, 또한 부가가치세가 과세되는 재화 또는 용역을 공급하는 경우에도 세금계산서를 교부하여서는 안 되는 것임.

사업자가 부가가치세법에 의한 사업자등록을 하지 아니한 사업자로부터 부가가치세가 과세되는 재화 또는 용역을 공급받고 이 때 교부받은 매입세금계산서(법에 의한 세금계산서가 아님) 상의 부가가치세는 매출세액에서 공제되지 아니함(부가 46015-1240, 1994.6.22.)

⑧ 합병법인의 미등록 가산세 적용 여부

흡수합병방식에 의한 합병법인이 피합병법인의 지점을 자기의 지점사업장으로 설치 운영하는 경우에는 별도의 신규사업자 등록을 하여야 하는 것이며, 사업자등록 신청을 하지 아니한 때에는 미등록 가산세를 적용하는 것임(부가 22601-1953, 1992.12.30.)

참고 조세범처벌법상 명의대여행위 등(조처법 §11)

조세범처벌법 제11조의 명의대여행위에 대한 법령 내용을 소개하면 다음과 같다.

① 조세의 회피 또는 강제집행의 면탈을 목적으로 타인의 성명을 사용하여 사업자등록을 하거나 타인 명의의 사업자등록을 이용하여 사업을 영위한 자는 2년 이하의 징역 또는 2천만원 이하의 벌금에 처한다.

② 조세의 회피 또는 강제집행의 면탈을 목적으로 자신의 성명을 사용하여 타인에게 사업자등록을 할 것을 허락하거나 자신 명의의 사업자등록을 타인이 이용하여 사업을 영위하도록 허락한 자는 1년 이하의 징역 또는 1천만원 이하의 벌금에 처한다.

2. 세금계산서 등 관련 가산세

1) 세금계산서 지연발급 가산세

적용요건	세금계산서의 발급시기가 지난 후 해당 재화 또는 용역의 공급시기가 속하는 과세기간에 대한 확정신고 기한까지 세금계산서를 발급하는 경우
가산세액	공급가액×1%
가산세 적용순위	세금계산서 지연발급 가산세가 적용되는 부분에 대해서는 매출처별 세금계산서합계표 불성실 가산세를 적용하지 않음
가산세 한도	과세기간별로 5천만원(중소기업기본법상 중소기업이 아닌 경우는 1억원)(국기법 §49 ① 3호)
근거법령	부가가치세법 제60조 제2항 제1호

1)-1. 실무적용사례

① 당초 공급가액 착오 기재로 수정세금계산서 발급 시 세금계산서 지연발급가산세 적용 여부

당초 발급한 세금계산서의 공급가액이 착오로 과다하게 기재되어 수정세금계산서를 발급한 경우, 세금계산서 지연발급 가산세를 적용하지 않는 것임(사전법규부가 2023-236, 2023.5.2.).

✎ 만약 부가가치세 신고기한 후 발급하는 경우 공급자는 경정청구를 하지만 공급받는자는 수정신고를 하여야 하며 수정신고시 국세기본법에 따른 신고불성실 가산세와 납부지연 가산세는 적용됨에 유의하여야 한다.

② 당초 공급가액 착오 기재로 수정세금계산서 발급시 적용되는 가산세

처음에 발급한 세금계산서의 공급가액이 업무담당자의 착오로 과소하게 기재되어 수정세금계산서를 발급하여 수정신고하는 경우, 해당 수정세금계산서에 대하여 세금계산서 관련 가산세가 적용되지 아니함(사전법령해석부가-2015-60, 2017.6.20.).

✎ 만약 부가가치세 신고기한 후 발급하는 경우 공급받는자는 경정청구를 하지만 공급자는 수정신고를 하여야 하며 수정신고시 국세기본법에 따른 신고불성실 가산세와 납부지연 가산세는 적용됨에 유의하여야 한다.

③ 본지점 사업자가 공급자를 정정하여 세금계산서 재발급시 지연발급 가산세 부과 여부

본점과 지점에 대하여 각각 사업자등록을 한 법인이 지점 사업장의 건물을 양도하고 착오 또는 과실로 본점을 공급자로 하는 전자세금계산서를 발급(2016.2.26.)하였다가 부가가치세 예정신고기한 이전에 지점을 공급자로 하는 전자세금계산서를 재발급(2016.4.25.)한 경우로서 실제로 공급한 사업자가 부가가치세법 제48조 및 제49조에 따라 해당 과세기간에 대한 부가가치세를 신고 · 납부한 경우에는 지점에서 발급(2016.4.25.)한 전자세금계산서에 대하여 세금계산서 지연발급 가산세를 적용하지 않음(기획재정부 부가-228, 2017.4.26.).

④ 공급받는 자를 정정하여 수정세금계산서 발급시 지연발급(수취) 가산세 부과 여부

재화의 공급시기에 실제로 공급받는 자가 아닌 자에게 세금계산서를 발급하고 공급시기가 지난 후 공급시기가 속하는 확정신고기한까지 실제로 공급받는 자로 정정하여 수정세금계산서를 발급한 경우 지연발급 가산세를 적용하지 아니함(기획재정부 부가-538, 2014.9.5.).

⑤ 공급시기 후 동일 과세기간 내에 다른 세금계산서 발급시 합산하는 경우의 가산세

쟁점세금계산서는 재화의 공급시기에 발급되지 않았고, 신고기간에 이를 인지하여 정상적으로 발급된 다른 재화에 대한 세금계산서에 쟁점세금계산서 금액을 합산하여 수정세금계산서처럼 발급한 경우에는 세금계산서 불성실 가산세(세금계산서 지연발급 가산세 및 세금계산서 지연수취 가산세)를 부과함(조심 2013중4685, 2014.4.29.).

⑥ 공급시기에 세금계산서를 미발급하고 내용신용장 등이 개설된 시기에 영세율 세금계산서를 발급하는 경우

과세되는 재화 또는 용역을 공급하는 사업자가 공급을 받는 자에게 당초 거래 시기에 세금계산서를 발급하지 아니한 경우에는 수정세금계산서를 발급할 수 없으며 이 경우 당초에 세금계산서를 미발급한 거래분에 대하여 세금계산서 지연발급 가산세가 적용됨(서면3팀-2379, 2005.12.28.).

2) 세금계산서 미발급 가산세

적용요건	세금계산서의 발급시기가 지난 후 해당 재화 또는 용역의 공급시기가 속하는 과세기간에 대한 확정신고 기한까지 세금계산서를 발급하지 아니한 경우
가산세액	공급가액×2%* * 단, 다음의 경우에는 그 공급가액의 1%를 적용한다. ① 전자세금계산서를 발급하여야 할 의무가 있는 자가 전자세금계산서를 발급하지 아니하고 세금계산서의 발급시기에 전자세금계산서 외의 세금계산서를 발급한 경우에는 공급가액×1%(2014.12.31.까지 공급분은 2%)를 적용함. ② 둘 이상의 사업장을 가진 사업자가 재화 또는 용역을 공급한 사업장 명의로 세금계산서를 발급하지 아니하고 제34조에 따른 세금계산서의 발급시기에 자신의 다른 사업장 명의로 세금계산서를 발급한 경우(2020.1.1. 공급하는 분부터 적용하고, 2020.1.1. 전에 재화나 용역을 공급하거나 공급받는 분에 대해서는 2%을 적용함)
가산세 적용순위	세금계산서 미발급 가산세가 적용되는 부분에 대하여는 다음의 가산세를 적용하지 아니함 ① 미등록 가산세 ② 타인명의등록 가산세 ③ 매출처별 · 매입처별 세금계산서합계표 불성실 가산세
가산세 한도	세금계산서 발급의무를 고의적으로 위반한 경우에 해당되므로 과세기간별로 한도 없이 적용됨(국기법 §49 ① 3호)
근거법령	부가가치세법 제60조 제2항 제2호

2)-1. 실무적용사례

① 위 · 수탁판매에 따른 가산세

수탁자 또는 대리인이 위탁자 또는 본인을 대리하여 세금계산서를 발급한 후 부가가치세법 제60조 제2항, 제3항, 제5항, 제6항의 규정에 따른 가산세가 적용되는 경우 해당 가산세는 위탁자 또는 본인에게 부과한다(부가집행 60-0-7).

② 사업양도시 수수한 세금계산서에 대한 가산세

재화의 공급으로 보지 아니하는 사업양도에 해당하는 거래에 대하여 양수자가 대리납부하지 아니하고 양도자가 세금계산서를 발급하고 부가가치세 신고와 함께 매출(매입)처별 세금계산서합계표에 기재하여 제출한 경우 매출(매입)처별 세금계산서합계표 가산세를 적용하지 아니하나, 과소신고 가산세, 초과환급신고 가산세 및 납부지연 가산세는 적용한다(부가집행 60-0-17).

③ 지점 사업장의 매출등을 본점 사업장에서 신고시 가산세등 부과대상여부

지점 사업장의 매출등을 본점 사업장에서 신고하더라도 사업자단위과세신고를 하지 않는 이상 무신고가산세 및 세금계산서 미발급 가산세를 부과함은 정당함(대법 2020두55602, 2021. 2.5.).

④ 사업자에게 주민등록번호를 기재한 세금계산서를 발급한 경우 수정세금계산서 발급대상인지 여부

사업자가 용역을 공급하고 공급받는 자의 주민등록번호를 기재한 세금계산서를 발급한 경우 부가가치세법 시행령 제70조 제1항 제5호에 따라 수정세금계산서를 발급할 수 있는 것임(사전법령해석부가2018-199[법령해석-838], 2018.4.2.).

⑤ 영세율 전자세금계산서를 전자계산서로 착오 발급한 사항이 가산세 부과대상에서 제외되는 정당한 사유에 해당되는지 여부

구매확인서에 의한 영세율 공급분을 담당자 착오로 전자계산서로 발급한 후 발급기한을 경과하여 발견한 뒤, 전자계산서 발급을 취소하고 전자세금계산서를 공급시기 이후에 지연·미발급한 것은 세금계산서 관련 가산세가 적용되는 것임(서면전자세원 2017-3432, 2017.12.22.).

⑥ 구매확인서를 발급받은 후 수정세금계산서 미발급시 가산세 적용 여부

사업자가 관세법 제196조에 따른 보세판매장에 재화를 공급하고 10%의 세율이 기재된 세금계산서를 발급한 후 공급시기가 속하는 과세기간 종료 후 25일 이내에 대외무역법 제18조에 따른 구매확인서를 발급받은 경우에는 부가가치세법시행령 제70조 제1항 제4호에 따라 0% 세율이 기재된 세금계산서로 수정 발급할 수 있음.

다만, 사업자가 구매확인서를 발급받았음에도 (영세율)수정세금계산서를 발급하지 아니한 경우로서 당초 발급한 세금계산서에 의해 부가가치세법 제48조 또는 제49조에 따른 신고·납부를 이행한 경우에는 해당 거래에 대하여 부가가치세법 제60조 제2항 및 제6항의 가산세(세금계산서 가산세)를 적용하지 않는 것이며, 공급시기가 속하는 과세기간 종료 후 25일이 경과한 뒤에는 부가가치세법시행령 제70조 제1항 제4호에 따른 수정세금계산서를 발급할 수 없음(기획재정부 부가-585, 2017.11.16.).

⑦ 당초 공급가액 착오 기재로 수정세금계산서 발급 시 적용되는 가산세

처음에 발급한 세금계산서의 공급가액이 착오로 과소기재되어 수정세금계산서를 발급하여 수정신고하는 경우 해당 수정세금계산서에 대해서는 부가법상 가산세가 적용되지 아니함(사전법령해석부가2015-60, 2017.6.20.).

⑧ 공급시기 전에 세금계산서를 선발급하고 공급시기에 미발급한 경우 가산세 적용방법

사업자가 완성도기준지급조건부 계약에 따라 재화를 공급하면서 공급시기가 도래하기 전에 대가를 지급받지 아니한 부분에 대하여 세금계산서를 선발급하고 공급시기인 그 다음 과세기간에는 세금계산서를 발급하지 아니한 경우 세금계산서를 발급하지 아니한 과세기간에는 세금계산서 미발급 가산세가 적용되는 것이며, 세금계산서를 선발급하고 신고·납부한 과세기간에는 세금계산서 관련 가산세가 적용되지 아니함(서면법령해석부가-5066, 2017.4.20.).

⑨ 공급시기에 세금계산서를 발급하지 아니하고 그 다음 과세기간에 세금계산서를 발급한 경우의 가산세

사업자가 재화 또는 용역을 공급하고 공급시기에 세금계산서를 발급하지 아니하고 그 다음 과세기간에 세금계산서를 발급하여 신고·납부한 경우 세금계산서를 발급하지 아니한 과세기

간에는 세금계산서 미발급 가산세가 적용되는 것이며, 세금계산서를 발급하고 신고 · 납부한 과세기간에는 매출처별세금계산서합계표 불성실 가산세는 적용하지 않는다(서면부가 2015－2649, 2016.4.27.).

⑩ **전자세금계산서 의무발급대상자로부터 종이세금계산서를 발급받은 경우의 매입세액공제 여부**

전자세금계산서 의무발급대상자로부터 종이세금계산서를 발급받은 경우 청구인이 제시한 증빙만으로는 세금계산서 발급시기에 수취한 것인지 여부가 불분명하고 공급시기가 속하는 확정신고기한 후에 전자세금계산서를 발급받은 것은 공급시기에 종이세금계산서가 발급되었다고 보기 어려우므로 매입세액은 불공제함(조심 2015부2497, 2015.8.26.).

저자주 공급시기에 전자세금계산서 의무발급대상자로부터 종이세금계산서를 발급하는 경우라면 공급자는 미발급 가산세(2015.1.1. 이후부터 1%)가 적용되지만, 공급받는자는 사실과 다른 세금계산서가 아니라면 매입세액공제를 받을 수 있고 증명서류 수취 불성실 가산세 등의 세무상 문제도 없는 것으로 판단된다.

하지만 해당 세금계산서가 공급시기에 정확하게 발급되었다는 것을 주장할 수 있는 사실관계 증빙서류가 필요한 것으로 판단되는 바 전자세금계산서 발급대상자로부터는 항상 전자세금계산서를 발급받을 수 있도록 세금계산서 수취관리가 필요하다.

⑪ **세금계산서 발급시 본 · 지점 착오 발급시 가산세 적용**

지점에서 재화를 공급하고 본점에서 세금계산서 발급 및 부가가치세 신고 · 납부한 경우로서 지점에 대하여 세금계산서 미발급가산세가 적용되는 경우 본점에 대하여 세금계산서 기재불성실가산세를 적용하지 아니함(기준법령해석부가 2019－27, 2019.3.12.).

⑫ **부가가치세 과세거래에 해당하지 아니하는 거래에 대하여 세금계산서를 교부한 경우 적용되는 가산세 등**

부가가치세 과세거래에 해당하지 아니하는 거래에 대하여 거래상대방에게 10%의 세율을 적용한 세금계산서를 교부하여 사업자와 거래상대방이 부가가치세 신고시 매출(매입)처별 세금계산서합계표를 제출한 경우에는 매출(매입)처별 세금계산서합계표 관련 가산세가 적용되지 아니함(부가가치세과－1585, 2009.11.3.).

⑬ **특수관계인에게 저가공급한 거래금액으로 세금계산서를 발급하는 경우의 가산세**

특수관계인에게 저가공급한 거래금액이라 하더라도 정상적인 거래 시가와 낮은 대가와의 매출차액에 대하여 세금계산서를 발급할 의무가 없음(대법원 2002두1588, 2004.9.23.).

⑭ **세금계산서를 교부해야 하나 착오로 계산서를 교부한 경우의 가산세**

부가가치세 과세재화를 공급하면서 세금계산서를 교부하여야 하나 착오로 계산서를 교부한 경우 계산서를 교부한 자에 대하여는 세금계산서 미발급 가산세가 부과되는 부분은 법인세법에 의한 계산서 미발급 가산세를 징수할 수 없는 것이나, 그 계산서를 교부받은 자가 매입처별 계산서합계표를 제출하지 않았다면 계산서합계표 제출 불성실 가산세를 징수하여야 하는 것임(재법인 46012－175, 2001.10.10.).

실무Tip

1. 세금계산서 미발급 가산세 등의 국세부과 제척기간

납세자가 부정한 행위로 세금계산서를 미발급, 가공 발급 · 수취, 위장 발급 · 수취, 비사업자의 발급 · 수취에 따른 가산세 부과대상이 되는 경우 해당 가산세에 대한 제척기간은 부과할 수 있는 날부터 10년이다(국기법 §26의 2 ① 1호의 2).

2. 세금계산서 작성연월일과 공급시기 관계(세금계산서 발급시기에 따른 불이익)

① 일반적으로 세금계산서는 재화나 용역을 공급하는 시점에서 작성되어야 하는데 재화나 용역을 공급한 이후에 작성 · 발급할 경우 부가가치세법에서는 원칙적으로 사실과 다른 세금계산서로 보므로 공급하는 자는 가산세를, 공급받는 자는 매입세액불공제의 불이익을 받게 된다. 다만, 재화나 용역을 공급하고 동일한 과세기간 내에 발급받은 경우에는 매입세액은 공제받지만 가산세의 적용을 받게 된다.

발급시기		공급하는 자 (가산세)	공급받는 자	
			매입세액	가산세
공급시기 이전에 발급	대가를 수수하고 발급	적용안함	공제	적용안함
	그 외	적용	불공제*1	적용안함
공급시기에 발급		적용안함	공제	적용안함
공급시기 이후에 발급	동일한 과세기간	적용*2	공제	적용
	그 외	적용	불공제*3	적용안함

*1. 재화 또는 용역의 공급시기 전에 세금계산서를 발급받았더라도 재화 또는 용역의 공급시기가 그 세금계산서의 발급일부터 6개월(2022.2.14.까지는 30일) 내에 도래하고 해당 거래사실이 확인되어 납세지관할세무서장등이 결정 또는 경정하는 경우에는 공제가능하지만 공급가액의 0.5% 가산세 적용함.

*2. 공급시기가 속하는 과세기간의 확정신고기한까지 발급한 경우는 공급가액의 1%의 가산세를 적용하고 과세기간의 확정신고기한 후 발급하는 경우에는 공급가액의 2%의 가산세를 적용함(2016.12.31.까지는 공급시기가 속하는 과세기간 종료일까지 발급하지 않으면 공급가액의 2% 미발급 가산세를 적용하였음).

*3. 2016.1.1.~2019.2.11. : 세금계산서를 공급시기가 속하는 과세기간이 지난 후 확정신고기한까지 세금계산서를 발급받는 경우 매입세액공제 가능함. 단, 세금계산서 지연수취에 따른 가산세(공급가액의 0.5%, 2016.12.31.까지는 1%)를 부담함.

2019.2.12.~2022.2.14. : 세금계산서의 발급일이 확정신고기한 다음날부터 6개월 이내이고 과세표준수정신고서와 경정 청구서를 세금계산서와 함께 제출하는 경우 또는 해당 거래사실이 확인되어 납세지관할세무서장, 납세지 관할 지방국세청장 또는 국세청장이 결정 또는 경정하는 경우 매입세액공제 가능함. 단, 공급가액의 0.5%의 지연수취가산세가 적용됨.

2022.2.15. 이후 : 세금계산서의 발급일이 확정신고기한 다음날부터 1년 이내이고 과세표준수정신고서와 경정 청구서를 세금계산서와 함께 제출하는 경우 또는 해당 거래사실이 확인되어 납세지관할세무서장, 납세지 관할 지방국세청장 또는 국세청장이 결정 또는 경정하는 경우 매입세액공제 가능함. 단, 공급가액의 0.5%의 지연수취가산세가 적용됨.

② 세금계산서 발급특례(월합계세금계산서)가 적용되는 경우의 발급시기(지연발급)와 이에 따른 가산세 적용을 정리하면 다음과 같다.

공급시기	발급시기	공급하는 자 (가산세)	공급받는 자	
			매입 세액	가산세
1월~5월 (7월~11월)	6월말까지 발급 (12월말까지 발급)	지연발급 (공급가액×1%)	공제	지연수취 (공급가액×0.5%)
	7.1.~7.25.까지 발급 (다음연도 1.1.~1.25.까지 발급)	지연발급 (공급가액×1%)	공제	지연수취[*1] (공급가액×0.5%)
	7.26.~다음연도 1.25.까지 발급 (다음연도 1.26.~7.25.까지 발급)	미발급 (공급가액×2%)	공제	지연수취[*2] (공급가액×0.5%)
	다음연도 1.25.~다음연도 7.25.까지 발급 (다음연도 7.25.~다음다음 연도 1.25.까지 발급)	미발급 (공급가액×2%)	공제	지연수취[*3] (공급가액×0.5%)
	다음연도 7.26. 이후 발급 (다음다음연도 1.26. 이후 발급)	미발급 (공급가액×2%)	불공제	없음
6월 (12월)	7.10.까지 발급 (다음연도 1.10.까지 발급)	–	공제	없음
	7.11.~7.25.까지 발급 (다음연도 1.1.~1.25.까지 발급)	지연발급 (공급가액×1%)	공제	지연수취[*1] (공급가액×0.5%)
	7.26.~다음연도 1.25.까지 발급 (다음연도 1.26.~7.25.까지 발급)	미발급 (공급가액×2%)	공제	지연수취[*2] (공급가액×0.5%)
	다음연도 1.25.~7.25.까지 발급 (다음연도 7.26.~다음다음 연도 1.25.까지 발급	미발급 (공급가액×2%)	공제	지연수취[*3] (공급가액×0.5%)
6월 (12월)	다음연도 7.26. 이후 발급 (다음다음연도 1.26. 이후 발급)	미발급 (공급가액×2%)	불공제	없음

*1. 2016.1.1. 이후 재화 또는 용역을 공급받는 분부터 적용

*2. 2019.2.12. 이후 재화 또는 용역을 공급받는 분부터 적용

*3. 2022.2.15. 이후 재화 또는 용역을 공급받는 분부터 적용

3) 전자세금계산서 발급명세 지연전송 · 미전송 가산세

적용요건	① 전자세금계산서 발급일의 다음달 11일부터 발급일이 속하는 과세기간에 대한 확정신고기한*까지 국세청 e-세로에 세금계산서 발급명세를 전송한 경우 ② 전자세금계산서를 발급한 사업자가 발급일이 속하는 과세기간에 대한 확정신고기한*까지 국세청 e-세로에 세금계산서 발급명세를 전송하지 아니한 경우 * 2018.12.31.까지는 과세기간말의 다음달 11일까지였음
가산세액	①의 경우 : 공급가액×0.3%(2019.2.12. 이후 공급분부터 적용) • 법인사업자 : 2011.1.1.~2013.12.31.까지는 0.1% 2014.1.1.~2019.2.11.까지는 0.5% • 개인사업자 : 2012.1.1.~2016.12.31.까지는 0.1% 2017.1.1.~2019.2.11.까지는 0.5% ②의 경우 : 공급가액×0.5%(2019.2.12. 이후 공급분부터 적용) • 법인사업자 : 2011.1.1.~2013.12.31.까지는 0.3% 2014.1.1.~2019.2.11.까지는 1% • 개인사업자 : 2012.1.1.~2016.12.31.까지는 0.3% 2017.1.1.~2019.2.11.까지는 1%
가산세 적용순위	전자세금계산서 지연전송 · 미전송 가산세가 적용되는 부분에 대해서는 매출처별 세금계산서합계표 불성실 가산세를 적용하지 않음
가산세 한도	과세기간별로 5천만원(중소기업기본법상 중소기업이 아닌 경우는 1억원)(국기법 §49 ① 3호)
근거법령	부가가치세법 제60조 제2항 제3호, 제4호

3)-1. 실무적용사례

① 부가가치세 기한후신고시 기 전송한 전자세금계산서에 대해 매출처별 세금계산서합계표 미제출 가산세를 적용해야 하는지 여부

사업자가 전자세금계산서 발급분을 전송하고 부가가치세 신고시 매출처별 세금계산서합계표에 기재하지 않은 경우, 매출처별 세금계산서합계표 가산세는 적용되지 아니함(부가가치세과-386, 2012.4.5.).

실무Tip 전자세금계산서 발급 · 전송시 세금계산서합계표 제출의무

전자세금계산서 발급 · 전송시 세금계산서합계표 제출의무가 다음과 같이 개정되었다.

① 2013년 이전 : 전자세금계산서를 발급 · 전송한 경우 매출처별 세금계산서합계표를 제출하지 않을 수 있다.

> ② 2013년 이후 : 전자세금계산서를 발급하고 발급받은 경우 전자세금계산서 발급명세를 해당 재화 또는 용역의 공급시기가 속하는 과세기간(예정신고의 경우에는 예정신고기간) 마지막 날의 다음달 11일까지 국세청장에게 전송한 경우 매출·매입처별 세금계산서합계표를 제출하지 않을 수 있다.
>
> 즉, 예전에는 전송기한이 언급되어 있지 않았으나 세법개정으로 전자세금계산서를 전송기한까지 국세청에 전송하지 않는 경우로서 부가가치세 신고시 매출처별 세금계산서합계표 또는 매입처별 세금계산서합계표를 제출하지 않는 경우라면 공급자는 미제출에 따른 가산세를 적용받을 수 있으며 공급받는 자는 매입세액공제를 받지 못할 수도 있음에 유의한다.

② 전자세금계산서 발급분을 전송하고 세금계산서합계표에 기재하지 않은 경우 가산세 적용 여부

사업자가 전자세금계산서 발급분을 전송하고 부가가치세 신고시 매출처별 세금계산서합계표에 기재하지 않은 경우, 매출처별 세금계산서합계표 가산세는 적용되지 아니함(부가가치세과 －1058, 2010.8.13.).

4) 세금계산서 부실기재 가산세

적용요건	세금계산서의 필요적 기재사항의 전부 또는 일부가 착오 또는 과실로 적혀 있지 아니하거나 사실과 다른 경우 ✎ 단, 세금계산서의 필요적 기재사항 중 일부가 착오나 과실로 사실과 다르게 적혔으나 해당 세금계산서에 적힌 나머지 필요적 기재사항 또는 임의적 기재사항으로 보아 거래사실이 확인되는 경우에는 사실과 다른 세금계산서로 보지 아니함.
가산세액	공급가액×1%
가산세 적용순위	세금계산서 부실기재 가산세가 적용되는 부분은 다음의 가산세를 적용하지 않음 ① 전자세금계산서 지연전송·미전송 가산세 ② 세금계산서합계표 불성실 가산세
가산세 한도	과세기간별로 5천만원(중소기업기본법상 중소기업이 아닌 경우는 1억원) (국기법 §49 ① 3호)
근거법령	부가가치세법 제60조 제2항 제5호, 동법 시행령 제108조 제3항

4)－1. 실무적용사례

① 영세율 적용대상을 일반세율 세금계산서로 발급한 경우

영세율이 적용되는 재화 또는 용역의 공급에 대하여 부가가치세액(세율 10%)을 별도로 적은 세금계산서를 발급하고 이에 따라 과세표준과 납부세액을 신고·납부하는 등 조세탈루 사실이 없는 경우 해당 세금계산서는 사실과 다른 세금계산서로 보지 아니하므로 공급자는 세금계

산서 발급불성실 가산세를 적용하지 아니하고, 공급받은 자는 해당 세금계산서의 매입세액을 매출세액에서 공제한다(부가집행 60-0-19).

✎ 조세 탈루 사실이 있는 경우라면 공급자는 당초 거래 징수하여 납부한 부가가치세액을 환급 결정하고, 세금계산서 미발급 가산세를 부과하며, 공급받은 자는 당초 공제받은 매입세액을 추징하면서 신고·납부지연 가산세를 부과함(부가 22601-1304, 1985.7.11.)

② 영세율 세금계산서상 공급가액 과소기재는 세금계산서 기재불성실 가산세 적용대상임

청구법인은 영세율 세금계산서 교부 시 공급가액을 과소기재한 것에 대해 부가가치세법 제60조 제2항 제5호에 따라 세금계산서 기재불성실 가산세를 적용하는 것은 타당하고 손금 귀속시기는 쟁점정산금소송이 종결된 이후에 확정된 날로 보는 것임(적부 2014-217, 2025.1.15.).

③ 건물가액을 기준시가에 의해 안분계산하는 경우의 가산세

사업자가 다른 사업자에게 공장용지 및 건물을 매매계약에 따라 일괄공급하면서 구분하여 신고한 건물의 실지거래가액이 부가가치세법 제29조 제9항 제2호에 따라 기준시가 등에 따라 안분계산한 금액과 30% 이상 차이가 나는 것으로서 기준시가 등에 따라 안분계산한 금액을 공급가액으로 하는 수정세금계산서를 발급하는 경우 과소기재한 공급가액에 대하여 세금계산서 기재불성실 가산세를 부과하는 것임(서면법규부가 2022-2230, 2022.6.10.).

④ 세금계산서 기재불성실 가산세 및 현금영수증 미발급 과태료 부과 여부

현금영수증 의무발급 업종인 인테리어 공사업을 영위하는 사업자(일반과세자)가 다른 사업자와 음식점 인테리어 공사 도급계약을 체결하여 용역을 공급하고 용역의 공급시기에 일부 대금 수취분에 대하여만 세금계산서를 발급한 경우 과소기재한 공급가액에 대하여 세금계산서 기재불성실 가산세가 부과하는 것이며, 이후 나머지 대금을 2018.12.31. 이전에 현금으로 수취하고 현금영수증을 발급하지 아니한 경우 조세범처벌법(2018.12.31. 법률 제16108호로 개정되기 전의 것)에 따른 현금영수증 미발급 과태료(2019.1.1. 이후 공급분부터는 소득세법상 현금영수증 미발급 가산세)가 부과되는 것임(서면법령해석부가 2020-812, 2021.5.13.; 기획재정부 소득세제과-307, 2021.5.11.).

⑤ 일반세율 적용대상을 영세율세금계산서로 발급한 경우

사업자가 구매확인서가 발급되기 전에 부가가치세가 과세되는 재화를 공급하고 공급시기에 영세율세금계산서를 발급한 경우로서 구매확인서는 해당 재화의 공급시기가 속하는 과세기간 종료 후 25일 이내에 발급된 경우 공급시기에 발급한 영세율세금계산서에 대하여는 세금계산서 부실기재 가산세를 적용하지 않음(법령해석부가 2016-257, 2016.12.6.).

✎ 영세율 등 조기환급신고에 대하여 부가가치세의 과세표준과 환급세액을 조사에 의하여 신고기한 전에 경정하는 경우 세금계산서 불성실 가산세를 부과함(재부가 404, 2008.10.15.).

⑥ 미등록지점의 세금계산서를 본점이 발급한 경우

본점이 미등록지점의 부동산임대수입 관련 세금계산서를 발급하고 부가가치세 신고 · 납부를 일괄하여 처리한 경우 본점은 세금계산서 불성실 가산세가 적용됨(조심 2012광5211, 2013. 5.20.).

✎ 사업자등록을 하지 않은 지점의 임대수입을 본점매출액에 합산하여 본점 관할세무서장에게 부가가치세를 신고 · 납부한 것에 대하여 지점은 사업자미등록 가산세와 일반과소신고 가산세를 부담하고 본점은 세금계산서 불성실 가산세가 적용되는 것이며 납부지연 가산세는 적용하지 않음(조심 2011광2552, 2011.11.10.).

⑦ 세금계산서 발급시 공급가액의 일부를 과소기재한 경우 가산세 적용 방법

사업자가 부가가치세 과세표준에 포함되는 국고보조금을 공급가액에서 제외하고 세금계산서를 발급한 경우에는 그 과소기재한 국고보조금 상당액에 대하여 부가가치세법에 따른 세금계산서 부실기재 가산세를 적용함(재부가-140, 2011.3.10.).

⑧ 세금계산서의 기재사항이 착오로 사실과 다르게 기재된 경우 가산세 적용 여부

사업자가 교부한 세금계산서의 필요적 기재사항 중 일부가 단순한 기재상의 착오로 사실과 다르게 기재된 경우에도 당해 세금계산서의 필요적 기재사항 또는 임의적 기재사항으로 보아 거래사실이 확인되는 때에는 사실과 다른 세금계산서 교부에 따른 가산세를 적용하지 않음(부가 46015-662, 1993.5.13.).

실무Tip _ 종합소득세 추가 신고

정부의 경정 · 결정에 의하여 소득금액변동통지서를 받은 경우 "소득금액변동통지서를 받은 날이 속하는 달의 다음다음달 말일"까지 종합소득세 추가신고도 하여야 함에 유의하여야 한다.

예를 들면, 2025년 6월에 2022년 귀속분에 대한 법인세 세무조사시 대표자 인정상여 처분을 받고 소득금액변동통지서를 받은 경우로서 대표자가 근로소득 외 부동산임대소득이 있어 2022년 귀속분에 대한 종합소득세 확정신고를 한 경우라면 2025.7.10.까지 소득처분이 반영된 원천징수이행상황신고서를 작성 · 제출하고 인정상여가 반영된 근로소득원천징수영수증과 당초의 부동산임대소득금액을 합산하여 종합소득세 추가신고 · 납부도 2025년 8월 말까지 하여야 하는 것이다.

실무Tip _ 세금계산서 관련 가산세의 중복배제(부가법 §60 ② 단서)

① 세금계산서 지연발급가산세 또는 세금계산서 미발급가산세가 적용되는 부분은 전자세금계산서 지연전송 · 미전송가산세와 세금계산서 부실기재 가산세가 적용되지 않는다.
② 세금계산서 부실기재 가산세가 적용되는 부분은 전자세금계산서 지연전송 · 미전송가산세가 적용되지 않는다.

3. 가공 · 타인명의 세금계산서 가산세

1) 가공세금계산서 발급(수취) 가산세

적용요건	• 재화 또는 용역을 공급하지 아니하고 세금계산서 등을 발급한 경우 • 재화 또는 용역을 공급받지 아니하고 세금계산서 등을 발급받은 경우
가산세액	세금계산서 등에 적힌 공급가액×3%* * 2017.12.31.까지는 2%
가산세 적용순위	세금계산서 가공 · 타인명의 가산세가 적용되는 부분에 대하여는 다음의 가산세를 적용하지 아니함 ① 미등록 가산세 ② 타인명의등록 가산세 ③ 매출 · 매입처별 세금계산서합계표 불성실 가산세
가산세 한도	세금계산서 발급의무를 위반한 것이므로 과세기간별로 한도 없음(국기법 §49 ① 단서)
근거법령	부가가치세법 제60조 제3항 제1호와 제2호

1)−1. 실무적용사례

① 청구법인에게 세금계산서불성실가산세를 감면할 정당한 사유가 있는지 여부

가공세금계산서를 수취한 후 그 거래를 부가가치세 신고대상에서 제외하였다고 하여 가공세금계산서 수취로 인해 이미 성립한 가산세 납세의무가 소멸한다고 볼 수도 없는 점 등에 비추어, 청구법인이 쟁점세금계산서를 수취한 것에 대하여 세금계산서불성실 가산세를 면할 정당한 사유를 인정하기 어려운 것으로 판단됨(서울행법 2023구합68975, 2024.9.5.).

② 가공세금계산서에 대한 수정세금계산서는 세금계산서 불성실가산세 부과 대상이 아님

처분청은 가공세금계산서의 수정세금계산서와 관련하여 세금계산서에 적힌 금액[負(−)의 공급가액]의 '절대값'에 2%를 곱한 금액을 가산세로 부과하였지만 이러한 해석은 조세법률주의의 파생원칙인 엄격해석의 원칙에 위배되는 것으로 보임.

또한, 이처럼 가공세금계산서에 대한 수정세금계산서에 대하여도 세금계산서 불성실가산세를 부과한다면, 가공세금계산서 발행 후 아무런 시정 조치를 취하지 않은 납세자보다 시정 조치 차원에서 수정세금계산서를 발행한 납세자에게 오히려 더 불리한 처분을 하게 되는 불합리한 결과가 야기되는 문제가 발생하는 것임.

따라서 쟁점수정세금계산서들은 세금계산서 불성실가산세(공급가액의 2%) 부과 대상이 아니라고 봄이 타당하며, 결과적으로 조사청이 쟁점수정세금계산서들에 대해서 세금계산서 불성실가산세를 부과한 처분에는 잘못이 있다고 판단됨(심사부가 2021−58, 2022.2.16.).

③ 쟁점매입세금계산서를 공급자가 사실과 다른 세금계산서로 보아 그 매입세액을 불공제하여 청구법인에게 부가가치세를 과세한 처분의 당부

쟁점매입처에 대한 가공세금계산서 발급 · 수취 관련 부가가치세 부과처분에 대한 소송에서 실행위자의 경력, 쟁점매입처의 관련 부가가치세 완납 사실, 쟁점매입처가 보관하고 있는 거래명세표, 계량확인서 등 각 기재가 세금계산서의 기재내용과 일치하는 사실 등에 의하면 각 세금계산서가 실물거래 없이 발급된 것으로 단정하기 어렵다고 보아 부가가치세를 모두 취소하는 판결을 한 것으로 나타나는 점 등에 비추어 쟁점매입세금계산서를 공급자가 사실과 다른 세금계산서라고 단정하기는 어렵다고 할 것임(조심 2021인680, 2021.11.5.).

④ 거래가 실물거래를 동반한 정상적인 거래가 아닌 경우의 가산세

쟁점거래처들은 이 건 과세기간 동안 자료상으로 확정 · 고발되었고, 실물이 없는 순환거래를 통하여 세금계산서를 발행 및 수취한 것으로 나타나는 점, 쟁점거래처들의 세금계산서 발급 IP와 랜카드 고유번호가 청구법인의 그것과 동일하고, 이들 법인의 계좌를 거쳐 자금이 출금된 사실이 있어 청구법인을 비롯하여 세금계산서 발급 등이 모두 조작된 것으로 보이는 점, 청구법인이 제시한 자료만으로는 정상거래 여부가 구체적으로 입증되지 아니하는 점 등에 비추어 쟁점거래처들과의 거래를 가공거래로 보아 청구법인에게 부가가치세 등을 과세한 처분은 잘못이 없음(조심 2017서4637, 2017.12.28.).

⑤ 부가가치세 수정신고시 가공세금계산서 수취 가산세 적용 여부

사업자가 재화 또는 용역의 공급 없이 세금계산서를 발급받은 경우에는 부가가치세법 제60조 제3항에 따라 가산세를 부과하는 것임. 다만, 해당 사업자가 의무를 이행하지 아니한 데 대한 정당한 사유가 있는 때에는 국세기본법 제48조에 따라 가산세를 부과하지 아니하는 것으로 이에 해당하는지 여부는 사실판단할 사항임(서면부가2017－1476, 2017.9.28.).

⑥ 수입세금계산서에 대한 세금계산서불성실가산세 적용 여부

수입하는 자가 수입물품의 수입가격을 실제보다 과다하게 신고함으로써 세관장으로부터 공급가액과 세액이 과다하게 기재된 수입세금계산서를 발급받은 경우는 '재화 또는 용역을 공급받지 아니하고 세금계산서 등을 발급받은 경우'에 해당하지 아니함(기획재정부부가－478, 2017.9.19.).

⑦ 사정상 또는 거래 관행상 실질 공급자가 아닌 공급자가 발급한 세금계산서의 가산세

회사 사정상 또는 거래 관행상 실질 공급자가 아닌 공급자가 발급한 세금계산서는 재화 또는 용역의 공급 없이 발급한 세금계산서이므로 가공 세금계산서 가산세(공급가액의 3%)를 부과한다(법규－1116, 2014.10.23.).

⑧ 부가가치세 과세대상거래에 해당하지 아니함에도 세금계산서를 교부한 경우 가산세 적용 여부

부가가치세 과세대상거래에 해당하지 아니함에도 착오로 세금계산서를 교부한 경우가공세금계산서 가산세를 적용하지 아니함(부가가치세과－698, 2014.8.12.).

✐ 이 예규는 대리점이 본사로부터 받은 판매 수수료에 대하여 매출세금계산서를 발행 후 외상매입금과 상계처리하였으며, 본점은 대리점에서 발행한 판매수수료 매입세금계산서 수취 후 부가가치세 신고시 매입세액을 공제받을 수 있는지에 대한 사례이다.

⑨ 가공세금계산서 발급에 대한 환급 여부

사업자가 가공매출에 대한 수정세금계산서를 발행하여 경정청구한 이후 과세관청의 자료상 조사를 받고 일부 가공세금계산서에 대하여 부분자료상으로 확정된 경우 매출감액으로 발생하는 환급세액은 환급이 가능함(부가-783, 2013.8.30.).

2) 위장세금계산서 발급(수취) 가산세

적용요건	• 재화 또는 용역을 공급하고 실제로 재화 또는 용역을 공급하는 자가 아닌 자 또는 실제로 재화 또는 용역을 공급받는 자가 아닌 자의 명의로 세금계산서를 발급하거나 신용카드매출전표 등을 발급한 경우 • 재화 또는 용역을 공급받고 실제로 재화 또는 용역을 공급하는 자가 아닌 자의 명의로 세금계산서를 발급받거나 신용카드매출전표 등을 발급받은 경우
가산세액	공급가액×2%
가산세 적용순위	위장세금계산서 발급(수취) 가산세가 적용되는 부분에는 다음의 가산세를 적용하지 아니한다. ① 미등록 가산세 ② 타인명의등록 가산세 ③ 세금계산서 미발급 가산세 ④ 매출·매입처별 세금계산서합계표 불성실 가산세 ✐ 세금계산서 미발급 가산세 적용배제는 2018.1.1. 이후 공급분부터 적용한다.
가산세 한도	세금계산서 발급의무를 위반한 것이므로 과세기간별로 한도가 없다(국기법 §49 ① 단서).
근거법령	부가가치세법 제60조 제3항 제3호와 제4호

2)-1. 실무적용사례

① 명의위장 사업자 부가가치세 경정시 가산세 적용방법

타인 명의로 사업을 하는 명의위장 사업자에 대하여 부가가치세를 경정하는 경우 그 타인 명의로 세금계산서등을 발급한 거래분에 대하여는 세금계산서 위장발급 가산세를, 그 외 거래분에 대하여는 타인명의등록 가산세를 부과하는 것임(기준법령해석 2021-11, 2021.3.19.).

② 명의위장사업자에 대한 실사업자 경정시 매입세액공제 여부

명의위장사업자의 매입세액공제 여부에 대한 조세심판에서 2건의 인용사례가 있으나, 대법원

및 기재부 회신에 따라 매입세액 불공제대상으로 회신하고자 함(기준법령해석부가 2015-171, 2015.9.14.).

③ 재화 또는 용역을 공급하고 세금계산서를 발급한 후 공급받는 자의 성명이 틀린 경우
재화 또는 용역을 공급한 사업자가 발급한 세금계산서의 필요적 기재사항이 사실과 다른 경우에는 위장세금계산서 수취 가산세를 적용하는 것이나, 임의적 기재사항에 대하여는 이를 적용하지 않는 것임(부가-921, 2013.10.8.).

④ 세금계산서 거부 업체에는 과소교부하고 세금계산서 필요업체에는 과다교부시 가산세 적용 여부
유통업을 영위하는 법인사업자가 공급받는자에게 재화를 공급하고 세금계산서를 교부함에 있어 세금계산서 수취를 거부하는 업체에게는 과소교부 및 미교부하고, 세금계산서를 필요로 하는 업체에게는 실제 매출보다 과다하게 교부한 때(실제 매출누락은 없음)는 세금계산서 미발급가산세와 합계표불성실가산세가 각각 적용되는 것임(서면3팀-1856, 2006.8.21.).

⑤ 명의사업자를 통하여 수수한 세금계산서의 매입세액공제를 적용 여부
명의사업자를 통하여 수수한 세금계산서는 매입세액공제를 적용 받을 수 없음(재소비-816, 2006.7.21.).

⑥ 실제 공급받는 자가 아닌 자에게 세금계산서를 발급하는 경우로서 거래의 형태 · 금액이 상관관계를 갖는 하나의 거래에 해당하는 경우의 가산세
사업자가 재화 또는 용역을 공급하고 세금계산서는 실제 공급받는 자가 아닌 자에게 발급하는 경우로서 거래의 형태 · 금액이 상관관계를 갖는 하나의 거래에 해당하는 경우에는 재화 또는 용역의 공급을 받은 자에게 세금계산서를 발급하지 아니한 것이므로 세금계산서 미발급가산세를 적용하는 것임(부가-1107, 2010.8.25.; 기획재정부부가-567, 2010.8.23.).

✎ 세금계산서 미발급가산세와 위장발급가산세가 중복적용되는 경우에는 위장발급가산세가 적용되는 것으로 세법이 개정(2017.12.19. 신설)되었으므로 위 사례는 세금계산서가 위장발급가산세가 적용된다(부법 §60 ⑨ 4호).

실무Tip __ 가공거래와 위장거래의 차이[1)]

1. 가공거래
재화나 용역을 공급하지 않고 세금계산서만 발급하는 행위

2. 위장거래
재화 또는 용역을 공급하고 실제로 재화 또는 용역을 공급하는 자가 아닌 자 또는 실제로 재화 또는 용역을 공급받는 자가 아닌 자의 명의로 세금계산서를 발급하는 행위이다. 즉 위장거래는 재화나 용역의 공급과 세금계산서 발급이 거래형태나 금액에 비추어 상관관계가 있는 경우를 말한다.

1) 2018 핵심실무 부가가치세, 이철재 · 이현범 공저, 영화조세통람, p.1478

3. 사례

• 사업자 갑이 을에게 100만원의 재화를 공급하고 사업자 병에게 80만원의 세금계산서를 발급한 경우에는 상관관계가 없으므로 가공거래에 해당된다.
• 사업자 갑이 을에게 100만원의 재화를 공급하고 사업자 병에게 100만원의 세금계산서를 발급한 경우에는 상관관계가 있으므로 위장거래에 해당된다.

4. 가공거래와 위장거래의 차이

구 분		공급자	공급받는 자
가공 세금 계산서	부가가치세	• 공급가액 감액 경정 청구 가능 • 가공 가산세(3%)	• 매입세액공제 추징 • 가공 가산세(3%) • 과소신고 가산세 • 납부지연 가산세
	법인세 소득세	매출 감액 경정청구 가능	• 매입액을 손금(필요경비)불산입하여 법인세 · 소득세 추징 • 대표자에게 상여처분하여 소득세 추징
위장 세금 계산서	부가가치세	• 공급가액 변동 없음 • 위장 가산세(2%)	• 매입세액공제 추징 • 위장 가산세(2%) • 과소신고 가산세 • 납부지연 가산세
	법인세 소득세		• 실제 매입자는 증명서류 수취 불성실 가산세(2%) 세금계산서를 받은 자는 가공세금계산서 수취와 동일함

참고 조세범처벌법상 세금계산서의 발급의무 위반 등(조처법 §10)

① 다음의 어느 하나에 해당하는 행위를 한 자는 1년 이하의 징역 또는 공급가액에 부가가치세의 세율을 적용하여 계산한 세액의 2배 이하에 상당하는 벌금에 처한다.

1. 부가가치세법에 따라 세금계산서(전자세금계산서를 포함)를 발급하여야 할 자가 세금계산서를 발급하지 아니하거나 거짓으로 기재하여 발급한 행위
2. 소득세법 또는 법인세법에 따라 계산서(전자계산서를 포함)를 발급하여야 할 자가 계산서를 발급하지 아니하거나 거짓으로 기재하여 발급한 행위
3. 부가가치세법에 따라 매출처별 세금계산서합계표를 제출하여야 할 자가 매출처별 세금계산서합계표를 거짓으로 기재하여 제출한 행위
4. 소득세법 또는 법인세법에 따라 매출처별 계산서합계표를 제출하여야 할 자가 매출처별 계산서합계표를 거짓으로 기재하여 제출한 행위

② 다음의 어느 하나에 해당하는 행위를 한 자는 1년 이하의 징역 또는 공급가액에 부가가치세의 세율을 적용하여 계산한 세액의 2배 이하에 상당하는 벌금에 처한다.
  1. 부가가치세법에 따라 세금계산서를 발급받아야 할 자가 통정하여 세금계산서를 발급받지 아니하거나 거짓으로 기재한 세금계산서를 발급받은 행위
  2. 소득세법 또는 법인세법에 따라 계산서를 발급받아야 할 자가 통정하여 계산서를 발급받지 아니하거나 거짓으로 기재한 계산서를 발급받은 행위
  3. 부가가치세법에 따라 매입처별 세금계산서합계표를 제출하여야 할 자가 통정하여 매입처별 세금계산서합계표를 거짓으로 기재하여 제출한 행위
  4. 소득세법 또는 법인세법에 따라 매입처별 계산서합계표를 제출하여야 할 자가 통정하여 매입처별 계산서합계표를 거짓으로 기재하여 제출한 행위

③ 재화 또는 용역을 공급하지 아니하거나 공급받지 아니하고 다음의 어느 하나에 해당하는 행위를 한 자는 3년 이하의 징역 또는 공급가액에 부가가치세의 세율을 적용하여 계산한 세액의 3배 이하에 상당하는 벌금에 처한다.
  1. 부가가치세법에 따른 세금계산서를 발급하거나 발급받은 행위
  2. 소득세법 및 법인세법에 따른 계산서를 발급하거나 발급받은 행위
  3. 부가가치세법에 따른 매출 · 매입처별 세금계산서합계표를 거짓으로 기재하여 제출한 행위
  4. 소득세법 및 법인세법에 따른 매출 · 매입처별계산서합계표를 거짓으로 기재하여 제출한 행위

④ '③'의 행위를 알선하거나 중개한 자도 제3항과 같은 형에 처한다. 이 경우 세무를 대리하는 세무사 · 공인회계사 및 변호사가 제3항의 행위를 알선하거나 중개한 때에는 세무사법 제22조 제2항에도 불구하고 해당 형의 2분의 1을 가중한다.

⑤ '③'의 죄를 범한 자에 대해서는 정상(情狀)에 따라 징역형과 벌금형을 병과할 수 있다.

3) 세금계산서 등의 공급가액 과다기재 발급(수취) 가산세

적용요건	• 재화 또는 용역을 공급하고 세금계산서 등의 공급가액을 과다하게 기재한 경우 • 재화 또는 용역을 공급받고 과다하게 기재된 세금계산서 등을 발급받은 경우
가산세액	실제보다 과다하게 기재한 부분에 대한 공급가액×2%* * 2017.12.31. 이전 공급분은 1%
근거법령	부가가치세법 제60조 제3항 제5호와 제6호

4. 자료상 수수 세금계산서 가산세

적용요건	사업자가 아닌 자료상이 가공세금계산서를 발급하거나 발급받은 경우
가산세액	공급가액×3%* * 2017.12.31.까지는 2%. 단, 해당 세금계산서 자료상에 대한 가산세가 적용되는 자료상의 납부세액은 0으로 봄.
근거법령	부가가치세법 제60조 제4항

1) 실무적용사례

① 사실과 다른 세금계산서로 보아 매입세액을 불공제하여 청구인에게 부가가치세를 과세한 처분

쟁점거래처의 직원과 거래하였다고 주장하나 해당 직원이 쟁점거래처의 직원으로 확인되지 않는 점, 거래명세표 및 세금계산서상 사업장 주소가 쟁점거래처의 사업자등록증상 주소와 상이한 점, 쟁점거래처는 근로소득자, 임차료, 전기료, 물류비용이 전혀 없는 것으로 조사되었고 전부 자료상으로 조사되어 고발된 점 등에 비추어 청구주장을 받아들이기 어려움(조심 2017서4643, 2017.12.21.)

② 자료상 행위자 부가가치세 과세 등

자료상행위자가 가공세금계산서에 의하여 신고 · 납부한 부가가치세는 환급받을 수 없는 것이며, 이에 대해 가산세를 부과하지 아니하고 조세범처벌법상 세금계산서 교부의무 위반에 해당하여 처벌됨(서면3팀-1109, 2007.4.11.)

5. 경정기관 확인 신용카드 매출전표 등과 신용카드 매출전표의 과다기재 가산세

적용요건	① 경정기관 확인 신용카드 매출전표 등 가산세 : 신용카드매출전표 등을 발급받아 예정 · 확정신고를 할 때에 제출하여 매입세액을 공제받지 아니하고 경정시 경정기관의 확인을 거쳐 매입세액을 공제받는 경우 ② 매입세액을 공제받기 위하여 제출한 신용카드매출전표등 수령명세서에 공급가액을 과다하게 적은 경우(2022년 개정)
가산세액	①의 경우 : 공급가액×0.5%* * 2019.2.11. 이전 재화 또는 용역을 공급받는 분은 1% ②의 경우 : 실제보다 과다하게 적은 공급가액의 0.5%* * 착오로 기재된 경우로서 신용카드매출전표등에 따라 거래사실이 확인되는 부분의 공급가액은 제외

가산세 한도	과세기간별로 5천만원(중소기업기본법상 중소기업이 아닌 경우는 1억원) (국기법 49 ① 3호)
근거법령	부가가치세법 제60조 제5항

1)-1. 실무적용사례

① 계약해제로 교부받은 수정세금계산서의 수정신고 미이행 상태에서 경정시 가산세 적용 여부
계약의 해제로 수정세금계산서를 교부받은 사업자가 수정신고를 하지 아니한 상태에서 부가가치세를 경정고지하는 경우에는 매입처별 세금계산서합계표 가산세, 초과환급신고 가산세 및 납부지연 가산세를 적용함(재부가-62, 2010.9.24.).

② 신고 누락한 매입세금계산서의 제출시기에 따른 공제가능 및 가산세 적용 여부
신고 누락한 세금계산서의 매입세액은 경정청구시에 매입처별 세금계산서합계표를 제출하여 공제받을 수 있으며, 합계표불성실 가산세는 적용되지 않음(서삼 46015-11168, 2003.7.24.).

6. 세금계산서합계표 불성실 가산세

1) 매출처별 세금계산서합계표 불성실 가산세

<table>
<tr><td>적용요건</td><td colspan="2">① 미제출 : 예정신고 또는 확정신고시 매출처별 세금계산서합계표를 제출하지 아니한 경우
② 부실기재 : 제출한 매출처별 세금계산서합계표의 기재사항 중 거래처별 등록번호 또는 공급가액을 기재하지 않거나 사실과 다르게 기재한 경우. 매출처별 세금계산서합계표의 기재사항이 착오로 적힌 경우로서 발급한 세금계산서에 의하여 거래사실이 확인되는 경우에는 제외
③ 지연제출 : 예정신고시 제출하여야 할 매출처별 세금계산서합계표를 예정신고시 제출하지 아니하고 확정신고기한까지 제출하는 경우</td></tr>
<tr><td rowspan="4">가산세액</td><td>구 분</td><td>가산세</td></tr>
<tr><td>합계표의 미제출 · 부실기재</td><td>미제출 · 부실기재분 공급가액×0.5%*1</td></tr>
<tr><td>합계표의 지연제출</td><td>지연제출분 공급가액×0.3%*2</td></tr>
<tr><td colspan="2">*1. 2016.12.31. 이전 공급분은 1%
*2. 2016.12.31. 이전 공급분은 0.5%</td></tr>
<tr><td>가산세 감면</td><td colspan="2">매출처별 세금계산서합계표 제출기한이 지난 후 1개월 이내 제출하는 경우에는 가산세의 50%를 감면</td></tr>
</table>

가산세 적용순위	매출처별 세금계산서합계표 불성실 가산세는 가장 후순위로 적용되는 가산세이므로 다른 가산세와 중복 적용되는 경우 다른 가산세를 적용함
가산세 한도	과세기간별로 5천만원(중소기업기본법상 중소기업이 아닌 경우는 1억원)(국기법 §49 ① 3호)
근거법령	부가가치세법 제60조 제6항

1)-1. 실무적용사례

① 법정 신고기한 후 제출한 매출처별 세금계산서합계표에 대한 가산세

사업자가 매출처별 세금계산서합계표를 법 제54조에 따라 제출하지 아니하고 국세기본법 제45조부터 제45조의 3까지의 규정에 따른 수정신고 · 경정 등의 청구 · 기한후신고 기한 내에 제출한 경우에는 매출처별 세금계산서합계표 불성실 가산세를 적용한다(부가통 60-108-3).

② 수정세금계산서에 대한 미발급 가산세

사업자가 세금계산서를 발급한 후 당초의 공급가액에 추가 또는 차감되는 금액이 발생한 경우 수정세금계산서를 발급하지 아니하거나 발급한 분에 대한 매출처별 세금계산서합계표를 제출하지 아니한 때에는 세금계산서 미발급 가산세 또는 매출처별 세금계산서합계표 미제출 가산세를 적용한다(부가집행 60-0-10).

③ 상품권 거래에 따른 세금계산서 수수시 가산세

사업자가 상품권을 판매(구입)하면서 세금계산서를 발급(수취)하고 매출(매입)처별 세금계산서합계표를 제출한 경우 매출(매입)처별 세금계산서합계표에 대한 가산세를 적용하지 아니한다(부가집행 60-0-12).

④ 매출거래 및 반품거래 세금계산서 동시 누락에 따른 가산세

사업자가 매출거래와 반품거래에 대하여 각각 세금계산서를 발급하였으나 부가가치세 신고시 제출하는 매출처별 세금계산서합계표에 모두 기재하지 아니한 경우에는 각각의 세금계산서 공급가액 합계액(절대값의 합계액)에 대하여 매출처별 세금계산서합계표 불성실 가산세를 적용한다(부가집행 60-0-14).

⑤ 종이세금계산서를 전자세금계산서 발급분으로 신고한 경우 가산세 적용 여부

매출처별 세금계산서합계표를 제출하지 아니하였거나, 제출한 매출처별 세금계산서합계표의 기재사항이 적혀 있지 아니하거나 사실과 다르게 적혀 있는 경우 매출처별 세금계산서합계표 불성실 가산세를 적용함(부가가치세과-900, 2011.8.12.)

⑥ **전자세금계산서 발급분을 전송하고 세금계산서합계표에 기재하지 않은 경우 가산세 적용 여부**

사업자가 전자세금계산서 발급분을 전송하고 부가가치세 신고시 매출처별세금계산서합계표에 기재하지 않은 경우 매출처별 세금계산서합계표 가산세는 적용되지 아니하지만, 신고서 금액과 합계표 금액이 서로 달라 전산 오류가 발생되어 사업자가 해명해야 하는 불편함이 발생하므로, 전자세금계산서를 발급하여 전송한 분도 매출처별 세금계산서합계표 전자세금계산서 발급분으로 기재하여 제출하여야 하는 것임(부가가치세과-1058, 2010.8.13.).

저자주 법인과 전자세금계산서 발급대상 개인사업자의 경우 대부분의 공급거래는 전자세금계산서로 이루어지고 2017.1.1. 이후 공급분부터는 세금계산서 관련 가산세와 세금계산서합계표 관련 가산세가 중복될 경우 세금계산서합계표 가산세가 우선 적용되는 것으로 세법이 개정되었으므로 실무상 매출처별 세금계산서합계표 가산세가 적용될 가능성이 높지 않을 것으로 판단된다.

따라서 매출처별 세금계산서합계표 가산세는 전자세금계산서 발급대상 사업자가 아닌 소규모 개인사업자에게 발생될 가능성이 있으므로 부가가치세 신고시 확인이 필요한 것으로 보인다.

또한 위와 같은 세법개정으로 세금계산서합계표 가산세가 적용되는 기존의 판례 및 예규를 해석할 경우 세금계산서와 관련되지 않는 사례만 적용된다는 점에 주의하여야 한다.

⑦ **국내외 다자 간 거래 시 영의 세율 적용 및 가산세 적용 여부 등**

"을"이 부가가치세 과세거래에 해당하지 아니하는 거래에 대하여 "갑"에게 영세율세금계산서를 교부하여 "갑"과 "을"이 각각 부가가치세 신고 시 매출(매입)처별 세금계산서합계표를 제출한 경우 매출(매입)처별 세금계산서합계표의 기재사항 중 사실과 다르게 과다하게 기재하여 신고한 것으로 볼 수 없으므로 세금계산서합계표 불성실 가산세가 적용되지 아니하는 것임(부가-4449, 2008.11.27.)

2) 매입처별 세금계산서합계표 불성실 가산세

적용요건	① 세금계산서의 지연수취 등*1 ② 매입처별 세금계산서합계표를 제출하지 아니한 경우 또는 제출한 매입처별 세금계산서합계표의 기재사항 중 거래처별 등록번호 또는 공급가액의 전부 또는 일부가 적혀 있지 아니하거나 사실과 다르게 적혀 있는 경우. 단, 일정한 경우에는 제외*2 ③ 매입처별 세금계산서합계표의 기재사항 중 공급가액을 사실과 다르게 과다하게 적어 신고한 경우
가산세액	매입처별 세금계산서합계표 불성실 가산세는 ①과 ②의 경우에는 공제받는 매입세액에 대한 공급가액의 1%로 하고, ③의 경우에는 과다기재한 공급가액의 1%로 한다.

<table>
<tr><td>가산세액</td><td>
<table>
<tr><th>구 분</th><th>가산세</th></tr>
<tr><td>①과 ②의 경우</td><td>공제받는 매입세액에 대한 공급가액×0.5%*</td></tr>
<tr><td>③ 공급가액을 과다기재한 경우</td><td>과다기재한 공급가액×0.5%*</td></tr>
</table>
* 2016.12.31. 이전 공급받는 분은 1%
</td></tr>
<tr><td>가산세 적용순위</td><td>세금계산서 미발급 가산세와 가공 · 위장 세금계산서 가산세가 적용되는 부분에 대하여는 다음의 가산세를 적용하지 아니한다.
① 미등록 가산세
② 타인명의등록 가산세
③ 매출 · 매입처별 세금계산서합계표 불성실 가산세</td></tr>
<tr><td>가산세 한도</td><td>과세기간별로 5천만원(중소기업기본법상 중소기업이 아닌 경우는 1억원)
(국기법 §49 ① 3호)</td></tr>
<tr><td>근거법령</td><td>부가가치세법 제60조 제7항</td></tr>
</table>

*1. 지연수취 등의 내용은 다음과 같다(부가령 §108 ⑤, 부가령 §75 ③ · ⑦ · ⑧).

① 재화 또는 용역의 공급시기 이후에 발급받은 세금계산서로서 해당 공급시기가 속하는 과세기간에 대한 확정신고기한까지 발급받은 경우(2016.1.1. 이후부터 적용)

② 재화 또는 용역의 공급시기가 속하는 과세기간에 대한 확정신고기한이 지난 후 세금계산서를 발급받았더라도 그 세금계산서의 발급일이 확정신고기한 다음 날부터 1년 이내이고 다음 각 목의 어느 하나에 해당하는 경우(2019.2.12. 이후부터 적용된 법령 내용이고 2022.2.14. 공급받는 분까지는 6개월 이내임, 부가령 부칙 §10, 대통령령 제32419호, 2022.2.15.)

- 과세표준수정신고서와 경정 청구서를 세금계산서와 함께 제출하는 경우
- 해당 거래사실이 확인되어 납세지 관할 세무서장, 납세지 관할 지방국세청장 또는 국세청장이 결정 또는 경정하는 경우

③ 재화 또는 용역의 공급시기 전에 세금계산서를 발급받았더라도 재화 또는 용역의 공급시기가 그 세금계산서의 발급일부터 6개월 이내(2022.2.14. 공급받는 분까지는 30일 이내임, 부가령 부칙 §10, 대통령령 제32419호, 2022.2.15.)에 도래하고 해당 거래사실이 확인되어 법 제57조에 따라 납세지 관할 세무서장등이 결정 또는 경정하는 경우

*2. 다음에 해당되는 경우에는 매입처별 세금계산서합계표 불성실 가산세를 적용하지 않음(부가령 §108 ⑥)

① 발급받은 세금계산서에 대한 매입처별 세금계산서합계표 또는 신용카드매출전표 등의 수령명세서를 과세표준수정신고서와 함께 제출하는 경우

② 발급받은 세금계산서에 대한 매입처별 세금계산서합계표 또는 신용카드매출전표 등 수령명세서를 경정청구서와 함께 제출하여 경정기관이 경정하는 경우

③ 발급받은 세금계산서에 대한 매입처별 세금계산서합계표 또는 신용카드매출전표 등 수령명세서를 기한후과세표준신고서와 함께 제출하여 관할세무서장이 결정하는 경우

④ 발급받은 세금계산서에 대한 매입처별 세금계산서합계표의 거래처별 등록번호 또는 공급가액이 착오로 사실과 다르게 기재된 경우로서 발급받은 세금계산서에 의하여 거래사실이 확인되는 경우

2)-1. 실무적용사례

① 월별조기환급신고시 사실과 다르게 제출한 세금계산서합계표의 가산세

월별조기환급신고한 사업자의 영세율 등 조기환급신고서에 첨부된 매입처별 세금계산서합계표의 기재사항이 사실과 다르게 기재된 경우에는 해당 예정신고 또는 확정신고기한이 지난 후에 매입처별 세금계산서합계표 불성실 가산세, 초과환급신고불성실 가산세를 부과할 수 있다(부가집행 60-0-11).

② 반품매입세금계산서의 신고누락에 따른 가산세

사업자가 공급자에게 재화를 반품하고 발급받은 수정세금계산서를 신고누락한 후 수정신고와 함께 매입처별 세금계산서합계표를 수정하여 제출하는 경우 매입처별 세금계산서합계표 불성실 가산세를 적용한다(부가집행 60-0-15).

③ 청구법인 내부전산시스템 오류 및 직원 실수로 인한 매입처별세금계산서합계표 기재오류에 대하여 매입처별세금계산서합계표 불성실가산세를 부과한 처분의 당부

쟁점세금계산서를 실지거래내용에 의하여 정확하게 교부받았으나 회계담당직원의 착오로 인하여 청구법인 본점 거래분을 지점의 거래분으로 잘못 작성하여 매입처별세금계산서합계표를 관할세무서장에게 제출한 이 건의 경우 매입처별세금계산서합계표의 기재사항이 착오로 기재되었으나 교부하였거나 교부 받은 세금계산서에 의하여 거래사실이 확인되는 경우에 해당된다고 판단되므로 청구법인에게 매입처별세금계산서합계표 불성실가산세를 부과한 것은 잘못이 있음(조심 2014전1383, 2014.7.4.).

④ 공급시기 이후에 세금계산서를 수취한데 대하여 지연수취가산세를 부과한 처분의 당부

청구인이 유선상으로 재화의 공급자에게 그 공급시기에 세금계산서를 발행해 줄 것을 요구하였다는 것만으로는 세금계산서 지연수취가산세 부과를 면제할 정당한 사유로 인정하기 어려움(조심 2014전1055, 2014.5.16.).

⑤ 부가가치세 과세거래에 해당하지 아니하는 거래에 대하여 세금계산서를 교부한 경우 적용되는 가산세 등

부가가치세 과세대상이 아닌 거래를 과세대상으로 부가가치세를 거래징수하고 세금계산서를 발급 및 수취하여 매출(매입)처별 세금계산서합계표를 제출한 경우 사실과 다르게 과다하게 기재하여 신고한 것으로 볼 수 없으므로 가산세가 적용되지 아니함(부가-113, 2014.2.17.).

⑥ 매입자발행세금계산서로 매입세액공제시 가산세

재화 또는 용역을 공급받는 자가 조세특례제한법 제126조의 4 및 같은 법 시행령 제121조의 4 규정에 따라 매입자발행세금계산서를 발급하여 매입세액공제를 받는 경우 해당 매입자발행세금계산서에 대해서는 부가가치세법 제60조 제7항 제1호 및 같은 법 시행령 제108조 제5항에 따른 가산세를 적용하지 않는 것임(부가가치세과-1131, 2013.12.8.).

⑦ 면세거래를 세금계산서로 발급받은 후 다시 수정세금계산서를 발급받는 경우 세금계산서 관련 가산세

사업자가 부가가치세가 면제되는 재화를 공급받고 매입세금계산서를 발급받아 매입처별 세금계산서합계표에 제출한 후 공급자로부터 이를 수정한 세금계산서를 발급받아 제출하는 경우 매입처별 세금계산서합계표 가산세 부과대상에 해당하지 않음(부가가치세과-875, 2013.9.6.).

⑧ 청구법인이 공급시기 이후에 쟁점 세금계산서를 수취하였다고 보아 세금계산서 지연수취가산세를 부과한 처분의 당부

공급시기가 경과한 후에 작성한 세금계산서는 필요적 기재사항의 일부가 사실과 다르게 기재된 세금계산서로 보아야 하고, 청구법인이 전력공급자로부터 매월 수취하는 세금계산서가 평균 2,600장을 초과하여 지연 수취 여부를 일일이 확인하는 것이 사실상 불가능하다고 하더라도 그 같은 사유가 가산세를 면제할 만한 정당한 사유에 해당한다고 보기 어려운 바, 청구법인에게 세금계산서 지연수취 가산세를 부과한 처분은 잘못이 없음(조심 2013서1315, 2013.6.11.).

⑨ 공급가액을 사실과 다르게 과다하게 기재하여 신고한 경우의 가산세

공급자가 착오로 매출처별 세금계산서합계표를 과다기재한 경우에는 당초 납부하여야 할 세액보다 많이 납부하였으므로 가산세 없이 경정청구를 할 수 있지만 공급받은 사업자가 제출한 매입처별 세금계산서합계표의 기재사항 중 공급가액을 사실과 다르게 과다하게 기재하여 신고한 때에는 과다하게 기재하여 신고한 공급가액에 대하여 매입처별 세금계산서합계표 불성실 가산세를 적용하는 것이며, 이 경우 "사실과 다르게 과다하게 기재한 때"에는 재화 또는 용역을 공급받은 사실이 없이 세금계산서만을 교부받고 매입처별 세금계산서합계표에 동 세금계산서상의 공급가액을 기재한 경우도 포함하는 것임(서면3팀-3389, 2007.12.21.).

⑩ 매입처별 세금계산서합계표 불성실 가산세

사업자가 부가가치세 예정신고시 제출한 매입처별 세금계산서합계표의 기재사항이 착오로 기재된 경우로서 교부하였거나 교부받은 세금계산서에 의하여 거래사실이 확인되는 분의 공급가액에 대하여는 가산세가 부과되지 아니함(서면3팀-3113, 2007.11.15.).

✎ 위의 예규의 경우 신고 · 납부지연 가산세는 적용된다.

⑪ 상대방이 폐업한 경우 수정세금계산서(공급받는자)

사업자가 계약상 또는 법률상의 원인에 의하여 재화 또는 용역을 공급받기로 약정하고 거래시기에 세금계산서를 교부받아 매입세액을 공제하였으나, 거래상대방의 폐업으로 당초 계약이 취소되어 재화 또는 용역의 공급을 받지 못한 경우에는 그 사유가 발생한 때가 속하는 과세기간에 당초에 공제받은 매입세액을 납부세액에 가산하여야 하는 것임(서면3팀-305, 2005.3.3.).

⑫ 상대방이 폐업한 경우 수정세금계산서(공급자)

당초 정상적으로 세금계산서를 교부하였으나 추후 거래상대방의 부도로 계약이행이 불가능하여 당해 용역이 제공되지 아니하고 사실상 계약을 해지한 경우 그 해지한 때에 수정세 금계산서를 교부해야 하는 것이나, 당해 거래상대방의 폐업으로 수정세금계산서를 교부할 수 없는 경우에는 그 사유가 발생한 때가 속하는 신고기간의 총매출세액에서 당해 계약이 해지된 매출세액을 차감함(서면3팀-239, 2005.2.18.).

⑬ 세금계산서의 공급가액에 실거래금액과 사실과 다른 거래금액이 함께 기재되어 있는 경우 공급가액의 기준

부가가치세법 가산세 내용 중 세금계산서의 필요적 기재사항의 일부가 "사실과 다른 때"라 함은 사실과 다른 거래금액만을 의미하는 것으로 보아야 하므로 공급가액 전체가 아니라 사실과 다른 부분에 대하여만 가산세를 적용함(국심 2003중2367, 2003.12.17.).

⑭ 매입처별 세금계산서합계표 불성실 가산세 적용 여부

예정신고시 매입세액불공제한 거래분을 확정신고시에도 매입세액불공제분으로 기재하고 제출한 경우 매입처별 세금계산서합계표 관련 가산세가 적용되지 않음(서삼 46015-113, 2003.9.1.).

⑮ 매입처별 세금계산서합계표 불성실 가산세의 적용 여부

간이과세자, 폐업자, 면세사업자로부터 교부받은 세금계산서에 대해 부가가치세 신고시 제출한 경우 부적법한 세금계산서로서 매입세액불공제하며 신고불성실 가산세 및 매입처별 세금계산서합계표 불성실 가산세가 적용됨(국심 2000중2583, 2001.3.19.).

⑯ 예정신고시 착오로 확정신고기간분을 포함해서 신고 후 이에 대해 수정신고하는 경우 가산세 적용 여부

예정신고시 매입처별 세금계산서합계표에 착오로 확정신고기간에 관련된 매입세금계산서를 포함하여 신고하고 이에 대한 수정신고를 하는 경우 신고불성실 가산세는 적용되나 매입처별 세금계산서합계표 불성실 가산세는 적용되지 않음(부가 46015-1504, 1997.7.3.).

⑰ 주사업장총괄납부승인 받은 자가 종된 사업장에서 신고 공제받은 경우 가산세 적용 여부

총괄납부승인을 받은 사업자가 주사업장명의로 교부받은 세금계산서를 착오로 종사업장에서 신고시 매입처별 세금계산서를 작성 · 제출하여 매입세액을 공제받은 경우 종된 사업장에 대하여는 공제받은 매입세액은 불공제하고 가산세를 적용함(부가 46015-1312, 1997.6.12.).

⑱ 매입처별 세금계산서합계표상 매입처를 다른 매입처와 착오로 합계하여 기재한 경우 가산세 적용 여부

매입처를 착오로 잘못 기재한 경우 수정신고와 함께 제출하는 때에는 가산세를 적용하지 않음(부가 46015-112, 1996.1.19.).

7. 기타의 가산세

1) 현금매출명세서 미제출 가산세

적용요건	현금매출명세서를 제출하지 아니하거나 제출한 수입금액이 사실과 다르게 기재된 경우
가산세액	(제출하지 아니한 수입금액 또는 제출한 수입금액과 실제 수입금액과의 차액) ×1%
가산세 감면	수입금액명세서 제출 기한이 지난 후 1개월 이내에 제출하는 경우에는 가산세의 50%를 감면(국기법 §48 ② 3호)
가산세 한도	과세기간별로 5천만원(중소기업기본법상 중소기업이 아닌 경우는 1억원)(국기법 §49 ① 3호)
근거법령	부가가치세법 제60조 제8항

1)-1. 실무적용사례

① 영세율첨부서류를 제출한 경우에도 현금매출명세서 제출하여야 하는지 여부

영세율적용대상거래인 국외제공용역에 대하여 부가가치세 신고시 영세율첨부서류를 제출한 경우에도 부가가치세법 시행령 제109조 제2항 제7호에 해당하는 사업자는 부가가치세 예정신고 또는 확정신고시 현금매출명세서를 제출하여야 하는 것임(서면부가 2015-22266, 2015.2.17.)

② 관세사가 현금매출명세서 제출 의무가 있는지 여부

한국표준산업분류상 수출입통관업무대행(산업분류코드 52991)에는 복합운송주선업, 화물자동차운송주선업, 도로화물운송주선업, 해운대리점, 항공운송대리점, 관세사업이 포함되므로 현금매출명세서 제출의무 있음(부가-360, 2014.4.18.)

✐ 한국표준산업분류상 코드가 중요함을 의미함

③ 비사업자에게 주민등록번호 기재분 전자세금계산서를 발행한 경우 현금영수증 의무발급 대상 여부

현금영수증 의무발급사업자가 현금거래에 대하여 비사업자에게 주민등록번호 기재분 전자세금계산서를 발행한 경우 현금영수증 의무발급 대상이 아님(전자세원-428, 2011.8.18.)

✐ 종이세금계산서를 발급하는 경우에는 의무발급 대상임.

실무Tip _ 현금매출명세서 제출 대상자(부가법 §55, 부가령 §100)

1. 현금매출명세서 제출 대상자

(1) 부동산업 : 부동산중개업

(2) 전문서비스업, 과학서비스업 및 기술서비스업 : 변호사업, 심판변론인업, 변리사업, 법무사업, 공인회계사업, 세무사업, 경영지도사업, 기술지도사업, 감정평가사업, 손해사정인업, 통관업, 기술사업, 건축사업, 도선사업, 측량사업, 공인노무사업, 의사업, 한의사업, 약사업, 한약사업, 수의사업

(3) 보건업 : 병원, 의원

(4) 그 밖의 개인서비스업 : 예식장업. 참고로 산후조리원은 2012.2.1.까지는 제출대상자였지만 2012.2.2. 공급분부터는 면세사업자로 전환되어 제출의무가 없음

2. 현금매출명세서 제출 제외

(1) 과세매출만 제출대상임

부가가치세 신고시 과세매출분에 대하여만 현금매출명세서를 작성하여 제출하므로 과세와 면세 겸영사업자인 수의사의 경우 과세 매출에 해당되는 부분에 대해서만 현금매출명세서를 작성하여 제출함

(2) 제외업종

다음에 해당하는 업종은 현금매출명세서 제출대상자가 아니다.

① 금융업에 해당되는 손해사정인

② 운수업에 해당되는 통관업과 도선사업

③ 도소매업에 해당되는 약국업과 한의사업

3. 현금매출명세서 작성방법

현금매출명세서는 세금계산서, 신용카드, 현금영수증 발행분을 제외한 순수현금매출과 주민등록기재분 세금계산서만을 기재함

2) 부동산임대공급가액명세서 미제출 가산세

적용요건	부동산임대공급가액명세서를 미제출·부실기재한 경우 미제출한 경우 (2010.7.1.이 속하는 과세기간부터 적용)
가산세액	미제출 수입금액(부실기재금액)×1%
가산세 한도	과세기간별로 5천만원(중소기업기본법상 중소기업이 아닌 경우는 1억원) (국기법 §49 ① 3호)
근거법령	부가가치세법 제60조 제8항

2)-1. 실무적용사례

• 부동산임대공급가액명세서 미제출 가산세 적용방법

부동산임대업자가 부동산임대공급가액명세서를 제출하지 아니하거나 부동산임대공급가액명세서의 임대사항, 임대면적, 임차인 인적사항 및 임대차계약내용을 사실과 다르게 기재한 경우에는 부가가치세법 제60조 제8항에 따라 수입금액을 적지 아니하거나 사실과 다르게 적은 수입금액만을 기준으로 가산세를 부과함(부가가치세과-998, 2013.10.24.)

3) 금관련제품 · 스크랩 전용거래계좌 미사용 · 지연입금 가산세

적용요건	① 금관련제품 · 스크랩 등 거래계좌를 사용하지 아니하고 결제받은 경우 ② 금관련제품 · 스크랩 등을 입금시한*1까지 전용계좌에 입금하지 않은 경우 *1. 2019.1.1. 이후 : 공급을 받은 날(날이 세금계산서를 발급받은 날보다 빠른 경우에는 세금계산서를 발급받은 날을 말함)의 다음날을 말함. 2018.12.31.까지 : 공급을 받은 때나 세금계산서를 발급받은 때를 말함
가산세액	①의 경우 : 제품가액×10%*2 *2. 2015.12.31. 이전 공급하는 부분까지는 20% ②의 경우 : 지연 입금한 부가가치세액×지연 입금 일수*3×0.022%*4 *3. 2019.1.1. 이후 : 부가가치세액 입금기한의 다음날부터 부가가치세액을 입금한 날(부가가치세 과세표준 신고기한을 한도로 함)까지의 기간 2018.12.31.까지 : 공급받은 날(공급받은 날이 세금계산서를 발급받은 날보다 빠른 경우에는 세금계산서를 발급받은 날을 말함)의 다음날부터 부가가치세액을 입금한 날(부가가치세 과세표준 신고기한을 한도로 함)까지의 기간 *4. 2019.2.11.까지 공급분은 0.03%, 2019.2.12.부터 2022.2.14.까지 공급분은 0.022%, 2022.2.15. 이후 공급분은 0.022%
근거법령	조세특례제한법 제106조의 4와 제106조의 9

3)-1. 실무적용사례

① 외국환은행을 통하여 외화로 대금을 지급하는 거래의 금거래계좌 사용이 적정한지 여부

금사업자가 금 관련 제품을 다른 금사업자로부터 공급받은 경우에는 조세특례제한법 제106조의 4 제3항에 따라 금거래계좌를 사용하여 금 관련 제품의 가액은 공급한 사업자에게 지급하고, 부가가치세액은 부가가치세 매입자납부 특례제도를 안정적으로 운영할 수 있다고 인정되어 국세청장이 지정한 금융회사에게 입금하여야 함.

다만, 외국환은행을 통하여 외화로 대금을 지급하는 거래의 경우에는 같은 항 단서 및 같은 법 시행령 제106조의 9 제6항 제3호에 따라 부가가치세액만 금거래계좌를 사용하여 입금하며, 금 관련 제품의 가액은 기존의 방식대로 금거래계좌를 사용하지 않고 입금함(서면부가

2019-3577, 2021.5.31.).

② 금지금 거래시 금거래 계좌 사용 여부

보세구역내 국내 사업자간 거래는 재화의 공급에 해당하므로 부가가치세 과세대상이며 해당 제품가액(공급가액+부가가치세액)에 대하여 금거래 계좌 사용(서면부가 2017-2376, 2018.5.14.)

③ 백금(Pt)의 부가가치세 납부특례 적용 여부

금 관련 제품에 대한 부가가치세 매입자 납부특례 대상이 되는 금 관련 제품에 백금(Pt)은 해당하지 아니하는 것임(서면부가 2015-1535, 2016.2.29.).

④ 금거래계좌 사용대상자 및 부가가치세 신고방법

금거래계좌 개설대상 사업자는 금지금과 금제품을 공급하거나 공급받으려는 사업자 또는 수입하려는 사업자는 모두 금거래계좌를 개설하여야 하며 금거래계좌는 '금관련 제품에 대한 부가가치세 매입자납부제도' 시행에 따라 금관련제품 거래시 매매대금의 결제와 부가가치세 납부를 원활히 지원하는 계좌이며, 금사업자가 금관련제품을 다른 금사업자로부터 공급받은 때에는 금거래계좌를 이용하여'금관련제품의 가액'은 공급한 사업자에게 지급, '부가가치세액'의 환급 및 국고에의 입금 등 부가가치세 매입자납부 특례제도를 안정적으로 운영할 수 있도록 인정된 지정금융기관의 금거래계좌를 이용하고 있으며 금융기관은 금관련제품의 위탁판매업자에 해당하지 아니함(부가-439, 2014.5.15.).

⑤ 금지금 매입자 납부특례 기납부세액 관련 조기환급 가능 여부

금 관련 제품을 공급받은 자가 입금한 부가가치세액은 금 관련 제품을 공급한 금사업자가 납부하여야 할 세액에서 공제하거나 환급받을 세액에 가산하는 것이며, 이 경우 환급세액은 부가가치세법 제59조 제2항 각호의 규정에 해당하지 아니하므로 조기환급이 되지 않는 것임(부가-116, 2014.2.17.).

⑥ 금관련 제품에 대한 매입자납부 특례제도의 대상이 되는지 여부 등

금지금에 해당하지 아니하고 소비자가 구입한 사실이 있는 반지 등 고금에도 해당하지 아니하는 제품은 매입자납부 특례제도의 대상에 해당하지 않으므로 금거래계좌를 사용할 필요가 없는 것임(부가-118, 2014.2.17.).

⑦ 금제품 매입자 납부특례제도 적용 대상인지 여부

금지금제련업자가 반도체제조회사의 주문을 받아 웨이퍼의 증착박막용 금제품(증착제, 타겟)을 반도체 제조회사에 공급하는 경우 해당 제품은 조세특례제한법 시행령 제106조의 3제1항의 금지금 및 금제품에 해당됨(부가-119, 2011.2.8.).

⑧ 금원재료 매입 이외의 자체생산하는 귀금속제품에 대한 금거래계좌 사용 여부

금메달, 금반지, 행운의 열쇠 등 제품은 금관련제품에 대한 매입자납부 특례제도의 대상에 해당하지 않으므로 금거래계좌를 사용할 필요가 없는 것임(부가-1860, 2008.7.7.).

⑨ **지점사업장 명의로 개설된 구리스크랩 계좌를 본점 거래시 사용하는 경우 가산세대상 여부**

지점 사업자명의로 개설한 구리스크랩 등 거래계좌를 본점 사업장에서 사용하는 경우에도 가산세대상에 해당하지 않음[서면법령해석부가2015－689(법령해석－2749), 2015.10.21.].

⑩ **구리 스크랩등 실물이 국외에서 이동하는 경우 '구리 스크랩등 거래계좌' 사용 여부**

조세특례제한법 제106조의 9 규정에 따른'구리 스크랩등 거래계좌'사용은 국내 사업자 간 거래를 대상으로 하는 것으로 같은 법 제106조의 9 제1항 제1호 및 제2호에 해당하는 물품이 국외에서 이동하는 경우 '구리 스크랩등 거래계좌' 사용 대상에서 제외되는 것임(부가－1026, 2014.12.30.).

⑪ **보세구역에서 스크랩을 반출거래시 구리스크랩 등 거래계좌 결제 여부**

수입 · 수출 거래는 국내 사업자 간 거래가 아니므로 매입자납부 대상에 해당하지 않으나, 국외 사업자와 직거래가 아닌 내국신용장 · 구매확인서에 의해 영세율이 적용되는 거래는 제품가액을 구리스크랩 등 거래계좌로 결제하는 것임(부가－214, 2014.3.24.).

⑫ **관세 · 통계통합품목분류표상 동합금, 동마스터얼로이, 동플레이크가 구리스크랩 등에 해당 여부**

구리와 다른 금속류가 합금된 반제품(원재료)은 조세특례제한법 제106조의 9 제1항에서 규정하는 구리 웨이스트 및 스크랩에 해당하지 않음(부가－162, 2014.3.7.).

⑬ **채권 · 채무 상계처리후 잔액만 구리거래계좌로 결제가능한지 여부**

채권 · 채무액을 서로 상계처리하지 않고 구리거래계좌를 통해 채권 · 채무액별로 수수하며, 선수금을 구리거래계좌로 받고 세금계산서를 발급하는 경우에는 세금계산서 발급일을 공급시기로 하여 거래대금을 입금받고 추후 정산을 통해 공급가액 변동시 변동가액에 대한 추가결제 처리 후 수정세금계산서(공급가액 변동사유)를 발급하고, 세금계산서를 발급하지 않은 경우에는 공급시기 도래시 선수금을 정산하고, 세금계산서는 부가가치세법 제34조에 따라 공급시기 또는 월합계 방식으로 전체 거래금액을 기재하여 발급함(부가－154, 2014.3.7.).

⑭ **폐가전제품 거래시 구리거래계좌 이용 여부**

구리가 일부 부속되어 있는 폐제품은 구리가액이 제품가액을 결정함에 있어 영향을 미치지 못하는 경우 구리 스크랩등에 대한 부가가치세 매입자 납부특례 대상에서 제외됨(부가－160, 2014.3.7.).

참고 금관련제품과 스크랩등에 대한 부가가치세 매입자납입특례

1. 전용거래계좌의 개설

금관련 제품이나 스크랩등을 공급하거나 공급받으려는 사업자 또는 수입하려는 사업자(금사업자와 스크랩등 사업자)는 금거래계좌와 스크랩등 거래계좌를 개설하여야 한다.

(1) 금관련 제품

금관련 제품은 다음과 같다(조특법 §106의 4 ①, 조특령 §106의 9 ①).

① 형태 · 순도 등을 갖춘 지금 : 금괴(덩어리) · 골드바 등 원재료 상태로서 순도가 1천분의

995 이상인 금지금

② 형태 · 순도 등을 갖춘 금제품 : 소비자가 구입한 사실이 있는 반지 등 제품 상태인 것으로서 순도가 1천분의 585 이상인 금

③ 금 관련 웨이스트와 스크랩 : 금 함유량이 10만분의 1 이상인 웨이스트와 스크랩

⑵ 스크랩등

스크랩등은 다음과 같다(조특법 §106의 9 ①).

① 관세법 제84조에 따라 기획재정부장관이 고시한 관세 · 통계통합품목분류표 중 구리의 웨이스트 및 스크랩과 잉곳(ingot) 또는 이와 유사한 재용해(再溶解)구리의 웨이스트와 스크랩으로부터 제조된 괴상의 주조물

② 구리가 포함된 합금의 웨이스트 및 스크랩으로서 구리함유량이 100분의 40 이상인 물품

③ 관세법 제84조에 따라 기획재정부장관이 고시한 관세 · 통계통합품목분류표 중 철의 웨이스트와 스크랩, 철강의 재용해용 스크랩 잉곳 또는 그 밖에 이와 유사한 것으로서 대통령령으로 정하는 물품

⑶ 전용거래계좌의 요건

금거래계좌와 스크랩등거래계좌는 다음의 요건을 모두 갖춘 것을 말한다(조특법 §106의 9 ②, 조특령 §106의 13 ①).

① 국세청장이 지정한 금융기관에 개설한 계좌일 것

② 개설되는 계좌의 명의인 표시에 사업자의 상호가 함께 기재될 것(상호가 있는 경우에 한함)

③ 개설되는 계좌의 표지에 "금거래계좌"라는 문구가 표시될 것

참고로 사업자는 1개의 거래계좌를 2개 이상의 사업장에 대한 거래계좌로 사용할 수 있으며, 사업장별로 2개 이상의 금거래계좌를 개설할 수 있다(조특법 §106의 9 ③, 조특령 §106의 13 ②).

2. 금거래계좌와 스크랩거래계좌를 사용할 경우의 조세혜택과 불이익

⑴ 조세혜택

① 금거래계좌와 스크랩거래계좌를 이용하여 대금을 결제한 경우에는 사업용계좌를 사용한 것으로 본다(조특령 §106의 9 ④, 조특령 §106의 13 ③).

② 금거래계좌나 스크랩등거래계좌를 사용하여 결제하거나 결제받은 익금 및 손금이 포함되어 있는 경우에는 해당 과세연도의 소득세 또는 법인세에서 공제받을 수 있다(조특법 §122의 4).

⑵ 불이익

① 매입세액불공제

금관련 제품과 스크랩등을 공급받은 금사업자가 부가가치세액을 입금하지 아니한 경우에는 금관련 제품을 공급한 금사업자에게서 발급받은 세금계산서에 적힌 세액은 매출세액에서 공제되는 매입세액으로 보지 아니한다(조특법 §106의 4 ⑥, 조특법 §106의 9 ⑤).

② 가산세 적용

금관련제품 · 스크랩 등 거래계좌를 사용하지 아니하고 결제받은 경우와 금관련제품 · 스크랩 등을 입금시한*까지 전용계좌에 입금하지 않은 경우에 가산세를 적용한다(조특법 §106의 4 ⑦ · ⑧, 조특법 §106의 9 ⑥ · ⑦).

참고로 2017.1.1. 이후 경정분부터 금 관련 웨이스트와 스크랩과 구리, 철스크랩이 혼합된 물품을 공급하거나 공급받으려는 사업자가 스크랩 등 거래계좌를 사용하는 경우에는 가산세를 징수하지 아니한다(조특법 §106의 9 ⑥).

✐ 개정규정은 2017.1.1. 전에 스크랩 등 거래계좌를 사용하여 결제한 경우에 대해서도 적용한다(2016.12.20. 조특법 개정부칙 §31).

8. 가산세의 중복적용 배제

다음과 같은 가산세가 적용될 경우 가산세를 중복하여 적용할 수 없다(부가법 §60 ⑨, 부가집행 60－0－5).

구 분	내 용
유형 ①	사업자미등록가산세와 타인명의등록가산세가 적용되는 부분에는 세금계산서 지연발급가산세와 전자세금계산서지연전송 · 미전송가산세, 세금계산서 부실기재가산세, 신용카드매출전표 등에 의한 매입세액공제시 가산세 그리고 매출처별세금계산서합계표불성실가산세를 적용하지 않는다.
유형 ②	세금계산서지연발급가산세 가산세가 적용되는 부분에 대해서는 매출처별세금계산서합계표불성실가산세를 적용하지 않는다.
유형 ③	세금계산서 미발급가산세와 세금계산서 가공 · 타인명의 가산세가 적용되는 부분에 대하여는 사업자미등록가산세와 타인명의등록산세, 매출처별 · 매입처별 세금계산서합계표불성실가산세를 적용하지 않는다.
유형 ④	세금계산서 타인명의 가산세가 적용되는 부분에 대하여는 세금계산서 미발급가산세를 적용하지 않는다.
유형 ⑤	과다 공급분에 대한 세금계산서 발급 가산세가 적용되는 부분에 대하여는 세금계산서 부실기재가산세를 적용하지 않는다.

✐ 소득세법에 따른 신용카드 및 현금영수증 발급 불성실 가산세(현금영수증을 발급하지 아니한 경우를 말함)가 적용되는 부분에 대해서는 세금계산서 미발급 가산세와 매출처별 세금계산서합계표 부실기재 가산세를 적용하지 않는다(부가법 §68의 2 ⑤).

9. 국세기본법상 가산세

국세기본법상 가산세는 2편에서 설명하였으므로 여기에서는 부가가치세법과 연관되어 있는 부분만 추가 정리하였다.

1) 신고불성실 가산세

사업자는 법정 신고기한 내에 과세표준신고서를 제출하여야 한다. 이를 불이행할 경우에는 다음의 세무상 불이익을 받게 된다. 원래는 부가가치세법에 관련 규정을 두고 있었으나 2007년부터 체계적이고 효율적으로 가산세를 규정하기 위하여 신고 및 납부와 관련한 가산세를 국세기본법으로 이관하였다.

국세기본법상 신고불성실가산세를 요약하면 다음과 같다(국기법 §47의 2, §47의 3).

구 분	적용요건	가산세액
무신고 가산세	납세자가 법정 신고기한까지 세법에 따른 과세표준신고서를 제출하지 않은 경우	납부세액[*2]×20%
	부정한 방법으로 무신고한 경우[*1]	납부세액×40%
과소신고 가산세	신고한 과세표준이 세법에 따라 신고하여야 할 과세표준에 미치지 못하는 경우	납부세액× $\frac{\text{과소신고납부세액}}{\text{납부세액}}$ ×10%
	부정한 방법인 경우로 과소신고한 경우	납부세액× $\frac{\text{부정과소신고세액}}{\text{납부세액}}$ ×40%
초과환급 가산세	납부하여야 할 세액을 환급세액으로 신고하거나 신고한 환급세액이 세법에 따라 신고하여야 할 환급세액을 초과하는 경우	환급신고한 세액 또는 초과환급신고한 세액×10%
	부정한 방법으로 초과환급신고한 경우	부정초과환급신고한 세액×40%
영세율과세표준 신고불성실 가산세	영세율이 적용되는 과세표준을 신고하지 않거나 과소신고한 경우	영세율 과세표준금액[*3]×0.5%

<table>
<tr><th>구 분</th><th>적용요건</th><th>가산세액</th></tr>
<tr><td>가산세의 감면[*4]</td><td colspan="2">① 무신고 가산세의 경우(영세율 과세표준 신고불성실 가산세 포함)
<table><tr><th>법정신고기한 경과 후</th><th>감면율</th></tr><tr><td>1개월 이내 기한 후 신고</td><td>50% 감면</td></tr><tr><td>1개월 초과 3개월 이내 기한 후 신고</td><td>30% 감면</td></tr><tr><td>3개월 초과 6개월 이내 기한 후 신고</td><td>20% 감면</td></tr></table>② 과소신고 가산세와 초과환급 가산세의 경우(영세율 과세표준 신고불성실 가산세 포함)
<table><tr><th>법정신고기한 경과 후</th><th>감면율</th></tr><tr><td>1개월 이내 수정신고</td><td>90% 감면</td></tr><tr><td>1개월 초과 3개월 수정신고</td><td>75% 감면</td></tr><tr><td>3개월 초과 6개월 수정신고</td><td>50% 감면</td></tr><tr><td>6개월 초과 1년 이내 수정신고</td><td>30% 감면</td></tr><tr><td>1년 초과 1년 6개월 이내 수정신고</td><td>20% 감면</td></tr><tr><td>1년 6개월 초과 2년 이내 수정신고</td><td>10% 감면</td></tr></table>단, 부가가치세 과세표준과 세액에 관하여 경정이 있을 것을 미리 알고 제출한 경우는 감면받을 수 없음.</td></tr>
<tr><td>근거법령</td><td colspan="2">국세기본법 제47조의 2, 제47조의 3, 제48조</td></tr>
</table>

*1. 부정한 방법이라 함은 ① 이중장부의 작성 등 장부의 거짓기록 ② 거짓증명 또는 거짓문서의 작성 ③ 거짓증명 등의 수취(거짓임을 알고 수취한 경우에 한함) ④ 장부와 기록의 파기 ⑤ 재산의 은닉이나 소득 · 수익 · 행위 · 거래의 조작 또는 은폐 ⑥ 기타 국세를 포탈하거나 환급 · 공제받기 위한 사기 그밖에 부정한 행위를 말함.

*2. 신고불성실 가산세에서 납부세액이란 그 신고로 납부하여야 할 상당한 세액(국세기본법 및 세법에 따른 가산세와 세법에 따라 가산하여 납부하여야 할 이자상당액이 있는 경우 그 금액은 제외)을 말한다. 부가가치세법 제37조에 따르면 납부하여야 할 세액은 다음과 같다.

> 납부세액＝매출세액(대손세액공제를 뺀 금액)－(공제되는 매입세액＋의제매입세액＋부가가치세법 및 다른 법률에 따라 공제되는 매입세액＋부가가치세법 및 다른 법률에 따른 공제세액)

*3. 영세율과세표준금액은 부가가치세법 또는 조세특례제한법에 따른 영세율과세표준을 말한다.

*4. 무신고 가산세와 과소신고 가산세의 감면을 적용할 때 기한 후 신고 또는 수정신고와 동시에 납부할 세액을 납부하여야 적법한 신고로 인정되어 가산세를 감면받았지만 2015년 1월 1일부터 세법이 개정되어 기한 후 신고 또는 수정신고시 납부할 세액을 납부하지 않고 신고만 하는 경우에도 무신고 가산세와 과소신고 가산세 감면 규정을 적용받을 수 있도록 세법이 개정되었음.

1)-1. 실무적용사례

① 과다 기재한 영세율과세표준에 대한 가산세

영세율이 적용되는 사업자가 영세율 붙임서류를 정상적으로 제출하였으나 그 신고한 과세표준이 신고하여야 할 과세표준보다 과다하게 신고한 경우에는 영세율과세표준 신고불성실 가산세를 적용하지 아니한다(부가집행 60-0-13).

✎ 영세율 과세표준을 과소신고하는 경우에는 영세율과세표준 신고불성실 가산세를 적용한다.

② 영세율 붙임서류 미제출에 따른 가산세

영세율 붙임서류 없이 영세율 과세표준을 신고한 경우 해당 과세표준이 영세율 적용대상임이 확인되는 때에는 영세율을 적용하나, 영세율과세표준 신고불성실 가산세를 적용한다(부가집행 60-0-16).

③ 2개 이상의 다른 사업장을 가지고 있는 사업자가 착오로 한 사업장으로 신고납부한 경우

부가가치세법에 따른 사업자가 같은 법에 따른 납부기한까지 어느 사업장에 대한 부가가치세를 다른 사업장에 대한 부가가치세에 더하여 신고납부한 경우 매입 · 매출처별 세금계산서합계표 가산세, 무신고 가산세를 적용함(부가-118, 2013.2.4.)

✎ 납부지연 가산세는 다른 사업장에서 납부하였으므로 적용하지 않는다.

④ 예정신고시 환급받은 세액을 확정신고시 예정신고 미환급세액으로 공제하는 경우의 가산세

납세자가 부가가치세 확정신고시 부가가치세법 제17조에 따른 납부세액은 정상적으로 신고하였으나 예정신고시 환급받은 세액을 예정신고 미환급세액으로 공제함으로써 환급받을 세액을 신고한 경우, 국세기본법 제47조의 3에 따른 과소신고 가산세는 적용하지 아니하나 같은 법 제47조의 4 제1항에 따른 초과환급신고 가산세는 적용하는 것임(기재부 정책과-8, 2011.1.3.)

⑤ 영세율첨부서류만 제출

부가가치세법시행령 제64조 및 제65조에 따른 부가가치세 예정신고서 또는 부가가치세 확정신고서를 작성할 때 영세율이 적용되는 과세표준을 과세표준란에 기재하지 않았으나 부가가치세법시행령 제64조 제9항 및 제65조 제4항에 따른 서류를 첨부하여 제출한 경우에는 영세율과세표준 불성실 가산세를 적용하지 아니함(재부가-444, 2009.6.26.)

⑥ 월별 조기환급 불성실신고한 경우 가산세

영세율 등 조기환급신고의 내용에 오류 또는 탈루가 있어 경정하는 경우 초과환급 가산세는 적용되지 아니하는 것이나 환급관련 납부지연 가산세는 적용함(기재부 조세정책과-170, 2008.2.15.)

⑦ 총괄납부승인을 받지 않은 2 이상의 사업장이 있는 사업자의 납부지연 가산세 적용 여부

2 이상의 사업장이 있는 사업자가 총괄납부승인을 얻지 아니하고 지점 매입액을 본점 매입액

으로 또는 본점 매출액을 지점 매출액으로 잘못 신고 · 납부한 경우 과소신고 · 납부 사업장 또는 과다공제받은 사업장 관할세무서장은 경정결정을 함에 있어 납부지연 가산세는 적용되지 않으나 신고불성실 가산세는 적용됨(서면3팀-2241, 2006.9.25.)

⑧ 경정청구 환급세액 수정신고시 가산세

기공제받은 항목에 대하여 착오로 경정청구하여 중복공제 받은 후 중복공제된 당해 세액에 대하여 수정신고 · 납부하는 경우, 신고불성실 가산세는 적용되지 않음(서면3팀-1620, 2006.7.27.)

⑨ 환급되지 아니한 환급신고의 신고불성실 가산세 적용 여부

사업자가 확정신고시 환급신고를 하였으나 과세관청의 경정조사시 환급신고한 세액이 전액 부인되어 실제 환급세액이 없는 경우에도 신고불성실 가산세는 적용되는 것임(서면3팀-344, 2004.2.26.)

납부지연 가산세는 적용되지 않음.

2) 납부지연 가산세

부가가치세 신고기한까지 납부할 부가가치세를 납부하지 아니하거나 납부하여야 할 세액보다 적게 납부(과소납부)하거나 환급받아야 할 세액보다 많이 환급(초과환급)받은 경우 다음의 금액을 합한 금액을 가산세로 한다(국기법 §47의 4).

- 미납하거나 과소납부한 경우 납부지연 가산세＝납부관련 지연 가산세
＋납부고지관련 지연 가산세
- 초과환급받은 경우 납부지연 가산세＝환급관련 지연 가산세＋납부고지관련 지연 가산세

구 분	적용요건과 가산세액
납부관련 지연 가산세	사업자가 부가가치세 신고기한까지 납부하여야 할 부가가치세 세액을 납부하지 아니하거나 납부하여야 할 세액 보다 적게 납부하는 경우
	가산세액＝미납세액 또는 과소납부세액×22/100,000[*1]×경과일수 * 경과일수는 법정납부기한의 다음날부터 납부일까지의 기간임(납부고지일로부터 납부고지서에 따른 납부기한까지의 기간은 제외)
환급관련 지연 가산세	사업자가 환급받아야할 부가가치세 세액보다 많이 환급받은 경우
	가산세액＝초과환급세액×22/100,000[*1]×경과일수 * 경과일수는 환급받은 날의 다음날부터 납부일까지의 기간임(납부고지일로부터 납부고지서에 따른 납부기한까지의 기간은 제외)

구 분	적용요건과 가산세액
납부고지관련 지연 가산세[*2]	사업자가 법정납부기한까지 납부하여야 할 세액 중 납부고지서에 따른 납부기한까지 고지받은 부가가치세 세액을 미납하거나 과소납부한 경우
	가산세액＝미납세액 또는 과소납부세액×3/100 * 납부고지관련 지연 가산세는 국세를 납부고지서에 따른 납부기한까지 완납하지 아니한 경우에 한정한다.
가산세 감면	과세전적부심사 결정 · 통지기간 이내에 그 결과를 통지하지 아니한 경우에는 가산세의 50%를 감면받음.

*1. 2019.2.11.까지는 0.03%, 2019.2.12.부터 2022.2.14.까지는 0.025%, 2022.2.15.부터는 0.022%를 적용한다. 예를 들면 2019.2.12. 이전에 납세의무가 성립한 납부지연가산세를 2022.2.15. 이후에 납부하는 경우 당초 납부기한의 다음날부터 2019.2.11.까지는 0.03%, 2019.2.12.부터 2022.2.14.까지는 0.025%, 2022.2.15. 이후는 0.022%를 적용한다(국기령 §27의 4, 국기령 부칙 대통령령 제32424호 §6, 2022년 개정).

*2. 납부고지서에 따른 납부기한의 다음날부터 납부일까지의 기간(국세징수법 제13조에 따라 지정납부기한과 독촉장에서 정하는 기한을 연장한 경우에는 그 연장기간은 제외)이 5년을 초과하는 경우에는 그 기간은 5년으로 하며(국기법 §47의 4 ⑦), 체납된 국세의 납부고지서별 · 세목별 세액이 150만원 미만인 경우에는 납부관련 지연 가산세와 환급관련 지연 가산세를 적용하지 아니한다(국기법 §47의 4 ⑧). 단, 2022.1.1. 이전 납부고지서별 · 세목별 세액이 100만원 이상 150만원 미만인 국세를 체납하여 그 미납기간에 대하여 납세의무가 성립한 납부지연가산세의 부과에 관하여는 100만원 미만인 경우 납부지연 가산세를 적용하지 아니한다(국기법 부칙 법률 제18586호, 2021.12.21.).

3) 대리납부 불성실 가산세

적용요건	대리납부의무자가 용역 또는 권리를 공급받고 그 대가를 지급하는 시점에 국외의 공급자를 대리하여 부가가치세를 징수 · 납부하지 않은 경우
가산세액	①＋② (한도 : 미납세액 또는 과소납부세액×50%[*1]) ① 미납세액 또는 과소납부세액×3% ② 미납세액 또는 과소납부세액×22/100,000[*2]×경과일수[*3]
근거법령	국세기본법 제47조의 5

* 1. 위 ①과 ② 중 부가가치세 신고기한의 다음날부터 납부고지일까지의 기간에 해당하는 금액을 합한 금액은 10%임.
* 2. 2019.2.11.까지는 0.03%, 2019.2.12.부터 2022.2.14.까지는 0.025%, 2022.2.15.부터는 0.022%를 적용한다. 예를 들면 2019.2.12. 이전에 납세의무가 성립한 납부지연가산세를 2022.2.15. 이후에 납부하는 경우 당초 납부기한의 다음날부터 2019.2.11.까지는 0.03%, 2019.2.12.부터 2022.2.14.까지는 0.025%, 2022.2.15. 이후는 0.022%를 적용한다(국기령 §27의 4, 국기령 부칙 대통령령 제32424호 §6, 2022년 개정).
* 3. 경과일수는 부가가치세 신고기한의 다음날부터 납부일까지의 기간(납부고지일부터 납부고지서에 따른 납부기한까지의 기간은 제외)을 말하며 대리납부의 경우 2011.12.31.까지는 부가가치세법 규정의 가산세 규정을 적용하여 미납세액의 10%를 가산세로 징수하였다.

3)-1. 실무적용사례

① 부가가치세 대리납부 대상 여부 판단 시 용역의 공급장소를 판단하는 기준

대리납부는 국내에서 공급되는 용역에 한하는 것이고 그 용역이 국내에서 공급되는지 여부는 해당 역무의 중요하고도 본질적인 부분이 이루어지는 장소를 기준으로 판단해야 하는 것임(기준법규부가 2024-81, 2024.6.26.).

② 국내 지점법인이 해외 본점 및 지점으로부터 손해보험 사업 관련 경영지원 및 보험관리 서비스 등을 제공받고 대가를 지급하는 경우 부가가치세 대리납부 대상에 해당되는지 여부

외국법인의 국내지점이 국외 소재 본·지점으로부터 당해 지점의 업무수행 등에 필요한 용역을 제공받고 그 대가를 지급하는 경우에는 「부가가치세법」 제52조에 따른 대리납부 의무가 없는 것임(서면부가 2021-7729, 2022.2.3.).

③ 손해사정 업무를 위해 비거주자로부터 자문용역을 공급받는 경우 대리납부 여부

손해사정업자가 국내에서 발생한 보험사고의 손해사정 업무를 위해 국내사업장이 없는 비거주자로부터 자문용역을 공급받고 해당 결과물을 국내에서 사용하는 경우 그 대가를 지급하는 때 대리납부하여야 하는 것임(사전법규부가 2022-953, 2022.11.15.).

④ 국제소송에 따른 용역을 공급받는 경우 대리납부 적용 여부

면세사업을 영위하는 내국법인이 국내사업장이 없는 외국법무법인으로부터 법률자문용역을 공급받고 그 대가를 지급하는 경우 해당 내국법인은 부가가치세를 징수하여 납부하여야 하는 것임(기획재정부부가-366, 2021.8.13.).

⑤ 국외사업자에게 전자지급결제대행용역을 제공하는 경우 부가가치세 과세 여부 등

전자지급결제대행업체가 오픈마켓 운영 국외사업자와 계약에 따라 국외소비자 결제분에 대한 결제대행용역을 제공하고 수수료를 받는 경우 국외사업자의 용역 공급에 대하여 부가가치세 대리납부 및 신고·납부 의무는 없으나, 수수료에 대하여는 부가가치세가 과세되는 것임(서면법령해석부가 2021-3720, 2021.6.22.).

⑥ 전자적 용역을 공급하는 국외사업자에게 결제대행 용역을 제공하는 사업자의 대리납부 의무 여부 등

국외사업자가 오픈마켓을 통해 게임 용역을 국내에 공급하는 거래에 있어 국내사업자가 전자지급결제대행 용역을 제공하는 경우 국내사업자는 대리납부 의무가 없으며, 국외사업자 용역공급 특례규정상 위탁매매인등 또는 제3자에 해당하지 아니함(서면법령해석부가 2020-5070, 2020.12.29.).

⑦ 해외 저작권자에게 저작권 사용대가를 지급하는 경우 대리납부 여부

사업자가 해외 저작권자등과 저작권사용계약을 체결하고 해외 저작권자 및 저작권자의 단순한 대리인인 외국대리인에게 지급하는 저작권사용료는 대리납부 대상에 해당하지 아니하나, 저작권자로부터 저작권을 양수하거나 저작권 사용에 대한 권리를 포괄적으로 위임받은 외국

대리인에게 지급하는 저작권사용료는 대리납부 대상에 해당하는 것임(서면법령해석부가 2018-3688, 2018.12.18.).

⑧ 대리납부신고서가 과세표준신고서에 해당하는지 여부
부가가치세법 제52조에서 규정하는 대리납부신고서는 과세표준신고서에 해당하지 아니하므로 이를 제출하지 아니하였다고 하더라도 부과제척기간은 5년임[서면법령해석기본2017-3162(법령해석-1581), 2018.6.12.].

⑨ 외국의 헤드헌팅사로부터 직원 소개용역 등을 제공받고 대가를 지급하는 경우 대리납부 대상에 해당되는지 여부
외국법인으로부터 부가가치세가 면제되는 직원소개 및 보험용역을 공급받은 경우 부가가치세 대리납부 의무 없는 것임(법규부가2011-355, 2011.8.31.).

⑩ 국내사업장이 없는 외국법인이 납부할 부가가치세를 지급하는 경우 용역의 대가 포함 여부
면세사업자가 국내사업장이 없는 외국법인으로부터 과세용역을 공급받고 부가가치세를 대리납부하는 경우 해당 면세사업자가 용역의 대가와 구분하여 별도로 지급하는 그 외국법인이 자국정부에 납부할 부가가치세는 용역의 대가에 포함되는 것임(부가-1574, 2010.11.30.).

⑪ 비거주자로부터 제공받은 채권추심용역대가를 지급하는 경우 대리납부 해당 여부
부가가치세가 면제되는 사업에 공하고자 해외거주채무자 은닉재산 회수 방안의 일환으로 국내사업장이 없는 외국법인에게 채권추심 등의 업무를 위임하고 그 대가를 지급하는 때에는 부가가치세법 제34조에 따라 대리납부하여야 함(법규부가2008-8, 2008.11.13.).

⑫ 부가가치세 대리납부 대상인지 여부
면세사업자가 국내지점이 없는 외국보험회사로부터 제공받는 보험용역은 부가가치세 면제되는 금융, 보험용역에 해당되므로 대리납부 대상에 해당되지 아니함(재소비-280, 2004.3.11.).

⑬ 외국투자자문회사가 제공하는 투자자문용역에 대한 대리납부 여부
투자자문업 등록을 하지 아니한 자가 제공하는 투자자문용역은 과세되므로 외국투자자문회사로부터 투자자문용역을 제공받는 경우 대리납부를 이행하여야 함(서삼 46015-10951, 2002.6.4.).

보론 대리납부

1. 대리납부의 의의(부가집행 52-95-1)

① 대리납부란 국내에 사업장이 없는 비거주자 또는 외국법인과 국내사업장이 있는 비거주자 또는 외국법인으로부터 용역 또는 권리(용역 등이라 하고, 국내사업장과 관련 없는 용역을 제공하는 경우에 한함)을 공급받는 경우 해당 용역 등을 공급받은 자가 그 대가를 지급하는 시점에 국외의 공급자를 대리하여 부가가치세를 징수 · 납부하는 것을 말한다.

② 사업의 양도(이에 해당하는지 여부가 분명하지 아니한 경우를 포함)에 따라 그 사업을 양수받는 자는 그 대가를 지급하는 때에 그 대가를 받은 자로부터 부가가치세를 징수하

여 그 대가를 지급하는 날이 속하는 달의 다음달 25일까지 대리납부신고서와 함께 사업장 관할세무서장에게 납부할 수 있다.

2. 대리납부할 세액의 징수시기(부가집행 52-95-2)

① 대리납부 할 부가가치세액은 제공받는 용역 등의 공급시기에 관계없이 그 대가를 지급하는 때에 징수한다.

② 대리납부대상 용역 등을 공급받기 전에 그 대가의 일부를 수회에 걸쳐 지급하는 경우에는 그 지급을 하는 때마다 대리납부세액을 징수한다.

3. 대리납부의 적용요건(부가집행 52-95-3)

① 용역 등의 제공자가 국내사업장이 없는 비거주자 또는 외국법인이거나, 국내사업장이 있더라도 국내사업장과 관련 없는 용역 등을 공급하는 비거주자 또는 외국법인이어야 한다.

② 해당 용역 등이 부가가치세가 과세되는 것이어야 한다.

③ 해당 용역 등이 국내에서 사용 또는 소비되어야 한다.

④ 제공받은 용역 등이 부가가치세가 과세되지 아니하는 사업에 사용 또는 소비되어야 한다(매입세액이 공제되지 아니하는 용역 등을 공급받는 경우 포함).

4. 대리납부대상(부가집행 52-95-4)

① 비거주자 또는 외국법인의 재화·시설물 또는 권리를 우리나라에서 사용하고 그 대가를 지급하는 자는 공급받은 해당 용역을 과세사업에 사용하는 경우를 제외하고는 대리납부를 하여야 하나, 부가가치세가 면제되는 용역을 제공받은 경우에는 대리납부의무가 없다.

② 재화·시설물 또는 권리란 부동산, 부동산상의 권리, 광업권, 조광권, 채석권, 선박, 항공기, 자동차, 건설기계, 기계, 설비, 장치, 운반구, 공구, 학술 또는 예술상의 저작물(영화필름을 포함)의 저작권, 특허권, 상표권, 의장, 모형, 도면, 비밀의 공식 또는 공정, 라디오·텔레비전·방송용 필름 및 테이프, 산업상·상업상 또는 과학상의 지식·경험 또는 숙련에 관한 정보, 우리나라 법에 따른 면허·허가 또는 이와 유사한 처분에 의하여 설정된 권리, 기타 이와 유사한 재화·시설물 또는 권리를 말한다.

③ 국내사업장이 없는 비거주자 또는 외국법인으로부터 골프장 조성을 위한 용역을 공급받는 경우로서 해당 용역의 매입이 토지의 조성 등을 위한 자본적 지출에 해당하는 경우에 용역을 공급받는 자는 대리납부의무가 있다.

5. 대리납부 대상 용역대가의 계산 방법(부가집행 52-95-5)

① 대리납부의 대상이 되는 용역의 대가는 다음과 같이 계산한다.

구 분	내 용
거래당사자 간에 부가가치세액의 징수 및 부담에 대하여 별도의 계약이 있는 경우	해당 계약의 대가
부가가치세액의 징수 및 부담에 대하여 별도의 계약이 없이 용역대가의 전액을 지급하는 때	해당 용역대가에 부가가치세가 제외되어 있는 것으로 하여 계산

구 분	내 용
부가가치세액의 징수 및 부담에 대하여 별도의 계약이 없이 용역대가에서 부가가치세액을 공제하여 지급하는 때	해당 용역대가에 부가가치세가 포함되어 있는 것으로 하여 계산

② 용역의 대가를 외화로 지급하는 때에는 다음과 같이 계산한 금액을 그 대가로 한다.

구 분	내 용
원화를 외화로 매입하여 지급하는 경우	지급일 현재의 대고객외국환매도율에 의하여 계산한 금액
보유 중인 외화로 지급하는 경우	지급일 현재의 기준환율 또는 재정환율에 의하여 계산한 금액

6. 비거주자의 국내체제 경비 등에 대한 대리납부(부가집행 52-95-6)

① 국내에 사업장이 없는 외국법인과 기술도입계약을 체결하여 그 법인 소속의 기술자로부터 계약에 정하는 기술용역을 공급받고 기술자의 체재경비를 지급하는 경우 해당 체재경비가 용역의 대가에 포함되는 때에는 그 대가를 지급하는 때에 부가가치세를 징수하여 대리납부하여야 한다.

② 비거주자 또는 외국법인이 우리나라에서 공급하는 외국항행용역(선원부용선계약에 의한 외국항행용역을 포함한다)은 대리납부대상이 되지 아니하나, 선박 및 항공기를 나용선(기)계약에 의하여 사용하고 용선(기)료를 지급하는 때에는 대리납부를 하여야 한다.

③ 해외에 본점을 두고 있는 국내지점이 국외 소재 본 · 지점으로부터 용역을 제공받고 그 대가를 지급하는 경우에는 대리납부대상에 해당하지 아니한다.

7. 대리납부세액 안분계산(부가집행 52-95-7)

비거주자 또는 외국법인으로부터 공급받은 용역을 과세사업과 면세사업에 공통으로 사용하여 그 실지귀속을 구분할 수 없는 경우의 대리납부 대상 용역대가는 다음과 같이 계산한다.

구 분	내 용
과세 또는 면세 공급가액이 모두 있는 경우	비거주자 등으로부터 공급받은 용역이 과세사업과 면세사업에 공통으로 사용되어 그 실지귀속을 구분할 수 없는 경우의 면세사업에 사용된 용역의 대가는 다음 산식에 의하여 계산한 금액으로 함 대리납부대상 용역대가 $= \text{해당 용역의 총공급가액} \times \frac{\text{대가의 지급일이 속하는 과세기간의 면세공급가액}}{\text{대가의 지급일이 속하는 과세기간의 총공급가액}}$
과세 또는 면세 공급가액이 없는 경우	비거주자 등으로부터 용역을 공급받은 과세기간 중 과세사업과 면세사업의 공급가액이 모두 없거나 어느 하나의 공급가액이 없으면 그 과세기간에 있어서의 안분계산은 167쪽의 공통매입세액 안분계산과 공통매입세액의 정산(부가령 §81 ④ 및 동령 §82)을 준용하여 계산한다.

8. 대리납부세액의 납부와 과다납부에 따른 환급(부가집행 52-95-8)

① 징수한 대리납부세액은 부가가치세 대리납부신고서와 함께 사업장 또는 주소지 관할세무서장에게 납부하거나 국세징수법에 따른 납부서에 부가가치세대리납부신고서를 첨부하여 한국은행 또는 체신관서에 납부한다.

② 부가가치세 대리납부시 과다하게 납부한 대리납부세액에 대하여 사업자가 국세기본법에 따른 환급청구나 경정청구를 한 경우 관할세무서장은 이를 확인하여 과다납부한 세액을 환급하여야 한다.

10. 간이과세자에 대한 가산세

2020.12.2. 세법개정으로 간이과세자의 납부면제 적용 범위를 확대하되, 세원투명성 강화를 위해 일부금 간이과세자에 대해서도 세금계산서 발급 의무를 부과하게 되었다.

이에 부가가치세법 제68조 제2항 및 제3항에서 간략하게 설명하고 있었던 가산세 규정이 삭제되었고 부가가치세법 제68조의 2 법령을 신설하여 간이과세자에 대한 가산세 규정을 정비하였다.

간이과세자에 대한 가산세 규정을 요약정리하면 다음과 같고 세부적인 부분은 일반과세자에 대한 가산세 규정을 준용하길 바란다.

✎ 개정규정은 2021.7.1. 이후 재화나 용역을 공급하는 분부터 적용하고, 2021.7.1. 전에 재화나 용역을 공급하거나 공급받은 분에 대해서는 제68조 제2항 및 제68조의 2(같은 조 제2항 제2호는 제외한다)의 개정규정에도 불구하고 종전의 제68조 제2항에 따른다(부가가치세법 부칙 제12조 간이과세자에 대한 가산세에 관한 경과조치, 법률 제17653호, 2020.12.22.).

종 류	적용요건	가산세액
사업자 미등록 및 타인명의 등록 가산세 (부가법 §68의 2 ①)	사업자 또는 국외사업자가 사업개시일부터 20일 이내에 사업자등록을 하지 않은 경우	공급대가×0.5%
	타인명의로 사업자등록을 하거나 타인 명의의 사업자등록을 이용하여 사업을 하는 것으로 확인되는 경우	공급대가×1% (2024년까지는 0.5%)
세금계산서 지연발급 가산세 (부가법 §68의 2 ①)	세금계산서의 발급시기가 지난 후 해당 재화 또는 용역의 공급시기가 속하는 과세기간에 대한 확정신고기한까지 세금계산서를 발급하는 경우	공급가액×1%
세금계산서 미발급 가산세 (부가법 §68의 2 ①)	세금계산서의 발급시기가 지난 후 해당 재화 또는 용역의 공급시기가 속하는 과세기간에 대한 확정신고기한까지 세금계산서를 발급하지 아니한 경우	공급가액×2%

종 류	적용요건	가산세액
전자세금계산서 발급명세 지연전송 가산세 (부가법 §68의 2 ①)	전자세금계산서 발급의무 사업자가 전자세금계산서 발급일의 다음날(토요일 또는 공휴일인 경우 그 다음날)이 지난 후 과세기간에 대한 확정신고기한까지 발급명세를 전송한 경우	공급가액×0.3%
전자세금계산서 발급명세 미전송 가산세 (부가법 §68의 2 ①)	전자세금계산서 발급의무 사업자가 전자세금계산서 발급일의 다음날(토요일 또는 공휴일인 경우 그 다음날)이 지난 후 과세기간에 대한 확정신고기한까지 발급명세를 미전송한 경우	공급가액×0.5%
세금계산서 부실기재 가산세 (부가법 §68의 2 ①)	세금계산서의 필요적 기재사항의 전부 또는 일부가 착오 또는 과실로 적혀 있지 아니하거나 사실과 다른 경우	공급가액×1%
가공세금계산서 발급(수취) 가산세 (부가법 §68의 2 ①)	재화 또는 용역을 공급하지 아니하고 세금계산서 등을 발급한 경우	공급가액×3%
위장세금계산서 발급(수취) 가산세 (부가법 §68의 2 ①)	재화 또는 용역을 공급하고 실제로 재화 또는 용역을 공급하는 자가 아닌 자 또는 실제로 재화 또는 용역을 공급받는 자가 아닌 자의 명의로 세금계산서 등을 발급한 경우	공급가액×2%
세금계산서 등의 공급가액 과다기재 발급(수취) 가산세 (부가법 §68의 2 ①)	세금계산서 등의 공급가액을 과다하게 기재하여 발급한 경우	공급가액×2%
세금계산서 미수취 가산세 (부가법 §68의 2 ② 1호)	세금계산서를 발급하여야 하는 사업자로부터 재화 또는 용역을 공급받고 세금계산서를 발급받지 아니한 경우 * 영수증을 발급하여야 하는 기간에 세금계산서를 발급받지 아니한 경우는 제외	공급대가×0.5%
경정기관 확인 세금계산서 등 가산세 (부가법 §68의 2 ② 2호)	세금계산서 등을 발급받고 매입세액을 공제받지 아니한 경우로서 해당 결정 또는 경정 기관의 확인을 거쳐 납부세액을 계산할 때 매입세액으로 공제받는 경우	공급가액×0.5%

종 류	적용요건	가산세액
매출처별 세금계산서 합계표 불성실 가산세 (부가법 §68의 2 ③)	① 합계표를 미제출한 경우	공급가액×0.5% * 미제출 공급가액을 말함
	② 합계표를 부실기재 제출한 경우	공급가액×0.5% * 기재사항이 적혀 있지 아니하거나 사실과 다르게 적혀 있는 부분에 대한 공급가액을 말함
	② 합계표를 지연제출한 경우 * 예정신고를 할 때 제출하지 못하여 해당 예정부과기간이 속하는 과세기간에 확정신고할 때 합계표를 제출하는 경우를 말함	공급가액×0.3%

✎ 위 요약내용 중 세금계산서 지연발급가산세부터 세금계산서 등의 공급가액 과다기재 발급(수취) 가산세까지는 일반과세자의 가산세 규정을 준용하므로 일반과세자에 대한 가산세 규정과 동일하고 국세기본법에 따른 가산세는 간이과세자도 동일하게 적용되는 것이다.

✎ 간이과세자에 대한 가산세 적용시 가산세 대상 금액이 '공급가액'인 것도 있고, '공급대가'인 것도 있으니 실무적용시 유의하여야 한다.

✎ 매출처별 세금계산서합계표의 기재사항이 착오로 적힌 경우로서 사업자가 발급한 세금계산서에 따라 거래사실이 확인되는 부분의 공급가액에 대해서는 매출처별 세금계산서합계표 불성실 가산세를 부과하지 아니한다(부가법 §68의 2 ③).

✎ 가산세의 적용의 중복배제

다음과 같은 가산세가 적용될 경우 가산세를 중복하여 적용할 수 없다(부가법 §68의 2 ④).

구 분	내 용
유형 ①	사업자 미등록 가산세와 타인명의 등록 가산세가 적용되는 부분에는 세금계산서 지연발급 가산세와 전자세금계산서지연전송 · 미전송 가산세, 세금계산서 부실기재 가산세와 경정기관 확인 세금계산서 등 가산세, 매출처별 세금계산서합계표 불성실 가산세를 적용하지 않는다.
유형 ②	세금계산서 지연발급 가산세와 전자세금계산서지연전송 · 미전송 가산세, 세금계산서 부실기재 가산세가 적용되는 부분에 대해서는 매출처별 세금계산서합계표 불성실 가산세를 적용하지 않는다.
유형 ③	세금계산서 미발급 가산세와 세금계산서 가공 · 타인명의 가산세가 적용되는 부분에 대하여는 사업자미등록 가산세와 타인명의 등록 가산세, 매출처별 세금계산서합계표불성실 가산세를 적용하지 않는다.
유형 ④	세금계산서 타인명의 가산세가 적용되는 부분에 대하여는 세금계산서 미발급가산세를 적용하지 않는다.
유형 ⑤	과다 공급분에 대한 세금계산서 발급 가산세가 적용되는 부분에 대하여는 세금계산서 부실기재가산세를 적용하지 않는다.

✎ 소득세법에 따른 신용카드 및 현금영수증 발급 불성실 가산세(현금영수증을 발급하지 아니한 경우를 말함)가 적용되는 부분에 대해서는 세금계산서 미발급 가산세와 매출처별 세금계산서합계표 부실기재 가산세를 적용하지 않는다(부가법 §68의 2 ⑤).

참고 간이과세자 세법개정사항 요약정리

2021.7.1.부터 시행되는 간이과세자 개정에 대한 내용을 요약하면 다음과 같다.

① 종전에는 모든 간이과세자는 영수증을 발급하여야 했던 것에서 앞으로는 직전 연도 공급대가 합계액이 4,800만원 미만인 간이과세자 등을 제외하고는 세금계산서를 발급하도록 영수증 발급 대상을 조정하고, 해당 영수증 발급의 적용기간을 정함(부가법 §36 ① 및 §36의 2 신설).

② 간이과세 적용 기준금액이 종전에는 직전 연도의 공급대가 합계액 4,800만원 미만이었던 것에서 8천만원(2023년도 공급대가의 합계액을 기준으로 2024년 7월 1일부터는 1억 400만원으로 개정됨) 미만으로 상향하되, 부동산임대업 및 과세유흥장소를 경영하는 사업자에 대해서는 현행의 4,800만원 기준을 유지함(부가법 §61 ①).

③ 간이과세자에게는 면세농산물 등을 공급받거나 수입할 때 매입세액이 있는 것으로 보아 면세농산물 등의 가액에 업종별 공제율을 곱한 금액을 납부세액에서 공제하는 의제매입세액공제제도를 적용하지 아니함(현행 부가법 §65 삭제).

④ 간이과세자도 세금계산서 발급대상에 포함됨에 따라 간이과세자가 납부세액을 신고할 때에 매입처별 세금계산서합계표 외에 매출처별 세금계산서합계표도 제출하도록 함(부가법 §66 및 §67 ③).

⑤ 간이과세자가 세금계산서 발급의무가 있는 사업자로부터 재화 또는 용역을 공급받고 세금계산서를 받지 아니한 경우 공급대가의 0.5퍼센트의 가산세를 부과하고, 간이과세자가 결정 · 경정시 공제받는 세금계산서 등에 대한 가산세율을 종전의 공급가액의 1퍼센트에서 0.5퍼센트로 인하하며, 간이과세자가 세금계산서를 발급함에 따라 일반과세자에게 적용되는 세금계산서 관련 가산세 규정을 준용함(현행 부가법 §68 ③ 삭제, 부가법 §68의 2 신설).

제2절 과세당국의 결정·경정 전 부가가치세를 수정신고하는 경우의 가산세 사례

㈜세무는 제조업을 영위하는 일반과세사업자로 2025년 1기분 부가가치세 확정신고 내용은 다음과 같다(2025.7.24. 신고).

1) 자료1 : 2025년 1기 확정신고 내용의 요약(신고일 : 2025.7.24.)

구분				금액	세율	세액
과세표준 및 매출세액	과세	세금계산서 발급분	(1)	300,000,000	$\frac{10}{100}$	30,000,000
	과세	매입자발행 세금계산서	(2)		$\frac{10}{100}$	
	과세	신용카드·현금영수증 발행분	(3)	100,000,000	$\frac{10}{100}$	10,000,000
	과세	기타(정규영수증 외 매출분)	(4)			
	영세율	세금계산서 발급분	(5)	80,000,000	$\frac{0}{100}$	
	영세율	기 타	(6)	120,000,000	$\frac{0}{100}$	
	예 정 신 고 누 락 분		(7)	4,000,000		400,000
	대 손 세 액 가 감		(8)			
	합 계		(9)	604,000,000	㉮	40,400,000
매입세액	세금계산서 수 취 분	일 반 매 입	(10)	120,000,000		12,000,000
	세금계산서 수 취 분	수출기업 수입분 납부유예	(10-1)			
	세금계산서 수 취 분	고정자산 매입	(11)	60,000,000		6,000,000
	예 정 신 고 누 락 분		(12)			
	매입자발행 세금계산서		(13)			
	그 밖의 공제매입세액		(14)	41,600,000		1,346,153
	합계(10)-(10-1)+(11)+(12)+(13)+(14)		(15)	221,600,000		19,346,153
	공제받지 못할 매입세액		(16)			
	차 감 계 (15)-(16)		(17)	221,600,000	㉯	19,346,153
납부(환급)세액 (매출세액㉮-매입세액㉯)					㉰	21,053,847
경감 공제 세액	그 밖의 경감·공제세액		(18)			
	신용카드매출전표 등 발행공제 등		(19)			
	합 계		(20)		㉱	
소규모 개인사업자 부가가치세 감면세액			(20-1)		㉲	
예 정 신 고 미 환 급 세 액			(21)		㉳	
예 정 고 지 세 액			(22)		㉴	
사업양수자의 대리납부 기납부세액			(23)		㉵	
매입자 납부특례 기납부세액			(24)		㉶	
신용카드 사업자의 대리납부 기납부세액			(25)		㉷	
가 산 세 액 계			(26)		㉸	
차감·가감하여 납부할 세액(환급받을 세액)(㉰-㉱-㉲-㉳-㉴-㉵-㉶-㉷+㉸)					(27)	21,053,847

2) 자료2 : 오류사항

㈜세무는 2025.1기 부가가치세 확정신고와 관련하여 다음과 같은 오류사항을 발견하여 관할세무서장이 경정하여 통지하기 전까지 적법한 절차에 따라 수정신고를 하려고 한다.

① ㈜세무는 2025.6.30.에 재화를 공급하고 세금계산서를 누락하여 2025.9.30.에 전자세금계산서를 발급하였다. 공급가액은 10,000,000원(세액 1,000,000원)이고 단순 착오에 의한 미발급이다.

② ㈜세무는 2025.6.30.에 재화를 수출하였지만 해당 사항을 착오로 신고누락하였다. 수출금액은 원화로 10,000,000원이다.

③ 〈자료 1〉의 일반매입분 중 공급가액 20,000,000원(세액 2,000,000원)은 실제 공급자가 아닌 다른 사업자의 명의로 발급받은 세금계산서이다. ㈜세무는 해당 세금계산서 발급전 실제 공급자로부터 해당 내용을 통지받았던 부분으로 위장세금계산서임을 알고 수취한 것으로 부정행위에 해당된다.

④ 〈자료 1〉의 고정자산 매입분 중에는 개별소비세 과세대상 승용차를 구입한 금액 30,000,000원(세액 3,000,000원)이 포함되어 있었고 해당 금액에 대해서는 착오로 매입세액불공제를 적용하지 않았다.

3) 요구사항

위 자료를 참고하여 ㈜세무의 수정신고시 적용한 가산세액을 계산하라. 수정신고일은 2025.9.30.이다.

4) 해 답

1. 과소신고납부세액(미납세액)

(1) 당초신고납부세액 = 21,053,847원

(2) 과소신고납부세액(①+②) = 6,000,000원

① 부정과소신고납부세액 = 2,000,000원(자료 2의 ③)

✎ 타인명의 세금계산서(위장세금계산서)를 발급받은 경우 허위임을 알고 매입세액공제를 받은 경우는 부정행위로 보는 것이며, 선의일 경우에는 부정행위로 보지 않음(부가집행 60-0-3).

② 일반과소신고납부세액 = 1,000,000원(자료2의 ①) + 3,000,000원(자료2의 ④)
= 4,000,000원

(3) 수정신고납부세액 = 27,053,847원

(4) 과소신고납부세액(미납부세액)[(3)−(1)] = 6,000,000원

2. 가산세

(1) 세금계산서 미발급 가산세 = 10,000,000원×2% = 200,000원

✎ 공급시기가 속하는 과세기간의 확정신고 기한 후 발급된 세금계산서이므로 미발급 가산세가 적용됨.

(2) 위장 세금계산서 수취 가산세 = 20,000,000원×2% = 400,000원

✎ 재화 또는 용역을 공급받고 실제로 재화 또는 용역을 공급하는 자가 아닌 자의 명의로 세금계산서를 발급받는 경우 위장 세금계산서 수취 가산세가 적용됨.

(3) 신고불성실 가산세(①+②+③) = 312,500원

① 부정과소신고불성실 가산세 = 2,000,000원×40%×(1−75%) = 200,000원

② 일반과소신고불성실 가산세 = 4,000,000원×10%×(1−75%) = 100,000원

③ 영세율 과세표준 신고불성실 가산세 = 10,000,000원×0.5%×(1−75%)
= 12,500원

✎ 신고기한 후 3개월 이내 자진신고하는 것이므로 신고불성실 가산세를 75% 감면받음.

(4) 납부지연 가산세 = 6,000,000원×0.022%×67일(7.26.~9.30.) = 88,440원

(5) 가산세 합계[(1)+(2)+(3)+(4)] = 1,000,940원

3. 총납부세액 = 과소신고납부세액 + 가산세 = 7,000,940원

실무Tip _ 세무조사 결과로 인한 경정 · 결정의 경우 신고불성실 가산세

위 사례의 매출누락과 과다매입세액공제가 과세당국의 세무조사를 통해서 발견된 경우라면 수정신고시 신고불성실 가산세에 대한 감면이 배제되는 것이므로 가산세 계산시 유의를 하여야 한다.
참고로 수정신고 대신 세무조사 등에 의한 과세당국의 경정 · 결정에 따라 추가납부세액을 고지 받는 경우에는 가산세액이 적정하게 계산되어 고지되었는지를 확인할 필요가 있음에 유의하자.

4. 부가가치세 수정신고서의 작성

참고로 부가가치세 수정신고서의 가산세 명세를 작성해 보면 다음과 같다. 부가가치세 수정신고서 작성방법은 2편 국세기본법상 가산세와 수정신고 및 경정청구편을 참고하기 바란다.

구 분				금 액	세 율	세 액
(26) 가산세 명세	사 업 자 미 등 록 등		(61)		1 / 100	
	세 금 계 산 서	지연발급 등	(62)		1 / 100	
		지연수취	(63)		5 / 1,000	
		미발급 등	(64)	30,000,000	뒤쪽 참조	600,000
	전자세금계산서 발급명세 전송	지연전송	(65)		5 / 1,000	
		미전송	(66)		1 / 100	
	세금계산서 합계표	제출 불성실	(67)		5 / 1,000	
		지연제출	(68)		3 / 1,000	
	신 고 불 성 실	무신고(일반)	(69)		뒤쪽참조	
		무신고(부당)	(70)		뒤쪽참조	
		과소 · 초과환급신고(일반)	(71)	4,000,000	뒤쪽참조	100,000
		과소 · 초과환급신고(부당)	(72)	2,000,000	뒤쪽참조	200,000
	납 부 지 연		(73)	6,000,000	뒤쪽참조	88,440
	영세율 과세표준신고 불성실		(74)	10,000,000	5 / 1,000	12,500
	현금매출명세서 불성실		(75)		1 / 100	
	부동산임대공급가액명세서 불성실		(76)		1 / 100	
	매입자 납부특례	거래계좌 미사용	(77)		뒤쪽참조	
		거래계좌 지연입금	(78)		뒤쪽참조	
	신용카드매출전표 등 수령명세서 미제출 · 과다기재		(79)			
	합 계		(80)			1,000,940

✎ 위장 세금계산서 가산세는 (64)항목란에 입력한다.

슬기로운 가산세 사례실무

가산세 부담을 줄이는 최선의 대비책

제4편
세목별 가산세 핵심정리

제2장

법인세

제1절 법인세 관련 가산세

가산세 요약(2025년 현재)

<table>
<tr><th colspan="2">종 류</th><th>적용요건</th><th>가산세액</th></tr>
<tr><td colspan="2">업무용승용차 관련비용 명세서 제출 불성실 가산세 (법법 §74의 2)</td><td>업무용승용차 관련비용 등을 손금에 산입한 내국법인이 업무용승용차 관련비용 등에 관한 명세서를 제출하지 아니하거나 사실과 다르게 제출한 경우</td><td>업무용승용차 관련 비용 등으로 손금에 산입한 금액×1%</td></tr>
<tr><td colspan="2">성실신고확인서 제출 불성실 가산세 (법법 §75)</td><td>성실신고확인대상 내국법인이 성실신고확인서를 제출하지 아니한 경우</td><td>Max(①, ②)
① 법인세 산출세액×5%
② 수입금액×0.02%</td></tr>
<tr><td rowspan="2">주주등 명세서 등 제출 불성실 가산세 (법법 §75의 2)</td><td>주주등 명세서 불성실 가산세</td><td>법인 설립 신고시 주주명세서를 미제출·누락제출 및 불분명하게 제출한 경우</td><td>미제출·누락·불분명한 주식 등의 액면금액×0.5%
(기한 후 1개월 내 지연제출한 경우 0.25%)</td></tr>
<tr><td>주식등 변동 상황 명세서 불성실</td><td>주식 등의 변동사항이 있을 때 주식등변동상황명세서를 미제출·누락·불분명한 경우</td><td>미제출·누락·불분명한 주식 등의 액면금액×1%
(기한 후 1개월 내 지연제출한 경우 0.5%)</td></tr>
<tr><td colspan="2">장부의 기록·보관 불성실가산세 (법법 §75의 3)</td><td>내국법인이 장부 비치, 기장의무를 불이행한 경우</td><td>Max(①, ②)
① 산출세액×20%
② 수입금액×0.7%</td></tr>
<tr><td colspan="2" rowspan="2">기부금영수증 발급·작성·보관 불성실 가산세 (법법 §75의 4)</td><td>사실과 다르게 발급한 경우</td><td>사실과 다른 금액 등×5%</td></tr>
<tr><td>기부자별 명세서를 작성·보관하지 아니한 경우</td><td>작성·보관하지 아니한 금액×0.2%</td></tr>
<tr><td colspan="2">증명서류 수취 불성실 가산세 (법법 §75의 5)</td><td>법인이 사업과 관련하여 사업자로부터 재화 또는 용역을 공급받고 정규증명서류를 받지 아니하거나 사실과 다른 증명서류를 받은 경우</td><td>받지 아니하거나 사실과 다르게 받은 금액×2%</td></tr>
</table>

<table>
<tr><th colspan="2">종 류</th><th colspan="2">적용요건</th><th>가산세액</th></tr>
<tr><td rowspan="2">신용카드 및 현금영수증</td><td>신용카드 불성실</td><td colspan="2">신용카드가맹점이 신용카드 매출전표의 발급을 거부하거나 사실과 다르게 발급한 경우</td><td>Max(①, ②)
① 건별 발급거부금액 · 불성실금액×5%
② 건별 5,000원</td></tr>
<tr><td>현금영수증 불성실</td><td colspan="2">미가맹의 경우</td><td>해당 사업연도의 수입금액의 1%×미가맹기간</td></tr>
<tr><td rowspan="2">발급 불성실 가산세 (법법 §75의 6)</td><td rowspan="2">현금영수증 불성실</td><td colspan="2">발급을 거부하거나 사실과 다르게 발급한 경우</td><td>Max(①, ②)
① 건별 미발급 · 불성실금액×5%
② 건별 5,000원</td></tr>
<tr><td colspan="2">현금영수증을 발급하지 아니한 경우(국민건강보험법에 따른 보험급여의 대상인 경우 등은 제외)</td><td>미발급금액의 20%
* 착오나 누락으로 인하여 거래대금을 받은 날부터 10일 이내에 관할세무서에 자진 신고하거나 현금영수증을 자진 발급한 경우에는 10%)</td></tr>
<tr><td colspan="2" rowspan="4">지급명세서 등 제출 불성실 가산세 (법법 §75의 7)</td><td rowspan="2">일용직 지급 명세서 외</td><td>지급명세서를 기간 내 미제출한 경우</td><td>미제출 지급금액×1%
(기한 후 3개월 내 지연제출한 경우 0.5%)</td></tr>
<tr><td>제출된 지급명세서가 불분명하거나 사실과 다른 경우</td><td>불분명 또는 사실과 다른 지급금액×1%</td></tr>
<tr><td colspan="2">일용직 지급명세서</td><td>미제출 · 불분명 또는 사실과 다른 지급금액×0.25%
(기한 후 1개월 내 지연제출한 경우 0.125%)</td></tr>
<tr><td colspan="2">간이지급명세를 기간 내 미제출하거나 불분명 · 사실과 다른 경우</td><td>미제출 · 불분명금액×0.25%
(근로소득 간이지급명세서는 기한 후 3개월 내, 사업소득 간이지급명세서는 기한 후 1개월 내 지연제출한 경우 0.125%)</td></tr>
<tr><td colspan="2" rowspan="3">계산서 등 제출 불성실 가산세 (법법 §75의 8)</td><td colspan="2">매입처별 세금계산서합계표의 미제출 등</td><td>공급가액×0.5%
(기한 후 1개월 내 지연제출한 경우 0.25%)</td></tr>
<tr><td colspan="2">계산서 등의 기재사항이 미비하거나 사실과 다른 경우</td><td>공급가액×1%</td></tr>
<tr><td colspan="2">매출 · 매입처별 계산서합계표의 미제출 등</td><td>공급가액×0.5%
(기한 후 1개월 내 지연제출한 경우 0.25%)</td></tr>
</table>

<table>
<tr><th>종 류</th><th colspan="2">적용요건</th><th>가산세액</th></tr>
<tr><td rowspan="3">계산서 등 제출 불성실 가산세
(법법 §75의 8)</td><td colspan="2">계산서 등의 미발급 · 가공발급(가공수취) · 위장발급(위장수취)인 경우</td><td>공급가액×2%
전자계산서 대신 종이계산서를 발급하는 경우와 계산서의 발급시기가 지난 후 해당 재화 또는 용역의 공급시기가 속하는 사업연도 말의 다음달 25일까지 계산서를 발급한 경우는 1%</td></tr>
<tr><td colspan="2">전자계산서발급명세서를 기한이 지난 후 재화 또는 용역의 공급시기가 속하는 연도 말의 다음달 11일까지 전송하는 경우</td><td>공급가액×0.3%</td></tr>
<tr><td colspan="2">전자계산서발급명세서를 기한이 지난 후 재화 또는 용역의 공급시기가 속하는 연도 말의 다음달 11일까지 전송하지하는 경우</td><td>공급가액×0.5%</td></tr>
<tr><td>특정외국법인의 유보소득계산명세서 제출 불성실 가산세
(법법 §75의 9)</td><td colspan="2">특정외국법인의 유보소득계산명세서를 제출하지 아니하거나 사실과 다르게 기재한 경우</td><td>배당가능유보소득금액×0.5%</td></tr>
<tr><td rowspan="2">세금우대자료 미제출 불성실 가산세
(조특법 §90의 2)</td><td colspan="2">세금우대자료와 세금우대저축자료를 기한내 미제출 · 미통보하거나 불분명 제출 · 통보한 경우</td><td>미제출 · 미통보 또는 불분명 제출 · 통보한 계약 또는 해지 건당 2,000원</td></tr>
<tr><td colspan="2">세금우대자료 제출기간 또는 세금우대저축자료의 통보기한의 종료일이 속하는 달의 다음달 말일까지 제출 · 통보한 경우</td><td>부과할 가산세액×50%</td></tr>
<tr><td rowspan="3">동업기업에 대한 가산세
(조특법 §100의 25)</td><td colspan="2">소득계산 및 배분명세를 무신고한 경우</td><td>신고할 소득금액×4%</td></tr>
<tr><td colspan="2">소득계산 및 배분명세를 과소신고한 경우</td><td>과소신고소득금액×2%</td></tr>
<tr><td colspan="2">원천징수세액을 납부기한내 미납부하거나 과소납부한 경우</td><td>미납세액×3%+미납세액×0.022%×미납일수
* 미납 · 미달납부세액의 10% 한도</td></tr>
<tr><td rowspan="2">무신고 가산세
(국기법 §47의 2)</td><td rowspan="2">법정신고기한까지 세법에 따른 과세표준신고서를 신고하지 않은 경우</td><td>부정 무신고</td><td>Max(①, ②)
① 무신고 납부세액×40%(60%)
② 무신고 수입금액×14/10,000</td></tr>
<tr><td>일반 무신고</td><td>Max(①, ②)
① 무신고 납부세액×20%
② 무신고 수입금액×7/10,000</td></tr>
</table>

<table>
<tr><th>종 류</th><th colspan="2">적용요건</th><th>가산세액</th></tr>
<tr><td rowspan="2">과소신고·
초과환급
가산세
(국기법 §47의 3)</td><td rowspan="2">납부세액을 신고하여야 할 금액보다 과소신고하거나 환급세액을 과다신고한 경우할 금액</td><td>부정 과소신고</td><td>Max(①, ②)
① 부정 과소신고 납부세액×40%(60%)
② 부정 과소 수입금액×14/10,000</td></tr>
<tr><td>일반 과소신고</td><td>(과소신고 납부세액등−부정 과소신고 납부세액등)×10%</td></tr>
<tr><td rowspan="2">납부지연 가산세
(국기법 §47의 4)</td><td colspan="2">납부기한내 미납 또는 미달납부한 경우</td><td>미납(미달)세액×미납일수×0.022%</td></tr>
<tr><td colspan="2">환급받아야 할 세액을 초과하여 환급받은 경우</td><td>초과환급받은 세액×경과일수×0.022%</td></tr>
<tr><td>원천징수 등
납부지연 가산세
(국기법 §47의 5)</td><td colspan="2">원천징수의무자가 징수했거나 징수해야 할 세액을 그 기간 내에 납부하지 않았거나 미달하여 납부한 경우</td><td>가산세액=①+②
① 납부하지 아니한 세액 또는 과소납부세액 ×3%
② 납부하지 아니한 세액 또는 과소납부세액 ×경과일수×0.022%
* 무납부·과소납부세액의 10%를 한도로 함</td></tr>
</table>

✎ 종전에는 법인세법 제76조에 법인세 가산세가 열거되어 있었지만, 2019년부터는 성실신고확인서 제출 불성실 가산세, 주주 등의 명세서 등 제출 불성실 가산세 등 별도의 조문(법법 §75 및 §75의 2부터 §75의 9까지)으로 분리하여 가산세를 찾아보기 쉽도록 구성하였다.

1. 업무용승용차 관련비용 명세서 제출 불성실 가산세(2022년 개정)

구 분	내 용
적용요건	업무용승용차 관련비용 등을 손금에 산입한 내국법인이 업무용승용차 관련비용 등에 관한 명세서를 제출하지 아니하거나 사실과 다르게 제출한 경우
가산세액	① 명세서를 제출하지 아니한 경우 법인세 신고를 할 때 업무용승용차 관련비용 등으로 손금에 산입한 금액 ×1% ② 명세서를 사실과 다르게 제출한 경우 해당 내국법인이 법인세 신고를 할 때 업무용승용차 관련비용 등으로 손금에 산입한 금액 중 해당 명세서에 사실과 다르게 적은 금액의×1%
근거법령	법인세법 제74의 2

* 업무용승용차 관련비용 명세서 제출 불성실 가산세는 2022.1.1. 이후 개시하는 사업연도에 업무용승용차 관련비용 등을 손금에 산입하는 경우부터 적용하고(법법 부칙 법률 제18590호 §8, 2021.12.21.), 해당 가산세는 산출세액이 없는 경우에도 적용한다.

2. 성실신고확인서 제출 불성실 가산세

구 분	내 용
적용요건	성실신고확인대상 내국법인이 각 사업연도의 종료일이 속하는 달의 말일부터 4개월 이내에 성실신고확인서를 제출하지 아니한 경우
가산세액	Max(①, ②)*1(2022년 개정) ① 법인세 산출세액*2×5% ② 수입금액×0.02%
근거법령	법인세법 제75조

*1. 2022.1.1. 이전의 해당 가산세는 법인세 산출세액×5%만 적용하였고 법인세 산출세액×5%와 수입금액×0.02% 중 큰 금액을 선택하는 가산세는 2022.1.1. 이후 적용되며 해당 가산세는 법인세 산출세액이 없는 경우에도 적용된다.

다만, 2022.1.1. 전에 개시한 사업연도에 대하여 2022.1.1. 이후에 납부하는 성실신고확인서 제출 불성실 가산세에 관하여는 해당 가산세 개정규정에도 불구하고 종전의 규정인 산출세액×5%를 적용한다(법법 부칙 법률 제18590호 §11, 2021.12.21.).

*2. 법인세 산출세액은 토지등 양도소득에 대한 법인세액 및 조세특례제한법 제100조의 32에 따른 투자 · 상생협력 촉진을 위한 과세특례를 적용하여 계산한 법인세액은 제외하며 해당 규정은 법인세법 제75조의 2부터 제75조의 9까지의 규정에서 동일하게 적용한다.

1) 실무적용사례

① 청구법인에게 성실신고확인서 미제출 가산세를 부과한 처분의 당부

쟁점조항의 문리해석상 기업회계기준에 따라 계산한 매출액에는 가목부터 다목까지의 금액인 부동산등 임대소득, 이자소득, 배당소득만 포함될 뿐 이외의 소득은 포함되지 아니하는 것으로 봄이 타당하다 할 것인바, 청구법인은 쟁점조항의 기준을 충족하는 것으로 보아야 하므로 성실신고확인서 제출 불성실 가산세의 적용 대상에 해당되는 것으로 봄이 타당함(조심 2021서3181, 2021.9.8.).

✎ 위 사례는 성실신고확인서 제출대상 법인인지 여부를 확인시 '자산수증이익'을 포함하여 성실신고확인 대상 법인여부를 판단하여야 한다고 주장하였으나 기각당한 사례로 성실신고확인 대상 법인여부 판단은 부동산 임대소득과 이자소득 그리고 배당소득만으로 판단하여야 한다는 것이며 업무무관 가지급금 인정이자에 대한 이자수익만 있는 법인사업자의 경우 성실신고확인서를 제출하여야 함에 유의하여야 한다.

② 성실신고확인서 제출 대상에 해당하는지 여부

성실신고 확인서 제출대상이 아닌 법인이 지점을 설치하여 성실신고 확인서 제출대상인 개인사업장을 포괄양수한 경우 해당 법인은 성실신고 확인서를 제출해야 함[서면법령해석법인 2018-771(법령해석-2242) 2018.8.13.]

보론 성실신고확인서의 제출

1. 성실신고확인서의 제출대상 법인

(1) 부동산임대업을 주된 사업으로 소규모법인으로 해당 사업연도에 다음의 요건을 모두 충족하는 내국법인(법법 §60의 2 ①)

① 해당 사업연도 종료일 현재 내국법인의 제43조 제7항에 따른 지배주주 등이 보유한 주식 등의 합계가 해당 내국법인의 발행주식총수 또는 출자총액의 50%를 초과할 것

② 해당 사업연도에 부동산 임대업을 주된 사업으로 하거나 다음의 금액 합계가 기업회계기준에 따라 계산한 매출액의 50%(2021년까지는 70%) 이상일 것

- 부동산 또는 부동산상의 권리의 대여로 인하여 발생하는 소득의 금액
- 소득세법 제16조 제1항에 따른 이자소득의 금액
- 소득세법 제17조 제1항에 따른 배당소득의 금액

③ 해당 사업연도의 상시근로자 수가 5명 미만일 것

(2) 법인전환사업자

① 소득세법 제70조의 2 제1항에 따른 성실신고확인대상사업자가 사업용고정자산을 현물출자하는 등 내국법인으로 전환한 경우 그 내국법인(사업연도 종료일 현재 법인으로 전환한 후 3년 이내의 내국법인으로 한정)(법법 §60의 2 ①)

② 위 ①에 따라 전환한 내국법인이 그 전환에 따라 경영하던 사업을 사업용고정자산을 현물출자하는 등으로 인수한 다른 내국법인(전환일부터 3년 이내인 경우로서 그 다른 내국법인의 사업연도 종료일 현재 인수한 사업을 계속 경영하고 있는 경우로 한정, 2022.1.1. 이후 인수하는 분부터 적용)

2. 성실신고 확인대상 제외 법인

주식회사의외부감사에관한법률 제2조에 따라 감사인(監査人)에 의한 감사를 받은 내국법인(법법 §60의 2 ①)

3. 성실신고확인자 선임 신고서의 제출

각 사업연도의 종료일이 속하는 달의 말일부터 2개월 이내에 성실신고확인자 선임 신고서를 납세지관할세무서장에게 신고(법령 §97의 4 ⑤)하도록 되어 있었지만, 2021년 귀속 법인세 신고시부터는 해당 내용을 삭제되었다.

✎ 성실신고확인자 : 세무사(세무사법 제20조의 2에 따라 등록한 공인회계사 포함), 세무법인 또는 회계법인

4. 과세표준 등의 신고

각 사업연도의 종료일이 속하는 달의 말일부터 4개 이내에 사업연도의 소득에 대한 법인세의 과세표준과 세액을 납세지관할세무서장에게 신고(법법 §60 ①)

5. 성실신고 확인비용에 대한 세액공제와 추징

(1) 세액공제

성실신고확인대상 내국법인이 성실신고확인서를 제출하는 경우에는 성실신고 확인에 직접

사용한 비용의 60%에 해당하는 금액을 법인세에서 공제(한도 150만원, 조특법 §126의 6 ①)

✎ 성실신고 확인비용세액공제는 최저한세와 농어촌특별세 적용하지 않고 다른 세액감면과 세액공제와 중복적용 가능하며 결손금 등의 발생으로 산출세액이 없어서 공제받지 못한 금액은 5년간 이월함

(2) 추징

① 성실신고확인비용 세액공제를 적용받은 성실신고확인대상자가 해당 과세연도의 과세표준을 과소 신고한 경우로서 그 과소 신고한 과세표준이 경정(수정신고로 인한 경우 포함)된 과세표준의 10% 이상인 경우에는 공제받은 금액에 상당하는 세액을 전액 추징(조특법 §126의 6 ②)

② '①'에 따라 과세표준이 경정된 성실신고확인대상자에 대해서는 경정일이 속하는 과세연도의 다음 과세연도부터 3개 과세연도 동안 성실신고 확인비용에 대한 세액공제를 적용하지 않음(조특법 §126의 6 ③)

✎ 2022년 귀속 법인세 신고에 대하여 2023년 8월에 과세당국으로부터 과세표준이 10% 이상 경정된 경우라면 2022년 귀속분에 대한 성실신고확인비용세액공제를 전액 추징하고 2023년부터 2025년까지 성실신고확인비용세액공제를 적용할 수 없음

법인세법 시행규칙 [별지 제63호의 16 서식(1)] (2018.3.21. 신설)

사 업 연 도	. . . ~ . . .	성실신고확인서	법인명	
			사업자등록번호	

1. 성실신고확인대상법인			
① 법인명		② 사업자등록번호	- -
③ 대표자성명		④ 법인등록번호	-
⑤ 업 종	(주업종코드 :)		
⑥ 소재지			

2. 성실신고확인자(세무사, 공인회계사, 세무법인, 회계법인)			
⑥ 상 호		⑦ 사업자등록번호	- -
⑧ 성 명		⑨ 관 리 번 호	-
⑩ 소재지			

3. 확인내용

위 성실신고확인대상 법인의 비치 · 기록된 장부와 증명서류에 의하여 계산한 수입금액, 비용의 계상 등 과세표준과 세액에 대하여 「법인세법」 제60조의2제1항에 따라 성실하게 확인하였음을 확인합니다.

년 월 일

성실신고확인자 (서명 또는 인)

신고인은 「법인세법」 제60조의 2 제1항에 따라 위 성실신고확인자로부터 성실신고확인을 받고 그 확인서를 제출합니다.

년 월 일

성실신고확인대상 법인 (서명 또는 인)

세무서장 귀하

첨부서류	1. 성실신고 확인결과 주요항목 명세서 2. 성실신고 확인결과 특이사항 기술서 3. 성실신고 확인결과 법인사업자 확인사항

210mm×297mm[백상지 80g/㎡ 또는 중질지 80g/㎡]

법인세법 시행규칙 [별지 제63호의 16 서식(2)] (6쪽 중 제1쪽)

성실신고 확인결과 주요항목 명세서

(단위 : 원)

1. 사업장 기본사항

사 업 자 등록번호	소유 구분	건 물		건물면적		임차 보증금	월 세	종업원수	차 량
		지하층	지상층	바닥면적	연면적				
	자가 · 타가	층	층	㎡	㎡			명	대

* 사업장 기본사항은 사업연도 종료일 현재 기준으로 사업자등록된 본점, 지점, 사업자등록되지 않은 사업장 순으로 작성(과세기간 중 폐업자는 폐업일 기준)

2. 주요 거래처 현황

① 주요 매출처 (전체 매출액 대비 5퍼센트 이상 금액의 매출처 중 상위 5개)

상 호 (법인명)	성 명 (대표자)	사업자등록번호 (또는 주민등록번호)	거래금액	거래품목

* 매출처가 최종소비자인 경우 최종소비자와의 거래분 전체를 1 거래처로 보아 작성
* 매출처가 사업자등록을 하지 않은 경우 사업자등록번호 란에는 주민등록번호를 기입

② 주요 매입처 (전체 매입액 대비 5퍼센트 이상 금액의 매입처 중 상위 5개)

상 호 (법인명)	성 명 (대표자)	사업자등록번호 (또는 주민등록번호)	거래금액	거래품목

* 매입처가 사업자등록을 하지 않은 경우 사업자등록번호 란에는 주민등록번호를 기입

210mm×297mm[백상지 80g/㎡ 또는 중질지 80g/㎡]

(6쪽 중 제2쪽)

성실신고 확인결과 주요항목 명세서

(단위 : 원)

3. 주요 유형자산 명세

취득일자	계정과목	자산내역 (품명)	소재지	수 량	취득가액

* 건별 또는 세트당 취득가격이 사업연도 종료일 현재 5천만원 이상인 유형자산 (업무용승용차 제외)

4. 차입금 및 지급이자 명세

계정과목	차입처명	차입금 용도	차입금액	연간 지급이자	차입일	상환일

* 차입금 건별로 사업연도 종료일 현재 1천만원 이상의 차입금에 대해서 작성
* "차입금 용도" 작성 예시 : 운용자금용, 시설투자용, 원재료매입용 등으로 작성

5. 대여금 및 이자수익 명세

계정과목	대여처명	대여 사유	대여금액	연간 이자수익	대여일	만기일

* 건별로 사업연도 종료일 현재 1천만원 이상의 대여금에 대해서만 작성
* "대여 사유" 작성 예시 : 관계회사의 운용자금용, 시설투자용, 원재료매입용, 직원 주택구입자금 등으로 작성

210mm×297mm[백상지 80g/㎡ 또는 중질지 80g/㎡]

(6쪽 중 제3쪽)

성실신고 확인결과 주요항목 명세서

(단위 : 원)

6. 매출채권 및 매입채무 명세

매출채권				매입채무			
계정과목	거래처명	잔액	비고	계정과목	거래처명	잔액	비고

* 건별로 과세기간 종료일 현재 1천만원 이상의 채권, 채무만 작성
* 과세기간 종료일 현재 매출채권 및 매입채무의 회수기일, 변제기일이 1년이 경과한 경우 최근의 회수기일 또는 변제기일을 '비고'란에 기재

7. 선급금 및 선수금 명세

선급금				선수금			
계정과목	거래처명	잔액	용도	계정과목	거래처명	잔액	용도

* 건별로 과세기간 종료일 현재 1천만원 이상의 선급금, 선수금만 작성
* 용도 : 시설투자용, 원재료매입용, 기계장치 제작용 보증금 등

8. 임원 현황

성명	출생년월	직위	등기임원 여부	상근 여부	담당업무

* 사업연도 종료일 현재 기준으로 작성

210mm×297mm[백상지 80g/㎡ 또는 중질지 80g/㎡]

(6쪽 중 제4쪽)

성실신고 확인결과 주요항목 명세서

(단위 : 원)

9. 수입금액 매출증빙 발행 현황

① 총수입금액	② 매출증빙발행 금액					차이금액 (①－②)
	㉮ 세금계산서	㉯ 계산서	㉰ 신용 · 선불 직불(체크) 카드	㉱ 현금영수증	㉲ 지 로 (GIRO)	
차이원인						

* 총수입금액은 「법인세법 시행규칙」 별지 제1호서식인 "법인세 과세표준 및 세액신고서"상 ㉝ 총수입금액과 일치하여 작성

* ㉮와 ㉰,㉱,㉲가 중복될 경우 ㉮에 기재하고, ㉯와 ㉰,㉱,㉲가 중복될 경우 ㉯에 기재하여 ㉮부터 ㉲항목간의 금액이 중복 기재하지 않도록 작성

* 차이금액 및 차이원인에는 매출증빙발행 금액(②)의 증빙서류외의 영수증 등(예시 : 영수증, 간이계산서 등)으로 발행한 매출 및 증빙서류 없는 매출의 금액과 원인을 기재

10. 특수관계인에게 지출한 인건비(일용직 등 포함) 지급 명세

종류	성명	주민등록번호	관계	입사일 (퇴사일)	담당 직무	지급액	비과세 · 과세대상 제외[1]	지급명세서 제출금액

* 지급명세서 종류(근로, 퇴직, 일용, 사업, 기타)를 기재

*「소득세법」 제12조 제3호의 근로소득 비과세금액 중 지급명세서 제출이 제외되는 금액과 같은 법 시행령 제38조의 근로소득에서 제외되는 금액을 기재

* 지급명세서 제출금액은 각종 지급명세서에 기재된 지급총액(세전)을 기재

11. 특수관계인에게 제공한 보증 및 담보 내역

특수관계인		관계	지급보증금액 (또는 담보제공금액)	내역	여신금융기관
법인명 (성명)	사업자등록번호 (또는 주민등록번호)				

* 내역란에는 채무보증, 부동산담보, 예금담보 등 보증 및 담보내용을 기재

210mm×297mm[백상지 80g/㎡ 또는 중질지 80g/㎡]

(6쪽 중 제5쪽)

성실신고 확인결과 주요항목 명세서

(단위 : 원)

12. 지출증명서류 합계표

(1) 표준재무상태표 계정과목별 지출증명서류 수취금액

계정과목			지출증명서류 수취금액						⑩ 수취 제외대상 금액	⑪ 차이 (③−④−⑩)
① 코드	② 과목명	③ 금액	④ 계 (⑤+⑥+⑦+⑧+⑨)	신용카드 등		⑦ 현금 영수증	⑧ 세금 계산서	⑨ 계산서		
				⑤ 법인	⑥ 개인					
⑫ 소 계										

(2) 표준손익계산서 계정과목별 지출증명서류 수취금액

계정과목			지출증명서류 수취금액						㉒ 수취 제외대상 금액	㉓ 차이 (⑮−⑯−㉒)
⑬ 코드	⑭ 과목명	⑮ 금액	⑯ 계 (⑰+⑱+⑲+⑳+㉑)	신용카드 등		⑲ 현금 영수증	⑳ 세금 계산서	㉑ 계산서		
				⑰ 법인	⑱ 개인					
㉔ 소 계										

(3) 표준손익계산서부속명세서(제조 · 공사원가 등) 계정과목별 지출증명서류 수취금액

계정과목				지출증명서류 수취금액						㉟ 수취 제외대상 금액	㊱ 차이 (㉘−㉙−㉟)
㉕ 구분	㉖ 코드	㉗ 과목명	㉘ 금액	㉙ 계 (㉚+㉛+㉜+㉝+㉞)	신용카드 등		㉜ 현금 영수증	㉝ 세금 계산서	㉞ 계산서		
					㉚ 법인	㉛ 개인					
㊲ 소 계											
(4) 합계금액											
㊳ 합계((1)+(2)+(3))											

* 작성요령은 「법인세법 시행규칙」 별지 제77호서식인 지출증명서류 합계표와 동일

210mm×297mm[백상지 80g/㎡ 또는 중질지 80g/㎡]

성실신고 확인결과 주요항목 명세서

(단위 : 원)

13. 3만원 초과 거래에 대해 적격증빙 없는 매입거래분에 대한 명세

계정 과목	매입처					증빙불비 원인
	거래일자	상호 (법인명)	성명 (대표자)	금액	거래내용	
계						

* 증빙불비 원인란에는 「법인세법 시행령」 제158조제2항 각 호의 규정을 아래와 같이 번호로 기재
  –① : 법령§158②(2), ② : 법령§158②(3), ③ : 법령§158②(4), ④ : 법령§158②(5), ⑤ : 기타 (구체적 사유 기재)

14. 금융계좌 잔액 명세

개설은행	계좌번호	구분	기초 잔액	기말 잔액

* 구분란에는 정기예금, 보통예금 등을 기재

15. 상품권 · 기프트카드 · 선불카드 구매 명세

구매일자	발행자명	발행금액	매수	구매금액	사용 용도	구분

* 사용 용도란에는 거래처 접대, 복리후생 등을 기재
* 구분란에는 「법인세법 시행규칙」 별지 제23호서식 기업업무추진비조정명세서(갑)의 ① 기업업무추진비 해당금액에 포함된 경우 '기업업무추진비', 근로소득세 등 원천징수한 경우는 '원천징수', 법인세 신고 시 상여처분 등 귀속자에게 소득처분한 경우는 '소득처분'으로 표시

210mm×297mm[백상지 80g/㎡ 또는 중질지 80g/㎡]

법인세법 시행규칙 [별지 제63호의 16 서식(3)] (2023.3.20. 개정)

성실신고 확인결과 특이사항 기술서

항 목	특 이 사 항	비 고
사업장 기본사항		
수입금액	(예시) • 현금 수입금액 누락 여부	
유형자산	(예시) • 해당 법인 이외 타인이 주로 사용하는지 여부	
대 여 금	(예시) • 특수관계인에게 업무와 관계없이 대여하는지 여부	
매출채권 및 매입채무	(예시) • 특수관계인 채권 지연회수 여부 • 원재료, 소모품 등 구매한 물품의 실물이 없는 매입채무 존재 여부	
선급금 및 선수금	(예시) • 특별한 사유없이 선급금으로 계상하였는지 여부 • 실제 매출이 발생하였음에도 선수금으로 계상하였는지 여부	
지출증명서류 합 계 표	(예시) • 3만원 초과 거래에 대한 적격증빙 비치 여부 • 3만원 초과 거래에 대한 장부상 금액과 적격증빙금액 일치 여부 • 현금지출 항목 또는 적격증빙 없는 항목에 대한 업무무관 여부	
인건비	(예시) • 실제 근무하지 않은 특수관계인에게 지급한 인건비 해당 여부	
차량유지비	(예시) • 업무용 차량수를 고려할 때 과다계상된 주유비 지출 여부 • 사업규모 · 근무자 수에 비해 과다한 차량에 대한 주유비 지출 여부 • 법인의 특수관계인의 소유 차량에 대한 주유비 지출 여부	
통신비	(예시) • 특수관계인 등의 명의로 지급한 통신비 해당 여부 • 업무와 관련 없는 통신기기에서 발생하는 통신비 해당 여부	
복리후생비	(예시) • 접대성 경비를 복리후생비로 계상 여부 • 특수관계인의 개인용도로 지출한 비용을 복리후생비로 계상 여부 • 접대 목적 또는 대표자 사적 사용한 상품권 해당 여부	
기업업무추진비	(예시) • 국내관광지 및 해외 여행 지출 경비 해당 여부 • 업무와 관련이 없는 유흥주점 지출 경비 해당 여부	
이자비용	(예시) • 채권자가 불분명한 차입금에 대해 계상한 이자비용 여부 • 업무무관자산을 취득하기 위한 차입금에 대해 계상한 이자비용 여부	
감가상각비	(예시) • 업무와 관련이 없는 자산에 대한 감가상각비 계상 여부	
건물관리비	(예시) • 특수관계인이 사용하는 건물의 관리비 계상 여부	
지급수수료	(예시) • 업무와 관련 없는 부동산 취득에 따른 관련 수수료 여부	
성실신고 확 인 자 종합의견		

210mm×297mm[백상지 80g/㎡ 또는 중질지 80g/㎡]

법인세법 시행규칙 [별지 제63호의 16 서식⑷] (2019.3.20. 개정)

성실신고 확인결과 사업자 확인사항

구 분	확인내용	사업자확인 (예, 아니요)	비 고
수입금액 확인	매출채권의 장부상 잔액과 거래처 잔액이 일치함을 확인합니다.		
	신고시 수입금액을 누락하거나 이와 관련하여 장부에 계상하지 않은 비용은 없음을 확인합니다.		
	재고자산의 실제 재고와 장부상 재고가 일치함을 확인합니다.(차이가 있는 경우 매출 및 재고누락, 사적사용 등 원인을 기재하시기 바랍니다)		
	법인계좌 외 대표자, 대주주, 기타 특수관계인, 종업원 등 타인 명의의 계좌에 입금된 수입금액을 장부에 누락한 사실이 없음을 확인합니다.		
	(현금영수증 의무발급업종) 10만원 이상 현금거래에 대하여 현금영수증 의무발급이 누락된 사실이 없음을 확인합니다.		
	(현금수입업종) 법인세 신고서상 현금 수입분에 대하여 누락된 사실이 없음을 확인합니다.		
	(현금수입업종) 수입금액에서 제외한 종업원의 봉사료는 실질에 맞게 구분기재하고 실제 지급하였음을 확인합니다.		
	(전문인적용역) 협회 등에 신고한 수임 건에 대한 수입금액을 신고수입금액에 포함하였음을 확인합니다.		
	(전문인적용역) 종료된 사건에 대한 성공보수금을 장부에 누락한 사실이 없음을 확인합니다.		
	(보건업종) 비보험 수입을 신고수입금액에 포함하였음을 확인합니다.		
	(보건업종) 보관하고 있는 일일수입금액집계표, 현금출납부 및 매출원장 등이 서로 일치함을 확인합니다.		

* 사업자확인은 "예" 또는 "아니요"로 기재하고, "아니요"인 경우에는 비고란에 차이금액 및 사유 등을 기재하시기 바랍니다.
* 수입금액 확인(업종별)은 신고인에 해당되는 업종에 대해서만 확인합니다.

위 확인내용은 사실과 다름없음을 확인합니다.

성실신고확인대상사업자 (서명 또는 인)

210mm×297mm[백상지 80g/㎡ 또는 중질지 80g/㎡]

3. 주주 등의 명세서 등 제출 불성실 가산세

1) 주주 등 명세서 제출 불성실 가산세

구 분	내 용
적용요건	주주등명세서를 제출하여야 하는 내국법인*1이 다음 어느 하나에 해당하는 경우 ① 명세서를 제출하지 아니한 경우 ② 명세서에 주주 등의 명세의 전부 또는 일부를 누락하여 제출한 경우 ③ 제출한 명세서가 불분명한 경우*2에 해당하는 경우
가산세액	액면금액(무액면주식인 경우에는 그 주식을 발행한 법인의 자본금을 발행주식총수로 나누어 계산한 금액) 또는 출자가액×0.5%(제출기한 경과 후 1개월 이내 제출하는 경우에는 0.25%) 이 경우 산출세액이 없는 경우에도 가산세는 징수함.
근거법령	법인세법 제75조의 2 ①

*1. 내국법인은 그 설립등기일부터 2개월 이내에 법인설립신고서에 정관 및 주주 등 명세서와 사업자등록서류 등을 첨부하여 납세지관할세무서장에게 신고하도록 하고 있으며(법법 §109 ①, 법령 §152 ②), 신규로 사업을 시작하는 법인은 납세지관할세무서장에게 사업자등록을 하여야 하며 법인설립신고를 하기 전에 등록을 하는 때에는 주주 등 명세서를 제출하여야 한다(법법 §111 ①).

*2. 불분명한 경우란 다음의 어느 하나에 해당하는 경우로 하되 내국법인이 주식 등의 실제소유자를 알 수 없는 경우 등 정당한 사유가 있는 경우는 제외한다(법령 §120 ①).

① 제출된 주주등명세서에 법인세법 제109조 제1항에 따라 제출된 주주등명세서 중 다음의 기재사항(필요적 기재사항)의 전부 또는 일부를 기재하지 아니하였거나 잘못 기재하여 주주등명세서를 확인할 수 없는 경우
  - 주주 등의 성명 또는 법인명, 주민등록번호 · 사업자등록번호 또는 고유번호
  - 주주 등별 주식 등의 보유현황

② 제출된 주주등명세서의 필요적 기재사항이 주식 등의 실제소유자에 대한 사항과 다르게 기재되어 주주 등의 명세서를 확인할 수 없는 경우

2) 주식등변동상황명세서 제출 불성실 가산세

구 분	내 용
적용요건	사업연도 중에 주식 등의 변동사항이 있을 때 주식등변동상황명세서를 제출하여야 하는 내국법인이 다음의 어느 하나에 해당되는 경우 ① 명세서를 제출하지 아니한 경우 ② 명세서에 주식 등의 변동사항을 누락하여 제출한 경우 ③ 제출한 명세서가 불분명한 경우*에 해당하는 경우

구 분	내 용
가산세액	미제출, 누락제출 및 불분명하게 제출한 주식 등의 액면금액 또는 출자가액× 1%(제출기한 경과 후 1개월 이내 제출하는 경우에는 0.5%) 이 경우 산출세액이 없는 경우에도 가산세는 징수함.
가산세 한도	5천만원(중소기업기본법상 중소기업이 아닌 경우는 1억원) (국기법 §49 ① 2호)
근거법령	법인세법 제75조의 2 ②

* 불분명한 경우란 다음의 어느 하나에 해당하는 경우로 하되 내국법인이 주식 등의 실제소유자를 알 수 없는 경우 등 정당한 사유가 있는 경우는 제외한다(법령 §120 ②).

① 제출된 변동상황명세서에 다음의 필요적 기재사항의 전부 또는 일부를 기재하지 아니하였거나 잘못 기재하여 주식 등의 변동상황을 알 수 없는 경우
- 주주 등의 성명 또는 법인명, 주민등록번호 · 사업자등록번호 또는 고유번호
- 주주등별 주식 등의 보유현황
- 사업연도 중의 주식 등의 변동사항

② 제출된 변동상황명세서의 필요적 기재사항이 주식 등의 실제소유자에 대한 사항과 다르게 기재되어 주식 등의 변동상황을 확인할 수 없는 경우

3) 실무적용사례

① 주주등의 명세서 등 제출불성실 가산세 대상인지 여부

주주등의 명세서 및 주식등변동상황명세서 제출 시 착오로 주식수와 주당 액면가액을 잘못 기재하였으나 주주별 지분비율 및 보유주식액면총액은 정확히 기재한 경우 법인법 §75의 2 ① (3) 및 ② (3)호의 '제출한 명세서가 불분명한 경우'에 해당하지 않음(서면법령해석법인 2021-4820, 2021.12.15.)

② 주식등변동상황명세서는 수정제출 가능함

주식증자시 등기소의 착오로 자본금이 과다하게 등기되었고, 등기내용에 맞추어 자본금을 과다하게 계상한 재무상태표 및 주식등변동상황명세서를 제출된 경우 과세표준 및 세액의 변동없이 당초 제출한 재무제표만을 정정하여 수정신고할 수 없으나, 주식등변동상황명세서는 수정하여 제출 가능함(서면징세 2021-3319, 2022.6.14.)

③ 청구법인에게 주식등변동상황명세서 미제출가산세를 부과한 처분의 당부

청구법인은 기존 주주가 청구법인의 대표이사에게 주식을 양도한 주식변동사항이 있음에도 법인세 신고시 주식등변동상황명세서를 제출하지 아니한 것으로 나타나 동 가산세의 부과대상에 해당한다고 보이는 점, 이 건에서 부과된 가산세액은 거래주식의 액면가액 합계액의 100분의 2에 상당하는 금액으로서 위 법령상 계산방식에 부합하고 청구법인에게 달리 가산세를 감면할 정당한 사유도 나타나지 아니하는 점 등에 비추어 청구주장을 받아들이기 어려움(조심 2017서2846, 2017.11.20.)

④ 당초 주식등변동상황명세서를 제출할 때 단순한 실수로 오류가 발생하였으나, 처분청의 보완요구에 따라 이를 수정하여 다시 제출하였으므로 이에 대한 가산세를 부과하는 것은 부당하다는 청구주장의 당부

청구법인은 처분청이 청구법인에게 이 건 명세서상 오류, 즉 이 건 주식수 불일치에 대한 보정을 요구하기 전에 스스로 이를 보완하지 아니하였는바, 청구법인이 이 건 수정 명세서들을 제출하였다고 하여 이 건 명세서의 필요적 기재사항을 잘못 기재하였음이 면책될 수 있다고 보기 어려우므로 이 건 처분은 잘못이 없음(조심 2015서5826, 2016.10.24.)

⑤ 명의신탁 주식의 주식등변동상황명세서 제출 불성실 가산세 적용 여부

명의신탁 주식에 대해 수탁자 명의로 주식등변동상황명세서를 제출한 후 해당 주식의 명의신탁을 해지하여 실제 소유자 명의로 환원하는 경우 그 명의신탁일이 속하는 사업연도의 주식등변동상황명세서를 수정하여 제출, 명의신탁 사업연도에 주식등변동상황명세서 제출 불성실 가산세 적용함(서면법령해석 법인 2015-123, 2016.2.29.)

⑥ 물적분할에 따라 분할신설법인으로 주주가 변동된 사실에 대해 주식등변동상황명세서를 제출하지 아니하였다는 이유로 가산세를 과세한 처분의 당부 등

물적분할로 인해 분할법인에서 법인격이 상이한 분할신설법인으로 쟁점주식의 소유자가 변경된 것은 주식등변동상황명세서에 기재하여야 할 사항에 해당하는 점, 청구법인은 2012사업연도 법인세 신고시 신고서의 '주식변동'란에 '부'로 표시하고 주식등변동상황명세서를 제출하지 아니하였고, 이후 수동제출한 주식등변동상황명세서에서는 분할신설법인이 쟁점주식을 기초부터 기말까지 보유하고 있는 것으로 기재한 점, 쟁점주식의 주주가 분할법인에서 분할신설법인으로 변경되었음에도 청구법인이 이를 주식등변동상황명세서에 반영하지 아니한 데에 정당한 사유가 있다고 보기 어려운 점 등에 비추어 처분청이 청구법인에게 주식등변동상황명세서 미제출 가산세를 과세한 처분은 잘못이 없음(조심 2014광5804, 2014.12.31.)

⑦ 전자공시시스템에 공시하였으나 주식등변동상황명세서를 신고하지 않은 경우, 주식등변동상황명세서 제출불성실 가산세 적용 여부

상장법인 일반주주가 대량의 주식을 매도 공시 하였으나, 법인세 신고시 '주식등변동상황명세서'에 변동내역을 기재하지 않은 경우 주식등변동상황명세서 제출 불성실 가산세가 적용됨(심사법인 2013-31, 2013.7.21.)

⑧ 사업연도 중 주식변동이 있는 경우 법인세 신고기한까지 변동명세서를 제출해야 함

사업연도 중에 주식 등의 변동사항이 있는 내국법인은 법인세법 제60조에 따른 신고기한까지 같은 법 시행령 제161조 제6항에 따라 주식 등의 실제소유자를 기준으로 하여 작성한 주식등변동상황명세서를 제출하여야 하는 것임(법규법인 2013-52, 2013.3.21.)

⑨ 자기주식 취득의 경우 주식등변동상황명세서 작성방법

자기주식을 취득하여 사업연도 말 현재 보유(총발행주식의 4.1%) 중인 법인이 주식 등 변동상황명세서에 자기주식보유내역을 별도로 구분하여 기재하지 아니하고 소액주주의 합계란에

포함시켜 작성 · 제출한 경우에는 법인세법 제76조 제6항에 의한 가산세가 적용되는 것임(서이 46012-10882, 2003.4.30.)

⑩ 주식 및 출자지분변동상황명세서를 수정제출하는 경우에도 당초 잘못 기재한 부분에 가산세 적용

법인이 법인세과세표준신고시에 주식 및 출자지분변동상황명세서를 제출하였으나 양도주식을 인수한 양수인을 잘못 기재한 경우에는 실제 변동상황을 기재한 것으로 수정제출할 수 있으나, 동 수정제출의 경우에도 변동상황을 잘못 기재한 부분에 대하여는 법인세법 제41조 제13항의 가산세규정을 적용하는 것임(법인 46012-2031, 1997.7.23.)

⑪ 당초신고시 주식이동이 없는 것으로 제출한 경우 실제 이동상황을 기재하여 수정제출 가능하나 가산세는 적용함

사업연도 중에 주주의 이동사항이 있는 법인이 법인세과세표준 신고기한 내에 주식이동상황명세서를 제출하면서 이동사항이 없는 것으로 잘못 제출한 경우에는 그 후 실제 이동상황을 기재한 것으로 수정제출할 수 있으나, 동 수정제출의 경우에도 주식의 이동상황이 신고기한 내에 제출되지 아니한 경우이므로 법인세법 제41조 제13항의 가산세규정은 적용되는 것임(법인 46012-3271, 1996.11.23.)

⑫ 자본금은 변동이 있고 주주의 변동이 없는 경우에도 주식이동상황명세서를 제출하여야 함

사업연도 중에 법인의 유 · 무상증자 및 감자로 인한 자본금은 변동이 있었으나, 주주의 변동이 없어서 당해 사업연도분 법인세과세표준신고시 법인세법 제66조의 4 규정에 의한 주식이동상황명세서를 제출하지 아니한 경우 가산세를 부과함(재경원 법인 46012-57, 1996.5.6.)

⑬ 주식이동상황 중 양도 · 양수 어느 한 쪽 미제출시는 가산세 부과하며, 양쪽 모두 미제출시 가산세는 한 쪽만 부과함

주식이동상황명세서의 제출대상에서 제외하는 장외등록법인의 소액주주를 규정한 법인세법 시행령 제130조의 2 제1항 제2호 단서에서 '사업연도종료일 현재 보유하고 있는 주식'에는 장외등록 후에 취득한 주식을 포함하지 아니하는 것이며, 법인세법 제66조의 4 규정에 의하여 주식이동상황명세서를 제출하여야 할 법인이 주식의 매매거래에 있어 양도사항 또는 취득사항 중 한 쪽만 제출한 경우에도 법인세법 제41조 제13항에서 규정한 주식이동상황미제출가산세를 적용하는 것이며, 양도사항 및 취득사항 모두 미제출한 경우 가산세징수대상금액은 양도 및 취득에 대하여 별도로 계산하지 아니하고 이동된 주식의 액면금액에 대하여 계산하는 것임(법인 46012-1490, 1996.5.23.)

참고 주식 등 변동상황명세서 제출제외 법인과 제출제외주식

1. 제출제외 법인(법법 §119, 법령 §2)

(1) 법인세법 시행령 제2조 제1항의 법인(그 중앙회 및 연합회는 제외)

① 농업협동조합법에 따라 설립된 조합(조합공동사업법인을 포함)

② 소비자생활협동조합법에 따라 설립된 조합

③ 수산업협동조합법에 따라 설립된 조합(어촌계 및 조합공동사업법인을 포함)

④ 산림조합법에 따라 설립된 산림조합(산림계를 포함)

⑤ 엽연초생산협동조합법에 따라 설립된 엽연초생산협동조합

⑥ 중소기업협동조합법에 따라 설립된 조합

⑦ 신용협동조합법에 따라 설립된 신용협동조합

⑧ 새마을금고법에 따라 설립된 새마을금고와 그 중앙회

⑨ 염업조합법에 따라 설립된 대한염업조합

(2) 자본시장과 금융투자업에 관한 법률에 따른 투자회사, 투자유한회사, 투자합자회사 및 투자전문회사(경영참여형 사모집합투자기구는 제외)

(3) 기업구조조정투자회사등 자본시장과 금융투자업에 관한 법률 제6조 제5항 각호의 어느 하나에 해당하는 경우의 법인

(4) 해당 법인의 주주등이 기획재정부령으로 정하는 공공기관 또는 기관투자자와 주권상장법인의 소액주주로 구성된 법인

(5) 그 밖에 기획재정부령이 정하는 법인

2. 제출제외주식

(1) 주권상장법인으로서 해당 사업연도 중 주식의 명의개서 또는 변경을 취급하는 자를 통하여 1회 이상 주주명부를 작성하는 법인 : 지배주주(특수관계인 포함) 외의 주주등이 소유하는 주식등(법법 §119 ②, 법령 §161 ②)

✎ 지배주주 : 지배주주란 지배주주 등을 말하며 지배주주 등이란 법인의 발행주식총석 또는 출자총액의 1% 이상의 주식 또는 출자지분을 소유한 주주 등으로서 그와 특수관계에 있는 자와의 소유주식 출자지분의 합계가 해당 법인의 주주 등 가장 많은 경우의 해당 주주 등을 말함(법령 §47 ⑦)

(2) '(1)' 외의 법인 : 해당 법인의 소액주주가 소유하는 주식등(법법 §119 ②, 법령 §161 ④)

✎ 소액주주 : 소액주주 등(발행주식총수 또는 출자총액의 1%에 미달하는 주식 또는 출자지분을 소유한 주주)으로서 다음의 어느 하나에 해당하는 주주등을 말함

① 유가증권시장상장법인의 경우 보유하고 있는 주식의 액면금액의 합계액이 3억원에 미달하고 그 주식의 시가의 합계액이 100억원 미만인 주주

② 코스닥시장상장법인의 경우 보유하고 있는 주식의 액면금액의 합계액이 3억원에 미달하고 그 주식의 시가의 합계액이 100억원 미만인 주주. 다만, 코스닥시장상장 전에 주식을 취득한 경우에는 해당 주식의 액면금액의 합계액이 500만원 이하인 주주와 중소기업의 주식을 코스닥시장을 통하여 양도한 주주

③ '①' 및 '②' 외의 법인의 경우 보유하고 있는 주식의 액면금액 또는 출자총액의 합계액이 500만원 이하인 주주등

✎ 시가(법칙 §79의 3 ②, 소령 §157 ④)

구 분	시 가
주권상장법인	주식등의 양도일이 속하는 사업연도의 직전사업연도 종료일 현재의 최종시세가액. 다만, 직전사업연도 종료일 현재의 최종시세가액이 없는 경우에는 직전거래일의 최종시세가액
비상장주식	제165조 제4항에 따른 평가액(순손익가치와 순자산가치의 가중평균액)

4. 장부의 기록 · 보관 불성실가산세

구 분	내 용
적용요건	내국법인이 법인세법 제112조에 따른 장부의 비치 · 기장 의무를 이행하지 아니한 경우
가산세액	Max(① 산출세액×20%, ② 총수입금액×0.7%) * 법인세 산출세액은 법인세법 제55조의 2에 따른 토지등 양도소득에 대한 법인세액, 조세특례제한법에 투자 · 상생협력 촉진을 위한 과세특례를 적용하여 계산한 법인세액은 제외한다.
근거법령	법인세법 제75조의 3

✎ 다음의 법인은 장부의 기록 · 보관 불성실가산세의 적용대상이 되지 아니한다(법법 §75의 3 ①).

① 비영리내국법인

② 법인세가 비과세되거나 전액 면제되는 소득만이 있는 법인

✎ "법인세가 비과세되거나 전액 면제되는 소득만이 있는 법인"에는 국고보조금수입, 이자수입, 잡수입 등과 같은 과세소득이 있는 법인은 포함하지 아니한다(법인집행 75의 3-120-1).

1) 실무적용사례

① 국내사업장이 있는 외국법인이 장부를 비치 · 기장하고 결손금 발생으로 추계신고하는 경우에는 무기장가산세 적용 아니함

한국에 기계를 판매하는 일본법인이 기계판매와 관련된 수선용역을 수행하는 국내사업장을 가지고 있는 경우 국내사업장이 수행한 수선용역에 대하여 매출액과 그에 대응되는 비용을 법인세법 규정에 의하여 복식부기에 의한 장부를 기장하여 비치하고 있으나 국내사업장의 소득금액이 결손금으로 인하여 과세표준금액을 표준소득률에 의하여 계산하여 신고하였다면 상업장부의 비치 · 기장의무를 이행하지 아니한 경우에 적용하는 무기장 가산세는 적용되지 아니하는 것이며, 일본본사가 한국의 거래처에 직접 판매한 금액은 국내사업장에서 기장할 의무는 없으나 조세조약에 따라 계산한 국내원천소득을 국내사업장의 소득에 합산하여 법인세를 신고하여야 하며, 일본본사가 한국의 거래처에 직접 판매분에 대한 국내원천소득을 표준소득률을 적용하여 계산하고 본사의 재무제표를 첨부하여 국내사업장의 과세표준에 합산하여 신고하였다면 무신고 · 무기장 가산세 문제는 발생하지 아니함(법인 46012-1760, 1997. 6.28.).

5. 기부금영수증 발급 · 작성 · 보관 불성실 가산세

구 분	내 용
적용요건	기부금영수증을 발급하는 자가 기부금영수증을 사실과 다르게 적어 발급(기부금액 또는 기부자의 인적사항 등 주요사항을 적지 아니하고 발급하는 경우를 포함)하거나 기부법인별 발급명세를 작성 · 보관하지 아니한 경우
가산세액	① 기부금영수증의 경우 ■ 기부금액을 사실과 다르게 적어 발급한 경우 : 사실과 다르게 발급된 금액[영수증에 실제 적힌 금액(영수증에 금액이 적혀 있지 아니한 경우에는 기부금영수증을 발급받은 자가 기부금을 손금에 산입한 해당 금액으로 함)과 건별로 발급하여야 할 금액과의 차액을 말함]×5%(2019.12.31.까지는 2%) ■ 기부자의 인적 사항 등을 사실과 다르게 적어 발급하는 등 : 영수증에 적힌 금액×5%(2019.12.31.까지는 2%) ② 기부 법인별 발급명세의 경우 : 작성 · 보관하지 아니한 금액의 0.2% * 이 경우 산출세액 또는 결정세액이 없는 경우에도 가산세를 징수함.
가산세 한도	5천만원(중소기업기본법상 중소기업이 아닌 경우는 1억원)(국기법 §49 ① 2호)
근거법령	법인세법 제75조의 4

1) 실무적용사례

① 기부금 영수증 추가 발행 시 기부금영수증발급명세서 합계표 수정 제출여부와 가산세

기부금영수증을 발급하는 법인이 법인세법 제112조의 2에 따라 해당 사업연도의 기부금영수증 발급합계표를 해당 사업연도의 종료일이 속하는 달의 말일로부터 6개월 이내에 관할 세무서장에게 제출한 후, 기부자의 요청에 따라 기부금영수증을 추가로 발급하여 이미 제출한 기부금영수증 합계표의 기재사항(총 발급건수 및 금액)을 수정할 필요가 있는 경우 기부금영수증 발급합계표를 다시 작성하여 제출할 수 있는 것이며 이 경우 법인세법 제75조의4에 따른 기부금영수증 발급 · 작성 · 보관 불성실 가산세 적용 대상에 해당하지 않는 것임(서면법인 2022-5233, 2023.8.10.)

② 기부장려금의 기부금영수증 발급대상 해당 여부와 가산세

기부장려금단체가 기부장려금을 지급받는 경우에는 기부금영수증 발급대상에 해당하지 않는 것임(서면법규법인 2021-6602, 2022.4.28.)

③ 쟁점기부금영수증을 사실과 다른 영수증으로 보아 가산세를 적용한 처분의 당부

기부금영수증 발급대장 및 관리통장이 없는 점, 기부금 수령 · 사용내역 등을 구체적으로 확인할 수 있는 자료를 제출하지 아니한 점 등에 비추어 처분청이 쟁점기부금영수증을 사실과 다른 영수증으로 보아 청구법인에게 가산세를 적용하여 과세한 처분은 잘못이 없음(조심

2014전2943, 2014.9.1.)

④ 기부금 영수증을 사실과 다르게 발급시 가산세 부과대상임

기부금영수증을 발급하는 자(개인과 법인을 모두 포함하며, 이하 같음)에 대한 기부금영수증 발급 불성실 가산세를 적용함에 있어, 기부금영수증을 발급하는 자가 개인에게 기부금영수증을 사실과 다르게 발급하는 경우에는 소득세법 제81조 제12항에 따른 가산세를 적용하는 것이며, 내국법인에게 기부금영수증을 사실과 다르게 발급하는 경우에는 법인세법 제76조 제10항에 따른 가산세를 적용하는 것임(서면법규과-93, 2013.1.28.)

⑤ 기부금영수증 발급 불성실 가산세 적용방법

기부금영수증을 발급하는 자가 개인에게 기부금영수증을 사실과 다르게 발급하는 경우에는 소득세법 제81조 제12항에 따른 가산세를 적용하는 것이며, 내국법인에게 기부금영수증을 사실과 다르게 발급하는 경우에는 법인세법 제76조 제10항에 따른 가산세를 적용하는 것임 (서면법규-93, 2013.1.28.)

⑥ 기부금영수증 발급시기 및 기부금영수증 발급명세서 수정제출 가능 여부

기부금영수증은 실제 기부금을 수령한 날짜로 하여 발급하는 것이여, 기부금영수증 발급명세서의 수정사항이 발생한 경우 그 사유가 발생한 때에 수정사항을 반영하여 재작성한 기부금영수증 발급명세서를 제출하여야 하는 것임(법인-513, 2011.7.26.)

참고 기부금 영수증의 발급

1. 기부금영수증 발급명세의 작성 · 보관의무 등

① 기부금영수증 발급명세의 작성 · 보관의무자

법인세법 제24조의 규정에 의한 기부금을 받은 경우에는 기부금영수증을 발급하여야 한다. 따라서 기부금영수증을 발급하는 법인은 기부자별 발급명세를 작성하여 발급한 날부터 5년간 보관하여야 한다. 다만, 전자기부금영수증을 발급한 경우에는 그러하지 아니하다(법법 §112의 2 ①).

② 기부금영수증의 발급명세의 내용

기부자별 발급명세란 다음의 내용이 모두 포함된 것을 말한다(법령 §155의 2).

- 기부자의 성명, 주민등록번호 및 주소(기부자가 법인인 경우에는 상호, 사업자 등록번호와 본점 등의 소재지)
- 기부금액
- 기부금의 기부일자
- 기부금영수증 발급일자
- 그 밖의 기획재정부령이 정하는 사항

2. 기부자별 발급명세서의 제출

기부금영수증을 발급하는 법인은 기부자별 발급명세서를 작성하여 5년간 보관하여야 하며 국세청장, 지방국세청장 또는 납세지관할세무서장이 요청하는 경우 이를 제출하여야 한다.

다만, 전자기부금영수증을 발급한 경우에는 그러하지 아니하다(법법 §112의 2 ①·②).

3. 기부금영수증발급명세의 제출
기부금영수증을 발급하는 법인은 해당 사업연도의 기부금영수증 총발급건수 및 금액 등이 적힌 기부금영수증 발급합계표를 해당 사업연도의 종료일이 속하는 달의 말일부터 6개월 이내에 관할세무서장에게 제출하여야 한다. 다만, 전자기부금영수증을 발급한 경우에는 그러하지 아니하다(법법 §112의 2 ③).

4. 전자기부금영수증 발급
기부금영수증을 발급하는 법인은 해당 사업연도의 직전 사업연도에 받은 기부금에 대하여 발급한 기부금영수증 금액의 총합계액이 3억원 이상의 금액으로서 3억원을 초과하는 경우에는 해당 사업연도에 받은 기부금에 대하여 그 기부금을 받은 날이 속하는 연도의 다음 연도 1월 10일까지 전자기부금영수증을 발급하여야 한다(법법 §112의 2 ④).

6. 증명서류수취 불성실 가산세

구 분	내 용
적용요건	법인이 사업과 관련하여 사업자로부터 재화 또는 용역을 공급받고 정규증명서류를 받지 아니하거나 사실과 다른 증명서류를 받은 경우 (단, 정규증명서류의 특례규정을 적용받는 경우는 제외)
가산세액	증명서류를 받지 아니한 금액 또는 사실과 다르게 받은 금액* ×2% * 건별로 받아야 할 금액과의 차액을 말하는 것으로 증명서류를 받지 아니한 금액에는 부가가치세를 포함함(서이 46012-10568, 2001.11.19.).
가산세 한도	5천만원(중소기업기본법상 중소기업이 아닌 경우는 1억원) (국기법 §49 ① 2호)
근거법령	법인세법 제75조의 5

1) 실무적용사례

① 병원의 영리 및 수익목적 거래로 보아 청구법인에게 증명서류 수취 불성실 가산세를 부과한 이건 처분은 잘못이 있는 것으로 판단됨

법인세법 제75조의 5 제1항은 "내국법인이 사업과 관련하여 대통령령으로 정하는 사업자로부터 재화 또는 용역을 공급받고…"라고 규정하고 있고, 같은 법 시행령 제120조 제4항 및 제158조 제1항 제1호 가목은 "대통령령으로 정하는 사업자"를 법인으로 하되 수익사업과 관련 없는 비영리법인은 제외한다고 규정하고 있는바, 이를 종합할 때 쟁점거래가 증명서류 수취 불성실 가산세의 부과대상이 되려면, 공급받는 자인 청구법인 입장에서 자신의 수익사업(부속병원)과 관련하여 공급받았을 뿐만 아니라, 공급자인 OOO병원의 입장에서도 자신의 수익사업과 관련하여 이를 공급하였어야 하는데, OOO병원의 경우 청구법인과 마찬가지로 수익사업인 부속병원을 운영하고 있으나, 쟁점거래는 부속병원의 운영과 성격을 달리하는 전공의 파견거래로, 영리추구보다는 의료 인력의 효율적 양성차원에서 이루어지는 것으로 나타나므로(청구법인의 대리인은 2023.4.20. 조세심판관회의에 출석하여 OOO병원이 청구법인으로부터 지급받은 쟁점대가의 전부를 전공의들에게 급여로 지급하고 있다고 진술하였다), 이를 두고 OOO병원이 자신의 수익사업과 관련하여 인적공급업 등을 영위한 것으로 보기는 어려운 점 등에 비추어, 결국 이와 다른 전제에서 쟁점거래를 OOO병원의 영리 및 수익목적 거래로 보아 청구법인에게 증명서류 수취 불성실 가산세를 부과한 이 건 처분은 잘못이 있는 것으로 판단됨(조심 2022인6778, 2023.6.28.)

② 국내사업자간 국외거래로 수입세금계산서를 발급받는 경우 지출증빙미수취 가산세 적용 여부

(사실관계)

○ 갑(질의법인)은 기계부품 제조업을 영위하는 법인으로 다른 국내사업자(乙)와 제품매입거래를 체결함에 있어,

  – 해당 제품을 외국기업으로부터 공장인도조건으로 해외의 A사가 물품을 출하하면 질의법인이 당해 재화의 수입 · 통관 등 제반수입절차를 이행하고 세관장으로부터 수입세금계산서를 질의법인 명의로 교부받음

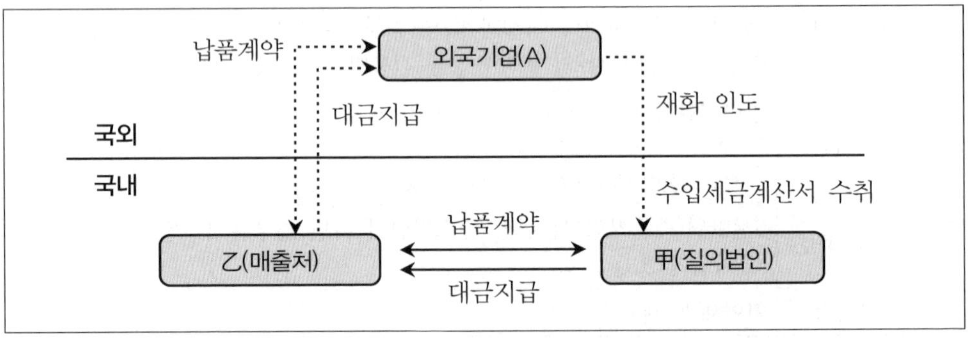

(질의내용)

○ 질의법인이 국내법인과 재화매입 계약을 하고 외국사업자로부터 공장인도조건으로 해외에서 물품을 인도받을 때, 질의법인이 당해 물품에 대한 수입절차를 이행하고 세관장으로부터 수입세금계산서를 교부받는 경우

  – 본 재화 거래에 대하여 다시 질의법인이 국내법인으로부터 계산서를 수취하여야 하는지 여부

[회신]

국내사업자간 국외거래로 수입세금계산서를 발급받는 경우 공급하는 자는 계산서 발급의무가 있으나 공급받는 자는 지출증빙미수취 가산세 적용 대상 아님(서면법인 2019-3693, 2020.4.9.).

③ 법인세 지출증명서류 미수취 가산세의 부과기준 금액을 공급가액 및 부가가치세액의 합계액으로 보아 법인세(가산세)를 과세한 처분의 당부

법인세 지출증명서류 미수취 가산세의 부과기준 금액은 법인세법 제76조 제9항 제4호 마목이 예정하고 있는 "공급가액"이 아닌 거래상대방으로부터 "받지 아니한 금액 또는 사실과 다르게 받은 금액"(즉, 공급가액 및 부가가치세액을 포함하여 청구법인이 실제 받지 아니하거나 시실과 다르게 받은 금액)이라고 해석하여야 하는 점 등에 비추어 청구주장 받아들이기 어려움(조심 2017서4565, 2018.5.30.)

④ 무상지원금 지급액의 적격증빙 수취대상 여부

재화 또는 용역의 공급대가가 아닌 경우에는 적격증빙 수취대상은 아니나 당해 거래와 관련된 제반서류(입금증, 계약서 등)를 갖추어 동 거래의 입증자료로서 이를 수취 · 보관하여야 함(서면법인2017-1436[법인-2343], 2017.8.31.)

⑤ 공급자가 사실과 다른 세금계산서를 수취한 경우 증명서류 수취 불성실 가산세 부과시 '사실과 다르게 받은 금액'에 부가가치세가 포함되는지 여부

법인세법 제116조 제2항 단서 및 같은 법 시행령 제158조 제2항 제1호에서 부가가치세를 포함한 건당 거래금액이 3만원 이하인 경우 지출증명서류의 수취 및 보관의무를 면제하도록 규정하고 있는바, 쟁점조항에서 증명서류를 받지 아니하거나 사실과 다른 것을 받은 경우에 가산세를 부과하는 금액 또한 부가가치세를 포함하는 것으로 해석함이 전체 조문내용에 부합하는 점, 증명서류 수취 불성실 가산세를 부과하는 경우 수취한 증명서류의 종류와 상관없이 총거래금액으로 하는 것이지, 다른 증명서류와 구분하여 세금계산서를 수취하였다는 이유로 특별히 공급가액에 대하여만 가산세를 부과하는 것은 불합리한 점 등에 비추어 청구주장을 받아들이기 어려움(조심 2016부1556, 2016.9.22.)

⑥ 사실과 다른 증명서류를 받은 경우에 있어 증명서류 수취 불성실 가산세 부과의 정당성 여부

사업과 관련하여 '대통령령이 정하는 사업자'로부터 재화 또는 용역을 공급받고 제116조 제2항 각 호의 1에 규정하는 증명서류를 받지 아니하거나 사실과 다른 증명서류를 받은 경우에는 동항 단서의 규정을 적용받는 경우를 제외하고는 그 받지 아니한 금액 또는 사실과 다르게 받은 금액의 100분의 2에 상당하는 금액을 가산세로 징수하여 함(대법원 2016두33049, 2016.6.10.)

⑦ 수취 · 보관 대상 지출증명서류 해당 여부

법인세법 제116조 제2항의 규정에 의한 지출증명서류의 수취 · 보관대상이 아닌 경우로서 법인이 사업과 관련하여 지출하는 거래에 대하여 수취 · 보관하여야 하는 지출증명서류는 일반적으로 용인되는 것으로서 객관적으로 확인이 가능한 서류 등을 말하는 것임[서면법인2015-1406(법인-2020), 2015.9.17.]

⑧ 거래실태상 원천적으로 증빙을 구비할 수 없는 경우는 가산세 해당 안 됨

법인이 거래처에 대한 매출채권을 임의포기함에 따라 기업업무추진비로 보는 경우와 같이

법인세법 제25조 제2항의 손금불산입 규정을 적용함에 있어 거래실태상 원천적으로 증빙을 구비할 수 없는 경우에는 같은 조 같은 항이 적용되지 않는 것임(서면법령법인-1241, 2015.7.20.)

⑨ 신용카드 사용내역 확인서도 신용카드 월별 이용 명세서에 포함됨

법인이 법인카드를 사용하여 경비를 지출하고, 신용카드 이용에 따른 증빙용으로 법인카드번호, 거래일시, 공급금액, 승인번호, 가맹점명, 가맹점 사업자번호 등이 구체적으로 기재되어 있는 등 신용카드 사용내역을 확인할 수 있는 신용카드 사용내역 확인서를 신용카드업자로부터 발급받는 경우에 동 신용카드 사용내역 확인서는 법인세법시행령 제158조 제4항에서 규정하는 신용카드 월별이용대금명세서에 해당하는 것임(서면법인-21936, 2015.5.28.)

⑩ 종업원 개인명의로 발급받은 신용카드매출전표 등의 정규지출증빙 해당 여부

법인의 비용을 신용카드로 결제하는 경우 원칙적으로 당해 법인의 명의로 발급 받은 것을 사용하여야 하나, 종업원 개인명의의 신용카드를 사용하고 매출전표를 수취한 경우에도 당해 법인의 업무와 직접 관련하여 사용된 것으로 인정되는 경우에는 기업업무추진비 등의 경우와 같이 손금불산입으로 달리 규정된 경우 외에는 법인의 비용으로 손금산입되고 정규지출증빙으로 인정되는 것임.

다만, 이 경우 당해 종업원에 대하여 조세특례제한법 제126조의 2의 규정에 의한 "신용카드 등 사용금액에 대한 소득공제"를 적용함에 있어 법인의 업무와 관련하여 사용한 금액은 당해 종업원의 신용카드사용금액으로 보지 아니하며, 지출한 복리후생비가 급여성격의 비용으로 보아 원천징수대상에 해당하는지는 별도로 사실판단 하여야 하는 것임(서면2팀-1090, 2005.7.14.; 법인세과-520, 2014.11.28.)

⑪ 기사 식대를 월단위 합산 지급시 지출증명서류 수취 및 보관의무 해당 여부

법인이 식사 용역을 제공받고 거래상대방으로부터 세금계산서 등이 아닌 영수증을 교부받는 경우에는 용역을 공급받은 때마다 영수증을 교부받아야 하는 것이며 그 용역의 대가를 월단위로 합산하여 정산하더라도 교부받은 영수증상의 거래 금액을 기준으로 지출증명불성실 가산세를 적용하는 것임(법인 2012-393, 2012.11.1.)

⑫ '실제로 재화 또는 용역을 공급하는 거래행위를 한 자'로부터 법정증빙서류를 미수취한 경우 증빙서류 미수취가산세를 적용함

'실제로 재화 또는 용역을 공급하는 거래행위를 한 자'로부터 법정증빙서류를 수취하지 아니한 경우에는 증빙서류 미수취 가산세 부과대상에 해당하고, 그 법인이 '실제로 재화 또는 용역을 공급하는 거래 행위를 한 자'가 아닌 자로부터 수취하였다고 하더라도 달리 볼 것은 아님(대법 2010두24654, 2012.4.26.)

⑬ 비영리법인에 대한 지출증빙서류 수취 불성실 가산세 적용 여부

비영리법인은 수익사업과 관련된 부분을 제외하고는 증명서류 수취 불성실 가산세가 적용되지 아니함(법규법인 2010-336, 2010.12.9.)

⑭ 신용카드단말기를 이용하여 발행한 영수증의 법인세법상 적격영수증 해당 여부

현금을 지급하고 영수증을 요구하여 음식점에서 신용카드단말기를 이용하여 영수증(현금영수증)을 발급한 경우 이는 법인세법상 적격영수증의 범위에 포함하지 않는 것임. 이 경우에 3만원을 초과하는 때에는 법인세법 제76조 제5항의 규정에 따라 증명서류 수취 불성실 가산세의 대상이 되는 것임(서면2팀-711, 2004.4.7.)

보론 정규증명서류와 지출증명서류합계표

1. 정규증명서류

(1) 법정 지출증명서류의 의의

법인이 사업과 관련하여 사업자로부터 재화 또는 용역을 공급받고 그 대가를 지급하는 경우에 정규증명서류를 받지 아니하거나 사실과 다른 증명서류를 받은 경우에는 가산세를 부과하며(법법 §76 ⑤), 납부할 세액에 가산하거나 환급받을 세액에서 공제한다(국기법 §47 ③).

(2) 정규증명서류의 종류

법적 정규증명서류는 다음과 같다(법법 §116 ②·③, 법령 §158 ③·④).

① 여신전문금융업법에 따른 신용카드 등의 매출전표 및 신용카드 및 직불카드 등의 월별 이용대금명세서

② 조세특례제한법 제126조의 3 제4항에 따른 현금영수증

③ 부가가치세법 제32조에 따른 세금계산서

- 세금계산서를 발급받지 못하여 부가가치세법 제34조의 2 제2항에 따른 매입자발행 세금계산서를 발행하여 보관한 경우에는 해당 매입자발행세금계산서

④ 법인세법 제121조 및 소득세법 제163조에 따른 계산서

- 계산서를 발급받지 못하여 제121조의 2에 따른 매입자발행계산서를 발행하여 보관한 경우에는 해당 매입자발행계산서

(3) 정규증명서류 수취대상 사업자

정규증명서류 수취대상 사업자란 다음의 자를 말한다. 다만, 사업자 여부는 사업자등록 여부와 상관없이 사실상의 사업자를 말하므로 주의하여야 한다(법령 §158).

① 법인

② 부가가치세법 제3조에 따른 사업자

③ 소득세법 제1조의 2 제1항 제5호에 따른 사업자 및 같은 법 제119조 제3호 및 제5호에 따른 소득이 있는 비거주자

(4) 정규증명서류 거래상대방의 구체적 내용

① 법인

법인의 범위에는 내국법인, 외국법인의 구분이 없이 적용된다. 다만, 예외적으로 다음의 하나에 해당하는 경우에는 법정 지출증명서류를 수취하지 아니하여도 가산세 규정이 적용되지 않는다.

수취제외 법인	내 용
비영리법인	• 비영리법인과의 거래에 있어서는 법정 지출증명서류 수취 규정이 적용되지 않지만 법인세법 제2조 제1항의 규정에 해당하는 수익사업과 관련된 부분의 거래에 대해서는 법정 지출증명서류를 수취하여야 한다. • 법정 지출증명서류를 수취하지 않아도 되는 거래는 조합비, 협회비, 기부금 등을 말한다.
국가 및 지방자치단체와의 거래	• 국가 또는 지방자치단체와의 거래시에는 법정 지출증명서류를 수취하지 아니하여도 가산세가 적용되지 않는다. • 법정 지출증명서류를 수취하지 않아도 되는 거래는 각종 세금과 공과금, 벌과금, 국유시설사용료, 화물입항료 등을 말한다.
금융보험업을 영위하는 법인	• 금융보험용역을 제공하는 경우에만 해당되므로 금융보험업을 영위하는 법인으로부터 부동산 등의 임차, 고정자산 매각거래 등의 경우에는 법정 지출증명서류를 수취하여야 한다. • 법정 지출증명서류를 수취하지 아니하여도 되는 거래는 어음할인료, 대출이자, 할부이자, 사채이자, 송금수수료, 환전수수료, 보험료, 신용카드수수료 등을 말한다.
국내사업장이 없는 외국법인	• 국내사업장이 없는 외국법인과의 거래에 대해서는 법정 지출증명서류 수취의무가 면제된다. • 외국법인과의 거래일지라도 국내사업장과 관련된 거래의 경우에는 법정 지출증명서류를 수취하여야 가산세 규정이 적용되지 않는다. • 법정 지출증명서류를 수취하지 아니하여도 되는 거래는 기술도입료 등을 말한다.

② 부가가치세법상의 사업자

부가가치세법 제3조 규정에 의한 사업자와의 거래에 있어서는 정규증명서류 수취 규정이 적용된다. 단, 읍·면지역에 소재하는 간이과세자로서 신용카드가맹점 또는 현금영수증가맹점이 아니 사업자는 정규증명서류 수취 대상에서 제외한다.

③ 소득세법상의 사업자

소득세법 제1조의 2 제5호 규정에 의한 사업소득자와 소득세법 제119조 제3호(국내에 부동산 또는 부동산의 권리와 국내에서 취득한 광업권 등의 양도·임대 등으로 발생한 소득)와 제5호(사업소득 등) 규정에 의한 사업소득이 있는 비거주자와의 거래에 있어서는 법정 지출증명서류를 수취하여야 한다. 다만, 소득세법 120조에 따른 국내사업장이 없는 비거주자는 제외한다.

(5) 사업자 유형별 지출증명서류의 발급과 수취

사업자 유형별로 발급할 수 있는 지출증명서류를 요약하면 다음과 같다.

- 과세사업자
  - 일반과세자
    - 소매업 등 최종소비자 대상업종 — 영수증
    - 상기 이외의 업종 — 세금계산서
  - 간이과세자
    - 소매업 등 최종소비자 대상업종 등* — 영수증
    - 상기 이외의 업종* — 세금계산서
- 면세사업자
  - 사업자 간의 거래 — 계산서
  - 최종소비자와의 거래 — 영수증
- 세관장 — 수입세금계산서

* 2021년 세법개정으로 간이과세자의 판정기준이 직전 사업연도 공급대가 4,800만원 미만에서 8,000만원 미만으로 개정되었고 2024년 7월부터는 1억 400만원으로 개정되었다. 이에 원칙적으로 간이과세자는 세금계산서 발급의무가 없었지만 직전년도 4,800만원 초과 1억 400만원(2024.6.30.까지는 8천만원) 미만인 간이과세자는 2021.7.1.부터 일반과세자와 동일하게 세금계산서를 발급해야 하는 것이 원칙이며 간이과세사업자 중 신규사업자와 직년 사업연도 공급대가가 4,800만원 미만인 사업자 그리고 주로 최종소비자와 거래하는 사업자는 영수증 발급의무가 있는 것이다. 본 교재에서는 이러한 간이과세자를 영수증 발급대상 간이과세사업자라고 부르기로 한다.

(6) 세금계산서 발급의무자

세금계산서의 발급의무자는 납세의무자로 등록한 일반과세사업자와 세금계산서 발급대상 간이과세사업자{직전년도 공급대가가 4,800만원 이상 1억 400만원(2024.6.30.까지는 8,000만원) 미만인 간이과세사업자를 말하는 것이며 2021.7.1.부터 발급대상임}이다. 이러한 사업자가 재화·용역을 공급하는 경우 세금계산서를 발급해야 하는 것이다. 영세율사업자도 세금계산서 발급의무가 있으나, 사업자등록을 하지 않은 자와 영수증 발급대상 간이과세자 그리고 면세사업자는 세금계산서를 발급할 수 없다.

(7) 영수증 발급사업자

영수증 발급의무 사업자는 (1) 주로 사업자가 아닌 최종 소비자에게 재화나 용역을 제공하는 사업자와 (2) 영수증 발급대상 간이과세자(직전연도의 공급대가의 합계액이 4,800만원 미만인 간이과세자 등을 말함)를 구체적으로 언급하면 다음과 같다(부가법 §36 ①, 부가령 §73 ①).

1) 주로 사업자가 아닌 최종소비자에게 재화나 용역을 제공하는 사업자

① 소매업

② 음식점업(다과점업을 포함)

③ 숙박업

④ 미용·욕탕 및 유사서비스업

⑤ 여객운송업

⑥ 입장권을 발행하여 영위하는 사업

⑦ 변호사업, 공인회계사업, 세무사업 등의 사업서비스업과 행정사업. 단, 사업자에게 공급하는 것은 제외한다.

⑧ 우정사업조직이 소포우편물을 방문접수하여 배달하는 용역을 공급하는 사업

⑨ 의료보건용역 중 국민건강보험법 제41조 제3항에 따라 요양급여의 대상에서 제외되는 다음의 진료용역을 공급하는 사업(성형외과의 과세용역)

㉠ 쌍꺼풀수술, 코성형수술, 유방확대 · 축소술(유방암 수술에 따른 유방 재건술은 제외한다), 지방흡인술, 주름살제거술, 안면윤곽술, 치아성형(치아미백, 라미네이트와 잇몸성형술을 말한다) 등 성형수술(성형수술로 인한 후유증 치료, 선천성 기형의 재건수술과 종양 제거에 따른 재건수술은 제외한다)과 악안면 교정술(치아교정치료가 선행되는 악안면 교정술은 제외한다)

㉡ 색소모반 · 주근깨 · 흑색점 · 기미 치료술, 여드름 치료술, 제모술, 탈모치료술, 모발이식술, 문신술 및 문신제거술, 피어싱, 지방융해술, 피부재생술, 피부미백술, 항노화치료술 및 모공축소술

⑩ 수의사가 제공하는 동물의 진료용역

축산물 위생관리법에 따른 가축에 대한 진료용역, 수산생물질병 관리법에 따른 수산동물에 대한 진료용역, 장애인복지법 제40조 제2항에 따른 장애인 보조견표지를 발급받은 장애인 보조견에 대한 진료용역, 국민기초생활 보장법 제2조 제2호에 따른 수급자가 기르는 동물의 진료용역에 해당하지 아니하는 것으로서 수의사가 제공하는 동물의 진료용역

⑫ 교육용역 중 무도학원 및 자동차운전학원

⑫ 전자서명법 제2조 제10호에 따른 공인인증기관이 같은 법 제15조에 따라 공인인증서를 발급하는 용역. 다만, 공급받는 자가 사업자로서 세금계산서 발급을 요구하는 경우는 제외한다.

⑬ 간편사업자등록을 한 사업자가 국내에 전자적 용역을 공급하는 사업

⑭ 주로 소비자에게 재화 또는 용역을 공급하는 다음의 사업

㉠ 도정업과 떡류 제조업 중 떡방앗간

㉡ 양복점업, 양장점업 및 양화점업

㉢ 주거용 건물공급업(주거용 건물을 자영건설하는 경우를 포함한다)

㉣ 운수업과 주차장 운영업

㉤ 부동산중개업

㉥ 사회서비스업과 개인서비스업

㉦ 가사서비스업

㉧ 도로 및 관련시설 운영업

㉨ 자동차 제조업 및 자동차 판매업

㉩ 주거용 건물 수리 · 보수 및 개량업

㉪ 그 밖에 ㉠부터 ㉩까지와 유사한 사업으로서 세금계산서를 발급할 수 없거나 발급하는 것이 현저히 곤란한 사업

2) 간이과세자

① 직전 연도의 공급대가의 합계액이 4,800만원 미만인 자. 단, 직전 과세기간에 신규로 사업을 시작한 개인사업자의 경우에는 사업 개시일부터 그 과세기간 종료일까지의 공급대가를 합한 금액을 12개월로 환산한 금액이 4,800만원 미만이어야 함

② 신규로 사업을 신청하는 개인사업자로서 간이과세자로 하는 최초의 과세기간 중에 있는 자

3) 영수증으로 보는 계산서

공급자의 등록번호 · 상호(법인은 법인명) 또는 성명(법인은 대표자 성명) · 공급대가 및 작성연월일이 기재된 다음의 계산서 등은 영수증으로 본다(부기통 32-73-1).

① 여객운송사업자가 발급하는 승차권 · 승선권 · 항공권

② 공연장 · 유기장의 사업자가 발급하는 입장권 · 관람권

③ 금전등록기계산서와 신용카드 가맹사업자가 발급하는 계산서

④ 전기사업법에 의한 전기사업자가 발급하는 비산업용 전력사용에 대한 영수증

⑤ 기타 1)~4)와 유사한 계산서

4) 간이과세자의 영수증 발급 적용기간

① 원칙

영수증 발급에 관한 규정이 적용되거나 적용되지 아니하게 되는 기간은 해의 1월 1일부터 12월 31일

까지의 공급대가의 합계액이 4천800만원에 미달하거나 그 이상이 되는 해의 다음 해의 7월 1일부터 그 다음 해의 6월 30일까지로 한다.

② 신규 간이과세자인 경우

신규로 사업자등록을 간이과세자로 신청한 간이과세자는 사업개시일부터 사업을 시작한 해의 다음 해의 6월 30일까지로 한다.

5) 영수증 발급사업자에게 세금계산서 발급을 요구하는 경우

① 원칙

소매업자 등 영수증 발급대상 사업자가 발급하는 영수증은 세금계산서 역할을 대신 할 수 있는 신용카드매출전표 등이 아니다. 따라서 영수증 발급대상 사업자와 거래하는 과세사업자는 영수증 발급대상 사업자가 발급한 영수증으로 매입세액공제를 받을 수 없으므로 매입세액공제를 받기 위해서는 세금계산서 또는 신용카드매출전표 등이 필요하다.

이에 부가가치세법은 공급받는 자의 거래상대방이 사업자등록증을 제시하고 세금계산서의 발급을 요구하는 때에는 영수증 발급사업자라도 세금계산서를 발급할 수 있도록 허용하고 있다.

② 예외

㉠ 미용 · 욕탕 및 유사서비스업

㉡ 여객운송업(전세버스운송사업은 제외)

㉢ 입장권을 발행하여 영위하는 사업

㉣ 성형외과의 과세용역

㉤ 수의사가 제공하는 동물의 진료용역(가축에 대한 진료용역, 수산동물에 대한 진료용역, 장애인 보조견표지를 발급받은 장애인 보조견에 대한 진료용역은 제외)

㉥ 무도학원과 자동차운전학원을 영위하는 사업자는 상대방(공급받는 자)이 세금계산서를 요구하는 경우에도 세금계산서를 발급할 수 없다. 이러한 용역은 개인적 소비에 의한 위한 것이므로 세금계산서의 발급을 금지하고 있는 것이다.

다만, 위에서 열거한 사업자가 감가상각자산 또는 해당 사업 외의 역무를 공급하는 경우에 공급받는 사업자가 해당 재화를 공급받은 날이 속하는 과세기간의 다음달 10일까지 세금계산서의 발급을 요구하는 경우에는 세금계산서를 발급해야 한다.

(8) 정규증명서류 수취대상 금액

공급받은 재화 또는 용역의 건당 거래금액(부가가치세를 포함)이 3만원(2020.12.31.까지 일반 기업업무추진비는 1만원, 거래처 경조사비는 20만원) 초과인 경우 세법에서 정하는 정규증명서류를 수취하여야 한다. 다만, 다음의 경우에는 증명서류불성실 가산세를 적용하지 아니한다(법인집행 76-120-1).

① 공급받은 재화 또는 용역의 건당 거래금액(부가가치세를 포함)이 3만원 이하인 경우 등 법인세법 제116조 제2항 단서에 따라 정규증명수취의무가 면제되는 거래의 경우

② 건당 3만원(2020.12.31.까지는 1만원) 초과 기업업무추진비(경조금의 경우에는 20만원 초과)로서 정규의 지출증명미수취로 인하여 손금에 산입하지 아니한 기업업무추진비

(9) 정규증명서류 수취특례 규정

회사가 사업과 관련하여 지출한 금액 중 3만원을 초과(2020.12.31.까지 기업업무추진비인 경우에는 1만원 초과)하는 금액에 대해서는 세법상 지출증명서류(세금계산서, 계산서, 신용카드매입전표, 현금영수증)를 수취하여야 하지만 법인세법 시행령 제128조 제2항과 법인세법 시행규칙 제79조의 경우에 해당되는 경우에는 예외적으로 정규증명서류를 수취

하지 않더라도 거래 사실관계만 정확하다면 필요경비로 인정받을 뿐만 아니라 가산세 부담 의무도 없다.

정규증명수취 특례가 적용되는 거래를 요약하면 다음과 같다(법령 §158 ① 및 ②, 법칙 §79).

수취특례구분	수취특례거래내용
1) 수취대상 제외 사업자와의 거래	① 국가 및 지방자치단체와의 거래 ② 비영리법인의 비수익사업부문과의 거래 ③ 소득세법 시행령 제208조의 2 제1항 제3호의 규정에 의한 금융 · 보험업 법인으로부터 금융 · 보험용역을 제공받은 경우 ④ 국내 사업장이 없는 외국법인 · 버거주자와의 거래 ⑤ 농 · 어민(법인 제외)으로부터 재화 또는 용역을 직접 공급받은 경우 ⑥ 소득세법 제127조 제1항 제3호에 규정된 원천징수대상 사업소득자로부터 용역을 공급받은 경우(원천징수한 것에 한한다)
2) 재화 또는 용역의 공급으로 보지 않는 거래	① 재화공급계약 · 용역제공계약 등에 의하여 확정된 대가의 지급지연으로 인하여 연체이자를 지급하는 경우 ② 조합 또는 협회에 지출하는 일반회비 (다만, 회비의 지급사유가 재화 또는 용역을 공급받은 대가로 지급하는 경우에는 법정 지출증명서류를 수취하여야 한다) ③ 판매장려금의 지급 ④ 임직원에게 지급하는 경조사비 등 ⑤ 부가가치세법 제10조의 규정에 의하여 재화의 공급으로 보지 아니하는 사업의 양도에 의하여 재화를 공급받은 경우
3) 거래장소에 따른 수취의무면제 거래	국외에서 재화 또는 용역을 공급받는 경우
4) 대가 지급방법에 관계없이 수취의무가 면제되는 거래	① 공급받은 재화 또는 용역의 건당 거래금액(부가가치세를 포함한다)이 3만원 이하인 경우 ② 항만공사법에 의한 항만공사가 공급하는 화물료 징수용역 ③ 부가가치세법 제26조 제1항 제8호에 따른 방송용역을 제공받은 경우 ④ 전기통신사업법에 의한 전기통신사업자로부터 전기통신용역을 공급받은 경우. 다만, 전자상거래 등에서의 소비자보호에 관한 법률에 따른 통신판매업자가 전기통신사업법에 따른 부가통신사업자로부터 동법 제4조 제4항에 따른 부가통신역무를 제공받는 경우를 제외한다. ⑤ 공매 · 경매 또는 수용에 의하여 재화를 공급받은 경우 ⑥ 토지 또는 주택을 구입하거나 주택의 임대업을 영위하는 자(법인을 제외한다)로부터 주택임대용역을 공급받은 경우 ⑦ 택시운송용역을 제공받은 경우

수취특례구분	수취특례거래내용
4) 대가 지급방법에 관계없이 수취의무가 면제되는 거래	⑧ 건물(토지를 함께 공급받은 경우에는 당해토지를 포함하며, 주택을 제외한다)을 구입하는 경우로서 거래내용이 확인되는 매매계약서사본을 법 제60조의 규정에 의한 법인세과세표준신고서에 첨부하여 납세지 관할세무서장에게 제출하는 경우 ⑨ 국세청장이 정하여 고시한 전산발매통합관리시스템에 가입한 사업자로부터 입장권 · 승차권 · 승선권 등을 구입하여 용역을 제공받은 경우 ⑩ 항공기의 항행용역을 제공받은 경우 ⑪ 부동산임대용역을 제공받은 경우로서 부가가치세법 시행령 제65조 제1항을 적용받는 전세금 또는 임대보증금에 대한 부가가치세액을 임차인이 부담하는 경우 ⑫ 한국철도공사법에 의한 한국철도공사로부터 철도의 여객운송용역을 공급받는 경우 ⑬ 유료도로법에 따른 유료도로를 이용하고 통행료를 지급하는 경우
5) 대가를 금융기관을 통하여 지급하고 경비등 송금명세서를 제출하는 거래	다음 어느 하나에 해당하는 경우로서 공급받은 재화 또는 용역의 거래금액을 금융실명거래 및 비밀보장에 관한 법률에 의한 금융기관을 통하여 지급한 경우로서 법 제60조의 규정에 의한 법인세과세표준신고서에 송금사실을 기재한 경비 등의 송금명세서를 첨부하여 납세지 관할세무서장에게 제출하는 경우 ① 부가가치세법 제61조(간이과세자)를 적용받는 사업자로부터 부동산임대용역을 제공받은 경우 ② 임가공용역을 제공받은 경우(법인과의 거래를 제외한다) ③ 운수업을 영위하는 자(부가가치세법 제61조를 적용받는 사업자에 한한다)가 제공하는 운송용역을 공급받은 경우(제7호의 규정을 적용받는 경우를 제외한다) ④ 부가가치세법 제61조를 적용받는 사업자로부터 조세특례제한법 시행령 제110조 제4항 각호의 규정에 의한 재활용폐자원 등이나 자원의 절약과 재활용촉진에 관한 법률 제2조 제2호에 따른 재활용가능자원(동법 시행규칙 별표 1 제1호 내지 제9호에 열거된 것에 한한다)을 공급받은 경우 ⑤ 항공법에 의한 상업서류 송달용역을 제공받는 경우 ⑥ 공인중개사의 업무 및 부동산 거래신고에 관한 법률에 따른 중개업자에게 수수료를 지급하는 경우 ⑦ 복권 및 복권기금법에 의한 복권사업자가 복권을 판매하는 자에게 수수료를 지급하는 경우 ⑧ 전자상거래 등에서의 소비자보호에 관한 법률 제2조 제2호 본문에 따른 통신판매에 따라 재화 또는 용역을 공급받은 경우 ⑨ 그 밖에 국세청장이 정하여 고시하는 다음의 경우 • 인터넷, PC통신 및 TV홈쇼핑을 통하여 재화 또는 용역을 공급받는 경우 • 우편송달에 의한 주문판매를 통하여 재화를 공급받는 경우

⑽ 증명서류의 보관

법인은 각 사업연도에 그 사업과 관련된 모든 거래에 관한 증명서류를 작성하거나 받아서 법인세법 제60조에 따른 신고기한이 지난 날부터 5년간 보관하여야 한다.

법인세법 제13조 제1호에 따라 각 사업연도 개시일 전 5년이 되는 날 이전에 개시한 사업연도에서 발생한 결손금을 각 사업연도의 소득에서 공제하려는 법인은 해당 결손금이 발생한 사업연도의 증명서류를 공제되는 소득의 귀속사업연도의 법인세법 제60조에 따른 신고기한부터 1년이 되는 날까지 보관하여야 한다(법법 §116 ①).

[참고] 지출증명서류의 보관에 갈음하는 경우

법인이 다음의 어느 하나에 해당 지출증명서류를 받은 경우에는 법인세법 제116조 제1항에 따라 지출증명서류를 보관한 것으로 보아 이를 별도로 보관하지 아니할 수 있다(법령 §158 ⑤).

① 조세특례제한법 제126조의 3 제4항에 따른 현금영수증
② 법인세법 제116조 제2항 제1호에 따른 신용카드매출전표
③ 부가가치세법 제32조 제3항 및 제5항에 따라 국세청장에게 전송된 전자세금계산서
④ 소득세법시행령 제211조 제8항에 따라 국세청장에게 전송된 전자계산서

법정 지출증명서류 수취에 대한 내용을 하나의 표[1]로 요약정리하면 다음과 같다.

<table>
<tr><th colspan="2" rowspan="2">1단계
지출성격</th><th rowspan="2">2단계
기준금액
검토
(VAT포함)</th><th colspan="2">3단계
기준금액별 수취증명</th><th colspan="2">4단계
기준금액별 법정 지출증명서류외
수취시 영향</th></tr>
<tr><th>기준금액
이하</th><th>기준금액
초과</th><th>기준금액 이하</th><th>기준금액 초과</th></tr>
<tr><td rowspan="2">접대비</td><td>경조사비</td><td>200,000원</td><td rowspan="3">법정지출 증명서류외 일반영수증 (예 : 간이영수증 등)도 모두 인정</td><td rowspan="3">법정지출 증명을 수취하여야 함</td><td rowspan="2">기업업무추진비 손금산입 한도내에서 손금으로 인정. 가산세 적용은 없음</td><td rowspan="2">손금한도초과여부 검토 전에 바로 부인하고 가산세 적용하지 않음</td></tr>
<tr><td>경조사비외</td><td>30,000원*</td></tr>
<tr><td colspan="2">기업업무추진비외 지출</td><td>30,000원</td><td>손금으로 인정하고, 가산세는 적용하지 않음</td><td>① 법정 지출증명서류 수취특례에 해당하는 경우 가산세 적용없고 손금인정
② 수취특례 대상이 아닌 경우 객관적인 거래사실, 대금지급사실 등을 입증시 손금으로</td></tr>
</table>

1) SmartA를 활용한 지출증빙, 김수종 저 참조

1단계 지출성격	2단계 기준금액 검토 (VAT포함)	3단계 기준금액별 수취증명		4단계 기준금액별 법정 지출증명서류외 수취시 영향	
		기준금액 이하	기준금액 초과	기준금액 이하	기준금액 초과
					인정하되 가산세 규정 적용함

* 2020.12.31.까지는 10,000원임

실무Tip_ 임직원명의의 신용카드

법정 지출증명서류 중 신용카드 등 영수증의 경우 기업업무추진비에 해당하는 경우에는 법인명의 신용카드 등 사용액의 영수증만을 인정하지만 기업업무추진비 외의 지출시에는 법인명의 신용카드 등 사용액은 물론, 임직원 명의 개인신용카드 등 사용액의 영수증도 법정 지출증명서류로 인정받을 수 있다.

2. 지출증명서류합계표

(1) 지출증명서류합계표 개요 및 제출 대상법인

직전 사업연도의 수입금액이 30억(2021.1.1. 이전 개시한 사업연도 분에 대해서는 20억) 이상으로서 지출증명서류를 수취하여 보관한 법인은 2017.1.1. 이후 개시하는 사업연도 분부터 지출증명서류합계표를 작성하여 보관하여야 한다(법령 §158 ⑥).

참고로 사업연도가 1년 미만인 법인의 경우 30억원에 해당 사업연도의 월수를 곱하고 12로 나누어 산출한 금액을 기준으로 지출증명서류합계표 제출 대상법인인지 여부를 결정한다. 예를 들면, 2024.4.1. 개업한 법인의 2024년 귀속 법인세 신고시 수입금액이 24억원인 경우 환산 수입금액은 32억원(=24억원×12개월÷9개월)이므로 해당 법인은 2025년 귀속 법인세 신고시 지출증명서류합계표 제출 대상법인이다.

(2) 지출증명서류합계표의 중요성

2010년부터 과세당국은 일명 무증빙 전산분석시스템을 활용하여 전체 지출비용 중 세금계산서 등의 지출증명서류를 수취한 금액의 비율이 어느 정도인지를 분석하여 가공경비로 지출한 금액에 대한 소명자료를 요구하고 있으며, 소득-지출분석시스템(PCI)을 활용하여 소득대비 지출이 어느 정도인지를 분석하여 소득대비 지출이 많은 경우 소득 누락에 대한 소명자료를 요구하기도 한다.

또한 과세당국은 법인세 신고도움 서비스와 법인세 신고에 대한 사후검증 안내에서 법인의 신용카드 지출내역을 분석하여 대표자의 거주지에서 토요일과 공휴일 등에 마트에서 사용한 건수와 금액, 피부과와 성형외과 등에서 법인 카드로 지출한 건수와 금액 등 업무와 무관하게 지출한 것으로 의심되는 항목에 대한 안내를 하고 있다.

위와 관련된 국세청에서 제시하고 있는 유의사항을 간략하게 소개하면 다음과 같다.

※ 국세청 법인세 신고시 성실신고 지원 항목 중 발췌[2)]

① 정규증빙 수취대상 계정과목에 대한 원가계상 적정 여부
→ 대차대조표, 손익계산서, 부속명세서의 계정과목 중 정규증빙 수취대상인 임차료, 수수료, 외주비 등에 대해 정규증빙 없이 과다하게 계상한 경우, 관련 비용에 대하여 손금 부인 후 소득귀속에 따라 대표자 상여처분 등
→ '지출증명서류 수취 검토서식'을 활용 · 검토

② 법인의 업무목적 이외 신용카드 등 사용 여부
→ 법인신용카드 · 직불카드 등 사용 자료 중 피부미용실, 성형외과, 해외여행 등 업무와 관련 없는 경비를 복리후생비, 수수료 계정 등으로 회계처리한 비용이 있는 경우 손금부인 후 소득귀속에 따라 대표자 상여처분 등
→ '신용카드 및 상품권 등 사용내역 검토서식'을 활용 · 검토

실무Tip_ 지출금액의 적정성 여부를 확인하기 위한 국세청 전산시스템

지능적 탈세가 증가되고 있는 상황에서 국세청 역시 이를 막기 위한 국세청의 세무조사 기법이 정교해져 가고 있으므로 납세의무자 역시 소득세 등 신고시 면밀한 분석을 통하여 이에 대한 대비를 하여야 할 것이다.
국세청이 활용하고 하고 있는 전산시스템을 소개하면 다음과 같다.

1. 국세정보통합관리시스템(TIMS, Tax Integrated Management System)
납세자가 신고한 부가가치세 신고서, 종합소득세 신고서, 법인세 신고서 등 각종 신고서의 탈세 제보 내용을 분석하고 관리하는 시스템으로 국세청 시스템 중 가장 오래된 분석시스템으로 실시간 과세 정보 분석, 법인과 개인의 세금 회피 패턴 분석, 전자세금계산서와 현금영수증의 실시간 분석, 법인과 개인의 자금 흐름 추적 그리고 AI 빅데이터 기반 세무조사 대상 선별 등을 업무를 처리한다.

2. 무증빙 전산분석시스템
사업자의 비용계정항목과 각종 증빙의 차액을 확인하는 분석시스템으로 지출금액 중 세금계산서 등의 법정지출증명서류 지출금액이 차지하는 비율 등을 분석하여 가공비용 처리 여부를 검토한다.

3. 소득－지출 분석시스템(PCI, Property, Consumption and Income Analysis System)
개인사업자의 자산 증가액(부동산, 주식, 회원권 등)과 소비지출(신용카드 내역, 해외 출입국 내역 등) 대비 사업소득 신고 소득금액을 비교하여 탈루 혐의 금액을 추징하는 시스템으로 사업소득대비 지출이 많은 경우 사업소득의 누락혐의가 적용되어 우선 조사대상자로 선정될 가능성이 있다.
따라서 개인사업자는 소득률이 매우 중요한 신고 확인사항이므로 소득세 신고 전 소득률이 일반 동종업종보다 낮다면 그 원인을 파악할 필요가 있다.

---

2) 국세청 홈페이지 → 국세신고안내 → 법인신고안내 → 신고시 유의할 사항에서 확인 가능

4. 금융정보 분석 시스템(FIU, Financial Intelligence Unit)
2014년 국세청은 FIU 정보통합분석시스템 구축 완료를 보고하였다. FIU는 은행사, 보험사 그리고 저축은행 등의 금융 기관으로부터 금융 정보를 전달받아 세금 탈루, 조세 포탈, 차명 계좌 등의 혐의 여부를 분석하는 시스템이다.

5. 신고성실도 분석시스템(CAF, Compliance Analysis Function)
국세청은 평가대상 법인과 개인을 비슷한 매출액 규모, 동일 업종별로 그룹화하여 성실도를 평가하는 시스템이다.
상대평가(법인세 등 각종 세금신고내역과 재무제표 등에서 업종별 원가비율, 세금부담률 등을 동일 업종끼리 비교 평가하는 방식)와 절대평가(대표적인 세금탈례 사례 등을 기준으로 특수관계자 간의 재산 변동 상황, 소비수준 등을 평가하는 방식) 방식으로 세무조사를 선정한다.

6. 첨단탈세방지센터(FAC, Forensic & Anti-evasion Center)
2011년부터 국세청은 IT산업발전, 금융거래기법 혁신, 국제거래 증가 등 기업환경변화에 빠르게 고도화 · 지능화되는 첨단 탈세에 대응하기 위해 첨단탈세방지센터(FAC)를 발족하여 신종 금융거래기법을 이용한 탈세수법 색출, 사이버거래 상시 모니터링과 세무검증, 과학적 과세증거자료 확보 업무 등을 수행하고 있다.

7. AI 세무조사
국세청은 기존의 세금 분석을 할 수 있는 여러 가지 전산시스템과 더불어서 'AI빅데이터 기반 탈세 분석 · 적발 시스템을 도입하고 AI를 세무조사에도 활용하겠다고 24년 9월에 발표하였다.
AI 세무조사는 데이터 분석과 세금신고의 패턴 인식으로 추정되므로 세금신고를 하는 납세의무자 역시 AI를 활용하여 이러한 분석대상에 해당되지 않도록 보다 정교한 세금신고를 하여야 할 것으로 판단된다.

법인세법 시행규칙 [별지 제77호 서식] (앞쪽)

사 업 연 도	. . . ~ . . .	지출증명서류 합계표 [ ]일반법인, [ ]금융 · 보험 · 증권업 법인	법인명	
			사업자등록번호	

1. 표준 계정과목별 지출증명서류 수취금액

계정과목			지출증명서류 수취금액						⑩ 수취제외대상금액	⑪ 차이 (③-④-⑩)
① 코드	② 과목명	③ 금액	④ 계 (⑤+⑥+⑦+⑧+⑨)	신용카드 등		⑦ 현금영수증	⑧ 세금계산서	⑨ 계산서		
				⑤ 법인	⑥ 개인					
⑫ 소 계										

2. 표준손익계산서 계정과목별 지출증명서류 수취금액

계정과목			지출증명서류 수취금액						㉒ 수취제외대상금액	㉓ 차 이 (⑮-⑯-㉒)
⑬ 코드	⑭ 과목명	⑮ 금액	⑯ 계 (⑰+⑱+⑲+⑳+㉑)	신용카드 등		⑲ 현금영수증	⑳ 세금계산서	㉑ 계산서		
				⑰ 법인	⑱ 개인					
㉔ 소 계										

3. 표준손익계산서부속명세서(제조 · 공사원가 등) 계정과목별 지출증명서류 수취금액

계정과목				지출증명서류 수취금액						㉟ 수취제외대상금액	㊱ 차이 (㉘-㉙-㉟)
㉕ 구분	㉖ 코드	㉗ 과목명	㉘ 금액	㉙ 계 (㉚+㉛+㉜+㉝+㉞)	신용카드 등		㉜ 현금영수증	㉝ 세금계산서	㉞ 계산서		
					㉚ 법인	㉛ 개인					
㊲ 소 계											

4. 합계금액

㊳ 합 계(1+2+3)											

210mm×297mm[백상지 80g/㎡ 또는 중질지 80g/㎡]

(뒤쪽)

작 성 방 법

※ 각 사업연도에 계상한 자산 · 비용 중 지출증명서류 수취대상 거래가 있는 계정의 금액에서 법인세법 제116조 제2항에 따른 지출증명서류 수취금액을 공제한 차이금액을 작성해야 합니다.

1. 표준 계정과목별 지출증명서류 수취금액
   가. 해당 사업연도에 계상한 자산에 대하여 작성합니다.
   나. 계정과목(①~③란) : 해당 사업연도에 추가로 계상한 자산에 대하여 표준표(별지 제3호의 2 서식)의 각 계정과목별 코드, 계정과목명, 금액(해당 사업연도 취득금액)을 적습니다.
   다. 지출증명서류 수취금액(④~⑨란) : 각 계정과목별로 신용카드 매출전표등 「법인세법」 제116조 제2항 각 호의 지출증명서류 수취금액을 적습니다. 다만, 개인 신용카드 등(⑥)의 경우에는 법인 업무용으로 사용된 것으로 「법인세법」상 인정되는 것에 한정하여 적습니다.
   라. 수취 제외대상금액(⑩란) : 지출증명서류 수취대상 거래가 아닌 유가증권, 대여금, 이자비용 등 관련 거래금액을 적습니다.(㉒,㉟ 동일)

2. 표준손익계산서 계정과목별 지출증명서류 수취금액
   가. 해당 사업연도에 계상한 비용에 대하여 작성합니다.
   나. 계정과목(⑬~⑮란) : 해당 사업연도에 계상한 비용에 대하여 표준손익계산서(별지 제3호의 3 서식)의 각 계정과목별 코드, 계정과목명, 금액(손익계산서 금액)을 적습니다.
   다. 지출증명서류 수취금액(⑯~㉑란) : 각 계정과목별로 신용카드 매출전표등 「법인세법」 제116조 제2항 각 호의 지출증명서류 수취금액을 적습니다. 다만, 개인 신용카드 등(⑱)의 경우에는 법인 업무용으로 사용된 것으로 「법인세법」상 인정되는 것에 한정하여 적습니다.
   라. 표준손익계산서(일반법인용)의 당기총원가(코드 44)의 경우 표준손익계산서 부속명세서 각 계정과목별로 "3.표준손익계산서 부속명세서 계정과목별 지출증명서류 수취금액"에 적습니다.

3. 표준손익계산서 부속명세서 계정과목별 지출증명서류 수취금액
   가. 해당 사업연도에 계상한 비용에 대하여 작성합니다.
   나. 구분(㉕란) : 해당 부속명세서에 따라 아래의 코드를 적습니다.

구분	제조	공사	임대	분양	운송	기타
코드	41	42	43	44	45	46

   다. 계정과목(㉕~㉘란) : 해당 사업연도에 계상한 비용에 대하여 "부속명세서[별지 제3호의 3(3) 서식]"의 각 계정과목별 코드, 계정과목명, 금액(부속명세서 금액)을 적습니다.
   라. 지출증명서류 수취금액(㉙~㉞란) : 각 계정과목별로 신용카드 매출전표등 「법인세법」 제116조 제2항 각 호의 지출증명서류 수취금액을 적습니다. 다만, 개인 신용카드 등(㉛)의 경우에는 법인 업무용으로 사용된 것으로 「법인세법」상 인정되는 것에 한정하여 적습니다.

(3) 법인 신용카드 관련 사후검증 사례*

회사 법인카드로 피부미용실이나 성형외과에서 결제했다면 어떻게 될까. 이런 회사는 올해 4월 이후 거의 100% 세무조사를 받게 된다. 국세청은 올해부터 가공경비 계상, 법인카드 부당사용, 부당공제감면 등 탈루 · 오류가 자주 발생하는 항목을 6만개 법인에게 우편과 홈택스 쪽지함을 통해 개별 제공하기로 했다고 26일 밝혔다.

국세청이 법인세 납부 오류 및 탈세 가능성 있는 업체에 사후검증 · 세무조사에 활용하는 전산분석자료를 발송한 것은 이번이 처음이다. 올해부터 사후에 조사 벌이는 방식에서 자발적인 성실신고 체제로 전환하면서 부가가치세에 이어 법인세 관련 자료도 제공하기로 하면서다. 그동안 기업들은 애매한 부분은 자발적으로 세금납부 대상에 포함시키지 않았으나 올해부터는 국세청이 사전에 신고할 항목을 통지해줌에 따라 이에 맞춰 자발적으로 신고해야 한다. 국세청은 업종별 조사적출사례 · 특수거래 유형별 유의사항을 관련 법인에게 제공했다. 구체적으로 안내했는데 납세 대상에 누락시키면 어느 때보다 강도 높은 세무조사가 실시될 예정이다. 법인세는 다음달 31일까지 신고납부한다.

국세청 관계자는 "법인 신용카드 사용액 가운데 피부미용실 · 성형외과 등 사적 사용내역이 있거나 지출증빙 없는 경비자료, 공제 · 감면 부적정 자료 역시 사후검증을 통한 세무조사의 대상이 된다"고 말했다. 국세청은 사후검증 대상자 선정에 활용하고 있는 중점검증항목 25개와 '지출증빙서류 검토표', 공제감면 자체검토 서식 역시 처음으로 제공한다. 납세자가 이를 숙지해 성실신고 여부를 자기검증 할 수 있도록 하기 위해서다. 연구개발(R&D)세액공제 · 고용창출투자세액공제 · 중소기업요건과 관련해서도 허위 기록은 중점적으로 검증을 받게 된다. 송바우 국세청 법인세과장은 "신고후 성실하게 신고하지 않은 법인에 대해서는 3월 31일 법인세 신고 후에 엄정하게 시정할 것"이라고 말했다.

* 출처 : 중앙일보 2015년 2월 26일 인터넷 기사 '피부미용실, 성형외과에서 법인카드 썼다면…세무조사 자초' 내용 발췌

7. 신용카드 및 현금영수증 발급 불성실 가산세

1) 신용카드 발급 불성실 가산세

구 분	내 용
적용요건	신용카드가맹점이 신용카드 매출전표의 발급을 거부하거나 사실과 다르게 발급한 경우
가산세액	건별 발급거부금액(건별로 사실과 다르게 발급한 금액)×5% * 건별로 계산한 금액이 5천원 미만이면 5천원으로 하고 이 경우 산출세액이 없는 경우에도 가산세를 징수함.
근거법령	법인세법 제75조의 6 ①

1)-1. 실무적용사례

① 신용카드사가 가맹수수료에 대해 계산서를 발급하지 않은 경우 계산서 미발급 가산세 적용 여부
금융 및 보험업을 영위하는 법인은 금융 및 보험업과 관련한 재화 또는 용역을 공급하는 때에 영수증을 발급할 수 있으며, 영수증을 발급하지 않은 경우에도 계산서 미발급에 관한 가산세를 적용하지 아니하나, 이를 공급받은 사업자가 사업자등록증을 제시하고 계산서 발급을 요구하는 때에는 계산서를 발급하여야 함(법규-1014, 2014.9.19.)

② 다른 사업자의 매출에 대하여 신용카드 매출전표를 발행한 경우 신용카드 매출전표 발급불성실 가산세 징수 여부
체육시설의 설치·이용에 관한 법률에 따른 체육시설 운영사업자가 판매시점정보관리시스템을 운영하는 방법으로 다른 사업자의 매출과 합산하여 매출전표를 발급하는 경우 신용카드 매출전표 발급불성실 가산세를 부과하지 않음(기획재정부 법인-82, 2009.2.4.)

참고 신용카드 매출전표의 발급 관련 법령 내용 정리

1. 신용카드가맹점의 가입대상법인
신용카드가맹점의 가입대상자는 주로 사업자가 아닌 소비자에게 재화 또는 용역을 공급하는 법인으로서 업종 등을 고려하여 소득세법시행령 [별표 3의 2]에 따른 '소비자상대업종'을 영위하는 법인을 말한다(법령 §159 ①, 법집행 117-159-1).
✎ 신용카드 가맹대상 업종은 소령 [별표3의 2]를 참고할 것

2. 신용카드가맹점의 의무
신용카드가맹점(신용카드가맹점의 가입대상자를 말함)은 사업과 관련하여 신용카드에 의한 거래를 이유로 재화 또는 용역을 공급하고 그 사실과 다르게 신용카드 매출전표를 발급하여서는 아니 된다(법법 §117 ②).
* 유통산업발전법 제2조에 따른 대규모 점포 등 조세특례제한법 제5조의 2 제1호의 전사적기업자원관리설비 또는 유통산업발전법 제2조 제12호의 판매시점정보관리시스템 설비를 설치·운영하는 방법으로 다른 사업자의 매출과 합산하여 신용카드 매출전표를 발급하는 경우에는 사실과 다르게 발급한 것으로 보지 아니한다(법법 §117 ② 단서, 법령 §159 ②·③).

3. 신용카드 매출전표의 발급을 거부당한 자 등의 신고
신용카드가맹점으로부터 신용카드에 의한 거래가 거부되거나 사실과 다르게 신용카드 매출전표를 발급받은 자가 신고하려는 때에는 다음의 사항이 포함된 신고서에 관련사실을 증명할 수 있는 서류 또는 자료를 첨부하여 그 거래가 거부되거나 사실과 다르게 발급받은 날부터 1개월 이내에 국세청장·지방국세청장 또는 세무서장에게 제출하여야 한다. 다만, 증명서류 및 자료의 첨부는 가능한 경우에 한한다(법법 §117 ③, 법령 §159 ④). 신고를 받은 자는 신용카드가맹점의 납세지관할세무서장에게 이를 통보하여야 하며 납세지관할세무서장은 해당 사업연도의 신고금액을 그 사업연도 종료 후 2개월 이내에 해당 신용카드가맹점에 통보하여야 한다(법법 §117 ④, 법령 §159 ⑤).
① 신고자성명

② 신용카드가맹점 명칭
③ 신용카드에 의한 거래가 거부되거나 사실과 다르게 발급받은 일시 · 거래내용 및 금액

2) 현금영수증 불성실 가산세

구 분	내 용
적용요건	① 현금영수증가맹점으로 가입하여야 할 법인이 가입하지 아니하거나 가입기한이 지나서 가입한 경우 ② 현금영수증가맹점이 건당 5천원 이상의 거래금액에 대하여 현금영수증 발급을 거부하거나 사실과 다르게 발급한 경우 ③ 현금영수증을 발급하지 아니한 경우(국민건강보험법에 따른 보험급여의 대상인 경우 등은 제외)
가산세액	①의 경우 : 가맹하지 않은 사업연도의 수입금액×1%×미가입비율 * 둘 이상의 업종을 하는 법인인 경우에는 소비자상대업종에서 발생한 수입금액만 해당하며 전자세금계산서와 전자계산서 발급분은 제외함 * 미가입비율=미가맹사업연도 전체수입금액×(현금영수증 가입요건에 해당하는 날부터 3개월이 지난 날의 다음날부터 가맹한 날의 전일까지의 일수÷사업연도 전체일수).해당 기간이 2 이상의 사업연도에 걸쳐 있는 경우 각 사업연도 별로 적용함(법령 §120 ⑦) ②의 경우 : 건별 발급거부금액 또는 건별로 사실과 다른 금액×5% * 건별로 계산한 금액이 5천원에 미달하는 경우에는 5천원으로 하고, 이 경우 산출세액이 없는 경우에도 가산세를 징수함. ③의 경우 : 미발급금액의 20% 단, 착오나 누락으로 인하여 거래대금을 받은 날부터 10일(2019.1.1.부터 2021.12.31.까지는 7일이고, 2022.1.1. 전에 세무서에 자진 신고하거나 현금영수증을 발급한 경우 7일임) 이내에 관할세무서에 자진 신고하거나 현금영수증을 자진 발급한 경우에는 10%로 함.
근거법령	법인세법 제75조의 6 ②

✎ 현금영수증을 미발급한 경우는 종전까지는 조세범 처벌법에 따라 과태료를 부과하였지만, 2019년부터는 법인세법으로 조문을 이관하면서 가산세로 전환하고, 발급의무 위반에 대한 제재수준을 거래금액의 50퍼센트에서 20퍼센트로 완화한 것임.

2)-1. 실무적용사례

① 사실과 다른 세금계산서를 발급하고 현금영수증을 발급하지 아니한 경우 금영수증 미발급 가산세 적용대상인지 여부

현금영수증 의무발급업종을 경영하는 내국법인이 건당 거래금액(부가가치세액 포함)이 10만원 이상인 재화 또는 용역을 공급하고 그 대금을 현금으로 받은 거래에 대하여 사실과 다른 세금계산서를 발급하고 현금영수증을 발급하지 아니한 경우 현금영수증미발급 가산세가 부과

되는 것임(기준법규법인 2024-90, 2024.7.31.).

② 청구법인의 대표이사 개인계좌로 입금된 쟁점매출누락금액에 대하여 세금계산서 미발급 가산세가 아닌 현금영수증 미발급 가산세를 부과한 처분의 당부

청구법인의 사업은 한국표준산업분류상 '중고자동자 소매업 및 중개업'으로서 관련 법령에 따라 현금영수증 의무발행업종에 해당하므로 중고자동차 등을 판매(건당 OOO원 이상)하고 그 대금을 현금으로 받은 경우에 상대방 요청이 없어도 현금영수증을 발급해야 하며 이를 위반할 경우 현금영수증 미발급 가산세가 부과되는 점, 세금계산서 교부는 현금영수증 발급의무를 면제시켜주는 보충적 수단으로서 세금계산서 과소교부 시 현금영수증 발급의무 전부가 면제된다고 보기 어려운 점 등에 비추어, 처분청이 쟁점매출누락금액에 대하여 현금영수증 미발급 가산세를 부과한 이 건 처분은 달리 잘못이 없는 것으로 판단됨(조심 2024전318, 2024.3.19.).

✎ 세금계산서 미발급가산세는 미발급 공급가액의 2%이지만 현금영수증 미발급 가산세는 미발급금액의 20%이므로 가산세의 차이가 10배 차이가 발생된다.
이에 현금영수증 발급대상자는 매출대금 전체에 대해서 전자 세금계산서 또는 전자 계산서를 발급하여야 하며 만약 매출대금 중 일부금액에 대해서 세금계산서 등이 발급되지 않는 경우라면 미발급금액에 대해서 반드시 현금영수증을 발급하여야 할 것이다.

③ 현금영수증 발급을 계산서 작성으로 보는지 여부

농수산물 중도매업을 경영하는 법인 또는 개인사업자가 소득세법 제163조 제1항 또는 법인세법 제121조 제1항에 따라 재화 또는 용역을 공급하고 계산서 또는 현금영수증을 발급할 수 있는 것이며, 그 현금영수증 발급분에 대해서는 소득세법 제81조 또는 법인세법 제76조에 따른 계산서를 발급하지 아니한 것에 대한 가산세 부과대상에서 제외되는 것임(서면전자세원-2874, 2016.2.4.).

④ 현금영수증가맹점 지연가입시 가산세 부과방법

현금영수증가맹점으로 가입하여야 할 법인이 기한 내에 가입하지 아니하는 경우 적용되는 가산세는 가맹하지 아니한 사업연도 수입금액의 1천분의 5에 상당하는 금액을 가산하여 징수하는 것입니다. 이때 "수입금액"이란 미가맹 또는 지연가입한 사업연도의 전체 수입금액을 의미하는 것임(기획재정부 법인-452, 2010.6.11.)

보론 현금영수증

1. 현금영수증가맹점의 가입대상법인

현금영수증가맹점가입대상자는 주로 사업자가 아닌 소비자에게 재화 또는 용역을 공급하는 사업자로서 대통령령으로 정하는 요건에 해당하는 법인은 그 요건에 해당하는 날이 속하는 달의 말일부터 3개월 이내에 현금영수증가맹점으로 가입하여야 한다(법법 §117의 2 ①, 법령 §159의 2 ①).

* '대통령령으로 하는 요건'이란 법인세법시행령 제159조 제1항에 따라 소득세법시행령 [별표 3의 2]에 따른 소비자대상업종을 영위하는 법인(소득세법시행령 [별표 3의 2]에 따른 '소비자대상업종'은 8. 신용카드발급불성실 가산세를 참조)

다만, 현금영수증가맹점으로 가입하기 곤란한 다음의 법인은 현금영수증가입대상에서 제외한다(법법 §117의 2 ③ 단서, 법령 §159의 2 ①·②, 법칙 §79의 2).

- 국가 및 지방자치단체
- 항공운송업을 영위하는 법인(외국을 항행하는 항공기 안에서 영위하는 소매업만 해당함)
- 법인세법 제117조의 2 제3항 단서에 따라 사실과 다르게 발급한 것으로서 보지 아니하는 사업자를 통하여 현금영수증을 발급하는 법인

2. 현금영수증의 발급의무

⑴ 일반법인

① 현금영수증의 발급을 요청받은 경우

법인세법시행령 제159조 제1항에 따른 소득세법시행령 [별표 3의 2]의 소비자대상업종으로서 현금영수증가맹점에 가입한 자는 거래금액 1원 이상으로서 사업과 관련하여 재화 또는 용역을 공급하고 그 대금을 현금으로 받은 경우에 거래상대방이 현금영수증의 발급을 요청한 경우에는 이를 거부하거나 사실과 다르게 발급하여서는 아니 된다(법법 §117의 2 ③, 법령 §159의 2 ①·⑥).

* 법인세법시행령 제159조 제2항에 따른 유통산업발전법 제2조에 따른 대규모 점포 또는 체육시설의설치·이용에관한법률 제3조에 따른 체육시설을 운용하는 사업자가 판매시점정보관리시스템을 설치·운영하는 등의 방법으로 다른 사업자의 매출과 합산하여 현금영수증을 발급하는 경우에는 사실과 다르게 발급한 것으로 보지 아니한다(법법 §117의 2 ③ 단서 후단).

② 현금영수증의 발급을 요청하지 아니한 경우

현금영수증가맹점으로 가입한 법인은 그로부터 재화 또는 용역을 공급받은 상대방이 현금영수증의 발급을 요청하지 아니하는 경우에도 현금영수증을 발급할 수 있다(법법 §117의 2 ⑦).

⑵ 사업서비스업 등 의무발행업종 법인

소득세법시행령 [별표 3의 3]에 따른 업종을 경영하는 내국법인은 건당 거래금액(부가가치세를 포함)이 10만원 이상인 재화 또는 용역을 공급하고 그 대금을 현금으로 받은 경우에는 상대방이 현금영수증의 발급을 요청하지 아니하더라도 영수증을 발급하여야 한다(법법 §117의 2 ④ 본문, 법령 §159의 2 ⑤).

✎ 소비자가 현금영수증 발급을 원하지 아니할 경우에는 무기명으로 발급할 수 있다(법령 §159의 2 ⑧).

✎ 현금영수증 의무발행업종은 소득세법 시행령 [별표3의 3]을 참고바람

3. 현금영수증 발급의무 면제

⑴ 항공운송업을 하는 법인

현금영수증 발급이 곤란한 항공운송업을 하는 법인이 항공기에서 재화를 판매하는 경우에는 현금영수증을 발급하지 아니할 수 있다(법법 §117의 2 ③ 단서, 법령 §159의 2 ②).

⑵ 계산서·세금계산서를 교부한 경우

법인이 법인세법 제111조, 소득세법 제168조 또는 부가가치세법 제8조에 따라 사업자등록을 한 자에게 재화 또는 용역을 공급하고 법인세법 제121조, 소득세법 제163조 또는 부가가치세법 제32조에 따라 계산서·세금계산서를 발급한 경우에는 현금영수증을 발급하지

아니할 수 있다(법법 §117의 2 ④ 단서).

4. 현금영수증 발급을 거부당한 자 등의 신고

현금영수증가맹점 또는 현금영수증을 발급해야 하는 내국법인으로부터 현금영수증의 발급이 거부되거나 사실과 다르게 현금영수증을 발급받은 자는 다음 각 호의 사항이 포함된 신고서에 그 발급이 거부되거나 사실과 다르게 발급받은 경우에는 국세청장 · 지방국세청장 또는 세무서장에게 신고할 수 있으며(법법 §117의 2 ⑤) 신고를 받은 자는 현금영수증가맹점의 납세지관할세무서장에게 이를 통보하여야 하며 납세지관할세무서장은 해당 사업연도의 신고금액을 해당 신용카드가맹점에 통보하여야 한다(법법 §117의 2 ⑥, 법령 §159의 2 ⑦).

- 신고자 성명
- 현금영수증가맹점 현금영수증을 발급해야 하는 내국법인의 상호
- 현금영수증의 발급이 거부되거나 사실과 다르게 발급받은 일자 · 거래내용 및 금액

참고 신용카드가맹점과 현금영수증가맹점에 대한 명령위반사항에 대한 과태료

1. 신용카드 가맹점 명령위반사항에 대한 과태료

국세청장은 신용카드가맹정에 가입한 법인에게 신용카드에 의한 거래를 거부하거나 신용카드 매출전표를 사실과 다르게 발급한 신용카드가맹점에 대하여 그 시정에 필요한 명령을 할 수 있고 이를 위반한 법인에게 2천만원 이하의 과태료를 부과 · 징수한다(법법 §124 1호).

2. 현금영수증 가맹점 명령위반사항에 대한 과태료

국세청장은 현금영수증가맹점으로 가입한 법인에게 현금영수증 발급 요령, 현금영수증가맹점 표지 게시방법 등 현금영수증가맹점으로 가입한 법인이 준수하여야 할 사항과 관련하여 필요한 명령을 할 수 있고 이를 위반한 법인에게 2천만원 이하의 과태료를 부과 · 징수한다(법법 §124 2호).

3. 과태료의 부과기준(법령 §167 ①, 법령 별표2)

위반행위	과태료 금액
3. 법 제117조 제5항에 따른 신용카드가맹점에 대한 명령사항을 위반한 경우	신용카드에 의한 거래를 거부하거나 신용카드 매출전표를 사실과 다르게 발급한 금액의 20%(2천만원 한도)
4. 법 제117조의 2 제8항에 따른 현금영수증가맹점에 대한 다음 각 목의 명령사항을 위반한 경우	
가. 현금영수증을 발급하지 않거나 사실과 다르게 발급한 경우에 대한 명령	현금영수증을 발급하지 않거나 사실과 다르게 발급한 금액의 20%(2천만원 한도)
나. 그 밖의 명령	건별 50만원

✎ 납세지관할세무서장은 위반 정도, 위반 횟수, 위반행위의 동기 및 그 결과 등을 고려해 과태료 금액의 2분의 1의 범위에서 그 금액을 줄이거나 늘릴 수 있지만, 과태료 금액을 늘리는 경우에는 과태료 금액의 상한을 넘을 수 없다(법령 §167 ②).

8. 지급명세서 등 제출 불성실 가산세

<table>
<tr><th>구 분</th><th>내 용</th></tr>
<tr><td>적용요건</td><td>지급명세서 또는 간이지급명세서를 제출하여야 할 내국법인이 그 제출기한까지 제출하지 아니하였거나 제출된 지급명세서가 불분명한 경우에 해당하는 경우</td></tr>
<tr><td>가산세액[*8]</td><td>
① 명세서를 기한까지 제출하지 아니한 경우[*1]
■ 지급명세서인 경우
<table>
<tr><th>구 분</th><th>내 용</th></tr>
<tr><td>일용근로소득 외 소득</td><td>제출하지 않은 분의 지급금액의 1%
(제출기한이 지난 후 3개월 이내에 제출 시 0.5%)</td></tr>
<tr><td>일용근로소득</td><td>제출하지 않은 분의 지급금액의 0.25%
(제출기한이 지난 후 1개월 이내에 제출 시 0.125%)</td></tr>
</table>
■ 간이지급명세서의 경우[*4]
<table>
<tr><th>구 분</th><th>내 용</th></tr>
<tr><td>근로소득</td><td>제출하지 않은 분의 0.25%[*2]
단, 3개월 이내 제출시 0.125%[*3]</td></tr>
<tr><td>사업소득, 인적용역 관련 기타소득</td><td>제출하지 않은 분의 0.25%[*2]
단, 1개월 이내 제출시 0.125%[*3]</td></tr>
</table>
② 제출된 명세서가 불분명한 경우에 해당하거나 제출된 명세서에 기재된 지급금액이 사실과 다른 경우[*5]
■ 지급명세서인 경우[*6]
<table>
<tr><th>구 분</th><th>내 용</th></tr>
<tr><td>일용근로소득 외 소득</td><td>불분명하거나 사실과 다른 분의 지급금액의 1%</td></tr>
<tr><td>일용근로소득</td><td>불분명하거나 사실과 다른 분의 지급금액의 0.25%</td></tr>
</table>
■ 간이지급명세서인 경우[*7]
불분명하거나 사실과 다른 분의 지급금액×0.25%
</td></tr>
<tr><td>가산세 한도</td><td>5천만원(중소기업기본법상 중소기업이 아닌 경우는 1억원)
(국기법 §49 ① 2호)</td></tr>
<tr><td>근거법령</td><td>법인세법 제75조의 7</td></tr>
</table>

*1. 원천징수세액을 반기별로 납부하는 원천징수의무자가 2021.7.1.부터 2022.6.30.까지 일용근로소득 또는 원천징수대상 사업소득을 지급하는 경우로서 다음의 어느 하나에 해당하는 경우에는 지급명세서 미제출에 대한 가산세는 부과하지 아니한다(법법 §75의 7 ②, 2021.7.1.부터 제출하는 경우 적용).

① 일용근로소득에 대한 지급명세서를 그 소득 지급일(원천징수시기 특례를 적용받는 소득에 대해서는 해당 소득에 대한 과세기간 종료일을 말함)이 속하는 분기의 마지막 달의 다음달 말일(휴업, 폐업 또는 해산한 경우에는 휴업일, 폐업일 또는 해산일이 속하는 분기의 마지막 달의 다음달 말일)까지 제출하는 경우

② 원천징수대상 사업소득에 대한 간이지급명세서를 그 소득 지급일(연말정산 사업소득원천징수시기 특례를 적용받는 소득에 대해서는 해당 소득에 대한 과세기간 종료일을 말함)이 속하는 반기의 마지막 달의 다음달 말일(휴업, 폐업 또는 해산한 경우에는 휴업일, 폐업일 또는 해산일이 속하는 반기의 마지막 달의 다음달 말일)까지 제출하는 경우

*2. 2021.6.30.까지는 0.5%임

*3. 2021.6.30.까지는 0.5%였고, 2026.1.1. 이후에는 근로소득 간이지급명세서도 지급일이 속하는 달의 다음달 말일까지 간이지급명세서를 제출하도록 세법이 개정되었으므로 2026.1.1. 이후 지급하는 근로소득 간이지급명세서도 사업소득과 인적용역 기타소득과 동일하게 1개월 이내 제출시 0.125%를 적용함.

*4. 간이지급명세서 제출 불성실 가산세 면제
상용근로소득에 대한 간이지급명세서와 인적용역 기타소득에 대한 지급명세서를 종전 주기대로 제출하는 경우 간이지급명세서 제출 불성실 가산세를 한시적으로 면제하도록 세법이 개정되었다(법법 §75의 7 ③).

① 일용근로소득을 제외한 근로소득의 경우
2026.1.1.부터 2026.12.31.(원천징수세액을 반기별로 납부하는 원천징수의무자의 경우에는 2027.12.31.)까지 일반 근로소득에 대한 간이지급명세서를 그 소득 지급일(근로소득 원천징수시기 특례를 적용받는 경우는 과세연도 종료일)이 속하는 반기의 마지막 달의 다음 달 말일(휴업, 폐업 또는 해산한 경우에는 휴업일, 폐업일 또는 해산일이 속하는 반기의 마지막 달의 다음 달 말일)까지 제출하는 경우

② 인적용역 기타소득(소법 §21 ① 19호의 기타소득을 말함)의 경우
2024.1.1.부터 2024.12.31.까지 인적용역 기타소득을 지급하는 경우로서 해당 소득에 대한 지급명세서를 그 소득 지급일이 속하는 과세연도의 다음 연도의 2월 말일(휴업, 폐업 또는 해산한 경우에는 휴업일, 폐업일 또는 해산일이 속하는 달의 다음다음 달 말일)까지 제출하는 경우

*5. 불분명한 경우와 불분명한 경우로 보지 않는 경우

• 불분명한 경우(법령 §120 ⑨)

① 제출된 지급명세서에 지급자 및 소득자의 주소 · 성명 · 고유번호(또는 주민등록번호)나 사업자등록번호 · 소득의 종류 · 소득귀속연도 또는 지급액을 적지 아니하였거나 잘못 적어 지급사실을 확인할 수 없는 경우

② 제출된 지급명세서 및 이자 · 배당소득지급명세서에 유가증권 표준코드를 적지 아니하였거나 잘못 적어 유가증권의 발행자를 확인할 수 없는 경우

③ 내국법인인 금융회사 등으로부터 제출된 이자 · 배당소득지급명세서에 해당 금융회사 등이 과세구분을 적지 아니하였거나 잘못 적은 경우

④ 소득세법시행령 제202조의 2 제1항에 따른 이연퇴직소득세를 적지 아니하였거나 잘못 적은 경우

⑤ 간이지급명세서의 경우에는 제출된 간이지급명세서에 지급자 또는 소득자의 주소 · 성명 · 납세번호(주민등록번호로 갈음하는 경우에는 주민등록번호)나 사업자등록번호, 소득의 종류, 소득의 귀속연도 또는 지급액을 적지 않았거나 잘못 적어 지급사실을 확인할 수 없는 경우

• 불분명한 경우로 보지 않는 경우(법령 §120 ⑩)

① 지급일 현재 사업자등록증의 발급을 받은 자 또는 고유번호를 부여받은 자에게 지급한 경우

② 위 ① 외의 지급으로서 지급 후에 그 지급받은 자가 소재불명으로 확인된 경우

*6. 일용근로소득 또는 원천징수대상 사업소득의 경우 지급명세서 등에 기재된 각각의 총지급금액에서 불분명 또는 사실과 다른 분의 지급금액이 차지하는 비율이 5% 이하인 경우에는 불분명 또는 사실과 다른 경우의 가산세는 부과하지 아니함(소법 §81의 11 ④, 소령 §147의 7 ④, 법법 §75의 7 ④)
참고로 2024.1.1. 이후 지급하는 기타소득과 2026.1.1. 이후 지급하는 일반 근로소득도 해당 가산세 면제가 적용됨.

구 분	불분명 또는 사실과 다른 경우의 가산세 면제 적용시기
일용근로소득과 사업소득	2021.7.1. 이후 지급하는 분부터 적용
인적용역 관련 기타소득	2024.1.1. 이후 지급하는 분부터 적용
일반근로소득	2026.1.1. 이후 지급하는 분부터 적용

*7. 2021.6.30.까지는 0.5%였고, 원천징수대상 사업소득의 경우 지급명세서 등에 기재된 각각의 총 지급금액에서 불분명 또는 사실과 다른 분의 지급금액이 차지하는 비율이 5% 이하인 경우에는 불분명 또는 사실과 다른 경우의 가산세는 부과하지 아니하고 2024.1.1. 이후 지급하는 소득분부터는 인적용역 관련 기타소득도 , 2026.1.1. 이후 지급하는 소득분부터는 상용근로소득도 적용된다(소법 §81의 11 ③, 소법 §147의 7 ④, 법법 §75의 7 ④, 법령 §120 ⑪).

구 분	불분명 또는 사실과 다른 경우의 가산세 면제 적용시기
사업소득 간이지급명세서	2021.7.1. 이후 지급하는 분부터 적용
인적용역 관련 기타소득 간이지급명세서	2024.1.1. 이후 지급하는 분부터 적용
상용근로소득 간이지급명세서	2026.1.1. 이후 지급하는 분부터 적용

*8. 간이지급명세서 제출 불성실 가산세 배제

원천징수대상 사업소득(연말정산 대상 사업소득은 제외) 또는 인적용역 관련 기타소득에 대한 지급명세서 등의 제출의무가 있는 자에 대하여 지급명세서 제출 불성실 가산세가 부과되는 부분에 대해서는 간이지급명세서 제출 불성실 가산세를 부과하지 아니한다(법법 §75의 7 ⑤).

원천징수 대상 사업소득의 경우에는 2023.1.1. 이후 지급하는 소득에 대한 제출분부터 적용하고 인적용역 관련 기타소득의 경우에는 2024.1.1. 이후 지급하는 소득에 대한 제출분부터 적용한다.

소득별 지급명세서 가산세 중복배제 적용여부를 정리하면 다음과 같다.[3)]

소득구분	제출여부		가산세 적용여부
	간이지급 명세서	지급 명세서	
① 근로소득 (일용근로소득 제외) ② 연말정산대상 사업소득	미제출	미제출	간이지급명세서와 지급명세서 가산세 모두 적용
	제출	미제출	지급명세서 가산세 적용
	미제출	제출	간이 지급명세서 가산세 적용
③ ②외 사업소득 ④ 간이지급명세서 제출 대상 기타소득	미제출	미제출	지급명세서 가산세만 적용
	제출	미제출	가산세 없음(지급명세서 제출의제됨)
	미제출	제출	간이 지급명세서 가산세 적용

✎ 거짓으로 기재한 근로소득 원천징수영수증의 발급(조처법 §14)

① 타인이 근로장려금(조세특례제한법 제2장 제10절의 2에 따른 근로장려금을 말한다)을 거짓으로 신청할 수 있도록 근로를 제공받지 아니하고 다음의 어느 하나에 해당하는 행위를 한 자는 2년 이하의 징역 또는 그 원천징수영수증 및 지급명세서에 기재된 총급여 · 총지급액의 100분의 20 이하에 상당하는 벌금에 처한다.

1. 근로소득 원천징수영수증을 거짓으로 기재하여 타인에게 발급한 행위
2. 근로소득 지급명세서를 거짓으로 기재하여 세무서에 제출한 행위

② 제1항의 행위를 알선하거나 중개한 자도 제1항과 같은 형에 처한다.

1) 실무적용사례

① 당초 연말정산 시 과다하게 신고된 총급여를 수정하여 제출할 경우 납부세액 환급 가능 여부 등

소득세 납세의무가 있는 개인에게 근로소득을 국내에서 지급하는 자(원천징수의무자)는 근로소득지급명세서를 그 지급일이 속하는 과세기간의 다음연도 3월 10일까지 제출해야 하는 의무가 있으며, 해당 근로자의 지급명세서에 오류사항(총급여 오류기재 등)이 있는 경우에는

3) 2023년 귀속 연말정산 실무(세무사 손창용 저, 한국세무사회, p.611 참고)

원천징수의무자는 원천세 수정신고와 더불어 해당 근로자의 근로소득지급명세서를 수정하여 제출해야 함(해당 근로자의 지급명세서를 수정하여 연말정산을 재정산하는 경우 결정세액은 추가납부 및 추가환급이 발생할 수 있음).

이 때, 원천징수의무자는 같은 법 제81조의 11에 따라 지급명세서 내용이 불분명하거나 사실과 다른 분의 지급금액의 100분의1의 가산세를 부담함.

국세기본법 제45조의 2에 제1항에 따라 과세표준신고서를 법정신고기한까지 제출한 자는 과세표준 및 세액이 세법에 따라 신고하여야 할 과세표준 및 세액을 초과하는 경우에는 법정신고기한이 지난 후 5년 이내에 관할세무서장에게 경정청구 할 수 있음(서면원천 2024-521, 2024.2.16.).

✎ 경정청구시 법정신고기한은 종합소득세 신고를 한 경우라면 종합소득세 신고기한인 5월 31일이고 종합소득세 신고를 하지 않은 경우라면 원천징수의무자의 근로소득 지급명세서 제출기한인 3월 10일임

② 원천징수대상 사업소득 간이지급명세서를 제출하였으나 일반 사업소득 지급명세서를 제출하지 않은 경우 가산세 적용 여부

내국법인이 원천징수대상 사업소득 지급분에 대해 소득세법 제164조의 3에 따라 근로소득간이지급명세서를 제출기한 내에 제출하였으나, 소득세법 제164조에서 규정한 지급명세서를 제출기한까지 제출하지 아니한 경우에는 법인세법 제75조의 7 제1항에 따른 지급명세서 등 제출 불성실 가산세가 적용되는 것임(기획재정부법인-1769, 2020.11.30.).

저자주 2023.1.1. 이후 지급하는 소득분부터는 사업소득 간이지급명세서 제출시 지급명세서 제출의무가 면제되었으므로 위의 예규는 2022년까지 지급한 소득분까지 적용되는 예규로 판단되며 참고로 2024.1.1. 이후 지급하는 소득분부터는 인적용역 관련 기타소득도 동일하게 적용된다.

다만, 근로소득 간이지급명세서의 경우는 제출의무가 면제되지 않으므로 근로소득 관련 간이지급명세서와 일반 지급명세서 모두 제출되어야 가산세를 적용받지 않는 것으로 판단되니 실무적용시 유의하길 바란다.

③ 지급명세서 착오 제출시 가산세 적용 여부

건설업을 영위하는 내국법인이 개인 수분양자와 분양계약이 해지되어 분양반환금에 대한 이자상당액을 지급하면서 수분양자로부터 동일한 금액의 해약위약금을 수령하여 동 수분양자에게 기타소득이 발생하지 않는 경우로서 해당 내국법인이 소득세법 제164조 제1항에 따른 지급명세서 제출의무가 없음에도 착오로 기타소득 지급명세서를 제출한 경우에는 법인세법 제75조의 7 제1항 제2호의 지급명세서 제출 불성실 가산세를 적용하지 않는 것임(서면법인 2020-2344, 2020.10.21.).

✎ 당초부터 제출의무가 없음에도 제출한 경우라면 지급명세서 제출 불성실 가산세가 적용되지 않지만 제출의무가 있는 경우로서 수정제출되는 경우라면 제출된 명세서에 기재된 지급금액이 사실과 다른 경우에 해당되므로 지급명세서 제출 불성실 가산세가 적용됨에 유의하여야 한다.

④ 청산하는 법인의 청산 의제배당소득 지급명세서 제출기한

청산중인 내국법인이 주주등에게 지급한 배당소득에 대한 지급명세서는 「소득세법」 제164조

제1항에 따라 그 지급일이 속하는 과세기간의 다음 연도 2월 말일까지 원천징수 관할 세무서장, 지방국세청장 또는 국세청장에게 제출하는 것임(서면법인 2020-2695, 2020.9.28.).

⑤ 가공 근로소득에 대한 지급명세서 제출시 가산세 적용 여부와 인정 기타소득의 지급명세서 제출 시기

내국법인이 근로자를 고용하지 않고도 장부상 임금을 지급한 것으로 기재하고 근로소득지급명세서를 제출한 경우에는 지급명세서 제출 불성실 가산세가 적용되는 것이며 국세기본법 제45조에 따라 법인세의 과세표준과 세액을 수정신고 하면서 손금불산입 기타소득으로 처분한 금액에 대한 기타소득지급명세서는 수정신고일이 속하는 과세 기간의 다음연도 2월 말일까지 제출하는 것임(서면법인 2019-4282, 2020.6.8.).

⑥ 근로소득간이지급명세서 제출 면제 대상 식대, 자가운전보조금을 비과세소득에 포함하여 착오 제출한 경우 수정제출 필요 여부와 가산세 해당 여부

소득세법 제164조의 3 제1항에 따라 제출대상 소득을 기재하여 근로소득간이지급명세서를 제출해야 하며 소득세법 시행령 제214조 규정에 따른 제출 면제대상을 포함하여 제출한 경우에는 수정제출 해야 함.

제출된 근로소득간이지급명세서가 법인세법 제75조의 7 및 동법시행령 제120조에 의거 대통령령으로 정하는 불분명한 경우에 해당하거나 제출된 근로소득간이지급명세서에 기재된 지급금액이 사실과 다른 경우 가산세를 부과하는 것이지만 소득세법 시행령 제214조 규정에 따라 제출 면제 대상 식대, 자가운전보조금을 비과세소득에 포함하여 착오 제출 하였고 그 사유가 국세기본법 제48조 제1항에 따른 가산세 감면의 정당한 사유에 해당할 경우 가산세가 면제되는 것이나, 이에 해당되는지 여부는 종합적인 사실관계를 확인하여 판단함(서면소득지원 2019-2416, 2019.8.22.).

⑦ 사업소득으로 하여 지급명세서제출의무를 다하였음에도 이를 근로소득으로 보아 지급명세서 제출 불성실가산세를 과세한 처분의 당부

납세고지서상 귀속연도를 20××.4.1.~20××.3.31.사업연도로 표기하는 것이 원칙이나, 이를 의사전달에 지장이 없는 범위 내에 간략하게 20××~20××사업연도로 표기한 것을 과세처분을 취소할 정도의 오류가 있는 것이라고 보기 어려운 점, 청구법인의 1차과세 관련 심판청구에 대하여 우리 원은 청구법인의 대표이사 에게 지급한 쟁점금액을 근로소득으로 보았는데, 이와 달리 판단할 만한 사정이 있다고 보기 어려운 점 등에 비추어 이 건 처분은 잘못이 없음(조심 2018소2647, 2018.12.10.)

⑧ 손금부인한 금액 중 대표이사 상여로 소득처분하고 경비로 추인하지 아니한 경우의 지급명세서 제출 불성실 가산세의 적용 여부

지급명세서를 제출하여야 할 의무가 있는 자가 제출하지 않거나 그 제출한 지급명세서상 기재내용이 사실과 다른 경우에는 관련 가산세를 부과할 수 있으나, 지급명세서 제출의무가 없는 자에게는 관련 가산세를 부과할 수 없는 것인바, 처분청이 손금부인한 쟁점금액 중 일부 금액

은 대표이사 상여로 소득처분하고 경비로 추인하지 아니한 이상 그 금액에 대하여 지급명세서 제출 불성실 가산세를 부과한 처분은 잘못이 있음(조심 2017중2780, 2017.10.10.)

⑨ **청구법인이 정부에 배당금을 지급하고 기한내 지급명세서를 제출하지 아니한 것에 대해 지급명세서 제출 불성실 가산세를 부과한 처분의 당부**

법인세법 제120조 제1항에서 내국법인에 소득세법 제127조에 따른 이자 · 배당소득을 지급하는 자는 지급명세서를 제출하도록 규정하고 있고, 법인세법 시행령 제162조에서는 지급명세서를 제출하지 않아도 되는 소득을 열거하고 있으나 청구법인이 국가에 지급한 쟁점배당금은 지급명세서 제출의무가 면제되는 소득에 해당하지 않는 점 등에 비추어 청구법인이 지급명세서 제출의무를 이행하지 아니한 것에 대하여 처분청이 가산세를 과세한 이 건 처분은 잘못이 없다고 판단됨(조심 2017서686, 2017.5.12.)

⑩ **외국법인이 투자중개업자인 청구법인을 통하여 쟁점주식을 양도하고 양도차손이 발생한 경우 원천징수의무자인 청구법인에게 지급명세서 미제출가산세를 과세한 처분의 당부**

법인세법 시행령 제162조의 2 제1항 제7호에서 원천징수세액이 1천원 미만의 국내원천소득을 외국법인에게 지급하는 자에게는 지급명세서 제출의무가 면제되나 주식 등 유가증권 양도소득의 경우에는 예외적으로 동 명세서를 제출하도록 규정하고 있는 점 등에 비추어 양도차손이 발생한 경우에도 지급명세서를 제출함이 타당하다 할 것이므로 이 건 처분은 달리 잘못이 없는 것으로 판단됨(조심 2016서3808, 2017.2.14.)

⑪ **수입세금계산서에 의해 작성한 매입처별 세금계산서합계표를 제출한 경우 지급명세서를 제출한 것으로 볼 수 있는지 여부**

법인세법 제120조의 2 제2항 및 소득세법 제164조 제6항은 '매입처별 세금계산서합계표 중 지급명세서에 해당하는 것이 있으면 그 제출한 부분에 대하여 지급명세서를 제출한 것으로 본다'고 규정하고 있는바, 매입처별 세금계산서합계표를 통해 지급명세서의 필수적 기재사항이 확인되는 경우에만 지급명세서를 제출한 것으로 해석함이 타당하므로 청구법인에게 지급명세서 미제출 가산세를 부과한 이 건 처분은 잘못이 없음(조심 2016서1331, 2016.12.9.)

⑫ **비과세 · 면제신청서를 제출하지 아니한 이자소득에 대한 지급명세서 미제출 가산세를 과세한 처분은 잘못이 없음**

법인세법에 따라 비과세되는 이자소득에 대하여 비과세 · 면제신청서를 제출하지 아니한 경우 지급명세서를 제출하도록 법령이 개정되었음에도 이를 제출하지 아니하였으므로 지급명세서 미제출 가산세를 과세한 처분은 정당함(서울고법 2014누68203, 2015.5.29.)

⑬ **쟁점금액을 원천징수대상 사업소득으로 보아 지급명세서 미제출 가산세를 부과한 처분의 당부**

쟁점수수료는 자동차 매매의 중개과정에서 통상적으로 발생하는 소득에 해당하는 것으로 보이는 점, 청구 법인이 지속적으로 자동차딜러에게 수수료를 지급하고 있는 것으로 나타나는 점 등에 비추어 자동차딜러들이 수취한 쟁점수수료는 사업소득에 해당한다 할 것이고, 법인이 원천징수대상 사업소득에 대하여 원천징수하지 아니한 경우에는 지출증명 서류를 수취하여 보관할 의무를 부담하므로 청구법인에게 지급명세서 미제출에 대한 가산세를 부과하면서 기 납부한 지출증명서류 미수취 가산세를 감액하지 아니한 처분은 잘못이 없음(조심 2014중4084, 2015.3.17.)

⑭ **청구법인이 지급명세서의 주민등록번호 뒷자리를 가상번호로 부여하여 제출하였다가 보정요구에 따라 수정 제출한 것에 대하여 지급명세서불성실 가산세를 과세한 처분의 당부**

이자 · 배당소득지급명세서는 처분청이 과세권을 제대로 행사하기 위한 과세자료로 활용하기 위하여 청구법인에게 협력의무를 부과하고 있는 것으로 법인세 과세표준 및 세액 등에 대한 신고의무와는 그 성격이 다르다고 보이는 점, 청구법인은 이전의 이자 · 배당소득지급명세서에 대해서는 가상의 주민등록번호를 실제 주민등록번호로 대체하여 제출하여 온 사실로 보아 해당연도 귀속분의 경우에는 단순 착오로 가공의 주민등록번호를 기재하여 제출한 것으로 보이는 점, 처분청의 지급명세서 확인 요청에 따라 납세자들의 소득세 신고기한 이전에 실제 주민등록번호로 수정된 지급명세서를 제출하였고, 청구법인이 수정 제출한 지급명세서상 이자 · 배당소득이 신고소득에서 누락되지 않도록 납세자들에게 안내문 발송 등 협력의무를 이행한 점 등에 비추어 처분청이 청구법인에게 이 건 지급명세서 불성실 가산세를 부과한 처분은 잘못이 있음(조심 2014서5844, 2015.3.11.)

⑮ **일용근로소득지급명세서상 지급액이 불분명한 것으로 보아 가산세를 부과한 처분의 당부**

지급명세서 외의 다른 증빙에 의하여 지급사실을 확인할 수 있다고 하더라도 지급명세서의 기재내용에 의하여 지급사실을 확인할 수 있는 경우를 제외하고는 가산세 적용대상에 해당된다고 보는 것이 타당한 점, 지급명세서상 지급사실이 불분명한 지급금액을 손금불산입하였다고 하더라도 가산세 부과대상에서 제외된다는 규정이 없는 점 등에 비추어 쟁점금액의 지급사실을 확인할 수 없다고 보아 가산세를 부과한 이 건 처분은 달리 잘못이 없으나, 청구법인이 ○○○에게 지급한 금액은 쟁점지급명세서에 기재되어 있는 성명, 주민등록번호 및 소득귀속연도, 지급액이 금융증빙 및 잡급대장과 일치하는 점 등에 비추어 쟁점금액 중 ○○○에 대한 지급분은 가산세 적용대상에서 제외하는 것이 타당하다고 판단됨(조심 2014서2291, 2015.1.27.)

⑯ **소득의 구분을 잘못하여 지급명세서를 제출하였다 하여 지급명세서미제출가산세를 부과한 처분의 당부**

청구법인이 제출한 지급명세서는 기재사항 중 소득의 구분만 잘못 기재하였을 뿐, 나머지 기재내용은 사실에 부합하게 기재하여 법인세법시행령 제120조 제6항의 '지급사실을 확인할 수 없는 경우'에 해당된다고 보기 어려우므로, 청구법인에게 지급명세서미제출가산세를 부과한 것은 잘못임(조심 2014서3083, 2014.10.31.)

⑰ **조세조약에 따른 비과세소득에 대해 비과세 등의 미신청시 지급명세서미제출 가산세 대상 여부**

조세조약상 비과세대상 국내원천소득에 대해 비과세 · 면제를 받기 위한 신청을 하지 아니하고 또한 지급명세서가 제출기한 내에 제출되지 아니한 경우, 지급명세서를 미제출한 내국법인에 대해서는 법인세법 제76조 제7항에 따른 가산세를 징수하는 것임(법규-953, 2014.8.29.)

⑱ 지급금액이 과다기재된 일용근로소득 지급명세서 수정제출 시 가산세 해당 여부

원천징수의무자가 소득세법 제164조에 따라 2011.1.1. 이후 제출한 일용근로소득 지급명세서에 기재된 지급금액이 실제 지급액보다 과다하게 기재된 경우 지급명세서 등 제출불성실가산세를 적용하는 것임(서면법규-393, 2013.4.8.).

⑲ 홈택스를 통해 근로소득지급명세서를 2회 제출한 경우 최초 제출자료를 미제출한 것으로 보아 가산세를 부과한 처분의 당부

청구법인이 계속근로자분 근로소득지급명세서를 전자제출하고 타 항목 지급명세서 전자제출 후 중도 퇴직자분에 대한 근로소득지급명세서를 전자제출하고 접수증을 출력 · 보관하고 있는 것에 비추어 당초 계속근로자분이 정상제출된 것으로 오인한 것으로 볼 수 있어 의무불이행에 정당한 사유가 있는 것으로 보이므로 가산세 부과처분은 부당함(조심 2012서2764, 2013.2.12.)

⑳ 근로소득을 기타소득으로 지급명세서를 제출한 경우 지급명세서 미제출가산세 적용

원천징수의무자가 부당해고기간의 급여를 지급할 의무가 있다는 법원의 판결내용을 이행하면서 근로소득이 아닌 기타소득으로 과다 원천징수하고 신고 · 납부한 경우 「(구)소득세법」(2012.1.1. 법률 제11146호로 삭제되기 전의 것) 제158조에 따른 원천징수납부 불성실가산세는 적용하지 않는 것이며, 근로소득을 기타소득으로 지급명세서를 제출한 경우 근로소득 지급명세서를 제출하지 아니하였으므로 소득세법 제81조 제1항 제1호에 따른 지급명세서 미제출가산세를 적용하는 것임(원천-259, 2012.5.11.).

저자주 실무상 원천징수의무자가 사업소득을 기타소득으로 신고하는 경우 소득자의 종합소득세 신고는 제출된 지급명세서 대로 기타소득으로 종합과세 신고를 할 것인지 아니면 사업소득으로 소득구분을 변경하여 신고 할 것인지를 소득자가 판단하는 것이다. 이에 소득자가 기타소득으로 원천징수당한 소득을 사업소득으로 변경하여 종합소득세 신고를 하는 경우 원천징수의무자는 해당 소득을 사업소득으로 신고하여야 하는지 기타소득으로 신고하여야 하는지 여부를 구별하기가 쉽지 않은 점을 감안하여 지급명세서 제출 불성실 가산세는 적용되지 않는 것으로 판단된다(조심 2009중3283, 2010.2.17. 참고하여 판단하였음).

반면 원천징수의무자가 기타소득을 사업소득으로 신고하는 경우 소득자의 종합소득세 신고는 반드시 사업소득으로 신고를 하여야 하는데 소득자와 의견충돌 후 기타소득으로 수정신고를 하여야 하는 경우가 발생되면 원천징수등 납부지연가산세와 더불어 지급명세서 제출 불성실가산세도 부담하여야 할 것으로 판단되니 소득구분이 어렵다고 판단되는 경우라면 소득자의 확인을 받고 원천징수신고를 하길 바란다.

㉑ 세무대리인의 단순착오(실수)로 인하여 원천징수의무자를 소득자로, 소득자를 원천징수의무자로 하여 원천징수 신고 · 납부의무를 이행한 경우 의 가산세 적용여부

원천징수의무자가 소득세법 제127조의 규정에 따라 소득세를 원천징수하여 신고 · 납부한 경우, 단순착오로 원천징수의무자와 소득자 명의를 잘못 기재하여 원천징수하고 신고 · 납부하고, 지급명세서를 제출한 경우 원천납부불성실가산세는 적용하지 않으나, 지급명세서 보고불

성실가산세는 적용됨(원천-590, 2012.11.2.).

㉒ 실제 소득자 명의로 지급명세서를 변경제출하는 경우 가산세 적용여부

내국법인이 설립 시부터 실제 주주가 아닌 다른 사람을 주주명부에 기재함에 따라 실제로 배당을 받지 아니한 주주명부상의 주주를 소득자로 하여 배당소득에 대한 지급명세서를 제출하였으나, 이 후 명의신탁을 해지하고 실제로 배당을 받은 주주를 소득자로 하여 배당소득에 대한 지급명세서를 소득세법 제164조에서 규정한 제출기한을 경과하여 제출하는 경우 법인세법 제76조 제7항에 의한 지급명세서 미제출 가산세가 적용되는 것임(법인-317, 2010.3.31.).

보론 지급명세서와 근로소득 간이지급명세서

1. 지급명세서

(1) 제출시기

① 일반적인 경우의 지급명세서 제출기간(법법 §120, 소법 §164 ①)

구 분	지급명세서 제출시기
이자소득, 배당소득, 연금소득, 기타소득, 비거주자 원천징수소득	지급일이 속하는 과세기간의 다음연도 2월말까지
원천징수대상 사업소득, 근로소득, 퇴직소득	지급일이 속하는 다음연도 3월 10일

✎ 간이지급명세서 제출대상 사업소득(보험모집인 등의 연말정산 대상 사업소득은 제외)과 기타소득(소법 §21 ① 19호 해당되는 인적용역 기타소득을 말함)의 경우 간이지급명세서를 제출한 경우에는 그 제출한 부분에 대하여 지급명세서를 제출한 것으로 본다. 다만, 사업소득은 2023.1.1. 이후 소득을 지급하는 분부터 적용하고 기타소득은 2024.1.1. 이후 소득을 지급하는 분부터 적용한다(소법 §164 ⑦, 소칙 법률 제19196호 §6 2022.12.31., 법법 §75의 7 ⑤, 법칙 법률 제19193호 §11, 2022.12.31.).

② 일용근로자의 소득에 대한 지급명세서 제출시기

구 분	지급명세서 제출시기
2021년 1월~2021년 3월분 소득	2021년 4월말까지 제출
2021년 4월~2021년 6월분 소득	2021년 7월말까지 제출
2021년 7월 지급분부터	지급일이 속하는 달의 다음달 말일까지

✎ 일반적으로 지급명세서는 지급일을 기준으로 하여 제출한다. 예를 들어 3월 귀속분에 대한 일용근로소득을 4월에 지급하는 경우 일용직근로소득지급명세서는 4월말까지가 아니라 5월말까지 제출하는 것이다.

다만, 해당 연도 귀속 일용근로소득을 12월 31일까지 미지급한 경우에도 지급명세서는 다음 연도 1월 31일까지 반드시 제출해야 한다. 예를 들면 2024년 12월 근무에 대한 소득을 2025년 1월에 지급한 경우 2024년 12월에 지급한 것으로 적어서 지급명세서를 제출해야 하는 것이다.

③ 휴업 · 폐업하는 경우의 지급명세서 제출시기

구 분	지급명세서 제출시기
일용근로자	휴업일, 폐업일 또는 해산일이 속하는 달의 다음달 말일까지 (2021.6.30.까지는 분기 마지막 달의 다음달 말일까지임)
그 외	휴업일, 폐업일 또는 해산일이 속하는 달의 다음다음달 말일까지

④ 과세기간종료일을 지급일로 보는 경우

다음에 같이 지급시기의제 규정이 적용되는 소득에 대해서는 해당 소득에 대한 과세기간 종료일을 지급일로 보아 지급명세서 제출시기를 판단한다(소법 §164 ①).

구 분		지급시기의제	관련 법령
이자 · 배당소득	잉여금처분에 의한 배당을 미지급한 경우	처분결정일부터 3개월이 되는 날**	소법 §131
	법인세법 제67조에 따라 처분되는 배당(인정배당)	신고일 또는 수정신고일(결정 · 경정하는 경우는 소득금액변동통지서를 받은 날)	
근로소득	1월부터 11월까지의 근로소득을 12월 31일까지 미지급한 경우	12월 31일	소법 §135
	12월분의 근로소득을 다음연도 2월말일까지 미지급한 경우	다음연도 2월 말일	
	잉여금처분에 의한 상여를 미지급한 경우	처분결정일부터 3개월이 되는 날**	
	법인세법 제67조에 따라 처분되는 상여(인정상여)	신고일 또는 수정신고일(결정 · 경정하는 경우는 소득금액변동통지서를 받은 날)	
연말정산 대상 사업소득*	1월부터 11월까지의 사업소득을 12월 31일까지 미지급한 경우	12월 31일	소법 §144의 5
	12월분의 사업소득을 다음연도 2월 말일까지 미지급한 경우	다음연도 2월 말일	
퇴직소득	1월부터 11월까지의 퇴직소득을 12월 31일까지 미지급한 경우	12월 31일	소법 §147
	12월분의 퇴직소득을 다음연도 2월 말일까지 미지급한 경우	다음연도 2월 말일	

✎ 연말정산대상 사업소득이란 다음 중 어느 하나에 해당하는 사업자로서 간편장부대상자가 받는 해당 사업소득을 말한다(소령 §137 ①).

- 독립된 자격으로 보험가입자의 모집 및 이에 부수되는 용역을 제공하고 그 실적에 따라 모집수당 등을 받는 자
- 방문판매 등에 관한 법률에 의해 방문판매업자를 대신하여 방문판매업무를 수행하고 그 실적에 따라 판매수당 등을 받는 자(방문판매업자로부터 사업장의 관리 · 운영의 위탁을 받은 자를 포함함)(단, 해당 사업소득의 원천징수의무자가 연말정산을 한 것만 해당함)
- 독립된 자격으로 일반 소비자를 대상으로 사업장을 개설하지 않고 음료품을 배달하는 계약배달 판매 용역을 제공하고 판매실적에 따라 판매수당 등을 받는 자

✎ 다만, 11월 1일부터 12월 31일까지의 사이에 결정된 처분에 따라 다음연도 2월 말일까지 그 배당 · 상여 · 퇴직소득을 지급하지 않은 경우에는 다음 연도 2월 말일에 지급한 것으로 본다(소법 §131 ① 단서, §135 ③ 단서, §147 ③ 단서).

(2) 지급명세서 제출방법

① 전자제출

지급명세서를 제출해야 하는 자는 지급명세서의 기재 사항을 정보통신망에 의해 제출하거나 디스켓 등 전자적 정보저장매체로 제출해야 한다(소법 §164 ③).

이 경우 다음 중 어느 하나에 해당하는 소득을 지급하는 자는 현금영수증 발급장치 등을 을 통해 제출[4]할 수 있으며, 이 경우 지급명세서를 제출한 것으로 본다(소법 §164 ③, 소령 §213의 2).

- 일용근로자에게 지급하는 근로소득(소령 §213 ⑤)
- 총급여액이 근로소득공제액, 본인에 대한 기본공제액 및 표준공제액의 합계액 이하인 거주자에게 지급하는 근로소득(소령 §215 ②)

* 다만, 종된 근무지가 없는 거주자만 해당하며 과세기간 중에 취직 또는 퇴직한 자에 대해서는 연으로 환산한 총급여액을 기준으로 적용한다.

② 문서제출

국세청장은 직전 과세기간에 제출한 지급명세서의 매수가 50매 미만인 자 또는 상시 근무하는 근로자의 수(매월 말일의 현황에 따른 평균인원수를 말함)가 10명 이하인 자에게는 지급명세서를 문서로 제출하게 할 수 있다. 다만, 다음 중 어느 하나에 해당하는 자는 제외한다(소법 §164 ④, 소령 §214 ③).

- 한국표준산업분류상의 금융보험업자
- 국가 · 지방자치단체 또는 지방자치단체조합
- 법인
- 복식부기의무자

---

4) 현금영수증 발급장치를 통해 급여의 귀속연도, 일용근로자 또는 거주자의 주민등록번호, 급여액 및 소득세(결정세액을 말함)를 모두 제출하는 것을 말한다(소령 §213의 2 ②).

실무Tip_ 지급명세서의 연간제출, 수시제출 그리고 수정 · 기한후 제출

1. 연간제출

제출대상이 [1. 연간합산제출]인 경우 연 1회 제출 가능하며 제출기한(3월 10일)까지 최종 전송자료를 접수자료로 인정한다.

2. 수시제출

[2. 휴폐업에 의한 수시제출] 또는 [3. 수시(월별)분할 제출]인 경우에는 매월 제출 가능하며 그 달 말일까지 최종 전송자료를 접수자료로 인정한다.

3. 수정 · 기한 후 제출

원천징수의무자가 연간합산기간에 제출하지 못한 지급명세서를 기한 후 신고로 제출하거나, 연간합산으로 제출한 지급명세서를 소득자별로 수정해서 다시 제출할 수 있다. 근로소득, 기부금(2016년 귀속 이전), 의료비 지급명세서만 수정 · 기한 후 제출 서비스를 제공하고 있으며 일단위로 제출 당일을 기준으로 최종 제출한 자료에 대해 유효한 자료로 인정한다.
직접작성 제출방식은 2014년 귀속 이후, 변환제출방식은 2010년 귀속 이후에 대한 수정 · 기한후 제출이 가능하고 당해 귀속에 해당하는 수정 · 기한 후 제출 서비스는 4월 말부터 운영 예정이다.

4. 유의사항

지급명세서 제출서비스(연간합산제출, 수시제출, 수정 · 기한 후 제출)가 다양화됨에 따라 지급명세서 중복 제출 또는 누락이 발생하지 않도록 유의하자.

5. 지급명세서 제출 사례

중도퇴사자 10건, 계속근무자 100건의 근로소득 지급명세서를 제출하고자 할 때, 아래의 2가지 방법 중 하나를 선택할 수 있다.

① 중도퇴사자와 계속근무자의 지급명세서를 각각 제출하고자 하는 경우
중도퇴사자(10건)는 제출대상을 '수시제출'로 제출(2024년 9월)하고, 계속근무자(100건)는 연말정산기간에 제출대상을 '연간합산제출'로 제출(2025년 3월)할 수 있음.
→ 지급명세서 총 제출건수 110건, 2장의 접수증이 발급됨.

② 계속근무자와 중도퇴사자의 지급명세서를 같이 제출하고자 하는 경우
연말정산기간에 중도퇴사자를 포함하여 제출대상을 '연간합산제출'로 제출할 수 있음.
→ 지급명세서 총 제출건수 110건, 1장의 접수증이 발급됨.

※ 유의 사항

2025년 9월에 중도퇴사자(4건)를 '수시제출'로 제출하고, 2025년 11월에 중도퇴사자(6건)를 '수시제출'로 제출한 뒤, 2026년 3월(연말정산기간)에 계속근무자(100건)와 9월과 11월에 제출한 중도퇴사자(10건) 자료를 합해 '연간합산제출'로 제출하면 중도퇴사자 자료는 중복 제출되어 이중 자료가 되므로(지급명세서 총 제출건수 120건, 3장의 접수증이 발급됨) 중복제출되지 않도록 주의하여야 함.

③ 납세지별 지급명세서 제출방법[5)]

<table>
<tr><th colspan="2">구 분</th><th>원천징수의무자</th><th>월(반기)별 신고 관할세무서</th><th>지급명세서제출자</th><th>지급명세서의 원천징수의무자 사업자등록번호</th></tr>
<tr><td colspan="2">개인</td><td>개인</td><td>사업장 관할세무서</td><td>개인사업자</td><td>개인 사업자번호</td></tr>
<tr><td rowspan="3">법인</td><td>본점</td><td>본점</td><td>본점 관할세무서</td><td>원칙 : 본점 및 지점의 원천징수의무자</td><td>각 본 · 지점 사업자번호</td></tr>
<tr><td>지점 (독립채산체인 경우)</td><td>지점</td><td>지점 관할세무서</td><td>예외 : 본점 또는 지점에서 일괄제출하는 경우</td><td>본점직원 : 본점사업자번호
지점직원 : 지점사업자번호</td></tr>
<tr><td>본점일괄 납부자, 사업자단위 과세사업자</td><td>본점 및 지점</td><td>본점 관할세무서</td><td>본점에서 일괄하여 제출</td><td>본점직원 : 본점사업자번호
지점직원 : 지점사업자번호</td></tr>
</table>

✐ 지급명세서의 '징수의무자 사업자등록번호' 기재요령

① 모든 지급명세서제출자는 매월(반기)신고별로 신고하는 원천징수이행상황신고서의 사업자등록번호와 일치해야 한다.

② 다만, 예외적으로 '본점일괄납부 승인을 받은 자'의 경우에는 본인이 소속된 본 · 지점의 사업자등록번호를 기재해야 한다.

(4) 지급명세서 제출 면제

(가) 비과세되는 기타소득(소령 §214 ① 1호, 소법 §12 5호)

① 국가유공자 등 예우 및 지원에 관한 법률 또는 보훈보상대상자 지원에 관한 법률에 따라 받는 보훈급여금 · 학습보조비 및 북한이탈주민의 보호 및 정착지원에 관한 법률에 따라 받는 정착금 · 보로금(報勞金)과 그 밖의 금품

② 국가보안법에 따라 받는 상금과 보로금

③ 상훈법에 따른 훈장과 관련하여 받는 부상(副賞)이나 그 밖에 대통령령으로 정하는 상금과 부상

④ 발명진흥법 제2조 제2호에 따른 직무발명으로 종업원 등 또는 대학의 교직원이 퇴직한 후에 지급받는 직무발명보상금으로서 연 700만원 이하의 금액

⑤ 종업원 등 또는 대학의 교직원이 퇴직한 후에 지급받거나 대학의 학생이 소속 대학에 설치된 산학협력단으로부터 받는 직무발명보상금으로서 연 700만원 이하의 금액

⑥ 국군포로의 송환 및 대우 등에 관한 법률에 따라 국군포로가 받는 위로지원금과 그 밖의 금품

⑦ 서화 · 골동품을 박물관 또는 미술관에 양도함으로써 발생하는 소득

5) 알기쉬운 연말정산안내 17p, 2006.11, 국세청

㈏ 비과세대상 근로소득 중 일부(소령 §214 ① 2호의 2, 소법 §12 3호)
비과세근로소득 중 일부는 지급명세서 제출의무가 면제된다. 이러한 비과세근로소득은 원천징수이행상황신고서 '⑤총지급액'에도 기재하지 않는다.

㈐ 다음에 해당하는 소득(소령 §214 ① 2호의 3, 소령 §12)

① 선원법에 의하여 받는 식료

② 일직료 · 숙직료 또는 여비로서 실비변상정도의 금액(종업원의 소유차량을 종업원이 직접 운전하여 사용자의 업무수행에 이용하고 시내출장 등에 소요된 실제여비를 받는 대신에 그 소요경비를 당해 사업체의 규칙 등에 의하여 정하여진 지급기준에 따라 받는 금액 중 월 20만원 이내의 금액을 포함)

③ 법령 · 조례에 의하여 제복을 착용하여야 하는 자가 받는 제복 · 제모 및 제화

④ 병원 · 시험실 · 금융회사 등 · 공장 · 광산에서 근무하는 사람 또는 특수한 작업이나 역무에 종사하는 사람이 받는 작업복이나 그 직장에서만 착용하는 피복

㈑ 다음 중 어느 하나에 해당하는 소득(소령 §214 ① 3호, 소칙 §97)

① 복권, 경품권, 그 밖의 추첨권에 당첨되어 받는 금품(복권 및 복권기금법 제2조에 따른 복권 당첨금은 제외)인 경우로서 1건당 당첨금품의 가액이 10만원 이하인 경우(소법 §21 ① 2호)

② 기타소득의 과세최저한 규정에 의해 소득세가 과세되지 않는 기타소득(소법 §84). 다만, 원작자의 원고료 등(소법 §21 ① 15호) 및 인적용역의 일시제공대가(소법 §21 ① 19호)에 해당하는 기타소득은 제외한다.

- 승마투표권 등의 권면에 표시된 금액의 합계액이 10만원 이하이고 적중한 개별투표당 환급금이 10만원 이하인 경우 또는 단위투표금액당 환급금이 단위투표금액의 100배 이하면서 적중한 개별투표당 환급금이 200만원 이하인 경우
- 슬러트머신 등을 이용하는 행위에 참가하여 받는 당첨금품 등이 건별로 200만원 이하인 경우
- 그 밖의 기타소득금액이 건별로 5만원(연금계좌 납입액 및 운용수익에 대해 연금외 수령하여 기타소득으로 과세되는 금액은 제외) 이하인 경우.

③ 안마시술소에서 제공하는 용역에 대한 소득으로서 안마시술소가 소득세를 원천징수하는 소득

㈒ 법인세가 과세되지 않거나 면제되는 소득(법령 §162 단서)

실무Tip__ 지급명세서 제출의무 면제대상여부 판단

소득세를 납부하지 않더라도 지급명세서 제출의무 면제대상으로 열거하고 있지 않는 이상 지급명세서를 제출해야 한다. 예를 들어, 일시적 인적용역에 해당하는 강사료를 지급한 경우 강사료가 건당 166,667원에 해당하는 경우 60%의 필요경비를 공제하고 나면 기타소득금액은 5만원 이하로서 과세최저한에 해당하여 소득세를 과세하지 않게 된다. 그러나 일시적 인적용역에 해당하는 강사료는 지급명세서 제출의무 면제대상에서 제외되므로 이에 대한 지급명세서는 제출해야 하는 것이다.

(바) 지급명세서를 제출한 것으로 보는 경우

① 원천징수의무자가 원천징수를 하여 지급명세서 제출기한까지 제출한 원천징수에 관한 명세서, 그 밖의 관계서류 중 지급명세서에 해당하는 것이 있으면 그 제출한 부분에 대해 지급명세서를 제출한 것으로 본다(소법 §164 ⑤, 소령 §215 ①).

② 사업장 소재지 관할세무서장에게 제출한 매출·매입처별 계산서합계표와 부가가치세법에 따라 사업장 소재지 관할세무서장에게 제출한 매출·매입처별 세금계산서합계표 중 지급명세서에 해당하는 것이 있으면 그 제출한 부분에 대해 지급명세서를 제출한 것으로 본다(소법 §164 ⑥).

(사) 비거주자에 대한 지급명세서 제출의무 특례

법소정 국내원천소득을 비거주자에게 지급하는 자는 납세지 관할세무서장에게 지급명세서를 제출해야 한다. 다만, 다음 중 어느 하나에 해당하는 소득에 대해서는 지급명세서를 제출하지 않는다(소법 §164의 2 ①, 소령 §216의 2 ①).

① 소득세법 또는 조세특례제한법에 따라 소득세가 과세되지 않거나 면제되는 국내원천소득(비과세·면제신청서를 제출하지 않는 경우는 제외)

② 다음의 국내원천소득으로서 국내사업장과 실질적으로 관련되거나 그 국내사업장에 귀속되는 소득(채권 등의 이자 등에 대해 원천징수되는 소득은 제외, 소법 §46)

- 이자소득(소법 §119 1호)
- 배당소득(소법 §119 2호)
- 선박 등 임대소득(소법 §119 4호)
- 사용료소득(소법 §119 10호)
- 유가증권 양도소득(소법 §119 11호)
- 기타소득(복권당첨금품 등[6]은 제외)(소법 §119 12호)

③ 국내원천소득으로서 부동산소득(소법 §119 3호)

④ 국내원천소득으로서 사업소득(소법 §119 5호) 및 인적용역소득(소법 §119 6호)[7]

⑤ 국내원천소득으로서 기타소득(소법 §119 13호) 중 복권당첨금품 등

⑥ 조세조약에 따라 비과세 또는 면제신청을 한 국내원천소득(소법 §156의 2)

⑦ 원천징수세액이 1천원 미만인 소득

⑧ 기타 지급명세서를 제출할 실효성이 없다고 인정되는 다음의 소득(소칙 §97의 2)

- 예금 등의 잔액이 30만원 미만으로서 1년 이상 거래가 없는 계좌에서 발생하는 이자소득 또는 배당소득
- 계좌별로 1년간 발생한 이자소득 또는 배당소득이 3만원 미만인 경우의 당해 소득
- 국내원천소득으로서 일용근로자의 소득

---

6) 복권 등 당첨금품과 승마투표권 등의 구매자가 받는 환급금 및 슬롯머신 등을 이용하는 행위에 참가하여 받는 당첨금품 등은 제외한다.

7) 비거주자에 대한 원천징수특례규정(소법 §156)이 적용되는 경우 제외

2. 간이지급명세서

(1) 제출대상 소득

소득세 납세의무가 있는 개인에게 다음의 어느 하나에 해당하는 소득을 국내에서 지급하는 자(법인, 소득의 지급을 대리하거나 그 지급 권한을 위임 또는 위탁받은 자 및 납세조합, 원천징수세액의 납세지를 본점 또는 주사무소의 소재지로 하는 자와 부가가치세법상 사업자 단위 과세 사업자 포함)는 간이지급명세서를 원천징수 관할세무서장, 지방국세청장 또는 국세청장에게 제출하여야 한다(소법 §164의 3 ①).

① 일용근로자가 아닌 근로자에게 지급하는 근로소득

② 원천징수대상 사업소득

③ 인적용역 기타소득(소법 §21 ① 19호에 해당하는 기타소득을 말하며, 2024.1.1. 이후 지급하는 소득에 대하여 제출하여야 하거나 제출하는 경우부터 적용함)

※ 인적용역 기타소득(소법 §21 ① 19호)
다음의 어느 하나에 해당하는 인적용역(제15호부터 제17호까지의 규정을 적용받는 용역은 제외한다)을 일시적으로 제공하고 받는 대가

가. 고용관계 없이 다수인에게 강연을 하고 강연료 등 대가를 받는 용역

나. 라디오 · 텔레비전방송 등을 통하여 해설 · 계몽 또는 연기의 심사 등을 하고 보수 또는 이와 유사한 성질의 대가를 받는 용역

다. 변호사, 공인회계사, 세무사, 건축사, 측량사, 변리사, 그 밖에 전문적 지식 또는 특별한 기능을 가진 자가 그 지식 또는 기능을 활용하여 보수 또는 그 밖의 대가를 받고 제공하는 용역

라. 그 밖에 고용관계 없이 수당 또는 이와 유사한 성질의 대가를 받고 제공하는 용역

(2) 제출시기

① 일반적인 경우

일용근로자가 아닌 근로자에게 지급하는 근로소득 관련 간이지급명세서는 그 지급일이 속하는 반기의 마지막 달의 다음달 말일(휴업, 폐업 또는 해산한 경우에는 휴업일, 폐업일 또는 해산일이 속하는 반기의 마지막 달의 다음달 말일)까지 원천징수 관할세무서장, 지방국세청장 또는 국세청장에게 제출하여야 한다(소법 §164의 3 ①).

반면 원천징수대상 사업소득 관련 간이지급명세서는 그 소득 지급일이 속하는 달의 다음달 말일(휴업, 폐업 또는 해산한 경우에는 휴업일, 폐업일 또는 해산일이 속하는 달의 다음달 말일)까지 원천징수 관할세무서장, 지방국세청장 또는 국세청장에게 제출하여야 한다(소법 §164의 3 ①, 2021.7.1.부터 적용).

구 분		제출기한
근로소득 간이지급 명세서[*1*2]	1월부터 6월까지 지급분	7월 말일까지
	7월부터 12월까지 지급분	익년 1월 말일까지
	휴업 · 폐업 · 해산하는 경우[*3]	휴업 · 폐업 · 해산일이 속하는 반기 마지막 달의 다음달 말일까지[*4]

구 분		제출기한
사업소득 간이지급명세서[*1]	2021년 1월부터 6월까지 지급분	7월 말일까지
	2021년 7월 지급분부터	지급일이 속하는 달의 다음달 말일까지
	휴업 · 폐업 · 해산하는 경우[*3]	휴업 · 폐업 · 해산일이 속하는 달의 다음달 말일까지[*4]
기타소득[*5]	일반적인 경우	지급일이 속하는 달의 다음 달 말일까지
	휴업 · 폐업 · 해산하는 경우[*3]	휴업 · 폐업 · 해산일이 속하는 달의 다음 달 말일까지

*1. 지급일 기준으로 제출하는 것이므로 2025년 6월 귀속분을 2025년 7월에 지급하는 경우 근로소득 간이지급명세서는 2026년 1월 말까지 제출하는 것이며, 사업소득 간이지급명세서는 2025년 8월 말까지 제출한다.

*2. 2026.1.1.부터 지급하는 근로소득에 대해서는 사업소득과 동일하게 소득 지급일이 속하는 달의 다음 달 말일까지 제출하여야 하며 휴업 · 폐업 · 해산하는 경우에도 휴업일 · 폐업일 · 해산일이 속하는 달의 다음 달 말일까지 제출한다.

*3. 휴업, 폐업 또는 해산을 이유로 간이지급명세서 제출기한까지 지급명세서를 제출한 자로서 아래의 어느 하나에 해당하는 자는 제출을 제외(소령 §213 ②)하는데 이것은 휴업, 폐업 또는 해산에 대한 지급명세서를 제출한 경우 간이지급명세서는 이중 제출할 필요가 없다는 의미이다. 다만, 해당 법령은 2024.1.1. 이후 관련 법령에서 삭제되었다.

① 일용근로자가 아닌 근로자에게 지급하는 근로소득의 경우 : 휴업, 폐업 또는 해산하여 지급명세서를 휴업일, 폐업일 또는 해산일이 속하는 반기의 마지막 달의 다음 달 말일까지 제출한 자

② 원천징수대상 사업소득의 경우 : 휴업, 폐업 또는 해산하여 지급명세서를 휴업일, 폐업일 또는 해산일이 속하는 달의 다음 달 말일까지 제출한 자.

*4. 2021.6.30.까지는 휴업 · 폐업 · 해산일이 속하는 반기 마지막 달의 다음 달 말일까지이다.

*5. 2024.1.1. 이후 지급하는 기타소득(소법 §21 ① 19호에 해당하는 기타소득을 말함)에 대해서만 간이지급명세서를 제출한다. 관련 기타소득의 코드번호는 다음과 같다.

코드번호	소득구분
76	다음 각 목의 어느 하나에 해당하는 인적용역을 일시적으로 제공하고 받는 대가 가. 고용관계 없이 다수인에게 강연을 하고 강연료 등 대가를 받는 용역 나. 라디오 · 텔레비전방송 등을 통하여 해설 · 계몽 또는 연기의 심사 등을 하고 보수 또는 이와 유사한 성질의 대가를 받는 용역 다. 변호사, 공인회계사, 세무사, 건축사, 측량사, 변리사, 그 밖에 전문적 지식 또는 특별한 기능을 가진 자가 그 지식 또는 기능을 활용하여 보수 또는 그 밖의 대가를 받고 제공하는 용역(대학이 자체연구관리비 규정에 따라 대학에서 연구비를 관리하는 경우에 교수가 제공하는 연구용역 포함)
76	라. 그 밖에 고용관계 없이 수당 또는 이와 유사한 성질의 대가를 받고 제공하는 용역
79	소득세법 제21조 제1항 제19호에 해당하는 소득으로서 자문 또는 고문 활동을 하고 보수 또는 이와 유사한 성질의 대가를 받고 제공하는 용역

실무Tip_ 하반기 간이지급명세서 작성 관련 유의사항

근무한 연도가 지난 후 지급하는 근로소득과 사업한 연도가 지난 후 지급하는 사업소득의 경우 간이지급명세서 제출대상이 아니었지만 2021년 하반기 제출분부터는 제출하는 것으로 세법이 개정되었으므로 12월 귀속분을 1월에 지급하는 경우 아래 유의사항을 참고하여 제출하도록 하자.

1. 근로소득의 경우

(1) 해당 귀속연도의 근로소득을 12월 말일까지 미지급한 경우
해당 근로소득을 12월에 지급한 것으로 간이지급명세서를 작성한다. 예를 들면 2025년 12월 근무에 대한 소득을 2026년 1월에 지급한 경우, 2025년 하반기분 간이지급명세서의 12월 지급분에 포함하여 제출하고 2026년 1월 지급분 제출시에는 제외한다.

(2) 상반기 중 퇴사한 근로자에게 상반기 근무에 대한 소득을 하반기에 지급하는 경우
해당 소득자 인적사항 및 근로소득 내용을 하반기 간이지급명세서에 포함하여 제출하되, ⑯ 근무기간란에 해당 소득의 지급일을 적는다. 예를 들면 2025년 6월 30일 퇴사한 자에게 2025년 6월 근무에 대한 소득을 2025년 7월 20일에 지급하는 경우 근무기간란에 2025.7.20.~2025.7.20.을 기입하여 간이지급명세서를 제출한다.

2. 사업소득의 경우

(1) 연말정산 대상 사업소득(보험모집인, 방문판매원, 음료배달원)
해당 귀속연도의 사업소득을 12월 말일까지 미지급한 경우 12월에 지급한 것으로 보아 다음 연도 1월 말일까지 간이지급명세서를 제출한다.
예를 들면 2025년 12월 소득을 2026년 1월에 지급한 경우, 2025년 12월 지급분 간이지급명세서에 포함하여 제출하고, 2026년 1월 지급분 간이지급명세서 제출시에는 제외하는 것이다.

(2) 연말정산 대상 사업소득외 사업소득
2025년 12월 귀속, 2026년 1월에 지급하는 경우의 사업소득은 지급일이 속하는 달의 다음달 말일까지 간이지급명세서를 제출하는 것이므로 2026년 2월말까지 간이지급명세서를 제출한다.

② 근로소득원천징수시기 특례 또는 연말정산 사업소득의 원천징수시기 특례가 적용되는 경우

근로소득원천징수시기 특례 또는 연말정산 사업소득의 원천징수시기 특례가 적용되는 경우에는 과세기간 종료일이 속하는 달의 다음달 10일(휴업, 폐업 또는 해산한 경우에는 휴업일, 폐업일 또는 해산일이 속하는 달의 다음달 10일)까지 원천징수 관할세무서장, 지방국세청장 또는 국세청장에게 제출하여야 한다(소법 §164의 3 ①). 근로소득원천징수시기 특례는 근로소득의 수입시기를 참고하길 바란다.

③ 제출방법과 제출면제

간이지급명세서의 제출방법과 제출면제는 지급명세서 제출방법과 동일하므로 지급명세서 제출방법과 제출면제를 참고하길 바란다(소법 §164의 3 ②·③, 소령 §214).

실무Tip 지급명세서와 간이지급명세서의 개정

지급명세서와 간이지급명세서의 미제출과 관련된 과세당국의 사후검증이 빈번하게 발생되어 가산세 리스크가 증대되는 추세이고 2023년에 이와 관련된 세법내용도 다소 복잡하게 개정되어 정리가 필요한 것으로 판단된다.

본문에서 설명한 2023년에 개정된 지급명세서와 간이지급명세서의 내용과 적용시기를 요약정리하면 다음과 같고 참고로 지급명세서와 간이지급명세서 관련 상용근로소득 개정내용은 2024.1.1. 이후 지급하는 분부터 적용하는 것으로 세법이 개정이 되었으나 시행시기를 2년 연기하여 2026.1.1. 이후 지급하는 분부터 적용될 예정이다.

지급명세서와 간이지급명세서의 미제출과 관련된 과세당국의 사후검증이 빈번하게 발생되어 가산세 리스크가 증대되는 추세이고 2023년에 이와 관련된 세법내용도 다소 복잡하게 개정되어 정리가 필요한 것으로 판단된다.

본문에서 설명한 2023년에 개정된 지급명세서와 간이지급명세서의 내용과 적용시기를 요약정리하면 다음과 같고 참고로 지급명세서와 간이지급명세서 관련 상용근로소득 개정내용은 2024.1.1. 이후 지급하는 분부터 적용하는 것으로 세법이 개정이 되었으나 시행시기를 2년 연기하여 2026.1.1. 이후 지급하는 분부터 적용될 예정이다.

1. 간이지급명세서 제출대상 소득 확대와 제출시기 개정

(1) 인적용역 관련 기타소득의 간이지급명세서 제출 개정

인적용역관련 기타소득(소법 §21 ① 19호의 기타소득을 말함)을 간이지급명세서 제출대상 소득으로 추가하였다(소법 §164의 3 ①). 적용시기는 2024.1.1. 이후 지급하는 소득에 대하여 지급명세서 등을 제출하여야 하거나 제출하는 경우부터 적용한다.

내 용	대상소득	적용시기
간이지급명세서 제출대상 소득 확대	인적용역 관련 기타소득	2024.1.1. 이후 지급하는 소득분부터 적용

(2) 상용근로소득과 인적용역 관련 기타소득 간이지급명세서 제출시기 개정

2024.1.1.부터 지급하는 기타소득과 2026.1.1.부터 지급하는 상용근로소득에 대한 간이지급명세서 제출시기가 사업소득과 동일하게 지급일이 속하는 달의 다음달 말일까지, 휴업·폐업·해산하는 경우에는 휴업·폐업·해산일이 속하는 달의 다음 달 말일까지 제출하도록 개정되었다(소법 §164의 3 ①). 인적용역 관련 기타소득의 적용시기는 2024.1.1. 이후 지급하는 분부터 적용되고 상용근로소득의 적용시기는 2026.1.1. 이후 지급하는 분부터 적용한다.

내 용	대상소득	적용시기
간이지급명세서 제출시기 개정	인적용역 관련 기타소득	2024.1.1. 이후 지급하는 소득분부터 적용
	상용근로소득	2026.1.1. 이후 지급하는 소득분부터 적용

2. 간이지급명세서 제출시 지급명세서 제출의무 면제

사업소득과 인적용역 관련 기타소득 간이지급명세서를 제출한 경우 지급명세서를 제출한 것으로 세법이 개정되었다(소법 §164 ⑦). 따라서 간이지급명세서를 제출기한까지 제출한 경우 일반 지급명세서를 제출하지 않더라도 지급명세서 미제출과 관련된 가산세는 적용되지 않지만 실무상 2가지 모두 제출할 것을 권장하는 바이다.

내 용	대상소득	적용시기
간이지급명세서 제출시 지급명세서 제출의무 면제	사업소득	2023.1.1. 이후 지급하는 소득분부터 적용
	인적용역 관련 기타소득	2024.1.1. 이후 지급하는 소득분부터 적용

3. 지급명세서 등 제출 불성실 가산세 부담 완화

(1) 지연제출시 가산세를 50% 감면하는 제출 기간 개정

상용근로소득 간이지급명세서의 미제출 가산세를 50% 감면해주는 지연 제출 기간이 3개월에서 1개월로 개정되었고 인적용관련 기타소득 간이지급명세서의 1개월 이내 지연제출시 미제출 가산세를 50% 감면해주는 세법개정이 신설되었다. 인적용역관련 기타소득의 적용시기는 2024.1.1. 이후 지급하는 분부터 적용되고 상용근로소득의 적용시기는 2026.1.1. 이후 지급하는 분부터 적용한다(소법 §81의 11 ① 1호 나목, 법법 §75의 7 ① 1호 나목).

내 용	대상소득	적용시기
간이지급명세서 지연 제출시기 개정	인적용역 관련 기타소득	2024.1.1. 이후 지급하는 소득분부터 적용
	상용근로소득	2026.1.1. 이후 지급하는 소득분부터 적용

(2) 종전방법으로 제출시 한시적 가산세 면제

상용근로소득과 인적용역 관련 기타소득을 지급하는 원천징수의무자로 하여금 해당 소득에 대한 간이지급명세서를 매달 제출하도록 세법이 개정되었지만 상용근로소득에 대한 간이지급명세서를 종전 방법대로 소득 지급일(근로소득 원천징수 시기특례를 적용받는 경우는 해당 소득에 대한 과세연도 종료일을 말함)이 속하는 반기의 마지막 달의 다음 달 말일(휴업, 폐업 또는 해산한 경우에는 휴업일, 폐업일 또는 해산일이 속하는 반기의 마지막 달의 다음 달 말일)까지 제출하는 경우 또는 인적용역 관련 기타소득에 대한 지급명세서를 종전 방법대로 소득 지급일이 속하는 과세연도의 다음 연도의 2월 말일(휴업, 폐업 또는 해산한 경우에는 휴업일, 폐업일 또는 해산일이 속하는 달의 다음다음 달 말일)까지 제출하는 경우에 간이지급명세서 미제출에 따른 가산세와 지급명세서 미제출에 따른 가산세를 각각 면제하도록 하였다(소법 §81의 11 ③, 법법 §75의 7 ③).

<table>
<tr><th>내 용</th><th>대상소득</th><th colspan="2">적용시기</th></tr>
<tr><td rowspan="3">간이지급명세서와 지급명세서를 종전 주기대로 제출하는 경우 가산세 면제</td><td rowspan="2">상용 근로소득</td><td>매월 납부자</td><td>2026.1.1.부터 2026.12.31.까지 소득을 지급하는 경우</td></tr>
<tr><td>반기 납부자</td><td>2026.1.1.부터 2027.12.31.까지 소득을 지급하는 경우</td></tr>
<tr><td>기타소득</td><td colspan="2">2024.1.1.부터 2024.12.31.까지 소득을 지급하는 경우</td></tr>
</table>

(3) 불분명 또는 사실과 다른 경우의 가산세 면제

사업소득 간이지급명세서가 불분명하거나 사실과 다른 경우에도 간이지급명세서에 기재된 지급금액에서 불분명하거나 사실과 다른 부분의 지급금액이 차지하는 비율이 5% 이하인 경우에는 관련 가산세를 면제하였는데 상용근로소득 또는 인적용역 관련 기타소득도 관련 요건이 충족되면 가산세를 면제하도록 개정되었다(소법 §81의 11 ④, 법법 §75의 7 ④).

<table>
<tr><th>내 용</th><th>대상소득</th><th>적용시기</th></tr>
<tr><td rowspan="2">불분명 또는 사실과 다른 경우 불분명 등 금액이 5% 이하일 경우 가산세 면제</td><td>인적용역 관련 기타소득</td><td>2024.1.1.이후 지급하는 소득분부터 적용</td></tr>
<tr><td>상용근로소득</td><td>2026.1.1.이후 지급하는 소득분부터 적용</td></tr>
</table>

(4) 지급명세서 가산세 부과시 간이지급명세서 가산세 면제

원천징수대상 사업소득 또는 인적용역 관련 기타소득에 대한 지급명세서 등의 제출의무가 있는 자에 대하여 지급명세서에 대한 가산세를 부과하는 부분에 대해서는 간이지급명세서에 대한 가산세는 부과하지 아니하도록 세법이 개정되었다(소법 §164 ⑦, 소칙 법률 제19196호 §6 2022.12.31., 법법 §75의 7 ⑤, 법칙 법률 제19193호 §11, 2022.12.31.). 다만, 상용근로소득의 경우에는 2가지 가산세 모두 적용되는 것이므로 주의를 요한다.

<table>
<tr><th>내 용</th><th>대상소득</th><th>적용시기</th></tr>
<tr><td rowspan="2">지급명세서 가산세 적용시 간이지급명세서 가산세 면제</td><td>사업소득</td><td>2023.1.1. 이후 지급하는 소득분부터 적용</td></tr>
<tr><td>인적용역 관련 기타소득</td><td>2024.1.1. 이후 지급하는 소득분부터 적용</td></tr>
</table>

(5) 지급명세서 등에 대한 세액공제

세액공제를 받으려는 과세연도의 상시고용인원 수가 20명 이하인 원천징수의무자(소규모 사업자)가 2024.1.1.부터 2025.12.31.까지 지급하는 소득에 대한 간이지급명세서를 제출기한까지 국세정보통신망을 이용하여 직접 제출하는 경우에는 해당 과세연도의 소득세 또는 법인세의 납부세액에서 간이지급명세서에 기재된 소득자의 인원 수 등을 고려하여 200원을 공제한다(조특법 §104의 5, 조특령 §104의 2).

다만, 세무사 등의 세무대리인이 소규모사업자를 위하여 제출할 경우에는 세무대리인이 공제를 받으며 간이지급명세서 제출자별로 연 1만원 미만인 때에는 이를 1만원으로 하고, 연 300만원(세무법인 또는 회계법인인 경우에는 600만원)을 한도로 한다.

9. 계산서 등 제출 불성실 가산세

1) 매입처별 세금계산서합계표 미제출 및 불성실 가산세

구 분	내 용
적용요건	매입처별 세금계산서합계표를 매년 2월 10일까지 제출하지 아니한 경우 또는 제출하였더라도 그 매입처별 세금계산서합계표에 적어야 할 필요적 기재사항(거래처별 사업자등록번호 및 공급가액)의 전부 또는 일부를 적지 아니하거나 사실과 다르게 적은 경우
가산세액	공급가액×0.5%(제출기한 지난 후 1월 내 지연제출하는 경우에는 0.25%) * 2017.12.31.까지는 1%(제출기한 경과 후 1개월 내 지연제출하는 경우는 0.5%)
가산세 한도	5천만원(중소기업기본법상 중소기업이 아닌 경우는 1억원) (국기법 §49 ① 2호)
근거법령	법인세법 제75조의 8 제1항 제1호

2) 계산서 등 불성실 가산세

구 분	내 용
적용요건	발급한 계산서 등에 적어야 할 필요적 기재사항의 전부 또는 일부를 적지 아니하거나 사실과 다르게 적은 경우
가산세액	공급가액×1%
가산세 한도	5천만원(중소기업기본법상 중소기업이 아닌 경우는 1억원) (국기법 §49 ① 2호)
근거법령	법인세법 제75조의 8 제1항 제2호

3) 매출 · 매입처별 계산서합계표의 미제출 및 불성실 가산세

구 분	내 용
적용요건	매출 · 매입처별 계산서합계표를 매년 2월 10일까지 제출하지 아니한 경우 또는 제출하였더라도 그 합계표에 적어야 할 필요적 기재사항(거래처별 사업자등록번호 및 공급가액)의 전부 또는 일부를 적지 아니하거나 사실과 다르게 적은 경우
가산세액	공급가액×0.5%(제출기한 지난 후 1월 내 지연제출하는 경우에는 0.25%) * 2017.12.31.까지는 1%(제출기한 경과 후 1개월 내 지연제출하는 경우는 0.5%)
가산세 한도	5천만원(중소기업기본법상 중소기업이 아닌 경우는 1억원) (국기법 §49 ① 2호)
근거법령	법인세법 제75조의 8 제1항 제3호

4) 계산서 등 미발급 및 가공 · 위장 수수 등의 가산세

구 분	내 용
적용요건	다음의 어느 하나에 해당하는 경우 ① 재화 또는 용역을 공급한 자가 계산서 등(이하 "계산서 등"이라 한다)을 발급하지 아니한 경우 ② 재화 또는 용역을 공급하지 아니하고 계산서 등을 발급한 경우 ③ 재화 또는 용역을 공급받지 아니하고 계산서 등을 발급받은 경우 ④ 재화 또는 용역을 공급하고 실제로 재화 또는 용역을 공급하는 법인이 아닌 법인의 명의로 계산서 등을 발급한 경우 ⑤ 재화 또는 용역을 공급받고 실제로 재화 또는 용역을 공급하는 자가 아닌 자의 명의로 계산서 등을 발급받은 경우
가산세액	공급가액×2% (전자계산서를 발급하지 아니하였으나 전자계산서 외의 계산서를 발급한 경우와 계산서의 발급시기가 지난 후 해당 재화 또는 용역의 공급시기가 속하는 사업연도 말의 다음달 25일까지 계산서를 발급한 경우는 1% 적용)
근거법령	법인세법 제75조의 8 제1항 제4호

5) 전자계산서 지연전송 가산세

구 분	내 용
적용요건	전자계산서 발급일의 다음날이 지난 후 재화 또는 용역의 공급시기가 속하는 과세기간 말의 다음달 25일까지 국세청장에게 전자계산서 발급명세를 전송하는 경우(미발급 가산세가 적용되는 경우 제외)

구 분	내 용
가산세액	공급가액×0.3%(2016.12.31.까지는 0.1%)
가산세 한도	5천만원(중소기업기본법상 중소기업이 아닌 경우는 1억원) (국기법 §49 ① 2호)
근거법령	법인세법 제75조의 8 제1항 제5호

6) 계산서 미전송 가산세

구 분	내 용
적용요건	전자계산서 발급일의 다음날이 지난 후 재화 또는 용역의 공급시기가 속하는 과세기간 말의 다음달 25일까지 국세청장에게 전자계산서 발급명세를 전송하지 않는 경우(미발급 가산세가 적용되는 경우 제외)
가산세액	공급가액×0.5%(2016.12.31.까지는 0.3%)
가산세 한도	5천만원(중소기업기본법상 중소기업이 아닌 경우는 1억원) (국기법 §49 ① 2호)
근거법령	법인세법 제75조의 8 제1항 제6호

실무Tip 계산서 불성실 가산세 관련 법인세법 기본통칙

75의 8-0…1 **【착오로 교부한 계산서에 대한 가산세의 적용】**

① 법인이 세금계산서 교부대상 재화를 공급하면서 착오로 계산서를 교부함에 따라 부가가치세법 제60조 제2항 제2호의 세금계산서미교부가산세가 적용되는 부분에 대하여는 법 제75조의 8의 가산세를 적용하지 아니한다.

② 제1항의 규정에 해당하는 계산서를 교부받은 법인의 경우 이를 매입처별계산서합계표에 기재하여 제출하지 아니한 때에는 당해 가산세가 적용된다.

75의 8-0…2 **【계산서합계표미제출가산세의 적용배제】**

재화나 용역의 공급자로부터 계산서를 교부받지 못하여 매입처별계산서합계표를 제출하지 못한 경우에는 법 제75조의8 제1항 제3호의 가산세를 적용하지 아니한다.

75의 8-0…3 **【계산서 미교부가산세 적용배제】**

다음 각 호에 해당하는 재화 또는 용역의 공급에 대하여는 법 제121조에 따른 계산서를 교부하지 아니하는 경우에도 법 제75조의 8의 가산세를 부과하지 아니한다.

① 법인의 본지점간 재화의 이동

② 사업을 포괄적으로 양도하는 경우

③ 상품권 등 유가증권을 매매하는 경우(상품권매매업자 포함)

7) 실무적용사례

① 보험용역을 제공후 공급시기 이후 계산서 발급요청에 따른 계산서 발급시 계산서 불성실 가산세 적용대상 인지 여부

보험용역을 공급한 내국법인이 보험용역의 공급시기에 거래상대방의 계산서 교부요구가 없어 영수증을 교부하였으나 공급시기 이후 거래상대방의 요구로 계산서를 발급한 경우 법인세법 제75조의 8 제1항 제4호에 따른 계산서 지연발급 가산세가 적용되지 않는 것임(사전법규법인 2024-678, 2024.11.21.).

② 해외직송거래시 국외 운송사로부터 항공화물운송장을 직접 교부받는 경우 세금계산서 발급 여부

(사실관계)

○ 국내 갑법인은 국내 을법인과 '물품공급계약'(운송인인도조건, FCA 조건으로 매수인의 지정장소에 매수인이 지정한 운송인에게 물품을 인도하면 비용과 위험이 매수인에게 이전되는 조건)을 체결하고,

– 신청법인은 국외 A법인으로부터 물품을 구입하여 국외에서 국내 을법인에 공급하며, 국내 을법인은 국외 운송사(국내 을법인이 신청법인에 국외 운송사를 지정하여 요청)로부터 항공화물운송장(AWB)을 교부받아 해당 물품에 대한 수입 · 통관을 진행함

(질의내용)

○ 사업자가 국외 사업자로부터 재화를 구입하여 국외에서 국내 다른 사업자에게 공급하는 경우 세금계산서 발급대상 여부

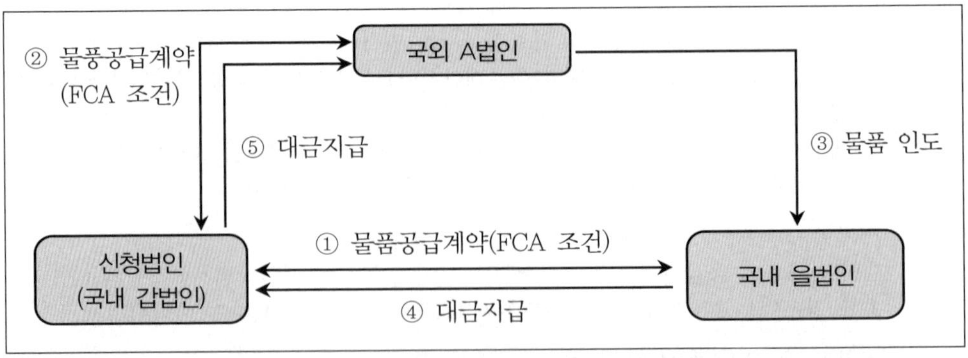

* AWB 등 운송관련서류는 국내 을법인이 국외 운송사로부터 교부받아 수입통관을 진행

[회신]

국내 갑법인이 국외 A법인으로부터 재화를 구입하여 국외에서 국내 을법인에 공급하고 국내 을법인이 해당 재화에 대한 수입 · 통관 등 수입절차를 이행하여 국내 반입하는 경우로서 국내 을법인이 항공화물운송장 등 운송관련서류를 국외 운송사로부터 교부받는 경우 국내 갑법인이 국내 을법인에 공급하는 재화는 부가가치세 과세대상에 해당하지 아니하며, 이 경우 국내 갑법인은 국내 을법인에 법인세법 제121조에 따라 계산서를 작성 · 발급하여야 하는 것임(사전법규부가 2023-733, 2024.1.10.).

③ 국내거래 국외재화인도시 계산서 미발급 가산세 적용여부 등

(사실관계)

○ 을법인은 국내소재 중소기업으로 자동차 부품 제조 및 도매업을 영위하고 있으며, 을법인의 거래처 중 갑법인과의 거래는 아래와 같음

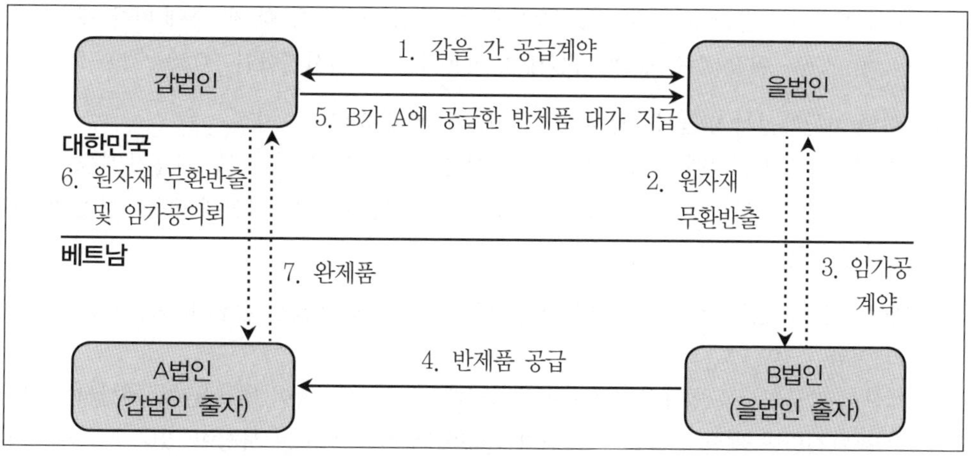

○ 을법인은 갑법인에게 공급하기로 한 반제품을 만드는데 소요되는 자재를 국내에서 구입하여 국외(베트남)에 무환반출하여 B법인이 가공하게 하고, B법인은 가공된 반제품을 갑법인이 지정한 국외(베트남)의 A법인에 공급하며

(질의내용)

○ 국내사업자간 계약하고 원자재를 무환반출하여 국외에서 임가공이 이루어져 국외에서 재화가 이동되는 거래에 대한 대가 전부에 대하여 영세율세금계산서를 발급한 경우

– 계산서 및 세금계산서 미발급 가산세 적용 여부

[회신]

국외에서 내국법인 간에 재화의 공급이 이루어진 계산서 발급대상 거래에 대하여 공급자가 공급받는자로부터 구매확인서를 교부받고 영세율세금계산서를 발급하였으나, 영세율세금계산서 매출과 관련한 매입세액을 공제받지 않는 등 제세 신고 시 과세표준 및 납부세액을 과소신고한 사실이 없어 조세회피목적이 있다고 보기 어려운 경우 법인세법 제76조 제9항 제4호 가목에 의한 계산서미발급가산세는 적용하지 않는 것이며 이와는 별개로 원자재의 무환반출에 대하여 부가가치세법상의 가산세가 적용되는지는 별도로 판단할 사항임(서면법인 2020-1672, 2020.10.28.; 기획재정부법인-893, 2018.7.23.).

④ 국가로부터 지급받은 손실보전금이 계산서 발행 대상인지 여부

내국법인이 사회기반시설을 준공하여 국가에 기부채납하고 당해 시설에 대한 시설관리 운영권을 인정받은 후 별도 협약을 통해 재화 또는 용역의 공급없이 국가로부터 시설운영에 따른 손실을 보전할 목적으로 손실보전금을 지급받는 경우에는 계산서등을 발급하지 않는 것임(서면법인 2022-5576, 2023.10.19.).

⑤ 국내사업장이 없는 외국법인으로부터 출판물의 판매를 대행하면서 고객사로부터 입금 받은 구독료 총액에 대해 계산서를 발행하는 경우의 가산세 부과 여부

내국법인이 국내사업장이 없는 외국법인의 출판물 판매를 대행하면서 고객에 대한 재화 또는 용역의 공급 없이 고객으로부터 입금 받은 구독료 전액에 대해 해당 내국법인을 공급자로 하여 계산서를 발급하는 경우에는 「법인세법」 제75조의 8 제1항 제4호에 따른 계산서 등 미발급 및 가공 · 위장 수수 등의 가산세가 적용되는 것임(서면법인 2020-244, 2020.5.26.)

⑥ 영세율세금계산서 발급시 계산서미발급가산세 부과 여부

계산서 교부대상 거래에 영세율세금계산서를 교부한 경우에도 관련 매입세액을 공제받지 않는 등 조세회피목적이 있다고 보기 어려운 경우 계산서미발급가산세 적용하지 않음(기획재정부법인-893, 2018.7.23.)

⑦ 계산서 발급대상을 영세율세금계산서 발급대상으로 착오 발급한 경우의 가산세 부과가 타당한지의 여부

계산서 발급대상을 영세율세금계산서 발급대상으로 착오하여 영세율세금계산서를 발급한 것만으로 정당한 계산서 발급을 기대하는 것이 무리라고 하는 사정이 있다고 보기 어려운 점 등에 비추어 처분청이 청구법인에게 이 건 법인세(계산서불성실 가산세)를 과세한 처분은 잘못이 없음(조심 2017서4953, 2018.1.31.)

⑧ 국내에 실질적 관리장소를 둔 법인의 계산서 발급 의무

국외소재 사업장이 계약 · 발주 · 대금결재 등의 업무를 직접 수행하여 재화를 공급하는 경우 계산서 발급대상에 해당하지 않는 것임[서면법령해석법인 2017-3240(법령해석-3701), 2017.12.29.]

⑨ 영세율 전자세금계산서를 전자계산서로 착오 발급한 사항은 가산세 부과대상에서 제외되는 정당한 사유에 해당되는지 여부

구매확인서에 의한 영세율 공급분을 담당자 착오로 전자계산서로 발급한 후 발급기한을 경과하여 발견한 뒤, 전자계산서 발급을 취소하고 전자세금계산서를 공급시기 이후에 지연 · 미발급한 것은 부가세법 제60조 제2항의 가산세가 적용되는 것임(서면전자세원 2017-3432, 2017.12.22.)

⑩ 전자 외 계산서를 계산서합계표 작성시 전자계산서 발급분으로 작성 · 제출한 경우 계산서합계표 불성실 가산세를 가산함이 타당한지 여부

매입 · 매출처별 계산서합계표는 거래상대방과의 매입 · 매출내용을 상호대사함으로써 거래상대방의 과표현실화를 유도하고 납세자 본인의 경비지불의 근거를 확인할 수 있도록 함으로써 근거과세의 기반으로 삼고자 하는 제도임에 비추어 전자계산서가 국세청에 전송되지 아니하거나, 전자 외 계산서를 발급하고 사업자등록번호와 공급가액이 기재된 매출처 명세 없이 계산서의 매수 및 총매출금액만을 기재한 매출처별 계산서합계표를 제출하는 것은 적법하게 매출처별 계산서합계표의 제출로 볼 수 없는 점, 가산세 적용은 고의 · 과실을 고려하지 아니

하는 점 등에 비추어 청구주장을 받아들이기 어려움(조심 2017전3720, 2017.11.1.)

⑪ 교부의무가 없는 토지의 공급에 대하여 전자계산서의 기재사항 불분명 및 지연 · 미전송한 경우 가산세 적용 여부

법인이 교부의무가 없는 토지의 공급분에 대하여 착오로 전자계산서를 발급하거나, 지연 · 미전송시 가산세가 적용되지 않음[서면전자세원 2017-1150(전자세원-465), 2017.5.17.]

⑫ 청구법인이 실물공급 없이 쟁점매입 · 매출세금계산서를 수수한 것으로 보아 법인세 및 부가가치세를 과세한 처분의 당부

당초 쟁점거래 당사자들이 직접 세금계산서를 수수하다가 특정 기간 동안에만 거래과정에 청구법인을 끼워 넣어 세금계산서를 수수하였고, 쟁점매입 · 매출세금계산서상 공급가액이 정확히 일치하여 청구법인이 별도의 부가가치를 창출한 사실이 없는 것으로 보이며, 처분청이 제시한 거래 담당자들의 진술내용 및 쟁점거래처들의 업무흐름상 청구법인이 실질적인 역할을 수행하였다고 보기 어려운 점, 법원이 쟁점세금계산서와 관련하여 조세범처벌법 위반으로 기소된 청구법인 및 그 직원에게 벌금 및 집행유예를 각 선고한 것으로 나타나는 점 등에 비추어 처분청이 쟁점매입 · 매출세금계산서를 실물공급 없이 수수된 것으로 보아 법인세 및 부가가치세를 과세한 이 건 처분은 잘못이 없음(조심 2015중5472, 2017.3.15.)

⑬ 증빙자료 수취의무를 이행하고자 노력하였음에도 증빙을 수취하지 못한 경우에는 정당한 사유가 있으므로 가산세 면제사유에 해당함

실제와 다르게 작성된 세금계산서는 증빙미수취가산세의 부과대상에 해당되지만 증빙자료수취의무를 이행하고자 하였으나 이를 수령치 못한 경우에는 그 의무해태를 탓할 수 없는 정당한 사유가 있는 것이므로 가산세 면제사유에 해당함(수원지법 2016구합1067, 2016.12.16.)

⑭ 판매활동과 공급처가 다른 경우는 판매활동을 한 본점에서 계산서를 교부하는 것임

부가가치세 면세사업을 영위하는 내국법인이 판매활동은 본점에서, 상품의 생산 및 거래처 공급은 지점에서 하는 경우에는 공급자를 지점으로 하는 계산서를 거래처에 교부하는 것이나, 이미 지점에서 본점으로 계산서를 교부한 경우에는 본점에서 거래처에 계산서를 교부하는 것임(서면법령법인-1553, 2015.11.30.)

⑮ 착오로 계산서 수취대상을 세금계산서 수취시 매입계산서합계표 가산세 적용 여부

재화 또는 용역을 공급받고 계산서를 교부받지 못하여 매입처별 계산서합계표를 제출하지 아니한 경우에는 가산세 규정을 적용하지 아니하는 것임(법인-496, 2013.9.25.)

⑯ 가산세 한도가 없는 해당 의무를 고의적으로 위반한 경우의 범위

원고 회사는 이 사건 쟁점 매입처가 자료상에 불과할 뿐 이 사건 유류의 실제 공급자가 아님을 적어도 미필적으로나마 인식하고 있었다고 볼 수 있고, 따라서 원고 회사가 실제 공급자가 아닌 이 사건 쟁점 매입처 명의의 세금계산서를 수취한 것은 "해당 의무를 고의적으로 위반한 경우"에 해당하여 가산세 한도 없음(대법원 2013두2082, 2013.6.14.)

⑰ 세금계산서 교부의무가 없는 상품권을 발행하면서 매출처별 계산서합계표를 제출하지 아니한 경우 가산세가 적용되지 아니하는 것임

법인이 세금계산서 또는 계산서 교부의무가 없는 상품권을 발행하면서 계산서를 교부하고 이에 대한 매출처별 계산서합계표를 제출하지 아니한 경우 법인세법 제76조 제9항의 규정에 의한 가산세가 적용되지 아니하는 것임(서면2팀-616, 2007.4.9.)

⑱ 매입 · 매출처별 계산서합계표 미제출시 가산세 적용 여부

금융보험업을 영위하는 법인이 금융용역 제공과 관련하여 공급받는 자의 계산서 교부요구가 없었음에도 계산서를 교부하고 이에 대한 매출처별 계산서합계표를 제출하지 아니하였거나, 상대방이 금융보험업자로서 당해 법인이 계산서의 교부를 요구하지 않았음에도 불구하고 상대방이 임의로 계산서를 교부하고 이에 대한 매입처별 계산서합계표를 제출하지 아니한 경우에 대하여는 법인세법 제76조 제9항의 규정에 의한 매출 · 매입처별 계산서합계표의 미제출가산세가 적용되지 아니하는 것임(서면2팀-2680, 2004.12.20.)

10. 특정외국법인의 유보소득계산명세서 제출 불성실 가산세

구 분	내 용
적용요건	국제조세조정에관한법률 제34조 제3호에 따른 특정외국법인의 유보소득계산명세서를 제출하여야 할 내국법인이 그 제출기한까지 제출하지 아니하거나 제출한 명세서의 전부 또는 일부를 적지 아니하는 등 불분명한 경우
가산세액	배당가능한 유보소득금액×0.5% * 산출세액이 없는 경우에도 가산세는 징수함
근거법령	법인세법 제75조의 9

제출기한

적용요건의 제출기한은 법인세 신고기한을 말하는 것으로 일반법인의 경우 사업연도종료일로부터 3개월 이내, 성실신고확인서를 제출해야 하는 법인과 연결과세표준 등을 신고하여야 하는 법인은 사업연도종료일로부터 4개월 이내를 말한다(국조법 §34).

불분명한 경우

적용요건의 '불분명한 경우'란 배당가능한 유보소득금액을 산출할 때 적어야 하는 금액의 전부 또는 일부를 적지 아니하거나 잘못 적어 배당가능한 유보소득금액을 잘못 계산한 경우로 한다(법령 §120 ⑱).

11. 세금우대자료 미제출 불성실 가산세

구 분	내 용
적용요건	① 세금우대자료와 세금우대저축자료를 기한 내 미제출 · 미통보하거나 불분명 제출 · 통보한 경우 ② 세금우대자료 제출기간 또는 세금우대저축자료의 통보기한의 종료일이 속하는 달의 다음달 말일까지 제출 · 통보한 경우
가산세액	①의 경우 : 미제출 · 미통보(불분명 제출 · 통보)한 계약(해지) 건당 2,000원 ②의 경우 : 부과할 가산세액×50%
근거법령	조세특례제한법 제90조의 2

✎ 다음의 명세서 등 세금우대자료를 제출하지 아니하거나 제출된 자료가 불분명한 경우에는 그 금액에 대하여 가산세를 납부할 세액에 가산한다(조특법 §90의 2 ①).

✎ 세금우대자료 불성실 가산세의 적용대상을 요약하면 다음과 같다.

제출대상 세금우대자료명	근 거 법
① 선박투자회사배당소득분리과세명세서 등의 제출	조특법 §87의 5 ⑤
② 부동산집합투자기구 등 배당소득분리과세명세서 제출	조특법 §87의 6 ④
③ 우리사주조합원의 배당소득에 대한 비과세명세서 등의 제출	조특법 §88의 4 ⑪
④ 세금우대저축자료 등의 제출	조특법 §89의 2 ①
⑤ 해외자원개발투자회사 등의 배당소득비과세 · 분리과세명세서 등의 제출	조특법 §91의 6 ④

12. 동업기업에 대한 가산세

구 분	내 용
적용요건	① 소득계산 및 배분명세를 무신고한 경우 ② 소득계산 및 배분명세를 과소신고한 경우 ③ 원천징수세액을 납부기한 내 미납부하거나 과소납부한 경우
가산세액	①의 경우 : 신고하여야 할 소득금액×4% ②의 경우 : 과소신고소득금액×2% ③의 경우 : 미납세액×3%+미납세액×0.022%×미납일수 * 미납 · 미달납부세액의 10% 한도이며 2022.2.14.까지는 0.025%를 적용함
근거법령	조세특례제한법 제100조의 25

참고 해외현지법인 등의 자료제출의무 불이행 등에 대한 과태료(국조법 §91)

법인세법 가산세는 이에 준하는 과태료를 소개하면 다음과 같다.

국제조세조정에관한법률 제6장 벌칙에는 '국제거래에 대한 자료 제출의무 불이행에 대한 과태료(§87), 혼성금융상품 거래 관련 자료 제출의무 불이행 등에 대한 과태료(§88), 금융정보의 제공 불이행 등에 대한 과태료(§89), 해외금융계좌 신고의무 불이행에 대한 과태료(§90) 그리고 해외현지법인 등의 자료제출의무 불이행에 대한 과태료(§91)'로 구성되어 있는데 이중 국세청이 중요하게 안내하고 있는 '해외현지법인 등의 자료제출의무 불이행에 대한 과태료'에 대한 내용만을 설명하기로 한다.

1. 해외현지법인 등의 자료 제출대상자

(1) 해외직접투자명세등 제출대상자

외국환거래법 제3조 제1항 제18호에 따른 해외직접투자를 한 거주자(소득세법 제3조 제1항 단서에 따른 외국인 거주자는 제외함) 또는 내국법인은 소득세법에 따른 과세기간 또는 법인세법에 따른 사업연도 종료일이 속하는 달의 말일부터 6개월 이내에 다음의 자료(해외직접투자명세등)를 납세지 관할 세무서장에게 제출하여야 한다.

소득세법에 따른 과세기간 또는 법인세법에 따른 사업연도 중 해외직접투자를 받은 외국법인의 주식 또는 출자지분을 양도하거나 해외직접투자를 받은 외국법인이 청산하여 해외직접투자에 해당하지 아니하게 되는 경우에도 또한 같다(국조법 §58 ①, 국조령 §98).

구 분	제출서류
외국환거래법 §3 ① 18호 가목에 따른 해외직접투자*1를 한 거주자 또는 내국법인	해외현지법인 명세서
해외직접투자*1를 한 거주자 또는 내국법인 중 ① 해외직접투자*1를 받은 법인(피투자법인)의 발행주식 총수 또는 출자총액의 10% 이상을 소유하고 그 투자금액이 1억원 이상인 거주자 또는 내국법인 ② 피투자법인의 발행주식 총수 또는 출자총액의 10% 이상을 직접 또는 간접으로 소유하고 있고, 피투자법인과 특수관계에 있는 거주자 또는 내국법인	해외현지법인 명세서 해외현지법인 재무상황표
피투자법인의 발행주식 총수 또는 출자총액의 10% 이상을 직접 또는 간접으로 소유하고 있고, 피투자법인과 특수관계에 있는 거주자 또는 내국법인 중 손실거래금액*2의 요건을 갖춘 거주자*3 또는 내국법인*4	해외현지법인 명세서 해외현지법인 재무상황표 손실거래명세서
외국환거래법 §3 ① 18호 나목에 따른 해외직접투자*5를 한 거주자 또는 내국법인	해외영업소 설치현황표

*1. 해외직접투자란 거주자가 하는 다음의 어느 하나에 해당하는 거래 · 행위 또는 지급을 말함(외국환거래법 §3 ① 18호 가목, 외국환거래법 시행령 §8 ①)

① 외국 법령에 따라 설립된 법인(설립 중인 법인 포함하며 외국법인이라 함)의 경영에 참가하기 위하여 취득한 주식 또는 출자지분이 해당 외국법인의 발행주식총수 또는 출자총액에서 차지하는 투자비율(주식 또는 출자지분을 공동으로 취득하는 경우에는 그 주식 또는 출자지분 전체의 비율을 말함)이 10% 이상인 투자

② 투자비율이 100분의 10 미만인 경우로서 해당 외국법인과 다음의 어느 하나에 해당하는 관계를 수립하는 것

가. 임원의 파견

나. 계약기간이 1년 이상인 원자재 또는 제품의 매매계약의 체결

다. 기술의 제공 · 도입 또는 공동연구개발계약의 체결

라. 해외건설 및 산업설비공사를 수주하는 계약의 체결

*2. 해외직접투자를 한 거주자 또는 내국법인의 손실거래(해외직접투자를 받은 외국법인과의 거래에서 발생한 손실거래로 한정함)와 해외직접투자를 받은 외국법인의 손실거래(해외직접투자를 한 내국법인과의 거래에서 발생한 손실거래는 제외함)를 말함

*3. 손실거래금액이 단일 과세기간에 10억원 이상이거나 최초 손실이 발생한 과세기간부터 5년이 되는 날이 속하는 과세기간까지의 누적 손실금액이 20억원 이상인 거주자를 말함.

*4. 손실거래금액이 단일 사업연도에 50억원 이상이거나 최초 손실이 발생한 사업연도부터 5년이 되는 날이 속하는 사업연도까지의 누적 손실금액이 100억원 이상인 내국법인을 말함

*5. 해외직접투자란 거주자가 하는 다음의 어느 하나에 해당하는 거래 · 행위 또는 지급을 말함(외국환거래법 §3 ① 18호 나목, 외국환거래법 시행령 §8 ②

외국에서 영업소를 설치 · 확장 · 운영하거나 해외사업 활동을 하기 위하여 자금을 지급하는 행위로서 다음의 자금을 지급하는 것을 말함

① 지점 또는 사무소의 설치비 및 영업기금

② 거주자가 외국에서 법인 형태가 아닌 기업을 설치 · 운영하기 위한 자금

③ 해외자원개발 사업법 제2조에 따른 해외자원개발사업 또는 사회간접자본개발사업을 위한 자금. 다만, 해외자원개발을 위한 조사자금 및 해외자원의 구매자금은 제외

⑵ 해외부동산등 명세

외국환거래법 제3조 제1항 제19호에 따른 자본거래 중 외국에 있는 부동산 또는 이에 관한 권리(해외부동산등)를 취득하여 보유하고 있거나 처분한 거주자 또는 내국법인이 다음의 어느 하나에 해당하는 경우에는 소득세법에 따른 과세기간 또는 법인세법에 따른 사업연도 종료일이 속하는 달의 말일부터 6개월 이내에 다음의 구분에 따른 자료(해외부동산등 명세)를 납세지 관할 세무서장에게 제출하여야 한다(국조법 §58 ②, 국조령 §98).

① 해외부동산등의 취득가액이 2억원 이상인 경우

→ 해외부동산등의 취득 · 투자운용(임대 포함) · 처분 명세 및 과세기간 또는 사업연도 종료일 현재 보유현황

② 해외부동산등의 취득가액이 2억원 미만으로서 처분가액이 2억원 이상인 경우

→ 해외부동산등의 처분 명세

⑶ 해외신탁명세서

외국의 법령에 따른 신탁 중 신탁법에 따른 신탁과 유사한 것(해외신탁)을 설정(재산을 해외신탁에 이전하는 경우 포함)하는 거주자 또는 내국법인(위탁자)은 다음의 구분에 따른 해외신탁명세(해외신탁의 내용과 해외신탁재산의 가액 등 해외신탁의 설정과 관련된 명세를 말함)를 소득세법 제5조에 따른 과세기간 또는 법인세법 제6조에 따른 사업연도 종료일이 속하는 달의 말일부터 6개월 이내에 납세지 관할 세무서장에게 제출하여야 한다(국조법 §58 ③, 국조령 §98).

① 위탁자가 해외신탁재산을 실질적으로 통제하는 등 대통령령으로 정하는 요건을 충족하는 해외신탁의 경우

→ 해외신탁 설정일부터 종료일까지의 기간이 속하는 각 소득세법 제5조에 따른 과세기간 또는 법인세법 제6조에 따른 사업연도의 해외신탁명세

② 위 ①의 해외신탁을 제외한 해외신탁의 경우

→ 해외신탁 설정일이 속하는 소득세법 제5조에 따른 과세기간 또는 법인세법 제6조에 따른 사업연도의 해외신탁명세

2. 해외현지법인 등 자료 미제출시 과태료

해외현지법인의 경우 국조법 §58에 따라 명세서 등의 제출을 하여야 하는데 이를 위반한 경우에는 다음의 과태료를 부과한다(국조법 §91 ① 및 ②, 국조령 §148 ①, 국조령 별표).

<table>
<tr><th colspan="2" rowspan="2">위반행위</th><th rowspan="2">근거
법조문</th><th colspan="2">과태료</th></tr>
<tr><th>거주자인
경우</th><th>내국법인
인 경우</th></tr>
<tr><td rowspan="2">1. 해외직접 투자명세 등의 자료 제출의무가 있는 거주자 또는 내국법인인 경우</td><td>가. 법 제58조 제1항에 따른 기한까지 다음의 자료를 제출하지 않거나 거짓된 자료를 제출한 경우
1) 해외현지법인 명세서
2) 해외현지법인 재무상황표
3) 손실거래명세서
4) 해외영업소 설치 현황표</td><td>법 제91조
제1항
제1호</td><td>건별
500만원</td><td>건별
1천만원</td></tr>
<tr><td>나. 법 제58조 제5항에 따라 자료 제출 또는 보완을 요구받은 날부터 60일 이내에 다음의 자료를 제출하지 않거나 거짓된 자료를 제출한 경우(2024.2.29. 개정)
1) 해외현지법인 명세서
2) 해외현지법인 재무상황표
3) 손실거래명세서
4) 해외영업소 설치 현황표</td><td>법 제91조
제1항
제2호</td><td>건별
500만원</td><td>건별
1천만원</td></tr>
<tr><td rowspan="5">2. 해외부동산 등명세의 자료 제출의무가 있는 거주자 또는 내국법인인 경우</td><td>가. 법 제58조 제2항 각 호 외의 부분에 따른 기한까지 다음의 자료를 제출하지 않거나 거짓된 자료를 제출한 경우</td><td rowspan="5">법 제91조
제2항
제1호</td><td colspan="2"></td></tr>
<tr><td>1) 해외부동산등 취득명세</td><td colspan="2">해외부동산등
취득가액의 10퍼센트
(1억원을 한도로 한다)</td></tr>
<tr><td>2) 해외부동산등 보유명세</td><td colspan="2">해외부동산등
취득가액의 10퍼센트
(1억원을 한도로 한다)</td></tr>
<tr><td>3) 해외부동산등 투자운용(임대) 명세</td><td colspan="2">해외부동산등
투자운용 소득의
10퍼센트
(1억원을 한도로 한다)</td></tr>
<tr><td>4) 해외부동산등 처분명세</td><td colspan="2">해외부동산등
처분가액의 10퍼센트
(1억원을 한도로 한다)</td></tr>
</table>

위반행위		근거 법조문	과태료	
			거주자인 경우	내국법인인 경우
2. 해외부동산등명세의 자료 제출의무가 있는 거주자 또는 내국법인인 경우	나. 법 제58조 제5항에 따라 자료 제출 또는 보완을 요구받은 날부터 60일 이내에 다음의 자료를 제출하지 않거나 거짓된 자료를 제출한 경우(2024.2.29. 개정)	법 제91조 제2항 제2호		
	1) 해외부동산등 취득명세		해외부동산등 취득가액의 10퍼센트 (1억원을 한도로 한다)	
	2) 해외부동산등 보유명세		해외부동산등 취득가액의 10퍼센트 (1억원을 한도로 한다)	
	3) 해외부동산등 투자운용(임대) 명세		해외부동산등 투자운용 소득의 10퍼센트 (1억원을 한도로 한다)	
	4) 해외부동산등 처분명세		해외부동산등 처분가액의 10퍼센트 (1억원을 한도로 한다)	
3. 해외신탁명세의 자료 제출의무가 있는 위탁자(2024.2.29. 신설)	가. 법 제58조 제3항에 따른 기한까지 해외신탁명세를 제출하지 않거나 거짓된 해외신탁명세를 제출한 경우(2024.2.29. 신설)	법 제91조 제4항 제1호 (2024.2.29. 신설)	해외신탁재산 가액의 10퍼센트 (1억원을 한도로 한다) (2024.2.29. 신설)	
	나. 법 제58조 제5항에 따라 자료 제출 또는 보완을 요구받은 날부터 60일 이내에 해외신탁명세를 제출하지 않거나 거짓된 해외신탁명세를 제출한 경우(2024.2.29. 신설)	법 제91조 제4항 제2호 (2024.2.29. 신설)	해외신탁재산 가액의 10퍼센트 (1억원을 한도로 한다) (2024.2.29. 신설)	

✎ 보완요구와 소명기간

과세당국은 거주자 또는 내국법인이 해외직접투자명세등 · 해외부동산등명세 · 해외신탁명세(해외현지법인명세서등)를 제출하지 아니하거나 거짓된 해외현지법인명세서등을 제출한 경우에는 해외현지법인명세서등의 제출이나 보완을 요구할 수 있으며 해외현지법인의 자료제출에 대한 소명을 요구받은 자는 자료 제출 또는 보완을 요구받은 자는 그 요구를 받은 날부터 60일 이내에 해당 자료를 제출하여야 한다(국조법 §58 ⑤ 및 ⑥).

✎ 과태료 부과제외

해외직접투자명세서 등과 해외부동산등명세를 제출할 의무가 있는 거주자 또는 내국법인과 해외신탁명세서를 제출할 의무가 있는 위탁자가 기한까지 자료제출이 불가능하다고 인정되는 경우에는 과태료를 부과하지 아니하다(국조령 §148 ②).

① 화재 · 재난 및 도난 등의 사유로 자료를 제출할 수 없는 경우
② 사업이 중대한 위기에 처하여 자료를 제출하기 매우 곤란한 경우
③ 관련 장부 · 서류가 권한 있는 기관에 압수되거나 영치된 경우
④ 자료의 수집 · 작성에 상당한 기간이 걸려 기한까지 자료를 제출할 수 없는 경우
⑤ 그 밖에 ①부터 ④까지의 규정에 따른 사유와 유사한 사유로서 기한 내에 자료를 제출할 수 없다고 인정되는 경우

✎ 해외현지법인 등의 자료제출 의무 불이행 시 취득자금 출처에 대한 소명위반에 대한 과태료

거주자 또는 내국법인이 제59조 제2항 및 제3항을 위반하여 취득자금출처소명대상금액의 출처에 대하여 소명하지 아니하거나 거짓으로 소명한 경우에는 소명하지 아니하거나 거짓으로 소명한 금액의 20퍼센트에 상당하는 과태료를 부과한다. 다만, 천재지변 등 대통령령으로 정하는 부득이한 사유가 있는 경우에는 과태료를 부과하지 아니한다.(국조법 §91 ③)

천재지변 등의 내용은 다음과 같다.(국조령 §148 ⑤)

① 천재지변, 화재 · 재난, 도난 등 불가항력적인 사유로 증명서류 등이 없어져 소명이 불가능한 경우
② 해당 해외현지법인, 해외부동산등 또는 해외신탁재산의 소재 국가의 사정 등으로 소명이 불가능한 경우

✎ 과태료의 경감

납세지 관할 세무서장은 위반행위의 정도, 위반 횟수, 위반행위의 동기와 그 결과 등을 고려하여 법 제91조 제3항 및 별표에 따른 과태료 금액의 50퍼센트의 범위에서 그 금액을 줄이거나 늘려 부과할 수 있다. 다만, 늘려 부과하는 경우에는 법 제91조 제1항부터 제4항까지의 규정에 따른 과태료의 상한을 넘을 수 없다.(국조령 §148 ⑦).

13. 국세기본법상 가산세

1) 무신고 가산세

구 분	내 용
일반무신고 가산세	법인이 법정 신고기한 내에 세법에 따른 법인세 과세표준신고서를 제출하지 않은 경우*1로써 부정무신고 과세표준이 없는 경우 • 가산세액＝Max(①, ②) ① 무신고납부세액*2×20% ② 총수입금액*2×0.7% * 2015.1.1. 이후 개시하는 사업연도분부터 가산세액 기준이 산출세액에서 납부세액(산출세액－세액공제 · 감면세액, 기납부세액)으로 변경되었음.
부정*4무신고 가산세	법인이 법정 신고기한 내에 세법에 따른 법인세 과세표준신고서를 제출하지 않은 경우로써 부정무신고 과세표준이 있는 경우

구 분	내 용
부정*4무신고 가산세	• 가산세액＝Max(①, ②) ① 무신고납부세액*2×40%(국제거래*3인 경우 60%) ② 총수입금액*2×0.7%
근거법령	국세기본법 제47조의 2, 국세기본법시행령 제27조

*1. 무신고 가산세 대상

1) 법인세 신고시 필수첨부서류 미제출 등

내국법인이 법인세 신고시 다음의 어느 하나에 해당하는 경우에는 무신고로 보아 무신고 가산세의 적용대상이 된다.

• 신고기한 내에 신고를 하지 아니한 경우(국기법 §47의 2 ①)

• 신고서에 재무상태표, 포괄손익계산서, 이익잉여금처분계산서, 세무조정계산서 중 어느 하나라도 첨부하지 아니한 경우(법법 §60 ⑤)

2) 연결모법인의 과세표준 등의 신고

연결모법인은 각 연결사업연도의 종료일이 속하는 달의 말일부터 4개월 이내에 각 연결사업연도의 소득에 대한 법인세의 과세표준을 신고하도록 하고 있다(법법 §76의 17 ①). 따라서 다음 어느 하나에 해당하는 경우에는 무신고로 보아 무신고 가산세의 적용대상이 된다.

• 신고기한 내에 신고를 하지 아니한 경우(국기법 §47의 2 ①)

• 신고서에 연결소득금액조정명세서, 재무상태표, 포괄손익계산서, 이익잉여금처분계산서, 세무조정계산서 중 어느 하나라도 첨부하지 아니한 경우(법법 §76의 17 ③)

3) 외국법인의 과세표준 등의 신고

국내사업장에 귀속되는 소득(국내사업장이 없는 외국법인의 부동산소득을 포함)과 국내사업장은 없으나 양도소득이 있는 외국법인의 각 사업연도의 소득에 대한 법인세의 신고는 법인세법 제60조(잉여금처분계산서는 제외)를 준용하여 각 사업연도의 종료일이 속하는 달의 말일부터 3개월 이내에 법인세의 과세표준을 신고하도록 하고 있다(법법 §97 ①). 따라서 이를 이행하지 아니한 경우에는 무신고 가산세의 적용대상이 된다(국기법 §47의 2 ①).

*2. 무신고 납부세액과 수입금액의 범위 등

① 무신고 납부세액 : 납세의무자가 법정 신고기한까지 그 신고로 납부하여야 할 세액(세액공제와 세액감면 그리고 기납부세액이 차감된 금액을 말하고 가산세와 이자상당가산액을 제외)으로 한다(국기법 §47의 2 ①).

② 수입금액 : 법인세법 제60조에 따라 법인세과세표준 및 세액신고서에 기재하여야 할 해당 수입금액으로 한다(국기법 §47의 2 ⑦, 국기령 §27 ② 2호).

*3. 국제거래의 범위

'국제거래'란 국제조세조정에관한법률 제2조 제1항 제1호에 따른 국제거래 및 거래 당사자 양쪽이 거주자(내국법인과 외국법인의 국내사업장 포함)인 거래로서 국외에 있는 자산의 매매 · 임대차, 국외에서 제공하는 용역과 관련된 거래를 말한다(국기법 §26의 2 ①, 국조법 §2 ① 1호).

*4. 부정행위의 범위

'부정행위'란 조세범처벌법 제3조 제6항 각 호의 어느 하나에 해당하는 다음의 행위로 한다(국기법 §26의 2 ① 1호, 국기령 §12의 2 ①).

• 이중장부의 작성 등 장부의 거짓기장

• 거짓증빙 또는 거짓문서의 작성 및 수취

• 장부와 기록의 파기

• 재산의 은닉, 소득 · 수익 · 행위 · 거래의 조작 또는 은폐

• 고의적으로 장부를 작성하지 아니하거나 비치하지 아니하는 행위 또는 계산서, 세금계산서 또는 계산서합계표,

세금계산서합계표의 조작
- 조세특례제한법 제24조 제1항 제4호에 따른 전사적기업자원관리설비의 조작 또는 전자세금계산서의 조작
- 그밖에 위계에 의한 행위 또는 부정한 행위

Tip __ 사기, 그 밖의 부정한 행위 또는 부정행위의 의미(대법 2019두58896, 2020.12.10.)

구 국세기본법(2014.12.23. 법률 제12848호로 개정되기 전의 것, 이하 같다) 제47조의 2 제2항 및 제47조의 3 제2항 제1호 등에 규정된 '사기, 그 밖의 부정한 행위' 또는 '부정행위'란 조세의 부과와 징수를 불가능하게 하거나 현저히 곤란하게 하는 위계 기타 부정한 적극적인 행위를 말하고, 적극적 은닉 의도가 나타나는 사정이 덧붙여지지 않은 채 단순히 세법상의 신고를 하지 않거나 허위의 신고를 함에 그치는 것은 여기에 해당하지 않는다. 또한 납세자가 명의를 위장하여 소득을 얻더라도, 명의위장이 조세포탈의 목적에서 비롯되고 나아가 여기에 허위 계약서의 작성과 대금의 허위지급, 과세관청에 대한 허위의 조세신고, 허위의 등기·등록, 허위의 회계장부 작성·비치 등과 같은 적극적인 행위까지 부가되는 등의 특별한 사정이 없는 한, 명의위장 사실만으로 구 국세기본법 제47조의 2 제2항 및 제47조의 3 제2항 제1호 등에서 정한 '사기, 그 밖의 부정한 행위' 또는 '부정행위'에 해당한다고 볼 수 없다.

1)-1. 실무적용사례

① 이자소득만 신고한 후 누락된 수익사업 부분의 과세표준 신고시 무신고 가산세를 적용함

수익사업을 영위하는 비영리내국법인이 법인세 신고시 이자소득만 "법인세·농어촌특별세 과세표준(조정계산) 및 세액신고서(이자소득만 있는 비영리법인 신고용 신고서)"에 기재하여 신고하고 과세표준신고기간이 경과된 후에 누락된 수익사업 부분의 과세표준을 추가적으로 신고하는 경우에는 국세기본법 제47조의 2에 따른 무신고 가산세가 부과되는 것임(서면법령기본-22236, 2015.12.29.)

② 토지 등 양도소득에 대한 법인세를 신고하지 아니한 경우 무(과소)신고 가산세 적용 여부

내국법인이 법정 신고기한까지 법인세법에 따른 각 사업연도의 소득에 대한 법인세 과세표준 신고서는 제출하였으나 동 신고서에 토지등 양도소득과 그에 대한 법인세를 기재하지 아니한 경우에는 국세기본법 제47조의 2에 따른 무신고 가산세와 같은 법 제47조의 3에 따른 과소신고 가산세가 적용되지 아니하는 것임(기획재정부 조세정책-339, 2011.3.18.)

③ 주주총회 승인없는 재무제표 첨부시 법인세 무신고 해당 여부

법인세 신고시 주주총회 승인을 받지 아니한 상태에서 기업회계기준에 따라 작성된 재무제표를 첨부하여 제출하는 경우에도 법인세 무신고로 보지 아니함(서면2팀-1438, 2004.7.12.)

④ 당해 사업연도 재무제표만 제출하는 경우의 무신고 가산세 적용 여부

재무제표는 직전 사업연도분과 비교하는 형식으로 작성함을 원칙으로 하나 법인세과세표준의 적정성 여부를 검토하는 데 지장이 없는 경우에는 당해 사업연도분만을 제출하는 경우에도

무신고 가산세를 부과하지 아니하며 이익잉여금처분계산서(또는 결손금처리계산서)는 기업회계기준을 준용하여 작성해야 하나 법인종합관리규정(국세청훈령 제1099호, 1991.8.28.) 상의 요약이익잉여금처분계산서(또는 결손금처리계산서)를 첨부한 경우에도 적법한 신고로 보아 무신고 가산세를 부과하지 아니함(법인 22061-128, 1991.1.21.; 법인 46012-1182, 1995.5.1.)

2) 과소신고 · 초과환급신고 가산세

과소신고 가산세

구 분	내 용
일반과소신고 가산세	법인이 법정 신고기한 내에 세법에 따른 법인세 과세표준신고서를 제출한 경우로써 신고한 과세표준이 세법에 따라 신고해야 할 과세표준에 미달하고 부당과소신고과세표준이 없는 경우 가산세액=과소신고납부세액×10% * 2015.1.1. 이후 개시하는 사업연도분부터 가산세액 기준이 산출세액에서 납부세액(산출세액-세액공제 · 감면세액, 기납부세액)으로 변경되었음.
부정과소신고 가산세	법인이 법정 신고기한 내에 세법에 따른 법인세 과세표준신고서를 제출한 경우로써 신고한 과세표준이 세법에 따라 신고해야 할 과세표준에 미달하고 부정과소신고과세표준이 있는 경우 • 가산세액=①+② ① 부정과소신고과세표준에 대한 가산세=Max(㉠, ㉡) ㉠ 부정과소신고납부세액등×40% ㉡ 부정과소신고수입금액×0.14% ② 일반과소신고과세표준에 대한 가산세 (과소신고납부세액 등-부정과소신고납부세액 등)×10%
근거법령	국세기본법 제47조의 3, 국세기본법시행령 제27조의 2

초과환급신고 가산세

구 분	내 용
일반초과환급신고 가산세	법인이 법정 신고기한 내에 세법에 따른 법인세 과세표준신고서를 제출한 경우로서 세법에 따라 신고 · 납부해야 할 세액을 납세자가 환급받을 세액으로 신고하거나 납세자가 신고한 환급세액이 세법에 따라 신고해야 할 환급세액을 초과하는 경우로 부정행위로 초과환급신고를 하지 않은 경우 가산세액=초과환급세액×10%
부정초과환급신고 가산세	법인이 법정 신고기한 내에 세법에 따른 법인세 과세표준신고서를 제출한 경우로서 세법에 따라 신고 · 납부해야 할 세액을 납세자가 환급받을 세액으로 신고하거나 납세자가 신고한 환급세액이 세법에 따라 신고해야 할 환급세액을 초과하는

구 분	내 용
부정초과환급 신고 가산세	경우로 부정행위로 초과환급신고를 한 경우 • 가산세액=①+② ① 부정한 방법으로 초과환급신고한 세액에 대한 가산세=Max(㉠, ㉡) ㉠ 초과환급신고한 세액 중 부정초과환급한 세액×40% ㉡ 부정초과환급신고수입금액×0.14% ② '①' 이외의 가산세액 =초과환급신고한 세액 중 초과환급신고한 세액 외의 세액×10%
근거법령	국세기본법 제47조의 3

2)-1. 실무적용사례

① **법인세 과세표준 신고서 제출시 토지등 양도소득을 기재하지 않은 경우 과소신고가산세 부과 대상임**

내국법인이 각 사업연도 소득에 대한 법인세 과세표준을 법정신고기한까지 신고하였으나 토지 등 양도소득에 대한 법인세를 신고하지 않은 경우에는, 토지 등 양도소득에 대한 법인세를 계산할 때, 「국세기본법」 제47조의 3에서 정하는 과소신고가산세가 적용됨(서면징세 2021-8026, 2022.1.18.)

② **청구법인의 가공매입 거래를 부인하면서 부정과소신고 가산세를 부과한 처분의 당부**

청구법인 및 특수관계법인의 실제 대표자인 ○○○의 확인서에 따라, 청구법인이 특수관계법인으로부터 조명기구 등을 공급받은 사실 없이 가공세금계산서를 발급받은 사실이 구체적으로 확인되고, 청구법인이 결손법인인 특수관계법인을 이용하여 허위로 계약서를 작성하고 가공세금계산서를 발급받아 조세를 포탈한 것은 세금계산서를 조작하는 행위로서 부정행위에 해당하는 것으로 보이므로 처분청이 부정과소신고 가산세를 적용하여 법인세를 과세한 처분은 잘못이 없음(조심 2018중1064, 2018.5.16.)

③ **청구법인이 미환류소득에 대한 법인세를 신고하지 아니함에 따라 과소신고 가산세를 적용하여 법인세를 부과한 처분의 당부**

법인세법 제56조 제2항에서 미환류소득에 대하여 신고의무를 규정하고 있고, 국세기본법 제47조의 3 제1항에서 '납세의무자가 법정 신고기한까지 세법에 따른 국세의 과세표준신고를 한 경우로서 납부할 세액을 신고하여야 할 세액보다 적게 신고한 경우'에는 과소신고 가산세 부과대상으로 규정하고 있는 점, 청구법인은 법인세법 제56조 제1항 및 제2항에 따른 미환류소득에 대한 신고 및 법인세 납세의무자임에도 불구하고 법인세 과세표준 신고를 하면서 미환류소득에 대한 신고 및 납부의무를 이행하지 아니한 것이 확인되는 점 등에 비추어 볼 때 이 건 처분은 잘못이 없는 것으로 판단됨(조심 2017서2648, 2018.2.22.)

④ 쟁점금액이 부정과소신고 가산세 적용대상인지 여부

청구법인은 간이영수증 책자를 구매하고, 공급자 명판 및 도장을 제작한 후 이를 날인하고 3만원 이하의 다량의 가짜 증빙자료를 만든 점, 허위로 인별 시간외 교통비 명세를 작성하고 이를 여비교통비 계정에 계상한 점, 이는 조세의 부과와 징수를 불가능하게 하거나 현저히 곤란하게 하는 적극적인 행위에 해당하는 것으로 보이는 점 등에 비추어 처분청이 부정과소신고 가산세를 적용하여 법인세를 과세한 처분은 잘못이 없음(조심 2017중1000, 2017.6.13.)

⑤ 청구법인들에게 부정과소신고 가산세를 과세한 처분의 당부 등

청구법인들의 매출누락은 20××년부터 계속적 · 반복적으로 이루어졌고, 과세관청의 세원포착이 어렵도록 그 증빙을 고의로 파기한 것으로 보이는 점, 청구법인들은 엑셀프로그램을 통해 실제 청구법인들의 거래상황에 대해 파악할 수 있음에도 거액의 임대보증금 등을 장부에 계상하지 아니하고 이를 실질 대표이사와 관련회사에 유출한 것으로 나타나 자산 · 부채의 단순누락으로 보기 어려운 점 등에 비추어 처분청이 청구법인들에게 이 건 부정과소신고 가산세를 적용하여 법인세를 과세한 처분은 잘못이 없는 것으로 판단됨(조심 2015광5078, 2017.5.12.)

⑥ 증명서류 없이 지출한 영업활동비 및 과소계상한 재고자산에 대하여 부정과소신고 가산세를 적용하여 법인세를 과세한 처분의 당부

청구법인이 영업활동비를 복리후생비 계정으로 처리시 지출전표에 영업활동비라고 부기하여 거래를 은폐하거나 허위로 기장하였다고 보기 어려운 점, 이 건 영업활동비는 세무회계상 손금불산입되나 기업회계상으로는 가공경비가 아니라 실제 지출한 비용으로 손금산입되는 것으로 보이는 점, 과소계상한 기말재고자산은 당해 연도의 익금으로 가산되나 다음연도의 손금에 산입되는 것이므로 소득금액의 기간 귀속 차이를 유발하는 점 등에 비추어 청구법인이 적극적으로 사기나 그 밖의 부정한 행위를 하였다고 보기 어려우므로 일반과소신고 가산세를 적용함이 타당함(조심 2016부812, 2016.5.16.)

⑦ 쟁점가공경비에 대하여 손금불산입하고 사외유출되었다고 보아 상여처분 및 쟁점가공경비의 계상 등과 관련하여 부정과소신고 가산세를 적용한 처분의 당부

청구법인이 제출한 자료만으로는 쟁점가공경비 관련 가수금 채무가 반제를 예정하지 아니한 명목만의 가공채무라는 등의 특별한 사정이 있다고 보기 어렵고, 그 외 쟁점가공경비의 계상과 관련하여 청구법인의 자금이 사외로 유출되지 않았다는 청구주장을 입증할 수 있는 객관적인 증빙이 제시되지 아니한 점 등에 비추어 쟁점가공경비 상당액을 손금불산입하여 법인세를 과세하고 사외유출된 것으로 보아 대표자 상여로 소득금액변동통지를 한 처분은 잘못이 없으나, 청구법인의 경우 단순히 장부에 가공경비를 계상한 것으로서 이중장부를 작성한 것으로 볼 수 없고, 자료상으로부터 가공세금계산서를 수취하거나 허위로 증빙 등을 작성하는 등의 적극적 부정행위를 하였다고 보기 어려운 점 등에 비추어 부정신고 가산세를 적용하여 법인세를 과세한 처분은 잘못이 있음(조심 2015서2445, 2016.3.28.)

⑧ **심판 청구인과 청구법인의 수입금액 과소신고금액에 대하여 부당과소신고 가산세를 적용하여 종합소득세 및 법인세를 과세한 처분의 당부 등**

청구인이 부가가치세 영세율 수입금액을 과소신고하였다가 과소신고금액 중 상당부분을 수정신고 후 종합소득세 신고시 전액 반영한 점, 청구인이 2009년 및 2011년 귀속분은 과다신고하고, 2010년 및 2012년 귀속분은 과소신고한 것은 수출선적일과 외화 수취시기의 불일치로 인한 것으로 보이는 점 등에 비추어 청구인이 부정행위를 한 것으로 보기 어려우므로 일반과소신고 가산세를 적용함이 타당하나, 청구인의 종합소득금액에 청구법인의 수입금액 신고누락액이 포함되지 아니한 것으로 보이고, 청구법인이 동 누락금액에 상당하는 외화를 장부에 계상되지 아니하고 사외로 유출하여 그 사용처 등이 불분명하므로 이는 부정행위에 해당한다 할 것이므로 청구법인의 수입금액 신고누락액에 대하여는 부정과소신고 가산세를 적용함이 타당함(조심 2014부5681, 2016.1.25.)

⑨ **쟁점중개수수료를 부정과소신고 가산세를 적용하여 법인세를 과세하고 대표자에게 상여로 소득처분하여 소득금액변동 통지한 처분의 당부**

청구법인이 쟁점중개수수료를 익금산입하여 법인세를 신고하여야 함에도 이를 누락한 점, 청구법인이 쟁점중개수수료를 가공부채로 계상한 이상 동 금액은 청구법인이 상환하여야 할 것이므로 사외유출과 그 실질이 동일하다고 볼 수 있는 점, 청구법인이 ○○○으로부터 압수수색을 받은 직후에 수정신고한 점 등에 비추어 쟁점중개수수료는 사외유출된 것으로 봄이 타당하나, 검찰의 불기소 결정내용에 의하면 청구법인이 차명계좌를 이용하여 쟁점중개수수료를 수취한 것은 김△△ 등의 기망에 의한 것이고, 청구법인이 쟁점중개수수료를 전액 업무관련 비용으로 지출한 것으로 나타나는 점 등에 비추어 쟁점중개수수료의 신고누락에 대하여 일반과소신고 가산세를 적용함이 타당함(조심 2015서807, 2015.12.30.)

⑩ **대표자가 사적으로 사용한 쟁점금액을 부당한 방법으로 손금에 산입하였다고 보아 부정과소신고 가산세를 적용한 처분의 당부**

쟁점금액 자체가 가공의 금액이 아니어서 수취한 쟁점금액 관련 증빙을 거짓 증빙으로 볼 수 없는 점, 청구법인이 쟁점금액을 장부에 계상하였으나 이는 손금으로 계상할 수 없는 금액을 손금으로 계상한 것일 뿐 이중장부의 작성 등 장부의 거짓 기장을 하거나 그 밖의 위계에 의한 행위 등을 하였다고 보기 어려운 점 등에 비추어 부정과소신고 가산세를 적용하여 법인세를 과세한 처분은 잘못이 있음(조심 2015중4041, 2015.10.29.)

⑪ **농어촌특별세는 본세인 법인세 감면 등으로 증액된 것이기 때문에 과소신고에 따른 신고불성실 가산세 및 납부지연 가산세 부과는 취소되어야 한다는 청구주장의 당부**

농어촌특별세를 과소신고한 경우 특별한 사정이 없는 한 과소신고한 부분에 대한 신고불성실 가산세를 부과하는 것이 타당하나, 납세자가 이미 국가에 납부한 세액은 세목을 달리하고 납부되었다 하더라도 처분청이 변경하여 과세하는 세목의 기납부세액으로 보아 납부지연 가산세를 부과하지 않는 것이 합리적임(조심 2014전764, 2014.4.24.)

⑫ 연결납세방식 적용시 과소신고 가산세 계산방법

과세관청이 연결집단의 법인세 과세표준 과소신고분에 대하여 경정시 과소신고 가산세를 계산함에 있어서, 이월결손금 등의 공제로 인하여 연결 후 연결집단의 과세표준 증가액이 연결 전 연결자법인의 부정과소신고소득금액보다 적은 경우에, '부정과소신고 과세표준'은 연결에 따른 연결집단의 과세표준 증가분을 한도로 하여 부정과소신고 가산세를 산정함(서면법규-938, 2013.9.2.)

⑬ 장기건설공사를 수행하면서 00~02사업연도 작업진행률을 과다계상하고 03~08사업연도 과소계상한 것과 관련하여 07~08사업연도 부당과소신고 가산세를 부과한 처분의 당부

다른 사업연도의 수입금액을 과다계상하기 위하여 허위로 작성된 장부에 근거하여 신고된 사업연도의 법인세 과소신고에 대해 부당과소신고 가산세를 적용하는 것은 정당함(조심 2011전3810, 2011.12.28.)

⑭ 직전 사업연도분 과세표준경정으로 당해 사업연도에 공제할 이월결손금이 감액되는 경우 과소신고 가산세 적용 여부

이월결손금을 공제하여 과세표준을 신고한 이후에 직전 사업연도분에 대한 과세표준경정으로 이월결손금이 감소됨에 따라 당해 사업연도에서 공제할 이월결손금의 감소로 증가된 과세표준은 '부당과소신고'금액에 해당하지 않음(서이 46012-12024, 2003.11.26.)

⑮ 경정청구에 따라 세액을 환급받은 후 경정청구 등의 착오로 재경정하는 경우

법인이 국세기본법 제45조의 2에 따라 경정청구하여 경정결정절차에 따라 세액을 환급받은 후 동 법인이 경정청구 등에 착오가 있음을 발견하여 경정결정한 부분에 대하여 이를 정정하여 수정신고를 하는 경우 과소신고 가산세는 부과하지 아니함(재경부 법인-37, 2004.1.12.)

⑯ 과세관청의 경정결정으로 납부세액을 환급받은 후 법인이 착오가 있음을 확인하여 수정신고한 경우 과소신고 가산세 적용 여부

법인이 국세기본법 제45조의 2의 규정에 의하여 경정을 청구하여 과세관청이 동 내용을 그대로 인정하는 경정결정을 함에 따라 납부세액을 환급받은 후 동 법인이 경정청구 및 경정결정에 착오가 있음을 확인하여 경정결정한 부분에 대하여 이를 정정하여 국세기본법 제45조의 규정에 의한 수정신고를 하는 경우 법인세법 제76조 제1항 제2호의 규정에 의한 과소신고 가산세는 적용하지 아니하는 것임(서면2팀-119, 2004.1.30.)

3) 납부지연 가산세

법인세 신고기한까지 납부할 법인세를 납부하지 아니하거나 납부하여야 할 세액보다 적게 납부(과소납부)하거나 환급받아야 할 세액보다 많이 환급(초과환급)받은 경우 다음의 금액을 합한 금액을 가산세로 한다(국기법 §47의 4).

참고로 납부지연 가산세의 대상이 되는 자는 ① 납세의무자, ② 연대납세의무자, ③ 납세자

를 갈음하여 납부할 의무가 생긴 제2차납세의무자, ④ 보증인을 말한다(국기법 §47의 4 ①).

- 미납하거나 과소납부한 경우 납부지연 가산세=납부관련 지연 가산세+납부고지관련 지연 가산세
- 초과환급받은 경우 납부지연 가산세=환급관련 지연 가산세+납부고지관련 지연 가산세

구 분	적용요건과 가산세액
납부관련 지연 가산세	법인이 법인세 신고기한까지 납부하여야 할 법인세 세액을 납부하지 아니하거나 납부하여야 할 세액 보다 적게 납부하는 경우
	가산세액=(미납세액 또는 과소납부세액+이자상당액*1)×22/100,000*2 ×경과일수 * 경과일수는 법정납부기한의 다음날부터 납부일까지의 기간임(납부고지일로부터 납부고지서에 따른 납부기한까지의 기간은 제외)
환급관련 지연 가산세	법인이 환급받아야할 법인세 세액보다 많이 환급받은 경우
	가산세액=(초과환급세액+이자상당액*1)×22/100,000*2×경과일수 * 경과일수는 환급받은 날의 다음날부터 납부일까지의 기간임(납부고지일로부터 납부고지서에 따른 납부기한까지의 기간은 제외)
납부고지관련 지연 가산세*3	법인이 법정납부기한까지 납부하여야 할 세액 중 납부고지서에 따른 납부기한까지 고지받은 법인세 세액을 미납하거나 과소납부한 경우
	가산세액=(미납세액 또는 과소납부세액+이자상당액*1)×3/100 * 납부고지관련 지연 가산세는 국세를 납부고지서에 따른 납부기한까지 완납하지 아니한 경우에 한정한다.
가산세 감면	과세전적부심사 결정 · 통지기간 이내에 그 결과를 통지하지 아니한 경우에는 가산세의 50%를 감면받음.

*1. 세법에 따라 가산하여 납부하여야 할 이자상당액으로 한다(국기법 §47의 4 ①).

① 법인세법상의 이자상당액
- 고유목적사업준비금의 미사용으로 납부한 이자상당액(법법 §29 ⑤, 법령 §56 ⑦)
- 책임준비금의 미사용으로 납부한 이자상당액(법법 §30 ④)

② 조세특례제한법상의 이자상당액
- 준비금의 환입으로 납부한 다음의 이자상당액
  - 연구 및 인력개발준비금(조특법 §9 ④)
  - 여수세계박람회참가준비금(조특법 §104의 9 ⑤)
- 감면받은 세액의 추징으로 납부한 다음의 이자상당액
  - 사업전환중소기업과 무역조정지원기업에 대한 세액감면(조특법 §33의 2 ④)
  - 공공기관이 혁신도시 등으로 이전하는 경우 법인세 등 감면(조특법 §62 ⑦ · ⑧)
  - 수도권 밖으로 공장을 이전하는 기업에 대한 세액감면(조특법 §63 ③)
  - 수도권 밖으로 본사를 이전하는 법인데 대한 세액감면(조특법 §63의 2 ⑧)
  - 사회적기업 및 장애인 표준사업장에 대한 세액감면(조특법 §85의 6 ⑤)
  - 해외진출기업의 국내복귀에 대한 세액감면(조특법 §104의 24 ③)

– 외국인투자기업에 대한 세액감면으로 납부한 이자상당액(조특법 §121의 5 ①)

• 세액공제액의 추징으로 납부한 다음의 이자상당액

– 상생협력을 위한 기금 출연 등에 세액공제(조특법 §8의 3 ③)

– 통합투자세액공제(조특법 §24)

– 고용창출투자세액공제(조특법 §26)

– 다음의 세액공제는 2021.1.1. 전에 자산을 처분한 경우에 적용함|

• 중소기업 투자세액공제(조특법 §5 · §146) • 안전설비투자에 대한 세액공제(조특법 §25 · §146) • 의약품품질관리개선설비투자에 대한 세액공제(조특법 §25의 4 · §146) • 신성장기술 사업화를 위한 시설투자에 대한 세액공제(조특법 §25의 5) • 네트워크 구축을 위한 시설투자에 대한 세액공제(조특법 §25의 7)

*2. 2019.2.11.까지는 0.03%, 2019.2.12.부터 2022.2.14.까지는 0.025%, 2022.2.15.부터는 0.022%를 적용한다. 예를 들면 2019.2.12. 이전에 납세의무가 성립한 납부지연가산세를 2022.2.15. 이후에 납부하는 경우 당초 납부기한의 다음날부터 2019.2.11.까지는 0.03%, 2019.2.12.부터 2022.2.14.까지는 0.025%, 2022.2.15. 이후는 0.022%를 적용한다(국기령 §27의 4, 국기령 부칙 대통령령 제32424호 §6, 2022년 개정).

*3. 납부고지서에 따른 납부기한의 다음날부터 납부일까지의 기간(국세징수법 제13조에 따라 지정납부기한과 독촉장에서 정하는 기한을 연장한 경우에는 그 연장기간은 제외)이 5년을 초과하는 경우에는 그 기간은 5년으로 하며(국기법 §47의 4 ⑦), 체납된 국세의 납부고지서별 · 세목별 세액이 150만원 미만인 경우에는 납부관련 지연 가산세와 환급관련 지연 가산세를 적용하지 아니한다(국기법 §47의 4 ⑧). 단, 2022.1.1. 이전 납부고지서별 · 세목별 세액이 100만원 이상 150만원 미만인 국세를 체납하여 그 미납기간에 대하여 납세의무가 성립한 납부지연 가산세의 부과에 관하여는 100만원 미만인 경우 납부지연 가산세를 적용하지 아니한다(국기법 부칙 법률 제18586호, 2021.12.21.).

실무Tip _ 무신고 · 과소신고 · 초과환급 가산세가 적용되지 아니하는 경우

1. 원천징수 등 납부지연 가산세가 부과된 부분

국세기본법 제47조의 5에 따른 원천징수 등 납부지연 가산세가 부과되는 부분에 대해서는 국세의 납부와 관련하여 납부지연 가산세를 부과하지 아니한다(국기법 §47의 4 ④).

2. 중간예납 등의 가산세가 부과된 부분

중간예납, 예정신고납부 및 중간신고납부와 관련하여 납부지연 가산세가 부과된 부분에 대하여는 확정신고납부와 관련하여 납부지연 가산세를 부과하지 아니한다(국기법 §47의 4 ⑤).

3. 과세기간을 잘못 적용하여 신고한 경우

법인세 과세기간을 잘못 적용하여 앞당겨 신고납부한 경우에는 납부지연 가산세를 부과할 때 실제신고납부한 날에 실제신고납부한 금액의 범위에서 당초신고납부하였어야 할 과세기간에 대한 법인세를 자진납부한 것으로 본다.

그러나 해당 법인세의 신고가 국세기본법 제47조의 2 제2항 또는 제47조의 3 제2항의 부정행위에 해당하는 경우에는 그러하지 아니한다(국기법 §47의 4 ⑥).

3)-1. 실무적용사례

① 경정청구 인용 결정에 따른 법인세 세액감면 시, 세액감면분 농어촌특별세의 납부지연가산세 계산 방법

법인세 감면을 추가로 인정하는 과세관청의 경정결정으로 인하여 법인세는 일부환급되고 농어촌특별세는 추가 고지되는 경우 법인세 환급세액은 농어촌특별세의 납부지연가산세 계산 시 기납부세액으로 공제되는 것임(서면징세 2022-3543, 2023.6.22.).

② 법인세 중간예납세액 분납시 납부지연가산세 적용 여부

납세의무자가 세법에 따른 납부기한까지 중간예납 법인세액 일부를 납부하지 아니한 경우에는 납부기한의 다음날부터 납세고지일까지 국세기본법제47조의4 제1항에 따른 납부지연가산세가 부과되는 것임(서면법인 2020-5993, 2021.6.30.).

③ 경정청구에 따른 가산세 환급 여부

국세기본법 제45조의2에 따른 경정청구에 의하여 납부할 세액을 감소시키는 경정을 함으로써 납부할 세액에 미달하게 납부한 세액이 없게 되는 경우에는 같은 법 제47조의4에 따른 납부지연 가산세를 적용하지 아니하는 것임(서면법령해석기본 2017-3621, 2018.4.12.).

④ 손익귀속시기를 잘못 인식하여 2010사업연도 법인세를 과소납부하고, 2009 · 2011사업연도 법인세를 과다납부한 경우, 과소납부한 2010사업연도의 납부지연 가산세 적용대상기간이 수정신고일까지인지 아니면 2011사업연도 법인세 납부일까지인지 여부

납부지연 가산세의 산정방식이 납부하지 아니한 세액 또는 미달하게 납부한 세액에 납부하지 아니하고 경과된 일수를 곱하는 기간개념 방식을 취하고 있어 사실상 "자진 납부하는 날"의 의미를 납부사실 그 자체로 보는 것이 타당하므로, 해당 사업연도에 신고 · 납부하였어야 할 것을 미리 납부하거나 다음 사업연도에 납부한 것으로 보아 납부지연 가산세 무납부일수를 계산하는 것이 타당함(조심 2013부2198, 2013.10.14.)

⑤ 납부세액 과다기재로 인한 초과환급신고 가산세를 취소하여야 한다는 주장의 당부

법인세 신고시 실제로 납부하지 않은 중간예납세액을 납부한 것으로 환급신고한 것에 대하여 국세기본법 제47조의 4 제1항의 규정에 따라 초과환급신고 가산세를 적용함은 정당함(조심 2008서2939, 2008.10.27.)

⑥ 세액감면을 변경, 다른 세액감면을 적용하여 수정신고하는 경우에는 미납부 가산세를 적용하는 것임

내국법인이 당초 적용받은 세액감면을 변경하여 다른 세액감면을 적용하여 수정신고하는 경우 수정신고로 납부하여야 할 세액에 미달하게 납부된 금액에 대하여 법인세법 제76조 제1항 제3호의 규정에 의한 가산세를 적용하는 것임(서면2팀-190, 2007.1.26.)

⑦ 분납세액 납부기한 전에 경정청구를 하였더라도 분납세액에서 경정청구세액을 차감하여 납부하는 경우는 미납부 가산세가 적용되는 것임

법인이 법인세신고시 분납세액 납부기한 전에 경정청구를 하였더라도 분납세액에서 경정청구세액을 차감하여 납부할 수 없고 경정청구세액을 차감하여 납부한 경우 미달납부가 되어 법인세법 제76조 제1항 제3호 규정에 의한 가산세를 법인세로 징수하는 것이며, 경정청구에 대하여는 국세기본법 제45조의 2 제3항에 따라 경정청구를 받는 세무서장이 그 청구를 받은 날로부터 2월 이내에 과세표준을 결정 또는 경정하여 환급하는 것임(서면2팀-1373, 2005.8.26.)

⑧ 부동산을 양도한 법인이 양도차익을 각사업연도소득금액에 포함하여 신고하였으나 이와 별도로 양도소득에 대한 법인세를 무신고·무납부한 경우 납부지연 가산세가 적용되는 것임

법인세법 제55조의 2 제1항 제2호에서 규정하는 부동산을 양도한 법인이 당해 부동산의 양도차익을 각사업연도 소득금액에 포함하여 신고하였으나, 이와 별도로 같은 조 제1항의 규정에 의해 납부하여야 하는 양도소득에 대한 법인세를 무신고·무납부한 경우에는 같은 법 제76조 제1항 제1호 및 제2호의 가산세는 적용되지 아니하는 것이나, 같은 항 제3호의 납부지연 가산세는 적용되는 것임(서면2팀-1145, 2005.7.20.)

⑨ 결손금소급공제 신청요건에 해당되지 않아 환급세액 추징시 미납부 가산세 적용 여부

법인세법 제72조 및 조세특례제한법 제8조의 3(2002.12.11. 법률 제6762호로 삭제되기 전) 규정에 의하여 결손금소급공제에 의한 환급을 받은 법인이 당초부터 결손금소급공제 신청요건에 해당되지 아니함에 따라 관련 환급세액 상당액을 추징당하는 경우 법인세법 제76조 제1항의 규정에 의한 미납부 가산세가 적용되는 것임(재경부 법인세제과-31, 2005.1.13.)

⑩ 경정청구로 환급 후 경정청구와 관련 없는 수정신고로 세액납부시 미납부 가산세 적용기간

법인세신고 후 경정청구에 의하여 법인세를 환급받은 법인이 수정신고에 의한 세액을 납부하는 경우 해당 수정신고사유가 경정청구한 내용과 관련이 없는 경우의 미납부 가산세 적용기간은 법인세법 제76조 제1항 제3호의 규정에 의하여 당초 납부기한의 다음날부터 수정신고로 인한 자진납부일 또는 고지일까지의 기간으로 하는 것임(서면2팀-2032, 2004.10.5.)

⑪ 분납세액을 납부기한까지 납부하지 아니한 채 감액경정청구한 경우에도 분납세액에 대한 미납부 가산세는 적용하는 것임

법인이 법인세과세표준신고를 하면서 납부할 세액을 분납하는 것으로 신고한 후 당해 분납할 세액의 납부기한이 경과하였으나 이를 납부하지 아니하고 국세기본법 제45조의 2의 규정에 의한 감액경정청구를 한 경우에도 당해 분납할 세액에 대하여는 법인세법 제41조 제1항 제3호의 미납부 가산세규정을 적용하는 것임(법인 46012-524, 1997.2.20.)

⑫ 법인세감면 배제시 농어촌특별세는 환급, 법인세는 납부로 하여 수정신고하는 경우 법인세 미납부 가산세는 감면배제한 전액에 대하여 계산함

법인이 법인세 감면세액에 대하여 농어촌특별세를 납부하였으나, 법인세 감면세액에 오류가 있어 감면을 배제하고 법인세는 납부세액, 농어촌특별세는 환급세액으로 하여 수정신고하는

경우에 법인세법 제41조 제1항 제3호에 규정하는 미납부 가산세는 감면배제 법인세액 전액에 대하여 계산하는 것이며, 환급받을 농어촌특별세는 국세기본법 제51조 제3항의 규정에 따라 수정신고시 납부할 법인세에 충당청구를 할 수 있는 것임(법인 46012-1987, 1997.7.21.)

4) 원천징수 등 납부지연 가산세

적용요건	법인이 징수했거나 징수해야 할 세액을 원천징수 신고기한 내에 납부하지 않았거나 미달하여 납부한 경우
가산세액	①+② (한도 : 미납세액 또는 과소납부세액×50%*1) ① 미납세액 또는 과소납부세액×22/100,000*2×경과일수*3 ② 미납세액 또는 과소납부세액×3%
근거법령	국세기본법 제47조의 5

*1. 위 ①과 ② 중 원천징수 신고기한의 다음날부터 납부고지일까지의 기간에 해당하는 금액을 합한 금액은 10%임.

*2. 2019.2.11.까지는 0.03%, 2019.2.12.부터 2022.2.14.까지는 0.025%, 2022.2.15.부터는 0.022%를 적용한다. 예를 들면 2019.2.12. 이전에 납세의무가 성립한 납부지연가산세를 2022.2.15. 이후에 납부하는 경우 당초 납부기한의 다음날부터 2019.2.11.까지는 0.03%, 2019.2.12.부터 2022.2.14.까지는 0.025%, 2022.2.15. 이후는 0.022%를 적용함(국기령 §27의 4, 국기령 부칙 대통령령 제32424호 §6, 2022년 개정).

*3. 경과일수는 원천징수 신고기한의 다음날부터 납부일까지의 기간(납부고지일부터 납부고지서에 따른 납부기한까지의 기간은 제외)을 말함.

4)-1. 실무적용사례

① 원천징수 납부지연 가산세의 자진납부에 소득 귀속자의 납부 포함 여부

원천징수의무자가 부담하는 원천세와 소득 귀속자가 부담하는 법인세 또는 소득세 등은 부담의 주체와 내용 등이 서로 상이한 것이므로 소득귀속자의 납부를 원천징수의무자의 납부지연 가산세 계산시 “자진납부”에 포함된다고 볼 수 없음(서면법령해석 기본 2017-266, 2017.4.19.)

14. 국세기본법상 가산세 적용 제한과 감면 등

1) 가산세의 적용 제한

다음의 가산세는 중복하여 적용하지 않는다(국기법 §47의 2 ⑤·⑥, 국기법 §47의 3 ⑥, 국기법 §47의 4 ④·⑤).

① 무신고가산세·과소신고가산세·초과환급신고가산세와 장부의 기록·보관 불성실 가

산세가 동시 적용되는 경우 큰 금액에 해당하는 가산세를 적용하고, 가산세액이 같은 경우 무신고가산세 · 과소신고가산세 · 초과환급신고가산세만 적용한다.

② 예정신고 및 중간신고와 관련하여 무신고 · 과소신고 · 초과환급신고가산세가 부과되는 부분에 대해서는 확정신고와 관련하여 무신고 · 과소신고 · 초과환급신고가산세를 부과하지 아니한다.

③ 중간예납, 예정신고납부 및 중간신고납부와 관련하여 납부지연가산세가 부과되는 부분에 대해서는 확정신고납부와 관련하여 납부지연가산세를 부과하지 아니한다.

④ 원천징수 등 납부지연 가산세가 부과되는 부분에 대하여는 국세의 납부와 관련하여 납부지연 가산세를 적용하지 아니한다.

⑤ 계산서합계표 관련 가산세와 계산서 미교부가산세가 중복될 때에는 계산서 미교부가산세는 적용하지 아니하며, 부가가치세법에 따라 세금계산서 관련 가산세가 적용되는 부분에 대해서는 계산서 관련 가산세를 적용하지 않는다.

2) 가산세의 부과면제

정부는 국세기본법 또는 법인세법에 따라 가산세를 부과하는 경우 그 부과의 원인이 되는 사유가 다음의 기한연장사유(국기법 §6, 국기령 §2)에 해당하거나, 납세자가 의무를 이행하지 아니한데 대한 정당한 사유가 있는 때에는 해당 가산세를 부과하지 아니한다(국기법 §48 ①, 국기법 §6, 국기령 §2, 국기령 §28 ①).

(1) 국세기본법 제6조에 따른 기한 연장 사유에 해당하는 경우(국기령 §2)

① 납세자가 화재, 전화(戰禍), 그 밖의 재해를 입거나 도난을 당한 경우

② 납세자 또는 그 동거가족이 질병이나 중상해로 6개월 이상의 치료가 필요하거나 사망하여 상중(喪中)인 경우

③ 정전, 프로그램의 오류나 그 밖의 부득이한 사유로 한국은행(그 대리점을 포함) 및 체신관서의 정보통신망의 정상적인 가동이 불가능한 경우

④ 금융회사 등(한국은행 국고대리점 및 국고수납대리점인 금융회사 등만 해당) 또는 체신관서의 휴무나 그 밖의 부득이한 사유로 정상적인 세금납부가 곤란하다고 국세청장이 인정하는 경우

⑤ 권한 있는 기관에 장부나 서류가 압수 또는 영치된 경우

⑥ 세무사법에 따라 납세자의 장부 작성을 대행하는 세무사(세무법인 포함) 또는 공인회계

사(회계법인 포함)가 화재, 전화, 그 밖의 재해를 입거나 도난을 당한 경우

⑦ 그 밖에 ①, ② 또는 ⑤에 준하는 사유가 있는 경우

(2) 납세자가 의무를 이행하지 아니한 데에 정당한 사유가 있는 경우

(3) (1)과 (2)와 유사한 경우로서 다음에 해당하는 경우(국기령 §28 ①)

① 세법해석에 관한 질의 · 회신 등에 따라 신고 · 납부하였으나 이후 다른 과세처분을 하는 경우

② 공익사업을 위한 토지 등의 취득 및 보상에 관한 법률에 따른 토지등의 수용 또는 사용, 국토의 계획 및 이용에 관한 법률에 따른 도시 · 군계획 또는 그 밖의 법령 등으로 인해 세법상 의무를 이행할 수 없게 된 경우

③ 실손의료보험금을 의료비에서 제외할 때에 실손의료보험금 지급의 원인이 되는 의료비를 지출한 과세기간과 해당 보험금을 지급받은 과세기간이 달라 해당 보험금을 지급받은 후 의료비를 지출한 과세기간에 대한 소득세를 수정신고하는 경우(해당 보험금을 지급받은 과세기간에 대한 종합소득 과세표준 확정신고기한까지 수정신고하는 경우로 한정)(2021.2.17. 이후 소득세를 수정신고하는 경우부터 적용)

3) 가산세의 감면

(1) 수정신고에 따른 가산세(과소신고 · 초과환급 가산세만 해당)의 감면

과세표준신고서를 법정신고기한까지 제출한 자가 법정신고기한이 지난 후 수정신고한 경우(과소신고 · 초과환급신고 가산세만 해당하며, 과세표준과 세액을 경정할 것을 미리 알고 과세표준수정신고서를 제출한 경우는 제외)에는 다음의 구분에 따른 금액을 감면한다(국기법 §48 ② 1호, 2020.1.1. 이후 최초로 수정신고하는 분부터 적용하고 2020.1.1. 전에 법정신고기한이 만료된 경우로서 2020.1.1. 이후 최초로 수정신고하는 분에 대해서도 적용함).

① 2020.1.1. 이후 최초로 수정신고하는 분부터 적용되는 감면율

구 분	감면율
법정신고기한이 지난 후 1개월 이내 수정신고한 경우	90%
법정신고기한이 지난 후 1개월 초과 3개월 이내 수정신고한 경우	75%
법정신고기한이 지난 후 3개월 초과 6개월 이내 수정신고한 경우	50%
법정신고기한이 지난 후 6개월 초과 1년 이내 수정신고한 경우	30%

구 분	감면율
법정신고기한이 지난 후 1년 초과 1년 6개월 이내 수정신고한 경우	20%
법정신고기한이 지난 후 1년 초과 2년 이내 수정신고한 경우	10%

✎ 2020.1.1. 전에 법정신고기한이 만료된 경우로서 2020.1.1. 이후 최초로 수정신고하는 분에 대해서도 적용한다.

② 2019.12.31.까지 수정신고하는 경우의 감면율

구 분	감면율
법정신고기한이 지난 후 6개월 이내 수정신고한 경우	50%
법정신고기한이 지난 후 6개월 초과 1년 이내 수정신고한 경우	20%
법정신고기한이 지난 후 1년 초과 2년 이내 수정신고한 경우	10%

(2) 기한 후 신고 · 납부에 따른 가산세(무신고 가산세만 해당)의 감면

과세표준신고서를 법정신고기한까지 제출하지 아니한 자가 법정신고기한이 지난 후 기한 후 신고를 한 경우(무신고 가산세만 해당하며, 과세표준과 세액을 결정할 것을 미리 알고 기한후과세표준신고서를 제출한 경우는 제외)에는 다음의 구분에 따른 금액을 무신고 가산세에서 감면한다(국기법 §48 ② 2호, 2020.1.1. 이후 최초로 기한 후 신고하는 분부터 적용하고 2020.1.1. 전에 법정신고기한이 만료된 경우로서 2020.1.1. 이후 최초로 기한 후 신고신고하는 분에 대해서도 적용함).

① 2020.1.1. 이후 최초로 기한후 신고하는 분부터 적용되는 감면율

구 분	감면율
법정신고기한이 지난 후 1개월 이내 기한후 신고를 한 경우	50%
법정신고기한이 지난 후 1개월 초과 3개월 이내 기한후 신고를 한 경우	30%
법정신고기한이 지난 후 3개월 초과 6개월 이내 기한후 신고를 한 경우	20%

✎ 2020.1.1. 전에 법정신고기한이 만료된 경우로서 2020.1.1. 이후 최초로 수정신고하는 분에 대해서도 적용한다.

② 2019.12.31.까지 기한후 신고하는 경우의 감면율

구 분	감면율
법정신고기한이 지난 후 1개월 이내 기한후 신고를 한 경우	50%
법정신고기한이 지난 후 1개월 초과 6개월 이내 기한후 신고를 한 경우	20%

(3) 경정할 것을 미리 알고 수정신고서를 제출한 경우 감면 배제

과세표준과 세액을 결정할 것을 미리 알고 과세표준수정신고서를 제출한 경우에는 가산세 감면대상에서 제외하는데, 이 경우 경정할 것을 미리 알고 제출한 경우는 다음 의 어느 하나에 해당하는 경우를 말한다(국기령 §29, 2013.2.5. 이후 수정신고하는 분부터 적용함).

① 해당 국세에 관하여 세무공무원이 조사에 착수한 것을 알고 과세표준수정신고서 또는 기한후과세표준신고서를 제출한 경우

② 해당 국세에 관하여 관할 세무서장으로부터 과세자료 해명 통지를 받고 과세표준수정신고서를 제출한 경우

실무Tip __ 수정신고에 따른 가산세 감면의 배제

> 당초 신고한 과세표준과 세액의 과소신고로 인하여 부과되는 가산세가 아니고 과세표준신고에 있어서 필수적인 첨부서류 등을 제출하지 아니하여 신고된 것으로 보지 않음으로써 부과되는 가산세는 수정신고서를 제출하더라도 감면되지 아니한다(국기통 48-0…5).

(4) 기타의 가산세 감면

다음 중 어느 하나에 해당하는 경우에는 국세기본법 또는 법인세에 따른 해당 가산세액의 50%에 상당하는 금액을 감면한다.

① 과세전적부심사 결정 · 통지기간에 그 결과를 통지하지 아니한 경우(결정 · 통지가 지연됨으로써 해당 기간에 부과되는 납부지연 가산세만 해당)

② 세법에 따른 제출, 신고, 가입, 등록, 개설(제출 등)의 기한이 지난 후 1개월 이내에 해당 세법에 따른 제출등의 의무를 이행하는 경우(제출 등의 의무위반에 대하여 세법에 따라 부과되는 가산세만 해당)

✎ 세법에 따른 제출 등은 주식등변동상황명세서, 지급명세서, 계산서합계표 등을 말한다.

③ 수정신고에 따른 가산세 감면에도 불구하고 세법에 따른 예정신고기한 및 중간신고기한까지 예정신고 및 중간신고를 하였으나 과소신고하거나 초과신고한 경우로서 확정신고기한까지 과세표준을 수정하여 신고한 경우(과소신고 · 초과환급 가산세만 해당하며, 과세표준과 세액을 경정할 것을 미리 알고 과세표준신고를 하는 경우는 제외, 2018.1.1. 이후 도래하는 확정신고기한까지 수정신고하거나 수정하여 신고하는 분부터 적용)

④ 기한후 신고에 따른 가산세 감면에도 불구하고 세법에 따른 예정신고기한 및 중간신고기한까지 예정신고 및 중간신고를 하지 아니하였으나 확정신고기한까지 과세표준신고를 한 경우(무신고 가산세만 해당하며, 과세표준과 세액을 경정할 것을 미리 알고 과세표준신

고를 하는 경우는 제외, 2018.1.1. 이후 도래하는 확정신고기한까지 수정신고하거나 수정하여 신고하는 분부터 적용)

(5) 감면 등의 신청

가산세의 감면 등을 받으려는 자는 다음의 사항을 기재한 신청서를 관할세무서장에게 제출하여야 한다(국기령 §28 ②).

① 감면을 받고자 하는 가산세에 관계되는 국세의 세목 및 부과연도와 가산세의 종류 및 금액

② 해당 의무를 이행할 수 없었던 사유(면제대상인 경우에 한함). 이때 사유를 증명할 수 있는 문건이 있을 때에는 이를 첨부하여야 한다.

관할세무서장은 감면신청서를 제출받은 때에는 그 승인 여부를 통지하여야 한다.

4) 가산세의 한도

다음 중 어느 하나에 해당하는 가산세에 대해서는 그 의무위반의 종류별로 각각 5,000만원(중소기업기본법 제2조 제1항에 따른 중소기업이 아닌 기업은 1억원)을 한도로 한다. 가산세 한도는 세법에 따라 부과된 의무의 내용에 따라 구분하며, 가산세 한도의 적용기간은 과세기간 단위로 적용한다. 다만, 해당 의무를 고의적으로 위반한 경우에는 그러하지 아니하다(국기법 §49, 국기령 §29의 2).

① 주주등의 명세서 등 제출 불성실 가산세(법법 §75의 2)

② 기부금영수증 발급 · 작성 · 보관 불성실 가산세(법법 §75의 4)

③ 증명서류 수취 불성실 가산세(법법 §75의 5)

④ 지급명세서 등 제출 불성실 가산세(법법 §75의 7)

⑤ 계산서 등 제출 불성실 가산세(계산서 미발급, 가공 · 위장수수 가산세는 계산서의 발급시기가 지난 후 해당 재화 또는 용역의 공급시기가 속하는 사업연도 말의 다음 달 25일까지 계산서를 발급한 경우에 부과되는 가산세만 해당함. 2024년 세법 개정)(법법 §75의 8)

⑥ 특정외국법인의 유보소득 계산명세서 제출 불성실 가산세(법법 §75의 9)

제2절 과세당국의 세무조사로 인한 경정·결정 가산세 사례

현금매출누락의 부가가치세 미신고와 대표자 상여처분에 따른 종합사례

다음 자료는 중소기업인 ㈜태욱의 15기(2021.1.1.~2021.12.31.) 법인세 과세자료이다. 이를 참고하여 과소신고 가산세와 납부지연 가산세를 계산하시오.

1) 자료1

㈜태욱의 법정 신고기한인 2022.3.31.까지 신고한 법인세과세표준 및 세액조정계산서의 요약내용이다.

구 분	신고내용
과세표준	400,000,000
산출세액	60,000,000
연구인력개발비세액공제	12,000,000
중간예납세액	8,000,000
차가감납부세액	40,000,000

2) 자료2

㈜태욱은 2025년 8월에 과세당국의 사후검증에 의한 세무조사에 의하여 2021년 귀속분 법인세에 대한 경정통지를 받았다. 경정내용을 요약하면 다음과 같다.

(1) 매출누락분과 비용과대

내 용	금 액
① 이중장부에 의한 현금매출누락분	100,000,000
② 기업업무추진비 한도 초과액 미반영분	10,000,000
합 계	110,000,000

현금매출누락분은 세금계산서 발급대상은 아니고, 2021.2기 부가가치세 확정신고와 관

련된 누락분으로 ㈜태욱은 관련 현금매출에 대해서 부가가치세 신고시에도 누락한 채 신고하였다. 현금매출 금액은 공급가액으로 관련 매출세액은 10,000,000원이다.

(2) 연구인력개발비 세액공제 과대계상

연구인력개발비 세액공제 금액 중 2,000,000원이 착오로 과대 계상되었음을 추가 확인하였다.

3) 자료3

과세당국의 자료2에 대한 세무조정사항은 다음과 같고, 과세당국은 해당 경정에 대한 부가가치세와 법인세에 대한 고지세액을 2025.8.31.에 고지하고자 한다. 가산세를 포함한 각 세목별 고지세액은 얼마인가?

참고로 과세당국은 세무조정 중 현금매출누락분(부가가치세 포함금액)에 대해서는 대표자 상여처분하였고, 관련 소득금액변동통지서를 2025.8.31.에 고지세액과 함께 ㈜태욱에 전달하였다.

4) 해답

1. 부가가치세 고지세액=①+②+③=16,896,800원

① 미납세액=10,000,000원

② 부정과소신고불성실 가산세=10,000,000원×40%=4,000,000원

③ 납부지연 가산세

=10,000,000원×0.025%×20일(2022.1.26.~2022.2.14.)

+10,000,000원×0.022%×1,294일(2022.2.15.~2025.8.31.)

=2,896,800원

2. 법인세 고지세액=①+③+④=38,994,720원

① 과소신고납부세액

구 분	신고내용	경정내용	과소신고분
과세표준	400,000,000	510,000,000	110,000,000
산출세액	60,000,000	82,000,000	22,000,000
연구인력개발비세액공제	(12,000,000)	(10,000,000)	2,000,000

구 분	신고내용	경정내용	과소신고분
중간예납세액	(8,000,000)	(8,000,000)	−
차가감납부세액	40,000,000	64,000,000	24,000,000

② 과소신고납부세액의 구분

구 분		부정과소 신고납부세액	일반과소 신고납부세액
구분명확 과소납부세액	2,000,000	−	2,000,000[*1]
구분불명확 과소납부세액	22,000,000	20,000,000[*2]	2,000,000[*3]
과소신고납부세액 합계액	24,000,000	20,000,000	4,000,000

*1. 연구인력개발비 세액공제 착오분은 일반과소신고납부세액으로 확인이 가능함.

*2. 부정과소신고납부세액=22,000,000원×100,000,000원/110,000,000원=20,000,000원

*3. 일반과소신고납부세액=22,000,000원−20,000,000원=2,000,000원

✎ 과소신고 · 초과환급신고 가산세 중 부정행위로 과소신고 · 초과환급신고한 경우 과소신고납부세액 등 중에 부정행위로 인한 과소신고납부세액 등(부정과소신고납부세액)과 그 외의 과소신고납부세액 등(일반과소신고납부세액)이 있는 경우로서 부정과소신고납부세액과 일반과소신고납부세액을 구분하기 곤란한 경우 부정과소신고납부세액은 다음과 같이 계산한 금액으로 한다(국기령 §27의 2 ③).

$$\text{부정과소 신고납부세액} = \text{과소신고납부세액} \times \frac{\text{부정행위로 인한 과소신고한 과세표준}}{\text{과소신고한 과세표준}}$$

③ 과소신고 가산세=㉠+㉡=8,400,000원

㉠ 부정과소신고 가산세

=Max(부정과소신고납부세액×40%, 부정과소신고수입금액×14/10,000)

=Max(20,000,000원×40%, 100,000,000원×14/10,000)=8,000,000원

㉡ 일반과소신고 가산세

=일반과소신고납부세액×10%=4,000,000원×10%

=400,000원

④ 납부지연 가산세액

=24,000,000원×0.022%×1,249일(2022.4.1.~2025.8.31.)

=6,594,720원

3. 대표자 상여처분에 대한 연말정산 재정산

대표자 상여처분에 대한 연말정산 재정산과 원천징수 추가신고에 대한 구체적인 내용은 제3편의 제3절 소득처분이 있는 경우의 원천징수이행상황신고서 작성방법에서 자세하게 살펴보기로 하고 여기에서는 간단한 업무처리 내용만 설명하기로 한다.

① 2021년 귀속분 대표자의 연말정산을 재정산하여 결정세액 또는 차가감납부세액의 차액

분을 계산한다. 참고로 연말정산 재정산시 상여처분된 금액은 근로소득지급명세서(근로소득원천징수영수증)의 '15.인정상여'란에 상여처분된 금액을 입력하여 정산한다. 연말정산 재정산의 결정세액 차액분은 26,400,000원이라고 가정한다.

② 소득금액변동통지서를 수령한 날을 지급시기로 하여 원천징수이행상황신고서 추가신고를 한다. 원천징수이행상황신고서의 표시내용을 간략하게 요약하면 다음과 같다.

구 분	내 용
신고구분	매월 또는 반기, 소득처분, 연말
귀속	2022년 2월
지급	2025년 8월
신고일	2025년 9월 10일

구 분	인원	총지급액	소득세 등
A04(연말)	1명	110,000,000	26,400,000

③ 인정상여가 반영된 근로소득지급명세서를 수정신고방법 유형으로 작성하여 2025.9.10.에 원천징수이행상황신고서를 신고하면서 함께 서면 제출한다.

④ 참고로 대표자가 2021년 귀속분에 대한 종합소득세 신고를 2022년 5월에 한 경우, 근로소득지급명세서가 수정되었으므로 종합소득세 신고도 추가적으로 하여야 한다. 종합소득세 신고는 소득금액변동통지서를 수령한 날이 속하는 달의 다음다음달 말일까지이므로 2025.10.31.까지 추가신고하면 된다.

종합소득세 추가신고시 ⑩ 신고구분은 '50.추가신고(인정상여)'으로 선택하여 신고서를 작성한다.

실무Tip __ 법인 지방소득세 수정신고와 가산세

법인세의 경정 · 결정으로 고지세액이 고지되는 경우 법인 지방소득세 또한 수정신고 등을 통하여 추가납부세액을 계산하여 납부하여야 한다.
2025.8.31.에 과세당국의 경정통지를 바탕으로 법인 지방소득세를 수정신고를 통해 납부하는 경우 납부하여 할 미납세액과 가산세는 다음과 같다.
2021년 귀속분 법인세 신고에 대한 법인 지방소득세 신고기한은 2022.5.1.까지이다.
2021년 귀속분 법인 지방소득세 신고시 신고내용과 경정내용을 요약하면 다음과 같다.

구 분	신고내용	경정내용	과소신고분
과세표준	400,000,000	510,000,000	110,000,000
산출세액	6,000,000	8,200,000	2,200,000
차가감납부세액	6,000,000	8,200,000	2,200,000

(1) 미납세액=2,200,000원
(2) 가산세액=①+②=1,411,888원
① 과소신고 가산세=㉠+㉡=820,000원
㉠ 부정과소신고 가산세=2,000,000원×40%=800,000원
㉡ 일반과소신고 가산세=200,000원××10%=20,000원
② 납부지연 가산세
=2,200,000원×0.025%×36일(2022.5.2.~2022.6.6.)
+2,200,000원×0.022%×1,182일(2022.6.7.~2025.8.31.)
=591,888원
* 2022.6.7. 이전 납세의무가 성립한 납부지연가산세를 2022.6.7. 이후 납부하는 경우 개정 전 기간분에 대한 납부지연가산세의 계산에 적용되는 이자율은 개정규정에도 불구하고 종전의 규정에 따르고, 개정 후 기간분에 대한 납부지연가산세의 계산에 적용되는 이자율은 개정규정에 따르는 것이므로(지방령 부칙 대통령령 제32665호, 2022.6.7.), 2022.6.6.까지는 0.025%를 적용하고, 2022.6.7. 이후에는 0.022%를 적용한다.
(3) 총납부세액=(1)+(2)=3,611,888원

5) 해설

① 법인세 매출누락에 대한 수정사항이 발생되는 경우 부가가치세 수정신고를 하여야 하는지의 판단이 필요하고 만약 부가가치세 수정신고를 해야 할 경우라면 실무상 부가가치세부터 먼저 수정신고하고 법인세 수정신고를 하여야 한다.
② 법인세 수정신고를 하는 경우 법인 지방소득세 수정신고도 해야 한다.
③ 소득처분시 인정상여, 인정배당, 인정기타소득 처분이 있는 경우에 법인세 자진신고시 소득자료명세서 서식이 첨부되는 것이며, 관련 처분에 대한 원천징수이행상황신고서의 추가신고가 필요하다.
④ 소득처분시 해당 소득자가 종합소득세 확정신고를 한 경우라면, 종합소득세에 대한 추가신고를 하여야 함에 유의하여야 한다.

참고 2015.1.1. 이전의 일반과소신고 가산세와 부정과소신고 가산세의 적용

참고로 위 사례의 사업연도가 2014년 귀속분 법인세 신고에 대한 세무조사인 경우의 과소신고 가산세액을 구하면 다음과 같다.

(1) 자료의 구분－일반과소신고 과세표준과 부정과소신고 과세표준

구 분	신고내용	경정내용	과소신고분
과세표준	400,000,000	510,000,000	110,000,000
산출세액	60,000,000	82,000,000	22,000,000
연구인력개발비 세액공제	(12,000,000)	(10,000,000)	2,000,000
중간예납세액	(8,000,000)	(8,000,000)	－
차가감납부세액	40,000,000	64,000,000	24,000,000

① 부정과소신고 과세표준＝100,000,000원

② 일반과소신고 과세표준＝10,000,000원

(2) 과소신고 가산세액＝①＋②＝6,5892,156원

① 부정과소신고 가산세액＝Max(㉠, ㉡)＝6,431,372원

㉠ (경정산출세액×부정과소과세표준/경정과세표준)×40%,
＝(82,000,000원×100,000,000원/510,000,000)×40%＝6,431,372원

㉡ 부정수입금액×14/10,000
＝100,000,000원×14/10,000＝140,000원

② 일반과소신고 가산세액＝(경정산출세액×일반과소과세표준/경정과세표준)×10%
＝(82,000,000원×10,000,000원/510,000,000원)×10%
＝160,784원

슬기로운 가산세 사례실무

가산세 부담을 줄이는 최선의 대비책

제4편
세목별 가산세 핵심정리

제3장

소득세

제1절 소득세 관련 가산세

가산세 요약(2025년)

<table>
<tr><th colspan="2">종 류</th><th>적용요건</th><th>가산세액</th></tr>
<tr><td colspan="2">영수증 수취명세서
제출 · 작성 불성실
가산세
(소법 §81)</td><td>사업자(소규모사업자, 일정 요건의 추계과세자 제외)가 영수증 수취명세서를 미제출 · 부실기재한 경우</td><td>미제출 · 불분명금액×1%
(1개월 이내 지연제출시 0.5%)
* 영수증수취명세서 : 거래건당 3만원을 초과하고 법정증명서류가 아닌 영수증 수취분을 기재하는 서식</td></tr>
<tr><td colspan="2">성실신고확인서
제출 불성실 가산세
(소법 §81의 2)</td><td>성실신고확인대상사업자가 과세기간 다음날 6월말까지 성실신고확인서를 미제출한 경우</td><td>Max(①, ②)
① 산출세액×(사업소득금액/종합소득금액)* ×5%
* 해당 비율이 1보다 큰 경우에는 1로, 0보다 작은 경우에는 0으로 함.
② 해당 과세기간 사업소득의 총수입금액×0.02%</td></tr>
<tr><td colspan="2">사업장 현황신고
불성실 가산세
(소법 §81의 3)</td><td>수입금액 무신고 · 미달신고(의료업, 수의업, 약사업을 경영하는 사업자만 적용)</td><td>미신고 · 과소신고 수입금액×0.5%</td></tr>
<tr><td rowspan="2">공동
사업장등록
신고 불성실
가산세
(소법
§81의 4)</td><td>미등록
허위등록</td><td>공동사업자가 사업자등록을 하지 않았거나 거짓으로 등록하는 경우</td><td>미등록 · 허위등록 과세기간 총수입금액×0.5%
(1개월 이내 지연등록시 0.25%)</td></tr>
<tr><td>무신고
허위신고</td><td>공동사업자가 손익분배비율 등의 신고 또는 변동신고에 대하여 무신고 또는 거짓으로 신고한 경우</td><td>미신고 · 허위신고 해당 과세기간 총수입금액의 0.1%</td></tr>
<tr><td colspan="2">장부의 기록 · 보관
불성실
가산세(무기장가산세)
(소법 §81의 5)</td><td>사업자가(소규모사업자 제외)가 장부를 비치 기장하지 않았거나 미달기장한 경우</td><td>$\text{산출세액} \times \left(\frac{\text{무기장 · 미달기장소득금액}}{\text{종합소득금액}} \right) \times 20\%$
* 무기장비율이 1보다 크면 1로, 0보다 작으면 0으로 함.</td></tr>
<tr><td colspan="2">증명서류수취 불성실
가산세
(소법 §81의 6)</td><td>사업자(소규모사업자, 일정 요건의 추계과세자 제외)가 재화 · 용역을 공급받고 법정증명서류를 수취하지 않았거나 사실과 다른 증명서류를 수취</td><td>정규증명서류를 수취하지 아니한 금액 또는 사실과 다른 증명서류 수취금액×2%
* 단, 정규증명서류 수취의무 면제대상금액과 필요경비불산입 대상 기업업무추진비 금액 제외</td></tr>
</table>

<table>
<tr><th colspan="2">종 류</th><th>적용요건</th><th>가산세액</th></tr>
<tr><td rowspan="3">기부금 영수증 발급·작성·보관 불성실 가산세 (소법 §81의 7)</td><td rowspan="2">기부금영수증</td><td>기부금 영수증을 발급하는 자가 기부금영수증을 사실과 다르게 기재한 경우</td><td>사실과 다르게 영수증에 기재된 금액×5%</td></tr>
<tr><td>기부금액 또는 기부자의 인적사항 등을 사실과 다르게 적어 발급하는 경우</td><td>영수증에 적힌 금액×5%</td></tr>
<tr><td>기부자별 발급명세서</td><td>기부금 영수증을 발급하는 자가 기부금발급내역을 작성·보관하지 아니한 경우
* 상증법에 의한 가산세가 부과된 경우는 제외함.</td><td>미작성·보관금액×0.2%</td></tr>
<tr><td colspan="2" rowspan="2">사업용계좌 신고·사용 불성실 가산세 (소법 §81의 8)</td><td>복식부기의무자가 사용의무 있는 거래금액에 대하여 미사용하는 경우</td><td>사업용계좌 미사용금액* ×0.2%
* 사업용계좌 사용의무가 있는 거래금액 중 미사용분에 한함.</td></tr>
<tr><td>복식부기의무자가 복식부기의무자가 복식부기의무자에 해당하는 과세기간의 개시일[*1]부터 6개월 이내에 사업용계좌를 신고하지 않은 경우[*2]
* 사업개시와 동시에 복식부기의무자에 해당되는 경우에는 다음 과세기간의 개시일
* 변경·추가신고는 5월말까지(성실신고사업자는 6월말)</td><td>Max(①, ②)
① 미신고기간수입금액×0.2%
② 사업용계좌 사용의무가 있는 거래금액 합계액×미신고기간/365×0.2%</td></tr>
<tr><td colspan="2">신용카드 발급 불성실 가산세 (소법 §81의 9)</td><td>신용카드가맹점이 신용카드에 의한 거래를 거부하거나 사실과 다르게 발급한 경우(세액이 없는 경우에도 적용)</td><td>Max(①, ②)
① 건별 발급거부·사실과 다른 발급금액(차액)×5%
② 5천원(건별 계산금액 5천원 미달시)</td></tr>
<tr><td rowspan="3">현금 영수증 발급 불성실 가산세 (소법 §81의 9)</td><td>미가맹</td><td>가입대상자인 사업자가 현금영수증가맹점으로 가입하지 않은 경우</td><td>미가입기간 수입금액×미가입기간/365×1%</td></tr>
<tr><td>발급 거부·사실과 다른 발급</td><td>현금영수증 발급을 거부하거나 사실과 다르게 발급한 경우</td><td>① 건별 발급거부금액 또는 사실과 다른 발급금액(차액)×5%
② 상기 건별 계산금액이 5천원 미달시 5천원</td></tr>
<tr><td>미발급</td><td>현금영수증을 발급하지 아니한 경우
* 국민건강보험법에 따른 보험급여의</td><td>미발급금액×20%
* 착오나 누락으로 인하여 거래대금을 받은 날부터 10일 이내에 관할 세무서에 자진</td></tr>
</table>

종 류		적용요건	가산세액
		대상인 경우 등은 제외함	신고하거나 현금영수증을 자진 발급한 경우에는 10%)
계산서 등 제출 불성실 가산세 (소법 §81의 10)	계산서 불분명 가산세	사업자(소규모 사업자 제외)가 발급한 계산서에 전부 또는 일부가 미기재, 사실과 다르게 기재된 경우	미기재(부실기재)한 공급가액×1%
	계산서 합계표 미제출 불분명 가산세	사업자(소규모 사업자 제외)가 매입 · 매출산서합계표 미제출 또는 부실기재한 경우	미제출(부실기재)한 공급가액×0.5% (1월 이내 지연제출 0.3%)
	매입처별 세금 계산서 합계표 미제출 불분명 가산세	사업자(소규모 사업자 제외)가 매입처별 세금계산서합계표 미제출 또는 부실기재한 경우	미제출(부실기재)한 공급가액×0.5% (1월 이내 지연제출 0.3%)
	계산서 등 미발급 지연발급 가공(위장) 수수 가산세	사업자(소규모 사업자 제외)가 계산서를 미발급 · 지연발급한 경우	· 과세기간 말의 다음달 25일까지 미발급 : 공급가액×2% · 과세기간 말의 다음달 25일까지 지연발급 : 공급가액×1%
		계산서 가공(위장) 발급 및 수취한 경우	공급가액×2%
	전자계산서 지연전송 가산세	전자계산서를 지연전송*한 경우 * 전자계산서 전송기한이 지난 후 재화 또는 용역의 공급시기가 속하는 과세기간 말의 다음달 25일까지 전송	공급가액×0.3%
	전자계산서 미전송 가산세	전자계산서를 미전송*한 경우 * 전자계산서 전송기한이 지난 후 재화 또는 용역의 공급시기가 속하는 과세기간 말의 다음달 25일까지 미전송	공급가액×0.5%
	비사업자에 대한 가산세	사업자가 아닌 자가 재화 또는 용역을 공급하지 아니하고 계산서를 발급하거나 재화 또는 용역을 공급받지 아니하고 계산서를 발급받은 경우	계산서에 적힌 금액×0.2%

<table>
<tr><th colspan="2">종 류</th><th>적용요건</th><th>가산세액</th></tr>
<tr><td rowspan="4">지급 명세서 등 제출 불성실 가산세 (소법 §81의 11)</td><td rowspan="2">일용직 지급 명세서 외</td><td>지급명세서를 기간 내 미제출한 경우</td><td>미제출 지급금액×1%
(기한 후 3개월 내 지연제출한 경우 0.5%)</td></tr>
<tr><td>제출된 지급명세서가 불분명하거나 사실과 다른 경우</td><td>불분명 또는 사실과 다른 지급금액×1%</td></tr>
<tr><td colspan="2">일용직 지급명세서</td><td>미제출 · 불분명 또는 사실과 다른 지급금액×0.25%
(기한 후 1개월 내 지연제출한 경우 0.125%)</td></tr>
<tr><td colspan="2">간이지급명세를 기간 내 미제출하거나 불분명 · 사실과 다른 경우</td><td>미제출 · 불분명금액×0.25%
(근로소득 간이지급명세서는 기한 후 3개월 내, 사업소득 간이지급명세서는 기한 후 1개월 내 지연제출한 경우 0.125%)</td></tr>
<tr><td colspan="2">주택임대사업자 미등록 가산세
(소법 §81의 12)</td><td>주택임대사업자가 사업개시일로부터 20일까지 주택임대사업자등록을 하지 않는 경우</td><td>주택임대수입금액×0.2%
* 주택임대사업개시일로부터 사업자등록 신청 전일까지의 임대수입금액을 말함.</td></tr>
<tr><td colspan="2">특정외국법인의 유보소득 계산 불성실 가산세
(소법 §81의 13)</td><td>특정외국법인의 유보소득계산 명세서를 제출하지 아니하거나 사실과 다르게 기재한 경우</td><td>해당 특정 외국법인의 배당가능한 유보소득 금액×0.5%</td></tr>
<tr><td colspan="2">업무용승용차 관련비용 명세서 제출 불성실 가산세
(소법 §81의 14)</td><td>업무용승용차 관련비용 등을 필요경비에 산입한 복식부기의무자가 업무용승용차 관련비용 등에 관한 명세서를 제출하지 아니하거나 사실과 다르게 제출한 경우</td><td>업무용승용차 관련 비용 등으로 필요경비에 산입한 금액×1%</td></tr>
<tr><td rowspan="2">양도 소득세 가산세 관련</td><td>환산가액 적용 가산세
(소법 §114의 2)</td><td>거주자가 건물을 신축 또는 증축(바닥면적 합계가 85제곱미터를 초과하는 경우에 한정)하고 그 건물의 취득일 또는 증축일부터 5년 이내에 해당 건물을 양도하는 경우로서 감정가액 또는 환산가액을 그 취득가액으로 하는 경우</td><td>해당 건물 감정가액 또는 환산취득가액×5%</td></tr>
<tr><td>주식등에 대한 장부의 비치 · 기장의무 및 기장불성실 가산세
(소법 §115)</td><td>법인의 대주주가 양도하는 주식등에 대하여 거래명세 등을 기장하지 아니하였거나 누락한 경우</td><td>산출세액×(무기장 · 누락소득금액/양도소득금액)* ×10%
* 산출세액이 없는 경우는 7/10,000 적용</td></tr>
</table>

<table>
<tr><th colspan="2">종 류</th><th colspan="2">적용요건</th><th>가산세액</th></tr>
<tr><td rowspan="2">양도
소득세
가산세
관련</td><td rowspan="2">국외전출
가산세
(소법
§118의 15)</td><td colspan="2">국외전출자가 출국일 전날까지 국외전출자 국내주식등의 보유현황을 신고하지 아니한 경우</td><td>출국일 전날의 국외전출자 국내주식등의 액면금액* 또는 출자가액×2%
* 무액면주식인 경우에는 그 주식을 발행한 법인의 자본금을 발행주식총수로 나누어 계산한 금액</td></tr>
<tr><td colspan="2">국외전출자가 국내주식등의 보유현황을 누락하여 신고한 경우</td><td>신고일의 전날을 기준으로 신고를 누락한 국외전출자 국내주식등의 액면금액* 또는 출자가액*×2%
* 무액면주식인 경우에는 그 주식을 발행한 법인의 자본금을 발행주식총수로 나누어 계산한 금액</td></tr>
<tr><td colspan="2">원천징수 납부지연
가산세 특례
(소법 §128의 2)</td><td colspan="2">국가등이 원천징수하여야 할 세액을 정해진 기간에 납부하지 아니하거나 미달하게 납부한 경우</td><td>(무납부 또는 과소납부한 세액×미납일수×22/100,000)+(무납부 또는 과소납부세액×3%)
* 무납부 미달납부세액의 10%를 한도로 함</td></tr>
<tr><td colspan="2" rowspan="4">무신고 가산세
(국기법 §47의 2)</td><td rowspan="2">복식부기
의무자가
신고하지 않은
경우</td><td>일반 무신고</td><td>Max(①, ②)
① 무신고 납부세액× 20%
② 일반 무신고 수입금액×7/10,000</td></tr>
<tr><td>부정 무신고</td><td>Max(①, ②)
① 무신고 납부세액×40%(60%)
② 부정 무신고 수입금액×14/10,000</td></tr>
<tr><td rowspan="2">그 외의 자가
신고하지 않은
경우</td><td>일반 무신고</td><td>무신고 납부세액×20%</td></tr>
<tr><td>부정 무신고</td><td>무신고 납부세액×40%(60%)</td></tr>
<tr><td colspan="2" rowspan="6">과소신고 ·
초과환급 신고 가산세
(국기법 §47의 3)</td><td rowspan="2">복식부기
의무자가
과소신고한
경우</td><td>부정 과소신고</td><td>Max(①, ②)
① 부정 과소신고 납부세액×40% (60%)
② 부정 과소 수입금액×14/10,000</td></tr>
<tr><td>일반 과소신고</td><td>(과소신고 납부세액등－부정 과소신고 납부세액)×10%</td></tr>
<tr><td rowspan="2">그 외의 자가
과소신고한
경우</td><td>부정 과소신고</td><td>부정 과소신고 납부세액×40%(60%)</td></tr>
<tr><td>일반 과소신고</td><td>(과소신고 납부세액등－부정 과소신고 납부세액)×10%</td></tr>
<tr><td rowspan="2">초과환급
신고한 경우</td><td>부정 초과환급</td><td>부정 초과환급 신고세액×40%(60%)</td></tr>
<tr><td>일반 초과환급</td><td>(초과환급 신고세액－부정 초과환급)×10%</td></tr>
</table>

종 류	적용요건	가산세액
납부지연 가산세 (국기법 §47의 4)	납부기한내 미납 또는 미달납부한 경우	미납(미달)세액×경과일수×0.022%
	환급받아야 할 세액초과하여 환급한 경우	초과환급받은 세액×경과일수×0.022%
	납부고지일까지 미납 또는 미달납부한 경우	미납(미달)세액×3/100 * 국세를 납부고지서에 따른 납부기한까지 완납하지 아니한 경우에 한정함
원천징수 등 납부지연 가산세 (국기법 §47의 5)	원천징수의무자(납세조합 포함)가 징수했거나 징수해야 할 세액을 그 기간 내에 납부하지 않았거나 미달하여 납부한 경우	가산세액=①+② ① 납부하지 아니한 세액 또는 과소납부세액×3% ② 납부하지 아니한 세액 또는 과소납부세액×경과일수×0.022%

✎ 종전에는 소득세법 제81조에 소득세 가산세가 열거되어 있었지만, 2020년부터는 영수증수취명세서 제출 · 작성 불성실 가산세, 성실신고확인서 제출 불성실 가산세 등 별도의 조문(소법 §81 및 §81의 2부터 §81의 14까지)으로 분리하여 가산세를 찾아보기 쉽도록 구성하였다.

1. 영수증수취명세서 제출 · 작성 불성실 가산세

구 분	내 용
적용요건	사업자(소규모사업자와 소득금액이 추계되는 사업자 제외)가 영수증수취명세서를 과세표준 확정신고기한 내에 제출하지 않았거나 제출한 영수증수취명세서가 불분명하다고 인정되는 경우로서 제출된 영수증수취명세서에 거래상대방의 상호, 성명, 사업자등록번호(주민등록번호로 갈음하는 경우에는 주민등록번호), 거래일 및 지급금액을 기재하지 않았거나 사실과 다르게 기재하여 거래사실을 확인할 수 없는 경우
가산세액	미제출 · 불분명금액×1%(1개월 이내 지연제출시 0.5%)
가산세 한도	5천만원(중소기업기본법상 중소기업이 아닌 경우는 1억원) (국기법 §49 ① 2호)
근거법령	소득세법 제81조, 소득세법 시행령 제147조

✎ 적용 제외 대상 소규모사업자

증명서류 다음 중 하나에 해당하는 소규모사업자에 대하여는 영수증 수취명세서 제출 · 작성 불성실 가산세를 적용하지 아니한다(소령 §132 ④ · §147의 2 ① · §132의 ④).

① 해당 과세기간에 신규로 사업을 개시한 사업자(신규 전문직사업자는 소규모사업자에 해당됨)

② 직전 과세기간의 사업소득의 수입금액(결정 또는 경정에 의하여 증가된 수입금액을 포함)의 합계액이 4,800만원에 미달하는 사업자

③ 과세표준 확정신고의무가 면제되는 보험모집인 및 방문판매원

✎ 소득금액이 추계되는 사업자(소령 §147의 2 ②)

① 단순경비율 적용대상자

② 단순경비율 적용대상자 외의 자인 경우에는 다음을 제외한 비용에 해당하는 금액에 대해 소득금액이 추계되는 분만 해당한다.

㉠ 매입경비(사업용 유형자산 및 무형자산의 매입비용은 제외함)과 사업용 유형자산 및 무형자산에 대한 임차료로서 증빙서류에 의하여 지출하였거나 지출할 금액

㉡ 종업원의 급여와 임금 및 퇴직급여로서 증빙서류에 의하여 지급하였거나 지급할 금액

✎ 산출세액이 없는 경우에도 가산세를 적용한다.

1) 실무적용사례

① 어민과의 거래분 중 '3만원 초과 거래분 명세서 제출 제외대상' 기재 누락시 영수증수취명세서 미제출 가산세

사업자가 농어민(법인 제외)으로부터 재화 또는 용역을 직접 공급받고 종합소득세 과세표준 확정신고시 소득세법시행령 제132조 제3항에 따른 영수증수취명세서를 제출하면서 "3만원 초과거래분 명세서제출 제외 대상" 내역을 기재하지 아니한 경우 영수증수취명세서 미제출가산세는 적용하지 아니하는 것임(법령해석소득-21870, 2015.5.20.)

② 청구인이 매입세금계산서를 수취하지 아니하고 무자료로 매입한 금액에 대한 종합소득세 경정시 증명서류 수취 불성실 가산세와 영수증수취명세서 제출 · 작성 불성실 가산세를 각각 부과한 처분의 당부

청구인은 쟁점매입액과 관련하여 그 지출증빙으로 매입세금계산서를 수취하여야 함에도 이를 수취하지 아니하였으므로 증명서류 수취 불성실 가산세를 부과한 처분은 타당하나, 청구인이 이 건 거래와 관련하여 영수증수취명세서의 제출의무는 없다고 보이므로 영수증수취명세서 미제출가산세를 적용하여 과세한 처분은 부당하다고 판단됨(국심 2006부2365, 2007.1.11.)

③ 복식부기의무자가 세금계산서 등 법정증빙 외 증빙수취시 가산세 적용

복식부기의무자가 사업과 관련하여 사업자로부터 재화 또는 용역을 공급받고 적격증빙 외의 증빙을 수취한 경우 및 영수증수취명세서를 과세표준확정신고기한 내에 제출하지 아니하는 경우에는 증명서류 수취 불성실 가산세 및 영수증수취명세서 미제출가산세가 부과되는 것임(서면1팀-771, 2006.6.13.)

④ 추계소득신고자에 대한 증명서류 수취 불성실 가산세 등의 적용 여부

복식부기의무자가 추계소득 신고를 하는 경우에도 증명서류 수취 불성실 가산세와 영수증수취명세서 제출 · 작성 불성실 가산세 규정의 적용대상이 됨(재소득 46073-160, 2000.10.4.)

2. 성실신고확인서 제출 불성실 가산세

구 분	내 용
적용요건	성실신고확인대상 사업자가 과세기간의 다음연도 6월 30일까지 성실신고확인서를 납세지관할세무서장에게 제출하지 아니한 경우
가산세액	Max(①, ②)*(2022년 개정) ① 종합소득 산출세액× $\frac{\text{사업소득}}{\text{종합소득금액}}$ ×5% * 사업소득금액이 종합소득금액에서 차지하는 비율이 1보다 큰 경우에는 1로, 0보다 작은 경우에는 0으로 함 ② 해당 과세기간 사업소득의 총수입금액×0.02%
근거법령	소득세법 제81조의 2

* 2022.1.1. 이전의 해당 가산세는 종합소득 산출세액×사업소득/종합소득금액×5%만 적용하였고 종합소득 산출세액×사업소득/종합소득금액×5%와 해당 과세기간 사업소득의 총수입금액×0.02% 중 큰 금액을 선택하는 가산세는 2022.1.1. 이후 적용되며 해당 가산세는 법인세 산출세액이 없는 경우에도 적용된다.
다만, 2022.1.1. 전의 과세기간에 대하여 2022.1.1. 이후에 납부하는 성실신고확인서 제출 불성실 가산세에 관하여는 해당 가산세 개정규정에도 불구하고 종전의 규정인 종합소득 산출세액×사업소득/종합소득금액×5%를 적용한다(소법 부칙 법률 제18578호 §11, 2021.12.8.).

1) 실무적용사례

① 공동사업장 구성원 변경 시 성실신고확인대상 판단방법

(사실관계)

○ 질의인은 2020.9월 A시 소재 음식점과 B시 소재 음식점을 공동으로 영위하는 공동사업자로 각 사업장의 공동사업자의 구성원의 변동내역은 아래와 같음

기간	A시 소재		B시 소재	
	수입금액	구성원	수입금액	구성원
1월~5월	2억	갑, 을, 병, 정	3억	갑, 정
6월~12월	4억	갑, 을, 병	5억	갑, 을, 병

(질의내용)

2 이상의 공동사업장의 구성원이 변동되어 구성원이 동일한 경우와 동일하지 않은 기간이 혼재되어 있는 경우, 성실신고확인대상 판단을 위한 수입금액 산정기준

[회신]

사업을 공동으로 운영하고 그 손익을 분배하는 공동사업의 경우 성실신고확인대상사업자의 여부는 공동사업장을 1사업장으로 보고 판단함(서면법규소득 2024-684, 2024.5.9.; 사전법령해석소득 2017-308, 2017.9.22.)

✎ 위 사례의 경우 A시 소재 1월부터 5월까지의 '갑,을,병,정' 사업장과 B시 소재 1월부터 5월까지 '갑,정'은 공동사업자의 구성원이 다르다. 이에 각 공동사업장을 1사업으로 보고 판단하는 것이므로 성실신고확인대상 사업자가 아니고, A시 소재(6월부터 12월까지) 사업장과 B시 소재(6월부터 12월까) 사업장은 공동사업자의 구성원이 동일하므로 A시 소재 사업장의 수입금액과 B시 소재 사업장의 수입금액을 합산해서 성실신고확인 대상 사업자인지 판단하는 것이므로 성실신고확인대상 사업자이다.

② 단독사업장과 공동사업장이 있을 경우, 성실신고 확인대상자 여부

거주자 '갑'이 단독사업장과 공동사업장이 있을 경우, 공동사업장의 경우 1거주자로 보아 성실신고확인대상 사업자 해당여부를 판단하고, 거주자 '갑'은 단독사업장 수입금액의 합계액으로 단독사업자의 성실신고확인대상 사업자 해당 여부를 판단하는 것임(서면소득 2024-1229, 2024.5.7.).

③ 공동사업에서 단독사업으로 변경시 성실신고 확인대상자 판단 기준

(사실관계)

○ 2020.1~5월까지 사업장 A의 수입금액 6억원 발생(사업자 갑 단독사업)

○ 2020.6~7월까지 사업장 A를 갑과 질의인이 공동으로 운영하고 수입금액 2억원 발생

○ 2020.7월말 갑이 공동사업을 탈퇴하여 질의인이 사업장 A를 단독사업으로 계속 운영 중이며, 12월까지 3억원의 수입금액 발생(질의인 단독사업, 사업자 번호는 동일)

(질의내용)

공동사업에서 단독사업으로 변경시 성실신고 확인대상자 판단 기준

[회신]

사업을 공동으로 경영하고 그 손익을 분배하는 공동사업의 경우에는 해당 공동사업장을 1사업자로 보아 성실신고확인대상사업자 여부를 판단하는 것임(사전법령해석소득 2021-542, 2021.12.17.).

④ 성실신고확인대상사업자 판단시 수입금액에 지방보조금 포함 여부

성실신고확인대상사업자 판단시 수입금액에는 보조금 관리에 관한 법률 등의 법률에 따른 보조금을 포함하는 것임(사전법령해석소득 2020-473, 2020.6.12.).

⑤ 구성원이 동일한 공동사업장의 성실신고확인대상사업자 여부 판단기준

공동사업장에서 발생한 수입금액은 공동사업장을 1거주자로 보아 성실신고확인대상사업자 여부를 판단하는 것이며, 구성원이 동일한 공동사업장이 2 이상인 경우에는 소득세법 시행령 제208조 제7항을 준용하여 계산한 수입금액을 기준으로 판단하는 것임(사전법령해석소득 2020-447, 2020.6.12.).

⑥ 겸영사업자의 성실신고확인대상 수입금액 계산방법

성실신고확인대상사업자를 판단하는 경우 겸영사업자 또는 사업장이 2 이상인 사업자는 주업종외의 업종의 수입금액에 주업종에 대한 소득령 §133 ① 각호의 금액을 곱하고 주업종외의 업종에 대한 소득령 §133 ① 각호의 금액을 나누어 계산한 금액에 주업종의 수입금액을 더한 수입금액이 소득령 §133 ①의 기준 수입금액 이상인 사업자는 성실신고확인대상 사업자가 되는 것임

✎ 소득령 §133 ①은 성실신고확인서 제출대상 사업자인지에 대한 업종별 수입금액인지를 확인하는 법령이고 소득령 §208 ⑤ 2호는 복식장부와 간편장부 대상사업자인지에 대한 업종별 수입금액인지를 확인하는 법령인데 각각의 법령으로 성실신고확인서 제출대상 사업자와 복식장부 대상 사업자인지를 확인하는 것이다.

⑦ 부당과소신고 가산세를 부과한 처분의 당부 및 과소신고 가산세와 성실신고확인서 미제출 가산세가 위법하게 중복 적용되었다는 청구주장의 당부

소득세법 제81조 제13항에 의하면 종합소득산출세액의 5%에서 사업소득금액이 차지하는 비율만큼을 성실신고확인서 미제출 가산세로 정했을 뿐, 당초 신고분과 경정분을 구분하고 있지 아니하고, 국세기본법 제47조의 2 제6항 역시 성실신고확인서 미제출 가산세와 과소신고 가산세가 동시에 적용되는 경우 중복적용을 배제한다는 내용 외에 당초 신고분과 경정분을 구분하여 적용할 것을 예정하고 있지 아니하며, 가산세의 중복적용 배제라는 관련 법령의 취지에 비추어 당초 신고분과 경정으로 증액된 부분을 구분하여 중복적용 배제 규정을 각각 적용할 것이 아니라 경정 후 전체 세액에 대하여 산출된 각 가산세들을 비교하여 중복적용 배제 규정을 적용하는 것이 타당함(조심 2018부4925, 2019.4.8.)

⑧ 청구인이 성실신고확인대상사업자에 해당하는지 여부

성실신고확인제도의 입법취지 등을 감안하면 청구인에 대하여 국외 사업장에서 발생한 수입금액을 포함하여 성실신고 확인대상사업자에 해당하는 것으로 보아 종합소득세를 과세한 이 건 처분은 잘못이 있는 것으로 판단됨(조심 2017서2517, 2018.4.20.)

⑨ 성실신고확인대상사업자가 종합소득과세표준 확정신고시 신고유형을 '외부조정'으로 한 경우 기한후신고에 해당하는지 여부

청구인이 성실신고확인서 등을 제출했다고 볼 만한 객관적인 증빙제시가 없는 점, 홈택스 오류로 인해 제출되지 않았다는 주장은 인정하기 어려운 점 등에 비추어 이 건 신고를 기한후신고로 보아 종합소득세를 과세한 처분은 잘못이 없음(조심 2017중2542, 2017.9.11.)

⑩ 단독사업을 공동사업으로 전환한 경우에 해당 공동사업장의 성실신고확인제 적용대상 판단기준

거주자가 임가공 제조업을 단독으로 사업하다가 주택신축판매업을 하기 위하여 공동사업장으로 전환한 경우에는 해당 공동사업장을 1거주자로 보고 공동사업장에서 발생한 수입금액을 기준으로 성실신고 확인대상사업자 해당 여부를 판단하는 것임(서면소득 2016-3671, 2016.10.26.)

⑪ **쟁점자산에 대한 계정분류의 오류로 인하여 소득금액이 10% 이상 경정되어 성실신고 확인비용에 대한 세액공제를 부인한 처분의 당부[기각]**

조세특례제한법 제126조의 6에서 과소 신고한 사업소득금액이 경정된 사업소득금액의 100분의 10 이상인 경우에는 성실신고 확인비용에 대한 세액공제의 규정에 따라 공제받은 금액에 상당하는 세액을 전액 추징하는 것으로 규정하고 있는 점, 청구인이 쟁점자산을 전액 비용처리하여 2012년 귀속 사업소득금액 ＊＊백만원이 과소신고되어 경정된 사업소득금액의 100분의 10 이상인 것으로 확인되는 점 등에 비추어 청구인에게 성실신고 확인비용에 대한 세액공제를 배제하고 종합소득세를 과세한 처분은 잘못이 없음(조심 2015서2047, 2015.7.17.)

⑫ **성실신고 확인대상자 수입금액 판정시 부동산 임대업의 간주임대료 적용방법**

성실신고확인대상사업자 해당 여부 판단을 위해 부동산 임대업을 영위하는 사업자의 수입금액 합계액을 계산하려는 경우 소득세법시행령 제53조 제3항에 따라 계산한 간주임대료를 총수입금액에 산입하는 것임(사전법령해석소득 2015－107, 2015.6.30.)

✎ 성실신고 확인대상자 판단시 간주임대료는 장부를 기장하여 신고하는 경우에는 해당 과세기간의 보증금 등에서 임대용 부동산의 건설비 상당액의 적수를 차감하여 수입금액을 계산하는 것이며 추계신고하는 경우에는 건설비 상당액의 적수를 차감하지 않고 수입금액을 계산하는 것이다.

부가가치세 신고시 간주임대료는 임대용 부동산의 건설비 상당액의 적수를 차감하지 않고 부가가치세 과세표준을 신고하므로 종합소득세 신고시 장부를 기장하는 경우 부가가치세 신고를 바탕으로 계산된 수입금액과의 차이가 발생되므로 성실신고 확인대상자 판단시 유의하여야 하며 주택과 주택부수토지를 임대하는 경우(주택부수토지만 임대하는 경우는 제외)는 장부기장과 추계신고시 모두 3억원을 해당 과세기간의 보증금등의 적수에서 차감하여 수입금액을 계산하니 관련 법령을 잘 확인하길 바란다.

⑬ **성실사업자 사망 이후 신고시 의료비 등 공제 가능 여부**

거주자가 사망한 경우 특례에 따라 상속인이 상속개시일이 속하는 달의 말일부터 6개월이 되는 날까지 사망일이 속하는 과세기간에 대한 과세표준확정신고를 하게 되는데, 5.1 이전 성실신고확인서 제출이 불가하므로 의료비 등 공제는 불가한 것임(서면소득 2015－176, 2015.5.12.)

⑭ **수정신고와 함께 성실신고확인서를 제출하는 경우 교육비 공제 가능여부**

수입금액 증가로 인한 종합소득세 수정신고 시에 성실신고확인서를 첨부하더라도 교육비등 공제를 받을 수 없는 것임(서면법규－611, 2013.5.30.)

⑮ **성실신고확인대상이 아닌 사업자가 착오로 6월말까지 제출한 신고서의 효력**

성실신고 확인대상사업자가 아닌 납세자가 착오 등으로 성실신고확인대상자로 오인하여 종합소득세 확정신고기한인 다음연도 5월 31일을 경과한 후 1개월 내에 종합소득과세표준확정신고를 한 경우 기한 후 신고에 해당됨(징세－1037, 2012.9.27.)

⑯ **고용노동부가 중소기업컨소시엄 운영기관에게 위탁지급한 참여기업의 훈련비용지원금이 성실신고확인대상사업자 수입금액에 포함됨**

해당 훈련비용지원금은 참여기업이 수입금액과 필요경비에 산입하고 성실신고확인대상사업자 수입금액에 포함되는 것임(소득－496, 2012.6.15.)

⑰ **성실신고확인대상사업자 판단시 공동사업에서 단독사업으로 전환한 경우 기준수입금액 계산방법**

공동사업장에서 발생한 수입금액은 공동사업장을 1거주자로 보고 성실신고확인대상사업자 해당 여부를 판단하는 것이므로, 거주자 "갑"은 단독사업장 수입금액의 합계액으로 단독사업자의 성실신고확인대상사업자 해당 여부를 판단하는 것임(소득－364, 2012.4.30.)

실무Tip _ 성실신고확인서의 중복배제

무신고 가산세(산출세액의 20%), 신고불성실 가산세, 무기장가산세(2019.12.31. 세법개정으로 '장부의 기록 · 보관 불성실 가산세'로 용어가 변경되었지만 실무 편의상 무기장가산세로 표현함)와 성실신고확인서 미제출 가산세가 동시에 해당될 때에는 그 중 큰 금액에 해당하는 가산세만 적용하였으나 2018년 사업연도부터는 해당 가산세는 중복하여 적용한다.

아래 설명 중 성실신고확인서 미제출 가산세 적용시의 5%의 산출세액은 (종합소득산출세액 ×사업소득금액/종합소득금액)이며 총수입금액은 사업소득의 총수입금액을 말하는 것이며 무기장 가산세의 경우 직전 과세기간의 수입금액이 4,800만원 미만인 경우 가산세를 부담하지 않는다.

(1) 2022년 귀속 사업연도부터 적용되는 가산세

성실신고확인대상사업자
- 복식부기의무자 : Max(①무신고 가산세, ②무기장가산세)＋③성실신고확인서 미제출 가산세 Max(① 산출세액의 5%, ② 총수입금액 0.02%)
- 간편장부대상자
  - 계속사업자 : ①무기장가산세 20%＋②성실신고확인서 미제출 가산세 Max(① 산출세액의 5%, ② 총수입금액 0.02%)
  - 신규사업자 : 성실신고확인서 미제출 가산세 Max(① 산출세액의 5%, ② 총수입금액 0.02%, 무신고 가산세와 무기장 가산세 없음)

(2) 2018년부터 2021년까지 적용되는 가산세

성실신고확인대상사업자
- 복식부기의무자 : Max(①무신고 가산세, ②무기장가산세)＋③성실신고확인서 미제출 가산세 5%)
- 간편장부대상자
  - 계속사업자 : ①무기장가산세 20%＋②성실신고확인서 미제출 가산세 5%
  - 신규사업자 : 성실신고확인서 미제출 가산세 5%(무신고 가산세와 무기장 가산세 없음)

(3) 2018년 이전 사업연도까지 적용되는 가산세

성실신고확인대상사업자
- 복식부기의무자 : Max(①무신고 가산세, ②무기장가산세, ③성실신고확인서 미제출 가산세 5%)
- 간편장부대상자
  - 계속사업자 : Max(①무기장가산세 20%, ②성실신고확인서 미제출 가산세 5%)
  - 신규사업자 : 성실신고확인서 미제출 가산세 5%(무신고 가산세와 무기장 가산세 없음)

저자주 성실신고확인대상사업자에 대한 내용은 제1편 제3장 제3절 '성실신고확인대사업자의 가산세' 편을 참고하길 바라고 성실신고확인대상자의 경우 세무조사에 대한 Risk가 높은 것으로 판단되므로 매출누락과 가공비용처리가 발생되지 않도록 세무대리인의 세심한 신고관리가 필요함에 유의하자.

3. 사업장 현황신고 불성실 가산세

구 분	내 용
적용요건	의료법에 따른 의료업, 수의사법에 따른 수의업 및 약사법에 따라 약국을 개설하여 약사(藥事)에 관한 업(業)을 행하는 사업자가 익년 2월 10일까지 사업장현황신고를 하지 않았거나 신고해야 할 수입금액(사업자가 부가가치세법상 과세사업과 면세사업등을 겸영(兼營)하여 면세사업 수입금액 등을 신고하는 경우에는 그 면세사업등에 대하여 사업장 현황신고를 한 것으로 봄)에 미달하게 신고한 때
가산세액	미신고 · 과소신고 수입금액×0.5%
가산세 한도	5천만원(중소기업기본법상 중소기업이 아닌 경우는 1억원) (국기법 §49 ① 2호)
근거법령	소득세법 제81조의 3, 소득세법시행령 제147조의 2

저자주 사업장 현황신고 불성실 가산세는 ① 의료법에 따른 의료업을 행하는 사업자, ② 수의사법에 따른 수의업을 행하는 사업자, ③ 약사법에 따라 약국을 개설하여 약사(藥事)에 관한 업(業)을 행하는 사업자만 적용하고 그 외 신고 대상자는 신고하지 않는다고 하더라도 가산세 대상은 아니지만, 종합과세 신고안내를 위한 수입금액을 과세당국에 정보를 제공하여야 하고, 발급한 매출처별계산서합계표와 발급받은 매입처별세금계산서합계표와 매입처별계산서합계표를 제출기한 내에 제출하여야 하므로 신고기한 내에 가산세 대상 아닌 사업장 현황신고 대상자도 신고를 하여야 할 것이다.

1) 실무적용사례

① 쟁점보조금이 사업장현황신고시 수입금액에 포함되는지 여부[기각]

청구인이 제출한 증빙자료에 의하면 AA병원에 입원하는 환자들의 간병과 관련하여 지급받은 것으로 확인되는 점 등으로 보아 쟁점보조금은 병원의 사업과 관련하여 받은 것이라 할 것이므로 소득세법상 수입금액에 해당하고 같은 법 제26조에 규정된 이월결손금에 충당된 금액이 아닌 이상, 소득금액에 해당하고 같은 법 제26조에 규정된 이월결손금에 충당된 금액이 아닌 이상, 소득금액 계산시 총수입금액에 산입할 대상인 점, 병원을 영위하는 사업자가 사업장현황신고시 함께 제출하는 '의료업자 수입금액 검토표'에는 보조금 등을 받은 목적이 수입을 보전하는 것인지 아니면 비용을 보전하는 것인지의 구분이 없이 "각종 보조금을 기타수입란에 기재한다"고 규정하고 있는 점 등에 비추어 이 건 처분은 잘못 없음(조심2015부5878, 2017.9.26.)

② **폐업한 의료업사업자의 사업장 현황신고 불성실 가산세 적용 여부**

의료법에 따른 의료업사업자가 폐업한 때에 관할세무서장에게 사업장의 현황을 신고하지 아니하고 소득세법 제78조에 따라 폐업한 날이 속하는 과세기간 종료 후 31일 이내에 신고하는 경우에는 같은 법 제81조 제6항의 규정에 따른 사업장 현황신고 불이행에 대한 가산세를 적용하지 아니하는 것임(소득-4279, 2008.11.19.)

참고 사업장현황신고

1. 사업장현황신고 기한

부가가치세가 면제되는 사업자(해당 과세기간 중 사업을 폐업 또는 휴업한 사업자 포함)는 해당 사업장의 현황을 해당 과세기간의 다음연도 2월 10일까지 사업장 소재지 관할 세무서장에게 신고하여야 한다. 다만, 다음의 어느 하나에 해당하는 경우에는 사업장 현황신고를 한 것으로 본다(소법 §78 ①).

(1) 사업자가 사망하거나 출국함에 따라 소득세법 74조(과세표준확정신고특례)*가 적용되는 경우

* 과세표준확정신고특례

① 거주자가 사망한 경우 그 상속인은 그 상속 개시일이 속하는 달의 말일부터 6개월이 되는 날(이 기간중 상속인이 출국하는 경우에는 출국일 전날)까지 사망일이 속하는 과세기간에 대한 그 거주자의 과세표준을 신고하여야 한다. 다만, 제44조 제2항에 따라 상속인이 승계한 연금계좌의 소득금액에 대해서는 그러하지 아니하다.

② 1월 1일과 5월 31일 사이에 사망한 거주자가 사망일이 속하는 과세기간의 직전 과세기간에 대한 과세표준확정신고를 하지 아니한 경우에는 ①을 준용한다.

③ 위 ①과 ②는 해당 상속인이 과세표준확정신고를 정해진 기간에 하지 아니하고 사망한 경우에 준용한다.

④ 과세표준확정신고를 하여야 할 거주자가 출국하는 경우에는 출국일이 속하는 과세기간의 과세표준을 출국일 전날까지 신고하여야 한다.

⑤ 거주자가 1월 1일과 5월 31일 사이에 출국하는 경우 출국일이 속하는 과세기간의 직전 과세기간에 대한 과세표준확정신고에 관하여는 ④를 준용한다.

(2) 부가가치세 과세사업자가 부가가치세 예정신고와 확정신고한 경우. 다만, 사업자가 부가가치세법상 과세사업과 면세사업 등을 겸영(兼營)하여 면세사업 수입금액 등을 신고하는 경우에는 그 면세사업 등에 대하여 사업장 현황신고를 한 것으로 본다.

2. 사업자 현황신고 보고내용

사업장 현황신고를 하여야 하는 사업자는 다음의 사항이 포함된 신고서를 제출하여야 한다(소법 §78 ②).

① 사업자 인적사항

② 업종별 수입금액 명세

③ 수입금액의 결제수단별 내역, 계산서 · 세금계산서 · 신용카드매출전표 및 현금영수증

수취내역 등(소령 §141 ②)

✎ 사업장현황신고서에 함께 보고했었던 시설현황은 2019.1.1. 이후 신고하는 분부터는 제출하지 않으며 임차료 · 매입액 · 인건비 등의 내역은 2019.2.12. 이후 신고하는 분부터는 제출하지 않는다.

3. 사업장 현황신고 제외자(소법 §78 ③, 소령 §141 ④)

① 납세조합에 가입해 수입금액을 신고한 자

② 독립된 자격으로 보험가입자의 모집 및 이에 부수되는 용역을 제공하고 그 실적에 따라 모집수당 등을 받는 자

③ 독립된 자격으로 일반 소비자를 대상으로 사업장을 개설하지 않고 음료품을 배달하는 계약배달 판매 용역을 제공하고 판매실적에 따라 판매수당 등을 받는 자

4. 공동사업장 등록 · 신고 불성실 가산세

구 분	내 용
적용요건	① 공동사업자가 사업자등록을 하지 않거나 공동사업자가 아닌 자가 공동사업자로 거짓으로 등록한 경우 ② 공동사업자가 공동사업장에 대해 신고할 사항을 신고하지 않았거나 거짓으로 신고한 경우
가산세액	①의 경우 : 미등록 · 허위등록 과세기간의 총수입금액×0.5% (기한후 1개월 이내 등록시 0.25%) ②의 경우 : 미신고 · 허위신고 과세기간의 총수입금액×0.1%
근거법령	소득세법 제81조의 4, 소득세법시행령 제147조의 2

✎ 거짓으로 신고하는 경우(소령 §147의 4)

① 공동사업자가 아닌 자를 공동사업자로 신고하는 경우

② 출자공동사업자에 해당하는 자를 신고하지 아니하거나 출자공동사업자가 아닌 자를 출자공동사업자로 신고하는 경우

③ 손익분배비율을 공동사업자 간에 약정된 내용과 다르게 신고하는 경우

④ 공동사업자 · 출자공동사업자 또는 약정한 손익분배비율이 변동된 경우 해당 과세기간종료일로부터 15일 내에 변동신고를 하지 아니한 경우

✎ 공동사업자등록 가산세는 산출세액이 없는 경우에도 적용한다.

1) 실무적용사례

① 공동사업자의 구성원 변경시 납세의무자 여부

거주자가 공동으로 사업을 경영하는 경우에는 소득세법 제2조 및 제43조의 규정에 의하여 그 지분 또는 손익분배의 비율에 의하여 분배되었거나 분배될 소득금액에 따라 각 거주자별로 그 소득금액을 계산하여 당해 거주자별로 납세의무를 지는 것이므로, 과세기간 중 공동사업의

구성원 또는 지분의 변동이 발생한 경우에는 변동시마다 공동사업자별 소득분배비율에 의거 각 거주자별로 소득금액을 구분 계산하여 당해 거주자별로 납세의무를 지는 것임(서면1팀-707, 2007.6.1.)

② 공동사업자 소득금액 계산시 지분 또는 손익분배비율

공동으로 사업을 경영하는 거주자의 소득금액 계산시 소득금액 분배의 기준이 되는 출자지분 또는 손익분배의 비율은 실제로 출자된 상황에 의하여 공동사업자 당사자 간의 약정 등에 따라 결정된 것을 말하는 것임(서면1팀-1525, 2005.12.12.)

참고 공동사업장 유의사항

1. 공동사업장에 대한 소득금액 계산 등의 특례

(1) 지급명세서 불성실가산세, 계산서 등 불성실 가산세, 증명서류 수취 불성실 가산세, 영수증수취불성실가산세, 사업장현황신고 불성실 가산세, 공동사업장 등록 불성실 가산세, 사업용계좌 불성실 가산세, 신용카드매출전표 불성실가산세, 현금영수증 불성실 가산세, 원천징수 등 납부지연 가산세로서 공동사업장에 관련되는 세액은 각 공동사업자의 손익분배비율에 따라 배분한다(소법 §87 ②).

(2) 공동사업장의 신고한 내용(공동사업자, 약정한 손익분배비율, 대표공동사업자, 지분·출자명세, 그 밖에 필요한 사항 등)에 변경에 있을 경우에는 대표공동사업자는 그 사유가 발생한 날이 속하는 과세기간의 종료일부터 15일 이내에 공동사업장 등 이동신고서에 의하여 해당 사업장 관할 세무서장에게 그 변동내용을 신고하여야 한다(소법 §87 ⑤). 다만, 이 경우 사업자등록 정정신고를 할 때 변동내용을 신고한 경우에는 공동사업장등이동신고서를 제출한 것으로 본다(소령 §150 ④).

2. 공동사업에 대한 소득금액 계산의 특례

(1) 사업소득이 발생하는 사업을 공동으로 경영하고 그 손익을 분배하는 공동사업(경영에 참여하지 아니하고 출자만 하는 출자공동사업자를 포함)의 경우에는 해당 사업을 경영하는 장소를 1거주자로 보아 공동사업장별로 그 소득금액을 계산한다(소법 §43 ①).

(2) 공동사업에서 발생한 소득금액은 해당 공동사업을 경영하는 각 거주자(출자공동사업자 포함) 간에 약정된 손익분배비율(약정된 손익분배비율이 없는 경우에는 지분비율을 말함)에 의하여 분배되었거나 분배될 소득금액에 따라 각 공동사업자별로 분배한다(소법 §43 ②).

(3) 거주자 1인과 그의 특수관계인이 공동사업자에 포함되어 있는 경우로서 손익분배비율을 거짓으로 정하는 등의 사유가 있는 경우에는 그 특수관계인의 소득금액은 그 손익분배비율이 큰 공동사업자의 소득금액으로 보며(소법 §43 ③), 만약 손익비율이 같은 경우에는 다음의 순서에 따른다(소령 §100 ⑤).

① 공동사업소득 외의 종합소득금액이 많은 자

② 공동사업소득 외의 종합소득금액이 같은 경우에는 직전 과세기간의 종합소득금액이 많은 자

③ 직전 과세기간의 종합소득금액이 같은 경우에는 해당 사업에 대한 종합소득과세표준

을 신고한 자. 다만, 공동사업자 모두가 해당 사업에 대한 종합소득과세표준을 신고하였거나 신고하지 아니한 경우에는 납세지 관할세무서장이 정하는 자로 한다.

5. 장부의 기록 · 보관 불성실 가산세(종전의 무기장 가산세)

구 분	내 용
적용요건	사업자(소규모사업자 제외)가 장부를 비치 · 기장하지 않았거나 비치 · 기장한 장부에 의한 소득금액이 기장해야 할 금액에 미달한 경우
가산세액	$$종합소득\ 산출세액 \times \frac{무기장 \cdot 미달기장\ 소득금액}{종합소득금액} \times 20\%$$ 종합소득금액에 대해 그 기장하지 않은 소득금액 또는 기장해야 할 금액에 미달한 소득금액이 차지하는 비율이 1보다 큰 경우에는 1로, 0보다 작은 경우에는 0으로 함
근거법령	소득세법 제81조의 5, 소득세법 시행령 제147조

✎ 적용 제외 대상 소규모사업자

증명서류 다음 중 하나에 해당하는 소규모사업자에 대하여는 장부의 기록 · 보관 불성실 가산세를 적용하지 아니한다(소령 §132 ④ · §147의 2 ② · §132 ④).

① 해당 과세기간에 신규로 사업을 개시한 사업자(신규 전문직사업자는 소규모사업자에 해당됨)

② 직전 과세기간의 사업소득의 수입금액(결정 또는 경정에 의하여 증가된 수입금액을 포함)의 합계액이 4,800만원에 미달하는 사업자

③ 과세표준 확정신고의무가 면제되는 보험모집인 및 방문판매원

✎ 종전 법령에서는 무기장 가산세라고 명칭하였으나 법령 조문이 개정되면서 법령 명칭이 변경되었으나 여전히 실무상 무기장 가산세라는 명칭을 주로 사용한다.

✎ 신고불성실가산세(무신고가산세 또는 과소신고 · 초과환급신고가산세)를 적용할 때 무기장가산세가 동시에 적용되는 경우에는 그 중 가산세액이 큰 가산세만 적용하고, 가산세액이 같은 경우에는 신고불성실가산세만 적용한다(국기법 §47의 2 ⑥ 및 동법 §47의 3 ⑥).

따라서 매출누락이 발생하여 수정신고를 하여야 하는 복식부기의무자의 경우 장부를 기장하지 않은 매출액에 대한 수정신고를 하는 것이므로 무기장 가산세와 신고불성실 가산세액을 비교하여 큰 가산세를 수정신고시 적용하여야 할 것으로 판단된다.

1) 실무적용사례

① 공동사업장의 기장의무 등

거주자가 공동사업과 단독으로 영위하는 사업이 있는 경우 공동사업장의 기장의무는 공동사업장의 직전연도 총수입금액만을 기준으로 판정하고, 당해연도 신규사업자는 단순경비율 또는 기준경비율 및 기장에 의한 신고가 가능하며, 무기장가산세 적용대상에 해당되지 않음(소득-42, 2010.1.12.)

② 겸업자의 무기장가산세 적용시 수입금액 환산 여부

간편장부대상자에 해당하는 거주자가 소득금액을 추계방법으로 신고함에 있어, 당해 거주자의 직전 과세기간의 업종별 수입금액의 합계액이 4천800만원에 미달하는 경우 소득세법 제81조 제8항에 따른 무기장가산세를 결정세액에 가산하지 아니하는 것이며, 이 경우 수입금액의 합계액은 같은 법 시행령 제208조 제7항을 준용하여 계산하지 아니하는 것임(소득-1088, 2009.7.14.)

③ 소득세가 면제되는 특허권 대여소득에 대한 무기장가산세 적용 여부

조세특례제한법 부칙(1998.12.28. 법률 제5584호) 제11조 제1항에 따른 소득세가 전액 면제되는 사업소득 이외에 다른 종합소득이 없는 거주자가 소득세법 제160조의 규정에 따른 장부를 비치 · 기장하지 아니한 경우에는 같은 법 제81조 제8항의 무기장가산세를 적용하지 아니하는 것임(소득-3139, 2008.9.5.)

④ 1거주자가 공동사업과 단독사업 영위시 공동사업장의 소규모사업자 판정기준

무기장가산세를 적용함에 있어 소규모사업자의 판정은 1거주자가 공동사업과 단독으로 영위하는 사업이 있는 경우 공동사업장에 대해서는 공동사업장의 총수입금액만을 기준으로 하여 판정하고 단독으로 경영하는 사업장에 대하여는 그 단독사업장의 총수입금액의 합계액을 기준으로 판정하는 것임(서일-417, 2004.3.17.)

⑤ 공동사업장의 무기장가산세 계산방법

공동사업장의 소득세법 제81조 제10항의 규정에 의한 무기장가산세액은 당해 공동사업장의 소득금액을 과세표준으로 하여 산출세액을 계산한 금액의 100분의 10(현행 20%)에 상당하는 금액을 말하며, 동 세액은 당해 공동사업을 영위하는 각 거주자의 지분 또는 손익분배의 비율에 의하여 배분하는 것임(제도 46011-11687, 2001.6.25.)

저자주 기장의무의 판단여부와 공동사업장의 기장의무 등의 내용은 1편 3장 소득세 가산세 사례실무편을 참고하길 바람.

실무Tip 단순경비율 적용대상자의 추계신고시 무기장 가산세 적용여부

도매, 소매, 부동산매매업 등에 속하는 업종은 직전년도 수입금액이 6,000만원일 경우 단순경비율을 적용하며 종합소득세 신고를 할 수 있다. 그런데 만약 해당 사업자의 직전연도 수입금액이 4,800만원 초과 6,000만원 이하인 경우로서 단순경비율 종합소득세 확정신고를 하는 경우라면 장부의 기록 · 보관 불성실 가산세(무기장 가산세)가 적용될 수 있음에 유의하여야 한다.

왜나하면 장부의 기록 · 보관 불성실 가산세(무기장 가산세)의 적용 제외 소규모 사업자는 직전 과세기간의 사업소득 외 수입금액(결정 또는 경정에 의하여 증가된 수입금액을 포함)의 합계액이 4,800만원에 미달하는 사업자이기 때문이다(2021. 소득세 실무, 김두천 저, 한국세무사회, p.1434 참고).

6. 증명서류 수취 불성실 가산세

구 분	내 용
적용요건	사업자(소규모사업자와 소득금액이 추계되는 사업자는 제외)가 사업과 관련하여 다른 사업자로부터 3만원 초과에 해당하는 재화 · 용역을 공급받고 정규증명서류를 받지 아니하거나 사실과 다른 증명서류를 받은 경우 (단, 정규증명서류의 특례규정을 적용받는 경우는 제외)
가산세액	증명서류를 받지 아니한 금액 또는 사실과 다르게 받은 금액으로 필요경비에 산입하는 것이 인정되는 금액* ×2% * 건별로 받아야 할 금액과의 차액을 말하는 것으로 증명서류를 받지 아니한 금액에는 부가가치세를 포함함(서이 46012-10568, 2001.11.19.)
가산세 한도	5천만원(중소기업기본법상 중소기업이 아닌 경우는 1억원) (국기법 §49 ① 2호)
근거법령	소득세법 제81조의 6

✎ 적용 제외 대상 소규모사업자

증명서류 다음 중 하나에 해당하는 소규모사업자에 대하여는 증명서류 수취 불성실 가산세를 적용하지 아니한다(소령 §132 ④ · §147 ①).

① 해당 과세기간에 신규로 사업을 개시한 사업자(신규 전문직사업자는 소규모사업자에 해당됨)

② 직전 과세기간의 사업소득의 수입금액(결정 또는 경정에 의하여 증가된 수입금액을 포함)의 합계액이 4,800만원에 미달하는 사업자

③ 과세표준 확정신고의무가 면제되는 보험모집인 및 방문판매원

✎ 소득금액이 추계되는 사업자(소령 §147 ② · §143 ③)

① 단순경비율 적용대상자

② 단순경비율 적용대상자 외의 자인 경우에는 다음을 제외한 비용에 해당하는 금액에 대해 소득금액이 추계되는 분만 해당한다.

㉠ 매입경비(사업용 유형자산 및 무형자산의 매입비용은 제외함)과 사업용 유형자산 및 무형자산에 대한 임차료로서 증빙서류에 의하여 지출하였거나 지출할 금액

㉡ 종업원의 급여와 임금 및 퇴직급여로서 증빙서류에 의하여 지급하였거나 지급할 금액

1) 실무적용사례

① 회생판결을 받은 거래처로부터 세금계산서를 미수취한 경우 증명서류수취 불성실가산세 대상 여부

세금계산서 교부의무가 있는 사업자가 용역을 공급하고 세금계산서를 발급하지 아니한 경우 그 용역을 공급받은 자는 매입자발행세금계산서를 교부받을 수 있으며, 용역을 공급받은 자가 매입자발행세금계산서를 교부받은 경우에는 소득세법 제81조의 6 제1항의 증명서류 수취 불성실 가산세 규정이 적용되지 않는 것임(서면소득 2023-281, 2023.11.21.).

② 증명서류 수취불성실 가산세를 부과하는 경우 그로 인한 납부지연 가산세를 부과할 수 있는지 여부

국세기본법의 납부지연 가산세를 계산함에 있어 해당 가산세 대상세액(납부하지 아니한 세액 또는 부족한 세액)에는 증명서류 수취불성실 가산세가 포함되지 않는 것임(징세-685, 2012.6.22.)

③ 미등록사업자로부터 간이영수증 수취시 증명서류 수취 불성실 가산세 여부

사업자(소규모사업자 · 소득금액 추계자 제외)가 사업과 관련하여 사업자등록의무가 있는 다른 사업자로부터 재화 · 용역을 공급받고 법정 증빙서류를 수취하지 않은 경우 증명서류 수취불성실 가산세를 적용함(소득-3325, 2008.9.19.)

④ 교환거래(소비대차)시 증명서류 수취 불성실 가산세

이 건 거래는 쟁점거래처로부터 철근을 공급받아 소비하고 일정 기간 후에 동종의 재화를 반환하는 교환거래(소비대차)에 해당하므로 사업과 관련하여 재화를 공급받고 그 대가를 지출한 거래로서 증빙서류를 수취하여야 함에도 청구인이 이를 수취하지 아니하여 증명서류 수취불성실 가산세의 부과대상이 된다 할 것이므로, 쟁점매입액에 대하여 청구인이 증빙을 전혀 수취하지 아니하였다는 이유로 청구인에게 증명서류 수취 불성실 가산세를 적용하여 부과한 이 건 처분에는 잘못이 없다고 판단됨(국심 2007중3078, 2007.12.4.)

⑤ 복식부기의무자가 세금계산서 등 법정증빙외 증빙수취시 증명서류 수취 불성실가산세와 영수증수취명세서 불성실 가산세의 중복적용 여부

복식부기의무자가 사업과 관련하여 사업자로부터 재화 또는 용역을 공급받고 적격증빙 외의 증빙을 수취한 경우 및 영수증수취명세서를 과세표준확정신고기한 내에 제출하지 아니하는 경우에는 증빙불비가산세 및 영수증수취명세서 미제출가산세가 부과되는 것임(서면 1팀-771, 2006.6.13.)

⑥ 상품권판매사업자의 증명서류 수취 불성실 가산세 적용 여부

상품권을 판매하는 경우 사업자가 재화 또는 용역을 공급하는 경우에 해당하지 않는 것이므로 계산서를 교부할 수 없는 것이고, 상품권을 구입하는 경우 소득세법 제160조의 2(경비 등의 지출증빙수취보관)의 규정 및 같은 법 제81조 제8항에 규정하는 경비 등의 지출증빙수취관련 가산세가 적용되지 아니하는 것임(서일 46011-10215, 2002.2.25.)

⑦ 간이과세자로부터 부동산임대용역을 공급받은 경우 증빙수취방법

간이과세자로부터 부동산임대용역을 공급받은 경우에 그 거래금액을 금융기관을 통하여 지급하고 과세표준 확정신고서에 그 송금명세서를 첨부하여 관할세무서장에게 제출한 경우에는 증명서류 수취 불성실 가산세를 적용하지 아니하는 것임.

따라서 그 거래금액을 금융기관을 통하지 아니하고 지급한 경우에는 증명서류 수취 불성실 가산세의 적용대상이 되는 것이나, 그 거래금액을 지급하지 아니하여 송금명세서를 첨부하지 못한 경우에는 증명서류 수취 불성실 가산세의 적용대상에 해당하지 아니하는 것임(제도

46011-11294, 2001.6.1.)

⑧ 판매수수료지급액의 원천징수대상 사업소득 해당 여부

사업자가 고용관계에 없는 백화점의 매장판매원에게 판매실적에 따라 일정액의 판매수수료를 지급하는 경우 동 판매수수료지급액은 원천징수대상 사업소득에 해당하지 아니하며, 또한 복식부기의무자인 개인사업자가 동 판매수수료를 지급하고 정규증빙서류를 수취하지 아니한 경우에는 증빙미수취가산세가 적용되는 것임(제도 46011-11012, 2001.5.8.)

⑨ 개인사업자의 업무관련 지출비용을 직원명의의 신용카드로 결제하는 경우 증명서류 수취 불성실 가산세 적용대상 여부

업무와 관련하여 지출한 비용을 직원 명의의 신용카드로 결제하는 경우에는 증명서류 수취 불성실 가산세의 적용대상에 해당되지 않음(소득 46011-10078, 2001.2.1.)

실무Tip 정규증명서류와 가산세

정규증명서류와 관련된 추가 내용은 4편 2절 법인세 증명서류수취불성실 가산세의 보론을 참고하길 바란다.

1. 추계과세자에 대한 적용 제외

소득금액을 추계결정 또는 경정하는 사업자의 경우에는 증명서류 수취 불성실 가산세를 부과하지 아니한다. 다만, 기준경비율 적용대상자의 경우에는 주요경비에 해당하는 매입비용, 사업용 고정자산에 대한 임차료, 종업원급여와 임금 및 퇴직급여를 제외한 비용에 해당하는 금액에 대하여 소득금액이 추계되는 분만 증명서류 수취 불성실 가산세의 적용을 제외한다(소령 §147 ②).

2. 증명수취의무 특례대상

경비 등의 지출증명수취 및 보관특례규정(소령 §208의 2)을 적용받는 경우에는 증명서류 수취 불성실 가산세를 부과하지 아니한다(소법 §81의 6 ① 단서).

3. 필요경비불산입 기업업무추진비

사업자가 1회의 접대에 지출한 기업업무추진비 중 3만원(2020.12.31.까지는 1만원)을 초과하는 기업업무추진비로서 신용카드 매출전표, 현금영수증, 세금계산서 또는 계산서를 수취하지 아니하여 필요경비에 산입하지 아니하는 기업업무추진비에 대하여는 증명서류 수취 불성실 가산세를 부과하지 아니한다(소법 §81의 6 ① 단서).

4. 적용범위

증명서류 수취 불성실 가산세는 산출세액이 없는 경우에도 적용한다(소법 §81의 6 ②).

5. 가공 또는 위장 세금계산서 · 계산서와 증명서류 수취 불성실 가산세

가공 또는 위장 세금계산서 등에 대한 정규증명서류 수취 불성실 가산세를 정리하면 다음과 같다(2021 소득세 실무, 김두천 저, 한국세무사회, p.1447 참고).

참고로 가공은 재화 또는 용역을 공급받지 않고 발급받은 세금계산서 또는 계산서를 말하며, 위장은 재화 또는 용역을 공급받았지만 공급자를 사실과 달리하여 발급받은 세금계산서 또는 계산서를 말한다.

구 분		증명서류 수취 불성실 가산세[*1]	필요경비 인정여부[*2]
세금계산서	가공	×	×
	위장	○	○
계산서	가공	×	×
	위장	× (계산서 등 불성실 가산세 중복적용 배제가 적용되어 적용되지 않는 것임)	○

*1. 증명서류 수취 불성실가산세는 재화 또는 용역을 실제 공급받았지만 세법상 정규증명서류를 받지 못하거나 불분명하게 받은 경우에 적용되는 것이므로 가공 세금계산서 또는 계산서는 증명서류 수취 불성실 가산세가 적용되지 않지만, 재화 또는 용역을 실제 공급받고 발급받은 위장 세금계산서와 계산서는 증명서류 수취 불성실 가산세가 적용되는 것이다.
다만, 소득세법 적용을 받은 위장 계산서는 소득세법 제81조의 10 제4항 제1호에서 증명서류 수취 불성실가산세와 중복적용을 배제하므로 위장 계산서에 대해서 계산서 등 불성실 가산세가 적용되는 경우 증명서류 수취 불성실 가산세는 적용하지 않는다.

*2. 필요경비는 재화 또는 용역을 실제 공급받아야 인정되는 것이므로 가공 세금계산서 또는 계산서는 소득세법상 필요경비 인정을 받지 못하는 것이며 위장 세금계산서 또는 계산서는 소득세법상 필요경비 인정을 받을 수 있는 것이다.

6. 복식부기의무자의 증명서류 수취 불성실 가산세와 영수증 수취명세서 불성실 가산세의 중복적용 여부

복식부기의무자가 사업과 관련하여 사업자로부터 재화 또는 용역을 공급받고 적격증빙 외의 증빙을 수취한 경우 및 영수증수취명세서를 과세표준확정신고기한 내에 제출하지 아니하는 경우에는 증빙불비가산세 및 영수증수취명세서 미제출가산세가 동시에 부과된다(서면1팀-771, 2006.6.13.).

7. 기부금영수증 발급 · 작성 · 보관 불성실 가산세

구 분	내 용
적용요건	① 기부금영수증을 발급하는 자가 기부금영수증을 사실과 다르게 기재한 경우 ② 기부금액 또는 기부자의 인적사항 등을 사실과 다르게 적어 발급하는 경우 ③ 기부금영수증을 발급하는 자는 기부자별 발급내역서를 작성하여 발급한 날부터 5년간 보관해야 하는데 그러지 아니한 경우 * 상속세 및 증여세법 제78조 제3항에 따라 보고서 제출의무를 이행하지 아니하거나 같은 조 제5항에 따라 출연받은 재산에 대한 장부의 작성 · 비치의무를 이행하지 아니하여 가산세가 부과되는 경우는 적용하지 않음
가산세액	①의 경우 : 사실과 다르게 발급된 금액* ×5%(2019.12.31.까지는 2%) * 영수증에 실제 적힌 금액(영수증에 금액이 적혀 있지 아니한 경우에는 기부금영수증을 발

구 분	내 용
가산세액	급받은 자가 기부금을 필요경비에 산입하거나 기부금세액공제를 받은 해당 금액으로 함)과 건별로 발급하여야 할 금액과의 차액을 말함 ②의 경우(① 외의 경우) : 영수증에 적힌 금액×5%(2019.12.31.까지는 2%) ③의 경우 : 작성·보관하지 않은 금액×0.2%
근거법령	소득세법 제81조의 7

1) 실무적용사례

① 조세범처벌법위반에 대한 형사재판 진행 중에 허위기부금영수증발급가산세 부과

형사재판은 조세행정 절차와는 별도의 절차이므로 해당 형사재판의 결과가 확정되기 이전이더라도 과세관청에서는 허위기부금영수증 발급자인 개인에게 소득세법 제81조 제12항에 따라 종합소득세로 관련 가산세를 부과할 수가 있는 것임(서면소득 2016-4952[소득-1335], 2016.9.6.)

② 청구인이 발급한 쟁점기부금영수증을 허위의 기부금영수증으로 보아 과세한 처분의 당부

쟁점기부금은 ○○○으로부터 기부금영수증을 발급받은 전체 근로자에 대한 해명안내를 통해 정상적인 기부로 확인된 금액을 제외하고, 근로자가 수정신고한 금액 및 소명되지 아니한 금액으로 나타나는 점, 기부금영수증을 발급한 자는 기부자의 성명·주민등록번호 및 주소·기부금액·기부금 기부일자·기부금영수증 발급일자 등을 기재한 기부자별 발급명세를 작성하여 발급한 날부터 5년간 보관하여야 함에도 20××년~20××년 기간 동안 ○○○억원이 넘는 기부금 영수증을 발급하였음에도 기부금관리대장과 기부금영수증을 발급한 근거서류를 대부분 폐기하고 없는 점, 청구인이 제출한 기부금봉투 사본은 기부자의 이름과 기부금액만 적혀 있을 뿐 기부자의 정확한 인적사항 및 기부일자 등을 알 수 없어 객관적인 증빙자료로 인정하기 어렵고, 일부 중복 또는 과다 금액은 이미 처분청에서 시정조치하였거나 중복금액임이 확인되지 아니하는 점, 청구인의 조세범처벌법 위반건에 대한 법원의 판결에서 쟁점기부금영수증은 허위로 발급한 것으로 판단하여 청구인에게 유죄 판결을 한 점 등에 비추어 이 건 과세처분은 잘못이 없음(조심 2015부1683, 2015.10.29.)

③ 개인이 법인에게 기부금영수증을 허위발급한 경우 기부금영수증 발급 불성실 가산세

기부금영수증을 발급하는 자에 대한 기부금영수증 발급불성실 가산세를 적용함에 있어, 기부금영수증을 발급하는 자가 개인에게 기부금영수증을 사실과 다르게 발급하는 경우에는 소득세법 제81조 제12항에 따른 가산세를 적용하는 것이며, 내국법인에게 기부금영수증을 사실과 다르게 발급하는 경우에는 법인세법 제76조 제10항에 따른 가산세를 적용하는 것임(법규-93, 2013.1.28.)

8. 사업용계좌 미사용 가산세

구 분	내 용
적용요건	① 복식부기의무자가 거래대금을 금융기관을 통해 결제하거나 결제받는 경우 또는 인건비 및 임차료를 지급하거나 지급받는 경우에 사업용계좌를 사용하지 않은 경우 ② 복식부기의무자가 복식부기의무자에 해당하는 과세기간의 개시일(사업개시와 동시에 복식부기의무자에 해당되는 경우에는 다음 과세기간의 개시일)부터 6개월* 이내에 사업용계좌를 신고하지 않은 경우. 다만, 사업장별 신고를 하지 아니하고 이미 신고한 다른 사업장의 사업용계좌를 사용한 경우는 제외함(2019.1.1.부터 신고분부터 적용) * 2015.1.1. 이후 신고하는 분부터 적용하며 2015.12.31.까지는 5개월
가산세액	①의 경우 : 사업용계좌를 사용하지 않은 금액×0.2% ②의 경우 : Max(㉠, ㉡) ㉠ 미신고기간의 수입금액×0.2% ㉡ 사업용계좌사용거래금액 합계액×0.2% * 미신고기간은 사업용계좌 신고기한의 다음날부터 신고일 전일까지의 일수임 * 미신고기간이 2개 이상의 과세기간에 걸쳐 있으면 각 과세기간별로 미신고기간을 적용함 * 미신고기간의 수입금액=해당 과세기간의 수입금액×미신고기간/365(윤년에는 366)
근거법령	소득세법 제81조의 8

✎ 사업용계좌의 변경 · 추가신고

복식부기의무자는 사업용계좌를 변경하거나 추가하는 경우 소득세 확정신고기한인 5월 31일(성실신고확인대상자로 성실신고확인서를 제출하는 경우에는 6월 30일)까지 신고하여야 한다(소법 §160의 5 ④).

✎ 사업용계좌 개설 신고 실무

2025년 5월에 2024년 귀속 종합소득세 신고를 간편장부로 신고를 한 소득자의 2024년 수입금액이 업종별 복식장부 기준 금액 이상이면 해당 소득자는 2026년 5월에 2025년 귀속 종합소득세 신고를 복식장부로 신고하여야 한다는 것을 2025년 5월 신고시 미리 확인할 수 있다. 이 경우 2025년 6월 중 국세청으로부터 사업용계좌 개설 안내를 받을 것이므로 해당 소득자는 안내를 받은 대로 반드시 사업용계좌를 6월까지 신고하여야 함에 유의하여야 한다.

✎ 사업용계좌 미신고시 조세특례제한법상 세액감면 불가

사업용계좌 미신고시 조세특례제한법상 세액감면을 적용받을 수 없으므로 실무상 신고가 누락되지 않도록 반드시 주의하여야 하며 아래는 관련 판례이니 참고하길 바란다.

'복식부기의무자에 해당하는 과세기간의 개시일부터 6개월 이내에 사업용계좌를 신고하여야 할 사업자가 이를 이행하지 아니한 경우, 당해 사업자는 해당 과세기간에 대하여 조세특례제한법 제6조에 규정된 창업중소기업 등에 대한 세액감면을 적용하지 아니하는 것임(사전법규소득 2021-1714, 2022.5.20.).'

1) 실무적용사례

① 청구인이 기한 내에 사업용계좌 신고를 하였는지 여부

청구인이 제시한 쟁점등기우편 영수증에는 2015.6.26. 처분청에 등기우편물을 발송한 사실이 나타나는 등 그 등기우편물이 사업용계좌 신고서일 것으로 보이는 점, 청구인의 2015년 귀속 종합소득세 신고서에 부속서류로 "사업용계좌별 잔액현황"이 제출된 점, 청구인은 2015년 대부분의 거래를 쟁점계좌를 이용한 것으로 나타나는 점, 청구인이 사업용계좌 개설신고서를 등기우편으로 발송하였음에도 처분청이 국세청 전산망에 이를 입력하지 아니하였다면 청구인으로서는 처분청의 부작위를 입증하기 어려운 점 등에 비추어 청구인은 기한 내에 사업용계좌 신고를 한 것으로 보이므로 청구인이 기한 내 사업용계좌를 신고하지 아니한 것으로 보아 과세한 이 건 처분은 잘못이 있음(조심 2017서3368, 2018.4.20.)

② 전문직사업자의 사업용계좌 신고기한과 가산세 대상 여부

사업개시와 동시에 복식부기의무자인 경우 다음 과세기간 개시일부터 6개월 이내에 소득세법 제160조의 5 제3항에 따라 사업용계좌를 신고하여야 하며, 신고기한 이내에 사업용계좌를 신고하지 아니한 경우 소득세법 제81조 제9항의 사업용계좌 미사용 가산세를 결정세액에 더하는 것임(사전법령해석소득 2016-506, 2016.11.7.).

③ 기존에 폐업한 한의원의 사업자등록번호를 사용하여 한약제조업을 사업자등록한 경우 사업용계좌 신고의무

한의원을 경영하고 있는 사업자가 과거에 폐업신고한 구한의원의 사업자등록번호를 부여받아 사업자등록하고 한의약품 제조업을 하는 탕전소를 개시하게 된 경우에는 폐업신고한 구 한의원의 사업과 관련하여 과거에 사업용 계좌가 신고되었다고 하더라도 위 탕전소의 사업과 관련해서는 소득세법 제160조의 5 제3항에 따라 사업용계좌를 별도로 신고해야 하는 것임(서면소득 2016-4249, 소득-1024, 2016.7.8.)

④ 복식부기의무자로 과세기간 개시일로부터 5개월(2015년부터는 6개월) 이내에 사업용계좌를 신고하지 않았다면 가산세 대상임

복식부기의무자로 사업장 명의가 표기된 통장을 계속 사용하고 있다 하더라도 사업장 관할세무서에 사업용계좌로 신고하지 아니한 것은 가산세 대상임(조심 2014서2370, 2014.6.30.)

⑤ 대부업 사업자의 사업용계좌 미사용 가산세 적용방법

금융·대부업을 영위하는 개인사업자에게 사업용계좌 미사용 가산세를 적용함에 있어서, 어음할인거래의 성격과 방법에 비추어 보면 어음할인거래에 있어 거래의 대금이라 함은 은행계좌를 통하여 입출금되는 어음할인금 자체를 의미하는 것이므로 어음할인거래에 있어 소득세법 제160조의 5 제1항 제1호에서 정한 거래의 대금이라 함은 은행계좌 등을 통하여 입출금되는 어음할인금 자체를 의미하는 것으로 봄이 상당하므로 어음할인금 전체를 기준으로 사업용계좌 미사용 가산세를 산정한 것은 적법함(서울행법 2011구합13170, 2011.9.9.)

⑥ 사업용계좌 미사용 가산세의 적용대상에 해당하는지 여부

소득세법 제81조 제9항 제1호의 규정을 적용함에 있어, 복식부기의무자인 사업자가 사업과 관련하여 재화를 공급받고 그 거래대금의 일부를 상품권으로 지급하는 때에는 사업용계좌 미사용 가산세가 적용되지 아니하는 것임(법규소득 2010-256, 2010.8.27.)

⑦ 임대보증금만 있는 주택임대사업장의 사업용계좌의 개설 · 사용의무

복식부기의무자의 임대보증금 이자상당액이 소득세 과세대상이 아닌 주택임대보증금만 있는 주택임대사업장은 소득세법 제160조의 5(사업용계좌의 개설 · 사용의무 등)의 규정이 적용되지 아니하는 것임(소득-926, 2010.8.25.)

⑧ 사업용계좌 미사용 가산세 적용방법

복수의 사업장을 경영하는 복식부기의무자가 일부사업장에 대하여 사업용계좌를 개설 · 신고하지 아니하여 소득세법 제81조 제9항 제2호에 따른 사업용계좌미사용가산세를 적용함에 있어 미개설기간의 수입금액은 사업용계좌를 개설 · 신고하지 아니한 사업장의 수입금액을 적용하는 것임(소득-825, 2010.7.20.)

⑨ 중도매인이 사업용계좌 미사용 가산세 적용대상 '사업자'에 해당하는지 여부

농수산물유통및가격안정에관한법률 제2조에 따른 중도매인인 거주자가 소득세법 제160조에 따른 복식부기의무자에 해당하는 경우에는 같은 법 제81조 제9항의 사업용계좌미사용가산세 적용대상 '사업자'에 해당하는 것임(소득-515, 2010.4.28.)

⑩ 제3자가 직접 매입처에 매입채무를 입금하는 경우 사업용계좌 미사용 가산세 적용 여부

사업자가 매입채무를 결제하기 위하여 제3자로부터 차입하고 당해 제3자가 직접 매입처에게 매입채무를 입금하는 경우, 매출채권을 현금으로 지급받는 경우, 그리고 매출채권을 어음으로 지급받아 당해 어음으로 매입채무를 변제하는 경우에는 소득세법 제160조의 5 제1항 제1호에 해당하지 아니하여 같은 법 제81조 제9항의 사업용계좌 미사용 가산세를 적용하지 아니하는 것임(소득-849, 2009.6.5.)

⑪ 사업용계좌 사용액을 현금으로 기장한 경우 관련 가산세 등

복식부기의무자가 사업용계좌의 개설 및 신고를 완료하고 사업용계좌를 사용하여 거래를 하였으나 현금거래로 잘못 기장한 경우, 사업용계좌미사용가산세의 적용 요건 및 소득세법 제80조에 따른 당해연도 과세표준과 세액의 경정요건에 해당하지 아니하며, 이때에 같은 법 시행령 제113조의 2 제1항 제3호를 적용하는데 영향이 없는 것임(소득-667, 2009.2.18.)

9. 신용카드 및 현금영수증 발급 불성실 가산세

구 분	내 용
적용요건	① 신용카드가맹점이 신용카드에 의한 거래를 거부하거나 신용카드매출전표를 사실과 다르게 발급한 경우 ② 사업자가 다음 어느 하나에 해당하는 경우 ㉠ 현금영수증가맹점으로 가입해야 할 사업자가 현금영수증가맹점으로 가입하지 아니하거나 그 가입기한이 지나서 가입한 경우 ㉡ 현금영수증가맹점이 현금영수증 발급을 거부하거나 사실과 다르게 발급하여 납세지관할세무서장으로부터 신고금액을 통보받은 경우(현금영수증의 발급대상 금액이 건당 5천원 이상인 경우만 해당) ㉢ 현금영수증을 발급하지 아니한 경우(국민건강보험법에 따른 보험급여의 대상인 경우 등은 제외함)
가산세액	①의 경우 : Max[건별 발급거부금액(건별로 발급하여야 할 금액과의 차액)×5%, 건별 5,000원] ②의 ㉠의 경우 : 가맹하지 않은 각 과세기간의 총수입금액×1% $$수입금액 = 해당\ 과세기간의\ 수입금액 \times \frac{미가입기간}{365일(윤년 : 366일)}$$ * 미가입기간 : 가입기한의 다음날부터 가입일 전날까지의 일수를 말하며, 미가입기간이 2개 이상의 과세기간에 걸쳐 있으면 각 과세기간별로 미가입기간을 적용함 * 수입금액 : 현금영수증가맹점 가입대상인 업종의 수입금액만 해당하며, 사업자에게 계산서 또는 세금계산서를 발급한 경우의 수입금액은 제외함. 단, 비사업자에게 주민등록번호 기재분으로 전자세금계산서와 전자계산서를 발급한 경우의 수입금액은 제외하지만 종이세금계산서와 종이계산서를 발급하는 경우는 포함되는 것임 ②의 ㉡의 경우 : 통보받은 건별 발급거부금액 또는 사실과 다르게 발급한 금액(건별로 발급한 금액과의 차액)×5% * 건별로 계산한 금액이 5천원에 미달하는 경우에는 5천원으로 하고, 이 경우 산출세액이 없는 경우에도 가산세를 징수함. ②의 ㉢의 경우 : 미발급금액의 20% 단, 착오나 누락으로 인하여 거래대금을 받은 날부터 10일(2019.1.1.부터 2021.12.31.까지는 7일이고 2022.1.1.전에 세무서에 자진 신고하거나 현금영수증을 자진 발급한 경우도 7일임, 2022년 개정) 이내에 관할 세무서에 자진 신고하거나 현금영수증을 자진 발급한 경우에는 10%로 함(2019.1.1.부터 적용)
근거법령	소득세법 제81조의 9

✎ 신용카드가맹점 가입대상자

소비자에게 재화 또는 용역을 공급하는 (소득령 별표 3의 2)에 따른 소비자상대업종을 영위하는 다음의 어느 하나에 해당하는 사업자로서 업종과 규모 등을 고려하여 국세청장이 정하는 바에 따라 사업장소재지 관할세무서장 또는 지방국세청장으로부터 신용카드가맹점 가입대상자로 지정받은 자를 말한다(소령 §210의 2 ①).

① 직전 과세기간의 수입금액(결정 또는 경정에 의하여 증가된 수입금액 포함)의 합계액이 2천400만원 이상인 사업자

② 의료법에 따른 의료업, 수의사법에 따른 수의업 및 약사법에 따라 약국을 개설하여 약사(藥事)에 관한 업(業)을 행하는 사업자정)

③ 변호사업, 심판변론인업, 변리사업, 법무사업, 공인회계사업, 세무사업, 경영지도사업, 기술지도사업, 감정평가사업, 손해사정인업, 통관업, 기술사업, 건축사업, 도선사업, 측량사업, 공인노무사업, 의사업, 한의사업, 약사업, 한약사업, 수의사업과 그 밖에 이와 유사한 사업서비스업으로서 기획재정부령으로 정하는 사업자

✐ 추계결정 · 경정시 단순경비율의 적용배제

신용카드가맹점 사업자가 신용카드 결제를 거부하거나 신용카드매출전표를 사실과 다르게 발급하는 경우 등을 위반하여 관할세무서장으로부터 해당 과세기간에 3회 이상 통보받고 그 금액의 합계액이 100만원 이상이거나 5회 이상 통보받은 사업자(통보받은 내용이 발생한 날이 속하는 해당 과세기간에 한정)는 단순경비율 적용대상자에 포함되지 않는다(소령 §143 ⑦ 4호).

✐ 현금영수증가맹점 가입대상자의 가입기한(소법 §162의 3, 소령 §210의 3)

가입대상자	가입기한
① 소비대상업종(소득령 별표3의 2)을 경영하는 사업자로서 직전 과세기간의 수입금액(결정 또는 경정에 의하여 증가된 수입금액 포함)의 합계액이 2천400만원 이상인 사업자*1	해당 연도의 3월 31일까지
② 의료법에 따른 의료업, 수의사법에 따른 수의업 및 약사법에 따라 약국을 개설하여 약사(藥事)에 관한 업(業)을 행하는 사업자정 ③ 변호사업, 심판변론인업, 변리사업, 법무사업, 공인회계사업, 세무사업, 경영지도사업, 기술지도사업, 감정평가사업, 손해사정인업, 통관업, 기술사업, 건축사업, 도선사업, 측량사업, 공인노무사업, 의사업, 한의사업, 약사업, 한약사업, 수의사업과 그 밖에 이와 유사한 사업서비스업으로서 기획재정부령으로 정하는 사업자	사업자등록일로부터 60일 이내
④ 현금영수증 의무발행업종(소득령 별표3의 3)을 영위하는 사업자*2	사업자등록일이 속하는 달의 말일부터 3개월 이내

*1. 소비자상대업종과 다른 업종을 겸영하는 사업자의 수입금액은 소비자상대업종의 수입금액만으로 하며, 소비자상대업종을 영위하는 사업장이 2 이상인 사업자의 수입금액은 사업장별 수입금액을 합산하여 산정한다. 또한 직전 과세기간에 신규로 사업을 개시한 사업자의 수입금액은 직전 과세기간의 수입금액을 해당 사업월수(1월 미만의 단수가 있는 때에는 이를 1월로 한다)로 나눈 금액에 12를 곱하여 산정한다(소령 §210의 3 ② · ③).

*2. 현금영수증가맹점으로 가입된 사업자는 그 현금영수증가맹점의 수입금액의 합계액이 2천400만원에 미달하게 되는 과세기간이 있는 경우에는 그 다음연도 1월 1일부터 현금영수증가맹점에서 탈퇴할 수 있다. 이 경우 현금영수증가맹점을 나타내는 표지를 게시하여서는 아니 된다(소령 §210의 3 ⑤).

✐ 현금영수증가맹점 가입제외 대상자

① 택시운송 사업자

② 읍 · 면지역에 소재하는 소매업자 중 사업규모 · 시설 · 업황 등을 고려하여 국세청장이 지정하는 사업자

③ 법인세법 제117조의 2 제3항 단서에 따라 사실과 다르게 발급한 것으로 보지 아니하는 사업자를 통하여 현금영수증을 발급하는 사업자

✐ 현금영수증을 발급하지 않아도 되는 경우

국민건강보험법에 따른 보험급여의 대상인 경우 등은 국세청에서 자료파악이 가능한 거래이므로 현금영수증 미발급 가산세 부과를 제외하는데 해당 대상 급여는 다음과 같다(소령 §147의 4 ②, 2019.2.12. 이후 현금영수증 발급 의무를 위반하는 분부터 적용함).

① 국민건강보험법에 따른 보험급여

② 의료급여법에 따른 의료급여

③ 긴급복지지원법에 따른 의료지원비

④ 응급의료에 관한 법률에 따른 대지급금
⑤ 자동차손해배상 보장법에 따른 보험금 및 공제금(여객자동차 운수사업법 및 화물자동차 운수사업법에 따른 공제사업자의 공제금에 한정)

참고로 현금영수증을 발급하지 않는 경우 종전에는 조세범처벌법 15조에 의해서 거래대금의 50%의 과태료를 부과(과태료를 부과받은 경우 현금영수증 불성실가산세 적용배제)하였지만 현금영수증 발급의무 위반에 대한 제재수준 합리화로 관련 법령이 소득세법과 법인세법으로 이관되어 과태료가 가산세로 전환되었고 제재금액이 감소되었다.

✎ 현금영수증 발급 세액공제
현금영수증가맹점이 현금영수증(거래건별 5천원 미만의 거래만 해당하며, 발급승인시 전화망을 사용한 것을 말함)을 발급하는 경우 해당 과세기간별 현금영수증 발급건수에 20원을 곱한 금액을 해당 과세기간의 소득세 산출세액에서 공제받을 수 있다. 이 경우 공제세액은 산출세액을 한도로 한다(조특법 §126의 3 ②).

✎ 현금영수증을 미발급한 경우는 종전까지는 조세범 처벌법에 따라 과태료를 부과하였지만, 2019년부터는 법인세법으로 조문을 이관하면서 가산세로 전환하고, 발급의무 위반에 대한 제재수준을 거래금액의 50퍼센트에서 20퍼센트로 완화한 것임.

실무Tip __ 현금영수증 의무발행

1. 현금영수증 발급금액 기준

① 현금영수증가맹점으로 가입하여야 하는 사업자 중 소득세법 시행령 별표3의 3에 해당하는 영위하는 사업자는 건당 거래금액(부가가치세액 포함)이 10만원 이상(2013.12.31.까지는 30만원 이상)인 재화 또는 용역을 공급하고 그 대금을 현금으로 받은 경우에는 상대방이 현금영수증 발급을 요청하지 아니하더라도 현금영수증을 발급하여야 한다. 다만, 사업자등록을 한 자에게 재화 또는 용역을 공급하고 계산서 또는 세금계산서를 교부한 경우에는 현금영수증을 발급하지 아니할 수 있다(소법 §162의 3 ④, 2014.7.1. 이후 공급하는 재화와 용역분부터 적용).

저자주 비사업자에게 전자세금계산서와 전자계산서를 발급한 경우에는 현금영수증을 발급하지 않을 수 있지만, 종이세금계산서와 종이계산서를 발급한 경우에는 현금영수증 발급을 하여야 함에 유의하여야 한다.
만약 변호사 등 전문직 및 예식장, 부동산중개업 등의 현금매출명세서 제출대상자가 10만원 미만인 거래에 대해서 현금영수증을 발급거부하는 경우에는 발급거부금액의 5% 가산세를 부여하고, 현금매출명세서도 제출하지 않는 경우라면 현금명세서 미제출금액의 1%의 가산세를 함께 부여받음에 주의하자.

② 현금영수증을 발급하는 경우에는 재화 또는 용역을 공급하고 그 대금을 현금으로 받은 날부터 5일 이내에 무기명(국세청 지정코드 010-0000-1234)으로 발급할 수 있다(소령 §210의 3 ⑫).

2. 추계결정 · 경정시 단순경비율의 적용배제와 중소기업특별세액감면

① 현금영수증가맹점에 가입하여야 하는 사업자 중 현금영수증가맹점으로 가입하지 아니한 사업자(가입하지 아니한 해당 과세기간에 한한다)(소령 §143 ⑦ 3호)
② 신용카드가맹점 사업자가 신용카드 결제를 거부하거나 신용카드매출전표를 사실과 다르게 발급하는 경우 등을 위반하여 관할세무서장으로부터 해당 과세기간에 3회 이상 통보

받고 그 금액의 합계액이 100만원 이상이거나 5회 이상 통보받은 사업자(통보받은 내용이 발생한 날이 속하는 해당 과세기간에 한정)는 단순경비율 적용대상자에 포함되지 않는다(소령 §143 ⑦ 4호).

③ 현금영수증을 가맹점에 가입하지 않을 경우 중소기업특별세액감면을 적용하지 않는다. 다만, 다수의 사업장이 있는 경우 일부사업장만 현금영수증가맹점에 가입하지 않을 경우에는 해당 사업장에 대해서만 중소기업특별세액감면 등 조세특례제한법상 감면 혜택을 배제한다(조특법 §128 ④).

1) 실무적용사례

① 주민등록분 종이세금계산서를 발급한 경우 현금영수증미발급가산세의 부과처분 적법 여부

사업자가 아닌 소비자에게 공사 용역을 제공하고 일반세금계산서만을 발급한 원고에게 현금영수증을 미발급하였음을 이유로 한 이 사건 처분은 적법함(서울행법 2023구합4063, 2024.9.26.).

② 현금영수증의무발급사업자가 현금영수증 발급을 취소하고 사업자에게 세금계산서를 발급한 경우 현금영수증 발급 불성실 가산세 대상여부

현금영수증의무발급사업자가 사업자등록을 한 자에게 건당 거래금액이 10만원 이상인 재화를 공급하고 부가가치세법 제32조에 따른 세금계산서를 같은 법 제34조에서 정한 시기에 발급하였다면 소득세법 제81조의 9 제2항 제3호에 따른 가산세 납부의무가 없는 것임(서면법규소득 2021-6648, 2022.1.27.).

③ 현금영수증 가맹점 미가입 가산세 계산시 적용할 수입금액의 범위

2 이상의 사업장에서 사업을 영위하는 사업자가 소득세법 제162조의 3 제1항에 따른 현금영수증가맹점 가입의무를 위반하여 같은 법 제81조의 9 제2항 제1호에 따라 가산세가 부과되는 경우, 현금영수증가맹점 가입의무를 위반하지 아니한 사업장의 수입금액은 제외되는 것임(서면법령해석소득 2021-4080, 2021.11.25.).

④ 자동차 종합 · 전문 수리업자가 자동차 수리용역을 제공하고 자동차보험사로부터 받는 보험금에 대한 현금영수증 발급 방법

자동차 종합 · 전문 수리업자가 자동차 수리용역을 제공하고 자동차보험사로부터 받는 보험금에 대해서는 상대방이 요청하지 않더라도 현금영수증을 발급하여야 하며, 상대방 신원을 모르는 경우에는 국세청 지정코드(010-000-1234)로 하여 발급할 수 있음(서면소득 2015-1446[전자세원-550], 2015.8.28.)

⑤ 수동세금계산서 발급 후, 현금매출명세서에 기재하여 부가가치세를 신고한 경우 과태료 여부

현금영수증 의무발행업종 사업자가 건당 거래금액이 30만원 이상(현재 10만원 이상)인 용역을 공급하고 그 대금을 현금으로 받은 경우에는 그 거래 상대방이 현금영수증발급을 요청하지

아니하더라도 현금영수증을 발급하여야 하는 것이며, 이 경우 사업자등록을 한 자에게 계산서 또는 세금계산서를 교부한 경우에는 현금영수증을 발급하지 아니할 수 있는 것이나, 사업자등록을 하지 아니한 자에게 전자세금계산서가 아닌 세금계산서를 교부한 경우에는 그 거래 상대방에게 현금영수증을 발급하여야 하는 것임

현금영수증 의무발행업종 사업자가 현금매출명세서를 예정신고 또는 확정신고시 제출하는 경우에도 거래당시 현금영수증을 발급하지 아니한 거래대금의 50%에 상당하는 과태료(2019.1.1.부터는 현금영수증 불성실 가산세로 거래대금의 20%)를 부과하는 것임(전자세원-65, 2013.3.11.)

⑥ **비사업자에게 주민등록번호 기재분 전자세금계산서를 발행한 경우 현금영수증 의무발급 대상 아님**

현금영수증 의무발급사업자가 현금거래에 대하여 비사업자에게 주민등록번호 기재분 전자세금계산서를 발행한 경우 현금영수증 의무발급 대상 아님(기획재정부소득-547, 2011.12.21.)

✎ 비사업자에게 종이로 발급하는 세금계산서인 경우에는 현금영수증을 의무발급 하여야 하는 것임.

⑦ **도매업과 소매업을 겸영하는 사업자의 현금영수증 미발급 가산세 부과대상 총수입금액의 범위**

도매업과 소매업을 겸영하는 사업자가 현금영수증가맹점으로 가입하지 아니하여 소득세법 제81조 제11항 제1호 규정에 따른 현금영수증 미발급 가산세를 적용함에 있어서, 그 가맹하지 아니한 각 과세기간의 총수입금액의 범위에는 도매업에서 발생한 수입금액은 제외하는 것임. 이 경우 당해 총수입금액에는 세금계산서 및 신용카드매출전표 등 발행금액이 포함되는 것임(소득-105, 2009.1.12.)

⑧ **현금영수증 미발급 가산세 적용시 총수입금액의 범위**

소비자상대업종(소매업)과 소비자상대업종 외의 업종(도매업)을 겸영하는 사업자에 대해 현금영수증 미발급 가산세 적용시 총수입금액의 범위에는 소비자상대업종 외의 다른 업종의 총수입금액은 총수입금액의 범위에서 제외되는 것이며, 현금영수증 미발급 가산세 적용시 총수입금액의 범위에는 부가가치세 신고시 공제받은 신용카드 등의 사용에 따른 세액공제금액이 포함되는 것임(소득-4546, 2008.12.4.; 기획재정부 소득-132, 2008.11.28.)

⑨ **현금영수증가맹점 가입기한 경과 후 가입에 따른 가산세 적용시 과세기간**

[질의]

현금영수증 가입대상자가 가입기한인 2007.6.30.을 경과하여 2007.9.11.에 가입한 경우 동 가입일로부터 가입일이 속하는 과세기간의 종료일까지의 수입금액에 대하여 현금영수증미발급 가산세를 적용하는지?

[회신]

현금영수증가맹점 가입대상자가 소득세법 제162조의 3 제1항에 따른 가입기한이 경과한 후에 동 가맹점에 가입한 경우에는 같은 법 제81조 제11항에 따라 가맹하지 아니한 각 과세기간의 총수입금액의 1,000분의 5에 상당하는 현금영수증미발급 가산세를 해당 과세기간의 결정세액에 가산하는 것이며, 각 과세기간이란 같은 법 제5조에 규정하는 기간을 말하고 소득세법

부칙(2006.12.30. 법률 제8144호) 제13조에 의하여 2007년 7월 1일 이후 최초로 거래하는 분부터 현금영수증미발급 가산세를 적용하는 것임(소득-3188, 2008.9.10.)

[별표 3의 2] 소비자상대업종(§210의 2 ① 및 §210의 3 ① 관련)(2024.2.29. 개정)

구 분	업 종
1. 소매업	복권소매업 등 기획재정부령으로 정하는 업종을 제외한 소매업 전체 업종
2. 숙박 및 음식점업	숙박 및 음식점업 전체 업종
3. 제조업	양복점업 등 기획재정부령으로 정하는 업종
4. 건설업	실내건축 및 건축마무리 공사업
5. 도매업	자동차중개업
6. 부동산업 및 임대업 (2018.2.13. 개정)	가. 부동산 중개 및 대리업(2018.2.13. 개정) 나. 부동산 투자 자문업(2018.2.13. 개정) 다. 부동산 감정평가업(감정평가사업을 포함한다)(2018.2.13. 개정) 라. 의류 임대업(2018.2.13. 개정)
7. 운수업	가. 전세버스 운송업 나. 화물자동차운수사업법시행령 제9조 제1호에 따른 이사화물운송주선사업 다. 특수여객자동차 운송업(장의차량 운영업)(2018.2.13. 개정) 라. 주차장 운영업 마. 여행사업(2018.2.13. 개정) 바. 기타 여행보조 및 예약 서비스업 사. 여객 자동차 터미널 운영업 아. 소화물 전문 운송업 자. 기타 해상 운송업(낚시어선업으로 한정, 2023.2.28. 개정)
8. 전문·과학 및 기술 서비스업	가. 변호사업 나. 변리사업 다. 공증인업 라. 법무사업 마. 행정사업 바. 공인노무사업 사. 공인회계사업(기장대리를 포함한다) 아. 세무사업(기장대리를 포함한다) 자. 건축설계 및 관련 서비스업 차. 기술사업 카. 심판변론인업 타. 경영지도사업 파. 기술지도사업 하. 손해사정인업

구 분	업 종
8. 전문 · 과학 및 기술 서비스업	거. 통관업 너. 측량사업 더. 인물 사진 및 행사용 영상 촬영업(2018.2.13. 개정) 러. 사진처리업
9. 교육서비스업	가. 컴퓨터학원 나. 속기학원 등 그 외 기타 분류 안 된 교육기관 다. 운전학원 라. 자동차정비학원 등 기타 기술 및 직업훈련학원 마. 일반 교과 학원 바. 외국어학원 사. 방문 교육 학원 아. 온라인 교육 학원 자. 기타 교습학원(2018.2.13. 개정) 차. 예술 학원 카. 태권도 및 무술 교육기관(2018.2.13. 개정) 타. 기타 스포츠 교육기관(2018.2.13. 개정)
9. 교육서비스업	파. 청소년 수련시설 운영업(교육목적용으로 한정한다)(2018.2.13. 개정) 하. 기타 교육지원 서비스업(2018.2.13. 신설)
10. 보건업 및 사회복지 서비스업	가. 종합병원 나. 일반병원 다. 치과병원 라. 한방병원 마. 요양병원(2018.2.13. 신설) 바. 일반의원(일반과, 내과, 소아청소년과, 일반외과, 정형외과, 신경과, 정신건강의학과, 피부과, 비뇨의학과, 안과, 이비인후과, 산부인과, 방사선과 및 성형외과)(2018.2.13. 개정) 사. 기타의원(마취통증의학과, 결핵과, 가정의학과, 재활의학과 등 달리 분류되지 아니한 병과)(2018.2.13. 개정) 아. 치과의원(2018.2.13. 개정) 자. 한의원(2018.2.13. 개정) 차. 수의업(2018.2.13. 개정) 카. 앰뷸런스 서비스업(2023.2.28. 개정) 타. 유사 의료업(2024.2.29. 신설)
11. 예술, 스포츠 및 여가 관련 서비스업	가. 영화관 운영업 나. 비디오물 감상실 운영업 다. 독서실 운영업 라. 박물관 운영업 마. 식물원 및 동물원 운영업

구 분	업 종
11. 예술, 스포츠 및 여가 관련 서비스업	바. 실내 경기장 운영업 사. 실외 경기장 운영업 아. 경주장 운영업(경마장 운영업을 포함한다) 자. 골프장 운영업 차. 스키장 운영업 카. 체력단련시설 운영업 타. 수영장 운영업 파. 볼링장 운영업 하. 당구장 운영업 거. 종합 스포츠시설 운영업 너. 골프연습장 운영업 더. 스쿼시장 등 그외 기타 스포츠시설 운영업 러. 컴퓨터 게임방 운영업 머. 노래연습장 운영업 버. 오락사격장 등 기타 오락장 운영업 서. 해수욕장 운영 등 기타 수상오락 서비스업 어. 낚시장 운영업 저. 무도장 운영업 처. 유원지 및 테마파크 운영업 커. 기원 운영업
12. 협회 및 단체, 수리 및 기타 개인서비스업(2018.2.13. 개정)	가. 컴퓨터 및 주변 기기 수리업(2018.2.13. 개정) 나. 통신장비 수리업(2018.2.13. 개정) 다. 자동차 종합 수리업(2018.2.13. 개정) 라. 자동차 전문 수리업(2018.2.13. 개정) 마. 자동차 세차업(2018.2.13. 개정) 바. 모터사이클 수리업(2018.2.13. 개정) 사. 가전제품 수리업(2018.2.13. 개정) 아. 의복 및 기타 가정용 직물제품 수리업(2018.2.13. 개정) 자. 가죽, 가방 및 신발수리업(2018.2.13. 개정) 차. 시계, 귀금속 및 악기 수리업(2018.2.13. 개정) 카. 보일러수리 등 그 외 기타 개인 및 가정용품 수리업(2018.2.13. 개정) 타. 이용업(2018.2.13. 개정) 파. 두발 미용업(2018.2.13. 개정) 하. 피부 미용업(2018.2.13. 개정) 거. 손·발톱 관리 등 기타 미용업(2018.2.13. 개정) 너. 욕탕업(2018.2.13. 개정) 더. 마사지업(2018.2.13. 개정) 러. 비만 관리 센터 등 기타 신체관리 서비스업(2018.2.13. 개정) 머. 가정용 세탁업(2018.2.13. 개정)

구 분	업 종
12. 협회 및 단체, 수리 및 기타 개인서비스업(2018.2.13. 개정)	버. 세탁물 공급업(2018.2.13. 개정) 서. 장례식장 및 장의관련 서비스업(2018.2.13. 개정) 어. 화장터 운영, 묘지 분양 및 관리업(2018.2.13. 개정) 저. 예식장업(2018.2.13. 개정) 처. 점술 및 유사 서비스업(2018.2.13. 개정) 커. 산후 조리원(2018.2.13. 개정) 터. 결혼 상담 및 준비 서비스업(2018.2.13. 개정) 퍼. 애완동물 장묘 및 보호 서비스업(2024.2.29. 신설)
13. 가구 내 고용활동	놀이방 · 어린이집(영유아보육법 제13조에 따라 설치 · 인가된 경우는 제외한다)

비고 : 업종의 구분은 한국표준산업분류를 기준으로 한다. 다만, 위 표에서 특별히 규정하는 업종의 경우에는 그러하지 아니하다.

✎ 2018.2.13. 개정 또는 신설 규정은 2019.1.1. 이후 공급분부터 시행함

✎ 2022.2.15. 개정 또는 신설 규정은 2022.2.15. 이후 공급분부터 시행함

✎ 2023.2.28. 개정 또는 신설 규정은 2024.1.1. 이후 공급분부터 시행함

✎ 2024.2.29. 개정 또는 신설 규정은 2025.1.1. 이후 공급분부터 시행함

[별표 3의 3] 현금영수증 의무발행업종(§210의 3 ① 4호 및 같은 조 ⑪ 관련, 2025.2.28. 개정)

구 분	업 종
1. 사업서비스업	가. 변호사업 나. 공인회계사업 다. 세무사업 라. 변리사업 마. 건축사업 바. 법무사업 사. 심판변론인업 아. 경영지도사업 자. 기술지도사업 차. 감정평가사업 카. 손해사정인업 타. 통관업 파. 기술사업 하. 측량사업 거. 공인노무사업 너. 행정사업(2022.2.15. 신설)
2. 보건업	가. 종합병원 나. 일반병원 다. 치과병원

구 분	업 종
2. 보건업	라. 한방병원 마. 요양병원(2018.2.13. 신설) 바. 일반의원(일반과, 내과, 소아청소년과, 일반외과, 정형외과, 신경과, 정신건강의학과, 피부과, 비뇨의학과, 안과, 이비인후과, 산부인과, 방사선과 및 성형외과)(2018.2.13. 개정) 사. 기타의원(마취통증의학과, 결핵과, 가정의학과, 재활의학과 등 달리 분류되지 아니한 병과)(2018.2.13. 개정) 아. 치과의원(2018.2.13. 개정) 자. 한의원(2018.2.13. 개정) 차. 수의업(2018.2.13. 개정) 카. 앰뷸런스 서비스업(2024.2.29. 신설)
3. 숙박 및 음식점업	가. 일반유흥 주점업(식품위생법시행령 제21조 제8호 다목에 따른 단란주점영업을 포함한다) 나. 무도유흥 주점업 다. 일반 및 생활 숙박시설운영업(2018.2.13. 개정) 라. 출장 음식 서비스업(2017.2.3. 신설) 마. 기숙사 및 고시원 운영업(고시원 운영업으로 한정)(2020.2.11. 신설) 바. 숙박공유업(2022.2.15. 신설)
4. 교육 서비스업	가. 일반 교습 학원(2018.2.13. 개정) 나. 예술 학원(2018.2.13. 개정) 다. 외국어학원 및 기타 교습학원(2018.2.13. 개정) 라. 운전학원(2018.2.13. 개정) 마. 태권도 및 무술 교육기관(2018.2.13. 개정) 바. 기타 스포츠 교육기관(2018.2.13. 개정) 사. 기타 교육지원 서비스업(2018.2.13. 개정) 아. 청소년 수련시설 운영업(교육목적용으로 한정한다)(2018.2.13. 개정) 자. 기타 기술 및 직업훈련학원(2019.2.12. 신설) 차. 컴퓨터 학원(2019.2.12. 신설) 카. 그 외 기타 분류 안 된 교육기관(2019.2.12. 신설)
5. 그 밖의 업종	가. 골프장 운영업(2018.2.13. 개정) 나. 골프연습장 운영업(2018.2.13. 개정) 다. 장례식장 및 장의관련 서비스업(2018.2.13. 개정) 라. 예식장업(2018.2.13. 개정) 마. 부동산 중개 및 대리업(2018.2.13. 개정) 바. 부동산 투자 자문업(2018.2.13. 개정) 사. 산후조리원(2018.2.13. 개정) 아. 시계 및 귀금속 소매업(2018.2.13. 개정) 자. 피부 미용업(2018.2.13. 개정) 차. 손·발톱 관리 미용업 등 기타 미용업(2018.2.13. 개정)

구 분	업 종
5. 그 밖의 업종	카. 비만 관리 센터 등 기타 신체 관리 서비스업(2018.2.13. 개정) 타. 마사지업(발 마사지업 및 스포츠 마사지업으로 한정한다)(2018.2.13. 개정) 파. 실내건축 및 건축마무리 공사업(도배업만 영위하는 경우는 제외한다)(2018.2.13. 개정) 하. 인물사진 및 행사용 영상 촬영업(2018.2.13. 개정) 거. 결혼 상담 및 준비 서비스업(2018.2.13. 개정) 너. 의류 임대업(2018.2.13. 개정) 더. 화물자동차운수사업법시행령 제9조 제1호에 따른 이사화물운송주선사업(포장이사운송업으로 한정한다)(2018.2.13. 개정) 러. 자동차 부품 및 내장품 판매업(2018.2.13. 개정) 머. 자동차 종합 수리업(2018.2.13. 개정) 버. 자동차 전문 수리업(2018.2.13. 개정) 서. 전세버스 운송업(2018.2.13. 개정) 어. 가구 소매업(2018.2.13. 개정) 저. 전기용품 및 조명장치 소매업(2018.2.13. 개정) 처. 의료용 기구 소매업(2018.2.13. 개정) 커. 페인트, 창호 및 기타 건설자재 소매업(2018.2.13. 개정) 터. 주방용품 및 가정용 유리, 요업 제품 소매업[거울 및 액자(내용물 없는 것) 소매업, 주방용 유리제품 소매업, 관상용 어항 소매업으로 한정한다](2018.2.13. 개정) 퍼. 안경 및 렌즈 소매업(2018.2.13. 개정) 허. 운동 및 경기용품 소매업(2018.2.13. 개정) 고. 예술품 및 골동품 소매업(2018.2.13. 개정) 노. 중고자동차 소매업 및 중개업(2018.2.13. 개정) 도. 악기 소매업(2018.2.13. 개정) 로. 자전거 및 기타 운송장비 소매업(2018.2.13. 개정) 모. 체력단련시설 운영업(2019.2.12. 신설) 보. 화장터 운영, 묘지 분양 및 관리업(묘지 분양 및 관리업에 한정한다)(2019.2.12. 신설) 소. 특수여객자동차 운송업(2019.2.12. 신설) 오. 가전제품 소매업(2019.2.12. 신설) 조. 의약품 및 의료용품 소매업(2019.2.12. 신설) 초. 독서실 운영업(2020.2.11. 신설) 코. 두발 미용업(2020.2.11. 신설) 토. 철물 및 난방용구 소매업(2020.2.11. 신설) 포. 신발 소매업(2020.2.11. 신설) 호. 애완용 동물 및 관련용품 소매업(2020.2.11. 신설) 구. 의복 소매업(2020.2.11. 신설) 누. 컴퓨터 및 주변장치, 소프트웨어 소매업(2020.2.11. 신설) 두. 통신기기 소매업(2020.2.11. 신설)

구 분	업 종
5. 그 밖의 업종	루. 건강보조식품 소매업(2021.2.17. 신설) 무. 자동차 세차업(2021.2.17. 신설) 부. 벽지, 마루덮개 및 장판류 소매업(2021.2.17. 신설) 수. 공구 소매업(2021.2.17. 신설) 우. 가방 및 기타 가죽제품 소매업(2021.2.17. 신설) 주. 중고가구 소매업(2021.2.17. 신설) 추. 사진기 및 사진용품 소매업(2021.2.17. 신설) 쿠. 모터사이클 수리업(2021.2.17. 신설) 투. 가전제품 수리업(2022.2.15. 신설) 푸. 가정용 직물제품 소매업(2022.2.15. 신설) 후. 가죽, 가방 및 신발 수리업(2022.2.15. 신설) 그. 게임용구, 인형 및 장난감 소매업(2022.2.15. 신설) 느. 구두류 제조업(2022.2.15. 신설) 드. 남자용 겉옷 제조업(2022.2.15. 신설) 르. 여자용 겉옷 제조업(2022.2.15. 신설) 므. 모터사이클 및 부품 소매업(부품 판매업으로 한정)(2022.2.15. 신설) 브. 시계, 귀금속 및 악기 수리업(2022.2.15. 신설) 스. 운송장비용 주유소 운영업(2022.2.15. 신설) 으. 의복 및 기타 가정용 직물제품 수리업(2022.2.15. 신설) 즈. 중고 가전제품 및 통신장비 소매업(2022.2.15. 신설) 츠. 백화점(2023.2.28. 신설) 크. 대형마트(2023.2.28. 신설) 트. 체인화편의점(2023.2.28. 신설) 프. 기타 대형 종합소매업(2023.2.28. 신설) 흐. 서적, 신문 및 잡지류 소매업(2023.2.28. 신설) 기. 곡물, 곡분 및 가축사료 소매업(2023.2.28. 신설) 니. 육류 소매업(2023.2.28. 신설) 디. 자동차 중개업(2023.2.28. 신설) 리. 주차장 운영업(2023.2.28. 신설) 미. 여객 자동차 터미널 운영업(2023.2.28. 신설) 비. 통신장비 수리업(2023.2.28. 신설) 시. 보일러수리 등 기타 가정용품 수리업(2023.2.28. 신설) 이. 컴퓨터 및 주변 기기 수리업(2024.2.29. 신설) 지. 의복 액세서리 및 모조 장신구 소매업(2024.2.29. 신설) 치. 여행사업(2024.2.29. 신설) 키. 기타 여행보조 및 예약 서비스업(2024.2.29. 신설) 티. 실내 경기장 운영업(2024.2.29. 신설) 피. 실외 경기장 운영업(2024.2.29. 신설) 히. 스키장 운영업(2024.2.29. 신설) 갸. 종합 스포츠시설 운영업(2024.2.29. 신설)

구 분	업 종
5. 그 밖의 업종	냐. 수영장 운영업(2024.2.29. 신설) 댜. 볼링장 운영업(2024.2.29. 신설) 랴. 스쿼시장 등 그 외 기타 스포츠시설 운영업(2024.2.29. 신설) 먀. 애완동물 장묘 및 보호 서비스업(2024.2.29. 신설) 뱌. 기념품, 관광 민예품 및 장식용품 소매업(2025.2.28. 신설) 샤. 사진 처리업(2025.2.28. 신설) 야. 낚시장 운영업(2025.2.28. 신설) 쟈. 기타 수상오락 서비스업(2025.2.28. 신설)
6. 통신판매업	가. 전자상거래 소매업(제1호부터 제5호까지의 규정에 따른 업종에서 사업자가 공급하는 재화 또는 용역을 온라인 통신망을 통하여 소매하는 경우에 한정)(2020.2.11. 신설) 나. 전자상거래 소매 중개업(2022.2.15. 신설) 다. 기타 통신 판매업(2022.2.15. 신설)

비고 : 업종의 구분은 한국표준산업분류를 기준으로 한다. 다만, 위 표에서 특별히 규정하는 업종의 경우에는 그러하지 아니하다.

✎ 2018.2.13. 개정 또는 신설규정은 2019.1.1. 이후 공급분부터 시행함
✎ 2019.2.12. 개정 또는 신설규정은 2020.1.1. 이후 공급분부터 시행함
✎ 2020.2.11. 개정 또는 신설규정은 2021.1.1. 이후 공급분부터 시행함
✎ 2021.2.17. 개정 또는 신설규정은 2022.1.1. 이후 공급분부터 시행함
✎ 2022.2.15. 신설규정은 2023.1.1. 이후 공급분부터 시행함
✎ 2023.2.28. 신설규정은 2024.1.1. 이후 공급분부터 시행함
✎ 2024.2.29. 신설규정은 2025.1.1. 이후 공급분부터 시행함
✎ 2025.2.28. 신설규정은 2026.1.1. 이후 공급분부터 시행함

참고 신용카드가맹점과 현금영수증가맹점에 대한 명령위반사항에 대한 과태료

1. 신용카드 가맹점 명령위반사항에 대한 과태료

국세청장은 신용카드가맹정에 가입한 가맹점에게 신용카드에 의한 거래를 거부하거나 신용카드 매출전표를 사실과 다르게 발급한 신용카드가맹점에 대하여 그 시정에 필요한 명령을 할 수 있고 이를 위반한 법인에게 2천만원 이하의 과태료를 부과 · 징수한다(소법 §177 1호).

2. 현금영수증 가맹점 명령위반사항에 대한 과태료

국세청장은 현금영수증가맹점으로 가입한 가맹점에게 현금영수증 발급 요령, 현금영수증 가맹점 표지 게시방법 등 현금영수증가맹점으로 가입한 가맹점이 준수하여야 할 사항과 관련하여 필요한 명령을 할 수 있고 이를 위반한 법인에게 2천만원 이하의 과태료를 부과 · 징수한다(소법 §177 2호).

3. 과태료의 부과기준(소령 §228 ①, 소령 별표 5, 2021.11.9. 개정)

위반행위	과태료 금액
3. 법 제162조의 2 제5항에 따른 신용카드가맹점에 대한 명령사항을 위반한 경우	신용카드에 의한 거래를 거부하거나 신용카드 매출전표를 사실과 다르게 발급한 금액의 20%(2천만원 한도)
4. 법 제162조의 3 제8항에 따른 현금영수증가맹점에 대한 다음 각 목의 명령사항을 위반한 경우	
가. 현금영수증을 발급하지 않거나 사실과 다르게 발급한 경우에 대한 명령	현금영수증을 발급하지 않거나 사실과 다르게 발급한 금액의 20%(2천만원 한도)
나. 그 밖의 명령	건별 50만원

납세지 관할 세무서장은 위반 정도, 위반 횟수, 위반행위의 동기 및 그 결과 등을 고려해 과태료 금액의 2분의 1의 범위에서 그 금액을 줄이거나 늘릴 수 있지만, 과태료 금액을 늘리는 경우에는 과태료 금액의 상한을 넘을 수 없다(소령 §228 ②).

10. 계산서 등 제출 불성실 가산세

1) 계산서 불분명 가산세

구 분	내 용
적용요건	사업자(소규모 사업자는 제외)가 발급한 계산서(전자계산서 포함)에 기재 사항의 전부 또는 일부가 기재되지 않았거나 사실과 다르게 기재된 경우. 다만, 계산서합계표 미제출·불분명 가산세가 적용되는 경우는 제외
가산세액	공급가액×1%
가산세 한도	5천만원(중소기업기본법상 중소기업이 아닌 경우는 1억원)(국기법 §49 ① 2호)
근거법령	소득세법 제81조의 10 제1항 제1호

소규모 사업자

계산서 등 제출 불성실 가산세를 적용받지 않는 소규모 사업자는 다음과 같다(소령 §147의 6 ①).

① 연말정산 대상 사업소득만 있는 자

② 간편장부대상자로서 직전 과세기간의 사업소득의 수입금액이 4,800만원에 미달하는 사업자

→ 가산세 적용대상이 종전 복식부기의무자에서 직전 과세기간 사업소득 수입금액이 4,800만원 이상인 간편장부대상자까지 확대되었고, 해당 간편장부대상자는 2021.1.1. 이후 재화나 용역을 공급하는 분 및 재화나 용역을 공급하지 아니하고 계산서 등을 발급하거나 재화나 용역을 공급받지 아니하고 계산서 등을 발급받는 분부터 적용함(소득세법 부칙 법률 제16834호 제7조 제1항)

③ 해당 과세기간에 신규로 사업을 개시한 사업자

✎ 필요적 기재사항

필요적 기재사항이라 함은 다음의 사항을 말한다(소령 §147 ④ · §211 ①).

① 공급하는 사업자의 사업자등록번호와 성명 또는 명칭

② 공급받는 자의 등록번호와 성명 또는 명칭. 다만, 공급받는 자가 사업자가 아니거나 등록한 사업자가 아닌 경우에는 소득세법 제168조 제5항에 따른 고유번호 또는 공급받는 자의 주민등록번호로 한다.

③ 공급가액

④ 작성연월일

✎ 사실과 다른 계산서로 보지 않는 경우

발급한 계산서의 필요적 기재사항 중 일부가 착오로 기재되었으나 해당 계산서의 그 밖의 기재사항으로 보아 거래사실이 확인되는 경우에는 사실과 다르게 기재된 계산서로 보지 아니한다(소령 §147 ④).

실무Tip _ 소규모 사업자와 소득금액이 추계되는 사업자의 가산세 제외

소득세법상 소규모 사업자와 소득금액이 추계되는 사업자는 아래 표의 영수증 수취명세서 제출 · 작성 불성실 가산세 등이 제외된다.

다만, 영수증 수취명세서 제출 · 작성 불성실 가산세, 장부의 기록 · 보관 불성실 가산세, 증명서류수취 불성실 가산세의 소규모 사업자(아래 표의 소규모 사업자 ①을 말함)와 계산서 등 제출 불성실 가산세의 소규모 사업자(아래 표의 소규모 사업자 ②를 말함)의 범위가 조금 다른데 소규모 사업자 ②는 가산세 대상이 종전 복식부기의무자에서 직전 과세기간 사업소득 수입금액이 4,800만원 이상인 간편장부대상자까지 확대되었고, 소득금액이 추계되는 사업자는 영수증 수취명세서 제출 · 작성 불성실 가산세와 증명서류수취 불성실 가산세만 제외된다.

이와 같은 내용을 정리하면 다음과 같다.

구 분	소규모 사업자 ①*1	소득금액 추계 사업자*2	소규모 사업자②*3
영수증 수취명세서 제출 · 작성 불성실 가산세(소법 §81)	가산세 제외	가산세 제외	
장부의 기록 · 보관 불성실 가산세 (소법 §81의 5)	가산세 제외		
증명서류수취 불성실 가산세 (소법 §81의 6)	가산세 제외	가산세 제외	
계산서 등 제출 불성실 가산세*4 (소법 §81의 10)			가산세 제외

*1. 소규모 사업자 ①은 다음과 같다(소령 §132 ④ · §147의 2 ① · §132 ④).

① 해당 과세기간에 신규로 사업을 개시한 사업자(신규 전문직사업자는 소규모사업자에 해당됨)

② 직전 과세기간의 사업소득의 수입금액(결정 또는 경정에 의하여 증가된 수입금액을 포함)의 합계액이 4,800만원에 미달하는 사업자

③ 과세표준 확정신고의무가 면제되는 보험모집인 및 방문판매원

*2. 소득금액이 추계되는 사업자는 다음과 같다(소령 §147의 2 ②).

① 단순경비율 적용대상자

② 단순경비율 적용대상자 외의 자인 경우에는 다음을 제외한 비용에 해당하는 금액에 대해 소득금액이 추계되는 분만 해당한다.

㉠ 매입경비(사업용 유형자산 및 무형자산의 매입비용은 제외함)과 사업용 유형자산 및 무형자산에 대한 임차료로서 증빙서류에 의하여 지출하였거나 지출할 금액

㉡ 종업원의 급여와 임금 및 퇴직급여로서 증빙서류에 의하여 지급하였거나 지급할 금액

*3. 소규모 사업자 ②는 다음과 같다(소령 §147의 6 ①).

① 연말정산 대상 사업소득만 있는 자

② 간편장부대상자로서 직전 과세기간의 사업소득의 수입금액이 4,800만원에 미달하는 사업자

→ 가산세 적용대상이 종전 복식부기의무자에서 직전 과세기간 사업소득 수입금액이 4,800만원 이상인 간편장부대상자까지 확대되었고, 해당 간편장부대상자는 2021년 1월 1일 이후 재화나 용역을 공급하는 분 및 재화나 용역을 공급하지 아니하고 계산서 등을 발급하거나 재화나 용역을 공급받지 아니하고 계산서 등을 발급받는 분부터 적용함(소득세법 부칙 법률 제16834호 제7조 제1항).

③ 해당 과세기간에 신규로 사업을 개시한 사업자

*4. 계산서 등 제출 불성실 가산세 중 비사업자에 대한 가산세는 가산세 제외규정이 없다.

2) 계산서합계표 미제출 · 불분명 가산세

구 분	내 용
적용요건	사업자(소규모 사업자는 제외)가 복식부기의무자가 매출 · 매입처별 계산서합계표를 제출하지 않은 경우 또는 제출한 합계표에 기재해야 할 사항의 전부 또는 일부가 기재되지 않았거나 사실과 다르게 기재된 경우 다만, 매출 · 매입처별 계산서합계표의 기재 사항이 착오로 기재된 경우와 계산서 등 미발급 · 지연발급 · 가공(위장)수수 가산세가 적용되는 경우는 제외함
가산세액	• 공급가액×0.5%* • 제출기한 경과 후 1월 내 지연제출하는 경우에는 공급가액×0.3%* * 2017.12.31.까지 제출기한이 도래하는 것은 각각 1%와 0.5%임
가산세 한도	5천만원(중소기업기본법상 중소기업이 아닌 경우는 1억원) (국기법 §49 ① 2호)
근거법령	소득세법 제81조의 10 제1항 제2호

적용범위

매입처별 계산서합계표의 기재사항이 착오로 기재된 경우로서 교부하였으나 교부받은 계산서에 따라 거래사실이 확인되는 분과 아래 '4)'의 계산서 미발급 · 가공(위장)수수가산세가 적용되는 분의 매출가액 또는 매입가액에 대하여는 계산서합계표 미제출 · 불분명가산세를 부과하지 아니한다.

3) 매입처별 세금계산서합계표 미제출 · 불분명 가산세

구 분	내 용
적용요건	사업자(소규모 사업자는 제외)가 매입처별 세금계산서합계표를 제출하지 않았거나 제출한 경우로서 그 매입처별 세금계산서합계표에 기재해야 할 사항의 전부 또는 일부가 기재되지 않았거나 사실과 다르게 기재된 경우 다만, 매입처별 세금계산서합계표의 기재 사항이 착오로 기재된 경우와 계산서 등 미발급 · 지연발급 · 가공(위장)수수 가산세가 적용되는 경우는 제외함
가산세액	• 공급가액×0.5%* • 단, 제출기한 경과 후 1월 내 지연제출하는 경우에는 공급가액×0.3%* * 2017.12.31.까지 제출기한이 도래하는 것은 각각 1%와 0.5%임
가산세 한도	5천만원(중소기업기본법상 중소기업이 아닌 경우는 1억원) (국기법 §49 ① 2호)
근거법령	소득세법 제81조의 10 제1항 제3호

✎ 적용범위

매입처별 세금계산서합계표의 기재사항이 착오로 기재된 경우로서 교부받은 세금계산서에 의하여 거래사실이 확인되는 분과 아래 '4)'의 계산서 미발급 · 지연발급 · 가공(위장)수수가산세가 적용되는 분의 매입세액은 제외한다.

4) 계산서등 미발급 · 지연발급 · 가공(위장)수수 가산세

구 분	내 용
적용요건	사업자(소규모 사업자는 제외)가 • 발급시기에 계산서를 발급하지 않은 경우 • 재화 또는 용역을 공급하지 않고 계산서 · 신용카드매출전표 · 현금영수증(이하 '계산서 등'이라 함)을 발급한 경우 • 재화 또는 용역을 공급받지 않고 계산서 등을 발급받은 경우 • 재화 또는 용역을 공급하고 실제로 재화 또는 용역을 공급하는 자가 아닌 자의 명의로 계산서 등을 발급한 경우 • 재화 또는 용역을 공급받고 실제로 재화 또는 용역을 공급하는 자가 아닌 자의 명의로 계산서 등을 발급받은 경우
가산세액	• 공급가액×2% ✎ 단, 전자계산서를 발급하지 아니하였으나 전자계산서 외의 계산서를 발급한 경우와 계산서의 발급시기가 지난 후 해당 재화 또는 용역의 공급시기가 속하는 사업연도 말의 다음 달 25일까지 계산서를 발급한 경우는 1% 적용(2018.1.1. 이후 공급분부터 적용)
근거법령	소득세법 제81조의 10 제1항 제4호

실무Tip _ 전자계산서 발급대상

일정요건을 충족한 과세 · 면세 겸업사업자와 면세사업자는 재화 또는 용역의 공급시 계산서를 전자적인 형태로 발급하여야 한다(소법 §163, 소령 §211의 2).

1. 적용대상자

전자계산서 발급대상은 연도별로 차이가 있는데 해당 내용을 정리하면 다음과 같다.

(1) 전자세금계산서를 발급하여야 하는 사업자

① 2015년 7월 1일부터 2019년 6월 30일까지 발급하는 계산서 : 법인사업자와 직전연도 과세 공급가액이 3억원 이상인 개인사업자

☞ 개인사업자인 갑의 2017년도 과세공급가액이 3억원, 면세공급가액이 2억원인 경우 2018.7.1.부터 2019.6.30.까지 세금계산서를 전자로 발급하는 것이므로 계산서도 전자로 발급하는 것임

☞ 개인사업자인 을의 2017년도 과세공급가액이 2억원, 면세공급가액이 2억원인 경우 2018.7.1.부터 2019.6.30.까지는 세금계산서를 종이로 발급하는 것이므로 계산서도 종이로 발급하는 것임

② 2019년 7월 1일부터 2022년 6월 30일까지 발급하는 계산서 : 법인사업자와 직전연도 수입금액(과세공급가액과 면세공급가액의 합계액을 말함)이 3억원 이상인 개인사업자

☞ 개인사업자인 병의 2020년도 과세공급가액이 2억원, 면세공급가액이 2억원인 경우 2021.7.1.부터 2020.6.30.까지는 세금계산서를 전자로 발급하는 것이므로 계산서도 전자로 발급하는 것임

☞ 개인사업자인 정의 2020년도 과세공급가액이 1억원, 면세공급가액이 1억원인 경우 2021.7.1.부터 2022.6.30.까지는 세금계산서를 종이로 발급하는 것이므로 계산서도 종이로 발급하는 것임

③ 2022년 7월 1일부터 2023년 6월 30일까지 발급하는 계산서 : 법인사업자와 직전연도 수입금액(과세공급가액과 면세공급가액의 합계액을 말함)이 2억원 이상인 개인사업자

☞ 개인사업자인 정의 2022년도 과세공급가액이 1억원, 면세공급가액이 1억원인 경우 2022.7.1.부터 2023.6.30.까지는 세금계산서를 전자로 발급하는 것이므로 계산서도 전자로 발급하는 것임

④ 2023년 7월 1일부터 2024년 6월 30일까지 발급하는 계산서 : 법인사업자와 직전연도 수입금액(과세공급가액과 면세공급가액의 합계액을 말함)이 1억원 이상인 개인사업자

☞ 개인사업자인 모의 2022년도 과세공급가액이 0.5억원, 면세공급가액이 0.5억원인 경우 2023.7.1.부터 2024.6.30.까지는 세금계산서를 전자로 발급하는 것이므로 계산서도 전자로 발급하는 것임

⑤ 2024년 7월 1일부터 발급하는 계산서 : 법인사업자와 직전연도 수입금액(과세공급가액과 면세공급가액의 합계액을 말함)이 8천만원 이상인 개인사업자

☞ 개인사업자인 무의 2023년도 총수입금액(과세공급가액과 면세공급가액의 합)이 8천만원인 경우 2024.7.1.부터는 세금계산서를 전자로 발급하는 것이므로 계산서도 전자로 발급하는 것임. 참고로 2024.7.1.부터는 전자세금계산서 의무발급대상이 된 이후에는 계속하여 전자세금계산서를 발급하도록 세법이 개정되었으므로 이후 사업연도의 수입금액이 8천만원 미만이 되더라고 세금계산서와 계산서는 계속 전자로 발급해야 하는 것임.

(2) 총수입금액을 고려한 개인 면세사업자

① 2016년 1월 1일부터 2017년 12월 31일까지 발급하는 계산서 : 직전연도 수입금액이 10억원 이상인 개인 면세사업자(겸업사업자 포함)

☞ 2015년도 과세공급가액이 2억원, 면세공급가액이 9억원인 개인 겸업사업자는 2016.7.1.부터 2017.6.30.까지 세금계산서는 종이로 발급하는 것이 원칙이지만 계산서는 전자계산서로 발급하여야 하는 것임

② 2017년 1월 1일부터 2019년 6월 30일까지 발급하는 계산서 : 전전 과세기간 총수입금액이 10억원 이상인 개인 면세사업자(겸업사업자 포함)

☞ 2015년 총수입금액이 10억원 이상인 사업자는 2017.1.1.부터 2017.12.31.까지는 전자계산서를 발급하여야 한다는 것으로 과세기간 개시일(매년 1월 1일)에 직전년도 수입금액이 10억원 이상인지를 파악할 수 없는 문제점을 보완한 규정임

③ 2019년 7월 1일부터 2022년 6월 30일까지 발급하는 계산서 : 직전연도 수입금액이 3억원 이상인 개인 면세사업자(겸업사업자 포함)

☞ 2018년도 면세공급가액이 3억원인 개인사업자는 2019.7.1.부터 2020.6.30.까지 전자계산서를 발급하여야 함

☞ 2020년도 과세공급가액이 1억원, 면세공급가액이 1억원인 개인 겸업사업자는 2021.7.1.부터 2022.6.30.까지 세금계산서와 계산서를 종이로 발급함

④ 2022년 7월 1일 이후 발급하는 계산서 : 직전연도 수입금액이 2억원 이상인 개인 면세사업자(겸업사업자 포함)

☞ 2021년도 면세공급가액이 2억원인 개인사업자는 2022.7.1.부터 2023.6.30.까지 전자계산서를 발급하여야 하는 것임

⑤ 2023년 7월 1일부터 2024년 6월 30일까지 발급하는 계산서 : 직전연도 수입금액이 1억원 이상인 개인 면세사업자(겸업사업자 포함)

☞ 2022년도 면세공급가액이 1억원인 개인사업자는 2023.7.1.부터 2024.6.30.까지 전자계산서를 발급하여야 하는 것임

⑥ 2024년 7월 1일 이후 발급하는 계산서 : 직전연도 수입금액이 8천만원 이상인 개인 면세사업자(겸업사업자 포함)

☞ 2022년도 면세공급가액이 8천만원인 개인사업자는 2024.7.1.부터 전자계산서를 발급하여야 하는 것임. 참고로 2024.7.1.부터는 전자계산서 의무발급 대상이 된 이후에는 계속하여 전자계산서를 발급하도록 세법이 개정되었으므로 이후 사업연도의 수입금액이 8천만원 미만이 되더라고 계산서는 계속 전자로 발급해야 하는 것임.

(3) 수정신고 또는 과세당국의 결정과 경정이 있는 경우

사업장별 총수입금액이 수정신고 또는 결정과 경정으로 8천만원(2022.6.30.까지는 3억원, 2022.7.1.~2023.6.30.까지는 2억원, 2023.7.1.~2024.6.30.까지는 1억원) 이상이 된 경우 전자계산서를 발급하여야 하는 기간은 수정신고 등을 한 날이 속하는 과세기간의 다음 과세기간으로 한다(소령 §211의 2 ③ 2호).

☞ 2022년도 수입금액이 1.5억원이었지만 2024년 10월에 2022년 귀속분에 대한 수정신고로 수입금액이 2.2억원이 된 경우라면 2025.7.1.부터 2026.6.30.까지 전자계산서를 발급하여야 함

2. 발급방법
전자계산서의 발급방법은 전자세금계산서 발급방법과 동일하며 전자계산서도 전자세금계산서와 동일하게 발급일의 다음날까지 전자계산서 발급명세서를 국세청에 전송하여야 한다.

3. 전자계산서 발급 · 전송에 대한 세액공제
2022.7.1.부터 2027.12.31.까지 전자계산서를 발급하여 기한 내에 전송한 개인사업자(해당 과세기간에 신규로 사업을 개시한 사업자와 직전 과세기간의 총수입금액이 3억원 미만인 사업자를 말함)는 소득세 신고시 발급건당 200원(연간 100만원 한도)에 대한 세액공제를 받을 수 있다(소법 §56의 3 ①).

5) 전자계산서 지연전송 가산세

구 분	내 용
적용요건	사업자(소규모 사업자는 제외)가 전자계산서 발급명세를 국세청장에게 전송하여야 하는 기한(전자계산서 발급일의 다음 날)이 지난 후 재화 또는 용역의 공급시기가 속하는 과세기간 말의 다음달 25일까지 국세청장에게 전자계산서 발급명세를 전송하는 경우 다만, 계산서 미발급 가산세가 적용되는 분은 제외
가산세액	▪ 전자세금계산서 발급 사업자 : 공급가액×0.3% ▪ 직전연도 수입금액 3억원* 이상인 사업자 : 공급가액×0.3%
가산세 한도	5천만원(중소기업기본법상 중소기업이 아닌 경우는 1억원)(국기법 §49 ① 2호)
근거법령	소득세법 제81조의 10 제1항 제5호

구 분	2016년	2017년	2018년	2019년
전자세금계산서 발급 사업자	0.1%	0.5%	0.5%	0.3%
직전연도 수입금액 일정금액* 이상 사업자	–	0.1%	0.1%	0.3%

* 일정금액 이상 사업자는 782쪽 실무Tip 전자계산서 발급대상 내용 중 (2) 총수입금액을 고려한 개인 면세사업자 내용을 참고 바람

6) 전자계산서 미전송 가산세

구 분	내 용
적용요건	사업자(소규모 사업자는 제외)가 전자계산서 발급명세를 국세청장에게 전송하여야 하는 기한(전자계산서 발급일의 다음날)이 지난 후 재화 또는 용역의 공급시기
적용요건	가 속하는 과세기간 말의 다음달 25일까지 국세청장에게 전자계산서 발급명세를 전송하지 아니한 경우(계산서 미발급 가산세가 적용되는 분은 제외)

구 분	내 용
가산세액	■ 전자세금계산서 발급 사업자 : 공급가액×0.5% ■ 직전연도 수입금액 3억원* 이상인 사업자 : 공급가액×0.5%
가산세 한도	5천만원(중소기업기본법상 중소기업이 아닌 경우는 1억원) (국기법 §49 ① 2호)
근거법령	소득세법 제81조의 10 제1항 제6호

구 분	2016년	2017년	2018년	2019년
전자세금계산서 발급 사업자	0.3%	1%	1%	0.5%
직전연도 수입금액 일정금액* 이상 사업자	–	0.3%	0.3%	0.5%

* 일정금액 이상 사업자는 782쪽 실무Tip 전자계산서 발급대상 내용 중 (2) 총수입금액을 고려한 개인 면세사업자 내용을 참고 바람

실무Tip 전자계산서 지연전송과 미전송 가산세의 적용범위

2019.12.31.까지 공급하는 분에 대해서는 전자계산서 발급명세를 국세청장에게 전송하여야 하는 기한(전자계산서 발급일의 다음날)이 지난 후 재화 또는 용역의 공급시기가 속하는 과세기간 말의 다음달 11일까지 국세청장에게 전자계산서 발급명세서를 전송하는 경우 전자계산서 지연전송 가산세가 적용되었고, 전송하지 않는 경우에는 미전송 가산세가 적용되었으나 2020.1.1.부터 공급하는 분에 대해서는 동일한 상황에서 과세기간 말의 다음달 25일까지 전송하는 경우 전자계산서 지연전송 가산세가 적용되고, 전송하지 않은 경우에 미전송 가산세가 적용되는 것으로 세법이 개정되었다.
해당 개정규정은 2020.1.1.이 속하는 과세기간의 직전 과세기간에 재화 또는 용역을 공급하고 전자계산서 발급명세를 전송하여야 하는 경우에도 적용하며(2019.12.31. 부가법 부칙 §7 ②), 2020.1.1. 전에 재화 또는 용역을 공급하고 전자계산서 발급명세를 국세청장에게 전송하여야 하는 경우(2019.12.31. 부가법 부칙 제7조 제2항에 해당하는 경우는 제외)에는 개정규정에도 불구하고 종전의 규정에 따른다(2019.12.31. 부가법 부칙 §17).

7) 비사업자에 대한 가산세

구 분	내 용
적용요건	사업자가 아닌 자가 재화 또는 용역을 공급하지 아니하고 계산서를 발급하거나 재화 또는 용역을 공급받지 아니하고 계산서를 발급받은 경우 그 계산서를 발급하거나 발급받은 자를 사업자로 보고 그 계산서를 발급하거나 발급받은 자에게 사업자등록증을 발급한 세무서장이 가산세로 징수한다.
적용요건	이 경우 그 계산서를 발급하거나 발급받은 자의 사업소득에 대한 종합소득산출세액은 0으로 본다.

구 분	내 용
가산세액	계산서에 적힌 공급가액×0.2%
가산세 한도	5천만원(중소기업기본법상 중소기업이 아닌 경우는 1억원) (국기법 §49 ① 2호)
근거법령	소득세법 제81조의 10 제2항

적용범위

비사업자에 대한 계산서 가산세는 2021.1.1. 이후 재화나 용역을 공급하지 아니하고 계산서를 발급하거나 재화나 용역을 공급받지 아니하고 계산서를 발급받는 분부터 적용한다.

실무Tip _ 계산서 등 제출 불성실 가산세의 적용

계산서 등 제출 불성실 가산세는 다음과 같이 작용한다.

(1) 산출세액이 없는 경우에도 가산세를 적용한다(소법 §81의 10 ③).

(2) 중복적용 배제

계산서 등 제출 불성실 가산세는 다음에 따라 가산세가 부과되는 부분에 대해서는 적용하지 아니한다.

① 비사업자에 대한 가산세를 제외한 계산서 등 제출 불성실 가산세를 적용하지 아니하는 경우
→ 증명서류 수취 불성실 가산세(소법 §81의 6)
세금계산서 발급 관련 가산세(부가법 §60 ②)
세금계산서 가공·위장·과다 발급 및 수취 가산세(부가법 §60 ③)
경정기관 확인 신용카드매출전표 등 가산세(부가법 §60 ⑤)
매출처별 세금계산서합계표 미제출 등 가산세(부가법 §60 ⑥)

② 비사업자에 대한 계산서 가산세를 적용하지 아니하는 경우. 해당 규정은 2021년 1월 1일 이후 재화나 용역을 공급하지 아니하고 계산서를 발급하거나 재화나 용역을 공급받지 아니하고 계산서를 발급받는 분부터 적용함.
→ 자료상 수수 세금계산서 가산세(부가법 §60 ④)

8) 실무적용사례

① VAT 과세사업자가 매입처별 세금계산서합계표 미제출시 보고불성실 가산세

부가가치세 과세사업을 영위하는 사업자가 부가가치세법 제20조에 따라 매입처별 세금계산서합계표를 제출하지 아니하여 같은 법 제22조 제5항이 적용되는 경우 소득세법 제81조 제3항에 따른 가산세를 적용하지 않는 것임(법규-494, 2013.4.26.)

② 복식부기의무자가 계산서를 교부받지 못한 경우 보고불성실 가산세의 적용 여부

복식부기의무자가 소득세법 제163조 제1항 또는 제2항의 규정에 의하여 교부받은 계산서의 매입처별 계산서합계표를 제5항의 규정에 의하여 제출하지 아니한 경우에는 같은 법 제81조

제7항의 규정에 의한 보고불성실 가산세를 적용하는 것이며, 당해 계산서를 교부받지 못한 경우 보고불성실 가산세는 적용되지 아니하는 것이나, 제8항의 규정에 의한 증명서류 수취 불성실 가산세가 적용되는 것임(법규-637, 2007.2.5.)

③ 수입계산서를 단순착오로 매입처별 세금계산서합계표에 기재하여 제출한 경우 보고불성실 가산세 적용 여부

부가가치세 과세사업자가 매입처별 계산서합계표에 기재하여야 할 세관장으로부터 교부받은 수입계산서를 단순착오로 매입처별 세금계산서합계표에 기재하여 제출한 경우에는 소득세법 제81조 제7항 제2호에 규정된 보고불성실 가산세를 적용하지 아니하는 것임(서일 46011-11328, 2003.9.20.)

④ 계산서를 교부받지 못한 경우의 가산세 적용 여부

복식부기의무자가 소득세법 제163조 제1항 또는 제2항의 규정에 의하여 교부받은 계산서의 매입처별 계산서합계표를 제5항의 규정에 의하여 제출하지 아니한 경우에는 같은 법 제81조 제7항의 규정에 의하여 보고불성실 가산세를 적용하는 것이며, 당해 계산서를 교부받지 못한 경우 보고불성실 가산세는 적용되지 아니하는 것이나, 제8항의 규정에 의한 증명서류 수취 불성실 가산세가 적용되는 것임(서일 46011-11401, 2002.10.23.)

⑤ 부가가치세면세사업자의 매입처별 세금계산서합계표 미제출시 가산세 적용

복식부기의무자인 부가가치세면세사업자가 교부받은 세금계산서의 매입처별 합계표를 소득세법 제163조 및 같은 법 시행령 제212조의 규정에 따라 사업장관할세무서장에게 제출하지 아니한 경우에는 같은 법 제81조 제7항 및 제13항의 규정에 의하여 보고불성실 가산세가 부과되는 것임(소득 46011-245, 2000.2.17.)

참고 계산서 관련 가산세 집행기준

(1) 착오로 교부한 계산서 등에 대한 가산세의 적용(소득집행 81-147-3)

① 사업자(복식부기의무자에 한함)가 세금계산서 교부대상 재화를 공급하면서 착오로 계산서를 교부함에 따라 부가가치세법에 따른 세금계산서 미교부가산세가 적용되는 부분에 대해서는 계산서 관련 가산세를 적용하지 않는다.

② ①에 따른 계산서를 교부받은 사업자의 경우 이를 매입처별계산서합계표에 기재하여 제출하지 아니한 때에는 해당 가산세가 적용된다.

③ 부가가치세 과세사업자가 매입처별계산서합계표에 기재해야 할 세관장으로부터 교부받은 수입계산서를 단순 착오로 매입처별세금계산서합계표에 기재하여 제출한 경우에는 보고불성실가산세를 적용하지 않는다.

(2) 계산서 관련 가산세 적용배제(소득집행 81-147-4)

① 다음에 해당하는 재화 또는 용역의 공급에 대해서는 계산서를 교부하지 아니하는 경우에도 계산서미교부가산세를 부과하지 않는다.

1. 제조장과 별도로 직매장을 설치한 사업자가 자기제조장에서 생산한 제품을 판매하기

위하여 직매장에 반출하는 경우
2. 사업을 포괄적으로 양도하는 경우
3. 상품권 등 유가증권을 매매하는 경우(상품권매매업자 포함)

② 재화나 용역의 공급자로부터 계산서를 교부받지 못하여 매입처별계산서합계표를 제출하지 못한 경우에는 계산서합계표 미제출가산세를 적용하지 않는다.

보론 중 · 도매인에 대한 계산서 등 제출 불성실 가산세 적용 특례

(1) 특례내용

계산서 관련 가산세를 적용함에 있어서 농수산물유통및가격안정에관한법률 제2조에 따른 중도매인은 2021년 1월 1일부터 2026년 12월 31일까지 종료하는 각 과세기간별로 계산서를 발급하고, 관할 세무서장에게 매출처별 계산서합계표를 제출한 금액이 총매출액에서 차지하는 비율(계산서 발급비율)이 아래 표에 해당하는 비율 이상인 경우에는 2026년 12월 31일 이내에 종료하는 과세기간에는 해당 중도매인을 소규모 사업자로 본다.

이 경우 중도매인의 2026년 12월 31일 이내에 종료하는 각 과세기간별 계산서 발급비율이 다음의 어느 하나에 해당하는 비율에 미달하는 경우에는 각 과세기간별로 총 매출액에 아래 표에 해당하는 비율을 적용하여 계산한 금액과 매출처별 계산서합계표를 제출한 금액과의 차액에 대해서만 계산서를 발급하지 않은 공급가액으로 하여 계산서 등 제출 불성실 가산세를 부과한다(소령 §147의 6 ④).

☞ 종전 규정은 2002년 1월 1일부터 2020년 12월 31일 이내 종료하는 각 과세기간까지 중도매인에 대한 특례를 적용하였다(소령 부칙 §19, 1998.12.31. 대통령령 제15969호, 2017.2.3. 개정, 부가세 집행기준 81－147－1).

구 분	계산서 등 제출 불성실 가산세 적용여부
각 과세기간별로 계산서 발급비율*1이 해당비율*2 이상인 경우	해당 과세기간에 소규모 사업자로 가산세 적용 안 함
각 과세기간별로 계산서 발급비율*1이 해당비율*2 미만인 경우	각 과세기간별로 총 매출액에 해당비율 적용하여 계산한 금액과 매출처별계산서합계표 제출한 금액과의 차액을 공급가액으로 보아 계산서 등 제출 불성실 가산세를 부과함*3

*1. 계산서 발급비율 : 계산서를 발급하고 매출처별계산서합계표를 제출한 금액이 총매출액에서 차지하는 비율

*2. 해당비율은 다음과 같다. 참고로 2013년 이후 비율만 열거하기로 한다.

과세기간분	농수산물유통및가격안정에관한법률에 따른 서울특별시 소재 중앙도매시장의 중도매인	기타의 중도매인
2013.1.1.~2016.12.31.	100분의 75	100분의 55
2017.1.1.~2018.12.31.	100분의 80	100분의 60
2019.1.1.~2019.12.31.	100분의 85	100분의 65
2020.1.1.~2020.12.31.	100분의 90	100분의 70
2021.1.1.~2021.12.31.	100분의 90	100분의 70

과세기간분	농수산물유통및가격안정에관한법률에 따른 서울특별시 소재 중앙도매시장의 중도매인	기타의 중도매인
2022.1.1.~2022.12.31.	100분의 95	100분의 75
2023.1.1.~2023.12.31.	100분의 95	100분의 75
2024.1.1.~2024.12.31.	100분의 95	100분의 85

*3. 미등록사업자에게 발행 교부한 주민등록번호 기재분은 교부금액 계산시 포함하지 아니하며 신용카드매출전표는 계산서에 포함한다.

(2) 실무적용사례

① 현금영수증의 계산서 교부 · 전송의무 및 보고불성실 가산세 적용 여부

농수산물 중도매업을 경영하는 법인 또는 개인사업자가 소득세법 제163조 제1항 또는 법인세법 제121조 제1항에 따라 재화 또는 용역을 공급하고 계산서 또는 현금영수증을 발급할 수 있는 것이며, 그 현금영수증 발급분에 대해서는 소득세법 제81조 또는 법인세법 제76조에 따른 계산서를 발급하지 아니한 것에 대한 가산세 부과대상에서 제외되는 것임(서면-2016-전자세원-2874, 2016.2.4.)

② 재화 또는 용역을 공급받는 자가 사업자로 등록되지 아니한 경우 매출처별 계산서합계표 미제출 가산세 부과 여부

사업자(단, 농수산물유통및가격안정에관한법률 제2조가 정하는 중도매인은 제외)가 소득세법 제163조 및 동법 시행령 제211조 등에 의하여 계산서를 발행하는 경우로서 당해 재화 또는 용역을 공급받는 자가 사업자로 등록되지 아니하여 공급받는 자의 주소, 성명 및 주민등록번호를 기재한 계산서를 교부한 때에는 주민등록번호 발행분을 구분하여 매출처별 계산서합계표를 기재하며, 이에 대하여는 소득세법 제81조 제7항의 규정에 의한 가산세를 적용하지 아니하는 것임(서일 46011-11650, 2003.11.18.)

③ 소득세법상 보고불성실 가산세 적용시 미등록사업자에게 발행교부한 주민등록번호기재분 계산서의 계산서 발행분 포함 여부

보고불성실 가산세를 적용함에 있어서 중도매인에 대하여는 각 과세기간별로 계산서를 교부한 금액이 총매출액에서 차지하는 비율이 일정비율에 미달하는 경우에는 각 과세기간별로 총매출액에 일정비율을 적용하여 계산한 금액과 계산서를 교부한 금액과의 차액을 공급가액으로 보아 보고불성실 가산세를 부과하는 바, 이 경우 미등록사업자에게 발행교부한 주민등록번호기재분 계산서는 교부금액 계산시 포함되지 아니하는 것임(서일 46011-10172, 2003.2.13.)

11. 지급명세서 등 제출 불성실 가산세

<table>
<tr><th>구 분</th><th>내 용</th></tr>
<tr><td>적용요건</td><td>지급명세서 또는 간이지급명세서를 제출하여야 할 자가 그 제출기한까지 제출하지 아니하였거나 제출된 지급명세서가 불분명한 경우에 해당하는 경우</td></tr>
<tr><td>가산세액[*8]</td><td>
① 명세서를 기한까지 제출하지 아니한 경우[*1]
■ 지급명세서인 경우
<table>
<tr><th>구 분</th><th>내 용</th></tr>
<tr><td>일용근로소득 외 소득</td><td>제출하지 않은 분의 지급금액의 1%
(제출기한이 지난 후 3개월 이내에 제출 시 0.5%)</td></tr>
<tr><td>일용근로소득</td><td>제출하지 않은 분의 지급금액의 0.25%
(제출기한이 지난 후 1개월 이내에 제출 시 0.125%)</td></tr>
</table>
■ 간이지급명세서의 경우[*4]
<table>
<tr><th>구 분</th><th>내 용</th></tr>
<tr><td>근로소득</td><td>제출하지 않은 분의 0.25%[*2]
단, 3개월 이내 제출시 0.125%[*3]</td></tr>
<tr><td>사업소득, 인적용역 관련 기타소득</td><td>제출하지 않은 분의 0.25%[*2]
단, 1개월 이내 제출시 0.125%[*3]</td></tr>
</table>
② 제출된 명세서가 불분명한 경우에 해당하거나 제출된 명세서에 기재된 지급금액이 사실과 다른 경우[*5]
■ 지급명세서인 경우[*6]
<table>
<tr><th>구 분</th><th>내 용</th></tr>
<tr><td>일용근로소득 외 소득</td><td>불분명하거나 사실과 다른 분의 지급금액의 1%</td></tr>
<tr><td>일용근로소득</td><td>불분명하거나 사실과 다른 분의 지급금액의 0.25%</td></tr>
</table>
■ 간이지급명세서인 경우[*7]
불분명하거나 사실과 다른 분의 지급금액×0.25%)
</td></tr>
<tr><td>가산세 한도</td><td>5천만원(중소기업기본법상 중소기업이 아닌 경우는 1억원)(국기법 §49 ① 2호)</td></tr>
<tr><td>근거법령</td><td>소득세법 제81조의 11</td></tr>
</table>

*1. 원천징수세액을 반기별로 납부하는 원천징수의무자가 2021.7.1.부터 2022.6.30.까지 일용근로소득 또는 원천징수대상 사업소득을 지급하는 경우로서 다음의 어느 하나에 해당하는 경우에는 지급명세서 미제출에 대한 가산세는 부과하지 아니한다(법법 §75의 7 ②, 2021.7.1.부터 제출하는 경우 적용).

① 일용근로소득에 대한 지급명세서를 그 소득 지급일(원천징수시기 특례를 적용받는 소득에 대해서는 해당 소득에 대한 과세기간 종료일을 말함)이 속하는 분기의 마지막 달의 다음달 말일(휴업, 폐업 또는 해산한 경우에는 휴업일, 폐업일 또는 해산일이 속하는 분기의 마지막 달의 다음달 말일)까지 제출하는 경우

② 원천징수대상 사업소득에 대한 간이지급명세서를 그 소득 지급일(연말정산 사업소득원천징수시기 특례를 적용

받는 소득에 대해서는 해당 소득에 대한 과세기간 종료일을 말함)이 속하는 반기의 마지막 달의 다음달 말일(휴업, 폐업 또는 해산한 경우에는 휴업일, 폐업일 또는 해산일이 속하는 반기의 마지막 달의 다음달 말일)까지 제출하는 경우

*2. 2021.6.30.까지는 0.5%임

*3. 2021.6.30.까지는 0.5%이었고, 2026.1.1. 이후에는 근로소득 간이지급명세서도 지급일이 속하는 달의 다음달 말일까지 간이지급명세서를 제출하도록 세법이 개정되었으므로 2026.1.1. 이후 지급하는 근로소득 간이지급명세서도 사업소득과 인적용역 기타소득과 동일하게 1개월 이내 제출시 0.125%를 적용함

*4. 간이지급명세서 제출 불성실 가산세 면제

상용근로소득에 대한 간이지급명세서와 인적용역 기타소득에 대한 지급명세서를 종전 주기대로 제출하는 경우 간이지급명세서 제출 불성실 가산세를 한시적으로 면제하도록 세법이 개정되었다(법법 §75의 7 ③).

① 일용근로소득을 제외한 근로소득의 경우

2026.1.1.부터 2026.12.31.(원천징수세액을 반기별로 납부하는 원천징수의무자의 경우에는 2027.12.31.)까지 일반 근로소득에 대한 간이지급명세서를 그 소득 지급일(근로소득 원천징수시기 특례를 적용받는 경우는 과세연도 종료일)이 속하는 반기의 마지막 달의 다음 달 말일(휴업, 폐업 또는 해산한 경우에는 휴업일, 폐업일 또는 해산일이 속하는 반기의 마지막 달의 다음 달 말일)까지 제출하는 경우

② 인적용역 기타소득(소법 §21 ① 19호의 기타소득을 말함)의 경우

2024.1.1.부터 2024.12.31.까지 인적용역 기타소득을 지급하는 경우로서 해당 소득에 대한 지급명세서를 그 소득 지급일이 속하는 과세연도의 다음 연도의 2월 말일(휴업, 폐업 또는 해산한 경우에는 휴업일, 폐업일 또는 해산일이 속하는 달의 다음다음 달 말일)까지 제출하는 경우

*5. 불분명한 경우와 불분명한 경우로 보지 않는 경우

• 불분명한 경우(법령 §120 ⑨)

① 제출된 지급명세서에 지급자 및 소득자의 주소 · 성명 · 고유번호(또는 주민등록번호)나 사업자등록번호 · 소득의 종류 · 소득귀속연도 또는 지급액을 적지 아니하였거나 잘못 적어 지급사실을 확인할 수 없는 경우

② 제출된 지급명세서 및 이자 · 배당소득지급명세서에 유가증권 표준코드를 적지 아니하였거나 잘못 적어 유가증권의 발행자를 확인할 수 없는 경우

③ 내국법인인 금융회사 등으로부터 제출된 이자 · 배당소득지급명세서에 해당 금융회사 등이 과세구분을 적지 아니하였거나 잘못 적은 경우

④ 소득세법시행령 제202조의 2 제1항에 따른 이연퇴직소득세를 적지 아니하였거나 잘못 적은 경우

⑤ 간이지급명세서의 경우에는 제출된 간이지급명세서에 지급자 또는 소득자의 주소 · 성명 · 납세번호(주민등록번호로 갈음하는 경우에는 주민등록번호)나 사업자등록번호, 소득의 종류, 소득의 귀속연도 또는 지급액을 적지 않았거나 잘못 적어 지급사실을 확인할 수 없는 경우

• 불분명한 경우로 보지 않는 경우(법령 §120 ⑩)

① 지급일 현재 사업자등록증의 발급을 받은 자 또는 고유번호를 부여받은 자에게 지급한 경우

② 위 ① 외의 지급으로서 지급 후에 그 지급받은 자가 소재불명으로 확인된 경우

*6. 일용근로소득 또는 원천징수대상 사업소득의 경우 지급명세서 등에 기재된 각각의 총지급금액에서 불분명 또는 사실과 다른 분의 지급금액이 차지하는 비율이 5% 이하인 경우에는 불분명 또는 사실과 다른 경우의 가산세는 부과하지 아니함(소법 §81의 11 ④, 소령 §147의 7 ④, 법법 §75의 7 ④)

참고로 2024.1.1. 이후 지급하는 기타소득과 2026.1.1. 이후 지급하는 일반 근로소득도 해당 가산세 면제가 적용됨

구 분	불분명 또는 사실과 다른 경우의 가산세 면제 적용시기
일용근로소득과 사업소득	2021.7.1. 이후 지급하는 분부터 적용
인적용역 관련 기타소득	2024.1.1. 이후 지급하는 분부터 적용
일반근로소득	2026.1.1. 이후 지급하는 분부터 적용

*7. 2021.6.30.까지는 0.5%이었고, 원천징수대상 사업소득의 경우 지급명세서 등에 기재된 각각의 총 지급금액에서

불분명 또는 사실과 다른 분의 지급금액이 차지하는 비율이 5% 이하인 경우에는 불분명 또는 사실과 다른 경우의 가산세는 부과하지 아니하고 2024.1.1. 이후 지급하는 소득분부터는 인적용역 관련 기타소득도, 2026.1.1. 이후 지급하는 소득분부터는 상용근로소득도 적용된다(소법 §81의 11 ③, 소법 §147의 7 ④, 법법 §75의 7 ④, 법령 §120 ⑪).

구 분	불분명 또는 사실과 다른 경우의 가산세 면제 적용시기
사업소득 간이지급명세서	2021.7.1. 이후 지급하는 분부터 적용
인적용역 관련 기타소득 간이지급명세서	2024.1.1. 이후 지급하는 분부터 적용
상용근로소득 간이지급명세서	2026.1.1. 이후 지급하는 분부터 적용

*8. 간이지급명세서 제출 불성실 가산세 배제

원천징수대상 사업소득(연말정산 대상 사업소득은 제외) 또는 인적용역 관련 기타소득에 대한 지급명세서 등의 제출의무가 있는 자에 대하여 지급명세서 제출 불성실 가산세가 부과되는 부분에 대해서는 간이지급명세서 제출 불성실 가산세를 부과하지 아니한다(법법 §75의 7 ⑤).

원천징수 대상 사업소득의 경우에는 2023.1.1. 이후 지급하는 소득에 대한 제출분부터 적용하고 인적용역 관련 기타소득의 경우에는 2024.1.1. 이후 지급하는 소득에 대한 제출분부터 적용한다.

✎ 종교인소득 과세의 시행 초기에 납세자의 부담을 완화하기 위하여 2018.1.1.부터 2019.12.31.까지 발생하여 지급하는 종교인소득에 대한 지급명세서의 경우에는 제출불성실 가산세 규정을 적용하지 아니한다(법률 제13558호 소득세법 일부개정법률 부칙 §10의 2, 2018.12.31. 신설).

✎ 거짓으로 기재한 근로소득 원천징수영수증의 발급(조처법 §14)

① 타인이 근로장려금(조세특례제한법 제2장 제10절의 2에 따른 근로장려금을 말한다)을 거짓으로 신청할 수 있도록 근로를 제공받지 아니하고 다음의 어느 하나에 해당하는 행위를 한 자는 2년 이하의 징역 또는 그 원천징수영수증 및 지급명세서에 기재된 총급여 · 총지급액의 100분의 20 이하에 상당하는 벌금에 처한다.

1. 근로소득 원천징수영수증을 거짓으로 기재하여 타인에게 발급한 행위
2. 근로소득 지급명세서를 거짓으로 기재하여 세무서에 제출한 행위(2010.1.1. 개정)

② 제1항의 행위를 알선하거나 중개한 자도 제1항과 같은 형에 처한다.

1) 실무적용사례[1)]

① 쟁점금액이 일용근로자에게 지급한 급여인지 임가공 용역에 대한 대가에 해당하는지 여부

청구인이 ○○○등과 체결한 외주가공계약서에 임대료 및 전기료를 지원한다고 별도로 명시되어 있으며, 외주가공비가 표준원가명세서 계상된 사실이 있고, 쟁점금액을 지급받은 자들 간에 금액차이가 발생하는 등 가공숙련도 및 가공실적 기준으로 계산하여 개인별로 차등지급된 것으로 보이므로 처분청이 쟁점금액을 일용근로자에 대한 급여라고 보아 지급명세서 미제출가산세를 부과한 처분은 잘못임(조심 2015구1785, 2015.6.16.)

② 지급금액이 과다기재된 일용근로소득 지급명세서 수정제출시 가산세 해당 여부

원천징수의무자가 소득세법 제164조에 따라 2011.1.1. 이후 제출한 일용근로소득 지급명세서에 기재된 지급금액이 실제 지급액보다 과다하게 기재된 경우 같은 법 제81조 제1항에

---

1) 최신 실무적용사례는 법인세법 지급명세서 제출 불성실 가산세의 실무적용사례(p.720)를 참고하길 바란다.

따른 가산세를 적용하는 것임(법규-393, 2013.4.8.)

③ **원천징수의무자와 소득자 명의를 잘못 기재한 경우 보고불성실 가산세**

단순착오로 원천징수의무자와 소득자 명의를 잘못 기재하여 원천징수하여 신고 · 납부하고 지급명세서를 제출한 경우 원천징수 등 납부지연 가산세는 적용하지 않으나, 지급명세서 제출 불성실 가산세는 적용됨(원천-590, 2012.11.2.)

④ **근로소득을 기타소득으로 지급명세서를 제출한 경우 지급명세서 미제출가산세 적용**

원천징수의무자가 부당해고기간의 급여를 지급할 의무가 있다는 법원의 판결내용을 이행하면서 근로소득이 아닌 기타소득으로 과다 원천징수하고 신고 · 납부한 경우 원천징수 납부 불성실 가산세는 적용하지 않는 것이며, 근로소득을 기타소득으로 지급명세서를 제출한 경우 근로소득 지급명세서를 제출하지 아니하였으므로 소득세법 제81조 제1항 제1호에 따른 지급명세서 미제출가산세를 적용함(원천-259, 2012.5.11.)

보론 지급명세서

지급명세서의 제출시기와 제출방법 등과 근로소득간이지급명세서 내용은 4편 2장의 법인세법상 지급명세서 가산세를 참고하기 바란다.

1. 적용대상자

다음의 구분에 따라 지급명세서를 제출하여야 할 자

① 소득세 납세의무가 있는 개인에게 지급명세서 제출대상소득[이자소득 · 배당소득 · 원천징수대상 사업소득 · 근로소득 또는 퇴직소득 · 연금소득 · 기타소득(봉사료는 제외) · 봉사료 · 장기저축성보험의 보험차익]을 국내에서 지급하는 자(소법 §164)

② 국내원천소득을 비거주자에게 지급하는 자(소법 §164의 2)

③ 내국법인에 이자소득 또는 배당소득을 지급하는 자(법법 §120)

④ 국내원천소득을 외국법인에 지급하는 자(법법 §120의 2)

2. 적용범위

① 산출세액이 없는 경우에도 지급명세서 등 제출 불성실 가산세는 적용한다(소법 §81의 11 ⑥).

② 연금소득 및 퇴직소득의 경우에는 지급명세서 등 제출 불성실 가산세를 적용함에 있어서 연금소득*및 퇴직소득을 지급금액으로 본다(소령 §147의 7 ③).

* 총연금액에서 연금소득공제를 한 금액을 말한다.

12. 주택임대소득자 미등록 가산세

구 분	내 용
적용요건	주택임대소득자가 임대사업개시일로부터 20일까지 사업자등록을 신청하지 아니한 경우
가산세액	주택임대수입금액×0.2% * 주택임대수입금액은 사업 개시일부터 등록을 신청한 날의 직전일까지의 주택임대수입금액을 말함
근거법령	소득세법 제81조의 12

✎ 2020.1.1. 이후부터 적용하고 2019.1.1. 이전 주택임대사업을 개시한 사업자인 경우 2020.12.31.까지 주택임대사업자등록을 함(소칙 §20, 법률 제16104호)

보론 주택임대사업소득

1. 주택임대사업자 등록

① 소득세법상 새로 사업을 시작하는 주택임대사업자(분리과세되는 주택임대소득만 있는 사업자 포함)는 사업장마다 사업개시일로부터 20일 이내에 사업자등록신청서를 사업장 소재지관할세무서장에게 제출하여야 한다(소법 §168 ①, 소령 §220).

② 주택 임대사업자의 사업장등록 신청시 임대중인 주택의 소재지와 주택종류 그리고 전용면적 등을 기재한 임대주택명세를 제출하여야 한다. 이 경우 이 경우 임대주택명세서에 갈음해 민간임대주택에 관한 특별법 시행령 제4조 제5항에 따른 임대사업자 등록증 사본을 첨부할 수 있다(소령 §220 ②, 2019.4.1. 이후 사업자등록을 신청하는 분부터 적용).

③ 부가가치세법에 따라 사업자등록을 한 사업자는 소득세법에 따른 사업자등록을 한 것으로 본다.

④ 주택임대사업자 사업자등록 관련 간주규정

민간임대주택에 관한 특별법 제5조에 따라 특별자치시장 · 특별자치도지사 · 시장 · 군수 또는 구청장(구청장은 자치구의 구청장을 말함)에게 임대사업자 등록을 신청(의무임대기간 4년 또는 8년 이상, 연임대료 인상률 5% 준수)하면서 주택임대사업자등록을 위해 민간임대주택에 관한 특별법 시행령 제4조 제3항에 따른 신청서에 제1항에 따른 사업자등록신청서를 함께 제출한 경우에는 주택임대사업자등록을 신청한 것으로 본다. 이 경우 발급기한은 사업자등록신청서가 국세정보통신망에 도달한 때부터 기산한다(소령 §220 ③).

2. 분리과세 주택임대소득 있는 경우의 종합소득 결정세액

종전에는 주택임대수입금액이 2,000만원 초과하는 경우라면 부동산임대사업소득금액으로 하여 종합과세 합산신고를 하고 주택임대수입금액 2,000만원 이하인 경우 분리과세 주택임대소득으로 하여 2018년 귀속분까지는 비과세였지만, 2019년 귀속분부터는 과세로 변경되었다.

다만, 2019.1.1. 이후 발생하는 소득분부터는 주택임대수입금액이 2,000만원 이하인 경우에 분리과세방식과 종합과세 중 선택가능한데 관련 세액계산방식을 요약하면 다음과 같다(소법 §64의 2, 소령 §122의 2).

〈종합소득 결정세액 : (1) 또는 (2) 중 선택〉

(1) 분리과세 주택임대소득을 종합소득과세표준에 포함시켜 계산한 종합소득결정세액

(2) 종합소득 결정세액＝①＋②

① 분리과세주택임대소득을 제외한 종합소득결정세액

② {총수입금액×(1－필요경비율*1)－기본공제*2}×14%－세액감면*3

*1. 필요경비율

㉠ 다음의 요건*을 충족한 경우 : 60%

* 민간임대주택법에 관한 특별법 5조에 따른 임대사업자등록을 한 자가 임대 중인 공공지원민간임대주택, 장기일반민간임대주택, 단기민간임대주택으로 소득세법에 따른 사업자등록을 하고 임대료(임대보증금)의 연 증가율이 5% 이하인 경우

㉡ ㉠외의 경우 : 50%

만약 과세기간 중 일부 기간 동안 등록임대주택을 임대한 경우 등록임대주택의 임대사업에서 발생하는 수입금액은 월수로 계산하며 이 경우 해당 임대기간의 개시일 또는 종료일이 속하는 달이 15일 이상인 경우에는 1개월로 본다.

해당 과세기간 중에 임대주택을 등록한 경우 주택임대소득금액은 다음의 계산식에 따라 계산한다.

{등록한 기간에 발생한 수입금액×(1－0.6)}＋{등록하지 않은 기간에 발생한 수입금액×(1－0.5)}

*2. 기본공제는 분리과세 주택임대소득을 제외한 종합소득금액이 2천만원 이하인 경우에만 적용함

㉠ 다음의 요건을 충족한 경우 : 400만원

* 민간임대주택법에 관한 특별법 5조에 따른 임대사업자등록을 한 자가 임대 중인 공공지원민간임대주택, 장기일반민간임대주택, 단기민간임대주택으로 소득세법에 따른 사업자등록을 하고 임대료(임대보증금)의 연 증가율이 5% 이하인 경우

㉡ '㉠' 외의 경우 : 200만원

만약 요건을 충족한 경우와 그 외의 경우가 함께 있는 경우라면 다음과 같이 안분하여 공제액을 계산한다.

$$\frac{\text{등록임대주택수입금액}}{\text{총주택임대수입금액}}\times 400\text{만원}+\frac{\text{미등록임대주택수입금액}}{\text{총주택임대수입금액}}\times 200\text{만원}$$

*3. 세액감면 : 법소정 소형주택(국민주택 규모이하, 기준시가 6억원 이하) 임대사업자에 대한 세액감면으로 분리과세를 선택한 경우에도 세액감면을 적용함(조특법 §96)

3. 분리과세 임대주택등록자의 의무 임대기간 미준수시 추징세액

민간임대주택법에 따른 임대주택등록 후 의무 임대기간 미준수시 추징세액에 이자상당액을 가산하되, 다음의 부득이한 사유가 발생하는 경우에는 가산하지 않는다(소법 §64의 2 ④, 소령 §122의 2 ②, 2019년 과세기간 분부터 적용).

① 파산 또는 강제집행에 따라 임대주택을 처분하거나 임대할 수 없는 경우

② 법령상 의무를 이행하기 위해 임대주택을 처분하거나 임대할 수 없는 경우

③ 채무자 회생 및 파산에 관한 법률에 따른 회생절차에 따라 법원의 허가를 받아 임대주택을 처분한 경우

4. 공동사업자의 주택임대소득 총수입금액 규정

종전에는 주거용건물임대업의 공동사업의 경우 공동사업자별 분배된 소득금액에 대한 수입금액을 주택임대소득 비과세 여부 기준으로 한다(소득세과-935, 2015.7.7.)고 규정되어 있었지만, 2019.2.12.이 속하는 과세기간부터는 공동사업자의 분리과세 대상 주택임대 총수입금액은 공동사업장의 약정된 손익분배비율(약정된 손익분배비율이 없는 경우 지분비율)에 따라 공동사업자에게 분배된 수입금액을 합산하여 판단하도록 세법이 규정되었다(소령 §8의 2 ⑥).

13. 특정외국법인의 유보소득계산 불성실 가산세

구 분	내 용
적용요건	국제조세조정에관한법률 제34조 제3호에 따른 특정외국법인의 유보소득계산명세서를 소득세 신고기한(5월말까지, 성실신고확인대상사업자는 6월말)까지 제출하지 아니하거나 제출한 명세서의 전부 또는 일부를 적지 아니하는 등 제출한 명세서가 불분명한 경우에 해당하는 경우
가산세액	해당 특정 외국법인의 배당가능한 유보소득 금액×0.5%
근거법령	소득세법 제81조의 13, 소득세법시행령 제147조의 6

✎ 제출기한

적용요건의 제출기한은 소득세 신고기한을 말하는 것으로 일반 소득자는 매년 5월말 이내, 성실신고확인대상사업자는 매년 6월말 이내를 말함(국조법 §20의 2)

✎ 불분명한 경우

적용요건의 '불분명한 경우'란 배당가능한 유보소득금액을 산출할 때 적어야 하는 금액의 전부 또는 일부를 적지 아니하거나 잘못 적어 배당가능한 유보소득금액을 잘못 계산한 경우를 말함(소령 §147의 7)

14. 업무용승용차 관련비용 명세서 제출 불성실 가산세(2022년 개정)

구 분	내 용
적용요건	업무용승용차 관련 비용 등을 필요경비에 산입한 복식부기의무자가 업무용승용차 관련 비용 등에 관한 명세서를 제출하지 아니하거나 사실과 다르게 제출한 경우
가산세액	① 명세서를 제출하지 아니한 경우 해당 복식부기의무자가 소득세 신고를 할 때 업무용승용차 관련 비용 등으로 필요경비에 산입한 금액×1%

구 분	내 용
가산세액	② 명세서를 사실과 다르게 제출한 경우 해당 복식부기의무자가 소득세 신고를 할 때 업무용승용차 관련 비용 등으로 필요경비에 산입한 금액 중 해당 명세서에 사실과 다르게 적은 금액×1%
근거법령	소득세법 제81조의 14

* 업무용승용차 관련비용 명세서 제출 불성실 가산세는 2022.1.1. 이후 과세기간에 업무용승용차 관련비용 등을 필요경비에 산입하는 경우부터 적용하고(소법 부칙 법률 제18578호 §5, 2021.12.8.), 해당 가산세는 산출세액이 없는 경우에도 적용한다.

15. 양도소득세 관련 가산세

1) 환산가액 적용에 따른 가산세

구 분	내 용
적용요건	건물을 신축 또는 증축(증축의 경우 바닥면적 합계가 85제곱미터를 초과하는 경우에 한정)하고 그 건물의 취득일 또는 증축일부터 5년 이내에 해당 건물을 양도하는 경우로서 감정가액 또는 환산가액(소법 §97 ① 1호 나목)을 그 취득가액으로 하는 경우
가산세액	해당 건물의 감정가액 또는 환산취득가액×5% * 증축하는 경우에는 증축한 부분에 한정함
근거법령	소득세법 제114조의 2

✎ 2018.1.1.부터 적용하며, 양도소득 산출세액이 없는 경우에도 적용한다.

✎ 양도소득세 계산시 취득가액 실지거래가액을 확인할 수 없는 경우에는 매매사례가액, 감정가액 또는 환산가액을 적용한다(소법 §97 ①).

1)-1. 실무적용사례

① 고가주택의 환산가액 적용에 대한 가산세 적용방법

고가주택에 대한 환산가액 적용에 따른 가산세는 환산가액 전체금액에 100분의 5에 해당하는 금액으로 하는 것임(기획재정부재산-397, 2023.3.8.; 서면부동산 2022-3466, 2022.9.7.; 기획재정부재산-939, 2018.11.1.).

② 국세부과 징수목적으로 청구인 배우자의 과세자료를 활용하는 것은 위법하지 않음

추계경정 시 취득가액으로 인정되는 감정가액은 둘 이상의 감정평가업자가 평가한 것으로서 감정평가기준일이 취득일 전후 각 3개월 이내이고 감정평가도 같은 기간 내에 이루어진 것을

말하므로 취득일로부터 3개월이 훨씬 경과한 시점에서 이루어진 감정가액은 취득가액으로 인정할 수 없는 것임(심사양도 2018－82, 2018.8.29.)

2) 주식등에 대한 장부의 비치 · 기록의무 및 기장불성실 가산세

구 분	내 용
적용요건	법인(중소기업 포함)의 대주주가 양도하는 주식등에 대하여 거래명세 등을 기장하지 아니하였거나 누락한 경우
가산세액	• 산출세액이 있는 경우 : $\text{산출세액} \times \dfrac{\text{무기장 또는 누락한 소득금액}}{\text{양도소득금액}} \times 10\%$ • 산출세액이 없는 경우 : 거래금액×7/10,000
근거법령	소득세법 제115조

신고불성실 가산세와 기장불성실 가산세가 동시에 해당하는 경우에는 그 중 큰 금액에 해당하는 가산세만을 적용하고, 금액이 같은 경우에는 신고불성실 가산세만을 적용한다. 양도소득세 관련 사례는 제1편 제4장을 참고하길 바란다.

16. 국외전출자의 국내주식등의 보유현황 미신고 · 누락신고 가산세

구 분	내 용
적용요건	① 국외전출자가 출국일 전날까지 국외전출자 국내주식등의 보유현황을 신고하지 아니한 경우 ② 국외전출자가 국내주식등의 보유현황을 누락하여 신고한 경우
가산세액	①의 경우 : 출국일 전날의 국외전출자 국내주식등의 액면금액* 또는 출자가액×20% ②의 경우 : 신고일의 전날을 기준으로 신고를 누락한 국외전출자 국내주식등의 액면금액* 또는 출자가액×20% * 무액면주식인 경우에는 그 주식을 발행한 법인의 자본금을 발행주식총수로 나누어 계산한 금액
근거법령	소득세법 제118조의 15

국외전출자의 신고 · 납부

① 국외전출자는 국외전출자 국내주식등의 양도소득에 대한 납세관리인과 국외전출자 국내주식등의 보유현황을 출국일 전날까지* 납세지 관할 세무서장에게 신고하여야 한다. 이 경우 국외전출자 국내주식등의 보유현황은 신고일의 전날을 기준으로 작성한다.

* 2019.1.1. 이후 거주자가 출국하는 경우부터 적용하고, 2018.12.31.까지는 출국일이 속하는 연도의 직전 연도 종료일까지 신고하여야 했었음

② 국외전출자는 양도소득과세표준을 출국일이 속하는 달의 말일부터 3개월 이내(납세관리인을 신고한 경우에는 양도소득과세표준 확정신고 기간인 익년 5월 1일부터 5월 31일까지)에 납세지 관할 세무서장에게 신고하여야 한다.

17. 원천징수 납부지연가산세 특례

구 분	내 용
적용요건	원천징수의무자 또는 소득세법 제156조 및 제156조의 3부터 제156조의 6까지의 규정에 따라 원천징수하여야 할 자가 국가 · 지방자치단체 또는 지방자치단체조합인 경우로서 국가등으로부터 근로소득을 받는 사람이 근로소득자 소득 · 세액 공제신고서를 사실과 다르게 기재하여 부당하게 소득공제 또는 세액공제를 받아 국가등이 원천징수하여야 할 세액을 정해진 기간에 납부하지 아니하거나 미달하게 납부한 경우
가산세액	(1) 가산세＝①＋② ① 과소납부세액(미납세액)×3% ② 과소납부세액(미납세액)×22/100,000[*1]×경과일수[*2] *1 2019.2.11.까지는 0.03%를 적용하고, 2019.2.12.~2012.2.14.까지는 0.025% 적용함. *2 납부기한의 다음날부터 자진납부일 또는 납부고지일까지의 기간 (2) 한도 : 과소납부세액(미납세액)×10%
근거법령	소득세법 제128조의 2

✎ 적용요건 중 관련 법령의 제목을 소개하면 다음과 같다.
소득세법 §156(비거주자의 국내원천소득에 대한 원천징수의 특례), 동법 §156의 3(비거주자의 채권등에 대한 원천징수의 특례), 동법 §156의 4(특정지역 비거주자에 대한 원천징수 절차 특례), 동법 §156의 5(비거주연예인등의 용역제공과 관련된 원천징수절차 특례), 동법 §156의 6(비거주자에 대한 조세조약상 제한세율 적용을 위한 원천징수 절차 특례)

1)-1. 실무적용사례

① **지방자치단체로부터 포상성격으로 근로자가 아닌 가족이 해외연수비용을 지원받은 경우 근로소득으로 볼 수 있는지**

지방자치단체로부터 포상성격으로 근로자가 아닌 가족이 해외연수비용을 지원받은 경우에도 해당 연수비용이 통상적인 범위를 초과하는 경우 근로자의 근로소득에 해당하고, 해당 근로소득의 누락에 따라 과세하는 경우 가산세 적용이 면제됨(심사소득 2020-92, 2020.12.10.).

✎ 위 판례는 원천징수의무자가 국가 · 지방자치단체 · 지방자치단체조합인 경우인 경우로서 누락된 근로소득을 원천징수의무자가 수정신고 · 납부하는 경우에는 원천징수납부 등 불성실가산세가 적용되지 아니하나, 이건 처분은 원천징수의무자가 수정신고 · 납부할 수 있는 국세부과 제척기간이 만료되어 처분청이 개별 소득자에게 과세하면서 신고불성실 및 납부불성실가산세를 적용한 것으로 확인되는데 처분청이 청구인에게 쟁점

연수비를 근로소득으로 과세함에 있어서 신고불성실 및 납부불성실가산세를 부과한 처분은 잘못이 있는 것으로 판단됨.

18. 국세기본법상 가산세

1) 무신고 가산세

납세의무자가 법정 신고기한까지 다음의 과세표준 신고를 하지 아니한 경우에는 무신고 가산세가 적용된다(국기법 §47의 2, 국기령 §27).

① 종합소득과세표준 확정신고(소법 §70)

② 퇴직소득과세표준 확정신고(소법 §71)

③ 부동산매매업자의 토지 등 매매차익예정신고와 납부(소법 §69)

④ 양도소득과세표준 확정신고(소법 §110)

⑤ 양도소득과세표준 예정신고(소법 §105)

(1) 일반무신고(2015년 이후 적용)

복식부기의무자가 아닌 과세표준 신고의무가 있는 납세의무자가 법정 신고기한까지 소득세의 과세표준 신고(예정신고 및 중간신고를 포함)를 하지 아니한 경우에는 그 신고로 납부하여야 할 세액(가산세와 가산하여 납부하여야 할 이자 상당 가산액이 있는 경우 그 금액은 제외하며, 이하 "무신고납부세액"이라 함)의 20%에 상당하는 금액을 가산세로 한다(국기법 §47의 2 ①).

복식부기의무자가 소득세 과세표준신고를 하지 아니한 때에는 무신고납부세액(2014년까지는 산출세액)의 20%에 상당하는 금액과 총수입금액(기납부세액 관련 총수입금액을 뺀 금액)에 7/10,000을 곱하여 계산한 금액 중 큰 금액을 납부할 소득세액에 가산한다(국기법 §47의 2 ①·③).

구 분	내 용
복식부기의무자의 소득세	MAX(①, ②) ① 무신고납부세액*1×무기장소득금액/종합소득금액×20% ② 수입금액*2×0.07%
간편장부대상자의 소득세	무신고납부세액×20%

*1. 소득세의 과세표준 신고로 납부하여야 할 세액(가산세와 세법에 따라 가산하여 납부하여야 할 이자 상당 가산액이 있는 경우 그 금액은 제외)을 말하며(국기법 §47의 2 ①), 세액공제·감면, 기납부세액, 당초 신고세액 등을 차감한 가산세 가산전의 금액을 말함

*2. 소득세법에 따라 계산한 사업소득에 대한 해당 개인의 총수입금액을 말함(국기법 §47의 2 ② 1호)

실무Tip 복식부기의무자가 재무상태표 등을 첨부하지 아니한 경우의 가산세

① 복식부기의무자가 재무상태표 · 손익계산서 · 합계잔액시산표와 조정계산서를 과세표준 확정신고서에 첨부하지 아니한 때에는 과세표준 확정신고를 하지 아니한 것으로 본다(소법 §70 ④). 따라서 무신고 가산세가 적용된다.

② 복식부기의무자의 경우 주사업장은 기장신고를 하고 별개의 일부 사업장(임대소득 등)을 추계로 신고하는 경우 추계소득에 대하여 무신고 가산세가 적용된다.

(2) 부정무신고(2015년 이후 적용)

복식부기의무자가 아닌 납세자가 부정행위로 법정 신고기한까지 소득세의 과세표준 신고를 하지 아니한 경우에는 무신고납부세액의 40%(국제거래에서 발생한 부정행위로 소득세의 과세표준 신고를 하지 아니한 경우에는 60%)에 상당하는 금액을 가산세로 한다(국기법 §47의 2 ①).

복식부기의무자가 부정행위로 소득세 과세표준신고(종합소득세 과세표준 확정신고만 해당)를 하지 아니한 경우에는 무신고 납부세액(2014년 : 산출세액)의 40%에 상당하는 금액과 총수입금액에 14/10,000을 곱하여 계산한 금액 중 큰 금액을 납부할 소득세액에 가산하거나 환급받을 세액에서 공제한다(국기법 §47의 2 ① · ③).

구 분	내 용
복식부기의무자의 소득세	MAX(①, ②) ① 무신고납부세액*1×무기장소득금액/종합소득금액×40%*3 ② 수입금액*2×0.14%
간편장부대상자의 소득세	무신고납부세액×40%

*1. 소득세의 과세표준 신고로 납부하여야 할 세액(가산세와 세법에 따라 가산하여 납부하여야 할 이자 상당 가산액이 있는 경우 그 금액은 제외)을 말하며(국기법 §47의 2 ①), 세액공제 · 감면, 기납부세액, 당초 신고세액 등을 차감한 가산세 가산 전의 금액을 말함

*2. 소득세법에 따라 계산한 사업소득에 대한 해당 개인의 총수입금액을 말함(국기법 §47의 2 ② 1호)

*3. 2015.1.1. 이후 개시하는 과세연도분부터 국제거래에서 발생한 부정행위로 국세의 과세표준 신고를 하지 아니한 경우에는 60%를 적용함

참고 2012년~2014년의 일반무신고 가산세

1. 일반무신고 : 부정무신고 과세표준(부가가치세는 납부세액)이 없는 경우

과세표준신고 의무가 있는 납세의무자가 법정 신고기한까지 과세표준 신고를 하지 아니한 경우에는 산출세액의 20%에 상당하는 금액을 가산세로 한다[(구)국기법 §47의 2 ①].

구 분	가 산 세
복식부기의무자의 소득세	MAX(①, ②) ① (산출세액×무기장소득금액/종합소득금액－기납부세액*1)×20% ② (수입금액*2－기납부세액에 관련 수입금액)×0.07%
간편장부대상자의 소득세*3	(산출세액－기납부세액*1)×20%

*1. 중간예납세액, 예정신고 산출세액 또는 그 결정 · 경정 세액, 수시부과세액, 원천납부세액, 납세조합 징수세액((구)소법 §76 ③ · §106 ③ · §111 ③)

*2. 수입금액은 소득세법 규정에 의한 사업소득 총수입금액(매출액이 아님)임.

*3. 복식부기의무자라 하더라도 부동산매매업자의 토지 등 매매차익예정신고의 경우는 간편장부대상자의 소득세 규정을 적용함.

2. 일반무신고와 부정무신고 과세표준이 같이 있는 경우

납세자가 부정행위로 법정 신고기한까지 소득세법에 따른 국세의 과세표준 신고를 하지 아니한 경우에는 산출세액 등의 40%에 상당하는 금액을 가산세로 한다[(구)국기법 §47의 2 ②].

이는 모든 납세의무자에게 적용된다(사업자가 아닌 경우에도 적용).

구 분		가 산 세
복식부기의무의 소득세 ((1)+(2))	(1) 부정무신고 가산세	MAX(①, ②) ① 산출세액×부정무신고비율×40% ② 수입금액×0.07%
	(2) 일반무신고 가산세	MAX(①, ②) ① 산출세액×일반무신고비율×20% ② 일반무신고수입금액×0.07%
간편장부대상자의 소득세 ((1)+(2))	(1) 부정무신고 가산세	산출세액×부정무신고비율×40%
	(2) 일반무신고 가산세	산출세액×일반무신고비율×20%

* 무신고비율은 다음과 같이 계산하며, 각각의 비율이 1보다 큰 경우에는 1로 하고, 0보다 작은 경우에는 0으로 한다.

구 분	부가가치세 외	부가가치세
부정무신고비율	부정무신고 과세표준÷과세표준	부정무신고납부세액÷납부세액
일반무신고비율	일반무신고 과세표준÷과세표준	일반무신고납부세액÷납부세액

(3) 부정한 방법(국기집행 47의 2-0-2)

부정무신고 가산세를 적용하는 경우 부정행위이란 조세범처벌법 제3조 제6항 각 호의 어느 하나에 해당하는 행위로서 조세의 부과와 징수를 불가능하게 하거나 현저히 곤란하게 하는 적극적인 행위를 말한다.

① 이중장부의 작성 등 장부의 거짓 기록
② 거짓 증명 또는 거짓 문서의 작성 및 수취
③ 장부와 기록의 파기
④ 재산의 은닉이나 소득 · 수익 · 행위 · 거래의 조작 또는 은폐
⑤ 고의적으로 장부를 작성하지 아니하거나 비치하지 아니하는 행위 또는 계산서, 세금계산서 또는 계산서합계표, 세금계산서합계표의 조작
⑥ 조세특례제한법 제24조 제1항 제4호에 따른 전사적 기업자원관리설비의 조작 또는 전자세금계산서의 조작
⑦ 그 밖에 위계에 의한 행위 또는 부정한 행위

Tip __ 사기, 그 밖의 부정한 행위 또는 부정행위의 의미(대법 2019두58896, 2020.12.10.)

구 국세기본법(2014.12.23. 법률 제12848호로 개정되기 전의 것, 이하 같다) 제47조의 2 제2항 및 제47조의 3 제2항 제1호 등에 규정된 '사기, 그 밖의 부정한 행위' 또는 '부정행위'란 조세의 부과와 징수를 불가능하게 하거나 현저히 곤란하게 하는 위계 기타 부정한 적극적인 행위를 말하고, 적극적 은닉 의도가 나타나는 사정이 덧붙여지지 않은 채 단순히 세법상의 신고를 하지 않거나 허위의 신고를 함에 그치는 것은 여기에 해당하지 않는다. 또한 납세자가 명의를 위장하여 소득을 얻더라도, 명의위장이 조세포탈의 목적에서 비롯되고 나아가 여기에 허위 계약서의 작성과 대금의 허위지급, 과세관청에 대한 허위의 조세 신고, 허위의 등기 · 등록, 허위의 회계장부 작성 · 비치 등과 같은 적극적인 행위까지 부가되는 등의 특별한 사정이 없는 한, 명의위장 사실만으로 구 국세기본법 제47조의 2 제2항 및 제47조의 3 제2항 제1호 등에서 정한 '사기, 그 밖의 부정한 행위' 또는 '부정행위'에 해당한다고 볼 수 없다.

(4) 무신고 가산세에 대한 적용특례

① 예정신고 및 중간신고시 가산세 적용 배제

예정신고 및 중간신고와 관련하여 무신고 가산세가 부과되는 부분에 대해서는 확정신고와 관련하여 무신고 가산세를 적용하지 아니한다(국기법 §47의 2 ⑤).

② 기타 중복적용의 배제

무신고 가산세와 소득세법과 법인세법상 장부의 기록 · 보관 불성실 가산세(종전의 무기장 가산세)와 소득세법상 주식등에 대한 장부의 비치 · 기록의무 및 기장불성실 가산세가 동시에 적용되는 경우에는 그중 가산세액이 큰 가산세만 적용하고, 가산세액이 같은 경우에는 무신고 가산세만 적용한다(국기법 §47의 2 ⑥, 2018.1.1. 개시하는 과세기간부터 적용).

실무Tip 복식부기의무자의 추계신고시 지방소득세 무신고가산세 적용여부

1. 2021년 귀속분까지의 지방세기본법상 무신고가산세의 적용여부

소득세법 제70조 제4항 제3호에 따르면 복식부기의무자가 재무제표 등을 제출하지 않는 경우에는 종합소득 과세표준 확정신고를 하지 않는 것으로 보아 무신고가산세(국기법 §47의 2)와 무기장가산세(소법 §81의 5) 중 큰 금액을 가산세로 적용하고 가산세액이 동일한 경우에는 무신고가산세만 적용한다.

이때 무신고가산세가 적용되는 경우에는 지방세기본법상의 무신고가산세는 적용하지 않는다. 왜냐하면 지방세법이나 지방세기본법상 복식부기의무자의 추계신고를 무신고로 본다는 규정을 없기 때문이다.

다만, 소득세법상 무기장가산세가 적용되는 경우에는 무기장가산세의 10%(지법 §99 ①)를 개인지방소득세로 납부한다(2023 소득세 실무, 세무사 김두천 저, 한국세무사회, p.1946 참고).

2. 2022년 귀속분부터 지방세기본법상 무신고가산세의 적용여부

2021.12.28. 지방세법 제99조 제2항이 신설되어 소득세법상 복식부기의무자의 추계신고시 지방세기본법상 무신고가산세가 적용되는 것으로 세법이 신설되었다. 관련 법령은 2022. 1.1. 이후 납세의무가 성립하는 경우부터 적용(지법 부칙 법률 제18655호 §2)되며 관련 법령을 소개하면 다음과 같다.

〈지방세법 제99조 제2항〉
소득세법 제70조 제4항 각 호 외의 부분 후단에 따라 종합소득 과세표준확정신고를 하지 아니한 것으로 보는 경우에 해당하여 가산세 부과대상이 되는 때에는 이 법 제95조에 따른 종합소득에 대한 개인지방소득세 과세표준확정신고를 하지 아니한 것으로 본다.

2) 과소신고 · 초과환급신고 가산세

납세의무자가 법정 신고기한까지 소득세의 과세표준신고(예정신고 및 중간신고를 포함하며, 교육세법에 따른 신고 중 금융 · 보험업자가 아닌 자의 신고와 농어촌특별세법에 따른 신고는 제외)를 한 경우로서 납부할 세액을 신고하여야 할 세액보다 적게 신고(과소신고)하거나 환급받을 세액을 신고하여야 할 금액보다 많이 신고(초과신고)한 경우에는 과소신고한 납부세액과 초과신고한 환급세액을 합한 금액(가산세와 세법에 따라 가산하여 납부하여야 할 이자 상당 가산액이 있는 경우 그 금액은 제외하여 과소신고납부세액 등이라 함)에 과소신고납부세액 등에서 부정행위로 인한 과소신고납부세액 등을 뺀 금액의 10%에 상당하는 금액을 가산세로 한다(국기법 §47의 3, 국기령 §27의 2).

① 종합소득과세표준 확정신고(소법 §70)
② 퇴직소득과세표준 확정신고(소법 §71)
③ 부동산매매업자의 토지 등 매매차익예정신고와 납부(소법 §69)

④ 양도소득과세표준 확정신고(소법 §110)
⑤ 양도소득과세표준 예정신고(소법 §105)

(1) 일반과소신고 · 초과환급신고 가산세(2015년 이후)

납세의무자가 법정 신고기한까지 소득세 신고(예정신고 및 중간신고를 포함)를 한 경우로서 납부할 세액을 신고하여야 할 세액보다 적게 신고(과소신고)하거나 환급받을 세액을 신고하여야 할 금액보다 많이 신고(초과신고)한 경우에는 과소신고한 납부세액과 초과신고한 환급세액을 합한 금액(이 법 및 세법에 따른 가산세와 세법에 따라 가산하여 납부하여야 할 이자 상당 가산액이 있는 경우 그 금액은 제외하며, 과소신고납부세액 등이라 함)에 아래의 일반과소신고와 부정과소신고에 따른 산출방법을 적용한 금액을 가산세로 한다.

즉, 과소 · 초과환급신고 가산세는 일반과소 · 초과환급신고 가산세와 부정과소 · 초과환급신고 가산세로 구분하여 부정과소 · 초과환급신고에 대해서는 가산세를 중과하고 있다(국기법 §47의 3 ①).

가산세

(과소신고한 납부세액＋초과환급신고한 환급세액)×10%

실무Tip __ 신고불성실 가산세와 무기장 가산세

장부의 기록 · 보관 불성실 가산세(2019.12.31. 법률 용어 개정 전 가산세 명칭은 무기장 가산세였고, 실무상 무기장 가산세로 주로 사용함)와 신고불성실 가산세(과소신고 · 초과환급신고가산세)가 적용되는 경우에는 그 중 가산세액이 큰 가산세액만 적용하고, 가산세액이 같은 경우에는 신고불성실 가산세만 적용된다(국기법 §47의 3 ⑥).
따라서 매출누락이 발생하여 수정신고를 하여야 하는 복식부기의무자의 경우 장부를 기장하지 않은 매출액에 대한 수정신고를 하는 것이므로 무기장 가산세와 신고불성실 가산세액을 비교하여 큰 가산세를 수정신고시 적용하여야 할 것으로 판단된다.
정리하면 복식부기 개인사업자의 경우 재무제표 미제출, 무기장, 기장누락, 기장이 잘못된 소득금액, 간편장부로 신고하는 경우와 외부조정대상자임에도 불구하고 자가조정하는 경우는 모두 무신고로 보는 것이므로 보다 높은 가산세율인 무기장 가산세(20%)가 우선적으로 적용되는 것이며 소득세법상 소규모 사업자와 비용의 착오 과다 기재 그리고 세액공제와 세액감면의 부인 등에 대한 수정신고시에만 신고불성실 가산세(10%)가 적용되는 것으로 판단된다.

(2) 일반과소신고 · 초과환급신고와 부정과소신고 · 부정초과환급신고가 같이 있는 경우 (2015년 이후 적용)

구 분		가 산 세
복식부기의무자의 가산세 ((1)+(2))	(1) 부정과소신고 · 초과환급신고 가산세	MAX(①, ②) ① 부정과소신고납부세액등×40%* ② 부정과소신고수입금액등×0.14%
	(2) 일반과소신고 · 초과환급신고 가산세	(과소신고납부세액등 – 부정과소신고납부세액등)×10%
간편장부대상자의 가산세 ((1)+(2))	(1) 부정과소신고 · 초과환급신고 가산세	부정과소신고납부세액등×40%*
	(2) 일반과소신고 · 초과환급신고 가산세	(과소신고납부세액등 – 부정과소신고납부세액등)×10%

* 국제거래에서 발생한 부정행위로 국세의 과세표준 신고를 하지 아니한 경우에는 60%를 적용함

실무Tip _ 일반과소신고 · 초과환급신고 가산세와 부정과소신고 · 초과환급신고 가산세

일반과소신고 · 초과환급 가산세에는 수입금액기준 가산세는 없지만, 부당과소신고 · 초과환급신고 가산세에는 수입금액기준 가산세가 있다.

참고 2012년~2014년 과소신고 · 초과환급신고 가산세

1. 일반과소신고 · 초과환급신고 : 부정과소신고 · 초과환급신고 과세표준(부가가치세는 납부세액)이 없는 경우

구 분	가 산 세
복식부기의무자의 가산세	(산출세액×과소신고비율*1 – 기납부세액*2)×10%
간편장부대상자의 가산세	

*1. 과소신고비율(과소신고과세표준÷과세표준) 계산시 과소신고과세표준은 소득세 또는 법인세의 과세표준을 결손으로 신고할 때에는 신고한 과세표준이 없는 것으로 보아 계산하며 부정신고의 경우도 동일하다((구)국기령 §27의 2 ①).

*2. 기납부세액이 있는 경우에는 산출세액에서 중간예납세액, 수시부과세액, 원천징수세액 등을 뺀다((구)국기령 §27 ①).

2. 일반과소신고 · 초과환급신고와 부당과소신고 · 초과환급신고 과세표준이 같이 있는 경우

구 분		가 산 세
복식부기의무자의 가산세 ((1)+(2))	(1) 부정과소신고 · 초과환급신고 가산세*1	MAX(①, ②) ① 산출세액×부정과소신고비율*2×40% ② 수입금액×0.14%

구 분		가 산 세
	(2) 일반과소신고 · 초과환급신고 가산세	(산출세액×일반무신고비율－기납부세액[*3]) ×10%
간편장부대상자의 가산세 ((1)+(2))	(1) 부정과소신고 · 초과환급신고 가산세	산출세액×부정과소신고비율×40%
	(2) 일반과소신고 · 초과환급신고 가산세	(산출세액×일반무신고비율－기납부세액) ×10%

*1. 부정과소신고비율(부정과소신고과세표준÷과세표준) 계산시 부정과소신고과세표준은 소득세는 소득세법의 종합소득 과세표준 확정신고(소법 §70) 및 비거주자 종합과세시 과세표준 확정신고(소법 §124)를 말한다.

*2. 소득세의 과세표준을 결손으로 신고할 때에는 신고한 과세표준이 없는 것으로 보아 계산하며 부정신고의 경우도 동일하다((구)국기령 §27의 2 ①).

*3. 기납부세액이 있는 경우에는 산출세액에서 중간예납세액, 수시부과세액, 원천징수세액 등을 뺀다((구)국기령 §27 ①).

* 무신고비율은 다음과 같이 계산하며, 각각의 비율이 1보다 큰 경우에는 1로 하고, 0보다 작은 경우에는 0으로 한다.

구 분	부가가치세 외	부가가치세
부정과소신고비율	부정과소신고 과세표준÷과세표준	부정과소신고납부세액÷납부세액
일반과소신고비율	일반과소신고 과세표준÷과세표준	일반과소신고납부세액÷납부세액

(4) 부정한 방법

부정과소신고 · 초과환급 가산세 등이 적용되는 부정한 방법이란 납세자가 국세의 과세표준 또는 세액계산의 기초가 되는 사실의 전부 또는 일부를 은폐하거나 가장하는 것에 기초하여 국세의 과세표준 또는 세액의 신고의무를 위반하는 것으로서 다음 중 어느 하나에 해당하는 방법을 말한다(국기집행 17의 2－0－2).

① 이중장부의 작성 등 장부의 거짓 기록

② 거짓 증명 또는 거짓 문서의 작성 및 수취

③ 장부와 기록의 파기

④ 재산의 은닉이나 소득 · 수익 · 행위 · 거래의 조작 또는 은폐

⑤ 고의적으로 장부를 작성하지 아니하거나 비치하지 아니하는 행위 또는 계산서, 세금계산서 또는 계산서합계표, 세금계산서합계표의 조작

⑥ 조세특례제한법 제24조 제1항 제4호에 따른 전사적 기업자원관리설비의 조작 또는 전자세금계산서의 조작

⑦ 그 밖에 위계에 의한 행위 또는 부정한 행위

(5) 과소신고 · 초과환급신고 가산세에 대한 적용특례

① 예정신고 및 중간신고시 가산세 적용 배제

예정신고 및 중간신고와 관련하여 과소신고 · 초과환급신고 가산세가 부과되는 부분에 대해서는 확정신고와 관련하여 과소신고 · 초과환급 가산세를 적용하지 아니한다(국기법 §47의 3 ⑥, 국기법 §47의 2 ⑤).

② 기타 중복적용의 배제

무신고 가산세와 소득세법과 법인세법상 장부의 기록 · 보관 불성실 가산세(종전의 무기장 가산세)와 소득세법상 주식등에 대한 장부의 비치 · 기록의무 및 기장불성실 가산세가 동시에 적용되는 경우에는 그중 가산세액이 큰 가산세만 적용하고, 가산세액이 같은 경우에는 무신고 가산세만 적용한다(국기법 §47의 3 ⑥, 국기법 §47의 2 ⑥, 2018.1.1. 개시하는 과세기간부터 적용).

2)-1. 실무적용사례

① 공동사업자의 종합소득세 신고시 원천징수세액을 약정된 분배비율에 따라 신고하지 않은 경우 가산세 여부

공동사업장에서 발생한 소득금액에 대한 원천징수세액은 분배비율에 의해 배분하는 것이 원칙임

세법상 가산세는 납세자의 고의, 과실이나 법령의 부지, 착오 등은 고려되지 않으며, 납부할 세액을 신고하여야 할 세액보다 적게 신고한 경우 국세기본법 제47조의 3에 따른 과소신고가산세가 적용됨(서면징세 2023-1921, 2024.3.6.)

② 근로소득만 있던 자가 상여처분에 따른 소득의 추가신고를 하지 않은 경우 적용되는 신고불성실가산세 종류

당초 근로소득만 있어 확정신고하지 않았던 자가 소득처분에 따른 소득을 추가신고하지 않은 경우 과소신고가산세 대상에 해당함(기획재정부조세법령-324, 2022.3.30.)

국세청 해석사례집-검토내용

근로소득만 있는 거주자에 대해 과세표준 확정신고의 예외를 둔 취지는 소득내역이 단순한 납세자의 신고편의를 제고하기 위함으로, 원천징수의무자가 소득세법 등 관계 법령에 정한 절차에 따라 원천징수하고 나아가 연말정산까지 마쳐 소득세가 납부되었다면 이는 적어도 절차적으로는 종합소득과세표준 확정신고 절차를 이행한 것과 같은 효과가 있는 점(서울고등법원 2013.2.6. 선고 2012누5727 판결)

- 신고불성실가산세 규정은 무신고 · 신고 구분 대상인 신고에 예정 · 중간신고가 포함된다고 명시하는바(국기법 §47의2 · 3), 반대해석상 추가신고는 제외된다고 해석 가능한 점
- 무신고의 경우 과세관청이 소득의 존재를 인지 하기 곤란하므로, 조세회피를 방지하기 위하여 신고불성실 가산세를 가중 적용할 필요가 있으나, 과세관청이 법인 조사 결과 소득처분을 함에 따라 종합소득금액이

변동되는 경우 추가신고 없이도 해당 소득의 존재를 이미 인지하고 있어, 신고불성실가산세 가중 적용을 통한 조세회피 방지 필요성이 크지 않은 점 등을 고려할 때 과소신고가산세를 적용함이 타당

③ 청구인의 2018년 귀속 종합소득금액 산정 시 단순경비율을 적용하여야 한다는 청구주장의 당부 및 처분청 안내에 따라 단순경비율을 적용하였으므로 신고불성실가산세 부과처분은 취소되어야 한다는 청구주장의 당부

청구인은 처분청이 단순경비율로 안내하였으므로 이 건 가산세를 감면하여야 한다고 주장하나, 처분청의 안내는 행정서비스의 일환으로 과세관청의 공식적인 의사표명으로 보기 어려운 점, 청구인은 처분청의 안내에도 불구하고 2018년 귀속 종합소득세 신고 시 기준경비율을 적용하여 신고한 점, 이 건 불복은 청구인이 단순경비율을 적용하여 경정청구한 건을 거부한 처분에 대한 것인 점 등에 비추어 이 건 가산세를 감면하여야 한다는 청구주장은 받아들이기 어렵다고 판단됨(조심 2021부2956, 2021.12.2.)

④ 쟁점강사료수입금액을 기타소득이 아닌 사업소득으로 보아 가산세를 포함하여 과세한 처분의 당부

청구인은 쟁점강사료수입금액을 사업소득으로 경정하면서 신고 · 납부불성실가산세를 적용한 처분이 부당하고 쟁점출장경비를 필요경비에 산입하여야 하며 소급과세금지 및 신의성실의 원칙을 위반한 과세처분이라고 주장하나, 쟁점강사료수입금액이 총수입금액의 64%~99%에 달하고 매년 계속적으로 발생하여 수익을 목적으로 한 사업활동으로 볼 수 있을 정도의 계속적이고 반복적인 용역대가로 보이므로 사업소득으로 구분하는 것이 타당한 점, 쟁점강사료수입금액을 기타소득으로 구분 · 신고하여 결과적으로 조세부담이 경감되었고 가산세는 일종의 행정상 제재로서 납세자의 고의나 과실을 고려하지 아니하고 법령의 무지 또는 오인은 그 의무위반을 탓할 수 없는 정당한 사유에 해당하지 아니한 점, 처분청이 2008년 귀속분은 단순경비율을 적용하여 사업소득금액을 계산하였고 2009년~2011년 귀속분은 기준경비율을 적용하여 사업소득금액을 계산하였으나 쟁점출장경비는 주요경비에 해당하지 아니한 점, 기타소득으로 신고 · 납부한 쟁점강사료수입금액이 실제로는 사업소득에 해당한다는 점을 추후에 발견하여 처분청이 그에 따라 관련 법령에 좇아 종합소득세를 경정결정한 처분이 소급과세금지 및 신의성실의 원칙에 반한다고 보기 어려운 점 등에 비추어 처분청이 쟁점강사료수입금액이 사업소득에 해당한다고 보아 신고 · 납부불성실가산세를 포함하여 종합소득세를 과세한 이 건 처분은 잘못이 없는 것으로 판단됨(조심 2014중3442, 2015.3.10.)

⑤ 단순히 장부에 가공경비를 계상하였다는 사실만으로는 부당과소 가산세를 적용할 수 없음

단순히 장부에 가공경비를 계상한 것으로서 이중장부를 작성한 것으로 볼 수 없고, 자료상으로부터 가공세금계산서를 수취하거나 허위로 증빙 등을 작성하는 등 적극적으로 부당한 행위를 하였다고 보기 어려우므로 일반과소신고 가산세를 적용하여 과세함이 타당함(조심 2014부0260, 2014.3.26.)

⑥ 양도소득을 사업소득으로 잘못 신고한 경우 가산세 감면의 정당한 사유에 해당하는지

거주자가 소득세법 제70조의 규정에 의한 과세표준 확정신고를 함에 있어 소득분류를 잘못하

여 종합소득을 양도소득으로 신고한 경우에는 국세기본법 제47조의 3에 의한 과소신고 가산세를 적용하지 아니하나, 다만 조세부담을 경감할 목적으로 고의로 사실과 다르게 소득분류를 하여 신고한 경우에는 과소신고 가산세를 적용하는 것임(징세-1578, 2013.11.8.)

⑦ **총수입금액 등을 고의로 누락한 별도 장부에 기초한 신고는 부당과소신고 가산세 대상임**

청구인이 실제 매출액 및 필요경비를 기장한 수동장부, 일계표 등을 관리하면서 별도로 총수입금액 및 필요경비의 일부를 고의로 누락한 전산장부를 작성하여 비치, 보관하여 신고를 한 행위는 적극적인 방법에 의해 신고의무를 위반한 것으로 보이므로, 처분청이 부당과소신고 가산세를 적용한 처분은 잘못이 없음(조심 2013서2751, 2013.9.3.)

⑧ **쟁점자문용역수수료를 기타소득으로 신고한 것에 대하여 신고불성실가산세를 적용하여 과세한 처분의 당부**

세법상 가산세는 과세권의 행사 및 조세채권의 실현을 용이하게 하기 위하여 납세자가 정당한 이유없이 법에 규정된 신고 · 납부 등 각종 의무를 위반한 경우에 부과되는 행정상의 제재이고, 그와 같은 제재는 납세의무자가 그 의무를 알지 못하는 것이 무리가 아니었다고 할 수 있어서 그를 정당시 할 수 있는 사정이 있을 때 또는 그 의무의 이행을 그 당사자에게 기대하는 것이 무리라고 하는 사정이 있을 때 등 그 의무해태를 탓할 수 없는 정당한 사유가 있는 경우에는 이를 부과할 수 없다 할 것임.

이 건의 경우, 청구인에게 부과된 신고불성실가산세는 청구인이 쟁점자문수수료를 사업소득으로 신고하지 아니하고 기타소득으로 신고한 결과 신고소득금액이 사업소득으로 신고하였을 경우에 비하여 과소하게 신고된 것은 사실이나, 청구인은 종합소득세 확정신고시 쟁점자문수수료를 수입금액에 포함하여 신고한 점, 쟁점자문수수료가 사업소득에 해당되는지 기타소득에 해당되는지 여부를 일반 납세자가 구별하는 것은 그리 쉬운 일이 아닌 점, 사업소득세와 기타소득세는 같은 소득세로서 소득의 분류가 다른 것에 불과한 점 등을 감안할 때, 이 건 부과처분에 포함된 신고불성실가산세는 과세하지 않는 것이 타당한 것으로 판단됨(조심 2013서1576, 2013.7.22.; 조심 2011서261, 2011.5.19. 같은 뜻임).

⑨ **금융소득 합산누락시 과소신고 가산세 적용방법**

금융소득과 타소득이 있는 사업자가 종합소득과세표준 신고시 금융소득을 합산하여 신고하지 아니한 경우 과소신고한 과세표준은 합산누락한 금융소득금액 전액을 의미함(징세-1406, 2012.12.18.)

⑩ **과소신고 가산세 산정시 외국 세법에 의하여 원천징수된 소득세를 차감할 수 있는지 여부**

거주자인 납세자가 국내원천소득만 신고하고 국외원천소득을 신고하지 아니하여 국세기본법 제47조의 3 제1항에 따라 과소신고 가산세가 부과되는 경우 납세자에게 국외원천소득에 대하여 외국 세법에 의하여 원천징수된 소득세가 있다고 하여도 국세기본법 제47조의 2 제3항의 '신고하지 아니한 소득금액에 대하여 원천징수된 소득세가 있는 경우'에 해당하지 아니함(법규과-1275, 2012.11.1.)

⑪ 타인명의로 운영하던 병원에서 발생한 소득을 합산 과세하면서 부당과소신고 가산세를 부과한 처분은 정당함

세법상 가산세는 일종의 행정상 제재라 할 것이고, 여기에는 납세자의 고의나 과실을 고려하지 아니한 점, 의료법 규정을 위반하면서 병원을 운영하다가 명의위장 사업장이 적발된 점 등에 비추어 보아 처분청이 수입금액을 합산하여 타인명의로 운영한 병원의 소득금액을 합산하여 과세하면서 부당과소신고 가산세를 부과한 처분은 잘못이 없음(심사소득 2012-0070, 2012.8.17.)

⑫ 양도소득세 신고를 하였더라도 이를 종합소득세를 신고한 것으로 볼 수 없으므로 부과제척기간은 7년을 적용함

과세단위를 달리하는 양도소득 과세표준예정신고서를 제출하였다고 하더라도 이를 두고 종합소득세 과세표준신고서를 제출한 것으로 볼 수는 없어 무신고로 7년의 부과제척기간 적용하여 종합소득세를 과세한 처분은 적법함(서울행법 2012구합6506, 2012.6.8.)

⑬ 당초 종합소득세를 증여세로 잘못 신고한 경우 과소신고 가산세 부과는 정당함

종합소득세 과세표준 및 세액을 과소신고하였고, 종합소득세와 증여세는 세목이 다르며, 납세의무 해태를 탓할 수 없는 정당한 사유가 있다고 보기 어려우므로, 이 건 과소신고 가산세 부과는 잘못이 없음(조심 2011서3502, 2011.12.20.)

⑭ 계속, 반복적으로 발생하는 소득은 사업소득에 해당하며 납부불성실가산세는 납세자에게 귀책사유가 없을 경우 부과할 수 없는 것임

당초 청구인이 2006년 귀속 종합소득세를 신고하지 아니하여 처분청이 2007.11.19. 종합소득세를 부과하면서 쟁점고문료를 기타소득으로 분류하였고, 청구인은 이를 수긍하여 해당 세액을 납부하였으며, 2007년 귀속 종합소득세 신고 시에도 처분청의 결정을 신뢰하여 쟁점고문료를 기타소득으로 보아 종합소득세를 신고 · 납부하였는데, 처분청이 약 3년이 경과한 2010.11.12. 쟁점고문료를 사업소득으로 변경하여 경정하였던바, 당시에도 청구인은 매월 고문료를 지급받고 있었으므로 당초 처분청이 쟁점고문료를 사업소득으로 하여 과세하였다면 청구인은 추가적인 납부불성실가산세를 부담하지 아니하여도 되는 것이므로, 청구인에게는 납부불성실에 대한 귀책사유가 없는 것으로 보임(조심 2011서1154, 2011.6.24.; 조심 2010구1248, 2010.9.29., 같은 뜻임)

⑮ 재무제표를 제출한 복식부기의무자의 소득금액을 추계결정하는 경우 신고불성실 가산세 적용 여부

당초 재무제표를 첨부하여 종합소득과세표준 확정신고서를 제출한 복식부기의무자가 제출된 재무제표의 내용이 일부 허위로 기재되어 세무서장이 소득금액을 추계방법으로 결정한 경우, 당초 복식기장에 의해 확정신고한 소득금액을 추계결정한 경우에는 결정소득금액에서 미달 신고된 소득금액에 대하여만 신고불성실 가산세를 적용함(기획재정부 정책-330, 2011.3.16.)

⑯ 신고불성실 가산세 적용시 배당세액공제액의 차감 여부

종합소득 합산과세대상 금융소득이 있는 거주자가 종합소득세 확정신고시 배당소득을 누락하

여 소득세법(2006.12.30. 법률 제8144호로 개정되기 전의 것) 제81조 제1항에 따른 가산세를 적용함에 있어 같은 법 제56조에 따른 배당세액공제액은 미달하게 신고한 소득금액에 대한 원천징수세액으로 보아 과소신고한 소득금액이 종합소득금액에서 차지하는 비율을 산출세액에 곱하여 계산한 금액에서 공제하는 것임(소득-1123, 2010.11.8.)

⑰ 기타소득으로 종합소득세 신고 · 납부하였으나 사업소득으로 보아 과세하는 경우 신고불성실가산세를 부과할 수 있는지 여부

세법상 가산세는 과세권의 행사 및 조세채권의 실현을 용이하게 하기 위하여 납세자가 정당한 이유없이 법에 규정된 신고 · 납부 등 각종 의무를 위반한 경우에 개별세법이 정하는 바에 따라 부과되는 행정상의 제재이고, 그와 같은 제재는 납세의무자가 그 의무를 알지 못하는 것이 무리가 아니었다고 할 수 있어서 그를 정당시할 수 있는 사정이 있을 때 또는 그 의무의 이행을 그 당사자에게 기대하는 것이 무리라고 하는 사정이 있을 때 등 그 의무해태를 탓할 수 없는 정당한 사유가 있는 경우에는 이를 가할 수 없다 할 것임.

이 건의 경우, 청구인에게 부과된 가산세는 신고불성실가산세와 납부불성실가산세로서 청구인이 쟁점금액을 사업소득으로 신고하지 아니하고 기타소득으로 신고한 결과, 신고소득금액이 사업소득으로 신고하였을 경우에 비하여 과소신고된 것은 사실이나, 청구인은 쟁점금액을 청구인의 수입금액에 포함하여 신고하였고, 거주자가 다른 거주자에게 용역을 제공하고 받은 소득이 소득세법 제19조의 사업소득에 해당되는지 같은 법 제21조의 기타소득에 해당되는지 여부를 구별하는 것은 그리 쉬운 일이 아닌 점, 사업소득세와 기타소득세는 같은 소득세로서 소득의 분류가 다른 것에 불과한 점 등을 감안할 때 이 건 과세처분에 포함된 신고불성실가산세는 과세하지 않는 것이 타당하다고 판단됨(조심 2009중3283, 2010.2.17.)

⑱ 주민등록번호를 착오로 잘못 기재하여 신고 · 납부한 경우 신고불성실 가산세의 적용 여부

종합소득세 과세표준 확정신고시 소득자의 주민등록번호를 착오로 잘못 기재하여 신고 · 납부한 경우 신고불성실 가산세와 납부지연 가산세 적용대상이 아님(서일-87, 2007.1.15.)

⑲ 금융소득에 원천징수세율(15%)을 적용한 금액이 종합소득산출세액이 되는 경우 관련 신고불성실 가산세 적용방법

금융소득에 소득세법 제62조의 규정에 의한 원천징수세율(15%)을 적용한 금액이 종합소득산출세액이 되는 경우로서 같은 법 제81조 제3항의 규정에 해당하여 같은 조 제1항의 규정에 의한 신고불성실 가산세가 적용되는 때에는 산출세액이 없는 경우로 보아 그 수입금액의 1만분의 7에 상당하는 금액을 결정세액에 가산하는 것임(서일 46011-10494, 2003.4.21.)

⑳ 중간예납세액이 결정세액보다 많아 추가납부세액이 없는 경우의 신고불성실 가산세 적용 여부

복식기장의무자에 해당하지 아니한 거주자가 소득세법 제70조 내지 제72조 또는 제74조의 규정에 의한 과세표준 확정신고를 하지 아니하였거나 신고하여야 할 소득금액에 미달하게 신고한 때에는 그 신고를 하지 아니한 당해 소득금액 또는 신고하여야 할 금액에 미달한 당해 소득금액이 종합소득금액 · 퇴직소득금액 또는 산림소득금액에서 차지하는 비율을 산출세액

에 곱하여 계산한 금액(신고를 하지 아니하였거나 미달하게 신고한 소득금액에 대하여 소득세가 원천징수된 경우에 한하여 당해 원천징수세액을 공제한 금액으로 한다)의 100분의 20에 상당하는 금액을 결정세액에 가산하는 것임(서일 46011-11058, 2002.8.19.)

㉑ 근로소득자가 부동산소득을 추계로 신고한 경우 신고불성실 가산세의 계산방법

복식부기의무자가 확정신고시 재무제표 등을 첨부하지 아니한 경우 신고불성실 가산세의 계산방법은 {(산출세액×무(과소)신고소득금액/전체소득금액)-무(과소)신고소득금액의 원천징수된 세액}×20/100에 상당하는 금액과 소득세법 제81조 제1항 단서의 규정에 의하여 계산한 금액 중 큰 금액을 신고불성실 가산세로 결정세액에 가산하는 것임(서일 46011-10321, 2002.3.15.)

㉒ 근로소득이 있는 자의 신고불성실 가산세 적용방법 등

2인 이상으로부터 받는 근로소득이 있는 거주자(연말정산에 의하여 소득세를 납부한 자는 제외)는 종합소득 과세표준 확정신고를 하여야 하는 것이며, 과세표준 확정신고를 하지 아니하였거나 신고하여야 할 소득금액에 미달하게 신고한 때에는 '가산세대상금액'의 20%에 상당하는 금액을 신고불성실 가산세로 하는 것임. 또한 가산세대상금액은 신고를 하지 아니한 소득금액 또는 미달하는 소득금액이 종합소득금액에서 차지하는 비율을 산출세액에 곱하여 계산한 금액으로 하되, 당해 근로소득에 대하여 소득세가 원천징수된 경우에는 원천징수세액을 공제한 금액으로 함. 이 경우 원천징수세액은 당해 근로소득에 대한 연말정산시의 산출세액으로 하는 것임(소득 46011-10511, 2001.8.10.)

㉓ 무신고 등 소득금액에 대한 가산세 적용시 기납부원천징수세액의 처리방법

소득세법 제81조(가산세) 제1항에 의한 신고불성실 가산세를 적용함에 있어서 신고를 하지 아니하였거나 미달하게 신고한 소득금액에 대하여 소득세가 원천징수된 경우에는 당해 원천징수세액을 차감하여 '가산세대상금액'을 계산하는 것이나, 원천징수되지 아니한 경우에는 그러하지 아니하는 것임(제도 46011-11472, 2001.6.13.)

㉔ 원천징수되지 아니한 비영업대금 이자소득에 대하여 종합소득 과세표준신고를 하지 아니한 경우 적용할 가산세

거주자가 원천징수되지 아니한 비영업대금에 대한 이자소득에 대하여 종합소득 과세표준 확정신고를 하지 아니한 경우 그 미신고분에 대하여 신고 또는 경정(결정)을 함에 있어서 소득세법 제81조 제1항 및 제4항의 가산세대상 금액 계산시 원천징수의무자에게 고지처분된 원천징수세액은 차감하지 아니하는 것임(제도 46011-10926, 2001.5.2.)

실무Tip 기타소득으로 신고하였으나 사업소득으로 과세하는 경우 신고불성실 가산세 적용 여부

종합소득세 신고시 기타소득으로 신고·납부하였으나 사업소득으로 보아 과세하는 경우 신고불성실가산세가 적용되는지에 대한 심판사례가 인용되는 경우도 있고 기각되는 경우도 있는 것으로 판단된다.

- 신고불성실가산세가 적용된다는 판례
  → 조심 2014중3442(2015.3.10.), 위 실무적용사례 중 ② 판례임
- 신고불성실가산세가 적용되지 않는다는 판례
  → 조심 2013서1576(2013.7.22.), 조심 2011서261(2011.5.19.),
  조심 2011서1154(2011.6.24.), 조심 2010구1248(2010.9.29.),
  조심 2009중3283(2010.2.17.), 위 실무적용사례 중 ⑥, ⑫, ⑮ 판례임

사실 관계여부에 따라서 신고불성실 가산세 적용이 달라 질 수 있으므로 실제 신고시 신중하게 판단하여 가산세 적용여부를 고려해야 할 것으로 판단된다.

3) 납부지연 가산세

(1) 적용사유

납세의무자(연대납세의무자, 납세자를 갈음하여 납부할 의무가 생긴 제2차 납세의무자 및 보증인을 포함)가 소득세법에 따른 납부기한까지 다음에 해당하는 소득세의 납부(중간예납 · 예정신고납부 · 중간신고납부를 포함)를 하지 아니하거나 납부하여야 할 세액보다 적게 납부(과소납부)하거나 환급받아야 할 세액보다 많이 환급(초과환급)받은 경우에 적용된다(국기법 §47의 4, 국기령 §27의 4).

① 과세표준 확정신고납부(소법 §76)

② 중간예납 추계액신고에 의한 납부(소법 §65)

③ 부동산매매업자의 토지 등 매매차익예정신고와 납부(소법 §69)

④ 양도소득과세표준 확정신고납부(소법 §111)

⑤ 양도소득과세표준 예정신고납부(소법 §106)

(2) 가산세액 계산

가산세액의 계산은 다음과 같다.

- 미납하거나 과소납부한 경우 납부지연 가산세＝납부관련 지연 가산세
  ＋납부고지관련 지연 가산세
- 초과환급받은 경우 납부지연 가산세＝환급관련 지연 가산세＋납부고지관련 지연 가산세

구 분	적용요건과 가산세액
납부관련 지연 가산세	납세의무자가 소득세 신고기한까지 납부하여야 할 소득세 세액을 납부하지 아니하거나 납부하여야 할 세액보다 적게 납부하는 경우
	가산세액＝(미납세액 또는 과소납부세액[*1])×22/100,000[*2]×경과일수 * 경과일수는 법정납부기한의 다음날부터 납부일까지의 기간임(납부고지일로부터 납부고지서에 따른 납부기한까지의 기간은 제외)
환급관련 지연 가산세	납세의무자가 환급받아야할 소득세 세액보다 많이 환급받은 경우
	가산세액＝초과환급세액[*1]×22/100,000[*2]×경과일수 * 경과일수는 환급받은 날의 다음날부터 납부일까지의 기간임(납부고지일로부터 납부고지서에 따른 납부기한까지의 기간은 제외)
납부고지관련 지연 가산세[*3]	납세의무자가 법정납부기한까지 납부하여야 할 세액 중 납부고지서에 따른 납부기한까지 고지받은 법인세 세액을 미납하거나 과소납부한 경우 가산세액＝(미납세액 또는 과소납부세액[*1])×3/100 * 납부고지관련 지연 가산세는 국세를 납부고지서에 따른 납부기한까지 완납하지 아니한 경우에 한정한다.
가산세 감면	과세전적부심사 결정 · 통지기간 이내에 그 결과를 통지하지 아니한 경우에는 가산세의 50%를 감면받음.

*1. 세법에 따라 가산하여 납부하여야 할 이자상당가산액이 있는 경우에는 그 금액을 더한다.

*2. 2019.2.11.까지는 0.03%, 2019.2.12.부터 2022.2.14.까지는 0.025%, 2022.2.15.부터는 0.022%를 적용한다. 예를 들면 2019.2.12. 이전에 납세의무가 성립한 납부지연가산세를 2022.2.15. 이후에 납부하는 경우 당초 납부기한의 다음날부터 2019.2.11.까지는 0.03%, 2019.2.12.부터 2022.2.14.까지는 0.025%, 2022.2.15. 이후는 0.022%를 적용한다(국기령 §27의 4, 국기령 부칙 대통령령 제32424호 §6, 2022년 개정).

*3. 납부고지서에 따른 납부기한의 다음날부터 납부일까지의 기간(국세징수법 제13조에 따라 지정납부기한과 독촉장에서 정하는 기한을 연장한 경우에는 그 연장기간은 제외)이 5년을 초과하는 경우에는 그 기간은 5년으로 하며(국기법 §47의 4 ⑦), 체납된 국세의 납부고지서별 · 세목별 세액이 150만원 미만인 경우에는 납부관련 지연 가산세와 환급관련 지연 가산세를 적용하지 아니한다(국기법 §47의 4 ⑧, 단, 2022.1.1. 이전 납부고지서별 · 세목별 세액이 100만원 이상 150만원 미만인 국세를 체납하여 그 미납기간에 대하여 납세의무가 성립한 납부지연 가산세의 부과에 관하여는 100만원 미만인 경우 납부지연 가산세를 적용하지 아니한다. 국기법 부칙 법률 제18586호, 2021.12.21.).

실무Tip _ 분납적용시의 경과일수

분납하는 세액에 대하여 분납기한까지는 납부지연 가산세를 적용하지 아니한다. 즉 분납기한의 익일부터 자진납부일 또는 고지일까지의 기간에 대하여만 납부지연 가산세를 적용하므로 분납하는 세액의 무납부시 납부지연 가산세의 기산일은 분납기한의 익일이다.
예를 들어 2024년 귀속분 종합소득세 납부할 세액이 22,000,000원이 발생한 경우로서 납부할 세액의 50%에 해당하는 11,000,000원은 2025.5.31.까지 납부하고, 2025.7.31.까지 나머지 11,000,000원을 분납하도록 신고하였는데 해당 납세의무자가 2025.7.31.까지 납부하여야 할 분납세액 11,000,000원을 2025.8.30.에 납부하는 경우 납부지연 가산세의 경과일수는 30일(2024.8.1.~2024.8.30.)이다.

(3) 적용범위

① 원천징수 등 납부지연 가산세와 납세조합 납부지연 가산세가 부과되는 경우에는 납부지연 가산세를 적용하지 아니한다(국기법 §47의 4 ④).

② 중간예납, 예정신고납부 및 중간신고납부와 관련하여 납부지연 가산세가 부과되는 부분에 대해서는 확정신고납부와 관련하여 납부지연 가산세를 부과하지 아니한다(국기법 §47의 5 ⑤).

③ 소득세를 과세기간을 잘못 적용하여 신고납부한 경우에는 납부지연 가산세를 적용할 때 실제 신고납부한 날에 실제 신고납부한 금액의 범위에서 당초 신고납부하였어야 할 과세기간에 대한 국세를 자진납부한 것으로 본다. 다만, 해당 소득세의 신고가 부정무신고(국기법 §47의 2 ②) 또는 부정과소신고(국기법 §47의 3 ②)에 해당하는 경우에는 그러하지 아니하다(국기법 §47의 4 ⑥).

3)-1. 실무적용사례

① 관할을 위반한 소득금액변동통지를 전제로 대표자에게 납부지연 가산세를 부과할 수 없음

명목상 대표이사에 지나지 않았다는 증거가 부족하여 소득금액변동통지 주체에는 하자가 없으나, 관할 아닌 지방국세청장이 하여 위법한 소득금액변동통지이므로, 이를 전제로 부과한 신고·납부지연 가산세는 위법함(대법원 2013두4118, 2015.1.29.)

② 증명서류 수취 불성실 가산세를 부과하는 경우 그로 인한 납부지연 가산세를 부과할 수 있는지 여부

국세기본법 제47조의 5 제1항의 납부지연 가산세를 계산함에 있어 해당 가산세 대상세액(납부하지 아니한 세액 또는 부족한 세액)에는 소득세법 제81조 제4항에 따른 가산세(증명서류 수취 불성실 가산세)가 포함되지 않는 것임(징세-685, 2012.6.22.)

③ 소득금액변동통지서를 받고 소득세 무신고시 가산세 적용 여부

근로소득만 있는 거주자가 법인세법에 의하여 상여로 처분된 소득에 대하여 소득금액변동통지서를 받고 소득세 추가신고자진납부를 하지 아니한 경우 가산세는 추가신고자진납부기한의 다음날부터 계산하는 것임(서일-828, 2008.6.12.)

④ 당초 부과처분을 절차적 하자로 취소하고 재경정하는 경우 납부지연 가산세 적용방법

당초 부과처분에 대하여 취소결정을 한 후 당초 부과처분과 같은 내용으로 재경정하는 경우 신고납부기한의 다음날부터 당초 결정고지일까지의 기간에 대하여만 납부지연 가산세를 부과하는 것이며, 당초 경정결정고지일의 다음날부터 재경정고지일까지의 기간에 대한 미납부 가산세는 부과할 수 없는 것임(정책-5, 2004.1.3.)

⑤ 과다환급세액의 환수경정결정시 환급관련 납부지연 가산세 적용 여부

거주자가 종합소득세 확정신고시 중간예납세액을 과다신고하여 소득세를 부당환급받고 추후에 이러한 사실이 확인되어 정부가 과다환급된 세액을 환수하는 경정결정을 하는 경우에는 소득세법 제81조 제6항 및 같은 법 시행령 제146조의 2에 의거하여 과다환급신고된 세액에 대하여 확정신고기한의 다음날부터 자진납부일 전일 또는 고지일까지의 기간에 대한 가산세를 부과하여야 하는 것임(재경부 소득 46073-15, 2002.1.9.)

4) 원천징수 등 납부지연 가산세

(1) 적용사유

국세를 징수하여 납부할 의무를 지는 자가 징수하여야 할 세액을 세법에 따른 납부기한까지 납부하지 아니하거나 과소납부한 경우에는 원천징수 등 납부지연 가산세를 적용한다(국기법 §47의 5).

(2) 국세를 징수하여 납부할 의무

① 소득세법 또는 법인세법에 따라 소득세 또는 법인세를 원천징수하여 납부할 의무

② 소득세법 제149조에 따른 납세조합이 소득세를 징수하여 납부할 의무

✎ 2012.1.1. 이후 원천징수 납부 등 의무발생분부터 각 세목에 열거하고 있던 가산세 내용을 국세기본법 제47조의 5로 통합하여 가산세를 적용하고 있다.

(3) 가산세 계산

원천징수 등 납부지연 가산세는 납부하지 아니한 세액 또는 과소납부분 세액의 50%에 상당하는 금액을 한도로 하여 다음의 금액을 합한 금액을 가산세로 한다.

원천징수 등 납부지연가산세

원천징수하였거나 원천징수하여야 할 세액을 그 기한 내에 납부하지 아니하였거나 미달하게 납부한 때에는 납부할 세액에 해당 세액의 50%[*1] 한도 내에서 다음의 금액을 가산하여 부과한다.

원천징수 등 납부지연가산세 = ① + ②

① 미납세액 또는 과소납부분 세액×3%

② 미납세액 또는 과소납부분 세액 ×미납부일수[*2]×0.022%[*3]

*1. ①과 ② 중 법정납부기한의 다음날부터 납부고지일까지의 기간에 해당하는 금액을 합한 금액은 10%이다.

*2. 법정납부기한의 다음날부터 납부일까지의 기간(납부고지일부터 납부고지서에 따른 납부기한까지의 기간은 제외)

*3. 2019.2.11.까지는 0.03%, 2019.2.12.부터 2022.2.14.까지는 0.025%, 2022.2.15.부터는 0.022%를 적용한다. 예를

들면 2019.2.12. 이전에 납세의무가 성립한 납부지연가산세를 2022.2.15. 이후에 납부하는 경우 당초 납부기한의 다음날부터 2019.2.11.까지는 0.03%, 2019.2.12.부터 2022.2.14.까지는 0.025%, 2022.2.15. 이후는 0.022%를 적용한다(국기령 §27의 4, 국기령 부칙 대통령령 제32424호 §6, 2022년 개정).

(4) 적용배제

다음 어느 하나에 해당하는 경우에는 원천징수 등 납부지연 가산세를 적용하지 아니한다(국기법 §47의 5 ③).

① 소득세법에 따라 소득세를 원천징수하여야 할 자가 우리나라에 주둔하는 미군인 경우

② 소득세법에 따라 소득세를 원천징수하여야 할 자가 소득세법 제20조의 3 제1항 제1호 또는 같은 법 제22조 제1항 제1호의 소득(공적연금소득)을 지급하는 경우

③ 소득세법에 따라 소득세를 원천징수하여야 할 자가 국가, 지방자치단체 또는 지방자치단체조합인 경우. 다만, 근로소득자가 소득공제신고서를 사실과 다르게 기재하여 부당하게 소득공제를 받아 이를 추징하는 경우에는 제외한다.

참고 납세조합(소법 §149 · §150)

원천징수의무대상이 아닌 근로소득이 있는 자와 농 · 축 · 수산물 판매업자(복식부기 의무자는 제외), 노점상인 등은 납세조합을 조직할 수 있고 그 조합원의 근로소득 또는 사업소득에 대한 소득세를 징수하는 때에 그 세액의 10%를 공제한 것을 세액으로 하여 매월 징수하여야 하며 징수한 매월분의 당해 소득세를 징수일이 속하는 달의 다음달 10일까지 납세조합 관할세무서장에게 납부하여야 한다.

4)-1. 실무적용사례

① 소급하여 인상한 급여 분 원천징수이행상황 신고 시 원천징수 등 납부지연가산세를 부과하는지

(사실관계)

○ 질의인은 노동조합과 단체협상이 원활하지 않아 전년도 소급인상급여를 아직 결정하지 못함. 결정시기는 근로소득 지급명세서 제출기한을 넘길 것으로 예상됨

(질의내용)

○ 위의 사실관계에서 전년도 지급명세서를 수정제출하고 원천징수이행상황신고 시 원천징수 등 납부지연가산세 대상인지

[회신]

소득세법 제49조, 제128조, 제164조에 따라 재계산한 원천징수세액을 납부지연 가산세 없이 지급일의 다음달 10일까지 납부하는 것임(법인 46013-830, 1995.3.28. 참고).

✎ 소득세 집행기준 134-0-2【급여 소급인상분을 지급하는 경우 원천징수방법】

① 근로자에 대한 급여를 소급인상하여 이미 지급된 금액과의 차액을 추가로 지급하는 경우 소급인상분 급여의 귀속시기는 '근로제공일이 속하는 연도'로 한다.

② 이 경우 그 귀속시기가 서로 다른 경우에는 귀속연도별로 구분하여 원천징수(직전연도분은 연말정산 재정산, 당해연도분은 월별로 간이세액으로 재계산)하여 이미 납부한 세액과의 차액을 납부불성실가산세 없이 납부하되 추가로 지급하는 달의 다음달 10일까지 납부해야 한다.

③ 급여를 소급인상하는 경우에는 이를 해당 월의 급여에 각각 포함시켜 월정액급여를 다시 계산해야 하며 월정액급여가 변동됨에 따라 비과세금액 또는 세액공제액이 변동되는 경우에는 원천징수세액도 재계산해야 한다.

② 법인이 연말정산 과정에서 종업원의 급여 누락시 과소신고 가산세 적용 여부

원천징수의무자인 법인이 종업원에 대한 총급여액을 일부 누락하여 소득세법 제137조에 따른 근로소득세액의 연말정산 후, 누락된 근로소득에 대해 원천징수이행상황신고서를 수정신고하여 추가 납부할 세액을 납부하는 경우 원천징수의무자는 소득세법 제81조 제1항과 같은 법 제158조 제1항에 따른 가산세를 부담하는 것이며 근로소득자는 국세기본법 제47조의 3에 따른 가산세를 부담하지 아니하는 것이나, 부당한 방법으로 해당 근로소득을 누락한 경우에는 국세기본법 제47조의 3에 따른 가산세를 부담하는 것임(소득-882, 2011.10.28.)

19. 국세기본법상 가산세 적용 제한과 감면 등

1) 가산세의 적용 제한

(1) 가산세 중복적용의 배제

다음의 가산세는 중복하여 적용하지 않는다(소행 81-0-2).

① 무신고가산세 · 과소신고가산세 · 초과환급신고가산세와 장부의 기록 · 보관 불성실 가산세가 동시 적용되는 경우 큰 금액에 해당하는 가산세를 적용하고, 가산세액이 같은 경우 무신고가산세 · 과소신고가산세 · 초과환급신고가산세만 적용한다.

② 예정신고 및 중간신고와 관련하여 무신고 · 과소신고 · 초과환급신고가산세가 부과되는 부분에 대해서는 확정신고와 관련하여 무신고 · 과소신고 · 초과환급신고가산세를 부과하지 아니한다.

③ 중간예납, 예정신고납부 및 중간신고납부와 관련하여 납부지연가산세가 부과되는 부분에 대해서는 확정신고납부와 관련하여 납부지연가산세를 부과하지 아니한다.

④ 원천징수 등 납부지연 가산세와 납세조합불납 가산세가 부과되는 경우에는 납부지연가산세를 적용하지 않는다.

⑤ 계산서합계표 관련 가산세와 계산서 미교부가산세가 중복될 때에는 계산서 미교부가산세는 적용하지 아니하며, 부가가치세법에 따라 세금계산서 관련 가산세가 적용되는 부분에 대해서는 계산서 관련 가산세를 적용하지 않는다.

(2) 추가신고납부에 해당하는 경우

다음의 경우에는 확정신고기한 내에 정당하게 신고 · 납부한 것으로 보아 신고불성실가산세와 납부지연 가산세가 적용되지 아니한다(소령 §134).

① 종합소득 과세표준확정신고기한이 지난 후에 법인세법에 따라 법인이 법인세 과세표준을 신고하거나 세무서장이 법인세 과세표준을 결정 또는 경정하여 익금에 산입한 금액이 배당 · 상여 또는 기타소득으로 처분됨으로써 소득금액에 변동이 발생함에 따라 종합소득 과세표준확정신고 의무가 없었던 자, 세법에 따라 과세표준확정신고를 하지 아니하여도 되는 자 및 과세표준확정신고를 한 자가 소득세를 추가 납부하여야 하는 경우 해당 법인(거주자가 통지를 받은 경우에는 그 거주자를 말함)이 같은 항에 따른 소득금액변동통지서를 받은 날(법인세법에 따라 법인이 신고함으로써 소득금액이 변동된 경우에는 그 법인의 법인세 신고기일을 말함)이 속하는 달의 다음다음달 말일까지 추가신고한 때

② 종합소득과세표준 확정신고를 한 자가 그 신고기한 내에 신고한 사항 중 정부의 허가 · 인가 · 승인 등에 의하여 물품가격이 인상됨으로써 신고기한이 지난 뒤에 해당 소득의 총수입금액이 변동되어 추가로 신고한 경우. 이때 신고납부기한은 정부의 허가 · 인가 · 승인 등이 있은 날의 다음달 말일까지로 한다.

③ 국세청장이 제공한 기타소득지급명세서 내역에 따라 종합소득 과세표준 확정신고를 한 자가 그 제공받은 내용에 오류 등이 있어 소득세를 추가신고납부(기타소득 자료의 정정통지를 받고 그 받은 날이 속하는 달의 다음다음달 말일까지 추가신고납부하는 경우를 포함)한 경우

④ 종합소득 과세표준 확정신고를 한 자가 그 신고기한이 지난 후에 법원의 판결 · 화해 등에 의하여 부당해고기간의 급여를 일시에 지급받음으로써 소득금액에 변동이 발생함에 따라 소득세를 추가로 납부하여야 하는 경우로서 법원의 판결 등에 따른 근로소득원천징수영수증을 교부받은 날이 속하는 달의 다음다음달 말일까지 추가신고한 때

(3) 경정 등의 경우 가산세 적용특례

① 사업자가 정부의 결정 · 경정 또는 수정신고로 인하여 수입금액이 증가함으로써 간편장부대상자에 해당되지 아니하게 되는 경우에는 재무제표 등의 미제출로 인한 무신고가산세(소법 §70 ④ 후단)를 적용함에 있어서 그 결정 · 경정 또는 수정신고하는 날이 속하는 과세기간까지는 간편장부대상자로 본다. 다만, 결정 · 경정 또는 수정신고하는 날이 속하는 과세기간 이전에 복식부기의무자로 전환된 경우에는 복식부기의무자로

전환된 과세기간의 직전 과세기간까지는 간편장부대상자로 본다(소령 §147의 5 ①).

② 현금영수증가맹점 미가입자에 대한 가산세 규정은 결정 또는 경정에 따라 현금영수증 가맹점으로 가입해야 할 사업자에 해당하게 되는 경우에도 적용한다(소령 §147의 5 ②).

1)-1. 실무적용사례

- 자기조정으로 신고한 복식기장의무자가 경정 또는 수정신고로 수입금액이 증가하여 외부조정대상자로 전환된 경우 신고불성실 가산세 적용 여부

  복식기장의무자가 자기조정으로 신고하였으나, 추후 경정 또는 수정신고로 직전 연도의 수입금액이 증가하여 당해 연도에 국세청장이 고시한 '세무사가 작성한 조정계산서를 첨부하여야 하는 사업자'로 전환된 경우에는 소득세법 제81조의 규정에 의한 신고불성실 가산세가 적용되는 것임(서일 46011-10247, 2003.3.5.)

2) 가산세의 부과면제

정부는 국세기본법 또는 소득세법에 따라 가산세를 부과하는 경우 그 부과의 원인이 되는 사유가 다음의 기한연장사유(국기법 §6, 국기령 §2)에 해당하거나, 납세자가 의무를 이행하지 아니한데 대한 정당한 사유가 있는 때에는 해당 가산세를 부과하지 아니한다(국기법 §48 ①, 국기법 §6, 국기령 §2, 국기령 §28 ①).

(1) 국세기본법 제6조에 따른 기한 연장 사유에 해당하는 경우(국기령 §2)

① 납세자가 화재, 전화(戰禍), 그 밖의 재해를 입거나 도난을 당한 경우

② 납세자 또는 그 동거가족이 질병이나 중상해로 6개월 이상의 치료가 필요하거나 사망하여 상중(喪中)인 경우

③ 정전, 프로그램의 오류나 그 밖의 부득이한 사유로 한국은행(그 대리점을 포함) 및 체신관서의 정보통신망의 정상적인 가동이 불가능한 경우

④ 금융회사 등(한국은행 국고대리점 및 국고수납대리점인 금융회사 등만 해당) 또는 체신관서의 휴무나 그 밖의 부득이한 사유로 정상적인 세금납부가 곤란하다고 국세청장이 인정하는 경우

⑤ 권한 있는 기관에 장부나 서류가 압수 또는 영치된 경우

⑥ 세무사법에 따라 납세자의 장부 작성을 대행하는 세무사(세무법인 포함) 또는 공인회계사(회계법인 포함)가 화재, 전화, 그 밖의 재해를 입거나 도난을 당한 경우

⑦ 그 밖에 ①, ② 또는 ⑤에 준하는 사유가 있는 경우

(2) 납세자가 의무를 이행하지 아니한 데에 정당한 사유가 있는 경우

(3) (1)과 (2)와 유사한 경우로서 다음에 해당하는 경우(국기령 §28 ①)

① 세법해석에 관한 질의 · 회신 등에 따라 신고 · 납부하였으나 이후 다른 과세처분을 하는 경우

② 공익사업을 위한 토지 등의 취득 및 보상에 관한 법률에 따른 토지등의 수용 또는 사용, 국토의 계획 및 이용에 관한 법률에 따른 도시 · 군계획 또는 그 밖의 법령 등으로 인해 세법상 의무를 이행할 수 없게 된 경우

③ 실손의료보험금을 의료비에서 제외할 때에 실손의료보험금 지급의 원인이 되는 의료비를 지출한 과세기간과 해당 보험금을 지급받은 과세기간이 달라 해당 보험금을 지급받은 후 의료비를 지출한 과세기간에 대한 소득세를 수정신고하는 경우(해당 보험금을 지급받은 과세기간에 대한 종합소득 과세표준 확정신고기한까지 수정신고하는 경우로 한정) (2021.2.17. 이후 소득세를 수정신고하는 경우부터 적용)

3) 가산세의 감면

(1) 수정신고에 따른 가산세(과소신고 · 초과환급 가산세만 해당)의 감면

과세표준신고서를 법정신고기한까지 제출한 자가 법정신고기한이 지난 후 수정신고한 경우(과소신고 · 초과환급신고 가산세만 해당하며, 과세표준과 세액을 경정할 것을 미리 알고 과세표준수정신고서를 제출한 경우는 제외)에는 다음의 구분에 따른 금액을 감면한다(국기법 §48 ② 1호, 2020.1.1. 이후 최초로 수정신고하는 분부터 적용하고 2020.1.1. 전에 법정신고기한이 만료된 경우로서 2020.1.1. 이후 최초로 수정신고하는 분에 대해서도 적용함).

① 2020.1.1. 이후 최초로 수정신고하는 분부터 적용되는 감면율

구 분	감면율
법정신고기한이 지난 후 1개월 이내 수정신고한 경우	90%
법정신고기한이 지난 후 1개월 초과 3개월 이내 수정신고한 경우	75%
법정신고기한이 지난 후 3개월 초과 6개월 이내 수정신고한 경우	50%
법정신고기한이 지난 후 6개월 초과 1년 이내 수정신고한 경우	30%
법정신고기한이 지난 후 1년 초과 1년 6개월 이내 수정신고한 경우	20%
법정신고기한이 지난 후 1년 초과 2년 이내 수정신고한 경우	10%

✎ 2020.1.1. 전에 법정신고기한이 만료된 경우로서 2020.1.1. 이후 최초로 수정신고하는 분에 대해서도 적용한다.

② 2019.12.31.까지 수정신고하는 경우의 감면율

구 분	감면율
법정신고기한이 지난 후 6개월 이내 수정신고한 경우	50%
법정신고기한이 지난 후 6개월 초과 1년 이내 수정신고한 경우	20%
법정신고기한이 지난 후 1년 초과 2년 이내 수정신고한 경우	10%

(2) 기한 후 신고 · 납부에 따른 가산세(무신고 가산세만 해당)의 감면

과세표준신고서를 법정신고기한까지 제출하지 아니한 자가 법정신고기한이 지난 후 기한 후 신고를 한 경우(무신고 가산세만 해당하며, 과세표준과 세액을 결정할 것을 미리 알고 기한후과세표준신고서를 제출한 경우는 제외)에는 다음의 구분에 따른 금액을 무신고 가산세에서 감면한다(국기법 §48 ② 2호, 2020.1.1. 이후 최초로 기한 후 신고하는 분부터 적용하고 2020.1.1. 전에 법정신고기한이 만료된 경우로서 2020.1.1. 이후 최초로 기한 후 신고신고하는 분에 대해서도 적용함).

① 2020.1.1. 이후 최초로 기한후 신고하는 분부터 적용되는 감면율

구 분	감면율
법정신고기한이 지난 후 1개월 이내 기한후 신고를 한 경우	50%
법정신고기한이 지난 후 1개월 초과 3개월 이내 기한후 신고를 한 경우	30%
법정신고기한이 지난 후 3개월 초과 6개월 이내 기한후 신고를 한 경우	20%

✎ 2020.1.1. 전에 법정신고기한이 만료된 경우로서 2020.1.1. 이후 최초로 수정신고하는 분에 대해서도 적용한다.

② 2019.12.31.까지 기한후 신고하는 경우의 감면율

구 분	감면율
법정신고기한이 지난 후 1개월 이내 기한후 신고를 한 경우	50%
법정신고기한이 지난 후 1개월 초과 6개월 이내 기한후 신고를 한 경우	20%

(3) 경정할 것을 미리 알고 수정신고서를 제출한 경우 감면 배제

과세표준과 세액을 결정할 것을 미리 알고 과세표준수정신고서를 제출한 경우에는 가산세 감면대상에서 제외하는데, 이 경우 경정할 것을 미리 알고 제출한 경우는 다음 의 어느 하나에 해당하는 경우를 말한다(국기령 §29, 2013.2.5. 이후 수정신고하는 분부터 적용함).

① 해당 국세에 관하여 세무공무원이 조사에 착수한 것을 알고 과세표준수정신고서 또는 기한후과세표준신고서를 제출한 경우

② 해당 국세에 관하여 관할 세무서장으로부터 과세자료 해명 통지를 받고 과세표준수정 신고서를 제출한 경우

실무Tip _ 수정신고에 따른 가산세 감면의 배제

당초 신고한 과세표준과 세액의 과소신고로 인하여 부과되는 가산세가 아니고 과세표준신고에 있어서 필수적인 첨부서류 등을 제출하지 아니하여 신고된 것으로 보지 않음으로써 부과되는 가산세는 수정신고서를 제출하더라도 감면되지 아니한다(국기통 48-0…5).

(4) 기타의 가산세 감면

다음 중 어느 하나에 해당하는 경우에는 국세기본법 또는 소득세법에 따른 해당 가산세액의 50%에 상당하는 금액을 감면한다.

① 과세전적부심사 결정 · 통지기간에 그 결과를 통지하지 아니한 경우(결정 · 통지가 지연됨으로써 해당 기간에 부과되는 납부지연 가산세만 해당)

② 세법에 따른 제출, 신고, 가입, 등록, 개설(제출 등)의 기한이 지난 후 1개월 이내에 해당 세법에 따른 제출등의 의무를 이행하는 경우(제출 등의 의무위반에 대하여 세법에 따라 부과되는 가산세만 해당)

③ 수정신고에 따른 가산세 감면에도 불구하고 세법에 따른 예정신고기한 및 중간신고기한까지 예정신고 및 중간신고를 하였으나 과소신고하거나 초과신고한 경우로서 확정신고기한까지 과세표준을 수정하여 신고한 경우(과소신고 · 초과환급 가산세만 해당하며, 과세표준과 세액을 경정할 것을 미리 알고 과세표준신고를 하는 경우는 제외, 2018.1.1. 이후 도래하는 확정신고기한까지 수정신고하거나 수정하여 신고하는 분부터 적용)

④ 기한후 신고에 따른 가산세 감면에도 불구하고 세법에 따른 예정신고기한 및 중간신고기한까지 예정신고 및 중간신고를 하지 아니하였으나 확정신고기한까지 과세표준신고를 한 경우(무신고 가산세만 해당하며, 과세표준과 세액을 경정할 것을 미리 알고 과세표준신고를 하는 경우는 제외, 2018.1.1. 이후 도래하는 확정신고기한까지 수정신고하거나 수정하여 신고하는 분부터 적용)

(5) 감면 등의 신청

가산세의 감면 등을 받으려는 자는 다음의 사항을 기재한 신청서를 관할세무서장에게 제출하여야 한다(국기령 §28 ②).

① 감면을 받고자 하는 가산세에 관계되는 국세의 세목 및 부과연도와 가산세의 종류 및 금액

② 해당 의무를 이행할 수 없었던 사유(면제대상인 경우에 한함). 이때 사유를 증명할 수 있는 문건이 있을 때에는 이를 첨부하여야 한다.

관할세무서장은 감면신청서를 제출받은 때에는 그 승인 여부를 통지하여야 한다.

4) 가산세의 한도

다음 중 어느 하나에 해당하는 가산세에 대해서는 그 의무위반의 종류별로 각각 5,000만원(중소기업기본법 제2조 제1항에 따른 중소기업이 아닌 기업은 1억원)을 한도로 한다. 가산세 한도는 세법에 따라 부과된 의무의 내용에 따라 구분하며, 가산세 한도의 적용기간은 과세기간 단위로 적용한다. 다만, 해당 의무를 고의적으로 위반한 경우에는 그러하지 아니하다(국기법 §49, 국기령 §29의 2).

① 영수증 수취명세서 제출 · 작성 불성실 가산세(소법 §81)

② 사업장현황신고 불성실 가산세(소법 §81의 3)

③ 증명서류 수취 불성실 가산세(소법 §81의 6)

④ 기부금영수증 발급 · 작성 · 보관 불성실 가산세(소법 §81의 7)

⑤ 계산서 등 제출 불성실 가산세(소법 §81의 10)

⑥ 지급명세서 등 제출 불성실 가산세(소법 §81의 11)

⑦ 특정외국법인의 유보소득 계산 명세서 제출 불성실 가산세(소법 §81의 13)

⑧ 세금우대자료 미제출가산세(조특법 §90의 2 ①)

제2절 종합소득세 수정신고시 가산세 및 추가납부세액의 계산 사례

부동산임대업을 하고 있는 진소민(복식부기의무자)의 다음 자료에 의하여 2023년 귀속분 종합소득세에 대한 수정신고를 2025.6.30.에 하려고 한다. 수정신고시의 가산세를 계산하고 추가납부세액을 계산하시오.

1) 자료1

진소민의 2023년 귀속분 종합소득세 신고를 2024.5.30.에 복식부기(외부조정)로 신고·납부하였다.

구 분	금 액
수입금액	132,000,000[*1]
종합소득금액	97,250,000[*2]
소득공제	10,000,000
과세표준	87,250,000
산출세액	15,180,000
세액공제	1,720,000
결정세액	13,460,000
기납부세액	3,000,000
납부할 총세액	10,460,000

*1. 수입금액은 부동산임대수입금액 72,000,000원과 근로소득 60,000,000원이다.
*2. 종합소득금액은 부동산임대소득금액 50,000,000원과 근로소득금액 47,250,000원이다.

2) 자료2

위의 소득세 신고 후 다음의 오류를 발견하여 2025.6.30.에 과세당국의 경정·결정 전 수정신고를 하려고 한다.

① 2023.12.31.에 공급가액 10,000,000원(세액 1,000,000원)의 세금계산서를 고의로 누락하였다.

② 인적용역 기타소득금액 20,000,000원을 착오로 누락하였다. 해당 기타소득에 대한

원천징수된 금액은 1,600,000원(지방소득세 160,000원)이다.

3) 해 답

(1) 부가가치세 수정신고

① 미납세액=1,000,000원

② 세금계산서 미발급 가산세=10,000,000원×2%=200,000원

③ 부정과소신고불성실 가산세=1,000,000×40%×(1−20%)=320,000원

✎ 당초신고기한이 지난 후 1년 초과 1년 6개월 신고하는 경우이므로 과소신고 가산세 20% 감면적용함

④ 납부지연 가산세=1,000,000원×0.022%×522일(2024.1.26.~2025.6.30.)
=114,840원

⑤ 추가납부세액=1,634,840원

(2) 종합소득세 수정신고

① 수정신고내용 요약정리

구 분	당초신고내용	수정신고내용	과소신고분
수입금액	132,000,000	162,000,000	30,000,000*1
종합소득금액	97,250,000	115,250,000	18,000,000*2
소득공제	10,000,000	10,000,000	
과세표준	87,250,000	105,250,000	18,000,000
산출세액	15,180,000	21,397,500*3	6,217,500
세액공제	1,720,000	1,720,000	
결정세액	13,460,000	19,677,500	6,217,500
기납부세액	3,000,000	4,600,000	(1,600,000)*4
납부할 총세액	10,460,000	15,077,500	4,617,500

*1. 부동산수입금액 누락분 10,000,000원과 기타소득 누락분 20,000,000원 합계액임
*2. 부동산임대소득금액 10,000,000원과 기타소득금액 8,000,000원[=20,000,000원×(1−60%)]의 합계액임
*3. 105,250,000×35%−15,440,000원=21,397,500원
*4. 인적용역 기타소득에 대한 원천징수된 금액임

② 부정과소신고납부세액과 일반과소신고납부세액의 구분

구 분	금 액
부정과소신고납부세액	4,617,500원×10,000,000원/18,000,000원=2,565,277원
일반과소신고납부세액	4,617,500원-2,565,277원=2,052,223원

✎ 과소신고 · 초과환급신고 가산세 중 부정행위로 과소신고 · 초과환급신고한 경우 과소신고납부세액 등 중에 부정행위로 인한 과소신고납부세액 등(부정과소신고납부세액)과 그 외의 과소신고납부세액 등(일반과소신고납부세액)이 있는 경우로서 부정과소신고납부세액과 일반과소신고납부세액을 구분하기 곤란한 경우 부정과소신고납부세액은 다음과 같이 계산한 금액으로 한다(국기령 §27의 2 ③).

$$부정과소신고납부세액 = 과소신고납부세액 \times \frac{부정행위로\ 인한\ 과소신고한\ 과세표준}{과소신고한\ 과세표준}$$

③ 과소신고 가산세=(㉠+㉡)×(1-20%)=(1,026,110원+205,222원)×80%
=985,065원

㉠ 부정과소신고 가산세=Max(부정과소신고납부세액×40%, 부정과소신고수입금액×14/10,000)
=Max(2,565,277원×40%, 10,000,000원×14/10,000)
=1,026,110원

㉡ 일반과소신고 가산세=일반과소신고납부세액×10%=2,052,223원×10%
=205,222원

✎ 당초신고기한이 지난 후 1년 초과 1년 6개월 이내에 신고하는 경우이므로 과소신고 가산세의 20%를 감면적용함

④ 납부지연 가산세액
=4,617,500원×0.022%×395일(2024.6.1.~2025.6.30.)
=401,260원

⑤ 추가납부세액=4,617,500원+985,065원+401,260원=6,003,825원

실무Tip __ 개인 지방소득세의 가산세

종합소득세 수정신고시 개인 지방소득세의 수정신고도 별도로 신고해야 한다.
개인 지방소득세의 가산세액은 다음과 같다.

① 과소신고 가산세
종합소득세의 과소신고 가산세의 10%를 적용하여 납부를 하면 되므로 가산세액은 985,065×10%=98,506원임.

② 납부지연 가산세
461,750원×0.022%×395일(2024.6.1.~2025.6.30.)=40,126원임.

③ 총추가납부세액
미납세액까지 포함된 600,382원(=461,750원+98,506+40,126원)임.

4) 해 설

① 종합소득세 신고시 부가가치세 과세대상 사업소득의 수입금액 누락에 대해서는 부가가치세 수정신고를 하여야 하는지의 판단이 필요하고 만약 부가가치세 수정신고를 해야 할 경우라면 실무상 부가가치세 수정신고부터 먼저 하고 종합소득세 수정신고를 하여야 한다.

② 종합소득세 수정신고를 하는 경우 개인 지방소득세도 별도로 수정신고를 하여야 함에 유의하여야 한다.

참고 2015.1.1. 이전의 일반과소신고 가산세와 부정과소신고 가산세의 적용

위 사례의 사업연도가 2014년 귀속분 종합소득세 신고에 대한 자진 수정신고인 경우라면 다음과 같이 과소신고 가산세액을 계산하여야 한다.

(1) 수정신고 내용의 요약

구 분	당초신고내용	수정신고 내용	과소신고분
수입금액	132,000,000	162,000,000	30,000,000
종합소득금액	97,250,000	111,250,000	14,000,000
소득공제	10,000,000	10,000,000	
과세표준	87,250,000	101,250,000	14,000,000*
산출세액	15,720,000	20,537,500*	4,817,500
세액공제	1,720,000	1,720,000	
결정세액	14,000,000	18,817,500	4,817,500
기납부세액	3,000,000	3,800,000	(800,000)
납부할 총세액	11,000,000	15,017,500	4,017,500

* 과세표준 중 부동산수입금액에 대한 고의 매출누락은 부정과소신고 과세표준이고, 기타소득금액의 착오에 의한 누락은 일반과소신고 과세표준임

(2) 과소신고 가산세=①+②=811,358원+1,135원=812,493원

① 부정과소신고 가산세=Max(㉠, ㉡)=811,358원

㉠ 수정신고 산출세액×부정과소신고과세표준/수정신고 과세표준×40%
=20,537,500원×10,000,000원/101,250,000×40%=811,358원

㉡ 부정과소신고 수입금액×14/10,000

=10,000,000원×14/10,000=14,000원

② 일반과소신고 가산세=(수정신고 산출세액×일반과소신고과세표준/수정신고 과세표준−기납부세액)×10%

=(20,537,500원×4,000,000원/101,250,000원−800,000원*)×10%

=1,135원

* 기타소득에 대한 원천징수세액임

제4편
세목별 가산세
핵심정리

제4장

지방세

제1절 지방세 관련 가산세

지방세 기본법상 가산세 요약(2025년)

<table>
<tr><th>종 류</th><th>적용요건</th><th colspan="2">가산세액</th></tr>
<tr><td rowspan="2">무신고 가산세
(지기법 §53)</td><td rowspan="2">법정 신고기한까지 과세표준 신고를 하지 아니한 경우</td><td>일반 무신고</td><td>무신고 납부세액×20%</td></tr>
<tr><td>부정 무신고</td><td>무신고 납부세액×40%</td></tr>
<tr><td rowspan="2">과소신고 및
초과환급 가산세
(지기법 §54)</td><td rowspan="2">신고하여야 할 납부세액보다 납부세액을 과소신고하거나 많이 신고(초과환급신고)한 경우</td><td>일반 과소신고</td><td>(과소신고한 납부세액+초과환급신고 환급세액)×10%</td></tr>
<tr><td>부정 과소신고</td><td>가산세액=①+②
① 부정과소신고 납부세액 등 ×40%
② (과소신고 납부세액 등-부정과소신고 납부세액 등)×10%</td></tr>
<tr><td>납부지연 가산세
(지기법 §55)</td><td>납부기한까지 지방세를 납부하지 아니하거나 납부하여야 할 세액보다 과소납부한 경우 또는 초과환급 받은 경우</td><td colspan="2">가산세액=①+②
① 납부하지 아니한 세액 또는 과소납부세액 ×경과일수×3/10,000
② 초과환급분 세액×경과일수×22/100,000</td></tr>
<tr><td>특별징수
납부지연 가산세
(지기법 §56)</td><td>납부기한까지 납부하지 아니하거나 과소납부한 경우</td><td colspan="2">가산세액=①+②
① 납부하지 아니한 세액 또는 과소납부세액 ×3%
② 납부하지 아니한 세액 또는 과소납부세액 ×경과일수×22/100,000
* 무납부 미달납부세액의 10%를 한도로 함</td></tr>
</table>

1. 지방세기본법상 가산세

지방자치단체의 장은 지방세기본법 또는 지방세관계법에 따른 의무를 위반한 자에게 지방세기본법 또는 지방세관계법에서 정하는 바에 따라 가산세를 부과할 수 있다.

가산세는 해당 의무가 규정된 지방세관계법의 해당 지방세의 세목으로 하지만 지방세를 감면하는 경우에 가산세는 감면대상에 포함시키지 아니한다(지기법 §52).

1) 무신고 가산세

납세의무자가 법정 신고기한까지 과세표준 신고를 하지 아니한 경우에는 그 신고로 납부하여야 할 세액(지방세기본법과 지방세관계법에 따른 가산세와 가산하여 납부하여야 할 이자상당액이 있는 경우 그 금액은 제외함)의 20%에 상당하는 금액을 가산세로 부과하고 사기나 그 밖의 부정한 행위로 법정 신고기한까지 과세표준 신고를 하지 아니한 경우에는 납부세액의 40%에 상당하는 금액을 가산세로 부과한다(지기법 §53).

> 가산세액＝무신고납부세액[*1]×20%(40%[*2])
>
> *1. 지기법과 지관법에 따른 가산세와 가산하여 납부하여야 할 이자상당액은 제외
>
> *2. 사기나 그 밖의 부정한 행위일 경우는 40%

2) 과소신고 및 초과환급신고 가산세

(1) 적용대상과 가산세

납세의무자가 법정 신고기한까지 과세표준 신고를 한 경우로서 신고하여야 할 납부세액보다 납부세액을 적게 신고(과소신고)하거나 지방소득세 과세표준 신고를 하면서 환급받을 세액을 신고하여야 할 금액보다 많이 신고(초과환급신고)한 경우에는 과소신고한 납부세액과 초과환급신고한 환급세액을 합한 금액(과소신고납부세액 등이라 하고, 지방세기본법과 지방세관계법에 따른 가산세와 가산하여 납부하여야 할 이자상당액이 있는 경우 그 금액은 제외함)의 10%에 상당하는 금액을 가산세로 부과한다(지기법 §54 ①).

> 가산세액＝과소신고납부세액 등[*1]×10%
>
> *1. 과소신고한 납부세액과 초과환급신고 환급세액을 합한 금액을 말하며, 지기법과 지관법에 따른 가산세와 가산하여 납부하여야 할 이자상당액은 제외

다만, 사기나 그 밖의 부정한 행위로 과소신고하거나 초과환급신고(부정과소신고납부세액 등이라 함)한 경우에는 다음의 금액을 합한 금액을 가산세로 부과한다(지기법 §54 ②).

> 가산세액(①＋②)
>
> ① 부정과소신고납부세액 등×40%
>
> ② (과소신고납부세액 등－부정과소신고납부세액 등)×10%

(2) 부정과소신고납부세액 등과 일반과소신고납부세액 등이 구분하기 곤란한 경우

부정과소신고납부세액 등과 과소신고납부세액등에서 부정과소신고납부세액등을 뺀 금액(일반과소신고납부세액 등)이 있는 경우로서 부정과소신고납부세액 등과 일반과소신고납부세액 등을 구분하기 곤란한 경우 부정과소신고납부세액 등은 다음 계산식에 따라 계산한 금액으로 한다(지기령 §33).

$$\text{과소신고납부세액 등} \times \frac{\text{부정행위로 인하여 과소신고한 과세표준}}{\text{과소신고한 과세표준}}$$

(3) 가산세 적용배제

다음 어느 하나에 해당하는 사유로 과소신고한 경우에는 가산세를 부과하지 아니한다(지기법 §54 ③).

① 신고 당시 소유권에 대한 소송으로 상속재산으로 확정되지 아니하여 과소신고한 경우

② 법인세법 제66조에 따라 법인세 과세표준 및 세액의 결정 · 경정으로 상속세및증여세법 제45조의 3부터 제45조의 5까지의 규정에 따른 증여의제이익이 변경되는 경우(부정행위로 인하여 법인세의 과세표준 및 세액을 결정 · 경정하는 경우 제외)에 해당하여 소득세법 제88조 제2호에 따른 주식등의 취득가액이 감소됨에 따라 양도소득에 대한 지방소득세 과세표준을 과소신고한 경우(2018.1.1. 이후 양도소득에 대한 지방소득세 과세표준을 수정신고하거나 결정 또는 경정하는 경우부터 적용)

실무Tip 국세와 지방세의 무신고와 과소신고 가산세 차이점

법인세와 복식부기의무자의 무신고 가산세와 부정과소신고 가산세는 수입금액 기준 가산세(무신고의 경우 0.07%, 부정과소신고의 경우 0.14%)가 있는 반면 지방세법상 무신고 가산세와 과소신고가산세는 수입금액 기준 가산세가 없다.

3) 신고불성실 관련 실무적용사례

① 감면된 취득세를 추징하는 경우 과소신고가산세 부과 여부 해석 민원에 대한 회신

[질의]

지방세특례제한법 제71조 제2항에 따라 물류시설용 부동산에 대한 감면(50%)을 받았으나 감면 이후 확인 결과 해당 부동산은 취득 당시부터 해당조문에 따른 감면대상이 아닌 것으로

확인되어 당초 감면한 취득세를 추징하는 경우 「지방세기본법」 제54조에 따른 과소신고가산세 부과 여부

[회신]

舊 지방세기본법 제54조는 신고하여야 할 납부세액보다 납부세액을 적게 신고한 경우에는 과소신고한 납부세액의 100분의 10에 상당하는 금액을 가산세로 부과한다고 규정하여 납세자가 감면판단을 그르쳐서 납부세액을 과소신고한 경우에도 적용되는 것으로 보이는 점, 신고·납부 확정방식의 취득세는 납세자가 스스로 그 과세표준과 세액을 신고하면 그 내용대로 확정되는 점 등을 고려시 지방세기본법 제54조 제1항에 따른 과소신고가산세는 부과되는 것이 타당하다고 판단됨(지방세특례-1002, 2024.4.26.).

② 청구법인이 지방세법에 따른 산출세액을 적법하게 신고하였음에도 지방세기본법 제54조 제1항에 따른 과소신고가산세를 부과한 것은 위법하다는 청구주장과 가산세를 면제할 정당한 사유가 있다는 청구주장의 당부

청구법인이 이 건 감면규정의 적용 여부에 대한 판단을 그르쳐 취득세 등을 과소신고납부한 것은 지방세기본법 제54조에 따른 과소신고가산세 부과 대상에 해당된다고 판단됨. 청구법인이 이 건 감면규정의 개정사항을 인지하지 못하였다 하더라도 취득세 신고 당시에 관련 법령을 확인하여야 할 의무는 기본적으로 청구법인에게 있다고 보이므로 이와 관련한 청구주장은 받아들이기 어렵다고 판단됨(조심 2023지212, 2023.11.23.).

③ 감면신고서 제출과 신고불성실 가산세

취득세와 등록세의 납세의무자가 그 각 과세표준에 세율을 곱한 '산출세액'을 정당하게 신고한 이상 감면세액에 관한 판단을 그르쳐 최종적으로 납부하여야 할 세액을 잘못 신고하였다고 하더라도 취득세와 등록세의 각 신고불성실 가산세를 부과할 수 없다고 봄이 타당함.

원심이 적법하게 채택한 증거에 의하면, 원고들이 이 사건 부동산에 대한 취득세와 등록세를 신고하면서 그 신고서에 각 과세표준에 세율을 곱한 산출세액을 정당하게 기재하였고, 다만 구 지방세법 제277조 제1항에 의하여 취득세와 등록세가 전부 감면된다고 잘못 판단한 나머지 그와 동일한 세액을 감면세액으로 기재함으로써 결과적으로 최종적으로 납부하여야 할 세액을 잘못 기재하여 신고한 사실을 알 수 있음.

이러한 사실관계를 앞서 본 법리에 비추어 살펴보면, 원고들은 이 사건 부동산에 대하여 구 지방세법에서 정한 취득세와 등록세의 신고의무를 다하였다고 할 것이므로 이에 대하여 피고가 신고불성실 가산세를 부과한 것은 위법하고, 원고들이 이 사건 부동산의 취득세와 등록세의 감면 여부에 관하여 잘못 판단한 나머지 최종적으로 납부하여야 할 세액을 잘못 신고하였다고 하여 달리 볼 수는 없음(대법원 2014두12505, 2015.5.28.).

④ 부실한 납세고지서와 신고불성실 가산세

가산세는 통상 본세와 함께 부과되고 가산세의 과세표준은 본세의 세액이나 과세표준 등을 기초로 산출되는 경우가 많으므로, 가산세의 산출근거 등을 납세고지서에 밝혀 표시하도록

한다고 하여 과세관청의 부담이 감내할 수 없을 정도로 늘어나는 것도 아니다. 그러므로 가산세 부과처분이라고 하여 그 종류와 세액의 산출근거 등을 전혀 밝히지 않고 가산세의 합계액만을 기재한 경우에는 그 부과처분은 위법함을 면할 수 없음.

피고가 원고들에게 이 사건 신고불성실 가산세와 납부지연 가산세를 부과한 이 사건 납세고지서에는 위 각 가산세가 종류별로 구분되지 아니한 채 그 합계액이 본세액과 별도로 기재되어 있을 뿐이고, 위 각 가산세의 산출근거도 기재되어 있지 않은 사실을 알 수 있다. 이와 같은 사실관계를 앞서 본 법리에 비추어 보면, 이 사건 신고불성실 가산세 및 납부지연 가산세의 납세고지는 관계법령에서 요구하는 기재사항을 누락하는 등의 하자가 있고 달리 그 하자가 보완되거나 치유되었다고 볼 사정도 없으므로, 그 부과처분은 위법함(대법원 2010두12347, 2012.10.18.).

4) 납부지연 가산세

납세의무자(연대납세의무자, 제2차 납세의무자 및 보증인 포함)가 납부기한까지 지방세를 납부하지 아니하거나 납부하여야 할 세액보다 적게 납부(과소납부)하거나 환급받아야 할 세액보다 많이 환급(초과환급)받은 경우에는 다음 계산식에 따라 산출한 금액을 합한 금액을 가산세로 부과한다(지기법 §55).

(1) 2024.1.1. 이후 납부지연 가산세

지방세기본법상 납부지연 가산세가 2020.12.29. 개정되어 2022.2.3.부터 시행되는 것으로 되어 있었지만 지방세기본법 부칙 법률 제17768호 제1조가 2021.12.28.에 개정되어 2024.1.1. 시행된다.

(가) 가산세액의 계산

2024.1.1. 이후 납부지연 가산세액 계산은 다음의 금액을 합한 금액을 가산세로 부과한다(지기법 §55 ①, 지방세기본법 부칙 법률 제17768호 §1 5호, 2020.12.29.).

가산세액(①+②+③+④)

① 납부하지 아니한 세액 또는 과소납부세액[*1]×경과일수[*2]×22/100,000[*4]

② 초과환급분 세액[*1]×경과일수[*3]×22/100,000[*4]

③ 납세고지서에 따른 납부기한까지 납부하지 아니한 세액 또는 과소납부분 세액(지방세관계법에 따라 가산하여 납부하여야 할 이자상당액이 있는 경우 그 금액을 더하고, 가산세는 제외함)×3/100

④ 납세고지서에 따른 납부기한이 지난 날부터 1개월이 지날 때마다 계산한 다음의 금액

납부하지 아니한 세액 또는 과소납부분 세액(지방세관계법에 따라 가산하여 납부하여야 할 이자상당액이 있는 경우 그 금액을 더하고, 가산세는 제외한다)×금융회사 등이 연체대출금에 대하여 적용하는 이자율 등을 고려하여 정하는 이자율(66/10,000)

*1. 과소납부세액과 초과환급세액에는 지방세관계법에 따라 가산하여 납부하여야 할 이자상당액이 있는 경우 그 금액을 더한다.

*2. 법정납부기한의 다음날부터 자진납부일 또는 납세고지일까지의 일수

*3. 환급받은 날의 다음날부터 자진납부일 또는 납세고지일까지의 일수

*4. 2018.12.31.까지는 0.03%, 2022.6.6.까지는 0.025%, 2022.6.7. 이후부터는 0.022%를 적용한다. 다만, 2018.12.31. 이전 지방세 관련 납부지연 가산세를 부과해야 하는 사유가 발생한 경우로서 2019.1.1. 이후 납부를 하여야 할 경우에는 개정된 규정에도 불구하고 종전 규정인 0.03%를 적용해야 할 것으로 판단되며(지기령 부칙 대통령령 제29436호, 2018.12.31.) 2022.6.7. 이전 납세의무가 성립한 납부지연가산세를 2022.6.7. 이후 납부하는 경우 2022.6.7. 이전 기간분에 대한 납부지연가산세의 계산에 적용되는 이자율은 개정규정에도 불구하고 종전 규정인 0.025%를 적용하고 2022.6.7. 이후 기간분에 대한 납부지연가산세의 계산에 적용되는 이자율은 개정규정인 0.022%를 적용한다(지기령 §34, 지기령 부칙 대통령령 제32665호, 2022.6.7. 2022년 개정).

(나) 가산세액의 한도

위 가산세액 계산의 ①과 ②는 세액의 75%를 한도로 하고, 위 ④의 가산세를 부과하는 기간은 60개월(1개월 미만은 없는 것으로 봄)을 초과할 수 없다.

(다) 가산세액의 배제

가산세액의 납세고지서별 · 세목별 세액이 45만원 미만인 경우에는 위 ④의 가산세를 적용하지 아니하고 납세의무자가 지방자치단체 또는 지방자치단체조합인 경우에는 위 ③과 ④의 가산세를 적용하지 아니한다(지기법 §55 ④).

(라) 경과규정

2024.1.1. 이전에 납세의무가 성립된 분에 대해서는 개정규정에도 불구하고 종전의 규정에 따른다(지방세기본법 부칙 법률 제17768호 §1 5호, 2020.12.29.).

(2) 2023.12.31.까지 납부지연 가산세

(가) 가산세액의 계산

2023.12.31. 까지 납부지연 가산세액 계산은 다음의 금액을 합한 금액을 가산세로 부과한다(지기법 §55 ①, 지방세기본법 부칙 법률 제17768호 §1 5호, 2020.12.29.).

가산세액(①+②)(한도 : 과소납부세액 등의 75%)

① 납부하지 아니한 세액 또는 과소납부세액*1×경과일수*2×22/100,000*4

② 초과환급분 세액*1×경과일수*3×22/100,000*4

*1. 과소납부세액과 초과환급세액에는 지방세관계법에 따라 가산하여 납부하여야 할 이자상당액이 있는 경우 그 금액을 더한다.

*2. 납부기한의 다음날부터 자진납부일 또는 납부고지일까지의 일수

*3. 환급받은 날의 다음날부터 자진납부일 또는 부과결정일까지의 일수

*4. 2018.12.31.까지는 0.03%, 2022.6.6.까지는 0.025%, 2022.6.7. 이후부터는 0.022%를 적용한다. 다만, 2018.12.31. 이전 지방세 관련 납부지연 가산세를 부과해야 하는 사유가 발생한 경우로서 2019.1.1. 이후 납부를 하여야 할 경우에는 개정된 규정에도 불구하고 종전 규정인 0.03%를 적용해야 할 것으로 판단되며(지기령 부칙 대통령령 제29436호, 2018.12.31.) 2022.6.7. 이전 납세의무가 성립한 납부지연가산세를 2022.6.7. 이후 납부하는 경우 2022.6.7. 이전 기간분에 대한 납부지연가산세의 계산에 적용되는 이자율은 개정규정에도 불구하고 종전 규정인 0.025%를 적용하고 2022.6.7. 이후 기간분에 대한 납부지연가산세의 계산에 적용되는 이자율은 개정규정인 0.022%를 적용한다(지기령 §34, 지기령 부칙 대통령령 제32665호, 2022.6.7. 2022년 개정).

(나) 가산세 한도

납부지연 가산세는 납부하지 아니한 세액, 과소납부분(납부하여야 할 금액에 미달하는 금액을 말함) 세액 또는 초과환급분(환급받아야 할 세액을 초과하는 금액을 말함) 세액의 75%에 해당하는 금액을 한도로 한다.

(다) 가산세 적용배제

법인세법 제66조에 따라 법인세 과세표준 및 세액의 결정 · 경정으로 상속세및증여세법 제45조의 3부터 제45조의 5까지의 규정에 따른 증여의제이익이 변경되는 경우(부정행위로 인하여 법인세의 과세표준 및 세액을 결정 · 경정하는 경우 제외)에 해당하여 소득세법 제88조 제2호에 따른 주식등의 취득가액이 감소됨에 따라 양도소득에 대한 지방소득세 과세표준을 과소신고한 경우에는 납부지연 가산세를 적용하지 아니한다(지기법 §55 ②, 2018.1.1. 이후 양도소득에 대한 지방소득세 과세표준을 수정신고하거나 결정 또는 경정하는 경우부터 적용).

실무Tip _ 국세와 지방세의 납부지연 가산세 차이점

국세기본법상 납부지연가산세에는 없는 납부지연 가산세 한도가 지방세법상 납부지연 가산세에는 있다. 다만 실무상 한도가 적용되는 경우는 거의 없는 것으로 판단되는바 법령 규정의 실익은 없는 것으로 보인다.

4)-1. 납부지연 가산세 실무적용사례

① 처분청이 착오로 지방소득세를 환급하였다가 이를 취소하고 재부과하면서 환급불성실가산세를 부과한 처분의 당부

청구인은 처음부터 지방소득세를 적법하게 신고 · 납부하였으나, 처분청의 계산 착오로 인하여 지방소득세를 환급받게 된 점, 처분청이 환급분에 대한 오류를 발견하여 지방소득세를 다시 부과함에 있어 청구인에게 귀책사유가 있다고 보기 어려운 점, 청구인의 귀책사유 없이 처분청의 착오로 초과환급 된 경우 「지방세기본법」 제57조 제1항에 따라 가산세를 감면할 수 있는 정당한 사유로 볼 수 있는 점 등에 비추어 처분청이 이 건 지방소득세를 부과하면서 환급불성실가산세를 포함한 처분은 잘못이 있다고 판단됨(조심 2021지1979, 2022.12.14.).

② 지방세 과세처분에 대하여 조세심판원이 납세의무자를 변경하여 과세하도록 취소결정한 경우 변경 납세의무자가 납부지연 가산세 대상인지 여부

세법상 가산세는 과세권의 행사 및 조세채권의 실현을 용이하게 하기 위하여 납세자가 정당한 이유 없이 법에 규정된 신고 · 납세의무 등을 위반한 경우에 법이 정하는 바에 의하여 부과하는 행정상 제재로서 납세자의 고의 · 과실은 고려되지 아니하는 것이고 법령의 부지 또는 오인은 그 정당한 사유에 해당된다고 볼 수 없으므로(대법원 98두3532, 1999.12.28. 참조) 지방세법상 정당한 납세의무자가 과세대상 물건을 취득한 후 신고납부기한까지 납부하지 않은 경우라면, 비록 조세심판원 심판결정에 의하여 납세의무자가 변경된 경우라고 하더라도 정당한 납세의무자의 법령 부지 또는 오인 등으로 인한 납부지연이므로 납부지연의 정당한 사유로 볼 수 없어 납부지연 가산세 과세대상에 해당될 것으로 사료되나, 이에 해당되는지 여부는 과세권자가 사실관계 등을 조사하여 판단할 사항임(지방세운영과-3027, 2010.7.15.).

5) 특별징수 납부지연 가산세

특별징수의무자가 징수하여야 할 세액을 지방세관계법에 따른 납부기한까지 납부하지 아니하거나 과소납부한 경우에는 다음의 금액을 합한 금액을 가산세로 부과한다(지기법 §56).

(1) 2024.1.1. 이후 특별징수 납부지연 가산세

(가) 가산세액의 계산

2024.1.1. 이후 특별징수 납부지연 가산세액 계산은 다음의 금액을 합한 금액을 가산세로 부과한다(지기법 §56 ①, 지방세기본법 부칙 법률 제17768호 §1 5호, 2020.12.29.).

가산세액=①+②+③
① 납부하지 아니한 세액 또는 과소납부세액×3%
② 납부하지 아니한 세액 또는 과소납부세액×경과일수[*1]×22/100,000[*2]
③ 납세고지서에 따른 납부기한이 지난 날부터 1개월이 지날 때마다 계산한 다음의 금액

납부하지 아니한 세액 또는 과소납부분 세액(가산세는 제외)×금융회사 등이 연체대출금에 대하여 적용하는 이자율 등을 고려하여 정하는 이자율(66/10,000)

*1. 납부기한의 다음날부터 자진납부일 또는 부과결정일까지의 기간
*2. 2018.12.31.까지는 0.03%, 2022.6.6.까지는 0.025%, 2022.6.7. 이후부터는 0.022%를 적용한다. 다만, 2018.12.31. 이전 지방세 관련 납부지연 가산세를 부과해야 하는 사유가 발생한 경우로서 2019.1.1. 이후 납부를 하여할 경우에는 개정된 규정에도 불구하고 종전 규정인 0.03%를 적용해야 할 것으로 판단되며(지기령 부칙 대통령령 제29436호, 2018.12.31.) 2022.6.7. 이전 납세의무가 성립한 납부지연가산세를 2022.6.7. 이후 납부하는 경우 2022.6.7. 이전 기간분에 대한 납부지연가산세의 계산에 적용되는 이자율은 개정규정에도 불구하고 종전 규정인 0.025%를 적용하고 2022.6.7. 이후 기간분에 대한 납부지연가산세의 계산에 적용되는 이자율은 개정규정인 0.022%를 적용한다(지기령 §34, 지기령 부칙 대통령령 제32665호, 2022.6.7. 2022년 개정).

(나) 가산세액의 한도

가산세액의 한도는 세액의 50%를 한도로 한다. 단, 위 가산세액 계산의 ①과 ②는 세액의 10%를 한도로 하고, 위 ③의 가산세를 부과하는 기간은 60개월(1개월 미만은 없는 것으로 봄)을 초과할 수 없다.

(다) 가산세액의 배제

가산세액의 납세고지서별 · 세목별 세액이 45만원 미만인 경우에는 위 ③의 가산세를 적용하지 아니한다(지기법 §56 ②).

(라) 경과규정

2024.1.1. 이전에 납세의무가 성립된 분에 대해서는 개정규정에도 불구하고 종전의 규정에 따른다(지방세기본법 부칙 법률 제17768호 §1 5호, 2020.12.29.).

(2) 2023.12.31.까지 특별징수 납부지연 가산세

(가) 가산세액의 계산

가산세액(①+②)(한도 : 미납세액의 10%)
① 납부하지 아니한 세액 또는 과소납부세액×3%

② 납부하지 아니한 세액 또는 과소납부세액×경과일수[*1]×22/100,000[*2]

*1. 납부기한의 다음날부터 자진납부일 또는 부과결정일까지의 기간

*2. 2018.12.31.까지는 0.03%, 2022.6.6.까지는 0.025%, 2022.6.7. 이후부터는 0.022%를 적용한다. 다만, 2018.12.31. 이전 지방세 관련 납부지연 가산세를 부과해야 하는 사유가 발생한 경우로서 2019.1.1. 이후 납부를 하여할 경우에는 개정된 규정에도 불구하고 종전 규정인 0.03%를 적용해야 할 것으로 판단되며(지기령 부칙 대통령령 제29436호, 2018.12.31.) 2022.6.7. 이전 납세의무가 성립한 납부지연가산세를 2022.6.7. 이후 납부하는 경우 2022.6.7. 이전 기간분에 대한 납부지연가산세의 계산에 적용되는 이자율은 개정규정에도 불구하고 종전 규정인 0.025%를 적용하고 2022.6.7. 이후 기간분에 대한 납부지연가산세의 계산에 적용되는 이자율은 개정규정인 0.022%를 적용한다(지기령 §34, 지기령 부칙 대통령령 제32665호, 2022.6.7. 2022년 개정).

(나) 가산세액의 한도

특별징수 납부지연 가산세는 납부하지 아니한 세액 또는 과소납부분 세액의 10%를 한도로 하여 가산세를 부과함에 유의하자.

2. 가산세의 부과면제와 감면

1) 가산세의 부과면제

지방자치단체의 장은 지방세기본법 또는 지방세관계법에 따라 가산세를 부과하는 경우 그 부과의 원인이 되는 사유가 다음의 기한연장 사유에 해당하거나 납세자가 해당 의무를 이행하지 아니한 정당한 사유가 있을 때에는 가산세를 부과하지 아니한다(지기법 §57 ①).

(1) 기한연장사유

지방자치단체의 장은 천재지변, 사변(事變), 화재(火災), 그 밖의 사유로 납세자가 지방세기본법 또는 지방세관계법에서 규정하는 신고 · 신청 · 청구 또는 그 밖의 서류 제출 · 통지나 납부를 정해진 기한까지 할 수 없다고 인정되는 경우에는 직권 또는 납세자의 신청으로 그 기한을 연장할 수 있다(지기법 §26).

그 밖의 사유는 다음과 같다.(지기령 §6)

① 납세자가 재해 등을 입거나 도난당한 경우

② 납세자나 그 동거가족이 질병이나 중상해로 6개월 이상의 치료가 필요하거나 사망하여 상중(喪中)인 경우

③ 권한 있는 기관에 장부 · 서류 또는 그 밖의 물건(장부등이라 함)이 압수되거나 영치된 경우

④ 납세자가 사경영하는 사업에 현저한 손실이 발생하거나 부도 또는 도산 등 사업이 중대한 위기에 처한 경우(납부의 경우로 한정)

⑤ 정전, 프로그램의 오류, 그 밖의 부득이한 사유로 다음 중 어느 하나에 해당하는 정보처리장치나 시스템을 정상적으로 가동시킬 수 없는 경우

㉠ 지방회계법 제38조에 따른 지방자치단체의 금고가 운영하는 정보처리장치

㉡ 지방회계법 시행령 제49조 제1항 및 제2항에 따라 지방자치단체 금고업무의 일부를 대행하는 금융회사 등(지방세수납대행기관)이 운영하는 정보처리장치

㉢ 지방회계법 시행령 제62조에 따른 세입금통합수납처리시스템

⑥ 지방자치단체의 금고 또는 지방세수납대행기관의 휴무, 그 밖에 부득이한 사유로 정상적인 신고 또는 납부가 곤란하다고 행정안전부장관이나 지방자치단체의 장 인정하는 경우

⑦ 세무사법 제2조 제3호에 따라 납세자의 장부 작성을 대행하는 세무사(세무법인 포함) 또는 같은 법 제20조의 2 제1항에 따라 세무대리업무등록부에 등록한 공인회계사(회계법인 포함)가 재난 등으로 피해를 입거나 해당 납세자의 장부(장부 작성에 필요한 자료를 포함)를 도난당한 경우(지방소득세에 관하여 신고 · 신청 · 청구 또는 그 밖의 서류 제출 · 통지를 하거나 납부하는 경우로 한정)(2020.12.31. 신설)

⑧ '①'부터 '⑥'까지의 규정에 준하는 사유가 있는 경우

(2) 기한연장의 신청

신고 · 납부기한의 연장을 신청하려는 납세자는 기한 만료일 3일 전까지 다음의 사항을 적은 신청서를 해당 지방자치단체의 장에게 제출해야 한다. 이 경우 지방자치단체의 장은 납세자가 기한 만료일 3일 전까지 기한의 연장을 신청할 수 없다고 인정하는 경우에는 기한 만료일까지 신청하게 할 수 있다(지기령 §7 ①).

① 기한의 연장을 받으려는 자의 성명(법인인 경우에는 법인명)과 주소, 거소, 영업소 또는 사무

② 연장을 받으려는 기한

③ 연장을 받으려는 사유

④ 그 밖에 필요한 사항

실무Tip _ 담보제공

지방자치단체의 장은 납부기한을 연장하는 경우 납부할 금액에 상당하는 담보의 제공을 요구할 수 있다. 다만, 사망, 질병, 납세자가 재해 등을 입거나 도난당한 경우, 납세자 또는 동거가족이 질병이나 중상해로 6개월 이상의 치료가 필요하거나 사망하여 상중(喪中)인 경우, 정전, 프로그램의 오류, 그 밖의 부득이한 사유로 정보처리장치나 시스템을 정상적으로 가동시킬 수 없는 경우로 담보 제공을 요구하기 곤란하다고 인정될 때에는 그러하지 아니하다(지기법 §26 ②).

2) 정당한 사유에 의한 가산세의 부과면제

납세자가 가산세가 부과되는 세법상의 의무를 이행하지 아니한 데 대한 정당한 사유가 있는 때에는 해당 가산세를 전액 감면한다.

2)-1. 가산세 부과면세 실무적용사례

① 청구인들에게 가산세를 면제할 만한 정당한 사유가 있는지 여부

청구인들이 갑작스런 피상속인의 사망으로 인해 취득세를 신고할 만한 경황이 없었을 뿐만 아니라 상속에 따른 취득세 납부기한이나 신고 방법을 몰라 기한 내에 취득세를 신고 · 납부하지 않은 것이라 하더라도 이와 같은 사유는 「지방세법」 제57조 제1항에서 규정하고 있는 가산세를 면제할 만한 정당한 사유에 해당하지 않는다 할 것이므로 처분청이 이 건 취득세 등의 경정청구를 거부한 처분은 달리 잘못이 없다고 판단됨(조심 2024지630, 2024.5.28.).

② 청구인에게 가산세를 면제할 만한 정당한 사유가 있는지 여부

과세관청이 납세자의 신고에 따라 취득세 납부서를 교부하는 것은 납세자의 편의를 위한 단순 사무행위에 불과하므로 과세관청이 과소 산출한 취득세 납부서를 교부하였다 하더라도 이를 과세관청의 귀책으로 볼 수는 없는 점 등에 비추어 처분청이 청구인에게 가산세를 포함하여 이 건 취득세 등을 부과한 처분은 달리 잘못이 없다고 판단됨(조심 2023지4330, 2023.12.28.).

③ 취득세 신고 시 과세표준 및 세율에 대하여 아무런 안내를 받지 못하였음에도 쟁점가산세까지 부과한 것은 부당하다는 청구주장의 당부

청구인이 쟁점부동산에 대한 취득세 등을 신고 · 납부하면서 지방세법령에 따른 취득세율을 잘못 적용한 것이 명백해 보이는 반면, 그 오류가 청구인의 법령의 무지 또는 담당 공무원의 잘못된 안내에 기한 것이라 하더라도, 그러한 사유가 청구인에게 정상적인 신고 · 납부 의무의 이행을 기대하는 것이 무리라고 볼 만큼 정당한 사유에 해당한다고 보기 어려운 점 등에 비추어 처분청이 청구인에게 이 건 과소신고된 세액에 쟁점가산세를 더하여 과세한 처분은 잘못이 없다고 판단됨(조심 2022지1085, 2023.8.17.).

④ 처분청이 착오로 지방소득세를 환급하였다가 이를 취소하고 재부과하면서 환급불성실가산세를 부과한 처분의 당부

청구인은 처음부터 지방소득세를 적법하게 신고·납부하였으나, 처분청의 계산 착오로 인하여 지방소득세를 환급받게 된 점, 처분청이 환급분에 대한 오류를 발견하여 지방소득세를 다시 부과함에 있어 청구인에게 귀책사유가 있다고 보기 어려운 점, 청구인의 귀책사유 없이 처분청의 착오로 초과환급 된 경우 「지방세기본법」 제57조 제1항에 따라 가산세를 감면할 수 있는 정당한 사유로 볼 수 있는 점 등에 비추어 처분청이 이 건 지방소득세를 부과하면서 환급불성실가산세를 포함한 처분은 잘못이 있다고 판단됨(조심 2021지1979, 2022.12.14.).

⑤ 청구인에게 가산세를 면제할만한 정당한 사유가 존재하는지 여부

청구인이 처분청으로부터 쟁점주택의 취득세를 법정신고기한 이내에 신고·납부하여야 한다는 사실을 안내받지 못하였다고 하더라도 처분청의 납세의무에 관한 사전안내는 행정서비스의 일환으로 제공하는 부수행위에 불과한 것으로 그러한 사정만으로 청구인에게 가산세를 부과하지 않아도 될 만한 정당한 사유가 있다고 보기 어려운 점 등에 비추어 처분청이 가산세를 포함하여 이 건 취득세를 부과한 처분에 달리 잘못이 없다고 판단됨(조심 2022지1286, 2022.11.28.).

⑥ 가산세를 면할 정당한 사유 인정 여부

단순한 법률의 부지나 오해의 범위를 넘어 세법해석상 견해가 대립하는 등으로 납세의무자가 그 의무를 알지 못한 것에 책임을 귀속시킬 수 없는 합리적인 이유가 있을 때 또는 그 의무의 이행을 당사자에게 기대하기 어려운 사정이 있을 때 등 그 의무를 게을리한 점을 비난할 수 없는 정당한 사유가 있는 경우에는 가산세를 부과할 수 없음(대법원 2002두66, 2002.8.23.; 2016두44711, 2016.10.27. 등 참조).

파산관재인의 보수가 사업소득으로 과세될 수 있는지에 관하여 세법해석상 견해의 대립이 있었고, 피고 역시 2015년에 이르러 비로소 부과처분을 하는 등 그에 대한 확실한 견해를 가지지 못하였던 것으로 보이며, 이 사건 종합소득세의 부과경위를 감안할 때 원고에게 가산세까지 부과하는 것은 지나치게 가혹하다. 따라서 원고가 이 사건 보수를 사업소득으로 신고·납부하지 않았다고 하더라도 그 의무를 게을리하였다고 비난할 수 없는 정당한 사유가 있다고 봄이 타당하므로 가산세의 부과처분을 파기함(대법원 2017두36885, 2017.7.11.).

⑦ 신고 및 납부지연 가산세 취소 여부

처분청은 이 건 토지의 위탁자가 이 건 지목변경에 따른 취득세 등을 신고하였으나 납부를 하지 아니하자 처분청은 취득세 등을 쟁점토지의 위탁자에게 부과하였다가 이를 취소하고 쟁점토지의 수탁자인 청구법인에게 부과하였고, 이후 이 건 지목변경에 따른 취득세 등 과소신고분을 청구법인에게 부과한 점 등으로 보아 청구법인에게 정상적으로 신고·납부의무를 이행할 것을 기대하는 것은 무리여서 그 의무해태를 탓할 수 없는 정당한 사유가 있었다 할 것이므로 처분청이 청구법인에게 이 건 취득세 등을 부과고지하면서 신고불성실 가산세를 가산하여 한

처분은 잘못이 있다고 판단됨.
다만, 납부지연 가산세의 경우는 법정납부기한과 납부일과의 기간에 대한 이자율에 해당하는 금액으로서 정상적으로 세액을 납부한 자와의 형평성을 유지하기 위한 성격도 있다 할 것이므로 이 부분에 대한 것은 잘못이 없다고 판단됨(조심 2014지0964, 2017.5.10.).

⑧ 가산세 감면 여부 질의 회신
지방세특례제한법 제183조 제2항의 통지규정 위반으로 감면된 세액이 추징될 수 있다는 안내를 받지 못한 것이 지방세기본법 제54조 제1항에서 규정한 가산세를 면제할 수 있는 정당한 사유에 해당된다고는 볼 수 없음(지방세정책-55, 2017.1.5.).

3) 수정신고 등에 따른 감면

(1) 수정신고시 감면

과세표준신고서를 법정신고기한까지 제출한 자가 법정 신고기한이 지난 후 2년 이내에 수정신고한 경우(과소신고 가산세와 초과환급신고 가산세만 해당하며, 지방자치단체의 장이 과세표준과 세액을 경정할 것을 미리 알고 과세표준 수정신고서를 제출한 경우는 제외)에는 다음의 구분에 따른 금액을 감면한다(지기법 §57 ② 1호).

① 2020.1.1. 이후 최초로 수정신고하는 분부터 적용되는 감면율

구 분	감면율
법정신고기한이 지난 후 1개월 이내 수정신고한 경우	90%
법정신고기한이 지난 후 1개월 초과 3개월 이내 수정신고한 경우	75%
법정신고기한이 지난 후 3개월 초과 6개월 이내 수정신고한 경우	50%
법정신고기한이 지난 후 6개월 초과 1년 이내 수정신고한 경우	30%
법정신고기한이 지난 후 1년 초과 1년 6개월 이내 수정신고한 경우	20%
법정신고기한이 지난 후 1년 초과 2년 이내 수정신고한 경우	10%

✎ 2020.1.1. 전에 법정신고기한이 만료된 경우로서 2020.1.1. 이후 최초로 수정신고하는 분에 대해서도 적용한다.

② 2019.12.31.까지 수정신고하는 경우의 감면율

구 분	감면율
법정신고기한이 지난 후 6개월 이내 수정신고한 경우	50%
법정신고기한이 지난 후 6개월 초과 1년 이내 수정신고한 경우	20%
법정신고기한이 지난 후 1년 초과 2년 이내 수정신고한 경우	10%

(2) 기한후 신고시 감면

과세표준신고서를 법정신고기한까지 제출하지 아니한 자가 법정 신고기한이 지난 후 6개월 이내에 기한후 신고를 한 경우(무신고 가산세만 해당하며, 지방자치단체의 장이 과세표준과 세액을 결정할 것을 미리 알고 기한후신고서를 제출한 경우는 제외)에는 다음의 구분에 따른 금액을 감면한다(지기법 §57 ② 2호).

① 2020.1.1. 이후 최초로 기한후 신고하는 분부터 적용되는 감면율

구 분	감면율
법정신고기한이 지난 후 1개월 이내 기한후 신고를 한 경우	50%
법정신고기한이 지난 후 1개월 초과 3개월 이내 기한후 신고를 한 경우	30%
법정신고기한이 지난 후 3개월 초과 6개월 이내 기한후 신고를 한 경우	20%

✎ 2020.1.1. 전에 법정신고기한이 만료된 경우로서 2020.1.1. 이후 최초로 수정신고하는 분에 대해서도 적용한다.

② 2019.12.31.까지 기한후 신고하는 경우의 감면율

구 분	감면율
법정신고기한이 지난 후 1개월 이내 기한후 신고를 한 경우	50%
법정신고기한이 지난 후 1개월 초과 6개월 이내 기한후 신고를 한 경우	20%

(3) 과세전적부심사 결정 · 통지의 지연으로 인한 가산세의 감면

과세전적부심사 결정 · 통지기간 이내에 그 결과를 통지하지 아니한 경우(결정 · 통지가 지연되어 해당 기간에 부과되는 납부지연 가산세와 초과환급 가산세만 해당)에는 해당 기간에 부과되는 가산세액의 50%에 상당하는 금액을 감면한다(지기법 §57 ② 3호).

(4) 개인지방소득세의 예정신고기한 이후 수정시 가산세의 감면

지방세법 제103조의 5에 따른 양도소득에 대한 개인지방소득세 예정신고기한 이후 확정신고기한까지 과세표준 신고 및 수정신고를 한 경우로서 다음 각 목의 어느 하나에 해당하는 경우에는 해당 가산세액의 100분의 50에 상당하는 금액을 감면한다(지기법 §57 ② 4호).

① 예정신고를 하지 아니하였으나 확정신고기한까지 과세표준 신고를 한 경우(무신고 가산세만 해당하며, 지방자치단체의 장이 과세표준과 세액을 경정할 것을 미리 알고 과세표준 신고를 하는 경우는 제외)

② 예정신고를 하였으나 납부하여야 할 세액보다 적게 신고하거나 환급받을 세액을 신고

하여야 할 금액보다 많이 신고한 경우로서 확정신고기한까지 과세표준을 수정신고한 경우(과소신고 가산세 또는 초과환급신고 가산세만 해당하며, 지방자치단체의 장이 과세표준과 세액을 경정할 것을 미리 알고 과세표준 신고를 하는 경우는 제외)

실무Tip _ 수정신고와 동시에 납부하지 않는 경우의 가산세 감면

국세기본법은 2015.1.1. 이후 수정신고와 기한후 신고분부터는 성실신고를 유도하기 위하여 세액을 납부하지 않아도 적법한 신고로 인정하여 가산세 감면규정을 적용하는 것으로 개정되었으나, 지방세기본법은 여전히 수정신고로 인하여 추가로 납부하여야 할 세액을 그 수정신고와 기한후 신고시 동시에 납부하지 아니하는 경우에는 해당 가산세액을 감면하지 않으므로 주의를 하여야 한다.

(5) 감면절차

가산세의 감면 등을 받으려는 자는 다음의 사항을 적은 가산세감면신청서(별지 16호 서식)를 지방자치단체의 장에게 제출하여야 한다(지기령 §35 ①).

① 감면 등을 받으려는 가산세와 관계되는 세목, 과세연도

② 감면 등을 받으려는 가산세의 종류 및 금액

③ 해당 의무를 이행할 수 없었던 사유(지방세기본법 제57조 제1항에 의한 기한연장의 사유와 정당한 사유의 경우만 해당)

'①'의 경우에 '③'의 사유를 증명할 수 있는 서류가 있을 때에는 이를 첨부하여야 하며 지방자치단체의 장은 가산세의 감면 등을 하였을 때에는 지체 없이 그 사실을 문서로 해당 납세자에게 통지하여야 하고 감면 등의 신청을 받은 경우에는 그 승인 여부를 신청일부터 5일 이내에 통지하여야 한다(지기령 §35 ③).

(6) 기한후 신고에 따른 가산세 감면사례

김성실 씨는 2025.6.30.에 부동산을 취득하고 취득세 신고납부세액을 2,140,00원을 취득일로부터 60일 이내에 신고하지 않은 것을 알게 되어 신고기한후 20일 후에 신고를 하였다. 김성실 씨가 부담하여야 할 가산세액은?

해답 ····

① 무신고 가산세＝2,140,000원×20%×(1－50%)＝214,000원

✎ 신고기한 후 1개월 이내 신고이므로 무신고 가산세 50%를 감면한다.

② 납부지연 가산세=2,140,000원×20일×22/100,000=9,410원

③ 총가산세=223,410원

해설

만약 지방자치단체장이 해당 무신고에 대하여 고지 할 목적으로 유선상으로 무신고 사유를 문의를 하는 등이 있는 경우라면 해당 세무공무원이 조사를 시작한 것을 알고 과세표준신고서를 제출한 경우로 보는 것이므로 가산세 감면을 받을 수 없다(지기법 §57).

3)-1. 수정신고 등에 따른 감면

① 청구인이 기한 후 신고를 할 수 있는 기회를 박탈한 채 가산세를 부과한 처분은 부당하다는 청구주장의 당부

지방세기본법 제57조 제2항 제2호 괄호는 "지방자치단체의 장이 과세표준과 세액을 결정할 것을 미리 알고 기한후신고서를 제출한 경우"에는 가산세 감면대상에서 제외한다고 규정하고 있고, 청구인은 2023.5.3. 이 건 취득세 등의 과세예고통지를 받은 것으로 나타나므로, 그 후에 청구인이 기한후신고를 하였다 하더라도 지방세기본법 제57조 제2항 제2호에서 규정한 감면대상에는 해당되지 않음(조심 2023지4395, 2024.6.25.).

② 취득신고 이후 매매가액의 착오로 수정시 수정신고, 경정청구 대상 판단 운영지침[1)]

공인중개사의 업무 및 부동산 거래신고에 관한 법률의 규정에 의한 계약신고 및 취득신고를 한 후 법정 신고기한이 경과하였으나 착오기재 등 명백한 이유로 지방세기본법 제50조 제1항 각 호 및 제51조 제1항 각 호의 요건에 해당하는 경우, 수정신고하여 추가 납부하거나 경정청구하여 환급받을 수 있는 대상으로 판단됨(행안부 지방세운영-559, 2011.2.7.).

③ 기한 내 취득세 신고후 기한 내 수정신고를 하는 경우의 가산세 감면

㈎ 사실관계

- 2019.2.1. : 부동산 취득
- 2019.3.2. : 취득세 신고 및 납부, 부동산 소유권이전 등기 완료
- 2019.3.31. : 취득세 수정신고 및 납부(추가 세액 납부)

㈏ 질의내용

취득세 신고납부기한 (취득일부터 60일) 이내에 취득세를 신고납부하고 부동산 소유권이전등기를 완료한 후, 취득일부터 60일이 경과하기 전에 수정신고를 하는 경우, 수정신고납부액과 최초신고납부액의 차액에 대해 신고불성실 가산세 및 납부지연 가산세 납세의무가 발생하는지 여부

1) 행안부 지방세운영-559, 2011.2.7., 2018지방세실무, 전동흔, 한국세무사회 p.43 참고

(다) 회신

먼저 관계법령을 보면, 지방세법 제20조 제1항에서는 취득세 과세물건을 취득한 자는 그 취득한 날부터 60일 이내에 그 과세표준에 제11조부터 제15조까지의 세율을 적용하여 산출한 세액을 대통령령으로 정하는 바에 따라 신고하고 납부하여야 한다고 규정하고 있고, 같은 조 제4항 및 같은 법 시행령 제35조에서는 재산권과 그 밖의 권리의 취득·이전에 관한 사항을 공부에 등기하거나 등록하려는 경우에는 등기 또는 등록의 신청서를 등기·등록관서에 접수하는 날까지 취득세를 신고납부하여야 한다고 규정하고 있음.

지방세기본법 제53조의 3 내지 제53조의 4에서는 납세의무자가 법정 신고기한까지 산출세액을 신고한 경우로서 신고하여야 할 산출세액보다 적게 신고한 경우에는 과소신고 가산세를, 납부기한까지 지방세를 납부하지 아니하거나 납부하여야 할 세액보다 적게 납부한 경우에는 납부지연 가산세를 부과토록 하고 있음.

같은 법 제54조 제2항 제1호에서는 지방자치단체의 장은 법정 신고기한이 지난 후 6개월 이내에 제50조에 따라 수정신고를 한 경우(과소신고 가산세만 해당하며, 과세표준수정신고서를 제출한 과세표준과 세액에 관하여 경정이 있을 것을 미리 알고 제출한 경우는 제외)에는 가산세액의 100분의 50에 상당하는 금액을 감면한다고 규정하고 있음.

위 법령에 비추어 살펴보면, 이 건 질의의 부동산은 취득에 따른 소유권이전등기를 마쳤으므로 이 경우 취득세 법정신고납부기한은 취득한 날부터 60일 이내가 아니라 등기 신청서를 등기관서에 접수한 날인 2015.3.2.이 되는 것(조심 2013지560, 2013.9.2. 참고)이므로, 2019.3.31. 취득세 과소신고납부액을 수정신고납부하였다고 하더라도 이는 법정신고납부기한이 경과한 경우에 해당하여 당초 과소신고납부액에 대해서는 과소신고 가산세 및 납부지연 가산세의 납부의무가 발생하는 것이나, 법정신고납부기한이 지난 후 6개월 이내에 수정신고하였으므로 과소신고 가산세의 100분의 50에 상당하는 금액은 감면받을 수 있다고 판단됨.

다만, 이에 대해서는 과세관청이 취득세 납세의무자가 경정이 있을 것을 미리 알고 수정신고하였는지, 지방세기본법 제26조 제1항에 따른 기한연장 사유에 해당하거나 납세자가 해당 의무를 이행하지 아니한 정당한 사유가 있는지 등 구체적인 사실관계를 종합하여 최종 판단할 사항임(서울세제-6133, 2015.4.23.).

3. 지방세법 가산세

1) 지방소득세법 가산세

소득세법에 열거되어 있는 증명서류 수취 불성실 가산세계산서, 계산서 등 제출 불성실 가산세 등이 지방소득세법상은 없지만 지방세법 제99조에서 소득세법 가산세의 10%에 해당하는 금액을 개인지방소득세 결정세액에 더하는 것이라고 되어 있으므로 결국 소득세법 가산세는 개인지방소득세 가산세에도 동일하게 적용되고 있는 것이다.

① 소득세법 제81조, 제81조의 2부터 제81조의 14까지의 규정에 따라 소득세 결정세액에 가산세를 더하는 경우에는 그 더하는 금액의 10%에 해당하는 금액을 개인지방소득세 결정세액에 더한다. 다만, 소득세법 제81조의 5(장부의 기록 · 보관 불성실 가산세, 일명 무기장 가산세)에 따라 더해지는 가산세의 10%에 해당하는 개인지방소득세 가산세와 지방세기본법의 무신고 가산세 또는 과소신고가산세 · 초과환급신고가산세에 따른 가산세가 동시에 적용되는 경우에는 그 중 큰 가산세액만 적용하고, 가산세액이 같은 경우에는 지방세기본법의 무신고 가산세 또는 과소신고가산세 · 초과환급신고가산세 따른 가산세만 적용한다(지법 §99 ①).

② 소득세법 제70조 제4항 각 호 외의 부분 후단에 따라 종합소득 과세표준확정신고를 하지 아니한 것으로 보는 경우에 해당하여 가산세 부과대상이 되는 때에는 종합소득에 대한 개인지방소득세 과세표준확정신고를 하지 아니한 것으로 본다(지법 §99 ②, 지법 부칙 §1 · §2, 2022.1.1. 이후 납세의무가 성립하는 경우부터 적용함).

실무Tip _ 복식부기의무자의 추계신고시 지방세기본법상 무신고 가산세 적용여부

1. 2021년 귀속분까지의 지방세기본법상 무신고가산세의 적용여부

소득세법 제70조 제4항 제3호에 따르면 복식부기의무자가 재무제표 등을 제출하지 않는 경우에는 종합소득 과세표준 확정신고를 하지 않는 것으로 보아 무신고가산세(국기법 §47의 2)와 무기장가산세(소법 §81의 5) 중 큰 금액을 가산세로 적용하고 가산세액이 동일한 경우에는 무신고가산세만 적용한다.

이때 무신고가산세가 적용되는 경우에는 지방세기본법상의 무신고가산세는 적용하지 않는다. 왜냐하면 지방세법이나 지방세기본법상 복식부기의무자의 추계신고를 무신고로 본다는 규정을 없기 때문이다.

다만, 소득세법상 무기장가산세가 적용되는 경우에는 무기장가산세의 10%(지법 §99 ①)를 개인지방소득세로 납부한다(2023 소득세 실무, 세무사 김두천 저, 한국세무사회, p.1946 참고).

2. 2022년 귀속분부터 지방세기본법상 무신고가산세의 적용여부

2021.12.28. 지방세법 제99조 제2항이 신설되어 소득세법상 복식부기의무자의 추계신고시 지방세기본법상 무신고가산세가 적용되는 것으로 세법이 신설되었다. 관련 법령은 2022.1.1. 이후 납세의무가 성립하는 경우부터 적용(지법 부칙 법률 제18655호 §2)된다.

2) 가산세 적용의 특례

2021년부터 2024년까기 각 과세기간에 발생한 소득에 대하여 종합소득세 신고기한 내에 종합소득 과세표준 확정신고를 한 거주자 또는 퇴직소득 확정신고기한 내에 퇴직소득 과세

표준 확정신고를 한 거주자가 지방세법상 과세표준 및 세액의 확정신고의무를 다하지 아니한 경우로서 해당 신고기한이 지난 후 1개월 이내에 종합소득 또는 퇴직소득에 대한 개인지방소득세를 수정신고하거나 지방세기본법에 따라 기한 후 신고하는 경우에는 무신고가산세(지기법 §53)와 과소신고가산세 · 초과환급신고가산세(지기법 §54)에 따른 가산세를 부과하지 아니한다(지법 §103의 61 ②, 지법 부칙 법률 제19860호 제7조, 2023.12.29., 2023.1.1. 이후 수정신고하거나 기한 후 신고하는 경우부터 적용).

실무Tip _ 지방소득세의 납세지

1. 법인지방소득세

2017년 귀속분부터 법인 지방소득세 납세지는 사업연도 종료일 현재의 법인의 등기부에 따른 본점이나 주사무소의 소재지이다(지법 §89 ①).
법인지방소득세의 경우 법인 등기부상 사업장 소재지의 시와 군을 달리하여 신고를 하면 신고불성실 가산세와 납부지연 가산세가 적용될 위험이 있으므로 사업장이 이전된 경우 정확한 납세지를 확인하여 신고 · 납부하여야 할 것이며 애매한 경우 지방자치단체의 세무과에 문의를 하길 바란다.
참고로 법인지방소득세는 시세에 해당되므로 서울시, 광역시, 기타시내에서 구를 달리하여 신고한 경우는 신고불성실 가산세 등 대상은 아니다.

2. 개인지방소득세

개인지방소득세 납세지와 관련된 세법 개정 내용은 다음과 같다(지법 §89 ①, 지법 §95 ① 후단).

귀 속	신 고	내 용
2018년 귀속분까지	2019년 신고분까지	신고 당시 주소지로 신고
2019년 이후	2020년 이후 신고분부터	해당 귀속연도 12월말 주소지로 신고*

* 2020년 이후 신고하는 경우부터는 '거주자가 종합소득 또는 퇴직소득에 대한 개인지방소득세 과세표준과 세액을 납세지 관할 지방자치단체의 장 외의 지방자치단체의 장에게 신고한 경우에도 그 신고의 효력에는 영향이 없다(지법 §95 ① 후단, 지법 부칙 법률 제16855호 §6 ①).

따라서 2018년 귀속분을 2019년 이후 기한 후 신고 등을 하는 경우에는 기한 후 신고 당시 주소지(현재 주소지) 구청 등에 신고하고, 2024년 귀속분을 2025년 5월에 신고를 하는 경우에는 2024.12.31. 주소지 관할 구청 등에 신고를 하여야 하지만, 관할 구청 등 외 지방자치단체의 장에게 신고한 경우에도 가산세 불이익은 없다.

저자주 지방세법 제95조 제1항의 규정은 '납세지 관할 지방자치단체의 장 외의 지방자치단체의 장에게 신고한 경우에 그 신고의 효력에 영향이 없다'라고 규정하고 있으므로 지방자치단체의 장을 달리하여 신고한 경우 납부지연 가산세가 적용될 수 있을 것으로 판단된다. 납부를 잘못 한 경우 현재는 지방자치단체끼리 정산하여 가산세를 과세하지 않고는 있으나 관할 지방자치단체가 혹시 납부지연 가산세를 부담하겠다고 하면 해결할 방법은 없는 것으로 판단되니 주소지 변경된 경우라면 정확한 납세지를 확인하여 신고 · 납부하여야 할 것이며 애매한 경우 지방자치단체의 세무과에 문의를 하길 바란다.

제2절 지방세기본법상 수정신고와 경정청구

1. 수정신고

1) 적용대상

지방세기본법 또는 지방세관계법에 따른 법정 신고기한까지 과세표준신고서를 제출한 자 및 납기후의 과세표준신고서를 제출한 자는 다음의 어느 하나에 해당할 때에는 지방자치단체의 장이 지방세관계법에 따라 그 지방세의 과세표준과 세액을 결정하거나 경정하여 통지하기 전으로서 국세부과제척기간이 끝나기 전까지는 과세표준 수정신고서를 제출할 수 있다(지기법 §49 ①).

① 과세표준신고서 또는 납기후의 과세표준신고서에 기재된 과세표준 및 세액이 지방세관계법에 따라 신고하여야 할 과세표준 및 세액보다 적을 때

② 과세표준신고서 또는 납기후의 과세표준신고서에 기재된 환급세액이 지방세관계법에 따라 신고하여야 할 환급세액을 초과할 때

③ 그 밖에 특별징수의무자의 정산과정에서 누락 등이 발생하여 그 과세표준 및 세액이 지방세관계법에 따라 신고하여야 할 과세표준 및 세액 등보다 적을 때

실무Tip _ 적용 세목과 수정신고 적격자

1. 적용세목

수정신고의 적용 세목은 지방세 중 신고납부하는 세목인 취득세, 등록면허세, 주민세, 지방소득세 등으로서, 당초 신고납부한 세액에 대하여 지방자치단체가 부과고지하기 이전까지 수정신고를 할 수 있는 것이다. 따라서 부과고지 하는 세목은 수정신고 대상이 될 수 없으며, 부과고지세액에 이의가 있으면 부과고지 후 90일 이내에 이의신청 등 불복청구절차를 통하여 구제를 받아야 한다.

2. 적격자

2019.12.31.까지 수정신고 대상자는 법정신고기한까지 과세표준신고서를 제출한 자만 할 수 있었다. 따라서 기한후 신고를 한 경우에는 당초 법정신고기한까지 과세표준 및 세액을 신고하지 않았으므로 기한후 신고에 대한 수정신고를 할 수 없었지만 2020.1.1. 이후 수정신고를 하는 분부터는 과세표준신고서를 법정신고기한까지 제출하지 아니한 기한후 신고를 한 자에게도 자기시정의 기회를 부여하기 위하여 수정신고를 할 수 있도록 세법이 개정되었다. 참고로 2020.1.1. 전에 기한후신고서를 제출하고 2020.1.1. 이후 과세표준수정신고서

를 제출하거나 지방세의 과세표준 및 세액의 결정 또는 경정을 청구하는 경우에도 수정신고를 할 수 있다(지방세기본법 부칙 법률 16854호 §3).

2) 수정신고사유[2)]

(1) 후발적 사유

공사비의 정산과 같이 건축물을 신축하여 임시사용승인을 받은 후 60일 이내에 취득세를 신고납부하고 추후에 공사비가 정산이 된 경우나, 조성되는 토지의 경우 토지조성공사가 완료되어 공사비가 정산되는 경우 등이 해당된다.

(2) 기타 부득이한 사유

취득을 입증하는 법인장부, 각종전표 등 증빙서류가 수사기관 · 세무서 등 권한 있는 기관에 압수 · 영치되거나 법인의 청산중이거나 기타 부득이한 사유가 있는 경우에는 수정신고납부를 할 수가 있다.

3) 수정신고절차

수정신고를 하려는 자는 종전에 과세표준과 세액을 신고한 지방자치단체의 장에게 과세표준수정신고서(별지 13호 서식)를 제출하여야 하며, 과세표준수정신고서를 제출할 때에는 수정신고사유를 증명할 수 있는 서류를 함께 제출하여야 한다(지기령 §29).

4) 수정신고 실무적용사례

① 취득세 과세대상 여부 확정판결이 수정신고 요건에 해당되는지 여부

과세대상 여부 확정판결은 수정신고 요건에 해당되지 않음.

구 지방세법 제71조 제1항 제1호에서 규정하고 있는 수정신고의 사유는 이미 신고납부를 한 이후에 과세표준액 및 세액계산의 근거가 되는 면적 · 가액 등과 관련된 사실관계가 사후적으로 변경되거나 확정된 경우를 의미하는 것이므로, 구 지방세법 제71조 제1항 제1호의 확정판결이 있었음을 이유로 수정신고를 하려면 해당 확정판결이 과세대상과 관련한 사실관계를 신고납부의 전제가 된 사실관계와 다른 내용으로 변경 · 확정시키는 내용이어야 하고, 기존의 신고납부 당시의 사실관계를 바탕으로 하여 단지 과세대상인지 여부의 판단만을 달리하는

---

2) 2018지방세실무, 전동흔, 한국세무사회 p.42~43

내용의 확정판결은 구 지방세법 제71조 제1항 제1호의 확정판결에 해당하지 않음(대법원 2016두40511, 2016.8.17.).

② 대토용지 취득의 시기

△△가 공급하는 토지 중 위치 및 경계가 특정된 일정 토지에 대하여 일정한 금액을 공급가격(매매가격)으로 정하고 그 대금을 2년 이내의 기간에 분할하여 납부하되, 토지조성사업 완료 후 면적정산, 토지사용승낙일 등으로 추가로 대금을 납부한 경우 당해 토지에 대한 취득의 시기는 지방세법시행령 제20조 제2항 제1호에 따라 당초의 매매대금을 모두 지급된 시점을 사실상의 잔금지급일로 보아야 할 것이고, 면적정산에 따라 추가로 대금을 납부한 부분에 대하여는 지방세기본법 제50조 및 시행령 제29조에 따라 과세표준수정신고서 및 수정신고의 사유서를 제출하고 추가납부세액을 납부하여야 함(서울세제-1492, 2012.2.6.).

2. 경정청구[3)]

1) 통상적 경정청구 대상

지방세기본법 또는 지방세관계법에 따른 과세표준신고서를 법정 신고기한까지 제출한 자 및 납기후의 과세표준신고서를 제출한 자는 다음의 어느 하나에 해당할 때에는 법정 신고기한이 지난 후 5년 이내[지방세법에 따른 결정 또는 경정이 있는 경우에는 그 결정 또는 경정이 있음을 안 날(결정 또는 경정의 통지를 받았을 때에는 통지받은 날)부터 90일 이내(법정 신고기한이 지난 후 5년 이내로 한정한다)를 말함]에 최초신고와 수정신고를 한 지방세의 과세표준 및 세액(지방세법에 따른 결정 또는 경정이 있는 경우에는 그 결정 또는 경정 후의 과세표준 및 세액 등을 말한다)의 결정 또는 경정을 지방자치단체의 장에게 청구할 수 있다(지기법 §50 ①).

① 과세표준신고서 또는 납기후의 과세표준신고서에 기재된 과세표준 및 세액(지방세법에 따른 결정 또는 경정이 있는 경우에는 그 결정 또는 경정 후의 과세표준 및 세액을 말함)이 지방세법에 따라 신고하여야 할 과세표준 및 세액을 초과할 때

② 과세표준신고서 또는 납기후의 과세표준신고서에 기재된 환급세액(지방세법에 따른 결정 또는 경정이 있는 경우에는 그 결정 또는 경정 후의 환급세액을 말함)이 지방세법에 따라 신고하여야 할 환급세액보다 적을 때

3) 경정청구의 실무사례는 제2장 제3절 경정청구의 법인세 경정청구 사례연구(516쪽)을 참고하길 바란다.

2) 후발적 경정청구 대상

과세표준신고서를 법정 신고기한까지 제출한 자 또는 지방세의 과세표준 및 세액의 결정을 받은 자는 다음의 어느 하나에 해당하는 사유가 발생하였을 때에는 그 사유가 발생한 것을 안 날부터 90일 이내에 결정 또는 경정을 청구할 수 있다(지기법 §50 ②).

① 최초의 신고 · 결정 또는 경정에서 과세표준 및 세액의 계산 근거가 된 거래 또는 행위 등이 그에 관한 소송의 판결(판결과 동일한 효력을 가지는 화해나 그 밖의 행위를 포함)에 의하여 다른 것으로 확정되었을 때

② 조세조약에 따른 상호합의가 최초의 신고 · 결정 또는 경정의 내용과 다르게 이루어졌을 때

③ ① 및 ②의 사유와 유사한 사유로서 대통령령으로 정하는 사유가 발생했을 때

㉠ 최초의 신고 · 결정 또는 경정(更正)을 할 때 과세표준 및 세액의 계산 근거가 된 거래 또는 행위 등의 효력과 관계되는 관청의 허가나 그 밖의 처분이 취소된 경우

㉡ 최초의 신고 · 결정 또는 경정을 할 때 과세표준 및 세액의 계산 근거가 된 거래 또는 행위 등의 효력과 관계되는 계약이 해당 계약의 성립 후 발생한 부득이한 사유로 해제되거나 취소된 경우

㉢ 최초의 신고 · 결정 또는 경정을 할 때 장부 및 증명서류의 압수, 그 밖의 부득이한 사유로 과세표준 및 세액을 계산할 수 없었으나 그 후 해당 사유가 소멸한 경우

㉣ ㉠부터 ㉢까지의 규정에 준하는 사유가 있는 경우

3) 경정청구의 절차와 통지

(1) 경정청구의 절차

결정 또는 경정의 청구를 하려는 자는 다음의 사항을 적은 결정 또는 경정 청구서를 지방자치단체의 장에게 제출(지방세통합정보통신망에 의한 제출을 포함)하여야 한다(지기령 §31).

① 청구인의 성명과 주소 또는 영업소

② 결정 또는 경정 전의 과세표준 및 세액

③ 결정 또는 경정 후의 과세표준 및 세액

④ 결정 또는 경정의 청구를 하는 이유

⑤ 그 밖에 필요한 사항

(2) 경정청구의 통지

결정 또는 경정의 청구를 받은 지방자치단체의 장은 청구받은 날부터 2개월 이내에 그 청구를 한 자에게 과세표준 및 세액을 결정 · 경정하거나 결정 · 경정하여야 할 이유가 없다는 것을 통지하여야 한다(지기법 §50 ③).

4) 경정청구 실무적용사례

① 취득세 신고납부 후 누락 토지 추가신고분 처리에 대한 질의 회신
지방세기본법 제51조 제1항에 의하면 지방세관계법에 따른 과세표준신고서를 법정 신고기한까지 제출한 자는 법정 신고기한이 지난 후 3년 이내에 경정청구를 할 수 있다고 규정하고 그 제1호에서는 과세표준신고서에 기재된 과세표준 및 세액이 지방세법에 따라 신고하여야할 과세표준 및 세액을 초과한 때를 경정청구 대상으로 규정하고 있는 바, 이에 해당하므로 경정청구 대상임(서울세제-6756, 2013.5.30.).

② 리스를 위해 자동차를 취득하면서 취득세를 법정 신고기한 내 신고납부하고 등록하였으나, 그 후 리스계약이 파기되어 자동차 구입에 대한 계약 해제권이 행사된 경우 경정청구와 기 납부한 취득세가 환급 가능한지의 여부
당초의 리스계약이 파기되어 자동차 구입계약이 해제되었을 경우 지방세기본법 제51조 제2항 제3호 및 같은 법 시행령 제30조 제2호에 따른 경정청구의 요건이 성립되므로 경정청구는 가능하나, 자동차를 취득하면서 취득세를 법정 신고기한 내 신고납부하고 등록절차를 마쳤다면 실질적으로 취득행위가 있었다고 볼 수 있고, 리스계약 파기로 인한 자동차 구입계약 해제가 당초의 신고행위를 무효로 할 만큼 중대하고 명백한 하자로도 볼 수 없으므로 취득세를 경정할 수는 없다고 판단되나, 이에 해당되는지의 여부는 과세권자가 사실관계 등을 면밀히 파악하여 최종 판단할 사항임(지방세운영-2996, 2011.6.24.).

3. 기한후 신고[4)]

1) 적용대상

법정 신고기한까지 과세표준신고서를 제출하지 아니한 자는 지방자치단체의 장이 지방세법에 따라 그 지방세의 과세표준과 세액(지방세기본법 및 지방세법에 따른 가산세를 포함)을 결정하여 통지하기 전에는 납기후의 과세표준신고서(기한후신고서)를 제출할 수 있으며 기한후신고서를 제출한 자로서 지방세관계법에 따라 납부하여야 할 세액이 있는 자는 그 세액을

4) 기한 후 신고의 실무사례는 제2장 제1절 2.세목별 기한후 신고 사례(461쪽)을 참고하길 바란다.

납부하여야 한다(지기법 §51).

2) 적용요건

기한후 신고는 ① 법정 신고기한 만료일로부터 결정하여 통지하기 전이어야 하고, ② 보통징수의 방법으로 부과고지를 받기 전이어야 할 수 있다.

3) 절차

기한후 신고를 하려는 자는 지방세관계법에서 정하는 납기후의 과세표준신고서(기한후신고서)를 지방자치단체의 장에게 제출하여야 한다(지기령 §32).

기한후신고서를 제출하거나 수정신고에 따라 기한후신고서를 제출한 자가 과세표준 수정신고서를 제출한 경우 지방자치단체의 장은 지방세법에 따라 신고일부터 3개월 이내에 그 지방세의 과세표준과 세액을 결정 또는 경정하여 신고인에게 신고하여야 한다.

다만, 그 과세표준과 세액을 조사할 때 조사 등에 장기간이 걸리는 등 부득이한 사유로 신고일부터 3개월 이내에 결정 또는 경정할 수 없는 경우에는 그 사유를 신고인에게 통지하여야 한다(지기법 §51 ③).

4) 기한후 신고 실무적용사례

① 취득세를 기한후 신고납부 후 처분청의 결정이 없는 경우, 심판청구 대상이 되는 부작위 처분으로 볼 수 있는지 여부

지방세기본법 제52조에서 법정 신고기한까지 과세표준신고서를 제출하지 아니한 자는 지방자치단체의 장이 그 지방세의 과세표준과 가산세를 포함한 세액을 결정하여 통지하기 전에는 납기후의 과세표준신고서를 제출하고 동시에 그 세액을 납부하여야 하며, 이와 같이 기한후신고서를 제출한 경우 지방자치단체의 장은 지방세법에 따라 신고일부터 3개월 이내에 그 지방세의 과세표준과 세액을 결정하여야 한다고 규정하고 있는 바, 법정 신고기한이 경과한 후에 한 납세의무자의 과세표준 등의 신고는 그 납세의무를 확정시키는 효력이 없다고 할 것(대법원 2003다66271, 2005.5.27. 같은 뜻임)이고, 취득세 납세의무자가 기한후 과세표준신고서를 제출하더라도 그 납세의무는 관할 지방자치단체의 장이 취득세 등의 과세표준과 세액을 결정하는 때에 비로소 확정되는 것(대법원 2013두6633, 2014.10.27. 같은 뜻임)이라 할 것이나, 처분청은 청구인의 기한후 신고납부에 대하여 그 신고일부터 3개월 이내에 그 취득세 등의 과세표준과 세액을 결정통지하였어야 함에도 신고일부터 3개월이 경과한 심리일 현재까지 청구인에게 결정통지하지 아니한 점 등에 비추어 이는 부작위 처분에 해당하며, 청구인은 처분청의 부작위로 인하여 권리 또는 이익의 침해를 당하고 있다고 볼 수 있으므로

이 건 심판청구는 적법한 청구에 해당됨(조심 2017지440, 2018.4.26.)

② 처분청으로부터 취득세 등을 신고 · 납부하여야 한다는 것을 안내받지 못하였다는 사실만으로 가산세를 면제할 만한 정당한 사유가 있는지의 여부

청구인은 2016.7.29. 쟁점부동산에 대한 분양대금을 모두 지급함으로써 사실상 취득이 이루어져 취득세 납세의무가 성립되었으므로 60일 이내에 취득세 등을 신고 · 납부하여야 함에도 이를 이행하지 아니하였고, 처분청으로부터 취득세 등을 신고 · 납부하여야 한다는 것을 안내받지 못하였다는 사실만으로 가산세를 면제할 만한 정당한 사유가 있다고 보기는 어려운 점 등에 비추어 처분청이 청구인에게 가산세를 포함하여 기한후 신고에 대하여 이 건 결정통지를 한 처분은 달리 잘못이 없다고 판단됨(조심 2017지839, 2017.12.28.).

③ 상속으로 인한 부동산 취득에 대한 취득세 가산세 부과처분의 적법 여부

법정 신고기한까지 과세표준신고서를 제출하지 아니한 자는 처분청이 지방세의 과세표준과 세액을 결정하여 통지하기 전에는 납기후의 과세표준신고서("기한후신고서")를 제출할 수 있으며, 이 경우 신고불성실 가산세의 100분의 50을 부과하지 아니하는 것이지만, 이러한 경우 신고불성실 가산세 경감은 기한후신고서의 제출과 동시에 그 세액을 납부한 경우에 한하는 것이므로, 기한후신고서를 제출한 후 해당 세액을 납부하지 아니한 청구인들의 경우에는 신고불성실 가산세를 경감하기는 어려움(조심 2013지22, 2013.2.14.).

제3절 지방세 관련 가산세

저자주 방대한 지방세법의 각각의 세목에 대한 가산세 사례를 정리한다는 것이 본 교재에 부합되는지에 대한 고민하였으나, 실무에서 가장 빈번하게 나오는 법인지방소득세, 개인지방소득세, 취득세, 주민세 재산분 그리고 주민세 종업원분에 대해서만 일단 관련 사례를 정리해보고자 한다. 추후 개정판이 진행되면 독자분들의 의견을 충분히 수렴해 실무에서 우선적으로 적용되어야 할 부분과 중요성이 있는 부분을 추가적으로 반영할 수 있도록 노력해보겠다.

지방세법상 가산세 요약(2025년)

종 류		적용요건	가산세액
취득세	장부 기록 · 비치의 무위반 가산세 (지법 §22의 2)	법인의 취득가액 입증 위한 장부 및 관련 증빙서류 기록 · 비치의무를 위반한 경우*1	산출세액(부족세액)×10%

종 류		적용요건	가산세액
취득세	미등기전매 가산세 (지법 §21 ②)	취득세 과세물건을 사실상 취득한 후 신고를 하지 아니하고 매각하는 경우*2	산출세액×80%
지방 교육세	납부지연 가산세 (지법 §153)	지방교육세를 신고하고 납부하여야 하는 자가 납부의무를 다하지 아니한 경우*3	가산세액=①+② ① 납부하지 아니한 세액 또는 과소납부세액 ×경과일수×22/100,000 ② 초과환급분 세액×경과일수×22/100,000

*1. 취득세 납세의무가 있는 법인은 취득당시가액을 증명할 수 있는 장부와 관련 증거서류를 작성하여 갖춰 두어야 한다. 이 경우 다음의 장부 및 증거서류를 포함하여야 한다(지법 §22 ①, 2023.12.29. 개정).

① 사업의 재산 상태와 그 거래내용의 변동을 기록한 장부 및 증거서류(2023.12.29. 신설)

② 신탁법에 따른 수탁자가 위탁자로부터 취득세 과세대상 물건의 취득과 관련하여 지급받은 신탁수수료와 그 밖의 대가가 있는 경우 이를 종류 · 목적 · 용도별로 구분하여 기록한 장부 및 증거서

*2. 등기 · 등록이 필요하지 아니한 과세물건 등 대통령령으로 정하는 과세물건에 대하여는 가산세를 징수하지 않음.

① 취득세 과세물건 중 등기 또는 등록이 필요하지 아니하는 과세물건(골프회원권, 승마회원권, 콘도미니엄 회원권, 종합체육시설 이용회원권 및 요트회원권은 제외)

② 지목변경, 차량 · 기계장비 또는 선박의 종류 변경, 주식등의 취득 등 취득으로 보는 과세물건

*3. 지방교육세 납세의무자가 이 법에 따라 취득세, 등록에 대한 등록면허세, 레저세 또는 담배소비세를 신고하고 납부하는 때에는 그에 대한 지방교육세를 함께 신고하고 납부하여야 하는데 만약 지방교육세 납세의무자가 신고의무를 다하지 아니한 경우에는 무신고 또는 과소신고에 따른 가산세를 부과하지 아니한다(지법 §153 ①).

1. 법인지방소득세 수정신고 방법과 수정신고서 등 작성요령 사례

㈜태욱(중소기업이며, 12월말 결산법인)은 소프트웨어공급업체로서 2022년 귀속분 법인지방소득세 신고는 법인지방소득세 신고기한인 2023.5.1.(2023.4.30.이 일요일임)까지 신고 · 납부하였다. ㈜태욱의 2022년 귀속분 법인세 신고시의 신고내역을 요약하면 다음과 같고 해당 자료는 516쪽의 자료와 동일하다.

구 분	당초 법인세 신고내역	당초 법인 지방소득세 신고내역
수입금액	612,165,204	612,165,204
과세표준	86,759,431	86,759,431
산출세액	8,675,943	867,594
세액감면	1,607,269	
총부담세액	7,068,674	867,594
중간예납세액	4,391,870	

구 분	당초 법인세 신고내역	당초 법인 지방소득세 신고내역
원천납부세액	2,160	210
차가감납부할세액	2,674,644	867,384

* 세액감면은 중소기업특별세액감면으로 과다감면금액이 2,000,000원 있으나 법인 지방소득세와는 상관이 없으니 고려하지 않는다.

㈜태욱은 2022년 귀속분 신고에 대한 검토 중 다음과 같은 오류사항을 발견하였다.

> 세금과공과금 중 과태료 등 계상액 : 1,000,000원

㈜태욱은 2025.6.30.에 오류사항을 수정하여 2022년 귀속분에 대한 자진수정신고를 하려고 한다. 참고로 관련 오류사항은 부정한 방법에 의한 오류사항은 아니다.

수정신고와 관련된 가산세와 법인 지방소득세 관련 수정신고서를 작성하시오.

해답

(1) 법인세 세무조정을 반영한 조정사항의 정리

구 분	수정전 지방소득세 신고내용	수정후 지방소득세 신고금액
수입금액	612,165,204	612,165,204
과세표준	86,759,431	87,759,431
산출세액	867,594	877,594
가산세		2,740
총부담세액	867,594	880,334
원천납부세액	210	210
차가감납부할세액	867,384	880,124

*1. 세금과공과금 중 과태료 등 계상액 1,000,000원을 손금불산입(기타사외유출)으로 세무조정하여 과세표준금액이 1,000,000원 증가한다.

*2. ㈜태욱의 법인 지방소득세 세율은 1%이다.

(2) 가산세

① 과소신고 가산세 = 미납세액 × 10% = 10,000원 × 10% = 1,000원

미납세액은 납부세액의 차이인 10,000원이고, 2년 이후의 수정신고이므로 감면율은 없다.

② 납부지연 가산세

=미납세액×0.022%×791일(2023.5.2.~2025.6.30.)

=10,000원×0.022%×791일(2023.5.2.~2025.6.30.)

=1,740원

✎ 2018.12.31.까지는 0.03%, 2022.6.6.까지는 0.025%, 2022.6.7. 이후부터는 0.022%를 적용한다. 다만, 2018.12.31. 이전 지방세 관련 납부지연 가산세를 부과해야 하는 사유가 발생한 경우로서 2019.1.1. 이후 납부를 하여할 경우에는 개정된 규정에도 불구하고 종전 규정인 0.03%를 적용해야 할 것으로 판단되며(지기령 부칙 대통령령 제29436호, 2018.12.31.) 2022.6.7. 이전 납세의무가 성립한 납부지연가산세를 2022.6.7. 이후 납부하는 경우 2022.6.7. 이전 기간분에 대한 납부지연가산세의 계산에 적용되는 이자율은 개정규정에도 불구하고 종전 규정인 0.025%를 적용하고 2022.6.7. 이후 기간분에 대한 납부지연가산세의 계산에 적용되는 이자율은 개정규정인 0.022%를 적용한다(지기령 §34, 지기령 부칙 대통령령 제32665호, 2022.6.7. 2022년 개정).

따라서 해당 수정신고가 2021년 귀속분을 2025.6.30.에 수정신고한다고 가정한 납부지연 가산세는 다음과 같다. 참고로 2021년 귀속분의 법정신고기한은 2022.5.2.(2022.4.30.이 토요일임)이다.

납부지연 가산세=미납세액×0.025%×35일(2022.5.3.~2022.6.6.)
+미납세액×0.022%×1,120일(2022.6.7.~2025.6.30.)
=10,000원×0.025%×35일(2022.5.3.~2022.6.6.)
+10,000원×0.022%×1,120일(2022.6.7.~2025.6.30.)
=2,552원

③ 가산세 총합계액(①+②)=2,740원

(3) 수정신고서 등 관련 서식 작성방법

✎ 법인 지방소득세 수정신고는 기본적으로 법인세 수정신고와 동일하다.

지방세기본법 시행규칙[별지 제13호 서식] (2019.12.31. 개정)

지방세 과세표준 수정신고서

※ 색상이 어두운 난은 신청인이 작성하지 아니하며, 아래의 유의사항을 읽고 작성하시기 바랍니다.

접수번호	접수일	처리기간 즉시

납세자		
납세자	성명(법인명) ㈜태욱	주민(법인, 외국인)등록번호 110111－3895442
	상호(법인인 경우 대표자) 윤태욱	사업자등록번호 215－87－16444
	주소(영업소) 경기도 양평군 서종면 노문길 로이넘스 R&D 센터	
	전화번호 (휴대전화 :)	전자우편주소

신고내용

세목	법인 지방소득세		
법정 신고기한	2023.5.1.	최초신고일	2023.5.1.
수정신고사유	과태료 등의 손금불산입 세무조정 미반영		
수정신고대상 (과세물건)			

구분	과세표준	산출세액	가산세	비과/감면액	납부세액
종전신고	86,759,431	867,594		210	867,384
수정신고	87,759,431	877,594	2,740	210	880,124
추가납부세액	12,749				

「지방세기본법」 제49조 및 같은 법 시행령 제28조에 따라 위와 같이 수정신고 합니다.

2025년 6월 30일

신고인 ㈜ 태욱 (서명 또는 인)

양평군청 귀하

위임장

위 납세자는 아래 "위임받은 자"에게 과세표준 수정신고를 위임합니다.

위임자(납세자) (서명 또는 인)

위임받은 자(신고인) (서명 또는 인)

위임 받은 자	성명		주민등록번호		위임자와의 관계	
	주소			전화번호		

접수증(과세표준 수정신고)

성 명		주 소	

구비서류 1. 수정한 내용을 증명하는 서류 2. 수정신고사유를 증명하는 서류(과소신고가산세 구분 관련)	접수인
	접수일자

유의사항

1. 법정신고기한까지 과세표준 신고서를 제출한 경우에만 수정신고를 할 수 있습니다.
2. 추가납부세액에는 수정신고에 따른 납부세액에서 종전신고에 따른 납부세액을 차감한 금액을 적습니다.

지방세법 시행규칙[별지 제43호 서식] (2023.3.28. 개정)

법인지방소득세 과세표준 및 세액신고서

※ 뒤쪽의 작성방법을 참고하시기 바라며, 색상이 어두운 란은 신청인이 적지 않습니다. (앞쪽)

접수번호	접수일자	관리번호

①사업자등록번호	215－87－16444	②법인등록번호	110111－3895442
③법인명	㈜ 태욱	④전화번호	070)4236－0086
⑤대표자성명	윤태욱	⑥전자우편	
⑦소재지	경기도 양평군 서종면 노문길 로이넘스 R&D 센터		
⑧업태	서비스	⑨종목 소프트웨어 개발 및 공급	⑩주업종코드 722000
⑪사업연도	2022.01.01. ～ 2022. 12. 31.	⑫수시부과기간	. . . ～ . . .

⑬법 인 구 분	①내국 2.외국 3.외투(비율 %)					⑭조 정 구 분	①외부 2. 자기
⑮종 류 별 구 분		중소기업	일반 중견기업	일반 상호출자제한기업	일반 그외기업	당기순이익과세	⑯외부감사대상	1. 여 2.(부)
영리법인	상 장 법 인	11	71	81	91		⑰신 고 구 분	1. 정기신고
영리법인	코스닥상장법인	21	72	82	92			2. 수정신고(가. 서면분석, 나. (기)타)
영리법인	기 타 법 인	(30)	73	83	93			3. 기한후 신고
비 영 리 법 인		60	74	84	94	50		4. 중도폐업신고 / 5. 경정청구
⑱법 인 유 형 별 구 분		기타법인	코드			100	⑲결 산 확 정 일	2022.03.28
⑳신 고 일		2024.06.30					㉑납 부 일	
㉒신고기한 연장승인		1. 신청일					2. 연장기한	

구 분	여	부	구 분	여	부
㉓주식변동	1	(2)	㉔장부전산화	(1)	2
㉕사업연도의제	1	(2)	㉖결손금소급공제 환급신청	1	(2)
㉗동업기업의 출자자(동업자)	1	(2)	㉘미환류소득에 대한 법인지방소득세 신고	1	2

ㅁ 법인별 세액의 계산

구 분	법인지방소득세: 각 사업연도 소득세에 대한 법인지방소득세	토지 등 양도소득에 대한 법인지방소득세	미환류소득에 대한 법인지방소득세	계
㉙수 입 금 액	(612,165,204) (612,165,204)			
㉚과 세 표 준	86,759,431 87,759,431			
㉛표 준 산 출 세 액	867,594 877,594			867,594 877,594
㉜총 부 담 세 액	867,594 880,334			867,594 880,334
㉝기 납 부 세 액	210 210			210 210
㉞차 감 납 부 할 세 액	867,384 880,124			867,384 880,124

ㅁ 안분율의 계산

㉟본점/지점여부	①단일사업장 2. 지점 있는 법인의 본점 3. 지점		㊱특·광역시 주사업장 여부	1. 여 2. 부		
㊲해당사업장	명칭	㈜태욱	소재지	경기도 양평군 서종면 노문길 로이넘스 R&D 센터	연락처	07042360000

㊳안분율의 계산

구분	종업원 수(명)	건축물 연면적(㎡) 계	건물	기계장치	시설물	안분율(%)(소수점6자리)
법인전체						
시군구내						
비율(%)						100

ㅁ 납세지별 세액의 계산

㊴납세지별 산출세액	877,594	㊵납세지별 세액공제·감면액	
㊶납세지별 가산세액		㊷납세지별 추가납부세액	

합계	무(과소)신고	납부지연	지방세법 제103조의30에 따른 가산세	동업기업 가산세 배분액	기타
0 2,740	0 1,000	0 1,740			

㊸납세지별 기납부세액	특별징수납부세액	210
	수시부과세액 및 예정신고납부세액	
㊹경정·수정신고 등 가감액		
㊺탄력세율적용 조정세액	㊻당해 납세지에 납부할 세액	867,384 880,124

환급금 계좌 (환급세액을 계좌로 받는 경우)	㊼금융기관명		㊽예금주	
	㊾계좌번호			

신고인은 「지방세법」 제103조의23, 제103조의24 및 「지방세기본법」 제49조부터 제51조까지에 따라 위의 내용을 신고하며, 위 내용을 충분히 검토하였고 신고인이 사실 그대로를 정확하게 적었음을 확인합니다.

2025년 06월 30일

신고인(법 인) ㈜ 태욱 (인)
신고인(대표자) 윤태욱 (서명 또는 인)

양평군청 시장·군수·구청장 귀하

신고안내

법인지방소득세는 사업연도종료일이 속하는 달의 말일부터 4개월 이내에 납세지 관할 지방자치단체에 신고납부하여야 합니다.

210mm×297mm(백상지(80g/㎡))

지방세법 시행규칙[별지 제43호의 2 서식] (2023.3.28. 개정)

법인지방소득세 과세표준 및 세액조정계산서

※ 뒤쪽의 작성방법을 참고하시기 바라며, 색상이 어두운 난은 신청인이 적지 않습니다. (앞쪽)

법인명	사업자등록번호	사업연도
㈜태욱	215-87-16444	2022.01.01. ~ 2022.12.31.

1. 과세표준계산	⑩⑧ 각 사 업 연 도 소 득 금 액	86 759 431 87 759 431
	⑩⑨ 이 월 결 손 금	
	⑪⓪ 비 과 세 소 득	
	⑪① 소 득 공 제	
	⑪② 법 인 세 과 세 표 준 (⑩⑧ − ⑩⑨ − ⑪⓪ − ⑪①)	86 759 431 87 759 431
	⑮⑨ 선 박 표 준 이 익	
	⑩⑤ 외 국 법 인 세 액 조 정 액	
2. 산출세액계산	⑪③ 법 인 세 과 세 표 준 (⑪② + ⑮⑨ + ⑩⑤)	86 759 431 87 759 431
	⑩⑥ 외 국 법 인 세 액	
	⑩⑦ 과 세 표 준 (⑪③ − ⑩⑥)	
	⑪④ 세 율	1% 1%
	⑪⑤ 산 출 세 액	867 594 877 594
	⑪⑥ 지 점 유 보 소 득 (「법인세법」 제96조)	
	⑪⑦ 지 점 유 보 소 득 에 대 한 법 인 세 산 출 세 액	
	⑪⑧ 법 인 지 방 소 득 세 산 출 세 액	
	⑪⑨ 합 계(⑪⑤ + ⑪⑧)	867 594 877 594
3. 납부할 세액계산	⑫⓪ 산 출 세 액 (⑫⓪ = ⑪⑨)	867 594 877 594
	⑫① 최 저 한 세 적 용 대 상 공 제 감 면 세 액	
	⑫② 차 감 세 액	
	⑫③ 최 저 한 세 적 용 제 외 공 제 감 면 세 액	
	⑫④ 가 산 세 액	0 2 740
	⑫⑤ 가 감 계(⑫⓪ − ⑫① − ⑫③ + ⑫④)	867 594 880 334
	기납부세액 / 기한내납부세액: ⑫⑥ 비영리내국법인의 예정신고세액	
	기납부세액 / 기한내납부세액: ⑫⑦ 수 시 부 과 세 액	
	기납부세액 / 기한내납부세액: ⑫⑧ 특 별 징 수 납 부 세 액	210 210
	기납부세액 / 기한내납부세액: ⑫⑨ 간 접 투 자 회 사 등 의 외 국 납 부 세 액	
	기납부세액 / 기한내납부세액: ⑬⓪ 소 계 (⑫⑥ + ⑫⑦ + ⑫⑧ + ⑫⑨)	210 210
	기납부세액: ⑬① 신 고 납 부 전 가 산 세 액	
	기납부세액: ⑬② 합 계 (⑬⓪ + ⑬①)	210 210
	⑬③ 탄 력 세 율 적 용 조 정 세 액	
	⑬④ 감 면 분 추 가 납 부 세 액	
	⑬⑥ 차 감 납 부 할 세 액 (⑫⑤ − ⑬② ± ⑬③ + ⑬④)	867 594 880 133

4. 토지등양도소득에 대한 법인지방소득세 계산	⑬⑦ 과 세 표 준	
	⑬⑧ 세 율	
	⑬⑨ 산 출 세 액	
	⑭⓪ 감 면 세 액	
	⑭① 차 감 세 액 (⑬⑨ − ⑭⓪)	
	⑭② 공 제 세 액	
	⑭③ 동 업 기 업 법 인 지 방 소 득 세 배 분 액 (가 산 세 제 외)	
	⑭④ 가 산 세 액 (동 업 기 업 배 분 액 포 함)	
	⑭⑤ 가 감 계(⑬⑨ + ⑭③ + ⑭④)	
	기납부세액: ⑭⑥ 수 시 부 과 세 액	
	기납부세액: ⑭⑦ ( ) 세 액	
	기납부세액: ⑭⑧ 계 (⑭⑥ + ⑭⑦)	
	⑭⑨ 차 감 납 부 할 세 액 (⑭⑤ − ⑭⑧)	
5. 미환류소득법인지방소득세	⑮⓪ 미 환 류 소 득 에 대 한 법 인 세	
	⑮① 세 율	
	⑮② 산 출 세 액	
	⑮③ 가 산 세 액	
	⑮④ 기 납 부 세 액	
	⑮⑧ 이 자 상 당 액	
	⑮⑤ 차 감 납 부 할 세 액 (⑮② + ⑮③ − ⑮④ + ⑮⑧)	
6. 세액계	⑮⑥ 해 당 연 도 차 감 납 부 할 세 액 계 (⑬⑥ + ⑭⑨ + ⑮⑤)	867 594 880 133
	⑬⑤ 경 정 · 수 정 신 고 등 가 감 액	
	⑮⑦ 조 정 후 납 부 할 세 액 계 (⑮⑥ + ⑬⑤)	867 594 880 133

210mm×297mm[백상지 80g/㎡(재활용품)]

지방세법 시행규칙[별지 제43호의 4 서식] (2022.6.7. 개정)

법인지방소득세 가산세액계산서

※ 뒤쪽의 작성방법을 참고하시기 바라며, 색상이 어두운 란은 신청인이 적지 않습니다. (앞쪽)

법인명	사업자등록번호	사업연도
㈜ 태욱	215-87-16444	2022 . 01 . 01 .~ 2022 . 12 . 31.

1. 가산세액의 계산

① 구 분			법인지방소득세 ②계산기준	③기준 금액	④가산세율	⑤가산세액
각 사업 연도 소득	㉠무신고	일반	납부(산출)세액		20(10)/100	
	㉠무신고	부당	납부(산출)세액		40(20)/100	
	㉡ 과소신고	일반	납부(산출)세액	10,000	10(5)/100	1,000
	㉡ 과소신고	부당	납부(산출)세액		40(20)/100	
	㉡ 초과환급 신고	일반	납부(산출)세액		10(5)/100	
	㉡ 초과환급 신고	부당	납부(산출)세액		40(20)/100	
	㉢ 납부지연		(일수)미납세액	(791) 10,000	22/100,000	1,740
	㉢ 납부지연		(일수)초과환급세액	(791)	22/100,000	
	㉣지방세법 제103조의30에 따른 가산세	법인세법 제74조의2, 제75조, 제75조의2부터 제75조의9까지의 규정에 따른 가산세액	무기장		10/100	
			무기장 외		10/100	
			소계 (㉠ 또는 ㉡보다 무기장가산세의 10%에 해당하는 금액이 같거나 적은 경우에는 무기장가산세분을 계산하지 않음)			
	㉤동업기업 가산세 배분액		(배분비율)배분할 금액	( )		
	㉥기타					
	소 계 (㉠ 또는 ㉡보다 무기장가산세의 10%에 해당하는 금액이 더 큰 경우에는 ㉠ 및 ㉡을 계산하지 않음.					2,740
토지등 양도 소득	㉠무신고	일반	납부(산출)세액		20(10)/100	
	㉠무신고	부당	납부(산출)세액		40(20)/100	
	㉡ 과소신고	일반	납부(산출)세액		10(5)/100	
	㉡ 과소신고	부당	납부(산출)세액		40(20)/100	
	㉡ 초과환급 신고	일반	납부(산출)세액		10(5)/100	
	㉡ 초과환급 신고	부당	납부(산출)세액		40(20)/100	
	㉢납부지연		(일수)미납세액	( )	22/100,000	
	㉢납부지연		(일수)초과환급세액	( )	22/100,000	
	㉤동업기업 가산세 배분액		(배분비율) 배분할 금액	( )		
	소 계					
미환류 소득	㉠무신고	일반	납부(산출)세액		20(10)/100	
	㉠무신고	부당	납부(산출)세액		40(20)/100	
	㉡ 과소신고	일반	납부(산출)세액		10(5)/100	
	㉡ 과소신고	부당	납부(산출)세액		40(20)/100	
	㉢납부지연		(일수)미납세액	( )	22/100,000	
	소 계					
합 계						2,740

자진납부기한
환급받은 날 (. .) 고지일 또는 납부일 (. .)

2. 과소신고 납부(산출)세액 및 초과환급 신고세액 계산

⑥ 구분		당초신고 ⑦과세표준	당초신고 ⑧납부(산출)세액	과소신고 과세표준 ⑨계 (⑩+⑪)	⑩부당	⑪일반	⑫과세표준 (⑦+⑨)	⑬납부(산출)세액 (⑫×세율 등)	과소신고 납부(산출)세액 및 초과환급신고세액 ⑭계 (⑬-⑧)	⑮부당 (⑭×⑩/⑨)	⑯일반 (⑭×⑪/⑨)
각 사업 연도소득	과소신고	86,759,431	867,384	1,000,000		1,000,000	87,759,431	877,594	10,000		10,000
	초과환급										
토지등 양도소득	과소신고										
	초과환급										
미환류 소득	과소신고										

210mm×297mm(백상지(80g/㎡)

수정신고와 관련된 신고서식 금액 위에 당초 신고한 금액을 빨간색으로 기입하여 신고하는 것이지만, 위의 서식은 해당 내역을 표시하지는 않았음을 참고하길 바라고 부정과소납부세액이 있는 사례는 3편 세목별 가산세 핵심정리 중 제2장 제2절 법인세 수정신고 종합사례를 참고하길 바란다.

✎ 부정과소납부세액이 있는 경우, 법인세 수정신고와 마찬가지로 부정납부세액에 과소납부세액을 기입하여 법인지방소득세 가산세액계산서를 작성하면 된다.

2. 개인지방소득세 수정신고 방법과 수정신고서 등 작성요령 사례

(1) 사례

민후상사(개인사업자)는 2023년 귀속분 개인지방소득세를 신고기한인 2024.5.31.까지 성실하게 신고하였다. 2023년 귀속분에 대한 신고내용을 요약하면 다음과 같다.

(단위 : 원)

구 분	금 액
수입금액	344,959,079
종합소득금액	64,061,311
소득공제	13,406,220
과세표준	50,655,091
산출세액	639,722
세액감면(중소기업특별세액감면)	63,972
세액공제	51,400
결정세액	524,350
기납부세액	138,900
차가감납부세액	385,450

민후상사는 2023년 귀속분 신고에 대한 검토 중 다음과 같은 오류사항을 발견하였다.

- 소득공제의 과다공제 : 민후상사는 종합소득세 신고시 부양가족 공제를 총 4명(본인, 배우자, 자녀 2명) 받았는데 이 중 2명(배우자와 자녀 1명)은 2023년 귀속분에 대해서는 부양가족 공제를 받지 못함에도 불구하고 공제를 받아서 총 3,000,000원의 과다공제가 발생하였다.

민후상사는 2025.6.30.에 오류사항을 수정하여 2023년 귀속분에 대한 자진 수정신고를 하려고 한다. 참고로 관련 오류사항은 단순 착오 사항으로 과세당국의 경정 · 결정 통지가 오지는 않았다.

수정신고와 관련된 가산세와 개인지방소득세 관련 수정신고서를 작성하라.

해설

(가) 민후상사의 소득공제 수정후 종합소득세 신고사항 정리

구 분	수정전 금액	조정금액	수정후 금액
수입금액	344,959,079		344,959,079
종합소득금액	64,061,311		64,061,311
소득공제	13,406,220	(−)3,000,000*1	10,406,220
과세표준	50,655,091	(+)3,000,000	53,655,091
산출세액	639,722		711,722*2
세액감면	63,972		71,172*3
세액공제	51,400	(−)15,000*4	36,400
가산세		13,318*5	13,318
결정세액	524,350		617,468
기납부세액	138,900		138,900
차가감납부세액	385,450		478,568

*1. 기본공제 2명이 과다공제이므로 3,000,000원(=2명×1,500,000원)을 차감하여야 한다.

*2. 53,655,091원×2.4%−576,000원=711,722원

*3. 도소매의 중소기업특별세액감면율은 10%이고 산출세액의 10%가 적용되는 것으로 계산함

*4. 자녀세액공제가 2명이면 30,000원인데, 자녀가 1명으로 변경되었으므로 자녀세액공제는 수정후 15,000원이다.

*5. 가산세는 과소신고 가산세와 납부지연 가산세가 적용된다.

① 과소신고 가산세=미납세액×10%×(1−20%)=79,800원×10%×(1−20%)
=6,384원

✎ 미납세액은 수정전 결정세액 524,350원과 수정후 결정세액(가산세 반영전 세액) 604,150원의 차액인 79,800원이고, 1년 초과 1년 6개월 이내 수정신고이므로 감면율은 20%가 적용된다.

② 납부지연 가산세=미납세액×0.022%×395일(2024.6.1.~2025.6.30.)
=79,800원×0.022%×395일=6,934원

✎ 2022.6.7. 이후 기간분에 대한 납부지연가산세의 계산에 적용되는 이자율은 개정규정인 0.022%를 적용한다(지기령 §34, 지기령 부칙 대통령령 제32665호, 2022.6.7. 개정).

③ 가산세 총합계액=①+②=13,318원

✎ 개인지방소득세 가산세는 종합소득에 대한 개인지방소득세 과세표준확정신고 및 납부계산서(지방세법 시행

규칙 별지 40호의 2 서식)의 가산세의 '무(과소)신고'와 '납부지연'란에 기입한다.

가 산 세	무(과소)신고	㉕	6,384
	납 부 지 연	㉖	6,934
	기 타	㉗	
	계(㉕+㉖+㉗)	㉘	13,318

실무Tip _ 지방세기본법상 무신고가산세와 과소신고가산세 적용 특례

위 사례의 개인지방소득세 수정신고일이 2024.6.30.까지였다면 지방세 가산세 특례규정(지법 §103의 61 ②, 지법 부칙 법률 제19860호 제7조, 2023.12.29., 2023.1.1. 이후 수정신고하거나 기한 후 신고하는 경우부터 적용)에 따라 과소신고 가산세는 없고 납부지연 가산세만 부담한다.

관련법령을 소개하면 다음과 같다.

〈지방세법 제103조의 61 ②〉
2021년부터 2024년까지 각 과세기간에 발생한 소득에 대하여 종합소득세 신고기한 내에 종합소득 과세표준 확정신고를 한 거주자 또는 퇴직소득 확정신고기한 내에 퇴직소득 과세표준 확정신고를 한 거주자가 지방세법상 과세표준 및 세액의 확정신고의무를 다하지 아니한 경우로서 해당 신고기한이 지난 후 1개월 이내에 종합소득 또는 퇴직소득에 대한 개인지방소득세를 수정신고하거나 지방세기본법에 따라 기한 후 신고하는 경우에는 무신고가산세(지기법 §53)와 과소신고가산세 · 초과환급신고가산세(지기법 §54)에 따른 가산세를 부과하지 아니한다.

(나) 개인지방소득세 수정신고서

개인지방소득세 수정신고서와 관련된 서식을 요약하면 아래와 같고 2023년 귀속분에 대한 수정신고이므로 2023년 귀속분 신고 서식으로 수정신고서를 작성한다.

① 지방세 과세표준 수정신고서(지기칙 별지 13호 서식)

② 종합소득에 대한 개인지방소득세 과세표준확정신고 및 납부계산서(지칙 별지 40호의 2 서식)

✎ 종합소득에 대한 개인지방소득세 신고서의 신고구분에 '수정신고'로 표기하고 신고일자(2025.6.30.) 기입해서 신고서를 작성한다.

■ 지방세기본법 시행규칙 [별지 제13호 서식] (2019.12.31. 개정)

지방세 과세표준 수정신고서

※ 색상이 어두운 난은 신청인이 작성하지 아니하며, 아래의 유의사항을 읽고 작성하시기 바랍니다.

접수번호		접수일	처리기간 즉시
납세자	성명(법인명) 진민후	주민(법인, 외국인)등록번호 720420-1018819	
	상호(법인인 경우 대표자) 민후상사	사업자등록번호 206-24-74144	
	주소(영업소) 경기도 성남시 수정구 위례순환로 211, 5402동 2001호		
	전화번호 (휴대전화 :)	전자우편주소	

신고내용

세목	개인지방소득세		
법정 신고기한	2024.5.31.	최초신고일	2024.5.31.
수정신고사유	소득공제 과다공제		
수정신고대상 (과세물건)			

구분	과세표준	산출세액	가산세	비과/감면액	납부세액
종전신고	50,655,091	639,722		254,272	385,450
수정신고	53,655,091	711,722	13,318	246,472	478,568

추가납부세액	93,118

「지방세기본법」 제49조 및 같은 법 시행령 제28조에 따라 위와 같이 수정신고 합니다.

2025년 6월 30일

신고인 진민후 (서명 또는 인)

양평군청 귀하

위임장

위 납세자는 아래 "위임받은 자"에게 과세표준 수정신고를 위임합니다.

위임자(납세자) (서명 또는 인)

위임받은 자(신고인) (서명 또는 인)

위임 받은 자	성명		주민등록번호		위임자와의 관계	
	주소			전화번호		

접수증(과세표준 수정신고)

성 명		주 소	
구비서류 1. 수정한 내용을 증명하는 서류 2. 수정신고사유를 증명하는 서류(과소신고가산세 구분 관련)			접수인 접수일자

유의사항

1. 법정신고기한까지 과세표준 신고서를 제출한 경우에만 수정신고를 할 수 있습니다.
2. 추가납부세액에는 수정신고에 따른 납부세액에서 종전신고에 따른 납부세액을 차감한 금액을 적습니다.

■ 지방세법 시행규칙[별지 제40호의 2 서식] (2024.3.26. 개정)

(앞쪽)

관리번호	-

(2023년 귀속)종합소득에 대한 개인지방소득세 과세표준확정신고 및 납부계산서

거주구분	거주자1 / 비거주자2		
내 · 외국인	내국인1 / 외국인9		
외국인단일세율적용		여 1 / 부 2	
분리과세		여 1 / 부 2	
거주지국	대한민국	거주지국코드	KR

❶ 기본사항

① 성 명	진민후	② 주민등록번호	720420-1018819
③ 주 소	경기도 성남시 수정구 위례순환로 211, 5402동 2001호		
④ 납세지	경기도 성남시 수정구 위례순환로 211, 5402동 2001호		
⑤ 주소지 전화번호	010)2001-1629	⑥ 사업장 전화번호	02)420-9030
⑦ 휴 대 전 화	-	⑧ 전자우편주소	
⑨ 기 장 의 무	(1)복식부기의무자 2간편장부대상자 3비사업자		
⑩ 신 고 유 형	11자기조정 (12)외부조정 14성실신고확인 20간편장부 31추계-기준율 32추계-단순율 35분리과세(주택임대) 40비사업자		
⑪ 신 고 구 분	10정기신고 (20)수정신고 30경정청구 40기한후 신고 50추가신고(인정상여)		

❷ 환급금 계좌신고	⑫ 금융기관/체신관서명		⑬ 계좌번호	
❸ 세무대리인	⑭성 명 진성규	⑮ 사업자등록번호 206-24-74144	⑯ 전화번호	

❹ 세액의 계산

구분			개인지방소득세
과세표준		⑰	50,655,091 53,655,091
세율		⑱	2.4% 2.4%
산출세액		⑲	639,722 711,722
세액감면		⑳	63,972 71,172
세액공제		㉑	51,400 36,400
결정세액	종합과세(⑲-⑳-㉑)	㉒	524,350 604,150
	분리과세	㉓	
	합계(㉒+㉓)	㉔	524,350 604,150
가산세	무(과소)신고	㉕	 6,384
	납부지연	㉖	 6,934
	기타	㉗	
	계(㉕+㉖+㉗)	㉘	 13,318
추가납부세액		㉙	
합계(㉔+㉘+㉙)		㉚	524,350 617,468
기납부세액		㉛	138,900 138,900
납부할총세액(㉚-㉛)		㉜	385,450 478,568
분납할세액		㉝	
신고기한 이내 납부할 세액(㉜-㉝)		㉞	385,450 478,568

신고인은 「지방세법」 제95조에 따라 위의 내용을 신고하며, 위 내용을 충분히 검토했고 신고인이 사실 그대로를 정확하게 적었음을 확인합니다. 위 내용 중 과세표준 또는 납부세액을 신고해야 할 금액 보다 적게 신고하거나 환급세액을 신고해야 할 금액보다 많이 신고한 경우에는 「지방세기본법」 제54조 및 제55조에 따른 가산세 부과 등의 대상이 됨을 알고 있습니다.

2025 년 06 월 30 일

신고인 진민후 (서명 또는 인)
세무대리인 진성규세무사사무소 (서명 또는 인)

성남시장 귀하

첨부서류	1. 재무상태표 1부 2. 손익계산서와 부속서류 각 1부 3. 합계잔액시산표 1부 4. 조정계산서(「소득세법 시행규칙」 별지 제46호서식) 1부	5. 소득공제신고서 1부 6.「조세특례제한법」상 세액공제 · 감면신청서 1부 7. 간편장부소득금액계산서 1부 8. 그 밖의 첨부서류 1부

※ 해당 첨부서류는 「지방세법」 제103조의59제1항 및 「지방세기본법」 제130조에 따라 세무서장 또는 지방국세청장으로부터 통보받거나 수집하여 이용할 예정이오니 「국세기본법」 또는 「소득세법」에 따라 소득세 과세표준과 세액의 신고 · 납부 등을 하신 경우에는 별도로 제출하지 않으실 수 있습니다.

210mm×297mm[백상지(80g/㎡) 또는 중질지(80g/㎡)]

3. 취득세 가산세 사례

1) 시설대여 차량에 대한 취득세, 등록면허세 납부기한과 가산세 감면 여부

(1) 사실관계

여신전문금융업법에 따른 시설대여업자가 취득한 차량을, 대여시설이용자(리스이용자)의 명의로 등록을 하면서 등록면허세를 납부하지 않고 착오로 시설대여업자가 납부하여야 할 취득세를 납부한 경우

(2) 질의사항

① 시설대여사업자가 취득세 신고를 다시 할 경우 신고납부 기한
② 대여시설이용자(리스이용자)가 이미 차량등록을 마친 후 등록면허세를 신고함에 있어 가산세 감면 여부

(3) 과세당국의 회신

지방세법 제20조 제1항에서 취득세 과세물건을 취득한 자는 그 취득한 날부터 60일 이내에 신고납부하도록 규정하고, 같은 법 제24조 및 제30조에 따르면 등록면허세는 "등록을 하는 자"가 등록하기 전까지 신고 · 납부 하도록 규정하고 있으며, 가산세 면제에 관하여는 지방세기본법 제26조 제1항에서 천재지변, 사변, 화재, 그 밖에 대통령령으로 정하는 사유에 해당하는 경우 지방세기본법 제54조 제1항에 따른 가산세를 부과하지 아니한다고 규정하고 있는바, 여신전문금융업법에 따른 시설대여사업자는 차량을 취득한 날부터 60일 이내에 취득세를 신고납부하여야 하고(같은 취지, 서울시 세제과-10374, 2012.8.20. 참조), 대여시설이용자 명의(리스이용자)로 등록하는 경우 대여시설이용자(리스이용자)는 등록하기 전까지 등록면허세를 납부하여야 할 것인바, 착오로 취득세 신고를 하고 등록을 한 경우라도 지방세법 제54조 제1항에서의 가산세 감면의 정당한 사유에 해당되지 않는다(서울세제-9736, 2013.8.1.).

실무Tip _ 이용자 명의 운용리스

일명 '이용자 명의 운용리스' 업무처리에서 리스이용자는 취득세가 아니라 등록면허세를 신고 · 납부하여야 함에도 불구하고 해당 신고 · 납부 업무를 이행하지 않는 경우라면 지방세기본법에 따른 신고 · 납부지연 가산세 적용된다는 점에 유의하길 바란다.
또한 실무상으로는 '이용자 명의 운용리스'에 대한 정확한 업무처리 절차가 소홀하게 이루어

지고 있는 상황을 심심치 않게 볼 수 있고, 리스이용자가 자산취득과 관련된 업무처리를 하고 감가상각비 등과 같이 비용처리를 하게 되는 경우도 있는데 과다비용 지출로 인한 가산세 대상이 될 수 있음에 유의하여야 할 것이다.

2) 취득세 신고납부 전 등기 경료시 가산세 적용 범위

부동산 취득 후 취득세를 신고납부하지 아니한 상태에서 등기신청을 하고 그 다음날에 해당 세액을 신고납부한 경우에는, 법 제21조 제1항 제1호에 따른 신고불성실 가산세(산출세액의 100분의 20에 해당하는 금액)와 제2호의 납부지연 가산세(납부지연일자에 1일 10,000분의 3의 비율을 곱하여 산출한 금액)가 당초 산출세액에 추가된다. 다만, 이에 해당 여부는 당해 과세권자가 사실관계를 종합적으로 살펴보아 판단할 사안이다(서울세제-672, 2012.1.17.).

3) 과점주주 취득세 환급 여부에 대하여

(1) 질의사항

비상장법인의 주식 취득으로 과점주주인 양수인 B가 소유주식의 증가 비율만큼 취득세를 신고 납부 후, 주식 양도양수 당사자 간의 계약해지로 주식거래 이전 비율로 환원 및 법인세 사업연도 종료일 기준으로 작성된 주주명부에도 변경사항이 없는 경우 기 신고 납부된 취득세가 환급될 수 있는지 여부

(2) 과세당국의 회신

지방세기본법 제47조 제2호에서는 '주주 또는 유한책임사원 1명과 그의 특수관계인 중 대통령령으로 정하는 자로서 그들의 소유주식의 합계 또는 출자액의 합계가 해당 법인의 발행주식 총수 또는 출자총액의 100분의 50을 초과하면서 그에 관한 권리를 실질적으로 행사하는 자들(이하 "과점주주"라 한다)'로 과점주주를 규정하면서, 지방세법 제7조 제5항에서 '법인의 주식 또는 지분을 취득함으로써 지방세기본법 제47조 제2호에 따른 과점주주가 되었을 때에는 그 과점주주가 해당 법인의 부동산등을 취득(법인설립 시에 발행하는 주식 또는 지분을 취득함으로써 과점주주가 된 경우에는 취득으로 보지 아니함)한 것으로 본다'고 규정하고 있다.

위와 같이 과점주주가 됨에 따른 취득세 납세의무를 규정한 지방세법 제7조 제5항에서 말하는 법인의 주식의 취득이라 함은 주식의 취득자가 실질적으로 완전한 내용의 소유권을

취득하는가의 여부에 관계없이 소유권이전의 형식에 의한 주식취득의 모든 경우를 포함하는 것이고, 이 경우 과점주주에게 부과되는 취득세는 주식을 취득함으로써 과점주주가 되었다는 과세요건 사실이 존재함으로써 당연히 발생하며, 일단 적법하게 주식을 취득하여 과점주주가 된 이상 그 이후에 주식양도계약이 합의해제되거나 해제조건의 성취 또는 해제권의 행사 등에 의하여 소급적으로 실효되었다 하더라도 이로써 이미 성립한 조세채권의 행사에 아무런 영향을 줄 수는 없다(대법원 2003두9008, 2004.10.15. 참조) 할 것이며, 아울러, 질의 내용 중 지방세법 제20조 제2항 제2호 단서 규정의 '해당 취득물건을 등기 · 등록하지 아니하고 취득일부터 60일 이내에 계약이 해제된 사실이 화해조서 · 인낙조서 · 공정증서 등으로 입증되는 경우에는 취득한 것으로 보지 아니한다'는 유상승계 취득시 취득으로 보지 아니하는 규정을 과점주주의 간주 취득에도 적용될 수 있는지의 검토에 앞서 이 건 질의의 경우에는 60일 이내 공정증서 등으로 계약이 해제되었음이 입증되지 않아 적용될 여지는 없는 것으로 판단된다(서울세제-1491, 2014.1.29.).

4) 합병으로 인한 부동산 취득시 취득세 신고기한

(1) 질의사항

회사 간 합병으로 인한 합병 전 보유 부동산의 취득세 신고기한에 대하여 무상취득으로 상속과 같이 6개월이 적용되는지 여부

(2) 과세당국의 회신

지방세법 제20조 제1항에서 취득세 과세물건을 취득한 자는 그 취득한 날부터 60일[상속으로 인한 경우는 상속개시일이 속하는 달의 말일부터, 실종으로 인한 경우는 실종선고일이 속하는 달의 말일부터 각각 6개월(납세자가 외국에 주소를 둔 경우에는 각각 9개월)] 이내에 그 과세표준에 제11조부터 제15조까지의 세율을 적용하여 산출한 세액을 대통령령으로 정하는 바에 따라 신고하고 납부하여야 한다고 규정하고 있다.

합병으로 인하여 보유하고 있던 부동산의 취득세 신고기한의 경우, 지방세법 제20조 제1항에서 "상속으로 인한 경우는 상속개시일이 속하는 달의 말일부터, 실종으로 인한 경우는 실종선고일이 속하는 달의 말일부터 각각 6개월(납세자가 외국에 주소를 둔 경우에는 각각 9개월) 이내"라고 규정되어 있는 경우에 속하지 아니하므로, 취득한 날부터 60일 이내에 신고납부하여야 한다(서울세제-15419, 2013.11.29.).

5) 감면신청을 취득세 신고로 볼 수 있는지 여부

지방세법 제20조 제1항 및 제21조 제1항 제1호에 따르면, 취득세 과세물건을 취득한 자는 그 취득한 날로부터 60일 이내에 그 과세표준에 제11조부터 제15조까지의 세율을 적용하여 산출한 세액을 대통령령으로 정하는 바에 따라 신고하고 납부하여야 하며, 취득세 납세의무자가 신고 또는 납부의무를 다하지 아니할 경우에는 산출세액 또는 부족세액의 100분의 20에 해당하는 신고불성실 가산세를 보통징수의 방법으로 징수하여야 한다.

한편, 지방세법상의 가산세는 납세의무자에게 일정한 신고 · 납부 등의 의무를 부과하고 정당한 이유 없이 이를 위반하는 경우에 행정상의 제재를 가함으로써 과세권 행사의 적정과 조세채권의 실현을 용이하게 하기 위한 것으로서(대법원 94누11019, 1995.6.16.), 신고의 이행을 납세의무자에게 기대하는 것이 무리인 사정이 있을 때 등 그 의무해태를 탓할 수 없는 정당한 사유가 있을 때에는 부과할 수 없다고 하겠으나 법령의 부지 · 착오 등은 그 의무위반을 탓할 수 없는 정당한 사유에 해당되지 않는다.

또한, 취득세는 신고납부방식의 조세로서 원칙적으로 납세의무자가 스스로 과세표준과 세액을 정하여 신고하는 행위에 의하여 조세채무가 구체적으로 확정되는 것이며, 지방세 비과세 · 감면제도는 정책목적 지원 등을 위해 납세의무의 전부 또는 일부를 과세제외하거나 과세권 행사를 유보하는 것으로서 일종의 특혜라고 볼 수 있으므로 엄격하게 해석해야 하고 합리적인 이유 없이 확장해석하거나 유추 해석하는 것은 허용되지 않는다(대법원 2001두731, 2002.4.12. 참조).

본건의 경우 납세의무자는 과세물건을 취득한 후 기존 심사결정사례를 원용하여 비과세 · 감면을 신청하였고 처분청도 이를 그대로 인정하였으나, 심사결정이 사실상 지방세 실무처리의 기준이 된다고 하더라도 각 사안별 사실관계 등이 결정에 영향을 미치므로 일반적인 구속력을 가진다고 볼 수는 없고, 본건과 유사한 사례에 대해서 과세되어야 한다는 취지의 심사결정사례와 일관된 유권해석들이 있었으며, 취득세는 신고납부세목으로서 납세의무자 스스로 조세채무의 성립요건을 조사 · 확인하고 관련법령에 따른 과세표준액과 세율 등을 적용하여 세액을 산출하고 신고납부 하여야 하는 점 등을 감안했을 때, 처분청이 비과세 · 감면신청을 그대로 받아들였다 하더라도 납세의무자가 신고의무를 제대로 이행하였다고 볼 수는 없을 것이고 신고의무 불이행에 대한 정당한 사유가 있다고 보기도 어려우므로 신고불성실 가산세 부과는 정당하다고 판단되며, 이에 해당하는지의 여부는 과세관청에서 면밀히 파악하여 결정할 사안이다(지방세운영-3640, 2012.11.12.).

6) 부동산 취득후 부동산이 중과세대상이 된 경우 가산세의 적용

(1) 질의사항

건축물 취득(신축)후 당해 물건이 본점사업용 부동산으로 중과세대상이 된 후, 중과세 신고납부기한(30일)은 경과되었으나 당초 건축물 신축에 따른 취득세 일반세율 신고납부기한(60일)은 경과되지 아니한 경우, 중과세분 신고납부기한 경과에 따른 가산세 부과대상인지 여부

(2) 과세당국의 회신

① 지방세법 제20조 제1항에서 취득세 과세물건을 취득한 자는 그 취득한 날부터 60일[상속으로 인한 경우는 상속개시일부터, 실종으로 인한 경우는 실종선고일부터 각각 6개월(납세자가 외국에 주소를 둔 경우에는 각각 9개월)] 이내에 그 과세표준에 제11조부터 제15조까지의 세율을 적용하여 산출한 세액을 대통령령으로 정하는 바에 따라 신고하고 납부하여야 한다고 규정하고 있고, 같은 조 제2항에서 취득세 과세물건을 취득한 후에 그 과세물건이 제13조 제1항부터 제7항까지의 세율의 적용대상이 되었을 때에는 대통령령으로 정하는 날부터 30일 이내에 제13조 제1항부터 제7항까지의 세율을 적용하여 산출한 세액에서 이미 납부한 세액(가산세는 제외)을 공제한 금액을 세액으로 하여 대통령령으로 정하는 바에 따라 신고하고 납부하여야 한다고 규정하는 한편, 그 시행령 제34조에서 법 제20조 제2항에서 "대통령령으로 정하는 날"이란 다음 각 호의 구분에 따른 날을 말한다고 규정하면서 그 제1호는 법 제13조 제1항에 따른 본점 또는 주사무소의 사업용 부동산을 취득한 경우 사무소로 최초로 사용한 날로 규정하고 있다.

② 취득일에는 일반세율 과세대상이나, 취득한 후 5년 이내에 중과세대상이 되는 경우 일반세율분은 같은 법 제20조 제1항에 해당되어 신고납부기한 60일을 적용할 수 있다고 할 것이나, 중과세분의 경우 취득일에 중과세 대상이 되지 아니하여 동항에 따른 신고납부기한 60일을 적용할 수 없고, 같은 조 제2항에서 규정하고 있는바 "취득한 후 그 과세물건이 중과세 대상이 되는 경우"에 해당되므로 신고납부기한은 중과세 대상이 되는 날부터 30일을 적용할 수밖에 없다고 할 것이므로 비록, 취득세 일반세율 신고납부기한 이내에 취득세를 신고납부하였다고 하더라도 중과세율 신고납부기한이 경과하였다면 중과세분은 가산세 부과대상에 해당된다(지방세운영-4111, 2011.9.2.).

4. 주민세 가산세 사례

1) 주민세 재산분

(1) 신고 · 납부에 대한 안내 없이 가산세를 포함하여 주민세(재산분)를 부과한 처분이 적법한지 여부

① 요약

구인이 주민세(재산분)를 신고 · 납부하여야 한다는 사실을 안내받지 못하여 그 납세의무를 알 수 없었다고 하더라도 그러한 사실만으로 청구인에게 가산세를 부과하지 아니하여도 될 만한 정당한 사유가 있다고 보기는 어렵다 할 것이므로, 처분청에서 청구인이 정당한 사유 없이 주민세(재산분)를 신고 · 납부하지 아니한 것으로 보아 이 건 재산세 등을 과세하면서 가산세를 포함한 처분은 달리 잘못이 없다고 판단됨(조심 2019지3763, 2020.9.2.).

② 쟁점

신고 · 납부에 대한 안내 없이 가산세를 포함하여 주민세(재산분)를 부과한 처분이 적법한지 여부

③ 과세당국의 판단

주민세(재산분)는 납세의무자가 지방세 관계법령에 따라 스스로 과세표준과 세액을 결정하여 자진신고 · 납부하여야 하는 조세로서, 신고 · 납부에 대한 책임은 납세의무자에게 있다고 할 것이고, 처분청이 자진신고 · 납부 안내문을 발송하는 것은 세법에 규정된 의무가 아닌 행정서비스의 일환으로 제공하는 부수행위에 불과하므로 이를 받지 못했다는 이유로 청구인에게 가산세를 부과하지 않을 정당한 사유가 있다고 볼 수 없다.

(2) 가산세를 포함한 주민세(재산분) 부과처분의 당부

① 요약

주민세는 신고납부세목으로서 납세자가 스스로 과세표준과 세액을 산정하여 납기한 내에 과세관청에 신고하고 납부하여야 하는 것이고, 이 신고납부의무를 이행하지 아니할 경우에는 가산세를 면하지 못하는 것이라 할 것이므로, 처분청이 지방세법에 따라 가산세를 포함하여 이 건 주민세를 부과고지한 처분은 달리 잘못이 없다(조심 2013지49, 2013.4.5.).

② 쟁점

처분청은 청구인에 대하여 주민세(재산분) 신고납부에 대한 아무런 안내도 없이 1년 5개월이 경과한 시점에서 납세자가 신고납부 의무를 다하지 아니하였다는 이유로 신고불성실 가산세와 납부지연 가산세를 포함하여 2011년 주민세 재산분을 부과한 처분은 부당하다.

③ 과세당국의 판단

청구인은 주민세 재산분 신고납부에 대한 아무런 안내 없이 납세자의 신고납부 의무를 다하지 아니하였다는 이유로 처분청이 주민세 재산분(가산세 포함)을 과한 처분은 부당하고 주장하나, 지방세법 제83조 제3항 및 같은 법 시행령 제84조 제1항 규정에 따라 주민세 재산분의 납세의무자는 납세지를 관할하는 지방자치단체의 장에게 신고납부하도록 규정하고 있어서 2011년도 주민세 재산분 과세기준일(7월 1일) 현재 처분청 관할 소재지에 사업소를 둔 청구인의 경우 재산분 주민세 납세의무가 당연히 성립된다 할 것이고, 세법상 가산세는 과세권의 행사 및 조세채권의 실현을 용이하게 하기 위하여 납세자가 정당한 이유 없이 법에 규정된 신고납부 등 각종 의무를 위반한 경우에 부과하는 행정상 제재이므로 납세자의 고의 · 과실은 고려되지 아니하고 법령의 무지 · 착오 등은 그 의무위반을 탓할 수 없는 정당한 사유에 해당한다고 할 수 없는 바(조심 2010지191, 2010.12.28. 참조), 처분청이 주민세 신고납부에 대한 적극적인 안내 · 홍보를 하지 아니하여 그 의무를 이행하지 못하였다는 청구주장은 가산세 부과를 면할 '정당한 사유'에 해당된다고 볼 수 없다 할 것이다.

따라서, 처분청이 청구인에게 이 건 주민세 재산분 및 가산세를 부과한 처분에는 잘못이 없다고 판단된다.

(2) 주민세를 추징하면서 가산세를 포함한 것이 적법한지 여부

① 요약

처분청과 청구인은 수 년 동안 이 건 주차장에 위 · 수탁관리 계약을 체결하면서 이 건 주차장의 계약상 연면적을 1,592.7㎡로 기재하였고, 청구인은 이를 신뢰하여 계약상 면적을 기준으로 주민세(재산분)를 매년 신고납부하여 온 사정이 인정되므로 청구인에게 그 의무의 해태를 탓할 수 없는 정당한 사유가 있다고 보는 것이 합리적이라 할 것이므로 신고 · 납부지연 가산세는 제외하는 것이 합리적이다(조심 2013지308, 2013.4.29.).

② 쟁점

㉠ 청구인은 처분청과 ○○○ 위 · 수탁관리계약을 체결하고 이 사건 주차장을 운영하면서 처분청과 체결한 계약서를 신뢰하고 계약서에 표기된 면적(1,566㎡)대로 주민세(재산

분)를 성실히 신고 · 납부하여 왔으나, 계약이 이미 종료된 후 이 사건 주차장의 연면적 표기가 잘못되었다하여 가산세를 포함한 주민세(재산분)를 추징한 처분은 부당하다.

㉡ 청구인이 처분청과 계약한 ○○○ 운영 면적에 대하여 조세법상 신고 및 납부의무에 대해서는 그 모든 책임이 전적으로 납세의무자에게 귀속되며, 착오로 신고 · 납부하여 추후 추징되는 경우에도 신의성실의 원칙상 납부하여야 할 세액을 배제할 수는 없는 것이므로 주민세(재산분)의 부과처분은 적법하다.

③ 과세당국의 판단

주민세(재산분)는 매년 7월 1일 현재 인적 · 물적설비를 갖추고 계속하여 사업이 이루어지는 사업장의 면적을 기준으로 사업주에게 과세하며 현황과세를 원칙으로 하는 세목으로서, 비록, 청구인이 처분청과 이 사건 주차장에 대하여 위 · 수탁계약을 체결하면서 처분청이 기재한 주차장 면적을 신뢰하고, 매년 주민세(재산분)를 계약서상 면적으로 신고 · 납부하였다 하더라도, 이 사건 주차장에 대한 위 · 수탁계약서상 면적과 사실상 면적이 다른 이상, 사실상 면적을 기준으로 차이나는 면적만큼 추징한 주민세(재산분) 부과처분은 달리 잘못이 없는 것으로 보인다.

다만, 이 사건 주차장에 대한 위 · 수탁계약의 당사자인 처분청에게도 일정부분 귀책사유가 있다 할 것이므로 신고불성실 가산세 및 납부지연 가산세는 제외하는 것이 합리적이라 판단된다.

(3) 공용면적을 포함한 면적을 과세대상 면적으로 하여 주민세(가산세 포함)를 부과한 처분의 당부

① 요약

청구인이 운영하는 주차장의 공용램프는 주차장운영업에 필수적인 부분인 점 등에 비추어 볼 때, 쟁점부동산의 각 공유부분에 속한 공용램프의 합계 면적인 쟁점공용램프는 마땅히 주민세(재산분) 과세표준인 사업소 연면적에 포함된다 할 것이고, 주민세(재산분)는 납세의무자가 스스로 조세채무의 성립요건의 충족을 조사 · 확인하고 자신의 책임하에 과세표준액과 세액을 신고납부하여야 하는 이른바 신고납부 방식에 의한 조세이고, 청구인은 신고납부기한 내 주민세(재산분) 신고납부의무를 해태하였으므로 가산세를 포함한 이 건 주민세를 부과한 처분은 적법하다(조심 2011지473, 2011.9.7.).

② 쟁점

건축물대장상 각 호(연면적 2,170.21㎡)는 전용면적(주차장) 1008.69㎡, 공용면적인 전기

기계실 40.73㎡, 코아 122.35㎡, 공용램프 998.44㎡로 되어 있으나, 그 중 집합건물의 도로로 사용되는 공용램프 2,995.32㎡(998.44㎡×3, 이하 "쟁점공용램프"라 한다)는 과세면적에서 제외되어야 한다.

청구인은 쟁점공용램프는 사업소 연면적에 포함되지 않는다고 주장하나, 이는 지방세법시행령 제130조의 2 제1항 및 제2항에 해당되므로 사업소 연면적은 전용면적과 공용면적을 합한 면적이라 할 수 있다. 또한 청구인의 영업장소인 ○○○에 고객이 주차하기 위해서는 쟁점공용램프를 필수적으로 이용해야 하는 면적이라 할 수 있는 바, 쟁점공용램프를 연면적에 포함하여 이 건 주민세(재산분)를 부과고지한 처분은 적법하다.

③ 과세당국의 판단

지방세법 제173조 제2항에서 재산분의 납세의무자는 매년 7월 1일 현재 과세대장에 등재된 사업주로 한다고 규정하고 있고, 같은 법 제173조의 3에서 재산분의 과세표준은 과세기준일 현재의 사업소 연면적으로 한다고 규정하고 있으며, 같은 법 제172조 제5호에서 "사업소 연면적"이란 대통령령으로 정하는 사업소용 건축물의 연면적을 말하는 것으로 규정하고 있고, 같은 법 시행령 제130조의 2 제1항 제1호에서 대통령령으로 정하는 사업소용 건축물의 연면적의 하나로 건축법 제2조 제1항 제2호에 따른 건축물의 연면적을 규정하면서, 같은 조 제2항에서 제1항에 따른 건축물 또는 시설물을 둘 이상의 사업소가 공동으로 사용하는 경우에는 그 사용면적을 사업소용 건축물의 연면적으로 하되, 사용면적의 구분이 명백하지 아니할 경우에는 전용면적의 비율로 나눈 면적을 사업소용 건축물의 연면적으로 한다고 규정하고 있다.

살피건대, 청구인은 쟁점공용램프의 경우 집합건물의 도로로 사용되는 것이므로 주민세(재산분) 과세표준에서 쟁점공용램프를 제외하여야 한다고 주장하나, 청구인은 2010.7.1. 현재P501, P601, P701을 사업소로 한 ○○○의 사업주이고, 집합건축물대장상P501, P601, P701의 각 호는 전용면적(주차장) 1008.69㎡ 및 공용면적 1,161.52㎡, 연면적 2,170.21㎡로서, 위 각 호의 공용면적은 전기기계실 40.73㎡, 코아 122.35㎡, 공용램프 998.44㎡로 이루어진 것으로 나타나는 점, 쟁점공용램프는 ○○○의 주차장운영업에 필수적인 부분인 점 등에 비추어 볼 때, P501, P601, P701의 각 공유부분에 속한 공용램프의 합계 면적인 쟁점공용램프는 마땅히 주민세(재산분) 과세표준인 사업소 연면적에 포함된다 할 것이다.

2) 주민세 종업원분

(1) 하나의 사업장으로 보아 가산세를 포함하여 주민세(종업원분) 등을 부과한 처분의 당부

① 요약

쟁점사업장은 업무분장에 따라 소관 업무를 각각 수행하고 있지만 동일한 건물 내에 소재하고 있고, 개별사업장간에 서로 유기적인 협조체제를 가지고 청구법인의 고유 업무인 은행업을 수행하고 있으며, 개별사업장의 종업원에 대한 인사 및 예산, 결산 등에 대한 권한은 청구법인의 대표이사에게 있는 점 등에 비추어 쟁점사업장은 하나의 사업장으로 보는 것이 타당하고 청구법인이 주민세 등을 신고납부기간 내에 이행하지 못한 정당한 사유로 볼 만한 사정이 없다(조심 2015지105, 2015.3.11.).

② 쟁점

㉠ 이 건 개별사업장은 청구법인의 조직 내에서 그 기능이나 역할, 업무 성격과 그 운영이 독립적인 별개의 사업소에 해당되므로 이 건 개별사업장이 동일한 부동산 내에 소재한다는 사실만으로 이를 하나의 사업소로 보아 처분청이 이 건 개별사업장별 종업원수를 합산하여 종업원의 수가 50명을 넘지 않는 개별사업장에 대하여도 주민세 과세 대상으로 보아 이 건 주민세를 부과한 처분은 부당하다.
또한 처분청은 이 건 주민세를 부과하기 전까지 이 건 개별사업장을 각각의 사업장으로 보아 법인균등할 주민세를 부과하였을 뿐 아니라 이 건 주민세를 부과하기 전까지 이 건 개별사업장이 하나의 사업소에 해당한다는 견해를 표명한 사실이 없었는바, 청구법인은 이 건 개별사업장이 각각의 사업소에 해당된다고 믿을 수밖에 없는 사정이 있었다고 할 것이고 이는 청구법인이 주민세를 신고 · 납부할 수 없는 정당한 사유에 해당된다고 할 것이므로 이 건 주민세 중 가산세는 취소하여야 한다.

㉡ 이 건 개별사업장의 종업원들은 모두 청구법인과 고용관계에 있고, 청구법인은 금융기관으로서 예금 · 적금의 수입 또는 유가증권, 그 밖의 채무증서의 발행, 자금의 대출 또는 어음의 할인, 내국환 · 외국환 등의 사업을 수행하며 이 건 개별사업장들이 각각 수행한 예금, 여신, 대출 등의 업무도 청구법인의 목적사업 범위에서 수행되는 업무이고, 이 건 개별사업장들은 은행 업무의 효율적인 운영 · 관리 및 고객편의 차원에서 그 업무를 세부적으로 구분하였다고 보아야 할 것이므로 동일 장소에 설치된 이 건 개별사업장은 청구법인의 목적사업인 은행업 수행을 위한 하나의 사업소로 보는 것이

타당하다고 할 것(지방세운영과-5305, 2010.11.9.)이므로 처분청이 청구법인에게 이 건 주민세를 부과한 처분은 적법하다.

처분청이 이 건 주민세 부과처분이 있기 전까지 이 건 개별사업장을 하나의 사업소로 보아 주민세를 부과하지 않았다는 사실만으로 처분청이 이 건 개별사업장이 하나의 사업소에 해당되지 않는다는 공적인 견해표명을 한 것으로 볼 수는 없고, 청구법인도 이와 같은 사실을 객관적인 자료를 통하여 입증하지 못하고 있으며, 이 건 주민세는 청구법인이 주민세 신고 · 납부를 누락한 사업장에 대하여 처분청이 지방세법령에 따라 부과한 것으로서 여기에 가산세를 면제할 만한 정당한 사유가 있다고 볼 수 없으므로 처분청이 가산세를 포함하여 이 건 주민세를 부과한 처분은 적법하다.

③ 과세당국의 판단

• 쟁점1

지방세법(2014.1.1. 법률 제12153호로 개정된 것) 제74조 제3호에서 주민세 "종업원분"이란 종업원의 급여총액을 과세표준으로 하여 부과하는 주민세를 말한다고 규정하고 있고, 제4호에서 "사업소"란 인적 및 물적 설비를 갖추고 계속하여 사업 또는 사무가 이루어지는 장소를 말한다고 규정하고 있다.

주민세 종업원분은 지방자치단체의 환경개선 및 정비에 필요한 비용에 충당하기 위하여 해당지역 내에 사업소를 둔 자로부터 징수하는 목적세이고, 여기서 사업소라 함은 사업 또는 사무를 수행하기 위하여 설치한 인적, 물적 설비로서 계속하여 사업 또는 사무가 이루어지는 장소를 말하는 것인바, 동일 건물 내 또는 인접한 장소에 동일 사업주에 속하기는 하나 그 기능과 조직을 달리하는 2개 이상의 사업장이 있는 경우 그 각각의 사업장을 별개의 사업소로 볼 것인지의 여부는 그 각 사업장의 인적, 물적 설비에 독립성이 인정되어 각기 별개의 사업소로 볼 수 있을 정도로 사업 또는 사무 부문이 독립되어 있는지 여부에 의해 가려져야 할 것으로서, 이는 건물의 간판이나 사무소의 표지 등과 같은 단순히 형식적으로 나타나는 사업장의 외관보다는 지방소득세의 목적, 장소적 인접성과 각 설비의 사용관계, 사업 상호간의 관련성과 사업수행방법, 사업조직의 횡적 · 종적 구조와 종업원에 대한 감독 구조 등 실질 내용에 관한 사정을 종합하여 판단하여야 할 것이다(대법원 2008두10188, 2008.10.9. 같은 뜻임).

이상의 사실관계 및 관련 법령 등을 종합하여 살피건대, 이 건 개별사업장은 청구법인의 소속 부서 또는 청구법인의 지점으로서 대외적으로는 모두 국민은행으로 통하는 점, 이 건 개별사업장은 동일한 건축물 내에 소재하고 있을 뿐 아니라 그 명칭 및 지배인의 존재 여부에 관계없이 개별사업장의 종업원에 대한 인사 및 예 · 결산 등에 대한 권한은 청구법인의 대표이사에게 있다고 보이는 점, 이 건 개별사업장은 업무분장에 따라 소관 업무를 수행하고 있지만 청구법인의 입장에서 보면 개별사업장간에 서로 유기적인 협조 체제를 가지고 청구법인의 고유 업무인 은행업을 수행하고 있는 것으로 볼 수 있는 점 등에 비추어 이 건 개별사업장을 별개의 사업소로 보기는 어렵다고 할 것이므로 처분청이 청구법인에게 이 건 주민세를 부과한 처분은 달리 잘못이 없다고 판단된다.

• 쟁점2

청구법인은 처분청이 이 건 주민세를 부과하기 전까지 이 건 개별사업장이 하나의 사업소에 해당한다는 견해를 표명한 사실이 없었으므로 청구법인으로서는 이 건 개별사업장이 각각의 사업소에 해당된다고 믿을 수밖에 없었고, 이는 청구법인이 주민세를 신고 · 납부할 수 없는 정당한 사유에 해당된다고 할 것인바 이 건 주민세 중 가산세는 취소하여야 한다고 주장하지만, 주민세 종업원분은 납세자인 사업주가 스스로 과세표준과 세액을 결정하여 정하여진 기한까지 과세관청에 신고 · 납부하여야 하는 세목이므로 비록 처분청이 이 건 개별사업장을 하나의 사업소로 보아 주민세를 신고 · 납부하여야 한다고 청구법인에게 안내하거나 신고 · 납부기한 종료 즉시 주민세를 부과하지 않았다고 하더라도 이를 처분청의 귀책으로 볼 수는 없는 점, 세법상 가산세는 과세권의 행사 및 조세채권의 실현을 용이하게 하기 위하여 납세자가 정당한 사유 없이 법에 규정된 신고 · 납부 등 각종 의무를 위반한 경우에 법이 정하는 바에 따라 부과하는 행정상 제재로서 납세자의 고의 · 과실은 고려되지 아니하고 법령의 부지 · 착오 등은 그 의무위반을 탓할 수 없는 정당한 사유에 해당하지 아니하는 점(대법원 2002두10780, 2004.6.24. 같은 뜻임), 납부지연 가산세는 조세채권의 실현을 용이하게 하기 위하여 그 납부의무의 이행을 확보하고자 하는 목적 외에도 세법상의 신고기한까지 납부되지 않은 금액에 대한 그 이자 상당액을 보전하기 위한 목적도 포함되어 있는 점 등에 비추어 처분청이 청구법인에게 가산세를 포함하여 이 건 주민세를 부과한 처분은 잘못이 없다고 판단된다.

저자주 〈주민세 종업원분의 면세점〉

(1) 2015.12.31.까지 지급분

2015년 12월 지급분까지의 주민세 종업원분은 종업원수가 50명 이하일 경우에는 세액을 징수하지 않았고 이때 주민세 종업원분 적용시 종업원수는 다음과 같이 계산하였다.

종업원수 = 상시 고용 종업원수 + 수시 고용 종업원수

* 수시고용 종업원(일용직)은 월연인원을 당월의 일수로 나눈 평균인원을 정규직(상시종업원) 인원과 합산하여 50인 초과시 납부의무가 발생한다.

수시 고용 종업원수=수시 고용 종업원수×고용일수/해당 월의 일수
(예) ○○월에 10명의 일용직 인원을 5일간 고용했다면 10명×5일/30일=1.66명

(2) 2016.1.1.부터 2024.12.31.까지 지급분
2016.1.1. 이후 지급분의 주민세 종업원분의 면세점은 급여지급일이 속하는 달부터 최근 1년간 해당 사업소 종업원 급여총액의 월평균금액이 135,000,000원 이하인 경우에 부과하지 않는다.

(3) 2025.1.1. 이후 지급분
2025.1.1. 이후 지급분의 주민세 종업원분의 면세점은 급여지급일이 속하는 달부터 최근 1년간 해당 사업소 종업원 급여총액의 월평균금액이 180,000,000원 이하인 경우에 부과하지 않는다.

(4) 주민세 종업원분의 신고는 사업장별로 면세점을 파악하는데 사업장에 대한 실질 다툼이 과세관청과 빈번하게 발생되는 것으로 판단된다. 이에 혹 신고대상임에도 불구하고 신고하지 않아 뒤늦게 미신고에 따른 신고불성실 가산세와 납부지연 가산세가 부담하지 않도록 철저한 업무처리를 하여야 할 것이다.

(2) 3개 사업부로 나누어 사업을 영위하는 경우, 이를 하나의 사업소로 보아 주민세 종업원분을 부과한 처분의 당부

① 요약

청구법인의 각 사업장은 청구법인 소유의 건물에서 임차료 등 별도의 비용 없이 영업하고 있는 점 등에 비추어 동일한 건물 내에 위치한 각각의 사업장은 별도의 사업소라기보다는 효율적인 업무관리를 위해 조직을 구분한 것에 불과하다 할 것이므로 하나의 사업소로 보아 이건 지방소득세(주민세 종업원분)를 부과한 처분은 잘못이 없다(조심 2014지2063, 2016.3.17.).

② 쟁점

㉠ 청구법인은 ○○○ 내의 동일건물 내에서 사업소를 운영하고 있으나, 이들 사업소는 인적설비분야에서는 종업원의 신규채용, 배치, 교육, 회계 및 세무처리도 각 사업부별로 별도로 진행되고 있고, 물적설비분야에서도 사업소 운영을 위한 시설물이 비록 동일건물 내에 있다 할지라도 각 사업부별 사용에 따라 별도의 자산관리가 이루어지고 있는 등 업무의 상호 유기적인 관련성이 없으며, 각 사업부는 독립적인 사업자로 등록되어 각기 다른 영업유형과 사업목적을 가지고 운영되고 있으므로 하나의 사업소가 아닌 별개의 사업소로 보는 것이 합당하므로 월 통상 종업원 수가 50명 이하인 사업소에 대해 부과된 주민세 종업원분은 취소되어야 한다.

㉡ 동일건물 내 또는 인접한 장소에 동일한 사업주에 속하기는 하나 그 기능과 조직을 달리하는 2개 이상의 사업장이 있는 경우 그 각각의 사업장을 별개의 사업장으로 볼

것인지의 여부는 그 각 사업장의 인적 · 물적 설비에 독립성이 인정되어 각기 별개의 사업소로 볼 수 있을 정도로 사업 또는 사무 부문이 독립되어 있는지 여부에 의하여 가려져야 할 것으로서, 이는 건물의 간판이나 사무소의 표지 등과 같은 단순히 형식적으로 나타나는 사업장의 외관보다는 장소적 인접성, 각 설비의 사용관계, 사업상호간 관련성, 사업수행방법, 사업조직의 횡적 · 종적구조, 종업원에 대한 감독구조 등 실질 내용에 따라 판단하는 것이 타당하므로, 청구법인의 각 사업부는 사업자등록을 달리하고 있고, 수행업무, 회계, 채용, 인사 등을 독립적으로 수행하고 있다고는 하나, 이는 사업부별 경영효율화를 위한 것이며 통합 재무제표 작성 등에서 예산이나 회계상 독립성이 있다고 보기 어렵고, 각 사업부가 물적 설비인 사무실에 대하여 임대차계약이나 임차료 등 별도의 비용을 지급하지 아니하고 있으므로 동일한 건물 내에 위치한 각각의 사업장은 별도의 사업소라기보다는 효율적인 업무관리를 위해 조직을 세분화한 것에 불과하여 하나의 사업소로 봄이 타당하다고 할 것이어서 처분청의 이 건 지방소득세(주민세 종업원분) 부과처분은 적법하다.

③ 과세당국의 판단

청구법인의 경우 각 사업부가 각각 사업자등록을 달리하고, 수행업무, 회계, 채용, 인사 등을 독립적으로 수행하고 있다고는 하나, 청구법인의 각 사업장은 청구법인 소유의 건물에서 임차료 등 별도의 비용 없이 영업하고 있으며, 동일한 설립목적을 실현하기 위해 각 사업부가 상호 유기적인 관련성을 가지고 있는 점, 업무수행에 있어서도 조직이 기능별로 구분되어 있을 뿐 동일한 사업목적을 수행하고 있는 점 등에 비추어 볼 때, 동일한 건물 내에 위치한 각각의 사업장은 별도의 사업소라기보다는 효율적인 업무관리를 위해 조직을 구분한 것에 불과하다 할 것이므로 하나의 사업소로 봄이 타당하므로 이 건 주민세 종업원분을 부과한 처분은 잘못이 없다고 판단된다.

주요 3대 세목의 신고기한 History

각 세목의 신고기한이 토요일 또는 공휴일 등에 해당되면 신고기한이 연장되므로 납부지연 가산세 계산시 소소한 차이가 발생할 수 있다.

이에 2021년 귀속분부터 2024년 귀속분까지의 주요 3대 세목별 신고기한을 정리하면 다음과 같다.

〈2021년 귀속〉

부가가치세		법인세	종합소득세와 개인지방소득세
1기 예정신고기한	2021.4.26.	2022.3.31.	2022.5.31.
1기 확정신고기한	2021.7.26.	법인지방소득세와 법인 성실신고확인사업자	개인 성실신고확인사업자
2기 예정신고기한	2021.10.25.	2022.5.2.	2022.6.30.
2기 확정신고기한	2022.1.25.		

〈2022년 귀속〉

부가가치세		법인세	종합소득세와 개인지방소득세
1기 예정신고기한	2022.4.25.	2023.3.31.	2023.5.31.
1기 확정신고기한	2022.7.25.	법인지방소득세와 법인 성실신고확인사업자	개인 성실신고확인사업자
2기 예정신고기한	2022.10.25.	2023.5.1	2023.6.30.
2기 확정신고기한	2023.1.27.		

〈2023년 귀속〉

부가가치세		법인세	종합소득세와 개인지방소득세
1기 예정신고기한	2023.4.25.	2024.4.1.	2024.5.31.
1기 확정신고기한	2023.7.25.	법인지방소득세와 법인 성실신고확인사업자	개인 성실신고확인사업자
2기 예정신고기한	2023.10.25.	2024.4.30.	2024.7.1.
2기 확정신고기한	2024.1.25.		

〈2024년 귀속〉

부가가치세		법인세	종합소득세와 개인지방소득세
1기 예정신고기한	2024.4.25.	2025.3.31.	2025.6.2.
1기 확정신고기한	2024.7.25.	법인지방소득세와 법인 성실신고확인사업자	개인 성실신고확인사업자
2기 예정신고기한	2024.10.25.	2025.4.30.	2025.6.30.
2기 확정신고기한	2025.1.31.		

〈2025년 귀속〉

부가가치세		법인세	종합소득세와 개인지방소득세
1기 예정신고기한	2025.4.25.	2026.3.31.	2026.6.1.
1기 확정신고기한	2025.7.25.	법인지방소득세와 법인 성실신고확인사업자	개인 성실신고확인사업자
2기 예정신고기한	2024.10.27.	2026.4.30.	2026.6.30.
2기 확정신고기한	2026.1.26.		

참고문헌

본 도서는 다음의 문헌을 참고하였습니다.

- 핵심실무 부가가치세(2018), 이철재 · 이현범 공저, ㈜조세통람
- 종합소득세 실무(2018), 정해욱 · 전영석 공저, ㈜조세통람
- 종합소득세 실무(2021부터 2025까지), 김두천 저, 한국세무사회
- 법인세 실무(2018), 손상익 저, 한국세무사회
- 법인세 신고실무(2025), 배택현 저, 한국세무사회
- 법인결산신고실무(2017), 조달영 · 신해수 · 김태원 공저, ㈜조세통람
- 전문가가 되자! 2017연말정산(2017), 정종철 저, 도서출판 새로운 제안
- 지방세 실무(2018부터 2021까지), 전동흔 저, 한국세무사회
- 세무회계연습(2011), 강경태 저, 지혜의 샘
- 세법개론(2018), 임상엽 · 정정운 공저, 상경사
- 알기쉬운 세무실무(2025), 조익철 · 진성규 공저, ㈜조세통람
- 한눈에 쏙쏙 인건비 & 4대보험 실무(2025), 김성중 · 진성규 공저, ㈜조세통람

유의사항

본 도서 집필시 도서의 오류사항을 방지하고자 충분한 고민과 관련 서적 그리고 관련 예규 · 판례를 검토 · 보완하여 집필하였지만 혹 법률상의 오해와 개인적인 세무지식의 부족함으로 인하여 잘못 설명한 부분이 있을지도 모르니 실제 업무 적용시에는 충분한 법률적 검토와 세무전문가의 확인을 받아보시길 바랍니다.

• 진 성 규_세무사

한양대학교 석사(경영학), 경기대학교 박사 수료(회계세무)
성동세무서 국세심사위원
한국세무사회 중소기업위원회 상임위원, 도서출판위원회 위원
서울지방세무사회 연수교육위원
신구대학 세무회계과 겸임교수
(현) 진성규세무사사무소 운영
한국세무사회 세무연수원 교수
중부지방세무사회 조세제도연구위원, 연수위원
더존평생교육원 전문교육위원
한국생산성본부 전문교육위원
이나우스아카데미 전문교육위원

〈주요저서〉
- 한눈에쏙쏙 인건비 & 4대보험실무(2025, 조세통람)
- 알기쉬운 세무실무(2025, 조세통람)
- 원천징수실무, 연말정산실무, 재무제표결산실무(2024, 더존평생교육원)

개정 7판

슬기로운 가산세 사례실무

저　　자	**진성규**
발 행 인	**서원진**
편집·교정	**류현수, 김영림**
편집디자인	**이은희, 이미영, 황자애**
발 행 처	**㈜조세통람**
펴 낸 날	**2018년 7월 20일 초판 발행** **2025년 7월 4일 개정7판 발행**
주　　소	서울특별시 중구 동호로 14길 5-6(신당동)
등　　록	1976. 11. 5. 제9-81호
대표전화	02) 2231-7027
F A X	02) 2234-1754
구입문의	02) 2231-7027
I S B N	979-11-6064-357-2 13320
정　　가	**58,000원**

저자와의 협의하에 인지생략

(주)조세통람은 좋은 책을 만들기 위해 독자 여러분의 의견을 기다립니다.
- 독자 의견 및 도서 문의 메일 : E·mail(josetop@inaus.co.kr)

(주)조세통람 발행도서는 정확하고 권위 있는 해설 및 정보의 제공을 목적으로 하고 있습니다. 그러나 항상 그 완전성이 보장되는 것은 아니기 때문에 적용결과에 대하여 당사가 책임지지 아니합니다. 따라서 실제 적용할 경우에는 충분히 검토하시고 저자 또는 전문가와 상의하시기 바랍니다.